DAS EDGAR WALLACE-LEXIKON

Edgar Wallace, Portrait um 1922

Joachim Kramp & Jürgen Wehnert

DAS
EDGAR WALLACE
LEXIKON

LEBEN – WERK – FILME

ES IST UNMÖGLICH,
VON EDGAR WALLACE
NICHT GEFESSELT ZU SEIN!

Schwarzkopf & Schwarzkopf

Legendärer Wallace-Klassiker: »Der Hexer«

**Horst Wendlandt, dem dieses Lexikon gewidmet ist. Der Produzent
der deutschen Edgar-Wallace-Filmserie zu Beginn seiner Rialto-Karriere.**

EINLEITUNG

»Es ist unmöglich, von Edgar Wallace nicht gefesselt zu sein!« Als der deutsche Wallace-Verleger → Wilhelm Goldmann 1926 dieses Schlagwort prägte, konnte er nicht ahnen, daß der prägnante Slogan den Autor und ihn selbst um viele Jahrzehnte überleben würde. Anfang des 21. Jahrhunderts, 70 Jahre nach Wallace' und fast 30 Jahre nach Goldmanns Tod, ist das britische Erzählgenie so präsent und aktuell wie eh und je. Die Nachfrage nach Wallace' ungemein spannenden Romanen und Erzählungen ist ungebrochen, wie zahlreiche Neuausgaben zu seinem 125. Geburtstag im Jahr 2000 bewiesen haben. Im Schatten dieser unsterblichen Werke entstand seit Beginn des 20. Jahrhunderts auch auf Betreiben des Autors selbst eine Wallace-Industrie, die seine zahllosen Fans (u.a. → Konrad Adenauer und → Heinrich Mann) vor allem mit immer neuen Verfilmungen begeistert hat. Der Ruhm dieser Filme, speziell der deutschen Wallace-Produktionen der 60er Jahre ist scheinbar unsterblich, wie ihre Veröffentlichungen auf → Video und → DVD genauso beweisen wie ihre konstant hohen Einschaltquoten bei den regelmäßigen Wiederholungen im Fernsehen.

Nach der Veröffentlichung meines Buches »Hallo, hier spricht Edgar Wallace!« über die deutsche Wallace-Filmserie wurde ich von Fans und Fachleuten angesprochen, die sich noch weitergehende Informationen über Wallace' Leben, Werk und Wirken wünschten. So wurde der Gedanke eines umfassenden Wallace-Lexikons geboren, der schnell konkrete Gestalt annahm. Anläßlich eines Besuchs bei Verleger Oliver Schwarzkopf am 15. Februar 2000 in Berlin wurde das Gedankenspiel binnen fünf Sekunden zum realen Projekt: »Das machen wir! Abgemacht!« Per Handschlag wurde der Vertrag getätigt, ohne daß ich zu diesem Zeitpunkt geahnt hätte, welch immense Arbeit auf mich zukommen würde.

Es war klar, daß dieses erste Lexikon seiner Art alles Wissenswerte über das »Phänomen« Edgar Wallace (→ Margaret Lane) zusammentragen mußte, um den Interessen aller Fans zu dienen. Wallace' Leben, sein episches und dramatisches Werk sowie seine Wirkungsgeschich-te, speziell in Gestalt der Verfilmungen seiner Erzählungen und literarischen Ideen, sollten nach Möglichkeit gleichgewichtig behandelt werden.

Allerdings sprudeln die Informationsquellen mit sehr unterschiedlicher Ergiebigkeit. Über manchen Facetten von Wallace' knapp 57jährigem Leben liegen Schleier des berühmten Londoner Nebels, die kaum mehr zu lüften sind. Trotzdem sind die Daten ausreichend, um dem Leser einen Eindruck von seinem Lebensweg durch drei Erdteile und den besonderen Akzenten seiner ungewöhnlichen Persönlichkeit zu geben. Die biographische Literatur wurde zu diesem Zweck sorgfältig ausgewertet.

Wallace' immens umfangreiches literarisches Werk wurde mit Blick auf den deutschsprachigen Benutzerkreis des Lexikons unterschiedlich intensiv dargestellt: breiter die ins Deutsche übersetzten Titel, knapper die nur auf englisch erschienenen (frühe Gedichte, Sachbücher über den Ersten Weltkrieg u.a.m.), die auch auf Albion weithin in Vergessenheit geraten, z.T. sogar verschollen sind. In jedem Werkartikel finden sich jedoch ausführliche bibliographische Hinweise (hinsichtlich der deutschsprachigen Veröffentlichungen wurde Vollständigkeit angestrebt) und eine Inhaltsangabe, die zumindest über den Charakter des Werkes informiert, meist jedoch weit darüber hinaus geht (ohne freilich jemals den Oberbösewicht preiszugeben – dies herauszufinden bleibt dem gespannten Leser überlassen). Daß die deutschen Übersetzungen im Laufe der Jahrzehnte eine oft betrübliche Geschichte erlebt haben (→ Kürzungen) wird ebenso aufgezeigt wie alle Querverbindungen zwischen dem literarischen Werk und seinen filmischen Adaptionen, die bereits seit 1915 für Wallace' weitere Popularisierung sorgten

Für den Bereich der Wallace-Filme standen, wenn auch nicht für jede Produktion in gleichem Umfang, reiche Informationen zur Verfügung. Diese wichtigste Teil der Wirkungsgeschichte von Edgar Wallace konnte daher nahezu vollständig aufgearbeitet werden: von den Verfilmungen aus der Stummfilmzeit bis hin zu den neuesten Fernsehproduktionen. Über die

Mitarbeiterstäbe, unter denen sich zahllose prominente Namen finden, wird ebenso gewissenhaft informiert wie über die Besetzungen und die Urteile der zeitgenössischen Presse. Auch bekanntgewordene Wallace-Filmprojekte, die sich bisher nicht realisieren ließen, werden dargestellt – Blicke ins Reich der Phantasie, die auf ihre Weise die überschäumende Fruchtbarkeit des Edgar Wallace-Kosmos unter Beweis stellen. Durch Anekdoten und Interviews zu den Filmen der 60er Jahre sowie durch Zitate daraus kommen auch Nostalgiker unter den Wallace-Fans auf ihre Kosten. Die mitgeteilten Daten über die Filme beruhen freilich ausschließlich auf Dokumenten und anderen schriftlichen Unterlagen – bei Interviews mußte ich ein ums andere Mal feststellen, daß sich die Gesprächspartner zwar gern an ihre Wallace-Zeiten erinnern, aber der Wert ihrer Erzählungen oft durch den Lauf der Zeit getrübt worden ist. Dieses Lexikon will also nicht in Konkurrenz zur Regenbogenpresse treten, sondern bemüht sich ausschließlich um die historischen Fakten.

Die mehrjährige Arbeit auf diesen drei Feldern kostete unsäglichen Schweiß und starkes Durchhaltevermögen, denn bei einem Umfang von weit über 1.000 Stichwörtern ist die Versuchung, unterwegs aufzugeben, nicht gering. Mein Verleger Oliver Schwarzkopf, sein Assistent Daniel Spitzer und mein Co-Autor Jürgen Wehnert haben mich jedoch auf Durststrecken stets bewogen, weiterzuarbeiten und dieses einzigartige Werk komplett abzuschließen. Auch dank der beständigen Ermutigung des Vaters der Edgar Wallace-Filmserie der 60er Jahre, → Gerhard F. Hummel, ließen sich schließlich alle Hürden überwinden. So entstand dieses »Monsterwerk«, dessen Lektüre dem Leser vermitteln soll: »Es ist unmöglich, von Edgar Wallace nicht gefesselt zu sein!«

Gewidmet sei dieses Buch postum dem Mann, der nicht nur »Schuld« an meinen ersten, unvergeßlichen Kinoerlebnissen hatte, sondern mich auch dazu ermunterte, in die Filmbranche zu gehen: → Horst Wendlandt, dem deutschen Produzenten und Verleiher, dem wir die schönsten deutschen Filme der 60er und 70er Jahre zu verdanken haben.

Riegelsberg, März 2004
Joachim Kramp

Sich in die große schwarzweiße Welt des Edgar Wallace und seiner Adepten hineinzubegeben, war ein spannendes Langzeitabenteuer. An der Seite des ausgewiesen Wallace-Experten Joachim Kramp habe ich es glücklich bestanden und dabei ungemein viel über den britischen Erfolgsautor und seine einzigartige Wirkungsgeschichte gelernt. Wenn dieses Lexikon alte und neue Fans dazu verlocken kann, sich in den von Wallace entworfenen Unterwelten und Urwäldern ausgiebig umzusehen, wäre alle Mühe an dem Werk reichlich vergolten.

Göttingen, März 2004
Jürgen Wehnert

ABENTEUERIN, DIE
→ FOUR SQUARE JANE

ABENTEUERROMAN
Edgar Wallace ist in erster Linie als Autor von Kriminalromanen bekannt. Weitgehend unbekannt ist, daß er daneben zahlreiche Texte anderer Gattungen verfaßte (→ Afrikaerzählungen, → Essays, → Gedichte, → Romane). Aber auch im Genre des Abenteuerromans hat Wallace sich versucht. In bester Jules-Vernes- und Alexandre-Dumas-Manier verfaßte er 1921 den Roman → *The Book of All Power*. Weitere Romane im Abenteuerstil sind → *Captain Tatham of Tatham Island*, → *The Northing Tramp* und *The Tomb of Ts'In*.

ACCIDENTAL DEATH
(Unfalltod)
Kinofilm. *England 1963. Produktion: Merton Park. Produzent: Jack Greenwood. Regie: Geoffrey Nethercott. Buch: Arthur La Bern nach dem Roman → Jack O'Judgement von Edgar Wallace. Kamera: James Wilson. Musik: Bernard Ebbinghouse. Bauten: Peter Mullins. Ton: Roy Norman. Schnitt: Geoffrey Muller. Darsteller: John Carson (Paul Lanson), Jacqueline Ellis (Henriette), Derrick Sherwin (Alan), Richard Vernon (Johnnie Paxton), Jean Lodge (Brenda), Gerald Case (Polizei-Inspektor), Jacqueline Lacey (Milly), Rilla Madden. Länge: 57 Minuten.*
Inhalt: Paul Lanson, ehemaliger Resistance-Kämpfer in Frankreich, kommt nach England, um den reichen Colonel Paxton zu töten. Lanson glaubt, Paxton habe während des Krieges zahlreiche französische Familien an die Gestapo verraten. Henriette, Paxtons Adoptivtochter, deren französische Eltern von den Nazis ermordet wurden, ist von Paul eingenommen. Der Colonel nimmt die gegen ihn vorgebrachten Anschuldigungen gelassen hin, fordert Lanson jedoch auf, schleunigst zu verschwinden. Lanson inszeniert daraufhin einen Fahrradunfall, bei dem Paxton aber nur leicht verletzt wird. Bei einem zweiten Anschlag setzt Lanson Paxtons Swimmingpool unter Strom. Als Henriette sich zum Pool begibt, wollen Paxton und Lanson ihr Leben retten und kommen dabei gemeinsam um.

Kritik zum Film: »Im Rahmen der Edgar-Wallace-Serie wirkt dieses Melodram etwas ausgefallen. Gewiß ist die Methode ungewöhnlich, das zentrale Rätsel in dem spannenden Höhepunkt der Swimmingpool-Szene ungelöst zu lassen. An Stelle einer schönen, klaren Lösung bekommt der Zuschauer eine Menge offener Fragen. Ist Paxton dessen schuldig, weswegen er von Lanson angeklagt wird? ... Hat Paxton geplant, Lanson umzubringen, weil er tatsäch-

lich schuldig ist, oder einfach aus Selbstverteidigung? Wahrscheinlicher ist, daß Paxton
schuldig ist, aber der Zweifel bleibt, insbesondere durch die überzeugend dargestellte Rolle
Richard Vernons.« (Monthly Film Bulletin,
3/1964)
Anmerkung: Dieser Film wurde in Deutschland
nicht aufgeführt.

ACT OF MURDER
(Mordtat)
*Kinofilm. England 1964. Produktion: Merton
Park. Produzent: Jack Greenwood. Regie: Alan
Bridges. Regieassistenz: Ted Lewis. Buch: Lewis
Davidson frei nach Edgar Wallace. Kamera:
James Wilson. Schnitt: Derek Holding. Bauten:
John Blezard. Musik: Bernard Ebbinghouse.
Ton: Brian Blarney, Sidney Rider, Ronald Ab-
bott. Darsteller: John Carson (Tim Ford), An-
thony Bate (Ralph Longman), Justine Lord (An-
ne Longman), Duncan Lewis (Will Peter Son),
Richard Burrell (John Quick), Dandy Nichols
(Maud Peterson), Sheena Marshe (Pauline), Nor-
man Scace (Watson), Robin Wentworth (Con-
stable), John Roden (Commissionaire), John
Moore (Publican), Michael Brennan (Police Ser-
geant in London), Michael Robbins (Van
Driver), Kenneth Laird (Charlie), Marianne
Stone (Bobbie), Edward Roscoe (Joe). Länge: 62
Minuten.*

Inhalt: Die ehemalige Schauspielerin Anne
Longman lebt mit ihrem Mann Ralph in einem
Landhaus, das mit Antiquitäten von Annes
Mutter ausgestattet ist. Annes früherer Liebhaber, der Schauspieler Tim Ford, verbringt ein
Wochenende bei den Longmans, reist aber ver-
ärgert ab, als er merkt, daß seine erneuten Annäherungsversuche an Anne vergeblich sind.
Einen Urlaub in London haben die Longmans
so eingerichtet, daß sie mit einem Ehepaar Peterson, das sie nicht persönlich kennen, für diese Zeit ihre Häuser tauschen. Als die Petersons
eintreffen, begeben sich die Longmans nach
London. Tim Ford, der überstürzt abgereist

Accidental Death: **Richard Vernon, Moira Redmond**

war, bemerkt, daß er seinen Koffer vergessen hat, und kehrt zurück. Hier überrascht er die Petersons, als sie die Antiquitäten wegschaffen wollen. In Panik flüchten sie. Tim versucht, alles wieder an den richtigen Platz zu stellen. Auch Ralph und Anne kommen besorgt zurück, als sie bemerken, daß die Londoner Adresse falsch ist. Anne erkennt bestürzt, daß im Haus nichts mehr so ist, wie sie es verlassen haben. Ihr Unbehagen vergrößert sich, als ihr Kanarienvogel und ihre Hühner, dann ihr Pekinese vergiftet aufgefunden werden. Tim schlägt ihr vor, sich für einige Zeit nach London zu ihrer Mutter zu begeben. Von der Polizei erfährt Ralph von einem Antiquitätenhändler namens Quick, der mit den Petersons in Verbindung zu stehen scheint. Quick berichtet Ralph von Tims intriganter Rolle in dieser Angelegenheit. Ralph fährt zu Tims Wohnung und trifft dort auf Anne. Nun erkennt er die Wahrheit. Er sucht Tim, erschießt ihn und begeht anschließend Selbstmord.

Kritik zum Film: »Dieser außergewöhnlich intelligente kleine Thriller ist die Art von Film, die mit einem kleinen Budget zu große Ziele verfolgt. Trotz hervorragender, ausdrucksvoller Umsetzung durch Alan Bridges, einen Fernsehdirektor und Kinoneuling, kann der Film seine etwas bescheidene Vorlage nicht verleugnen.« (Monthly Film Bulletin, 2/1965)

Anmerkung: Dieser Film wurde in Deutschland nicht aufgeführt.

ADENAUER, KONRAD
* 05.01.1876 *Köln,*
† 19.04.1967 *Rhöndorf bei Bonn*
Deutscher Politiker. Oberbürgermeister von Köln (1917–1933) und erster Kanzler der Bundesrepublik Deutschland (1949–1963). Bekennender Fan von Edgar Wallace. Zitat:»Abends, wenn ich abgespannt bin, greife ich instinktiv nach einem ›Wallace‹, bin im Nu in der Handlung, vergesse den ganzen Jammer des Alltags, bin froh und mutig.«

ADMIRABLE CARFEW, THE
Sammelband von 15 heiteren Erzählungen. *Originalausgabe: Ward Lock & Co., London 1914. Deutsche Erstveröffentlichung: Mr. Sorgenfrei. Übersetzung: → Fritz Pütsch. Wilhelm Goldmann Verlag, Leipzig 1931 (→ vergriffene Romane).*

Enthält: CARFEW 11, CARFEW – WHITTINGTON & CO. – INVENTORS, THE AGREEABLE COMPANY, CARFEW IS ADVISED, A DEAL IN RIFFS, CARFEW ENTERTAINS, THE ECCENTRIC MR. GABLEHEIM, PATRIOTS, TOBBINS LT., CARFEW – IMPRESSARIO, WHY GELDEN MADE A MILLION, CARFEW AND THE »MARY Q«, CARFEW PRODUCES, A MATTER OF BUSINESS, ONE AND SEVENPENCE HA'PENNY. (Die deutsche Ausgabe besitzt keine Kapitelüberschriften, sondern numeriert die Erzählungen in anderer Reihenfolge durch.)

Inhalt: Felix Carfew ist davon überzeugt, daß er alles erreichen kann, wenn er es nur richtig anfaßt. Sein Ziel ist es, Millionär zu werden. Zunächst trickst er einen Namensvetter bei einer Londoner Zeitung aus, rettet dann die Tochter eines reichen Geschäftsmannes und saniert schließlich auf unglaubliche Weise eine Firma, indem er allen Familienmitgliedern, die auf Kosten des Unternehmens leben, den Geldhahn zudreht. Durch Aktienspekulationen scheint Carfew seinem Ziel immer näher zu kommen.

ADVENTURES OF HEINE, THE
(Heines Abenteuer)
18 Kriegsgeschichten. *Originalausgabe: Ward Lock & Co., London 1919.*
Enthält: ALEXANDER & THE LADY, THE MAN WHO DWELT ON A HILL, THE LOVELY MISS HARRYMORE, THE AFFAIR OF MISTER HAYES, THE MAN FROM THE STARS, THE AFFAIR OF THE ALLIED CONFERENCE, THE WORD OF A PRINCE, THE JERMYN CREDIT BANK, MR. COLLINGREY M. P. PACIFIST, THE GREY ENVELOPE, THE MURDERERS, THE PASSING OF HEINE, THE U BOAT ADVENTURE, BRETHREN OF THE ORDER, THE WORLD DICTATOR, THE SYREN, THE COMING OF THE BOLSHEVIKS, THE GOING OF HEINE.

Inhalt: Im Mittelpunkt der Erzählungen steht der Spion Heine, ein Mann von großspurigem Auftreten, der keine Gelegenheit verstreichen läßt, um sich in den Mittelpunkt zu spielen.

Anmerkung: Diese Geschichten wurden bisher nicht ins Deutsche übertragen.

AFRICAN MILLIONAIRE, AN

Erstes Bühnenstück von Edgar Wallace. Während seiner Zeit in Südafrika (1896–1903) versuchte Wallace herauszufinden, wie man erfolgreiche Theaterstücke schreibt. Im Gaiety-Theater von Johannesburg war er gern gesehener Gast und konnte dort die Bühnenarbeit nach Belieben studieren. So kam er auf die Idee, ein Stück über Cecil Rhodes zu schreiben, den Vorkämpfer des britischen Imperialismus in Südafrika. Obwohl er der Titelfigur zur Tarnung einen anderen Namen gab, waren die historischen Bezüge offensichtlich. Der Theatermann Leonard Rayne versprach ihm, das Stück mit dem Titel *An African Millionaire* aufzuführen. Bei den Proben entdeckte Rayne Ungereimtheiten in dem Stück, so daß er eine zusätzliche Szene einfügte und andere Änderungen vornahm. Die Uraufführung fand Anfang 1904 im Cape Town Opera House in Kapstadt statt. Aufgrund vernichtender Kritiken wurde das Stück nach sechs Aufführungen abgesetzt. Wallace lernte aus dieser Katastrophe, daß er für seine Theaterstücke andere Konzepte entwickeln mußte.

AFRIKA

Während seiner Militärzeit (1893–1899), die er im Sanitätscorps verbrachte, wurden zahlreiche Garnisonen zum Dienst in Übersee bestimmt. Wallace' Garnison war für Südafrika vorgesehen. Das mißfiel ihm, doch ahnte er, daß Südafrika ihm neue Möglichkeiten bieten würde. So fuhr er mit dem Transporter »Scot« am 18.7.1896 von Southampton nach Südafrika. Dort wurde er in Simonstown nahe Kapstadt stationiert. Wallace' Militärzeit in Südafrika hatte in zweierlei Hinsicht schicksalhafte Bedeutung. Zum einen begann er hier Gedichte zu schreiben, zum anderen lernte er → Ivy Caldecott kennen, die Tochter des Methodistenpfarrers William Shaw Caldecott und seiner Frau Marion. Am 12.5.1899 wurde er aus dem Militärdienst entlassen. Danach bewarb er sich als Reporter bei verschiedenen Zeitungen und berichtete für die Agentur Reuter von dem soeben ausgebrochenen Krieg zwischen England und den Buren (1899–1902). Als Kriegsberichterstatter konnte er sich im Krisengebiet frei bewegen. Wallace' größter Coup wurde, daß er 24 Stunden vor der offiziellen Regierungsverlautbarung berichten konnte, daß das Friedensabkommen für Südafrika unterzeichnet sei. Er hatte einen ihm bekannten Wachsoldaten, Timothy Convene, bestochen und ihm drei Taschentücher in den Farben Rot, Blau und Weiß übergeben. Das rote bedeutete, daß noch verhandelt werde, das blaue, daß das Ergebnis bald bevorstehe, und das weiße, daß der Vertrag unterschrieben sei. Als er am 31.5.1902 das weiße Taschentuch sah, konnte er sogleich die Friedensmeldung verbreiten. Wegen Verstößen gegen die Zensurbestimmungen wurde ihm anschließend die Lizenz als Kriegsberichterstatter entzogen. Während des Burenkrieges entschloß sich Wallace kurzfristig, Ivy zu heiraten. Im engsten Familienkreis fand die Hochzeit am 3.4.1901 statt. Ivys Mutter, die von Edgar sehr angetan war, unterstützte das Brautpaar, während ihr Vater, der kein Zutrauen zu dem jungen Soldaten hatte, sich weigerte, zur Trauung zu erscheinen. Nach weiteren journalistischen Tätigkeiten Wallace' in Südafrika entschloß sich das Ehepaar im Sommer 1903, nach London zu gehen. Ende 1906 kehrte Wallace als Journalist nach Afrika zurück. Er reiste in den Kongo, wo er über die Greueltaten der belgischen Kolonialherren an den Einheimischen, die als »Kongogreuel« in die Geschichte eingingen, berichten sollte. In dieser Zeit sammelte Wallace jene literarischen Eindrücke, die er später in seinen → Afrikaerzählungen verarbeitete und die seinen Weltruhm als Autor begründeten.

AFRIKAERZÄHLUNGEN

→ *Again Sanders*, → *Bones*, → *Bones in London*, → *Bones of the River*, → *Bosambo of the River*, → *The Keepers of the King's Peace*, → *Lieutenant Bones*, → *The People of the River*, → *Sanders*, → *Sanders of the River*, → *Sandi the Kingmaker*.

Schauplatz dieser Erzählungen ist das fiktive Land → Gondra in der afrikanischen Wildnis zu einer Zeit, als Afrika für die Europäer noch der geheimnisvolle schwarze Kontinent war. Der kluge und mutige englische Distriktbeamte Sanders erlebt in dieser eben erst entdeckten Welt der Medizinmänner, Fetische, Menschenopfer, Kannibalen, Sklavenjäger und Stammeskriege packende Abenteuer, Kämpfe und Gefahren. Doch seine wichtigste Waffe ist das Wort: Seine Palaver mit Freund und Feind, vor allem mit dem verschlagen-schlauen Ochori-Häuptling Bosambo, sind meisterhafte Beispiele souveränen Lebensvertrauens. Spannung, Komik und das geniale Erzähltalent des Autors sorgen für ein Lesevergnügen, über das die deutsche Presse schrieb: »Vielleicht wird die kommende Generation Wallace' Afrika-Bücher so fressen, wie wir unseren Karl May gefressen haben.« Ein weiteres charakteristisches Presseurteil: »Es läßt sich ohne Übertreibung sagen, daß der Schwarze Erdteil mit seinen mannigfachen Geheimnissen wohl noch nie so lebendig, packend und lebensecht geschildert worden ist wie von Edgar Wallace. Bei den Afrika-Büchern von Edgar Wallace kommt noch ein Wesentliches hinzu: sie sind mit einem Humor gewürzt, der erfrischend wirkt, und den man gerade heute so notwendig braucht.« – Zur einzigartigen Wirkungsgeschichte dieser Afrikaerzählungen gehört auch, daß der Autor → Francis Gerard nach Wallace' Tod über die Figur des Sanders drei Fortsetzungsromane verfaßt hat.

AGAIN SANDERS

Zwölf → **Afrikaerzählungen**. *Originalausgabe: Hodder & Stoughton, London 1928. Deutsche Erstveröffentlichung: Am großen Strom. Übersetzung: 7 Richard Küas. Wilhelm Goldmann Verlag, Leipzig 1931. Neuausgabe: Wilhelm Goldmann Verlag, München 1952. Taschenbuchausgabe: Wilhelm Goldmann Verlag, München 1963 (= Gelbe Bücher 1333). Neuausgabe: Hesse & Becker Verlag, Dreieich 1986 (im Doppelband 6/2).*
Enthält: BONES AND THE BEE (*Bones und die Bienen*), THE TERRIBLE TALKER (*Der Schwätzer*), THY NEIGHBOUR AS THYSELF (*Der Reformator*), THE GHOST WALKER (*Der Geisterseher*), THE KING'S SCEPTRE (*Das Zepter des Königs*), IN THE MANNER OF LIPSTICK (*Der Kanal*), THE SPLENDID THINGS (*Die kostbaren Dinge*), BONES THE PSYCHIC (*Der große Geist Dhar*), THE RICH WOMAN (*Die reiche Frau*), THE KEEPERS OF THE TREASURE (*Die Hüter des Schatzes*), THE PRESENT (*Das Geschenk*), M'GALA THE ACCURST (*M'gala der Verfemte*).
Inhalt: In diesem letzten Sammelband der Afrikaerzählungen stehen erneut die unvergeßlichen Akteure im Mittelpunkt der Handlung: der tüchtige Bezirksmann Sanders, Hamilton, der unerschrockene Hauptmann des Haussaregiments, der unverwüstliche, humorvolle Bones Tibbetts und der mutige Negerhäuptling Bosambo. In den Geschichten dieses Bandes geht es um Sanders' Kämpfe und Kriegslisten gegen aufrührerische Eingeborenenstämme. Zudem muß sich Sanders lästiger Besucher, die am großen Strom nach verborgenen Schätze suchen wollen, oder unliebsamer Vorgesetzter, die beauftragt sind, den Verwaltungsapparat der Kolonien zu überprüfen, auf seine Art entledigen.

AGAIN THE RINGER

17 **Kriminalgeschichten.** *Originalausgabe: Hodder & Stoughton, London 1929. Deutsche Erstveröffentlichung: Neues vom Hexer. Übersetzung: →Ravi Ravendro. Wilhelm Goldmann Verlag, Leipzig 1932. Neuübersetzung: → Fritz Pütsch. Wilhelm Goldmann Verlag, Leipzig 1938. Neuausgabe: Wilhelm Goldmann Verlag, München 1953. Taschenbuchausgabe: Wilhelm Goldmann Verlag, München 1956 (= Goldmann Taschen-KRIMI 103). Weitere Taschenbuchauflagen im Wilhelm Goldmann Verlag: 1958, 1972, 1974, 1975, 1980, 1982. Neuübersetzung: → Gregor Müller. Wilhelm Goldmann Verlag, München 1976 (= Sonderausgabe). Jubiläumsausgaben im Wilhelm Goldmann Verlag: 1990, 2000. (= Band 54) Neuübersetzung: Karen Christin. Heyne Verlag, München (= Heyne Blaue Krimis 2065) 1983. Neuauflage: 1992 (= Heyne Blaue Krimis 2388). Neuübersetzung: Helmut Bittner. Scherz Verlag, Bern, München, Wien 1984 (= Scherz Krimi 967). Neuauflage: 1992. – Im Kinderbuchverlag Berlin erschienen 1988 13 dieser Hexer-Geschichten unter dem Titel → Geschichten vom Hexer.*
Enthält (in Klammern die Übersetzungstitel der Ausgaben von Goldmann/Heyne/Scherz): THE MAN WITH THE RED BEARD (*Der Elektroingenieur/Der Mann mit dem roten Bart/ dto.*), CASE OF THE HOME SECRETARY (*Zum Tode verurteilt/Der Innenminister/ Der verschwundene Minister*), THE MURDERER OF MANY NAMES (*Der Mann mit den vielen Namen/ Der Mörder mit den vielen Namen/ dto.*), A SERVANT OF WOMEN (*Der Sklave der Frauen/Ein Sklave der Frauen/Ein Retter in der Not*), THE TRIMMING OF PAUL LUMIERE (*Paul Lumière wird bestraft/Paul Lumière muß eine Rechnung begleichen/Der Stellvertreter*), THE BLACK-MAIL BOOMERANG (*Der Erpresser/Die Bumerang-Erpres-*

sung/ Der Bumerang), MISS BROWN'S £ 7000 WINDFALL (Eine Herausforderung/Miß Browns unverhofftes Glück/Eine Überraschung für Miss Brown), THE END OF MR. BASH – THE BRUTAL (Eine Entführung/Das Ende des grausamen Schlägers/Das Ende des brutalen Mr. Bash), THE COMPLETE VAMPIRE (Der Vampir/Der vollkommene Vampir/Ein echter Vampir), THE SWISS HEAD WAITER (Der Schweizer Oberkellner/dto./Der verdächtige Oberkellner), THE ESCAPE OF MR. BLISS (Mr. Bliss entkommt mit knapper Not/Mr. Bliss schwebt in Lebensgefahr/Bliss kommt noch einmal davon), THE MAN WITH THE BEARD (Der Mann mit dem Bart/ Der Bärtige/Wer andern eine Grube gräbt), THE ACCIDENTAL SNAPSHOT (Die Momentaufnahme/Ein Schnappschuß/ Der verräterische Schnappschuß), THE SINISTER DR. LUTTEUR (Der unheimliche Dr. Lutteur/dto./ dto.), THE OBLIGING COBBLER (Der liebenswürdige Schuster/Der freundliche Flickschuster/Wenn zwei sich streiten), THE FORTUNE OF FORGERY (Um ein Testament/Urkundenfälschung/Das Glück muß man zwingen) THE ›YARD‹ MAN KIDNAPPED (in der Goldmann-Ausgabe nicht enthalten/Ein Inspektor wird entführt/Ein armes Schwein).

Inhalt: Inspektor Bliss von Scotland Yard, dem Henry Artur Milton alias der »Hexer« einmal entwischte, ist der Meinung, daß der »Hexer« vollkommen allein arbeitet. Inspektor Mander ist da ganz anderer Auffassung. Anders als Bliss hält der »Hexer« Mander für einen unfähigen Beamten. Das läßt er ihn bei jeder Gelegenheit spüren, indem er Mander in dessen eigene Fallen laufen läßt. Trotzdem hilft der »Hexer« Scotland Yard im Kampf gegen das Verbrechen, soweit es ihm möglich ist.

Anmerkungen: Die Erzählungen erschienen in den USA unter dem Titel The Ringer Returns (Doubleday, Doran & Co., Garden City, NY 1931). – Der deutschsprachige Titel wurde 1965 für einen Film und 1996 für eine sechsteilige Krimiserie verwendet (→ Neues vom Hexer).

AGAIN THE THREE JUST MEN

13 **Kriminalerzählungen.** *Originalausgabe:* Hodder & Stoughton, London 1929. Deutsche Erstveröffentlichung: Das silberne Dreieck. Übersetzung: → Fritz Pütsch. Wilhelm Gold-

mann Verlag, Leipzig 1931. Neuausgabe: Wilhelm Goldmann Verlag, Leipzig 1933. Neuausgabe: Wilhelm Goldmann Verlag, München 1955. Taschenbuchausgabe: Wilhelm Goldmann Verlag, München 1958 (= Goldmann Taschen-KRIMI 154). Weitere Taschenbuchauflagen im Wilhelm Goldmann Verlag: 1960, 1973, 1975, 1977, 1978, 1982. Jubiläumsausgaben im Wilhelm Goldmann Verlag: 1990, 2000 (= Band 67). Neuübersetzung: Hedi Hummler-Hänseler. Scherz Verlag, Bern, München, München 1983 (als Anhang zum Kurzroman → We Shall See).

Enthält: THE REBUS (Ein Bilderrätsel), THE HAPPY TRAVELLERS (Der Brillant des Radscha), THE ABDUCTOR (Die seligen Pilger [nur in der deutschen Erstausgabe enthalten]), THE THIRD COINCIDENCE (Der dritte Zufall), THE SLANE MYSTERY (Wer war der Mörder?), THE MARKED CHEQUE (Der SOS-Scheck), MR. LEVINGRON'S DAUGHTER (Mr. Levingrons Tochter), THE SHARE PUSHER (Überlistet), THE MAN WHO SANG IN CHURCH (Der Sänger in der Kirche), THE LADY FROM BRAZIL (Die Dame aus Brasilien), THE TYPIST WHO SAW THINGS (Der lebende Ermordete), THE MYSTERY OF MR. DRAKE (Der wirkliche Mr. Drake), THE ENGLISHMAN KONNER (Konner, der Engländer). Die Scherz-Ausgabe enthält nur sechs der 13 Erzählungen: Das Bilderrätsel (The Rebus), Der Mann, der in der Kirche sang (The Man Who Sang In Church), Die Witwe aus Brasilien (The Lady From Brazil), Die Erlebnisse einer Stenotypistin (The Typist Who Saw Things), Der geheimnisvolle Mr. Drake (The Mystery of Mr. Drake), Der Engländer Konner (The Englishman Konner).

Inhalt: Die »Vier Gerechten« sind der Schrecken der Londoner Unterwelt. Doch eines Tages wird auch einer von ihnen getötet. Nun nehmen die »Drei Gerechten« unbarmherzig den Kampf gegen das Verbrechen auf. Ihr Erkennungszeichen wird ein »silbernes Dreieck«. Bald sind sie in ganz London bekannt, und die Verbrecherwelt weiß: Wenn die »Drei Gerechten« einen Fall in die Hand nehmen, gibt es für die Schuldigen kein Entrinnen mehr.

Anmerkung: Die Erzählungen erschienen auch unter dem Titel Again the Three (White Lion Publishers, London 1972) und in den USA unter dem Titel *The Law of the Three Just Men*

(Doubleday, Doran & Co., Garden City, NY 1931).

AHRENS, MARIELLA
→ Darsteller

ALBANESE, GUIDO
→ Komponisten

ALBERS, HANS
* 22.09.1891 Hamburg,
† 24.07.1960, Tutzing
Deutscher Schauspieler. Albers verkörperte Marls Diener in der deutschen Wallace-Produktion → *Der rote Kreis* (1928). Schauspielunterricht erhielt Albers bei Ewald Bach, sein Theaterdebüt gab er am Hamburger Schauspielhaus. Lehr- und Wanderjahre in Güstrow, Bad Schandau sowie an diversen Hamburger Bühnen schlossen sich an. Nach dem Ersten Weltkrieg spielte er als Komödiant und Operettenbuffo in Berlin, bis ihm Max Reinhardt 1928 die Rolle des Kellners Tunichtgut in Bruckners *Verbrecher* gab. Über Nacht wurde Albers ein Theaterstar. Er war der gefeierte Mackie Messer in Brechts *Dreigroschenoper*, und bei der Premiere von Molnars *Liliom* applaudierte ihm im Parkett Charlie Chaplin. Josef von Sternberg verpflichtete ihn 1930 für den *Blauen Engel* und förderte damit seine Filmkarriere entscheidend. Zur Zeit des »Dritten Reiches« spielte er sich zum populärsten männlichen Volksschauspieler empor, dem man selbst den Ritt auf einer Kanonenkugel (in *Münchhausen*, 1942) abnahm. Dem »nordischen« Typ verziehen die braunen Machthaber sogar seine jüdische Lebensgefährtin Hansi Burg, die während des Krieges in London lebte. Als singender Seemann, mit Liedern wie »Nimm mich mit Kapitän auf die Reise« oder »La Paloma«, brachte er seine Verbindung mit der hanseatischen Heimat am intensivsten zum Ausdruck. Das Motto des blauäugigen, blonden Recken »Hoppla, jetzt komm' ich!« verband sich mit einem Unterton von Wehmut und Fernweh. Populär blieb er auch nach 1945. Seine Darstellung von Personen, die sich keinesfalls unterkriegen lassen, war in diesen schweren Zeiten für die Zuschauer von besonderer Bedeutung. Im Eigenheim am Starnberger See verbrachte er die letzten Lebensjahre. Nach seinem Tod wurde der Wilhelmplatz in St. Pauli nach ihm umbenannt. – Albers verkörperte im Stummfilm Brunnenvergifter, Gauner, Verführer, Schieber und fragwürdige Lebemänner. Mit dem Tonfilm, der seine rauhkehlige, ungekünstelte Stimme mit dem gewissen Etwas des Reeperbahnmilieus zur Geltung brachte, wechselte er ins Fach des kreuzehrlichen, tolldreisten Allerweltskerls, der in allen Lebenslagen Sieger bleibt. In seiner letzten Periode verkörperte er vor allem besonnene Praktiker mit leisen, melancholischen Tönen. – Auszeichnungen: Internationale Filmfestspiele Berlin: Goldener Bär als Bester Darsteller in *Vor Sonnenuntergang* (1956), Großes Bundesverdienstkreuz (1960).
Wichtige Filme (Auswahl): *Lola Montez* (1919), *Lumpacivagabundus* (1922), *Das schöne Abenteuer* (1924), *Der Prinz und die Tänzerin* (1926), *Die Nacht gehört uns* (1929), *Der Greifer* (1930), *Bomben auf Monte Carlo* (1931), *Quick* (1932), *Gold* (1933), *Peer Gynt* (1934), *Der Mann, der Sherlock Holmes war* (1937), *Sergeant Berry* (1938), *Wasser für Canitoga* (1938), *Große Freiheit Nr. 7* (1944), *Und über uns der Himmel* (1947), *Nachts auf den Straßen* (1951), *Käpt'n Bay Bay* (1952), *Auf der Reeperbahn nachts um halb eins* (1954), *Der letzte Mann* (1955), *Der Greifer* (1957), *Das Herz von St. Pauli* (1957), *Der Mann im Strom* (1958), *Kein Engel ist so rein* (1959).

ALDER, THOMAS
* 01.01.1932 München,
† 06.05.1968 München
Deutscher Schauspieler. Alder spielte Jack Beardmore in → *Der rote Kreis* (1959). Alder war zu Beginn seiner Karriere Vertragsschauspieler bei der → Constantin Film. Später versuchte er sich als Autor. Da der Erfolg ausblieb, nahm er sich 1968 das Leben.
Weitere Filme (Auswahl): *Kein Mann zum Heiraten* (1959), *Schlagerparade* (1960), *Wir wollen niemals auseinandergehn* (1960), *Der verkaufte Großvater* (1962), *Die Goldsucher von Arkansas* (1964), *Liebesgrüße aus Tirol* (1964), *Der Fluch des schwarzen Rubins* (1965), *Komm mit zur blauen Adria* (1966), *Laß die Finger von der Puppe* (1967).

ALEXANDER, GEORG
→ Darsteller

ALMASSY, SUSANNE VON
→ Darsteller

ALMOND, PAUL
→ Regisseure

ALRIC, CATHERINE
→ Darsteller

AM GROSSEN STROM
→ AGAIN SANDERS

AMATEURFILME
Angesichts der zahllosen Fans von Edgar Wallace konnte es nicht ausbleiben, daß die Hobby-Filmer unter ihnen den Autor auf ihre Weise zu inszenieren begannen – meist in Form von Kurzfilmen. Zu den bekanntesten Vertretern dieses Genres zählen: Dennis M. Dellschow mit den Streifen → *Jim Cater jagt den Hexer* (2000), → *Der Mönch des Schreckens* (2002), *Der Gorilla von Kensington* (2003, in Planung), *In den Fängen der teuflischen Gräfin* (2003, in Planung); → Andreas Neumann sind zu verdanken → *Der Henker von Blackmoor* (1991) und → *Der Schlüssel zum Tod* (1995); Fabian Tei-

chert bemüht sich um *Das Rätsel der gelben Callas* (2003, in Planung) und *Das Geheimnis von Monkshall* (2003, in Planung).
Die rührige → GHP Film (Villach) produzierte → *Das Geheimnis der Pelargonie* (1994), → *Das Geheimnis der Uhr* (1994), → *Der Messerkiller von London* (1994), → *Die Stricknadel* (1994), → *Der Tod am blauen Meer* (1994), → *Die weiße Hand* (1994), → *Noch immer die weiße Hand* (1994), → *Der Sohn der weißen Hand* (1994), → *Neues vom Hexer* (6 Teile, 1996), → *Der Würger* (1997), → *Der sechste Sinn des J. G. Rieder* (3 Teile, 1999–2002), → *Der Mönch ohne Gesicht* (2002/03).

AMERIKA
→ USA

ANDERSEN, ELGA
* 02.02.1936 Dortmund,
† 07.12.1994 New York;
eigentlicher Name: Helga Hymen.
Deutsche Schauspielerin. Sie verkörperte die vernachlässigte Ehefrau Elisabeth von Karsten in → *Sanders und das Schiff des Todes* (1964). Mit sechs Jahren besuchte Elga Andersen die

15

Ballettschule, mit 19, direkt nach dem Abitur, ging sie nach Paris. Vor allem durch diverse Affären machte sie sich dort einen Namen, ehe sie von Otto Preminger eine kleine Rolle in dem Film *Bonjour Tristesse* (1958) erhielt. Ihm verdankt sie auch den Künstlernamen Andersen. Nach Filmen von Louis Malle (*Fahrstuhl zum Schafott*, 1958) und Marcel Camus (*Brasilianische Rhapsodie*, 1959) spielte die attraktive Blondine überwiegend in europäischen Co-Produktionen mit.

Weitere Filme (Auswahl): *So ein Millionär hat's schwer* (1958), *Ein Sarg aus Hongkong* (1964), *DM-Killer* (1965), *Siebzehn Jahr, blondes Haar* (1966), *Le Mans* (1971), *Die Schlange* (1973).

ANDERSON, DORIS
→ Drehbuchautoren

ANDERSON, M. A.
→ Kameramänner

ÄNDERUNGEN (BUCH)
→ Bearbeitungen, → Datenänderungen in Romanen, → Kürzungen

ÄNDERUNGEN (FILM)
Um eine schlüssige Handlung für einen Film mit einer Durchschnittlänge von 90 Minuten zu erzielen, mußten in den deutschen Wallace-Produktionen Handlungsstränge der zugrundeliegenden Romane verändert oder ganz weggelassen werden (→ Kürzungen). Änderungen erfuhren ferner Personennamen, Titel und einzelne Handlungselemente. Charakteristische Beispiele enthält bereits der erste deutsche Wallace-Film → *Der Frosch mit der Maske* (1959): Aus Sergeant Elk wird, für ein deutsches Publikum plausibler, der Ermittler Inspektor Elk; Richard Gordon mutiert zum Neffen des Scotland-Yard-Chefs Sir Archibald, anstatt Beamter der Staatsanwaltschaft zu sein, Lola stirbt, während sie bei Wallace mit Josua Broad flieht. In → *Der grüne Bogenschütze* muß die rachsüchtige Titelfigur, die im Roman überlebt, sterben, um dem unterstellten deutschen Rechtsempfinden entgegenzukommen. In der Verfilmung von → *Das Geheimnis der gelben Narzissen* ist der Polizist Tarling ist nicht mehr mit dem Ganoven Lyne verwandt, und Milbourgh steht, anders als im Roman, auf seiten der Guten. In dieser Verfilmung wurden auch etliche Namensänderungen vorgenommen: Ann statt Odette Rider, Raymond statt Thornton Lyne, Peter Keene statt Sam Stay. Eine Änderung anderer Art findet sich in → *Der Fälscher von London*, der Verfilmung von → *The Forger*: Hier ist John Leith nicht mehr der Vater von Jane, sondern ihr Onkel. Bei der Verfilmung von → *Das Gasthaus an der Themse* wurde sogar ein neuer Oberschurke eingeführt. Die gravierendste Änderung fand bei der Verfilmung von *Angel Esquire* (→ *Die Gruft mit dem Rätselschloß*) statt: Der bei Wallace höchst ehrenwerte Flynn wurde in eine negative Gestalt verwandelt.

ANDRIOT, LUCIEN N.
→ Kameramänner

Elga Andersen

ANEKDOTEN

→ Der Fälscher von London, → Der unheimliche Mönch, → Agnes Windeck

Im Sommer 1930 bummelte der Journalist Alexander von Rees auf den Champs-Elysées, als jemand seinen Namen rief. Er drehte sich um und erkannte in einem Straßencafé Edgar Wallace. Vor vier Jahren hatte er ihn als Kriminalassistent durch das Berliner Polizeipräsidium geführt. »Setzen Sie sich zu mir«, rief Wallace lustig. Er nahm einen Schluck aus seinem Aperitifglas und setzte es auf dem Tisch neben einem Buch ab. Es war die französische Ausgabe des »Rächer«. »Verstehen Sie die komplizierte Handlung dieses Romans?« flachste Rees ihn an. »Gewiß«, erwiderte Wallace, »wenn ich laut lese und mir aufmerksam zuhöre.« Rees lachte und gab sich geschlagen. »Ich war in Berlin«, erzählte Wallace, »und habe dort Akten gelesen. Hören Sie genau zu: Der Kaufmann R. ist bankrott, er versichert sich gegen Unfall, Tod usw. Die Versicherungssumme ist an seine Frau auszuzahlen. Dann geht er in den Prater, sucht sich einen jungen Erwerbslosen; gibt ihm 20 Schilling und sagt ihm, er solle ihm bei Nacht auf der Brücke mit einem Knüppel über den Schädel hauen, dann bekäme er noch 100 Schilling dazu. Nun, denkt der junge Mann, wenn es weiter nichts ist. Er trifft sich mit dem Kaufmann um Mitternacht auf der Brücke, und weil er gutmütig ist, haut er mit dem Knüppel nicht allzu heftig zu. Der Kaufmann bricht zusammen; und als der junge Mann ihn aufrichten will, sieht er, daß er tot ist. Eine Polizeistreife verhaftet den Jungen am Tatort. Nun stellt sich aber heraus, daß der Kaufmann im Krieg eine schwere Schädelverletzung davongetragen hatte; er wußte also genau, daß der Schlag mit dem Knüppel ihn töten würde. Sehen Sie, das ist die Geschichte von dem Mann, der seinen eigenen Mörder bestellte. Ist diese Geschichte nicht unwahrscheinlich? Und doch steht sie Wort für Wort in den nüchternen Akten. Der junge Mann kam übrigens mit einer geringen Strafe davon, weil er von der Schädelverletzung und auch von dem beabsichtigten Versicherungsbetrug nichts wußte.« »Man sollte diesen Fall eigentlich einmal schildern unter dem Titel ›Der Mann, der seinen eigenen Mörder bestellte!‹« Edgar Wallace nickte. Doch wurde dieses Buch nie geschrieben. Knapp eineinhalb Jahre später starb Wallace im Alter von 57 Jahren.

ANGEL ESQUIRE (BUCH)

Kriminalroman. *Originalausgabe: Arrowsmith/Simpkin Marshall, London 1908. Deutsche Erstveröffentlichung: Der verteufelte Herr Engel. Übersetzung: Eva Schumann. Josef Singer Verlag, Berlin 1927 (= Erdkreisbücher 15). Neuausgabe: Der Safe mit dem Rätselschloß. Neuübersetzung: →Ravi Ravendro (Bearbeitung der Schumann-Fassung). Wilhelm Goldmann Verlag, Leipzig 1932. Neuausgabe der Schumann-Fassung: Wilhelm Goldmann Verlag, Leipzig 1938. Neuausgabe: Freitag Verlag, München 1948. Taschenbuchausgabe: Wilhelm Goldmann Verlag München 1954 (= Goldmann Taschen-KRIMI 47). Weitere Taschenbuchauflagen im Wilhelm Goldmann Verlag: 1958, 1972, 1974, 1975, 1976, 1978, 1980, 1982, 1985, 1987, 1997. Jubiläumsausgabe im Wilhelm Goldmann Verlag: 1990, 2000 (= Band 61). Neuübersetzung: Hella von Spies. Scherz Verlag, Bern, München, Wien 1985 (= Scherz Krimi 991). Neuauflage: 1987.*

Inhalt: Mit seinen Kumpanen Connor, Massay und Jimmy hatte der Spielhöllenbesitzer Real an manipulierten Roulettetischen ein Vermögen verdient. Vom Tod gezeichnet, sitzt der inzwischen weißhaarig gewordene Alte in seiner bunkerartigen Villa in London. Darin hat er einen einbruchsicheren Safe einbauen lassen, um das unrechtmäßig erworbene Geld zu verwahren. In seinem Testament setzt er verschiedene Personen als Erben ein, die jedoch zunächst einen Code entschlüsseln müssen. Zu den Begünstigten gehört Kathleen Kent, die Tochter eines Mannes, der an Reals Spieltischen sein ganzes Vermögen verlor. Nach der Ermordung des alten Real beginnt ein Intrigenspiel, in dessen Verlauf Kathleen Kent entführt wird. Und für den geheimnisvollen Safe interessiert sich nicht nur Inspektor Angel von Scotland Yard, sondern auch Reals Kumpane und sein Sekretär William Spedding.

Anmerkungen: Die Erstausgabe der deutschen Übersetzung von Eva Schumann hatte besondere Kapitelüberschriften, die später entfielen. Obwohl auch in den Goldmann-Ausgaben als Übersetzerin Eva Schumann angegeben wird, weist die Erstübersetzung Nuancen auf, die man in späteren Ausgaben vermißt. Ein markantes Beispiel hierfür ist der Schlußsatz. In Der verteufelte Herr Engel heißt es: »›Aha, ich sehe schon!‹ sagte Engel und bückte sich nach zwei Haarnadeln, die auf dem Kaminteppich lagen.« In Der Safe mit dem Rätselschloß lautet derselbe Satz: »›Aha, ich sehe schon!‹ sagte Angel und bückte sich nach einer Haarspange, die auf dem Kaminteppich lag.« – Der Roman wurde zweimal verfilmt: 1919 unter dem Titel → *Angel Esquire* und 1964 als → *Die Gruft mit dem Rätselschloß.*

ANGEL ESQUIRE (FILM)
(Inspektor Angel)
Kinofilm. *England 1919. Produktion: Gaumont. Regie: Will P. Kellino. Buch: George Pearson nach dem Roman Angel Esquire von Edgar Wallace. Darsteller: Aurele Sydney (Jimmy), Gertrude McCoy (Kathleen Kent), Dick Webb (Inspektor Angel), W. T. Ellwanger (Spedding), Cecil du Gue (Real), George Traill (Connor), Florence Nelson (Mrs. Real).*

Inhalt: Der Spielhöllenbesitzer Real ergaunerte mit seinen Kumpanen Connor, Massay und Jimmy durch manipulierte Roulettetische ein Vermögen von zwei Millionen Pfund. Real, nunmehr ein weißhaariger Greis und vom Tod gezeichnet, hat in London eine bunkerartige Villa mit einbruchsicherem Safe errichten lassen und das Geld darin versteckt. Er verfaßt ein Testament, in dem er verschiedene Personen als Erben einsetzt, die jedoch einen Code entschlüsseln müssen, um an das Geld heranzukommen. Eine dieser Personen ist Kathleen Kent, die Tochter eines Mannes, der einst sein gesamtes Vermögen an Reals Spieltischen verlor. Ein schmutziges Ränkespiel beginnt. Real

Angel Esquire:
Dick Webb, Gertrude McCoy, George Traill

wird erstochen, Kathleen Kent entführt, und nicht nur Reals Sekretär William Spedding, sondern auch Inspektor Angel interessiert sich für den geheimnisvollen Safe.

Anmerkung: Dieser Film wurde in Deutschland nicht aufgeführt.

ANGEL OF TERROR, THE
Kriminalroman. *Originalausgabe: Hodder & Stoughton, London 1922. Deutsche Erstveröffentlichung: Der Engel des Schreckens. Übersetzung:* → *Fritz Pütsch. Wilhelm Goldmann Verlag, Leipzig 1931. Neuausgabe: Wilhelm Goldmann Verlag, München 1953. Taschenbuchausgabe: Wilhelm Goldmann Verlag, München 1958 (= Goldmann Taschen-KRIMI 136). Weitere Taschenbuchauflagen im Wilhelm Goldmann Verlag: 1973, 1975, 1977, 1978, 1982, 1989. Jubiläumsausgabe im Wilhelm Goldmann Verlag: 1990, 2000 (= Band 14). Neuübersetzung: Mechthild Sandberg. Scherz Verlag, Bern, München, Wien 1986 (= Scherz Krimi 1056). Neuauflage: 1988.*

Inhalt: Jim Meredith muß bis zu seinem 30. Geburtstag verheiratet sein, sonst fallen die Me-

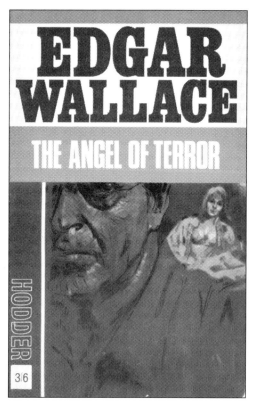

redith-Millionen an seine geldgierige Kusine Jean Briggerland. Kurz vor Ablauf der Frist wird Jim wegen Mordes an einem Mr. Bulford zu langjähriger Gefängnishaft verurteilt. Die Anwaltsfirma Rennett & Rennett will Jim helfen und kann es arrangieren, daß Jim in letzter Minute die Journalistin Lydia Beale heiraten kann. Doch noch vor der Hochzeitsnacht ist sie Witwe. Jack Glover, ein Mitarbeiter bei Rennetts, macht sich zur Aufgabe, Lydia zu beschützen. Doch die Intrigen der Jean Briggerland und ihrer Verbündeten sind fein und weit gesponnen. Auch in Südfrankreich, wo sich Lydia erholen will, droht ihr ein Anschlag, vor dem Jack sie nur im letzten Moment bewahren kann.

Anmerkungen: Der Roman erschien in den USA unter dem Titel *The Destroying Angel*. – Er wurde 1963 verfilmt unter dem Titel → *Ricochet*.

ANGST, RICHARD
* 23.07.1905 Zürich,
† 01.08.1984 *(ohne Angabe)*

Angst war **Kameramann** bei → *Die seltsame Gräfin* (1961), → *Der schwarze Abt* (1963) und → *Die Gruft mit dem Rätselschloß* (1964).

Der Sohn eines Schweizers und einer Deutschen besuchte die Oberrealschule und die Handelsschule in Pforzheim. 1923 wurde der begeisterte Skifahrer und Bergsteiger von Kameramann Sepp Allgeier entdeckt und als Assistent bei Arnold Fancks Bergfilmen beschäftigt. 1926 Teilnahme an Bernhard Villiugces Filmexpedition nach Spitzbergen; bei der der Film *Milak, der Grönland-Jäger* gedreht wurde. Angst avancierte neben Allgeier und Hans Schneeberger zu einem von Fancks Stamm-Kameramännern und war u.a. bei den Filmen *Die weiße Hölle vom Piz Palü* (1929), *Stürme über dem Montblanc* (1930), *Der weiße Rausch* (1930/31), *S. O. S. Eisberg* (1932/33) und *Der ewige Berg* (1933/34) beteiligt. Mitte der 30er Jahre Teilnahme an Expeditionen nach dem Himalaja und nach Borneo. Mit Fanck drehte er in *Japan Die Tochter des Samurai* (1936). Ab 1939 wieder in Deutschland. Dort arbeitete er u.a. bei der Terra-Film mit Hans Steinhoff und fotografierte z.B. *Die Geierwally* (1940) und den für sein kongeniales Hell-Dunkel berühmten *Rembrandt* (1941/42). In Berlin ausgebombt, bannte er für Leopold Hainisch in Tirol die Heimatfilme *Ulli und Marai* (1944/45)

und *Erde* (1946/47) auf Zelluloid sowie für den Amerikaner Irving Allen den Matterhorn-Spielfilm *High Conquest* (1946/47). 1948 drehte er in den Niederlanden, danach u.a. vier von Harald Brauns ambitionierten Problemfilmen (zuerst *Der fallende Stern*, 1950) und zwischen 1951 und 1967 zwölf von Kurt Hoffmanns Unterhaltungsfilmen (zuerst *Fanfaren der Liebe*, 1951). Auch für Fritz Lang (*Der Tiger von Eschnapur* und *Das indische Grabmal*, beide 1958/59) und Robert Siodmak (*Kampf um Rom*, 2 Teile, 1968) wurde er tätig. Ende der 60er Jahre zog er sich vom Film zurück und betrieb in Berlin ein Kneipen-Restaurant. Zwei Jahre war er Dozent für Kamera an der Hochschule für Fernsehen und Film in München. – Auszeichnung: Filmband in Gold für langjähriges und erfolgreiches Wirken im deutschen Film (1971).

Weitere Filme (Auswahl): *Eine kleine Nachtmusik* (1939), *VI. Olympische Winterspiele Oslo 1952* (Dokumentarfilm, 1952), *Borneo – Insel der Schönheit, Leidenschaft und Dämonie* (Dokumentarfilm, 1952), *Vater braucht eine Frau* (1952), *Hokuspokus* (1953), *Der erste Kuß* (1954), *Drei Männer im Schnee* (1955), *Der letzte Mann* (1955), *Ich denke oft an Piroschka* (1955), *Das Wirtshaus im Spessart* (1957), *Petersburger Nächte* (1958), *Wir Wunderkinder* (1958), *Peter schießt den Vogel ab* (1959), *La Paloma* (1959), *Herrin der Welt* (2 Teile, 1959/60), *Via Mala* (1961), *Ramona* (1961), *Das Geheimnis der schwarzen Koffer* (1961/62), *Axel Munthe, der Arzt von San Michele* (1962), *Sherlock Holmes und das Halsband des Todes*

Richard Angst

(1962), *Frühstück im Doppelbett* (1963), *Schloß Gripsholm* (1963), *Der Henker von London* (1963), *Das Phantom von Soho* (1963/64), *Das 7. Opfer* (1964), *Dr. med. Hiob Prätorius* (1964), *Spione unter sich* (1965), *Heidi* (1965), *Ferien mit Piroschka* (1965), *Hokuspokus* (1965/66), *Liselotte von der Pfalz* (1966), *Herrliche Zeiten im Spessart* (1967), *Rheinsberg* (1967), *Das ausschweifende Leben des Marquis de Sade* (1968), *Die Hochzeitsreise* (1969).

ANN, ANNIE
→ Darsteller

ANSCHLUSSFEHLER
(Goofs)

Wenn die Regieassistenz oder das Script-Girl nicht konzentriert arbeiten, kommt es vor, daß innerhalb einer Szene der Hintergrund, der identisch bleiben muß, Unterschiede aufweist. Solche Anschlußfehler, auch Goofs genannt, fallen aufgrund des schnellen Ablaufs der Szene meist nicht auf. Man unterscheidet jedoch verschiedene Arten von Goofs: belanglose, wenn etwa ein Mikrofon ins Bild gerät oder beim Gegenschnitt etwas vertauscht wird, und dramatische, wenn gröbere Fehler den Handlungsablauf stören und den Zuschauer irritieren.

Der übelste Anschlußfehler innerhalb der Wallace-Serie findet sich in dem Film → *Der Bucklige von Soho*: Hier erkennt → Sir John (→ Siegfried Schürenberg) auf einem Foto nicht Wanda Merville (→ Monika Peitsch), obwohl er ihr im Mädchenheim persönlich begegnet war. → *Das Geheimnis der grünen Stecknadel* birgt einen ähnlich gravierenden Fauxpas: Bascombe (→ Günther Stoll) nimmt im Hyde-Park Brenda (Claudia Butenuth) und seine Tochter Solange (Camille Keaton) mit dem Auto mit. Anschließend ist er im Yard und meldet Solange als vermißt. Zahlreicher sind die Beispiele für »einfache« Goofs, von denen eine Auswahl vorgestellt werden soll (ohne Anspruch auf Vollständigkeit; auf die Nennung von Szenen mit schlechter Maske, Betonwänden aus Pappe u.a.m. wurde verzichtet):

In → *Der Frosch mit der Maske*: Als neben Richard Gordon (→ Joachim Fuchsberger) ein Messer in den Baum fliegt, können die Zuschauer einen Nylonfaden erkennen. In → *Der Rächer* hält sich Michael Brixan (→ Heinz Dra-

che) allein im Salon auf. Neben ihm steht ein gedeckter Tisch. Als sich das Zimmer dann plötzlich verdunkelt, ist der Tisch verschwunden. – In → *Die toten Augen von London*: Als man die Leiche von Gordon Stuart (→ Hans Paetsch) aus dem Wasser zieht, ist auf einem Gebäude ein deutscher Schriftzug zu lesen. In → *Die seltsame Gräfin*: Beim Balkon-Sturz (von außen gesehen) nimmt Butler Addams (→ Reinhard Kolldehoff) Margaret Reddles (→ Brigitte Grothum) Beine mit der rechten Hand; sein linker Arm umfaßt ihre Hüfte. Dann Schnitt (Sturz von innen gesehen): Nun hält er ihre Beine mit der linken Hand, und sein rechter Arm befindet sich hinter ihrem Rücken. – In → *Der Zinker* sitzen Reporter Harras (→ Eddi Arent) und Sir Geoffrey Fieldings Sekretärin im Chef-Büro und »fußeln«, während Sir Geoffrey (→ Siegfried Schürenberg) im Zimmer auf- und abgeht und einen Vortrag hält. Trotz seines Herumwanderns lugen Fieldings Beine unter seinem Schreibtisch hervor. – In → *Der schwarze Abt*: Der Schuß, der den Anwalt Arthur Gine (→ Harry Wüstenhagen) tötet, kommt aus dem Zielfernrohr. Im Büro von Anwalt Gine liegt beim Eintreten von Mary Wenner (→ Eva Ingeborg Scholz) und dann von Gilder (→ Werner Peters) ein Buch auf dem Tisch. Während der Unterhaltung wechselt das Buch seinen Platz, obwohl es niemand berührt haben kann. – In → *Das indische Tuch* setzt sich zu Beginn des Diavortrags Anwalt Tanner (→ Heinz Drache) seine Brille auf. Dann kommt Sir Henry Hockbridge (→ Siegfried Schürenberg) ins Bild, beginnt zu reden, und Anwalt Tanner setzt sich die Brille ein zweites Mal auf. – In → *Die Gruft mit dem Rätselschloß* sitzen bei einem Essen Connor (→ Ernst Fritz Fürbringer), Kathleen Kent (→ Judith Dornys), Ferry Westlake (→ Eddi Arent) und weitere Personen um einen Tisch. Dabei variiert die Füllung des Glases von Connor zwischen fast leer und halbvoll. – In → *Der Hexer* (1964) wirft Maurice Messer (→ Jochen Brockmann) seinen Stockdegen hinter die Wandverkleidung.

Danach wird er mit demselben Degen erstochen, obwohl niemand ihn wieder hervorgeholt hat. – In → *Der Bucklige von Soho*: Während der Flammenwerfer in der Folterkammer auf Wanda Merville (→ Monika Peitsch) zusteuert, spiegelt sich die Flamme in einer Glasscheibe. Dasselbe geschieht später nochmals,

als der Reverend (→ Eddi Arent) auf dem Folterstuhl sitzt. Als Wanda Merville im Bootshaus von Mrs. Tyndal (→ Gisela Uhlen) bewacht wird, steht neben Mrs. Tyndal eine Keksdose. Nachdem Wanda das Bootshaus durchstöbert und die Leiche entdeckt hat, befindet sich die Dose plötzlich an anderer Stelle. – In → *Das Geheimnis der weißen Nonne* wird beim Finale ein Schmelztiegel umgeworfen. Als Livia Emberday (→ Cathleen Nesbitt) ihren Sohn Luke (James Gulliford) erschießt, steht der umgefallene Schmelztiegel wieder an seinem Platz. – In → *Der Hund von Blackwood Castle*: Grimsby (Arthur Binder) melkt die Schlange, präpariert mit ihrem Gift die falschen Zähne und steckt sie dem Hund ins Maul. Während er die falschen Zähne auf die echten steckt, hat er plötzlich einen Ring am Finger. – Am kuriosesten mag folgender Goof sein: Wenn John Alexander (→ Klaus Kinski) in → *Das Gesicht im Dunkeln* durch London schlendert, ist sein Kopf unbedeckt, doch wenn er seine Drinks in diversen Bars einnimmt, hat er einen Hut auf. Schließlich gibt es noch eine dritte Art von Goofs, nämlich Szenen, die man aus anderen Filmen kopierte.

Aufmerksame Zuschauer können zwar die des öfteren verwendeten touristischen Londonszenen tolerieren, empfinden jedoch Szenen, die aus anderen Streifen übernommen wurden, als störend, weil sie die vom Unterhaltungsfilm vermittelte Illusion zerstören. Das übelste Beispiel hierfür liefert → *Der Hexer* (1964). Hier wurde die London-Szene mit Finch (→ Eddi Arent) aus → *Der Zinker* wiederverwendet, und für die Landung des Flugzeugs von Cora Ann Milton (→ Margot Trooger) aus Australien hat man Szenen aus dem Rialto/Constantin-Film *Wartezimmer zum Jenseits* benutzt, der im Frühjahr 1964 u.a. in London gedreht worden war. – In → *Der Mönch mit der Peitsche* wurde eine Schlangenszene aus → *Die blaue Hand* wiederverwendet. – In → *Das Gesicht im Dunkeln* ist der Theaterausgang (Theater des Westens in Berlin) derselbe wie in → *Der Mann mit dem Glasauge*.

ANSCOMBE, RONALD
→ Kameramänner

ANSTEEN, MARY
(Lebensdaten unbekannt)

Sie war Schankwirtin in einer Teestube, in der sich Edgar Wallace im Alter von 12 Jahren aufwärmte. Bald wuchs eine Freundschaft zwischen ihnen, denn beide waren von der Schauspielkunst begeistert. Marys Mann war Bühnenarbeiter am Gaiety Theater und besorgte ihnen oft Freikarten. Eine zweite Leidenschaft, die ihm Mary Ansteen vermittelte, war die Literatur; sie besorgte Leihbücher, die sie gemeinsam lasen. Erste Erfahrungen in einer dritten Leidenschaft, der Sexualität, waren so unerspießlich, daß sich Wallace zunächst mit Theater und Literatur begnügte. Als er später nach → Afrika ging, schrieb er regelmäßig an Mary, um sie über sein Leben auf dem laufenden zu halten.

ANTHES, EVA
→ Elftraud von Kalckreuth

ANTON, KARL
* 25.10.1898 Prag, † 02.04.1979 Berlin
Anton war **Regisseur** von → *Der Rächer* (1960). Der Sohn eines Medizinprofessors besuchte in Prag eine Klosterschule. Sein künstlerisches Interesse belegen Experimente mit einer Tonfilmapparatur. Erste Engagements als Schauspieler erhielt er in Wien, Linz und Prag. Während des Ersten Weltkriegs assistierte er dem Regisseur → Carl Lamac und dem Kameramann Otto Heller bei Dokumentaraufnahmen. Mit seinem Regie-Debüt *Cikni* (1921) und mit *Pohadka maje* (1926) begründete er die Tradition des poetischen tschechischen Films. Anton stellte in eigenen Produktionsfirmen Dokumentarfil-

Karl Anton

me her und adaptierte mit einem festen Mitarbeiterstab amerikanische Grotesken und tschechische Volksromane. Der Beginn des Tonfilms erweiterte seinen Aktionsradius. In Prager Studios entstand *Ein Mädel von der Reeperbahn* (1930). Anton knüpfte Kontakte mit Paramount, für die er in Prag und Joinville deutsche und französische Versionen amerikanischer Filme herstellte. Bis Mitte der 30er Jahre drehte er in Paris Boulevardfilme, meist mit Edwige Feuillère als Hauptdarstellerin. Ab 1936 arbeitete er in Berlin, wo er für die Tobis aufwendige Revuen wie *Wir tanzen um die Welt* (1939) oder *Stern von Rio* (1939/40) und elegante Kriminalkomödien mit Viktor de Kowa wie *Die Sache mit Styx* (1941/42) oder *Peter Voß, der Millionendieb* (1943–45) inszenierte. Nach dem Krieg verlegte er sich auf das Kopieren erfolgreicher Vorkriegsfilme, etwa der Operettenfilme *Die Rose von Stambul* und *Der Vetter von Dingsda* (beide 1953), die jedoch ebenso wie das Schünzel-Remake *Viktor und Viktoria* (1957) weder an den Erfolg noch an die Qualität der Vorbilder herankamen. 1955 spielten Caterina Valente und Peter Alexander in Karl Antons Musikfilm *Bonjour Kathrin*.

Weitere Filme (Auswahl): *Der Fall des Generalstabs-Oberst Redl* (1931), *Die nackte Wahrheit* (1931), *Immer nur Du* (1941), *Man müßte Klavier spielen können* (1941), *Die große Nummer* (1943), *Die Wirtin zum Weißen Rößl* (1943), *Der große Fall* (1949), *Verlobte Leute* (1950), *Der Weibertausch* (1952), *Von Liebe reden wir später* (1953), *Erlebnis einer Nacht* (1930), *Clivia* (1954), *Die Christel von der Post* (1956), *Der kühne Schwimmer* (1957).

AQUARIUM (BERLIN)

Im Aquarium des Berliner Zoos entstanden Aufnahmen zu den Wallace-Filmen → *Der Fluch der gelben Schlange* und → *Der Mönch mit der Peitsche*. Das Aquarium wurde 1869 von Alfred Brehm gegründet und ist seit 1910 mit dem Zoologischen Garten in der Budapester Straße verbunden, auf dessen Gelände das Gebäude des Aquariums 1913 eingeweiht wurde. 1944/45 fiel es dem Krieg zum Opfer. 1952 wurde das Erdgeschoß mit der Süß- und Meerwasserabteilung wiedereröffnet. Heute werden auf drei Stockwerken nach neuesten wissenschaftlichen Erkenntnissen über 8.500 Tiere in über 1.300 Arten präsentiert. Das Aquarium mit seinen seltenen Fisch- und Krokodilarten, mit Riesenschildkröten, Schlangen, Echsen und Insekten ist einmalig in Europa. Im Film *Der Fluch der gelben Schlange* treffen sich Clifford Lynn (→ Joachim Fuchsberger) und Joan Bray (→ Brigitte Grothum) im Aquarium. Eine zentrale Rolle spielt das Aquarium in *Der Mönch mit der Peitsche*. Hier dient es dem Gangsterboß als Schlupfwinkel. Nebenbei kann man in diesem Film Krokodile, Schildkröten und Schlangen bewundern. Der damalige Zoodirektor → Werner Schröder war bei den Dreharbeiten anwesend und betreute die Tiere, die für die jeweiligen Szenen benötigt wurden.

ARBEITSTIER

Edgar Wallace schrieb mehr als 150 Romane, 40 Bühnenstücke, Hunderte von Zeitungsartikeln, Kurzgeschichten und Kritiken und führte bei mehreren Verfilmungen Regie. In den 20er Jahren stammte jedes vierte in England verkaufte Buch von Wallace. Sein Arbeitsstil hatte etwas Besessenes: Nachdem er die ersten ca. 1.500 Wörter zur Beschreibung der Hauptcharaktere fertiggestellt hatte, verbrachte Wallace Tag und Nacht in seinem Arbeitszimmer. Alle halbe Stunde trank er eine frische Tasse stark gesüßten Tees, rauchte ununterbrochen Zigaretten und sprach währenddessen rund 3.000 Wörter in sein Diktiergerät. Sobald der Text des neuen Werkes auf Band war, mußte sich sein persönlicher Sekretär → Robert Curtis um den Rest, speziell um die Ausmerzung von Ungereimtheiten kümmern, denn der Meister selbst hatte längst ein neues Projekt im Kopf.

ARDEN, ROBERT
* 11.12.1922 London
Englischer Schauspieler. Er verkörperte den Hunter in → *Todestrommeln am großen Fluß* (1963).
Arden wuchs in New York auf. 1940 kehrte er nach London zurück und begann im Alter von 16 Jahren eine Karriere als Schlagersänger. Nach kurzem Militäreinsatz bekam er seine erste Filmrolle in *2000 Frauen* (1944). Nach dem Krieg arbeitete er weiter als Sänger und Filmschauspieler sowie bei Funk und Fernsehen. Eine gescheiterte Hollywood-Karriere brachte ihn in seine Heimatstadt London zurück. Hier spielte er von nun an Theater, machte Hörfunk und übernahm viele Film- und Fernsehrollen.

Weitere Filme (Auswahl): *Der Mann aus Marocco* (1946), *Herr Satan persönlich!* (1955), *Ein König in New York* (1957), *Bermuda Affair* (1958), *Ragtime* (1981), *Condorman* (1981), *Barbaras Baby – Omen III* (1981), *Handlanger des Todes* (TV, 1984), *Ed Murrow – Reporter aus Leidenschaft* (TV, 1986), *D.A.R.Y.L. – Der Außergewöhnliche* (1986), *Der Kleine Horrorladen* (1987), *Agent ohne Namen* (1988).

ARENT, EDDI

05.05.1925 Danzig;
eigentlicher Name: Gebhard Arendt.
Deutscher Schauspieler. Seit 1959 einer der häufigsten Darsteller in den deutschen Edgar-Wallace-Produktionen.
Nach bestandenem Abitur nahm Arent Unterricht an der Schauspielschule des Danziger Staatstheaters, bis die Einberufung zum Militärdienst seine Ausbildung jäh beendete. Bei Kriegsende landete er in der französisch besetzten Zone und gründete dort das Kabarett »Der Widerspiegel«, mit dem er jahrelang auf Tournee durch ganz Westdeutschland ging. Altmeister Werner Finck holte ihn an sein eigenes Kabarett »Die Mausefalle« nach Stuttgart; von dort gelang Arent der Sprung an Michael Burks Münchner Kleinkunstbühne »Die Zwiebel«. Hier entdeckte ihn Regisseur Geza von Radvany und gab ihm eine Tagesrolle im Film *Der Arzt von Stalingrad* (1958). Radvany war von dessen Komik und Spielfreude so begeistert, daß Arent von der → Constantin Film einen mehr-

jährigen Vertrag erhielt und in etlichen Filmlustspielen mitwirkte. Wichtig für Arent wurde die Wallace-Verfilmung → *Der Frosch mit der Maske* (1959). Entgegen dem Wunsch → Joachim Fuchsbergers, für die Rolle des Butlers Harald Juhnke zu engagieren, insistierte der Constantin-Produktionschef → Gerhard F. Hummel auf Arent, dessen Talent er erkannte. Diese Rolle verhalf ihm zum Durchbruch. Arent spielte danach noch in weiteren 22 Wallace-Filmen: als Sergeant in → *Der rote Kreis* (1959), als Polizeifotograf in → *Die Bande des Schreckens* (1960), als Sergeant in → *Der grüne Bogenschütze* (1960/61) und in → *Die toten Augen von London* (1961), als Nachbar in → *Der Fälscher von London* (1961), als junger Lord in → *Die seltsame Gräfin* (1961), als »Todesbutler« in → *Das Rätsel der roten Orchidee* (1961/62), als Kriminalassistent in → *Die Tür mit den 7 Schlössern* (1962), als Student in → *Das Gasthaus an der Themse* (1962), als Reporter in → *Der Zinker* (1963), als Kriminalassistent in → *Der schwarze Abt* (1963), als Butler in → *Das indische Tuch* (1963), als Polizeiarzt in → *Zimmer 13* (1963), als Anwalt in → *Die Gruft mit dem Rätselschloß* (1964), als Sekretär in → *Der Hexer* (1964), als Tourist in → *Das Verrätertor* (1964), als Sekretär in → *Neues vom Hexer* (1965), als Butler in → *Der unheimliche Mönch* (1965), als Priester in → *Der Bucklige von Soho* (1966), als Safeknacker in → *Das Geheimnis der weißen Nonne* (1966). In den Wallace-Filmen → *Der Fluch der gelben Schlange*

**Eddi Arent: 1. Dreharbeiten *Der Frosch mit der Maske* •
2. Dreharbeiten *Das Geheimnis der weißen Nonne* • 3. Dreharbeiten *Das Verrätertor***

(1962/63) und → *Das Rätsel des silbernen Dreieck* (1965/66) übernahm er die Rollen des Antiquars bzw. des Buchhalters. In den Rialto-RTL-Wallace-Filmen → *Die Katze von Kensington* (1995), → *Das Karussell des Todes* (1995) und → *Der Blinde* (1995) spielte er den pensionierten Flatter, der die Marotte hat, auf eine Art und Weise zu dichten, daß Inspektor Higgins und Detektiv Lane vor ihm die Flucht ergreifen und das Publikum dankbar ist, wenn der Film zu Ende geht. In den fünf weiteren Rialto-RTL-Wallace-Filmen → *Das Haus der toten Augen* (1997/98), → *Die unheimlichen Briefe* (1997/98), → *Die vier Gerechten* (1997/98), → *Whiteface* (1997/98) und → *Das Schloß des Grauens* (1997/98) übernahm Arent den Part des Scotland-Yard-Chefs Sir John. Seine Darbietung ist so dilettantisch, daß man sich nach der Schauspielkunst → Siegfried Schürenbergs zurücksehnt. Populär wurde Arent ferner durch die Rolle des Lord Castlepool in den Karl-May-Verfilmungen *Der Schatz im Silbersee* (1962), *Winnetou 2. Teil* (1964) und *Winnetou und Shatterhand im Tal der Toten* (1968). Auch für *Winnetou 1. Teil* (1963) war Arent als Lord Castlepool vorgesehen, wurde aber auf Intervention von → Horst Wendlandt, der nicht zu Unrecht befürchtete, daß zuviel Arent für das Publikum zuviel sei, durch einen von Chris Howland verkörperten Reporter ersetzt.

Weitere Filme: *Das haut einen Seemann doch nicht um* (1958), *Der Sündenbock von Spatzenhausen* (1958), *Kleine Leute – mal ganz groß* (1958), *Mikosch im Geheimdienst* (1959), *Ein Sommer, den man nie vergißt* (1959), *Stahlnetz – Verbrannte Spuren* (TV, 1960), *Schlagerparade* (1960), *Musik ist Trumpf* (1960), *So liebt und küßt man in Tirol* (1961), *Wenn die Musik spielt am Wörthersee* (1962), *Das Geheimnis der schwarzen Witwe* (1963), *Die Liebesquelle* (1966), *Maigret und sein größter Fall* (1966), *Feuer frei auf Frankie* (1967), *Mr. Dynamit – Morgen küßt euch der Tod* (1967), *Ich spreng euch alle in die Luft* (1968), *Ich betone – oben ohne!* (= *Das Go-Go-Girl von Blow up*, 1969), *Hilfe, ich liebe Zwillinge* (1969), *Wenn du bei mir bist* (1970), *Das gelbe Haus am Pinnasberg* (1970), *Nachbarn sind zum Ärgern da* (1970) *Hurra, unsere Eltern sind nicht da* (1970), *Wer zuletzt lacht – lacht am besten* (1971), *Kompanie der Knallköppe* (1971), *Hilfe, die Verwandten kommen* (1971), *Kinderarzt Dr. Fröhlich* (1972), *Immer Ärger mit Hochwürden* (1972), *Grün ist die Heide* (1972), *Blau blüht der Enzian* (1973), *Unsere Tante ist das Letzte* (1973), *Alter Kahn und junge Liebe* (1973), *Das Wandern ist Herrn Müllers Lust* (1973), *Der Geheimnisträger* (1975), *Lady Dracula* (1977), *Himmel, Scheich und Wolkenbruch* (1978), *Räuber und Gendarme* (TV, 1978), *Harald und Eddi* (TV-Serie, 1987),

Interview-Zitate: Anläßlich der Fernsehaufführung der Wallace-Filme erklärte Arent: »Sie haben soviel Spaß gemacht, daß ich die Serie sofort nochmal machen würde. Damals stimmte die Gage, und die Arbeit machte viel Spaß. Ich stehe heute noch voll und ganz zu den Wallace-Filmen.« (Funk Uhr).

Eddi Arent: 1. Dreharbeiten *Zimmer 13* • 2. mit Ilse Petri • 3. Portrait mit Autogramm für den Autor

Eddi Arent: 1. Dreharbeiten *Der schwarze Abt* • 2. Arents erster Film *Der Arzt von Stalingrad* • 3. Dreharbeiten *Die Bande des Schreckens*

Während der Dreharbeiten zu → *Das Verräter-tor* äußerte sich Arent zu seiner besonderen Form des englischen Humors: »Die Tatsache, daß er offensichtlich ankommt, läßt mich hoffen, und ist für mich ein Anzeichen, daß für Komik bessere Zeiten in Deutschland anbrechen. Eines möchte ich vor allem ganz klar zum Ausdruck bringen: Ich liebe mein Publikum. Ich bin stets geneigt, ihm recht zu geben. Wenn man ihm Wasser vorsetzt, trinkt es Wasser, wenn man ihm Wein gibt, wird es den Wein trinken. Das Publikum ist immer so schlecht wie die Filme, die man ihm anbietet. Es ist ein Teil meiner Filmarbeit, die Publikums-Reaktionen genau zu studieren. Ich schaue mir meine eigenen Filme immer wieder an und in verschiedenen Städten mit verschiedenem Publikum. Allmählich weiß ich, was ankommt und was nicht. ... Kürzlich erkannte mich ein älteres Ehepaar im Kino und sagte: ›Also, Herr Arent, man merkt richtig, daß Ihnen das Komischsein Spaß macht!‹ Natürlich habe ich mich über diese Äußerung gefreut. Aber auf der anderen Seite ist mir auch klar geworden, wie wenig klar sich die Leute darüber sind, daß es eine harte Arbeit ist, komisch zu sein. Daß eine ungeheure Konzentration dazu gehört.« – Frage: »Sie haben mit Ihrer speziellen persönlichen Note den Stil der deutschen Edgar-Wallace-Filme entscheidend mitgeprägt. Weshalb suchten Sie sich nun gerade Krimis, Thriller aus, um sie komisch anzureichern?« – Antwort: »Weil ich finde, daß gerade Edgar Wallace Komik dieser Art braucht. Er hat die angenehme Eigenschaft, sich selbst und seine Stories nicht tierisch ernst zu

nehmen. Hier habe ich den idealen Boden für meine persönliche komische Note gefunden, hier kann ich, wie in dem Krimi ›Das Verräter-tor‹, unterspielen. Das liegt mir am meisten.«
Wußten Sie, daß Eddi Arent 1963 unter seinem Namen Gebhard Arendt Titelschutz für eine Filmkomödie beantragte? Der Streifen mit dem Titel *Die Musterfamilie* schildert die haarsträubenden Erlebnisse Balduin Meiermanns, der in einem Preisausschreiben ein Fertighaus gewinnt – vorausgesetzt, er schafft es, mit seiner Familie ein Jahr lang vorbildlich darin zu leben.

ARGYLE, JOHN
→ Produzenten

ARKOFF, SAMUEL Z.
→ Produzenten

ARNA, LISSY
→ Darsteller

ARNOLD, MALCOLM
→ Komponisten

ARRI STUDIO
In diesem Münchner Studio entstanden die Wallace-Filme → *Der Rächer* (1960) und → *Die Schokoladen-Schnüffler* (1985)
1917 gründeten August Arnold und Robert Richter die filmtechnische Firma Arri und begannen mit der Entwicklung und Fertigung der ersten Arriflex-Filmkameras. Damit nahm die Erfolgsgeschichte der mit inzwischen neun Oscars ausgezeichneten Firma ihren Lauf. Hinzu

25

kamen das Arri-Kopierwerk mit Entwicklungsmaschinen aus eigener Fertigung, zwei Ateliers für Film- und TV-Produktionen, Arri Rental für den Verleih von Filmkameras, Licht- und Bühnenequipment. Komplettiert wurde das Angebot schließlich durch Dienstleistungen für die analoge und digitale Bild- und Tonbearbeitung von Werbe-, TV- und Kinofilmen.

A.S. DER UNSICHTBARE
→ THE VALLEY OF GHOSTS

ASHER, IRVING
→ Produzenten

ASHLEY, HELMUTH
* 17.09.1919 Wien
Österreichischer Kameramann und Regisseur. Er inszenierte den Wallace-Film → *Das Rätsel der roten Orchidee* (1961/62).
Ashley wurde als Sohn einer österreichischen Offiziersfamilie in Wien geboren. Eine frühe Typhuserkrankung zwang ihn, das Gymnasium in der 6. Klasse zu verlassen. Während der Genesungszeit geriet er als Volontär in ein Foto-

Helmuth Ashley

atelier. Das brachte ihn auf den Gedanken, die traditionsreiche Wiener Graphische Staatslehr- und Versuchsanstalt zu absolvieren, aus der Meister wie Franz Planer und Georg Bruckbauer hervorgingen. Mit dem Abschlußzeugnis ging Ashley 1938 nach Berlin, wo er, kaum angekommen, zur Wehrmacht eingezogen wurde. Als ausgebildeter Fotograf wurde er zu Beobachtungsflügen eingesetzt. Doch schon 1942 war er wieder Zivilist und hielt Einzug in die Berliner Ateliers. Bei dem Altmeister der deutschen Filmkunst, Carl Hoffmann, wurde er Kameraassistent. Später wurden auch Ekkehard Kyrath, Kurt Schulz und vor allem Oskar Schnirch und G. W. Pabst seine Lehrmeister. Nach 33 Spielfilmen, die er als selbständiger Kameramann betreute, wechselte er in dem Heinz-Rühmann-Film *Das schwarze Schaf* (1960) ins Regiefach. Das verdankte er Rühmann selbst, der Ashleys Arbeiten als Kameramann schätzte und ihn vorschlug, weil der vorgesehene Regisseur Axel von Ambesser nicht zur Verfügung stand. Die Nachkriegszeit sah Ashley zunächst ein Jahr bei der Wochenschau

»Welt im Bild«. Nach *Das schwarze Schaf*, seinem ersten Film bei der Bavaria, gab ihm Produzent Utz Utermann eine Chance für den Spielfilm *Mörderspiel* nach dem gleichnamigen Kriminalroman von Max Pierre Schaeffer. Danach erkannte man auch bei der → Constantin Film sein Talent. Produktionschef → Gerhard F. Hummel gab ihm den Regieauftrag für den Wallace-Film → *Das Rätsel der roten Orchidee*. Mit Präzision und Geschick für das Metier lieferte Ashley einen Krimi, der sich zwar dramaturgisch in die von Hummel kreierte Serie einfügte, aber trotzdem eine Sonderstellung darin einnimmt. So ist es zu bedauern, daß Ashley nach Differenzen mit → Horst Wendlandt für keinen weiteren Wallace-Film zur Verfügung stand. Immerhin lieferte Ashley mit *Die Rechnung eiskalt serviert* (1966) den wohl besten Streifen in der Schwarzweißära der Jerry-Cotton-Serie. Bevor Ashley sich endgültig vom Kinofilm verabschiedete und zum Konkurrenten Fernsehen wechselte, inszenierte er den Spielfilm *Weiße Fracht für Hongkong*

(1964). Beim Fernsehen war er u.a. für die Serien *Derrick*, *Der Alte*, *Der Kommissar*, *Das Kriminalmuseum* und *Die fünfte Kolonne* verantwortlich.

ATTAQUE DU FOURGON POSTAL, L'
Französischer Titel der Koproduktion → *Zimmer 13*.

ATTEMPT TO KILL
(Mordversuch)
Kinofilm. *England 1961. Produktion: Merton Park. Produzent: Jack Greenwood. Regie: Royston Morley. Buch: Richard Harris nach dem Roman The Lone House Mystery von Edgar Wallace. Kamera: Bert Mason. Bauten: Peter Mullins. Ton: Roy Norman, Sidney Rider und Ronald Abbott. Darsteller: Derek Farr (Inspektor Minter), Tony Wright (Gerry Hamilton), Richard Pearson (Frank Weyman), Freda Jackson (Mrs. Weyman), Patricia Mort (Elisabeth Gray), J. G. Devlin (Elliott), Clifford Earl (Sergeant Bennett), Denis Holmes (Fraser), Alan Jeyes,*

Attempt to Kill: **Richard Person (Mitte)**

27

Grace Arnold, Trevor Reid, France Bennett. Länge: 57 Minuten.

Inhalt: Frank Weyman, ein Geschäftsmann, wird bedroht und entgeht nur knapp einem Mordanschlag. Inspektor Minter von Scotland Yard findet zahlreiche Verdächtige: Da ist Fraser, ein rachsüchtiger ehemaliger Angestellter Weymans, ferner Elisabeth, Weymans Sekretärin und Verlobte, die er in seinem Testament als Erbin eingesetzt hat, Weymans ausgebootete eifersüchtige Ehefrau, Elliot, ein ehemaliger Geschäftspartner, der von Weyman finanziell zugrundegerichtet wurde, und schließlich Hamilton, ein Garagenbesitzer, der in Elisabeth verliebt ist. Als Fraser ermordet wird, erkennt der im Dunkeln tappende Minter, daß Elisabeth und Hamilton ein ausgekochtes Gangsterpärchen sind. Sie hatten Weyman nach allen Regeln der Kunst ausgenommen.

Kritik zum Film: »Derek Farrs einfallsreiche Darstellungskunst und die Drehorte an der Themse sind die einzigen Vorzüge dieses unoriginellen Edgar-Wallace-Thrillers.« (Monthly Film Bulletin, 10/1961)

Anmerkung: Dieser Film wurde in Deutschland nicht aufgeführt.

AUFBAU VERLAG
→ Verlage

AUSLANDSVERTRIEB
Für den Auslandsvertrieb der deutschen Wallace-Filme sorgte zum einen die Constantin-Tochterfirma Export Bischoff & Co (München), die die meisten Wallace-Filme vermarktete, zum anderen die Rialto Film Preben Philipsen (Kopenhagen), die z. B. für → *Der Bucklige von Soho* verantwortlich war.

AVENGER, THE
Kriminalroman. *Originalausgabe: John Long, London 1926. Deutsche Erstveröffentlichung: Der Rächer. Übersetzung:* → *Ravi Ravendro. Wilhelm Goldmann Verlag, Leipzig 1927. Neuausgabe: Wilhelm Goldmann Verlag, München*

1951. Taschenbuchausgabe: Wilhelm Goldmann Verlag, München 1955 (= Goldmann Taschen-KRIMI 60). Weitere Taschenbuchauflagen im Wilhelm Goldmann Verlag: 1958, 1972, 1974, 1976, 1978, 1980, 1982, 1985, 1997. Jubiläumsausgabe im Wilhelm Goldmann Verlag: 1990, 2000 (= Band 57). Neuübersetzung: Edith Walter. Scherz Verlag, Bern, München, Wien 1983 (= Scherz Krimi 921). – Anläßlich des 125. Geburtstages des Autors brachte der → Weltbild Verlag 2000 eine Wallace-Edition heraus. Hier erschien der Roman in einer Doppelausgabe zusammen mit *Der viereckige Smaragd* (→ *The Square Emerald*).

Inhalt: Captain Mike Brixan von Scotland Yard ist an obskure Fälle gewöhnt. Doch diesmal soll er einen regelrechten Kopfjäger dingfest machen. Die Spur führt ihn zu einer Filmgesellschaft, die sich zu Dreharbeiten in einem höchst merkwürdigen Spukhaus in Chichester befindet. In derselben Gegend wohnt der alte Longvale in »Dower House«. Er ist unter dem Spitznamen »der Altmodische« bekannt, weil er stets mit einem vorsintflutlichen Auto unterwegs ist. Zur Nachbarschaft zählt ferner der düstere Großgrundbesitzer und Großwildjäger Gregory Penne. Er ist Säbelspezialist und Eigentümer eines wilden Orang-Utans. Während Brixan sich in die hübsche Statistin Helen Leamington verliebt, büßt ein weiteres Opfer seinen Kopf ein. Es ist der Dramaturg des Filmteams, Lawley Foß. Die anderen Mitglieder der Truppe, wie Regisseur Jack Knebworth, der schöne Hauptdarsteller Reggy Connolly oder die eigenwillige Stella Mendoza, die ihre Rolle an Helen Leamington verliert, bekommen es mit der Angst zu tun. Aber auch Brixan stolpert beinahe in eine tödliche Falle.

Anmerkungen: Die Erstausgabe der Übersetzung von → Ravi Ravendro hatte besondere Kapitelüberschriften, die in späteren Ausgaben entfielen. – Der Roman erschien in den USA unter dem Titel *The Hairy Arm* (Small, Maynard & Co., Boston 1924). Er wurde 1960 verfilmt unter dem Titel → *Der Rächer*.

B

BAAL, KARIN
* 19.09.1940 Berlin;
eigentlicher Name: Karin Blauermel.
Deutsche Schauspielerin. Sie wirkte in drei
Rialto-Wallace-Filmen mit: als Nora Ward in →
Die toten Augen von London (1961), als Jane
Wilson in → *Der Hund von Blackwood Castle*
(1967) und als Herta Rossini in → *Das Geheim-
nis der grünen Stecknadel* (1971).
Nach Beendigung der Schulzeit belegte Karin
Baal Kurse für Graphik und Modezeichnen.
Erst 15 Jahre alt war sie, als Regisseur Georg
Tressler sie unter fast 800 Bewerberinnen zur
Partnerin von Horst Buchholz in dem Film *Die
Halbstarken* (1956) kürte. Presse und Publikum
waren sich einig: Hier war ein schauspielerisches Naturtalent entdeckt worden! Die Berlinerin aus dem Arbeitermilieu, die als Akkord-
löterin ihr Geld verdient hatte, konnte zunächst
mit unkomplizierter Frische sich selbst spielen,
so auch in dem kabarettistischen Film *Wir Kel-
lerkinder* (1960) von Wolfgang Neuss. Bald entsprach sie jedoch nicht mehr dem harmlosen
Teenager-Ideal und erhielt Rollen in drittklas-
sigen Filmen. Erst nach einer Schauspiel- und
Sprachausbildung, die ihren Typ formte, fand
sie wieder Engagements, u.a. auf Bühnen in
Berlin, Zürich und München. Seit 1962 kamen
diverse TV-Auftritte hinzu. Hatte ihr die
Aschenputtelkarriere vom Kellerkind zum
Filmstar schon schwer zu schaffen gemacht, so
flüchtete sie sich in den 70er Jahren vor den ins
Privatleben verdrängten Berufsproblemen zunehmend in den Alkohol. Nach Entziehungs-
kuren fand sie in reißerischen Rollen und Thea-

terauftritten wieder Engagements, bevor der
junge deutsche Film, vor allem Fassbinder, ihre Fähigkeiten für eine zweite Karriere entdeckte. Sie war 1960/61 mit dem Berliner »Boogie-
König« Kalle Gaffkus und 1962–77 mit dem
Schauspieler Helmut Lohner verheiratet. – Anfänglich stand ihr Auftreten als schnoddrige
Berliner Göre in reizvollem Kontrast zur fein-
gliedrigen Blässe ihrer aparten Figur. Sie vermochte es, das rebellische Lebensgefühl der
Rock 'n' Roll-Generation zwischen 1955 und
1960 auszudrücken. Da die Filmindustrie ihre
soziale Herkunft als Belastung interpretierte,
hatte die oberflächlich mit der Französin Marina Vlady verglichene Baal nur selten Gelegenheit, ihre erotische Ausstrahlung positiv auszudrücken. In späterer Zeit konnte sie mehrfach
kraftvolle und zugleich warme, lebensbejahen-
de und erfahrene Frauen verkörpern. Auszeichnungen: Bambi für die beste Nachwuchsdarstellerin (1961), Preis der deutschen Schallplat-
te für Polly in *Die Dreigroschenoper* (1968), Iff-
land-Taler des Berliner Clubs der Theatergän-
ger (1982).
Weitere Filme (Auswahl): *Das Herz von St. Pauli* (1957), *Der eiserne Gustav* (1958), *Der Pauker* (1958), *Das Mädchen Rosemarie* (1959),
Arzt ohne Gewissen (1959), *Bobby Dodd greift
ein* (1959), *So angelt man keinen Mann* (1959),
Der Jugendrichter (1960), *Die junge Sünderin*
(1960), *Und sowas nennt sich Leben* (1961),
Blond muß man sein auf Capri (1961), *So toll
wie anno dazumal* (1962), *Zwischen Schanghai
und St. Pauli* (1962), *Mord am Canale Grande*
(1965), *Ganovenehre* (1966), *Gefundenes Fres-*

Karin Baal

sen (1977), *Berlin-Alexanderplatz* (TV, 1980), *Lili Marleen* (1981), *Lola* (1981), *Rosa Luxemburg* (1986).

BAAS, BALDUIN
→ Darsteller

BACH, VIVI
* 03.09.1939 Kopenhagen;
eigentlicher Name: Vivi Bak.
Dänische Schauspielerin. Sie verkörperte Schwester Marlene in → *Todestrommeln* am großen Fluß (1963). Die Tochter des königlich-dänischen Hoflieferanten und Konditormeisters Volmer Bak durfte bereits mit fünf Jahren die berühmte Königskinder-Ballett-Schule in Kopenhagen besuchen. Während ihrer Gymnasialzeit besuchte sie die Schauspielschule. Nebenbei begann sie zu singen; schon mit 14 Jahren trat sie als Sängerin in einer Jazzband ihrer Heimatstadt auf. Vom Singen kam sie zum Tanzen und zur Schauspielerei. Sie gewann in Dänemark einen Filmwettbewerb, spielte in einigen dänischen Produktionen mit und debütierte 1959 in Österreich mit dem Lustspiel *Immer die Mädchen.* Nach gescheiterter Ehe mit dem Wiener Architekten Heinz Sebek heiratete sie den Schauspieler → Dietmar Schönherr. Dem Fernsehpublikum wurden beide vor allem durch die ZDF-Sendung »Wünsch Dir was« bekannt.

Vivi Bach

Weitere Filme (Auswahl): *Gitarren klingen leise durch die Nacht* (1959), *Wir wollen niemals auseinandergehn* (1960), *Am Sonntag will mein Süßer mit mir segeln geh'n* (1961), *Die Abenteuer des Grafen Bobby* (1961), *... und du, mein Schatz, bleibst hier* (1961), *So liebt und küßt man in Tirol* (1961), *Unsere tollen Tanten* (1961), *Der verkaufte Großvater* (1962), *Wenn die Musik spielt am Wörthersee* (1962), *Denn die Musik und die Liebe in Tirol* (1963), *Die letzten Zwei vom Rio Bravo* (1964), *Der Mann mit den 1000 Masken* (1965), *Blonde Fracht für Sansibar* (1965), *Herrliche Zeiten im Spessart* (1967), *Vergiß nicht deine Frau zu küssen* (1967), *Laß die Finger von der Puppe* (1967), *Geheimauftrag K* (1968), *Ein Tag ist schöner als der andere* (1969).

BACKFIRE
(Fehlzündung)
Kinofilm. *England 1961. Produktion: Merton Park. Produzent: Jack Greenwood. Regie: Paul Almond. Buch: Robert Stewart frei nach Edgar Wallace. Kamera: Bert Mason. Musik: Bernard Ebbinghouse. Bauten: Peter Mullins. Ton: Brian Blamey. Schnitt: Derek Holding. Darsteller: Alfred Burke (Mitchell Logan), Zena Marshall (Pauline), Oliver Johnston (Bernard Curzon), Noel Trevarthen (Jack Bryce), Suzanne Neve (Shirley Curzon), John Cazabon (Willy Kyser), Derek Francis (Arthur Tilsley), Madeleine Christie (Hannah Chenko), Claire Isbister (Valentina Chenko), Frank Hawkins (Inspektor Fletcher), Donald Eccies (Hargreaves), Melody O'Brian (Thelma), Edwin Brown (Kommissar), Beresford Williams, Bernard Kay, Philip Ray. Länge: 59 Minuten.*
Inhalt: Trotz ihrer mondänen Fassade ist die Firma »Venetia Beauty Preparations« hoch verschuldet. Bernard Curzon, der Begründer der Firma, ist völlig abhängig von Mitchell Logan, seinem amerikanischen Juniorpartner, und des-

sen nicht weniger skrupelloser Frau Pauline. Mitchell glaubt, daß ein Feuer alle Probleme lösen würde, und engagiert den professionellen Brandstifter Willy Kyser. Hannah Chenko, eine Reinigungsfrau, kommt bei dem Brand ums Leben. Mitchell fürchtet die Mitwisserschaft Curzons und erschießt ihn kurzerhand. Dieses Verbrechen tarnt als er Selbstmord. Aber auch Curzons Tochter Shirley wird für Mitchell zum Problem, als sie den wahren Sachverhalt entdeckt. Doch bevor er sie ermorden kann, gelingt es einem Versicherungsagenten und Inspektor Fletcher von Scotland Yard, Mitchell unschädlich zu machen.

Kritik zum Film: »Sparsamer Thriller in der Edgar-Wallace-Serie, passend umgesetzt und dargestellt.« (Monthly Film Bulletin, 5/1962)
Anmerkung: Dieser Film wurde in Deutschland nicht aufgeführt.

BAFFOE, ROSALIND
→ Darsteller

BAKY, JOSEF VON
* 23.03.1902 Zombor (Ungarn),
† 28.07.1966 München

Regisseur. Baky inszenierte den Wallace-Film → *Die seltsame Gräfin* (1961). Baky besuchte zunächst die technische Schule in Budapest. Dann arbeitete er beim Lloyd Filmverleih in Budapest, dessen Mitinhaber er wurde. Später war er Assistent u.a. bei Geza von Bolvary und produzierte 1936 seinen ersten Spielfilm, *Intermezzo*. Internationale Beachtung fand sein farbiger UFA-Jubiläumsfilm *Münchhausen* (1943) mit Hans Albers. Nach 1945 versuchte sich Baky zweimal in der Auseinandersetzung mit dem Faschismus: *Und über uns der Himmel* (1947), ein Heimkehrerschicksal, schildert auf unglaubwürdige Weise, wie ein guter Sohn seinen verkommenen Vater läutert. In *Der Ruf* (1949) verkörpert Fritz Kortner streckenweise überzeugend einen aus rassischen Gründen emigrierten Professor, der bei seiner Rückkehr in die Heimat von Reaktionären attackiert wird. Als Unterhaltungsfilmer mit viel Talent und wenig Engagement drehte Baky 1955 ein Remake von Ucickys *Der Postmeister* (1940) nach Puschkin unter dem Titel *Dunja*. Als weitere Literaturverfilmungen folgten *Fuhrmann Henschel* (1957) nach Gerhart Hauptmann, der verunglückte Gegenwartsfilm *Der Mann, der sich*

Backfire: **Zena Marshall (links)**

verkaufte (1958) nach Erich Kuby, *Sturm im Wasserglas* (1960) nach Bruno Franks Erfolgsstück sowie *Die seltsame Gräfin* nach Edgar Wallace, ein Film, mit dem seine Karriere ein abruptes Ende nahm. Über die Vorgänge bei den Dreharbeiten – Baky wurde von Jürgen Roland abgelöst – schrieb der Film-Dienst anläßlich seines 100. Geburtstages: »Wegen eines Konflikts mit dem sich wiederholt einmischenden Produzenten Wendlandt erlitt Baky, sonst überlegen und ruhig am Set, ... einen Anfall von Zorn und Ärger (angeblich, als Kinski in einer stereotypen Rolle eine schlecht gebaute Wand einriß). Die Folge war eine schwere Erkrankung der Bauchspeicheldrüse mit allen Konsequenzen. Er musste die Dreharbeiten abbrechen und hat seitdem nie wieder einen Film gedreht.« – Auszeichnungen: Bundesfilmpreis für die Kästner-Verfilmung *Das doppelte Lottchen* (1950), Jugendfilmpreis für *Robinson soll nicht sterben* (1956).

BALCON, MICHAEL

* *19.05.1896 Birmingham,*
† *16.10.1977 Hartfield, East Sussex, England.*
Bedeutender, 1948 geadelter **englischer Filmproduzent.** Er leitete die Herstellung der meisten englischen Hitchcock- sowie vieler Wallace-Filme: → *The Wrecker* (1928), → *The Ringer* (1931), → *The Frightened Lady* (1932), → *White Face* (1932), → *The Man They Couldn't Arrest* (1933), → *The Gaunt Stranger* (1938) sowie → *The Hound of Baskerville* (1931).
Balcon begann seine Laufbahn als Filmvertreter und arbeitete danach mit Victor Saville an der Herstellung von Werbefilmen. Mit dem von Graham Cutts inszenierten Film *Woman to Woman* (1923, Regie: Alfred Hitchcock) wandten sich beide dem Spielfilm zu. Der Film wurde ein großer Erfolg. Obwohl ihr zweiter Streifen, *The White Shadow* (1924), nicht daran anknüpfen konnte, gründete Balcon 1924 seine eigene Filmgesellschaft Gainsborough Pictures. 1932 bot man ihm an, das wiederaufgebaute Gaumont British Studio in Shepherd's Bush zu übernehmen. Die folgenden Jahre war er dann Produktionsdirektor dieses und des eigenen Studios. Unter seiner Leitung konnten beide Gesellschaften erhebliche Erfolge verbuchen. 1936 verließ Balcon Gainsborough und Gaumont British, um für einige Zeit Produzent bei Metro-Goldwyn-Mayer in den neuen Studios

von Denham zu werden. 1938 wurde er Mitglied des Aufsichtsrates der Ealing Studios (in Ealing) und überwachte die Produktion vieler erfolgreicher Filme, die hier in den 40er und frühen 50er Jahren gedreht wurden. Er arrangierte den Umzug der Ealing-Produktionsstätten zur Rank Organisation nach Pinewood. Nachdem Ealing 1955 die Filmproduktion einstellte, arbeitete er für Rank, litt jedoch dort unter der unselbständigen Arbeit, der ihn 1959 zum Ausscheiden veranlaßte. Er wurde anschließend Vorsitzender der Bryanston Films, eines Konsortiums kleiner, unabhängiger Filmgesellschaften (darunter seine eigene, die Michael Balcon Productions); den Verleih der Filme dieses Konsortiums übernahm → British Lion. 1964 wurde Balcon Vorsitzender des Direktorengremiums von British Lion, trat aber 1968 zurück, weil ihm das unternehmerische Konzept der Gesellschaft mißfiel. Bis 1967 war er zudem Chef der Angio Enterprise Film Productions und saß im Direktorium einer kommerziellen Fernsehgesellschaft. Außerdem war er Direktor des British Film Institute (BFI) und Vorsitzender des BFI-Produktions-Gremiums. Seine lebenslange Begeisterung für das Kino und die Überzeugung, daß der Film ein Medium mit dauerhaft hohem Unterhaltungswert sei, machten Balcon 50 Jahre lang zu einer treibenden Kraft im englischen Film, zu dem er über 100 Produktionen beisteuerte.
Weitere Produktionen (Auswahl): *Irrgarten der Leidenschaft* (1925), *The Lodger* (1926), *Der Bergadler* (1926), *Bulldog Jack* (1934), *Der Mann, der zuviel wußte* (1934), *Die 39 Stufen* (1935), *Secret Agent* (1936), *Sabotage* (1936), *Adel verpflichtet* (1949), *Die blaue Lampe* (1950), *Der Mann im weißen Anzug* (1951).

BANDE DES SCHRECKENS, DIE (BUCH)
→ THE TERRIBLE PEOPLE

BANDE DES SCHRECKENS, DIE (FILM I)
→ THE TERRIBLE PEOPLE (FILM)

BANDE DES SCHRECKENS, DIE (FILM II)
Kinofilm. *Bundesrepublik Deutschland 1960. Regie: Harald Reinl. Regieassistenz: Claus Prowe. Script: Heli Flügge. Drehbuch: Jochen-Joachim Bartsch und Wolfgang Schnitzler (d. i. Marcel-Wolfgang Schnitzler-Valmy) nach dem Roman The Terrible People von Edgar Wallace. Ka-*

mera: Albert Benitz. Kameraassistenz: Peter Forster, Alex Henningsen. Schnitt: Margot Jahn. Masken: Heinrich (Heino) Weber. Ton: Jan van der Eerden. Bauten: Erik Aaes, Rudolf Remp. Requisiten: Rudolf Dahlke, Lutz Hiby. Musik: Heinz Funk. Kostüme: Georg Ganser, Ilse Müller. Standfotos: Lilo Winterstein. Presse: Klaas Ackermann. Produktion: Rialto Film Preben Philipsen Filmproduktion und Filmvertrieb GmbH, Frankfurt/M. Produzent: Preben Philipsen. Herstellungsleitung: Helmut Beck. Aufnahmeleitung: Günther Frith, Werner Hedmann. Geschäftsführung: Leif Feilberg, Irene Minor.

Drehzeit: 18.06.–23.07.1960. Atelier: Studio Bendestorf, Hamburg. Außenaufnahmen: Hamburg, Schleswig-Holstein. Erst-Verleih:

1. Otto Collin (sitzend) u.a. •
2. Eddi Arent, Alf Marholm

Constantin Film, München. Länge: 92 Minuten (2509 m). Format: 35 mm; s/w; 1:1.33. FSK: 19.8.1960 (23169); 16 nff. Uraufführung: 25.08.1960, Europa-Palast, Frankfurt/M. TV-Erstsendung: 12.07.1966, Deutsches Fernsehen. Die Personen und ihre Darsteller: Joachim Fuchsberger (Chefinspektor Long), Karin Dor (Nora Sanders), Fritz Rasp (Sir Godley Long), Ernst-Fritz Fürbringer (Sir Archibald Morton), Elisabeth Flickenschildt (Mrs. Revelstoke), Dieter Eppler (Crayley), Alf Marholm (Cravel), Ulrich Beiger (Rechtsanwalt Henry), Eddi Arent (Edwards), Karin Kernke (Alice), Karl-Georg Saebisch (Monkford), Günter Hauer (Sergeant Rouch), Otto Collin (Clay Shelton), Josef Dahmen (Henker), Klaas Ackermann (Sergeant), Karl-Heinz Peters (Tonio) sowie Mita Ahlefeldt, Alfons Seyler, Ludwig Meybert, Horst Krüger, Rudolf Mölle, Marga Meybert, Siegfried Freese, Karl-Heinz Kreienbaum.

Inhalt: Der sogenannte gesunde Menschenverstand lehrt, daß ein Toter nicht morden kann.

Der Verbrecher Clay Shelton steht vor seiner Hinrichtung. Zuvor bestellt er alle, die für seine Verurteilung verantwortlich waren, zu sich in die Todeszelle: Chefinspektor Long, den Richter, den Staatsanwalt, den Henker, den Bankier und einen Fremden namens Crayley. Allen schwört er Rache, und tatsächlich kommen sie nacheinander auf mysteriöse Art ums Leben. Trotzdem glaubt Chefinspektor Long nicht an Gespenster. Obwohl auch er in eine Falle tappt, kann er schließlich das Rätsel um die mysteriöse Mörderbande lösen.

Kritik zum Film: »Woraus zu schließen ist, daß Regisseur Harald Reinl einen überaus spannenden Reißer gemacht hat, mit Pfiff und Schwung, milieusicher und mit todsicheren Überraschungen.« (Darmstädter Echo)

Zitat aus dem Film: Inspektor Long will Mrs. Revelstoke seine Schutzmaßnahmen gegen die Mörderbande erklären. Der Inspektor, genannt der Wetter, ernst: »Sie sind in Lebensgefahr, Mrs. Ravelstoke.« – Mrs. Revelstoke, ärgerlich:

Die Bande des Schreckens: 1. Karin Kernke • 2. Günter Hauer, Eddi Arent • 3. Joachim Fuchsberger, Ulrich Beiger, Partner • 4. Karin Dor

»Das sind wir alle vom ersten Tage unserer Geburt an.«

Fazit: Die beste Romanumsetzung der gesamten Serie.

BANDE DES SCHRECKENS, DIE (HÖRSPIEL)
→ Maritim-Hörspiel Nr. 5 nach dem gleichnamigen Roman von Edgar Wallace. *Manuskript: George Chevalier. Musik: Alexander Ester. Ton: Peter Hertling. Produktion und Regie: Hans-Joachim Herwald. Mit den Stimmen von Henry Kielmann (Chefinspektor Bliss), Manoel Ponto (Inspektor Mander), Rolf Jülich (Shelton), Michael Weckler (Cravel), Rolf Jahncke (Monkford), Gerda Gemelin (Lady Revelstoke), Angelika Merkert (Nora Sanders) sowie von Wolf Orloff, Klaus Peter Kehler, Joachim Richert, Frank Straass, Manfred Schermutzki, Lars Daniel und Jens Kersten.*

BANKNOTENFÄLSCHER, DER
→ THE FORGER (BUCH)

BANKS, LESLIE
→ Darsteller

BARBARA ON HER OWN
Unterhaltungsroman. *Originalausgabe: George Newnes, London 1926. Deutsche Erstveröffentlichung: Verdammte Konkurrenz. Übersetzung:* → *Ravi Ravendro. Wilhelm Goldmann Verlag, Leipzig 1932. –* Anläßlich des 125. Geburtstages des Autors brachte der → Weltbild Verlag 2000 eine Wallace-Edition heraus. Hier erschien der Roman in einer Doppelausgabe zusammen mit *Zwischen zwei Männern* (→ *The Man Who Knew*).

Inhalt: Obwohl die alteingesessene Firma Maber & Maber dem Konkurs nahe ist, gelingt es der kessen, mit allen Wassern gewaschenen Barbara Storr, die Firma doch noch auf Erfolgskurs zu bringen. Während dies geschieht, ist plötzlich der altmodische Mr. Maber wie vom Erdboden verschluckt.

Sein erbitterter Konkurrent, der mit allen Wassern gewaschene Mr. Atterman von Atterman Brothers, wittert in Mabers Verschwinden ein Verbrechen und versucht, mit Hilfe von Intrigen und anderen unlauteren Mitteln Barbara Storr des Mordes zu überführen. Aber Barbara hat Atterman längst durchschaut und schlägt ihn mit seinen eigenen Waffen.

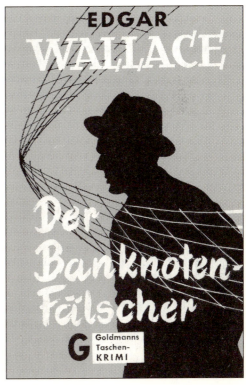

BARCLAY, ALEX
→ Das silberne Dreieck (BUCH II)

BARRY, JOHN
→ Komponisten

BARRY, MICHAEL
→ Produzenten

BARTHEL, MANFRED
* 24.02.1924 (ohne Angabe)
Deutscher Journalist, Autor und Produzent.
Der bekannte Sachbuchautor (u.a. *So war es
wirklich. Der deutsche Nachkriegsfilm*, München/Berlin 1986; *Was wirklich in der Bibel
steht*, Frankfurt/M. 1987; *Lexikon der Pseudonyme*, Frankfurt/M., 1989; *Als Opas Kino jung
war*, Frankfurt/M. 1991) hat den deutschen
Film über drei Jahrzehnte lang begleitet. Der
Doktor der Philosophie war zunächst Filmkritiker und gehörte zu den Mitbegründern der
Berliner Filmfestspiele. Nach einer Tätigkeit
bei der Kurt Ulrich Produktion ging er als Dramaturg und Produktionschef zu Ilse Kubaschewskis → Gloria Film. 1963–76 war er
Nachfolger von → Gerhard F. Hummel bei der
→ Constantin Film. Als Dramaturg und Produktionschef trug er dort die Verantwortung
für alle Wallace-Filme ab → *Zimmer 13*. Ferner
entstanden in dieser Zeit unter seiner Ägide die
höchst populären Karl-May-Filme, die Jerry-Cotton-Serie, die Pauker- und Reportfilme.
Mitverantwortlich zeichnete er auch für die Anfang der 70er Jahre entstandenen Verfilmungen nach Bestsellern von Johannes Mario Simmel und Ludwig Ganghofer. In dieser Zeit war
er auch des öfteren als Drehbuch-Autor tätig,
teilweise unter dem Pseudonym Michael Haller (z.B. *Die neunschwänzige Katze*, 1970).
Weitere Arbeiten als Drehbuchautor: *Erinnerungen an die Zukunft* (1969); *Botschaft der
Götter* (1975), *Und die Bibel hat doch recht*
(1976).

BARTHEL, WALDFRIED MARIA
** 23.10.1913 (ohne Angabe),
† 11.08.1979 München*
Deutscher Produzent und Verleiher. Bereits mit
16 Jahren war Barthel Werbefilmbeauftragter
und mit 19 Jahren Filmtheaterbesitzer in Berlin. 1950 gründete er zusammen mit → Preben
Philipsen in Frankfurt/M. den Constantin Filmverleih, 1964 umbenannt in → Constantin
Film. Barthel ließ sich von → Gerhard F. Hummel überzeugen, daß sich Trivialliteratur erfolgreich verfilmen läßt; so entstanden u.a. *Charleys Tante* (1955) nach Brandon Thomas und
Das Wirtshaus im Spessart (1957) nach Wilhelm
Hauff. Nach diesen Kassenschlagern gab Barthel grünes Licht für die Verfilmungen der Wallace-Romane (mit einer Budget-Begrenzung
von 600.000 DM für den Pilotfilm → *Der
Frosch mit der Maske*). Von Hummels Spürsinn
beeindruckt, stellte Barthel ihm 1961 drei Millionen DM zur Verfügung, um dessen cineastischen Traum zu realisieren: Karl May's *Winnetou* (3 Teile, 1963–65), der ein beispielloser Erfolg wurde.

BARTSCH, JOCHEN JOACHIM
** 1909 Liegnitz/Schlesien,
† 23.11.1965(München)*
Deutscher Drehbuchautor. Bartsch war Mitverfasser der Drehbücher von → *Der Frosch mit
der Maske* (1959), → *Die Bande des Schreckens*
(1960) und → *Der unheimliche Mönch* (1965).

**Waldfried
Barthel:
1. Portrait 1970 •
2. Treffen mit
Bundeskanzler
Willy Brandt und
Romy Schneider
(Sommer 1971)**

Der Offizierssohn kam nach Lehr- und Studienjahren 1931 zu Otto Falckenberg an die Münchner Kammerspiele, wo ihn neben der Schauspielausbildung die Fächer Dramaturgie und Regie fesselten. Nach abgeschlossener Ausbildung ging er für drei Jahre als Chefdramaturg, Spielleiter und Schauspieler an das Hessische Landestheater in Darmstadt. Synchronaufträge führten den filminteressierten Theatermann 1936 nach Berlin. Durch die Mitarbeit an Leni Riefenstahls Olympia-Filmen, deren Auslands-Versionen er herstellte, gelangte Bartsch zum produktiven Filmschaffen und widmete sich vor allem der Herstellung neuartiger Sportfilme. 1941 wurde er zur Luftwaffe einberufen. Nach Krieg und Gefangenschaft kehrte er 1950 nach München zurück, wo er als Synchronfachmann, Cutter und Autor schnell neue Wirkungsmöglichkeiten fand. Regisseur → Harald Reinl engagierte Bartsch Mitte der fünfziger Jahre als Autor für die Drehbücher seiner Spielfilme – ein Glücksgriff, da Bartsch es auf geniale Weise verstand, Trivialliteratur für die Leinwand zu adaptieren. Der letzte von Reinl inszenierte Wallace-Film *Der unheimlich Mönch* war zugleich auch die letzte Drehbucharbeit von Bartsch.

Weitere Filmdrehbücher (Auswahl): *Solange du lebst* (1955), *Solange noch die Rosen blüh'n* (1956), *Der Glockengießer von Tirol* (1956), *Die Prinzessin von St. Wolfgang* (1957), *U47 – Kapitänleutnant Prien* (1958), *Die Wahrheit über Rosemarie* (1959), *Die feuerrote Baronesse* (1959), *Zwischen Schanghai und St. Pauli* (1962), *Der letzte Mohikaner* (1965), *Winnetou III* (1965).

BAUMANN, TONI
→ Regisseure

BEACONSFIELD STUDIOS
1927 wurde von der Firma → British Lion dieses nordwestlich von London gelegene Studio eröffnet. Gleichzeitig wurden die exklusiven Filmrechte an den Romanen von Edgar Wallace erworben. In Beaconsfield entstanden einige der populärsten Wallace-Verfilmungen (s. Filmographie British Lion). Später wurden hier die → Merton-Wallace-Filme hergestellt.

BEARBEITUNGEN
Zu den unerfreulichen Begleiterscheinungen moderner Buchproduktion gehört es, daß Werke mehr oder weniger klassischer Autoren oft ohne besonderen Hinweis für den Leser in bearbeiteter Form auf den Markt gebracht werden. Die Romane von Edgar Wallace machen hier keine Ausnahme. Die wichtigsten deutschen Buchausgaben dieses Autors sind seitens des → Goldmann-Verlages z.T. einschneidend überarbeitet worden, um angebliche Käufererwartungen an leicht lesbare Texte entgegenzukommen. Schon in den ersten Nachkriegsausgaben und stärker noch in den Neuübersetzungen der 60er und 70er Jahre (→ Rote Krimis) sind Daten so aktualisiert worden, als läge die Niederschrift der Werke erst kurze Zeit zurück (→ Datenänderungen in Romanen). Ärgerlicher als kleine Eingriffe, wie die Änderung der Namen von Akteuren, sind die Streichungen oft ganzer Abschnitte (→ Kürzungen), die den Charakter der Romane verändern. Bearbeitete Texte, die das Leserinteresse an einem Autor wachhalten, sind – wie etwa im Fall von Daniel Defoe, Robert Louis Stevenson, Alexandre Dumas oder Karl May – auch bei Edgar Wallace unverzichtbar. Entscheidend ist jedoch, daß auch solche Ausgaben das Flair der Originale vermitteln und daß der vom Autor intendierte Umfang der Erzählungen nicht herstellungstechnischen Vorgaben (etwa dem Ziel einer bestimmten, immer gleichbleibenden Seitenzahl) zum Opfer fällt. Der bleibenden Popularität von Edgar Wallace ist es daher förderlich, daß etliche jüngere deutsche Wallace-Ausgaben (u.a. im → Heyne-Verlag, → Scherz-Verlag) erneut auf die englischen Originale zurückgegriffen haben. Der Wunschtraum des deutschen Wallace-Lesers bleibt jedoch eine auf den englischen Erstausgaben beruhende zuverlässige Gesamtübersetzung.

BEARY, MICHAEL
(Lebensdaten unbekannt)
Beary war Jockey und langjähriger Freund des reitsportbegeisterten Edgar Wallace.

BEAUDINE, WILLIAM
→ Regisseure

BEAVER, JACK
→ Komponisten

BECK, HELMUT
* 24.12.1904 Hamburg, † (nicht feststellbar)
Deutscher Produzent. Beck war Herstellungs-

leiter und ausführender Produzent der Wallace-Produktionen → *Der Frosch mit der Maske* (1959), → *Der rote Kreis* (1959) und → *Die Bande des Schreckens* (1960).

Der Sohn eines Holzfabrikanten begann nach dem Abitur ein Studium der Rechts- und Staatswissenschaften. Schnell kam er jedoch mit in Hamburg ansässigen Künstlern in Kontakt und entdeckte seine Vorliebe für dieses Milieu, speziell für den Film. So begann der angehende Wirtschaftsjournalist 1935 in Berlin bei Hans von Wolzogen als Volontär. Bald avancierte er zum Produktionsassistenten und war bereits 1937 selbständiger Produktionsleiter von *Biberpelz*. Dann ging er zur Euphono Film, um eine Herstellungsgruppe zu übernehmen. Hier entstand unter seiner Leitung der Albers-Film *Ein Mann auf Abwegen* (1940). Nach dem Krieg war Beck, der noch in letzter Minute zur Luftwaffe eingezogen worden war, der erste, der in Westdeutschland produzierte und Filmaufnahmen auf dem Münchner Bavaria-Gelände und in Hamburg machte. Unter Becks Leitung entstanden in der ihm zur Hälfte gehörenden Camera Film GmbH (Hamburg) neben *In jenen Tagen* (1947), *Film ohne Titel* (1948) Streifen wie *Der Apfel ist ab* (1948) und *Tromba* (1949). Schauspieler wie Adrian Hoven, Gardy Cranass und Walter Giller wurden von ihm zum erstenmal eingesetzt. 1950 schied Beck aus der Camera Film GmbH aus und gründete in München die Produktionsfirma Interlux, hatte aber damit in der Zeit der von Wirtschaftsminister

Ludwig Erhard verkündeten Kreditrestriktionen keinen Erfolg. Beck wurde deshalb zunächst für die Neue Deutsche Filmproduktion (NDF) und die Bavaria tätig, anschließend als Produzent für die Rialto Filmproduktion in Kopenhagen. Hier entstanden neben seinen sorgfältig inszenierten Wallace-Krimis Filme wie *Für zwei Groschen Zärtlichkeit* (1957) und *Das haut einen Seemann doch nicht um* (1958). 1960 machte ihm der Norddeutsche Rundfunk (NDR) ein Angebot, das er nicht ablehnen konnte, bereitete jedoch vor seinem Wechsel noch das vierte Wallace-Projekt → *Der grüne Bogenschütze* mit vor. In Hamburg betreute er zunächst als Produktionsleiter für Zeitgeschehen und Politik die Auslandsstudios des NDR-Fernsehens. Sieben Jahre *Weltspiegel* und die Mitarbeit in der Chefredaktion des *Tagesspiegels* bis zur Pensionierung 1971 bildeten den Abschluß eines bewegten Arbeitslebens. – Becks Frau Anne (Heirat 1942) verfaßte unter dem Pseudonym Werner Hill diverse Drehbücher (z.B. ... *wie einst Lili Marleen*, 1956).

Weitere Arbeiten als Produzent: *Das Dorf unterm Himmel* (1953), *Hochzeitsglocken* (1954), *Mädchen ohne Grenzen* (1955), *Wenn wir alle Engel wären* (1956), *Der Mann der nicht nein sagen konnte* (1958), *Mörderspiel* (1961).

BECKHAUS, FRIEDRICH GEORG
* 11.12.1927 Berlin

Deutscher Schauspieler. Beckhaus sah man als Automatenspieler in→ *Das Rätsel der roten Orchidee* (1961/62), als Matrose in→ *Das Gasthaus an der Themse* (1962) und als Bordellbesitzer in→ *Die Tote aus der Themse* (1971). Der von großer Zurückhaltung geprägte Schauspieler wurde 1967 bekannt durch die TV-Serie *Raumpatrouille*, in der er das Crew-Mitglied Atan Shubashi mimt.

Weitere Filme (Auswahl): *Freispruch für Old Shatterhand* (TV, 1965), *Um Null Uhr schnappt die Falle zu* (1966), *Und Jimmy ging zum Regenbogen* (1971), *Liebe ist nur ein Wort* (1971), *Der Mann im Pyjama* (1981), *Ein Schweizer namens Nötzli* (1988).

BEECH, GEORGE
(Lebensdaten unbekannt)

Beech war Direktor des Verlages Shurrey's Publications. Er veröffentlichte einige Artikel über Pferderennen und machte Wallace 1909

Helmut Beck

mit der Lektorin → Isabel Thorne bekannt, was für seinen schriftstellerischen Erfolg von großer Bedeutung wurde.

BEER, ERICA
* 19.01.1929 München
Deutsche Schauspielerin. Sie mimte Mrs. Carlyle in → *Der rote Kreis* (1959). Die Tochter eines Kaufmanns besuchte nach dem Schulabschluß das Münchner Fröbel-Seminar, um Kindergärtnerin zu werden. Bei der Theaterpädagogin Beate von Molo nahm sie Schauspielunterricht, nebenbei auch Gesangs- und Ballettunterricht. Ihr erstes Bühnen-Engagement hatte sie in Hof, danach meisterte sie unterschiedliche Rollen auf den Bühnen von Darmstadt: die Viola in Shakespeares *Was ihr wollt*, die stumme Katrin in Bertolt Brechts *Mutter Courage* und die Kindermörderin Estelle in Jean-Paul Sartres *Geschlossene Gesellschaft*. Es folgten Engagements in München, Bonn, Stuttgart und Frankfurt/M. Anschließend feierte sie großen Erfolg in Zürich als Billie in *Die ist nicht von gestern*. Damals wurde auch der Film auf sie aufmerksam. – Erica Beer war mit dem 1957 verstorbenen Drehbuchautor Robert Thoeren verheiratet.
Weitere Filme (Auswahl): *Flucht in die Tropennacht* (1956), *Im sechsten Stock* (1961), *Verrat auf Befehl* (1962), *Das Halstuch* (TV, 1962), *Deep End* (1970), *Zwei himmlische Dickschädel* (1974).

BEFORE DAWN
(Vor Morgengrauen)
Kinofilm. *USA 1933. Produktion: RKO. Produzent: Merian C. Cooper. Regie: Irving Pichel. Regieassistenz: Walter Mayo. Buch: Garrett Fort, Marion Dix und Ralph Block nach der Kurzgeschichte The Death Watch von Edgar Wallace. Kamera: Lucien N. Andriot. Musik: Max Steiner. Bauten: Carroll Clark, Van Nest Polglase.*

Before Dawn: **Stuart Erwin, Dorothy Wilson, Dudley Digges, Oscar Apfel**

Ton: Philip Faulkner jr. Produktionsleitung: Shirley C. Burden. Darsteller: Stuart Erwin (Dwight Wilson), Warner Oland (Dr. Paul Cornelius), Dudley Digges (Horace Merrick), Jane Darwell (Mrs. Marble), Dorothy Wilson (Patricia Merrick), Gertrude W. Hoffmann (Mattie), Oscar Apfel (Inspektor John F. O'Hara), Frank Reicher (Joe Valerie), Stanley Blystone (Polizist), Edward Hearn, Pat O'Malley. Länge: 60 Minuten.

Inhalt: In einem alten Herrenhaus geschieht ein mysteriöser Mord. Um den Fall zu lösen, ruft die Polizei alle Tatverdächtigen in diesem Haus zusammen. Hinzu kommt ein Mädchen, das seine übersinnlichen Fähigkeiten dazu verwendet, das Geheimnis zu lüften.

Kritik zum Film: »Wenige Geschichten von Edgar Wallace sind mit Sorgfalt verfilmt worden, und dies hier ist keine Ausnahme. ... Die fähige Besetzung hilft die Schwächen des Drehbuchs zu verdecken, kann den Film aber auch nur mittelmäßig interessant gestalten. Stuart Erwins liebenswürdige Persönlichkeit wirkt sich günstig auf die Rolle des Detektivs aus. ... Warner Oland spielt einen finsteren Doktor, und Dorothy Wilson ist eine attraktive Heldin.« (Picturegoer)

Anmerkung: Dieser Film wurde in Deutschland nicht aufgeführt.

BEHRENS, STEFAN
→ Darsteller

BEI DEN DREI EICHEN
→ THE THREE OAKS MYSTERY

BEIGER, ULRICH
* 26.08.1918 München,
† 18.09.1996 München
Deutscher Schauspieler. Er wirkte zu Beginn der Wallace-Serie in vier Rollen mit: als Everett in → *Der Frosch mit der Maske* (1959), als Osborne in → *Der rote Kreis* (1959), als Rechtsanwalt Henry in → *Die Bande des Schreckens* (1960) und als Inspektor Rouper in → *Der Fälscher von London* (1961).
Der Sohn eines Arztes französischer Abstammung wollte zunächst Journalist werden. Schon während der ersten Semester seines Studiums der Zeitungswissenschaft schrieb er geistreiche Kriminalromane, die von gallischem Humor geprägt sind. In einem theaterwissenschaftlichen Seminar, das er gelegentlich besuchte, entdeckte ihn eines Tages Otto Falckenberg und engagierte ihn vom Fleck weg für die Münchner Kammerspiele. Zuerst war er Regieassistent, dann vertrat er bei Proben abwesende Darsteller und plötzlich stand er selbst im Rampenlicht, ein menschenfreundlicher, temperamentvoller Schauspieler, der am liebsten in einem Stück in verschiedenen Rollen auftrat. Nach dem Tod Falckenbergs wechselte Beiger an die Münchner »Kleine Komödie«, der er lebenslang die Treue hielt. Seine tiefe Liebe zur Schauspielerei und seine Abneigung gegen jedwede Schablonisierung brachten es mit sich, daß der vielfältig begabte Künstler auch Regie führte und dem Nachwuchs Schauspielunterricht gab. – Trotz seiner ungezählten Bühnen- und Filmerfolge blieb Beiger ein zurückhaltend-liebenswürdiger, drahtiger und humorvoller Mann. Das Fazit seines Bühnenschaffens formulierte er so: »Theater ist überhöhtes Leben. Man muß beides kennen, dann weiß man erst, wo das Wahre und Richtige liegt.«

EDGAR WALLACE
BEI DEN 3 EICHEN
G KRIMINAL-ROMAN
Ungekürzte Ausgabe

Weitere Filme (Auswahl): *Skandal in der Botschaft* (1950), *Sensation im Savoy* (1950), *Der eingebildete Kranke* (1952), *Die Försterchristl* (1952), *Im weißen Rößl* (1952), *Bildnis einer Unbekannten* (1954), *Der lachende Vagabund* (1958), *Max, der Taschendieb* (1962), *Freddy und das Lied der Südsee* (1962), *Die Feuerzangenbowle* (1970), *Zwanzig Mädchen und ein Pauker: Heute steht die Penne kopf* (1971), *Mädchen beim Frauenarzt* (1971), *Fluchtweg St. Pauli – Großalarm für die Davidswache* (1971), *Die Klosterschülerinnen* (1971), *Wer zuletzt lacht, lacht am besten* (1971), *Geh, zieh dein Dirndl aus* (1973), *Auf der Alm, da gibt's koa Sünd'* (1974), *Drei Männer im Schnee* (1974), *Charlys Nichten* (1974), *Es knallt – und die Engel singen* (1974), *Monaco Franze – Der ewige Stenz* (TV, 1983), *Tatort – Die Macht des Schicksals* (TV, 1986), *Zärtliche Chaoten* (1987).

BENÉS, JÁRA
→ Komponisten

BENITZ, ALBERT
* 17.11.1904 Littenweiler,
† 11.03.1979 Hamburg
Deutscher Kameramann. Er filmte → *Die Bande des Schreckens* (1960). Wie → Richard Angst, Sepp Allgeier, Hans Schneeberger und → Harald Reinl begann Benitz bei Arnold Fanck. Er war Assistent bei *Der heilige Berg* (1926) und Co-Kameramann bei *Der große Sprung* und *Milak, der Grönlandjäger* (beide 1927). In den 30er Jahren erwies er sich bei den Filmen Luis Trenkers als virtuoser Meister seines Fachs: *Der Rebell* (1932), *Der verlorene Sohn* (1934), *Der Kaiser von Kalifornien* (1936) oder *Der Feuerteufel* (1940). Die Fotografie dieser Filme, an der zum Teil auch Allgeier beteiligt war, verdient uneingeschränkte Bewunderung. Auch während des Krieges konnte er für Leni Riefenstahls *Tiefland* (1940–45) und Trenkers *Im Banne des Monte Miracolo* (1945) in seiner bevorzugten Landschaft, den Bergen, arbeiten. In den 50er Jahren mußte er sich als Kameramann Helmut Käutners bei *Des Teufels General* (1955) und *Der Hauptmann von Köpenick* (1956) sowie bei Arthur Maria Rabenalts *Die Ehe des Dr. Danwitz* (1956) den Be-

dürfnissen des gehobenen Unterhaltungsfilms anpassen, der in ihm einen seiner kompetentesten Techniker fand. Diese Erfahrungen brachte er für seine unheimliche, bisweilen sogar düstere Aufnahmetechnik in *Die Bande des Schreckens* ein, einem der besten Wallace-Filme unter der Regie von → Harald Reinl.
Weitere Kameraarbeiten (Auswahl): *Der Fall Rabanser* (1950), *Keine Angst vor großen Tieren* (1953), *Der Raub der Sabinerinnen* (1954), *Banditen der Autobahn* (1955), *Wetterleuchten um Maria* (1956), *Skandal um Dr. Vlimmen* (1956), *Spion für Deutschland* (1956), *Für zwei Groschen Zärtlichkeit* (1957), *Dr. Crippen lebt* (1957), *Das Mädchen vom Moorhof* (1958), *Vater, Mutter und neun Kinder* (1958), *Natürlich die Autofahrer* (1959), *Frau Warrens Gewerbe* (1960), *Max der Taschendieb* (1962), *Das Testament des Dr. Mabuse* (1962), *Schüsse aus dem Geigenkasten* (1965).

BENNETT, SPENCER GORDON
→ Regisseure

Albert Benitz

41

BERBEN, IRIS

* 12.08.1950 Detmold

Deutsche Schauspielerin. Sie mimte die Ann in → *Der Mann mit dem Glasauge* (1968). Die Tochter eines Gastwirts wollte Journalistin werden, reüssierte dann aber als Fotomodell in Paris und London. Über ihre Arbeit als Mannequin fand sie zur Schauspielerei. Bekannt wurde sie Mitte der achtziger Jahre durch die schrillen Slapsticks der TV-Serie *Sketchup*; ihr Partner war Diether Krebs. Als Rosa Roth – trotz harter Ermittlungsarbeit eine pfiffige und emotionale Frau – gehört sie seit 1995 zur Garde der TV-Kommissarinnen. Dunkelhaarig, charmant, mit süßen Lippen und verführerischem Lächeln, zählt sie zu den Zauberfrauen des deutschen Fernsehens. Ihr Schönheitsrezept: »Täglich drei Flaschen Wasser und eine Flasche Rotwein trinken«. Ihr langjähriger Lebensgefährte ist der Gastronom Gabriel Lewy.

Weitere Filme (Auswahl): *Laßt uns töten Companeros* (1971), *Ein Mann für alle Fälle* (TV, 1978), *Zwei himmlische Töchter* (TV-Serie, 1978), *St. Pauli Landungsbrücken* (TV, 1979), *Ach du lieber Harry* (1981), *Büro, Büro* (TV, 1983), *Schwarzfahrer* (1983), *Rallye Paris – Dakar* (1984), *Sigi, der Straßenfeger* (1984), *Tapetenwechsel* (1984), *Das Erbe der Guldenburgs* (TV-Serie, 1987), *Das Geheimnis der gelben Geparden* (1990), *Cosima's Lexikon* (1992), *Ein Mann für meine Frau* (TV, 1993), *Christinas Seitensprung* (TV, 1993), *Tod in Miami* (TV, 1994), *Rennschwein Rudi Rüssel* (1995), *Kondom des Grauens* (1996), *Peanuts – Die Bank zahlt alles* (1996), *Simones Entscheidung* (TV, 1997), *Bin ich schön?* (1998), *Frau Rettich, die Czerni und ich* (1998), *Die Zauberfrau* (TV, 1999).

BERBER, ADY

* 04.02.1913 Wien, † 03.01.1966 Wien

Österreichischer Schauspieler. Er verkörperte überzeugend unheimliche Rollen in drei Wallace-Filmen: den blinden Jake in → *Die toten Augen von London (1961)*, Giacco in → *Die Tür mit den 7 Schlössern (1962)* und Chiko in → *Das indische Tuch (1963)*.

Der bärenstarke Wiener schlug früh die sportliche Laufbahn ein und feierte große internationale Triumphe im Ringen. 1938, 1948 und 1949 gewann er die Europameisterschaften, 1938 und 1947 die Trophäe des Weltmeisters.

Nach Ende des Zweiten Weltkriegs mußte er darum kämpfen, sein Restaurant, das er sich von dem buchstäblich errungenen Geld gekauft hatte, wieder in Schwung zu bringen. Auch auf der Ringermatte konnte er ein strahlendes Comeback feiern, bis er sich 1955 nach glänzenden Erfolgen vom aktiven Sport zurückzog, um sich ganz seiner beginnenden Karriere als Schauspieler zu widmen. 1957 hatte ihm Willi Forst eine Rolle in seinem Film *Ich bin Sebastian Ott* anvertraut. Dieses erste Engagement veranlaßte Berber zu einem gründlichen Studium, das er erfolgreich am Max-Reinhardt-Seminar in Wien absolvierte. Danach hat der massige Riese als einprägsamer Charakterdarsteller in 55 Filmen mitgewirkt; kaum ein anderer Kollege ist so mit Angeboten aus Europa und Amerika überhäuft worden wie er. Besonders eindrucksvoll war seine Darstellung in *Rummelplatz der Liebe* (1954) neben Eva Bartok und Curd Jürgens, als köstliche Gangstertype in *Peter Voss, der Held des Tages* (1959) und in William Wylers Geschichtsdrama *Ben Hur* (1959).

Ady Berber bei den Dreharbeiten zu *Die toten Augen von London*

Weitere Filme (Auswahl): *Tausend Sterne leuchten* (1959), *Das Dorf ohne Moral* (1961), *Im Stahlnetz des Dr. Mabuse* (1961), *Der Zigeunerbaron* (1962), *Scotland Yard jagt Dr. Mabuse* (1963), *Im singenden Rössl am Königssee* (1963), *Tim Frazer jagt den geheimnisvollen Mr. X* (1964), *Diamantenbillard* (1965), *Die Nylonschlinge* (1965), *Der Würger vom Tower* (1966).

BERENGARIA

Name des Dampfers, der 1932 die sterblichen Überreste Edgar Wallace' von Amerika nach Southampton überführte. Er wurde auf der Vulcan-Werft in Hamburg gebaut und lief am 23.5.1912 unter dem Namen »Imperator« vom Stapel. Nach dem Ersten Weltkrieg wurde er den Engländern übereignet und erhielt den neuen Namen »Berengaria« in Erinnerung an die Frau von Richard Löwenherz. Bis 1938 überquerte das Schiff den Atlantik, bis es den Ozeanriesen »Queen Mary« und »Queen Elizabeth« weichen mußte.

BERG, ALEX

Pseudonym von → Herbert Reinecker

BERGEN, INGRID VAN

* 15.06.1931 Danzig

Deutsche Schauspielerin. Sie verkörperte die singende Gloria in → *Das Geheimnis der gelben Narzissen* (1961) und Stella Mendoza in → *Der Rächer* (1960). Die Danzigerin mit dem holländisch klingenden Namen mußte als Kind mit ihrer Mutter vor den einmarschierenden Russen über die Ostsee nach Dänemark flüchten, wo sie drei Jahre hinter Stacheldraht lebte. In Reutlingen fand die kleine Familie später eine neue Heimat. Nach dem Abitur arbeitete die attraktive Bergen in Hamburg als Büroangestellte, um ihr Schauspielstudium bezahlen zu können. Ihre Karriere begann 1953 in München an Therese Angeloffs Kabarett »Die kleinen Fische«, wo sie ein Jahr später das Interesse von Filmproduzenten weckte. Doch selbst bei profilierten Regisseuren erhielt sie zunächst nur zweideutige Rollen als Sexblondine, bis ihr in Wolfgang Staudtes *Rosen für den Staatsan-*

walt (1959) der Durchbruch als Charakterdarstellerin gelang. Sie blieb dem Kabarett (u.a. Berliner Stachelschweine) und dem Theater treu und glänzte auch im Film durch ihre kabarettistisch-schlagfertige Intelligenz und ihre erotische Ausstrahlung. Mit einer viereinhalbjährigen Haftstrafe wegen der tödlichen Schüsse auf ihren Geliebten Klaus Knaats endete ihre Karriere in den 70er Jahren abrupt. Nach ihrer Entlassung erhielt sie nur noch wenige Engagements, so daß sie nach 1982 den Schwerpunkt ihrer Tätigkeit auf Chansonabende und Synchronisationen legte. In den späten 90er Jahren gelang ihr ein TV-Comeback. – Die praktizierende Mennonitin war dreimal offiziell verheiratet und dreimal ohne Trauschein liiert – u.a. mit dem Schauspieler Michael Hinz – hat zwei Töchter; sie lebt seit 1995 auf Mallorca.

Weitere Filme (Auswahl): *Bildnis einer Unbekannten* (1954), *Erledigt – Papierkorb* (TV, 1958), *Bumerang* (1959), *Typisch Lude* (TV, 1961), *Die ehrbare Dirne* (TV, 1962), *Götterkinder* (TV, 1964), *Tagebuch eines Frauenmörders* (TV, 1969), *Was ist denn bloß mit Willi los?* (1970), *Die Dollarprinzessin* (TV, 1971), *Wer raucht die letzte?* (TV, 1983), *Horror Vacui*

Ingrid van Bergen: Dreharbeiten
Das Geheimnis der gelben Narzissen

(1984), *Die Wache* (TV-Serie, 1989–99), *Männer aus zweiter Hand* (TV, 1998), *Ich wünsch dir Liebe* (1998), *Mobbing Girls* (TV-Serie, 1999/2000).

BERGER, GUNTER
→ Darsteller

BERKMAN, EDWARD O.
→ Drehbuchautoren und → Komponisten

BERLEPSCH, TILO VON
* 30.12.1913 Kassel, † 08.04.1991 Basel
Deutscher Schauspieler. Berlepsch verkörperte den Empfangschef in → *Der Hexer* (1964), den Polizeiarzt in → *Der Bucklige von Soho* (1966), Dr. Shinewood in → *Der Mönch mit der Peitsche* (1967), Lord Henry Beverton in → *Der Hund von Blackwood Castle* (1967) und Mr. Randel in → *Der Mann mit dem Glasauge* (1968). Albert Bassermann, dem Berlepsch als 17jähriger in Karlsruhe vorgesprochen hatte, empfahl ihn für das Berliner Schauspielstudio von Olka Grüning und Lucie Höflich. 1933 begann seine Tätigkeit an Berliner Bühnen. 1938 erhielt er seine erste und vorerst letzte Filmrolle in *Preußische Liebesgeschichte* unter der Regie von Paul Martin. Anschließend wurde er zum Kriegsdienst eingezogen. Nach 1945 nahm er seine Bühnentätigkeit wieder auf, u.a. am Staatstheater in Kassel und am Deutschen Theater in Göttingen. Seine eigentliche jahrzehntelange Filmkarriere begann 1948 mit dem Streifen *Liebe 47.*
Weitere Filme (Auswahl): *Königliche Hoheit* (1953), *Die Barrings* (1955), *Die Mädels vom Immenhof* (1955), *Alt Heidelberg* (1959), *Labyrinth* (1959), *Das Mädchen Rosemarie* (1959), *Bis daß das Geld euch scheidet* (1960), *Die Ehe des Herrn Mississippi* (1961), *Das Brot der frühen Jahre* (1961), *Das Liebeskarussell* (1965), *Lange Beine – lange Finger* (1966), *Tätowierung* (1967), *Komm nur, mein liebstes Vögelein* (1968), *Die Herren mit der weißen Weste* (1969), *Komm nach Wien, ich zeig dir was* (1969), *Die Feuerzangenbowle* (1970), *Unser Willi ist der Beste* (1971), *Als Mutter streikte* (1974), *Rosemaries Tochter* (1976).

BERLIN
Deutsche Hauptstadt. Edgar Wallace liebte diese Metropole. Wann immer er zwischen 1926 und 1931 dorthin reiste, stieg er im legendären Hotel Adlon ab. Später entstanden in Berlin viele Außenaufnahmen zu den Wallace-Filmen, und in verschiedenen Berliner Studios wurden Innenaufnahmen dafür gedreht (→ CCC-Studios, → UFA-Studios Berlin-Tempelhof). Zu den Gebäuden und Anlagen, die als Kulisse dienten, zählen das → Aquarium, der → Botanische Garten, → Jagdschloß Grunewald, die → Pfaueninsel, → Schloß Pfaueninsel und die → Spandauer Zitadelle. Weitere Filmaufnahmen entstanden an folgenden Berliner Orten: Stadtbad Wedding und Teufelsberg (→ *Der Mönch mit der Peitsche*, 1967), Kirche St. Peter und Paul, Zehlendorf-Nikolskoe (*Der Mönch mit der Peitsche*), Altenheim Seebergsteig (→ *Die blaue Hand*, 1967, → *Im Banne des Unheimlichen*), Palace Hotel (→ *Der Mann mit dem Glasauge*, 1968, → *Die Tote aus der Themse*, 1971), Theater des Westens (*Der Mann mit dem Glasauge*).

BERTELSMANN VERLAG
→ Verlage

BESSLER, ALBERT FRIEDRICH LEOPOLD
* 15.02.1905 Hamburg, † 04.12.1975 Berlin
Deutscher Schauspieler und Regisseur. Er verkörperte überzeugend den ebenso unheimlichen wie seriösen Butler in den Filmen → *Der Zinker* (1963), → *Der Bucklige von Soho* (1966) und → *Die blaue Hand* (1967). Ferner spielte er den Gefängnisdirektor in → *Die seltsame Gräfin* (1961), den Richter in → *Neues vom Hexer* (1965) und den Zeitungsverkäufer in → *Der Rächer* (1960). Bessler war zunächst Bankangestellter und nahm nebenbei Schauspielunterricht. Engagements fand er ab 1927 in Hamburg und Beuthen (Bytom) sowie 1935–41 in Wuppertal, wo er erstmals auch als Regisseur tätig war. Nach dem Krieg ging er ans Berliner Schloßparktheater. 1948 wurde er hier Chefdramaturg, ab 1951 auch am Schillertheater, als dessen »Graue Eminenz« er galt. Bessler war verheiratet mit seiner Kollegin Else Reuß.
Weitere Filme (Auswahl): *Das Totenschiff* (1959), *Menschen im Hotel* (1959), *Die junge Sünderin* (1960), *Der letzte Zeuge* (1960), *Die Schachnovelle* (1960), *Die 1000 Augen des Dr. Mabuse* (1960), *Unter Ausschluß der Öffentlichkeit* (1961), *Eheinstitut Aurora* (1961), *Im Stahlnetz des Dr. Mabuse* (1961), *Das Testa-*

ment des Dr. Mabuse (1962), *Scotland Yard jagt Dr. Mabuse* (1963), *Der Würger von Schloß Blackmoor* (1963), *Melissa* (TV, 1966), *Dynamit in grüner Seide* (1968).

BEST LAID PLANS OF A MAN IN LOVE, THE
Titel einer Kurzgeschichte von Edgar Wallace. 1962 unter dem Titel → *Candidate For Murder* verfilmt.

BESUCHERZAHLEN
Die Veröffentlichung der Besucherzahlen von Kinofilmen ist heute selbstverständlich. Bis in die 80er Jahre hinein wurden diese Zahlen geheimgehalten; nur die Verleiher wußten, wieviele Besucher ein Film angezogen hatte. Gelüftet wurde dieses Geheimnis näherungsweise dann, wenn ein Film mit der 1964 eingeführten → Goldenen Leinwand für mehr als drei Millionen zahlende Zuschauer ausgezeichnet wurde. Die Besucherzahlen der deutschen Edgar-Wallace-Filme, die aus den Archiven der → Constantin Film stammen, sind daher nur als ungefähre Angaben zu betrachten, zumal es damals üblich war, die Filme zusätzlich als Wiederaufführungen in Wochenprogrammen, Spätvorstellungen oder (bei einer Freigabe ab 12 Jahren) auch in Jugendvorstellungen einzusetzen. Anläßlich des 25. Edgar-Wallace-Films → *Der Hund von Blackwood Castle* (1967) behauptete → Horst Wendlandt, daß die ersten 24 Filme 72 Millionen Zuschauer gehabt hätten – eine Zahl, die von der Constantin Film bestätigt wurde. Im Jahr 2000 korrigierte sich Wendlandt dahin gehend, daß dies nur ein Werbegag gewesen sei. Es ist also möglich, daß man die Zahlen seinerzeit aufgerundet hatte. Trotzdem dürfte die Gesamtbesucherzahl aller Wallace-Filme (einschließlich der Wiederaufführungen) in der Bundesrepublik bei deutlich über 80 Millionen gelegen haben.
Die nachfolgend genannten Besucherzahlen beruhen bis 1967 auf Informationen des Constantin-Sachbearbeiters Hermann Weichbrodt, danach auf analogen Schätzungen (ohne Berücksichtigung der Wiederaufführungen): → *Der Frosch mit der Maske*: ca. 3.200.000, → *Der rote Kreis*: ca. 1.900.000, → *Die Bande des Schreckens*: ca. 3.200.000, → *Der grüne Bogenschütze*: ca. 1.700.000, → *Die toten Augen von London*: ca. 3.400.000, → *Das Geheimnis der gelben Narzissen*: ca. 3.500.000, → *Der Fäl-scher von London*: ca. 2.000.000, → *Die seltsame Gräfin*: ca. 2.600.000, → *Das Rätsel der roten Orchidee*: ca. 1.500.000, → *Die Tür mit den 7 Schlössern*: ca. 3.200.000, → *Das Gasthaus an der Themse*: ca. 3.600.000, → *Der Zinker*: ca. 2.900.000, → *Der schwarze Abt*: ca. 2.700.000, → *Das indische Tuch*: ca. 1.900.000, → *Zimmer 13*: ca. 1.800.000, → *Die Gruft mit dem Rätselschloß*: ca. 1.300.000, → *Der Hexer*: ca. 2.600.000, → *Das Verrätertor*: ca. 1.500.000, → *Neues vom Hexer*: ca. 1.800.000, → *Der unheimliche Mönch*: ca. 2.600.000, → *Der Bucklige von Soho*: ca. 2.200.000, → *Das Geheimnis der weißen Nonne*: ca. 1.600.000, → *Die blaue Hand*: ca. 1.700.000, → *Der Mönch mit der Peitsche*: ca. 1.800.000, → *Der Hund von Blackwood Castle*: ca. 1.200.000, → *Im Banne des Unheimlichen*: ca. 1.800.000, → *Der Gorilla von Soho*: ca. 1.700.000, → *Der Mann mit dem Glasauge*: ca. 1.600.000, → *Das Gesicht im Dunkeln*: ca. 600.000, → *Die Tote aus der Themse*: ca. 1.400.000, → *Das Geheimnis der grünen Stecknadel*: ca. 1.100.000, → *Das Rätsel des silbernen Halbmonds*: ca. 800.000, → *Der Rächer*: ca. 2.500.000, → *Der Fluch der gelben Schlange*: ca. 2.000.000, → *Das Rätsel des silbernen Dreieck*: ca. 1.000.000, → *Der Teufel kam aus Akasava*: ca. 300.000, → *Todestrommeln am großen Fluß*: ca. 1.500.000, → *Sanders und das Schiff des Todes*: ca. 800.000, → *Die Pagode zum fünften Schrecken*: ca. 400.000, → *Die Schokoladenschnüffler*: ca. 25.000.

BETTE, KARL
* 29.11.1916 (ohne Angabe)
Deutscher Komponist. Er war verantwortlicher Texter für das Lied »*Nachts im Nebel an der Themse*« in → *Der Frosch mit der Maske (1959)*. 1936 machte Bette sein Konzertmeisterexamen in Köln. Den Durchbruch als Komponist schaffte er 1939 mit *Zum Abschied reich mir die Hände*. 1940 war er am Apollotheater in Köln; es folgten zwei Revuen im Pariser Empiretheater. 1952 begann seine Arbeit beim Film. Bette lieferte die Musik für rd. 60 Produktionen (darunter 16 ausländische).
Weitere Filmmusiken (Auswahl): *In Hamburg sind die Nächte lang* (1956), *Wo der Wildbach rauscht* (1956), *Die Zwillinge vom Zillertal* (1957), *Serenade einer großen Liebe* (1959), *Ein Toter hing im Netz* (1960), *Das Mädchen mit*

den schmalen Hüften (1961), *Charleys Tante* (Peter-Alexander-Fassung, 1963).

BIEDERSTAEDT, CLAUS
→ Darsteller

BIG BEN
Berühmtester Turm von → London; Teil der touristischen Kulisse in mehreren Edgar-Wallace-Filmen (z.B. in → *Der Frosch mit der Maske*, → *Der rote Kreis*, → *Das Geheimnis der gelben Narzissen*). Diese Sehenswürdigkeit wurde durch ihren Glockenschlag weltberühmt; er dient dem britischen Rundfunk als Pausenzeichen. Der 97,5 m hohe Glockenturm wurde 1858 fertiggestellt und gehört zum Gebäudekomplex der Houses of Parliament. Die an allen vier Seiten angebrachten Zifferblätter haben einen Durchmesser von fast 8 m, die Minutenzeiger sind fast 4 m lang. Die Glocke der Uhr wiegt 13 Tonnen, 334 Stufen führen zur ihr hinauf.

BIG FOOT
Kriminalroman. *Originalausgabe: John Long, London 1927. Deutsche Erstveröffentlichung: Großfuß. Übersetzung:* → *Ravi Ravendro. Wilhelm Goldmann Verlag, Leipzig 1928. Neuausgabe: Wilhelm Goldmann Verlag, Leipzig 1929 und 1933. Neuausgabe: Wilhelm Goldmann Verlag, München 1952. Taschenbuchausgabe: Wilhelm Goldmann Verlag, München 1955 (= Goldmann Taschen-KRIMI 65). Weitere Taschenbuchauflagen im Wilhelm Goldmann Verlag: 1960, 1972, 1974, 1975, 1976, 1979, 1982, 1983, 1986. Jubiläumsausgabe im Wilhelm Goldmann Verlag: 1990, 2000 (= Band 30). Neuübersetzung: Hardo Wichmann. Scherz Verlag, Bern, München, Wien 1986 (= Scherz Krimi 1086). Neuauflage: 1990.* – Anläßlich des 125. Geburtstages des Autors brachte der → Weltbild Verlag 2000 eine Wallace-Edition heraus. Hier erschien der Roman in einer Doppelausgabe zusammen mit Die Vier Gerechten (→ The Four Just Men).
Inhalt: Polizeioberinspektor Patrick J. Minter, genannt »Super«, ist ein seltsamer Kauz. Mit Ironie heftet er sich einem Spitzbuben namens »Großfuß« an die Fersen. Dessen neueste Bosheit ist ein Drohbrief an die gespenstische Hanna Shaw, die Haushälterin des alten Amateurdetektivs Gordon Cardew. Außer einem umherschleichenden Landstreicher scheint niemand etwas von Hannas Vergangenheit zu wissen. Da fallen Schüsse, und Hanna wird tot aufgefunden. Jim Ferraby von der Staatsanwaltschaft hilft Minter gern bei den Ermittlungen, da er ein Auge auf Cardews Sekretärin Elfa Leigh geworfen hat. Neben Hannas Leiche findet sich ein Kuvert, adressiert an den Leichenbeschauer. Aber dieser ist bereits seit fünf Jahren tot. Minter ermittelt unermüdlich weiter; er hat gute Verbindungen zu Topper Wells, dem Henker von London. Damit dieser nicht arbeitslos wird, hat Minter ihm versprochen, für Nachschub zu sorgen.

BIG FOUR, THE
Kurzgeschichtensammlung. *Originalausgabe: Readers Library, London 1929. Deutsche Erstveröffentlichung (jeweils im Anschluß an den Kurzroman Der unheimliche Mönch [→ The Terror]): Der Klub der Vier. Übersetzung:* → *Hans Herdegen. Wilhelm Goldmann Verlag, Leipzig 1935. Neuausgabe: Wilhelm Goldmann Verlag, München 1957. Taschenbuchausgabe: Wilhelm Goldmann Verlag, München 1959 (= Goldmann Taschen-KRIMI 203). Neuübersetzung: Gregor Müller. Wilhelm Goldmann Verlag, München 1971. Weitere Taschenbuchauflagen im Wilhelm Goldmann Verlag: 1972, 1974, 1975, 1986, 1980, 1982, 1985, 1986. Jubiläumsausgaben im Wilhelm Goldmann Verlag 1990, 2000 (= Band 77).*
Enthält: THE BIG FOUR SYNDICATE AND THE MAN WHO SMASHED IT, THE BURGLARY AT GOODWOOD, BACCARAT AT COWES, A RACE AT OSTEND, THE HEPPLEWORTH PEARLS, »PINKY« AND THE BANK MANAGER, THE STAR OF THE WORLD, BOB BREWER'S BIGGEST COUP. (in den deutschen Übersetzungen tragen die in anderer Reihenfolge abgedruckten Erzählungen keine Titel).
Inhalt: In acht Geschichten mit verschiedenen europäischen Schauplätzen wie Monte Carlo, Ostende oder einem englischen Landschloß werden die Abenteuer des Versicherungsdetektivs Bob Brewer geschildert. Ihm gelingt es, jeden geplanten Versicherungsbetrug, wie raffiniert auch immer, rechtzeitig zu vereiteln.

BINDER, ARTUR
→ Darsteller

BIRD, RICHARD
→ Regisseure

BIRO, LAJOS
→ Drehbuchautoren

BISCHOFF, AUREL G.
* 22.02.1904 Aachen, † 1981 (ohne Angabe)
Deutscher Filmkaufmann. Er war als Chef der Constantin-Tochter Exportfilm Bischoff & Co. GmbH (München) für den Weltvertrieb der meisten deutschen Wallace-Produktionen verantwortlich. Bischoff studierte in Bonn Staatswissenschaften und Jura. Anfang 1929 kam er nach Berlin und wurde Volontär bei der Terra Film. 1931 beauftragte ihn Theo Osterwind mit der Leitung der Terra-Auslandsabteilung. 1941 übernahm Bischoff die Organisation des Auslandsvertriebs der Continental Film (Paris), einer Tochtergesellschaft der UFA. 1946 engagierte ihn die deutsch-französische Internationale Film Union Remagen als Leiter ihres Weltvertriebs. 1949 gründete Bischoff in Frankfurt/M. die Exportfilm Bischoff & Co. GmbH und machte sich selbständig. 1955 führte die enge Zusammenarbeit mit Constantin-Chef → Waldfried Barthel zur Übernahme der Exportfilm als Tochtergesellschaft der Constantin. Dadurch wurde die Gesellschaft zu einer der führenden Weltvertriebsfirmen in Europa. Als Exporteur war Bischoff auf den Filmmärkten aller Kontinente zu Hause. In rund 70 Länder verkaufte er regelmäßig die bundesdeutschen Produktionen. Zu seinen Leistungen zählt auch die weltweit erfolgreiche Vermarktung der meisten Wallace-Filme (die übrigen wurden über die Overseas Film des Briten → Ian Warren verkauft bzw. → *Der Bucklige von Soho* direkt von → Preben Philipsens dänischer Rialto Film). Bischoffs Vielsprachigkeit und sein Verhandlungsgeschick öffneten ihm überall die Türen. Er war einer der ersten, der westdeutsche Filme in die Ostblockstaaten exportierte. 1959 konnte er bei den Internationalen Filmfestspielen in Moskau den Hauptpreis für *Wir Wunderkinder* entgegennehmen. Über 20 Jahre war Bischoff Vorstandsmitglied der Export-Union; in der staatlichen Filmförderungsanstalt saß er als stellvertretendes Verwaltungsratsmitglied, ferner gehörte er der Filmkommission der CSU an.

BISCHOFF, SAMUEL
→ Produzenten

BLACK, THE
(Der Schwarze)
Zehn Kriminalerzählungen. *Originalausgabe: Readers Library, London 1929. Erweiterte Neuausgabe: Brown, Watson, Lomdon 1962 (Digit Books).*
Enthält: THE CASE OF LADY PURSEYENCE, THE WIFE OF SIR RALPH CRETAPACE, THE CASE OF MRS. ANTHONY STRATMORE, THE MYSTERY OF THE BISHOP'S CHAIR, THE TWENTY THOUSAND POUND KISS, HOW A CROOK SPOOFED ANOTHER CROOK, A DOCTOR'S JOLLIPICATION AND ITS SEQUEL, THE MILLIONAIRE'S SECRET, WARM AND DRY, THE SOOPER SPEAKING. Die Ausgabe von 1962 enthält zusätzlich: WARM AND DRY, THE SOOPER SPEAKING.
Inhalt: Wallace liefert hier einen Strauß unterhaltsamer Kriminalgeschichten aus der nur scheinbar integeren Welt der oberen Zehntausend.
Anmerkung: Diese Geschichten wurden bisher nicht ins Deutsche übertragen.

BLACK ABBOT, THE
Kriminalroman. *Originalausgabe: Hodder & Stoughton, London 1926. Deutsche Erstveröffentlichung: Der schwarze Abt. Übersetzung: Otto Albrecht van Bebber. Wilhelm Goldmann Verlag, Leipzig 1930. Neuausgabe: Wilhelm Goldmann Verlag, München 1952. Taschenbuchausgabe: Wilhelm Goldmann Verlag, München 1955 (= Goldmann Taschen-KRIMI 69). Weitere Taschenbuchauflagen im Wilhelm Goldmann Verlag: 1959, 1972. Neuausgabe: Bertelsmann Verlag, Gütersloh 1969. Neuübersetzung:* → *Gregor Müller. Wilhelm Goldmann Verlag, München 1973 (= Goldmann Taschen-KRIMI 69). Weitere Taschenbuchauflagen im Wilhelm Goldmann Verlag: 1974, 1976, 1980, 1980, 1997. Jubiläumsausgaben im Wilhelm Goldmann Verlag: 1990, 2000 (= Band 63). Neuübersetzung: Alexandra von Reinhardt. Heyne Verlag, München 1983 (= Blaue Krimis 2061). Neuauflage 1989 (= Blaue Krimis 2262). Neuübersetzung: Jürgen Avendam. Scherz Verlag, Bern, München, Wien 1984 (= Scherz Krimi 940). Neuübersetzung: Jürgen Bavendam. Gustav Kiepenheuer Verlag, Leipzig, Weimar 1990. – Anläßlich des 125. Geburtstages des Autors brachte der* → *Weltbild Verlag*

2000 eine Wallace-Edition heraus. Hier erschien der Roman in einer Doppelausgabe zusammen mit *Der Banknotenfälscher* (→ *The Forger*).

Inhalt: In Chelfordbury, einem kleinen Dorf in Sussex, spukt es. Seit über 700 Jahren macht ein Gespenst die Gegend um den Besitz Fossaway unsicher. Auch Harry Alford, der gegenwärtige Graf von Chelford, ist von der Existenz des schwarzen Abts überzeugt, der im Mittelalter auf grausame Weise ums Leben gekommen sein soll. Eine weitere Legende berichtet, daß vor 400 Jahren auf dem Besitz ein Goldschatz vergraben wurde, der seitdem unentdeckt geblieben ist. Auch der jetzige Herr auf Fossaway forscht nach dem Hort der Ahnen. Auch alle in der näheren Umgebung des Lords haben ein Auge auf den Schatz geworfen. Zu ihnen zählen Miss Wenner, die ehemalige Sekretärin des Lords, sein Anwalt Arthur Gine und sein Bürovorsteher Fabrian Gilder. Richard Alford, der jüngere Bruder des Grafen und Verwalter des Anwesens, hat alle Hände voll zu tun, um die Gierigen auf Distanz zu halten. Les-

lie Gine, Arthurs Schwester, ist mit Graf Harry verlobt, würde jedoch lieber den jüngeren Bruder heiraten. Thomas schließlich, der Diener des Grafen, hat eine Vergangenheit, die bis ins Zuchthaus von Dartmoor führt. Tatsächlich wird der Schatz eines Tages gefunden – aber auch ein Toter, ein Mann in einer schwarzen Kutte. Und es besteht kein Zweifel, daß er ermordet wurde.

Anmerkungen: Der Roman wurde 1963 verfilmt unter dem Titel → *Der schwarze Abt.*

BLACK AVONS, THE
(Die schwarzen Avons)

Historischer Jugendroman. *Originalausgabe: G. Gill, London 1925.*
Der Roman besteht aus vier Teilen: 1. HOW THEY FARED IN THE TIMES OF TUDORS; 2. ROUNDHEAD AN CAVALIER; 3. FROM WATERLOO TO THE MUTINY; 4. EUROPE IN THE MELTING POT.

Inhalt: Nicht nur zur Unterhaltung der Jugend unternimmt Wallace in diesem Werk Ausflüge in die Geschichte Großbritanniens und Europas.

Anmerkung: Dieser Roman wurde bisher nicht ins Deutsche übertragen.

BLACK, EDWARD
→ Produzenten

BLACK, STANLEY
→ Komponisten

BLACKMAN, HONOR
→ Darsteller

BLAIR, MARY JANE
→ Marie Richards

BLAUE HAND, DIE (BUCH)
→ THE BLUE HAND

BLAUE HAND, DIE (FILM I)
Dieses Rialto-Filmprojekt sollte ursprünglich nach anderen Drehbüchern mit ganz abweichenden Inhalten inszeniert werden. Das erste Drehbuch wurde 1966 von → Herbert Reinecker verfaßt, das zweite 1966/67 von → Harald G. Petersson und → Fred Denger. Beide Fassungen wurden jedoch von → Horst Wendlandt verworfen. Filmhistorische Gründe

rechtfertigen es, Inhaltsangaben beider Drehbücher anzuführen:

1. Version: In einem Hotel im Londoner Hafenviertel tötet die LSD-süchtige Medizinstudentin Myrna Ferguson einen Mann. Als Chefinspektor Ellis und Inspektor Craig von Scotland Yard eintreffen, finden sie Myrna Ferguson ebenfalls ermordet; der Tote ist verschwunden. Als der Hotelbesitzer Bensson der Polizei telefonische Hinweise auf die Person des Toten geben will, wird er auch erschossen. Danny Ferguson kommt nach London und findet in der Wohnung ihrer Schwester Myrna das Bild von einem Mann namens Humphrey Lester. Während sie sich auf den Besuch bei ihm vorbereitet, wird das Bild von einem gewissen Kelston gestohlen. Er ist Erster Offizier auf dem amerikanischen Frachter »Maryland«, der im Hafen vor Anker liegt. Danny sucht Lester auf, kann jedoch nichts Näheres erfahren. Auf dem Nachhauseweg wird sie in ein Auto gezerrt. Kelston und Kielow, ein Matrose der »Maryland«, warnen sie davor, sich weiter in die Sache einzumischen. Bei der Durchsuchung von Lesters Wohnung findet Inspektor Craig eine Mitgliedskarte für den Club »Caravan«. In diesen Club wird Danny von Lady Emerson und deren Sohn John, den Vermietern von Myrna Fergusons Wohnung, eingeladen. Im Club treffen sie Kelston und Kielow. Craig ist ebenfalls dort. Als Danny in ihre Wohnung zurückkommt, wartet Lester auf sie und teilt ihr mit, daß der Mann, den Myrna getötet hat, Henry heißt. In derselben Nacht wird Lester in seiner Wohnung ermordet; auf seiner Stirn findet sich als Zeichen eine »Blaue Hand«. Danny trifft Kelston und Kielow in der Wohnung von Lady Emerson wieder. Ein zweites Mal suchen Danny und Craig den Club »Caravan« auf, dessen Räumlichkeiten ihnen immer geheimnisvoller erscheinen. Sie werden von Crantz, dem früheren Diener Lesters, überrascht. Es kommt zu einer Schlägerei; Crantz wird verhaftet, kann jedoch aus dem Gefängnis entfliehen. Es wird beobachtet, daß er von zwei Matrosen auf die »Maryland« gebracht wird. Die Polizei findet ihn dort, ebenfalls mit der »Blauen Hand« auf der Stirn, ermordet vor. Trotz Observierung gelingt es Kelston und Kielow, das Schiff zu verlassen. An Land werden sie von Lady Emerson

erwartet. Bei einem erneuten Besuch im Club »Caravan« entschließen sich Danny und Craig, die Wohnung der Geschäftsführerin dieses Unternehmens, Miss Collins, zu untersuchen. Dort entdecken sie eine Dunkelkammer und Negative von Fotos, die offensichtlich erpresserischen Zwecken dienten. Sie werden in der Dunkelkammer eingeschlossen, doch Craig kann entkommen. Danny muß mit Kelston, der plötzlich aus dem Dunkel aufgetaucht ist, zurückbleiben. Zusammen mit Inspektor Ellis kehrt Craig in das Haus von Miss Collins zurück, die inzwischen alle verdächtigen Hinweise beseitigt hat; auch von Danny fehlt jede Spur. Craig rekonstruiert noch einmal seinen Fluchtweg. Unterwegs findet er einen Toten, der offensichtlich der Mann ist, den Myrna Ferguson umgebracht hat. Der Tote wird von Lady Emerson, die inzwischen ebenfalls eingetroffen ist, als Henry Maugham, Kapitän der »Maryland«, identifiziert. Sie ist es, die den Fall endgültig aufklären kann: Ihr Mann war vom Kapitän der »Maryland« und seinen Komplizen aus dem Club »Caravan« erpreßt worden und hatte Selbstmord begangen. Daraufhin hatten die

beiden Söhne der Lady unter den Namen Kelston und Kielow auf der »Maryland« angeheuert. Sie fanden heraus, daß der Kapitän unter einem Pseudonym lebte. Tatsächlich hieß er Henry Ellis und war ein Bruder von Chefinspektor Ellis. Nur dieser Inspektor hatte die Spuren der Morde vertuschen können. In seinem Auftrag wurde Myrna Ferguson ermordet. Er selbst hatte den Hotelbesitzer Bensson erschossen, Humphrey Lester umgebracht und den Toten die »Blaue Hand« auf die Stirn gedrückt.

2. Version: In London wird die attraktive Mary Redmayne wegen Mordes an ihrer älteren Schwester Betsy zu lebenslanger Haft verurteilt. Rechtsanwalt Lindsay O'Leary glaubt jedoch an die Unschuld seiner Mandantin, die er auch liebt. Er begibt sich zu seinem Freund Sir John von Scotland Yard und bittet ihn, den Fall wieder aufzurollen. Sir John übergibt die Sache Inspektor Hallick, der bei der Gerichtsverhandlung stummer Zeuge gewesen war. Sein Vorgänger, Chefinspektor Bradley, dem der Fall anvertraut war, ist inzwischen pensioniert worden. Im Gespräch mit Anwalt O'Leary findet

Die blaue Hand: (Film II) **1.** Klaus Kinski, Ilse Steppat • **2.** Siegfried Schürenberg, Harald Leipnitz • **3.** Diana Körner, Harald Leipnitz

Hallick heraus, daß es noch einen anderen Zweig der Familie gibt, dem das gesamte Vermögen zufallen würde, wenn Mary entweder stirbt oder als Mörderin enterbt würde. Da Mary immer wieder behauptet hat, daß noch eine Person im Zimmer gewesen sein muß, als ihre Schwester erschossen wurde, begibt sich Hallick in die Villa Redmayne, um weitere Untersuchungen anzustellen. In der Villa wird er von einem Unbekannten angefallen und bewußtlos geschlagen. Als er wieder zu sich kommt, findet er neben sich eine »Blaue Hand«, säuberlich aus lackierter Pappe geschnitten. Tags darauf wird Hallick informiert, daß Mary Redmayne vergifteter Kuchen ins Gefängnis geschickt wurde, den sie mit anderen Insassinnen teilte. Für drei Gefangene kommt jede Hilfe zu spät. Die anderen, darunter Mary, können gerettet werden. Hallick weiß nun, daß auch das Gefängnis für Mary kein sicherer Platz ist. Er trifft sich mit Black-Jack, einer Londoner Unterweltgröße. Hallick hatte Black-Jack einst vor dem Henker von London gerettet. Um sich zu revanchieren, willigt Black-Jack ein, Mary aus dem Gefängnis zu holen, damit Hallick sie in Sicherheit bringen kann. Wenige Tage später wird Mary befreit und nachts zum verabredeten Treffpunkt in Soho gebracht. Da geschieht etwas Ungeheuerliches: Eine junge Frau, die ein ähnliches Kleid wie Mary trägt, wird erschossen. Hallick bringt Mary zunächst bei seiner Wirtin und einige Tage später bei ihrem Onkel Reverend Jonathan Huxley unter. Auch hier ist Mary nicht sicher, denn der Onkel wird erschossen. Bei seiner Leiche findet Hallick wiederum eine »Blaue Hand«. Auch auf Rechtsanwalt O'Leary wird ein Attentat verübt. Man hat in seiner Wohnung den Gashahn aufgedreht, doch wird er in letzter Sekunde gerettet. Erneut liegt am Tatort eine »Blaue Hand«. Hallick bringt Mary nunmehr zu ihren letzten Verwandten auf Plimstock-Castle. Neben dem alten, etwas senilen Schloßherrn Lord Plimstock und seinem Diener Monk wohnen hier Lady Emily und Lord Digby Danton, Dorothy Groat und ihr Ehemann, der Modefotograf Marlow Groat, sowie drei Modefotoschülerinnen und das Schloßpersonal. Sir John, der seinem Inspektor nach früheren Absagen nunmehr behilflich ist, erklärt ihm das Symbol der »Blauen Hand«. Es sei das Zeichen eines verunstalteten Analphabeten, der seine Spötter ermor-

det hatte. Obwohl er seine Taten stets telefonisch Scotland Yard mitteilte, sei er nie geschnappt worden. Als die Mordserie aufgehört hatte, war man der Ansicht, daß er tot sei. Aber im Schloß gehen die Morde weiter. Lord und Lady Digby, Dorothy und Marlow Groat werden tot aufgefunden; bei jedem findet man eine »Blaue Hand«. Da wird Sir John am Telefon verlangt. Die Stimme der »Blauen Hand« erklärt ihm, daß er sich zur Ruhe gesetzt und ein anderer sein Symbol benutzt habe. Zum Schluß befinden sich neben Sir John und Inspektor Hallick nur noch Mary Redmayne, Rechtsanwalt O'Leary, Lord Plimstock und sein Diener Monk sowie die Modefotoschülerinnen und das Schloßpersonal auf Plimstock-Castle. In ihrer Anwesenheit lüftet Hallick das Geheimnis der neuen »Blauen Hand«. Mary muß erfahren, daß ihre eigene Familie sie wegen immenser Schulden umbringen lassen wollte, um sie zu beerben. Anwalt O'Leary, der das Testament und die finsteren Absichten der Familie kannte, beging den Mord an Marys Schwester und an allen anderen, denn er wollte Mary heiraten und mit ihr ins Ausland gehen.

BLAUE HAND, DIE (FILM II)
Kinofilm. Bundesrepublik Deutschland 1967. Regie: Alfred Vohrer. Regieassistenz: Eva Ebner. Script: Uschi Haarbrücker. Drehbuch: Alex Berg (d.i. Herbert Reinecker), Harald G. Petersson und Fred Denger nach dem Roman The Blue Hand von Edgar Wallace. Kamera: Ernst-Wilhelm Kalinke. Kameraassistenz: Joachim Gitt, Wolfgang Hofmann. Schnitt: Jutta Hering. Schnittassistenten: Evelyn Siewert, Helga Stumpf. Ton: Gerhard Müller. Bauten: Wilhelm Vorwerg, Walter Kutz. Oberbeleuchter: Dieter Fabian. Requisiten: Günter Franke, Günter Beer. Musik: Martin Böttcher. Kostüme: Irms Pauli. Garderobe: Helmut Preuss, Gisela Nixdorf. Pelzmodelle: Pelzhaus Berger Berlin/Hamburg. Masken: Willi Nixdorf, Charlotte Kersten-Schmidt. Standfotos: Gerd-Victor Krau, Max Marhofer. Presse: Günter Zeutschel, Ringpress. Produktion: Rialto Film Preben Philipsen GmbH & Co. KG, Berlin/West. Produzent: Preben Philipsen, Horst Wendlandt. Produktionsleitung: Wolfgang Kühnlenz. Herstellungsleitung: Fritz Klotzsch. Aufnahmeleitung: Herbert Kerz, Harry Wilbert. Geschäftsführung: Gertraud Pfeiffer. Produktionssekretärin: Dörte

Gentz. Kassiererin: Waltraud Peglau. Drehzeit: 09.02.–22.03.1967. Atelier: CCC Film Studios Berlin/Spandau. Außenaufnahmen: Berlin-West, Jagdschloß Grunewald (Berlin-Grunewald). Erst-Verleih: Constantin Film, München. Länge: 87 Minuten (2386 m). Format: 35 mm; Farbe (Eastmancolor); 1:1.66. FSK: 20.04. 1967 (37263); 16 nff. Uraufführung: 28.04. 1967 Gloria Palast Berlin-West und Scala Filmpalast Saarbrücken. TV-Erstsendung: 04.05. 1985, PKS (Vorläufer von SAT 1). Die Personen und ihre Darsteller: Harald Leipnitz (Inspektor Craig), Klaus Kinski (Dave/Richard Emerson), Carl Lange (Dr. Mangrove), Siegfried Schürenberg (Sir John), Ilse Steppat (Lady Emerson), Diana Körner (Myrna Emerson), Hermann Lenschau (Rechtsanwalt Douglas), Albert Bessler (Butler Anthony), Richard Haller (Die Blaue Hand), Ilse Pagé (Miss Mabel Finley), Gudrun Genest (Schwester Harris), Fred Haltiner (Wärter Reynolds), Peter Parten (Robert Emerson), Thomas Danneberg (Charles Emerson), Harry Riebauer (Mr. Snobbits), Heinz Spitzner (Richter), Otto Czarski (Wärter Duck), Karin Kenklies (Schwester Dairen), Helga Lander (Virginia).

Inhalt: Der mordverdächtige Sohn eines reichen Lords kommt auf Grund eines ärztlichen Gutachtens ins Irrenhaus. Doch gelingt es ihm, von dort zu entfliehen, und trotz der Indizien, die gegen ihn sprechen, Inspektor Craig von seiner Unschuld zu überzeugen. Erbarmungslos greift indessen die »Blaue Hand« nach den Kindern des Lords. Zwei Söhne sind bereits ermordet, die Tochter entführt. Die Spur führt in die Heilanstalt. Der Anwalt der Familie kann den Hintergrund der Verbrechen aufklären: Der verstorbene Lord Emerson hat in Amerika ein Vermögen erworben, das erst nach dem Ableben seiner Kinder an seine zweite Frau fallen kann, deren Unterschlagungen er seinerzeit auf sich genommen hatte. Nun sind nur noch sie und der entflohene Sohn übrig.

Kritik zum Film: »Vor nichts zurückschreckend, gestaltet der bewährte Regisseur Alfred Vohrer den Edgar-Wallace-Stoff zu einem Gruselfilm mit Geisterbahneffekten. Daß dabei gelegentlich ein ironischer Zug durchschimmert, erhöht noch den Spaß an dem vermummten Mörder mit der blauen Hand.« (Münchner Merkur) »So kann man dann beruhigt Spaß am Spaß haben, und die Gänsehaut läuft einem so angenehm

wie selten den Rücken hinunter, weil man sie nicht mehr ernst nehmen muß. Das ist Gruseln zum puren Vergnügen.« (Filmecho Wiesbaden, Mai 1967)

Fazit: Bester Wallace-Horror trotz uneinheitlichem Drehbuch.

BLINDE, DER

Fernsehfilm. *Deutschland 1995. Produktion: Rialto Film Berlin im Auftrag von RTL. Regie: Peter Keglevic. Florian Pauer. Drehbuch: Simone Borowiak und Hans Kantereit, Co-Autor: Axel Marquardt nach einer Idee von Florian Pauer frei nach Edgar Wallace. Script/Continuity: Claudia Wipfler. Regieassistenz: Eva-Maria Schönecker, Roger Simons. Kamera: David Slama. Kameraassistenz: Jochen Moess, Julia Suermann. Musik: Jürgen Ecke. Schnitt: Moune Baius. Schnittassistenz: Sabine Brose. Ton: Andreas Kaufmann. Tonassistenz: Uwe Wiesner. Kostüme: Ulrike Schütte. Kostümassistenz: Manuela Nierzwicki. Garderobe: Nina Kortwich, Hanna Eickhoff, Janet Powell. Maske: Hasso von Hugo, Susanne Kasper. Architekt: Peter Zakrzewski, Hans Jürgen Deponte. Requisiten: Marcus Berndt, Peter Glaser, Nadja Würzner. Ausstattung: Christoph Schneider. Spezialeffekte: Michael Bouterweck, Alan Stuart. Lichtgestaltung: Thomas Gosda, Alfie Emmings. Casting: Angela Marquis, Jeremy Zimmermann. Standfotograf: Wolfgang Jahnke. Aufnahmeleitung: Dieter Anders, Dieter Albrecht. Herstellungsleitung: Willy Egger. Produktionsleitung: Norman Foster. Gesamtleitung: Horst Wendlandt. Darsteller: Joachim Kemmer (Higgins), Juliane Bremermann (Lane), Leslie Philips (Sir John; dt. Stimme: Friedrich Schoenfelder), Eddi Arent (Flatter), Christiane Reiff (Ann Pattison), Romy Kühnert (Emma Higgins), Yvonne De Bark (Olivia Howard), Olaf Hensel-Kirscht (Chris), Doris Kunstmann (Mrs. Harper), Peter Simonischek, Michael Gwisdek, Ronald Pickup, Henryk Nlewajak, Bev Williams, Philippa Howell, Eva Ebner, Olaf Hensel-Kirscht, Sophie Ellis-Bextor, Albrecht Delling, Leon Boden, Rüdiger Kuhlbrodt, Astrid Arnold, Julie Smith, Kaspar Eichel, Wendy Glenn, Vincenzo Ricotta, John McEnery, Erdmann von Garnier, Sigrid Lamprecht. Produktionszeitraum: Frühjahr/ Sommer 1995 in London und Berlin/Brandenburg. Wurde in einem Produktionsgang zusammen mit → Die Katze von Kensington und →*

Das Karussell des Todes hergestellt. Sendelänge: 45 Minuten. Uraufführung: 05.03.1996, RTL, 20.15 Uhr.

Inhalt: Seit einiger Zeit verschwinden in London auf mysteriöse Weise junge Mädchen auf offener Straße, und immer wurde ein Blinder in ihrer Nähe gesehen. Das neueste Opfer ist die junge Susan Howard. Nach einem Kinobesuch fällt sie dem »Blinden« in die Arme und wird brutal gekidnappt. Der Fall landet bei Scotland Yard; Barbara Lane und Inspektor Higgins nehmen sofort die Ermittlungen auf. Sie stellen fest, daß es hier um Mädchenhandel und Erpressung geht.

BLINDENSCHRIFT

Auch Blinde müssen auf die Lektüre von Edgar Wallace nicht verzichten. Beim Deutschen Blindeninstitut in Marburg erschienen zwei zweibändige Werke des Autors in Braille: die Kurzgeschichtensammlung *Der sechste Sinn des Mr. Reeder* (→ *The Mind of Mr. J. G. Reeder*) in der Übersetzung von Mercedes Hilgenfeld (1979) sowie der Roman *Die toten Augen von London* (→ *The Dark Eyes of London*) in der Übersetzung von → Gregor Müller (1982).

BLOCK, RALPH

→ Drehbuchautoren

BLOOD ON MY SHOES

Internationaler Titel der spanischen Wallace-Adaption → *Sangre en mis zapatos* (1983)

BLUE HAND, THE

Kriminalroman. *Originalausgabe: Ward Lock & Co., London 1925. Deutsche Erstveröffentlichung: Die blaue Hand. Übersetzung: → Ravi Ravendro. Verlag Hesse und Becker, Leipzig 1928. Neuauflagen: 1930, 1937. Neuausgabe: Wilhelm Goldmann Verlag, Leipzig 1928. Neuauflage: 1929. Neuausgabe: Wilhelm Goldmann Verlag, Leipzig 1931 (= Die Meister-Romane 9). Neuausgabe: Wilhelm Goldmann Verlag, München 1950. Taschenbuchausgabe: Wilhelm Goldmann Verlag, München 1952 (= Goldmann Taschen-KRIMI 6). Weitere Taschenbuchauflage im Wilhelm Goldmann Verlag: 1959. Neuausgabe: Bertelsmann Verlag, Gütersloh 1971. Neuübersetzung: → Gregor Müller. Wilhelm Goldmann Verlag, München 1972. (= Goldmann Taschen-KRIMI 6). Weitere Ta-*

schenbuchauflagen im Wilhelm Goldmann Verlag: 1974, 1975, 1977, 1979, 1982, 1989, 1997. Jubiläumsausgabe im Wilhelm Goldmann Verlag: 1990, 2000 (= Band 6). Neuübersetzung: Klaus Prost. Scherz Verlag, Bern, München, Wien 1984 (= Scherz Krimi 959). Neuauflage: 1985. – Anläßlich des 125. Geburtstages des Autors brachte der → Weltbild Verlag 2000 eine Wallace-Edition heraus. Hier erschien der Roman in einer Doppelausgabe zusammen mit *Das Geheimnis der gelben Narzissen* (→ *The Daffodil Mystery*).

Inhalt: Jim Steele ist Angestellter in der Anwaltsfirma von Septimus Salter und scheint einem Komplott auf die Spur gekommen zu sein. Seiner Meinung nach ist Eunice Weldon, die Sekretärin der alten Mrs. Groat, die Erbin des Vermögens von Lord Plimstock. Da tauchten ein blauer Handabdruck auf dem Fenster von Eunice' Zimmer sowie eine geheimnisvolle Warnung auf. Eunice ist verwirrt. Scheinbar birgt ihre neue Stelle bei den Groats unbekannte Gefahren. Immerhin führt Digby Groat in seinem Labor eigenartige Experimente durch. Jim Steele kann herausfinden, daß Groat vor kurzem das Vermögen der spurlos verschwundenen Lady Mary zufiel. Bei seinen Ermittlungen begegnet Steele einer mysteriösen Dame in Schwarz. Es stellt sich heraus, daß sie die totgeglaubte Lady Mary, die Mutter von Eunice Weldon und wahre Erbin des Plimstock-Vermögens ist. Doch immer wieder tauchen blaue Handabdrücke auf. Nun bekommt es Digby Groat mit der Angst und will verschwinden. Er hat jahrelang intrigiert, um an das Vermögen Lord Plimstocks zu kommen und will es sich keinesfalls abjagen lassen. Doch Jim Steele ist in Eunice verliebt und will um jeden Preis, daß sie bekommt, was ihr zusteht.

Anmerkungen: Die Erstausgabe in der Übersetzung von → Ravi Ravendro hatte besondere Kapitelüberschriften, die in späteren Ausgaben entfielen. – Der Romantitel wurde 1967 verwendet für die freie Adaption → *Die blaue Hand*.

BLUTBAD DES SCHRECKENS

→ Das Messer

BLUTROTE KREIS, DER

→ The Crimson Circle

BLYTHE, SYDNEY

→ Kameramänner

BÖHME, HERBERT A. E.

* 07.09.1898 Breslau,
† 29.06.1984 Hamburg
Deutscher Schauspieler. Er mimte Oberst Drood in → *Das Rätsel der roten Orchidee* (1961/62).
Der Sohn eines Bankdirektors studierte zunächst Germanistik, wechselte jedoch schon bald zur weiteren Ausbildung auf eine Schauspielschule über. In seiner Geburtsstadt stand er erstmals auf der Bühne. Seine weiteren Stationen waren Frankfurt/M., Bremen, Leipzig, Berlin und Hamburg, wo er für den Rest seines Lebens Fuß faßte. Die UFA wurde recht früh auf den Mann mit dem markanten Gesicht aufmerksam. Nach Arnold Fancks *Ein Mädchen geht an Land* (1938) folgten 40 Weitere Filme, darunter *... und reitet für Deutschland* (1941). Auch beim Fernsehen war er ab Ende der 50er Jahre ein gern gesehener Gast; er spielte u.a. in der Serie *Hafenpolizei* (1962).

BOLVARY, GEZA VON

* 26.12.1897 Budapest, † 10.08.1961 Rosenheim; bürgerlicher Name: Géza Maria von Bolváry-Zahn; im Vor-/Abspann erscheint sein Name manchmal auch als Géza Bolváry oder Géza Maria von Bolváry.
Vielbeschäftigter Regisseur, der bereits in der Stummfilmzeit arbeitete. Er inszenierte den Wallace-Film → *The Wrecker* (1929).
Der Fabrikantensohn besuchte zunächst die Militärakademie, wurde Journalist und Dramaturg, versuchte sich als Filmstatist, ehe er als Schauspieler, Regieassistent und schließlich als Regisseur bei der Star-Film in Budapest Fuß fassen konnte. Nach dem Sturz der Regierung ging er nach Berlin und fand hier, vor allem mit seinen Komödien, großen Anklang. Während der 30er Jahre mußte er sich mit seinen Gesellschaftssatiren und erotischen Themen zwar zügeln, hatte aber im Rahmen der Wien-Film-Produktionen dennoch Erfolg. Nach dem Krieg blieb er in Deutschland und konnte noch manchen Kassenschlager liefern. Verheiratet war er mit der ungarischen Schauspielerin Ilona Mattyasovszky (1895–1943).
Weitere Regiearbeiten (Auswahl): *Mutterherz* (1923), *Mädchen, die man nicht heiratet* (1924), *Hochstapler wider Willen* (1925), *Das Deutsche Mutterherz* (1926), *Fräulein Mama* (1926), *Vater und Sohn* (1929), *Zwei Herzen im Dreiviertel-Takt* (1930), *Die lustigen Weiber von Wien* (1931), *Der Raub der Mona Lisa* (1931), *Ein Mann mit Herz* (1932), *Die Nacht der großen Liebe* (1933), *Was Frauen träumen* (1933), *Stradivarius* (1935), *Lumpacivagabundus* (1936), *Mädchenpensionat* (1936), *Das Schloß in Flandern* (1936), *Rosen in Tirol* (1940), *Wiener G'schichten* (1940), *Schrammeln* (1944), *Die Fledermaus* (1946), *Fritz und Friederike* (1952), *Dalmatinische Hochzeit* (1953), *Ein Herz bleibt allein* (1955), *Ja, ja die Liebe in Tirol* (1955), *Schwarzwaldmelodie* (1956), *Was die Schwalbe sang* (1956), *Es wird alles wieder gut* (1957), *Hoch droben auf dem Berg* (1957), *Das gab's nur einmal* (1958), *Hoch klingt der Radetzkymarsch* (1958), *Ein Lied geht um die Welt* (1958), *Schwarzwälder Kirsch* (1958), *Zwei Herzen im Mai* (1958).

BONES

13 → **Afrikaerzählungen.** *Originalausgabe: Ward Lock & Co., London 1915. Deutsche Erstveröffentlichung: Bones in Afrika. Übersetzung:* → *Ravi Ravendro. Wilhelm Goldmann Verlag, Leipzig 1928. Neuausgabe: Wilhelm Goldmann Verlag, München 1951. Taschenbuchausgabe: Wilhelm Goldmann Verlag, München 1957 (= Gelbe Bücher 443). Bearbeitete Neuausgabe: Wilhelm Goldmann Verlag, München 1981 (= Taschenbuch 6437). Neuausgabe: Hesse & Becker Verlag, Dreieich 1986. (= im Doppelband 2/1). –* Anläßlich des 125. Geburtstages brachte der → Weltbild Verlag 2000 eine Wallace-Edition heraus. Hier erschien dieser Roman in einer Doppelausgabe zusammen mit *Leutnant Bones* (→ *Lieutenant Bones*).
Enthält: SANDERS – C. M. G. (Sanders, Ritter des St. Michael- und St. Georg-Ordens), HAMILTON OF THE HOUSSAS (Captain Hamilton), THE DISCIPLINARIANS (Die Schwerverbrecher), THE LOST N'BOSINI (Der sagenhafte N'bosini), THE FETISH STICK (Der Fetischmast), THE FRONTIER AND A CODE (Die Grenze und der Code), THE SOUL OF A NATIVE WOMAN (Die Seele der Eingeborenenfrau), THE STRANGER WHO WALKED BY NIGHT (fehlt in der deutschen Ausgabe), A RIGHT OF WAY (Das Wegerecht), THE GREEN CROCODILE (Das

grüne Krokodil), HENRY HAMILTON BO-
NES (Henry Hamilton Bones), BONES AT
M'FA (Bones in M'fa), THE MAN WHO DID
NOT SLEEP (Der nächtliche Wanderer).

Inhalt: Die afrikanische Wildnis ist Schauplatz
dieser Geschichten um den englischen Distrikt-
beamten Sanders und seine Freunde, Hauptmann Hamilton, den Negerhäuptling Bosambo und Leutnant Tibbetts, genannt Bones.
Mehrfach muß Bones wegen der Abwesenheit
seines Vorgesetzten Sanders höchstes Geschick
beweisen, um das Kolonialgebiet gegen Gefahren zu verteidigen. Großer Mut und sein tro-
ckener britischer Humor sind die Waffen, mit
denen es ihm stets gelingt, Recht und Ordnung
wiederherzustellen.

BONES IN AFRIKA
→ Bones

BONES IN LONDON
Zwölf → **Afrikaerzählungen.** *Originalausgabe:
Ward Lock & Co., London 1921. Deutsche Erstveröffentlichung: Bones in London. Übersetzung:* → *Ravi Ravendro. Wilhelm Goldmann
Verlag, Leipzig 1928. Neuausgabe: Wilhelm
Goldmann Verlag, München 1953. Taschenbuchausgabe: Wilhelm Goldmann Verlag, München 1963 (= Gelbe Bücher 1334). Neuausgabe: Hesse & Becker Verlag, Dreieich 1986 (= im
Doppelband 5/2).* – Anläßlich des 125. Geburtstages des Autors brachte der → Weltbild Verlag
2000 eine Wallace-Edition heraus. Hier erschien der Roman in einer Doppelausgabe zu-

sammen mit *Der Diamantenfluß (→ River of
Stars).*

Enthält: BONES & BIG BUSINESS (*Bones und
ein großes Geschäft*), HIDDEN TREASURE
(*Der verborgene Schatz*), BONES & THE
WHARFINGERS (*Bones und die Werfteigentü-
mer*), THE PLOVER-LIGHT CAR (*Das kleine
Kiebitz-Auto*), A CINEMA PICTURE (*Eine
Filmaufnahme*), A DEAL IN JUTE (*Bones
macht in Jute*), DETECTIVE BONES (*Detektiv Bones*), COMPETENT JUDGE OF POE-
TRY (*Ein Urteil über Dichtkunst*), THE LAMP
THAT NEVER WENT OUT (*Die Lampe, die
niemals ausging*), THE BRANCH LINE (*Die
Kleinbahn*), A STUDENT OF MEN (*Der Men-
schenkenner*), BONES HITS BACK (*Bones wird
gefährlich*).

Inhalt: Die bekannten Helden, Hauptmann
Hamilton und Leutnant Tibbetts alias Bones,
sind in den Geschichten dieses Bandes in ihre
englische Heimat zurückgekehrt und erleben
hier allerhand Abenteuer. So erbt Bones unversehens ein großes Vermögen und muß sich mit
seinem ehemaligen Vorgesetzten und jetzigen
Partner Hamilton gegen Intrigen aus der Londoner Halbwelt zur Wehr setzen. Mit Humor,
unfehlbarem Instinkt und unterstützt von einer
zauberhaften Sekretärin kommen sie den Win-
kelzügen zweifelhafter Geschäftsleute auf die
Schliche.

BONES OF THE RIVER
Zwölf → **Afrikaerzählungen.** *Originalausgabe:
George Newnes London, 1923. Deutsche Erst-*

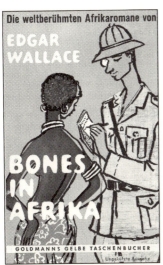

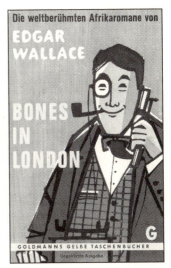

veröffentlichung: *Bones vom Strom*. Übersetzung: → *Richard Küas*. Wilhelm Goldmann Verlag, Leipzig 1929. Neuausgabe: *Wilhelm Goldmann Verlag, München 1952*. Taschenbuchausgabe: *Wilhelm Goldmann Verlag, München
1961 (= Gelbe Bücher 757)*. Bearbeitete Neuausgabe: *Wilhelm Goldmann Verlag, München
1981 (= Taschenbuch 6440)*. Neuausgabe:
*Hesse & Becker Verlag, Dreieich 1986 (= im
Doppelband 3/2)*. – Anläßlich des 125. Geburtstages des Autors brachte der → Weltbild Verlag
2000 eine Wallace-Edition heraus. Hier erschien der Roman in einer Doppelausgabe zusammen mit *Sanders* (→ *Sanders*).
Enthält: THE FEARFUL WORD (*Das schreck-
liche Wort*), THE MEDICAL OFFICER OF
HEALTH (*Der Gesundheitsinspektor*), THE
BLACK EGG (*Das schwarze Ei*), A NICE GEL
(*Ein nettes »Mädchen«*), THE BRASS BEDSTE-
AD (*Die Messingbettstelle*), A LOVER OF
DOGS (*Ein Hundeliebhaber*), THE CAMERA
MAN (*Der »Fotograf«*), THE HEALER (*Der
Heilkünstler*), THE WAZOOS (*Die Wazoos*),
THE ALL-AFRICANS (*Die Panafrikaner*), THE

WOMAN WHO SPOKE TO BIRDS (*Das Weib,
das zu den Vögeln sprach*), THE LAKE OF THE
DEVIL (*Der Teufelssee*).
Inhalt: Auch hier stehen die vier Freunde im
Mittelpunkt der Handlung: der tüchtige Bezirkshauptmann Sanders, Hamilton, der unerschrockene Hauptmann des Haussaregiments,
der mutige Negerhäuptling Bosambo und Leutnant Bones, der stets in komische Situationen
verwickelt wird und dessen Pläne sich nie ganz
mit der nüchternen Wirklichkeit vereinbaren
lassen. In den Geschichten dieses Bandes muß
er erneut zahlreiche Kämpfe gegen die aufrührerischen Eingeborenenstämme bestehen und
erntet dabei oft mehr Spott als Ruhm.
Anmerkung: Der Roman wurde 1938 verfilmt
unter dem Titel → *Old Bones of the River*.

BONES VOM STROM
→ BONES OF THE RIVER

BOOK OF ALL POWER, THE
Abenteuerroman. Originalausgabe: *Ward Lock
& Co., London 1921*. Deutsche Erstveröffent-
lichung: *Das Buch der Allmacht*. Übersetzung:
Arthur A. Schönhausen. Wilhelm Goldmann
Verlag, Leipzig 1931 (→ *vergriffene Romane*).
Inhalt: Im Jahr 1915 macht sich der junge Malcolm Hay auf den Weg, um im Auftrag einer
Londoner Firma eine Ölgesellschaft in der
Ukraine zu vertreten. Als er sich auf Anraten
seines Chefs bei dem einflußreichen jüdischen
Kaufmann Israel Kensy vorstellt, wird er in politische Intrigen um die schöne russische Prinzessin Irene, deren Vater, den Großfürsten, und
die gesamte russische Monarchie hineingezogen. Der alte Jude, der immer mehr zu wissen
scheint, als er vorgibt, restauriert in seiner Freizeit alte Bücher. Sein Lieblingsbuch trägt den
Titel »Buch der Allmacht«. Es ist auf der Vor-
derseite mit einer geheimnisvollen Widmung
versehen: »Hierin ist die Magie der Macht und
die Worte und Symbole, die die verschlossenen
Herzen der Menschen öffnen und ihren stolzen Willen zu Wasser verwandeln.« Geschildert wird die Korruption innerhalb der zaris-
tischen Monarchie, in der Machtspiele um die
Gunst des Zaren, um Einfluß und Reichtum an
der Tagesordnung sind. Nach der Oktoberre-
volution herrscht das Proletariat mit der gleichen Unerbittlichkeit wie zuvor die Aristokra-
ten. Mit der Revolution hat sich auch das

Schicksal der Helden gewendet. Die schöne Irene befindet sich in der Gewalt ihres ehemaligen Dieners Boolba, der sie täglich demütigt, indem er sie seine Böden schrubben läßt und sie sogar heiraten will. Das wird durch das plötzliche Auftauchen Israel Kensys verhindert, der Boolba überwältigt und Irene in Sicherheit bringt. Malcolm, der infolge seiner Verbindungen mit der Aristokratie ebenfalls in Ungnade gefallen ist, kann mit dem Killer Cherry Bim und einem ehemaligen General des Zaren fliehen. Alle Personen treffen sich in einem kleinen Dorf wieder, wo Irenes Familie noch Getreue besitzt. Gemeinsam begeben sie sich auf die Flucht; dabei wird der alte Jude getötet. Sein geheimnisvolles Buch vermacht er Irene. Nach vielen Abenteuern gelingt den Helden schließlich die Flucht vor den Nachstellungen Boolbas nach Polen. Mittlerweile ist aus Malcolm und Irene ein Liebespaar geworden, und am Ende wird das Geheimnis des mysteriösen Buches gelüftet.

Anmerkungen: Die englische Originalausgabe hat besondere Kapitelüberschriften, die man in der deutschen Fassung fallen ließ.

BOOKER, SIMON
→ Drehbuchautoren

BOOKS OF BART, THE
(Barts Bücher)
Unterhaltungsroman. *Originalausgabe: Ward Lock & Co., London 1923.*
Enthält die Teile: THE BOOK OF ARRANGEMENT, 2. THE BOOK OF ADJUSTMENT, 3. THE BOOK OF DEVELOPMENT, 4. THE BOOK OF ENLIGHTMENT.
Inhalt: Der junge Vorarbeiter Bartholomew ist ein ziemlich unpraktischer Mensch. Nur langsam gelangt er zu einem tieferen Verständnis seiner selbst und der Regeln des gesellschaftlichen Umgangs. Am Ende vermag er sein eigenes Leben und damit auch das Leben seiner Umwelt in mancher Hinsicht zu bessern.
Anmerkung: Dieser Roman wurde bisher nicht ins Deutsche übertragen.

BORN TO GAMBLE
(Zum Spieler geboren)
Kinofilm. *USA 1935. Produktion: Liberty Films. Produzent: M. H. Hoffman. Regie: Phil Rosen. Buch: E. Morton Hough nach der Kurzgeschichte The Greek Poropulos von Edgar Wallace. Kamera: Gilbert Warrenton. Darsteller: Onslow Stevens (Ace Cartwright/Henry Mathews), H. B. Warner (Carter Mathews), Maxine Doyie (Cora Strickland), Eric Linden (Earl Mathews), Ben Alexander (Paul Mathews), Lois Wilson (Paula Mathews), Lucien Prival (Al Shultz), Crauford Kent, Norman Phillips jr.*
Inhalt: Ein Berufsspieler, der anderen das Geld aus der Tasche zieht und ihnen die Freundinnen ausspannt, wird ermordet. Eine spannende Suche nach dem Täter beginnt.
Kritik zum Film: »Die Spannung zum Schluß ist sorgfältiger aufgebaut, als man es sonst in diesem Genre gewohnt ist.« (Jack Edmund Nolan)
Anmerkung: Dieser Film wurde in Deutschland nicht aufgeführt.

BOROWIAK, SIMONE
→ Drehbuchautoren

BORSCHE, DIETER
* 25.10.1909 Hannover, † 05.08.1982 Nürnberg; bürgerlicher Name: Albert Eugen Rollomann.
Deutscher Schauspieler. Borsche agierte überzeugend in zwei Wallace-Filmen, als Reverend Dearborn in → *Die toten Augen von London*

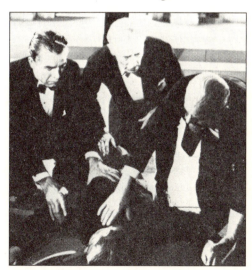

Born to Gamble: **Onslow Stevens (links)**

(1961) und als Lord Harry Chelford in → *Der schwarze Abt* (1963).

Borsche nahm Tanzunterricht bei Harald Kreuzberg und Yvonne Georgi in Hannover, danach wirkte er als Tänzer an der Städtischen Oper. Nach Schauspielunterricht erstes Theaterengagement in Weimar. Weitere Bühnenstationen waren 1935 Kiel, 1939–42 Danzig und 1944 Breslau. Nach Kriegsende holte ihn Bernhard Minetti nach Kiel, wo er Schauspieldirektor wurde. Sein Filmdebüt hatte er 1935 im Weiß-Ferdl-Film *Alles wegen dem Hund*. 1938 wurde sein Film *Die preußische Liebesgeschichte* von Goebbels verboten, er kam nach 1945 als *Liebeslegende* ins Kino. Durch seine Rolle als Geistlicher in *Nachtwache* (1949) wurde Borsche populärster Filmschauspieler Nachkriegsdeutschlands. Er spielte an verschiedensten Theaterbühnen, um der Gefahr der Routine zu entgehen, z.B. als Papst Pius XII. in Hochhuths *Der Stellvertreter* (1963 in Berlin). Durch Fernsehkrimis wie *Das Halstuch* (1962) von Francis Durbridge erreichte seine Popularität noch einmal einen Höhepunkt. Der von allen Kollegen wegen seiner Professionalität hoch geschätzte Star litt seit 1944 an Muskelschwund und konnte auf der Bühne oft nur noch wenige Schritte gehen. Er lebte zuletzt in dritter Ehe mit der Schauspielerin Ulla Willich in Nürnberg. – Mit seinem Primanergesicht konnte er noch als 40jähriger Studenten, Erbprinzen und Nachwuchsärzte spielen. Er verkörperte, was in der Adenauer-Zeit gesucht wurde: das Edle, Anständige – eine klare Welt, die nach Persönlichkeit und geistiger Reife geordnet sein sollte. Trotz virtuoser Ausflüge ins Heitere blieben seine Paraderollen seelenvolle Charaktere mit tiefen Blicken, die in eine Liebesbeziehung wie in eine Messe eintreten, oder im steifen Hemd gespielte preußische »Exerzierstöcke«, deren eckige Körpersprache im anrührenden Gegensatz zum warmen Stimmen-Timbre des Schauspielers stand. Auszeichnungen: Bambi (1951–52), Filmband in Gold für langjähriges Wirken (1974), Verdienstkreuz des Verdienstordens der BRD (1979).

Weitere Filme (Auswahl): *Es kommt ein Tag* (1950), *Fanfaren der Liebe* (1951), *Dr. Holl* (1951), *Vater braucht eine Frau* (1952), *Königliche Hoheit* (1953), *Die Barrings* (1955), *U–47 – Kapitänleutnant Prien* (1957), *Scotland Yard jagt Dr. Mabuse* (1963), *Der Henker von Lon-*

Dieter Borsche

don (1963), *Die Goldsucher von Arkansas* (1964), *Der Schut* (1964), *Durchs wilde Kurdistan* (1965), *Im Reiche des silbernen Löwen* (1965), *Wenn Ludwig ins Manöver zieht* (1967), *Lady Hamilton – Zwischen Schmach und Liebe* (1969), *Der Pfarrer von St. Pauli* (1970).

Interview-Zitat anläßlich der Fernsehaufführung der Wallace-Filme: »Ich wäre jederzeit wieder zu neuen Schandtaten bereit. Mich ärgert nur, daß bei solchen Wiederaufführungen die Schauspieler leer ausgehen.« (Funk Uhr).

BOSAMBO
→ BOSAMBO OF THE RIVER

BOSAMBO AUS MONROVIA
→ BOSAMBO OF THE RIVER

BOSAMBO OF THE RIVER
13 → **Afrikaerzählungen.** *Originalausgabe: Ward Lock & Co., London 1914. Deutsche Erstveröffentlichung: Bosambo aus Monrovia. Übersetzung:* → *Richard Küas. Wilhelm Goldmann Verlag, Leipzig 1926. Neuausgabe: Wilhelm Goldmann Verlag, München 1950. Taschenbuchausgabe: Wilhelm Goldmann Verlag, München 1954 (= Gelbe Bücher 318). Bearbeitete Neuausgabe: Bosambo. Wilhelm Goldmann Verlag, München 1981 (= Taschenbuch 6436). Neuausgabe: Hesse & Becker Verlag, Dreieich 1986 (= im Doppelband 1/2). – An-*

läßlich des 125. Geburtstages des Autors brachte der → Weltbild Verlag 2000 eine Wallace-Edition heraus. Hier erschien der Roman in einer Doppelausgabe zusammen mit *Sanders vom Strom* (→ *Sanders of the River*).

Enthält: ARACHI THE BORROWER (*Arachi, das Pumpgenie*), THE TAX RESISTORS (*Die Steuerbeitreibung*), THE RISE OF THE EMPEROR (*Der Aufstieg des Kaisers*), THE FALL OF THE EMPEROR (*Der Sturz des Kaisers*), THE KILLING OF OLANDI (*Die Ermordung Olandis*), THE PEDOMETER (*Der Schrittzähler*), THE BROTHER OF BOSAMBO (*Bosambos Bruder*), THE CHAIR OF THE N'GOMBI (*Der Thron der N'gombis*), THE KI-CHU (*Der Kichu*), THE CHILD OF SACRIFICE (*Das Opferkind*), ›THEY‹ (»*Sie*«), THE AMBASSADORS (*Die Gesandten*), GUNS IN THE AKASAVA (*Hinterland im Besitz der Akasavas*).

Inhalt: Im Mittelpunkt dieser Geschichten steht der humorvolle Negerhäuptling Bosambo. Mit Mut, durchtriebener Schläue und großer Treue zu dem Bezirkshauptmann Sanders gelingt es ihm, sich gegen alle Intrigen im Kolonialgebiet zur Wehr zu setzen und sich gegen

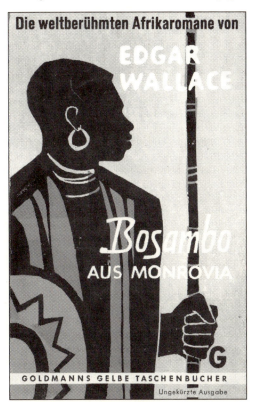

weiße Eindringlinge genauso zu behaupten wie gegen aufrührerische Schwarze.

BÖSEWICHTER
Wallace' Romane und Erzählungen bevölkern verschiedene Typen von Bösewichtern: Neben schlichten Handlangern treiben raffinierte Intriganten unter der Maske erfolgreicher Geschäftsleute oder, Gipfel des Bösen, hochrangige Beamte (→ Wölfe im Schafspelz) ihr glücklicherweise nur zeitlich begrenztes Unwesen.

BOTANISCHER GARTEN
→ Berlin
Wallace-Filmort. Hier entstanden die Außenaufnahmen zur Pre-Titelsequenz von → *Der Fluch der gelben Schlange*. Der Botanische Garten wurde 1897–1906 auf einer 42 Hektar großen Fläche im Berliner Stadtteil Dahlem von Adolf Engler angelegt. Im Zweiten Weltkrieg wurde er schwer verwüstet, bis 1949 dienten große Teile dem Gemüseanbau. Heute ist der Berliner Botanische Garten mit seinen pflanzengeographischen Anlagen, die einen Querschnitt durch die Pflanzenwelt aller Kontinente geben (insgesamt ca. 18.000 Pflanzenarten), einer der reichhaltigsten und modernsten in Europa.

BÖTTCHER, GRIT
* 10.08.1938 Berlin;
bürgerlicher Name: Margrit Lange.
Deutsche Schauspielerin. Sie verkörperte, wenig überzeugend, Leslie Gine in → *Der schwarze Abt* (1963) und Betty Falks in → *Der Mönch mit der Peitsche* (1967).
Ihr Vater war Finanzbeamter und der Meinung, daß sie sich das Schulgeld für die Schauspielerei selbst verdienen müsse. Sie besuchte daraufhin einen Kurs an einer Mannequin-Schule und ging anschließend auf Mode-Tournee. 1954 wurde sie auf einer Party in Berlin von dem Regisseur Rolf Thiele entdeckt. Die UFA bezahlte ihr die Schauspielschule mit der Auflage, das Geld später zurückzuzahlen. Die Summe, die die UFA dann verlangte, war jedoch enorm hoch, so daß Grit Böttcher vor Gericht ziehen mußte – mit Erfolg. Direkt von der Schauspielschule weg engagierte sie der Schauspieler Victor de Kowa als seine Ehepartnerin in dem Stück *Ehekarussell* (1960). Danach ging sie mit Partner und Stück nach Wien, wo sie ebenfalls lebhaften Beifall erntete. Nach zahlreichen

Filmerfolgen wurde sie dem Publikum auch durch zahlreiche Fernsehfilme bekannt. Den größten Anklang fand ihre Sketchserie mit Harald Juhnke *Ein verrücktes Paar* (1977–80).

Weitere Filme (Auswahl): *Die Fastnachtsbeichte* (1960), *Stahlnetz: Saison* (TV, 1961), *Freddy und der Millionär* (1961), *Er kann's nicht lassen* (1962), *Der Spion, der in die Hölle ging* (1965), *Die Gentlemen bitten zur Kasse* (TV, 1966), *Der Tod im roten Jaguar* (1968), *Sommersprossen* (1968), *Sturm im Wasserglas* (TV, 1969), *Der scharfe Heinrich* (1971), *Drei Männer im Schnee* (1974).

BÖTTCHER, MARTIN
* *17.06.1927 Berlin;*
Pseudonym: Michael Thomas.

Deutscher Komponist, u.a. Edgar-Wallace- und herausragender Karl-May-Interpret.

Die Laufbahn des Komponisten, der eigentlich Pilot werden wollte, begann 1945 als Gitarrist beim NWDR in Hamburg. Er spielte unter bekannten Orchesterleitern wie Willi Steiner, Franz Thon und Alfred Hause. 1955 tauchte sein Name zum ersten Mal auf der Leinwand auf: Für den Produzenten → Artur Brauner schrieb er die Musik zu *Der Hauptmann und sein Held* (1955). Schon nach seinem zweiten Film *Die Halbstarken* (1956) galt Böttcher als besonders kreativ. Er wurde ein gefragter Mann und vertonte Film um Film, darunter die Streifen der Edgar-Wallace-Serie → *Der Fälscher von London* (1961), → *Das Gasthaus an der Themse* (1962), → *Der schwarze Abt* (1963), → *Die blaue Hand* (1967) und → *Der Mönch mit der Peitsche* (1967). Im Auftrag von → Horst Wendlandt schuf er den berühmten »Karl-May-Sound« zu den meisten May-Filmen der 60er Jahre: *Der Schatz im Silbersee* (1962), *Winnetou 1. Teil* (1963), *Der Schut* (1964), *Winnetou 2. Teil* (1964), *Unter Geiern* (1964), *Der Ölprinz* (1965), *Winnetou 3. Teil* (1965), *Old Surehand 1. Teil* (1965), *Winnetou und das Halbblut Apanatschi* (1966), *Winnetou und Shatterhand im Tal der Toten* (1968), außerdem zu den Fernsehfilmen *Kara Ben Nemsi Effendi* (1973/75) und *Winnetous Rückkehr* (1998). Die Arbeitsbelastung war so groß, daß Böttcher 1965 einen Herzanfall erlitt, und wurde durch das intensive Publikumsinteresse noch vermehrt. Der bescheidene Musiker, der Max Steiner und Henry Mancini als seine Vorbilder nennt, lebt mit seiner Frau in Lugano und auf Sardinien. – Auszeichnungen: Deutscher Filmmusikpreis (1995). Für seine Verdienste um Karl May wurde ihm 1994 der Scharlih verliehen.

Weitere Filmkompositionen: *Endstation Liebe* (1957), *Kindermädchen für Papa gesucht* (1957), *Das verbotene Paradies* (1958), *Meine 99 Bräute* (1958), *Schmutziger Engel* (1958), *Ihr 106. Geburtstag* (1958), *Ohne Mutter geht es nicht* (1958), *Am Tag, als der Regen kam* (1959), *Willy, der Privatdetektiv* (1960), *Das schwarze Schaf* (1960), *Marino* (1960), *Auf Engel schießt man nicht* (1960), *Unser Haus in Kamerun* (1961), *Mörderspiel* (1961), *Und sowas nennt sich Leben* (1961), *Max der Taschendieb* (1962), *Er kann's nicht lassen* (1962), *Das Geheimnis der schwarzen Witwe* (1963), *Wartezimmer zum Jenseits* (1964), *Das Ungeheuer von London City* (1964), *Die Diamantenhölle am Mekong* (1964), *Das Phantom von Soho* (1964), *Lange Beine – lange Finger* (1966), *Die Ente klingelt um halb acht* (1968), *Oswalt Kolle: Das Wunder der Liebe* (1969), *Klassenkeile* (1969), *Dr. med. Fabian – Lachen ist die beste Medizin* (1969), *Bengelchen liebt kreuz und quer* (1969), *Ich schlafe mit meinem Mörder* (1970), *Verliebte Ferien in Tirol* (1971), *Willi wird das Kind schon schaukeln* (1972), *Derrick* (TV, 1974), *Es muß nicht immer Kaviar sein* (TV, 1977), *Der Alte* (TV, 1977), *Brot und Steine* (1979), *Der Trotzkopf* (TV, 1983), *Schöne Ferien* (TV, 1985), *Forsthaus Falkenau* (TV, 1989), *Air Albatros* (TV, 1994), *Pfarrer Braun* (2003).

BOURNE END
Verträumtes Städtchen am Oberlauf der Themse, ca. 40 km nordwestlich von London. Langjähriger Wohnort von Edgar Wallace, der hier 1929 für seine Familie das Anwesen → Chalklands erworben hatte. Auf dem Friedhof von Bourne End fand Wallace 1932 seine letzte Ruhe.

BOWMAN, TOM
→ Darsteller

BRAMBLE, A. V.
→ Darsteller und → Regisseure

BRANDON, PHILIP
→ Regisseure

BRANDT, RAINER
* 19.01.1936 Berlin

Deutscher Schauspieler. Er verkörperte Tom Heyes in → *Der Hund von Blackwood Castle* (1967), Reggy Conelly in → *Der Rächer* (1960) und war die Stimme von »Inspektor Fuchsberger« am Telefon in → *Das indische Tuch* (1963). Nach Absolvierung der Max-Reinhardt-Schule begann Brandt seine Karriere an Berliner Bühnen. Er machte Kabarett mit Wolfgang Neuss und spielte u.a. in den Filmen *Der Jugendrichter* (1960), *Die Fastnachtsbeichte* (1960), *Das Riesenrad* (1961) und *Straßenbekanntschaft auf St. Pauli* (1968). Danach hat Brandt mit seiner markanten Stimme Synchrongeschichte geschrieben. In bleibender Erinnerung ist vor allem seine Interpretation der Stimmen von Jean-Paul Belmondo und Terence Hill. Als Nachfolger von → Hellmut Lange moderierte Brandt ab 1984 das Fernsehquiz *Kennen Sie Kino?*.

BRAUN, PINKAS
* 07.01.1923 Zürich

Schweizer Schauspieler. Einer der überzeugendsten Darsteller der Edgar-Wallace-Serie. Er

Rainer Brandt: Dreharbeiten *Der Rächer*

verkörperte Edwin Tanner in → *Das Rätsel der roten Orchidee* (1961/62), Dr. Staletti in → *Die Tür mit den 7 Schlössern* (1962), Allan Davies in → *Der Bucklige von Soho* (1966), den Fremden in → *Im Banne des Unheimlichen* (1968) und Fing Su in → *Der Fluch der gelben Schlange* (1962/63). Zudem spielte er Goldmann in dem Fernsehfilm → *Die Katze von Kensington* (1995) und war die Stimme von Jack Oliver Tarling in dem Europa-Hörspiel → *Das Geheimnis der gelben Narzissen.*

Braun erhielt von seinem Vater, einem Kaufmann, erst dann die Erlaubnis, Schauspieler zu werden, als er eine Ausbildung zum Agronom an einer Landwirtschaftsschule zur Hälfte absolviert hatte. Nach seiner Schauspielausbildung am Zürcher Schauspielhaus war er bis 1957 Mitglied des dortigen Ensembles. Eine erste deutsche Fernseharbeit, *Letzter Zug null Uhr zwölf* (Hamburg 1953), in der er den ausdrucksstarken Part eines jungen Revolutionärs übernommen hatte, und ein Gastspiel als Woyzzek in Baden-Baden weckte das Interesse deutschen Produzenter an dem für moderne wie für klassische Rollen gleichermaßen begabten Schweizer. Um frei disponieren und unter den vielen Angeboten die besten auswählen zu können, löste Pinkas Braun seine Verbindung zum Zürcher Schauspielhaus. Deutsche Film- und Fernsehrollen wechselten von nun an in stetiger Folge ab; dazwischen fand Braun auch noch Zeit, seiner Liebe zum Theater zu frönen. Die wichtigsten Streifen, durch die Braun ein Begriff für Millionen von Kinobesuchern wurde, waren neben den Wallace-Produktionen der Kurt-Hoffmann-Film *Wir Wunderkinder* (1958), der Bernhard-Wicki-Film *Das Wunder des Malachias* (1961) und Ladislao Vajdas *Feuerschiff* (1962). 1963 bot sich ihm die erste Chance im amerikanischen Film. Er spielte einen Gangster in dem in Jugoslawien gedrehten US-Thriller *Dog eat dog* (*Einer frißt den anderen*, 1964). Auch im Fernsehen konnte Pinkas Braun die Breite seiner Darstellungskunst unter Beweis stellen, u.a. in *Der Tod läuft hinterher* (1967), *Die Frau in Weiß* (1971), *Der Winter der ein Sommer war* (1976) oder *Charles Muffin* (1979). Als künstlerische Nebenbeschäftigung übersetzt Braun Theaterstücke und Fernsehspiele englischer und französischer Autoren ins Deutsche und liefert auch komplette Fernsehbearbeitungen in deutscher Sprache. So hat Braun den amerikanischen Autor Edward Albee für die deutschen Bühnen entdeckt und die deutsche Fassung von *Wer hat Angst vor Virginia Woolf?* geschrieben. – Der Schweizer Charakterschauspieler Pinkas Braun hat sich seit langem einen festen Platz im deutschen Film-, Fernseh- und Theaterbetrieb erobert. Sein Typ prädestiniert ihn zum Darsteller hintergründiger Typen, die vor allem in deutschen Kriminalfilmproduktionen in vielen Varianten gefragt waren.

Weitere Filme (Auswahl): *Piccadilly null Uhr zwölf* (1963), *Wartezimmer zum Jenseits* (1964), *Die Schwarzen Adler von Santa Fe* (1964), *Scharfe Küsse für Mike Foster* (1965), *Höllenjagd auf heiße Ware* (1966), *Perry Rhodan – SOS aus dem Weltall* (1967), *... und Scotland Yard schweigt* (1967), *Hotel Royal* (TV, 1969), *Jeder stirbt für sich allein* (1975), *Blutspur* (1979), *Praying Mantis – Tödliche Ehe* (TV, 1982), *Mr. Bluesman* (1993), *Alle meine Töchter* (TV, 1995), *Inseln unter dem Wind* (1995), *Annas Fluch – Tödliche Gedanken* (TV, 1998).

Interview-Zitat: Anläßlich der Dreharbeiten zu → *Der Bucklige von Soho*: »Ich träume von Rollen, die mir erlauben, auch ein normaler Mensch zu sein. Die Schurken und Gangster hängen mir zum Hals heraus! Schade, daß den Besetzungschefs immer nur einfällt, daß ich im letzten Film einen so guten Gauner abgegeben habe! Wenn ich verrate, daß ich zwei Jahre eine Landwirtschaftsschule besucht habe, bekomme ich vielleicht demnächst die Rolle eines Bauern und dann bin ich aus dem Krimi-Trott heraus! – Nichts gegen Rollen, wie ich sie beispielsweise jetzt bei der Rialto Film unter der Regie von Alfred Vohrer gespielt habe. Wir waren im ›Buckligen von Soho‹ fast nur gelernte Schauspieler. Aber wenn es so weiter geht, glaube ich ja selber daran, daß ich nichts anderes spielen kann!«

BRAUNER, ARTUR
* 01.08.1918 Lodz (Polen)

Filmproduzent und Kinozar in Berlin. Produzierte die Edgar-Wallace-Filme → *Der Fluch der gelben Schlange* (1962/63) und → *Der Teufel kam aus Akasava* (1970).

Schon zu Lebzeiten wurde »Atze« (die Familie nennt ihn »Don Arturo«) Brauner, der Sohn eines Holzgroßhändlers, zur Filmlegende. Keiner hat die Geschichte des deutschen Kinos nach 1945 so nachhaltig beeinflußt wie er. Die von ihm 1946 gegründete → CCC Film gehörte zeitweise zu den erfolgreichsten Produktionsfirmen in Europa und ist heute in Deutschland diejenige Firma, die am längsten ununterbrochen im Geschäft ist. 1950 nahmen die → CCC-Studios in Spandau ihren Betrieb auf. In den modernen Atelieranlagen wurden Hunderte

Pinkas Braun

Artur Brauner

von Filmen gedreht, ferner ein Großteil der ersten ZDF-Produktionen. An praktisch allen wichtigen Filmserien war Brauner beteiligt; er entdeckte Caterina Valente und Senta Berger, drehte Schlager-, Mabuse- und Bryan-Edgar-Wallace-Filme. Eine andere Entdeckung, Lex Barker, verhalf der von Brauner produzierten Karl-May-Serie zu unsterblichem Ruhm; inszeniert wurden: *Old Shatterhand* (1964), *Der Schut* (1964), *Der Schatz der Azteken* (1965), *Die Pyramide des Sonnengottes* (1965), *Durchs wilde Kurdistan* (1965), *Im Reiche des silbernen Löwen* (1965) sowie *Winnetou und Shatterhand im Tal der Toten* (1968). Lediglich mit der monströsen Felix-Dahn-Verfilmung *Kampf um Rom* (2 Teile, 1968) erlitt Brauner Schiffbruch. Diskussionen gab es 1990 um den Vorschlag, seinen Film *Hitlerjunge Salomon* zur »Oscar«-Nominierung vorzuschlagen; die verantwortlichen Gremien lehnten dies gegen den Widerstand von Fachleuten ab. – Für sein jahrzehntelanges, unermüdliches Filmschaffen wurde Brauner mit zahlreichen Auszeichnungen geehrt: Goldener Bär (Berlinale 1955 und 1956), Bundesfilmpreis (1956), Golden Globe (1960), Bundesfilmpreis (1983), Filmband in Gold für hervorragende Leistungen am deutschen Film (1990), Golden Globe (1992), Ehrenbürgerschaft der Stadt Lodz (1992), Artur-Filmpreis (Polen, 1992), Bundesverdienstkreuz 1. Klasse (1993), Goldener Bär für sein Lebenswerk (Berlinale 2003). Für seine Verdienste um Karl May wurde Artur Brauner 1996 mit dem Scharlih geehrt. Darüber hinaus wurden drei seiner Filme (*Old Shatterhand*, 1963; *Der Schut*, 1964; *Die Nibelungen*, 1966) mit der → Goldenen Leinwand ausgezeichnet.
Autobiographie: Artur Brauner: Mich gibt's nur einmal. Rückblende eines Lebens, München/Berlin 1976. – Literatur: Claudia Dillmann-Kühn: Artur Brauner und die CCC, Frankfurt/M. 1990.
Produzierte Filme: → CCC FILM.

BRAY STUDIOS
Englisches Filmstudio. Hier entstanden die Wallace-Filme → *Todestrommeln am großen Fluß* (1963), → *Sanders und das Schiff des Todes* (1964), → *Das Rätsel des silbernen Dreieck* (1965/66) sowie → *Die Pagode zum fünften Schrecken* (1966).
Auf dem Nachbargrundstück von Schloß Oak-ley Court in Windsor liegt das Herrenhaus »Down Place« nahe dem Dorf Bray in Berkshire. Die Hammer Filmproductions Ltd. erwarb Down Place 1951, nannte es zunächst Exclusive Studios und später Bray Studios. In den Bray Studios schuf die Hammer Filmproduktion bis 1966 Meisterwerke wie *Frankensteins Fluch* (1956), *Dracula* (1958) oder *Der Hund von Baskerville* (1958). Hier entstanden auch zahlreiche Produktionen von → Harry Alan Towers, u.a. *Ich, Dr. Fu Man Chu* (1965) und *Die 13 Sklavinnen des Dr. Fu Man Chu* (1966).

BREAKING POINT, THE
Titel einer → **Kurzgeschichte von Edgar Wallace.** 1963 verfilmt unter dem Titel → *To Have And To Hold*.

BREMERMANN, JULIA
→ Darsteller

BRENON, HERBERT
→ Regisseure

BRETHERTON, HOWARD
→ Regisseure

BRIDGES, ALAN
→ Regisseure

BRIGAND, THE
Zwölf Kriminalgeschichten. *Originalausgabe: Hodder & Stoughton, London 1927. Deutsche Erstveröffentlichung: Der Brigant. Übersetzung:* → *Ravi Ravendro. Wilhelm Goldmann Verlag, Leipzig 1931. Neuausgabe: Wilhelm Goldmann Verlag, München 1953. Taschenbuchausgabe: Wilhelm Goldmann Verlag, München 1957 (= Goldmann Taschen-KRIMI 111). Weitere Taschenbuchauflagen im Wilhelm Goldmann Verlag: 1960, 1972, 1977, 1979, 1982, 1987. Jubiläumsausgaben im Wilhelm Goldmann Verlag: 1990, 2000 (= Band 7). Neuübersetzung: Ulf Eisele und Hardo Wichmann. Scherz Verlag, Bern, München, Wien 1985 (= Scherz Krimi 1027).*
Enthält: A MATTER OF NERVE (*Nur nicht die Nerven verlieren*), ON GETTING AN INTRODUCTION (*Die Kunst sich einzuführen*), BURIED TREASURE (*Vergrabene Schätze*), A

CONTRIBUTION TO CHARITY (*Ein Beitrag für wohltätige Zwecke*), THE LADY IN GREY (*Die Dame in Grau*), ANTHONY THE BOOK-MAKER (*Anthony als Buchmacher*), THE PLUM PUDDING GIRL (*Miss Plumpudding*), THE GUEST OF THE MINNOWS (*Der Gast im Minnow-Klub*), THE BURSTED ELECTI-ON (*Die Wahl in Bursted*), THE JOKER (*Der Witzbold*), KATO (*Kato*), THE GRAFT (*Ein Spezialist*).

Inhalt: Anthony Newton ist ein Lebenskünstler. Mit 16 Jahren war er Soldat im Ersten Weltkrieg, zehn Jahr später ist er völlig pleite. Nun versucht er, auf ebenso elegante wie durchtriebene Weise Geld zu verdienen. Es gelingt ihm immer wieder, seine reiche Mitmenschen so zu leimen, daß er einen Vorteil daraus ziehen kann, ohne dafür zur Rechenschaft gezogen zu werden. Seine Probleme beginnen erst, als er eines Tages in das Haus des Millionärs Poltue einbricht und diesen mit einem Küchenmesser erstochen im Bett vorfindet. Nun muß er alles so einrichten, daß man ihn auf keinen Fall verdächtigt.

BRIGANT, DER
→ THE BRIGAND

BRILLANTEN DES TODES
(Scotland Yard Accepts the Challange)
Der Rank-Filmverleih (Hamburg) brachte unter diesem Obertitel zwei → Merton-Park-Produktionen in die deutschen Filmtheater: → *Solo for Sparrow* (*Solo für Inspektor Sparrow*) und → *Time to Remember* (*Auch tote Zeugen reden*). Bei einer Länge von 3117 m hatten die Filme eine Gesamtlaufzeit von 114 Minuten. Sie wurden am 04.06.1963 von der FSK ab 12 Jahren freigegeben.

BRITISH LION
Diese englische Produktionsfirma eröffnete 1927 ein Filmstudio in → Beaconsfield und erwarb die Exklusivfilmrechte an den Romanen von Edgar Wallace. Zunächst wurden Stummfilme produziert, ab 1930 auch Wallace-Tonfilme (teilweise in Co-Produktion mit → Gainsborough): → *Chick* (1928), → *The Forger* (1928), → *The Valley of Ghosts* (1928), → *The*

Ringer (1928), → The Clue of the New Pin (1929), → The Flying Squad (1929), → The Man Who Changed His Name (1929), → Red Aces (1929), → Should a Doctor Tell? (1930), → The Squeaker (1930), → To Oblige a Lady (1930), → The Ringer (1931), → The Old Man (1931), → The Calendar (1931), → The Flying Squad (1932), → The Frightened Lady (1932), → The Green Pack (1934).

Weitere wichtige Produktionen: *Der Fall Winslow* (1948), *Der dritte Mann* (1949), *Hoffmanns Erzählungen* (1951), *Der Herr im Haus bin ich* (1954), *Der Tag, an dem die Erde Feuer fing* (1961), *Agatha Christie's Mord nach Maß* (1971), *Die Fratze* (1971), *Der Mann, der vom Himmel fiel* (1976), *Rififi am Karfreitag* (1980), *Die Alistair MacLean's Rembrandt-Connection* (TV, 1995).

BROADLEY, PHILIP
→ Drehbuchautoren

BROCKMANN, JOCHEN
* 14.09.1919 Schwerin,
† 27.06.1990 Waldviertel (Österreich)
Deutscher Schauspieler. Er mimte Philo Johnson in → *Der Frosch mit der Maske* (1959) und

Maurice Messer in → *Der Hexer* (1964). Unter Gustaf Gründgens lernte Brockmann 1938/39 sein schauspielerisches Handwerk in der Schauspielschule Berlin. Am Wiener Burgtheather gab er 1940 sein Debüt in einer Inszenierung der Antigone. Mit Rollen in diversen Klassikern wie *Dantons Tod, Kabale und Liebe* oder *Die Räuber* blieb Brockmann bis 1950 in Wien. Danach trat er an Hamburger und Berliner Bühnen auf. In dieser Zeit machte er auch Abstecher zum Film, zunächst in DEFA-Produktionen wie *Der Teufelskreis* (1955; hier in seiner Paraderolle als bulgarischer Kommunistenführer Dimitroff) oder *Zwischenfall in Benrath* (1956). 1957 drehte er mit *Die Frühreifen* seinen ersten westdeutschen Film. Bis zu seinem Tod trat er außer in zahlreichen Theaterrollen immer wieder auch in markanten Filmrollen auf.

Weitere Filme (Auswahl): *Auf Wiedersehen Franziska* (1957), *Der Mann im Strom* (1958), *Der Tiger von Eschnapur* (1959), *Das indische Grabmal* (1959), *Mit 17 weint man nicht* (1960), *Das Rätsel der grünen Spinne* (1960), *Geheime Wege* (1961), *Und Jimmy ging zum Regenbogen* (1971), *Wenn mein Schätzchen auf die Pauke haut* (1971), *Müllers Büro* (1985).

BROMLEY, HAWORTH
→ Produzenten

BROTHERHOOD, THE
England 1926. Produktion: Alfred Federick. Regie: Walter West. Nach Motiven aus der Kurzgeschichtensammlung Educated Evans von Edgar Wallace. Darsteller: John McAndrews, Jameson Thomas.
Anmerkung: Dieser Film wurde in Deutschland nicht aufgeführt.

BROWNE, BERNARD
→ Kameramänner

BRUCE, NIGEL
→ Darsteller

BRUMBY, EVA
→ Darsteller

BRUNEL, ADRIAN
→ Regisseure

BRYCE, ALEX
→ Kameramänner

BUCH DER ALLMACHT, DAS
→ THE BOOK OF ALL-POWER

BUCKLIGE VON SOHO, DER
Kinofilm. *Bundesrepublik Deutschland 1966. Regie: Alfred Vohrer. Regieassistenz: Eva Ebner. Script: Uschi Haarbrücker. Drehbuch: Herbert Reinecker unter Mitarbeit von Harald G. Petersson frei nach Edgar Wallace. Kamera: Karl Löb. Kameraassistenz: Ernst Zahrt, Dan Cohen. Schnitt: Susanne Paschen. Schnittassistenz: Christel Orthmann, Angelika Siegmeier. Ton: Gerhard Müller. Bauten: Wilhelm Vorwerg, Walter Kutz. Oberbeleuchter: Dieter Fabian. Requisiten: Georg Dorschky, Jack Lewinsohn, Walter Roter. Masken: Willi Nixdorf, Ruth Mohr-Lorenz. Musik: Peter Thomas. Kostüme: Irms Pauli. Garderobe: Gisela Nixdorf, Klaus Reinke. Standfotos: Gerd-Victor Krau, Ulla Hübner. Presse: Ringpress, Alfred Maria Schwarzer. Produktion: Rialto Film Preben Philipsen GmbH & Co. KG, Berlin/West. Produzent: Preben Philipsen, Horst Wendlandt. Produktionsleitung: Wolfgang Kühnlenz. Herstellungsleitung: Fritz Klotzsch. Aufnahmeleitung: Herbert Kerz, Harry Wilbert. Geschäftsführung: Gertraud Pfeiffer. Produktionssekretärin: Helga Markan. Kassiererin: Waltraud Peglau. Drehzeit: 01.06. – 13.07.1966. Atelier: CCC Film Studios Berlin/Spandau. Außenaufnahmen: London und Berlin/West. Erst-Verleih: Constantin Film, München. Länge: 89 Minuten (2429 m). Format: 35 mm; Farbfilm (Eastmancolor); 1:1.66. FSK: 06.08.1966 (36182); 16 nff; 1./16./ 27.09.1966. Uraufführung: 06.09.1966 Mathäser Filmpalast, München. TV-Erstsendung: 21.03.1985 PKS (Vorläufer von SAT 1). Die Personen und ihre Darsteller: Günther Stoll (Inspektor Hopkins), Pinkas Braun (Allen Davies), Eddi Arent (Reverend), Monika Peitsch (Wanda Merville), Gisela Uhlen (Mrs. Tyndal), Agnes Windeck (Lady Majorie), Uta Levka (Gladys), Siegfried Schürenberg (Sir John), Hubert von Meyerinck (General Perkins), Joachim Teege (Rechtsanwalt Stone), Richard Haller (Der Bucklige), Albert Bessler (Butler Anthony), Hilde Sessak (Oberin), Kurt Waitzmann (Sergeant), Tilo von Berlepsch (Polizeiarzt), Achim Strietzel (Reporter), Jochen Schröder (2. Reporter), Jut-*

ta Simon (Sandra), Ilse Pagé (Jane), Suzanne Roquette (Laura), Susanne Hsiao (Viola), Biggi Freyer (Amalie), Karin Feld (Polizistin), Gerhard Hartig (Polizist).
Inhalt: Wanda Merville kommt von New York nach London, um das Erbe ihres Vaters, Lord Perkins, anzutreten. Diesem Vorhaben stellen sich gefährliche Hindernisse in den Weg: Erpressung, Folterung, Kidnapping und Mord. Wo die brutalen Hände des Buckligen von Soho zufassen, bleiben Mädchenleichen zurück. Bisher wurden fünf junge Frauen ermordet. Inspektor Hopkins von Scotland Yard und sein Chef Sir John stehen vor einer schwierigen Aufgabe. Eine Spur führt die Beamten nach Schloß Castlewood, wo sich neben dem Herrenhaus auch ein Mädchenheim befindet. Mädchen, die sich besonders fügsam zeigen, dürfen in einem Bordell arbeiten, das vom Reverend des Heims geleitet wird. In dieses Heim wurde auch Wanda Merville entführt. An ihrer Stelle wird den Hinterbliebenen eine falsche Wanda präsentiert. Doch Inspektor Hopkins kommt den Intriganten auf die Spur. Er läßt sich ein Funkfoto der echten Wanda Merville aus Amerika schicken und kann schließlich das Geheimnis der Mordserie lösen. General Perkins, der Bruder von Lord Perkins, wurde aus der Armee entlassen und will sich mit Hilfe von Verbrechern das

Vermögen des Verstorbenen aneignen. Der Bucklige ist sein treu ergebener Diener.

Kritik zum Film: »Autor Herbert Reinecker und Regisseur Alfred Vohrer haben sich zu Edgar Wallace schon bessere Sachen – etwa ›Der Hexer‹ – einfallen lassen. Die Story – entlassener General läßt von Helfershelfern Millionenerbin entführen – wäre brauchbar. Leider ist sie so konfus in Szene gesetzt, daß kaum Spannung aufkommt. Ein Dutzend Leichen, knallbunte Kulissen und begabte Darsteller nutzen da auch nichts.« (Süddeutsche Zeitung, München) »Vohrer beweist zugleich, daß er all die kleinen, unauffälligen logischen Fehler unerfahrener Kriminalregisseure kennt, eine ganze Reihe von ihnen hat er, wohlversehen mit einem kleinen Signallämpchen ausgelegt, zum munteren Ratespiel« (Kölnische Rundschau)

Zitat aus dem Film: Als am Ende General Perkins im Keller des Schlosses verhaftet werden soll, nimmt er eine Pistole und will sich erschießen. Sir John, selbstbewußt: »Nicht doch, General. Lassen Sie das! Einen Überlebenden brauchen wir. Seien Sie ein Mann, und sehen Sie dem Galgen mutig ins Auge! Ja, ich weiß, das ist wieder schlecht formuliert, aber Sie wissen, was ich meine.«

Interview-Zitate: Bei den Darstellerinnen von *Der Bucklige von Soho* wurde eine Umfrage zum Thema: »Haben Sie Angst vor einem Würger?« gemacht. Hier einige Antworten: → Gisela Uhlen (spielte die Chefin eines einschlägigen Etablissements): »Ich hatte bei den Aufnahmen keine Angst, aber hinterher habe ich mir überlegt, ob nicht plötzlich ein Mensch, auch wenn er es nur zu spielen hat, in den Rausch verfallen kann und ernstlich zudrückt. Ob ich im Ernstfall noch etwas dagegen unternehmen könnte, das kann ich jetzt nicht sagen.« – → Uta Levka (mimte ein auf die schiefe Bahn gekommenes Mädchen, das erpreßt und ausgenützt wird): »Bei der ersten Aufnahme ging es noch, aber

Der Bucklige von Soho: 1. Günther Stoll, Uta Levka • 2. Richard Haller, Monika Peitsch, Hilde Sessak u.a. • 3. Albert Bessler, Hubert von Meyerinck • 4. Eddi Arent, Siegfried Schürenberg, Uta Levka, Günther Stoll

dann bekam ich plötzlich Angst. Hätte ich mich laut Drehbuch aber nicht sofort überwältigen lassen müssen, ich glaube, ich hätte mit Bärenkräften eine Gegenwehr entfesselt. Im Ernstfall würde ich schnell reagieren und mit allen Gliedmaßen um mich schlagen und kratzen!« – → Monika Peitsch (war das arme Opfer, dem man die Erbschaft abnehmen will): »Ängstlich bin ich nicht, ich hatte viele Szenen mit meinem Kollegen Richard Haller zu spielen. Er ist bärenstark und wuchtig groß. Sein Spiel konnte manchmal erschrecken. Ich habe mich sehr zusammengenommen. Wenn ich einen solchen Mann aber im Ernstfalle treffen würde, ich glaube, es könnte mir die Angst alle Reaktionsfähigkeit nehmen.« – → Suzanne Roquette (spielte eines der vielen Opfer einer Gangster-bande): »Man erwartet den Griff, der ja von rückwärts kommt, man ist gewappnet, und dann erschrickt man dennoch, auch wenn man weiß, daß es nur Spiel ist. Ich würde im Ernstfall mit den Füßen schlagen und mit den Händen kratzen oder einen Finger des Würgers herumdrehen. Ich glaube, man müßte einen derartigen Verbrecher schnell abzulenken versuchen, dann hätte man eine kleine Chance.«
Fazit: Erstklassiges Ensemble in einem biederen Film.

BUSHELL, ANTHONY
→ Regisseure

BUTENUTH, CLAUDIA
→ Darsteller

Der Bucklige von Soho: 1. Agnes Windeck, Siegfried Schürenberg, Günther Stoll • 2. Monika Peitsch, Kurt Waitzmann, Richard Haller, Günther Stoll • 3. Günther Stoll • 4. Uta Levka, Joachim Teege

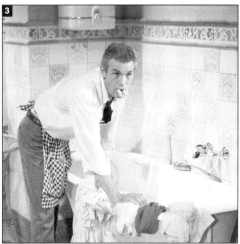

BUTLER

Ein Butler, unverzichtbares Ingrediens stilvoller englischer Häuser, erscheint in folgenden Wallace-Filmen: James (→ Eddi Arent) in → *Der Frosch mit der Maske*; Beardmores Diener (Richard Gruppe) in → *Der rote Kreis*; ein namenloser Butler (Hans Lohfing) in → *Der Fälscher von London*; Addams (→ Reinhard Kolldehoff) in → *Die seltsame Gräfin*; »Todesbutler« (Eddi Arent) in → *Das Rätsel der roten Orchidee*; James (→ Albert Bessler) in → *Der Zinker*; Thomas (→ Klaus Kinski) in → *Der schwarze Abt*; Bonwit (Eddi Arent) in → *Das indische Tuch*; Ambrose (→ Erik Radolf) in → *Zimmer 13*; Edwards (Klaus Kinski) in → *Neues vom Hexer*; ein namenloser Butler (Erik Radolf) in → *Der unheimliche Mönch*; Anthony (Albert Bessler) in → *Der Bucklige von Soho* und → *Die blaue Hand*.

BUTLER, KATHLEEN

→ Drehbuchautoren

BÜTTNER, WOLFGANG

* 01.06.1912 Rostock, † 18.11.1990 Stockdorf **Deutscher Schauspieler.** Er verkörperte den zwielichtigen Chefinspektor Tetley in → *Das Rätsel der roten Orchidee* (1961/62). Büttner besuchte 1932 die Reinhardt-Schule in Berlin. Danach verpflichtete ihn Agnes Straub zwei Jahre für ihr Ensemble. Später war er lange Jahre an den Städtischen Bühnen in Frankfurt/M. engagiert. Nach einjähriger französischer Kriegsgefangenschaft wurde München seine

Der Bucklige von Soho: 1. Eddi Arent • 2. Eddi Arent, Monika Peitsch • 3. Stehend: Ilse Pagé, Susanne Hsiao u.a. • 4. Pinkas Braun, Hilde Sessak, Suzanne Roquette

zweite Heimat. Im Bayerischen Staatsschauspiel sah man ihn u.a. als Weißling in *Götz von Berlichingen*, als Cassius in *Julius Cäsar*, als Diomedes in *Troilus und Cressida* und als Don Alvaro in *Richter von Zalameda*. Auch bei Film und Fernsehen blieb er kein Unbekannter. Er spielte in den Kinofilmen *Der 20. Juli* (1955), *Teufel in Seide* (1955) und *Die Wahrheit über Rosemarie* (1959) sowie in Fernsehproduktionen wie *Am grünen Strand der Spree* (1960), *Goya* (1969) oder *Die Powenzbande* (1973).

Weitere Filme (Auswahl): *Der große Zapfenstreich* (1952), *Hunde, wollt ihr ewig leben* (1958), *Die Wahrheit über Rosemarie* (1959), *So weit die Füße tragen* (TV, 1959), *Soldatensender Calais* (1960), *Schwarzer Kies* (1961), *Der längste Tag* (1962), *Der sanfte Lauf* (1967), *Die Deutschstunde* (TV, 1971), *Ende einer Dienstfahrt* (TV, 1971), *Das Freudenhaus* (1971), *Gelobt sei, was hart macht* (1972), *Der Rote Schal* (TV, 1973), *Karl May* (1974), *Steiner – Das eiserne Kreuz, 2. Teil* (1978).

C

(1980), *Freibeuter des Todes* (1980), *Die Hand* (1981), *Das Mörderspiel* (1982), *Schuld daran ist Rio* (1984), *Rita will es endlich wissen* (1984), *Wasser – Der Film* (1985), *Half Moon Street* (1986), *Mona Lisa* (1986), *Hannah und ihre Schwestern* (1986), *Der weiße Hai IV – Die Abrechnung* (1987), *Jack the Ripper – Das Ungeheuer von London* (TV, 1988), *Zwei hinreißend verdorbene Schurken* (1988), *Genie und Schnauze* (1988), *Mord im System* (1990), *Bullseye!* (1991), *Blood & Wine – Ein tödlicher Cocktail* (1997), *Miss Undercover* (2000).

CALDECOTT, ARTHUR
(Lebensdaten unbekannt)
Bruder von Edgar Wallace' erster Frau → Ivy Caldecott.

CALDECOTT, GLADYS
(Lebensdaten unbekannt)
Schwester von Edgar Wallace' erster Frau → Ivy Caldecott.

CALDECOTT, IVY
* 1880, † 1925
Tochter von → William Shaw und → Marion Caldecott. Am 03.04.1901 heiratete sie Edgar Wallace in Kapstadt. Die Flitterwochen ver-

CAINE, MICHAEL
* 14.03.1933 Bermondsey, London; eigentlicher Name: Maurice Joseph Micklewhite.
Englischer Schauspieler. Er trat in der → Merton-Wallace-Produktion → *Solo für Sparrow* (1962) auf.
Der Oscar-Preisträger (für seine Nebenrolle in *Gottes Werk & Teufels Beitrag*, 1999) wurde in den 60er Jahren berühmt durch seine Darstellung der von Len Deighton geschaffenen Figur des britischen Geheimagenten Harry Palmer. Er spielte sie in den Filmen *Ipcress – streng geheim* (1965), *Finale in Berlin* (1966) und *Das Milliarden-Dollar Gehirn* (1967) sowie 30 Jahre später in *Midnight in St. Petersburg* und *Peking-Express* (beide 1995).
Weitere Filme (Auswahl): *Der Tag, an dem die Erde Feuer fing* (1961), *Zulu* (1964), *Das Mädchen aus der Cherry-Bar* (1966), *Der Verführer läßt schön grüßen* (1966), *Letzte Grüße von Onkel Joe* (1966), *Siebenmal lockt das Weib* (1967), *Ein dreckiger Haufen* (1968), *Luftschlacht um England* (1969), *Zu spät für Helden – Antreten zum Verrecken* (1970), *Das vergessene Tal* (1970), *Mord mit kleinen Fehlern* (1973), *Die schwarze Windmühle* (1974), *Der Mann, der König sein wollte* (1976), *Und Morgen wird ein Ding gedreht* (1976), *Der Adler ist gelandet* (1976), *Die Brücke von Arnheim* (1977), *Der tödliche Schwarm* (1978), *Das verrückte California Hotel* (1978), *Jagd auf die Poseidon* (1979), *Ashanti* (1979), *Dressed to kill*

Ivy Caldecott

brachten sie in Gordons Bay (Südafrika). Im Juni 1919 wurde die im September 1918 auf Ivys Drängen von Edgar Wallace beantragte Scheidung rechtskräftig.

CALDECOTT, MARION
* unbekannt, † 1926;
Geburtsname: Marion Hellier.
Die spätere Schwiegermutter von Edgar Wallace' Ehefrau war seit 1867 mit → William Shaw Caldecott verheiratet.

CALDECOTT, NELLIE
(Lebensdaten unbekannt)
Schwester von Edgar Wallace' erster Frau → Ivy Caldecott.

CALDECOTT, WILLIAM SHAW
(Lebensdaten unbekannt)
Ehemann von → Marion Caldecott (Heirat 1867) und Schwiegervater von Edgar Wallace. Der Methodistenprediger arbeitete als Reverend in Plumstead, einem Vorort von Kapstadt. Er versuchte vergeblich, die Heirat seiner Tochter mit Wallace zu verhindern.

CALENDAR, THE (BUCH)
(The Calendar [Titel einer Rennsportzeitschrift]).
→ Unterhaltungsroman. *Originalausgabe: Collins, London 1930.*
Inhalt: Diese turbulente und amüsante Geschichte spielt im Turfmilieu der Rennbahnen und Pferdewetten. Es geht darin um edle Vollblüter, riskante Totalisatoreinsätze, üble Ganoven und die große Liebe.
Anmerkungen: Der Roman wurde zweimal verfilmt: 1931 und 1948 jeweils unter dem Titel → The Calendar. Eine deutsche Übersetzung existiert bisher nicht.

CALENDAR, THE (FILM I)
(The Calendar [Titel einer Rennsportzeitschrift]).
Kinofilm. England 1931. Produktion: Gainsborough/British Lion. Regie: Thomas Hayes Hunter. Buch: Angus McPhail und Robert Stevenson nach dem Roman The Calendar von Edgar Wallace. Darsteller: Herbert Marshall (Garry Anson), Edna Best (Jill Panniford), Gordon Harker (Samuel Cuthbert Hillcott), Anne Grey (Lady Panniford), Nigel Bruce, Leslie Perrins, Melville Cooper, Alfred Drayton, Allan Aynesworth. Länge: 77 Minuten.
Inhalt: Der Rennstallbesitzer Anson will sein Pferd beim Krönungspokal in Ascot unbedingt zum Sieg führen. Doch durch eine Intrige wird zunächst verhindert, daß sein Pferd antreten darf. Mit Hilfe der jungen Jill Panniford gelingt es schließlich doch, daß der Favorit an den Start gehen kann und als erster durchs Ziel läuft.
Anmerkung: Dieser Film wurde in Deutschland nicht aufgeführt.

CALENDAR, THE (FILM II)
(Sieg und Platz)
Kinofilm. England 1948. Produktion: Gainsborough. Produzent: Anthony Darnborough. Regie: Arthur Crabtree. Buch: Geoffrey Kerr nach dem Roman The Calendar von Edgar Wallace. Produktionsleitung: Sidney Box. Darsteller: Greta Gynt (Wenda), John McCallum (Carry), Sonia Holm (Molly), Raymond Lovell (Willie), Sydney King (Tony), Charles Victor (John Dory), Barry Jones (Sir John Garth), Diana Dors (Hawkins), Leslie Dwyer (Hillcott), Felix Aylmer (Lord Forlingham), Fred Payne (Andy), Claude Bailey (Lord Inspond), Desmond Ro-

berts (Rainby), Ben Williams (Garagenwärter), M. E. Clifton-James (Fahrer an der Tankstelle), O. B. Clarence (Alter Herr). Länge: 2290 m, 83 Minuten. Deutsche Erstaufführung: April 1949, Hahnentor Köln.

Inhalt: Kapitän Carry Anson, dessen Leben ganz in der Leidenschaft für seine Pferde und die Wetten, die er darauf abschließt, aufgeht, erbt von einer Tante ein Halsband von großem Wert. Im Testament wurde bestimmt, daß er es verkaufen soll, wenn er durch seine Wettleidenschaft in Not gerät. Carry erzählt Wenda, die er heiraten möchte, daß seine Tante ihr gesamtes übriges Vermögen der Wohlfahrt vermacht hat. Wenda entschließt sich daraufhin, Lord Willie Panniford zu heiraten, dessen Schwester Molly Carrys Pferde trainiert. Mit einem dieser Pferde, dem Vierjährigen »My Darling«, hofft Carry, den Krönungspokal zu gewinnen und später den Goldpokal von Ascot. Kurz vor dem Krönungspokal bricht sich ein Favorit aus Carrys Stall ein Bein und muß den Gnadenschuß erhalten. Von diesem Unglück überwältigt, betrinkt sich Carry. In diesem Zustand läßt er sich von seinem Diener bereden, der Jockey solle »My Darling« im Krönungspokal zurück-

haltend reiten und nach dieser Niederlage dann im Goldpokal eine höhere Quote herausholen. Carry gibt seinem Jockey entsprechende Anweisungen und telegrafiert an Wenda, daß sie nicht auf sein Pferd setzen soll. Tony, ein Freund von Lord Panniford, findet das Telegramm und zeigt es dem Lord. Am nächsten Morgen ist Carry darüber entsetzt, was er in seinem betrunkenen Zustand angerichtet hat. Er nimmt sofort die Weisung an seinen Jockey zurück und befiehlt ihm, auf Sieg zu reiten. Er bestätigt das auch in einer Mitteilung, die er auf die Rückseite einer Banknote an Wenda schickt. Im Rennen wird »My Darling« jedoch von »Silver Queen« nach hartem Kampf knapp geschlagen. Lord Panniford bringt aus Eifersucht auf Carry, den seine Frau angeblich vorzieht, das verfängliche Telegramm einen Tag vor dem Goldpokal zur Rennleitung von Ascot. Carry wird aufgefordert, den Zusammenhang zu erklären. Alles hängt davon ab, daß er die Mitteilung an Wenda auf der Banknote vorzeigen kann. Doch da Wenda mit Carry gerade im Streit liegt, leugnet sie jede Kenntnis davon. Die Rennleitung entscheidet daraufhin, daß »My Darling« nicht um den Goldpokal laufen darf. Verzweifelt be-

The Calendar: (Film I) **Herbert Marshall, Edna Best, Anne Grey**

The Calendar: (Film II)
Charles Victor, Sydney King, Raymond Lovell

schließt Molly Panniford, Wendas Geldschrank aufzubrechen, in dem sich die Banknote befindet, doch überzeugt auch diese die Rennleitung nicht von Carrys Unschuld. Als letzte Rettung bleibt ein unterschriebenes Geständnis von Wenda, daß Carry unschuldig ist. Obwohl sie sich weigert, gelingt es, ihr die Unterschrift abzuluchsen. Als das Geständnis der Rennleitung vorgelegt wird, revidiert sie ihre Entscheidung. In höchster Eile wird »My Darling« gesattelt und an den Start gebracht. In einem atemberaubenden Finish gewinnt Carrys Pferd den begehrten Goldpokal, und Carry und Molly beschließen, ihre rennsportliche Verbindung zur Ehegemeinschaft auszuweiten.

Kritik zum Film: »Der Film ist denkbar anspruchslos. Zwar bürgt das Milieu des Rennplatzes für eine gewisse Publikumswirksamkeit, der auch der trocken-humorvolle Grundtenor zugute kommt, aber künstlerisch macht der Streifen keinerlei Anstrengungen, so daß er in der Unterhaltungsecke unter ›Ferner liefen‹ einzureihen ist.« (Filmdienst, Düsseldorf) »Dieser Film hält sich enger als üblich an den Originaltext von Edgar Wallace, aber er scheitert an der Erklärung des Titels, die sich auf Carrys Angst vor Enthüllungen in der Zeitschrift ›The Calendar‹ bezieht, der Bibel des Rennsportlers. Der gut konstruierte Film hat viel Humor, der hauptsächlich vom Hausdiener, einer typischen Wallace-Figur, geliefert wird und einigen aufregenden Rennszenen. Flüchtige Blicke auf berühmte englische Rennbahnen und original Wochenschauaufnahmen der Ankunft von König und Königin in Epsom sollen den Erfolg in Amerika sicherstellen. Greta Gynt und John McCallum sind hervorragende Schauspieler in den Rollen von Wenda und Garry, Sonia Holm ist reizvoll in der Rolle von Mollie. Der Rest der Besetzung gibt bewundernswerte Unterstützung.« (Monthly Film Bulletin, 31.07. 1948)
Anmerkung: Der dt. Filmtitel lautet genau umgekehrt wie der dt. Titel des Theaterstücks.

CALENDAR, THE

Theaterstück von Edgar Wallace. Entstanden im Dezember 1928, Uraufführung am 18.09. 1929 im Londoner → Wyndham's Theater; zählt zu Wallace' besten und erfolgreichsten Stücken. Nach drei vorangegangenen Bühnenflops (→ *The Yellow Mask*, → *The Man Who Changed His Name*, → *The Lad*) befand sich Wallace in verzweifelter Lage. → Gerald du Maurier riet ihm, sein nächstes Stück in aller Ruhe zu konzipieren. Mit den erstklassigen Londoner Theaterschauspielern Owen Nares, Cathleen Nesbitt, Nigel Bruce, Alfred Drayton und Gordon Harker wurde *The Calendar* dann ein enormer Erfolg.

Inhalt: Anson, ein Rennstallbesitzer in schwerer finanzieller Bedrängnis, entschließt sich, sein Pferd bei einem Rennen in Ascot verhalten laufen zu lassen, da ein Konkurrent mit ins Rennen geht, gegen den es keine Chancen hat. Bei einem anderen Rennen, an dem der Rivale nicht teilnimmt, will er dann sein Pferd mit künstlich gesteigerten Chancen starten lassen und so ein Vermögen gewinnen. Lady Panniford, in die er verliebt ist, warnt er brieflich davor, im Ascot-Rennen auf sein Pferd zu setzen. Die Lady, eine vom Geldgier zerfressene Schönheit, setzt trotzdem auf Sieg. Als das Pferd des Protagonisten tatsächlich nur als zweites durchs Ziel geht, überwirft sich die Lady mit ihm und droht, ihn zu ruinieren. Trotzdem kommt es zum Happy-End: Weil der Besitzer des siegreichen Pferdes kurz vor dem Rennen im Ausland verstarb, wird es disqualifiziert und der Zweitplazierte zum Sieger erklärt.

Anmerkung: Die Aufführung des Stückes hatte ein gerichtliches Nachspiel. Ein gewisser Lewis Goldflam, Verfasser eines unveröffentlichten Turfromans mit dem Titel *Lucky Fool*, beschuldigte Wallace, die Idee seines Werkes in *The Calendar* plagiiert zu haben. Wallace, dem das Gerücht vorauseilte, er beschäftige Ghostwriter, engagierte Sir Patrick Hastings, einen der besten Londoner Anwälte. Der Richter stellte fest, daß es für Wallace unmöglich gewesen sei, an Goldflams Roman heranzukommen – es sei denn mit Hilfe von Einbrechern – und wies die Klage ab. Wallace sah sich dadurch von allen Anschuldigungen, er arbeite als Plagiator oder mit Ghostwritern, rehabilitiert. Anschließend arbeitete er das Stück zum gleichnamigen Roman um.

CAMERINI, MARIO
→ Regisseure

CANDIDATE FOR MURDER
(Der Todeskandidat)
Kinofilm. *England 1962. Produktion: Merton Park. Produzent: Jack Greenwood. Regie: David Villiers. Buch: Lukas Heller nach der Kurzgeschichte The Best Laid Plans of a Man in Love von Edgar Wallace. Kamera: Bert Mason. Musik: Charles Blackwell. Bauten: Peter Proud. Ton: Sid Rider und Ronald Abbott. Schnitt: Bernard Gribble. Darsteller: Michael Gough (Donald Edwards), Erika Remberg (Helene Edwards), Hans Borsody (Kersten), John Justin (Robert Vaughan), Paul Whitsun-Jones (Phil-*

lips), Venda Godsell (Betty Conlon), Jerold Wells (Polizei-Inspektor), Annika Wills (Jacqueline), Victor Carrington (Barkeeper), Ray Smith. Länge: 60 Minuten.

Inhalt: Donald Edwards, ein eifersüchtiger und psychisch labiler Mensch, verkehrt in den vornehmsten Kreisen der Londoner Gesellschaft. Zu Unrecht verdächtigt er seine Frau Helene, eine Schauspielerin, der Untreue. Er heuert den deutschen Killer Kersten an, um sie zu ermorden. Dieser legt Edwards herein, indem er zwar das Honorar kassiert, aber den Auftrag nicht ausführt. Donald kommt Kersten auf die Schliche und schießt den Betrüger nieder. Anschließend sucht er seine Frau, die sich in einem Landhaus versteckt hat. Kersten kann trotz seiner schweren Verwundung Donald folgen und ihn unschädlich machen, ehe er Helen töten kann. Helens Freund, der Anwalt John Justin, tröstet die Witwe, die sich bald auch über ein neues Engagement in Amerika freuen kann.

Kritik zum Film: »Einer der besseren Edgar-Wallace-Thriller.« (Monthly Film Bulletin, 4/ 1962)

Anmerkung: Dieser Film wurde in Deutschland nicht aufgeführt.

Candidate for Murder: **Erika Remberg, John Justin**

CAPONE, AL

* 17.01.1899 Brooklyn, New York,
† 21.01.1947 Chicago

Dem berühmtesten aller amerikanischen Gangster widmete Wallace nach seinem Amerikabesuch 1929 das Theaterstück und den daraus entstandenen Kriminalroman → *On The Spot*.

CAPPONI, PIER PAOLO

→ Darsteller

CAPTAIN TATHAM OF TATHAM ISLAND

→ **Abenteuerroman.** *Originalausgabe: Gale & Polden, London 1909. Deutsche Erstveröffentlichung: Ganz Europa zum Trotz. Übersetzung:* → *Ravi Ravendro. Wilhelm Goldmann Verlag, Leipzig 1933.* – Anläßlich des 125. Geburtstages des Autors brachte der → Weltbild Verlag 2000 eine Wallace-Edition heraus. Hier erschien der Roman in einer Doppelausgabe zusammen mit *Der jüngste Tag* (→ *The Day of Uniting*).

Inhalt: Die phantasievolle Rennbahngeschichte beginnt im Südpazifik. Dort erobert Captain Tatham in bester Seeräubermanier eine als uneinnehmbar geltende Insel. Auf ihr findet er ein Rennpferd, das, in England eingesetzt, Unsummen von Preisgeldern gewinnt. Diese mysteriösen Erfolge gefallen nicht jedermann, und so werden Intrigen gesponnen. Andererseits kommt auch die attraktive Eve Smith ins Spiel, die das Herz des Captain erobert. Und am Ende rasseln Säbel vor den Gestaden der sagenhaften und bis dahin ganz unbekannten Insel, die ganz Europa in Aufregung versetzt. – Ebenso bemerkenswert wie das Eiland ist die Erzählperspektive des Romans: Zu Beginn wird ein Reporter beauftragt, den Ereignissen um die Insel nachzugehen. Er befragt Zeugen der Geschehnisse, wodurch für die Leser nach und nach ein Gesamtbild entsteht.

Anmerkungen: Die Erstausgabe der Übersetzung von → Ravi Ravendro hatte besondere Kapitelüberschriften. – Der Roman erschien auch unter den Titeln *Eve's Island* (George Newnes, London 1912) und *The Island of Galloping Gold* (George Newnes, London 1916).

CAPTAINS OF SOULS

Thriller. *Originalausgabe: John Long, London 1923. Deutsche Erstveröffentlichung: Geheime Mächte. Übersetzung: Elise McCalman. Eden Verlag, Berlin 1927. Neuausgabe: Wilhelm Goldmann Verlag, Leipzig 1928. Neuübersetzung:* → *Ravi Ravendro (Bearbeitung der McCalman-Fassung). Wilhelm Goldmann Verlag, Leipzig 1933. Neuübersetzung:* → *Gregor Müller unter dem Titel Die Seele des Anderen. Liebe zwischen Gut und Böse. Wilhelm Goldmann Verlag, München 1972 (= Taschenbuch S 271).* – Anläßlich des 125. Geburtstages des Autors brachte der → Weltbild Verlag 2000 eine Wallace-Edition heraus. Hier erschien der Roman in der Erstübersetzung in einer Doppelausgabe zusammen mit *Richter Maxells Verbrechen* (→ *Mr. Justice Maxell*).

Inhalt: Die schöne Beryl Merville kann sich von ihrer verhängnisvollen Liebe zu dem skrupellosen Verführer Ronnie nicht lösen, obwohl sie ihn im Grunde längst durchschaut hat. Ihr Vater ist in illegale Börsenspekulationen verwickelt, und Beryl könnte ihm nur durch eine Heirat mit dem ihr verhaßten Millionär Jan Steppe ein Leben hinter Gittern ersparen. Der sonderbare Ambrose Sault ist ein Analphabet mit dem Genie eines Einstein, vor dessen übernatürlichen Fähigkeiten sogar Jan Steppe Respekt hat. Beryl kann sich seine geheimnisvolle Ähnlichkeit mit Ronnie nicht erklären und sich erst recht nicht seiner Faszination entziehen. In einem verhängnisvollen Gewirr von Intrigen, Verrat und spiritistischen Ereignissen entscheidet sich Beryls Schicksal, als Ronnie sich plötzlich in einen neuen Menschen zu verwandeln beginnt: Eine Seelenwanderung nimmt ihren abenteuerlichen Lauf.

CARLSEN, FANNY

→ Drehbuchautoren

CARR, RICHARD

→ Komponisten

CASE OF JOE ATTYMAN, THE

→ **Kriminalkurzroman.** *Originalausgabe in:* → *Red Aces. Deutsche Erstveröffentlichung (in: Mr. Reeder weiß Bescheid): Der Fall Joe Attyman. Übersetzung: Tony Westermayr. Wilhelm Goldmann Verlag, München 1961. Neuübersetzung:* → *Gregor Müller. Wilhelm Goldmann Verlag, München 1972. Neuübersetzung (in: Die Diamantenbrosche [*→ *Kennedy the Con*

Man]): Renate Orth-Guttmann. Scherz Verlag, Bern, München, Wien 1983.

Inhalt: Der Band enthält einen weiteren kniffligen Fall für den berühmten Staatsdiener des Innenministeriums, Detektiv John Gray Reeder. Diesmal bekommt es Reeder mit Rauschgift zu tun. Trotz seiner Aversion dagegen kann er den Boß des Syndikats persönlich stellen.

CASE OF THE FRIGHTENED LADY, THE
(FERNSEHEN I)
(Der Fall der furchtsamen Lady)

England 1938. TV-Film nach dem Roman The Frightened Lady von Edgar Wallace. Produzent: Michael Barry. Besetzung: Cathleen Nesbitt (Lady Lebanon), George Cross, Terrence De Marney, Kenneth Eaves, William Fox, John Fraser, Walter Hudd, Rachel Kempson, John M. Moore, Michael Nono, Andrew Osborn, Frederick Piper, George Pughe, John Rudling, Denis Shaw, Robin Wentworth.

Inhalt: Der Film schildert die Aufklärung geheimnisvoller Morde an Personen, die im Zusammenhang mit der Lebanon-Familie stehen.
Anmerkung: Dieser Fernsehfilm wurde in Deutschland nicht ausgestrahlt.

CASE OF THE FRIGHTENED LADY, THE
(FERNSEHEN II)

TV-Film der BBC. *Großbritannien 1984. Regie: Chris Mensul. Fernsehfassung des Drehbuchs: Victor Pamberton nach dem Roman The Frightened Lady von Edgar Wallace. Musik: Marc Wilkinson. Kamera: Remi Adefarasin. Kameraüberwachung: Jim Atkins. Schnitt: David Thomas. Film-Recordist: John Murphy. Vision-Mischer: Graham Giles. Videoschnitt: Peter Bird. Kostüme: Reg Samuel. Maske: Sylvia Thornton. Ausstattung: Raymond Cusick. Technischer Direktor: Alan Jeffery. Studiobeleuchtung: Howard King. Studioton: Richard Chubb. Aufnahmeleitung: Lindsay Chamier. Produktionsassistent: Joyce Stansfeld. Produktionsleitung: Ellinor Carruthers, Mitarbeit: Geoffey Paget. Produzent: Cedric Messine für BBC London. Farbe. Laufzeit: 75 Minuten. Darsteller: Virginia McKenna (Lady Lebanon), Warren Clarke (Inspektor Tanner), Tim Woodward (Lord Lebanon), Elizabeth Garrie (Aisle Crane), William Maxwell (Sergeant Totty), Jeffrey Hardy (Detektiv Ferreby), Derek Francis (Kelver),*

Dean Harris (Briggs), Edward Willey (Gilder), James Berwick (Brooks), Bill McGuirk (Schottischer Sergeant), Matthew Robertson (Warder), Stephen Jacobs (1. Polizeikadett), Peter McNamara (2. Polizeikadett), Edward Hibbert (Studd), Cyril Cross (Dorfpolizist), Anthony Powell (Dr. Amersham), Rupert Baker (Partybesucher), Thirzie Robinson (Partybesucher), Peter Searless (Partybesucher).

Inhalt: Scotland Yard ermittelt in einem mysteriösen Mordfall und stößt dabei auf das Geheimnis der Lebanon-Familie: In der durch Inzucht geschädigten Adelsdynastie herrschen die Frauen über die schwachen, zum Teil geistesgestörten Männer. Die zukünftige Lady Lebanon will sich ihrem Eheversprechen deshalb entziehen und wird beinahe selbst zum Opfer der geheimnisvollen Intrigen.
Anmerkung: Die deutsche Erstausstrahlung erfolgte im Fernsehen der DDR.

CASE OF THE FRIGHTENED LADY, THE (FILM)
(Der Schrecken von Marks Priory)

Kinofilm. *England 1940. Produktion: Pennant. Produzent: S. W. Smith. Regie: George King. Regieassistenz: Hai Mason. Buch: Edward Dryhurst, nach dem Roman The Frightened Lady von Edgar Wallace. Kamera: Hone Glendening und Harry Rose. Musik: Jack Beaver. Bauten: Bernard Robinson, Ton: Cecil Thornton. Schnitt: Leslie Norman. Produktionsleitung: Herbert Smith. Darsteller: Marius Goring (Lord »Willie« Lebanon), Helen Haye (Lady Lebanon), Penelope Dudley Ward (Isla Crane), Patrick Barr (Richard Ferraby), John Warwick (Studd), Felix Aylmer (Dr. Amersham), Ronald Shiner (Sergeant Totty), George Merritt (Inspektor Tanner), Torin Thatcher (Tilling), Elisabeth Scott (Mrs. Tilling), Roy Emerton (Gilder), George Hayes (Brooks). Länge: 81 Minuten. Deutsche Erstaufführung: 11.11.1949 in Dortmund.*

Inhalt: Der alte Familienbesitz Marks Priory ist für Isla Crane, Sekretärin und Nichte der verwitweten Lady Lebanon, ein Haus des Schreckens. Der einzige, der im Hause mit ihren Gefühlen sympathisiert, ist der junge Lord Lebanon. Richard Ferraby, ein Londoner Architekt, besichtigt das Schloß wegen baulicher Veränderungen. Er und Isla fühlen sich zueinander hingezogen. Als Lady Lebanon dies entdeckt, erklärt sie ihrem Sohn, daß er Isla heiraten muß.

Der weigert sich jedoch. Dr. Amersham, der Hausarzt der Familie, trifft als weiterer Gast auf Marks Priory ein. Am selben Abend findet ein Kostümfest im Dorf statt, zu dem die Angestellten des Schlosses eingeladen sind. Isla und Ferraby gehen gemeinsam dorthin und treffen dort den Chauffeur Studd, der ein indisches Kostüm trägt. Er hat es aus Indien mitgebracht und deutet an, daß er von dorther auch Dr. Amersham kenne, der wegen unliebsamer Vorkommnisse die indische Armee verlassen mußte. Auf dem Heimweg finden Isla und Ferraby Studds Leichnam im Gebüsch. Chefinspektor Tanner und sein Assistent Totty von Scotland Yard untersuchen den Fall. Alle Verdachtsmomente weisen auf den Förster Tilling, dem es in jener Nacht offenbar wurde, daß seine junge Frau in enger Beziehung zu Studd stand. Nach der Abfahrt der Kriminalbeamten vermißt Lady Lebanon 200 Pfund. Der Diebstahl geht auf das Konto des jungen Lords. Er hat das Geld der Schwester des Chauffeurs geschickt, die dessen einzige lebende Anverwandte ist. Tanner nimmt indessen Dr. Amersham ins Kreuzverhör, nachdem er entdeckt, daß der Arzt Marks Priory nicht vor dem Mordfall verlassen hatte, wie er die Beamten glauben machte. Bei einer Hausdurchsuchung werden im Besitz des Arztes einige indische Schals gefunden, ähnlich dem, der bei der Ermordung Studds gebraucht wurde. Einen weiteren Beweis für die Schuld von Amersham erhalten die Beamten durch die Aussage Lord Lebanons, der erzählt, daß der Arzt in Indien ein junges Mädchen mit einem Schal erdrosselt haben soll. Ein Telegramm, das in dem Augenblick ankommt, als Tanner den Haftbefehl für Amersham ausschreiben lassen will, meldet dessen Tod. Er soll sich auf Marks Priory selbst erdrosselt haben. Tanner und Totty kehren zum Schloß zurück. Tanner hat ermittelt, daß Lady Lebanon drei Monate nach dem Tod ihres Mannes den Arzt geheiratet hatte, der den Totenschein des Lords unterzeichnete. Der nächste Mordanschlag gilt einem Polizisten, der eine Nachricht Tanners an Scotland Yard übermitteln soll. Unmittelbar darauf kehrt der zwielichtige Diener Brooks ins Haus zurück, mit zerzausten Haaren und verdreckten Schuhen. Einen Augenblick später jagt Isla Crane schreiend die Treppe hinunter, dicht gefolgt von dem Diener Gilder, der behauptet, ihr zu Hilfe geeilt zu sein. Um sich gegen weitere aufregende Ereignisse zu wappnen, setzen sich Tanner, Totty, der junge Lord und Ferraby zusammen. Gilder bringt ihnen Getränke. Der für Lebanon bestimmte Whisky scheint vergiftet. Er gießt ihn fort und begibt sich in das Musikzimmer. Die anderen bleiben zurück, löschen das Licht und warten. Plötzlich sehen sie Isla furchterfüllt die Hallentreppe hinunterkommen, gefolgt von einem dunklen Schatten, der ein Stück Stoff in Händen hält. Die Beamten schalten das Licht an – der Mörder ist entlarvt.

Kritik zum Film: »Ein psychologischer Spannungsfilm. Die Handlung, in der sich Edgar Wallace auf der Höhe seiner Kunst zeigt, ist mit Können zum Film umgestaltet und inszeniert worden und verrät schwerlich ihre Bühnenherkunft. Die Handlung ist stark, die Spannung wird entschieden durchgehalten, heitere Momente sind mit sicherem Griff eingefügt und der dramatische Höhepunkt wirkungsvoll durchgeführt. Die Darstellung ist durchweg gut und Marius Goring ganz in seinem Element in der Studie eines Geistesgestörten. Helen Hay ist eine würdige und zugleich rührende Lady Lebanon und Penelope Dudley Ward überzeugend in ihrer Angst und Hilflosigkeit.« (Monthley Film Bulletin, 30.6.1940) »Aus den Wahnsinnstaten eines degenerierten jungen Lords aus uralter Familie, der in Indien das Seidenhalswürgen erlernt hat, braut sich ein verhältnismäßig harmloses Kriminalrätsel zusammen. Schauplatz des steif-trocken fotografierten Streifens ist ein altes, unheimliches Schloß mit Ritterrüstungen und Geheimgängen. … Schauspielerisch trotz augenverdrehter Wahnsinnsszenen von Marius Goring flach und lasch.« (Filmdienst, Düsseldorf)

CASE OF THE FRIGHTENED LADY, THE

Theaterstück von Edgar Wallace. Uraufführung im August 1931 am Londoner → Wyndham's Theater, wo es mit gutem Erfolg lief. Da Wallace' letzter Bühnenerfolg (→ On the Spot) über ein Jahr zurücklag und die folgenden vier Stücke (→ The Mouthpiece, → Smoky Cell, → Charles III., → The Old Man) die Erwartungen nicht erfüllten, mußte der Autor zum Grundsatz Qualität vor Quantität zurückkehren. So schuf er ein Stück, das bei Publikum und Kritik gut ankam. Die sorgfältig ausgearbeitete, spannende Handlung (der Mörder wird erst in der letzten Szene entlarvt) überzeugte ebenso wie die Charakterisierung der Personen. Ferner gelang es, einen der erfolgreichsten Londoner Bühnendarsteller zu engagieren, nämlich Gordon Harker, der bereits in Erfolgen wie → *The Ringer* mitgewirkt hatte.

Inhalt: In und um Schloß Marks Priory geht ein Mörder um, der seine Opfer mit indischen Halstüchern ermordet. Zu den Opfern zählen der Chauffeur und Dr. Amersham, der Arzt der Familie Lebanon. Zunächst tappen Inspektor Tanner und Sergeant Totter im Dunkeln. Dann erfährt Tanner etwas über die düstere Familiengeschichte der Lebanons. Aus inzestuösen Beziehungen hervorgegangen, starben die meisten Familienangehörigen in geistiger Umnachtung.

Anmerkung: Für Wallace selbst war es das letzte Stück, bei dessen Premiere er dabei sein konnte; er starb sechs Monate später, ohne die Erstaufführung des folgenden Stücks → *The Green Pack* noch miterleben zu können. – Wallace arbeitete das Stück 1932 zum Roman → *The Frightened Lady* um.

CASSIDY (»DER FENSTERPUTZER«)
(Lebensdaten unbekannt)
Diesen Mann stellte Wallace 1908 als persönlichen Gehilfen ein. Im Laufe der Zeit übernahm er immer mehr Aufgaben im Haushalt und wurde für Wallace und seine Frau als Faktotum unentbehrlich.

CASTLE, JOHN
→ Darsteller

CAT BURGLAR, THE
Acht Kriminalgeschichten. *Originalausgabe: George Newnes, London 1929.*
Enthält: THE CAT BURGLAR (*Der Fassadenkletterer*, erschienen im Sammelband → *Der sentimentale Mr. Simpson*), THE PICK UP (bisher nicht übersetzt), DISCOVERING REX (bisher nicht übersetzt), THE KNOW HOW (bisher nicht übersetzt), WHITE STOCKING (*Der betrogene Betrüger*, erschienen in der deutschen Ausgabe von → *Four Square Jane/Die Abenteurerin*), THE CLUE OF MONDAY'S SETTLING (*Sechs Kisten Gold*, erschienen im Sammelband → *Der sentimentale Mr. Simpson*), ESTABLISHING CHARLES BULLIVANT (bisher nicht übersetzt), SENTIMEN-TAL SIMPSON (→ *Der sentimentale Mr. Simpson*, erschienen gleichnamigen Sammelband).

Inhalt: Die bunte Folge dieser Kriminalgeschichten eröffnet *Der Fassadenkletterer*: Der verwitwete Millionär Colonel Poynting vernarrt sich in Elsa Burks, die Tochter des Einbrechers Tom Burks. Dieser jungen Dame schenkt der Colonel die kostbare Smaragdbrosche seiner verstorbenen Frau, sehr zum Ärger seiner Tochter Dorothy. Dem Rat ihres Vaters folgend, versichert Elsa das Schmuckstück. Und prompt wird die Brosche in der folgenden Nacht gestohlen.

CCC FILM
Am 16.09.1946 gründete → Artur Brauner gemeinsam mit Joseph Einstein die Central Cinema Company Film Gesellschaft mit beschränkter Haftung (kurz CCC Film genannt), mit Sitz in Berlin-Dahlem im amerikanischen Sektor. Das Stammkapital betrug 21.000 Reichsmark; im Handelsregister des Amtsgerichts Charlottenburg wurde als Gegenstand des Unternehmens eingetragen: »Betrieb aller Zweige des Filmgewerbes, Filmfabrikation, Filmverleih von in- und ausländischen Filmen, ferner des Film- und Theatergeschäfts, sowie Fabrikation und Handel jeder Art, der mit dem Film- und Lichtbildgewerbe im Zusammenhang steht.« Als Geschäftsführer fungierte der ehemalige Produktionsleiter der Terra Film, Günter Regenberg. Schon am 27.11.1946 änderten sich die Besitzverhältnisse, da Joseph Einstein seine Anteile an Brauner abgab und aus der Firma ausschied. Gleichzeitig erhöhte Brauner das Stammkapital auf 100.000 DM. Als erster Film wurde 1947 *Herzkönig* produziert, der ein großartiger Erfolg wurde und Brauner zur Weiterarbeit ermutigte. Die ersten Filme entstanden in verschiedenen Berliner Ateliers, ehe Brauner Ende 1949 ein Gelände in Berlin-Spandau kaufte. Dort errichtete er auf den Grundmauern einer chemischen Fabrik, die im Zweiten Weltkrieg Giftgas produziert hatte, die → CCC-Studios. In den folgenden Jahrzehnten stellte Brauner unter verschiedenen Labels (neben CCC Film auch Alfa-Film, CCC Filmkunst, Telecine) nahezu 300 Filme und Fernsehproduktionen her, u.a. für das ZDF die bekannte 13teilige Serie *Es muß nicht immer Kaviar sein* (1977) nach dem Roman von Johannes Mario Simmel. Neben den Edgar-Wallace-Filmen →

Der Fluch der gelben Schlange (1962/63) und → *Der Teufel kam aus Akasava* (1970) entstanden in den 50er, 60er und 70er Jahren unter der Flagge CCC zahlreiche Kassenschlager, u.a. die legendären Karl-May-Filme. Ab Ende der 60er Jahre spezialisierte sich Brauner auf Co-Produktionen, um das finanzielle Risiko bei der Filmherstellung zu mindern. Die CCC Film ist heute die am längsten kontinuierlich arbeitende und erfolgreichste deutsche Filmproduktionsfirma.

CCC-Filmproduktionen (Auswahl): *Morituri* (1949), *Mädchen hinter Gittern* (1949), *Fünf unter Verdacht* (1949/50), *Epilog* (1950), *Sündige Grenze* (1951), *Die Spur führt nach Berlin* (1952), *Die Kaiserin von China* (1953), *Die Privatsekretärin* (1953), *Der Raub der Sabinerinnen* (1953/54), *Die Ratten* (1955), *Der 20. Juli* (1955), *Hotel Adlon* (1955), *Liebe, Tanz und 1000 Schlager* (1955), *Studentin Helene Willfüer* (1955/56), *Das Bad auf der Tenne* (1955/56), *Vor Sonnenuntergang* (1956), *Liebe 1956* (1956), *Du bist Musik* (1956), *Ein Mann muß nicht immer schön sein* (1956), *Die Letzten werden die Ersten sein* (1956/57), *Die Unschuld vom Lande* (1957), *Kindermädchen für Papa gesucht* (1957), *Das einfache Mädchen* (1957), *.. .und führe uns nicht in Versuchung* (1957), *Die Frühreifen* (1957), *Liebe, Jazz und Übermut* (1957), *Der Graf von Luxemburg* (1957), *... und abends in die Scala* (1957/58), *Mädchen in Uniform* (1958), *Petersburger Nächte* (1958), *Münchhausen in Afrika* (1958), *Gestehen Sie, Dr. Corda!* (1958), *Was eine Frau im Frühling träumt* (1958/59), *Der Czardas-König* (1958), *Wehe wenn sie losgelassen* (1958), *Ihr 106. Geburtstag* (1958), *Der Mann im Strom* (1958), *Der Stern von Santa Clara* (1958), *Der Tiger von Eschnapur* (1958/59), *Das indische Grabmal* (1958/59), *Kleine Leute – mal ganz groß* (1958), *Scala – total verrückt* (1958), *Hier bin ich – hier bleib ich* (1958/59), *Peter schießt den Vogel ab* (1959), *Menschen im Hotel* (1959), *La Paloma* (1959), *Abschied in den Wolken* (1959), *Du bist wunderbar* (1959), *Am Tag als der Regen kam* (1959), *Marili* (1959), *Herrin der Welt* (2 Teile, 1959/60), *Alt Heidelberg* (1959), *Kein Engel ist so rein* (1959/60), *Liebling der Götter* (1960), *Scheidungsgrund: Liebe* (1960), *Marina* (1960), *Die 1000 Augen des Dr. Mabuse* (1960), *Der brave Soldat Schweijk* (1960), *Bis daß das Geld Euch*

scheidet ... (1960), *... und sowas nennt sich Leben* (1960/61), *O solo mio* (1960), *Wir wollen niemals auseinandergehn* (1960), *Das Riesenrad* (1961), *Unter Ausschluß der Öffentlichkeit* (1961), *Via Mala* (1961), *Adieu, Lebewohl, Goodbye* (1961), *Es muß nicht immer Kaviar sein/Diesmal muß es Kaviar sein* (1961), *Im Stahlnetz des Dr. Mabuse* (1961), *Robert und Bertram* (1961), *Auf Wiedersehn* (1961), *Ramona* (1961), *Das Geheimnis der schwarzen Koffer* (1961/62), *Café Oriental* (1961/62), *Die unsichtbaren Krallen des Dr. Mabuse* (1961/62), *Frauenarzt Dr. Sibelius* (1962), *Axel Munthe, der Arzt von San Michele* (1962), *Das Testament des Dr. Mabuse* (1962), *Sherlock Holmes und das Halsband des Todes* (1962), *Frühstück im Doppelbett* (1963), *Der Würger von Schloß Blackmoor* (1963), *Scotland Yard jagt Dr. Mabuse* (1963), *Der Henker von London* (1963), *Old Shatterhand* (1963/64), *Das Phantom von Soho* (1963/64), *Freddy und das Lied der Prärie* (1964), *Der Schut* (1964), *Fanny Hill* (1964), *Die Todesstrahlen des Dr. Mabuse* (1964), *Das 7. Opfer* (1964), *Der Schatz der Azteken* (1964/65), *Die Pyramide des Sonnengottes* (1964/65), *Die Hölle von Manitoba* (1965), *Durchs wilde Kurdistan* (1965), *Im Reiche des silbernen Löwen* (1965), *Mädchen hinter Gittern* (1965), *Wer kennt Jonny R.?* (1965/66), *Lange Beine – lange Finger* (1966), *Die Nibelungen* (2 Teile, 1966/67), *Die Hölle von Macao* (1966/67), *Geheimnisse in goldenen Nylons* (1967), *Heißer Sand auf Sylt* (1967/68), *Erotik auf der Schulbank* (1968) *Kampf um Rom* (2 Teile, 1968/69), *Himmelfahrtskommando El Alamain* (1968), *Winnetou und Shatterhand im Tal der Toten* (1968), *Schreie in der Nacht* (1968/69), *Das ausschweifende Leben des Marquis des Sade* (1968/69), *Die Hochzeitsreise* (1969), *Das Geheimnis der schwarzen Handschuhe* (1969/70), *Der Kurier des Zaren* (1970), *Der Garten der Finzi Contini* (1970), *Der Todesrächer von Soho* (1971/72), *Zum zweiten Frühstück: Heiße Liebe* (1971/72), *Das Geheimnis des gelben Grabes* (1971/72), *Ruf der Wildnis* (1972), *Die Schatzinsel* (1972), *Hochzeitsnacht-Report* (1972), *Lilli – die Braut der Kompanie* (1972), *Sie sind frei Dr. Korczak* (1973/74), *Leidenschaftliche Blümchen* (1977/78), *Die Spaziergängerin von Sans-Souci* (1981/82), *S. A. S. Malko* (1982), *Eine Liebe in Deutschland* (1983), *Bittere Ernte* (1984/85),

Aids – Gefahr für die Liebe (1985), *Hanussen* (1987/88), *Der Rosengarten* (1989/90), *Hitlerjunge Salomon* (1989/90), *Von Hölle zu Hölle* (1996), *Babij Jar* (2002).

CCC-STUDIOS

Filmstudios in Berlin-Spandau. Hier entstanden die Innenaufnahmen zu dem CCC-Wallace-Film → *Der Fluch der gelben Schlange* sowie zu einigen → Rialto-Wallace-Filmen, nämlich (in der Reihenfolge der Entstehung) zu → *Der Zinker*, → *Der schwarze Abt*, → *Das indische Tuch*, → *Zimmer 13*, → *Die Gruft mit dem Rätselschloß*, → *Der Hexer*, → *Neues vom Hexer*, → *Der unheimliche Mönch*, → *Die blaue Hand*, → *Der Mönch mit der Peitsche*, → *Der Hund von Blackwood Castle*, → *Im Banne des Unheimlichen*, → *Der Gorilla von Soho* und → *Der Mann mit dem Glasauge*.

→ Artur Brauner, 1946 Mitbegründer der → CCC, begann 1949 auf dem 35.000 qm großen Gelände einer ehemaligen Versuchsanstalt für Kampfstoffe ein Filmstudio aufzubauen, zunächst in zwei Hallen von 400–500 qm Fläche. Im Zeichen des auch die Filmproduktion beflügelnden Wirtschaftswunders wagte Brauner 1954 die Investition in zwei neue Hallen (659 und 1309 qm), die von den Architekten Karl Schneider und Lothar Wloch entworfen wurden; 1955 kamen nochmals zwei Hallen (306 und 680 qm) hinzu. Die ganz auf ökonomisches Arbeiten abgestellte Anlage war damals eine der modernsten in Westdeutschland. »Bei der Planung der Spandauer Filmateliers wurde von dem sogenannten Bausteinprinzip Gebrauch gemacht. Darunter ist die Aneinanderreihung mehrerer mittlerer Ateliergruppen zu verstehen, wobei eine optische Verbindung zwischen den einzelnen Gruppen hergestellt werden kann. Diese Anordnung hat den Vorteil, daß aus zwei mittleren Gruppen ein großes Atelier geschaffen werden kann. (...) Bezüglich der Abmessungen der Ateliers mußte zu einer breiteren bzw. quadratischen Bauform übergegangen werden, da die neuen Breitwandformate und ganz besonders CinemaScope breitere Dekorationen erfordern.« (Kino-Technik, 6/1955) Später gerieten die CCC-Studios durch die in regelmäßigen Abständen erscheinenden Drohungen Artur Brauners in die Schlagzeilen, die Studios ganz oder teilweise schließen zu müssen. Grund dafür war neben einem allgemeinen Auf-

tragsmangel und dem immer stärkeren Trend zu Außenaufnahmen, daß der Sender Freies Berlin (SFB) nach dem Neubau eigener Studioanlagen kaum noch als Auftraggeber in Betracht kam; eine Übernahme der CCC-Studios durch den SFB war zuvor gescheitert. Die Ateliers, die in der Einflugschneise des Flughafens Tegel liegen und 1979/80 wegen des zunehmenden Flugverkehrs schalldicht gemacht werden mußten, wurden auch von den Westberliner Bühnen für Theaterproben genutzt. Peter Stein inszenierte auf dem Höhepunkt seiner Karriere in den CCC-Studios sein Shakespeare-Projekt. Bisher sind in Spandau fast 700 Filme aller Art hergestellt worden, von Fritz Langs farbigem Remake seines Drehbuchs zu *Das indische Grabmal* (1958/59) über → Harald Reinls Zweiteiler *Die Nibelungen* (1966) bis zu Fassbinders *Querelle* (1982) und zu *Otto – der Film* (1985).

CHAFFEY, DON
→ Regisseure

CHAGRIN, FRANCIS
→ Komponisten

CHALKLANDS
Der Name von Wallace' Anwesen in → Bourne End (Großbritannien). Von seinem Arbeitszimmer aus hatte er einen Blick auf den Friedhof, wo er seine letzte Ruhestätte fand.

CHANGE PARTNERS
(Partnertausch)
Kinofilm. *England 1965. Produktion: Merton Park. Produzent: Jack Greenwood. Regie: Robert Lynn. Buch: Donal Giltinan frei nach Edgar Wallace. Kamera: James Wilson. Schnitt: Derek Holding. Art Director: Peter Mullins. Musik: Bernard Ebbinghouse. Ton: Brian Blamey. Darsteller: Zena Walker (Anna Arkwright), Kenneth Cope (Joe Trent), Basil Henson (Ricky Gallen), Anthony Dawson (Ben Arkwright), Jane Barrett (Betty Gallen), Pamela Ami Davy (Jean), Peter Bathurst (McIvor), Graham Ashiey (Police Constable), Josephine Pritchard (Sally Morrison), James Watts (Walter), Vivien Lloyd (Sekretärin). Länge: 63 Minuten.*
Inhalt: Der Betrüger Joe Trent und seine Freundin Jean beobachten ein Paar, das sich heimlich in einem Wald trifft. Joe findet heraus, daß die

beiden Ricky Gallen, der schwächere Partner der florierenden Firma Arkwright & Gallen, und Ben Arkwrights intrigante Frau Anna sind. Anna will, daß Ricky seine trübselige Frau Betty verläßt, und wendet sich ihrerseits von ihrem Mann Ben, einem Alkoholiker, ab. Anna überredet Ricky dazu, Betty und Ben in eine kompromittierende Situation zu bringen; dabei sollen sie in einer Garage eingeschlossen werden. Da sich der Motor ihres Autos nicht ausschalten läßt, kommen Betty und der sinnlos betrunkene Ben dort durch die Abgase um. Anna beseitigt alle Hinweise auf den Mord. Die Polizei muß annehmen, daß Betty und Ben gemeinsam Selbstmord verübt haben. Als Joe erfährt, daß Anna und Ricky den Betrieb geerbt haben, versucht er die beiden zu erpressen. Anna veranlaßt Ricky, Joe mit dem Auto zu verfolgen und einen tödlichen Unfall zu inszenieren. Ricky drängt Joes Wagen von der Straße ab; er stürzt einen Abhang hinunter und brennt aus. Das Paar ist erschüttert, als Jean auftaucht, um sich für Joes Tod zu rächen. Sie hat schlagkräftige Beweise für die Schuld des Liebespaares in der Hand. Anna will sie von ihr zurückbekommen, während Ricky aus Verzweiflung versucht, sich in der Garage durch Autoabgase umzubringen. Er wird durch die eintreffende Polizei daran gehindert und mitsamt seiner gräßlichen Gefährtin verhaftet.

Kritik zum Film: »Zena Walker ist nicht Bette Davis, und Regisseur Robert Lynn ist nicht Willisam Wyler. Nichtsdestoweniger bringt sie eine gute Darstellung in diesem absurden, typischen Warners-Melodram [Warner fungierte als Filmverleih]. Schauspieler wie Basil Henson und Anthony Dawson sind nicht in der Lage, die Rollen auszufüllen, und die Regie kommt nicht über das Mittelmaß hinaus.« (Monthly Film Bulletin, 8/1965)

Anmerkung: Dieser Film wurde in Deutschland nicht aufgeführt.

CHAPLIN, SIDNEY

* 31.03.1926, Los Angeles, Kalifornien
Amerikanischer Schauspieler. Er verkörperte Mr. Brown in → *Das Gesicht im Dunkeln* (1969).
Der Sohn seines berühmten Vaters (Charles Chaplin *16.04.1889, † 25.12.1977) hatte es nicht leicht, aus dessen Schatten zu treten. 1950 gab er in einem New Yorker Theater mit dem Stück *The Son* seinen Einstand. Sein Filmdebüt folgte 1951 an der Seite seines Vaters in dessen Film *Rampenlicht*. Er versuchte sich danach noch in weiteren Filmen, ohne daß ihm der große Durchbruch gelang.

Weitere Filme (Auswahl): *Land der Pharaonen* (1955), *Die Gräfin von Hongkong* (1967), *Ho! Die Nummer Eins bin ich* (1968), *Sartana – Bete um Deinen Tod* (1968), *Der Clan der Sizilianer* (1969), *Das Lied der Balalaika* (1970).

CHARAKTERZÜGE UND MAROTTEN

Edgar Wallace war von standfestem Charakter, der durch nichts erschüttert werden konnte. Er war erfüllt von höchstem Optimismus und Selbstvertrauen; er kannte kein Bedauern über Mißgeschicke, denn nach seiner Philosophie mußte sich bald wieder ein neuer Erfolg einstellen. Zum größten Leidwesen auch seiner Familie war sein Optimismus hinsichtlich seiner Wettabschlüsse besonders ausgeprägt. Kurioserweise nahm er stets die Dienste mehrerer Wettbüros in Anspruch, weil er an dem Tag, an dem ihm sein großer Wurf gelingen sollte, keinem der Buchmacher einen allzu herben Verlust zumuten wollte. Wallace haßte jegliche Art von Buchführung; die Zahl seiner Veröffentlichungen war ihm unbekannt. Seine Methode, eine Gewinn- und Verlustrechnung durchzuführen, bestand darin, daß er alle ausstehenden Schulden zusammenstellte und ihnen eine Liste der geplanten Artikel, Bücher, Kurzgeschichten usw. gegenüberstellte mit dem geschätzten Betrag, den sie nach der Veröffentlichung einbringen würden. Mit diesem Verfahren errechnete er stets einen Gewinn. Kritik jeglicher Art an seiner Arbeit nahm er ausgesprochen übel, denn er war überzeugt, daß sein jeweils letztes Werk das beste war, was er je geschaffen hatte. Einengenden Vorschriften war er vor allem in seinem Privatleben unzugänglich. Obwohl er oft eigene Wege ging, war er kein Rebell. Seine Großzügigkeit gegenüber anderen – seien es Geschenke an Freunde, Geld für Bekannte oder die großen Gesellschaften, die er zu Hause oder Weihnachten im Schweizer Ferienort Caux gab – wurde oft als Verschwendungssucht bezeichnet; tatsächlich war sie Ausdruck von Wallace' Bestreben, anderen Gutes zu tun. Auch sein Humor, der in vielen seiner Geschichten zu spüren ist, war sehr ausgeprägt. Er hatte Verständnis für die Jugend und war ihr gegenüber sehr aufgeschlossen. Mit besonderer Leidenschaft besuchte er den Presseclub; auf seine Einführung eines Festessens, das am Vorabend des großen Derbys im Presseclub abgehalten wurde, war er überaus stolz. Nach seinem eigenen Verständnis war er »zuerst, zuletzt und jederzeit ein Journalist«. In diesem Punkt ist er sich sein Leben lang treu geblieben.

CHARLES III.
Theaterstück von Edgar Wallace. Uraufführung im April 1931 am Londoner → Wyndham's Theater. Das Stück wurde Wallace' größter Mißerfolg überhaupt und bereits nach einer Woche wegen Besuchermangels abgesetzt. Es basiert auf dem deutschen Theaterstück *His Eminence Gives Ordinance* von Karl Goetz, was die für Wallace ganz untypischen Charaktere erklärt: Statt mit Detektiven und Verbrechern sah sich das Publikum mit Nonnen, einer Äbtissin, einer Novizin sowie einem Kardinal konfrontiert.
Anmerkung: Durch diesen Flop ging Wallace' Partnerschaft mit dem Schauspieler Ronald Squire in die Brüche, der in dem Stück aufgetreten war.

CHARLOT, ANDRE
→ Regisseure

CHEFS VON SCOTLAND YARD (FILM)
Die drei Film-Chefs von → Scotland Yard hießen Sir Archibald Morton, Sir John Walford und Sir Arthur. Sie wurden in den Serien der 60er Jahre von insgesamt sieben Darstellern verkörpert, und zwar von → Ernst Fritz Fürbringer (Sir Archibald Morton in → *Der Frosch mit der Maske*, → *Der rote Kreis* und → *Die Bande des Schreckens*), → Franz Schafheitlin (Sir John in → *Die toten Augen von London*), → Cambell Singer (Sir Archibald in → *Das Geheimnis der gelben Narzissen*), → Hans Zesch-Ballott (Sir John in → *Das Rätsel der roten Orchidee*), → Cecil Parker (Sir John in → *Das Rätsel des silbernen Dreieck*), → Hubert von Meyerinck (Sir Arthur in → *Im Banne des Unheimlichen*, → *Der Gorilla von Soho* und → *Der Mann mit dem Glasauge*), und, als wohl bekanntester Darsteller des Sir John Walford, → Siegfried Schürenberg (in → *Die Tür mit den 7 Schlössern*, → *Das Gasthaus an der Themse*, → *Zimmer 13*, → *Die Gruft mit dem Rätselschloß*, →

Der Hexer, → *Neues vom Hexer*, → *Der unheimliche Mönch*, → *Der Bucklige von Soho*, → *Das Geheimnis der weißen Nonne*, → *Die blaue Hand*, → *Der Mönch mit der Peitsche*, → *Der Hund von Blackwood Castle* und → *Die Tote aus der Themse*). Schürenberg mimte darüber hinaus zweimal Chefs mit anderen Namen: Major Staines in → *Der Rächer* und Sir Philipp in → *Der Teufel kam aus Akasava*. In der englischen Fassung von → *Das Geheimnis der weißen Nonne* (*The Trygon Factor*) übernahm der schottische Darsteller → James Robertson-Justice die Rolle des Sir John. In der Verfilmung → *Die Schokoladen-Schnüffler* spielte Werner Kreindl Sir Archibald, und in der RTL-Wallace-Serie der Rialto übernahm Leslie Phillips (dt. Stimme: → Friedrich Schoenfelder) den Part des Sir John (in → *Die Katze von Kensington*, → *Das Karussell des Todes* und → *Der Blinde*). Last but not least durfte → Eddi Arent in den fünf neuen RTL-Rialto-Filmen → *Das Schloß des Grauens*, → *Das Haus der toten Augen*, → *Die unheimlichen Briefe*, → *Die vier Gerechten* und → *Whiteface* den Sir John mimen – nach Auffassung von Kritikern eine totale Fehlbesetzung. Obwohl bereits Siegfried Schürenberg und Hubert von Meyerinck die Yard-Chefs manchmal recht trottelig verkörperten, wirkt die Komik von Arent bisweilen geradezu peinlich.

CHESTERTON, GILBERT KEITH
* 29.05.1874 London,
† 14.06.1936 Beaconsfield, Buckinghamshire (England).
Englischer Schriftsteller. Chesterton war Wallace in manchem verwandt und wohl auch deshalb einer seiner prominentesten Fans (→ Kritiken [Buch]). Obwohl in allen literarischen Genres zu Hause, wurde Chesterton vor allem durch seine ingeniöse Detektiv-Figur des Pater Brown berühmt, Protagonist von 51 Erzählungen, die seit 1911 erschienen und später mehrmals verfilmt wurden, u.a. mit Arthur Guinness (*Die seltsamen Wege des Pater Brown*, 1954) und Heinz Rühmann (*Das schwarze Schaf*, 1960; *Er kann's nicht lassen*, 1962) in der Hauptrolle.

CHICK (BUCH)
Episodischer → **Unterhaltungsroman.** Originalausgabe: *Ward Lock & Co., London 1923.*

Deutsche Erstveröffentlichung: Lord wider Willen. Übersetzung: Elise McCalman. Verlag Ehrlich, Berlin 1925. Neuausgabe: Verlag Hesse & Becker, Berlin 1928. Neuausgabe: Eden Verlag, Berlin 1928. Neuausgabe: Wilhelm Goldmann Verlag, Leipzig 1929. – Anläßlich des 125. Geburtstages des Autors brachte der → Weltbild Verlag 2000 eine Wallace-Edition heraus. Hier erschien der Roman in einer Doppelausgabe zusammen mit *Zimmer 13* (→ *Room Thirteen*).

Inhalt: Der Waise Charles Beane, genannt »Bubi«, wird zu seinem Onkel Josephus Beane gerufen, der Arzt in Pelborough ist. Dieser Onkel ist der Auffassung, daß er aus einer Adelsfamilie stammt. Nach London zurückgekehrt, erfährt »Bubi«, daß der Adelstitel tatsächlich rechtmäßig und der Onkel vor Freude über diese Nachricht verstorben ist. »Bubi« Beane erbt nicht nur sein Landhaus, sondern auch den Titel und darf sich von nun an Marquis von Pelborough nennen. Er ahnt nicht, daß sein abenteuerliches Leben damit erst richtig beginnt. Zunächst muß er das passende Vermögen zum neuen Titel auftreiben. Nebenbei leistet er geheimdienstliche Tätigkeiten für die Regierung und will zu alledem das Herz der koketten Gwenda Maynard erobern. Doch jeder, der den stets lächelnden »Bubi« Beane kennt, weiß genau, daß er alle seine Ziele erreichen wird.

Anmerkungen: Die Erstausgabe der Übersetzung von Elise McCalman hatte besondere Kapitelüberschriften. Der Roman wurde zweimal verfilmt: 1928 und 1936 jeweils unter dem Titel → *Chick*.

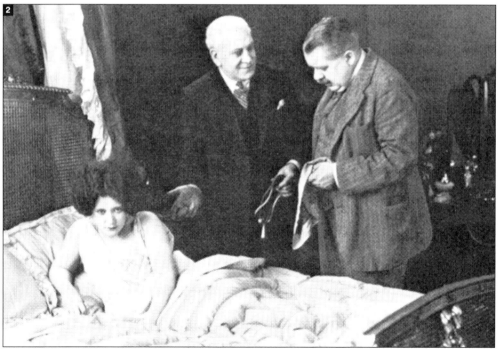

Chick: (Film I)
1. John Cromer (Mitte) •
2. Chili Bouchier, John Brooks, Bramwell Fletcher

CHICK (FILM I)
(Chick)

Kinofilm. *England 1928. Produktion: British Lion. Regie: A. V. Bramble. Buch: Eliott Stannard nach dem Roman Chick von Edgar Wallace. Darsteller: Bramwell Fletcher, Trilby Clark, Chili Bouchier, Rex Maurice, Edward O'Neill, John Cromer.*

Inhalt: Ein mitteloser Tausendsassa erbt einen Adelstitel und versucht, an das dazu passende Vermögen zu kommen. Darüber hinaus wartet auch eine schöne Frau auf seine Eroberung. Er muß allerhand Abenteuer bestehen, bis er seine Ziele erreicht.

Kritik zum Film: »Die Geschichte ist zusammengestoppelt, und der Humor schwankt zwischen konventioneller und derber Komik.« (Cinematograph Weekly)

Anmerkung: Dieser Film wurde in Deutschland nicht aufgeführt.

CHICK (FILM II)
(Chick)

Kinofilm. *England 1936. Produktion: British & Dominions. Regie: Michael Hankinson. Buch: Irving Leroy, Daniel Wheddon, Gerard Fairlie, Cyril Gardner und D. B. Wyndham-Lewis nach dem Roman Chick von Edgar Wallace. Darsteller: Sydney Howard (Chick Beane), Fred Conyngham (Sir Anthony Monsard), Betty Ann Davies (Peggy), Mai Bacon (Gert), Cecil Humphries (Sturgis), Wallace Geoffrey (Latimer), Edmund Dalby (Rennie), Arthur Chesney (Lord Frensham), Robert Nainby (Mr. Beane), Aubrey Mather, Merle Tottenham, Aubrey Fitzgerald, Fred Rains. Länge: 72 Minuten.*

Inhalt: Chick Beane ist Portier am Burford College in Oxbridge. Eines Tages erbt er völlig unerwartet die Adelswürde und ein großes Grundstück. Damit beginnt für ihn eine Reihe von nicht nur heiteren Abenteuern. Nach seinem Einzug ins Oberhaus fällt er drei Gaunern in die Hände, die schnell reich werden wollen. Sie geben vor, auf seinem Grundstück ein Ölvorkommen entdeckt zu haben, und überreden ihn, eine Ölgesellschaft zu gründen. Chick, der von Geschäften nichts versteht, kann jedoch in letzter Minute verhindern, daß die Gauner mit den Einlagen der Aktionäre durchgehen. Nach turbulenten Auseinandersetzungen mit den Aktionären wird auf seinem Grundstück eine Heilquelle entdeckt. Plötzlich meldet sich ein junger Amerikaner als rechtmäßiger Erbe. Chick Beane muß sich zurückziehen. Als Belohnung dafür, daß die Aktionäre ihr Geld zurückbekommen, erhält er von ihnen den Pachtvertrag für ein hübsches Gasthaus. Das erfreut Chick über die Maßen, denn so ein Gasthaus war schon immer sein Traum.

Kritik: Die Kritik verlieh dem Film das sehr britische Prädikat »eher nicht lustig«.

Anmerkung: Dieser Film wurde in Deutschland nicht aufgeführt.

CHOYNSKI, CARL HEINZ
→ Darsteller

CINEMASCOPE

Filmtechnisches Verfahren. Dieses mit einer anamorphotischen Linse arbeitende Breitwandsystem erfand Henry Chretien, dessen Patentrechte von der Twentieth-Century-Fox ausgewertet wurden. Da die Edgar-Wallace-Filme mit der immer größer werdenden Konkurrenz des Fernsehens mithalten sollten, entschied die → Constantin Film 1963, die künftigen Filme im Scope-Format herzustellen zu lassen. Insgesamt wurden elf Filme in diesem Format (auch UltraScope, TechniScope) produziert: → *Der Zinker* (1963), → *Der schwarze Abt* (1963), → *Das indische Tuch* (1963), → *Todestrommeln am großen Fluß* (1963), → *Zimmer 13* (1963), → *Die Gruft mit dem Rätselschloß* (1964), → *Der Hexer* (1964), → *Sanders und das Schiff des Todes* (1964), → *Die Pagode zum fünften Schrecken* (1966), → *Das Geheimnis der grünen Stecknadel* (1971), → *Das Rätsel des silbernen Halbmonds* (1971).

Weitere bedeutende CinemaScope Filme (international): *Das Gewand* (1953), *Die Brücke am Kwai* (1957), *Der längste Tag* (1961), *Lawrence von Arabien* (1962), *My Fair Lady* (1963), *Die tollkühnen Männer in ihren fliegenden Kisten* (1964), *Für eine Handvoll Dollar* (1964), *Für ein paar Dollar mehr* (1965), *James Bond 007: Feuerball* (1965), *Doktor Schiwago* (1965), *Tanz der Vampire* (1966), *Spiel mir das Lied vom Tod* (1969), *Chinatown* (1974), *Der weiße Hai* (1974), *Krieg der Sterne* (1975), *Unheimliche Begegnung der dritten Art* (1976), *Jäger des verlorenen Schatzes* (1980), *Titanic* (1996). In Deutschland: *Der Schatz im Silbersee* (1962), *Winnetou* (3 Teile, 1963–65) *Das Geheimnis der schwarzen Witwe* (1963), *Das*

Haus in Montevideo (1963), *Die Goldsucher von Arkansas* (1964), *Der letzte Mohikaner* (1964), *Die Nibelungen* (2 Teile, 1966), *Die Hölle von Macao* (1966), *Kampf um Rom* (2 Teile, 1968), *Lady Hamilton* (1968), *Die unendliche Geschichte* (1983), *Schtonk* (1991).

CIRCUMSTANTIAL EVIDENCE (BUCH)

Acht Kriminalkurzgeschichten. *Originalausgabe: George Newnes, London 1929.*

Enthält: CIRCUMSTANTIAL EVIDENCE (*Indizienbeweis*, erschienen in der deutschen Ausgabe von → *The Golden Hades*), THE CHILD OF CHANCE (bisher nicht übersetzt), THE DEAR LIAR (bisher nicht übersetzt), THE MEDIEVAL MIND (*Ehemann gesucht*, erschienen im Sammelband → *Der sentimentale Mr. Simpson*), THE LOOKER AND THE LEAPER (*Die Starken und die Schwachen*, erschienen in *Der sentimentale Mr. Simpson*), THE CHRISTMAS PRINCESS (bisher nicht übersetzt), THE TREASURE OF THE KALAHARI (bisher nicht übersetzt), INDIAN MAGIC (bisher nicht übersetzt).

Inhalt: Den Band eröffnet die spannende Geschichte um einen Indizienbeweis: Oberst Dane erfährt von seinem Arzt, daß er unheilbar krank ist. Gleichzeitig gerät seine Nichte Ella in finanzielle Bedrängnis, weil sie für eine Freundin gebürgt hat. Verzweifelt will sie sich an ihren Onkel, mit dem sie sich vor Jahren entzweit hat, wenden. Vor dem Haus des Onkels verliert sie jedoch der Mut, und sie flieht. Am gleichen Abend wird ihr Onkel mit Zyankali vergiftet tot aufgefunden. Alle Indizien deuten auf die Schuld seiner Nichte hin.

Anmerkung: Motive aus dem Kurzgeschichtenband wurden 1925 unter dem Titel → *A Dear Liar* und 1929 unter dem Titel → *Circumstantial Evidence* verfilmt.

CIRCUMSTANTIAL EVIDENCE (FILM)
(Indizienbeweis)

Kinofilm. *USA 1929. Produktion: Chesterfield Motion Pictures. Regie: Wilfred Noy. Buch: Wilfred Noy nach Motiven aus der Kurzgeschichtensammlung Circumstantial Evidence von Edgar Wallace. Kamera: M. A. Andersen. Schnitt: James Sweeney. Darsteller: Helen Foster (Jean Benton), Cornelius Keefe (Arthur Rowland), Charles Gerrard (Henry Lord), Alice Lake (Lucy Bishop), Ray Hallor (Tony Benton), Jack Tanner (Prosecuting Attorney), Fred Walton (Richter). Länge: 69 Minuten.*

Inhalt: Jean Bentons Schwester ist die Sekretärin des wohlhabenden Geschäftsmannes Hen-

1. Erstverfilmung von *Circumstantial Evidence* unter dem Titel → *A Dear Liar* (Eileen Dennis, James Knight) • 2. *Circumstantial Evidence*: Cornelius Keefe, Helen Foster

ry Lord. Jeans Verlobter Arthur Rowland ist ebenfalls bei Lord beschäftigt. Trotzdem stellt Lord Jean nach und versucht, sie zu verführen. Eines Tages wird Lord ermordet. Rowland entdeckt die Leiche und nimmt an, daß seine Verlobte, die sich im Nebenraum aufhält, ihn ermordet hat. Er nimmt die Schuld auf sich und wird verhaftet. Erst am Tage seiner Verurteilung macht Jean eine Aussage, die ihn entlastet. Der Fall wird neu aufgerollt und als Täter eine frühere Geliebte Lords überführt. Jean und Rowland sind wieder glücklich vereint.

Kritik zum Film: »Dieser Film ist voller verflochtener Intrigen zwischen Männern, Männern und Frauen und zwischen Frauen. Die Geschichte dreht sich um einen vorgetäuschten Mord, der schließlich zu einem echten Mord wird. Der vorgebliche Unschuldige wird angeklagt und auf Grund der Indizienbeweise zum Tode verurteilt. Die Schlußszene mit seiner Flucht aus dem Gefängnis und die Aufdeckung des vorgetäuschten Mordes sind melodramatisch und nicht sehr überzeugend. Die Witze in dem Film sind langweilig, die Aufnahmen sind mager, und in einigen Aufnahmen ist der Hintergrund verschwommen. Selbst das Make-up von Shirley Grey war nicht besonders gut. → (Monthly Film Bulletin)

Anmerkung: Dieser Film wurde in Deutschland nicht aufgeführt.

CIRCUS OF FEAR
Englischer Titel der Koproduktion → *Das Rätsel des silbernen Dreieck.*

CLAN DER GUMMIMÄNNER, DER
→ The India Rubber Men

CLANCEY, VERNON
→ Drehbuchautoren

CLARIN, HANS
* 14.09.1929 Wilhelmshaven
Deutscher Schauspieler. *Clarin verkörperte überzeugend Lord Lebanon jr. in → Das indische Tuch (1963), Mr. Igle in → Zimmer 13 (1963) sowie einen Butler in dem Fernsehfilm → Das Geheimnis von Lismore Castle (1985).* Clarin eilte seit 1951 auf der Bühne des Münchner Staatstheaters von Erfolg zu Erfolg, und das in unterschiedlichsten Rollen. Er war der Mörder in *Die Besessenen* von Camus, Goldonis

Diener zweier Herren und der groteske Prinz in Kurt Hoffmanns *Das Spukschloß in Spessart* (1960). Die perfekte Beherrschung der schwierigen Mischung aus Tragik und Komik war schon damals das besondere Merkmal seiner vielseitigen Darstellungskunst. Trotz seiner Inanspruchnahme als Bühnenschauspieler fand Clarin Zeit für Fernsehen, Funk und Film. Im Fernsehen glänzte er in unzähligen Rollen, wurde jedoch dem großen Publikum durch eine andere Tätigkeit bekannt, nämlich als kieksige deutsche Synchronstimme von »Kookie« (Edward Byrnes) in der amerikanischen Serie *77 Sunset Strip.* Clarins Stimme wurde zu seiner »Visitenkarte« und lockte die Plattenindustrie auf den Plan: In den 60er Jahren kamen vier Platten von ihm auf den Markt: *77 little girls, Die dufte Biene, Mademoiselle Sie brauchen mich* und – wohl unvermeidlich – *Ein Fall für Kookie.*

Weitere Filme (Auswahl): *Zwerg Nase* (1952), *Feuerwerk* (1953), *Oberarzt Dr. Solm* (1954), *Das Wirtshaus im Spessart* (1957), *Helden* (1958), *Das schöne Abenteuer* (1959), *Der Gauner und der liebe Gott* (1960), *Lampenfieber* (1960), *Max, der Taschendieb* (1962), *Wartezimmer zum Jenseits* (1964), *In Beirut sind die Nächte lang* (1965), *Engelchen – oder die Jungfrau von Bamberg* (1967), *Pippi Langstrumpf* (1969), *Pippi geht von Bord* (1969), *Pepe, der Paukerschreck* (1969).

CLARKE, WARREN
→ Darsteller

CLASEN, HANS-WALTER
→ Darsteller

CLIFFORD, WILLIAM H.
→ Drehbuchautoren und → Regisseure

CLIFTON, WALLACE
→ Drehbuchautoren

CLOWN MUST LAUGH, A
→ PAGLIACCI

CLUE OF THE NEW PIN, THE (BUCH)
Kriminalroman. *Originalausgabe: Hodder & Stoughton, London 1923. Deutsche Erstveröffentlichung: Das Geheimnis der Stecknadel. Übersetzung: Max C. Schirmer. Wilhelm Gold-*

mann Verlag, Leipzig 1928. Neuausgaben: Wilhelm Goldmann Verlag, Leipzig 1932 und 1937. Neuübersetzung: Edmund Thomas Kauer. Mundus Verlag, Wien 1948. Neuausgabe: Wilhelm Goldmann Verlag, München 1955. Taschenbuchausgabe: Wilhelm Goldmann Verlag, München 1959 (= Goldmann Taschen-KRIMI 173). Weitere Taschenbuchauflage im Wilhelm Goldmann Verlag: 1961. Neuausgabe: Bertelsmann Verlag, Gütersloh 1971. Neuübersetzung: → Gregor Müller. Wilhelm Goldmann Verlag, München 1972 (= Goldmann Taschen-KRIMI 173). Weitere Taschenbuchauflagen im Wilhelm Goldmann Verlag: 1975, 1976, 1979, 1982, 1988, 1997. Jubiläumsausgabe im Wilhelm Goldmann Verlag: 1990, 2000 (= Band 22). Neuübersetzung: Edith Walter. Scherz Verlag, Bern, München, Wien 1986 (= Scherz Krimi 1060). Neuauflage: 1987. – Anläßlich des 125. Geburtstages des Autors brachte der → Weltbild Verlag 2000 eine Wallace-Edition heraus. Hier erschien der Roman in einer Doppelausgabe zusammen mit *Die seltsame Gräfin* (→ *The Strange Countess*).

Inhalt: Jesse Trasmere ist Millionär und ein ziemlicher Geizhals. Nicht nur der von ihm betrogene Gauner Wellington Brown kann ein Lied davon singen. Doch Reichtum schützt vor Mördern nicht. Eines Tages liegt Trasmere erschossen in seiner Geheimkammer. Die Tür ist von innen versperrt – wie gelangte der Mörder aus dem Raum? Man findet ein chinesisches Kästchen voll gestohlener Juwelen. Doch niemand weiß, woher es stammt; einziger Anhalts-

punkt: Auf dem Boden des verschlossenen Raumes liegt eine geheimnisvolle Stecknadel. Noch weitere mysteriöse Dinge geschehen: Der Schauspielerin Ursula Ardfern werden kostbare Juwelen gestohlen, und kurze Zeit später verschwindet Rex Lander, der Neffe und Erbe des alten Trasmere, auf Nimmerwiedersehen. Der Chinese Yeh Ling, der dem alten Trasmere immer freundschaftlich verbunden war, scheint mehr zu wissen, als er zugibt. Doch Inspektor Carver gibt nicht so schnell auf, zumal er den Reporter Tab Holland an seiner Seite hat.

Anmerkung: Der Roman wurde zweimal verfilmt: 1929 und 1961 jeweils unter dem Titel → *The Clue of the New Pin*. Ferner war das Buch 1971 Grundlage für die freie Adaption → *Das Geheimnis der grünen Stecknadel*.

CLUE OF THE NEW PIN, THE (FILM I)
(Das Geheimnis der Stecknadel)

Kinofilm. *England 1929. Produktion: British Lion. Produzent: S.W. Smith. Regie: Arthur Maude. Buch: Kathleen Hayden nach dem Roman The Clue of the New Pin von Edgar Wallace. Kamera: Horace Wheddon. Darsteller: Donald Calthrop (Yeh Ling), Benita Hume (Ursula Ardfern), John Gielgud (Rex Trasmere), Kim Peacock (Tab Holland), H. Saxon-Snell (Walters), Johnny Butt (Wellington Briggs), Colin Kenney (Inspektor Carver), Caleb Porter, Fred Rains. Länge: 81 Minuten.*

Inhalt: Bei dem mysteriösen Tod des Millionärs Trasmere denkt die Polizei zunächst an Selbstmord. Doch mit der Hilfe eines Reporters kommen sie der Wahrheit und dem Täter auf die Spur.

Kritik zum Film: »Armselige Darstellerleistungen, liederliche Regiearbeit und dilettantischer Schnitt.« (Cinematograph Weekly)

Anmerkung: Dieser Film wurde in Deutschland nicht aufgeführt.

CLUE OF THE NEW PIN, THE (FILM II)
(Das Geheimnis der Stecknadel)

Kinofilm. *England 1961. Produktion: Merton Park. Produzent: Jack Greenwood. Regie: Allan Davis. Buch: Philip Mackie nach dem Roman The Clue of the New Pin von Edgar Wallace. Kamera: Bert Mason. Musik: Ron Goodwyn. Art Direction: Peter Mullins. Schnitt: Anne Barker. Ton: Derek Holding. Darsteller: Paul Daneman (Rex Lander), Bernard Archard (Superintendent*

The Clue of the New Pin: (Film I)
Benita Hume, links

The Clue of the New Pin (Film II)
Bernard Achard (2.v.r.)

Carver), James Villiers (Tab Holland), Catherine Woodville (Hane Ardfern), Clive Morton (Ramsey Brown), Wolfe Morris (Yeh Ling), David Horne (John Trasmere), Leslie Sands (Sergeant Harris), Ruth Kettlewell (Mrs. Rushby), Maudie Edwards (Barmädchen). Länge: 58 Minuten.

Inhalt: Der Millionär John Trasmere wird in seiner Wohnung tot aufgefunden. Der raffinierte Trick mit einem Schlüssel läßt die Polizei an Selbstmord glauben. Erst ein findiger Reporter bringt Scotland Yard auf die Spur des geldgierigen Neffen Trasmeres, der auch einen Mitwisser beseitigt, als ihn dieser zu erpressen versucht.

Kritik zum Film: »Hier wurde ein lustloser Versuch unternommen, diesen altmodischen Edgar-Wallace-Krimi zu modernisieren. ... Es wurde lediglich eine unglaubwürdige Kuriosität unter den B-Pictures.« (Monthly Film Bulletin, 4/1961)

Anmerkung: Dieser Film wurde in Deutschland nicht aufgeführt.

CLUE OF THE SILVER KEY, THE (BUCH)

Kriminalroman. *Originalausgabe: Hodder & Stoughton, London 1930. Deutsche Erstveröffentlichung: Der leuchtende Schlüssel. Übersetzung: → Ravi Ravendro. Wilhelm Goldmann Verlag, Leipzig 1932. Neuausgabe: Wilhelm Goldmann Verlag, Leipzig 1938. Neuausgabe: Wilhelm Goldmann Verlag, München 1953. Taschenbuchausgabe: Wilhelm Goldmann Verlag, München 1956 (= Goldmann Taschen-KRIMI 91). Weitere Taschenbuchauflagen im Wilhelm Goldmann Verlag: 1959, 1971, 1973, 1975, 1977, 1979, 1982, 1989. Jubiläumsausgabe im Wilhelm Goldmann Verlag: 1990, 2000 (= Band 43).*

Inhalt: Der Ganove Horace Tom Tickler wird mitten in London, vor einem eleganten Gesandtschafts-Club, in einem fremden Auto erschossen aufgefunden. Für Surfoot Smith von Scotland Yard beginnt damit nur scheinbar ein Routinefall. Eine erste Spur führt zu Mr. Moran, den Smith schon immer für eine zwielichtige Erscheinung gehalten hatte. Kurz darauf wird der alte Lyne in seinem Rollstuhl tot aufgefunden. Smith vermutet einen Zusammenhang zwischen beiden Todesfällen. In Verdacht gerät Binny, der Chauffeur, doch von diesem fehlt jede Spur. Am Ende der Ermittlungen kommt auf den Henker im Gefängnis von Pentonville neue Arbeit zu.

Anmerkungen: Der Roman erschien in den USA unter dem Titel *The Silver Key* (Doubleday, Doran & Co., Garden City, NY 1930). Er wurde 1961 verfilmt unter dem Titel → *The Clue of the Silver Key.*

CLUE OF THE SILVER KEY, THE (FILM)
(Das Geheimnis des silbernen Schlüssels)

Kinofilm. *England 1961. Produktion: Merton Park. Produzent: Jack Greenwood. Regie: Gerald Glaister. Buch: Philip Mackie nach dem Roman The Clue of the Silver Key von Edgar Wallace. Kamera: Bert Mason. Musik: Bernard Ebbinghouse. Bauten: Peter Mullins. Ton: Brian Blamey, Sidney Rider und Ronald Abbott. Schnitt: Derek Holding. Darsteller: Bernard Lee (Superintendent Meredith), Lyndon Brook (Gerry Dornford), Finlay Currie (Harvey Lane), Jennifer Daniel (Mary Lane), Patrick Cargill (Binny), Derrick Sherwin (Quigley), Anthony Sharp (Mike Hennessey), Stanley Morgan (Sergeant Anson), Sam Kydd (Tickler), Harold Scott (Crow), John Kidd (Hardwick), Robert Sansom (Polizeiarzt). Länge: 59 Minuten.*

Inhalt: Superintendent Meredith kommt bei der Untersuchung des mysteriösen Mordes an einem steinreichen, aber viel gehaßten Geldverleiher auf die Spur weiterer Gewaltverbrechen. Der Butler des Toten, ein Theaterdirektor und die Nichte des Geldverleihers scheinen in die Vorgänge verstrickt zu sein. Am Ort des Verbrechens wird ein silberglänzender Schlüssel gefunden. Er liefert schließlich den entscheidenden Hinweis auf den Mörder. Meredith entdeckt, daß sich hinter der Maske eines Biedermannes ein weltweit gesuchter Verbrecher verbirgt, der auch für diese Untaten verantwortlich ist.

Kritik zum Film: »Ein korrektes Schauspiel, eine geradlinige Whodunit-Konzeption des Drehbuchs, ein Hauch von Humor und eine kompetente Besetzung, allen voran Bernard Lees sorgfältige Interpretation des Polizeibeamten, machen aus diesem Film einen der besseren Edgar-Wallace-Thriller.« (Monthly Film Bulletin, 10/1961)

Anmerkung: Dieser Film wurde in Deutschland nicht aufgeführt.

CLUE OF THE TWISTED CANDLE, THE
(BUCH)

Kriminalroman. *Originalausgabe: George Newnes, London 1918. Deutsche Erstveröffentlichung: Die gebogene Kerze. Übersetzung: Arthur A. Schönhausen. Wilhelm Goldmann Verlag, Leipzig 1930. Neuausgabe: Wilhelm Goldmann Verlag, Leipzig 1933. Neuausgabe: Wilhelm Goldmann Verlag, München 1954. Taschenbuchausgabe: Wilhelm Goldmann Verlag, München 1959 (= Goldmann Taschen-KRIMI 169). Weitere Taschenbuchauflage im Wilhelm Goldmann Verlag: 1961. Neuübersetzung: → Gregor Müller. Wilhelm Goldmann Verlag, München 1971 (= Goldmann Taschen-KRIMI 169). Weitere Taschenbuchauflagen im Wilhelm Goldmann Verlag: 1974, 1975, 1976, 1979, 1982, 1986, 1997. Jubiläumsausgabe im Wilhelm Goldmann Verlag: 1990, 2000 (= Band 19). Neuübersetzung: Gisela Stege. Scherz Verlag, Bern, München, Wien 1983 (Scherz Krimi 922). Neuauflage: 1985.*

Inhalt: John Lexman hört auf seinen Freund T. X. Meredith, einen angehenden Beamten von Scotland Yard, und versucht sein Glück als Kriminalschriftsteller. Dadurch wird er berühmt. Manchen Tip erhält er von seinem Freund, dem inzwischen noch berühmteren Chefinspektor. Zu Lexmans Freunden zählt der zwielichtige Reamington Kara, der Lexmans Frau Grace ganz und gar nicht gefällt. Mrs. Lexman verschweigt ihrem Mann jedoch, daß sie in jungen

The Clue of the Silver Key: Bernard Lee, Finlay Currie, Patrick Cargill

Jahren von Handlangern Karas entführt worden war, da dieser sich in sie verliebt hatte, ohne Gegenliebe zu finden. Der Schriftsteller erhält eines Tages Besuch von dem griechischen Geldverleiher Vassalaro. Der liegt kurze Zeit später tot im Arbeitszimmer Lexmans. T. X. Meredith ist ratlos, denn Lexman gesteht ihm, den Mann ermordet zu haben. Vor dem Galgen wird Lexman gerettet, bekommt aber fünfzehn Jahre Zuchthaus. Doch Meredith glaubt an die Unschuld seines Freundes und setzt die Ermittlungen fort. Eines Tages kommt dann auch Reamington Kara ums Leben.

Anmerkung: Der Roman wurde 1960 unter gleichem Titel verfilmt.

CLUE OF THE TWISTED CANDLE, THE (FILM)
(Das Geheimnis der gebogenen Kerze)
Kinofilm. *England 1960. Produktion: Merton Park. Produzent: Jack Greenwood. Regie: Allan Davis. Buch: Philip Mackie nach dem Roman The Clue of the Twisted Candle von Edgar Wallace. Kamera: Brian Rhodes. Musik: Francis Chagrin. Bauten: Wolf Arnold. Ton: Sid Rider.* *Schnitt: Bernard Gribble. Darsteller: Bernard Lee (Meredith), David Knight (Lexman/Griswold), Francis De Wolff (Karadis), Colette Wilde (Grace), Christine Shaw (Belinda Holland), Stanley Morgan (Anson), A. J. Brown (Polizeikommissar), Richard Caldicott (Fisher), Edmond Bennett (Diener), Simon Lack (Jack), Gladys Henson. Länge: 61 Minuten.*

Inhalt: Der Schriftsteller Lexman wird eines Mordes überführt und hinter Gitter gebracht. Von dem Profi-Erpresser Karadis betrogen, sinnt er auf Rache. Superintendent Meredith hält Lexman für unschuldig und bemüht sich um seine Freilassung. Kurz vor seiner Entlassung, die Meredith durchgesetzt hat, bricht Lexman aus dem Gefängnis aus. Karadis wird kurze Zeit später ermordet aufgefunden. Obwohl zahlreiche Verdächtige verhört werden, muß Meredith erkennen, daß es der von ihm protegierte Lexman war, der den Gangster tötete.

Kritik zum Film: »Obwohl auf einen modernen Standard gebracht, wirkt die Grundkonzeption von Edgar Wallace ein wenig altmodisch,

The Clue of the Twisted Candle: **Bernard Lee (rechts)**

The Clue of the Twisted Candle

denn verglichen mit den heutigen geradlinigen Geschichten gibt es zu viele Verwicklungen im Drehbuch – die ›red herrings‹ würden Billingsgate füllen. Aber das Publikum wird eine so verzwickte Geschichte möglicherweise willkommen heißen, und die melodramatischen Verwicklungen und Schlingen bringen vielleicht sogar einen Kassenerfolg, denn die durchschnittlichen ›second features‹ sehen im Vergleich dazu äußerst dünn aus. Die Darstellung ist professionell – Bernard Lee als Superintendent Meredith und David Knight als Lexman ragen heraus –, und obwohl der Film schwerfällig beginnt, bringt ihn die Regie auf ein schnelles Tempo, das überdies die grundsätzlichen Ungereimtheiten überfliegt. Mit diesem ersten Film scheint die Edgar-Wallace-Serie einen guten Start zu haben.« (Daily Cinema)
Anmerkung: Dieser Film wurde in Deutschland nicht aufgeführt.

CLYDE, JEREMY
→ Darsteller

COAST OF SKELETONS
Englischer Titel der Koproduktion → *Sanders und das Schiff des Todes.*

COAT OF ARMS, THE
Kriminalroman. *Basiert auf dem* → *Theaterstück* → *The Old Man. Originalausgabe: Hutchinson, London 1931. Deutsche Erstveröffent-*lichung: *Feuer im Schloß. Übersetzung:* → *Ravi Ravendro. Wilhelm Goldmann Verlag, Leipzig 1932. Neuausgabe: Wilhelm Goldmann Verlag, München 1960. Taschenbuchausgabe: Wilhelm Goldmann Verlag, München 1961 (= Goldmann Taschen-KRIMI 1063). Weitere Taschenbuchauflagen im Wilhelm Goldmann Verlag: 1973, 1975, 1977, 1979, 1982, 1989. Jubiläumsausgabe im Wilhelm Goldmann Verlag: 1990, 2000 (= Band 15).*
Inhalt: Der »Alte«, ein geisteskranker Verbrecher, ist aus dem Asyl von Sketchley Hill in der Nähe von London ausgebrochen. Lord Arranways stellt in seinem Schloß einen Eindringling. Lady Arranways kann verhindern, daß ihr Mann auf ihn schießt. Kurz darauf, während des Aufenthalts ihres Bruders Dick Mayford, brennt das Schloß bis auf die Grundmauern nieder. Der »Alte« wird wieder zum Tagesgespräch. Die Schloßbewohner finden Unterkunft im nahegelegenen Gasthaus »Coat of arms«, dessen neuer Inhaber John Lorney scheinbar eine düstere Vergangenheit hat. Auch andere Bewohner bzw. Angestellte des Gasthauses scheuen das Tageslicht. Neben dem ehemaligen Kriminalpolizisten Carl Rennett wohnt hier der mysteriöse Keith Keller sowie die undurchschaubare Anna Jeans; auch der Kellner Charles Green dürfte etwas zu verbergen haben. Chefinspektor Collett kann die Vorgänge in Sketchley aufklären und schließlich zufrieden nach London zurückfahren.

Anmerkungen: Der Roman erschien in den USA unter dem Titel *The Arranways Mystery* (Doubleday, Doran & Co., Garden City, NY 1932). Er wurde 1931 verfilmt unter dem Titel → *The Old Man*.

COCKLE, EDI
(Lebensdaten unbekannt)
Dieses Mädchen war Edgar Wallace' erste große Liebe in England.

COHEN, EMANUEL
→ Produzenten

COHEN, HARRY FREEMAN
(Lebensdaten unbekannt)
Jüdischer Finanzmann, der sein Geld mit Börsenspekulationen gemacht hatte. Er kaufte 1902 die angeschlagene Johannesburger Zeitung Standard & Digger News, benannte sie in Rand Daily Mail um und machte Edgar Wallace zum → Herausgeber. Nach einem handfesten Streit im Sommer 1903 trennten sich beider Wege.

COLE, SIDNEY
→ Produzenten

COLEBY, A. E.
→ Regisseure

COLLIN, OTTO
→ Darsteller

COLLINS, CORNY
* 18.12.1933;
eigentlicher Name: Gisela Szymanski.
Deutsche Schauspielerin. Darstellerin der Isla Harris in → *Das indische Tuch* (1963).
Die energiegeladene kleine Person war zunächst Arztassistentin. Günter Pfitzmann entdeckte sie bei einem Theaterarzt und brachte sie zum Kabarett, wo sie bei Wolfgang Neuss und Ursula Herking spielte. Sie nahm Schauspielunterricht bei Marlise Ludwig, hatte ihr Theaterdebüt in der Komödie *Ein Tag im siebten Himmel* und wurde von Axel von Ambesser für den Film entdeckt. Für ihren ersten Auftritt in *Ich war ihm hörig* (1958) lobte die Kritik sie als »süß und komisch«. Der Durchbruch kam in *Schmutziger Engel* (1958), wo sie in einer frechen Hauptrolle ihren von Peter van

Eyck gespielten Lehrer kompromittiert. Als Teenagerstar wurde Collins schnell berühmt, hatte aber privat Pech. Zuerst mit dem Schauspieler Christian Wolff, dann mit einem Nervenarzt verheiratet und schließlich in unglückliche Liebesaffären verwickelt, erlebte sie ein berufliches Comeback erst 1969 in Ulrich Schamonis *Wir zwei*. Nach langer Synchronisationstätigkeit konnte sie in den 70er Jahren beim Fernsehen nochmals Fuß fassen. Danach hatte sie nur noch Theaterauftritte. – Ihre mädchenhaft-grazile Erscheinung brachte ihr Rollen ein, in denen Vaterfiguren sich als Beschützer aufdrängen. Als Nachwuchsstar der 50er Jahre war sie der Prototyp einer Jugendlichen, die der seichte Film als süß und unschuldig konstruierte. Sie erlebte meist das Happy-End, und wenn nicht als erste Frau im Leben ihres Angebeteten, dann sicher als seine letzte. Die übersprudelnde Berlinerin hatte viel komisches Talent, zunehmend erlitten ihre Rollenfiguren jedoch ein trauriges Schicksal. In der zweiten Karrierehälfte verlieh sie ihren Darstellungen den Ton von Frauen, die kein Vertrauen mehr in die Männerwelt haben.
Weitere Filme (Auswahl): *Immer die Radfahrer* (1958), *Der Maulkorb* (1958), *Meine 99 Bräute* (1958), *Vater, Mutter und neun Kinder* (1958), *Am Tag als der Regen kam* (1959), *Freddy, die Gitarre und das Meer* (1959), *Wilde Wasser* (1962), *Ferien wie noch nie* (1963), *Das Leben zu zweit – Die Sexualität in der Ehe* (1969), *Der Pfarrer von St. Pauli* (1970).

COMICS
Wallace-Comics gehören bislang zu den literarischen Raritäten. Der Feest Comic Verlag, Stuttgart, brachte 1991 einige französische Comics von André-Paul Duchâteau und Peter Li in deutscher Übersetzung auf den Markt. Neben Geschichten von Edmund Bell und Sherlock-Holmes-Abenteuern erschien Edgar Wallace' *Die gelbe Schlange* (→ *The Yellow Snake*) als farbig illustrierte Geschichte.

CONSTANTIN FILM
Deutscher Filmverleih. Am 01.04.1950 als Constantin-Filmverleih von Konsul → Waldfried Barthel und → Preben Philipsen mit einem Stammkapital von 125.000 DM gegründet; Barthels Anteil betrug 55 %, Philipsens Anteil 45 %. Beide galten bei Gründung als Ge-

schäftsführer. Am 31.07.1950 wurde Philipsen wegen devisenrechtlicher Schwierigkeiten als Geschäftsführer abbestellt, im Februar 1952 aber erneut berufen. 1955 schied Philipsen aus der Firma aus. Das Eigenkapital wurde auf 625.000 DM erhöht. Ingeborg Barthel, geb. Paxmann, wurde zur weiteren Geschäftsführerin bestellt. 1957 wurde das Eigenkapital auf 1.000.000 DM erhöht. Als Ingeborg Barthel 1959 als Geschäftsführerin zurücktrat, berief Waldfried Barthel seinen langjährigen Programmberater → Gerhard F. Hummel in die Geschäftsführung. 1960 wurde das Stammkapital auf 2.000.000 DM erhöht. Ende 1963 trat Hummel aus der Geschäftsführung aus; sein Nachfolger als Produktionschef wurde bis 1976 → Manfred Barthel. Ende 1964 wurde die Firma in Constantin Film umbenannt. Zum 01.07.1965 verkaufte Barthel 60 % seiner Anteile an die Bertelsmann-Tochterfirma Universum Film GmbH (Berlin). Herbert Schmidt aus dem Hause Bertelsmann wurde zum weiteren Geschäftsführer bestellt. Im Oktober 1966 wurde das Stammkapital auf 3.000.000 DM erhöht, im Oktober 1968 auf 4.000.000 DM und im Dezember 1968 auf 9.000.000 DM. Anfang 1970 wollte Bertelsmann sich von den Constantin-Anteilen trennen. Damit Constantin Film eine deutsche Firma blieb, ließ sich Barthel überreden, die Anteile von Bertelsmann zum 01.01.1971 zurückzukaufen – aus späterer Sicht ein gravierender Fehler, da in den folgenden Jahren die vereinbarten Rückzahlungen sowie die Firmenkosten nicht mehr von den Umsätzen gedeckt wurden. Das veranlaßte Barthel Mitte 1974, 50 % seiner Anteile zum 01.01.1975 an den Hagener Bauspekulanten Helmut Gierse zu verkaufen und zum 01.01.1976 die restlichen 50 %. Herbert Schmidt schied als Geschäftsführer aus; weiterer Geschäftsführer neben Waldfried Barthel wurde zunächst der glücklose Klemens Hitzemann und im August 1976 Hans-Peter Fausel. Nach Fausels Ausscheiden leitete Karl-Heinz Böllinghaus die Geschicke der Firma. Da Waldfried Barthel den Untergang der Constantin Film ahnte, erklärte er am 29.07.1977 seinen Rücktritt vom Posten des Geschäftsführers. Ende Oktober 1977 mußte Böllinghaus beim Amtsgericht München den Konkursantrag für die Constantin Film stellen. Durch Zusammenarbeit mit dem Produzenten Wolf C. Hartwig

und Luggi Waldleitner war jedoch bereits im Sommer 1977 die C-Film gegründet worden, die nach dem Konkurs der Constantin Film als Auffangfirma bereitstand. Sie wurde dann in Neue Constantin Film umbenannt und von dem Likörfabrikanten Eckes gekauft. Zum 01.01.1979 übernahm der Produzent Bernd Eichinger zunächst 25 % der Anteile von Eckes, später die restlichen. Um sich finanziell nicht zu übernehmen, verkaufte Eichinger 49 % der Anteile an den Medienunternehmer Leo Kirch. Nach Ablauf der Verjährungsfrist wurde Ende der 90er Jahre der alte Name Constantin Film wieder angenommen. 1999 wurde die Constantin unter Eichingers Leitung in eine Aktiengesellschaft umgewandelt.

Constantin Film war in der Gründungszeit Agentur für die amerikanische Filmgesellschaft United Artists und startete im 2. Halbjahr 1950 den Chaplin-Film *Goldrausch*. Nach der Loslösung von United Artists wurden verschiedene Produzenten mit der Herstellung von Filmen »im Namen und für Rechnung von Constantin« beauftragt. Somit lag das Risiko ganz bei der Constantin. Gerhard F. Hummel riet zu erfolgreichen Literaturverfilmungen wie Brandon Thomas' *Charleys Tante* (1955) oder Wilhelm Hauffs *Das Wirtshaus im Spessart* (1957); anschließend wurde 1959 mit der Verfilmung von der → *Der Frosch mit der Maske* der Grundstein für die legendäre Edgar-Wallace-Serie gelegt. Nach dem großartigen Erfolg der Serie ließ sich Barthel von Hummel überzeugen, Karl-May-Filme zu produzieren. 3.000.000 DM stellte Barthel für die Verfilmung des ersten Karl-May-Stoffes *Der Schatz im Silbersee* (1962) zur Verfügung. Von der → Rialto Film produziert, entstanden danach im Namen und für Rechnung von Constantin Film die weiteren Teile der sensationell erfolgreichen Karl-May-Serie. Bei seinem Ausscheiden aus der Firma legte Hummel 1963 Barthel nahe, auch eine Jerry-Cotton-Filmserie zu realisieren, was ebenfalls mit Erfolg geschah. Nach dem Start der Karl-May-Verfilmungen beteiligte sich die Constantin Film an der Finanzierung der Sergio-Leone-Filme *Für eine Handvoll Dollar* (1964) und *Für ein paar Dollar mehr* (1965) und gab damit die Initialzündung zum Boom der Euro-Western. In den 70er Jahren nahm die Zahl der verliehenen Filme zu, die Qualität des Angebots jedoch stark ab.

Weitere bedeutende Constantin-Filme (Auswahl): *Wenn der Vater mit dem Sohne* (1956), *Wir Wunderkinder* (1958), → *Die Bande des Schreckens* (1960), *Das Spukschloß im Spessart* (1960), *Im weißen Rößl* (1960), → *Der grüne Bogenschütze* (1960/61), → *Der Fälscher von London* (1961), → *Die seltsame Gräfin* (1961), → *Das Rätsel der roten Orchidee* (1961/62), → *Die Tür mit den 7 Schlössern* (1962), → *Das Gasthaus an der Themse* (1962), → *Der Fluch der gelben Schlange* (1962/63), → *Der Zinker* (1963), → *Der schwarze Abt* (1963), *Heimweh nach St. Pauli* (1963), → *Das indische Tuch* (1963), *Das Haus in Montevideo* (1963), *Winnetou 1.Teil* (1963), → *Todestrommeln am großen Fluß* (1963), → *Zimmer 13* (1963), *Die Verdammten der Blauen Berge* (1964), → *Die Gruft mit dem Rätselschloß* (1964), → *Der Hexer* (1964), *Winnetou 2. Teil* (1964), *Freddy und das Lied der Prärie* (1964), *Unter Geiern* (1964), → *Das Verrätertor* (1964), → *Sanders und das Schiff des Todes* (1964), *Dr. med. Hiob Prätorius* (1965), *Schüsse aus dem Geigenkasten* (1965), → *Neues vom Hexer* (1965), *Ich, Dr. Fu Man Chu* (1965), *Der Ölprinz* (1965), *Winnetou 3. Teil* (1965), *Old Surehand 1. Teil* (1965), → *Der unheimliche Mönch* (1965), → *Das Rätsel des silbernen Dreieck* (1965/66), *Winnetou und das Halbblut Apanatschi* (1966), *Abschied von Gestern* (1966), → *Der Bucklige von Soho* (1966), *Kommissar X – In den Klauen des goldenen Drachen* (1966), *Django* (1966), *Die Nibelungen* (2 Teile, 1966), → *Das Geheimnis der weißen Nonne* (1966), → *Die Pagode zum fünften Schrecken* (1966), → *Die blaue Hand* (1967), → *Der Mönch mit der Peitsche* (1967), *Die Schlangengrube und das Pendel* (1967), *Die Wirtin von der Lahn* (1967), → *Der Hund von Blackwood Castle* (1967), *Dynamit in grüner Seide* (1967), *Die Lümmel von der ersten Bank* (7 Teile, 1967–72), → *Im Banne des Unheimlichen* (1968), → *Der Gorilla von Soho* (1968), *Morgens um sieben ist die Welt noch in Ordnung* (1968), *Der Arzt von St. Pauli* (1968), *Winnetou und Shatterhand im Tal der Toten* (1968), *Kampf um Rom* (2 Teile, 1968), *Engelchen oder: Die Jungfrau von Bamberg* (1968), → *Der Mann mit dem Glasauge* (1968), *Venus im Pelz* (1968), → *Das Gesicht im Dunkeln* (1969), *Pippi Langstrumpf* (1969), *Erinnerungen an die Zukunft* (1969), *Das Bildnis des Dorian Gray* (1969), *Der Pfarrer von St. Pauli* (1970), *Der Swimmingpool* (1970), *Was ist bloß mit Willi los* (1970), *Josefine Mutzenbacher* (1970), *Schulmädchen-Report* (13 Teile, 1970–80), → *Die Tote aus der Themse* (1971), *Laßt uns töten, Companeros* (1971), *Liebe ist nur ein Wort* (1971), *Der Kapitän* (1971), → *Das Geheimnis der grünen Stecknadel* (1971), → *Das Rätsel des silbernen Halbmonds* (1971), *Der Kurier des Zaren* (1971), *Herzflimmern* (1971), *Willi wird das Kind schon schaukeln* (1972), *Der Stoff aus dem die Träume sind* (1972), *Der Schrei der schwarzen Wölfe* (1972), *Grün ist die Heide* (1972), *Alle Menschen werden Brüder* (1973), *Der unsichtbare Aufstand* (1973), *Auch die Engel essen Bohnen* (1973), *Schloß Hubertus* (1973), *Die blutigen Geier von Alaska* (1973), *Ein toter Taucher nimmt kein Gold* (1973/74), *Sie nannten ihn Plattfuß* (1974), *Der Jäger von Fall* (1974), *Die Antwort kennt nur der Wind* (1974), *Edelweißkönig* (1975), *Plattfuß räumt auf* (1975), *Bis zur bitteren Neige* (1975), *Botschaft der Götter* (1975), *Caprona – das vergessene Land* (1976), *Das Schweigen im Walde* (1976), *Berlinger* (1976), *Das Mädchen am Ende der Straße* (1977), *Der Mädchenkrieg* (1977), *Und die Bibel hat doch recht* (1977).

Literatur: Manfred Barthel: So war es wirklich. Der deutsche Nachkriegsfilm, München/Berlin 1986; Joachim Kramp: Hallo! Hier spricht Edgar Wallace. Die Geschichte der deutschen Kriminalfilmserie von 1959–1972, Berlin 1998.

CONTE, RICHARD
→ Darsteller

COOKE, ALAN
→ Regisseure

COOPER, MERIAN COLDWELL
* 24.10.1883 Jacksonville,
† 21.04.1973 Coronado
Regisseur und Autor. Cooper war Co-Autor und Co-Regisseur von → *King Kong* (1932/33). Der Sohn eines Anwalts schottischer Abstammung arbeitete nach Marineakademie und technischem Studium als Seekaufmann und Journalist. Nachdem er im Ersten Weltkrieg in der Luftwaffe gedient hatte, wurde er Journalist und anschließend Forschungsreisender. Sein wissenschaftliches Interesse veranlaßte ihn, seinen ersten Film, *Grass* (1925), mit →

Ernest B. Schoedsack als Kameramann zu produzieren. Es war einer der wenigen Dokumentarfilme, die kommerziellen Erfolg hatten. Cooper und Schoedsack ließen daraufhin das ebenso erfolgreiche Projekt *Chang* (1927) folgen, einer der ersten Streifen, für die panchromatischer Film benutzt wurde. Die Partnerschaft der beiden bewährte sich erneut bei der Verfilmung von A. E. W. Masons Roman *The Four Feathers* (1929). Das Vergnügen, Tiere zu filmen, bewog Cooper dazu, trotz des anfänglichen Widerstandes von → David O. Selznick, dem damaligen Produktionsleiter der RKO, → *King Kong* (1932/33) zu drehen. Dieser Höhepunkt ihrer Partnerschaft wurde erneut ein Kassenschlager und hatte dauerhaften Einfluß auf die Entwicklung des fantastischen Films. 1935 wurde Cooper Vizepräsident von Selznick International Pictures. Danach wurde er vor allem als Produzent John Fords bekannt, der bei Argosy Pictures sein Partner wurde. Ihre ersten Produktionen waren *Stagecoach* (1939) und *The Long Voyage Home* (1940). Cooper diente während des Zweiten Weltkriegs in der amerikanischen Luftwaffe und nahm nach dem Krieg seine Verbindung zu Ford wieder auf. Sie produzierten weitere Klassiker wie *The Fugitive* (1947), *Fort Apache* (1948), *She Wore a Yellow Ribbon* (1949), *Rio Grande* und *Wagonmeister* (beide 1950). Für seine Beiträge zur Filmkunst erhielt er 1952 einen Ehren-Oscar. Seine letzte Produktion für Ford war *The Searchers* (1956). Danach löste sich Argosy Pictures auf, und Cooper wurde Produktionsleiter der Cinerama.

CORFIELD, JOHN
→ Produzenten

COSA AVETTE FATTO A SOLANGE?
Italienischer Titel der Koproduktion → *Das Geheimnis der grünen Stecknadel.*

COUNCIL OF JUSTICE, THE
(Der Rat der Gerechtigkeit)
Kriminalroman. *Originalausgabe: Ward Lock & Co., London 1908.*
Inhalt: Diesmal haben sich die »Vier Gerechten« darauf verschworen, der Bande der »Roten Hundert« samt ihrer Chefin, die unter dem Namen »The Woman of Gratz« bekannt ist, das Handwerk zu legen.

Anmerkungen: Dieser Roman bildet eine Fortsetzung des Romans → *The Four Just Men.* Er wurde bisher nicht ins Deutsche übertragen.

COURVILLE, ALBERT DE
→ Regisseur

COWLEY, JOHN
(Lebensdaten unbekannt)
Geschäftsführer der Londoner Daily Mail. Er gab Wallace nach dessen Rückkehr aus Südafrika im August 1903 eine Stellung als → Reporter.

CRABTREE, ARTHUR
* *29.11.1900 Shipley (England),*
† *März 1975 (ohne Angabe)*
Kameramann. Er zeichnete verantwortlich für den Wallace-Film → *Old Bones of the River* (1938) und war Regisseur von → *The Calendar* (1948).
Crabtree verbrachte seine Jugend in der Grafschaft Yorkshire. Schon in jungen Jahren war er so vom Fotografieren besessen, daß er sich im »Salon of Photography« und auf den Ausstellungen der Royal Photographic Society schnell einen Namen machte. 1929 reifte in ihm der Entschluß, Kameramann zu werden. Er arbeitete als Assistent bei den frühen Hitchcock-Filmen mit und ging 1932 zu Gaumont-British. Der bekannte Produzent Michael Powell »lieh« ihn sich von dort aus und gab ihm seine erste Chance als Kameramann bei *Wedding Group* (1932). Zurückgekehrt zu British-Gaumont, wurde er Kameramann beim ersten großen John-Mills-Film *First Offence* (1933). Weitere Kameraarbeiten folgten. 1938 ging er zu Gainsborough und wurde auch dort ein gefragter Kameramann. 1944 versuchte er sich als Regisseur mit dem Film *Madonna of the Seven Moons.* Damit hatte er einen so grandiosen Erfolg, daß er diesem Metier treu blieb und viele weitere erfolgreiche Filme inszenierte.
Weitere Filme als Regisseur: *Caravan* (1945), *They Were Sisters* (1945), *Dear Murderer* (1947), *Don't Ever Leave Me* (1949), *Quartet* (1949), *Lilli Marlene* (1950), *Hindle Wakes* (1952), *Stryker of the Yard* (1953), *The Wedding of Lilli Marlene* (1953), *The Fighting Wildcats* (1957), *Ivanhoe* (TV, 1958), *Death Over My Shoulder* (1958), *Fiend Without a Face*

(1958), *Strange Case of Dr. Manning* (1958), *Horrors of the Black Museum* (1959).

CRAPAUD MASQUE, LE
Französischer Titel der Koproduktion → *Der schwarze Abt*.

CRIMSON CIRCLE, THE (BUCH)
Kriminalroman. *Originalausgabe: Hodder & Stoughton, London 1922. Deutsche Erstveröffentlichung: Der rote Kreis. Übersetzung Max C. Schirmer. Wilhelm Goldmann Verlag, Leipzig 1927. Neuübersetzung:* → *Fritz Pütsch. Wilhelm Goldmann Verlag, Leipzig 1929. Neuübersetzung:* → *Ravi Ravendro. Wilhelm Goldmann Verlag, Leipzig 1931. Neuausgabe: Wilhelm Goldmann Verlag, Leipzig 1936. Neuausgabe (Pütsch-Übersetzung): Wilhelm Goldmann Verlag, München 1951. Taschenbuchausgabe: Wilhelm Goldmann Verlag, München 1954 (= Goldmann Taschen-KRIMI 35). Weitere Taschenbuchauflage im Wilhelm Goldmann Verlag: 1958. Neuausgabe: Bertelsmann Verlag, Gütersloh 1971. Neuübersetzung: Gregor Müller. Wilhelm Goldmann Verlag, München 1971 (= Goldmann Taschen-KRIMI 35). Weitere Taschenbuchauflagen im Wilhelm Goldmann Verlag: 1974, 1975, 1977, 1980, 1982. Jubiläumsausgabe im Wilhelm Goldmann Verlag: 1990, 2000 (= Band 60). Neuübersetzung: Marilyn Wilde unter dem Titel Der blutrote Kreis. Heyne Verlag, München 1984 (= Blaue Krimis 2060). Neuübersetzung: Jürgen Abel. Scherz Verlag, Bern, München, Wien 1983 (= Scherz Krimi 950). Neuübersetzung: Edith Boldt unter dem Titel Der feuerrote Kreis. Verlag Neues Leben, Berlin (Ost) 1987, zusammen mit Der Fälscher (→ The Forger). Neuauflage: 1989 (= Kompaß-Bücherei 385).* – Anläßlich des 125. Geburtstages des Autors brachte der → Weltbild Verlag 2000 eine Wallace-Edition heraus. Hier erschien der Roman in einer Doppelausgabe zusammen mit *Gucumatz* (→ *The Feathered Serpent*).
Inhalt: Die Hinrichtung des üblen Verbrechers Lightman in Frankreich scheitert an einer defekten Guillotine. Elf Jahre später beginnt der »Rote Kreis« sein skrupelloses Treiben in London. Die Opfer von Erpressungen, Drohungen und Mordanschlägen leben in Angst und Schrecken. Wer sich an Scotland Yard wendet, muß sterben. Inspektor Parr ist fest entschlossen,

dem Spuk ein Ende zu bereiten. Obwohl er eine ausgezeichnete Idee hat, droht sein Plan zu scheitern. Auch der Detektiv Derrick Yale wird offiziell beauftragt, sich an den Ermittlungen zu beteiligen. Inzwischen gibt es weitere Opfer: Der alte Beardmore, der Franzose Marl und der geizige Froyant müssen sterben. Der junge Beardmore interessiert sich nur für die hübsche Thalia Drummond. Doch Thalia ist nicht die, für die sie sich ausgibt. Früher wurde sie beim Diebstahl einer Statue beim alten Froyant erwischt, danach arbeitete sie in der Bank des zwielichtigen Brabazon und schließlich im Büro von Derrick Yale. Schließlich wird sie wegen versuchten Mordes verhaftet. Am Ende geht Parrs Plan auf, und die verpatzte Hinrichtung wird in London nachgeholt.
Anmerkungen: Der Roman zählt zu den meistübersetzten Werken des Autors ins Deutsche. Die deutsche Erstübersetzung von Max C. Schirmer hatte besondere Kapitelüberschriften, die in den späteren Ausgaben entfielen. Der Roman wurde insgesamt viermal verfilmt: 1922 und 1936 unter dem Titel → *The Crimson Circle*, 1959 unter dem Titel → *Der rote Kreis* sowie 1928 als Co-Produktion unter beiden Titeln.

CRIMSON CIRCLE, THE (FILM I)
(Der rote Kreis)
Kinofilm. *England 1922. Produktion: Cinema Club. Regie: George Ridgewell. Buch: Patrick L. Mannock nach dem Roman The Crimson Circle von Edgar Wallace. Darsteller: Madge Stuart (Thalia Drummond), Rex Davis (Jack Beardmore), Fred Groves (Inspektor Parr), Clifton Boyne (Derrick Yale), Eva Moore (Tante Prudence), Robert English (Felix Marl), Lawford Davidson (Raphael Willings), Sydney Paxton (Harvey Froyant), Norma Walley (Kitty Froyant), Harry J. Worth, Bertram Burleigh, Mary Odette, Joan Morgan, Henry Victor, Olaf Hytten, Victor McLaglen, George Dewhurst, Jack Hobbs, Henry Vibart, Kathleen Vaughan, Flora Le Breton, Eille Norwood, Malcolm Tod, Sir Simeon Stuart, Henry Victor. Länge: 60 Minuten.*
Inhalt: In London werden reiche Personen erpreßt. Wer nicht zahlt oder zur Polizei geht, wird ermordet. Einziger Hinweis am Tatort ist ein Zeichen: der rote Kreis. Da der mit den Ermittlungen beauftragte Inspektor Parr nicht weiterkommt, wird von höchster Stelle angeordnet, daß der Privatdetektiv Derrick Yale mit

ihm zusammenarbeiten soll. Aber auch dieser tappt im dunkeln, und noch weitere Personen müssen ihr Leben lassen, ehe das Geheimnis des »Roten Kreises« gelöst werden kann.

Kritik zum Film: »Hier wird eine spannende Geschichte erzählt, und die Tricks, die angewendet werden, um die Identität des wahren Verbrechers ... zu verschleiern, sind nicht zu offensichtlich oder zu umständlich. Die Detektivgeschichte ist zugkräftig und wird so erzählt, daß das Überraschungsmoment wirklich unerwartet kommt.« (Cinematograph Weekly)

Anmerkung: Dieser Film wurde in Deutschland nicht aufgeführt.

CRIMSON CIRCLE, THE (FILM II)
→ *Der rote Kreis* (FILM I)

CRIMSON CIRCLE, THE (FILM III)
(Der rote Kreis)

Kinofilm. *England 1936. Produktion: Wainwright. Produzent: Richard Wainwright. Regie: Reginald Denham. Buch: Howard Irving Young nach dem Roman The Crimson Circle von Edgar Wallace. Kamera: Philip Tannura. Darsteller: Hugh Wakefield (Derek Yale), Alfred Dray-* ton (Inspektor Parr), June Duprez (Sylvia Hammond), Noah Beery (Felix Marl), Renee Gadd (Millie Macroy), Niall McGinnis (Jack Beardmore), Basil Gill (James Beardmorde), Paul Blake (Sergeant Webster), Gordon McLeod (Brabazon), Ralph Truman (Lawrence Fuller), Robert Rendel (Commissioner). Länge: 76 Minuten.

Inhalt: London zittert vor einer mysteriösen Geheimorganisation, die sich »Der rote Kreis« nennt und von reichen Personen hohe Geldsummen erpreßt. Wer nicht zahlt, wird kaltblütig ermordet. Die letzten, die Erpresserbriefe mit dem Signum des roten Kreises erhielten, sind der reiche Mr. Beardmore und der alte geizige Froyant, die auf benachbarten Grundstücken wohnen. Inspektor Parr, der sich einer wachsenden Kritik seitens der Öffentlichkeit und seiner Vorgesetzten gegenübersieht, versucht mit Unterstützung des Privatdetektivs Derrick Yale dem »Roten Kreis« eine Falle zu stellen; doch trotz starken Polizeischutzes wird Beardmore getötet. Der Verdacht richtet sich gegen die hübsche, aber diebische Sekretärin Froyants, Thalia Drummond, auf die Beardmores Neffe Jack ein Auge geworfen hat. Nachdem Froyant sie entlassen hat, nimmt der »Ro-

The Crimson Circle: (Film I) **Rex Davis, Eva Moore, Fred Groves, Olaf Hytten**

The Crimson Circle: (Film III) **Niall McGinnis, June Duprez**

te Kreis« mit ihr Kontakt auf. Sie soll in einem renommierten Bankhaus Falschgeld in Umlauf bringen. Doch auch der Direktor dieser Bank wird ermordet, und weitere Erpressungen sind an der Tagesordnung. – Da erreichen Parr sensationelle Nachrichten aus Frankreich, wonach es sich bei dem Kopf der Bande um den von einer französischen Strafinsel geflohenen Verbrecher Charles Lightman handeln soll. Parr kann nun die Identität des »Roten Kreises« aufdecken und die Organisation zerschlagen.

Kritik zum Film: »Die Geschichte steuert einem wirklich wirkungsvollen Höhepunkt zu, dessen Details zu enthüllen dem Film gegenüber unfair wäre. Die Intrige ist raffiniert gesponnen, die Bearbeitung kompetent, Nervenkitzel und eine spannungsgeladene Atmosphäre kommen gut zum Ausdruck.« (Monthly Film Bulletin, 4/1936)

Anmerkung: Dieser Film wurde in Deutschland nicht aufgeführt.

CRIPPEN, HAWLEY HARVEY
* 1862, † 23.11.1910
Crippen brachte am 31.01.1910 seine Frau Cora um und floh, als Mr. Robinson, gemeinsam mit seiner Sekretärin Ethel LeNeve, die als sein Sohn verkleidet war, am 20.07.1910 auf dem Schiff »Montrose«. Nach Tagen wurde der Kapitän auf das merkwürdige Paar aufmerksam und telegrafierte nach London den weltberühmt gewordenen Funkspruch »Dr. Crippen an Bord«. Nach seiner Verhaftung wurde Crippen am 18.10.1910 der Prozeß gemacht, am 22.10. wurde aufgrund von Indizienbeweisen das Todesurteil verkündet, das am 23.11. durch den Henker vollstreckt werden sollte. Da Crippen kein Geständnis abgelegt hatte, war die Presse und damit das Reportergenie Edgar Wallace gefordert. Durch Manipulationen und Bestechung konnte sein Blatt »Evening Times« Stunden nach Crippens Hinrichtung von dessen Geständnis berichten. Da es hierfür jedoch keine Bestätigung gab, mußte die Zeitung einen Rückzieher machen. Ein Trost blieb Edgar Wallace: Crippen soll während der Haft angeblich seinen Roman → *The Four Just Men* gelesen haben.

CRISTIAN, JOAN
→ Komponisten

CROISE, HUGH
→ Drehbuchautoren

CROSS, ERIC
→ Kameramänner

CULLIFORD, JAMES
→ Darsteller

CUMMINGS, ROBERT
** 10.06.1908 Joplin, Missouri, USA,
† 2.12.1990 Los Angeles; eigentlicher Name:
Charles Clarence Robert Orville Cummings.*
Amerikanischer Schauspieler. Er verkörperte
1966 den Reporter Bob Mitchell in → *Die Pagode zum fünften Schrecken* (1966).
Den Sprung zum Filmstar schaffte Robert Cummings nie. Vielleicht stand ihm dabei sein unverschämt gutes Aussehen, auf das er stolz war und das er bis ins hohe Alter pflegte, im Wege. Statt Charakter wurden ihm zumeist leichtgewichtige Rollen in romantischen Komödien angetragen, die er mit Charme und Gespür für präzise Dialoge ausfüllte. Sein Leinwanddebüt gab Cummings 1935 in dem Western *The Virginia Judge*. Einen ersten großen Erfolg verbuchte er an der Seite von Deanna Durbin und Charles Laughton in Henry Kosters brillanter Komödie *Ewige Eva/It Stared With Eve* (1941). Mit Jean Arthur spielte er in *The Devil and Miss Jones* (1941), und Betty Grable war seine Part-

Robert Cummings

nerin in dem Technicolor-Musical *Moon Over Miami* (1941). Für Alfred Hitchcock spielte Robert Cummings in *Saboteure* (1942) und *Bei Anruf Mord* (1954, als Freund von Grace Kelly). Seit 1954 hatte Cummings eine eigene Fernsehshow, in der er sein Image als Schürzenjäger persiflierte und zugleich bestätigte. Cummings hielt sich mit ausgewogener Ernährung und Vitaminen fit und veröffentlichte ein Buch zu diesem Thema.
Weitere Filme (Auswahl): *Auf ewig und drei Tage* (1943), *Frau in Notwehr* (1948), *Schlingen der Angst* (1948), *Reign of Terror* (1949), *Strandräuber in Florida* (1951), *Meine Geisha* (1962), *Immer mit einem anderen* (1964), *Die Unersättlichen* (1964), *Versprich ihr alles* (1966).

CURTIS, ROBERT GEORGE
** 06.01.1889 Greenwich,
† 29.08.1936 London*
Sekretär von Edgar Wallace. Wallace lernte Curtis bereits 1913 kennen. Durch den Ersten Weltkrieg verloren sie sich aus den Augen, da Curtis Militärdienst leisten mußte. 1916 wurde er wegen einer Malariaerkrankung entlassen. Nach seiner Genesung wurde er 1918 Wallace' ständiger Sekretär. Er begleitete den Autor auf fast allen Auslandsreisen, u.a. nach Amerika. Curtis galt zu seiner Zeit als der am schnellsten schreibende Sekretär Englands. Nach Wallace' Tod brachte Curtis die Manuskripte von einigen Romanen und Kurzgeschichten zum Abschluß. Zudem schrieb er in bester Wallace-Manier dessen Filmmanuskripte und Theaterstücke zu Romanen um. Dazu zählen → *The Green Pack*, → *The Man Who Changed His Name*, → *The Mouthpiece*, → *Sanctuary Island*, → *Smoky Cell* und »*The Table*. Unter dem Titel *Edgar Wallace Each Way* (London 1932) berichtete er über seine Zusammenarbeit mit dem Autor.

CUTHBERTSON, ALLAN
→ Darsteller

CZARSKI, OTTO
→ Darsteller

gestellten Odette Rider nicht gefallen, entläßt er sie fristlos. Kurze Zeit später liegt Thornton erschossen im Hyde Park, einen Strauß gelber Narzissen im Arm. Der Polizeibeamte Jack Tarling ist gerade aus China zurückgekehrt. Als entfernter Verwandter Lynes muß er sich um dessen Geschäft kümmern. Zudem beauftragt ihn Scotland Yard, den Mord an Lyne aufzuklären. Seine Ermittlungen geben ihm viele Rätsel auf. Was hatte Lyne mit einem gewissen Sam Stay zu tun? Wieso kann der Firmenangestellte Milbourgh doppelt so viel ausgeben, als er verdient? Bei der Lösung dieser und anderer Fragen hilft Tarling ein Freund aus China: Ling Chu. Der ist ebenfalls im Polizeidienst tätig und hat zudem ein ganz eigenes Interesse an diesem mysteriösen Fall.

Anmerkungen: Der Roman erschien in den USA unter dem Titel *The Daffodil Murder* (Small, Maynard & Co., Boston 1921). Er wurde 1961 verfilmt unter dem Titel → *Das Geheimnis der gelben Narzissen.*

DADE, STEPHEN
→ Kameramänner

DAFFODIL MURDER, THE
→ DAFFODIL MYSTERY, THE

DAFFODIL MYSTERY, THE
Kriminalroman. *Originalausgabe: Ward Lock & Co., London 1920. Deutsche Erstveröffentlichung: Das Geheimnis der gelben Narzissen. Übersetzung: →Ravi Ravendro. Wilhelm Goldmann Verlag, Leipzig 1928. Neuausgabe: Wilhelm Goldmann Verlag, Leipzig 1929. Neuausgabe: Wilhelm Goldmann Verlag, Leipzig 1931 (= Die Meisterromane 8). Neuübersetzung: Fritz Pütsch. Wilhelm Goldmann Verlag, Leipzig 1939. Neuausgabe: Wilhelm Goldmann Verlag, München 1951. Taschenbuchausgabe: Wilhelm Goldmann Verlag, München 1954 (= Goldmann Taschen-KRIMI 37). Weitere Taschenbuchauflagen im Wilhelm Goldmann Verlag: 1960, 1972, 1974, 1975, 1982, 1987, 1997. Jubiläumsausgabe im Wilhelm Goldmann Verlag: 1990, 2000 (= Band 21). Neuübersetzung: Mechthild Sandberg. Scherz Verlag, Bern, München, Wien 1983 (= Scherz Krimi 901). –* Anläßlich des 125. Geburtstages des Autors brachte der → Weltbild Verlag 2000 eine Wallace-Edition heraus. Hier erschien der Roman in einer Doppelausgabe zusammen mit *Die blaue Hand* (→ *The Blue Hand*).
Inhalt: Die Firma, die Thornton Lyne von seinem Vater geerbt hat, scheint die Fassade einer großen Verbrecherorganisation zu sein. Lyne schreibt nebenbei Gedichte. Da sie seiner An-

DAGOVER, LIL
* 30.09.1887 Madiun (Java),
† 24.01.1980 München; eigentlicher Name: Marie Antonia Siegelinde Martha Seubert.
Deutsche Schauspielerin. Sie war die exzellente Darstellerin der Lady Moron in → *Die seltsame Gräfin* (1961).
Die Tochter eines Oberforstmeisters kam 1902 nach Deutschland. Sie besuchte die höhere Töchterschule in Tübingen und heiratete 1913 den Schauspieler Fritz Dagover (Scheidung 1920). Ihre erste Hauptrolle erhielt sie in Fritz Langs *Harakiri* (1919). Obwohl sie nie Schauspielunterricht hatte, gelang ihr Bühnendebüt 1920 am Phantastischen Theater in Berlin; Max Reinhardt engagierte sie für die Rolle der »Schönheit« im *Jedermann.* Lil Dagover spielte sechs Jahre bei den Salzburger Festspielen und am Wiener Theater in der Josefstadt. Bühnengastspiele führten sie durch Belgien, Holland und die Schweiz. Ihr zweiter Mann wurde 1926 Georg Witt, der viele ihrer Filme produzierte. Im deutschen Kino der dreißiger Jahre war sie weniger der Avantgarde als der gehobenen Unterhaltung, der Komödie, der Operette und dem Melodram verpflichtet. Ihr erster Tonfilm war die Krimikomödie *Vabanque* (1930), ihre dunkle Stimme kam beim Publikum gut an. Detlef Siercks Film *Schlußakkord*

(1936) wurde zum Glücksfall für sie: »Ich war jahrelang dazu verurteilt, Kaiserinnen und Königinnen zu spielen, also meist Frauen, deren Stärke darin besteht, ihre Gefühle zu verbergen. Eine Schauspielerin aber möchte ja gerade ihre Gefühle zum Ausdruck bringen. Der Film *Schlußakkord* unterbrach diese Serie und war wie eine Erlösung für mich.« Nach dem Zweiten Weltkrieg setzte sie ihre Filmkarriere fort, spielte Theater in Berlin am Kurfürstendamm und bei den Bad Hersfelder Festspielen wieder die »Schönheit« im *Jedermann*. In den fünfziger Jahren konnte sie dem Heimatfilm nicht entrinnen. Lil Dagover und ihr Mann waren mit dem Constantin-Inhaber → Waldfried Barthel eng befreundet, so daß die Schauspielerin sich gern überreden ließ, in einem → Constantin-Wallace-Film mitzuwirken. Später spielte sie überwiegend Theater; zu ihren Paradestücken zählte Dürrenmatts *Der Besuch der alten Dame*. In den siebziger Jahren wurde sie von Maximilian Schell für den Film wiederentdeckt (*Der Fußgänger*, 1973). 1979 erschien ihre Autobiographie *Ich war die Dame* (Schneekluth, München). – Im Stummfilm war Lil Dagover die entrückte Schönheit, Urbild der geheimnisvollen Frau, das »Medium« oder die Irre, die indische Göttin, die Spanierin, Kokotte, Prinzessin. Später wandelte sich ihr Image zur Dame aus der besseren Gesellschaft, die sich mit leichtem Augenaufschlag und huldvollem Lächeln mitteilt. Zwar blieben ihre Gestalten majestätisch, gehörten aber der Bourgeoisie an; sie trugen große Hüte und elegante Roben, feine Seelenregungen standen ihnen gut. Kein Star drückte die bürgerliche Sehnsucht nach dem »Guten, Wahren, Schönen« so vollendet aus wie sie.

Auszeichnungen: Ernennung zur Staatsschauspielerin (1937), Deutscher Filmpreis, Filmband in Gold für langjähriges Wirken im deutschen Film (1962), Großes Verdienstkreuz des Verdienstordens der Bundesrepublik Deutschland (1967).

Weitere Filme (Auswahl): *Das Cabinet des Dr. Caligari* (1919), *Toteninsel* (1920), *Der müde Tod* (1921), *Phantom* (1922), *Orientexpreß* (1927), *Der Kongreß tanzt* (1931), *Das Mädchen Irene* (1936), *Friedrich Schiller* (1940), *Bismarck* (1940), *Musik in Salzburg* (1944), *Königliche Hoheit* (1953), *Rosen im Herbst* (1955), *Die Buddenbrooks* (1959, 2 Teile), *Karl May* (1974), *G'schichten aus dem Wiener Wald* (1979).

Interview-Zitate: Zu ihrer Rolle in → *Die seltsame Gräfin*: »Ich habe mich ... entschlossen, doch die ›seltsame Gräfin‹ zu werden, weil diese Rolle eine ganz neue Farbe auf meine Palette bringt – und man kann bekanntlich nicht genug solcher Farben haben! Als ich mich in die Gestalt ein wenig hineingelebt hatte, hat mir die Arbeit an diesem Kriminalfilm sogar ausgesprochenen Spaß gemacht. – Unlängst hat mich jemand gefragt, ob es nicht aufs Privatleben abfärbt, wenn man immer leicht angeknackste Menschen darzustellen hat. Ich habe geantwortet: Man muß im Leben sehr normal sein, um so viele Verrückte spielen zu können, denn man muß schließlich eine Distanz zu einer Rolle haben. Ein Alkoholiker beispielsweise würde niemals einen Alkoholiker glaubhaft spielen können.«

DAHMEN, JOSEF
* 21.08.1903 Solingen,
† 21.01.1985 Hamburg

Deutscher Schauspieler. Er hatte eine kleine, aber einprägsame Rolle als verfolgter Henker in → *Die Bande des Schreckens (1960)*.

Der gebürtige Solinger stand erstmals in den legendären Hamburger Kammerspielen unter Leitung von Erich Ziegels auf »den Brettern, die die Welt bedeuten.« Ab 1930 war er in Berlin tätig. Gustaf Gründgens holte ihn nach dem Zweiten Weltkrieg an das Deutsche Schauspielhaus in Hamburg. Bis zu seinem Tod blieb er der Hansestadt treu. Nebenbei stand er in über 100 Film- und Fernsehrollen vor der Kamera, allerdings nie in der ersten Reihe. Nach dem Unfalltod seiner Frau Gisela von Collande, die ihn stets motiviert hatte, zog sich Dahmen ganz zurück.

Weitere Filme (Auswahl): *M – Eine Stadt sucht einen Mörder* (1931), *Das Testament des Dr. Mabuse* (1933), *Liebe, Tod und Teufel* (1934), *Der müde Theodor* (1936), *Mutterlied* (1937), *Immer nur du* (1937), *Das unsterbliche Herz* (1939), *Legion Condor* (1939), *Kolberg* (1945), *Der Fall Rabanser* (1950), *Export in Blond* (1950), *Der Verlorene* (1951), *Keine Angst vor großen Tieren* (1953), *Das singende Hotel* (1953), *Vergiß die Liebe nicht* (1953), *Mannequin für Rio* (1954), *Der Maulkorb* (1958), *Das Mädchen vom Moorhof* (1958), *Dreizehn alte*

Esel (1958), *Der Mann im Strom* (1958), *Herz ohne Gnade* (1958), *Bei Pichler stimmt die Kasse nicht* (1961), *Hafenpolizei* (TV-Serie, 1962), *Tim Frazer* (TV, 1963), *Polizeifunk ruft* (TV-Serie, 1965), *Es gibt noch Haselnuß-Sträucher* (TV, 1983).

DAILEY, DAN
→ Darsteller

DALLAMANO, MASSIMO
17.04.1917 Mailand, † 04.11.1976 Rom; erscheint in deutschen Credits auch unter dem Pseudonym Max Dillmann.

Italienischer Kameramann und Regisseur. Er leitete die Dreharbeiten des Wallace-Thrillers → *Das Geheimnis der grünen Stecknadel* (1971).

Der bekannte und geschätzte Kameramann studierte an einem Technikum und schrieb sich nach seinem Examen am römischen Centro Sperimentale di Cinematografia ein. Seine ersten Arbeiten waren Dokumentarfilme, darunter ein Film über Richard Wagner in Venedig. Als Kameramann debütierte er 1945 im Spielfilm; die meisten seiner frühen Nachkriegsfilme zählen zu den für die jungen Mailänder Regisseure typischen neorealistischen Produktionen. In den späten fünfziger und den frühen sechziger Jahren war Dallamano Kameramann bei zahlreichen Historien- und Abenteuerfilmen, wie etwa *Die Liebesnächte der Lucrezia Borgia* (1958) von Sergio Grieco, Lionello de Felicies *Konstantin der Große* (1960) oder Fernando Cerchios *Nofretete – Königin vom Nil* (1961). Danach machte er sich vor allem durch die beiden Sergio-Leone-Western *Für eine Handvoll Dollar* (1964) und *Für ein paar Dollar mehr* (1965) einen Namen. Danach war er Second-Unit-Director bei Giovanni Motaldos *Tob Job* (1966), wo er vor allem die Szenen des Karnevals von Rio drehte. Mit fast 50 Jahren debütierte Dallamano 1967 als Regisseur des Westerns *Bandidos*. Der Erfolg dieses Erstlings war qualitativ wie geschäftlich so beachtlich, daß er von nun an viele Regieaufträge erhielt, u.a. für die in Hamburg entstandene deutsch-italienische Koproduktion *Das Geheimnis der grünen Witwe* (1968) und die Roxy-Produktion *Venus im Pelz* (1968). Anschließend arbeitete er für den Produzenten Harry Alan Towers an dessen Neuverfilmung von Oscar Wildes

Das Bildnis des Dorian Gray (1969). Nachdem er mit dem *Geheimnis der grünen Stecknadel* der Wallace-Serie seinen eigenen Stempel aufgedrückt hatte, zeichnete er noch für die Filme *Der Tod trug schwarzes Leder* (1974), *Death Has No Sex* (1974), *The Bloody Medaillon* (1975), *Annie Belle – zur Liebe geboren* (1975) und *Kaliber 38 – genau zwischen die Augen* (1976) verantwortlich. Der extrem ruhig arbeitende Regisseur, der auch in den schwierigsten Situationen weder die Übersicht noch die Geduld verlor, starb mitten in den Vorbereitungen zu einem weiteren Film an einem Herzinfarkt.

DÄNEMARK
Um die Produktionskosten nicht übermäßig in die Höhe zu treiben, schlugen → Preben Philipsen und sein Herstellungsleiter → Helmut Beck der → Constantin Film 1958 mit Erfolg vor, den ersten Edgar-Wallace-Krimi → *Der Frosch mit der Maske* in den → Palladium Studios im dänischen Kopenhagen zu realisieren. Dementsprechend fanden auch Außenaufnahmen für diesen Streifen in Dänemark statt. Aufgrund der außerordentlich angenehmen Zusammenarbeit entschloß sich Constantin Film, auch den zweiten Wallace → *Der rote Kreis*, entgegen der ursprünglichen Planung, nicht in den Göttinger Studios, sondern ebenfalls bei Palladium sowie mit dänischen Außenaufnahmen herstellen zu lassen. 1963 wurden auch die Außenaufnahmen für den Wallace-Film → *Zimmer 13* in Dänemark gedreht. Sie entstanden in und um Kopenhagen sowie in der Umgebung von Koge, einschließlich dem Wasserschloß Valo (die Innenaufnahmen wurden in den Berliner → CCC Studios gedreht).

DANGEROUS TO KNOW
(Gefährliche Mitwisserschaft)
Kinofilm. *USA 1938. Produktion: Paramount. Regie: Robert Florey. Buch: William R. Lipman und Horace McCoy nach dem Roman On the Spot von Edgar Wallace. Kamera: Theodor Sparkuhl. Kostüme: Edith Head. Bauten: Hans Dreier und John Goodman. Musik: John Leipold, Sigmund Krumgold, Frederick Hollander, Charles Badshaw. Produktionsleitung: William Le Baron. Darsteller: Anna May Wong (Madame Lan Ying), Akim Tamiroff (Stephen Recka), Gail Patrick (Margaret von Klein), Lloyd Nolan (Inspektor Brandon), Harvey Stephens (Fred Hell),*

Anthony Quinn (Nicki), Roscoe Karns (Düring), Porter Hall (Brandes), Barlowe Borland (Butler), Hedda Hopper (Mrs. Kersten), Hugh Sothern (Erwin Krüger), Edward Pawley (John Renz), Ellen Drew (Sekretärin), Stanley Blystone (Motorradpolizist), Donald Brian (Richter Parker), Harvey Clark (Mr. Barnett), Gino Corrado (Oberkellner), Evelyne Keyes (Bit Part), Jack Knoche (Botenjunge), Eddie Marr (Crouch), Gary Owen (Mike Tookey), Pierre Watkin (Senator Carson), Carol Parker, Margaret Randall, Suzanne Ridgeway, Cyril Ring, Ruth Rogers, Larry Steers, Blanca Vischer, Andre Marsaudon, Joyce Mathews, Frank Melton, Ivan Miller, Harry Myers, Rudolph Myzet, David Newell, Rita La Roy, Sheila Darcy, Estelle Etterre, John Hart, Perry Ivins, Robert Brister, Harry Worth, Haley Lynn Bailey, Grace Benham, Wade Boteler. Länge: 70 Minuten.

Inhalt: Der skrupellose Gangster Stephen Recka hat mit seiner Bande unzählige Morde auf dem Gewissen. Immer wieder gelingt es ihnen, durch die Maschen der Justiz zu schlüpfen. An seinem Geburtstag lernt Recka die junge Margaret von Klein kennen. Er ist von ihrer Schön-

heit fasziniert und macht ihr Anträge. Margaret, die aus bescheidenen Verhältnissen stammt, bleibt jedoch ihrem Verlobten, dem Bankangestellten Fred Hell, treu. Deshalb versucht Recka durch Intrigen, sich Margaret gefügig zu machen. Seine Komplizen entführen Hell und stehlen zugleich einen großen Geldbetrag. So entsteht der Verdacht, Hell habe sich nach einer Unterschlagung abgesetzt. Nur Polizeiinspektor Brandon, der Reckas »Handschrift« kennt, und Margaret glauben an Hells Unschuld. Anonym wird Brandon der Aufenthaltsort Hells mitgeteilt. Dort angekommen, findet er Hell betrunken auf; von dem Geld fehlt jede Spur. Recka erklärt Margaret, daß er Hells

Dangerous to Know:
1. Gail Patrick • 2. Lloyd Nolan, Anna May Wong, Akim Tamiroff, Anthony Quinn

Unschuld beweisen könne – unter der Bedingung, daß sie seine Frau werde. Hell zuliebe geht Margaret zum Schein auf den Handel ein. Während sie zum Flughafen fährt, trifft Recka Vorbereitungen, um Hell zu ermorden. Doch Lan Ying, seine chinesische Empfangsdame, durchkreuzt diese Pläne. Sie kann nicht verwinden, daß Recka sie wegen einer anderen Frau sitzen lassen will, und verständigt die Polizei. Anschließend begeht sie in einer Weise Selbstmord, die Recka der Polizei als Täter erscheinen lassen muß. Für diesen Mord, den er nicht begangen hat, wird der Gangster verhaftet und hingerichtet.

Kritik zum Film: »In diesem Melodram wird kein Versuch unternommen, den Gangster reinzuwaschen. Es wird als unbarmherziger und ehrgeiziger Rohling gezeigt. Sein diffiziler Charakter ist schwierig darzustellen, da die andere Seite seines Wesens, seine Liebe für Musik und Schönheit, mit den näherliegenden negativen Attributen schwer abzustimmen ist. Akim Tamiroff liefert insgesamt eine beeindruckende Darstellung, immer interessant, wenngleich nicht immer überzeugend. Die beiden von Gail Patrick und Anna May Wong gespielten Frauenfiguren kontrastieren eindrucksvoll und werden den Erwartungen gerecht, die man an sie stellt. Lloyd Nolan, hier einmal auf der Seite von Recht und Gesetz, gibt einen vitalen und entschlossenen Polizeiinspektor ab. Der Regisseur hält das schnelle Tempo aufrecht, die Spannung läßt nie nach.« (Monthly Film Bulletin, 3/1938)

Anmerkungen: In der Romanvorlage *On the Spot* läßt Wallace den Gangster durch Selbstjustiz umbringen. Um Schwierigkeiten bei der Freigabe zu umgehen, wird der Gangster im Film verhaftet, verurteilt und im Gefängnis hingerichtet. – Dieser Film wurde in Deutschland nicht aufgeführt.

DANNEBERG, THOMAS

* 02.06.1942 (ohne Angabe)

Deutscher Schauspieler. Er verkörperte Charles Emerson in → *Die blaue Hand* (1967) und den Flugkapitän in → *Im Banne des Unheimlichen* (1968).

Nach der Schule ging Danneberg nach Island, wo er eine Ausbildung in der Hochseefischerei absolvierte. Dann zog es ihn zum Theater. Nach seiner Zeit als Schauspielschüler in Zürich und Berlin nahm er sieben Jahre lang Engagements an, u.a. am Schiller-Theater und am Hebbel-Theater in Berlin. Anschließend Synchronarbeit, durch die er populär wurde. Der gefragte Sprecher lieh seine Stimme u.a. Terence Hill, Tomas Milian, John Travolta, Sylvester Stallone, Michael York, Dan Aykroyd und Arnold Schwarzenegger.

Weitere Filme (Auswahl): *Ferien wie noch nie* (1962), *Verdammt zur Sünde* (1964), *Die liebestollen Baronessen* (1970), *Gelobt sei, was hart macht* (1972), *Geheimcode: Wildgänse* (1984), *Kommando Leopard* (1985), *Der Kommander* (1988).

DARK EYES OF LONDON, THE (BUCH)

Kriminalroman. *Originalausgabe: Ward Lock & Co., London 1924. Deutsche Erstveröffentlichung: Die toten Augen von London. Übersetzung: → Fritz Pütsch. Wilhelm Goldmann Verlag, Leipzig 1929. Neuausgabe: Wilhelm Goldmann Verlag, Leipzig 1938. Neuausgabe: Schweizer Druck und Verlagshaus, Zürich 1951. Neuausgabe: Wilhelm Goldmann Verlag, München 1956. Taschenbuchausgabe: Wilhelm Goldmann Verlag, München 1959 (= Goldmann Taschen-KRIMI 181). Weitere Taschenbuchauflage im Wilhelm Goldmann Verlag: 1961. Neuausgabe: Bertelsmann Verlag, Gütersloh 1970. Neuübersetzung: → Gregor Müller. Wilhelm Goldmann Verlag, München 1971 (= Goldmann Taschen-KRIMI 181). Weitere Taschenbuchauflagen im Wilhelm Goldmann Verlag: 1973, 1975, 1979, 1981, 1982. Jubiläumsausgabe im Wilhelm Goldmann Verlag: 1990, 2000 (= Band 71). Großschriftausgabe: Verlag Hans Richarz, St. Augustin 1981 (= Band 154). Neuübersetzung: Marilyn Wilde. Wilhelm Heyne Verlag, München 1983 (= Blaue Krimis 2062). Neuauflagen: 1989, 1991 (= Blaue Krimis 2268). Neuübersetzung: Hardo Wichmann. Scherz Verlag, Bern, München, Wien 1985 (= Scherz Krimi 1011). Neuauflage: 1987. Ausgabe in Braille: → Blindenschrift. –* Anläßlich des 125. Geburtstages des Autors brachte der → Weltbild Verlag 2000 eine Wallace-Edition heraus. Hier erschien der Roman in einer Doppelausgabe zusammen mit *Der Unheimliche* (→ *The Sinister Man*).

Inhalt: In London sterben nacheinander mehrere reiche Männer, die keine Verwandten haben und ihr Erbe der Versicherungsfirma eines gewissen Judds hinterlassen. Inspektor Larry Holt von Scotland Yard wird mit dem Fall betraut. Eines Tages hinterläßt der reiche Kanadier Gordon Stuart ein sonderbares Testament: Er schrieb es mit Tinte auf sein Hemd. In der Hand des Toten findet der Inspektor zudem einen zerbrochenen Manschettenknopf. Gordon Stuart hatte eine Tochter. Diese muß Holt ausfindig machen. Er ahnt, daß es sich um Mord handelt, und verdächtigt »Die toten Augen von London«, eine Bande blinder Hausierer. Doch deren Boß, »der blinde Jake«, bleibt verschwun-

den. Erste Spuren führen Holt in das Blindenheim des ehrenwerten Reverends Dearborn.

Anmerkung: Der Roman wurde viermal verfilmt, und zwar unter den Titeln → *The Dark Eyes of London* (1939), → *Die toten Augen von London* (1961), → *Der Gorilla von Soho* (1968) und → *Das Haus der toten Augen* (1997/98).

DARK EYES OF LONDON, THE (FILM)
(Der Würger)
(in Österreich: Die toten Augen von London)
Kinofilm. *England 1939. Produktion: John Argyle. Regie: Walter Summers. Buch: Patrick Kirwan, Walter Summers und John Argyle nach dem Roman: The Dark Eyes of London von Edgar Wallace. Kamera: Bryan Langley. Bauten: Ducan Sutherland. Schnitt: G. Richards. Darsteller: Bela Lugosi (Dr. Orloff), Hugh Williams (Inspektor Holt), Greta Gynt (Diana Stuart), Edmond Ryan, Wilfred Walter, Alexander Field, Arthur E. Owen, Julie Suedo, Gerald Pring, May*

The Dark Eyes of London
1. Hugh Williams, Bela Lugosi • 2. Greta Gynt

Haliatt, Charles Penrose. Länge: 76 Minuten. Deutsche Erstaufführung: 22.07.1949, Dortmund.

Inhalt: Eine Serie nächtlicher Morde an reichen Männern beschäftigt Inspektor Holt von Scotland Yard. Sein Verdacht richtet sich gegen den Inhaber einer Versicherungsgesellschaft, deren Kunden alle Opfer waren, doch hat er keine Beweise. Indizien deuten daraufhin, daß die »Toten Augen von London«, eine Bande blinder Hausierer, am Werk sind. Da der Obduktionsbefund des letzten Opfers die Möglichkeit eines Unfalls – Tod durch Ertrinken – widerlegt, schleust Holt die junge Nora Ward, die ihm bei seinen Recherchen behilflich ist, in das »Home for the Blind«, ein Refugium für betagte mittellose Blinde, ein, in dem er ein Mitglied der »Toten Augen« vermutet. Das Heim wird von dem ebenfalls erblindeten Reverend Dearborn geleitet, einem demutsvollen Geistlichen, der sein Leben in den Dienst seiner Mitmenschen gestellt hat. Als Holt nach weiteren Morden feststellen muß, daß er sich hat täuschen lassen und der Reverend der Urheber aller Verbrechen ist, gerät Nora Ward in höchste Lebensgefahr.

Kritik zum Film: »Ein todbringender Wassertank; die schlammigen Untiefen der Themse bei Ebbe; das Doppelleben des ›blinden‹ Wohltäters Dearborn; das elende Schicksal des Lou, eines blinden Heiminsassen; all das und noch viel mehr macht die Intensität dieses ausgezeichneten Melodrams aus, das seine Schocks klugerweise nicht nur aus grauenerregenden Masken bezieht, sondern auch erfolgreich an die Imaginationskraft der Zuschauer appelliert. Nicht für Furchtsame oder Übersensible, aber sehr gut aufgebaut und gespielt. Bela Lugosi trägt viel zu der unheimlichen Atmosphäre bei, und Hugh Williams als sympathischer junger Inspektor wirkt angenehm beruhigend.« (Monthly Film Bulletin, 30.11.1939) »Britische Thriller offerieren selten ein solches Maß an Horror wie diese Adaption des Edgar-Wallace-Melodrams mit seinen Leichen, die in der Themse treiben und im Schlamm versinken, den kleinen Armeen von Blinden, einem Doktor, der seine Patienten ersäuft, um die Versicherungsgelder zu kassieren, und einem Mörder, von dem man wähnt, er sei ein enger Verwandter von Frankensteins ›Chef d'Œuvre‹. ... Bela Lugosis Rolle ist die eines Bösewichts, aber essentiell auch die eines Gentleman; er spielt die Rolle eines Jeckyll und Hyde, der ein Heim für alte Blinde unter einem Namen und einer Maske leitet und unter einem anderen Namen einen Versicherunsschwindel mit Mord und Erpressung betreibt. Jake, ein geistesgestörtes Monster, ersäuft seine Opfer in einem Wassertank. Der englische Schauspieler Hugh Williams ist Inspektor Holt von Scotland Yard. Das Makabre ist gekonnt gebracht und wird einem ahnungslosen Publikum gehörigen Schauer über den Rücken jagen.« (Motion Picture Herald). »Man hätte den jungen Mann, der auszog, das Gruseln zu lernen, nur in den Film ›Der Würger‹ zu schicken brauchen. Da hätte er für wenig Geld das leibhaftige Grauen kennengelernt. – Der Film soll unterhalten, zerstreuen und hin und wieder erheben und erbauen, ja, er kann und soll auch abschreckend wirken. Aber was dieser Film bietet, ist einfach unerträglich.« (Filmdienst, Düsseldorf)

DARNBOROUGH, ANTHONY
→ Produzenten

DARSTELLER
Neben den ausführlich gewürdigten Darstellerinnen und Darstellern der Wallace-Filme gibt es zahlreiche weitere. Eine Auswahl von ihnen soll nachfolgend in Kurzform vorgestellt werden.

- **MARIELLA AHRENS** *(Lebensdaten unbekannt)*. Deutsche Schauspielerin. Sie war 1997/98 die Barbara Lane in den RTL-Fernsehfilmen → *Die unheimlichen Briefe und* → *Whiteface.* – Weitere Filme (Auswahl): *Gute Zeiten, schlechte Zeiten* (TV-Serie, 1992), *Ein starkes Team – Erbarmungslos* (TV, 1995), *Du bist nicht allein – Die Roy-Black-Story* (TV, 1996), *Ein starkes Team – Eins zu Eins* (TV, 1996), *OP ruft Dr. Bruckner – Die besten Ärzte Deutschlands* (TV, 1996), *Polizeiruf 110 – Heißkalte Liebe* (TV, 1997), *Rosamunde Pilcher – Im Licht des Feuers* (TV, 2000), *Polizeiruf 110 – Fliegende Holländer* (TV, 2001), *666 – Traue keinem, mit dem du schläfst* (2002).
- **GEORG ALEXANDER,** * 03.04.1888 Hannover, † 30.10.1945 Berlin. Deutscher Schauspieler. Er spielte Harry Selsbury in → *Der Doppelgänger* (1934). – Weitere Filme (Auswahl): *Lady Hamilton* (1920), *Mein Leopold* (1924), *Die Dame von Paris* (1927), *Die eng-*

lische Heirat (1934), *Der Vogelhändler* (1935), *Die Fledermaus* (1937), *Es leuchten die Sterne* (1938), *Frau Luna* (1941), *Der Meisterdetektiv* (1945).

- **SUSANNE VON ALMASSY,** * 15.06.1916 Wien. **Schauspielerin.** Sie spielte Cora Ann Milton in der TV-Produktion → *Der Hexer (1956).* – Weitere Filme (Auswahl): *Der Engel mit dem Saitenspiel* (1944), *Der Herr Kanzleirat* (1948), *Briefträger Müller* (1953), *Anastasia* (1956), *Sissi – Schicksalsjahre einer Kaiserin* (1957), *Die rote Hand* (1960), *Das ausschweifende Leben des Marquis de Sade* (1969).
- **CATHERINE ALRIC,** * 23.03.1954 Neuilly, Frankreich. Alric spielte Diane Delorme in der Wallace-Fernsehserie → *The Mixer (1992).* – Weitere Filme (Auswahl): *Der Unverbesserliche* (1975), *Edouard, der Herzensbrecher* (1979), *Der Doppelgänger* (TV, 1987), *Bettkarriere* (1990), *Flash – Der Fotoreporter* (TV-Serie, 1993), *Ich will dich nicht verlieren* (TV, 1997).
- **ANNIE ANN** *(Lebensdaten unbekannt).* **Schauspielerin.** Sie spielte Milly in → *Der rote Kreis (1928).* – Weitere Filme (Auswahl): *Jede Frau hat etwas* (1930), *Ein steinreicher Mann* (1932), *Amphitryon* (1935).
- **LISSY ARNA,** * 20.12.1904 Berlin, † 22.01. 1964 Berlin. **Deutsche Schauspielerin.** Sie spielte Lillie Trent in → *Der Zinker (1931).* – Weitere Filme (Auswahl): *Der Katzensteg* (1915), *Schinderhannes* (1928), *Giftgas* (1929), *Der Tanz geht weiter* (1930), *Berge in Flammen* (1931), *Ein Unsichtbarer geht durch die Stadt* (1933), *Zu neuen Ufern* (1937), *Sensationsprozeß Casilla* (1939), *Morgen werde ich verhaftet* (1939), *Hochzeit mit Hindernissen* (1939).
- **BALDUIN BAAS,** * 09.06.1932 Danzig. **Deutscher Schauspieler.** Er spielte Sam Hackitt in der TV-Produktion → *Der Hexer (1963)* sowie Archibald Smith in → *Das Schloß des Grauens (1998).* – Weitere Filme (Auswahl): *Der Hauptmann von Köpenick* (1956), *Mörderspiel* (1961), *Der Lügner* (1961), *Das Liebeskarussell* (1965), *Die Liebesquelle* (1965), *Grieche sucht Griechin* (1966), *Das Rasthaus der grausamen Puppen* (1967), *Die Ente klingelt um halb acht* (1967), *Die Lümmel von der ersten Bank, 1. Teil* (1967), *Zum Teufel mit der Penne* (1968), *Wir hau'n die Pauker in*

die Pfanne (1970), *Zwanzig Mädchen und ein Pauker* (1971), *Morgen fällt die Schule aus* (1971), *Willi wird das Kind schon schaukeln* (1971), *Betragen ungenügend* (1972), *Hauptsache Ferien* (1972), *Der Zauberberg* (1982).

- **ROSALIND BAFFOE** *(Lebensdaten unbekannt).* **Schauspielerin.** Sie war 1997/98 Ann Pattison, die Sekretärin von Sir John, in den RTL-Fernsehfilmen → *Das Haus der toten Augen,* → *Das Schloß des Grauens,* → *Die unheimlichen Briefe,* → *Die vier Gerechten und* → *Whiteface.* – Weitere Filme (Auswahl): *Die Wache – Duft des Bösen* (TV, 1994), *Um die 30* (TV, 1995), *Gnadenlos 2 – Ausgeliefert und mißbraucht* (TV, 1999).
- **LESLIE BANKS** * 09.06.1890 West Derby, England, † 21.04.1952 London. **Schauspieler.** Banks verkörperte Sanders in der Wallce-Verfilmung → *Sanders of the River.* Weiterhin war er zu sehen in den Filmen (Auswahl): *The Man Who Knew Too Much* (1935), *Fire Over England* (1937), *Jamaica Inn* (1939), *Went the Day Well?* (1942), *Henry V* (1944), *The Small Back Room* (1949), *Madeleine* (1950).
- **STEFAN BEHRENS,** * 02.06.1942 Dresden. **Deutscher Schauspieler.** Verkörperte Sergeant Pepper in → *Der Mann mit dem Glasauge* (1968). Weil → Uwe Friedrichsen, der diese Rolle in → *Der Gorilla von Soho* gespielt hatte, diesmal aus Zeitgründen auf den Part verzichten mußte, schlug die Stunde von Stefan Behrens. – Weitere Filme (Auswahl): *Der Kerl liebt mich und das soll ich glauben* (1969), *Die Herren mit der weißen Weste* (1969), *Willi wird das Kind schon schaukeln* (1972), *Alter Kahn und junge Liebe* (1973), *Der Monddiamant* (TV, 1974), *Die Dollarprinzessin* (1975).
- **GUNTER BERGER,** * 25.08.1943 Boppard. **Deutscher Schauspieler.** Er war 1997/98 der Inspektor Higgins in den RTL-Fernsehfilmen → *Das Haus der toten Augen,* → *Das Schloß des Grauens,* → *Die unheimlichen Briefe,* → *Die vier Gerechten und* → *Whiteface.* – Weitere Filme (Auswahl): *Lieb Vaterland magst ruhig sein* (1976), *Café Wernicke* (TV-Serie, 1978), *Fabian* (1980), *Bananen-Paul* (1982), *Der steinerne Fluß* (TV, 1985), *Die Klette* (TV, 1986), *Der Kuß des Tigers* (1987), *Reporter* (TV-Serie, 1988), *A.D.A.M.* (1988), *Der doppelte Nötzli* (1990), *Wie gut, daß es Maria gibt* (TV-Serie, 1990), *Wer hat Angst vor Rot,*

Gelb, Blau? (1991), *Freunde fürs Leben* (TV-Serie, 1992), *Der Havelkaiser* (TV-Serie, 1994), *Heimatgeschichten – Nur Hotel und Hausbesuche* (TV, 1997), *Ich liebe meine Familie* (TV, 1998), *Die Handschrift des Mörders* (TV, 1999), *Das Traumschiff – Bermuda* (TV, 2001), *Die Verbrechen des Professor Capellari – Falsche Freunde* (TV, 2001), *Wilder Kaiser – Der Meineid* (TV, 2002).

- **CLAUS BIEDERSTAEDT**, * 28.06.1928 *(ohne Angabe)*. Deutscher Schauspieler und Synchronsprecher, u.a. für Marlon Brando, James Garner, Paul Newman, Peter Falk. Er spielte Inspektor Wembury in der TV-Produktion → *Der Hexer* (1963). – Weitere Filme (Auswahl): *Die große Versuchung* (1952), *Feuerwerk* (1953), *Sauerbruch – Das war mein Leben* (1954), *Drei Männer im Schnee* (1955), *Charleys Tante* (1956), *Die Christel von der Post* (1956), *Kindermädchen für Papa gesucht* (1957), *Die Beine von Dolores* (1957), *Am Sonntag will mein Süßer mit mir segeln gehen* (1961), *Wenn die Musik spielt am Wörthersee* (1962), *Denn die Musik und die Liebe in Tirol* (1963), *Hotel der toten Gäste* (1965), *Schwarzwaldfahrt aus Liebeskummer* (1973), *Auch ich war nur ein mittelmäßiger Schüler* (1973), *Unsere schönsten Jahre* (TV-Serie, 1983).

- **ARTUR BINDER**, † 01.06.1976 *(ohne Angabe)*. Der deutsche Schauspieler verkörperte in vier Wallace-Filmen Bösewichter: Slim in → *Zimmer 13* (1963), Bat Sand in → *Die Gruft mit dem Rätselschloß* (1964), Grimsby in → *Der Hund von Blackwood Castle* (1967) und Jack in → *Der Mann mit dem Glasauge* (1968). – Weitere Filme (Auswahl): *Freispruch für Old Shatterhand* (TV, 1965), *Zieh dich aus, Puppe* (1968), *Das sündige Bett* (1973).

- **HONOR BLACKMAN**, * 22.08.1925 London. Englische Schauspielerin. Sie verkörperte in der Fernsehserie → *The Four Just Men* (1959) die Rolle der Nicole. In Deutschland wurde sie vor allem durch die Rolle der Pussy Galore neben Sean Connery in dem James-Bond-Film *Goldfinger* (1964) berühmt. Zudem war sie die erste Partnerin von Patrick MacNee in der Fernsehserie *The Avenger* (*Mit Schirm, Charme und Melone*; 1961/64). – Weitere Filme (Auswahl): *Jason und die Argonauten* (1962), *In den Fängen der schwarzen Spinne* (1964), *Kampf um Rom* (1968), *Shalako*

(1968), *Die Braut des Satans* (1976), *Bridget Jones* (2000).

- **TOM BOWMAN** *(Lebensdaten unbekannt)*. Schauspieler. Er verkörperte den Jackson in → *Das Rätsel des silbernen Dreieck* (1965/66) und den Security Guard in → *Das Geheimnis der weißen Nonne* (1966).

- **JULIA BREMERMANN**, * 23.05.1967 *(ohne Angabe)*. Deutsche Schauspielerin. Sie mimte 1995/96 Barbara Lane, die Assistentin von Inspektor Higgins, in den RTL-Fernsehfilmen → *Der Blinde*, → *Das Karussell des Todes* und → *Die Katze von Kensington*. – Weitere Filme (Auswahl): *Unsere Hagenbecks* (TV-Serie, 1994), *Polizeiruf 110 – Keine Liebe, kein Leben* (TV, 1994), *Inseln unter dem Wind* (TV-Serie, 1995), *Die Traumprinzen* (TV, 2000), *Jetzt bringen wir unsere Männer um* (TV, 2001), *Ninas Geschichte* (2002).

- **NIGEL BRUCE**, * 14.02.1895 Ensenada, Mexiko, † 08.10.1953 Santa Monica, Kalifornien; *eigentlicher Name*: William Nigel Bruce. Der als Dr. Watson bekannt gewordene Darsteller spielte auch in einigen Wallace-Filmen der Frühzeit mit: → *The Calendar* (1931), → *The Squeaker* (1930) und → *Red Aces* (1929).

- **EVA BRUMBY**, * 09.07.1922 Berlin, † 14.06. 2002 Hamburg. Deutsche Schauspielerin und Dozentin an der Hochschule für Musik und darstellende Kunst in Hamburg. Sie war das Zimmermädchen in → *Die seltsame Gräfin* (1961). In Curt Bois' Bearbeitung der Alt-Berliner Posse *Ein Polterabend* hatte sie 1955 ihre größte Rolle. In Hamburg spielte sie unter Christoph Martaler am Schauspielhaus. War gelegentlich in Kinofilmen wie *Mutter Courage und ihre Kinder* (1960) und in TV-Serien zu sehen, u.a. in *Der Kommissar* (1969), *Liebling Kreuzberg* (1986) und *Großstadtrevier* (1992). Verheiratet mit dem Regisseur Gert Schaefer (1920–96).

- **CLAUDIA BUTENUTH**, * 20.09.1950 Göttingen. Deutsche Schauspielerin. Sie mimte überzeugend Brenda in → *Das Geheimnis der grünen Stecknadel* (1971). Für diesen Wallace-Film wurde sie in Italien in Claudia Bond umgetauft. – Weitere Filme (Auswahl): *Im Schloß der blutigen Begierde* (1967), *Die goldene Pille* (1967), *Das vergessene Tal* (1970), *Wenn mein Schätzchen auf die Pauke haut* (1971), *Willi wird das Kind schon schaukeln*

(1972), *Trubel um Trixie* (1972), *Wochenende mit Waltraud* (TV, 1974), *Verstecktes Ziel* (1978), *Die Wiesingers* (TV, 1984), *Hotel Paradies* (TV, 1989).

• **PIER PAOLO CAPPONI**, * 1938 Italien. Schauspieler. Verkörperte Inspektor Vismara in → *Das Rätsel des silbernen Halbmonds (1971)*. – Weitere Filme (Auswahl): *Himmelfahrtskommando El Alamein* (1968), *Bataillon der Verlorenen* (1970), *Die Nonne von Monza* (1970), *Die neunschwänzige Katze* (1971), *Die Nonne von Verona* (1975).

• **JOHN CASTLE** *(Lebensdaten unbekannt)*. Schauspieler. Er verkörperte Inspektor Parr in → *Der rote Kreis* (1928).

• **CARL HEINZ CHOYNSKI**, * 31.05.1936 *Brooklyn, New York*. Schauspieler. Er mimte den Hausmeister in der Wallace-Parodie → *Der Wixxer* (2003). – Weitere Filme (Auswahl): *Abschied* (1968), *Blumen für den Mann im Mond* (1975), *Bankett für Achilles* (1975), *Unterwegs nach Atlantis* (1976), *Das blaue Licht* (1976), *Bis daß der Tod euch scheidet* (1979), *Der Baulöwe* (1980), *Ein Engel im Taxi* (TV, 1981), *Sabine Kleist, sieben Jahre* (1982), *Mein Vater ist ein Dieb* (1983), *Das Eismeer ruft* (1984), *Kindheit* (1987), *Die Spur des Bernsteinzimmers* (1992), *Tödliches Erbe* (TV, 1994), *Ein Bernhardiner namens Möpschen* (1996), *Felix – Ein Freund fürs Leben* (TV, 1997), *Von Fall zu Fall: Stubbe und das fremde Mädchen* (TV, 1998), *Aimée & Jaguar* (1999), *Schwarzes Blut* (TV, 1999), *Tatort – Tödliches Verlangen* (TV, 2000), *Polizeiruf 110 – Seestück mit Mädchen* (TV, 2001), *Solange wir lieben* (TV, 2001), *Polizeiruf 110 – Der Spieler* (TV, 2002), *Berlin, Berlin* (TV-Serie, 2002).

• **WARREN CLARKE** *(Lebensdaten unbekannt)*. Schauspieler. Wirkte in der TV-Produktion → *The Case of the Frightened Lady* (1983) mit.

• **HANS-WALTER CLASEN**, * 1923 *(ohne Angabe)*, † 1979 *(ohne Angabe)*. Deutscher Schauspieler. Er mimte Inspektor Wembury in der TV-Produktion → *Der Hexer* (1956). – Weitere Filme (Auswahl): *Und noch frech dazu* (1959), *Die Dame in der schwarzen Robe* (TV, 1960), *Ich bin ein Elefant, Madame* (1969), *Der lange Jammer* (1973).

• **JEREMY CLYDE**, * 22.03.1941 *Dorney, Buckinghamshire (England)*. Jones spielte den Diener Paul in der Wallace-Fernsehserie → *The*

Mixer (1992). – Weitere Filme (Auswahl): *Silber, Banken und Ganoven* (1978), *Sprengkommando Atlantik* (1980), *Einladung zur Hochzeit* (1985), *Puppenmord* (1990), *Kasper Hauser* (1993), *The Colour of Justice* (TV, 1999), *Chambers* (TV, 2000), *The Musketeer* (2001), *Doktor Schiwago* (TV-Serie, 2002).

• **OTTO COLLIN**, * 22.01.1904 *(ohne Angabe)*, † 09.01.1988 *(ohne Angabe)*. Deutscher Schauspieler. Der überzeugende Wallace-Darsteller verkörperte Clay Shelton in → *Die Bande des Schreckens* (1960) und den Anwalt Radlow in → *Der Fälscher von London* (1961).

• **RICHARD CONTE**, * 24.03.1910 *Jersey City*, † 15.04.1975 *Los Angeles*. Italo-amerikanischer Schauspieler, Maler und Jazz-Pianist. Conte verkörperte im Pilotfilm und in zehn Episoden der Fernsehserie → *The Four Just Men* (1959) den New Yorker Anwalt Jeff Ryder. Conte hatte als Börsen-Botenjunge und LKW-Fahrer gearbeitet, bevor er sich als Amateurschauspieler in einem Freizeitpark versuchte. Der Regisseur Elia Kazan war sein Entdecker und empfahl ihn an eine Schauspielschule in New York. Conte spielte mit Vorliebe harte Typen wie GIs oder Unterweltgrößen. – Weitere Filme (Auswahl): *Guadalkanal* (1943), *Sie kamen nach Cordura* (1958), *Franke und seine Spießgesellen* (1959/60), *Die größte Geschichte aller Zeiten* (1963), *Circus Welt* (1963), *Überfall auf die Queen Mary* (1965), *Der Schnüffler* (1967), *Die Lady in Zement* (1968), *Der Pate* (1971), *Tödlicher Haß* (1973).

• **JAMES CULLIFORD** *(Lebensdaten unbekannt)*. Schauspieler. Er spielte Luke Emberday in → *Das Geheimnis der weißen Nonne* (1966). – Weitere Filme (Auswahl): *Der Komödiant* (1960), *Das grüne Blut der Dämonen* (1968), *Tunnel der lebenden Leichen* (1972).

• **ALLAN CUTHBERTSON**, * 07.04.1920 *Perth, Australien*, † 08.02.1988 *London*. Schauspieler. Er wirkte in mehreren Wallace-Filmen mit: als Detektiv Thompson in → *Das Geheimnis der weißen Nonne* (1966), als Garsden in → *Game for Three Losers* (1964), als Superintendent Symington in → *Solo for Sparrow* (1962), als Superintendent Cowley in → *The Man at the Carlton Tower* (1961), als Lacey Marshalt in → *The Malpas Myste-*

ry (1960) sowie als Cowen in → *The Four Just Men* (TV, Episode: *The Survivor*, 1959).

- **OTTO CZARSKI** *(Lebensdaten unbekannt).* Deutscher Schauspieler. Man sah ihn als Wärter Duck in → *Die blaue Hand* (1967) und als Eric in → *Der Mann mit dem Glasauge* (1968).

- **DAN DAILEY** * *14.12.1914 New York,* † *16.10.1978 Los Angeles.* **Amerikanischer Schauspieler.** Dailey spielte in der Fernsehserie → *The Four Just Men* (1959) im Pilotfilm und in zehn Episoden die Rolle des in Paris lebenden amerikanischen Journalisten Tim Collier. Er verkörperte vor allem schlaksige, schüchterne Liebhaber und linkische Typen. Nebenbei spielte er viel Theater und trat in Showprogrammen und Nachtclubs auf. – Weitere Filme (Filmauswahl): *Tödlicher Sturm* (1939), *Trubel in Panama* (1942), *So ein Pechvogel* (1949), *Viva Las Vegas* (1955), *Hemingways Abenteuer eines jungen Mannes* (1961), *Ich bin der Boß – Die Geheimakte des J. Edgar Hoover* (1976).

- **CARL LUDWIG DIEHL,** * *14.08.1896 Halle,* † *09.03.1958 Penzberg/Bayern.* **Deutscher Schauspieler.** *Er mimte Captain Leslie in → Der Zinker (1931).* – Weitere Filme (Auswahl): *Masken* (1930), *Rasputin, Dämon der Frauen* (1930), *Der Greifer* (1930), *Schuß im Morgengrauen* (1932), *Ein Mann will nach Deutschland* (1934), *Es leuchten die Sterne* (1938), *Die schwedische Nachtigall* (1941), *Die Reise nach Marrakesch* (1949), *Mädchenjahre einer Königin* (1954), *Des Teufels General* (1955), *Es geschah am 20. Juli* (1955), *Mein Leopold* (1955), *Banditen der Autobahn* (1955), *Meine 16 Söhne* (1956).

- **OLLI DITTRICH,** * *22.11.1956 Offenbach.* Deutscher Schauspieler. Dittrich mimte Dieter Dubinsky in der Wallace-Parodie → *Der Wixxer* (2003). – Weitere Filme (Auswahl): *Der Neffe* (TV, 1997), *Frau Rettich, die Czerni und ich* (1998), *Late Show* (1999), *Olli, Tiere, Sensationen* (TV-Show, 2000), *Blind Date* (TV, 2001; auch Drehbuch und Regie), *Blind Date 2: Taxi nach Schweinau* (TV, 2002; auch Drehbuch und Regie).

- **HUGO DÖBLIN** *(Lebensdaten unbekannt).* Deutscher Schauspieler. Er verkörperte den Pfandleiher in → *Der rote Kreis* (1928). – Weitere Filme (Auswahl): *Der Stolz der Firma* (1914), *Unheimliche Geschichten* (1919), *Lady Hamilton* (1921), *Lucrezia Borgia* (1922), *An der schönen blauen Donau* (1926), *Der weiße Teufel* (1930), *Ein Auto und kein Geld* (1931).

- **SABINE EGGERTH,** * *09.06.1943 (ohne Angabe).* Deutsche Schauspielerin. Sie mimte Mary Lenley in der TV-Wallace-Produktion → *Der Hexer* (1963). – Weitere Filme (Auswahl): *Pünktchen und Anton* (1953), *Solange noch die Rosen blühen* (1956), *Salto Mortale* (TV-Serie, 1968).

- **JOSEF EICHHEIM,** * *23.02.1888 München,* † *14.11.1945 bei München.* Deutscher Schauspieler. Er übernahm den Part des Dempsi in → *Der Doppelgänger* (1934). – Weitere Filme (Auswahl): *Peter Voss, der Millionendieb* (1932), *Der Jäger von Fall* (1936), *Gewitter im Mai* (1938), *Das sündige Dorf* (1940), *Kohlhiesels Töchter* (1943), *Das kleine Hofkonzert* (1945).

- **ANKE ENGELKE,** * *21.12.1965 Montreal (Kanada).* Die satirisch vielseitig begabte Schauspielerin mimte Doris Dubinski in der Wallace-Parodie → *Der Wixxer* (2003). – Weitere Filme (Auswahl): *Die Wochenshow* (TV-Serie, 1996), *Danke, Anke* (TV-Serie, 1998), *Anke* (TV-Show, 2000), *Liebesluder* (2000), *Blind Date* (TV, 2001, auch Drehbuch und Regie), *Ladykracher* (TV-Show, 2002), *Blind Date 2: Taxi nach Schweinau* (TV, 2002, auch Drehbuch und Regie), *Germanikus* (2003).

- **WERA ENGELS** * *12.05.1909 Kiel,* † *16.11.1988 Denklingen.* Im Vor-/Abspann manchmal auch: Vera Engel, Vera Engels. Deutsche Schauspielerin. Sie verkörperte Cora Ann Milton in → *Der Hexer* (1932). – Weitere Filme (Auswahl): *Die Todeshusaren* (1927), *Der Greifer* (1930), *Man spricht über Jacqueline* (1937).

- **HANS EPSKAMP,** * *21.06.1903 (ohne Angabe),* † *1976 (ohne Angabe).* Der deutsche Schauspieler verkörperte Mr. Howett in → *Der grüne Bogenschütze* (1960/61) und den Hausmeister in → *Der Mönch mit der Peitsche* (1967). – Weitere Filme (Auswahl): *Wenn die Conny mit dem Peter* (1958), *So weit die Füße tragen* (TV, 1959), *Mein Schulfreund* (1960), *Der Jugendrichter* (1960), *Mit 17 weint man nicht* (1960), *Der Tod im roten Jaguar* (1968), *Die Ente klingelt um halb acht* (1968), *Kara Ben Nemsi Effendi* (TV-Serie, 1973 und 1975).

- **KARL ETLINGER,** * 22.01.1882 Frankfurt/M., † 08.05.1946 Berlin. Deutscher Schauspieler. Er mimte Hackitt in → Der Hexer (1932). – Weitere Filme (Auswahl): Abenteuer eines Ermordeten, 2. Teil (1921), Nosferatu (1922), Skandal um Eva (1930), Bomben auf Monte Carlo (1931), Die Fledermaus (1931), Die Gräfin von Monte Cristo (1932), Petersburger Nächte (1932), Der Meineidbauer (1941), Quax, der Bruchpilot (1941), Die Feuerzangenbowle (1944), Der Puppenspieler (1945).
- **EVI EVA** (Lebensdaten unbekannt). Schauspielerin. Sie war Jessie Damm in → Der große Unbekannte (1927). – Weitere Filme (Auswahl): Die tolle Herzogin (1926), Venus im Frack (1927), Die lustigen Weiber von Wien (1931), Und du mein Schatz fährst mit (1937), Urlaub auf Ehrenwort (1938).
- **RUDOLF FENNER,** * 08.02.1910 (ohne Angabe), † 1982 Hamburg. Deutscher Schauspieler. Gab überzeugende Wallace-Rollen als Matt Blake in → Die toten Augen von London (1961) und als Big Willy in → Das Gasthaus an der Themse (1962). – Weitere Filme (Auswahl): Des Teufels General (1954), Der Hauptmann von Köpenick (1956), Die Nacht vor der Premiere (1959), Gestatten, mein Name ist Cox (TV, 1964), Die Unverbesserlichen (TV, 1965).
- **SIGURD FITZEK** * 24.12.1928 Breslau. Deutscher Schauspieler. Er mimte John Lenley in der TV-Produktion → Der Hexer (1963). – Weitere Filme (Auswahl): Der Andere (TV, 1959), Kommissar Freytag (TV-Serie, 1964), Mordnacht in Manhattan (1965), Raumpatrouille (TV-Serie, 1966), Deadlock (1970), Fluchtweg St. Pauli (1971), Der Winter, der ein Sommer war (TV, 1976), Aus einem deutschen Leben (1977).
- **KARL FOREST,** * 12.11.1874 Wien, † 03.06.1944 Wien. Schauspieler. Er war Sergeant Miller in → Der Zinker (1931) und Oberst Walford in → Der Hexer (1932). – Weitere Filme (Auswahl): Olga Frohgemut (1922), Der Rosenkavalier (1926), Mamsell Nitouche (1931), Die grausame Freundin (1932), Heut' ist der schönste Tag meines Lebens (1936).
- **NICHOLAS FRANKAU,** * 16.07.1954 Stockport, Cheshire (England). Frankau mimte den Sergeant Sennet in der Wallace-Fernsehserie → The Mixer (1992). – Weitere Filme (Auswahl): I Remember Nelson (TV-Serie, 1982), Allo, Allo! (TV-Serie, 1982. 1984–92), The Secret Life of Ian Fleming (TV, 1990).
- **THOMAS FRITSCH,** * 16.01.1944 Dresden. Deutscher Schauspieler. Der Sohn von Willy Fritsch mimte den Earl of Cockwood in der Wallace-Parodie → Der Wixxer (2003). – Weitere Filme (Auswahl): Das gibt's doch zweimal (1960), Das schwarz-weiß-rote Himmelbett (1962), Julia, Du bist zauberhaft (1962), Das große Liebesspiel (1963), Der letzte Ritt nach Santa Cruz (1963), Das hab' ich von Papa gelernt (1964), Heiß weht der Wind (1964), Die schwedische Jungfrau (1965), Onkel Toms Hütte (1965), 2 x 2 im Himmelbett (1965), Die Pfarrhauskomödie (1972), Drei Männer im Schnee (1974), Griechische Feigen (1976), Drei sind einer zuviel (TV-Serie, 1977), Wenn die kleinen Veilchen blühen (1985), Rivalen der Rennbahn (TV-Serie, 1989), Der Mond scheint auch für Untermieter (TV-Serie, 1995), Rosamunde Pilcher – Die zweite Chance (TV, 1997), Herz über Kopf (TV, 1997), Bei Berührung Tod (2000), Pfarrer Braun (TV, 2002).
- **ARMAS STEN FÜHLER** (Lebensdaten unbekannt). Der Schauspieler verkörperte Hauptinspektor Bliss in der TV-Produktion → Der Hexer (1956). – Weitere Filme (Auswahl): Der kaukasische Kreidekreis (TV, 1958), Dem Täter auf der Spur – Blinder Haß (TV, 1973).
- **CHRISTINA GALBO,** * 17.01.1950 Madrid; eigentlicher Name: Cristina Galbo Sanchez. Die spanische Schauspielerin verkörperte die Elisabeth in → Das Geheimnis der grünen Stecknadel (1971).
- **ELIZABETH GARVIE** (Lebensdaten unbekannt). Die Schauspielerin wirkte in der TV-Produktion → The Case of the Frightened Lady (1983) mit. – Weitere Filme (Auswahl): Pride and Prejudice (TV, 1979), The Good Soldier (TV, 1983), The House of Eliott (TV, 1991), Ein Mord zuviel (1992), Mord im Spiegel (TV, 1992), Diana: Her True Story (TV, 1993), Midsomer Murders (1997).
- **LISA GASTONI,** * 28.07.1935 Alassio (Italien). Sie übernahm in der Fernsehserie → The Four Just Men (1959) die Rolle der Guilia. Die italienische Schauspielerin irischer Abstammung sah man meist im englischen und italienischen Unterhaltungskino. Aufgrund einer Tätigkeit als Modell erhielt sie 18jährig ihren ersten Filmvertrag und drehte in den

50er Jahren in Großbritannien. 1960 kehrte sie nach Italien zurück. – Weitere Filme (Auswahl): *Endstation Harem* (1953), *Aber Herr Doktor* (1953), *Drei Mann in einem Boot* (1956), *Piratenkapitän Mary* (1961), *April entdeckt Rom* (1962), *Die unbesiegbaren Drei* (1964), *Tödlicher Nebel* (1965), *Feuertanz* (1966), *Verführung einer Sizilianerin* (1973).

• **KURT GERRON,** * *11.05.1897 Berlin, †28.10.1944 Auschwitz.* **Deutscher Schauspieler.** Er war Bankier Tupperwill in → *Der große Unbekannte* (1927). – Weitere Filme (Auswahl): *Im weißen Rößl* (1926), *Die weiße Spinne* (1927), *Der blaue Engel* (1930), *Die Drei von der Tankstelle* (1930), *Bomben auf Monte Carlo* (1931), *Salto Mortale* (1931).

• **FRITZ GREINER** *(Lebensdaten unbekannt).* **Deutscher Schauspieler.** Er mimte einen Falschspieler in der Wallace-Verfilmung → *Der Zinker* (1931). – Weitere Filme (Auswahl): *Nathan, der Weise* (1922), *Manon Lescaut* (1926), *Ungarische Rhapsodie* (1928), *Number 17* (1928), *Drei Kaiserjäger* (1933).

• **RENATE GROSSER,** * *1940 (ohne Angabe).* **Die deutsche Schauspielerin** verkörperte Mrs. Potter in → *Im Banne des Unheimlichen* (1968). – Weitere Filme (Auswahl): *Eine hübscher als die andere* (1961), *Mädchen, Mädchen* (1967), *Palace-Hotel* (TV, 1969), *Das Schlangenei* (1977), *Herbstmilch* (1988), *Tiger, Löwe, Panther* (TV, 1989), *Rama Dama* (1990), *Der große Bellheim* (TV, 1992).

• **ILKA GRÜNING,** * *04.09.1876 Wien, †11.11.1964 Los Angeles,* Kalifornien. **Schauspielerin.** Sie übernahm den Part einer Vermieterin in → *Der rote Kreis* (1928). – Weitere Filme (Auswahl): *Peer Gynt* (1919), *Lady Hamilton* (1921), *Melodie des Herzens* (1929), *Sabotageauftrag Berlin* (1942), *Casablanca* (1942), *Vergeltung* (1948), *Eine auswärtige Affäre* (1948), *Der Spieler* (1949), *Zwiespalt des Herzens* (1952).

• **GISELA HAHN,** * *13.05.1941 Briesen.* **Schauspielerin.** Sie war die Sekretärin von → Sir John in → *Neues vom Hexer* (1965). Nach einigen Filmrollen, u.a. neben Heinz Rühmann in *Das Liebeskarussell* (1965) sowie in *Kommissar X – Drei blaue Panther* (1968), wurde sie Produzentin und stellte mit Ina Assmann und Thomas Hunter den Spielfilm *Fließband ins Jenseits* (1969) her.

• **FRED HALTINER,** * *1936 (ohne Angabe), †07.12.1973 Zürich.* **Der deutsche Schauspieler** verkörperte eindrucksvoll den Wärter Reynolds in → *Die blaue Hand* (1967). – Weitere Filme (Auswahl): *Der Herr mit der schwarzen Melone* (1960), *Der Tod läuft hinterher* (TV, 1967), *Hannibal Brooks* (1969), *Le Mans* (1971), *Der rote Schal* (TV, 1973).

• **HEIDRUN HANKAMMER** *(Lebensdaten unbekannt).* **Die deutsche Darstellerin** mimte ein Girl aus dem Heim in → *Der Gorilla von Soho* (1968) und Leila in → *Der Mann mit dem Glasauge* (1968). – Weitere Filme (Auswahl): *Van de Velde: Das Leben zu zweit – Sexualität in der Ehe* (1969), *Berlin Affair* (TV, 1970), *Bettkanonen* (1973), *Der Fluch der schwarzen Schwestern* (1973), *Liebe zwischen Tür und Angel* (1973), *Das sündige Bett* (1973), *Ach jodel mir noch einen* (1974).

• **SOPHIE HARDY,** * *04.10.1942, Paris.* **Die französische Schauspielerin** war Elise, die Freundin von Inspektor Higgins, in → *Der Hexer* (1964); als Polly half sie Cooper Smith in → *Das Geheimnis der weißen Nonne* (1966). – Weitere Filme (Auswahl): *Eddie wieder coltrichtig* (1963), *Der Triumph des Musketiers* (1964), *Winnetou 3. Teil* (1965), *Straße nach Salina* (1971).

• **WILLIAM HARTNELL,** * *08.01.1908 London, †24.04.1975 London.* **Englischer Schauspieler.** Wirkte als → Sam Hackett in → *The Ringer* (1952) sowie in → *To Have and to Hold* (1963) mit. – Weitere Filme (Auswahl): *Night Train to Munich* (1940), *Major Barbara* (1941), *Blithe Spirit* (1945), *The Yellow Rolls-Royce* (1965), *My Fair Lady* (1963).

• **PAUL HENKELS,** * *09.09.1885 Hürt bei Köln, †27.05.1967 Kettwig, Ruhr.* **Deutscher Schauspieler.** Er war Inspektor Bliss in → *Der Hexer* (1932). – Weitere Filme (Auswahl): *Das Geheimnis von Birkenhof* (1923), *Geschlecht in Fesseln* (1928), *Cyankali* (1930), *Rasputin, Dämon der Frauen* (1930), *Die letzte Kompanie* (1930), *Bomben auf Monte Carlo* (1931), *Mein Leopold* (1932), *Unheimliche Geschichten* (1932), *Das Testament des Dr. Mabuse* (1933), *Napoleon ist an allem schuld* (1938), *Frau Luna* (1941), *Das Bad auf der Tenne* (1943), *Die Feuerzangenbowle* (1944), *Kolberg* (1945), *Ferien vom Ich* (1952), *Fanfaren der Ehe* (1953), *Die Mädels vom Immenhof* (1955), *Hochzeit auf Immen-*

hof (1956), *Ferien auf Immenhof* (1957), *Liebe kann wie Gift sein* (1958), *Hier bin ich – hier bleib' ich* (1959), *Via Mala* (1961).

- **CHRISTOPH MARIA HERBST** *(Lebensdaten unbekannt)*. **Der deutsche Schauspieler** mimte den Butler Hatler in der Wallace-Parodie → *Der Wixxer* (2003). – Weitere Filme (Auswahl): *Sketch-up* (TV-Serie, 1985), *Solange es Männer gibt* (TV, 2000), *Scharf aufs Leben* (TV, 2000), *Ladykracher* (TV-Show, 2002).
- **AL HOOSMAN,** * *1918 Belgien, † 26.10. 1968 München.* **Schauspieler.** Er verkörperte den Bhag in → *Der Rächer* (1960).
- **CAMILLA HORN,** **25.04.1903 Frankfurt/M., † 14.08.1996 Gilching.* **Deutsche Schauspielerin.** Sie verkörperte Jenny Miller in → *Der Doppelgänger* (1934). – Weitere Filme (Auswahl): *Faust* (1926), *Moral um Mitternacht* (1930), *Ein Walzer für dich* (1934), *Roman eines Arztes* (1939), *Friedemann Bach* (1941), *Heißes Spiel für harte Männer* (1968), *Der Unsichtbare* (1987), *Schloß Königswald* (1988).
- **PENELOPE HORNER** *(Lebensdaten unbekannt)*. **Englische Schauspielerin.** Man sah sie als Julie Denver in → *Locker Sixty-Nine* (1962) und als Ann Rider (anstelle von → Sabina Sesselmann) in der englischen Version von → *Das Geheimnis der gelben Narzissen* (*The Devil's Daffodil*, 1961).
- **SUSANNE HSIAO** *(Lebensdaten unbekannt)*. **Schauspielerin.** Die Ehefrau von Harald Juhnke (seit 1971) übernahm Nebenrollen in drei Wallace-Filmen: als Mai Ling in → *Der unheimliche Mönch* (1965), Viola in → *Der Bucklige von Soho* (1966) und June Bell in → *Der Mönch mit der Peitsche* (1967). – Weitere Filme (Auswahl): *Fanny Hill* (1964), *Der Tod im roten Jaguar* (1968).
- **JACK HULBERT,** * *24.04.1892 Ely, England, † 25.03.1978 London.* Er war **Drehbuchautor** von → *Kate Plus Ten* (1938) und übernahm in diesem Film die Rolle des Inspector Mike Pemberton.
- **REBECCA IMMANUEL** *(Lebensdaten unbekannt)*. **Pseudonyme: SONJA ZIMMER** und **SONJA ZIMMER-STORELI.** Die Schauspielerin mimte 1997/98 die Kate Nelson in den RTL-Fernsehfilmen → *Das Schloß des Grauens* und → *Die vier Gerechten.* – Weitere Filme (Auswahl): *Balko – Ein Bulle im Frauenknast* (TV, 1995), *Der Clown – Aasgeier* (TV, 1998), *Der Bulle von Tölz – Tod aus dem All* (TV, 1998),

Wilsberg und die Tote im See (TV-Serie, 1999), *Die Straßen von Berlin – Hackfleisch* (TV, 1999), *Männer sind was Wunderbares* (TV-Serie, 1999), *Frauen lügen besser* (TV, 2000), *Edel & Starck* (TV-Serie, 2002).

- **ANNABELLA INCONTRERA,** * *11.06.1943 Mailand.* **Die italienische Schauspielerin** mimte die Liz in → *Das Gesicht im Dunkeln* (1969).
- **COLIN JEAVONS,** * *20.10.1929 Neport, Großbritannien.* **Englischer Schauspieler.** Verkörperte Peter Keene in der englischen Fassung von → *Das Geheimnis der gelben Narzissen* (*The Devil's Daffodil*, 1961).
- **PETER JONES,** * *12.06.1920 Wem, Shropshire (England),* + *10.04.2000 (ohne Angabe) England.* Jones übernahm den Part des Inspektors Bradley in der Wallace-Fernsehserie → *The Mixer* (1992). – Weitere Filme (Auswahl): *Gaslicht und Schatten* (1944), *Bist du ein Mörder, Frankie?* (1953), *Der Marder von London* (1960), *Das total verrückte Krankenhaus* (1967), *Der rosarote Panther kehrt zurück* (1975), *Waiting* (TV, 1995), *Titch* (TV, 1998), *Milk* (TV, 1999).
- **HUGO WERNER KAHLE,** * *05.08.1882 Aachen, † 01.05.1961 Berlin.* **Deutscher Schauspieler.** Er war Mr. Damm in → *Der große Unbekannte* (1927). – Weitere Filme (Auswahl): *Märtyrer der Liebe* (1917), *Moderne Laster* (1924), *Geschlecht in Fesseln* (1928), *Kuhle Wampe* (1932), *Grün ist die Heide* (1932), *Neunzig Minuten Aufenthalt* (1936), *Pan* (1937), *Traummusik* (1940).
- **OLIVER KALKOFE,** * *12.09.1965 Hannover.* **Der deutsche Schauspieler, Drehbuchautor und Regisseur** hatte die Idee zu der Wallace-Parodie → *Der Wixxer* (2003). Er koproduzierte diesen Film, schrieb das Drehbuch und übernahm die Hauptrolle des Chefinspektors Even Longer. – Weitere Drehbücher (alles TV): *Kalkofes Mattscheibe* (Show, 1994), *Das Grauen* (1995), *Kalkofes Mattscheibe Sylvester Spezial* (1995), *Die Kalkofe-Nacht* (1996), *Scheiß '96 – Kalkofes Silvester Spezial* (1996), *Frystyxradio – Die Dröhnung* (1997), *Kalkofe! Die wunderbare Welt des Sports* (Serie, 2001). – Auftritte als Darsteller: *Kalkofes Mattscheibe* (Show, 1994), *Das Grauen* (1995), *Frystyxradio – Die Dröhnung* (1997), *Kubaner küssen besser* (2002).
- **MAURICE KAUFMANN,** * *1918 (ohne Anga-*

be), † 1997 (ohne Angabe). **Der englische Darsteller** spielte Mario in → *Das Rätsel des silbernen Dreieck* (1965/66), Evan in → *We Shall See* (1964) sowie Fernandez in der Episode Their Man in London und The Prime Minister aus der Serie → *The Four Just Men* (TV, 1959).

- **CAMILLE KEATON,** * *1950 Atlanta, Georgia.* Amerikanische Schauspielerin. Die Nichte von Buster Keaton verkörperte die Solange in → *Das Geheimnis der grünen Stecknadel* (1971). Sie war als gelernte Flugbegleiterin oft in Europa, meist in Rom, da ihr Onkel dort lebte. Hier arbeitete sie häufig auch als Statistin. Als sie erfuhr, daß Franco Zefirelli einen Film besetzte, schmuggelte sie Fotos von sich auf seinen Schreibtisch. Zufällig sah Regisseur Dallamano die Bilder und engagierte sie für ihre erste Rolle. Sie arbeitete ferner als Body-Double, u.a. für die Schauspielerin Ewa Aulin. – Weitere Filme (Auswahl): *Decameron 2* (1972), *Madeleine* (1974), *Blood Angel* (1978), *The Concrete Jungle* (1982), *Raw Force* (1982), *No Justice* (1989).

- **ANDREW KEIR,** * *03.04.1926 Shotts, Schottland,* † *05.10.1997 London.* Er verkörperte Jock in den Jack-Hawkins-Episoden der Fernsehserie → *The Four Just Men* (1959). – Weitere Filmauftritte (Auswahl): *Die Tapferen weinen nicht* (1952), *Kameraden der Luft* (1957), *Ivanhoe* (TV-Serie, 1958), *Die letzte Nacht der Titanic* (1959), *Die Teufelspiraten* (1964), *Der Untergang des römischen Reiches* (1964), *Lord Jim* (1965), *Donegal, König der Rebellen* (1966), *Blut für Dracula* (1966), *Königin der Wikinger* (1967), *Das grüne Blut der Dämonen* (1968), *Der Kampf* (1967), *Der Untergang des Sonnenreiches* (1969), *Das Grab der blutigen Mumie* (1971), *Zeppelin – Das fliegende Schiff* (1971), *Maria Stuart, Königin von Schottland* (1972), *Die Abenteuer des David Balfour* (TV, 1978), *Die 39 Stufen* (1978), *Omar Mukhtar – Löwe der Wüste* (1980), *Rob Roy* (1995), *Sarah und das Wildpferd* (TV, 1997).

- **KARIN KERNKE** (Lebensdaten unbekannt). **Die deutsche Darstellerin** mimte die Alice in → *Die Bande des Schreckens* (1960). – Weitere Filme (Auswahl): *Die Nackte und der Satan* (1959), *Immer wenn es Nacht wird* (1961), *Die Sendung der Lysistrata* (TV, 1961), *Schulmädchen-Report 12: Junge Mädchen brauchen Liebe* (1978), *Tatort – Usambaraveilchen* (TV, 1981).

- **PETRA KLEINERT,** * *1967, Jena.* Sie war die Diane Ward im RTL-Fernsehfilm → *Das Haus der toten Augen* (1997/98). – Weitere Filme (Auswahl): *Alles Lüge* (1992), *Eurocops – Sumpfblüten* (TV, 1993), *Ein Fall für Zwei – Das fremde Herz* (TV, 1994), *Unser Lehrer Dr. Specht* (TV-Serie, 1994), *Frauenarzt Dr. Markus Merthin* (TV-Serie, 1994), *Patricias Geheimnis* (TV, 1995), *Tatort – Frau Bu lacht* (TV, 1995), *Jackpot* (TV, 1996), *Sperling und das Loch in der Wand* (TV, 1996), *Tödlicher Duft* (TV, 1997), *Eiskalte Liebe* (TV, 1997), *Frauen morden leichter* (TV-Serie, 1998), *Doppelter Einsatz* (TV-Serie, 1999–2002), *Adelheid und ihre Mörder – Mondstein-Serenade* (TV, 1999), *Drei Sterne Rot* (2002).

- **LEOPOLD KRAMER,** * *29.09.1869 Prag,* † *29.10.1942 (ohne Angabe).* Schauspieler. Er war Dr. Lomond in → *Der Hexer* (1932). – Weitere Filme (Auswahl): *Frauenarzt Dr. Schäfer* (1928), *Ungarische Rhapsodie* (1928), *Extase* (1932), *Bretter, die die Welt bedeuten* (1935).

- **ARTHUR KRAUSSNECK,** * *09.04.1856 Ballethen/Ostpreußen,* † *21.04.1941 Berlin.* Deutscher Schauspieler. Er mimte Maurice Tarn in → *Der große Unbekannte* (1927). – Weitere Filme (Auswahl): *Die Todeskarawane* (1920), *Liebe* (1926), *An der schönen blauen Donau* (1926), *Die Weber* (1927), *Maria Stuart* (1927).

- **HANS KRULL,** * *08.03.1916 (ohne Angabe).* Der deutsche Schauspieler verkörperte den zwielichtigen Pfarrer in → *Im Banne des Unheimlichen* (1968). – Weitere Filme (Auswahl): *Anastasia* (1956), *Van de Velde: Die vollkommene Ehe* (1968).

- **MARIANNE KUPFER** (Lebensdaten unbekannt). Schauspielerin. Er war die Zena in → *Der Zinker* (1931). – Weitere Filme (Auswahl): *Der Liebesarzt* (1931).

- **LIL LINDFORS,** * *1940 (ohne Angabe).* eigentlicher Name: Lillemor. Sie spielte die Sängerin Sabrina in → *Im Banne des Unheimlichen* (1968) und trällerte den Ohrwurm *The Space of Today*.

- **NIEN SÖN LING** (Lebensdaten unbekannt). Er spielte Feng Ho in → *Der große Unbekannte* (1927). – Weitere Filme (Auswahl): *Herrin* *der Welt* (1919), *Die weiße Spinne* (1927), *Großstadtschmetterling* (1929).

- **JEREMY LLOYD** (*Lebensdaten unbekannt*). Schauspieler. Er verkörperte den Assistenten von Sanders' Lieutenant Hamilton in → *Todestrommeln am großen Fluß* (1963). – Weitere Filme (Auswahl): *L – Der Lautlose* (1965), *Hi-Hi-Hilfe!* (1965), *Die tollkühnen Männer in ihren fliegenden Kisten* (1965), *Letzte Grüße von Onkel Joe* (1966), *Der Kampf* (1967), *Salz und Pfeffer* (1968), *Mörder GmbH* (1969), *Goodbye, Mr. Chips* (1969), *Magic Christian* (1970), *Mord im Orient Express* (1975).
- **JOHN LODER,** * 03.01.1898 London, † 26.12.1988 Selbourne, England. Englischer Schauspieler. Er war Dr. Ralf Hallam in → *Der große Unbekannte* (1927). – Weitere Filme (Auswahl): *Die weiße Spinne* (1927), *Alraune* (1928), *Sechs Frauen und ein König* (1933), *Der Mann, der sein Gehirn austauschte* (1936), *Sabotage* (1936), *Katja die ungekrönte Kaiserin* (1938), *Schwarze Diamanten* (1941), *Fahrkarte nach Marseille* (1941), *Die Gräfin von Monte Cristo* (1946), *Chefinspektor Gideon* (1958), *Jagd durchs Feuer* (1970).
- **WILLIAM LUCAS** (*Lebensdaten unbekannt*). Der englische Darsteller spielte den Jack Tarling in der englischen Fassung von → *Das Geheimnis der gelben Narzissen* (The Devil's Daffodil, 1961).
- **VICTOR MADDERN,** * 16.03.1926 Seven Kings, Großbritannien, † 22.06.1993 London. Englischer Schauspieler. Verkörperte Mason in → *Das Rätsel des silbernen Dreieck* (1965/66). Ferner spielte er als Gaststar in einer Folge der Fernsehserie → *The Mind of Mr. J.G. Reeder* (1969). – Weitere Filme (Auswahl): *Der Dämon mit den blutigen Händen* (1958), *Bunny Lake ist verschwunden* (1965), *Tschitti Tschitti Bäng Bäng* (1968), *Bestien lauern vor Caracas* (1968).
- **IRENE MARHOLD** (*Lebensdaten unbekannt*). Sie spielte Mary Lenley in der TV-Produktion → *Der Hexer* (1956). – Weitere Filme (Auswahl): *Die Familie Hesselbach* (1954), *Königin Luise* (1957), *Mit der Liebe spielt man nicht* (1973), *Michael Kohlhaas* (1979).
- **ALF MARHOLM,** * 31.05.1918 Oberhausen; eigentlicher Name: Marholm Stoffels. Deutscher Schauspieler, verkörperte den Gefängnisdirektor in → *Der rote Kreis* (1959) und

den Hotelbesitzer Cravel in → *Die Bande des Schreckens* (1960). – Weitere Filme (Auswahl): *Weg ohne Umkehr* (1953), *Schwarze Nylons – heiße Nächte* (1958), *Das Totenschiff* (1959), *Das Halstuch* (TV, 1962), *Und der Regen verwischt jede Spur* (1972), *Alle Menschen werden Brüder* (1973), *Die Antwort kennt nur der Wind* (1974).

- **HANS MARLOW** (*Lebensdaten unbekannt*). Er spielte Birdmore in → *Der rote Kreis* (1928).
- **HERBERT MARSHALL,** * 23.05.1890 London, † 22.01.1966 Beverly Hills, Los Angeles; eigentlicher Name: Herbert Brough Falcon Marshall. Der englische Schauspieler war Garry Anson in → *The Calendar* (1931). – Weitere Filme (Auswahl): *Murder!* (1930), *Blonde Venus* (1932), *Ärger im Paradies* (1932), *Das Geheimnis von Malampur* (1940), *Der Auslandskorrespondent* (1940), *Duell in der Sonne* (1946), *Der geheime Garten* (1949), *Der schwarze Jack* (1950), *Die Piratenkönigin* (1951), *Engelsgesicht* (1952), *Der eiserne Ritter von Falworth* (1954), *Die jungfräuliche Königin* (1955), *Die Fliege* (1958), *Mitternachtsspitzen* (1960), *Fünf Wochen im Ballon* (1962), *Die Totenliste* (1963).
- **SKIP MARTIN** (*Lebensdaten unbekannt*). Schauspieler. Er war der Darsteller des Mr. Big in → *Das Rätsel des silbernen Dreieck* (1965/66). – Weitere Filme (Auswahl): *Satanas – Das Schloß der blutigen Bestie* (1964), *Die Nibelungen, Teil 1: Siegfried* (1966), *Die Nibelungen, Teil 2: Kriemhilds Rache* (1966), *Circus der Vampire* (1972).
- **GERDA MAURUS** * 25.08.1903 Kroatien, † 25.08.1968 Düsseldorf. Die deutsche Schauspielerin war Germaine de Roche in → *Der Doppelgänger* (1934). – Weitere Filme (Auswahl): *Spione* (1928), *Frau im Mond* (1929), *Arzt aus Leidenschaft* (1936), *Die Freunde meiner Frau* (1949), *Vor Sonnenuntergang* (TV, 1962).
- **MAY MCAVOY,** * 08.09.1899 (*ohne Angabe*), † 26.04.1984 (*ohne Angabe*). Sie spielte als Olga Redmayne die Hauptrolle in → *The Terror* (1928). – Weitere Filme (Auswahl): *Ben-Hur* (1925), *The Jazz Singer* (1927), *Caught in the Fog* (1928), *Der Gentleman-Killer* (1942), *Schlucht des Verderbens* (1957).
- **VIRGINIA MCKENNA,** * 07.06.1931 London. Die englische Schauspielerin verkörperte La-

dy Lebanon in der TV-Produktion → *The Case of the Frightened Lady* (1983).

- **EVA MARIA MEINEKE,** * 08.10.1923 Berlin. Deutsche Schauspielerin. Sie verkörperte Cora Ann Milton in der TV-Produktion → *Der Hexer* (1963). – Weitere Filme (Auswahl): *Mit den Augen einer Frau* (1942), *Der Prozeß* (1948), *Drei Männer im Schnee* (1955), *Heute heiratet mein Mann* (1956), *Salzburger Geschichten* (1957), *Das schöne Abenteuer* (1959), *Abschied von gestern* (1966), *Mein Vater, der Affe und ich* (1970), *Zwanzig Mädchen und ein Pauker* (1971), *Morgen fällt die Schule aus* (1971), *Die Schlange* (1972), *César und Rosalie* (1972), *Traumstadt* (1973), *Ansichten eines Clowns* (1976), *Die Braut des Satans* (1976), *Der Mädchenkrieg* (1977).

- **ANDRÉ MEYER** (*Lebensdaten unbekannt*). Er spielte in der Wallace-Parodie → *Der Wixxer* (2003) die Rolle des Pommi. – Weitere Filme (Auswahl): *Zoe* (1999), *Venus Talking* (2001), *Die Sitte – Hase & Igel* (TV, 2002), *Tatort – Schützlinge* (TV, 2002).

- **KARL WALTER MEYER** (*Lebensdaten unbekannt*). Deutscher Schauspieler. Er war John Lenley in der Wallace-Verfilmung → *Der Hexer* (1932). – Weitere Filme (Auswahl): *Das deutsche Mutterherz* (1926), *Der Tanzhusar* (1931), *Eine von uns* (1932), *Fräulein Hoffmanns Erzählungen* (1933), *Winternachtstraum* (1935).

- **ROBERT MEYN,** * 16.01.1897 (*ohne Angabe*), † 03.02.1972 Hamburg. Deutscher Schauspieler. Er mimte Kommissar Walford in der TV-Produktion → *Der Hexer* (1963). – Weitere Filme (Auswahl): *Die Sünderin* (1951), *Ludwig II.* (1954), *Des Teufels General* (1955), *Die Toteninsel* (1955), *Teufel in Seide* (1956), *Anastasia* (1956), *Der Hauptmann von Köpenick* (1956), *Bekenntnisse des Hochstaplers Felix Krull* (1957), *Der Richter und sein Henker* (TV, 1957), *Dr. Crippen lebt* (1958), *Schmutziger Engel* (1958), *Grabenplatz 17* (1958), *Percy Stuart* (TV-Serie,1969), *Sieben Tage Frist* (1969), *Heintje – einmal wird die Sonne wieder scheinen* (1969).

- **ANTOINE MONOT JR.,** * 22.06.1975 Rheinbach. Der deutsche Schauspieler mimte den Tauben Jack in der Wallace-Parodie → *Der Wixxer* (2003). – Weitere Filme (Auswahl): *Tatort – Rückfällig* (TV, 1994), *Biggi* (TV-Se-

rie, 1998), *Walter Tell* (1999), *Der große Bagarozy* (1999), *Absolute Giganten* (1999), *Südsee, eigene Insel* (1999), *Wolfsheim* (TV, 2000), *Das Glück sitzt auf dem Dach* (2000), *Eine Hochzeit und (k)ein Todesfall* (2001), *Jenseits des Regenbogens* (2001), *Lammbock* (2001), *Das Experiment* (2001), *Knallharte Jungs* (2002), *Die Sitte – Tod am Teich* (TV, 2002), *Ladies and Gentleman* (2002), *Eierdiebe* (2003), *Solo ohne Ende* (2003).

- **EUGEN NEUFELD** (*Lebensdaten unbekannt*). Er spielte Inspektor Wille von Scotland Yard in → *Der große Unbekannte* (1927). – Weitere Filme (Auswahl): *Der Pfarrer von Kirchfeld* (1914), *Der tote Hochzeitsgast* (1921), *Stadt ohne Juden* (1924), *Rasputin* (1929), *Ein Stern fällt vom Himmel* (1934), *Wiener Melodien* (1947).

- **PETER NEUSSER,** * 30.06.1932 Wien; eigentlicher Name: Peter von Neusser. Österreichischer Schauspieler. Er verkörperte Sergeant Simpson in → *Die Tote aus der Themse* (1971). – Weitere Filme (Auswahl): *Sissi – Schicksalsjahre einer Kaiserin* (1957), *Maria Stuart* (1959), *Division Brandenburg* (1960), *Der Teufel spielte Balalaika* (1961), *Mann im Schatten* (1961), *Brennt Paris?* (1966), *Babeck* (TV, 1968), *Wenn der Vater mit dem Sohne* (TV, 1971), *Tod eines Fremden* (1973), *Parapsycho – Spektrum der Angst* (1975), *Holocaust* (TV, 1978), *St. Pauli Landungsbrücken* (TV, 1979), *Großstadtrevier* (TV, 1986).

- **ANTHONY NEWLANDS** (*Lebensdaten unbekannt*). Der englische Darsteller spielte den Zirkusdirektor Barbarini in → *Das Rätsel des silbernen Dreieck* (1965/66), ferner sah man ihn in den → Merton-Park-Produktionen als Tom Alvarez in → *The Fourth Square* (1960), als Reynolds in → *Solo for Sparrow* (1962) und als Leo Hagen in → *The 20.000 Pound Kiss* (1963).

- **PEGGY NORMAN** (*Lebensdaten unbekannt*). Sie spielte Beryl in → *Der Zinker* (1931). – Weitere Filme (Auswahl): *Die Konkurrenz platzt* (1929), *Der Witwenball* (1930), *Königin einer Nacht* (1930).

- **FRITZ ODEMAR** *13.01.1890 Hannover, † 06.06.1955 München. Deutscher Schauspieler. Der Vater von Erik Ode verkörperte den Butler Trentner in → *Der Doppelgänger* (1934). – Weitere Filme (Auswahl): *Abwege* (1928), *Skandal um Eva* (1930), *Der Mann,* *der seinen Mörder sucht* (1931), *Der Hauptmann von Köpenick* (1931), *Grün ist die Heide* (1932), *Viktor und Viktoria* (1933), *Charleys Tante* (1934), *Peer Gynt* (1934), *Im weißen Rößl* (1935), *Der Hund von Baskerville* (1936), *Der Täter ist unter uns* (1944), *Kronjuwelen* (1950), *Maske in Blau* (1953), *Ludwig II.* (1955).

• **PETER PASETTI,** * 08.07.1916 München, † 23.05.1996 Diessen. **Deutscher Schauspieler.** Er verkörperte Maurice Messer in der TV-Produktion → *Der Hexer* (1963). – Weitere Filme (Auswahl): *Das Fräulein von Barnhelm* (1940), *0 Uhr 15, Zimmer 9* (1950), *Clivia* (1954), *Es ist soweit* (TV, 1960), *Und Jimmy ging zum Regenbogen* (1970), *Das chinesische Wunder* (1976), *Der Fälscher* (TV, 1987).

• **ROLAND PERTWEE,** * 17.05.1885 Brighton, East Sussex (England), † 26.04.1963 London. Bereits zu Stummfilmzeiten vielbeschäftigter → **Drehbuchautor.** Zudem war er als Darsteller tätig. Er schrieb das Drehbuch zu → *The Four Just Men* (1939) und spielte darin die Rolle des Mr. Hastings.

• **ANTHONY QUINN,** * 21.04.1915 Chihuahua, Mexiko, † 03.06.2001 Boston, Massachusetts; eigentlicher Name: Antonio Quiñones. **Amerikanischer Darsteller.** Er spielte neben Akim Tamiroff in → *Dangerous to Know* (1938). – Weitere Filme (Auswahl): *Union Pacific* (1939), *Sturmfahrt nach Alaska* (1952), *Viva Zapata!* (1952), *Attila* (1954), *La Strada* (1954), *Die Fahrten des Odysseus* (1954), *Der Glöckner von Notre Dame* (1956), *Die Meute* (1967), *Die Kanonen von Navarone* (1961), *Barabbas* (1962), *Lawrence von Arabien* (1962), *Der Besuch* (1964), *Im Reich des Kublai Khan* (1965), *Alexis Sorbas* (1965), *Sie fürchten weder Tod noch Teufel* (1966), *In den Schuhen des Fischers* (1968), *San Sebastian* (1968), *Das Geheimnis von Santa Vittoria* (1969), *Das Lied von Mord und Totschlag* (1972), *Der Don ist tot* (1973), *Jesus of Nazareth* (1977), *Der große Grieche* (1978), *Omar Mukhtar – Löwe der Wüste* (1980), *Vier gegen Tod und Teufel* (1981), *Kennwort – Salamander* (1981).

• **ERIK RADOLF,** * 01.12.1904 Frankfurt/M.; eigentlicher Name: Erich Kohl. **Deutscher Schauspieler.** Verkörperte den Butler in → *Zimmer 13* (1963) und in → *Der unheimliche Mönch* (1965).

• **JOACHIM RAKE,** * 12.04.1912 Marburg/Lahn. **Deutscher Darsteller.** Spielte kurze, aber prägnante Nebenrollen in → *Die toten Augen von London* (1961) und → *Das Rätsel der roten Orchidee* (1961/62). – Weitere Filme (Auswahl): *Lockende Sterne* (1952), *Komm zurück ...* (1953), *Hunde, wollt ihr ewig leben* (1958), *Stahlnetz – Die Tote im Hafenbecken* (TV, 1958), *Stahlnetz – Sechs unter Verdacht* (TV, 1958), *Die Nacht vor der Premiere* (1959), *Stahlnetz – Das Alibi* (TV, 1959), *Das Glas Wasser* (1960), *Das Wunder des Malachias* (1961), *Der Teufel spielte Balalaika* (1961), *Gestatten, mein Name ist Cox* (TV, 1964), *Sieben Tage Frist* (1969), *Schaurige Geschichten* (TV, 1975), *Tatort – Hände hoch, Herr Trimmel* (TV, 1980).

• **ERNST REICHER** (Lebensdaten unbekannt). **Deutscher Schauspieler, Drehbuchautor und Regisseur.** Er spielte Polizeikommissar Bickerson in → *Der große Unbekannte* (1927) und Inspektor Elford in → *Der Zinker* (1931). – Weitere Filme (Auswahl): *Richard Wagner* (1915), *Stuart Webbs* (Serie, 1914/15; auch Drehbücher), *Das Panzergewölbe* (1926), *Das Geheimnis von Genf* (1927), *Rasputin, Dämon der Frauen* (1930), *Das Lied der Nationen* (1931).

• **WOLFGANG REICHMANN,** * 07.01.1932 Benthen/Oberschlesien, † 07.05.1991 Waltalingen, Schweiz. **Deutscher Schauspieler.** Er war Hauptinspektor Bliss in der TV-Produktion → *Der Hexer* (1963). – Weitere Filme (Auswahl): *Rosen-Resli* (1954), *Kirmes* (1960), *Mein Schulfreund* (1960), *Unter Ausschluß der Öffentlichkeit* (1961), *Es muß nicht immer Kaviar sein* (1961), *Diesmal muß es Kaviar sein* (1961), *Mörderspiel* (1961), *Und der Regen verwischt jede Spur* (1972), *Woyzeck* (1979).

• **PAUL RICHTER,** * 16.04.1887 Wien, † 30.12.1961 Wien. **Österreichischer Schauspieler.** Er war Inspektor Wembury in → *Der Hexer* (1932). – Weitere Filme (Auswahl): *Das indische Grabmal* (1921), *Der Tiger von Eschnapur* (1921), *Dr. Mabuse, der Spieler* (1922), *Die Nibelungen: Siegfried* (1924), *Die Försterchristel* (1931), *Schloß Hubertus* (1934), *Der Klosterjäger* (1935), *Der Jäger von Fall* (1937), *Das Schweigen im Walde* (1937), *Der Edelweißkönig* (1939), *Waldrausch* (1939), *Der laufende Berg* (1941), *Der Ochsenkrieg*

(1943), *Kohlhiesels Töchter* (1943), *Der Geigenmacher von Mittenwald* (1950), *Die Alm an der Grenze* (1951), *Die Martinsklause* (1951), *Der Herrgottschnitzer von Ammergau* (1952), *Der Klosterjäger* (1953), *Schloß Hubertus* (1954), *Das Schweigen im Walde* (1955), *Wetterleuchten um Maria* (1957), *Der singende Engel von Tirol* (1958).

• **SIGRID VON RICHTHOFEN**, * 22.09.1914 Berlin. Deutsche Schauspielerin. Man sah sie als Touristin in → *Der grüne Bogenschütze* (1960/61), als Mrs. Unterson in → *Der Fälscher von London* (1961) und als Mrs. Moore in → *Das Rätsel der roten Orchidee* (1961/62).

• **STEWARD ROME**, * 30.01.1886 Newbury, Berkshire (England), † 26.02.1965 Newbury. Englischer Schauspieler. Er wirkte in drei Wallace-Verfilmungen mit: als Derrick Yale in → *Der rote Kreis* (1928), als Selby Clive in → *The Man Who Changed His Name* (1928) und als Superintendent Marshall in → *The Squeaker* (1937). – Weitere Filme (Auswahl): *Zigeunerprinzessin* (1937), *Zigeunerblut* (1947), *Symbol des Glücks* (1947), *Die Wurzel allen Übels* (1947), *Der Frauenfeind* (1949).

• **SUZANNE ROQUETTE** *(Lebensdaten unbekannt)*. Die deutsche Schauspielerin verkörperte Laura in → *Der Bucklige von Soho* (1966) und Mary Houston in → *Der Mönch mit der Peitsche* (1967). – Weitere Filme (Auswahl): *Das Geheimnis der drei Dschunken* (1965), *Sperrbezirk* (1966), *Die Rache des Dr. Fu Man Chu* (1967), *Der Arzt von St. Pauli* (1968), *Das Millionenspiel* (TV, 1970), *Mondbasis Alpha 1* (TV, 1975/76), *Indiana Jones und der letzte Kreuzzug* (1989), *Wie ein Licht in dunkler Nacht* (1992).

• **LARS RUDOLPH**, * 1966 (ohne Angabe). Deutscher Schauspieler. Er mimte Harry Smeerlap in der Wallace-Parodie → *Der Wixxer* (2003). – Weitere Filme (Auswahl): *Was soll bloß aus dir werden* (TV, 1984), *Mesmer* (1994), *Engelchen* (1996), *Eine Seekrankheit auf festem Lande* (1996), *Lola rennt* (1998), *Fette Welt* (1998), *Die Siebtelbauern* (1998), *Die Unschuld der Krähen* (1998), *Fandango* (2000), *Der Krieger und die Kaiserin* (2000), *Die Unberührbare* (2000), *Sass* (2001), *The Antman* (2002), *Taxi für eine Leiche* (2002), *The Filthy War* (2004).

• **ANTONIO SABATO**, * 02.04.1943 (ohne Angabe). **Der italienische Schauspieler** mimte den Mario in → *Das Rätsel des silbernen Halbmonds* (1971). – Weitere Filme (Auswahl): *Grand Prix* (1966), *Die letzte Rechnung zahlst du selbst* (1967), *Barbarella* (1968), *Die Nonne von Monza* (1969), *Der Mafia-Boß* (1972), *Zwei Schlitzohren in der gelben Hölle* (1974), *Gefangen im Spinnennetz* (TV, 1991).

• **KARL-GEORG SAEBISCH**, * 22.09.1903 (ohne Angabe), † 1984 (ohne Angabe). Deutscher Schauspieler. Er agierte als Inspektor Parr in → *Der rote Kreis* (1959) sowie in einer Doppelrolle als Bankier und Lehrer in → *Die Bande des Schreckens* (1960). – Weitere Filme (Auswahl): *Der Richter und sein Henker* (TV, 1957), *Stahlnetz: Verbrannte Spuren* (TV, 1960), *Der Schlaf der Gerechten* (TV, 1962), *Die zwölf Geschworenen* (TV, 1963), *König Richard II.* (TV, 1968).

• **LU (= LISELOTTE) SÄUBERLICH**, * 09.11.1901 Bremen, † 05.08.1976 Berlin. Die deutsche Schauspielerin verkörperte die Gouvernante in → *Neues vom Hexer* (1965). Bekannt wurde sie als Gaylords Tante in der Eric-Malpass-Verfilmung *Morgens um sieben ist die Welt noch in Ordnung* (1968).

• **RALF SCHERMULY**, * 20.04.1942 Gelsenkirchen. Der deutsche Schauspieler verkörperte den zwielichtigen Edgar Bird in → *Der Gorilla von Soho* (1968). – Weitere Filme (Auswahl): *In einem Monat, in einem Jahr* (TV, 1969), *Die Männer vom K3 – Der Mann im Dunkeln* (TV, 1989), *Unser Lehrer Dr. Specht* (TV, 1994), *Bella Block – Liebestod* (TV, 1995), *Zoff und Zärtlichkeit* (TV, 1995), *Rosa Roth – Berlin* (TV, 1997), *Lea Katz – Die Kriminalpsychologin: Das wilde Kind* (TV, 1997), *Ein fast perfektes Alibi* (1998), *Ich bin kein Mann für eine Frau* (TV, 1998), *Der Kapitän – Das Geheimnis der Viking* (TV, 1999), *Todsünden – Die zwei Gesichter einer Frau* (TV, 1999).

• **STEFFEN SCHEUMANN**, *(Lebensdaten unbekannt)*. Der Schauspieler mimte Larry in der Wallace-Parodie → *Der Wixxer* (2003).

• **ALFRED SCHLAGETER**, * 26.08.1896 (ohne Angabe), † 23.09.1981 (ohne Angabe). Der deutsche Schauspieler verkörperte James Beardmore in → *Der rote Kreis* (1959). – Weitere Filme (Auswahl): *Hermine und die sieben Aufrechten* (1934), *Der Richter und sein*

Henker (TV, 1957), *Café Odeon* (1959), *Konfrontation* (1974).

- **HENNING SCHLÜTER,** * *01.03.1927 Hamburg,* † *20.07.2000 Hamburg.* Deutscher Schauspieler. Er war Jerry Miller in → *Das Geheimnis von Lismore Castle* (1985). – Weitere Filme (Auswahl): *Die blauen Schwerter* (1949), *Roman einer Siebzehnjährigen* (1955), *Marili* (1959), *Eins, zwei, drei* (1961), *Der Transport* (1961), *Die Dreigroschenoper* (1962), *Ganovenehre* (1966), *Bonditis* (1968), *Willi wird das Kind schon schaukeln* (1971), *Ludwig* (1972), *Was?* (1972), *Der letzte Schrei* (1974), *Das nimmersatte Weib* (1974), *Die Elixiere des Teufels* (1976), *Winterspelt* (1978), *Die Blechtrommel* (1979), *Milo-Milo* (1979), *Teegebäck und Platzpatronen* (TV, 1980), *Wettlauf nach Bomxbay* (TV, 1982), *Der Kandidat* (TV, 1986), *Das Rätsel der Sandbank* (TV, 1987), *Lenin: The Train* (TV, 1988), *Traffik* (TV, 1989), *Kondom des Grauens* (1996), *Simones Entscheidung* (TV, 1997), *Hundert Jahre Brecht* (1998).

- **ARNULF SCHRÖDER,** * *13.06.1903 München,* † *22.12.1961 München.* Deutscher Schauspieler. Er mimte Sam Hackitt in der TV-Produktion → *Der Hexer* (1956). – Weitere Filme (Auswahl): *Roman einer Nacht* (1933), *Rote Orchideen* (1938), *Vom Teufel gejagt* (1950), *Der Hund von Baskerville* (TV, 1955), *08/15 – In der Heimat* (1955), *Auferstehung* (1958), *Taiga* (1958), *Der Haustyrann* (1959).

- **CARL-HEINZ SCHROTH,** * *29.06.1902 Innsbruck,* † *19.07.1989 München.* Schauspieler. Schroth mimte Selby Clifton in → *Das Geheimnis von Lismore Castle* (1985). – Weitere Filme (Auswahl): *Nathan, der Weise* (1922), *Der Kongreß tanzt* (1931), *Gauner im Frack* (1937), *Krach im Vorderhaus* (1941), *Morituri* (1948), *Export in Blond* (1950), *Der Schatten des Herrn Monitor* (1950), *Die Dubarry* (1951), *Keine Angst vor großen Tieren* (1953), *Vergiß die Liebe nicht* (1953), *Wenn der Vater mit dem Sohne* (1955), *Liebe auf krummen Beinen* (1959), *Das hab ich in Paris gelernt* (1960), *Orden für die Wunderkinder* (TV, 1963), *Das ganz große Ding* (TV, 1966), *Alexander Zwo* (TV, 1972), *Sonny Boys* (TV, 1982), *Jakob und Adele* (TV-Serie, 1983–86), *Der Fälscher* (TV, 1987), *Spätes*

Glück nicht ausgeschlossen (TV, 1988), *Geld macht nicht glücklich* (TV, 1989).

- **HANNELORE SCHROTH,** * *10.01.1922 Berlin,* † *07.07.1987 München.* Deutsche Schauspielerin. Sie war Nita Clive in der TV-Produktion → *Der Mann, der seinen Namen änderte* (1958). – Weitere Filme (Auswahl): *Dann schon lieber Lebertran* (1931), *Die Räuber* (1940), *Unter den Brücken* (1945), *Lambert fühlt sich bedroht* (1949), *Taxi-Kitty* (1950), *Wie einst Lili Marleen* (1956), *Der Hauptmann von Köpenick* (1956), *Liebling der Götter* (1960), *Polizeirevier Davidswache* (1964), *Wir hau'n den Hauswirt in die Pfanne* (1971).

- **FRIEDEL SCHUSTER,** * *12.05.1904 (ohne Angabe),* † *20.01.1983 Mendig/Eifel.* Deutsche Bühnendarstellerin, die nur selten in Film und Fernsehen zu sehen war. Sie verkörperte die dämonische Lady Sharringham in → *Der Mann mit dem Glasauge* (1968).

- **VITTORIO DE SICA,** * *07.07.1902 Sora, Italien,* † *13.11.1974 Neuilly, Frankreich.* Populärer italienischer Schauspieler und Regisseur. Er übernahm im Pilotfilm und in neun Episoden der Fernsehserie → *The Four Just Men* (1959) die Rolle des römischen Hoteliers Ricco Poccari. Sica hatte während des Ersten Weltkriegs sein Debüt als Schauspieler, nachdem er bereits als Teenager auf Theaterbühnen aufgetreten war. Der Film *Dunkelrote Rosen* (1939) wurde sein Regiedebüt. – Weitere Filme als Schauspieler (Auswahl): *Brot, Liebe und Phantasie* (1953), *Im Zeichen der Venus* (1954), *Die Monte-Carlo-Story* (1956), *Austerlitz – Glanz einer Kaiserkrone* (1959/60), *Liebesnächte in Rom* (1960), *Die amourösen Abenteuer der Moll Flanders* (1964), *Die Platinbande* (1966), *Caroline Chérie* (1967), *Das Pferd kam ohne Socken* (1971). – Weitere Filme als Regisseur (Auswahl): *Das Wunder von Mailand* (1950), *Das jüngste Gericht findet nicht statt* (1961), *Boccaccio 70* (1961), *Jagt den Fuchs* (1965), *Und siebenmal lockt das Weib* (1966/67), *Der Duft deiner Haut* (1968), *Der Garten der Finzi Contini* (1970), *Die Reise nach Palermo* (1973).

- **CAMBELL SINGER** *(Lebensdaten unbekannt).* Der englische Schauspieler verkörperte → Sir John Archibald in → *Das Geheimnis der gelben Narzissen* (1961), Hurley Brown in →

Flat Two (1961) und Sergeant Carter in →
The Ringer (1952).

- **MARIA SOLVEG** *(Lebensdaten unbekannt)*.
Schauspielerin. Sie mimte Mary Lenley in →
Der Hexer (1932). – Weitere Filme (Auswahl): *Der Meister von Nürnberg* (1927), *Vererbte Triebe* (1929), *Der Weg nach Rio* (1930),
Der Geheimagent (1932).

- **HEINZ SPITZNER**, * 1916 *(ohne Angabe)*.
Deutscher Darsteller. Er wirkte in fünf Wallace-Filmen mit: als Dr. Green in → *Der Zinker* (1963), als Bailey in → *Neues vom Hexer* (1965), als Richter in → *Die blaue Hand* (1967), als Lehrer Harrison in → *Der Mönch mit der Peitsche* (1967) und als Softy in → *Der Mann mit dem Glasauge* (1968). – Weitere Filme (Auswahl): *Alt Heidelberg* (1959), *Abschied von den Wolken* (1959), *Die Brücke* (1959), *Die Ehe des Herrn Mississippi* (1961), *Der Längste Tag* (1962), *Lange Beine – lange Finger* (1966), *Das ausschweifende Leben des Marquis de Sade* (1969), *Unser Willi ist der Beste* (1971).

- **ERNST STANKOVSKI**, * 16.06.1928 Wien.
Schauspieler. Er war Frank O'Tyan in der TV-Produktion → *Der Mann, der seinen Namen änderte* (1958). – Weitere Filme (Auswahl): *Das Herz einer Frau* (1951), *Meines Vaters Pferde* (1953), *Wenn die Conny mit dem Peter* (1958), *Der Greifer* (1958), *Der brave Soldat Schwejk* (1960), *Hilfe, ich liebe Zwillinge* (1969), *Der Kapitän* (1971), *Betragen ungenügend* (1972), *Götz von Berlichingen* (1979).

- **INGRID STEEGER**, * 01.04.1947 Berlin; eigentlicher Name: Ingrid Anita Stengert. Die deutsche Ulknudel verkörperte ein Barmädchen in → *Der Gorilla von Soho* (1968) und Kitty in → *Die Tote aus der Themse* (1971). – Weitere Filme (Auswahl): *Rat' mal, wer heut bei uns schläft …?* (1969), *Oswalt Kolle: Dein Mann, das unbekannte Wesen* (1969), *Ich, ein Groupie* (1970), *Die liebestollen Baronessen* (1970), *Ehemänner-Report* (1971), *Der lüsterne Türke* (1971), *Blutjunge Verführerinnen* (1971), *Die Sexabenteuer der drei Musketiere* (1971), *Sonne, Sylt und kesse Krabben* (1971), *Die Stewardessen* (1971), *Bettkarriere* (1972), *Die Blonde mit dem süßen Busen* (1972), *Hochzeitsnacht-Report* (1972), *Krankenschwestern-Report* (1972), *Massagesalon der jungen Mädchen* (1972), *Mädchen, die*

nach München kommen (1972), *Zum zweiten Frühstück: Heiße Liebe* (1972), *Klimbim* (TV, 1973), *Liebe in drei Dimensionen* (1973), *Drei Männer im Schnee* (1974), *Zwei himmlische Töchter* (TV, 1978), *Susi* (TV, 1980), *Wilder Westen inclusive* (TV, 1988), *Der neue Mann* (TV, 1990), *Der große Bellheim* (TV, 1992), *Rosamunde Pilcher – Eine besondere Liebe* (TV, 1996), *Die blaue Kanone* (TV, 1999).

- **DANIEL STEINER** *(Lebensdaten unbekannt)*.
Der Schauspieler mimte Fritti in der Wallace-Parodie → *Der Wixxer* (2003).

- **ALBERT STEINRÜCK**, * 20.05.1872 Wattenburg-Waldeck, † 10.02.1929 Berlin. Deutscher Schauspieler. Er war Froyant in → *Der rote Kreis* (1928). – Weitere Filme (Auswahl): *Japanisches Opfer* (1910), *Der Golem* (1920), *Die Geierwally* (1921), *Die Todeshusaren* (1927), *Venus im Frack* (1927), *Schinderhannes* (1928), *Asphalt* (1929), *Der Zarewitsch* (1929).

- **OTTO STOECKEL**, * 06.08.1873 *(ohne Angabe)*, † 17.11.1958 *(ohne Angabe)*. Deutscher Schauspieler. Er war Sir Ralph Whitecombe in der TV-Produktion → *Der Mann, der seinen Namen änderte* (1958). – Weitere Filme (Auswahl): *Es gibt nur eine Liebe* (1933), *Sieben Ohrfeigen* (1937), *Bismarck* (1940), *Man spielt nicht mit der Liebe* (1949), *Der tolle Bomberg* (1957).

- **ACHIM STRIETZEL**, * 09.10.1926 Berlin.
Deutscher Kabarettist (u.a. Mitglied der Berliner »Stachelschweine« und der Münchner »Lach- und Schießgesellschaft«) und Schauspieler. Er war einer der Reporter in → *Der Bucklige von Soho* (1966).

- **SZŐKE SZAKALL**, *02.02.1884 Budapest, † 12.02.1955 Los Angeles, Kalifornien. Schauspieler. Er mimte Bill Anerley in → *Der Zinker* (1931). – Weitere Filme (Auswahl): *Großstadtschmetterling* (1929), *Der unbekannte Gast* (1931), *Gräfin Mariza* (1932), *Bubi* (1937), *Casablanca* (1942), *Krieg nach Noten* (1946), *Alt Heidelberg* (1954).

- **AKIM TAMIROFF**, * 29.10.1899 Tiflis, Georgien, † 17.09.1972 Palm Springs, Kalifornien. Er verkörperte Stephen Recka in → *Dangerous to Know* (1938). – Weitere Filme (Auswahl): *Union Pacific* (1939), *Der große McGinty* (1940), *Fünf Gräber bis Kairo* (1943), *Wem die Stunde schlägt* (1951), *Herr*

Satan persönlich! (1955), *Anastasia* (1956), *Im Zeichen des Bösen* (1958), *Jakobowsky und der Oberst* (1958), *Frankie und seine Spießgesellen* (1960), *Topkapi* (1964), *Die schwarze Tulpe* (1964), *Lemmy Caution gegen Alpha 60* (1965), *Lord Jim* (1965), *L – Der Lautlose* (1965), *Im Reich des Kublai Khan* (1965), *Jagt den Fuchs* (1965), *Seitensprung auf italienisch* (1966), *Marquis de Sade: Justine* (1968), *Hochwürden dreht sein größtes Ding* (1969).

• **ROBERT THOEREN,** * *21.04.1903 Brünn, † 13.07.1957 München.* **Schauspieler.** Er war Charles Tillman in → *Der Zinker* (1931). Später arbeitete Thoeren ausschließlich als Drehbuchautor. – Weitere Filme (Auswahl): *Der Schuß im Tonfilmatelier* (1930), *Weib im Dschungel* (1930), *Tropennächte* (1930), *Er und sein Diener* (1931). – Weitere Drehbücher (Auswahl): *Immer mit Dir* (1944), *Auf Leben und Tod* (1949), *Liebesrausch auf Capri* (1950), *Banditen der Autobahn* (1955), *Bekenntnisse des Hochstaplers Felix Krull* (1957).

• **JUNE THORBURN,** * *30.06.1931 Kaschmir (Indien), † 04.11.1967 England.* **Die englische Darstellerin** übernahm in der Fernsehserie → *The Four Just Men* (1959) die Rolle der Vicky. – Weitere Filmauftritte (Auswahl): *Mr. Pickwick* (1952), *Der große Atlantik* (1953), *Meine bessere Hälfte* (1955), *Der kleine Däumling* (1959), *Tales of the Vikings* (TV-Serie, 1960), *Transatlantic* (1960), *Herr der drei Welten* (1960), *Anna Karenina* (TV, 1961), *Die Bucht der Schmuggler* (1961), *Herein, ohne anzuklopfen* (1961), *Die scharlachrote Klinge* (1963), *Master Spy* (1964),

• **HERBERT TIEDE,** * *03.03.1915 Osnabrück, † 12.01.1987 (ohne Angabe).* **Deutscher Schauspieler.** Er war Doktor Lomond in der TV-Produktion → *Der Hexer* (1956). – Weitere Filme (Auswahl): *Jan und die Schwindlerin* (1947), *Der Richter und sein Henker* (TV, 1957), *Ein Tag, der nie zu Ende geht* (1959), *Rommel ruft Kairo* (1959), *Bis daß das Geld euch scheidet* (1960), *Der letzte Zeuge* (1960), *Das schwarze Schaf* (1960), *Herrenpartie* (1964), *Die Liebesquelle* (1965), *Wenn es Nacht wird auf der Reeperbahn* (1967), *Wie ein Blitz* (TV, 1970), *Alter Kahn und junge Liebe* (1973), *Anita Drogemöller und die Ruhe an der Ruhr* (1976), *Es muß nicht immer Kaviar sein* (TV-Serie, 1977).

• **JAKOB TIEDTKE,** * *23.06.1875 Berlin, † 30.06.1960 Berlin.* **Der deutsche Darsteller** spielte Mr. Miller in → *Der Doppelgänger* (1934). – Weitere Filme (Auswahl): *Der Golem* (1915), *Sumurun* (1920), *Kohlhiesels Töchter* (1920), *Luther* (1927), *Wenn am Sonntagabend die Dorfmusik spielt* (1933), *Savoy Hotel 217* (1936), *Zu neuen Ufern* (1937), *Jud Süß* (1940), *Frau Luna* (1941), *Der große König* (1942), *Das Geheimnis der roten Katze* (1949), *Hanna Amon* (1951), *Am Brunnen vor dem Tore* (1952), *Emil und die Detektive* (1954).

• **OTTO TRESSLER,** * *13.04.1871 Stuttgart, † 27.04.1965 Wien.* **Deutscher Schauspieler.** Der Vater von Georg Tressler spielte den Ministerpräsidenten in → *Der rote Kreis* (1928). – Weitere Filme (Auswahl): *Frau Dorothys Bekenntnis* (1921), *Leise flehen meine Lieder* (1933), *Abenteuer eines jungen Herrn in Polen* (1934), *Die Pompadour* (1935), *Mädchenjahre einer Königin* (1936), *Kameraden* (1941), *Opfergang* (1944), *Maria Theresia* (1951), *Mädchenjahre einer Königin* (1954), *Sissi* (1955), *Sissi, die junge Kaiserin* (1956).

• **JACK TREVOR,** * *14.12.1893 Lambeth London, † 19.12.1976 Deal.* Englischer Schauspieler. Er war Major Paul Roy Amery in → *Der große Unbekannte* (1927). – Weitere Filme (Auswahl): *Abwege* (1928), *Die große Sehnsucht* (1930), *Napoleon ist an allem schuld* (1938), *Immensee* (1943).

• **OTTO WALLBUG,** * *21.02.1889 Berlin, † 29.10.1944 Auschwitz.* **Deutscher Schauspieler.** Er war Mari in → *Der rote Kreis* (1928). – Weitere Filme (Auswahl): *Die keusche Susanne* (1926), *Die Nacht gehört uns* (1929), *Hokuspokus* (1930), *Bomben auf Monte Carlo* (1931), *Der Kongreß tanzt* (1931), *Salto Mortale* (1931), *Das schöne Abenteuer* (1932), *Der Zarewitsch* (1933), *Bretter, die die Welt bedeuten* (1935), *Heut' ist der schönste Tag in meinem Leben* (1936), *Bubi* (1937).

• **RIA WEBER** *(Lebensdaten unbekannt).* Schauspielerin. Sie mimte eine Zofe in → *Der rote Kreis* (1928).

• **EDGAR WENZEL,** * *1919, † 1980.* Der deutsche Darsteller spielte Baby-Face in → *Das Rätsel der roten Orchidee* (1961/62). – Weitere Filme (Auswahl): *Die Bremer Stadtmusikanten* (1959), *Der Schleier fiel* (1960), *Wald-*

rausch (1962), *Stahlnetz – In jeder Stadt ...* (TV, 1962), *Das 7. Opfer* (1964), *Schüler-Report* (1971), *Charlys Nichten* (1974), *Eine Dame verschwindet* (1979), *Fabian* (1980).

- **TANJA WENZEL**, *27.07.1979 Berlin. Die deutsche Schauspielerin mimte Jennifer Pennymarket in der Wallace-Parodie → *Der Wixxer* (2003). – Weitere Filme (Auswahl): *Gute Zeiten, schlechte Zeiten* (TV-Serie, 1995), *Verbotene Liebe* (TV-Serie, 1999), *Die Sitte – Auf gute Nachbarschaft* (TV, 2002).

- **SIMON WILLIAMS**, * 16.06.1946 Windsor, Berkshire (England). Williams spielte 1992 Sir Anthony Rose, genannt »The Mixer«, in der gleichnamigen Fernsehserie. – Weitere Filme (Auswahl): *Das Haus am Eaton Place* (TV-Serie, 1971–75), *Jabberwocky* (1977), *Das boshafte Spiel des Dr. Fu Man Chu* (1980), *Thunderball* (TV, 1983), *Die Aufsässigen* (1985), *Ein neuer Tag im Paradies* (1998), *Pig Heart Boy* (TV-Serie, 1999), *Sword of Honor* (TV-Serie, 2001), *The Gathering Storm* (TV, 2002).

- **CHRISTIAN WOLFF**, *11.03.1938 Berlin. Der deutsche Schauspieler war Frank O'Ryan in → *Das Geheimnis von Lismore Castle* (1985). – Weitere Filme (Auswahl): *Anders als du und ich* (1957), *Immer, wenn der Tag beginnt* (1957), *Die Frühreifen* (1957), *Don Vesuvio und das Haus der Strolche* (1958), *Der Schinderhannes* (1958), *Am Tag, als der Regen kam* (1959), *Abschied von den Wolken* (1959), *Der blaue Nachtfalter* (1959), *Kriegsgericht* (1959), *Verbrechen nach Schulschluß* (1959), *Alt Heidelberg* (1959), *Schlußakkord* (1960), *Die Fastnachtsbeichte* (1960), *Via Mala* (1961), *Die Nacht am See* (1963), *Lana – Königin der Amazonen* (1964), *Die Schlüssel* (TV, 1965), *Rheinsberg* (1967), *Wenn mein Schätzchen auf die Pauke haut* (1971), *Was geschah auf Schloß Wildberg* (1972), *Nesthäkchen* (TV-Serie, 1983), *Seitenstechen* (1985), *Tagebuch für einen Mörder* (TV, 1988), *Forsthaus Falkenau* (TV-Serie, 1989), *Inseln unter dem Wind* (TV-Serie, 1995), *Kap der guten Hoffnung* (TV, 1997), *Stimme des Herzens* (TV, 2000), *Anwalt des Herzens* (TV, 2001), *Entscheidung auf Mauritius* (TV, 2002).

- **TIM WOODWARD**, * 24.04.1953 London. Englischer Schauspieler. Der Sohn von Edward Woodward spielte in der TV-Produktion → *The Case of the Frightened Lady* (1983).

– Weitere Filme (Auswahl): *Wings* (TV, 1977), *The Levison Europeans* (1979), *East Lynne* (TV, 1982), *The Files on Jill Hatch* (TV, 1983), *Pope John Paul II* (TV, 1984), *King David* (1985), *Salome* (1986), *Rex Personal Services* (1987), *Piece of Cake* (TV, 1988), *Passion and Paradise* (TV, 1989), *Jagd nach dem Schatz von Atlantis* (TV, 1994), *Der scharlachrote Buchstabe* (1996), *David* (TV, 1997), *Holding On* (TV, 1997), *Mütter & Söhne* (1997), *Heat of the Sun* (TV, 1998), *B. Monkey* (1998), *Vanity Fair* (TV, 1998), *RKO 281* (TV, 1999), *The Colour of Justice* (TV, 1999).

- **NORMAN WOOLAND**, * 16.10.1910 Düsseldorf, † 03.04.1989 Stapelhurst, England. Er spielte den Inspektor Bliss in → *The Ringer* (1952).

- **BRUNO ZIENER** *(Lebensdaten unbekannt).* Deutscher Schauspieler. Er war der Kriminalkommissar in → *Der rote Kreis* (1928). – Weitere Filme (Auswahl): *Frauenleid* (1913), *Schinderhannes* (1928), *Dreyfus* (1930), *M* (1931), *Bomben auf Monte Carlo* (1931), *Die Unschuld vom Lande* (1932), *Das Testament des Dr. Mabuse* (1933), *Der Dschungel ruft* (1936), *Fanny Elssler* (1937), *Tanz auf dem Vulkan* (1938), *Rote Orchideen* (1938), *Der Weg ins Freie* (1941).

DATENÄNDERUNGEN IN ROMANEN

→ Bearbeitungen, → Kürzungen

Nicht selten erscheinen Daten in Wallace-Romanen unglaubwürdig, da sie nach dem Tod des Autors liegen bzw. nach dem Erscheinen der Erstauflage. Das würde bedeuten, daß Wallace Zukunftsromane geschrieben hätte. Tatsächlich sind die Verlage für dieses Phänomen verantwortlich. Anfang der 50er Jahre wurde begonnen, die Daten in den vorliegenden Übersetzungen zu aktualisieren, um den Lesern einen aktuellen Lesestoff zu suggerieren.

So wurde im Roman *Die blaue Hand* (→ *The Blue Hand*) ein Tagebuch, im Original aus dem Jahr 1901, auf 1929 datiert. Die Hauptakteurin, die ursprünglich am 12. Juni 1899 geboren wurde, erblickt nun am 12. Juni 1910 das Licht der Welt, und die Figur Madge Benson muß nicht vom 5. Juni bis zum 2. Juli 1898, sondern in der gleichen Zeit des Jahres 1911 im Gefängnis einsitzen. – Im Roman *Die Bande des Schreckens* (→ *The Terrible People*) wurde das letzte angegebene Datum über Wallace'

Tod hinaus auf August 1932 verschoben. Die Clay Shelton betreffenden Daten wurden durchweg um acht Jahre nach vorn verlegt; so wird aus dem 1. Juni 1954 der 1. Juni 1962 und aus dem 1. August 1924 der 1. August 1932. – In der Geschichte → *Zwischen zwei Männern* (→ *The Man Who Knew*) sind Geschehnisse aus den Jahren 1885 und 1891 erwähnt. In einer Neuauflage des Romans unter dem Titel *Der Mann, der alles wußte* wurden sie in die Jahre 1903 und 1909 verlegt. – Andererseits ließ man bei späteren Veröffentlichungen einfach die Zahl des Jahres weg, in dem die Geschichte handelt, so z.B. im Roman *Die Melodie des Todes* (→ *The Melody of Death*), der im Jahre 1911 spielt, oder bei *Die Schuld des Anderen* (→ *A Dept Discharged*), dessen Handlung 1913 beginnt.

DAUGHTERS OF THE NIGHT, THE

Kriminalroman. *Originalausgabe: George Newnes, London 1925. Deutsche Erstveröffentlichung: Töchter der Nacht. Übersetzung: → Ravi Ravendro. Wilhelm Goldmann Verlag, Leipzig 1933. Neuausgabe: Wilhelm Goldmann Verlag, München 1960. Neuübersetzung: Tony Westermayr (Bearbeitung der Ravendro-Fassung). Wilhelm Goldmann Verlag, München 1962 (= Goldmann Taschen-KRIMI 1106). Neuübersetzung: → Gregor Müller. Wilhelm Goldmann Verlag, München 1973 (= Goldmann Taschen-KRIMI 1106). Weitere Taschenbuchauflagen im Wilhelm Goldmann Verlag München: 1975, 1977, 1980, 1982, 1989, 1997. Jubiläumsausgabe im Wilhelm Goldmann Verlag: 1990, 2000 (= Band 70). Neuübersetzung: Edith Walter und Edith Hummel-Hänseler. Scherz Verlag, Bern, München 1983 (= Scherz Krimi 1256). Großschriftausgabe: Wilhelm Goldmann Verlag, München 1984 (= Band 7224).*
Inhalt: Jim Bartholomew ist trotz seiner Jugend bereits Direktor der Niederlassung der South Devon Bank in Moorford. Er ist mit der Familie Cameron befreundet. Frank Cameron, ein Amerikaner, lebt mit seiner Frau Cecile und seiner Schwester Margot in einer vornehmen Villa. Nach dem plötzlichen Tod der Schwester wird Cecile kränklich, und die Camerons beschließen, eine Seereise nach Amerika zu machen. Da wird der Bankangestellte Sanderson erschossen aufgefunden. Der Revolver des Di-

rektors war die Mordwaffe. Jim muß fliehen und gelangt auf dasselbe Schiff nach Amerika wie die Camerons. Doch muß Jim verdeckt reisen, weil er weiß, daß der Mörder an Bord ist. Die Verbrecher haben es allerdings auf Mrs. Camerons kostbaren Diamantring, den »Töchter der Nacht« zieren, abgesehen.
Anmerkung: Die deutsche Ausgabe von 1933 sowie Taschenbuchausgabe von 1962 enthält zusätzlich die → Kurzgeschichte: *Die Schatzkammer* (→ *The Treasure House*).

DAVIDSON, LEWIS

→ Drehbuchautoren

DAVIES, RUPERT

* 22.05.1916 Liverpool, † 22.11.1976 London
Englischer Schauspieler. Er verkörperte 1966 Kommissar Sanders in → *Die Pagode zum fünften Schrecken* (1966).
Der Oberleutnant der Royal-Air-Force kam im August 1940 als Kriegsgefangener nach Schlesien, nachdem er bei seinem 33. Flug über der Nordsee von deutschen Schnellbootmatrosen aufgefischt worden war. Als Offizier war er vom Arbeitszwang befreit und hatte die Idee, ein Lagertheater ins Leben zu rufen. Nach dem Krieg gab er seinen Beruf als Offizier der Handelsmarine auf und nahm Schauspielunterricht. Fast 15 Jahre lang spielte er mit mittelmäßigem Erfolg auf Bühnen in London und in der Provinz. 1959 konnte ihn der BBC-Produzent Andrew Osborn zur Übernahme der Rolle des Kommissar Maigret in der gleichnamigen Fernsehserie bewegen. Davies verkörperte den Titelhelden 52mal, eine Rolle, die ihn bis zum Lebensende verfolgen sollte. 1966 erwarb der Produzent → Karl Spiehs von Simenon zwei Maigret-Romane, um diese im Auftrag von → Constantin Film zu realisieren. Spiehs schloß mit Davies einen Vertrag, wonach beim ersten Film (*Maigret und sein größter Fall*), auf Davies Wunsch hin, → Jürgen Roland Regie führen sollte. Davies mißfiel jedoch das Drehbuch von → Herbert Reinecker, das, entsprechend den Wallace-Verfilmungen, eine komische Figur enthielt, die → Eddi Arent verkörpern sollte. Darüber hinaus verpflichtete Spiehs, ohne Wissen Davies', statt Roland Alfred Weidenmann als Regisseur. Es kam zu einem Eklat, der in der Kanzlei von Wiener Advokaten geschlichtet werden sollte. Da Spiehs kategorisch an Weidenmann festhielt,

Rupert Davies

lehnte Davies seine Mitwirkung an dem Film endgültig ab. Danach wurde es still um den Darsteller. Zu Davies' wenigen Filmen nach Maigret zählt neben dem Wallace-Abenteuer *Die Pagode zum fünften Schrecken* die Edgar-Allan-Poe-Adaption *Im Todesgriff der roten Maske* (1969).
Weitere Filme (Auswahl): *Der Spion der aus der Kälte kam* (1965), *Die 13 Sklavinnen des Dr. Fu Man Chu* (1966), *Das Geheimnis der gelben Mönche* (1966), *Draculas Rückkehr* (1968), *Der Hexenjäger* (1968), *Waterloo* (1970), *Zeppelin* (1971).

DAVIS, ALLAN
→ Regisseure

DAVIS, BETTE
* 05.04.1908 Lowell, Massachusetts, USA,
† 06.10.1989 American Hospital in Neuilly (Frankreich);
eigentlicher Name: Ruth Elizabeth Davis.
Amerikanische Schauspielerin. Einer der ersten Filme, in denen sie mitspielte, war 1932 der Wallace-Streifen → *The Menace.*
In ihrer fast 60jährigen Schauspielerkarriere lag ihr Hollywood zu Füßen, weil sie sich ihren Status als Diva hart erkämpft hatte. Zehnmal wurde sie für den Oscar nominiert, zweimal erhielt sie die begehrte Trophäe: für *Dangerous* (*Gefährliche Liebe*, 1935) und *Jezebel* (1938). Zu-

dem wurde sie 1977 als erste Frau mit dem Life Achievement Award ausgezeichnet.
Weitere Filme (Auswahl): *20.000 Jahre in Sing Sing* (1932), *Der Satan und die Lady* (1936), *Kid Galahad* (1937), *Die Braut kam per Nachnahme* (1941), *Reise aus der Vergangenheit* (1942), *Die große Lüge* (1946), *Das Geheimnis von Malampur* (1949), *Opfer einer großen Liebe* (1950), *Günstling einer Königin* (1951), *Alles über Eva* (1952), *What Ever Happened to Baby Jane?* (1962), *Wiegenlied für eine Leiche* (1964), *Das Landhaus der toten Seelen* (1977), *Tod auf dem Nil* (1978), *Ein Piano für Mrs. Cimino* (1982), *Agatha Christie's »Murder with Mirrors«* (TV, 1985), *Wale im August* (1987), *Tanz der Hexen* (1989).

DAWSON, CONINGSBY WILLIAM
→ Drehbuchautoren

DAY OF UNITING, THE
Kriminalroman. *Originalausgabe: Hodder & Stoughton, London 1926. Deutsche Erstveröffentlichung: Der jüngste Tag. Übersetzung:* → *Ravi Ravendro. Wilhelm Goldmann Verlag, Leipzig 1933.* – Anläßlich des 125. Geburtstages des Autors brachte der → Weltbild Verlag 2000 eine Wallace-Edition heraus. Hier erschien der Roman in einer Doppelausgabe zusammen mit *Ganz Europa zum Trotz* (→ *Captain Tatham of Tatham Island*).
Inhalt: Mysteriöses geschieht in England. Menschen sterben durch Selbstmord, und niemand verlangt Aufklärung, nicht einmal, als es auch John Stope-Kendrik, den Innenminister, trifft. Selbst der Premierminister hüllt sich in Schweigen. Der junge Mathematiker Jimmy Blake wohnt bei seinem Vetter und Freund Gerald van Roon, dessen Forschungsarbeiten ihn langweilen. Dafür ist er von der bildhübschen Delia, der Tochter von Roons Professor, angetan. Hat ihr Vater möglicherweise mit den tödlichen Ereignissen zu tun? Als plötzlich auch Gerald zu den Selbstmordtoten zählt, will Jimmy hinter die Geheimnisse kommen. Die Spuren führen ihn zu einem einsamen Haus auf der Heide. Dort werden nachts Geheimkonferenzen abgehalten, an denen der Professor und sogar der Premierminister teilnehmen. Man glaubt, das Ende der Welt sei angebrochen. Doch dann geschieht etwas, das niemand einkalkuliert hatte.
Anmerkung: Die deutsche Erstausgabe enthält

zudem die Wallace-→ Kriminalkurzgeschichte *Die Schweizer Pumpe* (→ *The Sweizer Pump*).

DDR

Deutsche Demokratische Republik, kurzlebiger deutscher Arbeiter- und Bauernstaat (1949–1990). In der DDR gelangten zwischen 1970 und 1972 einige Wallace-Filme ins Kino, u.zw. → *Der Frosch mit der Maske* (1970), → *Der Hexer* (1970), → *Neues vom Hexer* (1970), → *Der Zinker* (1970), → *Der schwarze Abt* (1970), → *Das indische Tuch* (1970), → *Zimmer 13* (1971), → *Die Gruft mit dem Rätselschloß* (1971), → *Im Banne des Unheimlichen* (1971), → *Das Rätsel des silbernen Dreieck* (1971), → *Der grüne Bogenschütze* (1972), → *Die toten Augen von London* (1972), → *Das Gasthaus an der Themse* (1972) und → *Die Tote aus der Themse* (1972). Für den Kinoeinsatz kreierte der DDR-Verleiher eigene Plakate. Die Filme wurden teilweise in der Titelsequenz geändert (*Der Hexer*, *Neues vom Hexer*), Farbfilme wurden in Schwarzweiß gezeigt (*Die Tote aus der Themse*). Ein Kuriosum ist *Das Rätsel des silbernen Dreieck*. Dieser Film wurde zwar in Schwarzweiß mit schwarzweißer Titelsequenz vorgeführt, aber in ungekürzter Länge. – Auch die DDR-Fernsehzuschauer kamen in den Genuß diverser Wallace-Filme. Ausgestrahlt wurden: *Das Gasthaus an der Themse* (DDR 1, 26.02.1972), *Der Hexer* (DDR 1, 06.05.1972), → *Die Bande des Schreckens* (DDR 1, 05.08.1972), → *Das Rätsel der roten Orchidee* (DDR 1, 11.04.1974), *Das Rätsel des silbernen Dreieck* (DDR 1, 12.10.1974), → *Das Verrätertor* (DDR 1, 22.10.1977), → *Das Geheimnis der gelben Narzissen* (DDR 1, 18.01.1978), *Die toten Augen von London* (DDR 1, 22.01.1977), → *Die seltsame Gräfin* (12.03.1977), *Der Frosch mit der Maske* (DDR 1, 18.02.1978), → *Der Fälscher von London* (08.04.1978), *Der grüne Bogenschütze* (DDR 1, 06.05.1978), *Der schwarze Abt* (DDR 1, 10.06.1978), *Im Banne des Unheimlichen* (DDR 1, 16.02.1980), *Die Tote aus der Themse* (DDR 1, 03.05.1980), *Zimmer 13* (DDR 1, 05.03.1983), *Der Zinker* (DDR 1, 31.03.1983), *Neues vom Hexer* (DDR 2, 19.06.1983), *Das indische Tuch* (DDR 1, 27.08.1983), → *Der Hund von Blackwood Castle* (DDR 2, 23.04.1987), → *Der rote Kreis* (DDR 2, 07.05.1987) und *Die Gruft mit dem Rätsel-schloß (ohne Angabe)*. – In der DDR wurden ferner etliche Wallace-Romane übersetzt und gedruckt: → *The Crimson Circle* unter dem Titel *Der feuerrote Kreis* (Verlag Neues Leben, Berlin 1987), → *The Forger* als *Der Fälscher* (ebd. 1987), → *The Squeaker* unter dem Titel *Der Pfeifer* (Aufbau Verlag, Berlin 1984) sowie → *The Black Abbot* als *Der schwarze Abt* im Gustav Kiepenheuer Verlag, Leipzig und Weimar 1990. Zudem erschien die Kurzgeschichte *Die roten Asse* (→ *Red Aces*) im Sammelband *Der rote Seidenschal* (Verlag Neues Leben, Berlin 1987).

DEAD MAN'S CHEST
(Leichentruhe)
Kinofilm. *England 1965. Produktion: Merton Park. Produzent: Jack Greenwood. Regie: Patrick Dromgoole. Buch: Donal Giltinan frei nach Edgar Wallace. Kamera: James Wilson. Schnitt: Derek Holding. Bauten: Peter Mullins. Musik: Bernard Ebbinghouse. Ton: Brian Blamey. Darsteller: John Thaw (David Jones), Ann Firbank (Mildred Jones), John Meillon (Johnnie Gordon), John Collin (Detective Inspector Briggs), Peter Bowles (Joe), John Abineri (Arthur), Arthur Brough (Groves), Graham Crowden (Murchie), Jack Rodney (Knocker), Renny Lister (Flora), Geoffrey Bayidon (Lane), Michael Robbins (Sergeant Harris), Victor Platt (Constable Jackson), Michael Collins (Sergeant Matson), Geoffry Mathews und Charlie Bird (Gefängniswärter), Paul Whitsun-Jones (Chef). Länge: 59 Minuten.*

Inhalt: David Jones und Johnnie Gordon, zwei mittellose Journalisten, wollen einen Mord vortäuschen, um die Schwäche von Indizienbeweisen aufzuzeigen. Aber die Sache geht schief. Johnnie bleibt lebendig begraben in einer Truhe, die samt dem Auto, in dem sie sich befindet, gestohlen wird. Beide sind wegen früherer Geschichten bei der Polizei nicht gerade beliebt, und als David die Sache berichtet, glaubt man an ein fingiertes Verbrechen. David ist verzweifelt, weil Johnnie ersticken wird, wenn die Truhe nicht schnellstens gefunden wird. Ebenso vergeblich sucht er Hilfe bei Murchie, einem mürrischen Zeitungsherausgeber. Inzwischen findet die Polizei die von David und Johnnie ausgestreuten Indizienbeweise für einen Mord und verhaftet David. Die Situation wird von Davids Frau Mildred gerettet, die nach Dundee geht, um Flora zu finden, eine Freundin, über die Johnnie einst mit David gesprochen hatte. Flora bringt Mildred zu Johnnie, der sich, nachdem er sich aus der Truhe befreien konnte, als Barkeeper in einem Hotel versteckt. David wird daraufhin freigelassen. Mildred und Flora werden von der Polizei aufgefordert, künftig besser auf ihre Männer aufzupassen.

Kritik zum Film: »Kompetent gespielt und dargestellt, begeistert dieses B-Picture am meisten durch Donal Giltinans erfinderisches Drehbuch, in dem er es fertigbringt, eine verwickelte Geschichte klar umzusetzen, auch wenn das Ende etwas abfällt. Kein herausragender, aber ein wirkungsvoller Film in seiner Klasse.« (Monthly Film Bulletin, 12/1965)

Anmerkung: Dieser Film wurde in Deutschland nicht aufgeführt.

DEAR LIAR, A
(Ein liebenswürdiger Lügner)

Kinofilm. *England 1925. Produktion: Stoll. Regie: Fred Leroy Granville. Buch: Hugh Croise nach der Kurzgeschichtensammlung Circumstantial Evidence von Edgar Wallace. Darsteller: Eileen Dennes, James Knight, Edward O'Neill,* Humberston Wright, Jean Colin. Länge: 23 Minuten.

Inhalt: Der Film wurde als Zweiakter nach einzelnen Motiven aus der Kurzgeschichtensammlung *Circumstantial Evidence* hergestellt.

Anmerkung: Dieser Film wurde in Deutschland nicht aufgeführt.

DEARDON, BASIL
→ Regisseure

DEATH DRUMS ALONG THE RIVER
Englischer Titel der Koproduktion → *Todestrommeln am großen Fluß.*

DEATH TRAP
(Der Tod kam schneller als das Geld)

Kinofilm. *England 1962. Produktion: Merton Park. Produzent: Jack Greenwood. Regie: John Moxey. Buch: John Roddick frei nach Edgar Wallace. Kamera: Bert Mason. Musik: Bernard Ebbinghouse. Art Director: Peter Mullins. Ton: Brian Blamey. Schnitt: Derek Holding. Darsteller: Albert Lieven (Paul Heindrik), Barbara Shelley (Jean Anscomb), John Meillon (Ross Williams), Mercy Haystead (Carol Halston), Kenneth Co-*

Death Trap: **Albert Lieven, Kenneth Cope**

pe (Derek Maitland), Leslie Sands (Inspektor Simons), Barry Linehan (Sergeant Rigby), Richard Bird (Ted Cupps), Gladys Henson, Murray Hayne, Barbara Windsor. Länge: 56 Minuten.
Inhalt: Der Finanzier Paul Heindrik wird von dem Mannequin Carol Halston besucht. Sie verlangt Auskunft über einen Scheck in Höhe von 7.000 Pfund, den ihm ihre Schwester einen Tag vor ihrem Selbstmord ausstellte. Heindrik gibt vor, nichts davon zu wissen. Seine Sekretärin Jean weiß jedoch, daß Heindrik das Geld erhalten und quittiert hat. Gemeinsam mit ihrem Freund Ross William will sie Heindrik erpressen. Beim verabredeten Treffen mit William wird Jean Zeugin, wie Heindrik mit seinem Wagen William überfährt. Heindriks Stiefsohn Derek belauscht ein Gespräch zwischen Ross und seinem Stiefvater. Er gibt Carol den Rat, sich mit Jean in Verbindung zu setzen. Als Carol Jean in ihrer Wohnung aufsucht, werden sie von Heindrik überrascht. Während sich Carol im Nebenzimmer versteckt, serviert Heindrik Jean vergifteten Wein. Der Autounfall wird von Inspektor Simons untersucht. Er findet heraus, daß Heindrik ein falsches Alibi angegeben hat. Rechtzeitig trifft er in Jeans Wohnung ein und kann Heindrik überwältigen, der inzwischen Carol entdeckt hat und sie zu ermorden droht.
Kritik zum Film: »Als eine nicht sehr actionreiche Ergänzung der Edgar-Wallace-Serie ist dieser Film eine abwechslungsarme, äußerst geschwätzige Angelegenheit, die schleppend ihren Weg zu einem nur mäßig spannenden Höhepunkt geht.« (Monthly Film Bulletin, 12/1962)
Anmerkung: Der Film wurde als Doppelprogramm zusammen mit → Flat Two unter dem Titel → Der Dolch im Rücken gezeigt.

DEATH WATCH, THE
Titel einer → Kurzgeschichte aus dem Band → Sergeant Sir Peter; 1933 verfilmt unter dem Titel → Before Dawn.

DEBT DISCHARGED, A
Kriminalroman.
Originalausgabe: Ward Lock & Co., London 1916. Deutsche Erstveröffentlichung: Die Schuld des Anderen. Übersetzung: → Ravi Ravendro. Wilhelm Goldmann Verlag Leipzig, 1929. Neuausgabe: Wilhelm Goldmann Verlag,

Leipzig 1936. Neuausgabe: Wilhelm Goldmann Verlag, München 1959. Taschenbuchausgabe: Wilhelm Goldmann Verlag, München 1961 (= Goldmann Taschen-KRIMI 1055). Neuübersetzung: → Gregor Müller. Wilhelm Goldmann Verlag, München 1973 (= Goldmann Taschen-KRIMI 1055). Weitere Taschenbuchauflagen im Wilhelm Goldmann Verlag: 1975, 1976, 1978, 1982, 1989. Jubiläumsausgabe im Wilhelm Goldmann Verlag: 1990, 2000 (= Band 62). Neuübersetzung: Edith Walter. Scherz Verlag, Bern, München, Wien 1989 (= Scherz Krimi 1208). – Anläßlich des 125. Geburtstages des Autors brachte der → Weltbild Verlag 2000 eine Wallace-Edition heraus. Hier erschien der Roman in einer Doppelausgabe zusammen mit Das Gesetz der Vier (→ The Law of the Four Just Men).
Inhalt: In Paris bereitet ein »Klub der Verbrecher« Monsieur Trebolino, dem Chef der französischen Kriminalpolizei, Kopfzerbrechen. Zu Kommissar Lecomtes Erleichterung wird nach einem handfesten Falschgeldskandal dieser Klub aufgelöst. Die beiden Hauptverdächtigen, die Amerikaner Willetts und Bell, gehen nach England. Als eines Tages Monsieur Trebolino während eines Einsatzes erschossen wird, findet man im Schreibtisch seines Büros eine gefälschte Fünfzigpfundnote. Da Lecomte auf Dienstreise ist, schickt man diese Note der Einfachheit halber an die Bank von England. Dort wird das Falschgeld von einer Spezialeinheit untersucht. Diese und andere in Umlauf befindliche »Blüten« sind von so hoher Qualität, daß Scotland Yard vor einem Rätsel steht. Zu allem Überfluß verschwindet Falschgeldspezialist Maple spurlos. Der einzige Hinweis, woher das Falschgeld stammt, befindet sich in Geheimschrift auf einer Banknote.
Anmerkung: Der Roman wurde 1961 verfilmt unter dem Titel → Man Detailled.

DELL, JEFFREY
→ Drehbuchautoren

DELTGEN, RENE
* 30.04.1909 Esch-sur-Alzette (Luxemburg), † 29.01.1979 Köln; eigentlicher Name: Renatus Heinrich Deltgen.
Der Schauspieler verkörperte überzeugend Arthur Milton alias der ›Hexer‹ in → Der Hexer (1964) und in → Neues vom Hexer (1965).

Der Sohn eines Chemikers besuchte ab 1927 die Schauspielschule an den Städtischen Bühnen Köln. Weitere Theaterstationen waren Frankfurt/M., Heidelberg und Berlin. Deltgen war auf die negativen Helden des klassischen Repertoires abonniert: Franz Moor, Geßler, Mephisto. Später bevorzugte er psychisch gebrochene Figuren in zeitgenössischen Dramen von Harold Pinter oder Tennessee Williams. Seine erste Filmrolle hatte er 1935 bei der UFA in *Das Mädchen Johanna*. Der von ihm verkörperte Typ des flotten Helden und Draufgängers wurde häufig in Action- und Abenteuerfilmen wie *Kautschuk* (1938) oder *Dr. Crippen an Bord* (1942) eingesetzt. Nach Kriegsende versuchte er sich als Kabarettist und als Pferdedresseur beim Zirkus, ehe er seine Theaterkarriere in Köln und Zürich fortsetzen konnte. Deltgen zählte zu den vielseitigsten Darstellern des deutschen Nachkriegsfilms. In den 50er Jahren war seine rauchige Stimme im Hörfunk gefragt, vor allem wurde er hier als Held der Paul-Temple-Serie populär. In den 60er Jahren wurde er auch im Fernsehen aktiv. Verheiratet war er mit der Cellistin Elsie Scherer. – Mit Schiebergang und schmalen dunklen Augenschlitzen wurde er als Halbwelttype des deutschen Films populär. Zynische, abgefeimte Charaktere bereichert er mit einem fremdländischen Akzent. Der wagemutige Charmeur spielte nie »traumverlorene Einzelgänger« (so Deltgen 1941), sondern handfeste Kerle: Bärenjäger, Taucher, Flieger oder Artisten. Im Alter verkörperte er zunehmend nuancenreichere Figuren. Unverkennbar war seine tiefe, kehlige Stimme, die nach tausend Gläsern Whisky klang. – Auszeichnungen: Ernennung zum Staatsschauspieler (1939), Filmband in Gold für langjähriges und hervorragendes Wirken im deutschen Film (1978).
Weitere Filme (Auswahl): *Einer zuviel an Bord* (1935), *Die 3 Cordonas* (1938), *Fronttheater* (1942), *Zirkus Renz* (1943), *Sommergäste* (1944), *Nachtwache* (1949), *Torriani* (1951), *Sterne über Colombo* (1953), *Hotel Adlon* (1955), *Der Tiger von Eschnapur* (1958), *Das indische Grabmal* (1959), *Sex-Lehrer-Report* (1971).

DEN BLODRODE CIRKEL
Dänischer Titel der Koproduktion → *Der rote Kreis.*

DENGER, FRED
* 12.06.1920 Darmstadt,
† 30.10.1983 Hohegeiß
Drehbuchautor. Das Drehbuch zu → *Der unheimliche Mönch* (1965), das er zusammen mit → Joachim Jochen Bartsch verfaßte, gehört zum Besten seiner Autorenlaufbahn. Sein Entwurf für eine Verfilmung von Wallace' → *Die blaue Hand* fiel dagegen durch.
Der Kabarettist und Schauspieler war seit 1945 freier Schriftsteller. Fürs Fernsehen verfaßte er u.a. *Langusten* (1960) und *2 Milliarden gegen die Bank von England* (1965). Er war 13mal verheiratet (eine seiner Frauen heiratete er zweimal) und hatte 16 Kinder. Ständig in Geldnot, schrieb er Vorlagen für über hundert Spielfilme. Der Viel- und Schnellschreiber mit Gespür für das Publikum wurde vor allem auch durch das Buch *Der große Boss*, eine parodistische Fassung des Alten Testaments, bekannt (München, 1975). Ferner schrieb er die Drehbücher zu den Karl-May-Filmen *Der Ölprinz* (Co-Autor; 1965), *Old Surehand 1. Teil* (Co-Autor, 1965) und *Winnetou und das Halbblut Apanatschi* (1966). Nicht realisiert wurden seine Vorlagen zu den Filmprojekten *Trapper Geierschnabel* (1964) und *Winnetou und Kapitän Kaiman* (1966).
Weitere Drehbucharbeiten (Auswahl): *Auf Wiedersehen (1961), Onkel Toms Hütte (1965),*

Fred Denger

Um Null Uhr schnappt die Falle zu (1966), *Hexen – geschändet und zu Tode gequält* (1972), *Der Ostfriesen-Report* (1974).

DENHAM, REGINALD
→ Darsteller und → Regisseure

DENN ERSTENS KOMMT ES ANDERS
→ THE VERDICT

DERBYSIEGER, DER
→ DOWN UNDER DONAVAN

DERRICK
Der heute bei allen Krimifans bekannte Name Derrick aus der gleichnamigen ZDF-Fernsehserie stammt zwar aus der Feder von Herbert Reinecker, doch ist er für Wallace-Leser keineswegs neu. Wallace hatte bereits Anfang der 20er Jahre seine Protagonisten in den Romanen → *The Crimson Circle* und → *The Double* auf diesen Namen getauft.

DESNY, IVAN
* 28.12.1922 Peking,
† 13.04.2002 Ascona, Schweiz; eigentlicher Name: Ivan Nikolai Desnitzky.
Schauspieler. Er verkörperte Charles Valentine in der Merton-Filmproduktion → *Number Six* (1962) und den Hotelbesitzer Louis Stout in → *Die Tote aus der Themse* (1971).

Sein Vater, ein Russe, war Sekretär an der französischen Botschaft in Peking, seine Mutter war Schwedin. Desny ging in Teheran, Washington, Brisbane und Paris zur Schule. Nach einer Schauspielausbildung bei René Simon in Paris begann er seine Karriere als Kostümzeichner und Dekorateur. Pierre Fresnay stellte ihn am Théâtre de la Michodière in Edward Bourdets *Sex Faible* in einer größeren Rolle heraus. Dort entdeckte ihn der englische Regisseur David Lean. Erste Filmrolle in London 1949 (*Madeleine Smith*). Nach mehreren französischen Filmen arbeitete er ab 1953 auch in Deutschland (*Weg ohne Umkehr*, 1953). Er wurde von Fassbinder und Wenders für den »Neuen Deutschen Film« und danach für TV-Rollen entdeckt. Mit seinem internationalen Flair und weltmännischer

Ivan Desny

Eleganz spielte er im deutschen Film oft Ausländer, wobei ihm seine fremdländische Intonation des Deutschen, die er pflegte, zugute kam. – Ob als zwielichtiger Industrieller, Arzt, Rittmeister, Diplomat oder Meisterjongleur, stets trat Desney mit der spöttischen Überlegenheit des Kosmopoliten auf. Als zuverlässiger Freund oder Liebhaber überzeugte sein gewinnender, manchmal überzogener Charme. Auch Gegenspieler und einsame Konkurrenten verkörperte er überzeugend. – Auszeichnungen: Ehrenpreis für Verdienste um den deutschen Film (1980).

Weitere Filme (Auswahl): *Geständnis unter vier Augen* (1954), *Dunja* (1955), *Mädchen ohne Grenzen* (1955), *Anastasia – Die letzte Zarentochter* (1956), *Alle Sünden dieser Erde* (1957), *Skandal in Ischl* (1957), *Petersburger Nächte* (1958), *Heiße Ware* (1958), *Was eine Frau im Frühling träumt* (1959), *Nur wenige sind auserwählt* (1960), *Sherlock Holmes und das Halsband des Todes* (1962), *Der Unsichtbare* (1963), *Das Liebeskarussell* (1965), *Ich tötete Rasputin* (1967), *Liebesnächte in der Taiga* (1967), *Mayerling* (1968), *San Sebastian* (1968), *Heißes Spiel für harte Männer* (1968), *Die Gräfin und ihr Oberst* (1970), *Falsche Bewegung* (1974),

Papiertiger (1975), *Die Eroberung der Zitadelle* (1977), *Die Ehe der Maria Braun* (1979), *Berlin-Alexanderplatz* (TV, 1980), *Fabian* (1980), *Ich hasse Blondinen* (1980), *Lola* (1981), *Malou* (1981), *Die wilden Fünfziger* (1983).

DETEKTIVE

Edgar Wallace beschäftigte nicht nur → Scotland-Yard-Beamte. Auch Privatdetektive spielen bei der Enttarnung übelster Zeitgenossen eine kaum zu unterschätzende Rolle. Ein Teil von ihnen kann in folgenden Wallace-Filmen besichtigt werden: Richard Gordon (→ Joachim Fuchsberger) in → *Der Frosch mit der Maske*; Derrick Yale (→ Klausjürgen Wussow) in → *Der rote Kreis*; Jack Tarling (→ Joachim Fuchsberger) und Ling Chu (→ Christopher Lee) in → *Das Geheimnis der gelben Narzissen*; Mike Dorn (→ Joachim Fuchsberger) in → *Die seltsame Gräfin*; Captain Allerman (→ Christopher Lee) in → *Das Rätsel der roten Orchidee*; Jonny Gray (→ Joachim Fuchsberger) in → *Zimmer 13*; Michael Brixan (→ Heinz Drache) in → *Der Rächer*; Jane (Susann Korda) in → *Der Teufel kam aus Akasava*.

DETEKTIVROMAN

Statt der heute üblichen Bezeichnung »Kriminalroman« trugen die deutschen Erstübersetzungen (in wörtlicher Übersetzung des englischen »Detective Story«) den Gattungsnamen »Detektivroman«.

DEUTSCHE WERKTITEL

Mehrere Titel der Wallace-Übersetzungen des → Goldmann-Verlages sind im Laufe der Zeit aus unterschiedlichen Gründen geändert worden. Rassistisch klingende Titel wurden beseitigt. So erhielt der Band *Der Neger Juma* (→ *A King By Night*) den Namen *Der Unhold*. Die Erzählungen des Sammelbandes → *Unter Buschniggern* wurden in die Sanders-Geschichten integriert. Andere Änderungen verdanken sich dem Bemühen, die Zugkräftigkeit der Titel zu erhöhen. So mutierte *Die verschwundene Million* (→ *The Missing Million*) in *Die unheimlichen Briefe*, *Der verteufelte Herr Engel* (→ *Angel Esquire*) in *Die Gruft mit dem Rätselschloß* und *Zwischen zwei Männern* (→ *The Man Who Knew*) in *Der Mann der alles wußte*. Auch bei Neuübersetzungen, die in anderen Verlagen erschienen, wurden geänderte Titel ins Spiel gebracht, z.T. in dem erfreulichen Bemühen, eine größere Nähe zum Originaltitel herzustellen: → *The India Rubber Men*, früher als *Das Gasthaus an der Themse* geläufig, liegt nun auch als *Der Clan der Gummimänner* vor. Neben *Der Frosch mit der Maske* (→ *The Fellowship of the Frog*) trat *Der Geheimbund des Frosches*. *Der Zinker* (→ *The Squeaker*) firmiert inzwischen auch unter → *Der Pfeifer*. Wehe nur dem Leser, der wähnt, hier einen noch unbekannten Wallace erwischt zu haben!

DEUTSCHLAND

In Deutschland ist Wallace heute populärer als in seinem Heimatland → Großbritannien. Das kommt nicht von ungefähr. Bereits Mitte der 20er Jahre machte der deutsche Verleger → Wilhelm Goldmann massiv Reklame für die Wallace-Romane, u.a. durch seinen unvergeßlichen Slogan »Es ist unmöglich, von Edgar Wallace nicht gefesselt zu sein!«. Nach dem Zweiten Weltkrieg setzte der Goldmann-Verlag seine Werbekampagnen fort, so daß Wallace der insgesamt erfolgreichste Kriminalschriftsteller

in Deutschland wurde. Danach gelang es der → Constantin durch ihre Verfilmungen, daß Wallace auch im Kino nicht mehr wegzudenken war. Das Wallace-Fieber grassiert, wenngleich milder, auch in der Gegenwart. Viele Neuveröffentlichungen seiner Romane tragen dem ebenso Rechnung wie die zahllosen Wiederholungen der Kinofilme in den Fernsehprogrammen, die noch immer ein Millionenpublikum erreichen.

DEVIL MAN, THE

Kriminalroman. *Originalausgabe: Collins, London 1931. Deutsche Erstveröffentlichung: Der Teufelsmensch. Übersetzung:* → *Ravi Ravendro. Wilhelm Goldmann Verlag, Leipzig, 1934.* – Anläßlich des 125. Geburtstages des Autors brachte der → Weltbild Verlag 2000 eine Wallace-Edition heraus. Hier erschien der Roman in einer Doppelausgabe zusammen mit *Die vierte Plage* (→ *The Fourth Plague*).

Inhalt: Charles Peace ist nicht nur ein ausgezeichneter Violinspieler. Er weiß auch, wie er trotz ärmlicher Verhältnisse ein fast sorgenfreies Leben führen kann. Mit nicht ganz sauberen Methoden kommt er immer wieder zu Geld. Jahrelang gelingt es ihm, sich auf diese Weise durchzuschlagen und der Polizei zu entkommen. Doch wie das Schicksal es will, wird er am Ende für eine nicht von ihm verübte Straftat gehenkt.

Anmerkung: Dieser Roman ist eine Mischung aus Dichtung und Wahrheit. Edgar Wallace hat die Lebensgeschichte des englischen Verbrechers Charles Peace aufgegriffen und sie phantasievoll ausgeschmückt.

DEVIL'S DAFFODIL, THE

Englischer Titel der Koproduktion → *Das Geheimnis der gelben Narzissen*.

DIAMANTENBROSCHE, DIE

→ KENNEDY THE CON.MAN

DIAMANTENFLUSS, DER

→ THE RIVER OF STARS

DIAMANTENJOB, DER

→ THE MAIN CHANCE

DIAMOND MAN, THE
(Der Mann mit den Diamanten)

Kinofilm. *England 1924. Produktion: Davidson. Regie: Arthur H. Rooke. Buch: Eliot Stannard nach dem Roman The Face in the Night von Edgar Wallace. Darsteller: Mary Odette (Audrey Torrington), Reginald Fox (Dick Shannon), Arthur Wontner (Lacy Marshalt), Gertrude McCoy (Mrs. Marshalt), Philip Hewland (Henry Torrington), George Turner (Peter Tonger). Länge: 64 Minuten.*

Inhalt: Dieser frühe Film wurde nach Motiven aus → *The Face in The Night* gedreht.

Kritik zum Film: »Die Edgar-Wallace-Geschichte in der Adaption von Arthur Rooke ist irreführend und sensationsheischend und hat zum wirklichen Leben ... so viel Bezug wie die Melodrame und seichten Unterhaltungsromane vor vierzig Jahren. Es gibt zwar einige Vitalität in der Regieführung, aber das Resultat, das vielleicht unkritische Zuschauer beeindrucken wird, ist offengestanden nicht geeignet, ein anspruchsvolles Publikum zu befriedigen. Mary Odette als unglücklich verfolgte Heldin, Reginald Fox als der Held von Scotland Yard sowie Arthur Wontner und Gertrude McCoy in den weiteren Hauptrollen, sie alle müssen ihr Talent der Geschichte unterordnen. Sie spielen gut, aber es ist schade, daß sie sich für einen solch armseligen Stoff verwenden.« (Cinematograph Weekly, 13/1925)

Anmerkung: Dieser Film wurde in Deutschland nicht aufgeführt.

DIANA OF KARA-KARA
→ DOUBLE DAN (BUCH)

DICKINSON, DESMOND
→ Kameramänner

DIEB IN DER NACHT, DER (BUCH)
→ THE THIEF IN THE NIGHT

The Diamond Man: **George Turner, Arthur Wontner**

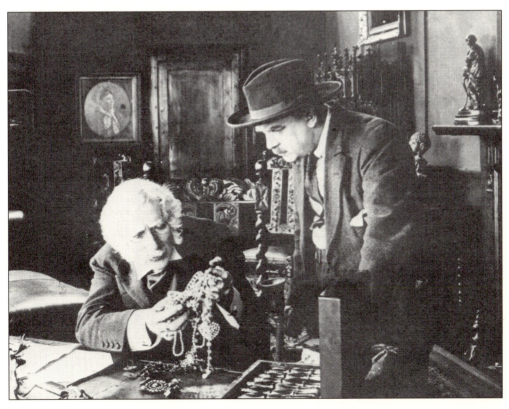

DIEB IN DER NACHT, DER (FILM)

Titel eines geplanten → Rialto-Wallace-Films für RTL nach einem Drehbuch von → Florian Pauer (1. Fassung) bzw. von Simone Borowiak, Hans Kantereit und Axel Marquardt (2. Fassung). Bisher wurde das Projekt nicht realisiert. **Inhalt:** Ein Einbrecher, genannt der »Marder«, erbeutet seit einiger Zeit nachts wertvolle Schmuckstücke bei reichen Leuten. Bei seinem jüngsten Einbruch wird er vom Hausherrn, dem Regierungsbeamten Sir Rupert Maxwell, überrascht, der das mit dem Leben bezahlen muß. Inspektor Higgins und seine Assistentin Lane werden von Sir John, dem Chef von Scotland Yard, mit der Aufklärung des Mordes betraut. Sie erhalten Unterstützung von Michael Jordan, dem Yard-Spezialisten von der Einbruchsabteilung. Die Spuren führen zum Innenministerium, wo alle Bestohlenen hohe Positionen innegehabt haben. Kurz darauf wird die Leiche des Beamten Blackshilling gefunden, und ein weiterer Beamter, Mr. Billings, begeht Selbstmord. Die Yard-Beamten finden heraus, daß es hier nicht nur um Diebstahl, sondern auch um Erpressung geht.

DIEHL, CARL LUDWIG
→ Darsteller

DIGHTON, JOHN
→ Drehbuchautoren

DIKTIERGERÄT
Das vielleicht wichtigste technische Hilfsmittel in Wallace' Leben. Mit diesem Instrument hat der Autor seine Story-Ideen festgehalten. Seinem Sekretär → Robert Curtis blieb dann die Aufgabe, die Geschichten vom Band abzuschreiben.

DINES, GORDON
→ Kameramänner

DITTRICH, OLLI
→ Darsteller

DIX, MARION
→ Drehbuchautoren

DÖBLIN, HUGO
→ Darsteller

DÖHRING, KARL
1879 (ohne Angabe), † 1941 (ohne Angabe); Pseudonyme: Ravi Ravendro und Hans Herdegen.
Döhring verbrachte vor dem Ersten Weltkrieg zehn Jahre als Beamte am siamesischen Königshof. In einer autobiographischen Notiz heißt es: »Die schönste Zeit meines Lebens verbrachte ich in Siam, wo ich vor dem Kriege lange Regierungsbeamter war. Nach einem Studium in mehreren Fakultäten wurde ich auf mein Gesuch hin nach Bangkok gerufen. Zuerst war ich bei der Eisenbahn tätig, später im Ministerium des Inneren, und schließlich wurde ich Architekt des Königs. Unter der Regierung der Herrscher Chulangkorn und Vajiravudh baute ich mehrere Palais für den König und für den Prinzen des Königlichen Hauses, und während meines Aufenthaltes in diesem letzten unabhängigen buddhistischen Königreich lernte ich die hohe, verfeinerte Kultur des siamesischen Hofes kennen. ... Im Weltkrieg stellte sich schließlich auch Siam auf die Seite unserer Gegner. Ich nahm bis zum Ende an unseren Kämpfen der Westfront teil. Nachher beschäftigte ich mich mit Kunstgeschichte und Archäologie und

schrieb mehrere Werke und Bücher über buddhistische Tempelarchitektur, Kunst und Volksleben in Siam, Indien und anderen Ländern des indischen Kulturkreises. Wie in meinen anderen Büchern versuchte ich auch in diesem Roman, etwas von der Schönheit und Eigenart Siams mitzuteilen.« (Karl Döhring, Dezember 1936) Unter seinen beiden Pseudonymen war Döhring seit 1926 Hauptübersetzer der Werke von Edgar Wallace ins Deutsche, wobei er gelegentlich ältere Übertragungen bearbeitete.

Unter der Pseudonym Ravi Ravendro übersetzte Döhring folgende Wallace-Titel: → *The Green Archer* (*Der grüne Bogenschütze*, 1926), → *The Traitor's Gate* (*Das Verrätertor*, 1927), → *The Avenger* (*Der Rächer*, 1927), → *Lieutenant Bones* (*Leutnant Bones*, 1927), → *The Squeaker* (*Der Zinker*, 1928), → *The Blue Hand* (*Die blaue Hand*, 1928), → *Bones* (*Bones in Afrika*, 1928), → *Bones in London* (*Bones in London*, 1928), → *The River of Stars* (*Der Diamantenfluß*, 1928), → *Number Six* (*Geheimagent Nr. 6*, 1928), → *The Daffodil Mystery* (*Das Geheimnis der gelben Narzissen*, 1928), → *Big Foot* (*Großfuß*, 1928), → *The Feathered Serpent* (*Gucumatz*, 1928), → *Terror Keep* (*John Flack*, 1928), → *The Man From Morocco* (*Der Mann von Marokko*, 1928), → *The Strange Countess* (*Die seltsame Gräfin*, 1928), → *The Law of the Four Just Men* (*Das Gesetz der Vier*, 1929), → *The Square Emerald* (*Der viereckige Smaragd*, 1929), → *The Valley of Ghosts* (*A.S. der Unsichtbare*, 1929), → *The Just Men of Cordova* (*Die Drei von Cordova*, 1929), → *The People of the River* (*Die Eingeborenen vom Strom*, 1929), → *A Debt Discharged* (*Die Schuld des Anderen*, 1929), → *Double Dan* (*Der Doppelgänger*, 1930), → *The Secret House* (*Das geheimnisvolle Haus*, 1930), → *Penelope of the Polyantha* (*Penelope von der Polyantha*, 1930), → *The Flying Squad* (*Überfallkommando*, 1930), → *Again Sanders* (*Am großen Strom*, 1931), → *The Brigand* (*Der Brigant*, 1931), → *On the Spot* (*In den Tod geschickt*, 1931), → *The Crimson Circle* (*Der rote Kreis*; Bearbeitung der Erstübersetzung, 1931), → *Down Under Donavan* (*Der Derbysieger*, 1932), → *The Coat of Arms* (*Feuer im Schloß*, 1932), → *The Clue of the Silver Key* (*Der leuchtende Schlüssel*, 1932), → *The Man Who Knew* (*Der Mann, der alles wußte*, 1932), → *Again the Ringer* (*Neues vom Hexer*, 1932), → *The Orator* (*Der Redner*, 1932), → *Whiteface* (*Der Teufel von Tidal Basin*, 1932), → *Flat Two* (*Louba der Spieler*; Bearbeitung der Übersetzung von Carl Wehner, 1932), → *A King By Night* (*Der Unhold*; Bearbeitung der Erstübersetzung, 1932), → *The Daughters of the Night* (*Töchter der Nacht*, 1933), → *The Green Ribbon* (*Turfschwindel*, 1933), → *The Fourth Plague* (*Die vierte Plage*, 1933), → *Four Square Jane* (*Die Abenteuerin*, 1933), → *When the Gangs Came to London* (*Gangster in London*, 1933), → *Captain Tatham of Tathams Island* (*Ganz Europa zum Trotz*, 1933), → *The Lady of Ascot* (*Die Gräfin von Ascot*, 1933), → *The Day of Uniting* (*Der jüngste Tag*, 1933), → *We Shall See* (*Marry Ferrara spielt System*, 1933), → *Barbara On Her Own* (*Verdammte Konkurrenz*, 1933), → *Captains of Souls* (*Geheime Mächte*; Bearbeitung der Übersetzung von Elise McCallum, 1933), → *The Ringer* (*Der Hexer*; Bearbeitung der Übersetzung von Max C. Schirmer, 1933), → *The Devil Man* (*Der Teufelsmensch*, 1934), → *The Man Who Was Nobody* (*Der Mann, der seinen Namen änderte*, 1935), → *The Man at the Carlton* (*Der Mann aus dem Carlton*, 1938).

Unter dem Namen Hans Herdegen übersetze Karl Döhring folgende Wallace-Titel: → *The Treasure House* (*Die Schatzkammer*, 1933), → *The Million Dollar Story* (*Die Millionengeschichte*, 1935), → *The Terror* (*Der unheimliche Mönch*, 1935), → *The Frightened Lady* (*Das indische Tuch*, 1935), → *The Thief in the Night* (*Der Dieb in der Nacht*, 1935), → *The Man Who Passed* (*Der Lügendetektor*, (1935), → *The Shadow Man* (*Der Mann im Hintergrund*, 1935).

Unter eigenem Namen publizierte Döhring Bücher wie *Buddhist Stupa* (Berlin, 1912), *Buddhistische Tempelanlagen in Siam* (Verlag Asien, Berlin 1916), *Siam Band 1: Land und Volk; Band 2: Die bildende Kunst* (Folkwang Verlag, Darmstadt 1923), *Die Thot Kathim-Feier in Siam* (Oskar Schloss-Verlag, München 1927), *Flucht aus Buddhas Gesetz* (Wegweiser Verlag, Berlin 1937). Weitere Bücher verfaßte er unter dem Pseudonym Ravi Ravendro; hierzu zählen: *Tanzende Flamme – Dok Mali. Roman aus Siam* (Wilhelm Goldmann Verlag, Leipzig 1926), *Im Schatten Buddhas. Roman eines siamesischen Prinzen* (Deutsche Buchgemeinschaft, Berlin 1927), *Der Tag der Nang Dara* (Jacket Verlag, Leipzig 1929).

DOLCH IM RÜCKEN, DER
(The Mysteries of Edgar Wallace)
Der Rank-Filmverleih (Hamburg) brachte unter diesem Titel zwei → Merton-Park-Produktionen in die deutschen Filmtheater: *Der Mörder fängt sich selbst* (→ *Flat Two*) und *Der Tod kam schneller als das Geld* (→ *Death Trap*). Bei einer Gesamtlänge von 3175 m hatten die Filme eine Laufzeit von 116 Minuten. Sie wurden am 31.07.1963 von der FSK ab 12 Jahren freigegeben.

DONNER, CLIVE
→ Regisseure

DOOR WITH SEVEN LOCKS, THE (BUCH)
Kriminalroman. *Originalausgabe: Hodder & Stoughton, London 1926. Deutsche Erstveröffentlichung: Die Tür mit den sieben Schlössern. Übersetzung:* → *Marie Luise Droop. Wilhelm Goldmann Verlag, Leipzig 1927. Neuausgabe: Wilhelm Goldmann Verlag, Leipzig 1929. Neuübersetzung: Ravi Ravendro (Bearbeitung der Droop-Fassung). Wilhelm Goldmann Verlag, Leipzig 1931. Neuausgabe (Droop-Fassung): Wilhelm Goldmann Verlag, Leipzig 1936. Neu-*
ausgabe (Droop-Fassung): Wilhelm Goldmann Verlag, München 1951. Taschenbuchausgabe: Wilhelm Goldmann Verlag, München 1953 (= Goldmann Taschen-KRIMI 21). Weitere Taschenbuchauflagen im Wilhelm Goldmann Verlag: 1959, 1971, 1973, 1974, 1975, 1976, 1978, 1980, 1982. Jubiläumsausgabe im Wilhelm Goldmann Verlag: 1990, 2000 (= Band 72). Neuausgabe: Bertelsmann Verlag, Gütersloh 1960. Neuübersetzung: Alexandra von Reinhardt. Heyne Verlag, München 1983 (= Blaue Krimis 2059). Neuauflage: 1989 (= Blaue Krimi 2256). Neuübersetzung: Erwin Schumacher. Scherz Verlag, Bern, München, Wien 1983 (= Scherz Krimi 926).* – Anläßlich des 125. Geburtstages des Autors brachte der → Weltbild Verlag 2000 eine Wallace-Edition heraus. Hier erschien der Roman in einer Doppelausgabe zusammen mit *Die drei Gerechten* (→ *The Three Just Men*).

Inhalt: Der alte Lord Selford ist ein gerissener Kerl. Er verbirgt sein Vermögen in einer Gruft, zu der eine Tür mit sieben Schlössern führt. Die sieben Schlüssel gibt er vor seinem Tod verschiedenen Personen, von deren Habgier er nichts ahnt. Dick Martin, Kriminalbeamter bei Scotland Yard, hat seinen Dienst bereits quittiert, als er eines Abends in seinem Schrank die Leiche des Einbrechers Lew Pheeney findet. Lew hatte ihm mittags noch etwas von einer Tür mit sieben Schlössern erzählt. Mußte er deshalb sterben? Martins Neugier führt ihn nach Selford Manor. Je mehr er sich für die Geschichte der Selfords interessiert, desto schneller sterben die einzelnen Schlüsselinhaber. Nur von dem jungen Lord Selford fehlt jede Spur. Von Rechtsanwalt Havelock erfährt Martin nur, daß dieser dem jungen Lord Geld an verschiedene Orte der Welt senden muß.

Anmerkung: Der Roman wurde zweimal verfilmt: 1940 unter dem Titel → *The Door With Seven Locks* und 1962 als → *Die Tür mit den sieben Schlössern*.

DOOR WITH SEVEN LOCKS, THE (FILM)
(Die Tür mit den sieben Schlössern)
Kinofilm. *England 1940. Produktion: John Argyle. Regie: Norman Lee. Buch: Norman Lee, Gilbert Gunn und John Argyle nach dem Roman The Door With Seven Locks von Edgar Wallace. Kamera: Ronald Anscombe, Alex Bryce und Ernest Palmer. Musik: Guy Jones. Bauten:*

The Door with Seven Locks: **Romilly Lunge, Leslie Banks, Lilli Palmer, Gina Malo, David Horne**

C. Gilbert. Ton: H. Benson und F. McNally. Schnitt: E. G. Richards. Produktionsleitung: H. G. Inglis. Darsteller: Leslie Banks (Doktor Manetta), Lilli Palmer (June Lansdowne), Romilly Lunge (Dick Martin), Gina Malo (Glenda Baker), Richard Bird (Inspektor Sneed), David Horne (Edward Havelock), J. H. Roberts (Silva), Cathleen Nesbitt (Ann Cody), Harry Hutchinson (Bevan Cody), Phil Ray (Cawler), Robert Montgomery (Craig), Aubrey Mallalieu (Lord Selford), Ross Landon (John Selford). Länge: 89 Minuten.

Inhalt: Lord Selford hat vor seinem Tod sieben Schlüssel an verschiedene Vertrauensleute verteilt. Nach seinem Tod lebt der mysteriöse Arzt Dr. Manetta auf Selford Manor und richtet dort ein Museum für mittelalterliche Folterwerkzeuge ein. Das Geheimnis, das ihn umgibt, hat offenbar mit der Familiengruft zu tun. Aus Kanada reist die junge June Lansdown, eine entfernte Verwandte der Selfords an. Ein Mann namens Louis Silva hat ihr einen Schlüssel anvertraut, doch bevor er ihr weitere Informationen geben kann, wird er erschossen. Die Angelegenheit wird für June immer geheimnisvoller, da der Leichnam plötzlich verschwindet und Scotland Yard ihr die Geschichte nicht glaubt. Als noch weitere Schlüsselbesitzer ermordet werden, kommt ihr der Ex-Detektiv Dick Martin zur Hilfe. Nach und nach kommen beide einem raffinierten Erbschaftsschwindel auf die Spur. Zugleich spitzt sich die Konfrontation mit Dr. Manetta gefährlich zu. Er scheint mehr zu wissen, als er zugibt.

Kritik zum Film: »Das ideenreiche Drehbuch läßt keine wirksame Ingredienz aus; schreckenerregende Begebenheiten, permanente Spannung und häufig grausame Details – alles wird publikumswirksam mit Realismus und Schwung gebracht, nur hin und wieder unterbrochen von komödiantischen Einlagen und Romantik.« (Today's Cinema)

Anmerkung: Dieser Film wurde in Deutschland nicht aufgeführt.

DOPPELGÄNGER, DER (BUCH)
→ DOUBLE DAN

DOPPELGÄNGER, DER (FILM)
Kinofilm. *Deutschland 1934. Produktion: Ondra-Lamac-Film. Regie: E. W. Emo. Regieassistenz: Herbert Grünewald. Buch: Curt J. Braun*

und Peter Ort nach dem Roman Double Dan von Edgar Wallace. Kamera: Hugo von Kaweczynski. Musik: Leo Leux. Ton: Emil Sprecht. Bauten: Erich Zander und Willy Depenau. Schnitt: Ella Ensink. Herstellungsleitung: Helmut Schreiber. Aufnahmeleitung: Otto Jahn. Drehzeit: 18.–30.12.1933. Atelier: Tobis-Johannisthal. Darsteller: Georg Alexander (Harry Selsbury), Camilla Horn (Jenny Miller), Gerda Maurus (Germaine de Roche), Theo Lingen (Superbus), Fritz Odemar (Butler Trentner), Jakob Tiedtke (Mr. Miller), Hans Leisner-Fischer (Bobby Selsbury), Josef Eichheim (Dempsi), Willy Schur, Franz Weber, M. v. Newlinski, Marta Feist. Länge: 2416 m. Uraufführung: 14.02.34, Atrium Berlin.

Inhalt: Mr. Miller begibt sich von Australien nach Europa, da ihm gemeldet wird, daß sein dortiger Vermögensverwalter Harry Selsbury, ein entfernter Verwandter, nicht mehr vertrauenswürdig sei: Seine Geschäfte gingen schlecht, sein Lebenswandel sei nicht einwandfrei. In Millers Begleitung befindet sich seine Nichte

Jenny. Sie hat sich in Harrys Bild verliebt und sich in den Kopf gesetzt, ihn zu heiraten. Um in London ungestört zu sein, weiß sie ihren Onkel in Neapel mit einer List nach Paris zu schicken. In London angekommen, quartiert sie sich kurzerhand bei Harry ein und stellt sein Leben auf den Kopf. Er muß Sport treiben, darf seine Lieblingsspeisen nicht mehr essen, um wieder schlank zu werden, und wird samt Diener von morgens bis abends tyrannisiert. Harry Selsbury ist mit der verheirateten Germaine de Roche befreundet. Trotz aller Vorsicht hat Germaines rabiater Ehemann Verdacht geschöpft und läßt seine Frau beschatten. Germaine kann sich daher nicht mehr mit Harry in London treffen und überredet ihn deshalb, mit ihr nach Ostende zu fahren. Harry wagt nicht, Jenny von dieser Reise zu erzählen. Er gibt vor, nach Schottland zu fahren, und schickt seinen Diener dorthin, damit er an Jenny Briefe schreibt. Nach seiner Abreise erscheint bei Jenny der Detektiv Superbus. Er berichtet von einem berüchtigten Verbrecher, der seine Betrügereien als Doppelgänger in den wechselnden Masken wohlhabender Londoner Geschäftsleute verübe. Seine Komplizin sei eine Frau, die die Aufgabe habe, diese unter einem Vorwand aus London wegzulocken, damit der Doppelgänger sein Spiel ungestört betreiben kann. Entsetzt fährt Jenny zur Bahn, um Harry zu warnen, doch ist dieser gar nicht abgereist, sondern – aus Angst vor einem Skandal – in seine Villa zurückgekehrt. Hier findet er zu seiner Überraschung Germaine vor, die angeblich vor der Wut ihres Mannes geflüchtet ist. Die ebenfalls zurückkehrende Jenny trifft die beiden in der Villa, hält sie für das Gauner-Duo und sperrt sie ein. Nun beginnt in der Villa ein geheimnisvolles Treiben. Seltsame Gestalten tauchen auf, es kommt zu einem nächtlichen Einbruch und wilden Schießereien. Schließlich wird der wirkliche Doppelgänger entlarvt und festgenommen. Die Mißverständnisse zwischen Harry und Jenny sowie zwischen Mr. Miller und Harry klären sich zufriedenstellend auf, und Harry und Jenny werden am Ende ein glückliches Paar.

Kritik zum Film: »Nach dem gleichnamigen Roman von Edgar Wallace‹ bedeutet hier nicht, daß Degen aus dem Dunkel stoßen und Messer durch die Luft schwirren. Auch geschossen wird nur mit verrosteten Armeerevolvern und immer daneben. Zum Glück kann man das

Gleiche vom Witz der beiden Drehbuchautoren Curt Braun und Peter Ort nicht behaupten. Sie treffen häufig ins Schwarze, schade nur, daß fast eine halbe Stunde verging, bis sie die ›Scheibe‹ fanden. Ist dann aber erst einmal durch einen Irrtum des Frisörs der Schnurrbart des ehrenwerten Mister Selsbury gefallen, dann steht lustigen Verwicklungen nichts mehr im Wege. Seine leibliche Kusine hält ihn für einen Schwerverbrecher in Doppelgänger-Maske, er wird Gefangener im eigenen Heim und muß schließlich bei sich selbst einbrechen, um die bedrohten Pfunde vom Griff des echten Gauners zu retten. Eine Kriminal-Groteske also, mit harmloser Verspottung all jener Requisiten, die in echten Sensationsfilmen die Nerven kitzeln. Und entsprechend hätte auch gespielt werden müssen. Aber nur Theo Lingens Rolle war ganz auf den Ton der karikierten Umwelt abgestimmt. Als Detektiv ›Superbus‹ paarte er den Spürsinn eines Dromedars mit dem Mut des Hasen und entwickelt so tolle Verkleidungs-

Der Doppelgänger
**1. Camilla Horn, Georg Alexander •
2. Hans-Leisner Fischer • 3. Gerda Maurus,
Camilla Horn, Hans Leisner-Fischer**

künste, daß man immer wieder lachen mußte. Seine Mitspieler (Georg Alexander, Camilla Horn, Gerda Maurus, Fritz Odemar, Jakob Tiedtke) hielten durchweg ein erfreuliches Niveau, nur gaben sie sich manchmal zu ›normalbürgerlich‹. Auch der Regisseur Emo, der die Handlung anfangs schleppen ließ und gelegentlich Wiederholungen brachte, hätte sich bewußter für den Stil der Persiflage entscheiden müssen. Das Publikum ließ sich gern das Zwerchfell erschüttern, wo sonst seine Nerven gekitzelt wurden, und spendete zum Schluß freundlichen Beifall.« (Morgenpost, Berlin)

DOPPIA FACCIA, A
Italienischer Titel der Koproduktion → *Das Gesicht im Dunkeln.*

DOR, KARIN
* 22.02.1936 Wiesbaden;
eigentlicher Name: Kätherose Derr.
Deutsche Schauspielerin. Verkörperte in fünf Wallace-Filmen ihre Parts mit überzeugendem Charme: als Nora Sanders in → *Die Bande des Schreckens* (1960), als Valerie Howett in → *Der grüne Bogenschütze* (1960/61), als Jane Leith-Clifton in → *Der Fälscher von London* (1961), als Denise Marney in → *Zimmer 13* (1963) und als Gwendolin in → *Der unheimliche Mönch* (1965).
Karin Dor, in den 60er Jahren eine vielbeschäftigte »Miß Krimi« in zahlreichen Kriminalfilmen auch außerhalb der Edgar-Wallace-Serie, gilt als eine der schönsten Frauen des deutschen Films. Als 17jährige Schauspielschülerin wurde sie 1954 von → Harald Reinl in Wiesbaden entdeckt (erster Film: *Rosen-Resli*). Im selben Jahr heiratete sie den 30 Jahre älteren Regisseur, dessen bevorzugte Hauptdarstellerin sie wurde. Nach diversen Heimatfilmen fand sie ab 1960 ihr bevorzugtes Rollenfach als verfolgte und schutzsuchende Unschuld im deutschen Krimi. Mit den Karl-May-Filmen, speziell ihrer Rolle als Winnetous große Liebe Ribanna (*Winnetou, 2. Teil*, 1964), stieg sie zu einer der

populärsten Schauspielerinnen Deutschlands auf und wurde Hauptdarstellerin in zahlreichen Abenteuer- und Actionfilmen. Höhepunkte ihrer Karriere waren 1966 ein Auftritt als Partner von Sean Connery in dem James-Bond-Film *Man lebt nur zweimal* und 1969 die Rolle der Juanita de Cordoba in *Topas* von Alfred Hitchcock. Eine schwere Erkrankung und Mangel an Angeboten beendeten ihre Filmlaufbahn. Nach privaten Krisen gelang ihr eine neue Karriere als Theaterschauspielerin. Die Ehe mit Harald Reinl wurde 1968 geschieden. 1972–74 war die Schauspielerin mit Günther Schmucker, dem Erben der Weinbrand-Dynastie Asbach, verheiratet. 1985 ehelichte sie ihren langjährigen Freund, den amerikanischen Produzenten George Robotham. Karin Dor, die heute abwechselnd in Kalifornien und Deutschland lebt, erhielt 1994 für ihre Rollen in den Karl-May-Filmen den Scharlih.
Weitere Filme (Auswahl): *Der schweigende Engel* (1954), *Solange du lebst* (1955), *Die Zwillinge vom Zillertal* (1957), *Kleiner Mann – ganz groß* (1957), *Skandal Dodo* (1958), *Dreizehn alte Esel* (1958), *Das blaue Meer und du* (1959), *Im weißen Rößl* (1960, *Am Sonntag will mein Süßer mit mir segeln gehn* (1961), *Die unsichtbaren Krallen des Dr. Mabuse* (1961), *Der Teppich des Grauens* (1962), *Ohne Krimi geht die Mimi nie ins Bett* (1962), *Der Schatz im Silbersee* (1962), *Die weiße Spinne* (1963), *Der Würger von Schloß Blackmoor* (1963), *Das Geheimnis der schwarzen Witwe* (1963), *Ich, Dr. Fu Man Chu* (1965), *Der letzte Mohikaner* (1965), *Gern' hab' ich Frau'n gekillt* (1966), *Die Nibelungen* (2 Teile, 1966), *Das Geheimnis der gelben Mönche* (1966), *Die Schlangengrube und das Pendel* (1967), *Caroline Chérie* (1967), *Winnetou und Shatterhand im Tal der Toten* (1968), *Dracula jagt Frankenstein* (1968), *Haie an Bord* (1970), *Die Antwort kennt nur der Wind* (1974), *Frauenstation* (1976), *Mein Freund, der Lipizzaner* (TV, 1994), *Der Preis der Liebe* (TV, 1997).
Interview-Zitat anläßlich der Fernsehaufführung der Wallace-Filme: »Für damalige Begriffe waren die Filme sehr gut. Heute sind sie ein bißchen veraltet, wirkt manches unecht. Trotz-

Karin Dor:
Dreharbeiten *Die Bande des Schreckens*

140

dem würde ich wieder mitspielen, wenn die Rolle stimmt.« (Funk Uhr).

DORNYS, JUDITH
* 16.02.1941 Budapest
Schauspielerin. Sie war Kathleen Kent in → *Die Gruft mit dem Rätselschloß* (1964).
Mit sieben Jahren gehört Judith Dornys bereits zum Opernballett ihrer kunstfreudigen Heimatstadt. Als die Eltern 1950 Ungarn verlassen, beginnt für das grazile Mädchen eine ungewöhnliche Karriere. In Kanada gehört sie dem Nationalballett an, und während in Toronto jedermann vom Charme und Temperament der jungen Ungarin schwärmt, erhält sie in Paris den letzten künstlerischen Schliff. Nach ihrer Rückehr in die USA tanzt sie in Washington, Philadelphia und New York. Nach Europa zurückgekehrt, wird sie für ein Pariser Ballett engagiert. Danach erhält sie einen Dreijahresvertrag an der Städtischen Oper in Berlin. Dadurch avanciert sie zur jüngsten Primaballerina der Welt. Amerikas Startänzer, der Schauspieler Gene Kelly, holt sie zu einem großen Fernsehfilm vor die Kamera. Danach erstrahlen auch in Deutschlands Filmstudios die Scheinwerfer für Judith Dornys, die in zähem Fleiß die fremde Sprache erlernt. *Strafbataillon* 999 unter der Regie von → Harald Philipp ist 1959 ihr erster Film. Mit Paul Hubschmid dreht sie in Spanien 1960 *Schwarze Rose Rosemarie*. Danach darf sie 1961 in *Ramona* auch ihre tänzerischen Fähigkeiten vor der Kamera beweisen.
Weitere Filme (Auswahl): *Das Wirtshaus von Dartmoor* (1964), *Heiß weht der Wind* (1964), *Frau Wirtin von der Lahn* (1967), *Frau Wirtin hat auch einen Grafen* (1968), *Frau Wirtin hat auch eine Nichte* (1969), *Warum hab ich bloß 2 x ja gesagt?* (1969).

DORS, DIANA
* 23.10.1931 Swindon, Wiltshire (England),
† 04.05.1984 Windsor, Berkshire (England);
eigentlicher Name: Diana Fluck.
Englische Schauspielerin. Verkörperte 1948 die Hawkins in → *The Calendar.*
Diana Dors galt in den 50er Jahren als Britanniens Antwort auf Marilyn Monroe. Die Tochter eines höheren Eisenbahnbeamten hatte das Glück, daß ihr Vater Amateurschauspieler war. Er nahm sie im Alter von sechs Jahren mit in einen Shirley-Temple-Film. Von da an war ihr sehnlichster Wunsch, Schauspielerin zu werden. Mit 13 Jahren gewann sie einen Pin-up-Wettbewerb ihrer Schule, mit 14 verließ sie kurzerhand das Elternhaus, fuhr nach London und mietete sich ein Zimmer beim »Verein christlicher junger Mädchen«. Mit ihrem Charme und Naturtalent gelang es ihr, bei einer Schauspielschule unterzukommen. Ein Jahr später gewann sie bereits den von Alexander Korda gestifteten Preis für Nachwuchstalente. Tanzen war ihre große Leidenschaft, und als für den Film *Viel Vergnügen* (1947) eine gute Jitterbug-Tänzerin gesucht wurde, schlug ihre Stunde. Sie spielte in verschiedenen Stücken und gewann durch ihre Vitalität und Schlagfertigkeit Popularität. Anfang der 50er Jahre hatte sie bereits etliche Skandale hinter sich; wegen ihrer Partys war sie manchmal tagelang das Londoner Stadtgespräch. Da sie wußte, daß eine Schauspielerin nicht ewigen Ruhm haben kann, legte sie große Teile ihrer Gagen in Immobilien an. Dem ihr verliehenen Prädikat einer britischen Monroe wurde sie nicht gerecht; insbesondere

**Judith Dornys mit Eddi Arent:
Dreharbeiten *Die Gruft mit dem Rätselschloß***

fehlten ihr entsprechende Filmangebote. Die 1984 an Krebs verstorbene Dors war mit Alan Lake verheiratet.

Weitere Filme (Auswahl): *Hahn im Korb* (1955), *Voller Wunder ist das Leben* (1955), *Lieber reich – aber glücklich* (1956), *Ein toller Bobby, dieser Flic* (1964), *Ratten im Secret Service* (1968), *Ein Mädchen in der Suppe* (1970), *Deep End* (1970), *In einem Sattel mit dem Tod* (1972), *Craze – Dämon des Grauens* (1973), *Die Tür ins Jenseits* (1973).

DOUBLE, THE (BUCH)

Kriminalroman. *Originalausgabe: Hodder & Stoughton, London 1928. Deutsche Erstveröffentlichung: Das Steckenpferd des alten Derrick. Übersetzung: Arthur A. Schönhausen. Wilhelm Goldmann Verlag, Leipzig 1931. Wilhelm Goldmann Verlag, München 1952. Taschenbuchausgabe: Wilhelm Goldmann Verlag, München 1956 (= Goldmann Taschen-KRIMI 97). Neuübersetzung: → Gregor Müller. Wilhelm Goldmann Verlag, München 1972 (= Goldmann Taschen-KRIMI 97). Weitere Taschenbuchauflagen*

im Wilhelm Goldmann Verlag: 1974, 1975, 1976, 1980, 1982, 1989, 1997. Jubiläumsausgabe im Wilhelm Goldmann Verlag: 1990, 2000 (= Band 68). – Anläßlich des 125. Geburtstages des Autors brachte der → Weltbild Verlag 2000 eine Wallace-Edition heraus. Hier erschien der Roman in einer Doppelausgabe zusammen mit *Penelope von der Polyantha* (→ *Penelope of the Polyantha*).

Inhalt: Nach ihrer Studienzeit hatten die Freunde Inspektor Dr. phil. Dick Staines und Lord Thomas Weald einander aus den Augen verloren. Da treffen sie sich zufällig eines Abends im Hause Walter Derricks. Er gibt ihnen Einblick in seine ausgefallenen und kostspieligen Hobbys. Der alte Derrick hatte sich auf das Sammeln von Fingerabdrücken verlegt. Beunruhigend viele Leute sind an seiner Sammlung sehr interessiert. Auch die junge, charmante Krankenschwester Mary Dane gehört dazu. Da wird ein Einbruch bei Derrick verübt, aber scheinbar nichts gestohlen. Der von Scotland Yard beauftragte Inspektor Staines muß versuchen, Licht in die merkwürdige Angelegenheit zu bringen.

DOUBLE, THE (FILM)
(Der Doppelgänger)

Kinofilm. *England 1963. Produktion: Merton Park. Produzent: Jack Greenwood. Regie: Lionel Harris. Buch: Lindsay Galloway und John Roddick nach dem Roman Double Dan von Edgar Wallace. Kamera: James Wilson. Musik: Bernard Ebbinghouse. Bauten: Peter Mullins. Ton: Roy Norman. Schnitt: Edward Jarvis. Darsteller: Jeanette Sterke (Mary Winston), Alan McNaughtan (John Cleeve), Robert Brown (Richard Harrison), Jane Griffiths (Jane Winston), Basil Henson (Derreck Alwyn), Anne Lawson (Sally Carter), Diane Clare (Selena Osmonde), Liewellyn Rees (Bradshaw), John Miller (Sir Harry Osmonde), Dorothea Rundle (Martha Bradshaw), Hamilton Dyce (Inspektor Ames), Henry McCarthy (Dr. Leighton), Tony Wall (Logan), Patrick Parnell (Cooper), Arlette Dobson (Karen), David Charlesworth (Charles), Brian McGrellis, Ron Eagleton, Derek Sumner, Thelma Holt. Länge: 56 Minuten.*

Inhalt: Nach langer Krankheit kommt ein Mann, der unter Gedächtnisschwund leidet, aus Afrika zurück. Er behauptet, John Cleeve zu heißen und einen Mann getötet zu haben.

Mit Hilfe eines Freundes kommt er Schritt für Schritt der Vergangenheit auf die Spur. Schließlich macht er eine entscheidende Entdeckung, die ihm hilft, nach langen Irrwegen sein wahres Ich wiederzufinden.

Kritik zum Film: »Dieser grundsätzlich uninteressante Film versucht, seine sechzig Minuten mit unnötigen Verkomplizierungen der Geschichte und der Hinzunahme immer neuer Darsteller zu absolvieren. Aber die Grundidee der Geschichte wird einem nach spätestens zehn Minuten klar, und zwei wirklich gut gebrachte Spannungsmomente erscheinen armselig in Hinblick auf die krasse Unzulänglichkeit des Drehbuchs.« (Monthly Film Bulletin, 8/1963)

Anmerkung: Unter dem Titel *Die Rechnung geht nicht auf* lief dieser Film innerhalb einer zehnteiligen Merton-Park-Wallace Serie am 15.07. 1969 im ZDF.

The Double

DOUBLE DAN (BUCH)
Kriminalroman.

Originalausgabe: Hodder & Stoughton, London 1924. Deutsche Erstveröffentlichung: Der Doppelgänger. Übersetzung: → Ravi Ravendro. Wilhelm Goldmann Verlag, Leipzig 1930. Neuausgabe: Wilhelm Goldmann Verlag, Leipzig 1938. Neuausgabe: Wilhelm Goldmann Verlag, München 1952. Taschenbuchausgabe: Wilhelm Goldmann Verlag 1956 (= Goldmann Taschen-KRIMI 95). Weitere Taschenbuchauflagen im

THE LATEST EDGAR WALLACE THRILLER

"THE DOUBLE" (U)

starring

JEANNETTE STERKE ALAN MacNAUGHTAN

ROBERT BROWN JANE GRIFFITHS

BASIL HENSON

FROM ANGLO AMALGAMATED FOR WARNER-PATHE RELEASE

Wilhelm Goldmann Verlag: 1958, 1974, 1975, 1977, 1979, 1982, 1989. Jubiläumsausgabe im Wilhelm Goldmann Verlag: 1990, 2000 (= Band 11). Neuübersetzung: Eva Müller. Scherz Verlag, Bern, München, Wien 1983 (= Scherz Krimi 895). – Anläßlich des 125. Geburtstages des Autors brachte der → Weltbild Verlag 2000 eine Wallace-Edition heraus. Hier erschien der Roman in einer Doppelausgabe zusammen mit *A.S. der Unsichtbare (→ The Valley of Ghosts).* **Inhalt:** Die in Australien lebende Waise Diana Ford hat sich in den Kopf gesetzt, zu ihrem Vetter Gordon Selsbury nach England zu fahren. Während sie sich bei ihm einnistet, macht der »Doppelgänger«, ein Meister der Verwandlungskunst, das Leben Selsburys unsicher. Perfekt schlüpft der »Doppelgänger« in die Rolle seiner Opfer und täuscht selbst deren nächste Angehörige. Doch auch er findet seinen Meister im gewieften Privatdetektiv Mr. Superbus. **Anmerkungen:** Der Roman erschien in den USA unter dem Titel *Diana of Kara-Kara* (Small, Maynard & Co., Boston 1924). Er wurde zweimal verfilmt: 1934 unter dem Titel → *Der Doppelgänger* und 1963 unter dem Titel → *The Double.*

DOUBLE DAN

Theaterstück von Edgar Wallace. Uraufführung am 07.05.1927 im Londoner Savoy Theater. Danach schrieb Wallace das Stück zum gleichnamigen Roman um. Zum Inhalt s.d.

DOUBLES

Damit der Kinobesucher bis zum Ende eines Films mitraten konnte, wurde der Haupttäter in den Verfilmungen oft gedoubelt. Diese Rolle übernahmen: Dietrich Behne (»Lachende Leiche«) in → *Im Banne des Unheimlichen*; Walter Echtz (Mönch) in → *Der unheimliche Mönch*; Hans Ganswind (Bogenschütze) in → *Der grüne Bogenschütze*; → Hans-Eberhard Junkersdorf als Halstuchmörder in → *Das indische Tuch* und als Rasiermessermörder in → *Zimmer 13*; → Herbert Kerz als Mönch in → *Der Mönch mit der Peitsche* und als Schütze in → *Die Tote aus der Themse*; Heinz Klevenow (Der Gerissene) in → *Der Fälscher von London*; Horst Knuth (Zinker) in → *Der Zinker*; Richard Pietro (Messerwerfer) in → *Der Mann mit dem Glasauge* sowie Friedrich Schütter (Gangsterboß) in → *Der rote Kreis.*

DOUGLAS, JOHNNY
→ Komponisten

DOWN UNDER DONAVAN (BUCH)
Kriminalroman. *Originalausgabe: Ward Lock & Co., London 1918. Deutsche Erstveröffentlichung: Der Derbysieger. Übersetzung: → Ravi Ravendro. Wilhelm Goldmann Verlag, Leipzig 1932. Neuausgabe: Freitag Verlag, München 1948. Neuausgabe: Wilhelm Goldmann Verlag, München 1956. Taschenbuchausgabe: Wilhelm Goldmann Verlag, München 1960 (= Goldmann Taschen-KRIMI 242). Weitere Taschenbuchauflagen im Wilhelm Goldmann Verlag: 1972, 1975, 1977, 1979, 1982, 1985, 1997. Jubiläumsausgabe im Wilhelm Goldmann Verlag: 1990, 2000 (= Band 8). Neuübersetzung: Hardo Wichmann. Scherz Verlag, Bern, München, Wien 1987 (= Scherz Krimi 1096).* **Inhalt:** Der Engländer John Pentridge verliert im Spielkasino von Monte Carlo große Summen und wird diskret aus dem Saal gewiesen. Tags darauf macht er jedoch riesige Gewinne. In derselben Nacht wird Pentridge von einem Erpresser aufgelauert. Pentridge ermordet ihn. Noch in der Nacht nimmt Pentridge den Zug nach Nizza, wo er den geheimnisvollen Rumänen Soltescu erwartet. Petridge verkauft ihm für 20.000 Pfund eine Formel zur Herstellung von biegsamem Glas, eine Erfindung, die Pentridge vor Jahren einem John President gestohlen hat. Danach reist Pentridge Richtung London, um ja nicht das Derby in Epsom zu versäumen. Doch dort holt ihn die Vergangenheit ein. Nicht nur John President und seine Enkelin Mary halten sich in Epsom auf, sondern auch Monsieur Soltescu sowie Sir George Frodmere, der nicht halb so ehrenwert ist, wie er vorgibt. Anwesend ist ferner der Detektiv Milton Sands, der nicht nur Mary President beschützt, sondern auch Verbrecher jagt. Trotz aller kriminellen Umtriebe stellt sich jedoch vor allem eine Frage: Welches Pferd geht bei dem diesjährigen Rennen als Sieger hervor? **Anmerkung:** Der Roman wurde 1922 unter gleichem Titel verfilmt.

DOWN UNDER DONAVAN (FILM)
(Besiegt von Donavan)
Kinofilm. *England 1922. Produktion: Stoll. Regie: Harry Lambart. Buch: Forbes Dawson nach dem Roman Down Under Donavan von Edgar*

Downfall: Maurice Denham, T.P. McKenna

Wallace. *Darsteller: Cora Goffin, W. H. Benham, Bertram Parnell, William Lugg, W. H. Willitts, Cecil Rutledge, Peggy Surtees, John Monkhouse.*

Inhalt: In Monte Carlo erwirbt der millionenschwere Rumäne Soltescu für 20.000 Pfund eine chemische Formel zur Herstellung von elastischem Glas. Der Verkäufer ist der Spieler und Mörder John Pentridge, der die Formel dem eigentlichen Erfinder President gestohlen hat. Presidents Tochter Mary sucht Pentridge seit Jahren in ganz Europa. In Monte Carlo machen sich zudem einige Gauner an Soltescu heran, die ihn erfolgreich bestehlen. Soltescu begibt sich auf den Weg nach England, wo das Derby von Epsom bevorsteht. Während eines Zugunglücks auf der Strecke Nizza–Paris kommen Soltescu die Unterlagen mit der Formel abhanden. In Epsom wird der Rumäne vor dem Rennen überredet, einen hohen Geldbetrag zu setzen. Da wegen angeblicher Schiebung das Siegespferd disqualifiziert wird, hat Soltescu, nach dem Verlust der Formel, die dem rechtmäßigen Besitzer wieder zugeht, zum zweiten Mal das Nachsehen. Der Sieg geht an Mary Presidents Rennpferd, das im Rennen knapp unterlegen war.

Anmerkung: Dieser Film wurde in Deutschland nicht aufgeführt.

DOWNFALL
(Der Sturz)

Kinofilm. *England 1963. Produktion: Merton Park. Produzent: Jack Greenwood. Regie: John Moxey. Buch: Robert Stewart frei nach Edgar Wallace. Kamera: James Wilson. Musik: Bernard Ebbinghouse und Michael Carr. Bauten: Peter Mullins. Ton: Sidney Rider. Schnitt: Derek Holding. Darsteller: Maurice Denham (Sir Harold Crossley), Nadja Regin (Suzanne Crossley), T. P. McKenna (Martin Somers), Peter Barkworth (Tom Cotterell), Ellen Mcintosh (Jane Meldrum), Iris Russell (Mrs. Webster), Victor Brooks (Inspektor Royd), Ian Curry (Haldane), John Bryans (Arlott), Cavan Malone, Anthony Ashdown, Jon Luxton, John Miller, Anthony Pendrell, G. H. Mulcaster. Länge: 59 Minuten.*

Inhalt: Martin Somers steht wegen Mordes vor Gericht. Er wird von dem brillanten Anwalt Sir Harold Crossley verteidigt, der seinen Freispruch erwirkt. Sir Harold hielt Somers von Anfang an für unschuldig und bekräftig das auch nach dem Urteil. Damit steht er im Gegensatz zur Polizei und seinen Kollegen. Doch Sir Harold hat andere Pläne mit Somers und stellt ihn als Chauffeur ein. Zudem sorgt er dafür, daß Somers viel Zeit mit seiner Frau Suzanne verbringt, mit der er unglücklich verheiratet ist. Zum Schutz vor angeblichen Einbrechern läßt

Sir Harold eine geladene Pistole offen in der Wohnung liegen. Allmählich wird klar, was er beabsichtigt. Suzanne gerät in größte Gefahr. Doch die Dinge nehmen ihren Lauf anders, als Sir Harold geplant hatte.

Kritik zum Film: »Allein die Idee des brillanten Anwalts, der einen schwer verdächtigen irren Sexualmörder als Chauffeur engagiert, in der Hoffnung, daß dieser seine sündhafte Gattin erledigt, ist erschreckend sadistisch. Und der Film wäre eine grausame Sache geworden, hätte man das alles konsequent ausgeschlachtet. Doch zuletzt gibt es im Drehbuch eine Kehrtwendung, und man spart sich einen blutigen Schluß. Doch noch immer knistert die Spannung unerträglich. Die juristischen Einlagen sind plausibel gehandhabt, und die Darstellerleistungen mehr als befriedigend. Abgesehen von einigen wenigen zwangsläufigen Unbeholfenheiten ist das ein wirkungsvoller kleiner Thriller, der sich an seine Krimi-Fans wendet.« (Daily Cinema) »Unglaubwürdig im allgemeinen und in seinen Details, mit vollkommenem Mangel an Knalleffekten und einem guten Höhepunkt, ist dies ein eintöniger Thriller zweiter Wahl. Trotzdem ist es schön, Maurice Denham erneut in einer Hauptrolle zu sehen.« (Monthly Film Bulletin, 4/1964)

Anmerkung: Dieser Film wurde in Deutschland nicht aufgeführt.

DOWNS, ROBERT
(Lebensdaten unbekannt)
Er war der Kammerdiener von Edgar Wallace auf dessen letzter Amerikareise 1931/32.

Down under Donavan:
Betram Parnell, William Lugg mit Bobby

DOYLE, ARTHUR CONAN
* 22.05.1859 Edinburgh,
† 07.07.1930 Crowborough, Sussex
Bedeutender britischer Schriftsteller; Erfinder des Sherlock Holmes. Conan Doyle studierte Medizin und empfing von der klinischen Psychiatrie wichtige Anregungen für die psychologische Motivierung der in seinen Detektivgeschichten geschilderten Verbrechen. Mit Sherlock Holmes schuf Doyle eine archetypische Zentralfigur des Kriminalromans: den allen beamteten Kriminalisten überlegenen Meisterdetektiv, dessen kombinatorischer Scharfsinn auch das »perfekteste« Verbrechen aufzuklären und den raffiniertesten Täter zu entlarven vermag. Sherlock Holmes zur Seite stellte Doyle den in der Ich-Form erzählenden Arzt Dr. Watson, der, anders als Holmes, immer ein wenig im dunkeln tappt. Zu Doyles wichtigsten Veröffentlichungen gehören *Studie in Scharlachrot* (1888), *Im Zeichen der Vier* (1890), *Sherlock Holmes' Abenteuer* (1892), *Der Hund von Baskerville* (1902) und *Das Tal der Furcht* (1915). Edgar Wallace begab sich 1931 auf die Fährte seines genialen Vorfahren und schuf das Drehbuch für die Verfilmung von Doyles Roman → *The Hound of the Baskervilles*.

DRACHE, HEINZ
* 09.02.1923 Essen,
† 03.04.2002 Berlin
Deutscher Schauspieler. Er übernahm in insgesamt neun Wallace-Verfilmungen zumeist den Part des Detektivs und agierte als Inspektor Dick Martin in → *Die Tür mit den 7 Schlössern* (1962), als Inspektor Elford in → *Der Zinker* (1963), als Rechtsanwalt Tanner in → *Das indische Tuch* (1963), als Inspektor Wesby in → *Der Hexer* (1964) und in → *Neues vom Hexer* (1965), als Versicherungsagent Humphrey Connery in → *Der Hund von Blackwood Castle* (1967), als Agent Michael Brixan in → *Der Rächer* (1960), als Zirkusmanager Carl in → *Das Rätsel des silbernen Dreieck* (1965/66) und als Kapitän Johnny von Karsten in → *Sanders und das Schiff des Todes* (1964).

Während seiner Essener Gymnasialzeit fiel der Sohn eines Kaufmanns seinem Deutschlehrer als hervorragender Faust-Kenner auf. Aufgrund von Beziehungen zum Essener Stadttheater konnte er dort für zwei Jahre als Statist arbeiten. Nach dem Abitur ging er nach Nürnberg

Heinz Drache: 1. Dreharbeiten in Afrika (*Sanders und das Schiff des Todes*) •
2. Dreharbeiten *Das indische Tuch* (1963) • 3. Dreharbeiten *Der Rächer* (1960)

zu den »Fliegern«. Dort bewarb er sich nach der Eignungsprüfung, entgegen dem Wunsch des Vaters, für die Schauspielausbildung. Er wurde angenommen und durfte wegen seines ausgezeichneten Repertoires sofort mit richtigen Rollen am Nürnberger Theater beginnen. Das war 1942. Bald danach hieß es: »Unbekannter Schauspieler erobert Nürnberg«. Nach dem Einmarsch der Amerikaner blieb Drache in Nürnberg. Er inszenierte Shows für die Solda-

Heinz Drache mit Brigitte Horne (l.) und Margot Trooger: Dreharbeiten *Neues vom Hexer*

ten, sang und spielte. Nach Eröffnung der Städtischen Bühnen begann er als Ferdinand in *Kabale und Liebe*. Nach einem Jahr kam er zu Wolfgang Langhoff nach Berlin an das Deutsche Theater. Dort lernte er Gustaf Gründgens kennen. Als Gründgens nach Düsseldorf ging, nahm er Drache mit. 1953 drehte er in Jugoslawien sein Filmdebüt *Dalmatische Hochzeit*, das sich jedoch als Reinfall erwies. Es dauerte einige Jahre, bis er mit kleineren Filmrollen wieder zum Zug kam. Überzeugend war dann sein erbitterter Spätheimkehrer in Käutners *Der Rest ist Schweigen* (1959). Anschließend ging er ans Berliner Schiller-Theater. *Meuterei auf der Caine* und Zuckmeyers *Das kalte Licht* waren Stücke, die ihm großen Erfolg brachten. Anfang 1956 wechselte Drache nach Wien an das Theater in der Josefstadt. Neben seinen Bühnen- und Filmverpflichtungen arbeitete Drache ständig beim Funk und in Fernsehspielen. So kam es, daß der → Constantin-Chef → Waldfried Barthel Drache im Durbridge-Mehrteiler *Das Halstuch* sah und sogleich veranlaßte, daß Drache für den Wallace-Streifen *Die Tür mit den 7 Schlössern* engagiert wurde. Nach seinem letzten Wallace-Film *Der Hund von Blackwood Castle* (1967) spielte Drache viele Jahre lang ausschließlich Theater. 1986 wurde er Tatort-Kommissar des Senders Freies Berlin. Drache war auch ein vielbeschäftigter Synchronsprecher, u.a. für Richard Widmark, Christopher Lee und Herbert Lom. – Der kultivierte Schauspieler strahlte Durchsetzungsvermögen aus, ohne brutal zu wirken. Mit seinen grau-grünen Augen, der imposanten Stimme und dem glatten Gesicht war er ein Film-Kommissar ohne besondere Merkmale, aber kaltschnäuzig genug, jeden Fall zu lösen. – Auszeichnungen: Otto (von Bravo; 1962).

Weitere Filme (Auswahl): *Bei Dir war es immer so schön* (1954), *Spion für Deutschland* (1956), *Kein Auskommen mit dem Einkommen* (1957), *Gefährdete Mädchen* (1958), *Madeleine Tel. 13 62 11* (1958), *Der Tod auf dem Rummelplatz* (TV, 1958), *Im sechsten Stock* (TV, 1959), *Der Rest ist Schweigen* (1959), *Die Frau am dunklen Fenster* (1960), *Mit 17 weint man nicht* (1960), *Der schwarze Panther von Ratana* (1962), *Nur tote Zeugen schweigen* (1963), *Ein Sarg aus Hongkong* (1964), *Das Wirtshaus von Dartmoor* (1964), *Schüsse im Dreivierteltakt* (1965), *Die 13 Sklavinnen des Dr. Fu Man Chu*

(1966), *Zeugin aus der Hölle* (1967), *Die sieben Masken des Judoka* (1967).

Interview-Zitat anläßlich der Fernsehaufführung der Edgar-Wallace-Filme: »Für die Wiederholungen bekomme ich keinen Pfennig. Es ist aber schön zu wissen, daß das Publikum einen immer noch sehen möchte.«

DREHBUCHAUTOREN (I)

Sie hatten durch ihren Spürsinn für die Möglichkeiten der Trivialliteratur entscheidenden Anteil am Erfolg der Edgar-Wallace-Serie im Kino. Die Autoren der ersten Stunde – in der Reihenfolge ihrer Verpflichtung durch die → Constantin Film – waren → Egon Eis (unter dem Pseudonym Trygve Larsen), → Jochen Joachim Bartsch, → Marcel Valmy (unter dem Pseudonym Wolfgang Schnitzler), → Wolfgang Menge und → Hanns Wiedmann (unter dem Pseudonym Johannes Kai). Sie wußten, mit welchen Mitteln die Romane in Filme umgesetzt werden konnten. Diesen Autoren zur Seite stand vor allem → Gerhard F. Hummel (unter dem Pseudonym Piet ter Ulen), der als geschäftsführender Constantin-Produzent die Drehbücher absegnete. Spätere Autoren wie → Curt Hanno Gutbrod, → Robert Adolf Stemmle, → Georg Hurdalek, → Harald Giertz-Petersson hatten dagegen weniger Gespür für das cineastische Potential der Wallace-Romane. Als man ab 1965 freie Wallace-Adaptionen produzierte, fanden sich dafür ebenfalls ausgezeichnete Autoren wie → Herbert Reinecker (unter dem Pseudonym Alex Berg), → Fred Denger oder Ladislas Fodor.

DREHBUCHAUTOREN (II)

→ Joachim J. Bartsch, → Egon Eis, → Curt Hanno Gutbrod, → Wolfgang Menge, → Harald G. Petersson, → Herbert Reinecker, → Jimmy Sangster, → Robert Adolf Stemmle, → Marcel Valmy, → Hanns Wiedmann.

Neben den vorgenannten Autoren, die die Drehbücher zu den bekanntesten Wallace-Verfilmungen schrieben, gibt es zahlreiche andere, die seit 1915 Vorlagen zu Wallace-Filmen lieferten. Im einzelnen sind dies:

• **DORIS ANDERSON,** * *14.11.1897 Chico, Kalifornien, † Juni 1971 Washington, D.C.* Sie schrieb das Drehbuch zu → *The Girl from Scotland Yard* (1937). – Weitere Filmdrehbücher (Auswahl): *The Adorable Deceiver*

(1926), *Her Honor, the Governor* (1926), *Das zweite Leben* (1928), *Einmal kommt der Tag* (1928), *Millionen um ein Weib* (1929), *The Gay Diplomat* (1931), *Love Birds* (1934), *And So They Were Married* (1936), *King of Gamblers* (1937), *Women in War* (1940), *Salute for Three* (1943), *That Brennan Girl* (1946), *Never a Dull Moment* (1950).

• **EDWARD O. BERKMAN** *(Lebensdaten unbekannt)*. Er war Drehbuchautor und → Komponist von → *The Squeaker* (1937) und führte Regie bei *The Green Cockatoo* (1937).

• **LAJOS BIRO**, * *1880 Nagyvarad (Ungarn)*, † *09.09.1948 London*. Im Vor-/Abspann manchmal auch Ludwig Biro genannt. Bekannter Autor, der u.a. das Drehbuch für die Wallace-Verfilmung → *Sanders of the River* (1935) lieferte. Der Ungar war ein Freund der Korda-Brüder. Mit ihnen und George Grossmith sr. gründete er die Firma London Film Productions, deren weltberühmtes Markenzeichen die elf Uhr schlagende Turmuhr von Big Ben wurde.

• **RALPH BLOCK**, * *21.06.1889 Cherokee, Iowa*, † *02.01.1974 Wheaton, Maryland*. Drehbuchautor und Produzent. Schrieb u.a. das Drehbuch für → *Before Dawn* (1933).

• **SIMON BOOKER** *(Lebensdaten unbekannt)*. Er war Drehbuchautor der Wallace-Fernsehserie → *The Mixer* (1992). – Weitere Arbeiten als Drehbuchautor (Auswahl): *Das Mädchen mit den zwei Gesichtern* (TV, 1996), *The Mrs. Bradley Mysteries* (TV, 1999), *The Blind Date* (TV, 2000), *Double Bill* (TV, 2003).

• **SIMONE BOROWIAK** *(Lebensdaten unbekannt)*. Co-Autorin des Rialto-RTL-Films → *Die Katze von Kensington* (1995).

• **A. V. BRAMBLE** *(Lebensdaten unbekannt)*. Der Darsteller, Drehbuchautor und Regisseur drehte die Wallace-Filme → *Chick* (1928) und → *The Man who changed his Name* (1929). Der Regieveteran wurde Förderer des Regisseurs Anthony Asquith.

• **PHILIP BROADLEY** *(Lebensdaten unbekannt)*. Broadley war Drehbuchautor der Wallace-Fernsehserie → *The Mixer* (1992). – Weitere Arbeiten als Drehbuchautor (Auswahl): *The Saint* (TV, 1962), *The Counterfeit Man* (TV, 1965), *Van de Valk* (TV, 1972), *Gene Bradley in geheimer Mission* (TV-Serie, 1972), *Return of the Saint* (TV, 1978), *Bergerac* (TV-Serie, 1981), *Lord Peter Wimsey* (TV, 1987).

• **KATHLEEN BUTLER** *(Lebensdaten unbekannt)*. Die vielbeschäftigte Autorin schrieb das Drehbuch zu → *The Feathered Serpent* (1934).

• **FANNY CARLSEN** *(Lebensdaten unbekannt)*. Sie schrieb u.a. das Drehbuch für → *Der rote Kreis* (1928).

• **VERNON CLANCEY** *(Lebensdaten unbekannt)*. Der Autor verfaßte u.a. das Drehbuch für → *Flying Fifty-Five* (1939).

• **WILLIAM H. CLIFFORD**, * *1874 San Francisco*, † *09.10.1938 Los Angeles*. Erscheint im Vor-/Abspann manchmal auch als W. H. Clifford oder William Clifford. Drehbuchautor und Regisseur der Stummfilmzeit. Verantwortlich war er für den Wallace-Stummfilm → *The Green Terror* (1919).

• **WALLACE CLIFTON** *(Lebensdaten unbekannt)*. Er schrieb das Drehbuch für → *Wanted at Headquarters* (1920).

• **HUGH CROISE** *(Lebensdaten unbekannt)*. Regisseur, Drehbuchautor und gelegentlich auch Darsteller. War Autor des Wallace-Films → *A Dear Liar* (1925).

• **LEWIS DAVIDSON**, * *20.10.1926 (ohne Angabe)*, † *17.06.1990 Squaw Valley, Kalifornien*. Erscheint im Vor-/Abspann manchmal auch als Lewis W. Davidson. Er schrieb das Drehbuch zu der → Merton Park Produktion → *Act of Murder* (1965).

• **CONINGSBY WILLIAM DAWSON** *(Lebensdaten unbekannt)*. Dawson lieferte das Drehbuch zu → *The Girl from Scotland Yard* (1937). – Weitere Drehbucharbeit: *The Coast of Folly* (1925).

• **JEFFREY DELL** *(Lebensdaten unbekannt)*. Arbeitete gelegentlich auch als Regisseur. Schrieb u.a. die Drehbücher für → *Sanders of the River* (1935) und → *Kate Plus Ten* (1938).

• **JOHN DIGHTON**, * *1909 (ohne Angabe)*, † *1989 (ohne Angabe)*. Drehbuchautor, der fest an das Studio Ealing gebunden war und vor allem für den britischen Produzenten Michael Balcon arbeitete. Schrieb das Drehbuch für → *Thank Evans* (1937).

• **MARION DIX**, * *04.06.1906 Milwaukee, Wisconsin*. Sie schrieb u.a. das Drehbuch für → *Before Dawn* (1933).

• **EDWARD DRYHURST**, * *28.12.1904 Desborough (England)*, † *07.03.1989 London*. Er war überwiegend Drehbuchautor, u.a. für → *The Case of the Frightened Lady* (1940).

- **JAMES EASTWOOD** *(Lebensdaten unbekannt).* Er schrieb die Drehbücher zu den → Merton-Park-Produktionen → *The Fourth Square* (1960), → *The Man Who Was Nobody* (1960) und → *Urge to Kill* (1960).
- **MARRIOTT EDGAR,** * *05.10.1880 Kirkcudbright (Schottland), † 05.05.1951 London.* Er schrieb das Drehbuch von → *Old Bones of the River* (1938).
- **ROBERT EDMUNDS** *(Lebensdaten unbekannt).* Erscheint im Vor-/Abspann manchmal auch als Bob Edmunds oder R. Edmunds. Lieferte das Drehbuch für → *Educated Evans* (1936).
- **BERND EILERT,** * *1949 Oldenburg.* Verfasser der Drehbücher zu den Fernsehfilmen → *Das Haus der toten Augen* (1997) und → *Das Schloß des Grauens* (1997). – Weitere Drehbucharbeiten (Auswahl): *Das Casanova-Projekt* (1981; auch Regie), *Otto – Der Film* (1985), *Otto – Der Neue Film* (1987), *Otto – Der Außerfriesische* (1989), *Otto – Der Liebesfilm* (1992; auch Regie), *Otto – Der Katastrofenfilm* (2000).
- **GERALD ELLIOTT** *(Lebensdaten unbekannt).* Lieferte u.a. die Drehbücher für → *The Frog* (1936) und → *Return of the Frog* (1938).
- **GERARD FAIRLIE,** * *1900 (ohne Angabe), † 31.03.1968 (ohne Angabe).* Drehbuchautor von → *The Lad* (1935) und → *Chick* (1936).
- **RIO FANNING** *(Lebensdaten unbekannt).* Er war Drehbuchautor der Wallace-Fernsehserie → *The Mixer* (1992). – **Weitere Arbeiten** als Drehbuchautor (Auswahl): *Ballykissangel* (TV-Serie, 1996), *A Twist in the Tale* (TV-Serie, 1998), *Relic Hunter – Die Schatzjägerin* (TV-Serie, 1999).
- **LADISLAS FODOR,** * *26.03.1898 (ohne Angabe), † 03.09.1978 (ohne Angabe).* Aus Ungarn stammender Autor und Schriftsteller. Unter dem Arbeitstitel *Die lachende Leiche* schrieb er das Drehbuch zum Film → *Im Banne des Unheimlichen* (1968), unter dem Titel *Die grausame Puppe* das Drehbuch zu → *Der Mann mit dem Glasauge* (1968). Beide Drehbücher wurden von → Paul Hengge abschließend umgearbeitet. Fodor war zudem Autor von → *Der Teufel kam aus Akasava*. – Weitere Filmdrehbücher (Auswahl): *Liebe ohne Illusion* (1955), *Abschied von den Wolken* (1959), *Du bist wunderbar* (1959), *Menschen im Hotel* (1959), *Der kleine Däumling*

(1959), *Land der tausend Abenteuer* (1960), *Scheidungsgrund: Liebe* (1960), *Das Riesenrad* (1961), *Im Stahlnetz des Dr. Mabuse* (1961), *Die unsichtbaren Krallen des Dr. Mabuse* (1962), *Das Testament des Dr. Mabuse* (1962), *Scotland Yard jagt Dr. Mabuse* (1963), *Der Würger von Schloß Blackmoor* (1963), *Frühstück im Doppelbett* (1963), *Old Shatterhand* (1963/64), *Das Phantom von Soho* (1963/64), *Die Todesstrahlen des Dr. Mabuse* (1964), *Der Schatz der Azteken* (1965), *Die Pyramide des Sonnengottes* (1965), *Die Nibelungen, Teil 1: Siegfried* (1966), *Die Nibelungen, Teil 2: Kriemhilds Rache* (1966), *Wer kennt Jonny R.?* (1966), *Die Hölle von Macao* (1967), *Tevje und seine sieben Töchter* (1968), *Kampf um Rom I* (1968), *Kampf um Rom II: Der Verrat* (1968), *Der Kurier des Zaren* (1970).
- **GARRETT FORT,** * *05.06.1900 New York, † 26.10.1945 Beverly Hills, Los Angeles.* Erscheint im Vor-/Abspann manchmal auch als Garrett Elsden Fort. Der vielbeschäftigte Autor schrieb das Drehbuch für → *Before Dawn* (1933).
- **WILLIAM FRESHMAN,** * *1907 Sydney (Australien).* Drehbuchautor, Regisseur und Darsteller. Er war verantwortlich für die Wallace-Verfilmung → *The Terror* (1938).
- **MAJORIE GAFFNEY** *(Lebensdaten unbekannt).* Die Autorin schrieb u.a. das Drehbuch für → *The Mind of Mr. Reeder* (1939).
- **Lindsay Galloway** *(Lebensdaten unbekannt).* Verfaßte die Drehbücher zu den → Merton Park-Produktionen → *Flat Two* (1961) und → *The Double* (1963).
- **CYRIL GARDNER,** * *30.05.1898 Paris, † 30.12.1942 Hollywood, Kalifornien.* Schnittmeister, Drehbuchautor und Regisseur. Lieferte das Drehbuch zu → *Chick* (1936).
- **HARVEY GATES,** * *19.01.1894 Hawaii (USA), † 04.11.1948.* Vielbeschäftigter Autor, dessen Karriere schon zu Stummfilmzeiten begann. U.a. schrieb er das Drehbuch für → *The Terror* (1928).
- **DONAL GILTINAN** *(Lebensdaten unbekannt).* Schrieb die Drehbücher zu den → Merton-Park-Produktionen → *We Shall See* (1964), → *Change Partners* (1965) und → *Dead Man's Chest* (1965).
- **LESLIE HOWARD GORDON** *(Lebensdaten unbekannt).* Verfaßte u.a. die Drehbücher zu

→ *The River of Stars* (1921) und → *Melody of Death* (1922).

- **GEORGE ARTHUR GRAY** *(Lebensdaten unbekannt)*. Er schrieb das Drehbuch zu → *The Terrible People* (1929). – Weitere Arbeiten als Drehbuchautor (Auswahl): *The Crimson Flash* (1927), *The Yellow Cameo* (1928), *The Fire Detective* (1929), *The Valley of Vanishing Men* (1942).
- **VICTOR M. GREENE** *(Lebensdaten unbekannt)*. Produzent und Drehbuchautor. Er war Co-Autor und Produzent der Wallace-Verfilmung → *Flying Fifty-Five* (1939).
- **VAL GUEST**, * 1911 London. Begann seine Karriere als Darsteller auf britischen Bühnen zu Beginn der Tonfilmära. Regisseur Marcel Varnel erkannte Guests Talent und verschaffte ihm den Job eines Drehbuchautors bei den Gainsborough Studios. Nach erfolgreicher Autorentätigkeit begann er Anfang der 40er Jahre eine ebenso erfolgreiche Karriere als Regisseur. Guest schrieb das Drehbuch für → *Old Bones of the River* (1938).
- **GILBERT GUNN**, * 1912 Glasgow (Schottland). Regisseur und Autor. Lieferte u.a. das Drehbuch für → *The Door with Seven Locks* (1940).
- **RICHARD HARRIS** *(Lebensdaten unbekannt)*. Er schrieb die Drehbücher zu den → Merton-Park-Produktionen → *Man Detained* (1961), → *Attempt to Kill* (1961), → *Locker Sixty-Nine* (1962), → *On the Run* (1963) und → *The Main Chance* (1964).
- **IAN HAY** *(Lebensdaten unbekannt)*. Verfaßte u.a. die Drehbücher für → *The Frog* (1936) und → *The Return of the Frog* (1938).
- **KATHLEEN HAYDEN** *(Lebensdaten unbekannt)*. Die Autorin schrieb die Drehbücher zu → *The Man who changed his Name* (1928), → *The Clue of the New Pin* (1929) und → *The Flying Squad* (1929).
- **LYDIA HAYWARD** *(Lebensdaten unbekannt)*. Lieferte u.a. das Drehbuch zu → *The Missing People* (1940).
- **LUKAS HELLER**, * 1930 (ohne Angabe), † 02.11.1988 (ohne Angabe). Er verfaßte die Drehbücher zu den → Merton-Park-Produktionen → *Never Back Losers* (1962) und → *Candidate for Murder* (1961).
- **MICHAEL HOGAN** *(Lebensdaten unbekannt)*. Der vielbeschäftigte Autor verfaßte das Drehbuch für → *The Mind of Mr. Reeder* (1939).

- **JAMES W. HORNE**, * 14.12.1880 San Francisco, † 29.06.1942 Hollywood, Kalifornien. Erscheint im Vor-/Abspann manchmal auch als James Horne oder James M. Horne. Bedeutender Drehbuchautor und Regisseur. Er war verantwortlich als Autor und Regisseur für den Wallace-Film → *The Green Archer* (1940).
- **KENNETH HORNE**, * 27.02.1907 London, † 14.02.1969 London; eigentlicher Name: Charles Kenneth Horne. Schrieb u.a. das Drehbuch zu → *The Flying Fifty-Five* (1939).
- **E. MORTON HOUGH** *(Lebensdaten unbekannt)*. Lieferte u.a. das Drehbuch für → *Born to Gamble* (1935).
- **JULIAN HOUSTON** *(Lebensdaten unbekannt)*. Drehbuchautor. Houston schrieb das Drehbuch zu → *Strangers on Honeymoon* (1936).
- **DOROTHY HOWELL**, * 10.05.1899 Chicago, Illinois. Vielbeschäftigte Drehbuchautorin der Stummfilm- und frühen Tonfilmzeit. Schrieb das Drehbuch für → *The Menace* (1932).
- **JACK HULBERT**, * 24.04.1892 Ely (England), † 25.03.1978 London. Er war Drehbuchautor und gleichzeitig Darsteller (als Inspector Mike Pemberton) in dem Wallace-Film → *Kate Plus Ten* (1938).
- **JOHN HUNTER** *(Lebensdaten unbekannt)*. Autor, der u.a. das Drehbuch für → *The Green Pack* (1934) schrieb.
- **HENRI JEANSON**, * 06.03.1900 Paris, † 06.11.1970 Equemauville, Calvados (Frankreich). Der vielbeschäftigte Autor lieferte das Drehbuch zu dem französischen Wallace-Film → *Le Jugement de minuit* (1932).
- **HERBERT JUTTKE** *(Lebensdaten unbekannt)*. Erscheint im Vor-/Abspann manchmal auch als H. Juttke. Autor, der u.a. das Drehbuch für → *Der große Unbekannte* (1927) schrieb.
- **HANS KANTEREIT** *(Lebensdaten unbekannt)*. Co-Autor des Rialto-RTL-Films → *Die Katze von Kensington* (1995).
- **KEVIN KAVANAGH** *(Lebensdaten unbekannt)*. Co-Autor des Wallace-Films → *Todestrommeln am großen Fluß* (1963). – Weitere Drehbucharbeiten: *A Price of Arms* (1962), *Sumuru, die Tochter des Satans* (1966).
- **VICTOR KENDALL** *(Lebensdaten unbekannt)*. Verfaßte u.a. das Drehbuch für → *Mr. Reeder in Room 13* (1938).

- **GEOFFREY KERR** *(Lebensdaten unbekannt)*. Schrieb u.a. das Drehbuch für → *The Calendar* (1948).
- **PATRICK KIRWAN** *(Lebensdaten unbekannt)*. Der vielbeschäftigte Autor lieferte u.a. das Drehbuch für → *The Dark Eyes of London* (1939).
- **GEORGE C. KLAREN** *(Lebensdaten unbekannt)*. Autor und gelegentlich Regisseur. Schrieb u.a. das Drehbuch für → *Der große Unbekannte* (1927).
- **ARTHUR LA BERN** *(Lebensdaten unbekannt)*. Er schrieb die Drehbücher zu → *Time to Remember* (1962), → *Accidental Death* (1963), → *Incident at Midnight* (1963) und → *The Verdict* (1964).
- **FRANK LAUNDER**, * *Januar 1906, Hitchin, Hertfordshire (England)*, † 23.02.1997 Monaco. Vielbeschäftigter Autor, Regisseur und Produzent. Er schrieb das Drehbuch zu → *Educated Evans* (1936).
- **DAVID LESTRANGE** *(Lebensdaten unbekannt)*. Er schrieb hauptsächlich Drehbücher, darunter auch zu → *The Diamond Man* (1924).
- **WILLIAM R. LIPMAN** *(Lebensdaten unbekannt)*. Erscheint im Vor-/Abspann manchmal auch als William Lipman. Autor, der u.a. das Drehbuch für → *Dangerous to Know* (1938) lieferte.
- **CHARLES LOGUE**, * *08.02.1889 Boston, Massachusetts*, † 02.08.1938 Venice, Kalifornien. Erscheint im Vor-/Abspann manchmal auch als A. Logue oder Charles A. Logue. Der Autor war seit der frühen Stummfilmzeit und zu Beginn des Tonfilms aktiv, z.T. auch als Regisseur. Als Autor verfaßte er das Drehbuch zu der Wallace-Verfilmung → *The Menace* (1932).
- **EDGAR LUSTGARTEN**, * *1917 Manchester*, † *Dezember 1978 London*. Darsteller und Drehbuchautor. Er schrieb das Drehbuch zu der → Merton-Park-Produktion → *Game for Three Losers* (1964).
- **PHILIP MACKIE** *(Lebensdaten unbekannt)*. Er verfaßte die Drehbücher zu den → Merton-Park-Produktionen → *The Clue of the New Pin* (1960), → *The Clue of the Twisted Candle* (1960), → *The Clue of the Silver Key* (1961), → *Number Six* (1962), → *The Share Out* (1962), → *The Sinister Man* (1962), → *The 20.000 Pound Kiss* (1963).
- **ANGUS MACPHAIL**, * *08.04.1903 London*, † *22.04.1962 (ohne Angabe)*. Der vielbeschäftigte Autor, der schon zu Stummfilmzeiten aktiv war, verfaßte die Drehbücher zu → *The Wrecker* (1929), → *The Frightened Lady* (1932), → *The Ringer* (1932), → *The Man They Couldn't Arrest* (1933), → *White Face* (1933) und → *The Four Just Men* (1939).
- **MILES MALLESON**, * *25.05.1888 Croydon, Surrey (England)*, † *15.03.1969 London; eigentlicher Name:* William Miles Malleson. Erscheint im Vorspann auch als Miles Malieson. Drehbuchautor und Darsteller. Schrieb das Drehbuch für → *The Yellow Mask* (1930).
- **PATRICK L. MANNOCK** *(Lebensdaten unbekannt)*. Autor der Stummfilmzeit, der u.a. das Drehbuch für → *The Crimson Circle* (1922) schrieb.
- **ROGER MARSHALL** *(Lebensdaten unbekannt)*. Lieferte die Drehbücher zu den → Merton-Park-Produktionen → *Ricochet* (1963), → *The Set-Up* (1963), → *Who Was Maddox?* (1964), → *Game for Three Losers* (1964) und → *Five to One* (1964).
- **BASIL MASON** *(Lebensdaten unbekannt)*. Schrieb das Drehbuch zu → *The Jewel* (1933).
- **HARACE MCCOY**, * *1897 (ohne Angabe)*, † *16.12.1955 (ohne Angabe)*. Autor, der u.a. das Drehbuch für → *Dangerous to Know* (1938) schrieb.
- **H. FOWLER MEAR** *(Lebensdaten unbekannt)*. Im Vor-/Abspann manchmal auch Harry Fowler Mear. Autor, der u.a. das Drehbuch für → *The Man Who Changed His Name* (1934) schrieb.
- **ELIZABETH MEEHAN**, * *22.08.1894, Isle of Wight (England)*, † *21.05.1967 New York*. Bedeutende Autorin, die u.a. für → *Mr. Reeder in Room 13* (1938) das Drehbuch verfaßte.
- **JOHN MEEHAN**, * *08.05.1890 Lindsay, Ontario (Kanada)*, † *12.11.1954 Woodland Hills, Kalifornien*. Der vielbeschäftigte Autor schrieb u.a. das Drehbuch zu → *Thank Evans* (1937).
- **AUSTIN MELFORD**, * *21.08.1884 Alverstoke, Hampshire (England)*, † *19.08.1971 London*. Milford gehörte zu den vielseitigsten Persönlichkeiten der frühen Filmgeschichte. Neben seinen Arbeiten als Autor führte er Regie, komponierte Musik und war zuletzt auch als Darsteller zu sehen. Zu seinen Wallace-Arbei-

ten gehört das Drehbuch zu → *Thank Evans* (1937).

- **PETER MILNE,** * 15.08.1896 New York, † März 1968 Los Angeles. Lieferte u.a. das Drehbuch für → *Return of the Terror* (1934).
- **DOREEN MONTGOMERY,** * 1916 (ohne Angabe), † 1992 (ohne Angabe). Bekannte Autorin, die die Figur der Emma Peel für die Fernsehserie *Mit Schirm, Charme und Melone* schuf. Sie verfaßte die Drehbücher zu den Wallace-Filmen → *Mr. Reeder in Room 13* (1937) und → *The Flying Squad* (1940).
- **WALTER V. MYCROFT,** * 1891 (ohne Angabe), † 14.06.1959 (ohne Angabe). Bedeutender Produzent des frühen Tonfilms der 30er und 40er Jahre, der gelegentlich auch Drehbücher schrieb und Regie führte. Er war als → Produzent verantwortlich für → *The Terror* (1938) und → *The Flying Squad* (1940) und als Co-Autor für das Drehbuch zu → *The Yellow Mask* (1930).
- **SERGEI NOLBANDOV,** * 1895 (ohne Angabe), † 1971 (ohne Angabe). Produzent, Autor und Regisseur. Er schrieb das Drehbuch zu → *The Four Just Men* (1939).
- **WILFRED NOY,** * 24.12.1883 South Kensington, London, † 29.03.1948 Worthing, Sussex (England). Regisseur, Autor, Produzent und Darsteller, der bereits zu frühen Stummfilmzeiten tätig war. Er zeichnete als → Regisseur und Autor für → *Circumstantial Evidence* (1929) verantwortlich.
- **PETER ORTH** (Lebensdaten unbekannt). Autor, der u.a. das Drehbuch für → *Der Doppelgänger* (1934) schrieb.
- **J. O. C. ORTON** (Lebensdaten unbekannt). Autor des Wallace-Films → *Old Bones of the River* (1938).
- **BASTIAN PASTEWKA,** * 04.04.1972 Bochum. Pastewka war Co-Drehbuchautor der Wallace-Parodie → *Der Wixxer* (2003) und spielte eine Nebenrolle darin. – Weitere Produktionen (Auswahl): *Die Wochenshow* (TV-Show, 1996–2001), *Der Zimmerspringbrunnen* (2001); und im Zeichentrickfilm *Kommando Störtebeker* (2001) hörte man ihn als Paul Bommel.
- **GEORGE PEARSON,** * 1875 London, † 1973 Malvern (England). Regisseur, Autor und Produzent. Schrieb die Drehbücher zu → *Angel Esquire* (1919) und → *Pallard the Punter* (1919).

- **VICTOR PEMBERTON** (Lebensdaten unbekannt). Autor, der das Drehbuch zur Fernsehverfilmung → *The Case of the Frightened Lady* (1983) schrieb. Weitere Drehbucharbeit: *Doctor Who* (TV, 1963).
- **ROLAND PERTWEE,** * 17.05.1885, Brighton, East Sussex, † 26.04.1963, London. Der vielbeschäftigte Autor arbeitete bereits in der Stummfilmzeit. Zudem war er als → Darsteller tätig. Schrieb das Drehbuch zu der Wallace-Verfilmung → *The Four Just Men* (1939); spielte darin zudem die Rolle des Mr. Hastings.
- **GEORGE RIDGWELL** (Lebensdaten unbekannt). Bedeutender Regisseur der Stummfilmzeit, aber auch Autor und Darsteller. Zeichnete als → Regisseur für die Wallace-Filme → *The Four Just Men* (1921; auch Autor) und → *The Crimson Circle* (1922) verantwortlich.
- **JOHN RODDICK** (Lebensdaten unbekannt). Lieferte die Drehbücher zu den → Merton-Park-Produktionen → *Return to Sender* (1962), → *Death Trap* (1962), → *The Double* (1963), → *The Partner* (1963) und → *Rivals* (1963).
- **NICOLAS ROEG,** * 15.08.1928 London; eigentlicher Name: Nicolas Jack Roeg. Bevor Roeg durch seine Regiearbeiten wie *Wenn die Gondeln Trauer tragen* (1973) weltberühmt wurde, war er Kameramann und schrieb Drehbücher u.a. auch für → *Todestrommeln am großen Fluß* (1963).
- **MACLEAN ROGERS** (Lebensdaten unbekannt). Erscheint im Vor-/Abspann manchmal auch als P. Maclean Rogers oder P. McLean Rogers. Er war ein vielbeschäftigter → Regisseur, aber auch Autor und Produzent. War Regisseur und Drehbuchautor des Wallace-Films → *The Feathered Serpent* (1934).
- **DORE SCHARY,** * 31.08.1905 Newark, New Jersey, † 07.07.1980 New York. Produzent und Autor. Schary schrieb das Drehbuch zu → *The Girl from Scotland Yard* (1937). – Weitere Filmdrehbücher (Auswahl): *Fury of the Jungle* (1934), *Fog* (1934), *Polizeistation Chinesenviertel* (1935), *Mississippi* (1935), *Der Rabe* (1935), *Geächtet* (1937), *Teufelskerle* (1938), *Broadway Melodie 1940* (1940), *Der große Edison* (1940), *Married Bachelor* (1941), *Der junge Edison* (1945), *Das Leben ist Lüge* (1958) *The Battle of Gettysburg*

(1955). – Als Produzent zeichnete Schary u.a. verantwortlich für: *Journey for Margaret* (1942), *Joe Smith, American* (1942), *Lassie komm zurück* (1943), *Die Wendeltreppe* (1946), *So einfach ist die Liebe nicht* (1947), *Jedes Mädchen müßte heiraten* (1948), *Berlin-Express* (1948), *Nur meiner Frau zuliebe* (1948), *Das unheimliche Fenster* (1949), *Karawane der Frauen* (1951), *Schiff ohne Heimat* (1952), *Du und keine andere* (1953), *Der Schwan* (1956), *Die letzte Jagd* (1956), *Warum hab' ich ja gesagt!* (1957), *Das Leben ist Lüge* (1958).

• **JAMES SEYMOR**, * 23.04.1895 Boston, Massachusetts, † 29.01.1976 London. Verfaßte das Drehbuch zu → *The Missing Million* (1942).

• **FRANK LEON SMITH** (Lebensdaten unbekannt). Smith schrieb das Drehbuch zu → *The Green Archer* (1925). – Weitere Filmdrehbücher (Auswahl): *The Phantom Foe* (1920), *Pirate Gold* (1920), *Play Ball* (1925), *The House Without a Key* (1925), *Fighting Marine* (1926).

• **MARIO SOLDATI**, * 16.11.1906 Turin, † 19.06.1999 Liceri (Italien). Drehbuchautor und Regisseur. Soldati schrieb das Drehbuch für → *Giallo* (1933). – Weitere Filmdrehbücher (Auswahl): *Arbeit macht frei* (1933), *Der Mann, der nicht nein sagen kann* (1936), *Mister Max* (1937), *The Woman of Monte Carlo* (1938; auch Regie), *Ein Pistolenschuß* (1941), *Mandrin, der König der Rebellen* (1951; auch Regie), *Gefährliche Schönheit* (1953; auch Regie), *Die Frau vom Fluß* (1955; auch Regie), *Krieg und Frieden* (1956), *Luftschlösser* (1957), *Erotica* (1962), *Waterloo* (1970), *Das Geheimnis des Dirigenten* (1989). – Regiearbeiten (Auswahl): *Betrayal* (1938), *Zorro, der Held* (1953), *Vater wider Willen* (1956), *Ein Tolpatsch macht Karriere* (1958).

• **EUGENE SOLOW**, * 19.07.1904 Salem, Massachusetts, † 23.07.1968 (ohne Angabe). Autor. Schrieb u.a. das Drehbuch für → *Return of the Terror* (1934).

• **RALPH SPENCE**, * 04.11.1890 Key West, Florida, † 21.12.1949 Woodland Hills, Kalifornien. Erscheint im Vor-/Abspann manchmal auch als Ralph H. Spence. Der vielbeschäftigte Autor schrieb bereits zu Stummfilmzeiten Drehbücher. Darüber hinaus war er auch als Schnittmeister tätig. Er verfaßte für → *Strangers on a Honeymoon* (1936) das Drehbuch.

• **ELIOT STANNARD** (Lebensdaten unbekannt). Erscheint im Vor-/Abspann manchmal auch als David Lestrange. Schrieb hauptsächlich Drehbücher, darunter auch zu den Wallace-Filmen → *The Diamond Man* (1924) und → *Chick* (1928).

• **ROBERT STEVENSON**, * 31.03.1905 Großbritannien, † 04.11.1986 USA. Der spätere Regisseur, der vor allem für die Walt-Disney-Produktion arbeitete und einige ihrer Klassiker inszenierte, schrieb die Drehbücher zu den Wallace-Filmen → *The Calendar* (1931), → *The Ringer* (1932) und → *The Case of the Frightened Lady* (1940).

• **ROBERT BANKS STEWART** (Lebensdaten unbekannt). Drehbuchautor und Produzent. Er schrieb die Drehbücher zu den → Merton-Park-Produktionen → *Backfire* (1961), → *Marriage of Convenience* (1961), → *Partners in Crime* (1961), → *Playback* (1963), → *Downfall* (1964) und → *Never Mention Murder* (1964).

• **LESLEY STORM** (Lebensdaten unbekannt). Autor. Verfaßte u.a. das Drehbuch für → *The Ringer* (1952).

• **PAUL TABORI**, * 1908 Ungarn, † 09.11.1974 London. Schrieb das Drehbuch für → *The Malpas Mystery* (1960). – Weitere Filmdrehbücher (Auswahl): *Valley of Eagles* (1951), *Spaceways* (1953), *Four Sided Triangle* (1953), *Mantrap* (1953), *Five Days* (1954), *Star of My Night* (1954), *Count of Twelve* (1955), *Final Column* (1955), *Alias John Preston* (1956), *Diplomatic Passport* (1956), *Strange Case of Dr. Manning* (1958), *Doomsday at Eleven* (1963).

• **PETER M. THOUET**, * 01.04.1933 (ohne Angabe), † 12.05.1990 (ohne Angabe). Schriftsteller. Er war Co-Autor von → *Das Geheimnis der grünen Stecknadel* (1971).

• **WELLYN TOTMAN** (Lebensdaten unbekannt). Erscheint im Vor-/Abspann manchmal auch als W. Totman. Schrieb u.a. das Drehbuch für → *Mystery Liner* (1934).

• **VAL VALENTINE** (Lebensdaten unbekannt). Autor. Valentine verfaßte u.a. die Drehbücher für → *The Yellow Mask* (1930) und → *The Ringer* (1952).

• **ANTHONY SCOTT VEITCH** (Lebensdaten un-

bekannt). Co-Autor bei der Wallace-Produktion → *Sanders und das Schiff des Todes* (1964).

- **BENNO VIGNEY** (*Lebensdaten unbekannt*). Autor. Lieferte u.a. das Drehbuch für → *The Wrecker* (1929).
- **OLIVER WELKE,** *19.04.1966 Bielefeld.* War Co-Autor der Wallace-Parodie → *Der Wixxer* (2003).
- **GORDON WELLESLEY,** * 1894 Sydney. Erscheint im Vor-/Abspann manchmal auch als Gordon Wong Wellesley. Er schrieb das Drehbuch zu → *The Malpas Mystery* (1960).
- **ARTHUR WIMPERIS,** * 03.12.1874 *London,* † 14.10.1953 *Maidenhead, Berkshire (England).* Er gehörte zu den vielseitigsten Persönlichkeiten der frühen Filmgeschichte. Er arbeitete als Autor, führte Regie, komponierte Musik und war zuletzt auch als Darsteller zu sehen. Er verfaßte u.a. das Drehbuch zu → *The Man They Couldn't Arrest* (1933).
- **FRANK WITTY** (*Lebensdaten unbekannt*). Er war Drehbuchautor von → *Prison Breaker* (1936).

- **D. B. WYNDHAM-LEWIS** (*Lebensdaten unbekannt*). Co-Autor von → *Chick* (1936).
- **HOWARD IRVING YOUNG,** * 24.04.1893 *Jersey City, New Jersey,* † 24.02.1952 *Hollywood, Kalifornien.* Der vielbeschäftigte Autor, der bereits zur Stummfilmzeit Drehbücher schrieb, lieferte die Buchvorlage zu → *The Crimson Circle* (1936).

DREHORTE
→ Berlin, → Dänemark, → Hamburg, → Hameln, → London, → Schauplätze, → Schlösser, → Studios.

DREI GERECHTEN, DIE (BUCH)
→ THE THREE JUST MEN

DREI GERECHTEN, DIE (HÖRSPIEL)
→ Europa-Hörspielproduktion Nr. 11 nach dem gleichnamigen Roman von Edgar Wallace. *Buch: Frank Sky. Regie: Heikedine Körting. Titelmelodie: David Allen. Musik und Effekte: Bert Brac und Betty George. Künstlerische Gesamtleitung: Andreas Beurmann. Mit den Stimmen von Horst Naumann (Erzähler), Hannes*

Messemer (Georg Manfred), Henning Schlüter (Butler Raymond Poiccart), Balduin Baas (Leon Gonsalez), Renate Pichler (Mirabelle Leicester), Herbert Fricke (Samuel Baberton), Douglas Welbat (Mr. Washington), Helmut Ahner (Polizist), Joachim Richert (Inspektor Meadows), Hans Irle (Kellner), Henry Kielmann (Oberzohn), Peter Lakenmacher (Newton), Michael Harck (Gurther), Horst Stark (Safeknacker).

DREI VON CORDOVA, DIE
→ THE JUST MEN OF CORDOVA

DROMGOOLE, PATRICK
→ Regisseure

DROOP, MARIE LUISE
* 15.01.1890 Stettin,
† 22.08.1959 Lahr; geb. Fritsch
Schriftstellerin und Filmproduzentin, Wallace-Übersetzerin. Sie besuchte als begeisterte May-Leserin den Schriftsteller 1907 in Radebeul und setzte sich in der Folgezeit publizistisch für ihn ein. Polemisierte gegen den Karl-May-Kritiker Rudolf Lebius; wurde als »Mays schöne Spio-

nin« bezeichnet. May widmete »Lu« Fritsch 1909 die Erzählung Merhameh. 1912 heiratete sie den Lehrer Adolf Droop. Tätigkeit als Schriftstellerin und Dramaturgin. Seit 1920 Teilhaberin der Ustad Film Dr. Droop & Co (Berlin) und Produzentin der Karl-May-Stummfilme *Auf den Trümmern des Paradieses* (1920), *Die Todeskarawane* (1920) und *Die Teufelanbeter* (1921). Droop war Erst-Übersetzerin von → *The Door With the Seven Locks* (*Die Tür mit den sieben Schlössern*, 1927) und → *Sandi the Kingsmaker* (*Sanders der Königsmacher*, 1928).

DRUCK UND VERLAGSGESELLSCHAFT LINZ
→ Verlage

DRYHURST, EDWARD
→ Drehbuchautoren

DU MAURIER, SIR GERALD
* 26.03.1873 London, † 11.04.1934 London
Theater- und Filmschauspieler, Inhaber des Londoner Wyndham Theaters. Der Vater der Autorin Daphne du Maurier (1907–1989) überzeugte Wallace nach wenig erfolgreichen

Aufführungen in seinem Theater, Änderungen an dem neu geschriebenen Stück *The Gaunt Stranger* vorzunehmen. Den Titel und das Ende der Geschichte hielt du Maurier für mißlungen. Wallace beugte sich den Wünschen des Theaterfachmanns und erzielte mit dem nun → *The Ringer* betitelten Stück einen der größten Erfolge der Londoner Theatergeschichte.

DUFFELL, PETER
→ Regisseure

DUKE IN SUBURB, THE
(Der Herzog der Vorstadt).
Unterhaltungsroman. *Originalausgabe: Ward Lock & Co., London 1909.*
Inhalt: Der Herzog von Montvillier und George Hankey finden Silber in Los Mages. Sie beschließen, ihr zukünftiges Leben in Kymont Crescent zu verbringen. Hier sind sie Nachbarn der Witwe Alicia Terrill, einer Verwandten des einflußreichen, hier ansässigen Sir Harry Tanner. Mrs. Terrill empfindet die Nachbarschaft des Herzogs als entschieden unangenehm. Man beschließt, zunächst den Sohn von Sir Harry zum Herzog zu schicken; er soll ihm die Gepflogenheit des Städtchens erläutern. Der Herzog ist davon nicht angetan, doch kommt ihm der Umstand zugute, daß nach fünfjährigem Gefängnisaufenthalt Big Bill Slewer entlassen wird, bei dem sich Haß und Zorn so sehr angestaut haben, daß er wahrscheinlich auch vor Mord nicht zurückschrecken wird. Bei den anschließenden Intrigen in den bürgerlichen Kreisen ist es nicht verwunderlich, daß sich etliche Personen auf die Seite des Herzogs schlagen, zum Teil auf recht romantischen Wegen.
Anmerkung: Der Roman wurde bisher nicht ins Deutsche übertragen.

DUREYEA, DAN
** 23.01.1907 White Plains, New York,
† 07.06.1968 Hollywood, Kalifornien.*
Amerikanischer Schauspieler. Dureyea war einer der fünf »Drachen« in → *Die Pagode zum fünften Schrecken* (1966).
Bevor Dureyea Schauspieler wurde, arbeitete er im Anzeigengeschäft. Er spielte zunächst auf New Yorker Bühnen, dann holte ihn Samuel Goldwyn nach Hollywood. Hier verkörperte er in *The Little Foxes* (1942) die gleiche Rolle, die er bereits auf der Bühne erfolgreich spielte.

Seitdem mimte er in zahlreichen Filmen Bösewichter, Abenteurer, aber auch sympathische Charaktere.
Weitere Filme (Auswahl): *Die merkwürdige Zähmung der Gangsterbraut Sugarpuss* (1941), *Ministerium der Angst* (1944), *Tagebuch einer Frau* (1944), *Straße der Versuchung* (1945), *Die schwarze Maske* (1948), *Gewagtes Alibi* (1949), *Winchester '73* (1950), *Aufruhr in Laramie* (1954), *Die Uhr ist abgelaufen* (1957), *Der Engel mit den blutigen Flügeln* (1957), *Der Flug des Phoenix* (1966), *Western-Patrouille* (1966), *Ein Fremder auf der Flucht* (TV, 1967), *Winchester '73* (TV, 1967).

DUSCHA, INA
* 1933 Graz
Österreichische Schauspielerin. Sie verkörperte Ruth Sanders in → *Der Rächer* (1960).
Ina Duscha studierte nach dem Besuch einer Klosterschule und der Handelsakademie Sprachen. Danach ging sie ein Jahr nach England und kehrte mit einem Cambridge-Examen in ihre Heimat zurück. In Wien wurde sie Volontärin in einem Hotel. Ein Hotelgast, der Regisseur Rolf Thiele, ermutigte sie, Schauspielerin zu werden, und wollte ihr eine kleine Rolle in seinem Film *Skandal in Ischl* geben. Wegen einer Erkrankung konnte sie diese Chance nicht wahrnehmen, nahm aber nach der Genesung Schauspielunterricht. Anschließend wurde sie sogleich vom Burgtheater verpflichtet und spielte bald neben Victor de Kowa die weibliche Hauptrolle in dem Stück *Flucht in die Zukunft*. Um eine zweite Chance von Rolf Thiele wahrzunehmen, im Film *Labyrinth der Leiden-*

Ina Duscha

157

schaft (1959), löste sie ihren Vertrag mit dem Burgtheater. Danach sah man sie in unterschiedlichen Filmrollen.

Weitere Filme (Auswahl): *Auf Engel schießt man nicht* (1960), *Immer will ich dir gehören* (1960), *Der liebe Augustin* (1960), *Drei Mann in einem Boot* (1961), *Eheinstitut Aurora* (1961), *Venusberg* (1963).

DVD

Neues Verfahren für erstklassige Filmwiedergabe im Heim-Videobereich. Die Firma Kinowelt Home Entertainment hat bei Kirch Media die Vermarktungsrechte an den Wallace-Filmen für → Video und teilweise für DVD erworben. Bisher erschienen auf DVD → *Der Hexer* (1999), → *Der schwarze Abt* (2001), → *Neues vom Hexer* (2001) und → *Der Hund von Blackwood Castle* (2001). Weitere Wallace-Veröffentli-chungen auf DVD sind geplant. Bei Polyband wurde 2003 die CCC-Wallace-Produktion → *Der Teufel kam aus Akasava* veröffentlicht, → *Der Fluch der gelben Schlange* ist für eine Veröffentlichung vorgesehen. – DVD-Ausgaben bieten den unschätzbaren Vorteil, daß die Filme neu gemastert und geschnittene Szenen wieder eingefügt werden können. Der Film → *Das Geheimnis der grünen Stecknadel* existiert als englische DVD in ungekürzter Fassung unter dem Titel *Solange* (EC-Entertainment, 2000). Ebenfalls ungekürzt erhältlich ist der Streifen → *Das Rätsel des silbernen Halbmonds* unter dem Titel *Seven Blood Stained Orchids* (Vip Media, 2003). Die Firma Mediawith Classics lieferte 2000 den Film → *Die Schokoladenschnüffler* aus (2003 erneut veröffentlicht von der Firma Splendid unter dem Titel *Der Mörder mit der Tigerkralle*).

E

EADY, DAVID
→ Regisseure

EALING STUDIOS
Sammelbezeichnung für verschiedene in Ealing, nördlich von London, angesiedelte **britische Filmstudios**. Hier entstanden zur Stummfilmzeit einige Wallace-Filme, später Wallace-Tonfilme.

Das erste Filmstudio in Ealing errichtete der Filmpionier Will Barker 1904 ungefähr dort, wo später die berühmten Ealing Studios entstanden. Als sich Barker 1918 aus der Filmindustrie zurückzog, wurde das Studio von unabhängigen Produzenten genutzt, bis es 1929 von Associated Radio Pictures (ab 1933: Associated Talking Pictures) erworben wurde. 1931 baute die von Basil Dean (1888–1978) gegründete Firma neben dem alten Gebäude das erste britische Filmstudio, das eigens für den Tonfilm errichtet wurde. Dean, der vom Theater kam, führte das Studio bis 1938 und wirkte als Produzent und Regisseur. Als Dean zur Bühne zurückkehrte, trat → Michael Balcon seine Nachfolge an. Während seiner 20jährigen Studioleitung in Ealing pflegte Balcon die Atmosphäre eines Familienbetriebs. Sein Leitgedanke war, in vergleichsweise bescheidenem Rahmen, aber mit dem Anspruch solider Qualität, Filme mit spezifisch britischen Themen zu produzieren. Um die Kontinuität dieser Ideologie zu gewährleisten, wurden Regisseure und Autoren möglichst langfristig an das Studio gebunden und erhielten ein Mitspracherecht. Getreu dem Ealing-Motto »The studio with the team spirit«

trafen sich Produzenten, Regisseure und Autoren wöchentlich zum Meinungsaustausch. Ealings wichtigste Drehbuchautoren blieben ihm jeweils länger als ein Jahrzehnt verbunden. Hierzu zählten Angus Macphail (1903–1962), Thomas Ernest Bennett Clarke (1907–1989) und John Dighton (1909–1989), die zusammen mehr als die Hälfte aller Drehbücher schrieben. Neben Macphail, der auch an Drehbüchern für einige amerikanische Hitchcock-Filme gearbeitet hat, lieferte vor allem T. E. B. (»Tibby«) Clarke die Bücher zu einigen von Ealings erfolgreichsten Filmen (u.a. *Dead of Night*, 1945; *Passport to Pimlico*, 1949; *The Blue Lamp*, 1950). Für sein Drehbuch zu *The Lavender Hill Mob* (1951) erhielt Clarke 1953 den Oscar. Eine ähnliche Konstanz galt für Ealings Regisseure. 60 Prozent der 95 Spielfilme, die unter Balcons Leitung in Ealing entstanden, wurden von nur sechs Regisseuren inszeniert, nämlich von Charles Crichton (geb. 1910), Basil Dearden (geb. 1911), Charles Frend (1909–1977), Robert Hamer (1911–1963), Alexander Mackendrick (1912–1993) und Harry Watt (1906–1987). Bezogen auf den Zeitraum 1944–58 betrug ihr Anteil sogar 80 Prozent (52 von 65 Filmen). Diese sechs Regisseure lassen sich in zwei Gruppen zusammenfassen: Auf der einen Seite stehen die überaus produktiven Dearden (21 Filme in 15 Jahren), Crichton (13 Filme in 14 Jahren) und Frend (12 Filme in 16 Jahren), die für 46 Filme von großer thematischer und stilistischer Bandbreite verantwortlich zeichneten, auf der anderen Seite Hamer, Mackendrick und Watt, die insgesamt nur 17 Filme für das Studio inszenierten und dabei einen persönlicheren Stil entwickelten. Regisseure wie Henry Cornelius (1913–1958), Seth Holt (1923–1971) und Michael Relph (geb. 1915), die das Studio nach nur einer Inszenierung wieder verließen, blieben die Ausnahme. 1944 wurden die Ealing Studios Teil der Rank Organisation. J. Arthur Rank war bei den Vertragsbedingungen überaus entgegenkommend und gewährte Balcon vollkommene Autonomie in der Studioleitung. Gegen eine 50prozentige Beteiligung garantierte Rank den Verleih der Ealing-Filme und bot Balcon einen Sitz im Vorstand der Rank Organisation. Trotz dieses Rückhalts mußte das kapitalschwache Studio 1955 Konkurs anmelden, als ein veränderter Publikumsgeschmack und der Aufstieg des

Fernsehens ihre Wirkung zeigten. Balcon verkaufte das Studio für 300.000 Pfund an die BBC. Nach seinem letzten in Ealing produzierten Film, *The Long Arm* (1956, Regie: Charles Frend), beendete er die Geschäftsbeziehungen mit der Rank Organisation. In den 90er Jahren konnte die traditionsreiche Produktionsstätte als Filmstudio wiederbelebt werden. Nachdem die BBC das Studio 1992 verkauft hatte, wurden hier außer Fernsehspielen und Werbespots auch wieder Spielfilme produziert, u.a. internationale Projekte wie Franco Zeffirellis *Jane Eyre* (USA 1995). Ealing, das sich seit 1995 im Besitz der National Film and Television School befindet, gehört damit wieder zu den florierenden britischen Filmstudios.

Weitere wichtige Ealing-Filmproduktionen: *Pink String and Sealing Wax* (1945), *It Always Rains on Sunday* (1947), *Hue and Cry* (1947), *Kind Hearts and Coronots* (1949), *Whisky Galore!* (1949), *The Man in the White Suit* (1951), *Excellency* (1951), *Mandy* (1952), *The Tittfield Thunderbolt* (1953), *Father Brown* (1954), *The Maggie* (1954), *The Ladykillers* (1955), *Law and Disorder* (1958), *The Battle of the Sexes* (1959), *School for Scoundrels* (1960), *A Jolly Bad Fellow* (1963).

Literatur: Charles Barr, Ealing Studio. London 1993.

EASTWOOD, JAMES
→ Drehbuchautoren

EBBINGHOUSE, BERNHARD
→ Komponisten

EBINGER, BLANDINE
* 04.03.1899 (ohne Angabe),
† 25.12.1993 (ohne Angabe)
Deutsche Schauspielerin. Sie war Lady Kingsley in → *Der Teufel kam aus Akasava* (1970). Mit acht Jahren spielte die Tochter eines Arztes bereits ihre erste Bühnenrolle als »Klein-Egolf«. Dieses Debüt regte sie so auf, daß ihre Mutter weitere Auftritte verbot. Trotzdem blieb die Bühne ihr Ziel. Mit knapp 17 Jahren erhielt sie einen Fünfjahresvertrag am Königlichen Schauspielhaus in Berlin. Noch vor Ende dieser Zeit wurde sie von Friedrich Holländer, der ihr erster Mann wurde, an das Kabarett »Schall und Rauch« verpflichtet. Sie kreierte ihre berühmten »Kinderlieder« und spielte dann

an verschiedenen Berliner Bühnen. Ihre erste große Tonfilmrolle hatte sie neben Lien Deyers in dem UFA-Tonfilm *Sein Scheidungsgrund* (1931). Max Reinhardt und Eugen Robert förderten ihr Talent. Sie gehörte zum Ensemble des Staatstheaters und des Renaissance-Theaters. 1937 emigrierte sie nach Amerika, aber nur mit magerem Erfolg, so daß sie bereits 1946 nach Berlin zurückkehrte. Danach spielte sie Theater sowie in verschiedenen Film- und Fernsehrollen.

Weitere Filme (Auswahl): *Das schöne Abenteuer* (1932), *Unheimliche Geschichten* (1932), *Der Berg ruft!* (1938), *Affaire Blum* (1948), *Fünf unter Verdacht* (1950), *Der Untertan* (1951), *Ännchen von Tharau* (1954), *Meine Kinder und ich* (1955), *Solang' es hübsche Mädchen gibt* (1955), *Fräulein* (1958), *Mädchen in Uniform* (1958), *Und das am Montagmorgen* (1959), *Alle Tage ist kein Sonntag* (1959), *Der letzte Fußgänger* (1960), *Der letzte Zeuge* (1960), *Der Lügner* (1961), *Hauptsache Ferien* (1972).

EBNER, EVA-RUTH
* 14.01.1922 Danzig; geb. Martin
Eva Ebner war die meistbeschäftigte Regieassistentin der deutschen Edgar-Wallace-Serie. Sie arbeitete an der Seite von → *Helmuth Ashley* (→ *Das Rätsel der roten Orchidee*, 1961/62), → *Franz-Josef Gottlieb* (→ *Der Fluch der gelben Schlange*, 1962/63) und vor allem → *Alfred Vohrer* (→ *Die Tür mit den 7 Schlössern*, 1962; → *Das Gasthaus an der Themse*, 1962; → *Der*

Eva Ebner, 1965

Zinker, 1963; → *Das indische Tuch*, 1963; → *Der Hexer*, 1964; → *Neues vom Hexer*, 1965; → *Der Bucklige von Soho*, 1966; → *Die blaue Hand*, 1967; → *Der Mönch mit der Peitsche*, 1967; → *Der Hund von Blackwood Castle*, 1967; → *Im Banne des Unheimlichen*, 1968; → *Der Mann mit dem Glasauge*, 1968).

Eva Ebner kam 1945 als Flüchtling nach Berlin. Ab 1946 arbeitete sie als Sekretärin, Dolmetscherin und Übersetzerin bei der amerikanischen Militärregierung (Information Control, Public Safety und Fil Section). 1949 hei-

ratete sie den Kammergerichtsrat Bruno Ebner. 1950–53 Studium der Schauspielkunst, Kunstgeschichte, Malerei und Graphologie. 1954 Beginn ihrer Filmtätigkeit, zunächst als Produktionssekretärin, Übersetzerin und Scriptgirl, u.a. bei den Filmen *Lola Montes* (1956), *Stresemann* (1957), *Viktor und Viktoria* (1957), *Zeit zu leben, Zeit zu sterben* (1958) und *Nasser Asphalt* (1958). Seit 1958 Regieassistentin zunächst in dem Film *Mädchen in Uniform* (1958), anschließend bei → Alfred Vohrer, dem sie in den folgenden 20 Jahren bei über 30 Film- und Fernsehfilmen assistierte. Neben ihrer Arbeit an den Wallace-Filmen war sie an folgenden Vohrer-Produktionen beteiligt: *Unser Haus in Kamerun* (1961), *Ein Alibi zerbricht* (1963), *Wartezimmer zum Jenseits* (1964), *Unter Geiern* (1964), *Old Surehand 1. Teil* (1965), *Lange Beine – lange Finger* (1966), *Winnetou und sein Freund Old Firehand* (1966), *Sieben Tage Frist* (1969), *Das gelbe Haus am Pinnasberg*

**1. Eva Ebner mit Klaus Kinski – Dreharbeiten *Neues vom Hexer* (1965) •
2. Mit Siegfried Lowitz (links) und Jochen Brockmann – Premiere *Der Hexer* (1964)**

Eva Ebner: 1. Dreharbeiten *Der Zinker* (1963) • 2. mit Klaus Kinski – Dreharbeiten *Das Gasthaus an der Themse* (1962) • 3. Dreharbeiten *Neues vom Hexer* (1965)

(1970), *Perrak* (1970), *Und Jimmy ging zum Regenbogen* (1970/71), *Liebe ist nur ein Wort* (1971), *Der Stoff aus dem die Träume sind* (1972), *Und der Regen verwischt jede Spur* (1972), *Alle Menschen werden Brüder* (1972/73), *Gott schützt die Liebenden* (1973), *Drei Männer im Schnee* (1974), *Wer stirbt schon gerne unter Palmen* (1974) und *Anita Drogemöller oder die Ruhe an der Ruhr* (1976). Ferner war sie Assistentin der Regisseure Gottfried Reinhardt (*Abschied in den Wolken, Menschen im Hotel*, beide 1959), Cyril Frankel (*Scheidungsgrund: Liebe*, 1960), Geza von Radvani (*Und sowas nennt sich Liebe*, 1960), Alvin Rakoff (*An einem Freitag um ½ 12*, 1960), Rudolf Schündler (*Immer Ärger mit dem Bett*, 1961; *Wilde Wasser*, 1962), Karl Anton (*Die Blume von Hawaii*, 1962), Axel von Ambesser (*Das große Liebeskarussell*, 1965), Wolfgang Petersen (*Die Stadt im Tal, Stellenweise Glatteis*, beide 1975), Gerd Oswald (*Bis zur bitteren Neige*, 1975), Manfred Purzer (*Das Netz*, 1975; *Die Elexiere des Teufels*, 1976), Kurt Hoffmann (*Der Heiratsschwindler*, 1976), Claus-Peter Witt (*Die Dämonen*, 1977), Wolfgang Staudte (*Der Snob, So ein Theater, Freiwild*, alle 1983), Ulrike Ottinger (*Die Boulevardpresse*, 1983), Jeanine Meerapfel (*Die Kümmeltürkin geht*, 1984) und Margarethe von Trotta (*Rosa Luxemburg*, 1985). Daneben arbeitete sie an den Drehbüchern für Fritz Langs *Das indische Grabmal* (1959) und *Der Tiger von Eschnapur*

(1959), für Wilhelm Dieterles *Herrin der Welt* (2 Teile, 1960) sowie zusammen mit Alfred Vohrer an den Drehbüchern zu *Das Gasthaus an der Theme, Die Tür mit den sieben Schlössern, Der Zinker, Der Hexer, Der Hund von Blackwood Castle* und *Ein Alibi zerbricht*. Gelegentlich war sie Darstellerin, so in *Der Zinker, Der Mönch mit der Peitsche, Der Hund von Blackwood Castle* und *Im Banne des Unheimlichen*; am Anfang des Wallace-Streifens *Das indische Tuch* hört man ihre Stimme am Telefon, als sie Lord Lebanon weiterverbinden soll. Zusammen mit dem Kameramann → Karl Löb wurde sie beauftragt, in London die Außenaufnahmen zu dem Wallace-Film *Der Mann mit dem Glasauge* zu drehen. Seit Sommer 1986 war sie nur noch als Schauspielerin tätig. Man sah sie u.a. als Darstellerin in den Rialto-RTL-Wallace-Fernsehfilmen → *Der Blinde* (1995) und → *Die unheimlichen Briefe* (1997/98). 2003 spielte sie in der Wallace-Parodie → *Der Wixxer* die Mrs. Drycunt. – Eine Simmel-Verfilmung kostete sie fast das Leben: Bei den Dreharbeiten (1972) zu *Der Stoff aus dem die Träume* sind in New York löste sich bei einer Verfolgungsszene mit Paul Edwin Roth versehentlich zu früh ein Schuß und verfehlte Eva Ebner nur knapp; sie kam mit dem Schrecken davon.

ECKE, JÜRGEN
→ Komponisten

EDEN VERLAG
→ Verlage

EDGAR, MARRIOTT
→ Drehbuchautoren

EDGAR WALLACE ALMANACH
Dieser **biographische Sammelband** erschien 1982 anläßlich des 50. Todestages von Edgar Wallace, des 60jährigen Verlagsjubiläums und des 30jährigen Goldmann-Taschenbuch-Jubiläums im Wilhelm Goldmann Verlag, München (als Band 83 der Wallace-Jubiläums-Ausgabe). Herausgeber war Friedrich A. Hofschuster.
Inhalt: Vorwort des Herausgebers; Penelope Wallace: Eine kurze Biographie von Edgar Wallace; Graham Greene: Edgar Wallace; Margaret Lane: Edgar Wallace – das Leben eines Phänomens (Auszüge); Edgar Wallace: Mein Tagebuch aus Hollywood (Auszüge); Kurt Seeberger: Edgar Wallace; Willy Haas: Die Theologie im Kriminalroman; Bibliographie der deutschen und englischen Erstausgaben von Edgar Wallace.

EDGAR WALLACE JAGT DAS PHANTOM
Obertitel von fünf Jugendromanen, die nach Motiven von Edgar Wallace geschrieben wurden. Als Verfasser zeichnet ein gewisser Raymond M. Sheridan. Sie erschienen 1983–85 als Schneiderbuch im Franz Schneider Verlag, München, Wien, Hollywood, Florida.
Die Bände im einzelnen: 1. *Die Drei vom Dock Hurricane* (1983), 2. *Die Drei und der Mann mit der Mundharmonika* (1983), 3. *Die Drei und der schneeweiße Jaguar* (1984), 4. *Die Drei und der schwarze Handschuh* (1984), 5. *Die Drei und der goldene Affe* (1985).

EDGAR WALLACE LÖST DAS RÄTSEL
Obertitel zu sechs Jugendromanen, die ein gewisser John Gilmore 1984 nach Motiven von Edgar Wallace für den Kibu-Verlag, Menden, schrieb.
Es erschienen: 1. *Der unheimliche Pfeifer von Blending Castle,* 2. *Das irische Halstuch,* 3. *Der schwarze Armbrustschütze,* 4. *Die goldenen Mönche,* 5. *Die Bande der Affen,* 6. *Die Glasaugenmenschen.*

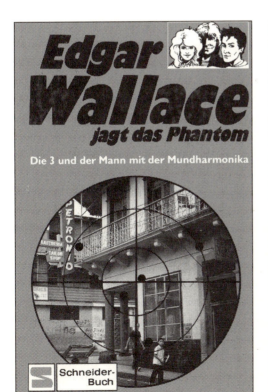

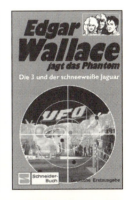

EDGAR WALLACE MYSTERIE MAGAZINE

Zwischen August 1964 und Juni 1967 erschien in London monatlich das Edgar Wallace Mystery Magazine (insgesamt 35 Nummern). Hierin wurden vor allem → Kurzgeschichten von Edgar Wallace abgedruckt.

EDGAR-WALLACE-PREIS

1963–68 verliehene Auszeichnung für deutschsprachige Kriminal-Romane. Den mit 15.000 DM dotierten Preis, durch den Krimi-Autoren deutscher Sprache ausgezeichnet und gefördert werden sollten, stiftete → Wilhelm Goldmann 1962 anläßlich des 40jährigen Bestehens seines Verlages. Die Jury bildeten Walther Kiauleha (München), Hans Hellmut Kirst (Feldafing) und der Verleger selbst. Am 31.07.1963 konnte Wilhelm Goldmann bei einem Presseempfang im Münchner Verlag die ersten Preisträger vorstellen, nämlich Herma Costa (Wien) für *Die Party in Starnberg*, L. A. Fortride (Frankfurt/M.) für *Die Wohnung gegenüber*, Ernst Hall (Fürth) für *Glocken des Todes*, Friedrich Hoffmann (Trier) für *Was geht im Steinbruch vor?*, Rolf Biebricher (Wiesbaden) für *Mord! Schauplatz Zürich* und Siegfried Bertl (München) für

Die Bar in London. Zu den Preisträgern der Folgejahre zählte u.a. die Autorin Irene Radrian (1967; für ihr Erstlingswerk *Tod in St. Pauli*).

EDGAR WALLACE PUB

Dieser Pub in der Londoner Essex Street ist ganz dem Schriftsteller Edgar Wallace gewidmet und birgt zahlreiche Ausstellungsstücke. Hier findet alljährlich zu Ehren des Autors ein Lunch statt, der von der Edgar Wallace Society organisiert wird.

EDGAR WALLACE SOCIETY

1969 wurde die Edgar Wallace Society von Penelope Wallace, Edgar Wallace' jüngster Tochter, ins Leben gerufen. Die Gesellschaft verfolgt das Ziel, alle Menschen zu verbinden, die ein Interesse an Wallace' Leben und Werk haben. Zudem möchte sie Wallace' Namen lebendig erhalten und neue Lesergenerationen an seine Bücher heranführen. Penelope Wallace organisierte die Edgar-Wallace-Society bis 1984 selbst und blieb bis zu ihrem Tod 1997 deren Präsidentin. Heute hat die Edgar Wallace Society Mitglieder in über 20 Ländern. Sie trifft sich in regelmäßigen Abständen an Orten in England, die für Wallace' Leben bedeutsam gewesen sind. Zum Veranstaltungsprogramm gehören neben dem inzwischen traditionellen Edgar-Wallace Lunch regelmäßig spezielle Edgar Wallace Theaterproduktionen sowie die Vorführung besonders seltener Edgar Wallace Filme.

EDGAR WALLACE UND DER FALL

Unter diesem Obertitel verfaßte ein gewisser Christopher Knock acht jugendgeeignete Kriminalromane nach Edgar Wallace. Sie erschienen 1983–85 im Verlag Thienemann, Stuttgart. Die Bände im einzelnen: 1. *Edgar Wallace und der Fall Morehead. Sieben suchen in Soho* (1983), 2. *Edgar Wallace und der Fall Drei Eichen. Um Mitternacht ist es zu spät* (1983), 3. *Edgar Wallace und der Fall Nightelmoore. Nur 7 Stufen bis zur Gruft* (1983), 4. *Edgar Wallace und der Fall Blackburn. Wer bedroht den Lord mit Mord?* (1984), 5. *Edgar Wallace und der Fall Queen's Dance. Wer nicht schweigen kann, der stirbt* (1984), 6. *Edgar Wallace und der Fall Software. Jeder kämpft für sich allein* (1984), 7. *Edgar Wallace und der Fall Beverley Green. Die Stimme schweigt zum ersten Mal* (1985), 8. *Edgar Wallace und der Fall Themsedock. Im Ne-*

bel siehst du keinen Feind (1985). – Gleichzeitig wurden diese Romane auch als Doppelbände mit dem Obertitel Es stand bei Edgar Wallace herausgegeben; die Untertitel der vier Bände lauten: *1. Jeder kämpft für sich allein und Die Stimme schweigt zum ersten Mal, 2. Sieben suchen in Soho und Um Mitternacht ist es zu spät, 3. Wer bedroht den Lord mit Mord? und Wer nicht schweigen kann, der stirbt, 4. Nur 7 Stufen bis zur Gruft und Im Nebel siehst du keinen Feind.*

EDGAR WALLACE UND
DER FALL DREI EICHEN

Karussell-Wallace-Hörspiel 1. MC *(Bestell-Nr. 813 789–4). Erschienen 1983. Buch: Christopher Knock. Produktion: Hans-Joachim Herwald. Manuskript: Ludger Billerbeck. Musik: Alexander Ester. Ton: Peter Hertling. Regie: Michael Weckler, Hans-Joachim Herwald. Dauer: ca. 55 Minuten.*
Inhalt: »Sie mußten durch ein dichtes Gebüsch, das ihnen zeitweilig die Aussicht auf die drei Eichen versperrte. Jäh fühlte Lexington seinen Arm umklammert. Großer Gott! Old Arthur, Billy the Kid und Bob the Rubber werden plötzlich in ein Geschehen hineingezogen, das ihnen

nur Angst einjagen kann. Wie kommen sie da wieder heraus? Gelingt es ihnen, den brutalen Täter zu finden und zu überführen?«

EDGAR WALLACE UND
DER FALL MOREHEAD

Karussell-Wallace-Hörspiel 3. MC *(Bestell-Nr. 813 791–4). Erschienen 1983. Buch: Christopher Knock. Produktion: Hans-Joachim Herwald. Manuskript: Ludger Billerbeck. Musik: Alexander Ester. Ton: Peter Hertling. Regie: Michael Weckler, Hans-Joachim Herwald. Dauer: ca. 44 Minuten.*
Inhalt: »Wer sich mit den Baulöwen Londons anlegt, muß mit allem rechnen. Diesmal haben Old Arthur und seine jungen Freunde Gegner, die offensichtlich eine Nummer zu groß sind. Und trotzdem kommen sie Schritt für Schritt weiter. Als sie entdecken, daß Altmeister Edgar Wallace sie höchstpersönlich auf eine heiße Spur führt, lichtet sich das Dunkel.«

EDGAR WALLACE UND
DER FALL NIGHTELMOORE

Karussell-Wallace-Hörspiel 4. MC *(Bestell-Nr. 813 792–4). Erschienen 1983. Buch: Christopher Knock. Produktion: Hans-Joachim Her-*

The Edgar Wallace Pub, London

wald. Manuskript: Ludger Billerbeck. Musik: Alexander Ester. Ton: Peter Hertling. Regie: Michael Weckler, Hans-Joachim Herwald. Dauer: ca. 55 Minuten.

Inhalt: »Das geheimnisvolle Schloß Nightelmoore enthält ein Geheimnis in der Gruft. Wer sich mit Old Arthur, Bob, Billy und Denise in die geheimen Gänge, die düsteren Gewölbe und die dunklen Verliese des Schlosses begibt, wird immer wieder vor Spannung den Atem anhalten.«

EDGAR WALLACE UND DER FALL THEMSEDOCK

Karussell-Wallace-Hörspiel 2. MC (Bestell-Nr. 813 790-4). Erschienen 1983. Buch: Christopher Knock. Produktion: Hans-Joachim Herwald. Manuskript: Ludger Billerbeck. Musik: Alexander Ester. Ton: Peter Hertling. Regie: Michael Weckler, Hans-Joachim Herwald. Dauer: ca. 52 Minuten.

Inhalt: »Um acht Uhr war Larry Holmes mit dem ›Großen Unbekannten‹ verabredet. Alles, was er über ihn wußte, war, daß er gefährlich

war wie eine Klapperschlange – und pünktlich! Spannender kann es nicht sein!«

EDGAR WALLATZE: DER FROSCH MIT DER GLATZE
→ Parodien

EDMUNDS, ROBERT
→ Drehbuchautoren

EDUCATED EVANS (BUCH)
(Der gebildete Evans)

13 Kurzgeschichten. *Originalausgabe: Webster Publications, London 1924.*

Enthält: THE BROTHERHOOD, MR. HOMASTER'S DAUGHTER, THE COOP, THE SNOUT, MR. KIRZ BUYS A £ 5 SPECIAL, MICKY THE SHOPPER, THE DREAMER, THE GIFT HORSE, STRAIGHT FROM THE HORSE'S MOUTH, THE GOODS, THE PERFECT LADY, THE PROUD HORSE, THROUGH THE CARD

Inhalt: Im Mittelpunkt dieser Kurzgeschichten steht die Figur des Cockney Tipgebers Evans, der Wettwilligen mit Hilfe seiner Überredungskunst Tips für Pferderennen aufschwatzt, die zum Teil haarsträubend und gegen jede Rennvernunft sind. Manch einer hat dadurch fast ein Vermögen verloren, doch letztendlich kann sich Evans immer wieder aus der Affäre ziehen. Anmerkungen: Diese Erzählungen wurden bisher nicht ins Deutsche übertragen. – Weitere Geschichten um den Protagonisten erschienen unter den Titeln → *Good Evans* und → *More Educated Evans.* – Die Figur des Evans war Grundlage für den Film → *Educated Evans* (1936).

EDUCATED EVANS (FILM)
(Der gebildete Evans)

Kinofilm. England 1936. Produktion: Warner Bros./First National. Produzent: Irving Asher. Regie: William Beaudine und Irving Asher. Buch: Frank Lauder und Robert Edmund nach Motiven aus der Kurzgeschichtensammlung Educated Evans von Edgar Wallace. Kamera: Basil Emmott. Bauten: Peter Proud. Darsteller: Max Miller (Educated Evans), Nancy O'Neil (Mary), Clarice Mayne (Emily Hackitt), Albert Whelen (Sergeant Challoner), Hal Walters (Nobby), George Merritt (Joe Markham), Julien Mitchell (Arthur Hackitt), Frederick Burtwell (Hubert),

Anthony Shaw (Lord Appleby), Percy Walsh (Captain Reid), Robert English (Lord Brickett), Prince Monolulu, Arthur West Payne. Länge: 86 Minuten.

Inhalt: Ein Renntip-Geber, der sich selbst Educated Evans nennt, setzt auf ein falsches Pferd, doch gewinnt er dadurch zu guter Letzt ein Vermögen.

Kritik zum Film: »Max Miller ist ausgelassen und amüsant als ... ›Educated Evans‹. Er hält beinahe das gesamte Feld in Spannung mit einem nie enden wollenden Schwall von Ratschlägen. Seine Überzeugungskraft rettet ihn vor all seinen Eskapaden ... Die übrigen Rollen sind sehr gut besetzt, mit Ausnahme vielleicht des Mädchens Mary und ihres Bruders Jimmy, die zu fein sind für ihre Umgebung. Die Rennszenen sind gut fotografiert, aber bei den Stallszenen verwendete man offensichtlich gemalte Kulissen. Alles in allem guter und unkomplizierter Slapstick mit klamaukhaften Situationen.« (Monthly Film Bulletin, 9/1936)

EDWARDS, HENRY
→ Regisseure

EGGER, WILLY
* 08.03.1929 Wien

Herstellungsleiter der Rialto-RTL-Wallace-Filme → *Der Blinde* (1995), → *Das Karussell des Todes* (1995), → *Die Katze von Kensington* (1995), → *Das Haus der toten Augen* (1997/98), → *Das Schloß des Grauens* (1997/98), → *Die unheimlichen Briefe* (1997/98), → *Die vier Gerechten* (1997/98) und → *Whiteface* (1997/98).

Der Vollblut-Wiener kommt 15jährig zum Film, der ihn fasziniert. Schon als Pimpf vertreibt er sich seine Nachmittage beim Theater. Später arbeitet er sich mit Filmjobs vom Kabelträger empor zum Aufnahmeleiter und geht abends zur Entspannung in die Oper. In den 60er Jahren ist er erstmals in Amerika tätig, wo ihm 1977, bei den Dreharbeiten zu *Fedora*, Billy Wilder seine Freundschaft anbietet. Der große Regis-

Educated Evans: **Max Miller, Hal Walters**

seur liebt Willy Eggers Naivität und Ehrlichkeit. Auf die Frage, was ihn am Film fasziniert, sagt Egger: »Die Lebendigkeit und das Temperament. Und, daß man keine Zeit zum Sterben hat. Billy sagte zu mir, du bist der Robin Hood des deutschen Films, du bist und bleibst ein Abenteurer.« Billy Wilder gab Willy Egger die Order, sein Können und seinen Frohsinn an die neue Generation weiterzugeben. Beide Filmveteranen unterstützen »Willy Eggers Filmseminare und Workshop« sowie »Billy Wilder's Café-Bistro-Bar« in Berlin (Potsdamer Straße 2). Willy Egger arbeitete im Laufe seines Lebens mit zahlreichen Regisseuren (u.a. Jon Avildson, Bruce Beresford, Hajo Gies, G. W. Pabst, Martin Ritt, Maximilian Schell, Robert Siodmak, Wolfgang Staudte, Gustav Ucicky), Produzenten (Artur Brauner, Walt Disney, Stev Jaffe jr., Alan Ladd jr., Eric Pommer, Luggi Waldleitner, Horst Wendlandt, Richard Widmark) und vielen bedeutenden Schauspielern zusammen. Willy Egger hat mehr als 150 Filme und über 350 Fernsehproduktionen betreut, darunter: *Der Prozeß* (1948), *Prämien auf den Tod* (1949), *Erzherzog Johanns große Liebe* (1950), *Illusion in Moll* (1952), *Sauerbruch* (1954), *Teufel in Seide* (1955), *Scampolo* (1957), *Der brave Soldat Schwejk* (1960), *Herrenpartie* (1963), *Der gelbe Rolls Royce* (1964), *Der Schatz der Azteken* (1965), *Ganovenehre* (1966), *Kommissar X – Drei grüne Hunde* (1966), *Department K* (1967), *Der Richter und sein Henker* (1977), *Avalanche Express* (1978), *Formicula* (1979), *Wildgänse II* (1984), *Otto – der neue Film* (1987), *Ödipussi* (1988), *Beim nächsten Mann wird alles anders* (1988), *Otto – der Außerfriesische* (1989), *Papa ante portas* (1990), *The Innocent* (1991), *Cosimas Lexikon* (1991), *Otto – der Liebesfilm* (1992), *Kein Pardon* (1992), *Die Troublemaker* (1993/94), *Die Handschrift des Mörders* (1998), *Rainer Zufall* (1999), *Bride of the Wind* (2000).

EGGERTH, SABINE
→ Darsteller

EHRE, IDA
* 09.07.1900 Prerau, † 16.02.1989 Hamburg
Deutsche Schauspielerin und Regisseurin. Sie spielte die Ella Ward in → *Die toten Augen von London* (1961).
Mit Auszeichnung beendete Ida Ehre, gerade 18, ihre Ausbildung an der Akademie für Musik und darstellende Kunst in Wien. Es folgten Theaterstationen in Bonn, Königsberg, Stuttgart, Mannheim und Berlin. 1933 mußte sie ihre Bühnenkarriere unterbrechen. 1945 gründete sie die Hamburger Kammerspiele neu. Für ihre Verdienste um das Theater wurde sie mehrfach ausgezeichnet. Trotz ihres Engagements für das Theater fand sie Zeit für Rundfunk- und Synchronarbeit sowie interessante Fernsehrollen.
Weitere Filme (Auswahl): *Der Bagnosträfling* (1949), *Auf Engel schießt man nicht* (1960), *Der Zigeunerbaron* (1962), *Der rote Schal* (TV, 1973), *Bei Thea* (TV, 1988).

EHRLICHS KRIMINAL BÜCHEREI
Unter diesem Label brachte der Eden Verlag, Berlin, in den 20er Jahren auch einige Wallace-Romane auf den Markt, u.a. *Lord wider Willen* (1925, → *Chick*), *Geheime Mächte* (1927, → *Captains of Souls*), *Käthe und ihre Zehn* (1928, → *Kate Plus Ten*), *Richter Maxells Verbrechen* (1928, → *Mr. Justice Maxell*) und *Zimmer 13* (1928, → *Room Thirteen*). Neuausgaben dieser Romane erschienen später beim → Goldmann bzw. Ullstein Verlag.

EIBENSCHÜTZ, LIA
* 19.03.1899 Wiesbaden, † März 1985 Berlin
Pianistin und Schauspielerin. Sie mimte die Lady Curtain in → *Neues vom Hexer* (1965).
Eibenschütz entstammte einer Künstlerfamilie, aus der viele bedeutende Musiker, Schauspieler und Sänger hervorgingen. Bis 1922 war sie Konzertpianistin, bis sie der Zufall zur Bühne brachte. Dort entdeckte sie der Filmproduzent Peter Ostermayer und verpflichtete sie für seine Verfilmung *Der Kaufmann von Venedig*. Viele weitere Filme folgten, u.a. etliche UFA-Produktionen. Nach dem Krieg spielte sie u.a. in den Filmen *Das Haus in Montevideo* (1951), *Mein Leopold* (1955) und *Der Greifer* (1958). Lia Eibenschütz war mit dem 1958 verstorbenen Schauspieler Kurt Vespermann verheiratet.

EICHHEIM, JOSEF
→ Darsteller

EILERT, BERND
→ Drehbuchautoren

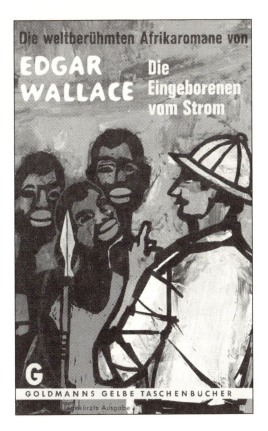

Die weltberühmten Afrikaromane von

EDGAR WALLACE

Die Eingeborenen vom Strom

GOLDMANNS GELBE TASCHENBÜCHER

Ungekürzte Ausgabe

EINER KANN GEWINNEN
→ ON THE RUN

EINGEBORENEN VOM STROM, DIE
→ THE PEOPLE OF THE RIVER

EIS, EGON
* 06.10.1910 Wien, † 06.09.1994;
eigentlicher Name: Egon Eisler
Drehbuchautor und Schriftsteller. Eis schrieb
unter dem Pseudonym Trygve Larsen die Drehbücher zu den Wallace-Filmen → *Der Frosch
mit der Maske* (1959), → *Der rote Kreis* (1959),
→ *Die toten Augen von London* (1961), → *Das
Rätsel der roten Orchidee* (1961/62), → *Das
Gasthaus an der Themse* (1962). Ferner lieferte er die Treatments für → *Das Geheimnis der
gelben Narzissen*, → *Das indische Tuch* und →
Die vier Gerechten (nicht realisiert).
Bereits 1931 hatte Eis zusammen mit seinem
Bruder Otto (genannt Osso) und → Rudolf Katscher das Drehbuch zu → *Der Zinker* geschrieben. Es belegt seine Vorliebe für Änderungen
an Wallace' Romanen, da nicht Frank Sutton

als »Zinker« entlarvt wird, sondern Josua Harras. Im Berlin der dreißiger Jahre schrieb Eis,
gemeinsam mit seinem Bruder Otto, Rudolf
Katscher und Curt Siodmak, eine Reihe hervorragender Kriminalfilme für die UFA. 1938 floh
er nach Paris und wurde interniert, 1940 emigrierte er über Casablanca nach Kuba. Nach Ende des Krieges ließ er sich in Mexiko nieder und
war dort sieben Jahre als Filmautor tätig. Hollywood hat ihn nie interessiert. Seit 1953 lebte Eis wieder in Deutschland und arbeitete vor
allem als Verfasser von Fernseh-Dokumentar-
spielen und kulturhistorischen Büchern. In seine Heimatstadt Wien ist er nie mehr zurückgekehrt. – 1992 erhielt er für seine Kurzgeschichte *Das letzte Signal* den Literaturpreis des Sci-
ence Fiction Clubs Deutschland.
Weitere Drehbucharbeiten (meist in Zusammenarbeit mit Rudolf Katscher): Der Tiger
(1930), Der Schuß im Tonfilmatelier (1930),
Der Greifer (1930), Das gelbe Haus des King-
Fu (1930), Salto Mortale (1931), Täter gesucht
(1931), Die Pranke (1931), Teilnehmer antwortet nicht (1932), Schuß im Morgengrauen
(1932), Spione im Savoy Hotel (1932), Viktoria und ihr Husar (1954), Phantom des großen
Zeltes (1954), Ein Haus voller Liebe (1955),
Der Verrat von Ottowa (1961), Er kann's nicht
lassen (1962), Die Goldsucher von Arkansas
(1964). Unter dem Pseudonym Albert Tanner
schrieb Eis die Drehbücher zu Die weiße Spinne (1963) und Das Wirtshaus von Dartmoor
(1964). Für andere Drehbücher benutzte er die

Egon Eis

169

Pseudonyme Olaf Edgar Carter, Frederike Glace, Susan Leonard, Bernd Oldenburg, O. B. Sandburg und Lionel Stanhope.

Zu seinen wichtigsten Romanen zählen *Die letzte Frau von London* (mit Osso Eis; Heyne Verlag, München 1931), *Gesucht wird Chester Sullivan* (mit Osso Eis; Heyne Verlag, München 1932), *Duell im Dunkel* (Ullstein Verlag, Frankfurt/M. 1957), *Illusion der Sicherheit* (Econ-Verlag, Düsseldorf 1958), *Illusionen der Gerechtigkeit* (Heyne Verlag, München 1963), *Duell* (Kurt Desch Verlag, München 1971).

EL DIABLO VENIA A AKASAWA
Spanischer Titel der Koproduktion → *Der Teufel kam aus Akasava.*

ELEGANT EDWARD
(Der elegante Edward)
Sieben Kriminalerzählungen. *Originalausgabe: Readers Library, London 1928.*
Enthält: THE RUM-RUNNER, MR. MAC-MILLAN SHARES HIS POSSESSIONS, A FORTUNE IN TIN, PAPINICO FOR THE SCOT THE AMATEUR DETECTIVE, DOUBLE BLUFF, THE MACK PUMP.
Inhalt: Die sieben Erzählungen schildern die erstaunlichen Abenteuer des eleganten Hochstaplers Edward, der sich nebenbei als Amateurdetektiv bestätigt.
Anmerkungen: Diese Geschichten wurden bisher nicht ins Deutsche übertragen. Eine der Erzählungen wurde 1963 verfilmt unter dem Titel → *The Rivals.*

ELLIOT, DENHOLM
* 31.05.1922 Ealin, London,
† 06.10.1992 Ibiza (Spanien)
Englischer Schauspieler. *Er verkörperte 1952 John Lemley in* → *The Ringer.*
Elliot besuchte das Malvern College und studierte an der Royal Academy of Dramatic Art. Bevor er eine Karriere beginnen konnte, brach jedoch der Krieg aus. Als Flieger der Royal Air Force wurde er bei einem Luftangriff über der Nordsee abgeschossen und von deutschen Marineeinheiten gerettet. Von Sylt kam er in das Lager Landorf bei Breslau. Nach dem Krieg arbeitete er einige Monate bei den Amersham and Windsor Reportory Companies und debütierte 1946 im West End. Danach folgten zahlreiche Kino- und Fernsehfilme. Dem deutschen Publikum ist er vor allem durch die Indiana-Jones-Serie bekanntgeworden, in der er den Leiter des College verkörpert.
Weitere Filme (Auswahl): *Alfie* (1966), *Marokko 7* (1967), *Totentanz der Vampire* (1970), *Robin und Marian* (1976), *Der Hund von Baskerville* (1978), *Die Brücke von Arnheim* (1977), *Jäger des verlorenen Schatzes* (1980), *Marco Polo* (TV, 1982), *Die Glücksritter* (1983), *Zimmer mit Aussicht* (1986), *Noble House* (TV, 1988), *Indiana Jones und der letzte Kreuzzug* (1988).

ELLIOTT, GERALD
→ Drehbuchautor

ELSTREE STUDIOS
Englische Filmstudios. Hier entstanden zur Stummfilmzeit einige Wallace-Filme, später Wallace-Tonfilme.
Elstree gilt als »britisches Hollywood«. Sein Name steht für sechs benachbarte Studiokomplexe in Borehamwood, nahe dem Städtchen Elstree (30 Kilometer nördlich der Londoner City). In chronologischer Reihenfolge wurden in Elstree folgende Studios eingerichtet:
Neptune: 1913 gründeten ehemalige Mitarbeiter der Twickenham Studios dieses Studio, das, trotz mehrmaliger Pleiten, bis heute überlebt hat. 1917 mußte Neptune die Produktion einstellen und wurde 1920 liquidiert. Anschließend hatte das Studio wechselnde Besitzer und Nutzer, ab 1928 Ludwig Blattner, seit 1935 den amerikanischen Produzenten Joe Rock, der u.a. Michael Powells *The Edge of the World* (1937) produzierte. Anfang der 40er Jahre wurden die ehemaligen Neptune Studios von Lady Yule erworben und in British National Studios umbenannt. Yule besaß das Studio bis 1948. 1952 wurde es von dem als Schauspieler glücklosen Douglas Fairbanks jr. angemietet, der hier für NBC Fernsehsendungen produzierte. Seitdem fungiert das erste Elstree-Studio als Fernsehstudio. 1962 wurde es von ATV gekauft, seit 1984 produziert dort die BBC.
British National: 1925 kauften J. D. Williams, I. W. Schlesinger und → Herbert Wilcox in Elstree Land, um die British National Studios zu erbauen, die sich zum bedeutendsten Elstree-Unternehmen entwickelten. Wegen Querelen zwischen Williams und Schlesinger konnte sich der Glasgower Rechtsanwalt John Maxwell in die Firma einkaufen. Als Williams in die USA

zurückging und Wilcox seine eigene Produktionsfirma British and Dominions gründete, besaß Maxwell 1927 die alleinige Kontrolle über das Studio. Die Modifizierung des Firmennamens zu British International Pictures (BIP), deutete Maxwells Anspruch an, ein auf den internationalen Markt ausgerichtetes Unternehmen aufzubauen. Den Weg zum führenden Elstree-Studio ebnete sich Maxwell durch eine gute Personalpolitik. 1927 schloß er einen Dreijahresvertrag mit Alfred Hitchcock über zwölf Filme ab. Da in den Studios zwei Stummfilme zur selben Zeit gedreht werden konnten, war es durchaus üblich, daß Hitchcock an dem einen und John Saville, den Maxwell als zweiten Regisseur zu BIP geholt hatte, am anderen Ende des Studios gleichzeitig Regie führten. 1928 gründete Maxwell die Kinokette Associated British Cinemas (ABC). 1930 kaufte er die Welwyn Studios in Hertfordshire hinzu, in denen viele spätere Stars des britischen Films wie Margaret Lockwood, Ralph Richardson und Ann Todd ihre ersten Rollen erhielten. 1933 überführte Maxwell das Kapital seiner Firmen in die Holdinggesellschaft Associated British Picture Corporation (ABPC). Zwei spektakuläre Expansionsversuche, die Maxwell zum mächtigsten Mann der britischen Filmindustrie gemacht hätten, schlugen allerdings fehl: Die geplante Übernahme seines Hauptkonkurrenten Gaumont-British scheiterte 1936 in letzter Minute, und als drei Jahre später die hochmodernen, aber hochverschuldeten Amalgamated Studios zum Verkauf standen, kam J. Arthur Rank dem zögernden Maxwell zuvor. John Maxwell starb 1940, kurz nachdem er seine gesamte Produktion von den im Krieg requirierten Elstree-Studios nach Welwyn verlagert hatte. Nach dem Ende des Zweiten Weltkriegs erwarb Warner Brothers die Mehrheit der Anteile von ABPC. Nach einer umfassenden Modernisierung des Studios wurde 1948 die erste Nachkriegsproduktion fertiggestellt, Lawrence Huntingtons Thriller *Man of the Run*. Der Film bildete den Auftakt zu einer Glanzzeit des Studios. Alfred Hitchcock kehrte für den Film *Stagefright* (1950) hierher zurück, und Mitte der 50er Jahre begann für ABPC eine lange Reihe erfolgreicher, teils internationaler Produktionen, u.a. John Hustons *Moby Dick* (1955), Tony Richardsons *Look Back in Anger* (1959) und Stanley Kubricks *Lolita* (1961). Darüber hinaus

produzierte das Unternehmen nun auch für das Fernsehen. Es entstanden erfolgreiche Fernsehserien wie *Sir Francis Drake* (1961/62), *The Avengers* (1961–69), *The Saint* (1962–69), *The Baron* (1966/67) und *Department S* (1969). Im Februar 1969 erlangte der Elektrokonzern Electrical and Musical Industries (EMI) durch Übernahme der Warner-Anteile die Aktienmehrheit von ABPC. EMI setzte ein neues Management ein, an dessen Spitze der Schauspieler, Regisseur und Produzent Bryan Forbes stand. Es wurde ein ehrgeiziges Produktionsprogramm aufgestellt, und man versuchte, weiter zu expandieren. Als MGM sein benachbartes Studio schloß, und ABPC als letztes aktives Filmstudio in Elstree verblieb, einigten sich EMI und MGM im April 1970 auf die Bildung des gemeinsamen EMI-MGM Elstree Studios. Als sich MGM 1973 ganz aus Großbritannien zurückzog, geriet EMI finanziell unter Druck. Die Schließung des Studios schien unvermeidlich. Der neue Studioleiter Andrew Mitchell war dennoch entschlossen, das Studio zu retten und brachte 1974 elf Produktionen auf den Markt, darunter *Murder on the Orient Express* (1974), den bis dahin ambitioniertesten Film von EMI. Trotz des beachtlichen Kassenerfolgs dieser Agatha-Christie-Verfilmung machte das Studio weiterhin Verluste. Vor diesem Hintergrund entschied sich Mitchell zu einer radikalen Rationalisierung. Von den neun Ateliers wurden sechs geschlossen, die ständige Belegschaft schrumpfte auf 48 Personen. Das Studio konnte nun effizient arbeiten und wurde für unabhängige Produzenten wieder attraktiv. Zu den zahlreichen US-Produktionen, die jetzt nach Elstree kamen, gehörte auch George Lucas' Hit *Star Wars* (1977), der zur Initialzündung für eine ganze Reihe von Großproduktionen wurde: Neben dem zweiten und dritten Teil der Star-Wars-Saga entstanden ab 1980 an der Eldon Road u.a. Stanley Kubricks *The Shining* (1979), Steven Spielbergs Indiana-Jones-Trilogie (1980–88), der James-Bond-Film *Never Say Never Again* (1982/83), *Monty Pythons The Meaning of Life* (1982) und Peter Greenaways *The Cook, the Thief, his Wife and her Lover* (1989). In den 80er Jahren wechselten erneut mehrfach die Besitzverhältnisse. Zunächst ging das Studio an die Cannon Organisation, eine unabhängige kalifornische Filmgesellschaft, anschließend an die Brent Walker Entertainment Group. Als diese vor juristischen Problemen stand, mußte zum Entsetzen der britischen Öffentlichkeit das bedeutendste Elstree-Studio 1994 vorübergehend seine Tore schließen, seit 1996 ist es jedoch wieder in Betrieb.

Imperial: Dieses nur kurzlebige Studio wurde 1926 gegründet.

Whitehall: Das 1929 gegründete Studio wurde 1947 von der Rank Organisation gekauft, stellte jedoch 1952 den Betrieb ein.

Amalgamated: Das Amalgamated Studio am Elstree Way wurde 1935 auf Betreiben des Produzenten Paul Soskin errichtet. 1939 stand es zum Verkauf. J. Arthur Rank erwarb das Studio, vermietete es im Krieg als Lagerhalle an die Regierung und veräußerte es 1947 an die Prudential, die es sogleich an MGM weiterverkaufte. 1948 eröffnete MGM hier ihre neue britische Niederlassung, und nach der ersten bedeutenden Produktion, George Cukors *Edward my Son* (1949), sorgten ab 1950 vor allem die von Richard Thorpe inszenierten Kostümfilme *Ivanhoe* (1952), *Knights of the Round Table* (1953) und *Quentin Durward* (1955) für Erfolge. Trotz vieler aufwendiger Produktionen in den 60er Jahren wie *The Yellow Rolls-Royce* (1964, Regie: Anthony Asquith), *Goodbye Mr. Chips* (1968, Regie: Herbert Ross), und *2001 – A Space Odyssey* (1968, Regie: Stanley Kubrick) mußte MGM das Studio 1970 schließen, nachdem die amerikanische Muttergesellschaft in wirtschaftliche Turbulenzen geraten war.

Danziger: Dieses 1956 gegründete Studio wurde bereits 1965 wieder geschlossen.

ELVERY, MAURICE
→ Regisseure

EMMOTT, BASIL
→ Kameramänner

EMO, E. W.
* 11.07.1898 Seebarn (Österreich),
† 02.12.1975 Wien; eigentlicher Name:
Emmerich Josef Woijtek Emo
Regisseur und Drehbuchautor. Emo leitete 1934 die Aufnahmen von → *Der Doppelgänger.*
Emo lernte bereits in jungen Jahren das Filmmetier als Statist kennen. Später wurde er Aufnahmeleiter und Schnittmeister, ehe er erstmals Regie führte. Emo begann seine Tätigkeit bei der Sascha Film, Wien (später Wienfilm). In den 30er Jahren gründete er eine eigene Produktionsfirma, die Emo Film GmbH. Nach der Besetzung Österreichs 1938 mußte Emo seine Firma liquidieren und produzierte danach im Auftrag von Wien Film, Terra Film und Prag Film. Emo hat Hans Moser entdeckt und auch die meisten Moser-Filme produziert, u.a. *Gern hab' ich die Frau'n geküßt* (1934), *Endstation* (1935), *Der Himmel auf Erden* (1935), *13 Stühle* (1938), *Anton, der Letzte* (1939), *Meine Tochter lebt in Wien* (1940), *Reisebekanntschaft* (1943), *Der Theodor im Fußballtor* (1950), *Jetzt schlägt's 13* (1950), *Schäm Dich, Brigitte* (1952), *Wenn die Bombe platzt* (1958). – Von der österreichischen Regierung wurde Emo 1968 mit der Silbernen Ehrenmedaille geehrt.

ENGEL DES SCHRECKENS, DER (BUCH)
→ THE ANGEL OF TERROR

ENGEL DES SCHRECKENS, DER (FILM I)
(Englischer Titel: **Angel of Terror**)
Nicht realisiertes → **Rialto-Wallace-Projekt:**
Drehbuch: Paul Hengge. Regie: Richard Freda.

EDGAR
WALLACE
Der Engel des Schreckens

G Goldmanns Taschen-KRIMI

Als Darsteller waren vorgesehen: Joachim Fuchsberger, Laura Antonelli, Uschi Glas und Siegfried Schürenberg als Sir John. Das Projekt wurde erstmals im Mai 1969 im Filmecho angekündigt; Drehbeginn auf Sardinien sollte der 01.10.1969 sein. Nach dem enttäuschenden Geschäftsergebnis des Films → *Das Gesicht im Dunkeln* wurde das Vorhaben im Sommer 1969 auf Eis gelegt.

Inhalt: Auf Lydia Meredith werden mehrere Mordanschläge verübt. Dem ersten fällt eine Freundin zum Opfer, der Lydia ihr Auto geliehen hatte. Zwei weiteren Anschlägen entgeht sie nur knapp, weil jedesmal in letzter Sekunde ein Retter auftaucht. So vertreibt Glover, der sympathische Rechtsanwalt, den sie anläßlich der Identifizierung ihrer verunglückten Freundin kennengelernt hatte, einen Mörder, der in Lydias Pension eingedrungen war. Merkwürdigerweise behauptet Glover, ebenfalls in dieser Pension zu leben, wovon die Pensionswirtin nichts weiß. Lydia ist auf Jobsuche und erhält das Angebot, als Sekretärin auf ein Schloß in Essex zu kommen. Es gehört einer alten Dame, die dort mit ihrem Sohn, Herrn Briggerland, dessen sympathischer Tochter Greta und ihrem Neffen Marco Stepney lebt. Greta nimmt Lydia zu einem Besuch in das naheliegende Institut für Geistesgestörte mit, um dessen Bewohner sie sich rührend kümmert. Dieser Besuch und die beklemmende Atmosphäre des Schlosses verstören Lydia zunehmend. Sie braucht Beruhigungsmittel, um ihren Alpträumen zu entkommen. Dabei merkt sie nicht, daß ihr Medikament durch ein anderes ersetzt wird. Die Situation eskaliert in einem Nervenzusammenbruch Lydias. Auf Anweisung des Institutsarztes Williams wird sie in das Haus für Geisteskranke eingeliefert, wo sie nur knapp einem Anschlag von drei Mitinsassinnen entgeht. In einem wunderschönen Raum kommt Lydia wieder zu sich und erfährt dort von Glover, daß sie die alleinige Erbin von Sir Henry Meredith ist und damit Anspruch auf dessen unermeßliches Vermögen hat. Über die Ereignisse im Schloß und im Irrenhaus äußert Glover sich nur ausweichend, zumal er einst mit Greta verlobt war. Dadurch erweckt er Lydias Mißtrauen. Auch Greta, die sich nun als Lydias Verwandte erweist, berichtet Merkwürdiges über den Rechtsanwalt. Glover ist über Gretas Besuch aufgebracht und empfiehlt Lydia dringend,

nach Sardinien auf den Familienbesitz der Merediths zu reisen. Dort soll sie sich erholen. Doch auch auf Sardinien wird Lydias Leben bedroht, und ihre alten Angstzustände kehren zurück. Als unter merkwürdigen Umständen Rechtsanwalt Glover, Herr Briggerland samt Tochter Greta und Neffe Marco auftauchen, spitzt sich die Situation zu. Wieder gerät Lydia in eine lebensgefährliche Situation, in der sich schließlich zeigt, auf welcher Seite die einzelnen Personen stehen. Nach einer aufregenden Verfolgungsjagd, in deren Verlauf Lydia gerettet wird, finden die Täter ihre verdiente Strafe.

ENGEL DES SCHRECKENS, DER (FILM II)
Dieses → **Rialto-Projekt** wurde im Herbst 1970 mit dem Starttermin Februar 1971 angekündigt. Unter der Regie von Werner Jacobs sollten Fritz Wepper, Uschi Glas, Siegfried Schürenberg, Uta Levka, Günther Stoll und Lyvia Bauer spielen. Der Plot des Films wurde 1971 für → Die Tote aus der Themse verwendet.

ENGEL DES SCHRECKENS, DER (FILM III)
Nicht realisiertes Filmprojekt von Florian Pauer aus dem Jahr 1993 nach dem gleichnamigen Roman (→ *Angel of Terror*) von Edgar Wallace.
Inhalt: In London treibt ein unbekannter Mörder sein Unwesen, der seine Opfer verbrennt und bei ihnen eine Karte mit einem Barockengel hinterläßt. Sir John, der Chef von Scotland Yard, betraut Chiefinspector Higgins und seine Assistentin Barbara Lane mit dem Fall. Zur Zeit dieser mysteriösen Mordfälle wird der junge Millionenerbe James Meredith zu lebenslanger Zuchthaushaft verurteilt, weil er den Liebhaber seiner Ex-Verlobten und Cousine Jean Briggerland im Affekt erschossen haben soll. Sein Millionenerbe kann Meredith jedoch nur unter der Bedingung antreten, daß er bis zu seinem 30. Geburtstag verheiratet ist; andernfalls geht es an seine Cousine Jean. Die Vermögensverwalter der Merediths, die Anwälte Rennett, Glover und Simpson, schmieden einen Plan, Meredith aus dem Gefängnis zu »entführen«, um ihn zu verheiraten. Als Braut gewinnen sie die junge Lydia Beale, die durch den Tod ihres Vaters hoch verschuldet ist. Doch schon kurz nach der Trauung im Haus des Anwalts Rennett wird Meredith erschossen aufgefunden. Trotz Überlastung übernehmen Higgins und Lane auch diesen Fall. Da wird Jean Brigger-

lands Vater ebenfalls verbrannt aufgefunden, und die Detektive werden den Verdacht nicht los, daß beide Fälle in einem Zusammenhang stehen.

ENGEL DES SCHRECKENS, DER (HÖRSPIEL)
→ Europa-Hörspielproduktion Nr. 8 nach dem gleichnamigen Roman von Edgar Wallace. *Buch: Frank Sky. Regie: Heikedine Körting. Titelmelodie: David Allen. Musik und Effekte: Bert Brac und Betty George. Künstlerische Gesamtleitung: Andreas Beurmann. Mit den Stimmen von Horst Naumann (Erzähler), Horst Frank (Jack Glover), Brigitte Kollecker (Lydia), Joachim Richert (Mr. Briggerland), Ruth Niehaus (Jean Briggerland), Ernst von Klippstein (Mr. Jeremy Rennett), Ursula Sieg (Mrs. Cole-Mortimer), Katharina Brauren (Mrs. Morgan), Wolfgang Dreager (Francois Mordon), Horst Stark (Inspektor).*

ENGEL, ALEXANDER
* 04.07.1902 Berlin, † 25.07.1968 Saarbrücken Deutscher Schauspieler. Er wirkte sehr überzeugend in drei Wallace-Filmen mit: als Patient

in → *Die seltsame Gräfin* (1961), als Reverend Hastings in → *Das indische Tuch* (1963) und als Doc Adams in → *Der Hund von Blackwood Castle* (1967).

Der waschechte Berliner stammte aus einer Kaufmannsfamilie. In seiner Heimatstadt besuchte er die Realschule und anschließend die Reischersche Schauspielschule. Nach kurzen Gastspielen in der Provinz kam er an die Berliner Volksbühne, von wo ihn die UFA für den Film *Des jungen Dessauers große Liebe* (1933) engagierte. Auch mit *Musik im Blut* (1934) und *Einer zuviel an Bord* (1935) konnte Engel beachtlichen Erfolg verbuchen. Es folgten **Weitere Filme** wie die UFA-Streifen *Weiße Sklaven* (1936), *Savoy-Hotel 217* (1936), *Der grüne Kaiser* (1939), *Die Hochzeitsreise* (1939) und *Kriminalkommissar Eyck* (1940). 1949 spielte er für die DEFA in *Und wenn's nur einer war* und, wieder im Westen, in *Schlagerparade* (1953). Zahllose Rollen in Kino- und Fernsehfilmen schlossen sich an.

Weitere Filme (Auswahl): *Waldwinter* (1956), *Mandolinen und Mondschein* (1959), *Im Stahlnetz des Dr. Mabuse* (1960), *Hamlet* (TV, 1960), *Lange Beine – lange Finger* (1966), *Dynamit in grüner Seide* (1967), *Rote Lippen, Sadisterotica* (1968).

ENGELKE, ANKE
→ Darsteller

ENGELMANN, HEINZ
* 14.01.1911 Berlin, † 26.09.1996 Tutzingen; eigentlicher Name: Heinrich Georg Ludwig Engelmann.
Deutscher Schauspieler. Er verkörperte Kapitän Brown in → *Das Gasthaus an der Themse* (1962). Engelmann, der eigentlich Sportlehrer werden wollte, arbeitete als Autoverkäufer und Rennfahrer und besuchte nebenbei die Schauspielschule Ackermann in Berlin. Bei der UFA erhielt er zunächst eine Nebenrolle in dem NS-Propagandafilm *Pour le Mérite* (1938). Seine erste Hauptrolle hatte er neben Ilse Werner in *U-Boote westwärts* (1941). Im Zweiten Weltkrieg war Engelmann Hauptmann der Luftwaffe. 1945 wurde er Fernfahrer, bis er 1946–49 ein Engagement am Stadttheater Hildesheim fand. Beachtenswert war sein Part als Knecht Matti in der Brecht-Verfilmung *Herr Puntila und sein Knecht Matti* (1956). In den 50er Jah-

ren wurde er ein wichtiger Synchronsprecher für Stars des internationalen Films, u.a. für John Wayne, Eddie Constantine, Jean Gabin, William Holden, Alan Ladd, Gary Cooper und George Nader. – Engelmann, der auch fürs Fernsehen arbeitete, war verheiratet und lebte in Tutzing/Oberbayern. Er spielte gern Soldaten, Kriminalkommissare und harte Burschen vom Schlage eines Robert Mitchum, aber mit einem proletarischen Zug, wie er für den jungen Jean Gabin typisch war.

Weitere Filme (Auswahl): *Kongo-Expreß* (1939), *Am Abend auf der Heide* (1940), *Blockierte Signale* (1948), *Hafenmelodie* (1949), *Die Martinsklause* (1951), *Die Spur führt nach Berlin* (1952), *Drei vom Varieté* (1954), *Heidemelodie* (1956), *Ännchen von Tharau* (1954), *Grenzstation 58* (1950), *Haie und kleine Fische* (1957), *U 47 – Kapitänleutnant Prien* (1958), *Stahlnetz* (TV-Serie, 1958–68), *Wenn die Heide blüht* (1960), *Der Satan lockt mit Liebe* (1960), *Förster Horn* (TV, 1967), *Unsterblichkeit mit Marschmusik* (TV, 1965), *Vier Schlüssel* (1965), *Flucht über die Ostsee* (TV, 1967), *More – mehr – immer mehr* (1969), *Der Fall Sorge* (TV, 1970), *Preußen über alles* (TV, 1971), *Bitte nicht mit mir* (TV-Serie, 1971).

ENGELS, WERA
→ Darsteller

ENIGME DU SERPENT NOIR, L'
Französischer Titel der Koproduktion → *Der Zinker*.

EPPLER, DIETER
* 11.02.1927 Stuttgart
Deutscher Schaupieler. Er überzeugte in vier Wallace-Filmen: als Josua Broad in → *Der Frosch mit der Maske* (1953), als Crayley in → *Die Bande des Schreckens* (1960), als Sir William in → *Der unheimliche Mönch* (1965) sowie als Wachtmeister Carter in der Fernsehverfilmung → *Der Hexer* (1956). Der Weg des gutaussehenden Stuttgarters, dem strahlend blaue Augen, blonder Schopf und markantes Gesicht den Spitznamen »Jung-Siegfried« eingetragen haben, führte mehr oder weniger direkt zur Schauspielschule. Am Ende des Weltkriegs, nach dem Abitur, wurde er eingezogen und in Italien stationiert. Nach dem Zusammenbruch trampte er zu Fuß durch Italien nach Kufstein und gelangte von dort mit amerikanischen Trucks nach Stuttgart. Für Schauspielunterricht hatte er kein Geld, aber sein ausersehener Lehrer Fritz Klippel war musikbesessen. So schrieb Eppler für ihn Partituren ab und verdiente sich dadurch die Ausbildung. Als Eppler die nötige Bühnenreife hatte, begann er an den Heidenheimer Kammerspielen. Von dort wechselte er an das Theater in Sigmaringen und kehrte dann nach Stuttgart zurück. Einer Tätigkeit als Sprecher beim Süddeutschen Rundfunk folgten ein kurzes Gastspiel am Jungen Theater und, Krönung der bis dahin kurzen Berufslaufbahn, ein Engagement beim Stuttgarter Staatsschauspiel. Dort spielte er u.a. den Leutnant Hartmann in Zuckmayers *Des Teufels General*, den Tempelherrn in Lessings *Nathan der Weise* (neben Erich Ponto in der Titelrolle) und den Jimmy in Richard Nashs *Der Regenmacher*. 1957 holte ihn überraschend Otto Domnick für die Partnerrolle des Jonas in seinen gleichnamigen Experimentalfilm. So wurde die → Constantin auf der Suche nach jungen, bühnenerfahrenen Filmtalenten auf ihn aufmerksam. Sie nahm Eppler in ihre Nachwuchsabteilung auf und verpflichtete ihn für fünf Jahre. Das erste Mal stand er als Karl Christiansen in *Die grünen Teufel von Monte Cassino* (1958) vor der Kamera – unter der Regie von → Harald Reinl, der ihn für diese Rolle entdeckt hatte. Nach dieser erfolgreich verlaufenen Bewährungsprobe vertraute man ihm die Hauptrolle in *U 47 – Kapitänleutnant Prien* (1958) an, wieder unter Reinls Regie, mit dem er noch in zahlreichen weiteren Filmen zusammenarbeitete.

Weitere Filme (Auswahl): *Kleine Leute mal ganz groß* (1958), *Freddy unter fremden Sternen* (1959), *Die Nackte und der Satan* (1959), *Stahlnetz: E 605* (TV, 1960), *Kein Pardon nach Mitternacht* (1960), *Stahlnetz: Saison* (TV, 1961), *Der Orgelbauer von St. Marien* (1961), *Der Würger von Schloß Blackmoor* (1963), *Die weiße Spinne* (1963), *Die Todesstrahlen des Dr. Mabuse* (1964), *Das Wirtshaus von Dartmoor* (1964), *Die Nibelungen* (2 Teile, 1966), *Mister Dynamit – Morgen küßt Euch der Tod* (1967), *Die Schlangengrube und das Pendel* (1967), *Dynamit in grüner Seide* (1967), *Kampf um Rom* (2 Teile, 1968), *Tatort – Saarbrücken an einem Montag* (TV, 1970), *Deep End* (1970), *Providenza* (1972), *Wer stirbt schon gerne unter Palmen?* (1974).

EPSKAMP, HANS
→ Darsteller

ERBINNEN
→ Frauen

Typisch für Wallace' klischeehafte Schreibweise ist, daß die in seinen Romanen auftauchenden, von dunklen Mächten bedrohten jungen Frauen oft Erbinnen eines großen Vermögens und dadurch zu guten Partien für die edlen Helden werden (z.B. in → *The Blue Hand* und → *The Dark Eyes of London*)

ERDKREISBÜCHER
Unter diesem Label veröffentlichten die Verlage Josef Singer und Martin Maschler, beide Leipzig, 1928 eine Reihe von Kriminalromanen, u.a. die Wallace-Titel *Louba, der Spieler* (→ *Flat Two*; = Band 10), *Die Vier Gerechten* (→ *The Four Just Men*; = Band 13), *Die Melodie des Todes* (→ *The Melody of Death*; = Band 14), *Der verteufelte Herr Engel* (→ *Angel Esquire*; = Band 15), *Der Diamantenfluß* (→ *The River of Stars*; = Band 19), *Das Gesicht im Dunkel* (→ *The Face of the Night*; = Band 32).

ERFOLG
In den 20er Jahren stammte jedes vierte in England verkaufte Buch von Edgar Wallace. In Deutschland ist der Erfolg der Wallace-Romane bis heute ungebrochen. Seit 1926 werden seine Werke von zahlreichen Verlagen, insbesondere vom → Goldmann-Verlag, in Millionenauflagen auf den Markt gebracht. Ähnlich erfolgreich waren und sind die Verfilmungen. Jede Fernsehwiederholung lockt im Durchschnitt noch immer zwischen einer und zweieinhalb Millionen Zuschauer an.

ERLER, RAINER
* 26.8.1933 München

Drehbuchautor und Regisseur. Co-Autor und Regisseur des Fernsehfilms → *Der Hexer* (1963).

Der Sohn eines von den Nationalsozialisten entlassenen Studiendirektors machte 1952 das Abitur. Nach Reisen durch Frankreich, Spanien, Marokko und Westafrika wurde er Regieassistent u.a. bei Harald Braun, Rudolf Jugert und Kurt Hoffmann, später Produktionsassistent bei Eric Pommer. Ab 1961 Autor und Regisseur bei der Bavaria. 1972 gründete Erler die Pentagramma-Filmproduktion; seitdem ist er als freier Regisseur, Autor und Produzent tätig und verfaßt – meist mit seinen Filmen zusammenhängende – Romane. Lebt mit seiner Frau, der Produzentin Renate Erler, im Isartal bei München. – Erler ist ein Unterhaltungsregisseur mit inhaltlichem Engagement. Seine Filme wurden vielfach ausgezeichnet.

Weitere Fernsehfilme (Auswahl): *Seelenwanderung* (1962), *Das blaue Palais* (fünf Teile: *Das Medium, Das Genie, Der Verräter*, alle 1974; *Unsterblichkeit ...?, Der Gigant*, beide 1976), *Operation Ganymed* (1977), *Plutonium* (1978), *Die Quelle* (1979), *Fleisch* (1979).

ERPRESSUNG MIT ROSEN
Sammelband mit Erzählungen von Edgar Wallace. Übersetzung: Angelika Feilhauer und Anne Höfler. Lese- und Freizeit-Verlag, Ravensburg 1986. Enthält die Geschichten: *Erpressung mit Rosen (Blackmail with Roses), Weiße Stiefel (White Stockings), Die grüne Mamba (The Green Mamba), Indizienbeweis (Circumstantial Evidence), Der Mann, der zweimal starb (The Man Who Died Twice).*

ERSTVERFILMUNGEN

Der erste Wallace-Film, zu dem der Autor selbst das Drehbuch verfaßt hatte, kam bereits 1915 in die Stummfilmkinos (→ *Nurse and Martyr*). Die früheste Wallace-Verfilmung entstand 1916 ebenfalls in Großbritannien (→ *The Man Who Bought London*). Der erste der legendären deutschen Wallace-Filme, → *Der Frosch mit der Maske*, erblickte 1959 das Licht des Projektors.

ERZÄHLGENIE

Wallace war ein begnadeter Erzähler. Manchmal diktierte er neue Bücher fast ohne Unterbrechung. Überliefert wird, daß Sir Patrick Hastings, ein Gast des Autors, eines Nachts an Wallace' Bürotür vorbeikam. Der Autor war völlig in sein Diktat vertieft und Hastings davon derart in den Bann gezogen, daß er zwei Stunden vor der Tür stehenblieb. Schon am nächsten Morgen war der neue Krimi fertig. – 1932 nahm der Schnellfabulierer ein Angebot der → RKO-Studios in Hollywood an, Drehbücher zu schreiben. Kaum in Los Angeles angekommen, machte er sich an die Arbeit. Drei Tage später lag das Konzept für den Horrorstreifen → *King Kong* (bei Wallace einfach Kong genannt) auf dem Tisch. – In seinem bevorzugten Berliner Hotel Adlon sperrte sich Wallace einmal für drei Tage ein, um die Geschichte → *The Man Who Changed His Name* zu Papier zu bringen.

ES IST UNMÖGLICH,

von Edgar Wallace nicht gefesselt zu sein!
→ Goldmann Verlag, → Werbung

ES STAND BEI EDGAR WALLACE

→ EDGAR WALLACE UND DER FALL

ESSAYS

→ This England

ESWAY, ALEXANDER

→ Regisseure

ETLINGER, KARL

→ Darsteller

EUROPA-HÖRSPIELE

→ *Die drei Gerechten*, → *Der Engel des Schreckens*, → *Der Frosch mit der Maske*, → *Das Gasthaus an der Themse*, → *Das Geheimnis der gelben Narzissen*, → *Der Hexer*, → *Neues vom Hexer*, → *Der rote Kreis*, → *Der schwarze Abt*, → *Die toten Augen von London*, → *Das Verrätertor*, → *Der Zinker*.

EVA, EVI

→ Darsteller

EWERT, RENATE

* 09.11.1935 Königsberg,
† 04.12.1966 München

Deutsche Schauspielerin. Sie war als Thalia Drummond in → *Der rote Kreis* (1959) eine der besten Interpretinnen einer Wallace-Rolle. Renate Ewert ging im ostpreußischen Königsberg zur Schule, bis sie 1945 mit Eltern und Bruder fliehen mußte. Die Strapazen und Leiden jener Zeit, die sie auf dem Treck und in den harten Nachkriegsjahren in Hamburg erdulden mußte, prägten sich ihr unauslöschlich ein und weckten den Wunsch nach einem weniger anstrengenden Leben. Renate Ewert, die eine abgeschlossene Schauspielausbildung und Bühnenerfahrung hatte, betrieb ihre Filmkarriere

Renate Ewert

177

Renate Ewert

unauffällig. Sie jagte nicht hinter Produzenten und Affären her, sondern bestach durch zuverlässige Arbeit. Renate Ewert starb unter ungeklärten Umständen an einer Überdosis Tabletten.

Weitere Filme (Auswahl): *08/15 in der Heimat* (1955), *Zwei Preuß'n in Bayern* (1956), *Lumpazivagabundus* (1956), *Mikosch, der Stolz der Kompanie* (1956), *Nachts im grünen Kakadu* (1957), *Der Mann der nicht nein sagen konnte* (1958), *Liebe kann wie Gift sein* (1958), *Gräfin Mariza* (1958), *Gitarren klingen leise durch die Nacht* (1959), *Immer die Mädchen* (1959), *Das blaue Meer und Du* (1959), *Conny und Peter machen Musik* (1960), *Das Rätsel der grünen Spinne* (1960), *Schlagerparade 1960* (1960), *Der wahre Jakob* (1960), *Mein Schatz komm mit ans blaue Meer* (1960), *Schlagerparade 1961* (1961), *Immer Ärger mit dem Bett* (1961), *Axel Munthe – Der Arzt von San Michèle* (1962), *So toll wie anno dazumal* (1962), *Gangster, Gold und flotte Mädchen* (1963), *Der Boß hat sich was ausgedacht* (1964), *Angélique* (1964), *Hotel der toten Gäste* (1965), *Die Katze im Sack* (TV, 1965), *Agent 505 – Todesfalle Beirut* (1966).

F

FACE IN THE NIGHT, THE

Kriminalroman. *Originalausgabe: John Long, London 1924. Deutsche Erstveröffentlichung: Das Gesicht im Dunkel. Übersetzung: Elise von Kraatz. Verlag Oestergaard, Berlin 1926. Neuausgabe: Verlag C. Henschel, Berlin 1928 (= Tribunalbibliothek 7). Neuausgabe: Verlag Oestergaard, Berlin 1930. Neuausgabe: Josef Singer Verlag, Berlin 1928 (= Erdkreisbücher 32). Neuausgabe: Martin Maschler Verlag, Berlin 1930 (= Erdkreisbücher 32). Neuübersetzung: Ravi Ravendro (Bearbeitung der Kraatz-Fassung). Wilhelm Goldmann Verlag, Leipzig 1932. Neuausgabe (Kraatz-Fassung): Wilhelm Goldmann Verlag, München 1955. Taschenbuchausgabe: Wilhelm Goldmann Verlag, München 1958 (= Goldmann Taschen-KRIMI 139). Weitere Taschenbuchauflagen im Wilhelm Goldmann Verlag: 1961, 1972, 1974, 1976, 1979, 1982, 1989, 1997. Jubiläumsausgabe im Wilhelm Goldmann Verlag: 1990, 2000 (= Band 27). Neuübersetzung: Mechtild Sandberg. Scherz Verlag, Bern, München, Wien 1984 (= Scherz Krimi 983).*

Inhalt: Grauer Nebel senkt sich über London. In der amerikanischen Botschaft findet ein Ball statt. Am Hals der Königin von Schweden schimmert ein Brillantkollier von unschätzbarem Wert. Stunden später ist Scotland Yard in fieberhafter Aufregung. Das Auto der Königin wurde überfallen, ihr Privatdetektiv erschossen. Die Räuber sind mit der Halskette der Königin entkommen. Noch in derselben Nacht findet man die Leiche des Diamantenschmugg-lers Laker. Fernab verkauft das Mädchen Audrey Bedford ihre Hühnerfarm und zieht zu ihrer Schwester Dora nach London. Diese beauftragt Audrey, ein Päckchen fortzubringen. Dabei wird sie verhaftet; im Päckchen findet sich die gestohlene Halskette. Vor Gericht schweigt sie um ihrer Mutter willen und wird wegen Diebstahls verurteilt. Nach ihrer Entlassung kehrt sie nicht mehr zu ihrer Schwester zurück und wird Sekretärin des geheimnisvollen Mr. Malpas. Viele interessieren sich für Audrey: die Detektivagentur Stormer, die sie überwacht; Captain Richard Shannon von Scotland Yard, der ein Auge auf sie geworfen hat und glaubt, daß sie in eine Intrige verwickelt ist; ein mysteriöser Herr Brown aus Südafrika, der sie beobachtet. Eines Tages wird Mr. Malpas ermordet. Während der Ermittlungen verschwindet seine Leiche. Die Ereignisse beginnen sich zu überstürzen. Alle, die in den Fall verwickelt sind, finden sich, soweit sie nicht vorher ermordet wurden, schließlich in Malpas' Wohnung ein, wo Captain Shannon den Fall aufklären wird.

Anmerkung: Der Roman wurde zweimal verfilmt: 1924 unter dem Titel → *The Diamond Man* und 1960 unter dem Titel → *The Malpas Mystery*; zudem war das Buch 1969 Grundlage für die freie Adaption → *Das Gesicht im Dunkeln.*

FACE OF A STRANGER
(Gesicht eines Fremden)

Kinofilm. England 1964. Produktion: Merton Park. Produzent: Jack Greenwood. Regie: John Moxey. Buch: John Sansom frei nach Edgar Wallace. Kamera: James Wilson. Musik: Bernard Ebbinghouse. Bauten: Peter Mullins. Ton: Brian Blamey. Schnitt: Derek Holding. Darsteller: Jeremy Kemp (Vince Howard), Bernard Archard (Michael Forrest), Rosemary Leach (Mary Bell), Philip Locke (John Bell), Elizabeth Begley (Mrs. Holden), Jean Marsh (Grace), Ronald Leigh Hunt (Gefängnisdirektor), Mike Pratt (Harry), Henry Longhurst (Peters), Alec Bregonzi, Keith Smith, Edward Dentith, Victor Charrington. Länge: 56 Minuten.

Inhalt: Vince Howard und John Bell, zwei Zellengenossen, stehen kurz vor ihrer Entlassung. Sie haben etwas Geld beiseite geschafft und wollen damit eine neue Existenz aufbauen. Bei John wird jedoch ein Messer gefunden und seine vorzeitige Entlassung widerrufen. Er bittet Vince, seiner blinden Ehefrau Mary diese Nachricht zu übermitteln. Auf dem Weg zu Mary pfeift Vince ein Lied, das ihm John beigebracht hat. Mary Bell hört es, und in der Annahme, ihr Mann komme zurück, eilt sie auf die Straße. Vince kann sie im letzten Moment vor einem Auto zurückreißen, wird aber selbst niedergestoßen. Er kommt im Hause von Mary Bell wieder zu sich und bemerkt, daß sie ihn für John hält. Die Liebe und Ergebenheit einer Frau, das zu erwartende Geld – Vince erliegt dieser Versuchung und spielt fortan die Rolle Johns. Als dieser entlassen wird, holt Vince ihn ab, um das Geld in ein neues Versteck zu bringen. Unterwegs schlägt Vince John nieder, nimmt dessen Papiere an sich und setzt den Wagen mit dem Bewußtlosen in Brand. Die traute Zweisamkeit von Mary und Vince wird durch den Barkeeper Michael Forrest gestört, der Verdacht geschöpft hat. Eines Nachts passiert etwas völlig Unerwartetes. Mary attackiert Vince mit einem Messer und läßt ihn schwerver-

letzt im Bett liegen. Vince schleppt sich ins Nebenzimmer und belauscht eine Unterhaltung zwischen Mary und Forrest. Sie hatte immer gewußt, daß er nicht ihr Mann war, und mit Forrest einen Plan geschmiedet, um an das Geld ihres Mannes heranzukommen. Vince bedroht die beiden mit einer Pistole, und als Forrest ihn überwältigen will, erschießt er ihn. Mit letzter Kraft greift er zum Telefon und verständigt die Polizei.

Anmerkung: Dieser Film wurde in Deutschland nicht aufgeführt.

FAIRCHIELD, WILLIAM
→ Regisseure

FAIRLIE, GERARD
→ Drehbuchautoren

FALL DER VERÄNGSTIGTEN LADY, DER
DDR-Fernsehtitel für die Wallace-BBC-TV-Produktion → *The Case of The Frightened Lady.*

FALL JOE ATTYMAN, DER
→ *The Case of Joe Attyman*

FALLSCHEER, ANDREAS
→ Produzenten

FÄLSCHER, DER
→ THE FORGER

FÄLSCHER VON LONDON, DER
Kinofilm. *Bundesrepublik Deutschland 1961. Regie: Harald Reinl. Regieassistenz: Hansi Köck. Script: Liselotte Christ. Drehbuch: Johannes Kai (d.i. Hanns Wiedmann) nach dem Roman The Forger von Edgar Wallace. Kamera: Karl Löb. Kameraassistenz: Karl-Heinz Linke, Gerd Kurth. Schnitt: Hermann Ludwig. Schnittassistenz: Susanne Paschen, Jutta Böttcher. Ton: Werner Schlagge. Bauten: Mathias Matthies, Ellen Schmidt. Bühnenmeister: Heinrich Zucker. Oberbeleuchter: Werner Krohn. Requisiten: Otto Fechtner. Masken: Walter und Gerda Wegener. Musik: Martin Böttcher. Musikalische Leitung: Eberhard Soblick. Kostüme: Gudrun Hildebrand. Garderobe: Hermann Beecken, Ellen Heuer. Standfotos: Peter-Michael Michaelis, Lothar Winkler. Presse: Hans Joachim Wehling. Produktion: Rialto Film Preben Philipsen Filmproduktion und Filmvertrieb GmbH, Hamburg. Produzenten: Preben Philipsen, Horst Wendlandt. Produktionsleitung: Herbert Sennewald. Aufnahmeleitung: Willy Schöne, Lothar Mäder; Gerd Uterhardt. Geschäftsführung: Leif Feilberg. Produktionssekretärin: Editha Busch. Kassierer: Erich Schütze. Drehzeit: 02.05.–06.06.1961. Atelier: Real Film Studios Hamburg-Wandsbek. Außenaufnahmen: Hamburg, Schloß Herdringen Neheim/Hüsten (Westfalen). Erst-Verleih: Constantin Film, München. Länge: 94 Minuten (2555 m). Format: 35 mm; s/w; 1:1.66. FSK: 19.07.1961 (25770); ab 16 nff. Uraufführung: 15.08.1961, Neues Bavaria Aachen. TV-Erstsendung: 27.07.1974 ZDF. – Darsteller: Karin Dor (Jane Leith-Clifton), Hellmut Lange (Peter Clifton), Siegfried Lowitz (Oberinspektor Bour-*

Der Fälscher von London: 1. Hellmut Lange, Karin Dor • 2. Ulrich Beiger u.a. •
3. Horst Breitkreuz, Sigrid von Richthofen • 4. Robert Graf, Hellmut Lange

Der Fälscher von London: 1. **Walter Rilla, Horst Breitkreuz** • 2. **Karin Dor** • 3. **Ulrich Beiger, Otto Collin**

ke), Mady Rahl (Majorie Wells), Victor de Kowa (Dr. Wells), Robert Graf (Basil Hale), Walter Rilla (John Leith), Sigrid von Richthofen (Mrs. Unterson), Ulrich Beiger (Inspektor Rouper), Joseph Offenbach (Blonberg), Otto Collin (Radlow), Eddi Arent (Stone), Hans Lohfing (Diener), Wolfgang Merling (Polizeifahrer), Willy Wiebgen (Portier), Horst Breitkreuz (Wärter), Anneliese Schmidl (Dienerin Anna), Günter Hauer (Taxifahrer), Heidrun Kussin (Hausmädchen), Werner Reinisch (Hopkins), Heinz Klevenow (Der Gerissene, Double).

Inhalt: In Longford Manor wollen Peter Clifton und seine Frau Jane ihre Flitterwochen verbringen. Doch das Herrenhaus birgt ein düsteres Geheimnis: eine Fälscherwerkstatt. Nachdem beim Rennen von Ascot Falschgeld aufgetaucht ist, versucht Oberinspektor Bourke, dem Fälscher von London auf die Spur zu kommen. Immer mehr Personen aus dem Umkreis der Bande werden ermordet aufgefunden. Nachdem Bourke sich mit der Vergangenheit der Verdächtigen befaßt hat, kann er endlich den Fälscher überführen.

Kritik zum Film: »Wer sich mit Lust die kalte Gänsehaut über den Rücken jagen läßt, wer Gruselszenen mehr liebt als echte Spannung, er wird hier wohl auf seine Kosten kommen. Es sei ihm unbenommen.« (Kölner Rundschau, 16.09.1961) »Ohne Anspruch auf Filmkunst und ohne Ambitionen wird von Regisseur Harald Reinl ein Stück Kriminalunterhaltung unterhaltend geboten – und das sollte eigentlich genügen.« (Neue Presse Frankfurt, 13.12. 1961)

Anekdote: Der Aufnahmeleiter → Lothar Mäder erinnert sich: »Ich fuhr mit Eddi im Polizeiwagen nach Neheim-Hüsten. Auf dem Wagen war noch das Blaulicht und hinten der aufgeklebte Schriftzug ›Police‹. Der Wagen, ein englischer Vanguard, hatte aber Linkslenkung. Nur sollte bei den Aufnahmen dies nicht zu sehen sein, und so hatten wir ein Lenkrad für Rechtslenkung als Attrappe. Eddi lenkte nun immer entgegengesetzt dem Fahrer. Bei den Elbbrücken wurden wir von der Polizei gestoppt. Die Papiere waren in Ordnung, Eddi wurde erkannt. Es gab viel Heiterkeit. Das Blaulicht mußte ich abnehmen, und dann wurden wir bis Maschen eskortiert.«

Fazit: Gekonnt inszenierter Serienthriller.

FAMOUS SCOTTISH REGIMENTS (Berühmte schottische Regimenter).

Sachbuch. *Originalausgabe: George Newnes, London 1914 (= Our Fighting Forces 4).*

Inhalt: Wallace wollte zu Beginn des Ersten Weltkrieges die britischen Armeen unterstützen. Einer seiner patriotischen Beiträge war dieses schmale Büchlein über berühmte schottische Regimenter.

Anmerkung: Dieses Buch wurde bisher nicht ins Deutsche übertragen.

FANNING, RIO
→ Drehbuchautoren

FARBFILME
Um mit dem Fernsehen konkurrieren zu können, entschied die → Constantin Film, die Rialto-Wallace-Filme ab 1966 in Farbe herzustellen. Schon vorher wurde → *Das Rätsel des silbernen Dreieck* (*Circus of Fear*, 1965/66) als erster Wallace-Film in Farbe aufgenommen. Da er jedoch vor dem ersten Rialto-Farbfilm in die Kinos kam, lief dieser Streifen in Deutschland nur in Schwarzweiß, allerdings mit einkopierten Farbtiteln. Das war ein Zugeständnis an → Horst Wendlandt, damit dessen Film → *Der Bucklige von Soho* (1966) dem deutschen Pu-

blikum als erster Farb-Wallace präsentiert werden konnte.

FARELL, CLAUDE
* 07.05.1914 Wien;
eigentlicher Name: Paulette Colar
Schauspielerin. Sie mimte die undurchsichtige Schwester Adela in → *Im Banne des Unheimlichen* (1968). Die attraktive österreichische Darstellerin ist unter zahlreichen Künstlernamen bekanntgeworden; sie spielte als Monika Preuss, Monika Burg, Paulette Colar, Paulette Bourg, Paulette Devence, Catherine Farell und schließlich als Claude Farell. Die Tochter eines Wieners und einer Französin ging als Paulette von Suchan in Genf, Paris und London zur Schule und als Pola Viardi nach gründlichem Tanz- und Schauspielunterricht in Brüssel zum Ballett. Kurz vor Ausbruch des Krieges tauchte sie als Paulette Colar in Berlin auf, wurde von → Josef von Baky entdeckt und von der Tobis

Claude Farell

unter Vertrag genommen. Diese gab ihr nette Jungmädchenrollen zu spielen und dazu den Namen Monika Burg. Unter diesem Namen wurde sie durch ihren Film *Zwei in einer großen Stadt* (1942) in Deutschland bekannt. Als sie aus unbekannten Gründen ein Auftrittsverbot erhielt, floh sie kurz entschlossen mit einem Fahrrad nach Frankreich. Auf den Gepäckträger hatte sie einen Papierkorb montiert – als Sitz für ihre kleine Tochter. In Paris mußte sie sich in verschiedenen Berufen durchschlagen, ehe sie durch ihren alten Lehrer von der Brüsseler Schauspielschule in Kontakt mit dem französischen Film kam. Durch ihre Heirat hieß sie inzwischen Paulette Kriegler-Conor, doch die französischen Filmproduzenten, die sie in Vamp-Rollen herausstellten, ließen sie als Paillette Baurge, Paulette Devence, Catherina Farell und Claude Farell auftreten. Um ihren Namen zu einem Begriff zu machen, einigte man sich schließlich auf Claude Farell. Doch Monika Burg war noch nicht ganz vergessen, als Claude Farell erneut in Deutschland auftauchte, um die Hauptrolle in *Hochzeitsnacht im Paradies* (1950) zu spielen.
Weitere Filme (Auswahl): *Lache Bajazzo* (1943), *Titanic* (1943), *Meine Herren Söhne* (1945), *Wir sehen uns wieder* (1945), *Die Schenke zur ewigen Liebe* (unveröffentlicht; abgedreht, aber nicht mehr geschnitten, 1945), *Skandal im Sportpalast* (1946), *Das Geheimnis von Mayerling* (1949), *Nacht ohne Moral* (1953), *Clivia* (1954), *Die Drei von der Tankstelle* (1955), *Liebe ist ja nur ein Märchen* (1955), *Spion für Deutschland* (1956), *Lilli – ein Mädchen aus der Großstadt* (1958), *Das Geheimnis der schwarzen Witwe* (1963).

FARFALLA CON LE ALI INSANGUINATE, UNA
→ DAS MESSER

FEATHERED SERPENT, THE (BUCH)
Kriminalroman. *Originalausgabe: Hodder & Stoughton, London 1927. Deutsche Erstveröffentlichung: Gucumatz. Übersetzung:* → *Ravi Ravendro. Wilhelm Goldmann Verlag, Leipzig 1928. Neuausgabe: Wilhelm Goldmann Verlag, Leipzig 1929 und 1933. Neuausgabe: Wilhelm Goldmann Verlag, München 1958. Taschenbuchausgabe: Wilhelm Goldmann Verlag, München 1960 (= Goldmann Taschen-KRIMI 248).*

Weitere Taschenbuchauflagen im Wilhelm Goldmann Verlag: 1972, 1975, 1977, 1978, 1982, 1997. Jubiläumsausgabe im Wilhelm Goldmann Verlag: 1990, 2000 (= Band 33). Neuausgabe: Die gefiederte Schlange (in der Ravendro-Übersetzung). Aufbau Verlag, Berlin (Ost), Weimar 1970. Neuübersetzung: Gucumatz, der Allmächtige. Übersetzung: Mechthild Sandberg. Scherz Verlag, Bern, München, Wien 1987 (= Scherz Krimi 1131). – Anläßlich des 125. Geburtstages des Autors brachte der → Weltbild Verlag 2000 eine Wallace-Edition heraus. Hier erschien der Roman in einer Doppelausgabe zusammen mit *Der rote Kreis* (→ *The Crimson Circle*).

Inhalt: Geheimnisvolle Gottheiten herrschten über die alten Azteken – der Rachegott Gucumatz trat sogar als gefiederte Schlange auf. Doch was hat er im modernen London zu suchen? Die Tänzerin Ella Creed hat viele Verehrer. Zu ihnen gehören der zwielichtige Leicester Crewe und der Reporter Peter Dewin. Ein Unbekannter schenkt Ella eine Visitenkarte mit der Figur einer gefiederten Schlange und den Worten: »Damit Sie es nicht vergessen.« Das versetzt Ella in panische Angst. Reporter Dewin wittert eine Sensation. Bald darauf gibt es einen ersten Toten. Bei ihm findet man ein mysteriöses Codewort und einen Schlüssel. Doch Oberinspektor Clarke von Scotland Yard ist zuversichtlich, daß er auch aztekische Rachegötter verhaften kann.

Anmerkung: Der Roman wurde 1932 verfilmt unter dem Titel → *The Menace*.

FEATHERED SERPENT, THE (FILM)
(Die gefiederte Schlange)
Kinofilm. England 1934. Produktion: G.S. Enterprises. Produzent: A. George Smith. Regie: P. McLean Rogers. Buch: Kathleen Butler nach dem Roman The Feathered Serpent von Edgar Wallace. Kamera: Geoffrey Faithfull. Darsteller: Enid Stamp-Taylor (Ella Crewe), Tom Helmore (Peter Dewin), D. A. Clarke-Smith (Joe Farmer), Moore Marriott (Harry Hugg), Molly Fisher (Daphne Olroyd), Vincent Holman (Inspektor Clarke), Evelyn Roberts (Leicester Crewe), Iris Baker (Paula Ricks), O. B. Clarence (George Beale), Sydney Monckton. Länge: 71 Minuten.

Inhalt: Wegen Mordes an seinem Vater zu Unrecht verurteilt, sitzt Ronald Quayle im Gefängnis und sinnt auf Rache. Eines Tages kann er aus dem Gefängnis ausbrechen. Bei seiner Flucht erleidet er einen Unfall und muß sich einer Gesichtsoperation unterziehen. Die Arbeit des Chirurgen ist so perfekt, daß er von niemandem mehr erkannt wird. In dieser Maske kehrt er ins Haus seiner Familie zurück – mit der festen Absicht, sich an den wahren Mördern zu rächen.

Kritik zum Film: »Das Stück von Edgar Wallace hat durch die Transformation auf die Leinwand all seine Spannung verloren, und die Geschichte wirkt hoffnungslos verworren und künstlich.« (Picturegoer 1934)

Anmerkung: Dieser Film wurde in Deutschland nicht aufgeführt.

FEDDERSEN, HELGA
* 14.03.1930 Hamburg,
† 24.11.1990 Hamburg
Deutsche Schauspielerin und Autorin; verkörperte das Dienstmädchen in → *Der grüne Bogenschütze* (1960/61).
Die Tochter eines Hamburger Ausrüsters für Seeleute besuchte 1948 die Schauspielschule. 1949 hatte sie ihr Debüt am Hamburger Zimmertheater, anschließend spielte sie zahllose komische und tragikomische Rollen auf der Bühne, in Kino- und Fernsehfilmen. Populär wurde sie u.a. als Else Tetzlaff, die »zweite« Ehefrau von Ekel Alfred (nach dem Ausscheiden von Elisabeth Wiedemann) in der Familiense-

The Feathered Serpent:
Vincent Holman, Tom Helmore

rie *Ein Herz und eine Seele* (1975). Feddersen lebte, verheiratet mit dem Dramaturgen Götz Kozuszek, in Hamburg. Als Autorin wurde sie durch ihre norddeutschen Alltagsgeschichten bekannt.

Weitere Filme (als Darstellerin; Auswahl): *Professor Nachtfalter* (1950), *Buddenbrooks* (2 Teile, 1959), *Stahlnetz* (TV-Serie, 1963/64), *Der Pfarrer von St. Pauli* (1970), *Acht Stunden sind kein Tag* (TV-Serie, 1972), *Der Lord von Barmbeck* (1972), *St. Pauli Landungsbrücken* (TV-Serie, 1979), *Meister Eder und sein Pumuckl* (1980), Lola (1981).

Drehbücher (Auswahl): *Vier Stunden von Elbe 1* (auch Darstellerin; TV, 1968), *Kapitän Harmsen* (TV-Serie, 1969), *Gezeiten* (TV, 1970), *Sparks in Neu-Grönland* (TV, 1971), *Im Fahrwasser* (TV, 1971), *Bismarck von hinten oder Wir schließen nie* (auch Darstellerin; TV, 1974), *Geschichten aus einer Klasse* (TV, 1975), *Kümo Henriette* (TV-Serie, 1979), *Ab in den Süden* (TV, 1982), *Helga und die Nordlichster* (auch Regie zusammen mit Markus Scholz; TV-Serie, 1984).

FEEST COMIC
→ Comics

FELLOWSHIP OF THE FROG, THE
Kriminalroman. *Originalausgabe: Ward Lock & Co., London 1925, Deutsche Erstveröffentlichung: Der Frosch mit der Maske. Übersetzung: Alma Johanna Koenig. Rikola-Verlag, Wien 1926. Neuausgabe: Wilhelm Goldmann Verlag, Leipzig 1928, 1929. Neuausgabe: Leser-Vereinigung Gutenberg Verlag, Hamburg 1929. Neuauflage: 1936. Neuausgabe: Wilhelm Goldmann Verlag, Leipzig 1931 (= Die Meisterromane 4). Neuausgabe: Wilhelm Goldmann Verlag, Leipzig 1934. Neuausgabe: Wilhelm Goldmann Verlag, München 1950. Taschenbuchausgabe: Wilhelm Goldmann Verlag, München 1952 (= Goldmann Taschen-KRIMI 1). Weitere Taschenbuchauflagen im Wilhelm Goldmann Verlag: 1958, 1971, 1972, 1974, 1975, 1976, 1978, 1980, 1981, 1982, 1997. Jubiläumsausgabe im Wilhelm Goldmann Verlag: 1990, 2000 (= Band 16). Jubiläumsausgabe im Wilhelm Goldmann Verlag 1992 (= Band 1). Neuausgabe: Bertelsmann Verlag, Gütersloh 1956. Neuübersetzung: Der Geheimbund der Frösche. Übersetzung: Karen Christin. Heyne Verlag,* München 1983 (= Blaue Krimis 2059). Neuauflage 1989 (= Blaue Krimis 2250). Neuübersetzung: Der Frosch mit der Maske. Übersetzung: Hardo Wichmann. Scherz Verlag, Bern, München, Wien 1984 (= Scherz Krimi 975). Neuauflagen: 1985, 1991. – Anläßlich des 125. Geburtstages des Autors brachte der → Weltbild Verlag 2000 eine Wallace-Edition heraus. Hier erschien der Roman in einer Doppelausgabe zusammen mit *Bei den drei Eichen* (→ The Three Oaks Mystery).

Inhalt: Die Verbrecherbande der »Frösche« terrorisiert London. Inspektor Genter kommt ihrem Chef, dem »Frosch mit der Maske«, auf die Spur und muß dies mit dem Leben bezahlen. Jetzt schlägt die Stunde von Sergeant Elk, dem bislang jede Beförderung versagt worden war. Gemeinsam mit Hauptmann Richard Gordon von der Staatsanwaltschaft jagt er die Froschbande. Viele Spuren führen zur Firma des alten Ezra Maitland. Maitland und sein Buchhalter Johnson wissen offenbar mehr, als sie zugeben. Der zwielichtige Bennett, ein leidenschaftlicher Fotograf von Naturaufnahmen, reist scheinbar ziellos umher und macht sich dadurch verdächtig. Seine Kinder Ray und Ella, die bei Maitland angestellt sind, verhalten sich ebenfalls sehr seltsam. Zudem taucht regelmäßig ein geheimnisvoller Mann namens Josua Broad auf und stellt die Yard-Beamten vor weitere Rätsel. Trotzdem können Gordon und Elk dem »Frosch« am Ende die Maske vom Gesicht ziehen.

Anmerkungen: Der Roman wurde dreimal verfilmt: 1928 unter dem Titel → The Mark of the Frog, 1937 als → The Frog und 1959 unter dem Titel → Der Frosch mit der Maske. – Die deutsche Erstübersetzung von Alma Johanna König hatte besondere Kapitelüberschriften, die in späteren Ausgaben entfielen.

FELMY, HANSJÖRG
* 31.01.1931 Berlin
Deutscher Schauspieler. Lange bevor Felmy als Tatort-Kommissar Haferkamp Karriere machte, war er als Inspektor Craig in dem Wallace-Streifen → Die Tote aus der Themse (1971) zu sehen. Noch früher, in den 60er Jahren, spielte er verschiedene Rollen in Bryan-Edgar-Wallace-Krimis.

Der Sohn eines Fliegergenerals nahm nach einer handwerklichen Ausbildung Schauspielunterricht bei Hella Kaiser in Braunschweig; es folgten Lehrjahre an einer Wanderbühne. Erste Engagements in Braunschweig (1950 in Zuckmayers *Des Teufels General*), Aachen und Köln. Felmy wirkte bei Hörspielen mit und synchronisierte Filmstars wie Daniel Gelin und Philip Lemaire. Seine Filmkarriere begann er mit *Der Stern von Afrika* (1956). Hier und im folgenden Film *Haie und kleine Fische* (1957) verkörperte er Offiziere. In den späten 50er Jahren gehörte Felmy zu den beliebtesten deutschen Stars, hatte jedoch beim Neuen Deutschen Film ab Mitte der 60er Jahre wenig zu tun. 1966 trat er im Hitchcock-Thriller *Der zerrissene Vorhang* auf. Häufiger war er nun auf Theaterbühnen und im Fernsehen zu sehen, u.a. in der ARD-Reihe *Tatort* (1974–1980) sowie in den Serien *Alexander Zwo* (1972), *Die Wilsheimer* (1987), *Die Männer vom K 3* (1988) und *Hagedorns Tochter* (1994). Er war in erster Ehe mit Elfriede Rückert verheiratet (ein Sohn). 1986 heiratete er seine langjährige Lebensgefährtin Claudia Wedekind. Felmy lebt heute in Niederbayern und an der Nordseeküste. – Auszeichnungen: Bambi (1958, 1959, 1977), Goldene Kamera (1961, 1980).

Weitere Filme (Auswahl): *Das Herz von St. Pauli* (1957), *Der Greifer* (1957), *Wir Wunderkinder* (1958), *Der Maulkorb* (1958), *Und ewig singen die Wälder* (1959), *Die Buddenbrooks* (2 Teile, 1959), *Die zornigen jungen Männer* (1960), *Schachnovelle* (1960), *Die Ehe des Herrn Mississippi* (1961), *Die glücklichen Jahre der Thorwalds* (1962), *Die Flußpiraten vom Mississippi* (1963), *Der Henker von London* (1963), *Das Ungeheuer von London-City* (1964), *Das 7. Opfer* (1964).

FENNER, RUDOLF
→ Darsteller

FERNANDEL
* 08.05.1903 Marseille, † 26.02.1971 Paris; eigentlicher Name: Fernand Joseph Désiré Contandin

Hansjörg Felmy: Dreharbeiten *Die Tote aus der Themse* (1971)

186

Französischer Schauspieler. Er mimte 1932 Sam Hackett in der französischen Hexer-Verfilmung → *Le Jugement de Minuit*. Der berühmte französische Komiker wurde in Deutschland vor allem in der Rolle des Don Camillo, Priester und Gegenspieler des Bürgermeisters Peppone (Gino Cervi), in der gleichnamigen Kino-Filmserie berühmt. Während der Dreharbeiten zum sechsten Don-Camillo-Film (dem ersten in Farbe), *Don Camillo und die Rothaarige* (1971, unvollendet), verstarb Fernandel.

Weitere Filme (Auswahl): *Don Camillo und Peppone* (1951), *Die rote Herberge* (1951), *Mamsel Nitouche (*1954), *Die große Schlacht des Don Camillo* (1955), *Die Rückkehr des Don Camillo* (1956), *In 80 Tagen um die Welt* (1957), *Hochwürden Don Camillo* (1961), *Genosse Don Camillo* (1965), *Der Teufel und die zehn Gebote* (1962), *Geld oder Leben* (1966), *Sein letzter Freund* (1970).

FERNAU, RUDOLF

* 07.01.1903 München,
† 03.11.1985 München;
eigentlicher Name: Andreas Rudolf Neuberger
Der deutsche Schauspieler verkörperte den bösartigen und trunksüchtigen Dr. Tappatt in → *Die seltsame Gräfin* (1961).

Der Sohn einfacher Eltern nahm als Volksschüler Violinunterricht. Mit 15 Jahren spielte er Geige in einem Kabarett und wollte Konzertmeister werden. Nach einem Musikstudium am Konservatorium München nahm er Schauspielunterricht bei Albrecht Steinrück in Berlin. Erste Bühnenengagements in Ingolstadt, Regensburg und Nürnberg. 1920 kam er an Erich Ziegels Avantgarde-Bühne nach Hamburg. In der Baal-Uraufführung von Leipzig wurde er von Brecht und Jessner entdeckt und nach Berlin verpflichtet, wo er in den 20er Jahren am Deutschen Theater und am Staatstheater an der Seite von Georg Krauß, Klopfer, Bergner und Wessely auftrat. In Stuttgart erregte er durch seinen »Hamlet« Aufsehen, berühmt wurde er jedoch durch den Film *Im Namen des Volkes* (1938) als großer Verbrecherdarsteller. Ein weiterer Höhepunkt war sein Auftritt als mysteriöser Ehegattenmörder in *Dr. Crippen an Bord* (1942; unter der Regie von Erich Engel). Die Titelrolle war ihm auf den Leib geschrieben, so daß er sich danach vor Heiratsangeboten nicht retten konnte. Nach dem Krieg spielte am Schil-ler- und am Schloßparktheater in Berlin (ab 1952) und trat in zahlreichen Filmen vor die Kamera. Seit 1970 freier Schauspieler in München. Fernau war seit 1923 mit Olga Mrazek verheiratet. – Verräter, Gequälte, Gehetzte und Mörder waren Fernaus Metier: Er zählte zu den intelligenten Zynikern unter den Finsterlingen. »Er war ein Nervenspieler. Er konnte mühelos und hoch intelligent Unheimlichkeit verbreiten.« (Friedrich Luft in seinem Nachruf) Der Nachkriegsfilm vernachlässigte diese Facette seines darstellerischen Könnens. Statt dessen lieferte er vom Rittergutsbesitzer über den Staatskanzler, Pfarrer und Psychiater Proben seiner Vielseitigkeit. – Auszeichnungen: Ernennung zum Stuttgarter Staatsschauspieler (1929), Berliner Staatsschauspieler (1957), Verdienstkreuz Erster Klasse (1965), Filmband in Gold (1979), Thomas-Mann-Medaille und Ehrenmedaille der Stadt München (1983).

Weitere Filme (Auswahl): *Der Vorhang fällt* (1939), *Auf Wiedersehen, Franziska!* (1941), *Mordprozeß Dr. Jordan* (1949), *Maria Theresia* (1951), *Mönche, Mädchen und Panduren* (1952), *Käpt'n Bay-Bay* (1952), *Königliche Hoheit* (1953), *Ludwig II.* (1955), *Kinder, Mütter und ein General* (1955), *Anastasia – Die letzte Zarentochter* (1956), *Skandal um Dr. Vlimmen* (1956), *Gestehen Sie, Dr. Corda!* (1958), *Unter Ausschluß der Öffentlichkeit* (1961), *Im Stahlnetz des Dr. Mabuse* (1961), *Die unsichtbaren Krallen des Dr. Mabuse* (1962), *Der Würger von Schloß Blackmoor* (1963), *Der Henker von London* (1963), *Piccadilly null Uhr zwölf* (1963), *Todesschüsse am Broadway* (1968), *Karl May* (1974), *Bis zur bitteren Neige* (1975), *Die Elixiere des Teufels* (1976).

FERNSEHEN

Wichtiges Medium zur Popularisierung der Edgar-Wallace-Kinofilme. Das deutsche Fernsehen strahlte seine Sendungen anfangs nur in Schwarzweiß aus, ab dem 25.08.1967 auch in Farbe (historischer Knopfdruck während der Berliner Funkausstellung durch den Regierenden Bürgermeister Willy Brandt). Nachfolgend die Erstausstrahlungstermine der deutschen Edgar-Wallace-Serie (**Anmerkung:** PKS war der Vorläufer von SAT 1): → *Die Bande des Schreckens*, 12.07.1966 ARD; → *Die Tür mit den 7 Schlössern*, 23.10.1967 ZDF; → *Das Gasthaus an der Themse*, 18.01.1969 ARD; → *Die selt-*

same *Gräfin* 12.07.1969 ZDF; → *Der Hexer*, 14.05.1970 ARD; → *Das Rätsel des silbernen Dreieck*, 17.03.1973 ARD; → *Der Zinker*, 02.10.1973 ZDF; → *Neues vom Hexer*, 13.11.1973 ZDF; → *Das indische Tuch*, 18.12.1973 ZDF; → *Der Hund von Blackwood Castle*, 08.01.1974 ZDF; → *Der schwarze Abt*, 12.02.1974 ZDF; → *Die toten Augen von London*, 16.03.1974 ZDF; → *Der Frosch mit der Maske*, 13.04.1974 ZDF; → *Der grüne Bogenschütze*, 14.05.1974 ZDF; → *Der rote Kreis*, 08.06.1974 ZDF; → *Das Verrätertor*, 25.06.1974 ZDF; → *Der Fälscher von London*, 27.07.1974 ZDF; → *Todestrommeln am großen Fluß*, 10.04.1976 ARD; → *Das Geheimnis der gelben Narzissen*, 22.05.1981 ZDF; → *Das Rätsel der roten Orchidee*, 05.06.1981 ZDF; → *Die Gruft mit dem Rätselschloß*, 17.07.1981 ZDF; → *Der Bucklige von Soho*, 21.03.1985 PKS; → *Das Geheimnis der weißen Nonne*, 28.03.1985 PKS; → *Der Mönch mit der Peitsche*, 11.04.1985 PKS; → *Im Banne des Unheimlichen*, 18.04.1985 PKS; → *Der Gorilla von Soho*, 25.04.1985 PKS; → *Der Mann mit dem Glasauge*, 02.05.1985 PKS; → *Die blaue Hand*, 04.05.1985 PKS; → *Das Gesicht im Dunkeln*, 09.05.1985 PKS; → *Das Geheimnis der grünen Stecknadel*, 16.05.1985 PKS; → *Das Rätsel des silbernen Halbmonds*, 23.05.1985 PKS; → *Zimmer 13*, 25.12.1987 SAT 1; → *Der unheimliche Mönch*, 26.12.1987 SAT 1; → *Der Fluch der gelben Schlange*, 13.03.1988 ZDF; → *Die Tote aus der Themse*, 09.07.1988 ZDF; → *Sanders und das Schiff des Todes*, 01.01.1989 SAT 1; → *Die Schokoladen-Schnüffler*, 1989 Bayern 3; → *Die Pagode zum fünften Schrecken*, 1990 SAT 1; → *Der Rächer* 25.04.1992 SAT 1. Kürzungen gegenüber den Kinofassungen sind aufgeschlüsselt in dem Buch: Joachim Kramp, Hallo! Hier spricht Edgar Wallace. Verlag Schwarzkopf & Schwarzkopf, Berlin 1998.

FERNSEHFILME

Bisher ließen sich folgende Fernsehverfilmungen von Edgar-Wallace-Stoffen nachweisen: → *The Ringer* (BBC, England 1938); → *The Case of a Frightened Lady* (BBC 1938); → *On the Spot* (BBC 1938); → *Smoky Cell* (BBC 1938); → *Der Hexer* (ARD 1956); → *Der Mann der seinen Namen änderte* (ARD 1958); → *Der Hexer* (ZDF 1963); → *Der Fall der verängstigten Lady* (BBC 1984, dt. Ausstrahlung DDR-Fernsehen 1989); → *Der geheimnisvolle Mönch* (ČSSR-Fernsehen 1985, dt. Ausstrahlung DDR-Fernsehen 1987); → *Das Geheimnis von Lismore Castle* (ZDF 1986); → *Die Katze von Kensington* (RTL 1996); → *Das Karussell des Todes* (RTL 1996); → *Der Blinde* (RTL 1996); → *Das Schloß des Grauens* (Super RTL 2002); → *Das Haus der toten Augen* (Super RTL 2002); → *Die unheimlichen Briefe* (Super RTL 2002); → *Die vier Gerechten* (Super RTL 2002), → *Whiteface* (Super RTL 2002). – Einen Sonderfall der Wallace-Verfilmungen stellen Fernsehserien dar, die auf der Grundlage einzelner Kurzgeschichten oder Figuren des Autors entworfen wurden; die Hauptpersonen treten dabei in allen Folgen auf: → *The Four Just Men* (1959), → *The Mind of Mr. J.G. Reeder* (1969), → *The Feathered Serpent* (1976), → *The Mixer* (1992).

FEUER IM SCHLOSS
→ THE COAT OF ARMS

FEUERROTE KREIS, DER
→ THE CRIMSON CIRCLE

EDGAR
WALLACE
Feuer im Schloß
G Goldmanns Taschen-KRIMI

KOMPASS

Edgar Wallace
Der Feuerrote Kreis

HERS, THE WOMAN IN THE STORY, THE INFANT SAMUEL.

Inhalt: Diese patriotisch gestimmten Erzählungen aus dem Ersten Weltkrieg bilden eine Fortsetzung des kongenialen Bandes → *Tam of the Scouts.*

Anmerkung: Diese Geschichten wurden bisher nicht ins Deutsche übertragen.

FIGHTING SNUB REILLY (BUCH)

Acht Kriminalerzählungen. *Originalausgabe: George Newnes London 1929.*

Enthält: FIGHTING SNUB REILLY (*Der unbekannte Boxer*, erschienen als Anhang zu *Der Dieb in der Nacht* [→ *The Thief in the Night*]), JIMMY'S BROTHER (bisher nicht übersetzt), THE CHRISTMAS CUP (bisher nicht übersetzt), THE MAN IN THE GOLF HUT (bisher nicht übersetzt), A ROMANCE IN BROWN (bisher nicht übersetzt), A PERFECT GENTLEMAN (bisher nicht übersetzt), KID GLOVE HARRY (*Harry mit den Handschuhen*, erschienen als Anhang zu *Der Dieb in der Nacht* [→ *The Thief in the Night*]), NIG-NOG (bisher nicht übersetzt).

Als Kostprobe sei der Inhalt der Titelgeschichte wiedergegeben: Kurz vor einem wichtigen Kampf erhält Snub Reilly per Telegramm das Angebot zu einem Kampf mit einem unbekannten Boxer. Ohne zu zögern, willigt er ein. Reilly gewinnt das Duell und kann daraufhin der nächsten Herausforderung entgegensehen. Gleichzeitig werben in dem Städchen Rindl der Lehrer Barry Tearle und der junge Gutsbesitzer Selby, dessen Ahnen das dortige Internat gründeten, um Vera Shaw, die Tochter des Internatsdirektors. Um Tearle auszutricksen, lädt Selby die junge Vera ein, dem Boxkampf zwischen Snub Reilly und dem Unbekannten zuzuschauen. Selby meint, daß der unbekannte Boxer kein anderer ist als sein Rivale Tearle; doch er muß eine böse Überraschung erleben.

FIELDMARSHAL SIR JOHN FRENCH

Sachbuch. *Originalausgabe: George Newnes, London 1914.*

Inhalt: Patriotische Schrift über den britischen Feldmarschall (seit 1913) John French, Earl of Ypres and of High Lake (1852–1925). French leitete am Anfang des Ersten Weltkriegs (bis 1915) die britischen Armeen in Frankreich und Belgien. Später wurde er zum Vizekönig von Irland ernannt (1918–21).

Anmerkung: Dieses Buch wurde bisher nicht ins Deutsche übertragen.

FIGHTING SCOUTS, THE
(Die kämpfenden Kundschafter).

Neun Kriegsgeschichten. *Originalausgabe: C. A. Pearson, London 1919.*

Enthält: THE GENTLEMEN FROM INDIANA, THE DUKE'S MUSEUM, THE KINDERGARTEN, BOY BILLY BEST, THE WAGER OF RITTMEISTER VON HAARDEN, THE DEBUT OF WILLIAM BEST, THE CLOUD FIS-

FIGHTING SNUB REILLY (FILM)
(Raufbold Reilly).

Kinofilm. *England 1924. Produktion: Stoll. Regie: Andrew Pat Wilson. Nach den Erzählungen Fighting Snub Reilly von Edgar Wallace. Darsteller: Ena Evans (Vera), Fred Raynham (Dr. Shaw), Dallas Cairns (Sir John Selinger), Minnie Leslie (Hausmeister), David Hawthorne. Länge: 25 Minuten.*

Szene aus dem Film *Fighting Snub Reilly*
(Ena Evans, David Hawthorne)

Zu diesem Film stehen keine Unterlagen zur Verfügung; er wurde in Deutschland nicht aufgeführt.

FIGUREN
→ Bösewichter, → Chefs von Scotland Yard, → Frauen, → Helden, → Henker, → Inspektoren, → Reporter, → Sergeants, → Verbrecher.

FILM (I)
Bereits 1916 versuchte sich Wallace als Filmkünstler. Er lieh sich alles, was man zum Drehen eines Films benötigte, schrieb ein Skript und baute in seinem Garten die Kulissen auf. Seine Verwandtschaft sollte die Rollen spielen. Nach einigen Tagen stellte er fest, daß das Vorhaben schwieriger war, als er gedacht hatte. Er brach das Projekt ab, schickte die Ausrüstung samt Kulissen zurück und buchte den Verlust unter Erfahrungen. Es dauerte elf Jahre, bis er erneut Interesse an der Materie zeigte. Der Chef der neu gegründeten Filmfirma → British Lion gab ihm den Posten eines Aufsichtsratsvorsitzenden und erwarb im Gegenzug die exklusiven Filmrechte an Wallace' Werken. Die Firma kaufte kurz entschlossen die maroden George-Clark-Studios in Beaconsfield und begann dort, Stummfilme nach Wallace' Büchern zu drehen. Bei der Verfilmung seines Romans → *Red Aces* führte Wallace sogar Regie, war aber damit überfordert. Als kurze Zeit später der Tonfilm eingeführt wurde, übernahm Wallace abermals die Regie eines seiner Filme (→ *The Squeaker*). Diesmal fühlte er sich sicherer, denn seine Theatererfahrung konnte er beim Tonfilm verwenden, da dies mehr oder weniger verfilmtes Drama blieb. Es war das letzte Mal, daß Wallace Regie führte, doch soweit es ihm die Zeit erlaubte, nahm er an Dreharbeiten der Verfilmungen seiner Bücher in Beaconsfield teil.

FILM (II)
Das Medium Film trug entscheidend dazu bei, daß Edgar Wallace bis heute der meistgelesene Krimi-Autor blieb. Die Filmserie der 60er Jahre machte Edgar Wallace endgültig zur Kultfigur. Die Menschen zu Beginn des 21. Jahrhunderts kennen Wallace zumeist nur durch die unzähligen Wiederholungen der Constantin/Rialto-Kinofilme der 60er Jahre. Filmbegeisterte werden dadurch nachweislich zum Lesen animiert, dem die zahlreichen Neuauflagen der Verlage (z.B. anläßlich Wallace' 125. Geburtstages im Jahr 2000) Rechnung tragen.

FILMMUSIK
→ Komponisten
Wenn in Zusammenhang mit Edgar Wallace von Musik die Rede ist, erinnert man sich in erster Linie an → Peter Thomas, der nicht weniger als 18 Wallace-Sounds für die Constantin/Rialto-Filme komponierte. An zweiter Stelle mit fünf Kompositionen rangiert → Martin Böttcher. Die übrigen Musiker wie → Willy Mattes, → Heinz Funk, → Keith Papworth, → Peter Sandloff oder → Oskar Sala wurden weniger bekannt. Beachtung verdienen auch die Musiken von → Ennio Morricone und → Riz Ortolani zu den italienischen Co-Produktionen → *Das Geheimnis der grünen Stecknadel* und → *Das Rätsel des silbernen Halbmonds*; sie müssen sich hinter den deutschen Sounds keinesfalls verstecken.

FILMPROGRAMME
Um das Kino beim Publikum informativer zu machen, wurden bereits Anfang der 30er Jahre an den Kinokassen Filmprogramme angeboten. Nach dem Zweiten Weltkrieg übernahm der Filmveteran Paul Franke die Herausgabe solcher Programme, deren Auflagenhöhe mit der Entwicklung des Filmbesuchs Hand in Hand ging. Eine attraktivere Programmform

erschien ab 1963: Mit dem Karl-May-Film *Winnetou 1. Teil* kam der Illustrierte Film-Kurier auf den Markt, der vor allem während der Karl-May- und James-Bond-Ära in den 60er Jahren auf regen Zuspruch stieß. Der Illustrierte Film-Kurier hatte einen größeren Umfang als die üblichen Programme und (in der Anfangszeit) eine farbige Titelseite. In dieser Reihe erschienen ab → *Todestrommeln am großen Fluß* (1963) auch Hefte zu den Wallace-Filmen. Anfang der 70er Jahre wurden die deutschen Filmprogramme eingestellt. In Österreich existierte eine eigene Reihe (Neues Filmprogramm, Neuer Film-Kurier), die zwar von geringerer Qualität war, aber die deutschen Programme bis Mitte der 70er Jahre überlebte. Heute liegen alle Rechte an den Filmprogrammen beim Verleger Christian Unucka in Hebertshausen bei München.

FILMSTUDIOS

→ Arri Studio, → Beaconfield Studios, → Bray Studios, → CCC Studios, → Ealing Studios, → Elstree Studios, → Palladium Studios, → Real Film Studio, → Shepperton Studio, → Studio Bendestorf, → Twickenham Studio, → UFA-Studio

FISCHER, KAI
* 18.03.1934 Prag
Schauspielerin. Sie mimte die Pia Pasani in → *Zimmer 13* (1963).
Eine Urgroßmutter in der ansonsten bürgerlichen Familie des Eisenbahnoberrats Fischer war Opernsängerin gewesen. Die unternehmungslustige Kai entschloß sich bereits während der Schulzeit, diese künstlerische Linie wieder aufzunehmen. Nach Kriegsende bot ihr »Das Schwabinger Brettl« in München die Chance, sich vor Presse und Publikum zu bewähren. Da weitere Angebote fehlten, schaltete Fischer um und wurde in kurzer Zeit eins der meistfotografierten Mannequins, ohne über den vielen Titelblättern ihr eigentliches Ziel zu vergessen. 1955 kam die Chance in Gestalt eines Filmvertrages für *Die lieben Verwandten*. Mit Elan stürzte sie sich auf die neue Aufgabe, nur vertrauend auf ihren natürlichen Spieltrieb und ihre attraktive Erscheinung. Der erste Einsatz gelang, der Bann war gebrochen. Fischer wurde unter den Filmproduzenten weitergereicht, weil diese von ihrem erotischen Typ und ihrer disziplinierten Arbeitsweise profitierten. In kurzer Folge erschienen mit ihr die Filme *Unternehmen Schlafsack* (1955), *Das Bad auf der Tenne* (1955), *Ich und meine Schwiegersöhne* (1956), *Die Ehe des Dr. med. Danwitz* (1956), *Tierarzt Dr. Vlimmen* (1956) und *Grabenplatz 17* (1958), in denen sie ihren modernen, unabhängigen Frauentyp vervollkommnen konnte. In Erinnerung beim Publikum blieb sie vor allem durch die Fernseh-Krimiserie *Die Karte mit dem Luxkopf* (1965).

Weitere Filme (Auswahl): *Für zwei Groschen Zärtlichkeit* (1957), *Denn keiner ist ohne Sünde* (1957), *Ich war ihm hörig* (1957), *Wetterleuchten um Maria* (1957), *Das Wirtshaus im Spessart* (1957), *Herz ohne Gnade* (1958), *Madeleine Tel. 13 62 11* (1958), *Schwarze Nylons – heiße Nächte* (1958), *Skandal um Dodo* (1958), *Mädchen für die Mambo-Bar* (1959), *Freddy und die Melodie der Nacht* (1960), *Tunnel 28* (1962), *Die letzten Zwei vom Rio Bravo* (1964), *Das Wirtshaus von Dartmoor* (1964), *Die Gentlemen bitten zur Kasse* (TV, 1966), *Das Geheimnis der Todesinsel* (1967), *Babeck* (TV, 1968), *Die Nichten der Frau Oberst* (1968), *Die Nichten der Frau Oberst 2. Teil* (1969), *Salto Mortale* (TV-Serie, 1969–71), *Josefine Mutzenbacher* (1970).

FISHBAUGH, E. C.
(Lebensdaten unbekannt)
Er war der letzte behandelnde Arzt von Edgar Wallace in Hollywood.

FITZEK, SIGURD
→ Darsteller

Five to One

Five to One: **John Thaw, Ingrid Hafner, Brian McDermott**

FIVE GOLDEN DRAGONS
Englischer Titel der Koproduktion → *Die Pagode zum fünften Schrecken.*

FIVE TO ONE
(Fünf zu eins)
Kinofilm. *England 1963. Produktion: Merton Park. Produzent: Jack Greenwood. Regie: Gordon Flemying. Buch: Roger Marshall nach dem Roman The Thief in the Night von Edgar Wallace. Kamera: James Wilson. Musik: Bernard Ebbinghouse. Bauten: Scott McGregor. Ton: Brian Blamey. Schnitt: Derek Holding. Darsteller: Lee Montague (Larry Hart), Ingrid Hafner (Pat Dunn), John Thaw (Alan Roper), Brian McDermott (John Lea), Ewan Roberts (Deighton), Heller Toren (Mai Hart), Jack Watson (Inspektor Davis), Richard Clarke (Lucas), Ian Curry (Mycock), Julian Holloway (Sergeant Jenkins), Clare Kelly (Jean Davis), Gordon Rollings (Walker), Pauline Winter (Ann Curtis), Alison McGrath, John Baker, Edina Ronay, Walter Randall. Länge: 56 Minuten.*
Inhalt: Die Freunde Alan Roper und John Lea haben einen genialen Plan. Gemeinsam mit Ropers Freundin Pat wollen sie den Buchmacher Larry Hart ausrauben. Zunächst ermitteln sie die Kombination von Harts Privatsafe. Danach verüben sie einen fingierten Einbruch in dessen Wettbüro. Dieser verwahrt nun, aus Angst vor weiteren Einbrüchen, sein Geld im Safe seines

Hauses auf. Die drei Gauner brechen nachts in Harts Haus ein. Als sie den Safe öffnen wollen, stellen sie fest, daß Hart die Kombination inzwischen geändert hat. Nun müssen sie warten, bis Larry Hart nach Hause kommt. Um den Inhalt seines Safes zu überprüfen, öffnet er ihn selbst. Dabei wird er überwältigt und ausgeraubt.
Kritik zum Film: »Geradlinig in Handlungsablauf und Präsentation, liegt das Hauptinteresse bei diesem kompakten Film auf der Entwicklung des Drehbuchs. Wieder nach einer der weniger bekannten Geschichten von Edgar Wallace gedreht, handelt es sich hier um eine verzwickte, aber auch sauber entworfene Variation des genialen Plans für einen großen Raubzug, den schon so viele Filme zum Thema hatten. Die Entwicklung ist reichlich verblüffend, um das Interesse aufrechtzuhalten, und obwohl man an dem Film keine weiteren echte Vorzüge bemerken kann, ragt er doch leicht über dem Durchschnitt der nunmehr fest etablierten Edgar-Wallace-Serie heraus.« (Monthly Film Bulletin, 3/1964)
Anmerkung: Unter dem Titel *Der große Coup* lief dieser Film innerhalb einer zehnteiligen Merton-Park-Wallace-Serie am 04.11.1969 im ZDF.

FLAT TWO (BUCH)
Kriminalroman. *Originalausgabe: John Long, London 1927. Deutsche Erstveröffentlichung:*

Louba der Spieler. Übersetzung: Carl Wehner. Martin Maschler Verlag, Berlin 1928 (= Erdkreisbücher 10). Neuauflage: Oestergaard Verlag, Berlin 1930. Neuausgabe: Buchgemeinde, Berlin 1931. Neuübersetzung: Ravi Ravendro (Bearbeitung der Wehner-Fassung). Wilhelm Goldmann Verlag Leipzig, 1932. Neuausgabe (Wehner-Fassung): Wilhelm Goldmann Verlag, München 1958. Taschenbuchausgabe: Wilhelm Goldmann Verlag, München 1958 (= Goldmann Taschen-KRIMI 163). Weitere Taschenbuchauflagen im Wilhelm Goldmann Verlag: 1961, 1974, 1975, 1976, 1981, 1982, 1987. Jubiläumsausgabe im Wilhelm Goldmann Verlag: 1990, 2000 (= Band 45). Neuübersetzung: Mechthild Sandberg. Scherz Verlag, Bern, München, Wien 1987 (= Scherz Krimi 1118).

Inhalt: Der leichtsinnige junge Leutnant Reggie Weldrake dient unter Captain Hurley Brown in der englischen Armee auf Malta. In Loubas Lokal hat er beim Roulette große Summen verloren und dadurch große Spielschulden. Eines Tages wird Reggie erschossen aufgefunden. Von nun an hat der Captain nur noch ein Ziel: Loubas Spielsalon muß verschwinden. Louba seinerseits verläßt Malta und geht nach London. Hier ruiniert er durch seine Spielsalons weiterhin angesehene Bürger. In London will Louba auch heiraten. Seine Auserwählte ist Miss Beryl Martin, an der auch Frank Leamington interessiert ist. Louba hat inzwischen unerbittliche Gegner, die mit ihm abrechnen wollen. Eines Abends kann Dr. Warden nur noch seinen Tod feststellen. Seltsam ist nur, daß scheinbar niemand die Tat hätte begehen können. Zwar wird Frank Leamington aufgrund von Indizien verhaftet, doch glaubt niemand, daß er der Täter ist. Inspektor Trainor schlägt sein Hauptquartier in Loubas Wohnung auf, um das Geheimnis des Täters zu lüften.

Anmerkung: Die deutsche Erstübersetzung von Carl Wehner hatte besondere Kapitelüberschriften, die in späteren Ausgaben entfielen.

FLAT TWO (FILM)
Der Mörder fängt sich selbst
Kinofilm. England 1961. Produktion: Merton Park. Produzent: Jack Greenwood. Regie: Alan Cooke. Buch: Lindsay Galloway nach dem Roman Flat Two von Edgar Wallace. Kamera: Bert Mason. Musik: Bernard Ebbinghouse. Bauten: Peter Mullins. Ton: Sid Rider. Schnitt: Derek

Flat Two: **Barry Keegan, John Le Mesurier**

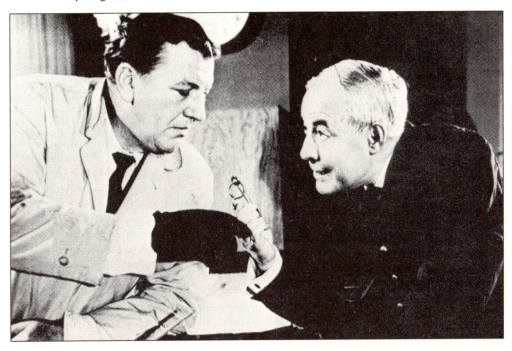

Holding. Darsteller: John Le Mesurier (Warden),
Jack Watling (Frank Leamington), Barry Keegan
(Charles Berry), Ann Bell (Susan), Bernard Ar-
chard (Trainer), Campbell Singer (Hurley
Brown), Charles Lloyd Pack (Miller), David
Bauer (Louba), Russell Waters, George Bishop.
Länge: 60 Minuten.
Inhalt: In seinem Appartement wird der stein-
reiche Spieler Emil Louba ermordet aufgefun-
den. Scotland-Yard-Inspektor Trainer kann drei
Verdächtige ausfindig machen, die Louba vor
seiner Ermordung aufsuchten: Warden, einen
Rechtsanwalt und Mitglied in Loubas West End
Club, Charles Berry, einen früheren Kompagnon, der wegen einer Frauengeschichte tiefen
Groll gegen Louba hegte, und Frank Leamington, einen jungen Architekten, dessen Verlobte Louba einen größeren Geldbetrag schuldete.
Da die meisten Verdachtsmomente gegen Leamington sprechen, wird er verhaftet und angeklagt. Warden erklärt sich bereit, Leamington
zu verteidigen. Das wird ihm jedoch zum Verhängnis. Durch Kenntnis eines Indizes, von
dem nur der Mörder wissen konnte, überführt
er sich selbst als Täter.
Kritik zum Film: »Episode ohne jede Spannung.
Die unglaubwürdige Geschichte ist viel zu sehr
auf verbale Erklärungen aufgebaut, und weder
die Regie noch die Charakterisierung der Personen sind stark genug, um sie in Gang zu halten. Die Darstellerleistungen sind aber letztlich
kompetent.« (Monthly Film Bulletin, 5/1962)
Anmerkung: Der Film wurde auch als Doppelprogramm zusammen mit → *Death Trap* unter
dem Titel → *Der Dolch im Rücken* gezeigt.

FLEET STREET
Bis Mitte der 1970er Jahre berühmte Zeitungs-
straße in → London, in der die bedeutendsten
Redaktionen und Verlage ansässig waren. Ende des 15. Jahrhunderts wurde hier die erste
Druckerpresse aufgestellt, 1702 erschien die
erste Tageszeitung. Die Gebäude der Verlage,
Druckereien und Redaktionen stehen zwar
noch, sind aber heute in Büros für Versicherun-
gen, Anwälte und Makler umgewandelt. Wallace begann in dieser Straße seine Arbeit als
Journalist. Nahe der Fleetstreet am → Ludgate Circus befindet sich zu seinen Ehren eine →
Gedenktafel.

FLEMING, GORDON
→ Regisseure

FLEMMING, CHARLOTTE
* 03.07.1920 Weimar,
† 03.03.1993 (ohne Angabe)
Kostümbildnerin. Sie war verantwortlich für
die Kostüme des Films → *Der Frosch mit der*
Maske (1959).
Charlotte Flemming begann in der Meisterklas-
se für Mode an der Kunstschule in Weimar, danach absolvierte sie die Bühnenklasse. Ihre erste Tätigkeit fand sie an der Bochumer Bühne.
Danach holte sie Lothar Müthel an die Wiener
Oper. Sie schuf u.a. die Garderobe für Liselotte Pulver, Maria Schell, Curd Jürgens, O. W. Fischer, Paul Hubschmid und Josef Meinrad. Verantwortlich war sie u.a. für die Filme *Fanfaren*
der Ehe (1953), *Für zwei Groschen Zärtlichkeit*
(1957), *Und ewig singen die Wälder* (1959),
Gustav Adolfs Page (1960), *Grieche sucht Grie-*
chin (1966), *Der Turm der verbotenen Liebe*
(1968), *Alle Menschen werden Brüder*
(1972/73), *Das Schlangenei* (1977) und *Fedora*
(1978) mit; 1972 arbeitete sie an den mit dem
Oscar ausgezeichneten Film *Cabaret* mit.

FLICKENSCHILDT, ELISABETH
* 16.03.1905 Hamburg-Blankenese,
† 27.10.1977 Stade
Deutsche Schauspielerin. Sie war als Mrs. Revelstoke in → *Die Bande des Schreckens* (1960),
Nelly Oaks in → *Das Gasthaus an der Themse*
(1962) und Lady Lebanon in → *Das indische*
Tuch (1963) eine überzeugende Interpretin ihrer Wallace-Rollen.
Elisabeth Flickenschildt besuchte die Schauspielschule in Hamburg, ihr Theaterdebüt und
erstes Bühnenengagement hatte sie 1931 am
Schauspielhaus Hamburg. 1933–36 spielte sie
bei Otto Faickenbei an den Münchner Kammerspielen, 1937–45 am Deutschen Theater
und am Staatstheater Berlin, zunächst bei Heinz
Hilpert, seit 1941 bei Gustaf Gründgens. Ab
1945 war sie in Tübingen, wo sie auf ihrem Bauernhof »Mär Rast« lebte, danach am Düsseldorfer Schauspielhaus, wohin sie Gustaf Gründgens folgte (1947–55). Dort inszenierte sie
1949 ihr eigenes Stück *Föhn*. Mit Gründgens
ging sie nach 1955 auch ans Hamburger Schauspielhaus. Die Gründgens-Ära war für ihre
künstlerische Existenz entscheidend. Nach sei-

Elisabeth Flickenschildt

nem Tod 1963 ließ sie sich auf kein fest Engagement mehr ein. Ihre Liebe gehörte in erster Linie dem Theater, dem Film widmete sie nur wenig Zeit. So waren ihre Filmauftritte überwiegend Adaptionen ihrer Theaterrollen. Dennoch hatte sie als prominente Gestalt der 50er und 60er Jahre eine überragende Präsenz in den Medien. – Als Verkörperung alter Theaterseligkeit verfügte die Grande Dame über einen Hauch von Hoheit, der auch auf der Leinwand zu spüren war. Ihre Theaterauftritte waren Legende genug, um noch in den Edgar-Wallace-Filmen glaubhaft böse Intrigantinnen und Kupplerinnen spielen zu können. Ihre geheimnisvolle Stimme verdunkelte mehr, als sie enthüllte – ob mit eiskalter Brillanz, mit vertracktem Sarkasmus oder als bizarre, entrückte Tragödin: Die königliche Frau trat nie wirklich hinter ihrem Schleier hervor. – Auszeichnungen: Professorentitel Nordrhein-Westfalens (1965), Großes Verdienstkreuz der BRD (1975).
Weitere Filme (Auswahl): *Der zerbrochene Krug* (1937), *Der Maulkorb* (1938), *Robert Koch* (1939), *Trenck, der Pandur* (1940), *Ohm Krü-*

ger (1941), *Der große König* (1942), *Rembrandt* (1942), *Romanze in Moll* (1943), *Toxi* (1952), *Die Nacht ohne Moral* (1953), *Hokuspokus* (1953), *Rittmeister Wronski* (1954), *Sohn ohne Heimat* (1955), *Robinson soll nicht sterben* (1957), *Wir Wunderkinder* (1958), *Agatha, laß das Morden sein!* (1960), *Faust* (1960), *Frau Warrens Gewerbe* (1960), *Eheinstitut Aurora* (1961), *Frauenarzt Dr. Sibelius* (1962), *Das schwarz-weiß-rote Himmelbett* (1962), *Ferien vom Ich* (1963), *Das große Liebesspiel* (1963), *Einer frißt den anderen* (1964), *Das Phantom von Soho* (1964), *Diamantenbillard* (1965), *DM-Killer* (1965), *Lausbubengeschichten* (1965), *Tante Frieda – Neue Lausbubengeschichten* (1965), *Onkel Filser – Allerneueste Lausbubengeschichten* (1966), *Der Tod läuft hinterher* (TV, 1967), *Der Lügner und die Nonne* (1967), *Wenn Ludwig ins Manöver zieht* (1967), *Dr. med. Fabian – Lachen ist die beste Medizin* (1969), *Käpt'n Rauhbein aus St. Pauli* (1971), *Undine 74* (1973), *Als Mutter streikte* (1974), *MitGift* (1976).
Interview-Zitate: Anläßlich der Dreharbeiten zu → *Das indische Tuch* sagte sie: »Wir Künstler sollten hin und wieder ruhig mal unserem üblichen Rollenfach entfliehen und weniger orthodox denken.«
Anläßlich der Fernsehaufführung der Wallace-Filme war dieser Enthusiasmus verflogen: »Ich schaue mir diese Filme im Fernsehen nicht mehr an. Es interessiert mich einfach nicht mehr.« (Funk Uhr 1977).

FLOREY, ROBERT
→ Regisseure

FLUCH DER GELBEN SCHLANGE, DER
Kinofilm. *Bundesrepublik Deutschland 1962/ 63. Regie: Franz-Joseph Gottlieb. Regieassistenz: Eva Ebner. Drehbuch: Janne Furch und Franz-Joseph Gottlieb nach dem Roman The Yellow Snake von Edgar Wallace. Kamera: Siegfried Hold. Kameraassistenz: Rudolf Sandtner, Richard Reuwen-Rimmel. Schnitt: Walter Wischniewsky. Ton: Clemens Tütsch. Bauten: Hans-Jürgen Kiebach, Ernst Schomer. Musik: Oskar Sala. Kostüme: Irms Pauli. Pelzmodelle: Berger Berlin/Hamburg. Masken: Willi Nixdorf, Charlotte Kersten-Schmidt. Aufnahmeleitung: Richard Oehlers, Rudolf Meurer. Standfotos: Gerd-Victor Krau, Artur Grimm. Presse: Marga-*

rete Zander. Herstellungsleitung: Wolfgang Brauner. Produktion: CCC Filmkunst GmbH, Berlin. Produzent: Artur Brauner. Drehzeit: 20.11.1962–10.01.1963. Atelier: CCC Film Studios Berlin-Spandau. Außenaufnahmen: Berlin, Botanischer Garten Berlin. Erst-Verleih: Constantin Film, München. Länge: 98 Minuten (2679 m). Format: 35 mm; s/w; Titelvorspann in Farbe; 1: 1.66. FSK: 19.02.1963; (29764); 16 nff. Uraufführung: 22.02.1963. TV-Erstsendung: 13.03.1988 ZDF. Die Personen und ihre Darsteller: Joachim Fuchsberger (Clifford Lynn), Brigitte Grothum (Joan Bray), Pinkas Braun (Fing-Su), Werner Peters (Stephan Narth), Doris Kirchner (Mabel Narth), Charles Regnier (Major Spedwell), Claus Holm (Inspektor Frazer), Eddi Arent (E. Samuel Carter), Fritz Tillmann (Joe Bray), Zeev Berlinski (Straßenkehrer).

Inhalt: Ein reicher, in Hongkong lebender Engländer besitzt die »gelbe Schlange«. Falls sie sich an einem 17. November im Besitz einer chine-

sischen Untergrundorganisation – dem Verein »Freudige Hände« – befindet, wird diese angeblich die Weltherrschaft übernehmen. Der Engländer ist Vater eines legitimen und eines illegitimen Sohnes, der der Liebschaft mit einer Chinesin entstammt. Beide jagen der »gelben Schlange« nach: der eine, weil er die Weltherrschaft erringen will, der andere, weil er genau das verhindern möchte. Auf die Idee, dem Hokuspokus zu mißtrauen, kommen beide nicht. Der von Hongkong nach London gereiste Vater macht schließlich dem Spuk ein Ende, indem er die Schlange in tausend Stücke zertrümmert.

Kritik zum Film: »Nein es lohnt sich nicht, Fing-Su und den Seinen auf die schiefe Bahn zu folgen. Schlimmer als die Kugel des Helden ist das Gelächter des Publikums. Erst der Reißer, der einem nichts zu lachen gibt, ist bedenklich: das Schweigen im Kino macht sich verdächtig, weil in diesem Schweigen unter Umständen Ansprüche verarbeitet werden. Die Geisterstimme von

Der Fluch der gelben Schlange:
1. Werner Peters, Doris Kirchner • 2. Filmszene

Wallace aber lädt ins Kino ›Zur albernen Gänsehaut‹ ein.« (Deutsche Zeitung, Stuttgart, Köln) »Im Dialog werden die Anspielungen auf ›die gelbe Gefahr‹ und ›rassische Vorurteile‹ noch deutlicher. Von Goebbel's Stil wenig verschieden, suggeriert Fing-Su seinen chinesischen Sklaven in einer mystischen Feierstunde, daß sie dereinst die Herren der Welt sein werden.« (Filmdienst, Düsseldorf)

Zitat aus dem Film: Am Ende des Films zieht Samuel E. Carter (Eddi Arent) das zeitlos gültige **Fazit:** »Wenn Dummheit strafbar wäre, dann wäre die Welt ein großes Gefängnis!«

Anmerkungen: Ursprünglich hatte die Produktion eine andere Besetzung vorgesehen: Lex Barker (statt Joachim Fuchsberger), Siegfried Lowitz (statt Claus Holm), Christopher Lee (statt Pinkas Braun), Senta Berger (statt Brigitte Grothum), Maria Sebaldt (statt Doris Kirchner) und Gustav Knuth (statt Fritz Tillmann). – **Wußten Sie, daß** Fritz Tillman seine Gage für diesen Film gerichtlich einklagen mußte?

Fazit: Langweiliger Wallace, aber interessante Inszenierung.

FLUCH DES PUMAS, DER

Titel eines geplanten Rialto-Wallace-Films für RTL nach einem Drehbuch von Achim Zons und Uwe Petzold. Das Projekt wurde bisher nicht realisiert.

Inhalt: Im Moor von Albanon stirbt Lord Lincoln. Der zuständige Inspektor Chris White hält dies für einen Unfall. Dagegen vermutet Chefinspektor Higgins von Scotland Yard Mord, da bei der Obduktion ungewöhnliche Bißwunden festgestellt werden. Zusammen mit seiner Assistentin Lane begibt sich Higgins auf die Reise ins Moor, um weitere Spuren zu finden. Sie quartieren sich im örtlichen Gasthaus ein und beginnen mit ihren Nachforschungen. Sie stellen fest, daß am Tag von Lincolns Tod in dessen Villa eingebrochen wurde. Dann geschieht ein weiterer Mord. Der Pathologe stellt auch diesmal fest, daß ein Halswirbel durchbissen wurde, vermutlich von einem Puma. Higgins und Lane kommen alsbald einer Verschwörung auf die Spur. Sie finden heraus, daß Grundstücke der Toten für den Bau eines Sanatoriums vorgesehen waren, die beiden Opfer aber nicht verkaufen wollten. Sir John, der Chef von Scotland Yard, ist persönlich anwesend, als schließlich der Haupttäter von Higgins und Lane verhaftet wird.

FLYING FIFTY-FIVE, THE (BUCH)

→ **Turfroman.** *Originalausgabe: Hutchinson, London 1922.*

Inhalt: Die turbulente Geschichte um Betrug und Liebe spielt in dem vom Wallace bevorzugten Rennstall- und Wettmilieu.

Anmerkung: Der Roman wurde bisher nicht ins Deutsche übertragen

FLYING FIFTY-FIVE, THE (FILM I)
(Die fliegende 55)

Kinofilm. *England 1924. Produktion: Stoll. Regie: A. E. Coleby. Nach dem Roman The Flying Fifty-Five von Edgar Wallace. Darsteller: Lionelle Howard (Reggie), Stephanie Stephens (Stella Barrington), Brian B. Lemon (Lord Fountwell), Lionel d'Aragon (Sir Jaques Gregory), Adeline Hayden Coffin (Tante), Bert Darley (Claude Barrington), Frank Perfitt. Länge: 55 Minuten.*

Inhalt: Die Geschichte dreht sich um eine Rennstallbesitzerin und betrügerische Wetten. Inkognito versucht ein junger Polizist, die Unregelmäßigkeiten aufzudecken. Schließlich kann er die Betrüger entlarven und zuletzt auch das Herz der Rennstallbesitzerin gewinnen.

Kritik zum Film: »Der Film ist so schlecht, daß sich der Produzent erst weigerte, diesen Film in die Kinos zu bringen. Er verkaufte den Film an ›Equity British‹, die ihn erst 1928 in die Kinos brachte.« (Nach Dennis Gifford in Florian Pauer: Die Edgar-Wallace-Filme, München 1982)

Anmerkung: Dieser Film wurde in Deutschland nicht aufgeführt.

FLYING FIFTY-FIVE, THE (FILM II)
(Die fliegende 55)

Kinofilm. *England 1939. Produktion: Admiral. Produzent: Victor M. Greene. Regie: Reginald Denham. Buch: Victor Greene, Vernon Clancey und Kenneth Horne nach dem Roman The Flying Fifty-Five von Edgar Wallace. Kamera: Ernst Palmer. Darsteller: Derrick de Marney (Bill Urquart), Marius Goring (Charles Barrington), Ronald Shiner (Scrubby Oaks), Nancy Burne (Stella Barrington), John Warwick (Jebson), Peter Gawthorne (Jonas Urquart), D. A. Clarke-Smith (Jacques Gregory), Amy Veness (Tante Elizia), Billy Bray (Cheerful), Francesca Bahrle (Clare),*

Terry-Thomas, Hay Plumb, John Bryning, Basil McGrail, Victor Wark, Terry Conlin, John Miller, Norman Pierce. Länge: 72 Minuten.

Inhalt: Der junge Bill Urquart springt als Jockey ein, hilft einem Freund mit Bargeld aus und muß daher ein Pferd per Scheck kaufen. Sein Vater, der die Pferdeleidenschaft seines Sohnes nicht schätzt, hat den Scheck jedoch gesperrt, und Bill muß nun zusehen, wie er dieses Problem löst. Als Bill Hart arbeitet er im Rennstall eines Freundes. Als der Stallverwalter fristlos entlassen wird, übernimmt Bill dessen Stellung und trainiert das Pferd »Fifty-Five«. Bei einem Rennen verliert er mit dem Tier, doch aufgrund von Unregelmäßigkeiten wird der Erste disqualifiziert, und Bill wird nachträglich zum Sieger erklärt.

Kritik zum Film: »Dies ist ein offensichtlich billig hergestellter Streifen. Er enthält wenig, weswegen man ihn empfehlen könnte, außer ein paar unterhaltsamen Rennszenen.« (Monthly Film Bulletin, 31.05.1939)

Anmerkung: Der Film wurde in Deutschland Anfang der 90er Jahre beim Fernsehsender Pro 7 gezeigt.

1. *The Flying Fifty-Five:* (Film II) **Nancy Burne, Derrick de Marney** • 2. *The Flying Fifty-Five:* (Film I) **Bert Darley, Lionel d'Aragon u.a.**

FLYING SQUAD, THE (BUCH)
Kriminalroman. *Originalausgabe: Hodder & Stoughton, London 1928. Deutsche Erstveröffentlichung: Überfallkommando. Übersetzung: → Ravi Ravendro. Wilhelm Goldmann Verlag, Leipzig 1930. Neuausgabe: Wilhelm Goldmann Verlag, München 1952. Taschenbuchausgabe: Wilhelm Goldmann Verlag, München 1955 (= Goldmann Taschen-KRIMI 75). Weitere Taschenbuchauflagen im Wilhelm Goldmann Verlag: 1960, 1971, 1972, 1975, 1982, 1986. Jubiläumsausgabe im Wilhelm Goldmann Verlag: 1990, 2000 (= Band 74). Neuübersetzung: Hardo Wichmann. Scherz Verlag, Bern, München, Wien 1986 (= Scherz Krimi 1072).* – Anläßlich des 125. Geburtstages des Autors brachte der → Weltbild Verlag 2000 eine Wallace-Edition heraus. Hier erschien der Roman in ei-

ner Doppelausgabe zusammen mit *Das geheimnisvolle Haus* (→ *The Secret House*).

Inhalt: Mark McGill gehört zu den zwielichtigsten Gestalten in London. Er besucht den alten Li Yoseph, der in dem sonderbaren Holzhaus »Lady's Stairs« am Fluß wohnt. Li Yoseph ist der Auffassung, daß Mark ihn nicht töten kann. Zwei Schüsse folgen, und der Körper des Alten fällt ins Wasser. Ein Jahr später berichtet man Mark, daß Lu Yoseph wieder in London aufgetaucht sei. Auch Inspektor Bradley von Scotland Yard hat davon gehört, glaubt aber nicht, daß Tote auferstehen. Seiner Meinung nach steckt mehr dahinter, und so geht er mit seiner »Fliegenden Kolonne« auf Ganovenjagd. Als der junge Perryman getötet wird, beschuldigt dessen Schwester Ann den Inspektor dieser Tat. Bradley kann Ann jedoch davon überzeugen, daß Mark McGill hinter allen Verbrechen steckt.

FLYING SQUAD, THE (FILM I)
(Das Überfallkommando)

Kinofilm. *England 1929. Produktion: British Lion. Produzent: S. W. Smith. Regie: Arthur Maude. Buch: Kathleen Hayden nach dem Roman The Flying Squad von Edgar Wallace. Darsteller: John Longden (Inspektor Bradley), Wyndham Standing (McGill), Dorothy Bartlam (Ann Parryman), Donald Calthrop (Sedeman), Carol Reed (Offender), Henry Vibart (Tiser), Eugenie Prescott (Mrs. Schifan), John Nedgnol, Bryan Edgar Wallace, Laurence Ireland.*

Inhalt: Inspektor Brandon kommt dem betrügerischen McGill auf die Spur, dem Kopf einer skrupellosen Rauschgiftbande.

Kritik zum Film: »Die Geschichte ist verzwickt und macht den Zuschauer eher ratlos als gespannt. Wahrscheinlich werden nur die, die das Buch gelesen oder das Theaterstück gesehen haben, nicht unter dieser Konfusion leiden.« (The Bioscope) »Arthur Maude selbst dürfte von der Story verwirrt worden sein, denn das Ganze ist unzusammenhängend, und es ist schwierig, die Aufmerksamkeit auf alle Verästelungen des Drehbuchs zu richten.« (Cinematograph Weekly)

Anmerkung: Dieser Film wurde in Deutschland nicht aufgeführt.

FLYING SQUAD, THE (FILM II)
(Das Überfallkommando)

Kinofilm. *England 1932. Produktion: British Lion. Produzent: S. W. Smith. Regie: F. W. Kraemer. Buch: Bryan Edgar Wallace nach dem Roman The Flying Squad von Edgar Wallace. Darsteller: Harold Huth (Mark McGill), Carol Goodner (Ann Perryman), Henry Wilcoxon (Inspektor Bradley), Edward Chapman (Sedeman), Campbell Gullan (Tiser), Abraham Sofaer (Li*

The Flying Squad: (Film II)
Jack Hawkins, Manning Whiley, Ludwig Stoessel

Yoseph), Joseph Cunningham (Simmonds). Länge: 80 Minuten.
Inhalt: Inspektor Brandon kommt dem betrügerischen McGill auf die Spur, dem Kopf einer Rauschgiftbande, die über Leichen geht.
Anmerkung: Dieser Film wurde in Deutschland nicht aufgeführt.

FLYING SQUAD, THE (FILM III)
(Das Überfallkommando)
Kinofilm. *England 1939. Produktion: Associated British. Regie: Herbert Brenon. Buch: Doreen Montgomery nach dem Roman The Flying Squad von Edgar Wallace. Kamera: Walter Harvey. Schnitt: Lionel Tomlinson. Produktionsleitung: Walter C. Mycroft. Darsteller: Phyllis Brooks, Sebastian Shaw, Jack Hawkins, Basil Radford, Ludwig Stoessel, Manning Whiley, Kathleen Harrison, Cyril Smith, Henry Oscar, P. Kynatson Reeves, Allan Jeayes. Länge: 63 Minuten.*
Inhalt: McGill ist der Kopf einer Bande, die Rauschgift als Kosmetikartikel getarnt nach England bringt. Scotland-Yard-Inspektor Brad-

The Flying Squad: (Film II)
Henry Wilcoxon, Carol Goodner

ley wird auf die gerissenen Schmuggler angesetzt. Eines Tages zieht man die Leiche von Ronald Perryman, einem Mitglied der Bande, aus der Themse. Gleichzeitig verschwindet der Chinese Li Yoseph, ein alter Straßenmusikant, der für die Schmuggler arbeitet, spurlos. Diese Ereignisse verstärken Bradleys Verdacht gegen McGill. Perrymans Schwester Ann ist jedoch der Überzeugung, daß Bradley am Tod ihres Bruders schuld sei. Sie macht sich an McGill heran, um sich mit seiner Hilfe an Bradley zu rächen. McGill seinerseits verliebt sich in Ann, die noch rechtzeitig erkennen kann, daß McGill der wahre Schuldige ist. Mit Bradleys Hilfe kann sie dem Gangster das Handwerk legen.
Kritik zum Film: »Was hierbei herauskam, nennt man landläufig einen geradlinigen Film ohne irgendwelche szenischen Kunstgriffe, in der Herstellung genauso sparsam wie mit Sensationen. Aus der Besetzung ragt Basil Radford heraus, der für die Rolle eines trunksüchtigen Ex-Schauspielers hinzugezogen wurde. Seine Porträtierung dieser Rolle ist das Beste an dem ganzen Film.« (Motion Picture Herald 1939)
Anmerkung: Dieser Film wurde in Deutschland nicht aufgeführt.

FLYING SQUAD, THE
Theaterstück von Edgar Wallace. Uraufführung am 07.06.1928 am Londoner Lyceum Theater, nur eine Woche nach der Premiere von → *The Squeaker.* Dieses Kriminalstück mit allen Ingredienzen eines typischen Reißers lief sechs Monate recht erfolgreich. Wallace arbeitete das Stück anschließend zum gleichnamigen Roman um.

FODOR, LADISLAS
→ Drehbuchautoren

FOREST OF HAPPY DREAMS, THE
Theaterstück von Edgar Wallace. Uraufführung 1910 in London. Weitere Informationen über dieses Stück liegen nicht vor.

FOR INFORMATION RECEIVED
(Zur Information erhalten)
Neun Kriminalgeschichten. *Originalausgabe: George Newnes, London 1929.*
Enthält: FOR INFORMATION RECEIVED (bisher nicht übersetzt), SNARES OF PARIS (bisher nicht übersetzt), A BUSINESS TRAI-

NING (bisher nicht übersetzt), MISS PRENTI-
CE TELLS A LIE (bisher nicht übersetzt), A
PRIESTESS OF OSIRIS (bisher nicht übersetzt), THE TIMID ADMIRER (*Wer ist Nicodemus?*, erschienen im Sammelband → *Das Juwel aus Paris*), THE JEWEL (*Das Juwel aus Paris*, erschienen im gleichnamigen Sammelband), FINDINGS ARE KEEPINGS (bisher
nicht übersetzt), THE EAR OF THE
SANCTUARY (bisher nicht übersetzt).

Inhalt von *The Timid Admirer*: Die Geschwister Mirabelle und John Stoll leben in einem gro-
ßen Haus in Sussex, in dem sie während des
Sommers auch einen Untermieter aufnehmen.
Ihr diesjähriger Gast ist ein Glühwürmchen-
Sammler namens Salisbury. Ein Bekannter von
Mirabelle Stoll, der schüchterne Mr. James, be-
dauert das sehr, da er statt im Gasthaus Sussex-
Arms lieber selbst als Untermieter eingezogen
wäre. Während Salisbury nachts auf Glüh-
würmchen-Suche geht, treibt sich in Sussex ein
Einbrecher herum, der Nicodemus genannt
wird. Jede Nacht holt er Beute. Als er eines
Nachts im Schlafzimmer von Mirabelle Stoll er-
scheint, tappt er jedoch in eine Falle.

FORDE, WALTER
→ Regisseure

FOREST, KARL
→ Darsteller

FORGER, THE (BUCH)
Kriminalroman. *Originalausgabe: Hodder &
Stoughton, London 1927. Deutsche Erstveröffentlichung: Der Banknotenfälscher. Übersetzung: Else Baronin Werkmann. Wilhelm Goldmann Verlag, Leipzig 1930. Neuausgabe: Wilhelm Goldmann Verlag, München 1952. Taschenbuchausgabe: Wilhelm Goldmann Verlag,
München 1955 (= Goldmann Taschen-KRIMI
67). Neuausgabe: Bertelsmann Verlag, Gütersloh 1972. Neuübersetzung: Mercedes Hilgenfeld. Wilhelm Goldmann Verlag, München 1972
(= Goldmann Taschen-KRIMI 67). Weitere Taschenbuchauflagen im Goldmann Verlag: 1974,
1975, 1977, 1980, 1981, 1982, 1984, 1987,
1997. Jubiläumsausgabe im Wilhelm Goldmann Verlag: 1990, 2000 (= Band 4). Neuübersetzung: Edith Walter. Scherz Verlag, Bern, München, Wien 1985 (= Scherz Krimi 999). Neuauflage: 1987. Neuübersetzung: Peter Meyer*

*unter dem Titel Der Fälscher. Verlag Neues Le-
ben, Berlin (Ost) 1987, als Doppelband mit Der
feuerrote Kreis (→ The Crimson Circle). Neuauflage: 1989 (= Kompaß-Bücherei 396). – Anläßlich des 125. Geburtstages des Autors brachte der → Weltbild Verlag 2000 eine Wallace-
Edition heraus. Hier erschien der Roman in einer Doppelausgabe zusammen mit Der schwarze Abt (→ The Black Abbot).*

Inhalt: Ganz London zittert vor dem »Gerissenen«, einem berüchtigten Banknotenfälscher,
der seit Jahren sein Unwesen treibt. In Hertfordshire findet man den Tunichtgut Basil Hale im Park eines Schlosses erschlagen auf. In Sydenham wird der alte Rechtsanwalt Radlow erschossen. Oberinspektor Bourke von Scotland
Yard glaubt, daß der Banknotenfälscher dahin-
tersteckt. Die Hochzeitsreise des jungen Paares
Peter Clifton und Jane Leith erscheint nicht ohne Risiko. Die beiden werden von Dr. Wells begleitet, nach dessen Überzeugung Peter Clifton
wahnsinnig ist. Die Ehefrau des Doktors, Majorie Wells, gibt sich ebenso mysteriös wie die
plötzlich auftauchende Mrs. Untersohn, die Peter eine Szene wegen seines Vaters macht. Zudem scheint es in Scotland Yard eine undichte
Stelle zu geben. Nach richtigen Kombinationen
kann Bourke den wahren Banknotenfälscher
überführen.

Anmerkungen: Der Roman erschien in den
USA unter dem Titel *The Clever One* (Doubleday, Doran & Co., Garden City, NY 1928). Er
wurde verfilmt 1928 unter dem Romantitel und
1961 unter dem Titel → *Der Fälscher von London*.

FORGER, THE (FILM)
(Der Fälscher)
Kinofilm. *England 1928. Produktion: British
Lion. Regie: G. B. Samuelson. Buch: Edgar Wal-
lace nach seinem Roman The Forger. Darsteller:
Nigel Barrie, Lillian Rich, James Raglan, Win-
ter Hall, Sam Livesey, Derrick de Marney, Ivo
Dawson.*

Inhalt: In London wird die Heirat zwischen
dem Millionenerben Peter Clifton und Jane
Leith als gesellschaftliches Ereignis gefeiert. Es
war keine Liebesheirat; Janes Vater hatte diese
»gute Partie« arrangiert. Auch die anschließenden Flitterwochen auf Longford Manor entwickeln sich alles andere als harmonisch. Eines
Nachts dringt ein Unbekannter in ihr Zimmer

The Forger: James Raglan, Nigel Barrie, Lillian Rich

ein. Im Schloßpark findet Jane am nächsten Morgen die Leiche ihres früheren Verehrers Basil Hale mit eingeschlagenem Schädel. Als sie ihren Mann benachrichtigen will, findet sie ihn mit blutverschmierter Kleidung und einem Hammer in der Hand. Da ihr Gefühl sagt, daß er nichts mit dem Mord zu tun hat, reinigt sie ihn und versteckt den Hammer. Auch Inspektor Bourke, ein Freund der Familie, glaubt an Cliftons Unschuld. Dagegen ist sein Untergebener, Inspektor Rouper, versessen darauf, Clifton den Mord anzulasten. Jane spioniert hinter ihrem Mann her. Eines Nachts entdeckt sie ihn in einem Raum, der sich hinter einer Wandvertäfelung befindet, an einer Druckerpresse. Hat sie einen lang gesuchten Banknotenfälscher geheiratet? Vom Hausarzt Dr. Wells erfährt sie zudem, daß Clifton der Sohn eines geistesgestörten Mörders ist. Kurz darauf wird auch Cliftons Anwalt Radloff ermordet aufgefunden. Dies bringt Bourke auf die Spur eines Komplotts, das zum Ziel hat, Clifton um sein Millionenvermögen zu bringen. Bourke bringt in Erfahrung, daß Peter Clifton ein illegitimer Sohn ist und erblich nicht belastet. Wells setzt jedoch alles daran, um Clifton für unzurechnungsfähig zu erklären. Dabei macht er gemeinsame Sache mit dem »Fälscher von London«, den Bourke schließlich unschädlich machen kann.

Kritik zum Film: »Welchen Erfolg dieser Film auch immer haben wird, ist dies einzig auf die Bekanntheit von Edgar Wallace zurückzuführen und nicht auf handwerkliche Qualitäten des Streifens. Wallace' Geschichte scheint für G. B.

Samuelson offenbar zu kompliziert gewesen zu sein; er verfilmte sie in einer äußerst unzusammenhängenden Art und Weise und läßt einen unüberzeugt und irritiert zurück. ... Das Ganze hinterläßt einen Eindruck von Amateurhaftigkeit, die nicht mit dem Standard in Einklang zu bringen ist, den man sich von britischen Filmen wünscht. Für keinen der Darsteller, deren Motive unklar und ziellos sind, entsteht wirkliches Interesse.« (Cinematograph Weekly)
Anmerkung: Dieser Film wurde in Deutschland nicht aufgeführt.

FORSTER, RUDOLF
* 30.10.1884 Gröbning, Steiermark (Österreich), † 26.10.1968 Bad Aussee (Österreich)
Österreichischer Schauspieler. Er verkörperte eindrucksvoll den alten Real in → *Die Gruft mit dem Rätselschloß* (1964).
Der Sohn eines Finanzbeamten erhielt am Wiener Konservatorium seine Schauspielausbildung. Dort begann auch seine Theaterlaufbahn, die er 1920 in Berlin bei Jessner und Reinhardt fortsetzte. Seine Bühnenerfolge sind mit Autoren wie Wedekind, Shakespeare, Grabbe und Strindberg eng verbunden. Es kam der Film und mit ihm Elisabeth Bergner. Das faszinierende Paar hatte mit *Ariane* (1931) und *Der träumende Mund* (1932) große Welterfolge. Rudolf Forster war der unvergessene Mackie Messer in der noch stummen Verfilmung der *Dreigroschenoper* (1931). Weitere Erfolge wie *Hohe Schule* (1934), *Nur ein Komödiant* (1935) und *Die ganz großen Torheiten* (1937) schlossen sich an. 1937–40 spielte Forster Theater am Broadway in New York und kehrte dann über Japan und Rußland in die Heimat zurück. Auch nach Kriegsende war der Grandseigneur in den Filmstudios präsent. In seiner Freizeit zog er sich auf seinen steiermärkischen Landsitz zurück, um an seinen Memoiren zu arbeiten, die 1967 unter dem Titel *Das Spiel, mein Leben* erschienen. – Auszeichnungen: Ehrenmedaille der Stadt Wien (1959), Deutsches Filmband in Gold für langjähriges und hervorragendes Wirken im deutschen Film (1965).
Weitere Filme (Auswahl): *Anna Karenina* (1920), *Sein großer Fall* (1926), *Fahrt ins Glück* (1944, UA 1948), *Im weißen Rößl* (1952), *Rittmeister Wronski* (1954), *Viktoria und ihr Husar* (1954), *Liane, das Mädchen aus dem Urwald*

(1956), *Waldwinter* (1956), *... und führe uns nicht in Versuchung* (1957), *Skandal in Ischl* (1957), *Der Rest ist Schweigen* (1959), *Schachnovelle* (1960), *Das Riesenrad* (1961), *Via Mala* (1961), *Der Teufel spielte Balaleika* (1961), *Im Stahlnetz des Dr. Mabuse* (1961), *Lulu* (1962), *Er kann's nicht lassen* (1962), *Der Kardinal* (1963), *Der Henker von London* (1963), *Wälsungenblut* (1964), *Grieche sucht Griechin* (1966), *Der Turm der verbotenen Liebe* (1968), *Von Haut zu Haut* (1968).

FORT, GARRETT
→ Drehbuchautoren

FORTY-EIGHT SHORT STORIES
Sammelband mit 48 Kriminalerzählungen. *Originalausgabe: George Newnes, London 1929.*
Dieser Band enthält alle Kurzgeschichten aus den im gleichen Jahr erschienenen kleineren Sammlungen → *The Cat Burglar*, → *Circumstantial Evidence*, → *Fighting Snub Reilly*, → *The Governor of Chi-Foo*, → *The Little Green Man* und → *The Prison Breakers*.

FOUR JUST MEN, THE (BUCH)
Kriminalroman. *Originalausgabe: Tallis Press, London 1905. Deutsche Erstveröffentlichung: Die vier Gerechten. Übersetzung: Clarisse Meittner. Phaidon Verlag, Wien 1927. Neuausgabe: Martin Maschler Verlag, Berlin 1928. Neuausgabe: Wilhelm Goldmann Verlag, Leipzig 1934. Neuausgabe: Freitag Verlag, München 1948. Neuausgabe: Wilhelm Goldmann Verlag, München 1950. Taschenbuchausgabe: Wilhelm Goldmann Verlag, München 1954 (= Goldmann Taschen-KRIMI 39). Weitere Taschenbuchauflagen im Wilhelm Goldmann Verlag: 1957, 1961, 1973, 1974, 1975, 1978, 1980, 1982, 1987, 1992. Jubiläumsausgabe im Wilhelm Goldmann Verlag: 1990, 2000 (= Band 80). Neuausgabe: Bertelsmann Verlag, Gütersloh 1965. Neuübersetzung: Dietlind Blindheim. Heyne Verlag, München 1983 (= Blaue Krimis 2062). Neuauflage: 1991 (= Blaue Krimis 2354). Neuübersetzung: Renée Mayer. Scherz Verlag, Bern, München, Wien 1984 (= Scherz Krimi 971). Neuauflage: 1988.* – Anläßlich des 125. Geburtstages des Autors brachte der → Weltbild Verlag 2000 eine Wallace-Edition heraus. Hier erschien der Roman in einer Doppelausgabe zusammen mit *Großfuß* (→ *Big Foot*).

Inhalt: Vier geheimnisvolle Männer greifen ein, wo es der Justiz nicht gelingt, Täter ihrer gerechten Strafe zuzuführen. Nun zwingen die vier den Staatsminister, ein Gesetz zurückzuziehen, das die Freiheit der Menschen bedrohen würde. Als Beweis für die Macht der vier erhalten die Parlamentsabgeordneten einen Brief mit der Nachricht, daß sich unter ihnen eine Zeitbombe – noch ohne Zünder – befindet. Die vier Gerechten treten unter jeder Maske auf, sind Spezialisten und eiskalte Logiker. Daher gelingt es ihnen, trotz des Einsatzes des gesamten Polizeiapparats ihre Drohung wahrzumachen, und der Politiker findet den Tod.

Anmerkungen: Die deutsche Erstausgabe hatte besondere Kapitelüberschriften, die in späteren Ausgaben entfielen. – Der Roman wurde 1921 und 1939 verfilmt unter dem Titel → *The Four Just Men*. Die Figuren des Romans dienten als Vorbild für die Fernsehserie → *The Four Just Men* (1959–61) und für den Fernsehfilm → *Die Vier Gerechten* (1997/98).

FOUR JUST MEN, THE (FERNSEHEN)
(Die vier Gerechten)
Fernsehserie in 39 Folgen. *England 1959–61. Produktion: Sapphire Films, Incorporated Television Company (ITC). Produzenten: Sidney Cole, Jud Kinberg, Hannah Weinstein. Nach Motiven aus The Four Just Men von Edgar Wallace. Länge: jeweils 30 Minuten, Schwarzweiß.* 25 der 39 Folgen wurden 1964 in deutscher Synchronisation im Abendprogramm des ZDF gezeigt (Episoden, die für Jugendliche nicht geeignet erschienen, wurden im Nachtprogramm gesendet). Der Sender warb für die Serie *Die Vier Gerechten* mit dem reißerischen Text: »Die vier Gerechten, die von den hervorragenden Schauspielern Richard Conte, Dan Dailey, Jack Hawkins und Vittorio de Sica verkörpert werden, können für ihren verdienstvollen Kampf um Gerechtigkeit der Anteilnahme des Publikums gewiß sein. Aber dieser Kampf ist nicht ohne ernste Gefahren; denn Machtstreber und Verbrecher setzen für ihre Zwecke die raffiniertesten Mittel ein. Auf diese Weise entstehen Szenen von atemberaubender Spannung.«

Inhalt: In Szene gesetzt werden die Abenteuer der vier Gerechtigkeitsfanatiker Ben Manfred (Mitglied des englischen Parlaments), Ricco

Poccari (Hotelbesitzer in Rom), Tim Collier (amerikanischer Journalist in Paris) und Jeff Ryder (Anwalt in New York). Die »Vier Gerechten« spielten komplett nur in der ersten Episode mit, danach erschienen sie abwechselnd im Vier-Wochen-Turnus, mit gelegentlichen, normalerweise telefonischen Beiträgen von einem der anderen. Die Filme der Serie im einzelnen:

1. Episode (Pilotfilm):
THE BATTLE OF THE BRIDGE

(Die Schlacht an der Brücke). *Produzent: Sidney Cole. Regie: Basil Dearden. Regie-Assistenz: George Pollard. Drehbuch: Gene Coon, Miraim Geiger, Don Castle. Kamera: Ken Hodges. Musik: Francis Chagrin. Bauten: John Blezard. Herstellungsleitung: Hannah Fisher. Darsteller: Jack Hawkins (Ben Manfred), Dan Daily (Tim Collier), Richard Conte (Jeff Ryder), Vittorio de Sica (Ricco Poccari), Anthony Bushell (Cyril Bacon), Joseph Cuby (Guide als Junge), Vivian Matalan (Guide als Mann), Jack May (Priester), Ernst Walder (Deutscher Offizier), George Miekell (Erster Posten), John Kaelsen (Zweiter Posten), Henry De Bray (Butler). Erstausstrahlung: 17.09.1959.*

Inhalt: Vier Männer, die sich zum letzten Mal 1943 während der Invasion der Alliierten in Italien trafen, werden in Foxgrove Manor zusammengerufen. Sie sollen sich eine Nachricht anhören, die Colonel Bacon, der in der Kriegszeit ihr Offizier war, kurz vor seinem Tod aufgenommen hatte. Der Colonel fordert sie auf, ein Quartett zu bilden, das sich dem Kampf gegen Ungerechtigkeit und Tyrannei widmen soll. Bacon hinterließ ihnen zu diesem Zweck eine große Geldsumme. Sie willigen ein und treten von nun an als »Die vier Gerechten« auf.

2. Episode:
THE PRIME MINISTER

(Der Premierminister). *Produzent: Jud Kinberg. Regie: Don Chaffey. Drehbuch: Oliver Skene, Alec Coppel. Darsteller: Dan Dailey (Tim Collier), Honor Blackman (Nicole), Peter Illing (Mozek), Maurice Kaufman (Alem), Robert Ayres (Vorsitzender), Michael Ritterman (Nahost-Delegierter), Arthur Gomez (korpulenter Mann), David Ritch (Akbal), Desmond Roberts (Flugbediensteter), Robert Robinson (Polizist), Clive Baxter (Zeitungsverkäufer). Erstausstrahlung: 24.09.1959.*

Inhalt: Tim Collier wird beauftragt, das Leben eines Premierministers aus dem Nahen Osten

zu schützen, der sich in Paris befindet, um sich an die Vereinten Nationen zu wenden. Unterstützt von seiner gutaussehenden Sekretärin Nicole muß Tim Collier die Männer überlisten, die fest entschlossen sind, den Premierminister umzubringen.

3. Episode:
VILLAGE OF SHAME

(Dorf der Schande). *Produzent: Sidney Cole. Regie: Basil Deardon. Drehbuch: Lindsay Galloway. Darsteller: Jack Hawkins (Ben Manfred), Andrew Keir (Jock), Leo Britt (Cabane), Malou Pantera (Janine), George Pastell (Cesar), Hugh Manning (Albert), John Gabriel (Cure), Arthur Gomez (Polizist), Andre Charisse (Fischer), Robert Cawdron (Bauer), Kurt Siegenberg (Junge). Erstausstrahlung: 01.10.1959.*

Inhalt: Ein Freund von Ben Manfred wird in einem kleinen französischen Dorf ermordet. Man weiß, daß er hier einen Sympathisanten der Deutschen aus dem Zweiten Weltkrieg ausfindig gemacht hat. Als Manfred in das Dorf kommt, um die Sache zu untersuchen, zeigen sich ihm alle Bewohner feindselig gesinnt. Trotzdem ist er fest entschlossen, den Mörder seines Freundes vor Gericht zu bringen und den Verräter zu entlarven.

4. Episode:
THE JUDGE

(Das falsche Gutachten). *Produzent: Jud Kinberg. Regie: Harry Watt. Drehbuch: Marc Brandel. Darsteller: Richard Conte (Jeff Ryder), James Dyrenforth (Dr. Chase), Estelle Brody (Mrs. Chase), Naomi Chance (Helen), Kay Callard (Jean Lawson), Robert Robinson (Hill), Peter Dyneley (Polizeichef), Ruda Michelle (Joan), Robert Ayres (Destriktchef), Bruce Boa (Polizist), Mark Baker (Reporter), Denis Holmes (Angestellter), Virginia Bedard (Frau). Erstausstrahlung: 08.10.1959. Deutsche Erstausstrahlung: 01.07.1964.*

Inhalt: In einer mittelgroßen amerikanischen Stadt kommt der Ehemann der jungen Jean Lawson ums Leben. Man glaubt an Selbstmord, bis eine Autopsie durchgeführt und eine Vergiftung durch Strychnin festgestellt wird. Die öffentliche Meinung richtet sich nun gegen die Witwe. Sie wird unter Mordanklage gestellt. Als Anwalt Jeff Ryder eintrifft, um ihre Verteidigung zu übernehmen, droht eine aufgebrachte Volksmenge, ihn zu lynchen, falls er versuchen sollte, Jean Lawson der gerechten Strafe zu entziehen. Die Bevölkerung behindert Ryder in seinen Ermittlungen, so daß die Verurteilung der jungen Frau so gut wie sicher scheint. Da bringt ein anonymer Telefonanruf den Anwalt auf eine Spur. Er entdeckt das gefährliche Komplott eines Frauenhassers, der nach seinen abwegigen Maßstäben für Recht sorgen will.

5. Episode:
THE CRYING JESTER

(Das geheimnisvolle Gemälde). *Produzent: Sidney Cole. Regie: William Fairchild. Drehbuch: William Fairchild. Darsteller: Vittorio de Sica (Ricco Poccari), Betty McDowell (Betty Green), Morton Lowry (Harry Green), Lee Montague (Berto), George Pravda (Rapelli), Dudley Foster (Luigi), Keith Smith (Thin), Leonard Sachs (Händler), David Cole (Anselmo). Erstausstrahlung: 15.10.1959. Deutsche Erstausstrahlung: 25.03.1964.*

Inhalt: Bei einem Antiquitätenhändler in Mailand ersteht Ricco Poccari ein Gemälde. Kaum hat er den Laden verlassen, kommen zwei andere Kunden und verlangen dasselbe Bild. Der Verkäufer teilt ihnen mit, daß er es an einen Reisenden veräußert habe, der nach Rom unterwegs sei. Die beiden Männer heften sich an Poccaris Fersen und beauftragen einen Mittelsmann, sich der Sache anzunehmen. Der bringt das Schlafwagenabteil des Verfolgten in Erfahrung, weiß jedoch nicht, daß Poccari seinen Schlafwagenplatz einem von Migräne geplagten Mitreisenden zur Verfügung gestellt hat. Bei der Ankunft in Rom wird dieser Passagier ermordet aufgefunden. Offensichtlich steht dieses Verbrechen im Zusammenhang mit dem Gemäldekauf. Tatsächlich entdeckt Poccari im Rahmen des Bildes einen Mikrofilm, sicheres Indiz für die Tätigkeit einer Spionageorganisation.

6. Episode:
THE BEATNIQUES

(Halbstarke). *Produzent: Jud Kinberg. Regie: Don Chaffey. Drehbuch: Wilton Schiller, Alec Coppel. Darsteller: Dan Dailey (Tim Collier), Delphi Lawrence (Nedra), Cec Linder (Bannon), Malou Pantera (Mouche), David Graham (Pantin), Oscar Quitak (Amant), David Ritch (Jugendlicher), Max Faulkner (Bob), Denis Edwards (Journalist), Tony Thawnton (Fotograf), Frank Thornton (Angestellter), Erstausstrahlung: 22.10.1959. Deutsche Erstausstrahlung: 11.03.1964.*

Inhalt: Während der Filmfestspiele in Cannes geraten drei Halbstarke in den Verdacht, an einer Erpressung beteiligt zu sein. Indizien deuten darauf hin, daß sie sich auf diese Weise 50.000 Dollar beschaffen wollen. Zu beweisen ist dem Trio jedoch nichts. So bleibt nur eines übrig: das Lösegeld an dem vereinbarten Platz zu hinterlegen. Dabei kommt es zu einer faustdicken Überraschung.

7. Episode:
THE DESERTER

(Der Deserteur). *Produzent: Sidney Cole. Regie: Basil Deardon. Drehbuch: John Baines. Darsteller: Jack Hawkins (Ben Manfred), Richard Johnson (Captain Bannion), Ronald Howard (Colonel Parkes), Melissa Striblin (Mrs. Bannion), Basil Dignam (Richter), Noel Howlett (Präsident), Arthur Gomez (Angestellter), Clive Baxter (Sicherheitsoffizier), Neil Hallett (Sergeant), Michael Bates (Corporal), Harold Goodwin (Corporal Jeavons), Ann Padwick (Frau), Thomas Hare (Stavro). Erstausstrahlung: 29.10.1959. Deutsche Erstausstrahlung: 27.05.1964.*

Inhalt: Ben Manfred, Mitglied des englischen Parlaments, ist in eine kleine britische Kolonie geflogen, wo sich Captain Bannion wegen Desertion vor einem Militärgericht verantworten soll. Je länger sich der Parlamentarier mit dem Vorgang beschäftigt, desto undurchsichtiger wird er für ihn. Der Angeklagte weigert sich, ihm auch nur die geringste Auskunft zu erteilen. Auch Colonel Parkers, dessen Vorgesetzter, will nicht kooperieren. Manfred erfährt nur, daß sich der Beschuldigte sechs Wochen von seiner Truppe entfernt und sich angeblich bei Aufständischen aufgehalten hatte. Dann war er plötzlich zurückgekehrt, hatte sich verhaften und vor Gericht stellen lassen. Bannion wird, ohne sich verteidigt zu haben, verurteilt. Das rätselhafte Geschehen wirft für Manfred zahlreiche Fragen auf: War Bannion wirklich ein Deserteur oder vielmehr ein Spion? Steht ein Aufstand in der Stadt in Zusammenhang mit seiner Verurteilung?

8. Episode:
DEAD MAN'S SWITCH

(Rassenwahn). *Produzent: Jud Kinberg. Regie: Harry Watt. Drehbuch: Wilton Schiller. Darsteller: Richard Conte (Jeff Ryder), Richard Pasco (Rivers), Bill Nagy (Garnes), Mary Barclay (Mrs. Garnes), Robert Henderson (Arzt), Gordon Tan-*

ner (Flynn), John McClaren (Andy), Lee Hamilton (Father Martin), Margaret Wolfit (Maria), Robert Gallico (Mac), Charles Irwin (Gus), Jim Anderson (Beamter). *Erstausstrahlung: 05.11. 1959. Deutsche Erstausstrahlung: 19.06.1964.* **Inhalt:** Bei einer Schlägerei zwischen amerikanischen und puertoricanischen Jugendlichen in einem New Yorker Jugend-Club wird ein Puertoricaner lebensgefährlich verletzt. Rechtsanwalt Jeff Ryder entdeckt, daß die Auseinandersetzungen durch Zeitungsartikel provoziert wurden, die zur Verfolgung der puertoricanischen Einwanderer aufhetzten. Der Vater des verletzten Jungen droht, den Herausgeber der Zeitung umzubringen, falls sein Sohn an den erlittenen Verletzungen sterben sollte. Der Anwalt muß sein eigenes Leben riskieren, um eine Eskalation der Gewalt zu verhindern.

9. Episode:
THE NIGHT OF THE PRECIOUS STONES
(Ball der Diamanten). *Produzent: Sidney Cole. Regie: William Fairchild. Drehbuch: William Fairchild. Darsteller: Vittorio de Sica (Ricco Poccari), Lisa Gastoni (Guilia), Bruce Boa (Conolly), Michael Ritterman (Kubek), Patrick Troughton (Inspektor Nardi), Sean Lynch (Renzino), Morton Lowry (Wattkins), Brian Worth (Crandall), Gordon Sterne (Franconi) und Brenda de Banzie (Olga, Herzogin Della Riviero), Erstausstrahlung: 12.11.1959. Deutsche Erstausstrahlung: 22.07.1964.* **Inhalt:** Signore Poccari veranstaltet in seinem römischen Hotel einen Wohltätigkeitsball, zu dem er die gesamte Prominenz eingeladen hat. Da die Gäste Schmuck von unermeßlichem Wert tragen, trifft die Polizei umfangreiche Sicherheitsvorkehrungen, zumal sie vom Gastgeber den Hinweis erhalten hat, eine Bande raffinierter Juwelendiebe werde versuchen, während des Balls einen Coup zu landen. Der Polizei gelingt es zwar, die Diebesbande festzunehmen, doch der gerissene Anführer, von dem die Gauner selbst nicht wissen, wie er aussieht, kann sich der Verhaftung entziehen. Poccari vermutet ihn unter den Gästen seines Hotels. Wie soll er ihn entlarven? Als das Wohltätigkeitsfest beginnt, hat der Hotelier plötzlich einen glänzenden Einfall.

10. Episode:
THE DEADLY CAPSULE
(Die tödliche Kapsel). *Produzent: Jud Kinberg. Regie: Compton Bennett. Drehbuch: Jan Read,*

Oliver Skene, Samuel B. West. *Darsteller: Dan Dailey (Tim Collier), Honor Blackman (Nicole), Elwyn Brook-Jones (Scheye), Lily Kann (Mrs. Weiss), Frederick Schrecker (Mr. Weiss), Paul Martin (Techniker), John Martin (Phillipe), Kurt Siegenberg (Pierre), Newton Blick (Vater), Joan Aythorne (Frau), Abdre Charisse (Cure), Erstausstrahlung: 19.11.1959. Deutsche Erstausstrahlung: 06.05.1964.* **Inhalt:** Karl Weiss, ein berühmter Atomwissenschaftler, hat in seinem Laboratorium in Grenoble eine radioaktive Substanz entdeckt, die Lebensmittel unbeschränkte Zeit frisch halten kann. Seine Untersuchungsergebnisse will er dem Atomausschuß in Paris zur Verfügung stellen. Auf der Fahrt dorthin kommt er bei einem Unfall ums Leben. Tim Collier stellt bei seinen Nachforschungen fest, daß der Tod des Wissenschaftlers kein Unglücksfall war. Er entdeckt ferner eine radioaktive Kapsel, die möglicherweise die gesuchte Substanz enthält. Als er den Behälter nach Paris bringen will, verunglückt auch er mit seinem Wagen. Dieser Unfall hilft ihm jedoch bei der überraschenden Aufklärung des Mordfalls.

11. Episode:
THEIR MAN IN LONDON
(Ihr Mann in London). *Produzent: Sidney Cole. Regie: Basil Deardon. Drehbuch: Leon Griffiths. Darsteller: Jack Hawkins (Ben Manfred), Andrew Keir (Jock), June Thorburn (Hilary Colson), Mark Dignam (Falworth), Ralph Truman (Dos Petros), Eira Heath (Rosanna Lopez), Maurice Kaufmann (Hernandez), Paul Stassino (José Pereza). Erstausstrahlung: 26.11.1959.* **Inhalt:** Eine junge Studentin bittet um die Hilfe von Ben Manfred. Ihr Verlobter wurde von einem korrupten südamerikanischen Regime, das beabsichtigt, seine Gegner in London zu ermorden, gekidnappt. Kann Manfred es gelingen, den jungen Patrioten zu retten und die Kidnapper zu entlarven?

12. Episode:
MAYA
(Uran in Kawlait). *Produzent: Sidney Cole. Regie: William Fairchild. Drehbuch: William Fairchild. Darsteller: Vittorio de Sica (Ricco Poccari), Lisa Gastoni (Guilia), Peter Illing (Gathis), Raymond Young (Bruno), Michael Peake (Zolta) und Mai Zetterling (Maya). Erstausstrahlung: 10.12.1959. Deutsche Erstausstrahlung: 24.06.1964.*

Inhalt: Der kleine vorderasiatische Staat Kawlait wird von politischen Unruhen erschüttert, seit man dort Uran entdeckt hat. Eine Gruppe ehrgeiziger Politiker hindert den Herrscher an der Wahrnehmung seiner Regierungsgeschäfte. Ricco Poccari gelingt es, die in Rom lebende Thronanwärterin, Prinzessin Maya, zur Rückkehr in ihr Land zu bewegen. Sie soll verhindern, daß ihre Heimat wegen der Uranfunde zum politischen Spielball wird. Poccari begleitet die Prinzessin auf dem Flug nach Kawlait. Kurz vor der Landung bringen die politischen Gegner das Flugzeug in ihre Gewalt. Die Begleiter der Prinzessin können sie jedoch unter Einsatz ihres Lebens aus den Händen der Rebellen befreien und so den Frieden des kleinen Landes sichern.

13. Episode:
NATIONAL TREASURE

(Der falsche Rembrandt). *Produzent: Sidney Cole. Regie: Basil Deardon. Drehbuch: Owen Holder, Janet Green. Darsteller: Jack Hawkins (Ben Manfred), Andrew Keir (Jock), William Lucas (Paul), Richard Wordsworth (Kurator), Toke Townley (Seers), Charles Cullum (Lord Eastleigh), Michael Atkinson (Bowles, Jr.), Kenneth Edwards (Bowles, Sr.), Patricia Hayes (Miss Lee), Frank Thornton (Auktionator), David Waller (Gentleman), Arthur Gomez (Taxifahrer), Denis Holmes (Arzt). Erstausstrahlung: 24.12.1959. Deutsche Erstausstrahlung: 29.07.1964.*

Inhalt: Für Ben Manfred ist es als Parlamentarier nichts Ungewöhnliches, wenn sonderbare Bitten an ihn gerichtet werden. Eines Tages läßt ein todkranker Millionär Manfred zu sich rufen und eröffnet ihm, daß ein berühmtes Rembrandt-Gemälde in der Art Gallery eine Kopie sei. Das Original befinde sich seit Jahren in seinem Besitz, er habe es einst dunklen Ehrenmännern abgekauft. Nun schlägt dem Schwerkranken das Gewissen und er bittet Manfred, die Fälschung heimlich gegen das Original auszutauschen. Manfred erklärt sich einverstanden und gerät damit in einen Strudel mysteriöser Ereignisse.

14. Episode:
PANIC BUTTON

(Atomangst). *Produzent: Jud Kinberg. Regie: Anthony Bushell. Drehbuch: Marianne Foster, Samuel B. West. Darsteller: Richard Conte (Jeff Ryder), Paul Carpenter (Ray Pearson), Sheila Gallagher (Sue Pearson), Louis Hayward (Val Pearson), Tucker McGuire (Norma Willett), Jess Conrad (Carl Willett), Warren Mitchell (George Rudley), Ewan Solon (Sheriff), Richard Wordsworth (Walter), Mark Baker (Erster Mann), Jonathan Gerard (Milchmann), Tom Gerard (Student), Valerie Craig (Madame Hubert). Erstausstrahlung: 31.12.1959. Deutsche Erstausstrahlung: 26.02.1964.*

Inhalt: Ein kleiner Unfall löst in einer Stadt Panik aus: Einem Forscher fällt im Laboratorium eine Atomkapsel aus dem Sicherheitsbehälter – geistesgegenwärtig legt er sie wieder zurück. Doch inwieweit ist er und infolgedessen auch seine Familie nun radioaktiv verseucht? Während man diese Frage im Krankenhaus zu lösen versucht, wird die Tochter des Forschers von der Schule gewiesen. Sie bittet einen Anwalt, ihr beizustehen; zunächst ohne Erfolg. Der ganze Ort meidet die »verseuchte« Familie, man rät ihr dringend, die Stadt zu verlassen. Als noch der Assistent des Forschers stirbt – wenngleich an einem Herzschlag –, erreicht die Atomangst ihren Höhepunkt. Durch das unbesonnene Verhalten einiger Bürger scheint eine Katastrophe für die Familie des Forschers unabwendbar. Doch der Anwalt hat eine Idee, wie er den Konflikt lösen und die normalen Verhältnisse wiederherstellen kann.

15. Episode:
THE MAN WITH THE GOLDEN TOUCH

(Der Mann mit dem goldenen Herzen). *Produzent: Sidney Cole. Regie: Basil Deardon. Drehbuch: Louis Marks, Jan Read. Darsteller: Vittorio de Sica (Ricco Poccari), Richard O'Sullivan (Pietro), Brewster Mason (Clements), Gillian Owen (Mutter), Bruno Barnabe (Terranti), Ewan Solon (Inspektor), Paul Cole (Page), Frank Thornton (Auktionator), Joseph Attard (Händler). Erstausstrahlung: 07.01.1960. Deutsche Erstausstrahlung: 13.05.1964.*

Inhalt: Ein Junge wendet sich an den Hotelier Poccari und bittet ihn um Hilfe. Er ist aus einem Heim für schwererziehbare Kinder entflohen und in den Verdacht geraten, eine wertvolle Urne gestohlen zu haben, die zugunsten des Heimes versteigert werden sollte. Poccari nimmt sich des Jungen an. Als dieser von der Polizei vernommen werden soll, flieht er erneut. Auf der Suche nach dem Jungen findet der Hotelier Beweise für dessen Unschuld und verhindert im letzten Moment, daß die Urne außer Landes geschmuggelt wird.

16. Episode:
MARIE

(Erpressung). *Produzent: Jud Kinberg. Regie: Don Chaffey. Drehbuch: Gene Levitt, Louis Marks. Darsteller: Dan Dailey (Tim Collier), Honor Blackman (Nicole), Perlita Neilson (Marie), Alec Mango (Dr. Fawzi), Peggy Ann Clifford (Madame Susa), Frank Thornton (Azim), Harry Tardios (Reisebürokaufmann), Julian Sherrier (Rene), Keith Rawlings (Polizist in Zivil), Michael Peake (Phillipe). Erstausstrahlung: 14.01. 1960. Deutsche Erstausstrahlung: 07.06.1964.*

Inhalt: Der amerikanische Journalist Tim Collier rettet ein junges Mädchen vor dem Selbstmord. Aber bevor er ihr Fragen stellen kann, verschwindet sie. Sie versucht erneut, sich das Leben zu nehmen. Collier setzt alles daran, sie zu finden, und kommt einer unglaublichen Geschichte auf die Spur, die in den Gassen von Paris begann.

17. Episode:
THE MOMENT OF THE TRUTH

(Der Moment der Wahrheit). *Produzent: Jud Kinberg. Regie: Don Chaffey. Drehbuch: Francis Rosenwald. Darsteller: Dan Dailey (Tim Collier), Honor Blackman (Nicole), Jeremy Spencer (Cesarito Arenos), Patrick Troughton (Vito), Arthur Gomez (Schankkellner), Cecil Brock (Manager). Erstausstrahlung: 14.01.1960.*

Inhalt: Der junge spanische Stierkämpfer Cesarito Arenos hat eine geheime Angst vor der Arena, die ihm auch Vito, sein Trainer, nicht nehmen kann. Daher erbittet der besorgte Vito die Hilfe des amerikanischen Journalisten Tim Collier und lädt ihn zu Cesaritos erstem großen Kampf ein. Der Journalist scheint machtlos, die sich anbahnende Tragödie abzuwenden – doch die Geschichte nimmt eine unerwartete Wende.

18. Episode:
THE SURVIVOR

(Der Überlebende). *Produzent: Sidney Cole. Regie: Basil Deardon. Drehbuch: Marc Brandel. Darsteller: Jack Hawkins (Ben Manfred), Andrew Keir (Jock), Donald Pleasance (Paul Koster), Patricia Burke (Ann), Allan Cuthbertson (Cowen), Arthur Gomez (Stoyen Matchek), Kevin Soney (Sir Harold Tyler), Frank Thornton (Ansager), Denis Holmes (M.I.5-Mann), Dorothy Darke (Hauswirtin). Erstausstrahlung: 21.01.1960.*

Inhalt: Ben Manfred erhält von einem ehemaligen Insassen eines Konzentrationslagers eine Liste mit Namen von Personen, die während des Krieges Nazisympathisanten waren. Ben ist erpicht darauf, die Verräter vor Gericht zu bringen, aber die Polizei ist desinteressiert und kooperiert nicht. Er muß sein Leben riskieren, um zu erreichen, daß der Gerechtigkeit Genüge getan wird.

19. Episode:
THE DISCOVERY

(Das tödliche Medikament). *Produzent: Jud Kinberg. Regie: Don Chaffey. Drehbuch: Marc Brandel. Darsteller: Richard Conte (Jeff Ryder), June Thorburn (Vicky), John Gabriel (Legari), Budd Knapp (Dr. Hart), Lionel Murton (Distriktbevollmächtigter), Helena Hughes (Marie Trescal), Robert Henderson (Richter), Craig Adams (Andy Winters), Timothy Grey (Bond), Vivienne Drummond (Mrs. Fellows), Garry Thorne (Linden), Gordon Sterne (Dr. Wayne). Erstausstrahlung: 28.01.1960. Deutsche Erstausstrahlung: 10.06.1964.*

Inhalt: Ein italienischer Arzt, der in Amerika keine Zulassung besitzt, wird zu einer todkranken Patientin gerufen. Um ihr Leben zu retten, injiziert er ihr ein von ihm erfundenes Medikament, das allerdings medizinisch noch nicht anerkannt ist. Die Patientin stirbt. Die Staatsanwaltschaft erhebt Anklage wegen Mordes. Jeff Ryder übernimmt die Verteidigung des Arztes und kann das Gericht von seiner Schuldlosigkeit überzeugen.

20. Episode:
THE RIETTI GROUP

(Die Rietti-Gruppe). *Produzent: Sidney Cole. Regie: William Fairchild. Drehbuch: William Fairchild. Darsteller: Vittorio de Sica (Ricco Poccari), Lisa Gastoni (Guilia), Geoffey Keen (Graf Montesco), Simon Lack (Jim), Ronan O'Casey (Joe), Olaf Pooley (Lorenzo), Denis Holmes (Bianchi), Arthur Gomez (Rodrigo), Robert Rietti (Francesco), Madeleine Leon (Maid). Erstausstrahlung: 04.02.1960.*

Inhalt: Der ehemalige Partisan Ricco Poccari kommt mit seinen Freunden zu einer Wiedersehensfeier zusammen. Er hat die undankbare Aufgabe, seinen Freunden mitteilen zu müssen, daß einer von ihnen ein Verräter ist. Ricco wird dann mit der Aufgabe konfrontiert, den Mann ausfindig zu machen und ihm das Urteil zu verkünden – den Tod.

21. Episode:
THE MAN IN THE ROAD

(Der Mann auf der Straße). *Produzent: Jud Kinberg. Regie: Don Chaffey. Drehbuch: George Slavin, Samuel B. West. Darsteller: Dan Dailey (Tim Collier), Honor Blackman (Nicole), Patrick Barr (Marcus Richmond), Simone Lovell (Marcia Richmon), Richard Clarke (Robert), Charles Gray (Paul Lederer), James Dyrenforth (Frank Aplleby), Frank Thornton (Polizist), Denis Holmes (Besitzer), Gordon Tanner (Sam Brady), Jane Asher (Yvonne). Erstausstrahlung: 11.02.1960.*

Inhalt: Die Frau des amerikanischen Gesandten ist ohne eigene Schuld in einen Fall von Fahrerflucht verwickelt worden und wird erpreßt. Der amerikanische Journalist Tim Collier will ihr helfen. Seine Untersuchungen ergeben, daß der vermeintliche Unfall ein Mord war, angezettelt, um gegen den Diplomaten einen Skandal zu entfesseln. Mit Hilfe seiner Sekretärin Nicole findet Collier weitere Spuren und ist sich bald sicher, daß nur ein bestimmter Mann aus der Umgebung des Diplomaten aus diesen Machenschaften Vorteile ziehen könnte. Durch einen geschickten Trick gelingt es ihm, den Schuldigen zu entlarven.

22. Episode:
MONEY TO BURN

(Geld zum Verbrennen). *Produzent: Sidney Cole. Regie: Basil Deardon. Drehbuch: Jan Read. Darsteller: Jack Hawkins (Ben Manfred), Andrew Keir (Jock), Ian Hunter (Sir Walter Barling), Helene Pichard (Lady Barling), Charles Gray (Dominguez), Alan Tilvern (Colonel Gomez), Wolf Frees (General de Santos), Frank Thornton (Enrique Vidal), Susan Travers (Empfangsdame), Andre Mikhelson (Botschafter), Denis Holmes (Postmann). Erstausstrahlung: 17.02.1960. Deutsche Erstausstrahlung: 12.02.1964.*

Inhalt: Senor Enrique Vidal besitzt alle Legitimationen eines südamerikanischen Staates, um bei der englischen Firma Barling & Sons eine große Lieferung neu gedruckter Banknoten in Empfang nehmen zu können. Doch stellt sich bald heraus, daß Vidal ein Betrüger ist. Ben Manfred, Mitglied des englischen Parlaments, wird mit der Aufklärung des Falles betraut. Dabei entdeckt er, daß es sich nicht nur um einen raffinierten Geldraub handelt, sondern daß mit Hilfe der umfangreichen Geldmenge in einer südamerikanischen Republik eine Inflation ausgelöst werden soll, die der machthungrige General de Santos ausnutzen will, um eine Diktatur zu errichten. Es ist zwar nicht die Absicht Manfreds, sich in die Angelegenheiten anderer Länder einzumischen, doch kann er die angesehene Druckerei Barling & Sons vor dem Ruin retten, indem er verhindert, daß die Banknoten außer Landes gelangen.

23. Episode:
CRACK-UP

(Gold im Urwald). *Produzent: Jud Kinberg. Regie: Anthony Bushell. Drehbuch: Louis Marks, Lee Leob. Darsteller: Richard Conte (Jeff Ryder), June Thorburn (Vicky), Robert Shaw (Stuart), Delena Kidd (Ingrid Brandt), Charles Irwin (Flynn), Paul Eddington (Rusty), Richard Clarke (Krager). Erstausstrahlung: 24.02.1960. Deutsche Erstausstrahlung: 05.08.1964.*

Inhalt: Fünf Jahre sind vergangen, seit ein schwedischer Bankier mit seinem Privatflugzeug und einer Ladung Gold im Wert von einer halben Million Dollar über Kanada verschollen ist. Da entdeckt ein Pelztierjäger im Urwald das Wrack der Maschine. Er führt eine kleine Expedition, der die Witwe des Bankdirektors, ein Reporter und der Anwalt Jeff Ryder angehören, an die Absturzstelle. Noch bevor sie ihr Ziel erreichen, ist Ryder klar, daß alle Expeditionsteilnehmer ein größeres Interesse an dem Fall haben, als sie sich anmerken lassen. Die Witwe behauptet, sie wolle die Ehre ihres Mannes wiederherstellen – will aber in Wahrheit das verschwundene Gold an sich bringen. Der Zeitungsreporter sucht angeblich eine gute Story – weiß aber ersichtlich mehr über die Hintergründe des Falles, als er zugibt. Der Pelztierjäger will sich plötzlich nicht mehr genau an die Absturzstelle erinnern können – scheint aber seine Vergeßlichkeit nur zu spielen. Ryder ist sich sicher, daß es beim Auffinden des Wracks zu einer Überraschung kommen wird.

24. Episode:
THE BOY WITHOUT A COUNTRY

(Der Junge ohne Vaterland). *Produzent: Sidney Cole. Regie: Basil Deardon. Drehbuch: Marc Brandel. Darsteller: Jack Hawkins (Ben Manfred), Andrew Keir (Jock), Martin Benson (Captain Renald), Joseph Cuby (Vito), Peter Illing (Dr. Cramer), Victor Brooks (Sergeant), Frank Thornton (Polizist), Rosemary Dunham (Erste Prostituierte), Myrtle Reed (Zweite Prostituier-*

te), *Graham Stewart (Helfer), Wilfried Fletcher (Tramp). Erstausstrahlung: 02.03.1960. Deutsche Erstausstrahlung: 08.04.1964.*

Inhalt: Die Londoner Polizei greift einen Jungen auf, der weder einen Ausweis besitzt noch über seine Herkunft etwas sagen kann. Ben Manfred, ein Parlamentsmitglied, kümmert sich um ihn. Dabei stellt er fest, daß der Knabe von einem Schiff geflohen ist. Manfred will verhindern, daß das Kind dorthin zurückgebracht wird, weil es ihm als Aufenthaltsort ungeeignet erscheint. Allerdings benötigt er dazu Unterlagen über die Herkunft seines Schützlings. Durch Untersuchungen eines Sprachforschers stellt sich heraus, daß möglicherweise St. Albas auf Malta als Heimat des Jungen in Frage kommt. Während Manfred eine Reise dorthin unternimmt, um weitere Erkundigungen einzuziehen, wird das Kind entführt. Hinter diesem Verbrechen stehen weitreichende kriminelle Pläne, auf deren Spur Manfred durch den Jungen gelenkt wird.

25. Episode:
THE MIRACLE OF ST. PHILIPPE

(Das Wunder von St. Philippe). *Produzent: Jud Kinberg. Regie: Don Chaffey. Drehbuch: Jan Read, Louis Marks, Barbara Hammer. Darsteller: Dan Dailey (Tim Collier), Honor Blackman (Nicole), Paul Daneman (Dante), Manning Wilson (Captain), Richard Caldicot (Briand), John Gabriel (Leclerc), Jacques Brunius (Bürgermeister), Maureen Davis (Lucie), Margaret Tyzack (Frau). Erstausstrahlung: 09.03.1960.*

Inhalt: In einem französischen Dorf wird eine Reliquie gestohlen, von der man glaubt, daß sie magische Heilkräfte besitzt. Tim Collier nimmt sich des Falles an, doch ist die Aufgabe schwerer als gedacht, weil sich herausstellt, daß jedes Mitglied des Stadtrates von dem Diebstahl profitieren würde.

26. Episode:
THE SLAVER

(Der Sklavenhändler). *Produzent: Sidney Cole. Regie: Harry Watt. Drehbuch: Lindsay Galloway. Darsteller: Vittorio de Sica (Ricco Poccari), Lisa Gastoni (Guilia), Charles Gray (Sadik Bey), June Rodney (Rosalina), Roger Delgado (Inspektor Russo), Ronan O'Casey (Dexter), Orlando Martins (Älterer Schwarzer), Anthony Jacobs (Menardi), Edric Connor (Captain Abdul), Tony Thawnton (Polizist). Erstausstrahlung: 30.03.1960.*

Inhalt: Ricco Poccari stößt auf einen hoch organisierten Sklavenmarkt, der von arabischen Gangstern geleitet wird. Er erfährt, daß Dexter, ein junger amerikanischer Journalist, sich auf dem Weg nach Rom befindet, um dort Beweise gegen diese Leute zu veröffentlichen. Als Dexter verschwindet, verfolgt ihn Ricco bis zum Haus eines arabischen Geschäftsmannes: Behilflich ist ihm dabei Rosalina, die Freundin des Anführers des Händlerrings, die sich in Dexter verliebt hat.

27. Episode:
THE PRINCESS

(Prinzessin Toma). *Produzent: Jud Kinberg. Regie: Don Chaffey. Drehbuch: Frank Tarloff, Louis Marks. Darsteller: Dan Dailey (Tim Collier), Honor Blackman (Nicole), Betta St. John (Prinzessin Toma), Leonard Sachs (Amishar), Lee Montague (Mendri), Madeleine (Hofdame), Manning Wilson (Hotelmanager), Arthur Gomez (Schaffner). Erstausstrahlung: 06.04.1960. Deutsche Erstausstrahlung: 07.05.1964.*

Inhalt: Der Journalist Tim Collier wird in die Intrigen eines kleinen asiatischen Königreichs verwickelt, als dessen Prinzessin Toma Europa besucht. Eine Reihe ungewöhnlicher Vorfälle deutet darauf hin, daß jemand aus der Umgebung der Prinzessin nach ihrem Leben trachtet. Deshalb will Collier sie in Sicherheit bringen. Doch ist die Lage der Bedrohten verzweifelter, als er angenommen hatte. Erst auf dem Höhepunkt der Ereignisse gelingt es ihm, die wahren Zusammenhänge zu erkennen und die unglückliche Frau aus ihrer bedrohlichen Situation zu befreien.

28. Episode:
THE PROTECTOR

(Verfolgungswahn). *Produzent: Jud Kinberg. Regie: Don Chaffey. Drehbuch: Alan Morland, Leon Griffiths, Alan Morland. Darsteller: Richard Conte (Jeff Ryder), June Thorburn (Vicky), Maureen Connell (Janis), Ferdy Bannerman (Bannerman), Larry Cross (Meadows), John Welsh (Moffat), Charles de Temple (Wilson). Erstausstrahlung: 20.04.1960. Deutsche Erstausstrahlung: 15.07.1964.*

Inhalt: Ein sonderbarer Fall beschäftigt Jeff Ryder. Miss Janis, Erbin eines riesigen Vermögens, leidet an Verfolgungswahn. Eine Reihe merkwürdiger Vorfälle stimmt Ryder nachdenklich. Die entscheidende Fragen lautet: Ist das Mädchen wirklich von psychischen Wahnvorstellungen befallen, oder ist es Opfer einer gefährlichen Verschwörung, die es auf sein Vermögen abgesehen hat?

29. Episode:
THE MAN IN THE ROYAL SUITE

(Der Mann in der Königssuite). *Produzent: Sidney Cole. Regie: William Fairchild. Drehbuch: Jan Read, Louis Marks, Alec Goppel. Darsteller: Vittorio de Sica (Ricco Poccari), Lisa Gastoni (Guilia), Kenneth Connor (Milotti), Eric Pohlmann (Ponta), Susan Maryott (Zizi), Robert Rietty (Francesco), Barry Shawzin (Tony), Oliver McGreevey (Max), Edward Evans (Barber), Thomas Hare (Pietro). Erstausstrahlung: 27.04.1960.*

Inhalt: Ein Angestellter wird aus den USA nach Italien abgeschoben. Dort sieht er sich einem Gangster auf Gedeih und Verderb ausgeliefert. Ricco hat Mitleid mit ihm und erlaubt ihm, sich als Millionär verkleidet in der Königssuite seines Hotels zu verstecken. Aber der Gangster ist nicht so leicht hinters Licht zu führen.

30. Episode:
THE GRANDMOTHER

(Die Großmutter). *Produzent: Jud Kinberg, Regie: Don Chaffey. Drehbuch: Marc Brandel. Darsteller: Dan Dailey (Tim Collier), Honor Blackman (Nicole), Marie Ney (Madame de Seiberd), Fred Kitchen (Colonel de Seiberd), Trader Faulkner (Guy de Seiberd), Joana Dunham (Madeleine de Seiberd), John van Eyssen (Roul), John Dearth (Kellner), Arthur Gomez (Diener). Erstausstrahlung: 04.05.1960.*

Inhalt: Ein militärischer Skandal – die Versorgung eines französischen Bataillons in Algerien mit fehlerhafter Munition – wird von dem amerikanischen Journalisten Tim Colliers untersucht. Collier entdeckt, daß, wenn alle Tatsachen ans Licht gebracht würden, der Ruf einer der geachtetsten Familien Frankreichs ruiniert wäre. Deshalb ist der stolze und aristokratische Patriarch der Familie fest entschlossen, ihn davon abzuhalten, die Wahrheit zu enthüllen.

31. Episode:
THE MAN WHO WASN'T THERE

(Menschenraub). *Produzent: Sidney Cole. Regie: Basil Deardon. Drehbuch: Lindsay Galloway. Darsteller: Jack Hawkins (Ben Manfred), Andrew Keir (Jock), Lionel Jeffries (Arkwright), Gerhard Heinz (Menger), Sheila Allen (Ilse), William Mervyn (Unterstaatssekretär), Michael Ripper (Barker), Anthony Sharp (Rice), Ellen*

MacIntosh (Fiona), Richard Thorp (Offizier). Erstausstrahlung: 11.05.1960. Deutsche Erstausstrahlung: 08.07.1964.

Inhalt: Der Abgeordnete Ben Manfred ist beauftragt worden, das Verschwinden eines Professors für Metallurgie zu untersuchen, der an einem Geheimauftrag gearbeitet hatte. Die Tochter des Wissenschaftlers glaubt, ihr Vater sei zur Fortsetzung seiner Tätigkeit von den Sicherheitsbehörden an einen geheimen Ort gebracht worden. Der Parlamentarier entdeckt jedoch in Briefen, die der Professor seiner Tochter geschrieben hatte, Code-Buchstaben. Damit steht für Manfred fest, daß der Forscher entführt wurde. Es gelingt ihm, die Buchstaben zu dechiffrieren – sie bezeichnen eine kleine Insel im Nordatlantik. Dort findet er in einem scharf bewachten Stützpunkt die Erklärung für das mysteriöse Geschehen.

32. Episode:
THE BYSTANDERS

(Skandal um Ted). *Produzent: Jud Kinberg. Regie: Don Chaffey. Drehbuch: Francis Rosenwald. Darsteller: Richard Conte (Jeff Ryder), Ronald Allen (Ted), Jeannette Bradbury (Katy), Margaret Vines (Mrs. Fennifore), Phil Brown (Albert Peterson), Mary Kenton (Mrs. Peterson), Robert Gallico (Ed Forrest), Nancy Bacall (Sue Forrest), Patrick Holt (Distriktbevollmächtigter), Catherina Ferrez (Romano), Errol McKinno (Frank Kleng), Robert Parceval (Dan Reeves). Erstausstrahlung: 18.05.1960. Deutsche Erstausstrahlung: 28.06.1964.*

Inhalt: Der 20jährige Tennis-Champion Ted gilt als Anwärter auf den Meistertitel in Wimbledon. Eines Tages veröffentlichen die Zeitungen eine Meldung über seine Verlobung. Ein zwölfjähriges Mädchen aus der Nachbarschaft des Sportlers, mit dem er sich immer harmlos geneckt hatte, wird durch diese Nachricht in ihren Gefühlen so verwirrt, daß sie ihrem Vater erklärt, Ted habe sie sexuell belästigt. Ein Skandal bricht los. Der Beschuldigte sieht seine Zukunft in Gefahr und droht, sich das Leben zu nehmen. Jeff Ryder kann durch sein mutiges Eingreifen das Leben und die Ehre des jungen Mannes retten.

33. Episode:
ROGUE'S HARVEST

(Der Bluff). *Produzent: Sidney Cole. Regie: Basil Deardon. Drehbuch: T. E. V. Clarke. Darsteller: Vittorio de Sica (Ricco Poccari), Richard Pas-*

co (Enrico Baldini), Elizabeth Wallace (Maria), Roger Delgado (Inspektor Russo), Vera Fusek (Coralie Marlow), George Pastell (Berto Follini), William Peacock (Giorgio Rizzi), Victor Barring (Angestellter). Erstausstrahlung: 25.05. 1960. Deutsche Erstausstrahlung: 03.06.1964.

Inhalt: Enrico Baldini verbüßt wegen Raubüberfalls eine fünfjährige Gefängnisstrafe. Kurz vor seiner Entlassung wendet sich seine Verlobte an den Hotelier Poccari mit der Bitte, er möge Baldini bewegen, das geraubte und versteckte Geld dem Sohn des Überfallenen zurückzugeben und einen Schlußstrich unter seine Vergangenheit zu ziehen. Poccari erfüllt ihren Wunsch, obwohl er am Erfolg seiner Mission zweifelt. Als er Baldini im Gefängnis besucht, wird seine Skepsis bestätigt. Einige Tage später wird der Häftling entlassen. Sofort versucht er, den verborgenen Raub an sich zu bringen. Doch sieht er sich unerwarteten Konkurrenten gegenüber, die dasselbe Ziel verfolgen. Nochmals tritt der Hotelier in Aktion und sorgt mit Umsicht und Geschick dafür, daß das Geld in die rechtmäßigen Hände zurückgelangt.

34. Episode:
THE GODFATHER

(Der Pate). *Produzent: Jud Kinberg. Regie: Don Chaffey. Drehbuch: Wilton Schiller, William Faichield. Darsteller: Dan Dailey (Tim Collier), Honor Blackman (Nicole), George Murcell (Ernst Frenke), Cecile Chevreau (Martha Frenke), Sheila Allen (Marie Clement), Michael Lewis (Joshua), Eric Pohlmann (Trenet), Laurence Payne (Skovic), Manning Wilson (Doran), Arthur Gomez (Kalmar), Tom Clegg (Hugo). Erstausstrahlung: 01.06.1960.*

Inhalt: Als Tim Colliers Freund Ernst Frenke in Paris ankommt, um Waffen auf dem Schwarzmarkt zu kaufen, lösen der Reporter und seine Sekretärin Nicole einen Kidnappingfall auf eine höchst ungewöhnliche Art und Weise.

35. Episode:
RIOT

(Aufstand im Zuchthaus). *Produzent: Jud Kinberg. Regie: Anthony Bushell. Drehbuch: Leon Griffiths, Louis Marks. Darsteller: Richard Conte (Jeff Ryder), Neil McCallum (Nelson), Peter Dyneley (Dougan), Mark Baker (Minelli), Percy Herbert (Brady), Sheldon Lawrence (Whiting), Morton Lowry (Captain), Larry Cross (Wärter), Max Faulkner (Wärter). Erstausstrahlung: 08.*

06.1960. *Deutsche Erstausstrahlung: 26.04. 1964.*

Inhalt: Unzufriedenheit unter den Insassen eines Gefängnisses führt zu einem gewaltsamen Aufstand. Rechtsanwalt Jeff Ryder, der sich zu diesem Zeitpunkt dort befindet, um mit einem inhaftierten Klienten zu sprechen, wird von den Sträflingen als Geisel festgehalten. Truppen rücken an. Es droht eine gewaltsame Auseinandersetzung. Ryder kann jedoch die Strafgefangenen davon überzeugen, daß Aufgabe der einzige Weg sei, ihren Forderungen Gehör zu verschaffen. Der Kommandeur der Truppen will davon nichts wissen und besteht darauf, Gewalt mit Gewalt zu beantworten. Ryder bemüht sich unter Lebensgefahr weiter, ein Blutvergießen zu vermeiden.

36. Episode:
THE HERITAGE

(Die Erbschaft). *Produzent: Sidney Cole. Regie: Basil Deardon. Drehbuch: Louis Marks. Darsteller: Jack Hawkins (Ben Manfred), Barry Keegan (Kevan Melone), Shay Gorman (O'Rourke), Concepta Fennell (Cathy O'Shaughnessy), Ronald Leigh-Hunt (Captain Davies), Jack Melford (Plomer MP), Desmond Jordan (Shamus), Cecil Brock (Sean). Erstausstrahlung: 15.06. 1960.*

Inhalt: Der brutale Plan, eine Polizeistation in Nordirland in die Luft zu sprengen, wird von einem jungen Nationalisten vereitelt, der im Gegensatz zu den anderen Saboteuren Gewalt ablehnt. Während er von allen Seiten gesucht wird, kann er die Hilfe von Manfred gewinnen, der nun das Problem gespaltener Loyalität lösen muß.

37. Episode:
THE LAST DAYS OF NICK POMPEY

(Galgenfrist für Nick Pompey). *Produzent: Jud Kinberg. Regie: Don Chaffey. Drehbuch: Jackson Gillis. Darsteller: Richard Conte (Jeff Ryder), Reed de Rouen (Nick Pompey), Betty McDowell (Maria), Eddie Byrne (Santolla), Yvette Hosler (Lita), Terence Cooper (John), Lee Hamilton (Kunde), Arthur Cross (Paßbeamter), Peter La Trobe (Mann), Oliver MacGreevey (Polizist), Norma Parnell (Verkäuferin). Erstausstrahlung: 22.06.1960. Deutsche Erstausstrahlung: 22.04.1964.*

Inhalt: Bandenchef Nick Pompey hat Tagebuch über seine Verbrechen geführt. Das ruft seinen Rivalen auf den Plan, der als Mitglied der Bande an allen Verbrechen beteiligt war. Mit brutalsten Mitteln versucht er, die belastenden Aufzeichnungen in seine Hand zu bekommen. Rechtsanwalt Jeff Ryder schaltet sich ein, damit diesem Kampf kein Unschuldiger zum Opfer fällt. Immerhin steht das Leben der Frau und des Kindes von Pompey auf dem Spiel, die von seinem Rivalen entführt worden sind, um die Herausgabe des Tagebuchs zu erzwingen. Durch einen Trick gelingt es Ryder, die Auseinandersetzung zwischen den Gangstern zu beenden und der Gerechtigkeit zum Sieg zu verhelfen.

38. Episode:
JUSTICE FOR GINO

(Rache für Gino). *Produzent: Jud Kinberg. Regie: Harry Watt. Drehbuch: Lindsay Galloway, Michael Connor. Darsteller: Richard Conte (Jeff Ryder), June Thorburn (Vicky), Vivian Matalon (Arthur Vivian), Alan Gifford (Gino), Louise Collins (Inga), Alan Tilvern (Zoldi), John McClaren (Andy), Mavis Villiers (Louise), Al Mulock (Leutnant), Redmond Phillips (Zwerg), Sean Kelly (Erster Mann), Edward Evans (Priester). Erstausstrahlung: 27.07.1960. Deutsche Erstausstrahlung: 20.05.1964.*
Inhalt: Der Gangster Gino ist ermordet worden. Sein Bruder Arthur bittet den Rechtsanwalt Jeff Ryder um Hilfe bei der Suche nach dem Mörder, den er umbringen will. Ryder ist jedoch nicht bereit, den Rachefeldzug Arthurs zu unterstützen. Der junge Mann will daraufhin den Täter auf eigene Faust stellen. Um zu verhindern, daß ein Unschuldiger getötet und ein bislang Unbescholtener zum Mörder wird, ist der Anwalt gezwungen, sich trotz seiner Bedenken für den Fall zu interessieren. Arthur gerät in gefährliche Situationen und erkennt, daß sein Weg der Selbstjustiz falsch war. Zusammen mit Jeff Ryder überführt er Ginos Mörder und liefert ihn der Justiz aus.

39. Episode:
THE TREVISO DAM

(Treviso-Damm). *Produzent: Sidney Cole. Regie: Basil Deardon. Drehbuch: Lindsay Galloway. Darsteller: Vittorio de Sica (Ricco Poccari), Lisa Gastoni (Guilia), Fenella Fielding (Contessa), Alan Bates (Giorgio), Judi Dench (Anna), George Pastell (Mazza), Brian McDermott (Enrico). Erstausstrahlung: 17.08.1960. Deutsche Erstausstrahlung: 12.08.1964.*
Inhalt: Beim Bau des Treviso-Staudamms in

Norditalien verunglückt ein junger Arbeiter tödlich. Als der Hotelbesitzer Poccari eine genauere Untersuchung vornimmt, stößt er auf Sachverhalte, die darauf hindeuten, daß der Bauarbeiter Opfer eines Racheaktes geworden ist. Aber wer sollte ein Interesse an seinem Tod haben? Ein eifersüchtiger Kollege? Oder ist der Kreis der Verdächtigen größer, als der Hotelier zunächst vermutet? Mit äußerster Akribie verfolgt Poccari alle Spuren, bis er dem Schuldigen auf die Schliche kommt.

FOUR JUST MEN, THE (FILM I)
(Die vier Gerechten)

Kinofilm. England 1921. Produktion: Stoll. Regie: George Ridgewell. Buch: George Ridgwell nach dem Roman The Four Just Men von Edgar Wallace. Kamera: Alfred Moses. Darsteller: Cecil Humphreys (Manfred), Teddy Arundell (Inspektor Falmouth), Charles Croker-King (Thery), Charles Tilson-Chowne (Sir Philip Ramon), Owen Roughwood (Poiccart), George Bellamy (Gonsalez), Robert Vallis (Billy Marks). Länge: 56 Minuten.
Inhalt: In Spanien heuern drei Männer, die sich die »Gerechten« nennen, einen vierten Mann an. Dieser, ein Killer, soll den englischen Spitzenpolitiker Sir Philip Ramon beseitigen, der

The Four Just Men: (Film I)
Teddy Arundell, Charles Tilson-Chowne

eine Gefahr für einen im englischen Exil lebenden spanischen Oppositionsführer darstellt. Nach mehreren gescheiterten Versuchen wird der Politiker mittels eines unter Strom gesetzten Telefonhörers getötet.

Anmerkung: Dieser Film wurde in Deutschland nicht aufgeführt.

FOUR JUST MEN, THE (FILM II)
(Die vier Gerechten)

Kinofilm. *England 1939. Produktion: Capad. Produzent: Michael Balcon. Regie: Walter Forde. Buch: Roland Pertwee, Angus McPhail und Sergei Noibandov nach dem Roman The Four Just Men von Edgar Wallace. Kamera: Ronald Neame. Bauten: Wilfrid J. Shingleton. Schnitt: Stephen Dalby. Darsteller: Hugh Sinclair (Mansfield), Griffith Jones (Brodie), Francis L. Sullivan (Poiccard), Frank Lawton (Terry), Anna Lee (Ann), Alan Napier (Sir Hamar Ryman), Basil Sidney (Snell), Lydia Sherwood (Myra Hastings), Edward Chapman (B. J. Burrel), Athole Stewart (Assistant Commissioner), George Merritt (Falmouth), Arthur Hambling (Constable), Ellaline Terriss (Lady Willoughby), Garry Marsh (Bill Grant), Roland Pertwee (Hastings), Eliot Makeham (Simmons), Henrietta Watson (Mrs. Truscott), Percy Walsh (Gefängnisdirektor), Bryan Herbert (Taxifahrer), Jon Pertwee, Basil Radford, Edward Rigby, Paul Sheridan, Neal Arden, Liam Gaffney, Manning Whiley. Länge: 85 Minuten.*

Inhalt: Die »Vier Gerechten« vereiteln eine Verschwörung gegen England, deren Ausgangspunkt eine Blockade des Suezkanals ist. Eine Reporterin hilft den Gerechten, bringt sie jedoch durch ihre Arbeitsmethoden in Schwierigkeiten. Zum Schluß können sie die Drahtzieher der Verschwörung überführen – England ist (wieder einmal) gerettet.

Kritiken zum Film: »Produzent Michael Balcon kaufte den Titel von Edgar Wallace' Robin-Hood-Geschichte, und mit einer Kohorte von Drehbuchautoren biederte er sich dem derzeitigen Klima von Widerstand und Selbstverteidigung an. Keine Zeile davon stammt von Wallace. Sie schnappten sich den Titel und machten einen gängigen Film. *The Four Just Men* bringt alle Voraussetzungen mit, um ein Erfolg zu werden. ... Ein gut gemachter, gut gespielter Film, wie ihn sich jeder Kinobesitzer nur wünschen kann.« (Motion Picture Herald, 1939) »Dieses stark aktuelle und patriotische Thema ist sehr gut entwickelt. Es hat dramatische, erregende, anhaltende Spannung und einen ungewöhnlichen und eindrucksvollen Höhepunkt. Ein romantisches Element kommt durch eine Reporterin hinein, die über die Pläne des Quartetts stolpert und sie beinahe zunichte macht. Das Zusammenspiel der Besetzung ist exzellent. Die Rollen der vier Gerechten sind bewundernswert gespielt, dabei gibt Alan Napier einen plausiblen Bösewicht ab, und Basil Sydney ist das passende Ekel als sein Assistent.« (Monthly Film Bulletin, 30.06.1939)

Anmerkung: Dieser Film wurde in Deutschland nicht aufgeführt.

The Four Just Men: (Film II) **Frank Lawton, Francis L. Sullivan, Griffith Jones, Hugh Sinclair**

FOUR JUST MEN, THE

Theaterstück von Edgar Wallace. Uraufführung im August 1906 am Londoner Colchester Theater. Das Stück basiert auf Wallace' gleichnamigem Roman.

FOUR SQUARE JANE

Kriminalkurzroman. *Originalausgabe: Readers Library, London 1929. Deutsche Erstveröffentlichung: Die Abenteuerin. Übersetzung: → Ravi Ravendro. Wilhelm Goldmann Verlag, Leipzig 1933. Neuausgabe: Wilhelm Goldmann Verlag, München 1954. Taschenbuchausgabe: Wilhelm Goldmann Verlag, München 1958 (= Goldmann Taschen-KRIMI 164). Weitere Taschenbuchauflagen im Wilhelm Goldmann Verlag: 1961, 1971, 1974, 1975, 1978, 1982, 1988. Jubiläumsausgabe im Wilhelm Goldmann Verlag: 1990, 2000 (= Band 1).*

Inhalt: Joe Grandman gibt auf seinem Landsitz

bei London einen Galaempfang. Geladen ist der Finanz- und Hochadel Englands, außerdem die Detektivin Caroline Smith, die den kostbaren Schmuck der Gäste vor einer berüchtigten Juwelendiebin schützen soll. Doch Miss Smith kann ihren Auftrag nicht ausführen – sie wird vergiftet. »Quadrat-Jane«, wie die Räuberin genannt wird, ist auch weiterhin auf Beute aus; stets hinterläßt sie das gleiche Zeichen: vier Quadrate, in deren Mitte sich ein »J« befindet. Inspektor Peter Dawes, der versucht, die Opfer zu schützen, steht vor einem Rätsel. Allerdings erkennt er in der Aufführung der Verbrechen eine Methode. Lord Claythorpe soll das nächste Opfer werden; der schlägt jedoch alle Warnungen in den Wind und muß dafür teuer bezahlen. Als Dawes schließlich durchschaut, wie Jane ihre Opfer hereinlegt, hat sie längst das Land verlassen.

Anmerkung: Die deutsche Taschenbuchausgabe von 1958 enthält zusätzlich drei → Kurzgeschichten: *Der Herr im dunkelblauen Anzug* (*Blue Suit*), *Die Privatsekretärin* (*The Dramatic Butler*) und *Der betrogene Betrüger* (*White Stocking*).

FOURTH PLAGUE, THE

Kriminalroman. *Originalausgabe: Ward Lock & Co., London 1913. Deutsche Erstveröffentlichung: Die vierte Plage. Übersetzung: → Ravi*

Ravendro. *Wilhelm Goldmann Verlag, Leipzig 1933. Neuübersetzung: → Fritz Pütsch. Wilhelm Goldmann Verlag, Leipzig 1939.* – Anläßlich des 125. Geburtstages des Autors brachte der → Weltbild Verlag 2000 eine Wallace-Edition heraus. Hier erschien der Roman in einer Doppelausgabe zusammen mit *Der Teufelsmensch* (→ *The Devil Man*).

Inhalt: In der italienischen Stadt Siena, südlich von Florenz, nimmt 1899 eine intrigenhafte Geschichte um die »Rote Hand« ihren Anfang, die mehr als 20 Jahre später im englischen Essex ihr Ende findet. George Mansingham wird von dem geheimnisvollen italienischen Grafen Festini beauftragt, in das Herrenhaus des alten Richters Sir Ralph Morte-Mannery einzudringen. Festini interessiert sich für die junge Marjorie Meagh, die Nichte von Sir Ralph, sowie für deren Verlobten Frank Gillingford. Durch ein Geheimnis scheinen Festini und dessen Bruder mit der rätselhaften Lady Vera verbunden zu sein. Der Kriminologe Professor Tillzini bietet schließlich der englischen Polizei seine Hilfe an, damit kein Unheil über Britannien kommt.

FOURTH SQUARE, THE
(Das vierte Quadrat)
Kinofilm. *England 1960. Produktion: Merton*

The Fourth Square: **Natasha Parry (links), Miriam Karlin (rechts)**

Park. Produzent: *Jack Greenwood.* Regie: *Allan Davis.* Buch: *James Eastwood nach dem Roman Four Square Jane von Edgar Wallace.* Kamera: *Gerald Moss.* Musik: *James Stevens.* Bauten: *Peter Mullins.* Ton: *Brian Blamey.* Schnitt: *Derek Holding.* Darsteller: *Conrad Phillips (Bill Lawrence), Natasha Parry (Sandra Martin), Delphi Lawrence (Nina Stewart), Paul Daneman (Henry Adams), Miriam Karlin (Josette), Jacqueline Jones (Marie Labonne), Anthony Newlands (Tom Alvarez), Basil Dignam (Inspektor Forbes), Harold Kasket (Philipe), Edward Rees (Sergeant Harris), Jack Melford (Stewart), Vilma Ann Leslie (Fiona Foster), Gwen Williams (Mrs. Potter), Barrie Ingham (Gordon), Constance Lome, Rachel Lloyd, John Warwick.* Länge: *57 Minuten.*

Inhalt: Nina Stewart wird ein wertvoller Ring gestohlen, den sie von dem Playboy Tom Alvarez geschenkt bekam. Sie beauftragt den Anwalt Bill Lawrence, den Schmuck wiederzubeschaffen. Sie fürchtet, ihr Mann, ein reicher Reeder, könne von der Affäre Wind bekommen. Bill findet heraus, daß auch andere Schmuckstücke, die Alvarez seinen zahlreichen Freundinnen geschenkt hatte, verschwunden sind. Bills Verdacht richtet sich gegen Henry Adams, den Pressechef Stewarts. Dieser wird jedoch plötzlich ermordet. Schließlich kann Bill mit Unterstützung der Polizei Josette, die sitzengelassene Frau von Alvarez, als Täterin überführen.

Kritik zum Film: »Ein erquickend unwahrscheinlicher Edgar-Wallace-Thriller, der hinlänglich spannend ist, um das Interesse wachzuhalten; Darstellung und Regie sind ebenfalls recht glatt, wenn man das anspruchslose Niveau dieser Serie in Rechnung stellt.« (Monthly Film Bulletin, 8/1961)

Anmerkung: Dieser Film wurde in Deutschland nicht aufgeführt.

FRANCIS, FREDDIE

* 22.12.1917 London;
eigentlicher Name: Frederick Francis

Kameramann und Regisseur. Er führte Regie bei → *Das Verrätertor* (1964). Francis war ursprünglich Assistent bei einem Fotografen und arbeitete während des Weltkriegs in der Army Kinematografic Unit. Als Kameramann war er gemeinsam mit Oswald Morris an den John-Huston-Filmen *Moulin Rouge* (1953), *Schach dem Teufel* (1954) und *Moby Dick* (1956) be-

Freddie Francis: Dreharbeiten
Das Verrätertor (1964)

teiligt. Außerdem fotografierte er Karel Reisz' *Samstagnacht bis Sonntagmorgen* (1960) und wurde durch seine Zusammenarbeit mit Jack Clayton zu einem der exponiertesten Operateure des »Free Cinema«; mit Jack Cardiffs *Söhne und Liebhaber* (1960) gewann er schließlich sogar einen Oscar. Dadurch zu unerwarteter Reputation gekommen, erhielt er auch Regieaufträge. Nach seinem Debüt – der für ihn enttäuschenden tragikomisch-romantischen Liebesgeschichte *Two and two make six* (1961) – lieferte er zunächst einige Nachtaufnahmen für den von Istvan Szekely inszenierten Splatter-Klassiker *Blumen des Schreckens* (1961), ehe er mit der deutsch-britischen Co-Produktion *Ein Toter sucht seinen Mörder* (1962) eine recht spannende Bearbeitung von Donovans Hirn vorlegte. Sein erster Beitrag zum Horror-Genre bei den Hammer-Studios war *Frankensteins Ungeheuer* (1964); hierin gab er der Figur des hybriden Wissenschaftlers eine neue Deutung: Der von Peter Cushing dargestellte Baron ist diesmal ein überzeugter, seinen Studien ergebener Forscher. Zu Francis' späteren Werken, die vor allem wegen ihrer interessanten Bildgestaltung faszinieren, gehören *Der Schädel des Marquis de Sade* (1965), *Geschichten aus der Gruft* (1972) und vor allem der bestürzende Thriller

Der Puppenmörder (1966), in dem Margret Johnston als rachelüsterne Rollstuhlfahrerin agiert. Von *The Doctor and the Devils* (1985) abgesehen, wandte sich Francis danach wieder überwiegend der Kameraarbeit zu. Er zeichnete für Filme wie David Lynchs *Der Elefantenmensch* (1980) und Reisz' *Geliebte des französischen Leutnants* (1981) verantwortlich, wurde für das monumentale Bürgerkriegsepos *Glory* (1989) mit seinem zweiten Oscar ausgezeichnet und fotografierte 1995 Bob Hoskins' modernes Märchen *Rainbow*. Noch im hohen Alter stand er für Regisseur David Lynch hinter der Kamera für dessen *Straight Story – Eine wahre Geschichte* (1998).

Weitere Filme als Kameramann (Auswahl): *Schloß des Schreckens* (1961), *Griff aus dem Dunkel* (1964), *Die Todeskarten des Dr. Schreck* (1965), *Agenten sterben zweimal* (1983), *Der Wüstenplanet* (1984), *Oz – Eine phantastische Welt* (1985), *Brenda Starr* (1989), *Ninas Alibi* (1989), *Der Mann im Mond* (1991).

Weitere Arbeiten als Regisseur (Auswahl): *Paranoiac* (1963), *Der Satan mit den langen Wimpern* (1964), *Die tödlichen Bienen* (1966), *Sie kamen von jenseits des Weltraums* (1967), *Draculas Rückkehr* (1968), *Gebissen wird nur nachts* (1970), *Das Ungeheuer* (1970), *Auferstehung des Grauens* (1973), *Geschichten, die zum Wahnsinn führen* (1973), *Hochhaus des Schreckens* (1987).

FRANCO, JESS
* 12.05.1935 Madrid;
eigentlicher Name: Jesus Franco Manera
Regisseur. Franco leitete die Aufnahmen von → *Der Teufel kam aus Akasava* (1970), *Sangre en mis zapatos* (1983; internationaler Titel: *Blood On My Shoes*), → *Viaje a Bangkok, ataúd incluido* (1985). Franco, der oft unter Pseudonym arbeitete (u.a. David Khune, Dennis Farnon), wurde von seinen Produzenten (z.B. → Harry Alan Towers, → Artur Brauner) stets gut bezahlt, lieferte aber meist nur Machwerke. Er machte quasi Urlaub und drehte dabei Filme; unübersehbar ist dies bei Streifen wie *Der Todeskuß des Dr. Fu Man Chu* (1968) oder *Der Mann, der sich Mabuse nannte* (1970).

Weitere Filme (Auswahl): *Necronomicon – Geträumte Sünden* (1967), *Marquis de Sade: Justine* (1968), *Die sieben Männer der Sumuru* (1969), *Die Folterkammer des Dr. Fu Man Chu*

Freddie Francis mit Gary Raymond und Margot Trooger – Dreharbeiten *Das Verrätertor* (1964)

(1969), *Der heiße Tod* (1969), *De Sade 70* (1969), *Nachts, wenn Dracula erwacht* (1970), *Der Hexentöter von Blackmoor* (1970), *Sie tötete in Extase* (1970), *Vampyros Lesbos: Die Erbin des Dracula* (1970), *X 312 – Flug zur Hölle* (1971), *Jungfrauen-Report* (1971), *Der Todesrächer von Soho* (1971), *Robinson und seine wilden Sklavinnen* (1971), *Die Blonde mit dem süßen Busen* (1972), *Frauengefängnis* (1975), *Jack the Ripper* (1976), *Frauen im Liebeslager* (1976), *Die teuflischen Schwestern* (1976), *Liebesbriefe einer portugiesischen Nonne* (1977).

FRANKAU, JOHN
→ Produzenten

FRANKAU, NICHOLAS
→ Darsteller

FRANKEL, CYRIL
* 1923 (ohne Angabe)
Regisseur. Frankel leitete die Aufnahmen zu → *Das Geheimnis der weißen Nonne* (1966).
Cyril Frankel entwickelte schon als Kind große Begeisterung für den Film. Trotzdem drängten ihn die Eltern zu einem »respektablen« Beruf. So entschloß er sich, Architekt zu werden. Doch als der Krieg begann, fand er sich als Jurastudent in Oxford wieder. Hier entwickelte er seine Sympathien für Musik, Oper und Ballett. Nach seiner Einberufung zum Militär diente er in Italien und Nordafrika und wurde jüngster Offizier der britischen Armee. Als er nach Kriegsende wenig Lust verspürte, in Deutschland als Besatzungsoffizier zu verkümmern, kam ihm der Zufall zu Hilfe: Er wurde »Promoter« – Manager, Intendant und Direktor in einer Person – und kümmerte sich um die Unterhaltung der britischen Armee ebenso wie um das geistige Wohl der deutschen Zivilbevölkerung. Er stellte in Berlin, Braunschweig und Hannover philharmonische Orchester auf die Beine, schloß Freundschaft mit dem Konzertgeiger Celibidache und der Ballettmeisterin Tatjana Gsovsky, nahm sich der Oper und des Balletts an und war sogar für den Zirkus zuständig. Seit dieser Zeit war er auch als viel gefragter Regisseur tätig.
Weitere Regiearbeiten (Auswahl): *Scheidungsgrund Liebe* (1960), *The Wiches* (1966), *Vollmacht zum Mord* (1975), *Eine Frau namens Harry* (1990).

FRANKREICH
Die Verfilmung von Wallace-Stoffen stieß westlich des Rheins nur auf begrenztes Interesse. Immerhin wurden zwei Wallace-Streifen gedreht: → *Le Jugement de minut* (1932) nach Wallace' berühmtestem Werk → *Der Hexer* und → *Quelqu'un à tué* (1933) nach dem Roman → *The Frightened Lady*. In Co-Produktion mit der deutschen → Rialto Film entstanden später die Filme → *Die Tür mit den 7 Schlössern* (1962), → *Der Zinker* (1963), → *Der schwarze Abt* (1963) und → *Zimmer 13* (1963).

FRANZ SCHNEIDER VERLAG
→ Verlage

FRAUEN
→ Erbinnen
Auch dem angeblich schwachen Geschlecht traute Wallace einiges zu, indem er wagemutige Akteurinnen schuf: Penelope Pitt reist allein von Kanada nach England und erlebt dabei haarsträubende Abenteuer (→ *Penelope of the »Polyantha«*). Joyce Steele, genannt »Quadrat-Jane«, ist eine kühne Einbrecherin (→ *Four Square Jane*). October Jones läßt sich an ihrem Hochzeitstag kidnappen und besteht an der Seite eines Landstreichers waghalsige Abenteuer (→ *The Nothing Tramp*). Auch bei Scotland Yard arbeitet eine Polizistin namens Leslie Maughan, die selbstsicher die Fälle löst. (→ *The Square Emerald*). Weitere Heldinnen sind Thalia Drummond in → *The Crimson Circle* oder Barbara Storr in → *Barbara On Her Own*. Neben den vorbildlichen stehen dämonisch-verbrecherische Frauenfiguren: Mrs. Groat in → *The Blue Hand* oder Miss Jean Briggerland in → *The Angel of Terror*.

FREDA, RICCARDO
* 24.02.1909 Alexandrien (Ägypten),
† 20.12.1999 Rom;
andere Namensform: Richard Freda
Freda war **Regisseur** des Films → *Das Gesicht im Dunkeln* (1969) und vorgesehen für das Projekt → *Der Engel des Schreckens*. Der Sohn neapolitanischer Eltern bediente vor allem die aktuellen Strömungen des publikumswirksamen Unterhaltungsfilms. Er hatte einen ausgeprägten Sinn für Pompöses und konnte daher seinen Werken, auch unter kommerziellen Gesichtspunken, seinen eigenen Stempel aufdrü-

cken. Sein Faible für das »reine« Kino versetzte Freda in die Lage, auch mit bescheidenem Budget und eng gestecktem Drehplan saubere Arbeiten abzuliefern. Er gilt zusammen mit Vittorio Cottafavi (1914–1998) als herausragender Regisseur des »Neomythologischen Films«, d.h. jener bombastischen, oft naiven »Historienschinken«, wie sie das italienische Kino in den 50er und 60er Jahren auf den Markt brachte. Sandalen und Muskeln, Missetäter und Athleten sowie attraktive weibliche Besetzungen waren Fredas Stereotypen. Häufig stellte der ehemalige Journalist, der sich auch als Bildhauer versucht hatte, historische Frauengestalten in den Mittelpunkt seiner Filme, z.B. in *Theodora, Kaiserin von Byzanz* (1954) oder *Ein zarter Hals für den Henker* (1956). Seine bevorzugte Hauptdarstellerin Gianna Maria Canale machte vor römischen Dekors eine ebenso gute Figur wie in Mantel- und-Degen-Sujets (*Der geheimnisvolle Chevaliere*, 1948; *Mönch und Musketier*, 1949). Ähnlich wie seine deutschen Kollegen → Reinl oder → Vohrer war Freda in vielen Genres zu Hause. Neben seinen historischen Dramen schuf er vor allem Horror- und Gruselfilme wie *Der Vampir von Notre Dame* (1956), *Caltiki, Rätsel des Grauens* (1959) und *L'orribile segreto del dottor Hichcock* (1962). Anfang der 70er Jahre zog er sich weitgehend aus dem Filmgeschäft zurück.

Weitere Filme (Auswahl): *Les Miserables* (1947), *Spartacus, der Rebell von Rom* (1952), *Brennpunkt Tanger* (1957), *Hadschi Murad – Unter der Knute des Zaren* (1959), *Maciste in der Gewalt des Tyrannen* (1961), *Maciste, der Rächer der Verdammten* (1962), *Liebe in Verona* (1964), *Frank Collins 999* (1966), *In der Glut des Mittags* (1970).

FREEMAN, CLARA (I)
† 1900
Adoptivmutter von Edgar Wallace. Die Ehefrau von → George Freeman hatte selbst zehn Kindern, u.a. → Clara, setzte sich aber trotzdem dafür ein, daß der kleine Edgar nicht auf der Straße landete. Ihr Motto lautete: Wo zehn Kinder satt werden, werden auch elf satt.

FREEMAN, CLARA (II)
(Lebensdaten unbekannt)
Eine der Töchter von → Clara und → George Freeman. Sie hielt immer zu Edgar Wallace und

rettete ihn aus mancher Verlegenheit. Sie heiratete den Milchmann → Harry Hanford, bei dem Edgar Wallace eine Stellung erhielt. Später – Harry hatte sie unter Mitnahme ihrer Ersparnisse verlassen – heiratete sie noch ein zweites Mal.

FREEMAN, GEORGE
† 1905
Ehemann von → Clara Freemann und Adoptivvater von Edgar Wallace. Von Beruf war er Lastenträger am Londoner Fischmarkt.

FREIE VERFILMUNGEN
Überraschend viele Edgar-Wallace-Filme haben kaum etwas mit den Originalwerken des Autors zu tun. Nach den Original-Verfilmungen der → Constantin-Ära (1959–64) wurden für die → Rialto-Produktionen ab 1965 gänzlich neue Geschichten erfunden. Selbst die unter Originaltiteln laufenden Rialto-Filme wie → *Die blaue Hand*, → *Das Gesicht im Dunkeln* oder → *Im Banne des Unheimlichen* haben mit den gleichnamigen Wallace-Romanen nichts mehr zu tun.

Clara Freeman (I)

Ein Vorbild hierfür sind die → Merton-Park-Produktionen (1960–65), bei denen die verwendeten Wallace-Geschichten grundlegend verändert wurden. Auch bei den im Auftrag von → RTL von Rialto Film produzierten → Fernsehfilmen der 90er Jahre handelt es sich um äußerst freie Wallace-Adaptionen.

FREITAG VERLAG
→ Verlage

FRESHMAN, WILLIAM
→ Drehbuchautoren und → Regisseure

FRIC, MARTIN
*29.03.1902 Prag, † 26.08.1968 Prag
Regisseur. Fric war Co-Regisseur von → *Der Zinker* (1931). Der Tscheche zählte zu den fleißigsten und erfolgreichsten Regisseuren Osteuropas. Mit 16 Jahren stand er bereits auf der Bühne, mit 19 Jahren kam er zum Film. Er lernte das Filmgeschäft von der Pike auf, schrieb Drehbücher, trat in verschiedenen Rollen auf und wurde später Regieassistent. 1928 debütierte er mit dem Film *Verbotene Liebe*. Nach dem Krieg hatte er in seiner Heimat keine politischen Probleme, so daß er bis zu seinem Tod produktiv bleiben konnte.

FRICKHÖFER, GERHARD
*21.11.1913 Tianjin (China),
† 17.07.1980 Berlin
Schauspieler. Frickhöfer war Darsteller des Portiers in → *Die Tote aus der Themse* (1971).
Der Kaufmannssohn besuchte in Bremen die Handelsschule und ließ sich anschließend zum Schauspieler ausbilden. An einem Bremer Theater sammelte er erste praktische Erfahrungen. 1935 ging er nach Gießen ans Stadttheater und erhielt mit der Rolle des Martin in dem Stück *Tageszeiten der Liebe* seine erste Rolle. Weitere Stationen waren Berlin (Deutsches Theater), Koblenz und Wiesbaden. Während seines Wehrdienstes spielte er an verschiedenen Fronttheatern. Nach dem Krieg ging er bis 1947 nach Baden-Baden, dann ließ er sich in Berlin nieder. Er begann am dortigen Metropol-Theater, arbeitete beim Rundfunksender Rias Berlin und als Synchronsprecher beim Film. Als Schauspieler debütierte er 1947, brachte es aber hier wie bei seinen Fernsehauftritten nur zu markanten Nebenrollen. Verheiratet war Frick-

höfer mit der Schauspielerin Irene Korb (1923–1978).
Weitere Filme (Auswahl): *Emil und die Detektive* (1954), *Liebe ist ja nur ein Märchen* (1955), *Der Czardas-König* (1958), *Schwarze Nylons – heiße Nächte* (1958), *Schwarzwälder Kirsch* (1958), *Alt Heidelberg* (1959), *Bobby Dodd greift ein* (1959), *Tausend Sterne leuchten* (1959), *Frau Irene Besser* (1960), *Der Jugendrichter* (1960), *Adieu, Lebewohl, Goodbye* (1961), *Mann im Schatten* (1961), *Die weiße Spinne* (1963), *Das Wirtshaus von Dartmoor* (1964), *Der Ölprinz* (1965), *Todesschüsse am Broadway* (1968), *Josefine – das liebestolle Kätzchen* (1969), *Percy Stuart* (TV, 1969), *Die fleißigen Bienen vom Fröhlichen Bock* (1970), *Ehemänner-Report* (1971), *Das verrückteste Auto der Welt* (1975).

FRIEDRICHSEN, UWE
* 27.05.1934 Hamburg
Deutscher Schauspieler. Er war der Darsteller des Sergeant Pepper in → *Der Gorilla von Soho* (1968), und die Stimme von Dick Gordon im Europa-Hörspiel → *Der Frosch mit der Maske*. Aufgewachsen in Kaltenkirchen und Altona, begann er 1952 eine Lehre als Import- und Exportkaufmann bei einer Hamburger Porzellanfirma. Ein Jahr später ging er als Schauspielschüler zum Hamburger »Theater 53«. Als ihn 1954 Gustaf Gründgens an das Deutsche Schauspielhaus holte, konnte er acht Jahre lang unterschiedlichste Rollen der Weltliteratur spielen. 1959 war er als Schüler in der Faust-Verfilmung von Gründgens zu sehen. Oskar Fritz Schuh verpflichtete ihn nach Gründgens' Tod für weitere vier Jahre ans Schauspielhaus. Ab 1966 gab er Gastspiele in Berlin. Er übernahm zahlreiche Filmrollen, auch beim Fernsehen. Herbert von Karajan entdeckte ihn für konzertante Rezitationen. Er trat in der Mailänder Scala ebenso auf wie in der Londoner Royal Albert Hall oder im Music Center Hollywood. Überdies war er tanzend, singend und spielend in verschiedenen Operetten zu sehen. Mit etlichen Theaterstücken ging er auf Tournee, so auch 1999 mit dem Wallace-Stück *Der Hexer*.
Weitere Filme (Auswahl): *Die Nacht vor der Premiere* (1959), *Unser Haus in Kamerun* (1961), *Maria Magdalene* (TV, 1963), *Der Chef wünscht keine Zeugen* (1964), *Die Cocktailparty* (TV,

Uwe Friedrichsen

1964), *John Klings Abenteuer* (TV, 1965), *Zug um Zug* (TV, 1967), *Ein Sarg für Mr. Holloway* (TV, 1968), *Rosy und der Herr aus Bonn* (1971), *Einer spinnt immer* (1971).

Interview-Zitat zu seiner Rolle als Sergeant Pepper in → *Der Gorilla von Soho*: → Ich liebe gute Rollen, und hier habe ich eine. Ein Glücksfall. ... Beim Film hat man kaum Möglichkeiten, das Publikum in die Hand zu bekommen so wie von der Bühne aus. Entweder es passiert, oder eben nicht. Die Mittel, die man für den Film ausnutzt, sind natürlich die gleichen wie die auf der Bühne oder im Fernsehen. Die Dosierung ist allerdings anders, und das einzuhalten ist wichtig. Als Pepper tut es sich leicht. Die Menschen zum Lachen zu bringen, ist die dankbarste Rolle der Welt – gerade wenn man wie im ›Gorilla von Soho‹ einem gefährlichen und unentbehrlichen Geschäft nachgeht.«

FRIESE-GREENE, CLAUDE

→ Kameramänner

FRIGHTENED LADY, THE (BUCH)

Kriminalroman. *Originalausgabe: Hodder & Stoughton, London 1932. Deutsche Erstveröffentlichung: Das indische Tuch. Übersetzung:* → *Hans Herdegen. Wilhelm Goldmann Verlag, Leipzig 1935. Neuübersetzung: Der Würger. Übersetzung: Edmund Thomas Kauer. Mundus Verlag, Wien 1948. Neuausgabe (Herdegen-Übersetzung): Wilhelm Goldmann Verlag, Mün-*chen *1956. Taschenbuchausgabe: Wilhelm Goldmann Verlag, München 1959 (= Goldmann Taschen-KRIMI 189). Weitere Taschenbuchauflagen im Wilhelm Goldmann Verlag: 1971, 1974, 1975, 1976, 1978, 1981, 1982. Jubiläumsausgabe im Wilhelm Goldmann Verlag: 1990, 2000 (= Band 38). Neuübersetzung: Renate Orth-Guttmann. Scherz Verlag, Bern, München, Wien 1984 (= Scherz Krimi 979). Neuauflage: 1985.*

Inhalt: Der altehrwürdige Herrensitz Marks Priory birgt düstere Geheimnisse. Hier leben Lady Lebanon, ihr Sohn Lord Willie und ihre Nichte Isla Crane, die als Sekretärin angestellt ist. Die Dienerschaft, der Chauffeur Studd und der Parkwächter Tilling mit seiner jungen Frau wohnen in den angrenzenden Gebäuden. Der zwielichtige Dr. Amersham geht im Herrensitz ein und aus. Eines Abends hört der Diener Briggs einen furchtbaren Schrei. Als er im Gebüsch den toten Chauffeur findet, flieht er, da er selbst die Taschen voller Falschgeld hat. Zur Aufklärung des Verbrechens schaltet sich Scotland Yard in Gestalt von Chefinspektor Tanner und Sergeant Totty ein. Durch ihre Ermittlungen werden die Geheimnisse des Herrensitzes aufgedeckt.

Anmerkungen: Der Roman erschien in den USA unter dem Titel *Mystery of the Frightened Lady* (Doubleday, New York 1932). Er wurde insgesamt sechsmal verfilmt, als Kinofilm zweimal 1932 unter den Titeln → *The Frightened Lady* und → *Quelqu'un à tué*, 1940 als → *The Case of the Frightened Lady* und 1963 unter dem Titel → *Das indische Tuch*, als Fernsehfilm 1938 und 1984 unter dem Titel → *The Case of the Frightened Lady*.

FRIGHTENED LADY, THE (FILM)
(Die furchtsame Lady)

Kinofilm. *England 1932. Produktion: Gainsborough/British Lion. Regie: Thomas Hayes Hunter. Buch: Bryan Edgar Wallace und Angus McPhail nach dem Roman The Frightened Lady von Edgar Wallace. Darsteller: Emilyn Williams (Lord Lebanon), Cathleen Nesbitt (Lady Lebanon), Norman McKinnell (Inspektor Tanner), Gordon Harker (Sergeant Totty), Cyril Raymond (Sergeant Ferraby), Belle Chrystall (Aisla Crane), D. A. Clarke-Smith (Dr. Amersham), Percy Parsons (Gilder), Finlay Currie (Brooks), Julian Royce (Kelver). Länge: 86 Minuten.*

Inhalt: Auf dem Landsitz der Familie Lebanon geschehen ungewöhnliche Morde, verübt mit indischen Halstüchern. Inspektor Tanner und sein Assistent Sergeant Totty ermitteln. Ihr Verdacht fällt auf den Hausarzt der Familie, Dr. Amersham. Als auch dieser ermordet aufgefunden wird, stellt Tanner dem wahren Mörder eine Falle.

Kritik zum Film: »Edgar Wallace war in seiner Weltanschauung essentiell britisch, und es bereitet Vergnügen, nun festzustellen, daß eine britische Filmgesellschaft sein Bühnenstück ›The Case of the Frightened Lady‹ für die Leinwand so gut interpretiert hat. Wenn seine Stücke oder Romane in Amerika adaptiert werden, hat man immer den Eindruck, daß ihr wesentlicher Charakter dabei verloren geht. Das Gegenteil ist hier der Fall. Jede einzelne Figur lebt. Hayes Hunter hält die Handlung in Schwung, daß man niemals durch endlose Dialoge total gelangweilt ist. Hayes Hunter verhindert mit Erfolg, daß der Film zu einem abfotografierten Bühnenstück verkommt. Die Spannungsmomente sind sehr sorgfältig aufgebaut und mit humoristischen Einlagen angereichert. Die meisten davon liefert Gordon Harter – diesmal nicht als Einbecher, sondern als ambitionierter Detektiv, der seiner lang anhaltenden Serie von Cockney-Darstellungen einen weiteren Erfolg hinzufügt. Emilys Williams spielt außergewöhnlich gut als geisteskranker Lord. ... Cathleen Nesbitt, auch vor der Kamera ganz zu Hause, ist würdevoll beeindruckend als seine Mutter, während Belle Chrystall eine charmante Heldin abgibt.« (Picturegoer, 1932)

Anmerkung: Dieser Film wurde in Deutschland nicht aufgeführt.

The Frightened Lady:
Belle Chrystall, Norman McKinnell

FRITSCH, THOMAS
→ Darsteller

FRÖBE, GERT
* 25.02.1913 Plauitz bei Zwickau,
† 05.09.1988 München;
eigentlicher Name: Karl-Gerhard Fröbe
Deutscher Schauspieler. Er verkörperte überzeugend den Abel Bellamy in → *Der grüne Bogenschütze* (1960/61).
Der Sohn eines Lederwarenhändlers spielte schon als Schüler Soloviolinе und verdiente sich im Rundfunk mit einem Tanzmusiktrio als Stehgeiger sein Taschengeld. Mit 14 war er nach ei-

Neuverfilmung von *The Frightened Lady* unter dem Titel → *The Case of the Frightened Lady*: Marius Goring, Penelope Dudley Ward

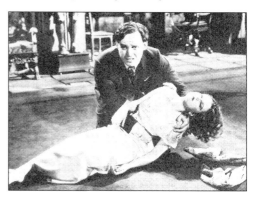

nem Unfall ein Jahr lang fast gelähmt. Lehre als Bühnenmaler am Staatstheater Dresden, Schauspielunterricht bei Erich Ponto, dem er 1936 nach Berlin folgte. Weitere Theaterstationen waren Wuppertal, Frankfurt/M. und Wien. In München gab er 1946 im Kabarett »Der bunte Würfel« Brecht, Ringelnatz und Morgenstern zum Besten. Eine seiner ersten Filmrollen, ein ausgemergelter Kriegsheimkehrer, der von Torten träumt (*Berliner Ballade*, 1948), machte ihn sofort bekannt. Anschließend Arbeit beim Zirkus und Varieté. Die Unfähigkeit des deutschen Nachkriegsfilms, ihn seinem Typ entsprechend einzusetzen, begründete eine internationale Filmkarriere, die in *Les heros sont fatigues* (*Die Helden sind müde*, 1955) einen ersten Höhepunkt fand. Danach schenkte ihm auch der heimische Film mehr Beachtung und gab ihm prägnante Rollen (z.B. in *Das Mädchen Rosemarie*, 1958), doch die zwielichtigen Schläger, Spediteure und Mörder kamen seiner differenzierten Darstellungskunst weniger entgegen als die subtilen Typen des französischen Films. Sein Talent als Erzkomödiant konnte er in der Burleske *Der Gauner und der liebe Gott* (1960) als Geldschränker Paule Wittkowski unter Beweis stellen. Fröbe war nun unter Regisseuren wie Käutner, Bergman, Staudte, Visconti oder Lang in anspruchsvolleren Rollen zu sehen. Ein erneuter Höhepunkt wurde seine Rolle als grinsendes Ungeheuer Auric im James-Bond-Film *Goldfinger* (1964), die ihn zum Superstar machte. Fröbe war fünfmal verheiratet. – Seinem Gert Fröbe kaufte das Publikum alle Rollen ab, er konnte stets überzeugen – sei es als Komiker, Killer oder Kommissar, er repräsentierte das Bild des typischen Deutschen im Weltkino. Der Grimasseur und Übermime war ein Komiker von valentineskem Format, er brillierte gleichermaßen als Mabuse, Hotzenplotz und Rasputin. – Auszeichnungen: Ernst-Lubitsch-Preis (1961), Karl-Valentin-Orden der Münchner Narhalla (1976), Filmband in Gold für langjähriges und hervorragendes Wirken im deutschen Film (1979), Bayerischer Filmpreis (1982). **Weitere Filme** (Auswahl): *Nach Regen scheint Sonne* (1949), *Salto Mortale* (1953), *Mannequin für Rio* (1954), *Das Kreuz am Jägersteig* (1954), *Das Forsthaus in Tirol* (1955), *Ein Herz schlägt für Erika* (1955), *Waldwinter* (1956), *Robinson soll nicht sterben* (1957), *Das Herz von St. Pauli* (1957), *Der tolle Bomberg* (1957),

Gert Fröbe 1961

Es geschah am hellichten Tag (1958), *Nasser Asphalt* (1958), *Wolgaschiffer* (1958), *Grabenplatz 17* (1958), *Das Mädchen mit den Katzenaugen* (1958), *Der Pauker* (1958), *Alt Heidelberg* (1959), *Am Tag, als der Regen kam* (1959), *Menschen im Hotel* (1959), *Der Schatz vom Toplitzsee* (1959), *Und ewig singen die Wälder* (1959), *Bis daß das Geld euch scheidet* (1960), *Soldatensender Calais* (1960), *Die 1000 Augen des Dr. Mabuse* (1960), *Auf Wiedersehen* (1961), *Via Mala* (1961), *Im Stahlnetz des Dr. Mabuse* (1961), *Die Dreigroschenoper* (1962), *Heute kündigt mir mein Mann* (1962), *Der längste Tag* (1962), *Das Testament des Dr. Mabuse* (1962), *Der Mörder* (1963), *Tonio Kröger* (1964), *Die tollkühnen Männer in ihren fliegenden Kisten* (1965), *Das Liebeskarussell* (1965), *Brennt Paris?* (1966), *Ganovenehre* (1966), *Ich tötete Rasputin* (1967), *Spion zwischen zwei Fronten* (1967), *Caroline Chérie: Schön wie die Sünde* (1967), *Tolldreiste Kerle in rasselnden Raketen* (1967), *Monte Carlo Rallye* (1969), *Tschitti Tschitti Bäng Bäng* (1968), *Ludwig II.* (1972), *Der Räuber Hotzenplotz* (1973), *Ein Unbekannter rechnet ab* (1974), *Mein Onkel Theodor* (1975), *Die Schuldigen mit den sauberen Händen* (1976), *Das Schlangenei* (1977), *Tod oder Freiheit* (1977), *Der Schimmelreiter* (1978), *Blutspur* (1979).

FROEN MED MASKEN
Dänischer Titel der Koproduktion → *Der Frosch mit der Maske.*

FROG, THE (FILM)
(Der Frosch)
Kinofilm. *England 1936. Produktion: Herbert Wilcox. Regie: Jack Raymond, David Grossman. Buch: Gerald Elliott und Ian Hay nach dem Roman The Fellowship of the Frog von Edgar Wallace. Kamera: Freddy Young. Darsteller: Gordon Harker (Sergeant Elk), Noah Beery (Joshua Broad), Esme Percy (Philo Johnson), Jack Hawkins (Captain Gordon), Felix Aylmer (John Bennett), Julien Mitchell (John Maitland), Richard Ainley (Ray Bennett), Carol Goodner (Lola Bassano), Vivian Gaye (Stella Bennett), Gordon McLeod (Chief Commissioner), Harold Franklyn (Hagen), Cyril Smith. Länge: 75 Minuten.*
Inhalt: In London treibt die glänzend organisierte Verbrecherbande der »Frösche« ihr Unwesen. Fast täglich machen sie in der Presse Schlagzeilen. Scotland-Yard-Inspektor Elk kann zwar mehrere Mitglieder der Bande verhaften, aber ihr Boß kann immer wieder entkommen. Auch Inspektor Genter muß sein Leben lassen, als er den Kopf der Bande überführen will. Spuren führen in das Haus des Geschäftsmannes Ezra Maitland, dessen Angestellte ebenso undurchsichtig sind wie ihr Chef. Da sind der junge Ray Bennett, seine Schwester Ella und der Buchhalter Johnson. Aber auch der Vater von Ray und Ella, der alte John Bennett, gibt Elk Rätsel auf. Erst mit Hilfe des Beamten der Staatsanwaltschaft Richard Gordon kann der Inspektor schließlich den Kopf der »Frösche« unschädlich machen.
Kritik zum Film: »Denjenigen, die Edgar-Wallace-Romane mögen, wird der Film gefallen. Er ist zu offensichtlich ein Thriller als daß er einen richtig packt.« (Monthly Film Bulletin, 4/1936)
Anmerkung: Dieser Film wurde in Deutschland nicht aufgeführt.

The Frog: **Gordon Harker, Carol Goodner, Richard Ainley und Bobbies**

FROG, THE

Theaterstück, basierend auf Wallace' Roman → *The Fellowship of the Frog* wurde April 1936 im Londoner Prince uraufgeführt.

FROSCH MIT DER MASKE, DER (BUCH)

→ THE FELLOWSHIP OF THE FROG

FROSCH MIT DER MASKE, DER (FILM)
(Froen Med Masken)

Kinofilm. *Bundesrepublik Deutschland, Dänemark 1959. Regie: Harald Reinl. Regieassistenz: Lothar Gündisch. Drehbuch: Trygve Larsen (d.i. Egon Eis) und Jochen-Joachim Bartsch nach dem Roman The Fellowship of the Frog von Edgar Wallace. Kamera: Ernst-Wilhelm Kalinke. Kameraassistenz: Kjeld Arnholtz, Erik Overbye, Christian Hartkopp. Schnitt: Margot Jahn. Schnittassistenz: Edith Schüssel. Ton: Knud Kristensen. Bauten: Erik Aaes, Walther Rasmussen. Masken: Josef Coesfeld, Aase Tarp. Musik: Willy Mattes. Lied: »Nachts im Nebel an der Themse« von Karl Bette. Text: Theo-Maria Werner, Johannes Billian. Kostüme: Charlotte Fleming. Garderobe: Richard Jörgensen, Edith Sörensen. Standfotos: Gabriele du Vinage. Presse: Theo-Maria Werner. Produktionsfirma: Rialto Film Preben Philipsen A/S, Kopenhagen für Constantin Film. Produzent: Preben Philipsen. Herstellungsleitung: Helmut Beck. Aufnahmeleitung: Werner Hedmann, Michel Hildesheim. Geschäftsführung: Leif Feilberg. Drehzeit: 24.04.–09.06.1959. Atelier: Palladium Atelier Kopenhagen/Hellerup. Außenaufnahmen: Ko-penhagen, London. Erstverleih: Constantin Film, München. Länge: 91 Minuten (2474 m). Format: 35 mm; s/w; 1:1.33. FSK: 20.08.1959 (20350); 16 nff; 28.08.1959. Uraufführung: 04.09.1959, Universum Stuttgart. TV-Erstsendung: 13.04.1974 ZDF. Darsteller: Siegfried Lowitz (Inspektor William Elk), Joachim Fuchsberger (Richard Gordon), Jochen Brockmann (Philo Johnson), Carl Lange (John Bennett), Walter Wilz (Ray Bennett), Eva Anthes (Ella Bennett), Dieter Eppler (Josua Broad), Erwin Strahl (Sergeant Balder), Eva Pflug (Lolita), Holger Munk (Sergeant Rubby), Fritz Rasp (Ezra Maitland), Michel Hildesheim (Mills), Reinhard Kolldehoff (Lew Brady), Werner Hedmann (Inspektor Genter), Ulrich Beiger (Everett), Charlotte Scheier-Herold (Lady Farnsworth), Olav Usin (Lord Farnsworth), Eddi Arent (James, Butler), Ernst-Fritz Fürbringer (Sir Archibald Morton), Carl Ottosen.*

Inhalt: Seit Jahren terrorisiert die »Frosch-Bande« London. Mit seinen Glimmeraugen wirkt der Chef der Bande furchterregend. Ohne Spuren zu hinterlassen, begeht er seine Überfälle; einziges Indiz ist das schwarze Zeichen des Frosches, das auch jedes Bandenmitglied auf dem Handgelenk trägt. Seit langem ist Inspektor Elk von Scotland Yard mit seinem Assistenten Balder hinter dem »Frosch« her. Ihnen zur Seite steht Richard Gordon, ein Neffe von Sir Archibald Morton, dem Chef von Scotland Yard. Erste Spuren führen zum Geschäft des Großindustriellen Maitland und zur Lolita-Bar in Soho. In mühevoller Kleinarbeit gelingt es ihnen

schließlich, dem »Frosch« die Maske vom Gesicht zu reißen.

Kritik zum Film: »Der deutsche Kriminalfilm, mit dem es nie weit her war, sicherte sich im Zeichen des unverwüstlichen Wallace einige Pluspunkte.« (Süddeutsche Zeitung, München) »Wie die Handlung es verlangt, hat Harald Reinl mit unterkühlter Spannung inszeniert. Düstere Effekte holt eine im Düsteren schwelgende Kamera. Trockenhart knallen die knappen Dialoge. Im gutgeführten Ensemble ragen Siegfried Lowitz und Fritz Rasp heraus.« (Filmblätter)

Zitate aus dem Film: Jedes Mal, wenn Richard Gordon etwas Besonderes ausführt, lobt ihn sein Butler James mit dem Ausspruch: »Gigantisch, Sir!« – Am Ende des Films sieht Butler James einen Frosch über die Straße hüpfen.

Der Frosch mit der Maske:
1. Eva Anthes • 2. Eva Anthes, Joachim Fuchsberger • 3. Walter Wilz, Jochen Brockmann, Carl Lange • 4. Siegfried Lowitz, Erwin Strahl • 5. Ernst Fritz Fürbringer, Siegfried Lowitz, Jochen Brockmann

Geistesgegenwärtig spricht er zu ihm: »Du, Frosch, sei friedlich! Deine Zeit ist um!« Als ob der Frosch seine Worte verstanden hätte, gehorcht er und hüpft in Richtung eines nahegelegenen Sees davon.

Anmerkung: Das »Nachts im Nebel an der Themse« sang bei der Aufnahme Eva Pflug. Bei der Synchronisation wurde es von einer (unbekannten) dänischen Sängerin geträllert.

Fazit: Temporeicher und spannungsgeladener Pilotfilm.

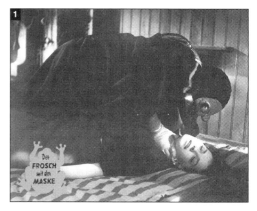

FROSCH MIT DER MASKE, DER (HÖRBUCH)
Erschienen 2003 bei Random House Audio GmbH, München, nach dem gleichnamigen Roman von Edgar Wallace. *Hörbuchfassung des gekürzten Romans (70 Minuten): Sven Stricker, Tanja Weimer. Regie und Produzent: Oliver Versch. Musik: Martin Böttcher. Erzähler: Peer Augustinski. Aufnahmen: AirPlay Studio (München), Günther Krusemark und Volker Gereth, Spotting Image Studios (Köln).*

FROSCH MIT DER MASKE, DER (HÖRSPIEL I)
→ Europa-Hörspielproduktion Nr. 2 nach dem gleichnamigen Roman von Edgar Wallace. *Buch: Frank Sky. Regie: Heikedine Körting. Titelmelodie: David Allen. Musik und Effekte: Bert Brac, Betty George. Künstlerische Gesamtleitung: Andreas Beurmann. Mit den Stimmen von Horst Naumann (Erzähler), Uwe Friedrichsen (Inspektor Dick Gordon), Wolfgang Kieling (Mr. Johnson, Privatsekretär), Paul Edwin Roth (John Bennett), Rebecca Völz (Miss Ella Bennett), Michael Harck (Ray Bennett), Wolfgang Völz (Sergeant Elk), Josef Dahmen (Mr. Ezra Maitland), Lothar Ziebel (Jew Brady), Jürgen*

Thormann (Gefängnisdirektor), Günther Flesch (Mr. Selinski), Martin Piontek (Carlo), Karl Heinz Hess (Inspektor Genter).

FROSCH MIT DER MASKE, DER (HÖRSPIEL II)
→ Maritim-Hörspiel Nr. 2 nach dem gleichnamigen Roman von Edgar Wallace. *Manuskript: George Chevalier. Musik: Alexander Ester. Ton: Peter Hertling. Produktion und Regie: Hans-Joachim Herwald. Mit den Stimmen von Manfred Krug (Joe Jenkins, Chefinspektor), Sascha Draeger (Nick), Alexandra Doerk (Nicky), Günther Lüdke (Inspektor Elford), Jochen Baumert (Balder, Polizeianwärter), Rainer Schmidt (Josua, Reporter), Jens Kersten (Bennett, Fotograf), Lothar Zibell (Maitland, Unternehmer), Konrad Halver (Johnson, Sekretär), Gaby Blum (Ella, Sekretärin).*

FSK
Freiwillige Selbstkontrolle der Filmwirtschaft. Dieses deutsche Filmkontrollorgan mit Sitz in Wiesbaden gibt die Kinofilme (heute auch Videofilme) mit Altersangabe zur Aufführung frei. Mehrere Skandale – z.B. um die Filme *Die*

Sünderin (1951), *Der Pfarrer von Kirchfeld* (1956), *Das Schweigen* (1963) oder *Oswalt Kolle – Zum Beispiel: Ehebruch* (1969) – überschatteten die über 50jährige Geschichte der nicht unumstrittenen Einrichtung. Filme, bei denen heute niemand mehr Anstoß nehmen würde, wurden oft rigide erst ab 12 (*Der Schatz im Silbersee*, 1962) oder 16 Jahren freigegeben (*Die Fischerin vom Bodensee*, 1956). Auch Edgar-Wallace-Filme hatten es mit der Freigabe schwer. Beim ersten Film der Serie, → *Der Frosch mit der Maske*, mußten für eine Freigabe ab 16 Jahren Auflagen erfüllt werden. Zu den Beanstandungen zählte: »Die Nahaufnahme der Oberschenkel der Lolita in Verbindung mit dem frivolen Text des Chansons ›Nachts im Nebel an der Themse, biet' ich dir das Paradies‹. Darf nicht gemeinsam für das Publikum gezeigt werden. Ohne den Text des Liedes würde das Bild nicht beanstandet; bzw. umgekehrt, während des Gesangs dürfen die Beine der Lolita nicht zu sehen sein.« Der übermächtige Einfluß der Kirche wird am Beispiel des Films → *Das Gasthaus an der Themse* deutlich. In der Beurteilung heißt es: »Der Film wird freigegeben zur öffentlichen Vorführung ab 18 (achtzehn) Jahren. Unter der Voraussetzung, daß die im folgenden unterstrichenen Worte (gesprochen von → Sir John) etwa im 61. Bild auf die Äußerung ›Ich glaube, wir haben ihn.‹ – ›Was heißt, ich glaube, wir sind doch nicht in der Kirche‹ entfernt oder geändert werden, wird der Film auch freigegeben ab 16 (sechzehn) Jah-

ren.« Der Film → *Zimmer 13* wurde ebenfalls ab 18 Jahren freigegeben, nicht etwa wegen einer Striptease-Szene, sondern mit folgender Begründung: »Das junge Mädchen (→ Karin Dor), selbst erschreckt und verfolgt, wird zur Hauptschuldigen. Dieser Bruch im Handlungsablauf, der im Gegensatz zu normalen Kriminalfilmen an den Schluß keine Lösung der Spannung, sondern einen besonders scheußlichen Effekt setzt, wirkt auf den jugendlichen Beschauer verwirrend und belastend.«

FUCHSBERGER, JOACHIM
* 11.03.1927 Stuttgart
Der **deutsche Schauspieler** war als Richard Gordon, Neffe von Sir Archibald Morton, Star des ersten Rialto-Wallace-Films → *Der Frosch mit der Maske* (1959). Um zu verhindern, daß bei einem Erfolg ein Konkurrenz-Unternehmen Fuchsberger für Kriminalfilme verpflichtete, erhielt der Schauspieler vom Constantin-Produktionschef Gerhard F. Hummel einen Vorausvertrag für sechs Wallace- bzw. Kriminalfilme. Tatsächlich spielte Fuchberger danach noch in zwölf weiteren Wallace-Filmen mit: Er war Inspektor Richard Long in → *Die Bande des Schreckens* (1960), Inspektor Larry Holt in → *Die toten Augen von London* (1961), ein Agent der Global Airways in → *Das Geheimnis der gelben Narzissen* (1961), Detektiv Mike Dorn in → *Die seltsame Gräfin* (1961), Inspektor John Wade in → *Das Gasthaus an der Themse* (1962), Clifford Lyne in → *Der Fluch der gel-*

Joachim Fuchsberger: 1. Portrait 1960 • 2. mit Ann Savo (links) und Karin Baal – Dreharbeiten *Die toten Augen von London* **(1961) • 3. mit Eva Ebner – Dreharbeiten** *Das Gasthaus an der Themse* **(1962)**

ben *Schlange* (1962/63), der Schloßverwalter Dick Alford in → *Der schwarze Abt* (1963), Privatdetektiv Jonny Gray in → *Zimmer 13* (1963), Inspektor Bryan Edgar Higgins in → *Der Hexer* (1964), → *Der Mönch mit der Peitsche* (1967) und → *Im Banne des Unheimlichen* (1968) sowie Inspektor Barth in → *Das Geheimnis der grünen Stecknadel* (1971).

Der Sohn eines Heidelberger Druckmaschinen-Fabrikanten wurde mit 14 Jahren als Flakhelfer eingezogen, mit 17 kam er als Fallschirmjäger an die Ostfront und geriet in russische Gefangenschaft. Im Rahmen eines Austauschs gelangte er in ein englisches Lager und wurde im August 1945 entlassen. Da die väterliche Fabrik zerstört worden war, begann Fuchsberger als Bergmann in Recklinghausen, wurde dann Spezialmonteur für Setzmaschinen, kaufmännischer Leiter der Chemigraphie eines deutschen Großverlages sowie Assistent der deutschen Bauausstellung 1949 Reporter im Studio Nürnberg und bald darauf Nachrichtensprecher beim Bayerischen Rundfunk in München. Die Wochenschau »Welt im Bild« verpflichtete ihn als Sprecher für die amerikanischen Fassungen ihrer Produktionen. Daneben begann Fuchsberger Chansontexte für seine erste Frau Gitta Lind (Heirat 1950) zu schreiben. Unter der Regie von Paul May gelang ihm mit dem Streifen *08/15* (1954) der Durchbruch als Filmschauspieler. Viele Leinwanderfolge folgten. Seine Beliebtheit wußte auch das Deutsche Fernsehen zu nutzen, das Fuchsberger für die Sendereihe *Nur nicht nervös werden* (1960) verpflichtete. 1972 war Fuchsberger Chefansager bei den Olympischen Spielen in München. Später trat er in zahlreichen TV-Shows auf, u.a. in *Spiel mit mir* (1975/76) und im Ratespiel *Auf los geht's los* (1977–86). Seit 1983 hatte er seinen zweiten Wohnsitz in Australien. Dort drehte er seine TV-Serie *Terra Australis* (1988). Von 1990–94 moderierte er das TV-Ratespiel *Ja oder nein*. Fuchsberger ist in zweiter Ehe mit der Schauspielerin Gundula Korte verheiratet (ein Sohn). – Fuchsberger sprang glatt und unkompliziert, ohne grüblerische Tiefe, durch seine frühen Filme als jugendlicher Liebhaber, Soldat, Inspektor. Später wurde er der Pfundskerl mit dem gepflegten Äußeren, der charmante, früh ergraute Pfeifenraucher und Gentleman der Nation, der seine Weltanschauung wie ein teures Parfüm zur Schau stellt. – Über die Herkunft seines Kosenamens »Blacky« gibt es verschiedene Theorien; er wird sowohl auf seine schwarze Haarpracht als auch auf seine Vorliebe für die Whiskey-Sorte Black and White zurückgeführt. – Auszeichnungen: Goldener Bildschirm, TV Hören und Sehen (1961), Goldener Bambi (1969), Bayerischer Verdienstorden (1979), Verdienstkreuz l. Klasse der Bundesrepublik Deutschland (1987).

Weitere Filme: *Der letzte Mann* (1955), *08/15 – Zweiter Teil* (1955), *Symphonie in Gold* (1955), *08/15 in der Heimat* (1955), *Das Lied von Kaprun* (1956), *Lumpazivagabundus* (1956), *Smaragden-Geschichte* (TV, 1956), *Va-*

Joachim Fuchsberger: 1. Mit Karin Dor – Dreharbeiten *Zimmer 13* (1963) • 2. Mit Uschi Glas – Dreharbeiten *Der Mönch mit der Peitsche* (1967) • 3. Portrait 1968

ter macht Karriere (1956), *Wenn Poldi ins Manöver zieht* (1956), *Die Zwillinge vom Zillertal* (1957), *Kleiner Mann – ganz groß* (1957), *Das Lied von Neapel* (1957), *Eva küßt nur Direktoren* (1957), *Hafenmelodie* (1957), *Illusionen* (TV, 1957), *Die grünen Teufel von Monte Cassino* (1958), *Liebe kann wie Gift sein* (1958), *Mein Schatz ist aus Tirol* (1958), *Das Mädchen mit den Katzenaugen* (1958), *U47 – Kapitänleutnant Prien* (1958), *Die feuerrote Baronesse* (1959), *Mein Schatz, komm mit ans blaue Meer* (1959), *Endstation Rote Laterne* (1960), *Die zornigen jungen Männer* (1960), *Auf Wiedersehen* (1961), *Zu viele Köche* (TV, 1961), *Der Teppich des Grauens* (1962), *Mystery Submarine* (1963), *Die weiße Spinne* (1963), *Ich, Dr. Fu Man Chu* (1965), *Der letzte Mohikaner* (1965), *Hotel der toten Gäste* (1965), *Lange Beine – lange Finger* (1966), *Wer kennt Jonny R.?* (1966), *Siebzehn Jahr, blondes Haar* (1966), *Bel Ami 2000* (1966), *Mister Dynamit – Morgen küßt Euch der Tod* (1967), *Feuer frei auf Frankie* (1967), *Der Tod läuft hinterher* (TV, 1967), *Himmelfahrtskommando El Alamein* (1968), *Schreie in der Nacht* (1968), *Hotel Royal* (TV, 1969), *Sieben Tage Frist* (1969), *11 Uhr 20* (TV, 1970), *Heißer Sand* (TV, 1970), *Ein Käfer gibt Vollgas* (1972), *Das Mädchen von Hongkong* (1973), *Das fliegende Klassenzimmer* (1973), *Gefundenes Fressen* (1977).

Interview-Zitate: Anläßlich der Fernsehaufführung der Wallace-Filme erzählte Fuchsberger: »Eine herrliche, eine verrückte Zeit war das damals. Wir drehten am laufenden Band. Wie viele Wallace-Filme ich insgesamt gemacht habe, weiß ich nicht mehr. 20? Oder 30? Vom ersten Drehtag bis zur Premiere haben wir nie mehr als zehn Wochen gebraucht. Allerdings haben wir Schauspieler bei diesem Tempo oft Kopf und Kragen riskiert. Da war eine Prügelszene. Ich sollte über den Tisch fliegen und gegen die Wand knallen. Die Wand war zwar aus Pappe, aber mit dicken Nägeln befestigt. Prompt blieb ich mit dem Bein in einem zehn Zentimeter langen Stahlstift hängen ... Eine Keilerei im Wald. Da knallte ich mit der Hüfte so heftig auf eine Baumwurzel, daß ich fast gelähmt wurde. Ein wahrer Alptraum – die Szene, in der ich wieder mal einer gefesselten Schönen zu Hilfe eilen sollte. Unterm Teppich eine Falle, ein fünf Meter tiefer Schacht. Als ich unten ankam, blieb mir fast das Herz stehen. Denn da sah ich, daß

Joachim Fuchsberger: 1. *Der schwarze Abt* **(1963)** • **2. Dreharbeiten** *Der Frosch mit der Maske* **(1959)**

ringsum aus den Wänden des Schachts 20 Zentimeter lange, spitze Eisenstäbe staken, die vorher offenbar niemand bemerkt hatte. Fast hätten die mich von oben bis unten aufgeschlitzt.« – »Warum haben Sie sich auf solche halsbrecherischen Kunststücke überhaupt eingelassen« – »Na ja, viele dieser Action-Szenen wurden ja nur meinetwegen eingebaut. Jeder wußte, daß ich den schwarzen Judo-Gürtel hatte und sportlich topfit war. Der Blacky, hieß es, der macht das schon. Und so war es ja auch. Nur ein einziges Mal hatte ich ein Double. Der arme Mann wäre dabei fast ums Leben gekommen ...« – »Was ist passiert?« – »Ich sollte bei einer Szene von einer hohen Leiter auf einen Schreibtisch fallen. Der echte Schreibtisch – ein schweres Eichenmöbel – sollte gegen eine Pappattrappe ausgetauscht werden. Keiner ahnte, daß mein Stuntman für diese Szene in Wirklichkeit ein Berliner Taxifahrer war, der sich mal flink 150 Mark nebenbei verdienen wollte. Der kletterte also auf die Leiter, fiel und – knallte mit voller Wucht auf den Schreibtisch. Aber den echten! Man hatte vergessen, ihn auszutauschen. Der arme Mann mußte schwerverletzt ins Krankenhaus. Was die Sicherheit betraf, waren wir wohl ziemlich unprofessionell. Solche Pannen merkt das Publikum aber nicht.« – »Worin sehen Sie das Erfolgsgeheimnis der Wallace-Krimis?« – »Ich glaube, das liegt an dieser tollen Mischung aus Spannung und Spaß. Man kann zittern, und man kann lachen – die perfekte Unterhaltung.« – »Warum haben Sie dann Mitte der 60er Jahre die Rolle als Wallace-Star an den Nagel gehängt?« – »Aus zwei Gründen. Einmal war das Strickmuster der Story immer das gleiche, ebenso glichen sich die Dialoge. Das hat mich nicht mehr befriedigt. Zweiter Grund: Immer wieder habe ich versucht, die Produktionsleitung zu überzeugen, daß man mit etwas mehr Sorgfalt, Aufwand und Ausstattung aus diesen deutschen Krimi-Erfolgen internationale Kino-Hits à la James Bond machen könnte. Vergeblich! Man scheute das finanzielle Risiko.« – »Aber beim Staraufgebot wurde nicht gegeizt!« – »Da machte alles mit, was gut und teuer war – die Flickenschildt, Borsche, Lowitz, Gisela Uhlen, Kinski ... Wir waren eine richtige eingeschworene Wallace-Familie.« – »Nicht zu vergessen die Frau, die Sie am häufigsten aus den Klauen des Schurken retten durfte: Karin Dor?« – »Sie war die Schönste von allen!« (Hör

Joachim Fuchsberger mit Elfie von Kalckreuth – Dreharbeiten *Der Frosch mit der Maske* (1959)

Zu). Zu Fuchsbergers Rolle in → *Das Geheimnis der grünen Stecknadel*: »Noch vor sechs Monaten haben Sie verkündet, Sie würden nie mehr in einem Wallace-Krimi spielen.« – »Stimmt! Ich hatte tatsächlich von Edgar Wallace die Nase voll. ... Ich wollte nicht als ›Kommissar vom Dienst‹ verheizt werden, wie es auch ... anderen Schauspielern passiert ist, die zu lange ein und dieselbe Rolle spielten.« – »Und warum haben Sie plötzlich ihre Meinung geändert?« – »Weil dies keiner der üblichen Wallace-Krimis ist! Der Inspektor, der diesmal nicht Higgins, sondern Barth heißt, arbeitet mit völlig anderen Mitteln als seine Vorgänger. Als ich das Drehbuch las, fiel mir auf, daß dieser Inspektor ein Mann der Gewaltlosigkeit ist, für den die ungeschriebene Dienstvorschrift zu gelten scheint: Schießen, Prügeln – streng verboten. ›Das Geheimnis der grünen Stecknadel‹ ist ein psychologischer Krimi. Und zwar einer, der den Kino-Besuchern eine Gänsehaut nach der anderen über den Rücken laufen läßt. Das Spiel ist gut, ich bin mit meiner Rolle und meinen Partnern Karin Baal, Fabio Testi und Claudia Butenuth zufrieden. Außerdem hörte ich eine Menge von Regisseur Massimo Dallamano, dessen Film ›Venus im Pelz‹ ich gesehen habe. Warum hätte ich das Angebot nicht annehmen sollen?«

FUGLSANG, FREDERIK
*12.12.1887 Vandrup, Dänemark,
† 02.04.1954 Berlin
Kameramann. Fuglsang fotografierte den Wallace-Film → *Der rote Kreis* (1929). In seiner dänische Heimat durchlief Fuglsang eine fotografische Ausbildung und erhielt 1911 eine Anstellung bei der Kopenhagener Filmproduktionsfirma Nordisk. Bereits nach zwei Jahren wurde er dort Chefkameramann, meist beim Filmregiepionier Lau Lauritzen. 1915 ging er nach Berlin und arbeitete dort mit Paul Wegener zusammen. Nach Einführung des Tonfilms inszenierte er überwiegend Kurzfilme bzw. Kurzdokumentarfilme. Nach dem Zweiten Weltkrieg drehte er wissenschaftliche Filme und arbeitete bis zu seinem Tod im Gebiet der Farbfilmtechnik für die DEFA.
Weitere Filme (Auswahl): *Hans Trutz im Schlaraffenland* (1917), *Der Galeerensträfling* (1919), *Die Weber* (1927), *Thérèse Raquin* (1928), *Die Heilige und ihr Narr* (1928), *Der*

Hund von Baskerville (1929), *Peter der Matrose* (1929), *Vererbte Triebe* (1929), *Leutnant warst Du einst bei deinen Husaren* (1930), *Elisabeth von Österreich* (1931), *Gloria* (1931), *Grock* (1931).

FÜHLER, ARMAS STEN
→ Darsteller

FÜNFZEHN JAHRE BEI DEN KANNIBALEN IN ZENTRAL-AFRIKA
→ Sanders of the River

FUNK, HEINZ
*18.05.1915 Hennef/Sieg
Komponist. Funk schuf die Musik zu den Wallace-Filmen → *Die Bande des Schreckens* (1960), → *Der grüne Bogenschütze* (1960/61) und → *Die toten Augen von London* (1961). Nach einem Studium an der Städtischen Musikschule Trossingen wurde Funk Akkordeon-Lehrer. Danach Musikschule in Hamburg und Komponistenstudium bei Walter Girnatis. Er schrieb viele Musiken für das Fernsehen, z.B. für *Stahlnetz* (TV, 1960–62), *Gestatten mein Name ist Cox* (TV, 1961), *Hafenpolizei* (TV, 1962), *Polizeifunk ruft* (TV, 1965), *Die Gentlemen bitten zur Kasse* (TV, 1966), *Wegen Reichtum geschlossen* (1968), *Otto und die nackte Welle* (1968).

FÜRBRINGER, ERNST FRITZ
* 27.07.1900 Braunschweig,
† 30.10.1988 München
Deutscher Schauspieler. Er verkörperte den ersten → Chef von Scotland Yard, Sir Archibald Morton, in den Wallace-Filmen → *Der Frosch mit der Maske* (1959), → *Der rote Kreis* (1959) und → *Die Bande des Schreckens* (1960). In → *Die Gruft mit dem Rätselschloß* (1964) lief zur Gegenseite über und spielte den Gangsterboß Connor. Der Sohn eines Sanitätsrates ging nach dem Gymnasium als Fähnrich zur See. Nach einer landwirtschaftlichen Lehre wurde er Gutsinspektor in Ostpreußen, anschließend Kaufmann in Hamburg. Dort nahm er 1924/25 Schauspielunterricht und debütierte in Grillparzers *Des Meeres und der Liebe Wellen*. 1925–35 gehörte er den Hamburger Kammerspielen an. Sein Filmdebüt gab er 1935 in Hans Zerletts Varietefilm *Truxa*, an der Seite von La Jana. Im selben Jahr wurde er Mitglied des En-

sembles des Bayerischen Staatsschauspiels in München. 1942 nahm ihn die Bavaria unter Filmvertrag. Seitdem trat er jährlich (bis 1969) in mindestens zwei Filmen auf, spielte weiterhin Theater (München, Berlin, Frankfurt, Zürich) und synchronisierte u.a. Gregory Peck und Vittorio de Sica. Seit den Anfängen des Fernsehens spielte er auch dort in rund 140 Produktionen mit. An der Otto-Falckenberg-Schule in München gab er sein großes schauspielerisches Wissen als Lehrbeauftragter weiter. Fürbringer war seit 1932 mit Lizzi Rademacher verheiratet (drei Kinder). – Große, knorrige Figuren waren sein Fach, aber er spielte sie elegant, mit nordischer Unterkühltheit und dem nötigen Hauch von Arroganz. So beeindruckten seine Reeder, Generäle, Untersuchungsbeamte, Kapläne. Seine hohe, unbeugsame Gestalt kam auch in Heldenrollen zur Geltung. Besonders überzeugend waren die von ihm verkörperten kriminellen Figuren.

Weitere Filme (Auswahl): *Der Herr vom andern Stern* (1948), *Die Reise nach Marrakesch* (1949), *Ein Mann geht durch die Wand* (1959), *Nachts, wenn der Teufel kam* (1957), *Robinson soll nicht sterben* (1957), *Der Pauker* (1958), *Tim Frazer* (TV, 1963), *Die zwölf Geschworenen* (TV, 1963), *Lausbubengeschichten* (1964), *Die Tote von Beverly Hills* (1964), *Vorsicht Mr. Dodd!* (1964), *Brennt Paris?* (1966), *Kommissar X – In den Klauen des goldenen Drachen* (1966), *Der Tod läuft hinterher* (TV, 1967), *Ludwig auf Freiersfüßen* (1969), *Kommissar X jagt die roten Tiger* (1971), *Wer stirbt schon gerne unter Palmen* (1976).

FURCH, JANNE
* 06.05.1922 Kiel,
† 28.03.1992 *(ohne Angabe)*
Deutsche Schriftstellerin. Sie lieferte das Drehbuch für → *Der Fluch der gelben Schlange* (1962/63). Nach dem Gymnasium besuchte Furch die Schauspielschule und studierte Theaterwissenschaft. Sie wurde Darstellerin und Autorin für Bühne und Kabarett.
Weitere Filmdrehbücher: *Geliebtes Fräulein Doktor* (1954), *Musik im Blut* (1955), *Der Adler vom Velsatal* (1956), *Der Fremdenführer von Lissabon* (1956), *Einmal eine große Dame sein* (1957), *Die große Chance* (1957), *Die Winzerin von Langenlois* (1957), *Dreizehn alte Esel* (1958), *Der Czardas-König* (1958), *Zwei Her-*

Janne Furch

zen im Mai (1958), *Gräfin Mariza* (1958), *Kein Mann zum Heiraten* (1959), *Wenn das mein großer Bruder wüßte* (1959), *Im weißen Rößl* (1960), *Schön ist die Liebe am Königssee* (1960), *Robert und Bertram* (1961), *Immer Ärger mit dem Bett* (1961), *Mariandl* (1961), *Saison in Salzburg* (1961), *Cafe Oriental* (1962), *Frauenarzt Dr. Sibelius* (1962), *Die Försterchristel* (1962), *Die lustige Witwe* (1962), *Mariandls Heimkehr* (1962), *Der Musterknabe* (1963), *Heirate mich, Chérie* (1964), *Ein Frauenarzt klagt an* (1964), *... und so was muß um acht ins Bett* (1964), *Klein Erna auf dem Jungfernstieg* (1969).

FUX, HERBERT
* 25.03.1927 Hallein (Österreich)
Österreichischer Schauspieler. Er verkörperte überzeugend Mr. Sugar in → *Der Gorilla von Soho* (1968). Ehe Fux 1962 mit dem Film *Der Mann im Schatten* ein größeres Publikum gewann, spielte er in seiner österreichischen Heimat Theater. Nach vielen Jahren als Schauspieler widmete er sich auch der Politik.
Weitere Filme (Auswahl): *Geständnis einer Sechzehnjährigen* (1960), *Waldrausch* (1962), *Julia, du bist zauberhaft* (1962), *Mariandls Heimkehr* (1962), *Der Unsichtbare* (1963), *Verdammt zur Sünde* (1964), *Die Geißel des*

Herbert Fux

Fleisches (1965), *Finale in Berlin* (1966), *Wilder Reiter GmbH* (1966), *Das Haus der tausend Freuden* (1967), *Geheimnisse in goldenen Nylons* (1967), *Kommissar X – Drei grüne Hunde* (1967), *Die Abenteuer des Kardinal Braun* (1967), *Engel der Sünde* (1968), *Todesschüsse am Broadway* (1968), *Die Engel von St. Pauli* (1969), *Die Folterkammer des Dr. Fu Man Chu* (1969), *Schwarzer Nerz auf zarter Haut* (1969), *Die Herren mit der weißen Weste* (1969), *Hexen bis aufs Blut gequält* (1970), *Tante Trude aus Buxtehude* (1971), *Das Messer* (TV, 1971), *Die rote Sonne der Rache* (1972), *Trubel um Trixie* (1972), *Undine 74* (1973), *Die verlorene Ehre der Katharina Blum* (1975), *Ich denk', mich tritt ein Pferd* (1975), *Rosemaries Tochter* (1976), *Die Elixiere des Teufels* (1976), *Jack the Ripper* (1976), *Frauenstation* (1976), *Das chinesische Wunder* (1977), *Drei Schwedinnen in Oberbayern* (1977), *Popcorn und Himbeereis* (1978), *Agenten kennen keine Tränen* (1978), *Woyzeck* (1979), *Himmel, Scheich und Wolkenbruch* (1979), *Zwei Däninnen in Lederhosen* (1979), *Zärtlich, aber frech wie Oskar* (1980), *Egon Schiele – Exzesse* (1981), *Ein dicker Hund* (1982), *Sigi, der Straßenfeger* (1984), *Big Mäc* (1985), *Zärtliche Chaoten* (1987), *Asterix & Obelix gegen Caesar* (1999).

Interview-Zitat zu seiner Rolle in → *Der Gorilla von Soho* »Mit Film kann man doch heute alles erreichen. Spritzige Unterhaltung. Oder spritzige Kritik. Beides muß sein. Wenn wir die Gesellschaftsordnung verändern und verbessern wollen, dann muß sich der Film sogar einschalten. Und da mache ich gerne mit. Was soll ich heute spielen? Liebhaber? Oder einen Komiker? Ich fühle mich wohl. Ich finde es schön, wenn mich Leute auf der Straße erkennen und sagen: ›Huh, da kommt der Fux.‹ Dann nicke ich ihnen zu.«

G

GAFFNEY, MAJORIE
→ Drehbuchautoren

GAINSBOROUGH PICTURES

Britische Filmfirma. Gegründet 1924 von →
Michael Balcon und dem Regisseur Graham
Cutts. Gleichzeitig kauften sie das ehemalige
Famous Players-Lasky Studio in Islington.
Cutts blieb zunächst der wichtigste Regisseur
der Firma, bis Balcon die Fähigkeiten des Assistenten Alfred Hitchcock erkannte und ihn als
Regisseur engagierte. 1928 wurde das Unternehmen mit → Gaumont-British fusioniert,
produzierte aber unabhängig unter Balcons Leitung weiter, u.a. auch Wallace-Filme (teilweise
in Co-Produktion mit → British Lion): → *The
Man They Could Not Arrest* (1931), → *Old Bones Of The River* (1938), → *The Calendar*
(1948). Das Studio hatte als Markenzeichen einen ovalen Bilderrahmen, aus dem sich eine lä-
chelnde Dame vorbeugt, die Thomas Gainsbo-
roughs Gemälde »Porträt der Mrs. Siddon ent-
lehnt« war. 1941 ging Gainsborough Pictures
an die Rank Organisation über.
Weitere Filme (Auswahl): *The Passionate Adventure* (1924), *The Blackguard* (1925), *The
Lodger* (1926), *The Prude's Fall* (1926), *Easy
Virtue* (1927), *Downhill* (1927), *The Man in
Grey* (1943), *Fanny by Gaslight* (1944), *The Seventh Veil* (1945), *The Wicked Lady* (1946),
Christopher Columbus (1949).

GALBO, CHRISTINE
→ Darsteller

GALLOWAY, LINDSAY
→ Drehbuchautoren

GAME FOR THREE LOSERS
(Spiel für drei Verlierer)

Kinofilm. *England 1965. Verleih: Warner-Pat-
hé/Anglo Amalgamated. Produktion: Merton
Park. Produzent: Jack Greenwood. Regie: Ger-
ry O'Hara. Drehbuch: Roger Marshall frei nach
Edgar Wallace. Kamera: Jimmy Wilson. Schnitt:
Derek Holding. Bauten: Peter Mullins. Musik:
Bernard Ebbinghouse. Ton: Brian Blamy. Dar-
steller: Michael Gough (Robert Hilary), Mark
Eden (Oliver Marchant), Toby Robins (Frances
Challinor), Rachel Gurny (Adele), Allan Cuth-
bertson (Garsden), Al Mulock (Nick), Roger
Hammond (Peter Fletcher), Lockwood West
(Justice Tree), Mark Dignam (Attorney General),
Catherine Willmer (Miss Stewart), Anne Pichon
(Miss Fawcett), Kenneth Benda (Bryce), Leslie
Sarony (Harley), David Lander (Burton), Da-
vid Browning (Casey), Frank Forsyth (Jimmy),
Tony Palmer (Jackie), Donald Tandy (Conyers),
Colin Douglas (Superintendent Manton), Peter
Bennett (Watkins). Länge: 55 Minuten.*
Inhalt: Robert Hilary, ein erfolgreicher Geschäftsmann und Politiker, stellt eine neue Sekretärin ein, die attraktive Frances, die er im
Büro spontan küßt. Als er sie bei anderer Gelegenheit zum Abendessen einlädt und anschließend mit ihr in ihre Wohnung geht, um einige
wichtige Arbeiten zu beenden, vermeidet er jede Aufdringlichkeit und verabschiedet sich
früh. Am nächsten Morgen wundert er sich, daß
Frances nicht im Büro ist. Statt dessen wird er
von ihrem »Bruder« besucht, der ihn der Ver-
gewaltigung von Frances beschuldigt und ihn
damit erpressen will. Um einen Skandal zu vermeiden, geht Hilary zunächst darauf ein, zeigt
jedoch später, auf Anraten seines Anwalts, Oliver an. Die Polizei ist diskret, und man findet
die nötigen Beweise gegen Oliver. Oliver und
Frances weisen jedoch alle Schuld von sich, so
daß es zu einem Prozeß in Old Bailey kommt.
Man hofft, daß das Verfahren unter Ausschluß
der Öffentlichkeit stattfindet, aber der Richter
stimmt dem nicht zu. Die Verteidigung untergräbt Hilarys Position und läßt es so aussehen,
als habe Hilary seine Sekretärin verführt. Auf

der Anklagebank wähnt sich Oliver als Sieger, während Hilary erkennt, daß seine Karriere auf jeden Fall beendet ist. Olivers Triumph währt allerdings nur kurze Zeit; er wird zu sieben Jahren Gefängnis verurteilt. Frances wird freigesprochen, doch macht sie dieser Ausgang nicht glücklich.

Kritik zum Film: »Obwohl dieser Film in mancher Hinsicht ein gutes Beispiel für Merton Parks Bemühungen ist, aus dem klassischen Krimidrama mehr als langweilige Routine zu machen, sind viele seiner Effekte falsch berechnet. Gedreht auf eine Art und Weise, die vermutlich der knappen Art Simenons entsprechen soll, scheint er statt dessen voll von unnötigen Auslassungen zu sein, die den glatten Lauf der Geschichte stören.« (Monthly Film Bulletin, 7/1965)

Anmerkung: Dieser Film wurde in Deutschland nicht aufgeführt.

GANGSTER IN LONDON
→ WHEN THE GANGS CAME TO LONDON

GANZ EUROPA ZUM TROTZ
→ CAPTAIN TATHAM OF TATHAM ISLAND

GARDNER, CYRIL
→ Drehbuchautoren

GARVIE, ELIZABETH
→ Darsteller

GASTAUFTRITTE
→ Gaststars

GASTHAUS AN DER THEMSE, DAS (BUCH)
→ THE INDIA RUBBER MEN

GASTHAUS AN DER THEMSE, DAS (FILM)
Kinofilm. *Bundesrepublik Deutschland 1962. Regie: Alfred Vohrer. Regieassistenz: Eva Ebner. Script: Liselotte Christ. Drehbuch: Trygve Larsen (d.i. Egon Eis), Harald G. Petersson unter Mitarbeit von Piet ter Ulen nach dem Roman The India-Rubber Men von Edgar Wallace. Ka-*

mera: Karl Löb. Kameraassistenz: Karl-Heinz Linke, Ernst Zahrt. Schnitt: Carl-Otto Bartning. Schnittassistenz: Susanne Paschen. Ton: Werner Schlagge. Bauten: Mathias Matthies, Ellen Schmidt. Oberbeleuchter: Werner Krohn. Requisiten: Harry Freude, Wilhelm Schaumann. Masken: Walter und Gerda Wegener. Musik: Martin Böttcher. Lied (»Besonders in der Nacht«): Text: Ute Just. Gesang: Elisabeth Flickenschildt. Kostüme: Ilse Fehling. Garderobe: Hermann Beecken, Ellen Heuer. Standfotos: Lilo Winterstein, Leo Weisse. Presse: Hans-Joachim Wehling. Produktion: Rialto Film Preben Philipsen Filmproduktion und Filmvertrieb GmbH, Hamburg. Produzenten: Preben Philipsen, Horst Wendlandt. Produktionsleitung: Fritz Klotzsch. Produktionsassistent: Leif Feilberg. Aufnahmeleitung: Peter Homfeld, Lothar Mäder. Geschäftsführung: Erich Schütze. Produktionssekretärin: Editha Busch. Drehzeit: 06.06.–11.07.1962. Atelier: Real Film Studio Hamburg-Wandsbek. Außenaufnahmen: Hamburg. Erst-Verleih: Constantin Film, München. Länge: 92 Minuten (2526 m). Format: 35 mm; s/w; 1:1.66 – Titelvorspann in Farbe. FSK: 21.08.1962 (28722); 16 nff; 29.08.1962. Uraufführung: 28.09.1962, UFA Pavillon Berlin (West). TV-Erstsendung: 18.01.1969 Deutsches Fernsehen. Darsteller: Joachim Fuchsberger (Inspektor Wade), Brigitte Grothum (Leila Smith), Richard Münch (Dr. Collins), Elisabeth Flickenschildt (Mrs. Oaks), Klaus Kinski (Gregor Gubanow), Eddi Arent (Barnaby), Jan Hendriks (Roger Lane), Heinz Engelmann (Mr. Brown), Rudolf Fenner (Big Willy), Hela Gruel (Anna Smith), Hans Paetsch (Rechtsanwalt), Manfred Greve (Sergeant Frank), Gertrud Prey (Arzthelferin), Friedrich Georg Beckhaus (Betrunkener Matrose), R. Möller (Clerk), Frank Straass (Donovan), Siegfried Schürenberg (Sir John).

Inhalt: Ein unbekannter Mann im Taucheranzug, der »Hai« genannt, bedroht London. Er stellt Scotland Yard vor immer neue Rätsel. Mehrfach entkommt er mit wertvollem Schmuck. Stets ragt aus dem Rücken seiner Opfer eine Harpune. Inspektor Wade von der Wasserpolizei ist überzeugt, daß der Mörder unter Wasser entkommt. Immer wieder beobachtet Wade das Gelände, das Gasthaus an der Themse, die Bootsstege am Fluß, den Hafen. Er verkleidet sich als Kellner, um im Lokal »Lancaster« Spuren zu entdecken. Mosaikstein für Mosaikstein trägt er zusammen. Besonderes Interesse zeigt Wade an den verdächtigen Gestalten im Themse-Gasthaus: Schmuggler, Einbrecher, Hehler. Nachdem der »Hai« das fünfte und sechste Opfer harpuniert hat, spitzen sich die Ereignisse zu: Der Gangster hat eine junge Frau entführt, muß sie jedoch zurücklassen, da der Inspektor ihm dicht auf den Fersen ist. Harpune und Revolverkugeln verfehlen nur um Haaresbreite ihr Ziel. Noch ein letztes Mal kann der »Hai« untertauchen, ehe er zu jedermanns Verblüffung enttarnt wird.

Kritik zum Film: »Die Jagd nach dem ›Hai‹ über und unter Wasser wird immer aufregender, bis

Das Gasthaus an der Themse: 1. Siegfried Schürenberg, Joachim Fuchsberger u.a. • 2. Filmszene • 3. Joachim Fuchsberger, Klaus Kinski, Elisabeth Flickenschildt, Rudolf Fenner • 4. Jan Hendriks, Heinz Engelmann, Elisabeth Flickenschildt • 5. Brigitte Grothum, Joachim Fuchsberger • 6. Klaus Kinski, Elisabeth Flickenschildt • 7. Brigitte Grothum • 8. Brigitte Grothum, Georg Beckhaus u.a.

Das Gasthaus an der Themse: 1. Rudolf Fenner • 2. Joachim Fuchsberger • 3. Richard Münch, Gertrud Prey (rechts) • 4. Joachim Fuchsberger, Eddi Arent • 5. Joachim Fuchsberger, Eddi Arent • 6. Heinz Engelmann, Brigitte Grothum

Edgar Wallace
Das Gasthaus an der Themse

Edgar Wallace
Das Gasthaus an der Themse

Edgar Wallace
Das Gasthaus an der Themse

Edgar Wallace
Das Gasthaus an der Themse

Edgar Wallace
Das Gasthaus an der Themse

239

er von Inspektor Wade endlich zur Strecke gebracht wird. Joachim Fuchsberger ist der nie verzweifelnde Inspektor mit großartiger Kombinationsgabe. Die Regie von Alfred Vohrer hat das zwielichtige Geschehen ausgezeichnet eingefangen.« (Düsseldorfer Nachrichten, 20.10. 1962) »Edgar Wallace erweist sich wieder einmal als ausgezeichneter Stofflieferant, vielleicht der beste überhaupt der Gattung Krimi. Alfred Vohrer beweist als Regisseur Sinn für Spannung und sogar in mancher Hinsicht Humor. Freilich hatte er Darsteller zur Verfügung, die ihr Handwerk bis ins letzte beherrschen.« (Rheinische Post, Düsseldorf, 20.10.1962)

Fazit: Ein Wallace, bei dem es an nichts fehlt.

GASTHAUS AN DER THEMSE, DAS
(HÖRBUCH I)

Erschienen 2002 bei CD-Talking Books, München, nach dem gleichnamigen Roman von Edgar Wallace. *Hörbuchfassung und Regie: Günther Krusemark. Erzähler: Jochen Striebeck. Produktion: AirPlay Studio, München. Der Roman wird ungekürzt in 158 Minuten erzählt.*

GASTHAUS AN DER THEMSE, DAS
(HÖRBUCH II)

Erschienen 2003 bei Random House Audio GmbH, München, nach dem gleichnamigen Roman von Edgar Wallace. *Hörbuchfassung des gekürzten Romans (70 Minuten): Sven Stricker, Tanja Weimer. Regie und Produzent: Oliver Versch. Musik: Martin Böttcher. Erzähler: Peer Augustinski. Aufnahmen: AirPlay Studio (München), Günther Krusemark und Volker Gereth, Spotting Image Studios (Köln).*

GASTHAUS AN DER THEMSE, DAS
(HÖRSPIEL I)

→ Europa-Hörspielproduktion Nr. 1 nach dem gleichnamigen Roman von Edgar Wallace.
Buch: Frank Sky. Regie: Heikedine Körting. Titelmelodie: David Allen. Musik und Effekte: Bert Brac, Betty George. Künstlerische Gesamtleitung: Andreas Beurmann. Mit den Stimmen von Horst Naumann (Erzähler), Horst Frank (Inspektor Wade), Rainer Schmitt (Sergeant Toller), Angela Schmid (Anna), Werner Strecker (Hauptkommissar), Wolf Worthmann (Bank-Direktor), Marion Martienzen (Lila), Henry Kielmann (Inspektor Elk), Brigitte Kollecker (Dienstmädchen), Jo Wegener (Mrs. Molly Oaks), Ferdinand Dux (Mr. Golly Oaks), F. J. Steffens (Henry), Hans Paetsch (Mr. Bruder, Anwalt), Horst Stark (Lord Siniford).

GASTHAUS AN DER THEMSE, DAS
(HÖRSPIEL II)
→ Maritim-Hörspiel Nr. 7 nach dem gleichnamigen Roman von Edgar Wallace. *Manuskript: George Chevalier. Musik: Alexander Ester. Ton: Peter Hertling. Produktion und Regie: Hans-Joachim Herwald. Mit den Stimmen von Henry Kielmann (Chefinspektor Bliss), Manoel Ponto (Inspektor Mander), Renate Pichler (Molly Oaks), Lothar Zibell (Golly Oaks), Manfred Schermutzki (Schnüffel), Barbara Fenner (Lila), Lothar Grützner (Aikness), Rolf Jülich (Raggit Lane), Rolf Jahncke (Chin), sowie Lutz Schnell, Jens Kersten, Lars Daniel, Frank Straass.*

GASTONI, LISA
→ Darsteller

GASTSTARS
Viele Schauspieler, die ganz unabhängig von Edgar Wallace zu Filmruhm gekommen waren, wurden zur Steigerung des Renommees auch für Wallace-Produktionen engagiert. Vor allem der Produzent → Harry Alan Tower engagierte sich dafür, um seine Filme international vermarkten zu können. Zu den bekanntesten Verpflichtungen gehören: → Dieter Borsche (in → *Die toten Augen von London* und → *Der schwarze Abt*); → Bob Cummings (in → *Die Pagode zum fünften Schrecken*); → Lil Dagover (in → *Die seltsame Gräfin*); → Rupert Davies (in → *Die Pagode zum fünften Schrecken*); → René Deltgen (in → *Der Hexer* und → *Neues vom Hexer*); → Dan Dureya (in → *Die Pagode zum fünften Schrecken*); → Gert Fröbe (in → *Der grüne Bogenschütze*); → Stewart Granger (in → *Das Geheimnis der weißen Nonne*); → Marianne Hoppe (in → *Die seltsame Gräfin*); → Brigitte Horney (in → *Neues vom Hexer* und → *Das Geheimnis der weißen Nonne*); → Wolfgang Kieling (in → *Im Banne des Unheimlichen*); → Marianne Koch (in → *Todestrommeln am großen Fluß* und → *Sanders und das Schiff des Todes*); → Christopher Lee (in → *Das Geheimnis der gelben Narzissen*, → *Das Rätsel der roten Orchidee*, → *Das Rätsel des silbernen Dreieck* und → *Die Pagode zum fünften Schrecken*); → Albert Lieven (in → *Das Geheimnis der gelben Narzissen*, → *Das Verrätertor*, → *Der Gorilla von Soho* und → *Todestrommeln am großen Fluß*); → Robert Morley (in → *Das Geheimnis der weißen Nonne*); →

George Raft (in → *Die Pagode zum fünften Schrecken*); → Dale Robertson (in → *Sanders und das Schiff des Todes*); → James Robertson-Justice (in der englischen Fassung von → *Das Geheimnis der weißen Nonne* [*The Trygon Factor*]); → Barbara Rütting (in → *Der Zinker* und → *Neues vom Hexer*): → Hans Söhnker (in → *Der Hund von Blackwood Castle*); → Richard Todd (in → *Todestrommeln am großen Fluß* und → *Sanders und das Schiff des Todes*); → Gisela Uhlen (in → *Die Tür mit den sieben Schlössern*, → *Das indische Tuch* und → *Der Bucklige von Soho*).

GATES, HARVEY
→ Drehbuchautoren

GAUMONT BRITISH
Britische Filmproduktion. Die französische Filmfirma Gaumont gründete 1898 durch A. C. Bromhead und T. A. Welsh eine Niederlassung in London. 1922 wurde die Muttergesellschaft ausbezahlt und die britische Firma selbständig. 1927 wurde zusätzlich die Gaumont-British Picture Corporation gegründet. Sie produzierte u.a. auch Wallace-Filme: → *Pallard The Punter* (1919), → *The Green Terror* (1919), → *Angel Esquire* (1919), → *Strangers on a Honeymoon* (1936).

GAUNT STRANGER, THE (BUCH)
Kriminalroman. *Originalausgabe: Hodder & Stoughton, London 1925. Deutsche Erstveröffentlichung: Der Hexer. Übersetzung: Gisela Stege. Scherz Verlag. Bern, München, Wien 1983 (= Scherz Krimi 897).*
Inhalt: Der Gentleman-Verbrecher Henry Arthur Milton bedroht die feine Londoner Gesellschaft. Der Anwalt Lewis Meister hat es umgekehrt auf die Londoner Unterwelt abgesehen und ist dafür verantwortlich, daß Milton verurteilt wird. Dieser schwört Rache gegen Meister. Dieses Vorhaben gelingt Milton, doch wird er, um nicht noch einmal ins Gefängnis gehen zu müssen, von seiner Frau Cora Ann erschossen.
Anmerkungen: 1926 schrieb Wallace diesen Roman erst zum Theaterstück → *The Ringer*, dann zum gleichnamigen Roman um. – Der Titel *The Gaunt Stranger* wurde 1938 für eine Verfilmung von → *The Ringer* verwendet.

GAUNT STRANGER, THE (FILM)
(Der hagere Fremde)

Kinofilm. *England 1938. Produktion: Ealing/ Northwood/Capad. Produzent: Michael Balcon. Regie: Walter Forde. Buch: Sidney Gilliat nach dem Roman The Ringer von Edgar Wallace. Kamera: Ronald Neame. Bauten: O. F. Werndorff. Schnitt: Charles Saunders. Darsteller: Sonnie Hale, Peter Croft, Alexander Knox, Wilfred Lawson, Louise Henry, John Longden, George Merritt, Patricia Roc, Patrick Barr, Charles Eaton, Arthur Hambling. Länge: 74 Minuten.*

Inhalt: Der unheimliche Mr. Meister ist ein Schuft und eine Gefahr für alle Damen, von denen er schon einige in den Tod trieb. Zu diesen Frauen gehört auch Gwenda Milton, die Schwester von Henry Milton, genannt »der Hexer«. Dies wird Meister zum Verhängnis. Der Hexer sendet ihm zunächst Blumen, dann tötet er ihn im Beisein von Scotland Yard. Zwar wird der Hexer nach der Tat verhaftet, doch nur vorübergehend. Er kann entkommen und somit weiter für Scotland Yard arbeiten.

Kritik zum Film: »Hier gibt es zwar beträchtlich mehr Dialoge als ›Action‹, aber die Regie ist so kompetent, die Charakterzeichnung so gut und der Höhepunkt so geschickt und spannend inszeniert, daß der größere Teil der ereignisreichen Geschichte spannungsgeladene Unterhaltung gewährleistet. Alles in allem ist das

The Gaunt Stranger:
George Merritt, Sonnie Hale, Patrick Barr u.a.

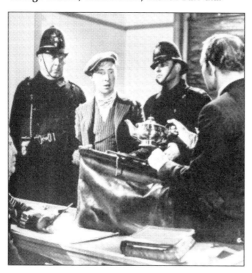

guter Edgar Wallace, und es muß daran erinnert werden, daß der Name des Autors einer ist, der Wunder wirkt.« (Cinematograph Weekly, 4/1939) »Ein Edgar-Wallace-Thriller, in dem jeder ein Verdächtiger ist. Eine Auszeichnung geht an die Aufnahmen und die Leute, die diese möglich gemacht haben. Es ist ein guter Film, eine fähige Regie, gut gespielt, er ist also sein Celluloid wert.« (Monthly Film Bulletin, 31.01.1939)

Anmerkung: Dieser Film wurde in Deutschland nicht aufgeführt.

GEBOGENE KERZE, DIE
→ THE CLUE OF THE TWISTED CANDLE

GEDENKSTÄTTEN
→ Edgar-Wallace-Pub; → Gedenktafel; → Grabmal

GEDENKTAFEL
Eine Gedenktafel für Wallace steht am Londoner Ludgate Circus, nahe → Fleet Street, mit folgendem Text: »Edgar Wallace. Reporter. Ge-

boren in London 1875. Gestorben in Hollywood 1932. Gründungsmitglied der Company of Newspaper Maker. Er lernte Reichtum und Armut kennen, er verkehrte mit Königen und blieb sich doch selbst treu. Seine Talente widmete er der Literatur, doch sein Herz gehörte der Fleet Street.«

GEDICHTE
Für → Rudyard Kipling schrieb Wallace 1898 in Südafrika ein Willkommensgedicht. Umfangreiche Gedichtsammlungen sind → *The Mission that Failed* und → *Writ in Barrecks*. Wallace' Gedichte sind bisher nicht in deutscher Übersetzung erschienen.

GEFÄNGNIS
In seinen Werken hat Wallace viele Figuren ins Gefängnis gebracht. Dies ist nicht ganz ohne autobiographischen Hintergrund: Er selbst mußte während seiner Militärzeit ins Gefängnis, weil er bei einem Ausflug in ein Londoner Theater die Zeit vergaß und mit großer Verspätung in die Kaserne zurückkam. Hier wurde er von der Militärpolizei festgenommen und zu 96 Stunden verschärftem Arrest verurteilt. Nachdem er zwei Tage unmenschlichen Exerzierens hinter sich hatte, war Wallace so erschöpft, daß sich der Gefängnisgeistliche für ihn einsetzte. So konnte Wallace die beiden restlichen Tage mit Wergzupfen in der Zelle verbringen.

GEFIEDERTE SCHLANGE, DIE
→ THE FEATHERED SERPENT

GEHEIMAGENT NUMMER SECHS
→ NUMBER SIX

GEHEIMBUND DES FROSCHES, DER
→ The Fellowship of the Frog

GEHEIME MÄCHTE
→ CAPTAINS OF SOULS

GEHEIMNIS DER GELBEN NARZISSEN, DAS (BUCH)
→ THE DAFFODIL MYSTERY.

GEHEIMNIS DER GELBEN NARZISSEN, DAS
(FILM)
(The Devils Daffodil)

Kinofilm. Großbritannien/Bundesrepublik Deutschland 1961. Regie: Akos von Rathony. Regieassistenz: André Farsch, Tom Pevsner. Script: Kay Mander. Drehbuch: Basil Dawson unter Mitarbeit von Donald Taylor nach dem Roman The Daffodil Mystery von Edgar Wallace. Deutsche Dialoge: Horst Wendlandt und Gerhard F. Hummel nach einem Originaldrehbuch von Trygve Larsen (d.i. Egon Eis). Kamera: Desmond Dickinson. Kameraassistenz: Harry Gillam, Ronny Fox-Rogers. Schnitt: Peter Taylor. Schnittassistenz: Gitta Blumenthal. Ton: Bert Ross, Robert Jones. Bauten: William Hutchinson, Jim Sawyer. Bühnenmeister: G. Gibbons. Musik: Keith Papworth. Lied (»Bei mir ist alles Natur«) Text: Ute Kuntze-Just, Gesang: Ingrid van Bergen. Choreographie: Patricia Kirschner. Kostüme: Laura Nightingale, Ron Beck. Masken: Stewart Freebourne, Dick Mills. Frisuren: Ane Box. Aufnahmeleitung: Philipp Shipway. Standfotos: Lothar Winkler, Bob Penn. Presse: Hans-Joachim Wehling. Geschäftsfüh-rung: Leif Feilberg (für Rialto), Terry Parr (für Omnia). Kassierer: Rex Mitchell. Produktionssekretär: Bob Roberts. Produktionssekretärin: Angela Cockil. Produktionsleitung: Steven Pallas, Donald Taylor. Produzenten: Steven Pallas, Donald Taylor, Co-Produzenten: Preben Philipsen, Horst Wendlandt. Drehzeit: April–Mai 1961. Atelier: Shepperton Filmstudios Midlessex/Großbritannien. Außenaufnahmen: London. Produktion: Omnia Pictures Ltd., London, unter Mitarbeit von Rialto Film Preben Philipsen Filmproduktion und Filmvertrieb GmbH, Hamburg. Erst-Verleih: Prisma-Filmverleih, Frankfurt/M. Länge: 94 Minuten (2575 m). Format: 35 mm; s/w; 1:1.66 – Titelvorspann in Farbe. FSK: 13.07.1961 (25731); ab 16 nff. Uraufführung: 20.07.1961. TV-Erstsendung: 22.05.1981 ZDF. Darsteller: Joachim Fuchsberger/engl. Version: William Lucas (Jack Tarling), Sabina Sesselmann/engl. Version: Penelope Horner (Anne Rider), Klaus Kinski/engl. Version: Colin Jeavons (Peter Keene), Christopher Lee (Ling Chu), Albert Lieven (Raymond Lyne), Ingrid van Bergen (Gloria), Jan Hendriks (Charles), Marius Goring (Oliver Milbourgh), Peter Illing

(Jan Putek), Walter Gotell (Oberinspektor Whiteside), Dawn Beret (Katya), Bettine Le Beau (Trudi), Cambell Singer (Sir Archibald), Edwina Carroll (Chinesenmädchen), David Broomfield (Inspektor), Peter Swannick (Polizist), Peter Zander (Sicherheitsbeamter), John Herrington (Senior Customs Officer), John Watson (Junior Customs Officer), Alan Casley (Flughafenangestellter), Irene Prador (Maisie), Charles Brody (Polizist Clerk), Anthony Sheppard (Sergeant), Martin Lyder (Max), Nancy Nevinson (Schlampige Frau), Frederick Bartmann (Detektiv), Michael Collins (Osborne), Thomas Gallagher (Landpolizist), Grace Denbeigh-Russell (Mrs. Rider), Pamela Conway (Mädchen im Auto), John Blythe (Mann am Spielautomat), Piers Keelan (Musikbegleiter), Lance Parcival (Gendarme), Gundel Sargent (Mann an der Rezeption).

Inhalt: Ein Gewalttäter versetzt die Millionenstadt London in Angst und Schrecken. Das einzige, was der wahnsinnige Täter hinterläßt, sind gelbe Narzissen, mit denen er seine Opfer schmückt. Inspektor Whiteside wird mit der

Das Geheimnis der gelben Narzissen: 1. u. 2. Bettine Le Beau und Partner • 3. Sabina Sesselmann • 4. Sabina Sesselmann, Joachim Fuchsberger

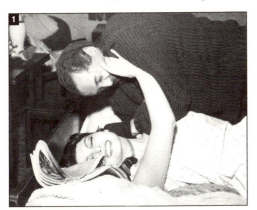
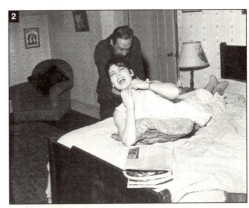

Klärung des Falles beauftragt. Ihm zur Seite stehen Jack Tarling, der Sicherheitschef der Global Airways, und sein Mitarbeiter Ling Chu. Erste Spuren führen zu der Ex- und Import-Firma von Raymond Lyne, dessen Personalchef Baker ebenfalls umkommt, sowie in das Nachtlokal Cosmos-Club, in dem alle Opfer gearbeitet haben. Unter merkwürdigen Umständen können Whiteside, Tarling und Ling Chu den wahnsinnigen Mörder schließlich dingfest machen. **Kritik zum Film:** »Spätestens, wenn man den Toten aus der Themse zieht, wird sich der Wallace-Freund zurechtsetzen und auf eine von des Meisters fehlerlos kombinierten Geschichte gespannt sein. Und er wird nicht enttäuscht.« (Stadtanzeiger Köln, 22.07.1961)

Das Geheimnis der gelben Narzissen: **1. Sabina Sesselmann, Klaus Kinski • 2. Marius Goring, Sabina Sesselmann • 3. Marius Goring, Joachim Fuchsberger • 4. Joachim Fuchsberger • 5. Klaus Kinski, Albert Lieven • 6. Klaus Kinski, Christopher Lee, Walter Gotell**

Das Geheimnis der gelben Narzissen: 1. Klaus Kinski, Joachim Fuchsberger • 2. Nancy Nevinson, Christopher Lee

Zitate aus dem Film: Jack Tarling und Ling Chu sehen am Ufer zu, wie Polizisten die Leiche von Baker aus der Themse fischen. Ling Chu: »Es gibt ein altes chinesisches Sprichwort: Kein Strandgut ohne Treibgut.« – Tarling: »Alt? Das hast du gerade erfunden.« – Ling Chu: »Natürlich. Es ist die Hauptbeschäftigung der Chinesen, alte chinesische Wörter zu erfinden.« – »Weißt du, wer das ist?«, fragt Tarling. Ling Chu antwortet: »Nein, aber wer er war.« – Während des Films bringt Ling Chu weitere Sprichwörter an den Mann, u.a.: »Die sicherste Stelle für ein Sandkorn ist der Seestrand.« – »Der kluge Mann trägt eine Waffe, nur der Narr drückt ab.« – »Nur der Tod kann das Geschwätz des Narren auslöschen.«

Anmerkungen: Ursprünglich waren für diesen Film Jürgen Roland als Regisseur und Heinz Drache und Elke Sommer (statt Joachim Fuchsberger und Sabina Sesselmann) als Hauptdarsteller vorgesehen.

Wußten Sie, daß sich → Klaus Kinski während der Dreharbeiten zu diesem Film in London verliebte und sich dort für die Dauer von zunächst sieben Jahren eine Wohnung mietete?

Fazit: Ein perfekter Wallace – ihm fehlt es an nichts.

GEHEIMNIS DER GELBEN NARZISSEN, DAS
(HÖRSPIEL I)

→ Europa-Hörspielproduktion Nr. 10 nach dem gleichnamigen Roman von Edgar Wallace. *Buch: Frank Sky. Regie: Heikedine Körting. Titelmelodie: David Allen. Musik und Effekte: Bert Brac, Betty George. Künstlerische Gesamtleitung: Andreas Beurmann. Mit den Stimmen* von Horst Naumann (Erzähler), Pinkas Braun (Jack Oliver Tarling), Harald Pages (Ling Chu), Balduin Baas (Sam Stay), Rolf Marwitzky (Thornton Lyne), Hans Daniel (Mr. Milburgh), Karin Eckhold (Miss Odette Rider), Gisela Trowe (Mrs. Rider), Hannes Messemer (Oberinspektor Creswell), Volker Brandt (Inspektor Whiteside), Joachim Wichmann (Dr. Saunders).

GEHEIMNIS DER GELBEN NARZISSEN, DAS
(HÖRSPIEL II)

→ Maritim-Hörspiel Nr. 9 nach dem gleichnamigen Roman von Edgar Wallace. *Manuskript: Ludger Billerbeck. Musik: Alexander Ester. Ton: Peter Hertling. Produktion: Hans-Joachim Herwald. Regie: Michael Weckler und Hans-Joachim Herwald. Mit den Stimmen von Rolf Jülich (Captain Jim Stone), Pia Werfel (Odette Rider), Lothar Zibell (Mr. Lyne), Peter von Schultz (Mr. Milburg), Günther Dockerill (Mr. Cresswell), Volker Bogdan (Ling Chu), Joachim Richert (Sam Stay), Matthias Grimm (Sergeant), Uschi Sieg (Mrs. Rider), Jens Kersten (Zentrale), Gottfried Kramer (Arzt).*

GEHEIMNIS DER GRÜNEN STECKNADEL, DAS (FILM I)

Titel eines nicht realisierten → Rialto-Wallace-Projektes, das 1969 vorbereitet wurde; geplanter Starttermin: 14.11.1969. *Regie: Harald Reinl. Buch: Herbert Reinecker. Darsteller: Günther Schramm, Karin Hübner, Fritz Wepper, Stefan Behrens, Christiane Krüger, Ingrid Back* und Siegfried Schürenberg (Sir John).

Anmerkung: Das Drehbuch von → Herbert Reinecker wurde bis heute nicht verfilmt.

GEHEIMNIS DER GRÜNEN STECKNADEL, DAS (FILM II)

(Cosa Avette Fatto a Solange?)

Kinofilm. *Bundesrepublik Deutschland/Italien 1971. Regie: Massimo Dallamano. Regieassistenz: Vera Pscarol. Script: John Gayford. Drehbuch: Peter M. Thouet, Bruno di Geronimo, Massimo Dallamano nach dem Roman The Clue of the New Pin von Edgar Wallace. Kamera: Aristide Massaccesi. Kameraassistenz: Clauco Morosini, Oddo Bernardini. Schnitt: Clarissa Ambach, Antonio Siciliano. Schnittassistenz: Lucia Melis. Ton: Peter Rudis, Ugo Celani, Hans-Dieter Schwarz. Musik: Ennio Morricone. Kostüme: Elisa Gut. Masken: Stefano Trani. Bauten: Mario Ambrosini, Gastone Carsetti. Oberbeleuchter: Antonio d'Angeli. Aufnahmeleitung: Giuliano Principato, Rudolf Hertzog jr. Standfotos: Schwartz Baldi. Produktionsleitung: Wolfgang Fritsche, Enrico Melonari. Produktionsassistent: Francesco Venier. Produktion: Rialto Film Preben Philipsen GmbH & Co. KG, Berlin (West), Clodio Cinematografica S.P.A. und Italien International Film S.R.L., Rom. Produzenten: Preben Philipsen, Horst Wendlandt. Drehzeit: 13.09.–01.11.1971. Ate-lier: Rom. Außenaufnahmen: London und Rom. Erst-Verleih: Constantin Film, München. Länge: 96 Minuten (2633 m). Format: 35 mm; Techniscope. Farbe (Eastmancolor). Deutsche Synchronbearbeitung: Reinhold Brandes. FSK: 02.03.1972 (44468); 16 nff. Uraufführung: 09.03.1972, Passage Kino Saarbrücken. TV-Erstsendung: 16.05.1985 PKS. Darsteller:* Joachim Fuchsberger (Inspektor Barth), Karin Baal (Herta), Fabio Testi (Henry), Günther Stoll (Professor Bascombe), Christine Galbo (Elisabeth), Claudia Butenuth (Brenda), Rainer Penkert (Schuldirektor), Camille Keaton (Solange), Mario Mariani (Reverend Weber), Franco Venier (Gustoole), Pilar Castel (Janet), Giovanna di Bernardo (Helene), John Gayford (Kane), Emilia Wolkowich (Ruth Holden), Daniel Micheletti (Mr. Bryant), Enrico Melonari (Medico Legale), Peppe Gatti (Falso Prete), A. Lessandrini (Colonel), Carboni (Griggs-Ometti), Joe D'Amato (Polizist/Reporter), Maria Monti, Antonia Anelli, Vittorio Fanfoni, Anthony Vernon.

Inhalt: Am Ufer der Themse wird eine College-Schülerin in Gegenwart ihres Lehrers, mit dem sie ein Liebesverhältnis hat, Augenzeugin mysteriöser Vorgänge. Die Polizei konstatiert die

bestialische Ermordung einer Kameradin des jungen Mädchens. Erst als ein weiteres Opfer aus dem gleichen College den Tod findet, offenbart sich die junge Frau, die ihren Geliebten vor falschem Verdacht bewahren will, den Behörden: Der Täter müsse ein schwarzgewandeter Priester sein. Der Täter schlägt erneut zu; seine nächsten Opfer werden die College-Absolventin und eine Abtreiberin. Für Scotland Yard lichtet sich das Dunkel, als der leitende Inspektor einer Mädchen-Clique auf die Spur kommt, die Sexpartys veranstaltet und eine Schwangere aus ihrer Mitte zum illegalen Eingriff überredet hatte. Die Abtreibung löste bei der Halbwüchsigen einen solchen Schock aus, daß sie für immer in geistiger Umnachtung leben muß. Diese grausame Gewißheit brachte einen Verzweifelten auf den Gedanken, sich an allen Mitverantwortlichen zu rächen.

Kritiken zum Film: »Das Unbehagliche an diesem hart inszenierten Krimi ist dessen Vermischung mit spekulativem Sex.« (Filmecho Wiesbaden, 19/1972) »Passabel konstruiert.« (Berliner Zeitung, März 1972)

Anmerkung: Bei der Besetzung der Rollen gab man sich bei dieser Produktion größte Mühe. So waren für die Rolle der Herta neben Karin Baal noch Ruth-Maria Kubitschek, Karin Schaake, Monika Peitsch, Doris Kunstmann, Erika Pluhar, Ingeborg Schönherr, Karin Dor, Brigitte Grothum und Hannelore Elsner in die engere Wahl gekommen. Auch für die andere Rollen hatte man Alternativen: Susanne Uhlen als Brenda, Walter Buschhoff als Schuldirektor, Fritz Tillmann als Professor Bawcombe. Als Regisseur für diesen Film wäre Harald Reinl die erste Wahl gewesen.

Wußten Sie, daß → Claudia Butenuth während der Dreharbeiten von den Italienern kurzerhand in Claudia Bond umgetauft wurde?

Fazit: Wallace ohne Nebel, aber mit garantierter Spannung.

GEHEIMNIS DER PELARGONIE, DAS

Kriminalfilm. Österreich/Italien 1994. GHP Film Villach/SAS. Regie: Georg H. Pagitz. Buch: Georg H. Pagitz frei nach Edgar Wallace. Kamera: Mario Oberstraß. Schnitt: Georg Hans. Darsteller: Georg Sabinn, Stefan Santer. Arbeitstitel: L'enigma della pelargonia.

Inhalt: Der Pelargonienmörder hat wieder zugeschlagen. Er erpreßt seine Opfer – wer nicht

zahlt, wird aus dem Weg geräumt. Am Tatort hinterläßt er stets eine rote Pelargonie. Scotland Yard kommt in dem Fall nicht voran, und so beginnt der Freund eines Opfers zu ermitteln. Er findet heraus, daß der Pelargonienmörder ein Beamter der Polizei sein muß.
Information der Produktion: »Das Geheimnis der Pelargonie bildet den Auftakt einer 10teiligen Filmreihe, die nach Motiven oder Kurzgeschichten von Edgar Wallace entstanden.«

GEHEIMNIS DER SCHWARZEN ROSE, DAS
→ DAS MESSER

GEHEIMNIS DER STECKNADEL, DAS
→ THE CLUB OF THE NEW PIN

GEHEIMNIS DER UHR, DAS

Kriminalfilm. Österreich/Italien 1994. Produktion: GHP Film Villach/SAS. Regie: Georg H. Pagitz. Buch: Georg H. Pagitz frei nach Edgar Wallace. Musik: Peter Thomas. Kamera: Mario Oberstraß. Schnitt: Georg Hans. Darsteller: Georg Sabinn, Stefan Santer. Arbeitstitel: Cosa avete fatto a mia moglie?

Inhalt: Mrs. Rogers verschwindet spurlos. In-

spektor Gordon von Scotland Yard beginnt zu ermitteln – sein einziger Anhaltspunkt ist die Uhr der Verschwundenen. Dann stellt sich ein grausiger Verdacht ein: Hat der Ehemann der Verschwundenen etwas mit dem Verbrechen zu tun, hat er sie gar umgebracht?

GEHEIMNIS DER WEISSEN NONNE, DAS
(FILM I)
(The Trygon Factor)

Das bisher nicht realisierte Projekt – nicht zu verwechseln mit dem gleichnamigen Film von 1966 – sollte nach dem Drehbuch von Derry Quinn folgenden Inhalt haben: In einem Güterbahnhof laden Gangster Goldbarren ab; ihr Boß Trygon beobachtet sie. Der Verräter Blake ist an den Puffer eines Wagens gefesselt und stirbt, als ein anderer Waggon ihn zerquetscht. Auf Schloß Emberday sorgen Touristen für Unruhe. Livia Emberday und ihre Kinder Luke und Trudy sind aber auf Führungen angewiesen, um den Besitz unterhalten zu können. Detektiv Thompson, einer der Touristen, erkennt in dem Butler Illingsworth einen ehemaligen Verbrecher. Thompson verläßt das Gebäude, um sich in der Schloßanlage und dem angrenzenden Kloster umzusehen. Er findet die Nonne Clare bei einem Sonnenbad. Sie redet mit Illingsworth über gewisse Geheimnisse von Schloß und Kloster und eilt dann in das Kloster zurück, beobachtet von zwei stummen Nonnen. Thompson will zum Schloß zurückzukehren, wird jedoch überfallen und mit einer Armbrust getötet. Das Spielkasino »Der schöne Papagei« gehört dem ehemaligen Polizisten Harrison Jones. Immer wenn Scotland Yard einen kniffligen Fall zu lösen hat, bittet Sir John, der Chef vom Yard, Harrison um Mithilfe. Inzwischen sind Inspektor Dice und Sir John am Güterbahnhof eingetroffen und suchen nach Spuren. Sir John verdächtigt die berüchtigte Trygon-Bande und meint, daß ungewöhnliche Methoden angewendet werden müssen, um einer ungewöhnlichen Bande das Handwerk zu legen. Obwohl Dice mit seinen bürgerlichen Vorstellungen von Verbrechensbekämpfung dagegen ist, einen Spieler wie Harrison Jones einzuschalten, sucht Sir John diesen in seinem Lokal auf. Bei einer Pokerpartie gesellt sich Sir John zu der Runde, in der Überzeugung, ein besserer Spieler als Harrison zu sein. Die Fehde zwischen beiden dauert schon mehrere Jah-

re. Als Harrison entdeckt, daß einer der Spieler betrügt, entwickelt sich eine Schlägerei. Während die Rauferei im Hintergrund weitergeht, bittet Sir John Harrison um Hilfe beim Kampf gegen die Trygon-Bande: Ein Detektiv – Blake, ein früherer Kollege Harrisons – sei bereits umgebracht worden; ein anderer – Thompson – werde vermißt. Sir John erläutert, daß sich Trygon auf den Raub von Goldbarren spezialisiert habe. Es sei jedoch unbekannt, wie das Gold aus England herausgeschmuggelt werde. Inspektor Dice muß auf Befehl Sir Johns mit Harrison Jones zusammenarbeiten. Sie fahren nach Emberday Hall, weil Thompsons letzte Meldung von dort gekommen war. Dice, der Beweise hat, daß Thompson Emberday Hall besuchen wollte, verhört Livia und ihren Sohn Luke recht ungeschickt. Harrison dagegen vernimmt die Emberdays mit dem gebührenden Respekt. Livia spricht von den ökonomischen Schwierigkeiten, die sie zwingen, Touristen hereinzulassen und das Kloster zu vermieten. Illingsworth und Livia bestreiten bei einem Verhör durch Dice, etwas von Thompson zu wis-

250

sen. Bei der Rückfahrt in Harrisons Rolls-Royce fühlt sich Dice recht unbehaglich. Harrison meint, auf Schloß Emberday sei etwas verborgen, da auch er den Butler als Verbrecher erkannt hat. Harrison bringt Dice nach Hause. Mit Vergnügen sieht er, wie Dice von seiner häßlichen Frau begrüßt wird. Dann fährt er zu seiner Frau Polly, die ihn mit Champagner empfängt; danach lieben sie sich. Inzwischen hat die Äbtissin Clare aus dem Kloster gewiesen; Clare wird von anderen Nonnen angegriffen, kann jedoch fliehen. Jones will sich über die Emberday-Familie informieren. Polly verdächtigt daraufhin ihren Mann, ein Rendezvous zu haben, und es entsteht ein heftiger Streit. Jones besucht Trudy Emberday in ihrem Atelier. Sie ist Reklamefotografin und erwartet ein männliches Modell von der Agentur. Harrison ist bereit, Modell zu stehen, wenn sie ihm einige Fragen beantwortet. Nach Beendigung der Aufnahmen gehen sie in die Dunkelkammer, um die Filme zu entwickeln; dabei scheint Trudy Harrison zu drohen. Unterdessen besteigt Clare einen Autobus und entdeckt darin Thompsons Leiche. Dice und weitere Polizisten untersuchen die Leiche und finden eine Karte mit dem Trygon-Zeichen. In Harrisons Wohnung ist Polly immer noch böse auf ihren Mann. Trotzdem kocht sie das Abendessen, als plötzlich das Telefon klingelt. Clare will Harrison um Schutz bitten und ihm Informationen über Banküberfälle, das Kloster und Thompsons Tod geben. Polly informiert ihren Mann über dessen Autotelefon. Als Harrison daraufhin eine Liebesszene mit Trudy unterbricht, wird diese wütend und attackiert Harrisons Wagen. Polly nimmt nach dem Telefonat mit Harrison ein Bad. Gleichzeitig badet auch Clare in ihrem Hotelzimmer; dabei wird sie von Trygon überfallen und ertränkt. Harrison unterrichtet Dice; sie verabreden sich in Clares Hotel, wo sie jedoch nur noch ihre Leiche finden. Am nächsten Tag fahren Harrison und Dice erneut nach Emberday Hall. Dort findet auf dem Familienfriedhof die Beerdigung des Vetters Mortimer statt. Anschließend geht Dice in das Kloster und verhört die Äbtissin; eine Durchsuchung des Klosters verläuft erfolglos. Im Mausoleum wird Mortimers Sarg geöffnet. Darin liegt nicht der Vetter, sondern der Bankräuber Clossen, der heraussteigt. In Emberday Hall fragt Harrison Livia über ihre Tochter Trudy aus. Auf dem Rückweg bespricht Harrison den Fall mit Dice, der immer stärkeren Verdacht gegen Harrison hegt. Harrison besucht den Stripteaseclub-Besitzer Hamlyn, der das Kloster finanziell unterstützt, und befragt ihn nach der Emberday-Familie. Für Harrison unsichtbar, wird das Gespräch von der Äbtissin beobachtet. Als Harrison nach Hause kommt, wirft ihm eine mißvergnügte Polly das Essen ins Gesicht und verläßt das Haus. Als sie das Trygon-Zeichen auf der Eingangstür sieht, wird sie hysterisch vor Angst. Im Schloß gibt sich Clossen gelassen, während ein Sprecher im Fernsehen ihn als größten Bankräuber der Welt bezeichnet. Livia schaltet das Gerät aus. Währenddessen beruhigt Harrison die entsetzte Polly. Dice erzählt Sir John, daß er von einem Doppelspiel Harrisons überzeugt sei. Im Turm des Schlosses fotografiert Trudy mit ihrem Assistenten Mick ein Modell. Als Harrison dorthin kommt, wird ihm schwindlig. Ihm scheint, als werde er von den Blitzlichtern Micks und Trudys attackiert. Dice rettet Harrison das Leben. Nach diesem Vorfall fährt Harrison nach Hause und nimmt mit Polly ein Bad. Später sitzt Harrison im Rolls-Royce und hält Wache vor einer Bank; vom Polizeiauto aus beobachtet Dice ihn und die Trygon-Bande. Clossen raubt die Bank aus, die anderen transportieren das Gold ab. Harrison will eingreifen, wird aber von einem Polizisten wegen falschen Parkens daran gehindert. Dice verfolgt das Auto der Gangster mit Radar, trotzdem kann es entkommen. Zusammen mit Clossen und den anderen Verbrechern wird der Wagen im Wasser versenkt. Trygon, der alles geplant hat, schwimmt ans Ufer. In Sir Johns Büro versucht Dice seinen Chef davon zu überzeugen, daß Harrison zur Bande gehört. Harrison erscheint in seinem Club und erklärt Polly, daß er nicht mehr mit der Polizei zusammenarbeiten wolle. Da erzählt ihm Polly von einem Schiff namens »Trygon«. Polizisten haben inzwischen das Verbrecherauto mit den toten Insassen aus dem Wasser gezogen. Von dem Gold fehlt jedoch jede Spur. Sir John beschwört Harrison per Telefon weiterzumachen; auf Anraten Pollys läßt er sich erweichen. Harrison und Dice wollen nochmals Hamlyn in seinem Stripteaseclub besuchen, werden aber von Trygon überfallen. Harrison rettet Dice das Leben und beseitigt so seinen Verdacht. Hamlyn gibt an, daß er der Schiffsagent des Klosters sei. Heimlich hat die Äbtissin, die in Wahrheit

251

Hamlyns Frau ist, auch diese Szene beobachtet. Anschließend beschimpft sie ihren Mann wegen seiner Aussagen gegenüber der Polizei. Harrison will nochmals Trudy in ihrem Studio besuchen. Gleichzeitig prügelt Mick Hamlyn zu Tode. Von Trudys Studio aus sehen Trudy und Harrison Hamlyns Leiche auf einem Motorboot, das plötzlich explodiert; Trudy weint. Dice besteht gegenüber Sir John auf einer weiteren Durchsuchung des Klosters. Die Äbtissin erscheint im »Schönen Papagei« und entführt Polly vor den Augen der Polizei. Harrison versucht, bei einer Besichtigung mit Touristen ins Kloster zu kommen. Er wird von Livia beobachtet, wie er das »Trygon«-Schiff näher betrachtet. Inzwischen sind die Äbtissin und Polly im Kloster angekommen. Der geistig zurückgebliebene Luke ist unruhig und will im Schloßgarten spielen; Illingsworth versucht vergeblich, ihn zurückzuhalten. Luke verfolgt zunächst Luftballons, dann überfällt er ein Kind. Harrison rettet das Kind, muß aber Luke der Aufsicht Livias anvertrauen, um Polly zu Hilfe zu eilen. Im Kloster verweigert die Äbtissin Harrison den Zutritt: Dice kommt mit dem Hausdurchsuchungsbefehl. Sie suchen Polly, können aber keine Spur von ihr finden. Polly ist in einem Arbeitsraum eingesperrt, in dem man das gestohlene Gold einschmilzt und zu Schmuck verarbeitet, ehe es ins Ausland verschifft wird. Trygon überfällt Polly. Eine »Nonne« springt über die Mauer des Klosters; es ist Harrison in Verkleidung. Bevor ihn die Nonnen mit Steinen bewerfen können, klettert Harrison trotz Schwindelgefühls auf den Turm. Von dort aus alarmiert er die Polizei. Danach begibt er sich zum Tee zu den Emberdays. Er erklärt, daß Trygon mit der Dame auf der Spielkarte zu vergleichen sei: Wie sie habe auch Trygon zwei Köpfe. Trudy sei die aktive Anführerin und Livia der Kopf des ganzen Unternehmens. Sie organisierte die Raubüberfälle, um Emberday Hall vor dem Ruin zu retten. Inzwischen steckt Luke Emberday Hall in Brand; er stirbt ebenso wie Livia in den Flammen. Trudy will fliehen, wird aber von Polly festgehalten. Im »Schönen Papagei« ist eine aufregende Pokerpartie im Gange; mit dabei sind Sir John und Inspektor Dice. Harrison verläßt lächelnd seinen Club, um in seine darüberliegende Wohnung zu gehen. Dort findet er Polly – scheinbar tot. Aber sie hält ihn nur zum Narren.

GEHEIMNIS DER WEISSEN NONNE, DAS
(FILM II)
(The Trygon Factor)

Kinofilm. *Großbritannien 1966. Regie: Cyril Frankel. Regieassistenz: Stuart Freemann, Alex Carverhill, Malcolm Stamp. Script: Ann Deeley. Drehbuch: Derry Quinn, Stanley Munroe, Robert Lucas nach dem Roman Kate Plus Ten von Edgar Wallace. Deutsche Bearbeitung: Milo Sperber. Kamera: Harry Waxmann. Farbberatung: Stephen Andrews. Kameraassistenz: Gerry Anstiss, Ken Coles, James-Michael Stewart. Schnitt: Oswald Hafenrichter. Schnittassistenz: Sebastian Wheen. Ton: David Bowen. Bauten: Roy Stannard, Hazel Peisel, George Best. Musik: Peter Thomas. Kostüme: Charles Guerin, Dulcie Midwinter. Frisuren: Barbara Barnard. Masken: Aldo Manganaro. Spezialeffekte: Ted Samuels. Produktion: Rialto Film Preben Philipsen Ltd., London. Produzenten: Preben Philipsen, Horst Wendlandt, Ian Warren. Produktionsleitung: Wolfgang Kühnlenz, Robert Faloon. Herstellungsleitung: Brian Taylor. Aufnahmeleitung: Pat Morton. Geschäftsführung: Jack Davies. Drehzeit: 15.08.–07.10.1966. Atelier: Shepperton Studios Middlesex, Großbritannien. Außenaufnahmen: London und Umgebung. Erst-Verleih: Constantin Film, München. Länge: 88 Minuten (2394 m). Format: 35 mm; Farbe von Technicolor; 1:1.66. FSK: 08.12.1966 (36700); 16 nff. Uraufführung: 16.12.1966, Passage Kino Saarbrücken. TV-Erstaufführung: 28.03.1985 PKS. Darsteller: Stewart Granger (Superintendent Cooper Smith), Susan Hampshire (Trudy Emberday), Sophie Hardy (Polly), Brigitte Horney (Oberin), Robert Morley (Hamlyn), Cathleen Nesbitt (Lady Emberday), Eddi Arent (Clossen), Siegfried Schürenberg/engl. Fassung: James Robertson-Justice (Sir John), Diane Clare (Clare), Monika Dietrich (Fotomodell), James Gulliford (Luke Emberday), Yuri Borienko (Nailer), Colin Gordon (Dice), Allan Cuthbertson (Detektiv Thompson), Conrad Monk (Pasco), John Barrett (Führer), Caroline Blakiston (Weiße Nonne), Richardina Jackson (Schwarze Nonne), Jeremy Hawk (Bankdirektor), Russel Waters (Sergeant Chievers), Joseph Cuby (Empfangschef), Tom Bowman (Security-Wachmann), Inigo Jackson (Ballistikexperte), Cicely Paget-Bowman (Frau im Hotel), Hilary Wontner (Mann im Hotel), Carmen Dene (Modell), Carol Dilworth, Karen Young.*

252

Inhalt: London ist über eine Welle brutaler Raubüberfälle entsetzt. Aus Banken und Juwelierläden holen Verbrecher immer größere Beute, ohne Spuren zu hinterlassen. Auf Menschenleben nimmt die Bande keine Rücksicht. Die Auffindung der Leiche eines Kollegen weckt bei Oberinspektor Cooper Smith den Verdacht, daß dessen Tod mit den Raubüberfällen zusammenhängt. Das wird zur Gewißheit, als man Clare, eine Vorbestrafte, in einem Hotel erwürgt auffindet. Die Spur führt zu einem Schloß, in dessen Nähe sich ein Nonnenkloster befindet. Als Smith entdeckt, daß seine Freundin Polly auf eigene Gefahr das Schloß auskundschaften will, stürmt er das Hauptquartier der Verbrecher, das sich im Kloster befindet. Während die Bande sich zum Teil gegenseitig umbringt, findet Smith das geraubte Gold und seine geliebte Polly.

Kritiken zum Film: »Was hier Drehbuchautor Derry Quinn an nervenkitzelnden Begebenheiten seinem Regisseur als Szenarium anbietet, das ist schon eine gut wattierte Unterhaltungskost, die sich sehen lassen kann. Man ist auch hier wieder erstaunt, mit welcher bohrenden Logik und phantasievollen Kombinationsgabe der heute schon legendär gewordene Kriminalschriftsteller Edgar Wallace die absurdesten Dinge einfädelt, sie für den Beschauer hoffnungslos verwirrt, um dann mit einem kriminalistischen Donnerschlag die verblüffende Lösung der rätselhaften Vorgänge zu präsentieren.« (Rhein-Neckar-Zeitung Heidelberg, 11.02.1967) »Im Gegensatz zu anderen behält die Wallace-Serie formal und technisch ihr sauberes Format. Man mordet noch mit Methode, hübsch im Detail und logisch der Reihe nach.« (Filmecho Wiesbaden, Januar 1967)

Anmerkungen: Ursprünglich hatte die Produktion zum Teil andere Darsteller vorgesehen: Heinz Drache statt Stewart Granger, Wolfgang Kieling statt Robert Morley, Elisabeth Flickenschildt statt Brigitte Horney, Maria Perschy statt Susan Hampshire sowie Harald Leipnitz

Das Geheimnis der weißen Nonne: **1. Brigitte Horney, Robert Morley, Susan Hampshire •
2. und 3. Stewart Granger • 4. Susan Hampshire, James Gulliford**

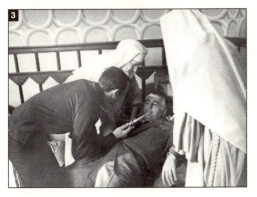

und Klaus Kinski. Als Regisseur war Alvin Rakoff vorgesehen, wurde aber wegen »Unfähigkeit« geschaßt. Wendlandt konnte seinen Wunschregisseur Alfred Vohrer bei seinen ausländischen Partnern nicht durchsetzen, so daß man sich schließlich auf Cyril Frankel einigte. **Fazit:** Ein außergewöhnlicher Wallace für hartgesottene Wallace-Fans.

GEHEIMNIS VON LISMORE CASTLE, DAS
Fernsehfilm. ZDF 1985. *Produktion: Phönix Film. Produzent: Heribert Wenk. Buch, Regie: Franz Joseph Gottlieb nach dem Roman The Man Who Changed His Name nach Edgar Wallace. Kamera: Klaus Werner. Kostüme: Ingrid Zore. Szenenbild: Götz Heymann. Kamerassistenz: Georg Mondi. Bildtechnik: Hans Mick. Ton: Gerhard Müller, Norbert Voss. Schnitt: Renate Engelmann, Karin Müller. Maske: Margrit Neufink, Bernd Rüdiger Knoll. Ausstattung: Götz Heymann, Mario Stock, Wolfgang Kalsrischkies. Regieassistenz: Claudia Messemer. Aufnahmeleitung: Peter Brodhuhn, Lutz Meier-Ewert. Produktionsleitung: Karl W. Schaper, Gerhard Matzheit. Länge: 95 Minuten. Perso-*
nen: *Carl Heinz Schroth (Selby Cliff), Vera Tschechowa (Anita Cliff), Christian Wolff (Frank O'Ryan), Tilly Lauenstein (Kirsty McHarr), Hans Clarin (Butler Lane), Günter Meisner (Sir Ralph Whitecorobe), Henning Schlüter (Jerry Miller), Hermann Ebeling (Inspektor), Monica Gruber (Telefonistin), Peter Lehwald (Portier), Karl-W. Schaper (Unheimlicher). Erstausstrahlung: 18.05.1986 ZDF.*
Inhalt: Selby Cliff, sympathisch, wohlhabend, um die siebzig, wohnt mit seiner dreißig Jahre jüngeren Frau Anita auf Lismore Castle an der Westküste Schottlands. Ihre harmonische Ehe wird jäh gestört, als Frank O'Ryan aufkreuzt, um mit Selby Cliff ein Geschäft abzuschließen. Frank war Anitas große Jugendliebe, und als die beiden sich nun wiedersehen, erwacht die alte Leidenschaft. Anita wird im Zwiespalt ihrer Gefühle hin- und hergerissen. Cliff scheint von allem nichts zu merken. Er behandelt O'Ryan zuvorkommend, ist geschäftlich ungewöhnlich großzügig. Plötzlich passiert auf Schloß Lismore Mysteriöses: Von einer Zinne der Schloßmauer löst sich ein Stein, der Frank O'Ryan fast erschlägt. Das Geländer der Galerie in der Hal-

le gibt nach, als sich Anita anlehnt, und nur ein Zufall rettet sie vor dem Sturz in die Tiefe. Selby Cliff ist entsetzt, während O'Ryans und Anitas schlechtes Gewissen die Phantasie blühen läßt. Als der Ehemann durch eine zufällige Recherche in den Verdacht gerät, vor 30 Jahren in Kanada drei Menschen ermordet zu haben, regieren Angst und Mißtrauen auf Lismore Castle. Zwischen den beiden Männern steht Anita. Doch Frank O'Ryan will, daß sie Selby Cliff tötet, bevor dieser mit seinen Mordanschlägen Erfolg hat.

GEHEIMNISVOLLE HAUS, DAS
→ THE SECRET HOUSE

GEHEIMNISVOLLE MÖNCH, DER
(Rúzový Hubert)
Tschechischer Fernsehfilm nach dem Roman → *The Black Abbot*. Die deutsche Erstausstrahlung erfolgte 1987 im Fernsehen der DDR.

GEISTERTAL, DAS
→ THE VALLEY OF GHOSTS

GELBE SCHLANGE, DIE (BUCH)
→ THE YELLOW SNAKE

GELBE TASCHENBÜCHER
Zur Tradition des → Goldmann Verlages gehörte es, die verschiedenen Romangattungen durch unterschiedliche Einbandfarben zu unterscheiden. So kamen die Kriminalromane (u.a. von Edgar Wallace) unter dem Label → Rote Krimis auf den Markt und die Sciencefiction-Romane im Gewand der Blauen Taschenbücher. Unter dem Label Goldmanns Gelbe Taschenbücher erschien eine große Zahl von klassischen Werken der Weltliteratur, u.a. Wallace' → Afrikaerzählungen.

GENN, LEO
* 09.08.1905 London, † 26.01.1978 London
Englischer Schauspieler. Er verkörperte überzeugend lässig Inspektor Elliott in → *Das Rätsel des silbernen Dreieck* (1965/66) sowie Dr. Gordon in → *Kate Plus Ten* (1938).
Nach Besuch der City of London-Schule studierte Leo Genn in Cambridge Jura. Aufgrund seiner sportlichen Begabung war er Kapitän sowohl einer Rugby- als auch einer Tennis-Mannschaft am dortigen St. Catherines College.

Leo Genn

Nachdem er einige Jahre als Anwalt praktiziert hatte, stellte er seine Liebe zum Theater fest. Ein Freund überredete ihn, Schauspielunterricht zu nehmen. Nach vier Spielzeiten am Londoner Old-Vic-Theater ging er 1939 an den New Yorker Broadway. Nach großem Erfolg wurde schließlich auch Hollywood auf ihn aufmerksam und gab ihm wichtige Filmrollen.
Weitere Filme (Auswahl): *Caesar und Cleopatra* (1946), *Quo Vadis?* (1951), *Moby Dick* (1956), *Keine Zeit zu sterben* (1958), *Der längste Tag* (1962), *55 Tage in Peking* (1963), *Die Todesstrahlen des Dr. Mabuse* (1964), *Geheimnis im blauen Schloß* (1966), *Der Hexentöter von Blackmoor* (1970), *Sie sind frei, Doktor Korczak* (1973).

GEORG, KONRAD
* 25.12.1914 Mainz,
† 08.09.1987 Hamburg
Deutscher Schauspieler. Georg mimte den Lehrer Keyston in → *Der Mönch mit der Peitsche* (1967). Der gebürtige Mainzer begann seine Bühnenlaufbahn nach dreijähriger Ausbildung an der Frankfurter Schauspielschule am Bremer

Konrad Georg

Schauspielhaus. Dort blieb er unter der Intendanz von Johannes Wiegand und Eduard Ichon bis 1940. Danach folgten Engagements am Schauspielhaus in Graz (1940/41), an den Städtischen Bühnen in Straßburg (1941/42), und schließlich an den Frankfurter Städtischen Bühnen (1942–58). Seit 1959 war der elegante, intellektuelle Darsteller geraume Zeit Ensemblemitglied des Zürcher Schauspielhauses, bevor er sich entschloß, zum »ambulanten« Theatergewerbe überzuwechseln. Zu seinen profiliertesten Bühnenrollen zählten Weislingen im *Götz von Berlichingen*, Gianettino Doria im *Fiesko*, Pastor Haie in Millers *Hexenjagd*, Herzog Alba in *Don Carlos*, Herzog Angelo in *Maß für Maß* und der Sekretär Wurm in *Kabale und Liebe*. Im Fernsehen war Georg ein prägnanter Charakterdarsteller; bekannt und berühmt wurde er durch die 39teilige Fernsehserie *Kommissar Freytag* (1964). Beim Kinofilm hat Georg erst relativ spät Fuß gefaßt. Herausragend waren seine Auftritte als Studienrat Schramm in Alfred Vohrers *Sieben Tage Frist* (1969) und als Bibliothekar Martin Landau in der Simmel-Verfilmung *Und Jimmy ging zum Regenbogen* (1970/71).

Weitere Filme (Auswahl): *Tim Frazer* (TV, 1963), *Tim Frazer: Der Fall Salinger* (TV, 1964), *In Frankfurt sind die Nächte heiß* (1966), *Brennt Paris?* (1966), *Wenn es Nacht wird auf der Reeperbahn* (1967), *Todesschüsse am Broadway* (1968), *Heintje – Ein Herz geht auf Reisen* (1969), *Das Stundenhotel von St. Pauli* (1970), *Liebe ist nur ein Wort* (1971), *Der Stoff aus dem die Träume sind* (1972), *Trubel um Trixie* (1972), *Alle Menschen werden Brüder* (1973), *Sieben Tote in den Augen der Katze* (1973).

GERARD, FRANCIS
*1906 (ohne Angabe), † 1963 (ohne Angabe)
Englischer Schriftsteller. Gerard machte Wallace' Figur des englischen Kolonialbeamten → Sanders zum Protagonisten dreier Fortsetzungsromane: *The Return of Sanders of the River* (Rich & Cowan, London 1938), *The Law of the River* (ebd. 1939) und *The Justice of Sanders* (ebd. 1951).
Weitere Romane (Auswahl): *Concrete Castle* (1936), *The Dictatorship of the Dove* (1936), *Fatal Friday* (1937), *Prince of Paradise* (1941), *Malta Magnificent* (1944), *The Mind of John Meredith* (1946), *The Prisoner of the Pyramid* (1951), *The Envoy of the Emperor* (1951), *The Mark of the Moon* (1952).

GERICHT
Wallace stand in seiner Jugend dreimal vor Gericht. Als Elfjähriger trat er als Zeuge auf, weil er einen Schwindler entlarvt hatte. Der Mann wurde verurteilt, und Wallace' Name erschien erstmals in einer Zeitung. Das zweite Mal war er Kläger. Er hatte seinen Chef angezeigt, der ihm nach seiner Entlassung eine Kaution nicht zurückzahlen wollte; Wallace gewann den Prozeß. Unerfreulicher war sein dritter Auftritt vor Gericht. Er war angeklagt, → Harry Hanford Geld gestohlen zu haben. Da das Geld wieder auftauchte, kam er noch einmal glimpflich davon.

GERISSENER KERL, EIN
→ THE TWISTER

GERMAN WALLACE WAVE
So wurden die deutschen Wallace-Produktionen im Ausland genannt.

GERRON, KURT
→ Darsteller

GESANG

In vier Wallace-Rialto-Filmen erfreuen Gesangseinlagen das Publikum. Laut Produktionsunterlagen singt → Eva Pflug bei Ihrem Barauftritt in → *Der Frosch mit der Maske* den Titel »Nachts im Nebel an der Themse«, doch scheint in der deutsch synchronisierten Fassung an ihrer Stelle eine unbekannte dänische Sängerin zu trällern. Unstrittig ist hingegen, daß → Ingrid van Bergen die Sängerin in → *Das Geheimnis der gelben Narzissen* ist (»Bei mir ist alles nur Natur«). In → *Das Gasthaus an der Themse* singt → Elisabeth Flickenschildt das Lied »Besonders in der Nacht« und in → *Im Banne des Unheimlichen* die Schwedin Lil Lindfors den Titel »The Space of Today«.

GESCHICHTEN VOM HEXER

Teilübersetzung von → *Again The Ringer*. Übersetzung: Renate Brandes. Kinderbuchverlag, Berlin (Ost) 1988. Mit einem Nachwort von Rudolf Chowanetz: Edgar Wallace und seine Kriminalromane.

Der Band enthält die Geschichten: Wally, der Schnüffler (THE MAN WITH THE RED BE-ARD); Ein Fall für den Innenminister (CASE OF THE HOME SECRETARY); Der Mann mit den vielen Namen (THE MURDERER OF MANY NAMES); Die Verwandlung des Paul Lumière (THE TIMMING OF PAUL LUMIÈRE); Der Bumerang des Erpressers (THE BLACKMAIL BOOMERANG); Miß Browns 7000 Pfund Geschenk (MISS BROWN'S 7000 WINDFALL); Das Ende von Mr. Bash, dem Schlagetot (THE END OF MR. BASH – THE BRUTAL); Der Schweizer Oberkellner (THE SWISS HEAD WAITER); Die Flucht von Mr. Bliss (THE ESCAPE OF MR. BLISS); Der Mann mit dem Bart (THE MAN WITH THE BEARD); Der zufällige Schnappschuß (THE ACCIDENTAL SNAPSHOT); Der unheilvolle Dr. Lutteur (THE SINISTER DR. LUTTEUR); Das gefälschte Testament (THE FORTUNE OF FORGERY).

GESELLSCHAFTSROMAN

→ THOSE FOLK OF BULBORO

GESETZ DER VIER, DAS

→ THE LAW OF THE FOUR JUST MEN

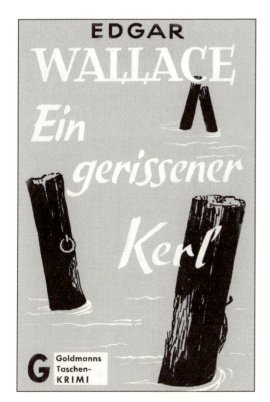

GESICHT IM DUNKEL, DAS (BUCH)
→ THE FACE IN THE NIGHT

GESICHT IM DUNKELN, DAS (FILM)
(A Doppia Faccia)

Kinofilm. *Bundesrepublik Deutschland/Italien 1969. Regie: Richard Freda. Regieassistenz: Stafano Rolla, Ignazio Dolce. Script: Maria Pia Rocco, Vigorelli Vivalda. 2. Regieassistenz und Dialogregisseur: Paul Hengge. Drehbuch: Paul Hengge und Richard Freda nach einer Idee von Romano Migliorini, Gianbattista Mussetto und Lucio Fulci frei nach dem Roman The Face in the Night von Edgar Wallace. Kamera: Gabor Pogany. Kameraassistenz: Idelmo Simonelli, Mario Lommi, Angelo Pennoni, Christiano Pogany, Sabino Tonti. Schnitt: Jutta Hering, Anna Amadei, Elisa Lanri. Ton: Hubertus Schmandtke, Carlo Diotavelli, Pietrip Vesperinii. Musik: Joan Cristian (d.i. Carlo Rustichelli). Gesang: Silvie St. Laurent. Musikalische Leitung: Roby Poitevin. Architekt: Umberto Turco. Bauten und Kostüme: Luciano Spadoni. Masken: Vittorio Bisco. Frisuren: Emilia Lachin. Garderobe: Francesca Romana Panicali, Vera Ceffarelli. Aufnahmeleitung: Albino Morandin. Spezialeffekte: Eros Bacciucchi. Produktionssekretariat: Innocente Cicaga, Giuliano Principato. Presse: Contactpress Jürgen Zimmermann. Produktionsleitung: Oreste Coltellacci, Antonio Girasante, Kilian Rebentrost. Produktion: Rialto Film Preben Philipsen GmbH & Co. KG, Berlin (West) und Colt Produzioni Cinematografich S.R.L. und Mega Film S.P.A., Rom. Produzenten: Preben Philipsen, Horst Wendlandt. Drehzeit: 20.01.–15.03. 1969 (Fertigstellung: 15.06.1969). Atelier: Rom. Außenaufnahmen: London, Liverpool, Rom. Erst-Verleih: Constantin Film, München. Deutsche Bearbeitung: Berliner Synchron Wenzel Lüdecke. Länge: 80 Minuten (2201 m). Format: 35 mm; Farbe (Technostampa) 1:1.85. FSK: 19.06.1969 (40875); 18 nff. Uraufführung: 04.07.1969, Mathäser Filmpalast München. TV-Erstaufführung: 09.05.1985 PKS. Darsteller: Klaus Kinski (John Alexander; Synchronstimme: Gert Martienzen), Margaret Lee (Helen Alexander), Christiane Krüger (Christine), Günther Stoll (Inspektor Steevens), Sidney Chaplin (Mr. Brown), Annabella Incontrera*

Das Gesicht im Dunkeln

(Liz), Barbara Nelli (Alice), Luciano Spadoni (Inspektor Gordon), Gastone Pescucci (Peter), Claudio Trifoni, Carlo Marcolino, Ignazio Dolci, Alice Arno.

Inhalt: John Alexander betrauert den Tod seiner Frau Helen, die durch einen Autounfall ums Leben kam. Nach einem Kurzurlaub kehrt er nach London zurück und findet in seinem Haus die Studentin Christine vor. Abends nimmt sie John mit zu Freunden, wo ein pornographischer Film gezeigt wird. Erschrocken stellt John fest, daß Helen bei diesen Aufnahmen mitwirkte. Er kauft dem Besitzer den Film ab, der erst vor wenigen Tagen gedreht worden ist. Von da an mehren sich die Anzeichen, daß Helen noch lebt. An den Rand des Wahnsinns getrieben, gelingt es John mit Hilfe von Scotland Yard, Licht in das mysteriöse Dunkel zu bringen.

Kritiken zum Film: »Der neue Edgar-Wallace-Krimi in Farbe benutzt alle Möglichkeiten der Regie (Richard Freda), um möglichst jugend-lich, schwungvoll und vor allen Dingen echt und unverwechselbar den Zuschauer in seinen Bann zu ziehen. Es ist ein Streifen, der aus der alten Krimi-Atmosphäre in andere Lebensbereiche eindringt und dadurch eine ansprechende Lebendigkeit ausstrahlt.« (Coburger Tageblatt, 12.07.1969) »Die stilvolle Bildgestaltung ist denn auch der Vorzug des vorliegenden Films, dessen kriminalistische Intrige – ein Fabrikdirektor (Sidney Chaplin) läßt seine Stieftochter (Margaret Lee) um die Ecke bringen, um ihr Vermögen an sich zu bringen – zu durchsichtig ist, als daß sie den Krimiliebhaber sonderlich interessieren könnte.« (Wiesbadener Kurier, 23.08.1969)

Anmerkung: In der Originalfassung läuft die Handlung etwas anders ab als in der deutschen Version. Einzelheiten s. bei Joachim Kramp: Hallo – Hier spricht Edgar Wallace! Überarbeitete Neufassung, Berlin 2001. S. 213–219.

Fazit: Nur etwas für eingefleischte Wallace-Fans.

GEWISSER MR. MADDOX, EIN
→ WHO WAS MADDOX?

GHOST OF DOWNHILL, THE
(Der Geist von Downhill)
Kriminalkurzroman und eine Kriminalkurzgeschichte. *Originalausgabe: Readers Library, London 1929.*
Enthält: THE GHOST OF DOWNHILL, THE QUEEN OF SHEBA'S BELT.
Inhalt: Margret Panton, die Nichte von James Stuart, ist zu Gast bei John Staines. Sie unterhalten sich über Spiritismus, und Mr. Staines erzählt ihr vom Geist auf der Downhill-Farm: Im Jahr 1348 wurde das Land von einer schrecklichen Seuche heimgesucht, an der viele tausend Menschen starben. Die Seuche war in einem Priorat ausgebrochen und von einem Mönch aus Yorkshire nach Arthurton eingeschleppt worden. Die Bewohner töteten daraufhin alle Mönche bis auf einen. Nach einiger Zeit starb auch dieser, den man fortan den Geist von Downhill nannte. Margret ist von der Geschichte so fasziniert, daß sie beschließt, auf Geisterjagd zu gehen. Dabei kommt sie dem Schwerverbrecher Stedmen auf die Spur, hinter dem Inspektor Jeremiah Jowlett schon seit Jahren her ist.
Anmerkung: Die beiden Texte wurden bisher nicht ins Deutsche übertragen.

GHOST OF JOHN HOLLING, THE
Titel einer → Kurzgeschichte aus dem Band → *The Steward*. 1934 verfilmt unter dem Titel → *Mystery Liner*.

GHP FILM
Produktionsfirma mit Sitz in Villach (Österreich). Seit 1992 hat diese Firma über 200 Filme hergestellt, neben Sketch- und Comedyserien, Kriminalfilmen und -serien (Tatort) sowie einer Mafia-Trilogie auch Streifen frei nach Edgar Wallace, einige davon als österreichisch-italienische Co-Produktionen. Lt. Internetangaben der GHP Film sind diese Wallace-Verfilmungen zu unterteilen in Spielfilme (→ *Der Würger*, → *Der Tod am blauen Meer*), Serien (→ *Neues vom Hexer*, → *Der sechste Sinn des Mr. Rieder*) und Kurzfilme (→ *Das Geheimnis der Pelargonie*, → *Das Geheimnis der Uhr*, → *Die weiße Hand*, → *Der Mönch ohne Gesicht*, → *Der Messerkiller von London*, → *Die Stricknadel*). Die GHP-Wallace-→ Projekte → *Der Hund von Blackwood Castle* und → *Die weiße Hand – 4. Teil: Die Wahrheit* wurden bisher nicht realisiert.

GIALLO
(Thriller)
Kinofilm. *Italien 1933. Regie: Mario Camerini und Mario Soldati. Buch: Mario Soldati nach dem Roman The Man Who Changed His Name von Edgar Wallace. Musik: Guido Albanese. Darsteller: Assia Norris, Sandro Ruffini, Elio Steiner.*
Inhalt: Der Film – die einzige reine italienische Adaption eines Wallace-Romans – wurde nach Motiven aus dem Roman → *The Man Who Changed His Name* gedreht.
Kritik zum Film: »Dieser Film gereicht seinem Autor, Mario Camerini, nicht zur Ehre. ... Der Streifen hat keinen einzigen glücklichen Moment.« (Eco de Cinema, 1933)
Anmerkung: Dieser Film wurde in Deutschland nicht aufgeführt.

GIELGUD, JOHN
* 14.04.1904 London,
† 21.05.2000 Aylesbury (England);
eigentlicher Name: Arthur John Gielgud
Englischer Schauspieler. Er mimte 1929 Rex Tresmare in → *The Clue of the New Pin* (1929). Gielguds Karriere begann 1924 mit dem Stummfilm *Who is the Man?*. Doch seine eigentliche Domäne war das Theater. Mit seiner einprägsamen Stimme, oft mit einem Cello verglichen, fühlte er sich auf den Bühnen zuhause. Er war der Shakespeare-Darsteller schlechthin und verkörperte Hamlet, Richard III, Cassius, Macbeth, Lear, Prosperus und Romeo.
Weitere Filme (Auswahl): *Secret Agent* (1936), *Hamlet* (1948), *William Shakespeare's Julius Caesar* (1953), *Romeo and Juliet* (1954), *Richard III* (1954), *In 80 Tagen um die Welt* (1957), *Becket* (1964), *Tod in Hollywood* (1966), *In den Schuhen des Fischers* (1968), *Sein gefährlichster Auftrag* (1968), *Lost Horizon* (1973), *Brillanten und Kakerlaken* (1974), *Gold* (1974), *Mord im Orient Express* (1974), *Mord an der Themse* (1979), *Caligula* (1980), *Warum haben sie nicht Evans gefragt?* (TV, 1980), *Der Elefantenmensch* (1980), *Gandhi* (1982), *Buddenbrooks* (TV, 1984), *Die letzte Jagd* (1984), *Rendezvous mit einer Leiche* (1988), *Prospero's Bücher* (1991), *Haunted* (1995), *Der Erste Ritter* (1995), *Hamlet* (1996), *Der kleine Leopard* (1996), *Elizabeth* (1998).

GIERTZ-PETERSSON, HARALD
→ H. G. Petersson

GILLIAT, SIDNEY
* 15.02.1908 Edgeley, Cheshire (England),
† 31.05.1994 in Wiltshire (England)
Englischer Drehbuchautor und Regisseur. Er war Autor von → *Strangers on Honeymoon* (1936) und → *The Gaunt Stranger* (1938).
Gilliat besuchte in London die Schule und die Universität. Sein Vater war Journalist, und der junge Sidney wollte dieselbe Laufbahn einschlagen. Als er den Filmbearbeiter Walter Mycroft kennenlernte, änderte er seine Absicht und ging als Lektor und Drehbuchschreiber zu British International Pictures in Elstree. Walter Forde, ein renommierter britischer Regisseur, erkannte sein Talent und machte ihn zu seinem Assistenten. Als »Mädchen für alles« machte er viele nützliche Erfahrungen sowie die Bekanntschaft von Frank Launder. Nach seinen Lehrjahren ging er 1930 zu Gaumont-British als Hilfsdramaturg. Später wechselte er zu Gainsborough und schrieb dort mit Erfolg verfilmte Drehbücher. Als Frank Launder zu Gaumont-British ging, bewog er Gilliat zurückzukehren. Zusammen verfaßten sie für diese Firma erfolg-

reiche Drehbücher, u.a. für den Hitchcock-Klassiker *Eine Dame verschwindet* (1938). Kurze Zeit später versuchte sich Gilliat als Regisseur. Der Produzent Edward Black erkannte sein Talent und gab ihm bald eine Chance (zusammen mit Frank Launder, der die Drehbücher schrieb). Nach dem Krieg gründeten Gilliat und Launder ihre eigene Filmgesellschaft Individual Pictures. Ihr erster Film war *The Rake's Progress* (1945; mit Rex Harrison und Lilli Palmer in den Hauptrollen). Viele weitere gemeinsame Arbeiten folgten, darunter *Captain Boycott* (1947; mit Stewart Granger), *London Belongs To Me* (1948; mit Richard Attenborough) und *The Blue Lagoon* (1949; mit Jean Simmons).

Weitere Drehbucharbeiten (Auswahl): *Bulldog Jack* (1934), *Jamaica Inn* (1939), *Der grüne Mann* (1956), *Der Wahlkampf* (1961), *Mord nach Maß* (1971), *The Lady Vanishes* (1979).

Weitere Regiearbeiten (Auswahl): *Green for Danger* (1946), *London Belongs to Me* (1948), *State Secret* (1950), *The Story of Gilbert and Sullivan* (1953), *The Constant Husband* (1955), *Fortune Is a Woman* (1957), *Der Wahlkampf* (1961), *Mord nach Maß* (1971).

GILMORE, JOHN
→ Edgar Wallace löst das Rätsel

GILTINAN, DONAL
→ Drehbuchautoren

GIRL FROM SCOTLAND YARD, THE (FILM I)
(Das Mädchen von Scotland Yard)
Kinofilm. *USA 1937. Produktion: Paramount. Produzent: Emanuel Cohen. Regie: Robert Vignola. Drehbuch: Doris Anderson, Coningsby William Dawson, Dore Schary nach dem Roman The Square Emerald von Edgar Wallace.*

The Girl from Scotland Yard: (Film I) Eduardo Cianelli, Robert Baldwin, Karen Morley, Katherine Alexander

Kamera: *Robert Pittack*. Musik: *George E. Stoll*. Schnitt: *George McGuire*. Bauten: *Wiard Ihnen*. Garderobe: *Basia Bassett*. Ton: *Hugo Grenzbach*. Produktionsleiter: *Joseph H. Nadel*. Darsteller: *Karen Morley (Linda Beech), Eduardo Ciannelli (Franz Jorg), Robert Baldwin (Derrick Holt), Katherine Alexander (Lady Helen Lavering), Jon Hall (Bertie), Dennis O'Keefe (John), Lynn Anders (Mary Smith), Ted Adams (Valet), Odette Myrtil, Claude King (Sir Eric Ledyard), Leonid Kinskey (Mischa), Don Brodiee (Joe), Gino Corrado (Musiker), Major Farrell (Porter), Alphonse Martell (Second Valet), Phil Steelman, Milli Monti*. Länge: *61 Minuten*.

Inhalt: Mit einer spektakulären Aktion will ein aus England ausgewiesener Wahnsinniger die britische Regierung umbringen. Hierzu hat er ein mit Todesstrahlen ausgestattetes Flugzeug konstruiert. Das Komplott wird von einer englischen Spionin entdeckt. Der Attentäter hat vor, seine Maschine während eines britischen Luftmanövers zum Einsatz zu bringen. Mit Hilfe eines hartnäckigen und beherzten Amerikaners kann die Spionin den Saboteur unschädlich machen.

Kritik zum Film: »Die Vorstellung der Filmemacher von Scotland Yard ist wirklich entzückend, und die höflichen Telefonate zwischen dem Chief und seinen Spionen wirken drollig; auch die Allgegenwart des jungen Amerikaners, der Old England aus der Patsche hilft, mutet sonderbar an. Es gibt einige gruselige Szenen in einem Wachsfigurenkabinett, aber im großen und ganzen wirkt der Streifen unfreiwillig komisch.« (Monthly Film Bulletin, 5/1937)

Anmerkung: Dieser Film wurde in Deutschland nicht aufgeführt.

GIRL FROM SCOTLAND YARD, THE (FILM II)

Unter den Titeln *The Girl from Scotland Yard* und *Smoky Cell* sollten zwei Rialto-Wallace-Produktionen im Rahmen des Abkommens entstehen, das → Horst Wendlandt 1967 mit Paramount Pictures vereinbart hatte. Die Filme kamen jedoch nicht zustande.

GITT, ERWIN

* 17.02.1910 Berlin,
† 12.08.1975 Grünwald bei München
Deutscher Filmfachmann. Er war Herstellungsleiter von → *Der schwarze Abt* (1963), → *Zimmer 13* (1963) und → *Der Hund von Blackwood Castle* (1967).

Der Sohn eines Mühlenbesitzers ging nach der Schule drei Jahre in die kaufmännische Lehre und war bis 1930 in der Exportbranche tätig. Durch Alfred Bittins erhielt er erste Einblicke in die Filmbranche, wo er 1937 endgültig Fuß faßte und sich in den Produktionsgruppen Greven, Conradi, Behrens, Tost, Lehmann und von Struve vom Kassierer bis zum Filmgeschäftsführer emporarbeitete. Nach einem kurzen Soldaten-Intermezzo übertrug ihm Alf Teichs 1943 die Leitung der Produktionsüberwachung der UFA-Terra-Filmkunst. *Zentrale Rio* (1939), *Frau nach Maß* (1940), *Mann mit Grundsätzen* (1943) und viele andere Filme zeigen im Vorspann seinen Namen. Nach dem Krieg war er in Berlin mit der Abwicklung der Terra Film beschäftigt und in der Kammer der Kunstschaffenden tätig. Danach leitete er das Berliner Büro der Real Film und Camera Film, bis Käutner ihn 1948 für *Film ohne Titel* ins Atelier holt. 1947–50 arbeitete er mit Teichs und Rühmann in deren Comedia-Produktion zusammen. In dieser Zeit entstanden *Kupferne Hochzeit* (1948), *Der Herr vom anderen Stern* (1948), *Das Geheimnis der roten Katze* (1949) und *Ich mach' dich glücklich* (1949). Ab 1952 war Gitt Produktionsleiter der Zeyn Film Kompanie und betreute Filme wie *Haie und kleine Fische* (1957), *Strafbataillon 999* (1959/60) und *Das hab' ich in Paris gelernt* (1960). Rundlich, freundlich und mit Pfiff meisterte er die diffizilsten Produktionen. In den 60er Jahren übernahm er die Herstellungsleitung für die acht im Auftrag von → Constantin Film produzierten Rialto-Karl-May-Filme. Als »Seele vom Janzen« sorgte er dafür, daß die Außenaufnahmen gelangen und das Team sich im fremden Land wohlfühlte. Daneben war er für die Bryan-Edgar-Wallace-Adaptionen der CCC Film, *Das Geheimnis der schwarzen Koffer* (1961) und *Der Würger von Schloß Blackmoor* (1963), verantwortlich. Seit *Venus im Pelz* (1968) war Gitt auch entscheidend an den Roxy-Produktionen von → Luggi Waldleitner beteiligt. Hier entstanden unter der Regie von → Alfred Vohrer *Sieben Tage Frist* (1969), *Herzblatt – oder Wie sage ich es meiner Tochter?* (1969), *Das gelbe Haus am Pinnasberg* (1970) und *Perrak* (1970) sowie die besten Simmel-Produktionen: *Und Jimmy ging zum Regenbogen* (1970/71), *Liebe ist nur ein Wort* (1971) und *Alle Menschen werden Brüder* (1972/73). Danach arbeitete Gitt für

Erwin Gitt

den Produzenten Horst Hächler an dessen Neu-
verfilmungen von Romanen Ludwig Gangho-
fers. Unter der Regie von → Harald Reinl entstanden *Schloß Hubertus* (1973), *Der Jäger von
Fall* (1974) und *Edelweißkönig* (1975; Regie:
Alfred Vohrer). Nach Beendigung dieser Dreharbeiten gönnte sich Gitt erstmals eine Urlaubs-
reise, während der er an Herzversagen starb.
Weitere Arbeiten als Herstellungsleiter: *Division Brandenburg* (1960), *Ramona* (1961), *Der
Schatz im Silbersee* (1962), *Winnetou 1. Teil*
(1963), *Winnetou 2. Teil* (1964), *Unter Geiern*
(1964), *Der Ölprinz* (1965), *Winnetou 3. Teil*
(1965), *Old Surehand 1. Teil* (1965), *Winnetou
und das Halbblut Apanatschi* (1966), *Winnetou
und sein Freund Old Firehand* (1966), *Die
Schlangengrube und das Pendel* (1967), *Zwei
himmlische Dickschädel* (1974).

GLAISTER, GERARD
→ Regisseure

GLAS, USCHI
* 02.03.1944 Landau/Isar;
eigentlicher Name: Ursula Glas
Deutsche Schauspielerin. Weil → Grit Böttcher
wegen Krankheit für den Wallace-Film → *Der
unheimliche Mönch* (1965) ausfiel, erhielt sie

die Rolle der Mary. Danach spielte sie in vier
weiteren Wallace-Filmen die weibliche Hauptrolle: als Ann Portland in → *Der Mönch mit der
Peitsche* (1967), als Susan MacPherson in →
Der Gorilla von Soho (1968), als Danny Fergusson in → *Die Tote aus der Themse* (1971)
und als Giulia in → *Das Rätsel des silbernen
Halbmonds* (1971).
Uschi Glas wurde 1965 von → Horst Wendlandt anläßlich der Münchner Premiere von
Das große Liebeskarussell vorgestellt. Nach ihrer zweiten Rolle in dem Karl-May-Streifen
Winnetou und das Halbblut Apanatschi (1966)
erhielt sie einen Fünf-Jahres-Vertrag bei → Rialto Film. Sie trat in weiteren Krimis und Paukerfilmen auf, wurde aber erst richtig bekannt
durch ihre Rolle als Barbara in der May-Spils-
Komödie *Zur Sache Schätzchen* (1968), die zum
Kultfilm avancierte. Als »Schätzchen« mit Po-
ny-Frisur vermittelte sie den bockigen Charme,
die Frische und Spontaneität des Schwabinger
Lebensgefühls. In den 70er Jahren wandte sie
sich vorwiegend dem Boulevardtheater zu und
erreichte später in Fernsehserien wie *Unsere
schönsten Jahre* (1982–88) und als Moderato-
rin große Popularität. Seit den 80er Jahren erschien sie vorwiegend in quotenträchtigen TV-
Serien: *Zwei Münchner in Hamburg* (1991),
Ein Schloß am Wörthersee (1995), *Sylvia – Eine Klasse für sich* (1998–2000). Hierin entwickelte sich die Powerfrau zur modernen Gelieb-

Uschi Glas

ten, Mutter, Karrieristin und Staatsanwältin des deutschen Fernsehens. Glas ist mit dem Filmproduzenten Bernd Tewaag verheiratet und lebt in Grünwald bei München.

Weitere Filme: *Das große Glück* (1967), *Der Turm der verbotenen Liebe* (1967), *Die Lümmel von der ersten Bank 1. Teil* (1967), *Immer Ärger mit den Paukern* (1968), *Klassenkeile* (1969), *Pepe, der Paukerschreck* (1969), *Hilfe ich liebe Zwillinge* (1969), *Der Kerl liebt mich und das soll ich glauben* (1969), *Wir hau'n die Pauker in die Pfanne* (1970), *Die Feuerzangenbowle* (1970), *Die Weibchen* (1970), *Nachbarn sind zum Ärgern da* (1970), *Wer zuletzt lacht, lacht am besten* (1971), *Wenn mein Schätzchen auf die Pauke haut* (1971), *Hochwürden drückt ein Auge zu* (1971), *Black Beauty* (1971), *Hundert Fäuste und ein Halleluja* (1972), *Hilfe, die Verwandten kommen* (1971), *Verliebte Ferien in Tirol* (1971), *Wir hau'n den Hauswirt in die Pfanne* (1971), *Der Killer und der Kommissar* (1971), *Die lustigen Vier von der Tankstelle*

(1972), *Mensch, ärgere dich nicht* (1972), *Trubel um Trixie* (1972), *Waldrausch* (1977).

Interview-Zitat zu ihrer Rolle in → *Der Gorilla von Soho*: »Das ist schon spannend, obwohl ich doch weiß, wer unter dem Affenfell steckt. Ich könnte es ja verraten. Aber dann ist der Spaß hin. Ich habe immer Angst. Damals in → *Der unheimliche Mönch* und beim → *Mönch mit der Peitsche* war das genauso.«

GLENDINNING, HONE
→ Kameramänner

GLORIA FILM
Einer der bedeutendsten **Filmverleiher** der deutschen Nachkriegsgeschichte. 1950 gegründet von Ilse Kubaschewski (*18.08.1907, † 30.10.2001). Sie brachte die Bryan-Edgar-Wallace-Filme auf den Markt, nachdem → Constantin Film die alleinigen Rechte an den Verfilmungen der Werke von Edgar Wallace erworben hatten. Als man bei der CCC-Produktion *Das Phantom von Soho* mit »B. Edgar Wallace« Werbung machte, wurde dies von → Rialto Film unterbunden. 1964 kündigte der Verleih die beiden Corona-Filmproduktionen → *Der grüne Brand* und → *Im Banne des Unheimlichen* an. Beide Projekte wurden jedoch wegen des Widerstands von Constantin Film und Rialto Film nicht realisiert. Mitte der 70er Jahre verkaufte Ilse Kubaschewski ihre Firma und zog sich ins Privatleben zurück.

Der Verleih vermarktete u.a.: die *08/15-*Serie (1954/55), *Die Trapp-Familie* (2 Teile, 1956–58), *Der Arzt von Stalingrad* (1957), *Nachts wenn der Teufel kam* (1957), *Der Tiger von Eschnapur* (1959), *Das indische Grabmal* (1959), *Das süße Leben* (1960), *Der brave Soldat Schwejk* (1960), *Via Mala* (1961), *Unser Haus in Kamerun* (1961), *Das Geheimnis der schwarzen Koffer* (1962), *Ich bin auch nur eine Frau* (1962), *Krieg der Knöpfe* (1962), *Waldrausch* (1962), *Heißer Hafen Hongkong* (1962), *Schloß Gripsholm* (1963), *Der Würger von Schloß Blackmoor* (1963), *Das Phantom von Soho* (1963), *Scotland Yard jagt Dr. Mabuse* (1963), *Das Ungeheuer von London City* (1964), die *Angélique-*Serie (1964–68), *Der Schut* (1964), *Durchs wilde Kurdistan* (1965),

Der Mönch mit der Peitsche **(1967)**

Der Schatz der Azteken (1965), *Die Pyramide des Sonnengottes* (1965), *Kommissar X – Jagd auf Unbekannt* (1966), *Mittsommernacht* (1967), *Der eiskalte Engel* (1968), *Die wilden Engel* (1967), *Engel der Hölle* (1967), *Der Tod ritt dienstags* (1968), *Immer Ärger mit den Paukern* (1968), *Hilfe ich liebe Zwillinge* (1969), *Unser Doktor ist der Beste* (1969), *Unsere Pauker gehen in die Luft* (1970), *Wenn Du bei mir bist* (1970), *Wenn die tollen Tanten kommen* (1970), *Wer zuletzt lacht, lacht am besten* (1971), *Kommissar X jagt die roten Tiger* (1971), *Verliebte Ferien in Tirol* (1971), *Hochwürden drückt ein Auge zu* (1971), *Der Killer und der Kommissar* (1971), *Ludwig II.* (1972), *Mord im Orientexpress* (1975), *Die Todeskralle schlägt wieder zu* (1975).

GLOWNA, VADIM
* 26.09.1941 Eutin

Deutscher Schauspieler und Regisseur. Glowna stellte eindrucksvoll den schmierigen Fotografen Armstrong in → *Die Tote aus der Themse* (1971) dar. Glowna studierte Theologie, brach jedoch vorzeitig ab und besuchte die Schauspielschule in Hamburg bei Hildburg Frese. Nebenbei arbeitete er als Hotelboy, Schlagzeuger, Seemann und Taxifahrer. Debüt am Deutschen Schauspielhaus Hamburg unter Gustaf Gründgens. Weitere Theaterstationen: München, Berlin und Bremen. Sein erster TV-Film war *Held Henry* (1964, Regie: Peter Zadek), sein erster Kinofilm *Liebe und so weiter* (1968); mit dem Regisseur George Moorse arbeitete Glowna, der zu einem der wichtigsten Protagonisten des Neuen Deutschen Films wurde, mehrmals zusammen. Glowna gelang der Sprung ins internationale Geschäft. Er übernahm kleinere und größere Rollen bei Alain Corneau in *Police Python* (1976), bei Sam Peckinpah und Terence Young. Glowna wurde auch als Produzent und Regisseur aktiv, so 1981 mit *Desperado*, einem Film über kaputte Typen, Sex und Gewalt in der Großstadt. Sein zweiter Film *Dies rigorose Leben* (1982), in der texanischen Wüste aufgenommen, transportiert amerikanische Bilderwelten. Glowna war verheiratet mit der Schauspielerin Vera Tschechowa. – Seine eigenwillige Kopfform, die hervorstechenden Augen und die gedrungene Gestalt prädestinierten Glowna für nihilistische Rebellen, Verlierer, Unangepaßte. Mit diesen Menschen kann er sich am meisten identifizieren, sie verkörpern für ihn »einen Rest von Freiheit«. – Auszeichnung: Großer Preis in Cannes für *Desperado City* (1981).

Weitere Filme (Auswahl): *Im Schatten einer Großstadt* (TV, 1964), *Die Reise nach Tilsit* (TV, 1968), *Danton* (TV, 1972), *Warum bellt Herr Bobikow* (1975), *Steiner – Das eiserne Kreuz* (1976), *Die Kriminalerzählung* (TV-Serie, 1976/77), *Gruppenbild mit Dame* (1977), *Deutschland im Herbst* (1978), *Bloodline/Blutspur* (1979), *Death Watch* (1979), *Exil* (TV-Serie, 1980), *Sterben und sterben lassen* (TV, 1981), *Blaubart* (TV, 1984), *Des Teufels Paradies* (1987), *Eiser* (1989), *Alte Zeiten* (TV, 1989), *1945* (TV, 1994), *Ein Mord für Quandt* (TV, 1996), *Dies verlauste nackte Leben* (TV, 1997), *Der Schnapper – Blumen für den Mörder* (TV, 1998; Regie).

Literatur: Vadim Glowna: Die andere Seite des Traums. In: TIP 4/1983.

GODDARD, THEODOR
(Lebensdaten unbekannt)

Goddard war Rechtsanwalt der Familie Wallace und Nachlaßverwalter des Autors. Er wurde neun Monate nach Wallace' Tod von der Witwe beauftragt, den Nachlaß inklusive der Schulden zu regeln. Es gelang ihm binnen zweier Jahre durch zähe Verhandlungen, das Erbe in vernünftige Bahnen zu lenken und für die Hinterbliebenen einen finanziellen Gewinn zu erzielen.

GOLDEN HADES, THE
Kriminalroman. *Originalausgabe: Collins, London 1929. Deutsche Erstveröffentlichung: Der goldene Hades. Übersetzung:* → *Ravi Ravendro. Wilhelm Goldmann Verlag, Leipzig 1934. Neuausgabe: Wilhelm Goldmann Verlag, Leipzig 1938. Neuausgabe: Wilhelm Goldmann Verlag, München 1957. Taschenbuchausgabe: Wilhelm Goldmann Verlag, München 1960 (= Goldmann Taschen-KRIMI 226). Neuübersetzung:* → *Gregor Müller. Wilhelm Goldmann Verlag, München 1973 (= Goldmann Taschen-KRIMI 226). Weitere Taschenbuchauflagen im Wilhelm Goldmann Verlag: 1975, 1977, 1981, 1982, 1989. Jubiläumsausgabe im Wilhelm Goldmann Verlag: 1990, 2000 (= Band 28).*
Inhalt: Der Schauspieler Frank Alwin ist ein guter Freund von Wilbur Smith von der New Yor-

ker Polizei. Hierdurch erfährt er von Banknoten, die den Stempel eines Götzenbildes aufweisen, unter dem in grüner Farbe das Wort »Hades« steht. Trotzdem sind diese Banknoten echt. Später tauchen falsche Scheine auf. Rätselhaft daran ist die Tatsache, daß sie von Miss Bertram, der Tochter eines millionenschweren Bankiers, in Umlauf gebracht werden. Als Smith bei seinen Nachforschungen entführt wird, versucht Alwin das Rätsel auf eigene Faust zu ergründen. Zwar droht auch ihm Gefahr, doch weiß er als Schauspieler, wie er sich zu verhalten hat.

Anmerkung: Die deutsche Ausgabe von 1960 enthält zusätzlich folgende → Kurzgeschichten: *Der Selbstmörder* (*The Man Who Killed Himself*), *Doktor Kay* (*Killer Kay*) und *Indizienbeweis* (*Circumstantial Evidence*).

GOLDENE HADES, DER
→ THE GOLDEN HADES

GOLDENE LEINWAND
Deutscher Filmpreis. Erfolgsbarometer, das sich ausschließlich an den Besucherzahlen orientiert. Die seit 1964 verliehene Auszeichnung ist eine Stiftung des Zentralverbands deutscher Filmtheater (später: Hauptverband Deutscher Filmtheater) und der Fachzeitschrift Filmecho/Filmwoche, deren damaliger Herausgeber Horst Axtmann zu den Initiatoren gehörte. Die Statue geht immer an den Verleiher, der Produzent erhält eine Urkunde. Preiswürdig sind nach dem 01.12.1962 in der Bundesrepublik Deutschland oder in West-Berlin (seit 01.01. 1991: in ganz Deutschland) gestartete deutsche oder ausländische Filme, wenn sie innerhalb eines Jahres mehr als drei Millionen Besucher anlocken. Die Zahlen müssen notariell beglaubigt werden. Als man Anfang der 70er Jahre feststellte, daß es fast unmöglich geworden war, binnen zwölf Monaten die Dreimillionengrenze zu erreichen, wurde der Zeitraum auf (noch heute gültige) 18 Monate erhöht. Die ersten Goldenen Leinwände wurden 1964 für *Der Schatz im Silbersee* (→ Constantin Film) und *Kohlhiesels Töchter* (Nora Film) verliehen. Auch Filme, die offiziell zur Wiederaufführung gestartet wurden, erhielten bei Erfüllung der Kriterien die beliebte Statue, u.a. *Die große Sause* (1975) oder *Das Dschungelbuch*, das noch in den 80er Jahren ausgezeichnet wurde (1980, 1988). Erweitert wurde die Auszeichnung durch Einführung der Goldenen Leinwand mit Stern für mehr als sechs Millionen Besucher, und weiterhin für neun, zwölf, 15 und 18 Millionen Zuschauer; die letztgenannte Zahl erreichte bislang nur der Film *Titanic* (1998).

Im Laufe der Zeit hat die Auszeichnung immer wieder für Aufsehen gesorgt. So wurde Walt Disney 1966 posthum geehrt. → Horst Wendlandt erhielt 1968 eine Sonderstatue für die Realisierung von 25 Edgar-Wallace-Verfilmungen. 1973 erhielt Constantin Film nach vielen Diskussionen drei Goldene Leinwände für die drei ersten Teile des peinlichen *Schulmädchen-Reports*. – Bis heute sind über 300 Goldene Leinwände verliehen worden, wobei Horst Wendlandt als Produzent und Filmverleiher mit über 40 Goldenen Leinwänden an der Spitze der Preisträger steht.

Zu den Filmen, die in den vergangenen 40 Jahren mit einer Goldenen Leinwand ausgezeichnet wurden, gehören: *Das Haus in Montevideo*

(1964), *Old Shatterhand* (1965), *Das Mädchen Irma La Douce* (1965), *James Bond 007: Feuerball* (1966), *Angélique 1. Teil* (1966), *Dr. Schiwago* (1967), *Helga* (1967), *Die Nibelungen 1. Teil* (1967), *Die Wirtin von der Lahn* (1968), *Zur Hölle mit den Paukern* (1968), *Morgens um sieben ist die Welt noch in Ordnung* (1969), *Der Arzt von St. Pauli* (1969), *Das Dschungelbuch* (1969), *Zur Sache Schätzchen* (1970), *Oswalt Kolle – Zum Beispiel: Ehebruch* (1970), *Vier Fäuste für ein Halleluja* (1972), *Und Jimmy ging zum Regenbogen* (1972), *Der Kapitän* (1972), *Steiner – Das eiserne Kreuz* (1977), *Zombie* (1979), *Die Blechtrommel* (1980), *Christiane F. – Wir Kinder vom Bahnhof Zoo* (1981), *Das Boot* (1981), *Der Profi* (1982), *Die unendliche Geschichte* (1984), *James Bond 007: Sag niemals nie* (1984), *Der Name der Rose* (1986), *Der mit dem Wolf tanzt* (1991), *Das Geisterhaus* (1993), *Der bewegte Mann* (1994), *Rossini* (1998), *Der Schuh des Manitu* (2001).

GOLDMANN VERLAG

Am 21.06.1922 von → Wilhelm Goldmann in Leipzig gegründet. Der Verlag publizierte zunächst Kunstbücher und Bildbände. Nachdem → Robert Küas dem Verleger Wallace' Afrika-Romane empfahl, die er in Hobby-Arbeit übersetzte, und Goldmann die Exklusiv-Rechte dafür erhielt, ging es mit dem Verlag bergauf. Der Durchbruch kam mit weiteren Afrika-Romanen sowie den Krimis von Edgar Wallace. Der 1926 erfundene Slogan »Es ist unmöglich, von Edgar Wallace nicht gefesselt zu sein!« ist noch heute ein geflügeltes Wort. Nach dem Zweiten Weltkrieg siedelte der Verlag nach München über, wo 1952 die ersten Goldmann-Taschenbücher erschienen. Die bekannten Programmlinien entwickelten sich: Romane, Krimis, Klassiker der Weltliteratur, Ratgeber und Sachbücher. 1977 wurde der Goldmann Verlag von der Verlagsgruppe Bertelsmann übernommen. Immer neue Reihen und Programmbereiche kamen hinzu, u.a. Manhattan: Literatur für eine neue Generation; Esoterik; Filmbücher; Pop-Biographien; Cartoons; Omnibus-Kinderbücher. Goldmann hat auf diese Weise, mit jährlich 500 Neuerscheinungen, ca. 2.000 lieferbaren Titeln und einer Gesamtauflage von über 300 Millionen Exemplaren, eine Spitzenposition unter den deutschen Taschenbuchverlagen erobert.

GOLDMANN, WILHELM OTTO

* 25.02.1897 Baumgarten,
† 24.04.1974 Wollerau (Schweiz)

Deutscher Verleger, u.a. der Werke von Edgar Wallace. Der als Sohn eines Lehrers und Kantors geborene Goldmann besuchte das Gymnasium in Brieg (Schlesien) und wollte eigentlich Kunstmaler werden. Er absolvierte jedoch eine Buchhändlerlehre und war bis zu seiner Einberufung zum Kriegsdienst 1917 Gehilfe in einer Dresdner Buchhandlung. Nach dem Ersten Weltkrieg setzte er diese Tätigkeit fort. In der festen Absicht, Verleger zu werden, hielt er es für nötig, zunächst als Verlagsvertreter den deutschen Buchhandel eingehend kennenzulernen. 1922 gründete er in der Verlagsstadt Leipzig den Wilhelm → Goldmann Verlag. 1926 lernte er Edgar Wallace kennen und erwarb die deutschen Rechte an dessen Kriminalromanen (seitdem unter dem Label Goldmann's Kriminalromane bekannt). Später übernahm er auch die Rechte an Wallace-Romanen, die zunächst bei anderen Verlagen erschienen waren. Das Leipziger Verlagshaus wurde im Dezember 1943 total ausgebombt. Goldmann wurde nochmals Soldat. 1945 kehrte er nach Leipzig zurück, wurde aber 1946 von den Sowjets verhaftet und im ehemaligen KZ Buchenwald bis 1950 gefangengehalten. 1950 siedelte der Verleger nach München um. 1962 stiftete er den → Edgar-Wallace-Preis für Kriminalromane und 1965 den Goldmann-Preis für das heitere Buch. Er war Mitglied des Verwaltungsrates der Verwertungsgesellschaft »Wort« (München). Goldmann war in dritter Ehe mit Hildegard, geb. Holzeder, verheiratet. – Auszeichnung: Bundesverdienstkreuz Erster Klasse (1962).

GONDRA

Fiktives Land in → Afrika, das Wallace als Handlungsort seiner → Afrikageschichten dient.

GOOD EVANS

(Guter Evans).
17 **Kriminalerzählungen.** *Originalausgabe: Stoughton Webster, London 1927.*
Enthält: A CHANGE OF PLAN, MR. EVANS DOES A BIT OF GAS WORK, EDUCATION AND COMBINATIONS, THE OTHER LUBESES, MR. EVANS PULLS OFF A REAL COOF, THE NICE-MINDED GIRL, THE

MUSICAL TIP, PSYCHOLOGY AND THE TIPSTER, THE SHOWING UP OF EDUCATED EVANS, THE SUBCONSCIOUS MIND, MR. EVANS HAS A WELL SCREWED HEAD, THE TWISTING OF ARTHUR COLLEYBORN, THE KIDNAPPING OF MR. EVANS, EDUCATED EVANS DECLARES TO WIN, FOR EVANS' SAKE, THE PARTICULAR BEAUTY, THE LAST COOP OF ALL

Inhalt: Erzählt werden weitere Geschichten aus dem Leben von Evans, dem waschechten Londoner Spezialisten für Pferdewetten, den man den »Zauberer von Camden Town« nennt. Im Mittelpunkt stehen die Liebschaften und die sensationellen Renntips dieses liebenswerten Helden des Turfs – samt allen damit einhergehenden Schwierigkeiten.

Anmerkungen: Die Geschichten wurden bisher nicht ins Deutsche übertragen. Eine wurde 1937 unter dem Titel → *Thank Evans* verfilmt. – Weitere Geschichten um den Protagonisten erschienen unter den Titeln → *Educated Evans* und → *More Educated Evans*. Ein Sammelband mit allen Evans-Geschichten erschien 1929 unter dem Titel *The Educated Man – Good Evans* (Book Co. Novel Library, London).

GOODWIN, RON
→ Komponist

GOOFS
→ Anschlußfehler

GORDON, LESLIE HOWARD
→ Drehbuchautoren

GORILLA VON SOHO, DER (FILM I)
Nicht realisiertes **Rialto-Wallace-Filmprojekt.** Trotz eines dramaturgischen Gutachtens von Wolf von Gordon (Filmkredittreuhand GmbH Berlin [West]) vom 16.05.1968, das dieses Projekt befürwortete, wurde es aus unbekannten Gründen fallengelassen. *Vorgesehen waren: Regie: Harald Philipp. Buch: Alex Berg (→ Herbert Reinecker). Musik: Heinz Gietz. Darsteller: Horst Tappert (Chefinspektor Jenkins), Uwe Friedrichsen (Inspektor Jim Bradley), Hubert von Meyerinck (Sir Arthur), Uschi Glas (Susan Macpherson), Anita Kupsch (Miss Clark, Sekretärin von Sir Arthur), Carl Raddatz (Lord Tyron), Ruth-Maria Kubitschek (Lady Elisabeth Tyron, Schwester von Lord Tyron), Stanislav Le-* *dinek (Tierpräparator Gibbs), Martin Hirthe (Zoodirektor Burns), Rudolf Schündler (Theaterregisseur), Al Hoosman (Tierarzt Dr. Baluba), Maria Litto (Ballettmeisterin Maureen), Gerhard Frickhöfer (Inspezient), Horst Niendorf (Theaterdirektor Scott), Wolfgang Lukschy (Butler John).*

Inhalt: Die 20jährige Susan Macpherson wird eines Abends telefonisch aufgefordert, in den Londoner Zoo zum Affenhaus zu kommen. Ein Fremder verspricht ihr Aufklärung über den Tod ihres Vaters, der kürzlich auf tragische Weise bei der Jagd in Afrika ums Leben gekommen war. Susan bemerkt nicht, daß sich während des Telefonats ein Unbekannter in ihrer Wohnung aufhält. Beim Affenhaus angekommen, wird sie Zeugin einer grausamen Szene: Der Mann, der sie erwartet, wird von einem riesigen Gorilla erwürgt. Scotland Yard wird eingeschaltet und versucht gemeinsam mit dem Direktor des Zoos, Mr. Burns, und seinem Assistenten Dr. Baluba, diesen mysteriösen Mord aufzuklären. Jim, der Assistent von Inspektor Jenkins, begleitet Susan nach Hause. Sie werden dabei von Dr. Baluba beobachtet. Zu Hause entdeckt Susan, daß ein Fremder in ihrer Wohnung gewesen sein muß. Scotland Yard interessiert sich nun für die Teilnehmer einer Expedition, die Professor Macpherson kurz vor seinem Tod in Afrika geleitet hat. Unter den Teilnehmern waren Zoodirektor Burns, Macphersons Nachfolger im Londoner Zoo, der Tierpräparator Gibbs, Lord Tyron und dessen Schwester Elisabeth, Theaterdirektor Scott und Dr. Baluba. In Gora-Konor, dem Ort, an dem Macpherson starb, soll ein Naturschutzpark gegründet werden. Susan, Gibbs, Lord Tyron, seine Schwester Elisabeth, Burns und Scott unterzeichnen den Gründungsvertrag. In Scotts Theater wird während einer Probe Susans Freundin Penny von dem Gorilla erwürgt. Gibbs, Tyron, Scott und Burns sind sich einig, daß dieser Mord eigentlich Susan gegolten hat. Von nun an wird Susan von Jim bewacht. Es gelingt ihr, heimlich in das Haus des Präparators Gibbs zu gelangen. Sie trifft dort Dr. Baluba, der sofort wieder verschwindet, und Elisabeth, die angeblich das Fell des Gorillas sucht. In seinem Büro hat Direktor Scott eine Unterredung mit der Ballettmeisterin Maureen, die ihm persönlich nahesteht. Nachdem sie fort ist, wird Scott durch ein Gebrüll aus dem Theaterraum aufgeschreckt. Er begibt sich dorthin und wird an gleicher Stelle wie Penny ein weiteres Opfer des Gorillas. Als Susan und Elisabeth der Polizei gestehen, heimlich im Haus von Gibbs gewesen zu sein, statten auch Sir Arthur und Chefinspektor Jenkins dem unheimlichen Haus einen Besuch ab. Sie werden von Gibbs, der sich in einem Gorillafell versteckt hat, beobachtet. Zoodirektor Burns hat mit Maureen eine heftige Auseinandersetzung in deren Schule. Sein Besuch wird sowohl von Jim als auch von Dr. Baluba registriert. Als Maureen wieder allein ist, bringt der Gorilla sie um. Elisabeth sucht Dr. Baluba im Zoo auf. Sie bittet ihn eindringlich, nicht länger die Wahrheit über Macphersons Tod zu verschweigen. Das Gespräch hört Burns mit; er verständigt Lord Tyron, der daraufhin ebenfalls in den Zoo eilt. Inspektor Jenkins beobachtet das Haus des Tierpräparators Gibbs, das nacheinander Gibbs und Baluba betreten. Jenkins folgt ihnen unauffällig und wird Zeuge, wie Gibbs, als Gorilla verkleidet, versucht, Baluba zu ermorden. In letzter Sekunde schlägt Jenkins Gibbs nieder, der dabei tödliche Verletzungen erleidet. Nun leben nur noch zwei Teilnehmer der Macpherson-Expedition: Lord Tyron und Burns. Sie beschließen, sich die Anteile an den Diamanten zu teilen. Bei diesem Gespräch werden sie von Susan beobachtet. Als sie den Raum verlassen, untersucht Susan den offenen Safe und findet drei große Rohdiamanten. Bei einem Besuch Susans in der Kapelle des Schlosses Tyron wird sie vom Gorilla entführt. Zurück bleiben nur die Diamanten, die der herbeigeeilte Sir Arthur an sich nimmt. Lord Tyron und der Butler John begeben sich auf die Suche nach Susan, finden aber nur das Fell des Gorillas. Ein Schuß von Elisabeth verfehlt Lord Tyron nur knapp: In ihm vermutet sie Susans Entführer, doch die ist in Sicherheit bei Scotland Yard. Elisabeth begibt sich auf der Suche nach Susan zu Dr. Baluba. Ihr Gespräch wird von Lord Tyron unterbrochen, der Baluba bittet, zu Burns zu gehen. Tyron kehrt in Burns Büro zurück und ist nicht überrascht, hinter dem Schreibtisch den Gorilla vorzufinden, da er unter dem Fell Burns vermutet. Als Dr. Baluba in Burns Büro kommt, findet er die Leichen von Tyron und Burns. Von den Scheinwerfern Scotland Yards verfolgt, entweicht der Gorilla über die Dächer. Nun beginnt eine wilde Verfolgungsjagd im Zoo. Immer wieder gelingt es dem Gorilla, den Polizisten zu entkommen, bis er, in die Enge getrieben, von einem Turm in die Tiefe stürzt. Unter dem Fell verbirgt sich niemand anders als Butler John.

GORILLA VON SOHO, DER (FILM II)

Kinofilm. *Bundesrepublik Deutschland 1968. Regie: Alfred Vohrer. Regieassistenz: Michael Erdmann. Script: Uschi Haarbrücker. Drehbuch: Freddy Gregor (d.i. Alfred Vohrer und Horst Wendlandt) unter Mitarbeit von Editha Busch nach dem Roman The Dark Eyes of London von Edgar Wallace. Kamera: Karl Löb. Kameraassistenz: Ernst Zahrt, Frank Rannoch. Schnitt: Jutta Hering. Schnittassistenz: Helga Stumpf, Nicola Janssen. Ton: Gerhard Müller. Bauten: Wilhelm Vorwerg, Walter Kutz. Oberbeleuchter: Dieter Fabian. Requisiten: Harry Freude, Karl-Heinz Schubert. Musik: Peter Thomas. Kostüme: Ingrid Zoré. Garderobe: Gisela Nixdorf, Klaus Reinke. Masken: Willi Nixdorf, Charlotte Kersten-Schmidt. Standfotos: Dietrich Schnelle. Presse: Contactpress Jürgen Zimmermann. Produktion: Rialto Film Preben Philipsen GmbH & Co. KG, Berlin (West). Produzenten: Preben Philipsen, Horst Wendlandt. Produktionsleitung: Herbert Kerz. Herstellungsleitung: Fritz Klotzsch. Aufnahmeleitung: Harry Wilbert, Gerhard Selchow. Geschäftsführung: Peter Sundarp. Produktionssekretärin: Dörte Gentz. Kassiererin: Waltraud Peglau. Drehzeit: 18.06.–25.07.1968. Atelier: CCC*

Film Studios Berlin-Spandau. Außenaufnahmen: London, Berlin (West) und Pfaueninsel Berlin-Wannsee. Erst-Verleih: Constantin Film, München. Länge: 94 Minuten (2576 m). Format: 35 mm; Farbe (Eastmancolor); 1:1.66. FSK: 16.09.1968 (39661); 16 nff. Uraufführung: 27.09.1968. TV-Erstsendung: 25.04. 1985 PKS. Darsteller: Horst Tappert (Inspektor David Perkins), Uschi Glas (Susan Macpherson), Uwe Friedrichsen (Sergeant Jim Pepper), Albert Lieven (Henry Parker), Inge Langen (Oberin), Herbert Fux (Mr. Sugar), Hubert von Meyerinck (Sir Arthur), Ilse Pagé (Miss Mabel Finley), Beate Hasenau (Cora Watson), Hilde Sessak (Schwester Elisabeth), Claus Holm (Dr. Jeckyl, Notar), Ralf Schermuly (Edgar Bird), Maria Litto (Gloria), Franz-Otto Krüger (Polizeiarzt), Catana Cayetano (Dorothy Smith), Eric Vaessen (Gordon Stuart), Käthe Jöken-König (Susans Mutter), H. Hildebrand (Hotel Portier), G. A. Profé (Mr. Ellis), J. Fuhrmann (Miss Brown), M. Giese (Chauffeur), Ingrid Back (Patsy), Michael Koch (Gorilla), Heidrun Hankammer (Mädchen im Heim).

Inhalt: Der Manager einer Wohltätigkeitsstiftung sowie die Oberschwester und Oberin eines Heims für gefallene Mädchen sind die Drahtzieher einer Reihe von Morden. Dafür dingen sie einen Finsterling mit Gorilla-Maske. Jeder Menschenfreund, der die Stiftung zum Erben einsetzt, stirbt eines raschen Todes. Unter dem seriösen Deckmantel der Wohltätigkeit führen alle Beteiligten ein angenehmes Leben. Inspektor Perkins, sein Assistent Pepper und eine als Krankenschwester in das Heim eingeschleuste Spezialistin für afrikanische Sprachen legen schließlich den Verantwortlichen das Handwerk.

Kritiken zum Film: »Regisseur Alfred Vohrer hat mit echt deutscher Gründlichkeit die Schauergeschichte von Wallace noch um die Dimension von Farbe und Ton, und das, was er für Gags hält, gesteigert. Es darf gelacht werden.« (Darmstädter Echo, 28.09.1968) »Wallace, o Wallace oder Scotland Yard, wie haste dir verändert.« (Filmblätter Baden-Baden, Oktober 1968)

Zitat aus dem Film: Am Ende kommt Sir Arthur durch die Tür und schlägt mit dem Regenschirm auf den Gorilla, der zu Boden fällt. Die Maske wird ihm vom Kopf genommen und man sieht Sergeant Pepper. Die Anwesenden sind entsetzt. Susan: »Jim!« – Sir Arthur: »Was denn, was denn, Perkins! Wer hätte das gedacht? Einer aus unseren Reihen – der Mörder?« – Perkins: »Aber, aber Sir ...« – Sir Arthur: »Nein?« – Inspektor Perkins: »Nein!« – Sir Arthur: »... daß ich aber auch immer den Falschen erwische!«

Anmerkung: Das Gorilla-Kostüm für diesen Wallace-Streifen wurde extra in London angefertigt.

Fazit: Gute Darsteller in einem Film, über den Wallace empört gewesen wäre.

GORING, MARIUS
* 23.05.1912 Newport, Isle of Wight,
† 30.09. 1998 London

Englischer Schauspieler. Er verkörperte Oliver Milbourgh in → *Das Geheimnis der gelben Narzissen* (1961), Charles Barrington in → *Flying Fifty-Five* (1939) und Lord William Lebanon in → *The Case of the Frightened Lady* (1940).

Der Sohn eines Arztes mußte sein Ziel, Schauspieler zu werden, auf väterlichen Wunsch hin zunächst zurückstellen. Er studierte in Oxford und Cambridge sowie in Frankfurt/M., München, Wien und Paris Philologie. Aus dieser Zeit stammt sein perfektes Deutsch. Nach Absolvierung seiner Examina trieb es ihn mit Gewalt zum Theater. Die Schauspielschule der berühmten Old Vic Company vermittelte Goring eine fundierte Grundlage für seinen künstlerischen Werdegang. Lange Zeit gehörte er zum Ensemble dieses niveauvollen Unternehmens. 1951 nahm Marius Goring ein Engagement am Londoner Westend-Theater an. Diese Verpflichtung trug ihm nicht nur erfolgreiche Rollen ein, sondern auch die Begegnung mit der berühmten Schauspielerin Lucie Mannheim, die seine Lebensgefährtin wurde. Bald war Marius Goring einer der gefragtesten Charakterdarsteller Englands; er unternahm zahlreiche Gastspieltourneen in die ganze Welt. Auch durch viele Filme wurde er populär. Als Partner von Loira Shearer in *Die roten Schuhe* (1947) und an der Seite von Hildegard Knef und Hans Albers in *Nachts auf den Straßen* (1948) konnte er auch das deutsche Filmpublikum für sich gewinnen.

Weitere Filme (Auswahl): *Rembrandt* (1936), *Die barfüßige Gräfin* (1954), *Der Rächer im lila Mantel* (1957), *Rhapsodie in Blei* (1959), *Die schwarze Lorelei* (1959), *Exodus* (1960), *Zep-*

pelin (1971), *Edward & Mrs. Simpson* (TV, 1980).

GOTELL, WALTER
* 15.03.1925 Bonn,
† 05.05.1997 London
Schauspieler. Er war Chefinspektor Whiteside in → *Das Geheimnis der gelben Narzissen* (1961).

Berühmt wurde Gotell durch den James-Bond-Film *Liebesgrüße aus Moskau* (1963). In den späteren Bond-Filmen verkörperte er die Rolle des Generals Gogol: *Der Spion, der mich liebte* (1977), *Moonraker – Streng geheim* (1979), *In tödlicher Mission* (1981), *Octopussy* (1983), *Im Angesicht des Todes* (1985), *Der Hauch des Todes* (1987).

Weitere Filme (Auswahl): *African Queen* (1951), *Die letzte Fahrt der Bismarck* (1960), *Die Kanonen von Navarone* (1961), *55 Tage in Peking* (1963), *Der Spion, der aus der Kälte kam* (1965), *Lord Jim* (1965), *Die Spur führt nach Soho* (1969), *Mord nach Maß* (1971), *Schwarzer Sonntag* (1977), *Cuba* (1979), *Im Wendekreis des Kreuzes* (1983), *Prinz Eisenherz* (1997).

GOTTLIEB, FRANZ-JOSEPH
* 01.11.1930 Semmering, Steiermark (Österreich)
Autor, Dramaturg und Regisseur. Als Regisseur war er für die Wallace-Filme → *Der schwarze Abt* (1963), → *Die Gruft mit dem Rätselschloß* (1964) und → *Der Fluch der gelben Schlange* (1962/63) sowie für den Fernsehfilm *Das Geheimnis von Lismore Castle* (1986) verantwortlich. Mit 16 Jahren verließ er das Elternhaus, weil seine künstlerischen Berufswünsche auf Ablehnung stießen. Er arbeitete u.a. als Hilfsarbeiter, Dreher, Briefträger und Verfasser von Reportagen und bestellten Leserbriefen, um sich sein Schauspielstudium zu verdienen. 1949–51 Jurastudium in Wien. Danach Ausbildung an der Filmakademie des Reinhardt-Seminars, wo er das Metier von der Pike auf kennenlernte. 1957 wurden die Amerikaner auf den vielseitigen Neuling, der als Regieassistent arbeitete, aufmerksam und vertrauten ihm die

Inszenierung des Fernsehfilmes *The Golden Cage* (1958) an. Anschließend Regieaufgaben als Kulturfilmproduzent. Bei dem Spielfilm *Zwölf Mädchen und ein Mann* (1959) übernahm er die Mitregie. Nach dem Ausscheiden von Hans Billian wurde er Chefdramaturg der → Constantin Film, wo er erstmals mit Edgar Wallace in Berührung kam. Constantin-Produktionschef → Gerhard F. Hummel erkannte in Gottlieb ein Naturtalent und übertrug ihm 1960 die Regie für den Film *Meine Nichte tut das nicht*. Von nun an ging es in seiner Karriere Schritt für Schritt nach oben. Gottlieb inszenierte die Hazy-Osterwald-Story *Musik ist Trumpf* (1961) und bewies in großartigen Revueszenen sein Talent auch für dieses Genre. Danach führte er Regie bei der Verfilmung der klassischen Operette *Die Försterchristel* (1962). Zur damaligen Krimiwelle steuerte er ebenso Filme bei wie für die Karl-May-Serie. 1967–70 war er Inhaber der Juventus Film Berlin. Ferner war er Regisseur von Heimat-, Report-, Tanten- und Paukerfilmen, außerdem von einigen Rudi-Carrell-Shows der ARD und zahlreichen Synchronfassungen. Insgesamt hat er bisher Drehbücher für 39 Kinofilme und zahlreiche Fernsehspiele geschrieben. Als Regisseur hat er 46 Spielfilme,

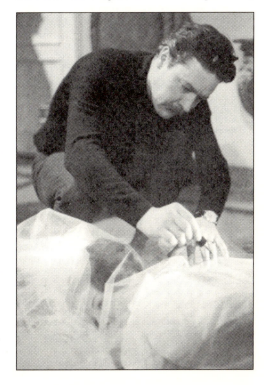

Franz-Joseph Gottlieb bei Dreharbeiten zu
***Der Fluch der gelben Schlange* (1962/63)**

271

16 Fernsehspiele, 19 Fernsehserien und neun Fernsehshows realisiert.

Filme und Serien (Auswahl): *Wolken über Kaprun* (TV, 13 Folgen, 1961), *Das Geheimnis der schwarzen Witwe* (1963), *Das Phantom von Soho* (1963/64), *Das 7. Opfer* (1964), *Durchs wilde Kurdistan* (1965), *Im Reiche des silbernen Löwen* (1965), *Ferien mit Piroschka* (1966), *Mister Dynamit – Morgen küßt Euch der Tod* (1967), *Oswalt Kolle – Das Wunder der Liebe 1. Teil* (1967), *Van de Velde – Die vollkommene Ehe 1. Teil* (1968) *Klassenkeile* (1969), *Van de Velde – Die vollkommene Ehe 2. Teil: Das Leben zu Zweit* (1969), *Ehepaar sucht Gleichgesinntes* (1969), *Wenn die tollen Tanten kommen* (1970), *Wenn du bei mir bist* (1970), *Tante Trude aus Buxtehude* (1971), *Das haut den stärksten Zwilling um* (1971), *Wir hau'n den Hauswirt in die Pfanne* (1971), *Hilfe die Verwandten kommen* (1971), *Die tollen Tanten schlagen zu* (1971), *Liebesspiele junger Mädchen* (1972), *Betragen ungenügend!* (1972), *Trubel um Trixie* (1972), *Rudi benimm dich* (1972), *Crazy total verrückt* (1973), *Auf der Alm da gibt's koa Sünd* (1974), *Lady Dracula* (1975), *Der Geheimnisträger* (1976), *Freude am Fliegen* (1977), *Popcorn und Himbeereis* (1978), *Sunnyboy und Sugarbaby* (1979), *Manni, der Libero* (TV, 13 Folgen, 1981/82), *Die fünfte Jahreszeit* (TV-Serie, 1981/82), *Der Stein des Todes* (1986), *Mrs. Harris fährt nach Moskau* (1986), *Hexenschuß* (TV, 1987), *Zärtliche Chaoten* (1987), *Mrs. Harris fährt nach Monte Carlo* (TV, 1988), *Der Landarzt* (TV, 1988–91), *Ein Schloß am Wörthersee* (TV, 10 Folgen, 1990), *Mrs. Harris und der Heiratsschwindler* (TV, 1991), *Mit dem Herzen einer Mutter* (TV, 1992), *Der Nelkenkönig* (TV, 13 Folgen, 1992), *Elbflorenz* (TV, 6 Folgen, 1993), *Hallo, Onkel Doc* (TV, 10 Folgen, 1993/94), *Doktor Stefan Frank* (TV, 4 Folgen, 1994), *Salto Postale* (TV, 12 Folgen, 1995/96), *Unser Charly* (TV, 31 Folgen, 1996–98), *Anitas Welt* (TV, 2 Folgen, 1997), *Salto Kommunale* (TV, 6 Folgen, 1998), *Unser Charly* (TV-Serie, 1999–2002).

GOTTSCHALK, HANS
* 31.07.1926 (ohne Angabe)
Autor und Regisseur. Er war Co-Autor des Fernsehfilms → *Der Hexer* (1956).
Gottschalk studierte 1946–49 Germanistik, Philosophie und Kunstgeschichte in Tübingen und Mainz. 1949–53 Dramaturg, Autor, Reporter beim Hörfunk des SDR. 1953–59 war er am Aufbau des SDR-Fernsehens beteiligt; erster Fernsehspiel-Chef zusammen mit dem Regisseur Franz Peter Wirth. 1959–73 Produktionschef der Bavaria. 1973–77 freier Autor und Produzent für Bavaria, NDR und NMF-München. 1977–87 Gesellschafter und Geschäftsführer der Galaxy Film München. Seit 1987 wieder freier Autor, Produzent und Vermittler von Co-Produktionen.

GOVERNOR OF CHI-FOO, THE
(Der Gouverneur von Chi-Foo).
Acht Kriminalgeschichten. *Originalausgabe: George Newnes, London 1929.*
Enthält: THE GOVERNOR OF CHI-FOO (bisher nicht übersetzt), IN THRALL (bisher nicht übersetzt), ON THE WITNEY ROAD (bisher nicht übersetzt), MOTHER O'MINE (bisher nicht übersetzt), JAKE'S BROTHER BILL (bisher nicht übersetzt), THE WEAKLING (*Der Schwächling*, erschienen im Sammelband → *Der sentimentale Mr. Simpson*), A TRYST WITH GHOSTS (bisher nicht übersetzt), THE GREEK POROPULOS (bisher nicht übersetzt).
Inhalt von The Weakling: Rex Madlon ist ein sympathischer, aber zum Leidwesen seiner Schwester Nora auch leichtsinniger junger Mann, der gerne spielt und ständig in Geldnöten ist. Sein Freund, der Anwalt Denny Hall, zugleich Noras Verlobter, rettete ihn regelmäßig aus seinen Miseren, da es sich bisher nur um kleinere Beträge handelt. Dann schuldet Rex einem Gläubiger mehrere tausend Pfund. Hier kann ihm Denny nicht mehr helfen, und zu seinem steinreichen Onkel Lewis will Rex nicht gehen. In dieser Zeit treibt der von Inspektor Boscombe gejagte Einbrecher Darkey Crane sein Unwesen. Eines Tages fehlen im Tresor des Anwalts 23.000 Pfund, und gleichzeitig stirbt Onkel Lewis.
Anmerkung: Die Erzählung *The Greek Poropulos* wurde 1935 verfilmt unter dem Titel → *Born To Gamble*.

GRAB
Edgar Wallace' Grab auf dem Friedhof in → Bourne End ziert ein schlichtes steinernes Kreuz.

GRAF, ROBERT

* 18.11.1923 Witten, † 05.02.1966 München
Deutscher Schauspieler. Er verkörperte eindrucksvoll Basil Hale in → *Der Fälscher von London* (1961). Der Krieg verschlug Graf nach München, wo er bei Professor Kutscher Philologie und Theaterwissenschaft studierte. Von der Theorie wechselte er zur Praxis und nahm Schauspielunterricht. Seine ersten Engagements führten Graf in die Provinz nach Straubing, später nach Salzburg. Über das Staatstheater in Wiesbaden kehrte er nach München zurück, wo er dem Ensemble der traditionsreichen Kammerspiele angehörte. Als ihn der Film entdeckte, hatte Graf bei den Fernsehzuschauern längst einen guten Ruf, u.a. durch seine Darstellungen in Sartres *Schmutzige Hände* (1956), in *Anouils Lerche* (1956) und im *Großen ABC* von Marcel Pagnol (1957). Das Filmexperiment des Stuttgarter Nervenarztes Domnick mit dem Titel *Jonas* (1957) machte die Filmproduzenten auf Grafs vielseitige Begabung aufmerksam. *El Hakim* (als Partner von O. W. Fischer) war 1957 sein erster Spielfilm, dem sich 1958 eine Glanzleistung in *Wir Wunderkinder* anschloß. Seitdem hat er die Zuschauer immer wieder durch die Intensität und Ausdruckskraft seines Spiels gefangengenommen. Grafs Sohn Dominik machte sich als Regisseur einen Namen. – Auszeichnung: Bundesfilmpreis (1959).

Robert Graf

Weitere Filme (Auswahl): *Das schöne Abenteuer* (1959), *Buddenbrooks – 1. Teil* (1959), *Und das am Montagmorgen* (1959), *Mein Schulfreund* (1960), *Liebling der Götter* (1960), *Lampenfieber* (1960), *Mörderspiel* (1961), *Die glücklichen Jahre der Thorwalds* (1962), *Gesprengte Ketten* (1963), *Verdammt zur Sünde* (1964), *Vorsicht Mr. Dodd!* (1964), *2 x 2 im Himmelbett* (1965).

GRÄFIN VON ASCOT, DIE

→ THE LADY OF ASCOT

GRANGER, STEWART

* 06.05.1913 London,
† 16.08.1993 Santa Monica, Kalifornien;
eigentlicher Name: James Lablanche Stewart
Englischer Schauspieler. Er verkörperte Superintendent Cooper Smith in → *Das Geheimnis der weißen Nonne* (1966).
In seiner Heimat war Granger in den 50er Jahren als Darsteller in Mantel-und-Degen-Filmen ein gefeierter Star. Ähnlich großen Erfolg hatte er auch mit vielen Filmen in den USA. In deutschen Produktionen spielte der populäre

Mime den Westmann Old Surehand in *Unter Geiern* (1964), *Der Ölprinz* (1965) und *Old Surehand 1. Teil* (1965). Granger, der dreimal verheiratet war und zwei Kinder hat, erlag 1993 einem Krebsleiden.

Weitere Filme (Auswahl): *Caesar und Cleopatra* (1945), *König Salomons Diamanten* (1950), *Scaramouche* (1952), *Im Schatten der Krone* (1952), *Beau Brummell – Rebell und Verführer* (1954), *Die letzte Jagd* (1956), *Knotenpunkt Bhowani* (1956), *Land der tausend Abenteuer* (1960), *Sodom und Gomorrha* (1962), *Das Geheimnis der drei Dschunken* (1965), *Das Geheimnis der gelben Mönche* (1966), *Gern' hab' ich die Frauen gekillt* (1966), *Der Chef schickt seinen besten Mann* (1967), *Die letzte Safari* (1967), *Die Leute von der Shiloh Ranch* (TV, 1970/71), *Die Wildgänse kommen* (1978), *Kreuzfeuer* (TV, 1986), *Das Erbe der Guldenburgs* (TV, 1987).

Interview-Zitat zu seiner Rolle in → *Das Geheimnis der weißen Nonne*: »Frauen wollen zwar brutale Männer im Kino sehen, keine schönen, südlichen Liebhaber mehr – aber Nonnen schlagen? Wenn die beiden Nonnen keine Mörderinnen wären, hätte ich diese Szene nicht gedreht. Aber wer hat schon Mitleid mit Mörderinnen?«

GRANVILLE, FRED LE ROY
→ Regisseure

GRAY, GEORGE ARTHUR
→ Drehbuchautoren

GREEN ARCHER, THE (BUCH)
Kriminalroman. *Originalausgabe: Hodder & Stoughton, London 1923. Deutsche Erstveröffentlichung: Der grüne Bogenschütze. Übersetzung:* → *Ravi Ravendro. Wilhelm Goldmann Verlag, Leipzig 1928. Neuausgabe: Wilhelm Goldmann Verlag, Leipzig 1929. Neuausgabe: Schweizer Druck und Verlagshaus, Zürich 1952. Neuübersetzung: Richard von Grossmann. Wilhelm Goldmann Verlag, München 1956. Taschenbuchausgabe: Wilhelm Goldmann Verlag, München 1958 (= Goldmann Taschen-KRIMI 150). Weitere Taschenbuchauflage im Wilhelm Goldmann Verlag: 1962. Neuausgabe: Bertelsmann Verlag, Gütersloh 1970. Neuübersetzung:* → *Gregor Müller. Wilhelm Goldmann Verlag, München 1971 (= Goldmann Taschen-KRIMI*

150). Weitere Taschenbuchauflagen im Wilhelm Goldmann Verlag: 1972, 1974, 1975, 1976, 1978, 1980, 1982, 1985, 1989. Jubiläumsausgabe im Wilhelm Goldmann Verlag: 1990, 2000 (= Band 31). Neuübersetzung: Karen Christin. Heyne Verlag, München 1983 (= Blaue Krimis 2062). Neuauflage: 1989 (= Blaue Krimis 2274). Neuübersetzung: Erwin Schuhmacher. Scherz Verlag, Bern, München, Wien 1984 (= Scherz Krimi 963). – Anläßlich des 125. Geburtstags des Autors brachte der → Weltbild Verlag 2000 eine Wallace-Edition heraus. Hier erschien der Roman (basierend auf der Erstübersetzung) in einer Doppelausgabe zusammen mit *John Flack* (→ *Terror Keep*).

Inhalt: Der zwielichtige Amerikaner Abel Bellamy erwirbt das alte englische Schloß Garre Castle. Seit diesem Zeitpunkt geht der grüne Bogenschütze um – eine Gestalt, die bereits im 15. Jahrhundert gehängt wurde. Der neue Schloßherr, ein hartgesottener Geschäftsmann, glaubt nicht an Gespenster. Doch eines Tages wird sein Freund mit einem giftgrünen Pfeil getötet. Seine Vergangenheit scheint Bellamy eingeholt zu haben. Inspektor Featherstone muß nun auf »Gespensterjagd« gehen. Auch andere treten an Bellamy heran: Der neue Nachbar Mr. Howett mit seiner Tochter Valerie, John Wood, der Geld für Waisenhäuser sammelt, und der Reporter Spike Holland, der eine Sensationsstory wittert.

Anmerkungen: Die heutigen Übersetzungen des Romans gehören zu den am stärksten gekürzten Wallace-Titeln überhaupt (→ Kürzungen). – Der Roman wurde dreimal verfilmt: 1925 und 1940 unter dem Titel → *The Green Archer* sowie 1960/61 unter dem Titel → *Der grüne Bogenschütze.*

GREEN ARCHER, THE (FILM I)
(Der Polizeispitzel von Chicago)
Kinofilm. *USA 1925. Produktion: Pathe. Regie: Spencer Gordon Bennet. Buch: Frank Leon Smith nach dem Roman The Green Archer von Edgar Wallace. Darsteller: Walter Miller (James Wilkins), Allene Ray (Valerie Howett), Frank Lackteen (Julius Savini), Burr Mcintosh (Abel Bellamy), Dorothy King, Stephen Grattan, Walter B. Lewis, William R. Randall, Jack Tanner, Wally Oettel, Ray Allan.*

Inhalt: Im Mittelalter soll auf dem düsteren Schloß Garre Castle der »Grüne Bogenschütze« sein Unwesen getrieben haben. Als der amerikanische Millionär Abel Bellamy das Schloß erwirbt, scheint der Schütze zu neuem Leben zu erwachen. Nach und nach sterben die zwielichtigen Freunde des Millionärs durch grüne Pfeile. Dennoch kommt Inspektor Featherstone dem Geheimnis auf die Spur, das in Bellamys Familie verborgen liegt.

Kritik zum Film: »Es gibt viele interessante Charaktere, und keine der Personen ist vom Verdacht der Komplizenschaft mit dem grünen Bogenschützen ausgenommen, sogar das Mädchen wird verdächtigt. Die Identität des Bogenschützen und Bellamys Vergangenheit werden die Aufmerksamkeit des Besuchers bis zur letzten Episode in Anspruch nehmen. Die Ausstattungen sind sogar besser, als es dem Standard

früherer ›Pathé serials‹ entspricht, die Innenaufnahmen des Schlosses ganz besonders großzügig und geschmackvoll, und die Besetzung, angefangen von der hübschen Allene Ray und dem beliebten Walter Miller, außergewöhnlich verdienstvoll.« (The Bioscope, 1925)

GREEN ARCHER, THE (FILM II)
(Der grüne Bogenschütze)
Kinofilm als Serie (15 Episoden). USA 1940. Produktion: Columbia. Regie: James W. Hörne. Nach dem Roman The Green Archer von Edgar Wallace. Darsteller: Victor Jory, Iris Meredyth, James Craven, Robert Fiske, Dorothy Fay, Forrest Taylor, Jack Ingram, Joseph W. Girard, Fred Kelsey, Kit Guard. Länge: 285 Minuten (15 Episoden). – Titel der Episoden (»Chapters«): 1. Prison Bars Beckon, 2. The Face at the Window, 3. The Devil's Dictograph, 4. Vanishing Jewels, 5. The Fatal Spark, 6. The Necklace of Treachery, 7. The Secret Passage, 8. Gare Castle Is Robbed, 9. The Mirror of Treachery, 10. The Dagger That Failed, 11. The Flaming Arrow, 12. The Devil Dogs, 13. The Deceiving Microphone, 14. End of Hope, 15. Green Archer Exposed.

Inhalt: In London erzählt man sich, daß auf dem in der Nähe gelegenen düsteren Schloß Garre Castle der unheimliche »Grüne Bogenschütze« sein Unwesen treibt. Als ein neuer Schloßbesitzer, der zwielichtige amerikanische Millionär Abel Bellamy, einzieht, scheint der Bogenschütze wieder zum Leben erwacht zu sein. Das erhöht Bellamys Wachsamkeit, der jedem in seinem Landsitz mißtraut. Mißbilligend nimmt er zur Kenntnis, daß seine Nichte, Valerie Howett, und ihr Ziehvater in das benach-

The Green Archer (Film I)

The Green Archer: (Film II) Victor Jory (rechts)

barte Haus einziehen. Valerie hegt den Verdacht, daß Bellamy ihre angeblich verstorbene Mutter im Schloß gefangenhält. Inspektor Featherstone von Scotland Yard beschattet Valerie. Er interessiert sich ebenfalls für Bellamy und dessen Vorleben, das sich vorwiegend in Chicagoer Gangsterkreisen abgespielt haben soll. Währenddessen werden mehrere Kumpane Bellamys tot aufgefunden – ein Werk des »Grünen Bogenschützen«? Mit Hilfe des Reporters Mike Holland kann der Inspektor dem Spuk ein Ende setzen.

Anmerkung: Dieser Film wurde in Deutschland nicht aufgeführt.

GREEN PACK, THE (BUCH)

Kriminalroman. *Originalausgabe: Hutchinson, London 1933. Deutsche Erstveröffentlichung: Lotterie des Todes. Übersetzung: Tony Westermayr. Wilhelm Goldmann Verlag, München 1961. Taschenbuchausgabe: Wilhelm Goldmann Verlag, München 1962 (= Goldmann Taschen-KRIMI 1098). Weitere Taschenbuchauflagen im Wilhelm Goldmann Verlag: 1972, 1975, 1977, 1979, 1982, 1988. Jubiläumsausgabe im Wilhelm Goldmann Verlag: 1990, 2000 (= Band 44).*

Inhalt: Jacqueline Thurston ist zum Mißfallen ihres Vaters eine ausgezeichnete Spielerin. Trotzdem hat sie hohe Spielschulden, denn nicht alle Gegner spielen ehrlich. Der Gewinner Monty Carr ist besonders hartnäckig; er besteht darauf, sein Geld zu bekommen. Da wird in Südafrika eine Goldmine entdeckt. Jacquelines Bekannter Larry Creets schickt ihr ein Telegramm, daß sie nach Kapstadt kommen soll. Eine Expedition wird zusammengestellt. Doch auch hier spielt einer der Teilnehmer falsch, und ein anderer wird erschossen. Und schon gibt es handfeste neue Probleme.

Anmerkungen: Der Roman wurde von Wallace' Sekretär → Robert Curtis nach dem Tod des Autors auf der Grundlage von Wallace' gleichnamigem Theaterstück geschrieben. 1934 wurde er unter dem Titel → The Green Pack verfilmt.

GREEN PACK, THE (FILM)
(Die grünen Spielkarten).
Kinofilm. *England 1934. Produktion: British Lion. Regie: Thomas Hayes Hunter. Buch: John Hunter nach dem Roman The Green Pack von Edgar Wallace. Darsteller: John Stuart, Aileen Marson, Hugh Miller, Garry Marsh, Michael Shepley, J. H. Roberts, Anthony Holles, Percy Walsh. Länge: 72 Minuten.*

Inhalt: Mit finanzieller Hilfe eines Millionärs wollen drei Männer eine Goldmine ausbeuten. Sie kommen jedoch dahinter, daß ihr angeblicher Gönner ein abgefeimter Gauner ist, der seine Partner übertölpeln will. Sie beschließen, ihn zu töten, und losen mit einem Kartenspiel aus, wer ihren Geldgeber beseitigen soll. Kurz darauf wird der Millionär tot aufgefunden. Doch offenbar hatte dabei ein anderer die Hände im Spiel.

Kritik zum Film: »Hier wurde eine erstklassige Geschichte von Edgar Wallace mit herrlichen Darstellern geschickt und überzeugend verfilmt. Menschliche Leidenschaften, Dramatik und rätselhafte Geschehnisse steigern sich zu einem in höchstem Maße befriedigenden Höhepunkt. John Stuart und Garry Marsh legen eine exzellente Teamarbeit an den Tag, und auch Hugh Miller als der skrupellose Gönner erzielt einen bemerkenswerten Erfolg. An der Kamera wurde ganze Arbeit geleistet.« (Monthly Film Bulletin, 1934)

Anmerkung: Dieser Film wurde in Deutschland nicht aufgeführt.

GREEN PACK, THE

Theaterstück von Edgar Wallace. Uraufführung am 09.02.1932 im Londoner → Wyndham's Theater, am Vorabend von Wallace' Tod. Sein Sekretär → Robert Curtis schrieb das Stück später zu dem gleichnamigen Kriminalroman um.

The Green Pack: **Aileen Marson**

GREEN RIBBON, THE

Kriminalroman. *Originalausgabe: Hutchinson, London 1929. Deutsche Erstveröffentlichung: Turfschwindel. Übersetzung: → Ravi Ravendro. Wilhelm Goldmann Verlag, Leipzig 1933. Neuausgabe: Wilhelm Goldmann Verlag, Leipzig 1938. Neuausgabe: Wilhelm Goldmann Verlag, München 1953. Taschenbuchausgabe: Wilhelm Goldmann Verlag, München 1958 (= Goldmann Taschen-KRIMI 155). Weitere Taschenbuchauflagen im Wilhelm Goldmann Verlag: 1971, 1975, 1976, 1980, 1982, 1986. Jubiläumsausgabe im Wilhelm Goldmann Verlag 1990, 2000 (= Band 73). Neuübersetzung: Ute Tanner. Scherz Verlag, Bern, München, Wien 1985 (= Scherz Krimi 1035). Neuauflage: 1989.*

Inhalt: Der Londoner Geschäftsmann Joe Trigger hat nicht den besten Ruf. Seine zweifelhaften Transaktionen sind in ganz England bekannt. Die junge Edna Gray will künftig auf dem Landsitz ihrer Vorfahren in Berkshire leben, was dem Pächter Elijah Goodie sehr mißfällt. Der skrupellose Rennstallbesitzer versucht, Ednas Vorhaben zu vereiteln. Dafür sind ihm alle Mittel recht – Betrug, Erpressung und sogar Mord. Aber Ednas Beschützer, der junge Inspektor Mark Luke, durchkreuzt nicht nur Goodies Pläne, sondern auch die des zwielichtigen Anwalts Arthur M. Rustem.

Anmerkung: Der Roman wurde 1961 verfilmt unter dem Titel → *Never Back Losers*.

GREEN RUST, THE

Kriminalroman. *Originalausgabe: Ward Lock & Co., London 1919. Deutsche Erstveröffentlichung: Der grüne Brand. Übersetzung: Rita Matthias. Wilhelm Goldmann Verlag, Leipzig 1929. Neuausgabe: Schweizer Druck und Verlagshaus, Zürich 1951. Neuausgabe: Wilhelm Goldmann Verlag, München 1959. Taschenbuchausgabe: Wilhelm Goldmann Verlag, München 1961 (= Goldmann Taschen-KRIMI 1020). Weitere Taschenbuchauflagen im Wilhelm Goldmann Verlag: 1971, 1973, 1975, 1976, 1978, 1980, 1982, 1997. Jubiläumsausgabe im Wilhelm Goldmann Verlag 1990, 2000 (=Band 32). Neuübersetzung: Mechtild Sandberg. Scherz Verlag, Bern, München, Wien 1988 (= Scherz Krimi 1156). Neuauflage 1991. –* Anläßlich des 125. Geburtstags des Autors brachte der → Weltbild Verlag 2000 eine Wallace-Edition heraus. Hier erschien der Roman in einer Doppelausgabe zusammen mit *Das Gasthaus an der Themse* (→ *The India Rubber Men*).

Inhalt: Der Rechtsanwalt James Kitson besucht seinen Freund, den millionenschweren John Millinborn, und erhält den Auftrag, nach einer Margaret Predaux zu suchen. Kurz darauf stirbt Millinborn mit einem Messer in der Brust. Die Polizei ermittelt, daß man zuvor einen verwahrlosten Fremden ums Haus schleichen sah. Während sich Kitson auf die Suche nach Margaret Predaux macht, wird das Leben von Miss Mary Cresswell bedroht. Eine Spur führt zu ihrem Nachbarn, dem mysteriösen Mr. Beale. Alle Vorgänge haben scheinbar mit dem geheimnisvollen »Grünen Brand« zu tun. Niemand weiß genau, was sich dahinter verbirgt, doch müssen durch diesen »Grünen Brand« noch weitere Menschen sterben.

GREEN TERROR, THE
(Der grüne Terror)

Kinofilm. *England 1919. Produktion: Gaumont. Regie: Will P. Kellino. Buch: G. W. Clifford nach Edgar Wallace. Darsteller: Aurele Sydney (Beale), Heather Thatcher (Olive Cresswell), W. T. Ellwanger (Dr. Harden), Cecil del Gue (Punsunby), Maud Yates (Hilda Glaum), Arthur Poole (Kitson).*

Inhalt: Der Londoner Arzt Dr. Harden hat ein teuflisches Komplott ausgeheckt, das die gesamte Menschheit bedroht. Er kauft er in Südamerika riesige Weizenfelder auf. Anschließend will er mit hochgiftigen Bakterien, die er in seinem Labor entwickelt, alle anderen Weizenfelder vernichten und an den internationalen Getreidebörsen, wo er nun jeden Preis diktieren kann, ein astronomisches Vermögen verdienen. In letzter Minute kann Scotland Yard mit der Hilfe der jungen Olive Cresswell, an die sich Harden herangemacht hatte, den Plan vereiteln.

Anmerkungen: Laut Angaben von Florian Pauer beruht der Film auf dem Roman *The Green Terror* von Edgar Wallace, der jedoch in keinem Werkverzeichnis erscheint. – Dieser Film wurde in Deutschland nicht aufgeführt.

GREENBAUM, MUTZ

→ Kameramänner

GREENE, GRAHAM

** 02.10.1904 Berkhemstead,
Hertfordshire (England),
† 03.04.1991 Corseaux-sur-Vevey (Frankreich)*
Englischer Autor, Journalist und Kritiker. Für seinen berühmten Roman *Der dritte Mann* (1949/50) lieh er sich den Namen des Bösewichts bei Wallace: Harry Lime hatte seinen Erstauftritt in → *The Fellowship of the Frog.* Greene war Wallace-Fan und schrieb ein Vorwort zur Wallace-Biographie von → Margaret Lane. Zu seinen bedeutendsten Romanen, die meist Menschenschicksale zwischen Ost und West behandeln, gehören *Orientexpress* (1934), *Die Kraft und die Herrlichkeit* (1947), *Unser Mann in Havanna* (1957) und *Die Stunde der Komödianten* (1966).

GREENE, VICTOR M.

→ Drehbuchautoren

GREENWICH

Nach den Stadtgrenzen von 1964 der östlichste Bezirk von Groß-London, am Südufer der Themse gelegen. Berühmt durch die 1675 gegründete Sternwarte, durch die seit 1883 der Nullmeridian verläuft. Zu Wallace' Zeiten eine Arbeitervorstadt von London. Heute befinden sich hier Marineakademie und Museum, Eisen- und Maschinenindustrie sowie die Gaswerke. In der Ashburnham Grove stand Edgar Wallace' Geburtshaus, seine Kindheit verbrachte er bei den → Freemans in der Bridge Street, die später nach Norway Court Nr. 4 umzogen.

GREENWOOD, JACK

** 1907 (ohne Angabe),
† 13.02.1975 Los Angeles, Kalifornien*
Schuf als **Massenproduzent** von → Merton Park in den Jahren 1960–65 zahlreiche Edgar-Wallace-Filme: → *The Clue of the New Pin* (1960), → *The Clue of the Twisted Candle* (1960), → *The Fourth Square* (1960), → *The Man Who Was Nobody* (1960), → *Urge to Kill* (1960), → *Attempt to Kill* (1961), → *Backfire* (1961), → *Candidate for Murder* (1961), → *The Clue of the Silver Key* (1961), → *Flat Two* (1961), → *The Man at the Carlton Tower* (1961), → *Man Detained* (1961), → *Marriage of Convenience* (1961), → *Partners in Crime* (1961), → *Death Trap* (1962), → *Locker Sixty-Nine* (1962), → *Never Back Losers* (1962), →

Number Six (1962), → *Return to Sender* (1962), → *The Share Out* (1962), → *The Sinister Man* (1962), → *Solo for Sparrow* (1962), → *Time to Remember* (1962), → *The 20.000 Pound Kiss* (1963), → *Accidental Death* (1963), → *The Double* (1963), → *Incident at Midnight* (1963), → *The Invisible Asset* (1963), → *On the Run* (1963), → *The Partner* (1963), → *Playback* (1963), → *Ricochet* (1963), → *Rivals* (1963), → *The Set-Up* (1963), → *To Have and to Hold* (1963), → *Downfall* (1964), → *Face of a Stranger* (1964), → *Five to One* (1964), → *Game for Three Losers* (1964), → *The Main Chance* (1964), → *Never Mention Murder* (1964), → *The Verdict* (1964), → *We Shall See* (1964), → *Who Was Maddox?* (1964), → *Act of Murder* (1965), → *Dead Man's Chest* (1965), → *Strangler's Web* (1965). Zudem waren Jack Greenwood und die Firma Merton Park Co-Produzenten des Wallace-Films → *The Malpas Mystery* (1960).

Weitere Filme (Auswahl): *Crime of Honour* (1958), *The Crossroad Gallows* (1958), *The Long Knife* (1958), *Man with a Gun* (1958), *Print of Death* (1958), *The Desperate Man* (1959), *The Ghost Train Murder* (1959), *Horrors of the Black Museum* (1959), *The Unseeing Eye* (1959), *Wrong Number* (1959), *The Criminal* (1960), *The Dover Road Mystery* (1960), *Evidence in Concrete* (1960), *The Grand Junction Case* (1961), *The Never Never Murder* (1961), *The Weapon* (1961), *The Square Mile Murder* (1961), *Wings of Death* (1961), *The Guilty Party* (1962), *Moment of Decision* (1962), *A Woman's Privilege* (1962), *The Invisible Asset* (1963), *Position of Trust* (1963), *The Undesirable Neighbour* (1963), *The Hidden Face* (1965), *The Material Witness* (1965), *Personal and Confidential* (1965), *Company of Fools* (1966), *The Haunted Man* (1966), *Infamous Conduct* (1966), *Payment in Kind* (1967).

GREGOR, FREDDY

Pseudonym von → Alfred Vohrer und → Horst Wendlandt

GREGOR, H.O.

Pseudonym von → Horst Wendlandt

GREINER, FRITZ

→ Darsteller

GREY TIMOTHY
(Windhund Timothy)
Kriminalroman. *Originalausgabe: Ward Lock & Co., London 1913.*
Inhalt: Brian Pallard lebt in Australien. Er ist ein Spieler und hat zunächst das Glück auf seiner Seite, so daß er auf dem fünften Kontinent Turfgeschichte schreibt. Aber als Spieler hat man nicht immer Erfolg, und die Neider machen ihm das Leben zusätzlich schwer. Um an Geld zu kommen, schreibt er seinem Onkel Peter Callander in England und stellt ihm seinen Besuch in Aussicht. Der Onkel ist alles andere als begeistert davon. Doch Brian läßt sich nicht aufhalten und schifft sich von Melbourne nach Southampton ein. In London erwarten ihn allerdings mehr Abenteuer, als er in Australien je geahnt hatte.
Anmerkungen: Der Roman erschien auch unter dem Titel *Pallard the Punter* (Ward Lock & Co., London 1913), unter dem er 1919 verfilmt wurde. Er wurde bisher nicht ins Deutsche übertragen.

GROENEWOLD, DAVID
→ Produzenten

GROSSBRITANNIEN (FILM)
In Wallace' Heimat entstanden bis zum Zweiten Weltkrieg die meisten Verfilmungen seiner Werke, danach zunächst nur noch die Streifen → *The Calendar* (1949) und → *The Ringer* (1952). 1960–65 stellte der Produzent → Jack Greenwood von → Merton Park 48 Filme nach Wallace von durchschnittlich 60 Minuten Länge her, die aber nicht die Beliebtheit der deutschen Wallace-Filme erreichten. In englisch-deutscher Co-Produktion entstanden ferner → *Der rote Kreis* (1929), → *Das Geheimnis der gelben Narzissen* (1961), → *Das Verrätertor* (1964), → *Das Geheimnis der weißen Nonne* (1966), → *Das Rätsel des silbernen Dreieck* (1965/66), → *Todestrommeln am großen Fluß* (1963), → *Sanders und das Schiff des Todes* (1964) und → *Die Pagode zum fünften Schrecken* (1966).

GROSSDRUCK
Ähnlich wie bei anderen Autoren wurden auch einige Wallace-Romane in Großdruck veröffentlicht. So erwarb der Verlag Hans Richarz in St. Augustin Ende der 70er Jahre das Recht, einige Werke von Wallace in dieser Form zu veröffentlichen. Man begann 1978 mit *Der Hexer* (→ *The Ringer*), es folgten 1979 *Der Zinker* (→ *The Squeaker*) und 1981 *Die toten Augen von London* (→ *The Dark Eyes of London*). Auch der → Goldmann-Verlag brachte zwei Romane in Großdruck heraus: 1982 *Die Gräfin von Ascot* (→ *The Lady of Ascot*) und 1984 *Töchter der Nacht* (→ *The Daughters of the Night*).

GROSSE COUP, DER
→ FIVE TO ONE

GROSSE UNBEKANNTE, DER
Kinofilm. *Deutschland 1927. Regie: Manfred Noa. Buch: Herbert Juttke und Georg C. Klaren nach dem Roman The Sinister Man von Edgar Wallace. Kamera: Franz Planer. Musik: Hans May. Bauten: Karl Machus. Darsteller: Jack Trevor (Major Paul Roy Amery), Andrée La Fayette (Else Marlowe), Ernst Reicher (Polizeikommissar Bickerson), Kurt Gerron (Bankier Tupperwill), Nien Sön Ling (Feng Ho), Arthur Kraussneck (Maurice Tarn), John Loder (Dr. Ralf Hallam), Eugen Neufeld (Inspektor Wille von Scotland Yard), Evi Eva (Jessie Damm), Hugo Werner Kahle (Mr. Damm, Jessies Vater),*

Siegfried Arno, Ruth Weyher, Ellen Richter, Harry Hardt. Produktion Noa Film. Alternativ-Titel: The Sinister Man (Der Unheimliche). Länge: 2896 m. Uraufführung: 17.11.1927, Alhambra (Kurfürstendamm) und Schauburg, beide Berlin.

Inhalt: Der ehemalige britische Major Amery kehrt von Indien nach London zurück. Da kaum jemand etwas von ihm weiß und er still und verschlossen ist, umgibt ihn der Nimbus des Geheimnisvollen. Mit dem Exportgeschäft seines verstorbenen Onkels übernimmt Amery den sonderbaren, dem Whisky ergebenen Geschäftsführer Maurice Tarn und zwei hübsche Buchhalterinnen, Else Marlowe, Tarns Mündel, und Jessie Damm. Zwei gefährliche Rauschgiftbanden liegen zu dieser Zeit unter sich und mit der Polizei in heftigem Kampf. Chef der einen, der Standfort-Gesellschaft, ist der alte Säufer Tarn, der sich auf diese Art ein Vermögen erworben hat. Die mächtige andere, in Indien weitverzweigte Geheimgesellschaft führt ein gewisser »Soyoka«, den niemand kennt. Wie ein Spürhund hetzt Polizeikommissar Bickerson den stets entwischenden Dunkelmännern hinterher. Der alte Tarn findet zu seinem Entsetzen Anhaltspunkte, daß der neue Chef seines Hauses mit »Soyoka« identisch sein könnte. Weil er die brutalen Methoden des Konkurrenten kennt, will er mit seinem Geld fliehen. Doch ehe ihm dies gelingt, fährt ihm vor den Augen seines nichtsahnenden Mündels Else ein Messer ins Herz. Else sieht einen Chinesen fliehen, der Feng-Ho, Amerys Vertrauten, zum Verwechseln ähnlich ist. Bickerson, der Tarn eben verhaften wollte, nimmt die Spur des Flüchtigen auf. Feng-Ho wird am nächsten Tag verhört und kann ein Alibi nachweisen. Else und Tarns junger Sozius, Dr. Hallam, der von Tarns dunklen Geschäften nichts wußte, öffnen das Testament des Ermordeten. Elses Erbe beträgt 800.000 Dollar. Als sie Tarns Geldschrank aufschließen, finden sie ihn leer. Nun tritt der dicke Bankier Tupperwill auf den Plan. Als Hallam ihn um Geld bitten will, hört er, daß der rätselhafte Major Amery am Vortag 800.000 Dollar in Tupperwills Bank deponiert hat. Else und Hallam wird klar, daß Amery das Vermögen gestohlen hat. Inzwischen begibt sich Tupperwill in Londons Verbrecherviertel Whitechapel, um Ganoven für ein verdächtiges Unternehmen anzuheuern. Kurze Zeit später befindet er sich mit verbundenem Kopf in Amerys Zimmer. Den beiden entsetzten Buchhalterinnen muß er auf Geheiß des Majors eine Aussage diktieren, wonach er vor Amerys Haus überfallen wurde und erst in dessen Armen erwacht sei. Während sie die Verdachtsmomente um den merkwürdigen Major häufen, treibt sich die bisher unscheinbare Kollegin Elses, Jessie Damm, höchst elegant mit ihrem Vater in einem Londoner Luxuslokal herum. Vater Damm scheint mit Dr. Hallam und Bankier Tupperwill gut bekannt zu sein. Jessie unterschreibt angetrunken hohe Schecks mit dem Namen »Stillmann« und wirft damit neue Rätsel auf. Endlich erreicht Kommissar Bickerson sein Ziel, bei Amery eine Hausdurchsuchung vornehmen zu dürfen. Der hinzukommenden Else gelingt es, vorher eine beträchtliche Menge Kokain aus Amerys Schrank verschwinden zu lassen. Während Bickerson wütend ohne Ergebnis abzieht, ist sich Else nun sicher, daß ihr Chef der gefürchtete »Soyoka« ist. Durch einen gefangenen Kokainschieber wird plötzlich bekannt, daß Tarn sein Vermögen nicht im Geldschrank, sondern in Geheimfächern seines Koffers aufbewahrt hat. Amerys Bankdepot bei Tupperwill erweist sich als ein Kuvert mit Papierschnitzeln. Tarns Koffer ist inzwischen in Elses Besitz, der Erbin, die aber von den Geheimfächern nichts weiß. Eine wilde Jagd nach dem Koffer beginnt. Einbrecher dringen in Elses Zimmer ein. Bei einem Feuergefecht werden sie vertrieben. Amery und Feng-Ho bemächtigen sich des Koffers vor der fassungslosen Else. Dr. Hallam wird durch Feng-Ho in Schach gehalten. Amery nimmt Else samt dem Koffer mit, doch wird er noch vor dem Haus verhaftet. Jetzt endlich kommt Licht in den verworrenen Fall: Tarns Mörder wird gestellt und »Soyokas« Identität geklärt.

Kritik zum Film: »Die völlige Unmöglichkeit, Entwicklungen vorauszuahnen, und die Schwierigkeit, die Schuldigen zu entlarven, nimmt die Aufmerksamkeit von Anfang an in Anspruch. Natürlich kann man die Geschichte nicht ernst nehmen, die ausdrucksstarke Darstellung wird jedoch in vielen Häusern Unterhaltung gewährleisten.« (The Bioscope, 1928)

Anmerkung: Der Streifen kam 1931 in nachsynchronisierter Fassung nochmals in die Kinos.

GROSSER, RENATE
→ Darsteller

GROSSFUSS
→ BIG FOOT

GROTHUM, BRIGITTE
* 25.02.1935 Dessau
Deutsche Schauspielerin. Sie wirkte als eine der besten Darstellerinnen der Wallace-Serie in drei Filmen mit: als Margaret Reddle in → *Die seltsame Gräfin* (1961), als Leila Smith in → *Das Gasthaus an der Themse* (1962) und als Joan Bray in → *Der Fluch der gelben Schlange* (1962/63).
Grothum floh 1950 mit ihren Eltern aus der DDR nach West-Berlin und machte 1953 ihr Abitur. Mit elterlicher Zustimmung nahm sie bei Marlise Ludwig Schauspielunterricht. 1954 debütierte sie im Tempelhofer Zimmertheater als Sabinchen im Schauspiel *Die Neuberin*. Der Nachwuchsförderer Frank Lothar, Chef der Berliner Tribüne, entdeckte ihr Talent und holte sie in die Komödie *Die glücklichen Tage*. Dann wurde auch der Film auf sie aufmerksam:

Reifende Jugend (1955), *Der erste Frühlingstag* (1956) und *Preis der Nationen* (*Das Mädchen Marion*, 1956) begründeten ihre Karriere.
Weitere Filme (Auswahl): *Die Letzten werden die Ersten sein* (1957), *Lemkes sel. Witwe* (1957), *Das Wunder des Malachias* (1961), *Ihr schönster Tag* (1961), *Der rote Rausch* (1962), *Frühstück mit Julia* (TV, 1965), *Ein Mann namens Harry Brent* (TV, 1968), *Wie man seinen Gatten los wird* (TV, 1970), *Die Taube in der Hand* (TV, 1976), *Drei Damen vom Grill* (TV, 1977).

GRUEL, HELA
* 04.08.1902 Bremen, † 1991 (ohne Angabe)
Deutsche Schauspielerin. Sie war Mrs. Bellamy in → *Der grüne Bogenschütze* (1960/61) und Anna Smith in → *Das Gasthaus an der Themse* (1962). Gruels Wunsch, Schauspielerin zu werden, fand bei ihren Eltern kein Verständnis. So ging sie mit 16 Jahren ohne Schauspielunterricht zur Bühne – als Naturbegabung gelang ihr dieser Sprung. Bald wurde sie von den Agenten als echte Naive entdeckt und reiste mit prominenten Schwank-Ensembles durch die Lan-

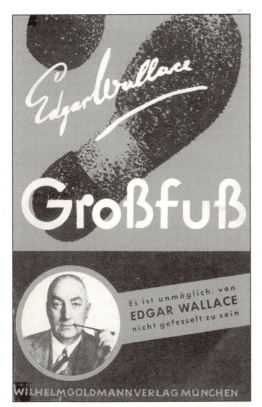

Brigitte Grothum

de. 1924 erreichte sie ein Ruf der »Düsseldorfer Sezession«. Diese Gruppe junger, enthusiastischer Schauspieler, Maler und Musiker wollte das bürgerliche Theater reformieren; Gruel begeisterte sich für ihre hochfliegenden Pläne und brachte ihre Ersparnisse sowie einen Vorschuß auf ihr Erbteil als Einstand ein. Die Gruppe experimentierte mit eigenen Gastspielen, pachtete ein Kurtheater – und löste sich schließlich auf. Als Sentimentale stand Heia Gruel dann in Frankfurt/M., Lübeck, Düsseldorf und Bremen auf der Bühne und spielte an fast allen Theatern Berlins. Neben Alfred Braun war sie eine der ersten Funksprecherinnen in der Potsdamer Straße. 1933 begann eine lange Zeit des Schweigens. Nach dem Krieg erlitt sie in Berlin bei der Trümmerbeseitigung einen Wirbelsäulenriß und konnte erst nach zwei Jahren wieder gehen. Als es in Ost-Berlin still um sie geworden war, reichte sie ein Gesuch ein, ihren 87jährigen Vater besuchen zu können. Ihre Ausreise nach Westdeutschland wurde genehmigt. – Hela Gruel war eine vielbeschäftigte Darstellerin skurriler Typen. Film und Fernsehen boten ihr immer wieder Gelegenheit, ihre reife Darstellungskunst zu beweisen.

Weitere Filme (Auswahl): *Spur in die Nacht* (1957), *Buddenbrocks* (2 Teile, 1959), *Bis zum Ende aller Tage* (1961), *Der Mörderclub von Brooklyn* (1967), *Der Lord von Barmbeck* (1973).

GRUFT MIT DEM RÄTSELSCHLOSS, DIE

Kinofilm. *Deutschland 1964. Regie: Franz-Joseph Gottlieb. Regieassistenz: Thomas Grimm. Script: Annemarie Petke. Drehbuch: Robert-Adolf Stemmle und Franz-Joseph Gottlieb nach dem Roman Angel Esquire von Edgar Wallace. Kamera: Richard Angst. Kameraassistenz: Rudolf Sandtner, Wolfgang Hofmann. Schnitt: Jutta Hering. Schnittassistenz: Helga Schlichting. Ton: Clemens Tütsch. Bauten: Wilhelm Vorwerg, Walter Kutz. Oberbeleuchter: Alfred Richter. Requisiten: Helmut Deukert, Walter Rother. Masken: Willi Nixdorf, Charlotte Kersten-Schmidt. Musik: Peter Thomas. Kostüme: Hannelore Wessel. Garderobe: Gisela Nixdorf, Helmut Preuß. Standfotos: Gerd-Victor Krau. Presse: Hans-Joachim Wehling. Produktion: Rialto Film Preben Philipsen GmbH & Co. KG, Berlin (West). Produzenten: Preben Philipsen, Horst Wendlandt. Herstellungsleitung: Fritz Klotzsch.*

Produktionsassistent: Siegfried Mews. Aufnahmeleitung: Alfred Arbeiter, Hans-Eberhard Junkersdorf. Geschäftsführung: Erich Schütze. Produktionssekretärin: Editha Busch. Kassiererin: Waltraud Peglau. Drehzeit: 18.02.–26.03.1964. Atelier: CCC Film Studios Berlin-Spandau und UFA-Atelier Berlin-Tempelhof. Außenaufnahmen: London, Berlin. Erst-Verleih: Constantin Film, München. Länge: 90 Minuten (2473 m). Format: 35 mm; s/w; Ultra-Scope – Titelvorspann in Farbe. FSK: 28.04.1964 (31992); 16 nff; 30.04.1964. Uraufführung: 30.04.1964, Gloria Palast Berlin (West). TV-Erstaufführung: 17.07.1981 ZDF. Darsteller: Harald Leipnitz (Jimmy Flynn), Judith Dornys (Kathleen Kent), Rudolf Forster (Real), Werner Peters (Spedding), Ernst Fritz Fürbringer (Connor), Vera Tschechowa (Feder-Lissy), Ilse Steppat (Margaret), Klaus Kinski (George), Eddi Arent (Ferry Westlake), Siegfried Schürenberg (Sir John), Harry Meyen (Inspektor Angel), Harry Wüstenhagen (Goyle), Kurd Pieritz (Cyril), Herbert Knippenberg (Massay), Kurt Waitzmann (Mr. Simpson), Kurt Jaggberg (Vinnis), Gerhard Hartig (Portier), Artur Binder (Bat Sand), Heinrich Gies (Wächter), Artur Schilsky (Gangster im Film), Lothar Mann

(Inspektor im Film), Renate Haffe (Mädchen im Film).

Inhalt: Hinter einem genial erdachten Sicherheitschloß lagern im Keller des skrupellosen Spielhöllenbesitzers Real unermeßliche, in vielen Jahren ergaunerte Reichtümer. Verbrecherische Croupiers, unter ihnen Jimmy Flynn, bedrängen ihren alternden Boß, endlich das gemeinsam zusammengebrachte Vermögen aufzuteilen. Doch angesichts des Todes packt den alten Gauner die Reue. Ihn verfolgen die traurigen Augen eines kleinen Mädchens, dessen Vater er in den Selbstmord getrieben hatte. Kathleen Kent, inzwischen eine bildhübsche junge Frau, soll das Vermögen bekommen. Dieses zweifelhafte Erbe bringt Kathleen und ihren Begleiter Ferry Westlake in Todesgefahr.

Kritiken zum Film: »Man muß dem als Wallace-Experten oft bewährten Regisseur Gottlieb und seinem Kameramann Richard Angst bescheinigen, daß sie ein Höchstmaß kriminalistischer Spannung und makabren Nervenkitzels aus der Vorlage herausgeholt haben.« (Hannoversche Allgemeine Zeitung, 06.06.1964) »Flotte Sache, diese deutsche Edgar-Wallace-Serie. Man weiß immer, was man hat. Nämlich genügend Leichen, um damit ein Zimmer zu tapezieren.« (Hamburger Echo, 14.07.1964)

Zitat aus dem Film: Heiter geht es in diesem fast als Drama aufgebauten Film nur am Anfang zu. Als im Zug ein Koffer wiederholt auf Ferry Westlake herabfällt, sagt er: »Schon zum zweiten Male ... Unverschämt! Mein Herr, nach australischem Recht wäre dieser Koffer bereits hinter Schloß und Riegel.«

Anmerkung: Die Eröffnungssequenz dieses Films war in etwas anderer Form bereits 1949 im deutsch-österreichischen Kriminalfilm *Ein Schuß durchs Fenster* zu sehen.

Fazit: Denkwürdiges Ensemble in einer merkwürdigen Inszenierung.

GRÜNE BOGENSCHÜTZE, DER (BUCH)
→ THE GREEN ARCHER

Die Gruft mit dem Rätselschloß: Im Vordergrund: Harald Leipnitz und Ernst Fritz Fürbringer

GRÜNE BOGENSCHÜTZE, DER (FILM)

Kinofilm. *Bundesrepublik Deutschland 1960/ 61. Regie: Jürgen Roland. Regieassistenz: Max Diekhout. Script: Liselotte Christ. Drehbuch: Wolfgang Menge und Wolfgang Schnitzler (d.i. Marcel-Wolfgang Schnitzler-Valmy) nach dem Roman The Green Archer von Edgar Wallace. Kamera: Heinz Hölscher. Kameraassistenz: Klaus König, F. W. Müller, Werner Schulze. Schnitt: Herbert Taschner. Ton: Werner Schlagge. Bauten: Mathias Matthies, Ellen Schmidt. Oberbeleuchter: Hermann Goedecke. Musik: Heinz Funk. Kostüme: Gretl Wehrsig. Garderobe: Fritz Bergmann, Elsbeth Rower. Masken: Walter und Gerda Wegener. Requisiten: Otto Fechtner. Seefachmännische Beratung: Hannes Schlünz. Standfotos: Lilo Winterstein. Presse: Hans-Joachim Wehling. Produktion: Rialto Film Preben Philipsen Filmproduktion und Filmvertrieb GmbH, Frankfurt/M. Produzent: Preben Philipsen. Produktionsleitung: Herbert Sennewald. Herstellungsleitung: Horst Wendlandt. Aufnahmeleitung: Bruno Jankowski, Lothar Mäder. Geschäftsführung: Leif Feilberg. Produktionssekretärin: Editha Busch. Kassiererin: Gertraud Hesse. Drehzeit: Oktober 1960–Januar 1961. Atelier: Real Film Studio Hamburg-Wandsbek. Außenaufnahmen: Hamburg und Schloß Ahrensburg, Schleswig-Holstein. Erst-Verleih: Constantin Film, München. Länge: 93 Minuten (2542 m). Format: 35 mm; s/w; 1:1.33. FSK: 25.01.1961 (24375); 12 nff. Uraufführung: 02.02.1961. TV-Erstsendung: 14.05.1974 ZDF. Darsteller: Gert Fröbe (Abel Bellamy), Karin Dor (Valerie Howett), Klausjürgen Wussow (James Fatherstone), Eddi Arent (Spike Holland), Harry Wüstenhagen (Savini), Wolfgang Völz (Sergeant Higgins), Charles Palent (Sergeant Bannister), Stanislav Ledinek (Coldhabour Smith), Hans Epskamp (Mr. Howett), Heinz Weiss (John Wood), Edith Teichmann (Fay Savini), Georg Lehn (Lacy), Helga Feddersen (Janet), Robert Hore (Diener Sen), Karl-Heinz Peters (Creager), Hela Gruel (Mrs. Elaine Bellamy) sowie Henri Lorenzen, Harre Robert, Ruth Hausmeister, Sigrid von Richthofen und Hans Ganswind (Der Bogenschütze, Double).*

Inhalt: Auf Schloß Garre Castle, das dem steinreichen Amerikaner Abel Bellamy gehört, soll der Grüne Bogenschütze spuken. Bellamys Nichte Valerie Howett ist auf der Suche nach ihrer Mutter. Da geschehen im Umfeld von Bellamy Morde, ausgeführt mit grünen Pfeilen.

Angeblich wurde dabei jedesmal ein Mann im grünen Umhang gesichtet. Inspektor Featherstone und Sergeant Higgins versuchen das Geheimnis zu lüften, doch erst mit Bellamys Tod hat der Spuk ein Ende.

Kritiken zum Film: »Leichen gibt's genug – nur an der Qualität hapert's.« (Frankfurter Rundschau, 20.05.1961) »Es interessiert schließlich schon fast gar nicht mehr, wer nun eigentlich der geheimnisvolle Bogenschütze ist. Aus den Eddie-Constantin-Filmen hat man zudem den gar nicht immer witzigen Gag des Zum-Publikum-Sprechens, des Durchbrechens der filmischen Fiktion, übernommen. [Eddi Arent in der Schlußszene, als es im Garten einer Villa gehörig kracht: ›Die drehen schon den nächsten Wallace-Film!‹].« (Kasseler Post, 01.03.1961)

Zitat aus dem Film: Zu Beginn unterhalten sich der Reporter Spike Holland und der Sekretär Savini. Holland: »Daraus kann man doch kei-

Der grüne Bogenschütze: **1.** Georg Lehn, Harry Wüstenhagen, Klausjürgen Wussow • **2.** Gert Fröbe, Harry Wüstenhagen • **3.** Gert Fröbe u.a.

Der grüne Bogenschütze: 1. Gert Fröbe, Klausjürgen Wussow • 2. Karin Dor • 3. Edith Teichmann, Klausjürgen Wussow • 4. Gert Fröbe, Karin Dor • 5. Karin Dor, Harry Wüstenhagen

nen Film machen. Unmöglich! Ein Mörder mit 'nem Flitzebogen. Das glaubt kein Mensch. Der grüne Bogenschütze! Absurder Gedanke.« – Savini: »Die Leute wollen betrogen werden. Deshalb sind sie doch alle hergekommen. Keiner glaubt an Geister. Aber sie haben Eintritt bezahlt. Sie wollen nämlich wissen, warum sie nicht daran glauben.« Nun werden den Besuchern von Garre Castle die Räume gezeigt. Plötzlich findet eine amerikanische Lady einen Toten, mit einem grünen Pfeil erschossen. Daraufhin Spike Holland: »Tja, ich glaube, das wird doch ein hübscher Film.«

Anmerkungen: Ursprünglich hatte die Produktion für die Rollen andere Darsteller vorgesehen: Ulla Jacobsson, Dietmar Schönherr und Fritz Rasp anstelle von Karin Dor, Heinz Weiss und Hans Epskamp. Zudem sollten Außenaufnahmen auf der Hamburger Reeperbahn stattfinden.

Fazit: Starke Typen, zwiespältiges Drehbuch.

GRÜNE BOGENSCHÜTZE, DER (HÖRBUCH)

Erschienen 2003 bei Random House Audio GmbH, München, nach dem gleichnamigen Roman von Edgar Wallace. *Hörbuchfassung des gekürzten Romans (70 Minuten): Sven Stricker, Tanja Weimer. Regie und Produzent: Oliver Versch. Musik: Martin Böttcher. Erzähler: Peer Augustinski. Aufnahmen: AirPlay Studio (München), Günther Krusemark und Volker Gereth, Spotting Image Studios (Köln).*

GRÜNE BOGENSCHÜTZE, DER (HÖRSPIEL)

→ Maritim-Hörspiel Nr. 11 nach dem gleichnamigen Roman von Edgar Wallace. *Manuskript: Ludger Billerbeck. Musik: Alexander Ester. Ton: Peter Hertling. Produktion: Hans-Joachim Herwald. Regie: Michael Weckler und Hans-Joachim Herwald. Mit den Stimmen von Rolf Jülich (Captain Jim Stone), Matthias Grimm (Spike Holland, Reporter), Gottfried Kramer (Abel Bellamy), Monika Gabriel (Valerie Howett), Hans-Joachim Kilburger (Hughes Howett), Joachim Richert (John Wood), Peter von Schultz (Coldhabour Smith), Lothar Zibell (Creager), Volker Bogdan (Savini), Uschi Sieg (Elaine Held), Günther Dockerill (Chefredakteur).*

GRÜNE BRAND, DER (BUCH)

→ THE GREEN RUST

GRÜNE BRAND, DER (FILM)

Unter diesem Titel kündigte der → Gloria-Filmverleih 1964 ein Wallace-Projekt in Schwarzweiß an; geplanter Starttermin: Januar 1965. Unter der Regie von → F. J. Gottlieb sollten in dieser Corona-Filmproduktion Barbara Frey, Dietmar Schönherr, Albert Lieven und Leonard Steckel spielen.

GRÜNING, ILKA

→ Darsteller

GRÜTER, ALEXANDER

* 14.08.1907 (ohne Angabe),
† 07.12.1989 (ohne Angabe)

Filmproduzent und -funktionär. Der gebürtige Westfale, der in Rostock, Berlin und Halle Jura studierte, ließ sich als Anwalt im schlesischen Liegnitz nieder. Dort wurde er Direktor einer Zementfabrik und Ende der 30er Jahre in das Präsidium der Fachgruppe Steine und Erden beim Reichsministerium für Wirtschaft in Berlin delegiert. Seine Filmkarriere begann nach 1945 als Finanzberater bei der Hamburger Camera-Filmproduktion. Dann gründete er mit dem Bielefelder Fabrikanten Hermann Oetker

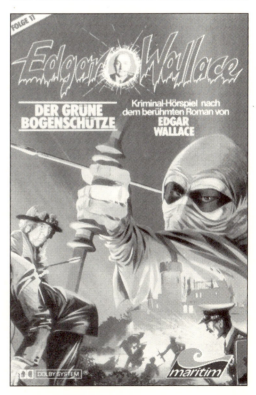

und dem Industriellen De Crignes die Filmfinanzierungsgesellschaft mbH Hamburg (Fifi) und gleichzeitig den National-Filmverleih (NF) als Tochter der Fifi. Als Geschäftsführer dieses bedeutenden Verleihs bereitete Grüter seinen Brancheneinstieg als Produzent vor. Sein erstes Projekt war 1950 die deutsch-französische Coproduktion *Blaubart* von Christian-Jaque mit Hans Albers in der Hauptrolle. Fifi und National Film brachen zusammen, als sich Oetker aus dem Filmgeschäft zurückzog. Grüter gründete daraufhin in München die Corona Film, die sich mit Titeln wie *Sauerbruch – das war mein Leben* (1954), *Anastasia* (1956), *Das Mädchen Marion,* (1956) und *Made in Germany* (1957) einen Namen machte. Später verlegte sich Grüter auf die Beteiligung an internationalen Koproduktionen. *An Serenade einer großen Liebe* (1959) mit Mario Lanza oder Alvin Rakoffs *An einem Freitag um ½ 12* (1961) war er finanziell ebenso beteiligt wie an *Die Tatarenwüste* (1977) oder *Viktoria* (1954). 1964 wollte Grüter auch ins Wallace-Geschäft einsteigen und kündigte die Projekte → *Der grüne Brand* und → *Im Banne des Unheimlichen* an, die im → Gloria-Filmverleih erscheinen sollten. Aufgrund von Interventionen seitens der → Constantin und der → Rialto Film wurden beide nicht realisiert. – Nebenbei hat sich Grüter in Ehrenämtern für die Interessen der Films eingesetzt, u.a. 17 Jahre lang als Vorsitzender des Verbandes Deutscher Spielfilmproduzenten. 1968–86 war er Mitglied des Verwaltungsrats der Filmförderungsanstalt (FFA), 15 Jahre lang stellvertretender Vorsitzender des Verwaltungsrats und mehrere Jahre Mitglied des Präsidiums der FFA.

GUCUMATZ
→ THE FEATHERED SERPENT

GUCUMATZ DER ALLMÄCHTIGE
→ THE FEATHERED SERPENT

GUEST, VAL
→ Drehbuchautoren

GUILLERMIN, JOHN
* 11.11.1925 London

Regisseur. Er leitete die Aufnahmen der Neu-verfilmung von → *King Kong* (1976) sowie der Fortsetzung *King Kong lebt* (1986).

Guillermins Karriere begann als Dokumentar-filmer in Frankreich. Nach Rückkehr in seine Heimat war er 1942–46 bei der Royal Air Force. Anschließend inszenierte er Kurzfilme bei Vandyke Pictures. 1952 wurde er beim Fern-sehen aktiv und inszenierte eine Reihe von Fernsehfilmen. Auch das Kino wurde auf ihn aufmerksam: *Song Of Paris* (1952) hieß sein ers-ter Kinofilm, dem viele weitere folgten. Guil-lermin ist in vielen Sujets zu Hause und dreht neben Literaturverfilmungen auch Abenteuer- und Katastrophenfilme sowie Komödien.

Weitere Arbeiten als Regisseur (Auswahl): *Tar-zans größtes Abenteuer* (1959), *Tarzan erobert Indien* (1962), *Der Blaue Max* (1966), *Der Gna-denlose* (1968), *Die Brücke von Remagen* (1969), *El Condor* (1970), *Endstation Hölle* (1972), *Shaft in Africa* (1973), *Flammendes In-ferno* (1974), *Tod auf dem Nil* (1978), *Sheena – Königin des Dschungels* (1984), *Gnadenlose Jäger* (TV, 1988).

GUNN, GILBERT
→ Drehbuchautoren

GUNNER, THE
Kriminalroman. *Originalausgabe: John Long, London 1928. Deutsche Erstveröffentlichung: Hands up! Übersetzung: → Fritz Pütsch. Wil-helm Goldmann Verlag, Leipzig 1929. Neuaus-gabe: Wilhelm Goldmann Verlag, Leipzig 1932 und 1937. Neuausgabe: Freitag Verlag, Mün-chen 1948. Neuausgabe: Wilhelm Goldmann Verlag, München 1950. Taschenbuchausgabe: Wilhelm Goldmann Verlag, München 1953 (= Goldmann Taschen-KRIMI 13). Weitere Ta-schenbuchauflage im Wilhelm Goldmann Ver-lag: 1961. Neuübersetzung: Tony Westermayr. Wilhelm Goldmann Verlag, München 1971 (= Goldmann Taschen-KRIMI 13). Weitere Ta-schenbuchauflagen im Wilhelm Goldmann Ver-lag: 1973, 1975, 1978, 1980, 1982. Jubiläums-ausgabe im Wilhelm Goldmann Verlag: 1990, 2000 (= Band 34). Neuübersetzung: Edith Wal-ter. Scherz Verlag, Bern, München, Wien 1983 (= Scherz Krimi 925). Neuauflage: 1989. – An-läßlich des 125. Geburtstags des Autors brach-*te der → Weltbild Verlag 2000 eine Wallace-Edition heraus. Hier erschien der Roman in ei-ner Doppelausgabe zusammen mit *Der Mann von Marokko* (→ *The Man from Morocco*).

Inhalt: Der Juwelendieb »Gunner Haynes« wird von seinem Komplizen Larry Vinman ver-raten. Dafür will Haynes sich rächen. Die jun-ge Margaret Leferre ist mit Luke Maddison ver-lobt. Ihr Bruder Rex hat Selbstmord verübt, und dafür fordert sie Rache. Zu spät erkennt sie, daß ihr Verlobter es war, die Rex in den Tod getrieben hatte. Doch Maddison hat nicht nur Leferres Tod auf dem Gewissen; er treibt ein zwielichtiges Spiel und gerät dadurch in die Fänge des ausgekochten »Gunners«. Inspektor Horace Bird, den man »The Sparrow« (Sper-ling) von Scotland Yard nennt, ist mit dem Fall beauftragt. Mit Erfolg sucht er Beweise, um so-wohl Luke Maddison als auch »Gunner Hay-nes« hinter Schloß und Riegel bringen zu kön-nen.

Anmerkungen: Der Roman erschien in den USA unter dem Titel *Gunman's Bluff* (Double-day, Doran & Co., Garden City, NY 1929). Er wurde 1962 verfilmt unter dem Titel → *Solo For Sparrow.*

GUSHER, THE
Theaterstück nach Motiven von Edgar Wal-lace. Uraufführung 1937 im Londoner Prince Theater.

GUTBROD, CURT HANNO
* 09.08.1920 Würzburg

Journalist, Hörspiel- und Fernsehautor, Büh-nenschriftsteller. Co-Autor von → *Die seltsame Gräfin* (1961).

Gutbrod schrieb die Drehbücher zu bisher neun Kino- und 27 Fernsehfilmen, u.a. *Das Wirts-haus im Spessart* (1957).

Curt Hanno Gutbrod

GÜTESIEGEL

Um Verwechslungen mit den Bryan-Edgar-Wallace-Filmen und anderen Kriminalfilmen zu vermeiden, führte die → Constantin Film mit dem Start von → *Das indische Tuch* ein »Gütesiegel« (Stempelabdruck) mit dem Text »Ein echter Edgar Wallace Krimi« ein. Dieses Siegel bot freilich keine Garantie für eine authentische Wiedergabe der zugrundeliegenden Wallace-Texte.

GUTTMANN, ARTUR

→ Komponisten

GUV'NOR, THE

(Der Chef).
Zwei Kriminalkurzromane. *Originalausgabe: Collins, London 1932.*
Enthält: *The Guv'nor* und *The Man Who Passed*. Die beiden Erzählungen wurden noch im gleichen Jahr in die Sammlung → *The Guv'nor & Other Stories* aufgenommen.

GUV'NOR & OTHER STORIES, THE

(Der Chef und andere Geschichten)
Vier Kriminalkurzromane. *Originalausgabe: Collins, London 1932.*
Enthält: THE GUV'NOR (bisher nicht übersetzt), THE MAN WHO PASSED (*Der Lügendetektor*, in → *Der Mann im Hintergrund*), → THE TREASURE HOUSE (*Die Schatzkammer*), → THE SHADOW MAN (*Der Mann im Hintergrund*, im gleichnamigen Band).
Inhalt: Erzählt werden spannende Abenteuer um den Detektiv der Staatsanwaltschaft, → John Gray Reeder. – Im Mittelpunkt von *The Man Who Passed* steht Captain Mannering, von dem die Dorfbewohner von Woodern Green annehmen, daß er ein ehemaliger Soldat sei. Mannering lebt hier seit Jahren zurückgezogen in Hexleigh Manor. Eines Tages läßt er sein Haus renovieren und richtet zusätzlich eine Hühnerfarm ein. Die dazu benötigten Tiere erhält er von keinem anderen als von Mr. Reeder, der in Kent als Hobby die Hühnerzucht betreibt. Reeder hat jedoch eine feine Nase für Verbrechen. Und so kommt er über Umwege der wahren Identität Mannings auf die Spur und verschafft dem Henker von London neue Arbeit. – In *The Shadow Man* hat John G. Reeder zwei mysteriöse Fälle zu lösen, bei denen die Polizei versagt hat. Zum einen begannen in London Bankbetrügereien, nachdem einige Wochen zuvor ein Gefangener aus Sing-Sing entflohen war. Zum anderen erhielt eine junge Dame von ihrem Verlobten, einem einfachen Bankangestellten, ein dickes Bündel Dollarnoten und äußerst wertvollen Schmuck. In detektivischer Kleinarbeit kommt Reeder dem Zusammenhang der beiden Fälle auf die Spur und entlarvt schließlich den entflohenen Sträfling als den Boß einer Geldfälscherbande. – In *The Treasure House* muß John G. Reeder den Mord an dem Polizisten Buckingham aufklären. Dabei kommt er mit dem Finanzier John Lane Leonard in Kontakt. Dabei stellt sich heraus, daß dieser Geschäftsmann keine weiße Weste hat.

GYNT, GRETA

* 15.11.1916 Oslo, † 02.04.2000 London; eigentlicher Name: Margrethe Woxholt
Schauspielerin. Sie verkörperte in drei Wallace-Filmen eindrucksvoll den weiblichen Part: als Diana Stuart in → *The Dark Eyes of London* (1939), als Wenda in → *The Calendar* (1948) und als → Cora Ann Milton in → *The Ringer* (1952). Mit fünf Jahren kam Greta Gynt erstmals nach England. Erzogen wurde sie in englischen und norwegischen Klosterschulen. Früh entdeckte ihre Mutter ihr schauspielerisches Talent und bewog sie dazu, Unterricht zu nehmen. Als der norwegische Produzent Amaln Noess sie bei einer privaten Gesellschaft in Oslo singen und tanzen sah, erhielt sie ihre erste Bühnenchance in einer Revue im Chat-Noir-Theater in Oslo. Ihr Debüt wurde ein voller Erfolg. Nach drei Jahren als Revuetänzerin in allen großen norwegischen Städten ging sie 1933 nach England, besuchte Manchester und nahm ein Jahr lang Ballettunterricht an der Atkinson- und Suffield-School. Nach Norwegen zurückgekehrt, setzte sie ihre Karriere in Revuen und mit Bühnenauftritten fort. 1936 ging sie auf Einladung von Sidney Caroll nach London, um im Freilichttheater als Primadonna im »Sommernachtstraum« aufzutreten. Aufgrund des großen Erfolgs erhielt sie in England zahlreiche weitere Rollen am Theater und beim Film.
Weitere Filme (Auswahl): *The Last Curtain* (1937), *The Last Barricade* (1938), *Crooks Tour* (1939), *Bulldog Sees It Through* (1940), *Room for Two* (1940), *Two for Danger* (1940), *London Town* (1946), *Dear Murderer* (1947), *Take My Life* (1947), *Easy Money* (1948), *Mr. Perrin*

and Mr. Traill (1948), *Graf Orloffs gefährliche Liebe* (1950), *Soldiers Three* (1951), *Whispering Smith Hits London* (1951), *Devil's Point* (1954), *Forbidden Cargo* (1954), *The Last Moment* (1954), *See How They Run* (1955), *Strange Case of Dr. Manning* (1958), *The Crowning Touch* (1959), *Bluebeard's Ten Honeymoons* (1960).

H

HACKETT, SAM
Berühmte Figur aus Wallace' Roman → *Der Hexer*. In den Verfilmungen gespielt u.a. von Karl Etlinger (1932), → Fernandel, → William Hartnell und → Gordon Harker.

HAGEN, JULIUS
* 1884 (ohne Angabe), † 1939 (ohne Angabe)
Bedeutender Produzent, der bereits zur frühen Stummfilmzeit außerordentlich produktiv war. Unter seiner Ägide entstanden die Wallace-Filme → *The Man Who Changed His Name* (1934) und → *The Lad* (1935).
1927 gründete er die → Twickenham Film Studios Ltd. und leitete sie bis 1938. Nach Zerstörungen durch einen Brand gründete er 1935 zusätzlich die JH Productions und kaufte 1937 von J. Bamberger die Consolidated Studios, die nun den Namen MP Studios erhielten. Seit 1931 produzierte Hagen Agatha-Christie-Verfilmungen mit dem Darsteller Austin Trevor in der Rolle des belgischen Detektivs Hercules Poirot.
Weitere Produktionen (Auswahl): *Alibi* (1931), *Black Coffee* (1931), *Sherlock Holmes' Fatal Hour* (1931), *The Face at the Window* (1932), *The Lodger* (1932), *A Shot in the Dark* (1933), *The Black Abbot* (1934), *Lord Edgeware Dies* (1934), *Scrooge* (1935), *Three Witnesses* (1935), *The Triumph of Sherlock Holmes* (1935), *Man in the Mirror* (1936).

HAHN, GISELA
→ Darsteller

HALES, GORDON
→ Regisseure

HALLER, RICHARD
* 25.03.1925 Innsbruck, † 1983 Berlin
Österreichischer Schauspieler. Er verkörperte die Titelgestalten in → *Der Bucklige von Soho* (1966) und in → *Die blaue Hand* (1967).
Haller studierte Philosophie und Germanistik, mußte sich aber nach dem Krieg um den Wiederaufbau des väterlichen Sägewerks in Solbad Hall kümmern. Er verkaufte den Betrieb, als seine fünf Schwestern zwecks Heirat um ihre Mitgift baten. Haller war ein erfolgreicher Sportler, u.a. österreichischer Amateurmeister im Ringen und Vierter im Bobfahren bei der Weltmeisterschaft 1950. Ohne die in Österreich sonst unerläßliche Prüfung betrat er die Bühne des Burgtheaters, und zwar bei einem Gastspiel als Mitglied des Tiroler Landestheaters. Hallers Lieblingsrolle war die des Lennie in John Steinbecks *Mäuse und Menschen*. Bei Erwin Piscator in Berlin spielte er bis zu dessen Tod viele bedeutende Rollen.
Weitere Filme (Auswahl): *Straßenbekanntschaften auf St. Pauli* (1967), *Dynamit in grüner Sei-*

Richard Haller – Dreharbeiten
***Die blaue Hand* (1967)**

de (1967), *Wenn süß das Mondlicht auf den Hügeln schläft* (1969), *Gelobt sei, was hart macht* (1972), *Der Millionenbauer* (TV-Serie, 1979), *Tatort – Miriam* (TV, 1983).

Interview-Zitat zu seiner Rolle in → *Die blaue Hand*: »Jetzt bin ich also schon wieder ein Ungeheuer, und dabei spiele ich so gerne gute Menschen. Die Bösen sind nur böse, die Guten immer vielschichtiger. Was nicht heißen soll, daß mich mein Erfolg als ›Böser‹ nicht sehr freut. Ich habe auch oft sympathische Charaktere gespielt. Vom Guten zum Bösen ist es ein kleiner Schritt – in der Schauspielerei wenigstens.«

HALLO, HIER SPRICHT EDGAR WALLACE!

Dieses **Filmmotto** war erstmals in → *Das Gasthaus an der Themse* (1962) *zu hören,* dann bei allen weiteren → Rialto-Filmen (mit Ausnahme von → *Das Geheimnis der weißen Nonne,* 1966) sowie in den Streifen → *Der Fluch der gelben Schlange* (1962/63), → *Das Rätsel des silbernen Dreieck* (1965/66), → *Der Henker von Blackmoor* (1990) und → *Der Schlüssel zum Tod* (1994), sowie in den acht Rialto-→ RTL-Fernsehfilmen. Es gibt bei den Filmen der 60er Jahre drei verschiedene Interpreten des Textes, von denen nur einer bekannt ist: → Alfred Vohrer.

HALTINER, FRED
→ Darsteller

HAMANN, EDITH
* 1896 (ohne Angabe),
† 21.11.1967 (ohne Angabe)
Berliner Journalistin. Pflegte durch ihre Pressearbeit über 40 Jahre den Kontakt zwischen Film und Kinopublikum.
Hamann berichtete u.a. von den Dreharbeiten zu einer Szene von → *Neues vom Hexer* (1965) in einem Berliner Gerichtssaal. Kurzerhand verpflichtete Regisseur → Alfred Vohrer sie als Statistin, so daß sie in diesem Streifen als Gerichtsreporterin mitspielte. Ihre Eindrücke hielt sie fest; sie machen anschaulich, was sich im Hintergrund der Dreharbeiten abspielte: »Es hatte damit angefangen, daß ich frühmorgens auf der ungeheuren Treppe in dem monströsen Vestibül des Kriminalgerichts stand, dessen Architektur aus den Alpträumen unseliger Gesetzesübertreter zu stammen scheint und an die Kaf-

ka-Verfilmung von Orson Welles erinnert. Kurz darauf kamen vom Eingang her Brigitte Horney, Barbara Rütting und Margot Trooger auf mich zu. Wir verbrachten den Vormittag in einem Sitzungszimmer, das man notdürftig als Garderobe hergerichtet hatte. Brigitte Horney entfaltete eine rege hausfrauliche Tätigkeit, indem sie, ein sehr dekoratives Blaufuchs-Barett auf dem schön frisierten Haupt, vermittels eines Ärmelbretts Blusen aufbügelte und später einen Chiffonschal geschickt säumte. Ab und zu schaute Klaus Kinski zu uns herein, gierig auf Brigittes Schinkenbrote. So verging der Vormittag, bis nach der Mittagspause der große Moment kam, in dem ich zwischen der Zeugenbank und den Schranken des Gerichts zur Tür eilen mußte (...). Links auf der Bank saßen sämtliche Darstellerinnen nebst Klaus Kinski und Eddi Arent, rechts hinter den Perücken der Richter schwenkte die Kamera auf Robert Hoffmann, der am Zeugenstand seine Aussage machte, und bekam auch mich ins Bild, die ich auf ein Zeichen der Regieassistentin losmarschierte und sofort irritiert war, weil meine Gummisohlen auf dem Parkett knirschten. Es schien aber niemand zu stören. Ich wurde noch dreimal zur Tür geschickt, bis Vohrer zufrieden war. Jedesmal stand der Gerichtsdiener in blauer britischer Uniform von seinem Bänkchen auf und schloß sie freundlich, mich mit einem zwinkernden Lächeln durch den Spalt verabschiedend. Das Lächeln kam nur aus den Augen hinter der altmodischen Brille, denn seine Gesichtszüge waren steif verklebt mit Palten und Bart. Ich bemerkte das jetzt aus der Nähe, nachdem er mir bereits als ›echter Typ‹ von ferne aufgefallen war – aber erst als er mir die Tür aus der Hand nahm, erkannte ich ihn durch die fabelhafte Maske. Es war gar kein Gerichtsdiener, sondern mein alter Freund René Deltgen, der in diesem Super-Thriller in tausend Masken sein Wesen und Unwesen treibt.«

HAMILTON, GUY
* 16.09.1922 Paris
Englischer Regisseur. Er debütierte 1952 als Regisseur mit der Wallace-Verfilmung → *The Ringer.* Hamilton stammte aus vornehmem Haus und sollte Diplomat werden. Er wurde zur Universität Oxford geschickt, ging jedoch nach Paris, wo er sich in den Filmstudios herumtrieb. Dort engagierte ihn Carol Reed als Regieassis-

tent. Ein eigener Stil und kritisches Engagement, vor allem aber auch eine gute Schauspielerführung machten Hamilton in den Studios beliebt und ließen ihn allmählich zu einem Erfolgsregisseur in England werden. Mit Elsa Martinelli und Trevor Howard drehte er 1957 den bemerkenswerten Abenteuerfilm *Manuela*. 1958 entstand nach George Bernard Shaws Stück *The Devil's Disciple* mit dem Trio Kirk Douglas, Burt Lancaster, Laurence Olivier ein vergnüglicher, wenn auch oberflächlicher Spaß. 1963 inszenierte er den kritischen Kriegsfilm *Man in the Middle* nach Howard Fast mit Robert Mitchum und Trevor Howard. Kommerziellen Erfolg hatte Hamilton schließlich mit den James-Bond-Filmen: *Goldfinger* (1965), *Diamantenfieber* (1971), *Leben und sterben lassen* (1973), *Der Mann mit dem goldenen Colt* (1974).
Weitere Filme (Auswahl): *Finale in Berlin* (1966), *Luftschlacht um England* (1969), *Der wilde Haufen von Naverone* (1977), *Mord im Spiegel* (1981), *Das Böse unter der Sonne* (1982).

Susan Hampshire

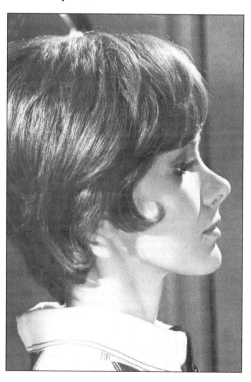

HAMMONS, E.W.
→ Produzenten

HAMPSHIRE, SUSAN
* 12.05.1938 London
Schauspielerin. Sie verkörperte Trudy Emberday in → *Das Geheimnis der weißen Nonne* (1966). Nach einigen Filmen erhielt die Tochter eines Chemikers und einer Tänzerin 1965 ihre große Chance als Partnerin von Charles Aznavours in *Paris im August* (*Paris ist voller Liebe*). Das BBC-Fernsehen verpflichtete sie 1967 für die 24teilige Verfilmung von John Galworthys *The Forsyte Saga*.
Weitere Filme (Auswahl): *Während einer Nacht* (1961), *Drei Leben des Thomasina* (1963), *Griff aus dem Dunkel* (1964), *Die Monte Carlo Rallye* (1969).
Interview-Zitat anläßlich der Dreharbeiten zu → *Das Geheimnis der weißen Nonne*: »Mit 40 will ich in Paris leben. Verheiratet sein mit dem Mann, den ich liebe. Fünf Kinder haben. Jedes Jahr nur einen einzigen Film machen und die Leute sollen sagen: ›Was für eine wunderbare Schauspielerin.‹«

HANCKE, EDITH
* 14.10.1928 Berlin
Deutsche Schauspielerin. Sie mimte Lizzy Smith, die Freundin von Margaret Reddle, in → *Die seltsame Gräfin* (1961). Die populäre Berliner Volksschauspielerin debütierte 1948 in ihrer Heimatstadt, wo sie noch heute aktiv ist. Neben Kollegen wie Günter Pfitzmann oder Harald Juhnke spielte sie an allen Berliner Bühnen. Beim Film verkörperte sie oft markante Nebenrollen.
Weitere Filme (Auswahl): *Der Biberpelz* (1949), *Der Raub der Sabinerinnen* (1954), *Ein Mann muß nicht immer schön sein* (1956), *Der Hauptmann von Köpenick* (1956), *Wenn wir alle Engel wären* (1956), *Schmutziger Engel* (1958), *Der Maulkorb* (1958), *Peter schießt den Vogel ab* (1959), *Natürlich die Autofahrer* (1959), *Am Sonntag will mein Süßer mit mir segeln geh'n* (1961), *Die Ehe des Herrn Mississippi* (1961), *So liebt und küßt man in Tirol* (1961), *Vertauschtes Leben* (1961), *Ohne Krimi geht die Mimi nie ins Bett* (1962), *Frühstück im Doppelbett* (1963), *Die schwarzen Adler von Santa Fé* (1964), *Paradies der flotten Sünder* (1968), *Charleys Onkel* (1969), *Unser Willi ist der Bes-*

Edith Hancke

te (1971), *Alter Kahn und junge Liebe* (1973), *Unsere Tante ist das Letzte* (1973).

HAND OF POWER, THE
Kriminalroman. *Originalausgabe: John Long, London 1927. Deutsche Erstveröffentlichung: Im Banne des Unheimlichen. Übersetzung: Baronin Else Werkmann. Wilhelm Goldmann Verlag, Leipzig 1931. Neuausgabe: Wilhelm Goldmann Verlag, Leipzig 1938. Neuausgabe: Wilhelm Goldmann Verlag München 1953. Taschenbuchausgabe: Wilhelm Goldmann Verlag, München 1957 (= Goldmann Taschen-KRIMI 117). Neuübersetzung: → Gregor Müller. Taschenbuchausgabe: Wilhelm Goldmann Verlag, München 1973 (= Goldmann Taschen-KRIMI 117). Weitere Taschenbuchauflagen im Wilhelm Goldmann Verlag: 1974, 1975, 1978, 1980, 1982, 1985, 1987, 1997. Jubiläumsausgabe im Wilhelm Goldmann Verlag: 1990, 2000 (= Band 36).*
Inhalt: Der gewissenlose Arzt Dr. Joshua Laffin will mit allen Mitteln zu Reichtum gelangen. Eines Tages macht er die Bekanntschaft mit dem Orden der »Stolzen Brüder von Ragusa«. Laffin wird zum Prior gerufen. Das kommt dem Arzt sehr gelegen, denn schon lange interessiert er sich für die Schatzkammer des Geheimbundes. Er plant, den Prior so bald wie möglich zu ermorden. Sein Mündel Betty Carew soll dabei eine wichtige Rolle spielen. Doch hat Laffin seine Rechnung ohne den Reporter William Hol-

brook gemacht. Der hat genügend Verbindungen, um die Pläne Laffins zu durchkreuzen.
Anmerkung: Der Romantitel wurde 1968 verwendet für die freie Adaption → *Im Banne des Unheimlichen.*

HANDS UP!
→ THE GUNNER

HANFORD, HARRY
(Lebensdaten unbekannt)
Er war verheiratet mit → Clara Freemann, einer der Adoptivschwestern von Edgar Wallace. Hanford war Milchmann; er gab Wallace einen Job als Gehilfe und ließ ihn bei sich wohnen. Als eines Tages Geld verschwand und nur Edgar der Dieb sein konnte, ging Hanford vor → Gericht. Dank der Hilfe von Clara tauchte das Geld wieder auf; Edgar wurde nicht verurteilt, mußte aber Arbeit und Wohnung aufgeben. Später stahl Hanford alle Ersparnisse seiner Frau und verschwand mit einer Freundin auf Nimmerwiedersehen.

HANKAMMER, HEIDRUN
→ Darsteller

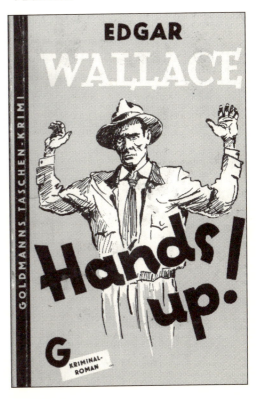

HANKINSON, MICHAEL
→ Regisseure

HARDY, SOPHIE
→ Darsteller

HARKER, GORDON
* 07.08.1885 London, † 02.03.1967 London
Bekannter komödiantischer Darsteller der 30er Jahre. In Wallace-Filmen spielte er als → Inspektor Elk in → *The Return of the Frog* (1938), als → Sergeant Elk in → *The Frog* (1936), als Bill Shane in → *The Lad* (1935), als → Sam Hackett in → *White Face* (1933), als Sergeant Tod-

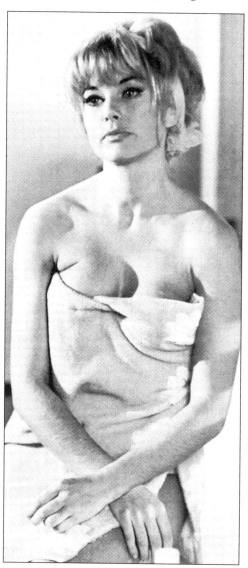

dy in → *The Frightened Lady* (1932), als → Sam Hackett in → *The Ringer* (1932), als Bill Annerley in → *The Squeaker* (1930) und als William in → *The Wrecker* (1928).

Zunächst arbeitete Harker im Geschäft seines Vaters. Danach ging er zu einem Wandertheater, mit dem er bis nach Australien reiste. Im Ersten Weltkrieg wurde er verwundet. Nach seiner Genesung begann er wieder Theater zu spielen. Als Sam Hackett in Wallace' Stück → *The Ringer* am → Wyndham Theater wurde er 1926 einem breiteren Publikum bekannt. Danach trat er in weiteren Wallace-Stücken auf: 1929 nochmals als Sam Hackett (in → *Persons Unknown*) und anschließend als kratzbürstiger, verbrecherischer Butler in → *The Calendar*. Im August 1931 spielte er, wiederum am Wyndham Theater, den Detektiv-Sergeant Totty (in → *The Case of The Frightened Lady*). 1936 verkörperte er am Londoner Prince Sergeant Elk (in → *The Frog*) und am Aldwych Theater Charlie Harvey (in → *Number Six*). 1944 ging er mit vier Wallace-Stücken auf Tournee (*The Case of the Frightened Lady*, → *The Terror, The Frog, The Ringer*).

HARMSWORTH, ALFRED
(Lebensdaten unbekannt)
Besitzer und Schriftleiter der Londoner Daily Mail. Bot Wallace im Februar 1904 die Chefredaktion des Tochterunternehmens Evening News an. Das Verhältnis zwischen ihm und Wallace war zeitlebens freundschaftlich, aber gespannt. Obwohl Harmsworth ein harter Geschäftsmann war, ging er oft auf Wallace' Wünsche ein, was auch zu großen Mißerfolgen führte. Wallace seinerseits verzieh es Harmsworth nie, daß er ihn nicht unterstützte, als die → Tallis Press in finanzielle Schwierigkeiten geriet.

HARRIS, LIONEL
→ Regisseure

HARRIS, RICHARD
→ Drehbuchautoren

HARRISON, NORMAN
→ Regisseure

Sophie Hardy

HARTNELL, WILLIAM
→ Darsteller

HARVEY, WALTER J.
→ *Kameramänner*

HASENAU, BEATE
* 15.04.1936 Frankfurt/M.,
† 01.10.2003 Hamburg
Deutsche Schauspielerin. Sie war Cora Watson
in → *Der Gorilla von Soho* (1968).
Nach ihrer Schauspielausbildung lebte und
spielte sie in Frankfurt/M. 1960 ging sie nach
Berlin. Neben zahlreichen Auftritten im Theater, beim Kabarett und in Fernsehfilmen stand
sie auch vor der Filmkamera, u.a.: *In Frankfurt
sind die Nächte heiß* (1966), *Heißes Pflaster
Köln* (1967). Wesentlich bekannter wurde sie
jedoch durch ihre Synchronarbeiten. Sie lieh ihre Stimme Monica Vitti, Carol Baker und vor
allem unverkennbar Claudia Cardinale in Ser-

Beate Hasenau

gio Leones Meisterwerk *Spiel mir das Lied vom
Tod* (1968).
Weitere Filme (Auswahl): *Dr. med. Fabian*
(1969), *Jeder stirbt für sich allein* (1975), *Drei
Schwedinnen in Oberbayern* (1977), *Es begann
bei Tiffany* (TV, 1979), *Warum die UFOs unseren Salat klauen* (1980), *Kiez* (1983).

HAUS DER TOTEN AUGEN, DAS
Fernsehfilm. *Deutschland 1997/98. Produkti-
on: Rialto Film im Auftrag von RTL. Produzent:
Horst Wendlandt. Regie: Wolfgang F. Henschel.
Buch: Bernd Eilert nach dem Roman The Dark
Eyes of London von Edgar Wallace. Kamera:
David Slama. Musik: Steven Keusch. Schnitt:
Sabine Brose. Architekt: Christoph Schneider.
Casting: Angela Marquis. Regieassisatenz: Clau-
dia Beween, Peter Altmann. Kameraassistenz:
Darius Brunzel. Schnittassistenz: Etienne Bous-
sac. Ton: Andreas Walther, Michael Homann.
Kostüme: Manuela Nierzwicki. Maske: Hasso
von Hugo, Susanne Kasper. Spezialeffekte: Mi-
chael Bouterweck, Daniela Goepel. Stuntteam:
Frank Haberland. Aufnahmeleitung: Holger*

**Eddie Arent und Norbert Heisterkamp
in *Das Haus der toten Augen***

Bohm. *Produktionsleitung (London): Norman Foster. Herstellungsleitung: Willy Egger.*
Anmerkung: Der Film wurde in einem Produktionsgang zusammen mit → *Das Schloß des Grauens,* → *Die unheimlichen Briefe,* → *Die vier Gerechten* und → *Whiteface* hergestellt. *Produktionszeitraum: 15.09.97 – 03.03.98 in London und Berlin/Brandenburg. Sendelänge: 93 Minuten. Erstsendung: 27.04.2002 Super RTL. Darsteller: Gunter Berger (Inspektor Higgins), Eddi Arent (Sir John), Petra Kleinert (Diane Ward), Rosalind Baffoe (Ann Pattison), Walter Kreye (Stephen Yared), Norbert Heisterkamp (Blinder Jake), Reinhard Scheunemann (Harry), Matthias Zelic (Kleiner Lew), Holger Kunkel (Mr. Strauss), Christoph Eichhorn (Fummel-Fred), Christiane Kupfer (Fay Weldon), Udo Samel (Reverend Dearborn), Gisela Uhlen (Emma Miller), Christoph Felsenstein (Gordon Stuart), Peter Schlesinger (Schließer), Bruno Dunst (Steinmetz), Norbert Tefelski.*
Inhalt: Nachdem der Millionär Gordon Stuart sein Vermögen dem örtlichen Blindenheim von Reverend Dearborn vermacht hat, ertrinkt er unter geheimnisvollen Umständen. Inspektor Higgins muß seinen Urlaub abbrechen. Da seine Assistentin Lane in Ferien ist, muß er mit der Vertretung Diane Ward den Fall lösen. Yudd, der Anwalt und Testamentsverwalter, ist außer sich, als er hört, daß Stuart kurz vor seinem Tod ein neues Testament auf seine Manschette geschrieben hatte: Es begünstigt Stuarts Tochter – eine Person, die nicht zu existieren scheint. Higgins und Ward ermitteln in dem unheimlichen Blindenheim, dem ein Theater angeschlossen ist. Bald wird klar, daß Stuarts Tochter unter einem anderen Namen von einer Tante großgezogen wurde. Doch Yudd und andere Kriminelle versuchen mit allen Mitteln, selbst an das Erbe zu kommen.

HAUS OHNE FENSTER, DAS
→ MR. DODD AND MR. DODGEHILL

HÄUSSLER, RICHARD
* 10.07.1908 München,
† 26.10.1964 München
Schauspieler und Regisseur. Er verkörperte in den Wallace-Filmen überzeugend verschiedene Bösewichter: Chesney Praye in → *Die seltsame Gräfin* (1961), Dr. Amersham in → *Das indische Tuch* (1963) und Joe Legge in → *Zimmer 13* (1963).

Der Vater eines Schulfreundes erkannte frühzeitig seine schauspielerischen Anlagen und gab ihm Privatunterricht. Sein erstes Engagement trat Häußler als zweiter Liebhaber am Nürnberger Schauspielhaus an und machte danach einen weiten Sprung an das Stettiner Stadttheater. An dem Theater der Oder beförderte man ihn zum ersten Liebhaber, aber diese ärmliche Zeit in jämmerlichen Hotelzimmern stärkte nur seinen Ehrgeiz, Größeres zu erreichen. Mit 21 Jahren kam er an das renommierte Hamburger Thalia-Theater. Fünf Jahre hielt er es an der Alster aus, dann holte ihn Otto Falckenberg zurück nach München an die Kammerspiele. Seine ersten Filmrollen erhielt er 1937 in *Schimmelkrieg in der Holledau* und 1943 in *Bad auf der Tenne.* Der ewig Strebsame schielte jedoch nach dem Bühnenzentrum Berlin, wo ihm Heinz Hilpert einen Dreijahresvertrag am Deutschen Theater anbot. In der quirligen Hauptstadt nahm ihn der Film fast ganz in Beschlag und typisierte den strahlenden Theater-

Richard Häussler

helden zum zwielichtigen Leinwandschurken. Nebenbei inszenierte er selber Filme wie *Wenn die Alpenrosen blühen* (1955). Bis zu seinem frühen Tod war Häußler mit der Schauspielerin Maria Andergast verheiratet.

Weitere Filme (Auswahl): *Der Fall Rabanser* (1950), *Der Adler vom Velsatal* (1956), *Die Frühreifen* (1957), *Der Czardas-König* (1958), *U 47 – Kapitänleutnant Prien* (1958), *Aus dem Tagebuch eines Frauenarztes* (1959), *Der Würger von Schloß Blackmoor* (1963), *Wenn man baden geht auf Teneriffa* (1964), *Die Gejagten der Sierra Nevada* (1965).

Weitere Arbeiten als Regisseur: *Die Martinsklause* (1951), *Das Dorf unterm Himmel* (1952), *Die schöne Tölzerin* (1952), *Dein Herz ist meine Heimat* (1953), *Der Adler vom Velsatal* (1956), *Der Glockengießer von Tirol* (1956).

HAWKINS, JACK
* 14.09.1910 London,
† 18.07.1973 London; eigentlicher Name: John Edward Hawkins

Englischer Schauspieler. Er trat in mehreren Wallace-Filmen auf: in → *The Jewel* (1933), als Captain Gordon in → *The Frog* (1936), als Mark McGill in → *The Flying Squad* (1940) sowie als Ben Manfred in der Krimiserie → *The Four Just Men* (1959).

Mit Filmen wie *Die Brücke am Kwai* (1957), *Ben Hur* (1959) und *Lawrence von Arabien* (1962) wurde der einstige Bühnendarsteller des Londoner West-End zum weltberühmten Filmstar. Große Erfolge waren auch *Die Große Katharina* (1967), *Shalako* (1968) und *Waterloo* (1969).

Weitere Filme (Auswahl): *Land der Pharaonen* (1955), *Die Herren Einbrecher geben sich die Ehre* (1959), *Lord Jim* (1965), *Mohn ist auch eine Blume* (1966), *Monte Carlo Rallye* (1969), *Das Mörderschiff* (1972), *Theater des Grauens* (1973).

HAY, IAN
→ Drehbuchautoren

HAYDEN, KATHLEEN
→ Drehbuchautoren

HAYERS, SIDNEY
→ Regisseure

HAYNES, H. MANNING
→ Regisseure

HAYWARD, LYDIA
→ Drehbuchautoren

HEATH, ARCH
→ Regisseure

HEINZ GERHARD
→ Komponisten

HELLER, LUKAS
→ Kameramänner

HELLER, OTTO
→ Kameramänner

HENDRIKS, JAN
* 06.12.1928 Berlin, † 17.12.1991 Berlin; eigentlicher Name: Heinz-Joachim Hinz

Deutscher Schauspieler. Einer der besten Darsteller der Wallace-Serie. Er verkörperte Charles in → *Das Geheimnis der gelben Narzissen* (1961), Tom Cawler in → *Die Tür mit den 7 Schlössern* (1962), Roger Lane in → *Das Gasthaus an der Themse* (1962), Mr. Leslie in → *Der Zinker* (1963), Lehrer Brent in → *Der Mönch mit der Peitsche* (1967) und Rubiro in → *Der*

Mann mit dem Glasauge (1968). Hendriks begann seinen beruflichen Werdegang als kaufmännischer Volontär im Berliner Diplomatenhotel »Kaiserhof«. Bald sattelte er um und nahm Schauspielunterricht. Die ersten Engagements führten ihn nach Österreich, nach Goslar und zurück nach Berlin, wo er an der Hebbel-Theaterschule seine Ausbildung abschloß. Von Boleslav Barlog, dem entdeckungsfreudigen Intendanten des Schloßpark-Theaters, erhielt er erste große Rollen in *Endstation Sehnsucht* und in *Affäre Dreyfuß*. Seine Filmchance erhielt der drahtige junge Mann in dem Streifen *Sündige Grenze* (1951). Für seine gekonnte Leistung in dieser Rolle wurde Hendriks 1952 mit dem Bundesfilmpreis ausgezeichnet. Ende der 70er Jahre wurde es still um den Schauspieler, doch sah man ihn vereinzelt im Fernsehen (*Derrick*); auch dem Theater blieb er treu.

Weitere Filme (Auswahl): *Roman eines Frauenarztes* (1954), *Alibi* (1955), *Die Barrings* (1955), *Der Bauerndoktor von Bayrischzell* (1957), *Jägerblut* (1957), *Helden* (1958), *Die grünen Teufel von Monte Cassino* (1958), *Nackt, wie Gott sie schuf* (1958), *Die Wahrheit über Rosemarie* (1959), *Arzt aus Leidenschaft* (1959), *Bobby Dodd greift ein* (1959), *Paradies der Matrosen* (1959), *Flitterwochen in der Hölle* (1960), *Die Insel der Amazonen* (1960), *Der Jugendrichter* (1960), *Schachnovelle* (1960),

Jan Hendriks

Immer wenn es Nacht wird (1961), *Stahlnetz: Spur 211* (TV, 1962), *Wartezimmer zum Jenseits* (1964), *Tim Frazer: Der Fall Salinger* (TV, 1964), *Das war Buffalo Bill* (1964), *Duell vor Sonnenuntergang* (1965), *Der Tod läuft hinterher* (TV, 1967), *Im Schloß der blutigen Begierde* (1967), *Babeck* (TV, 1968), *Heintje – Einmal wird die Sonne wieder scheinen* (1969).

HENGGE, PAUL
(Lebensdaten unbekannt)
Drehbuchautor von → *Der Mann mit dem Glasauge* (1968), Autor, Regieassistent und Dialogregisseur bei → *Das Gesicht im Dunkeln* (1969) und Co-Autor von → *Das Rätsel des silbernen Halbmonds* (1971). Er überarbeitete das Drehbuch → *Im Banne des Unheimlichen* (1968) von Ladislas Fodor. Ferner war er als Autor bei dem 1969 nicht realisierten Projekt → *Der Engel des Schreckens* vorgesehen.
Weitere Drehbucharbeiten (Auswahl): *Die Abenteuer des Kardinal Braun* (1967), *Die Ente klingelt um halb acht* (1968), *Van de Velde: Das Leben zu zweit* (1969), *Die Herren mit der weißen Weste* (1969), *Bittere Ernte* (1985), *Der Rosengarten* (1989).

HENKELS, PAUL
→ Darsteller

HENKER
Ebenso wichtige wie makabere Wallace-Figur, die beim Finale etlicher Erzählungen die über den Oberschurken verhängte → Todesstrafe vollstreckt (z.B. in → *The Dark Eyes of London*, → *The Devil Man* oder → *The India Rubber Men*). In → *The Fellowship of the Frog* zählt der Henker Bennett, der seinen eigenen Sohn richten soll, zu den eindrucksvollen Hauptpersonen. In → *The Crimson Circle* ist es der Scharfrichter Victor Pallion selbst, der die Geschichte ins Rollen bringt: Weil er anläßlich seines Geburtstags betrunken ist, schlägt er einen Nagel in die Guillotine ein, wo dieser nichts zu suchen hat; die Hinrichtung des üblen Ganoven Lightman scheitert daraufhin. In → *The Terrible People* gerät der Henker William Wallis nach Hinrichtung des Verbrechers Clay Shelton ins Visier eines Rächers und wird selbst zum Opfer. – Bei den Verfilmungen hat man sich gern der mit der Figur des Henkers verbunde-

nen Schauereffekte bedient und sie wirkungsvoll eingesetzt. Besonders einprägsame Henker-Parts gaben in der → Constantin-/Rialto-Filmserie → Carl Lange (→ *Der Frosch mit der Maske*, 1959), → Karl-Heinz Peters (→ *Der rote Kreis*, 1959/60) und → *Josef Dahmen* (→ *Die Bande des Schreckens*, 1960).

HENKER VON LONDON, DER
Kriminalfilm. Deutschland 1990. Produktion: Antares Film. Gesamtleitung und Regie: Andreas Neumann. Buch: Andreas Neumann frei nach Edgar Wallace. Kamera: Sebastian Maßmann. Musik: Martin Böttcher. Darsteller: Matthias Michael, Ulrike Müller, Lars Schepler, Sebastian Maßmann, Andreas Neumann. Länge: 70 Minuten.
Inhalt: Ein als Henker verkleideter Mörder stranguliert mit Vorliebe junge Frauen. Inspektor Hopkins von Scotland Yard und sein Chef Sir John erkennen kein System und tappen im dunkeln. Der einzige Zusammenhang zwischen den Morden ist der, daß alle Mädchen aus Edgar's Pub kamen. Hier und unter den Gästen des Pubs nehmen die Yard-Beamten ihre Ermittlungen auf.
Anmerkung: Privat hergestellter Wallace-Krimi von → Andreas Neumann, der in Deutschland nur auf Video erschienen ist.

HENSCHEL
→ Verlage

HENSCHEL, WOLFGANG F.
→ Regisseure

HERAUSGEBER
Zweimal in seinem Leben übte sich Wallace in der Funktion eines Herausgebers, doch ohne Fortüne. 1903 gab er in Südafrika die Rand Daily Mail heraus und Anfang 1931 in England die Sunday News; letztere kränkelte zu dieser Zeit bereits und wurde im August 1931 eingestellt. Ferner wird Wallace Ende der 20er Jahre als Herausgeber des im → Goldmann Verlag erscheinenden → Kriminal Magazins genannt.

HERBST, CHRISTOPH MARIA
→ Darsteller

HERDEGEN, HANS
Pseudonym von → Karl Döhring

HEROES ALL: GALLANT DEEDS OF THE WAR
Sachbuch. Originalausgabe: George Newnes, London 1914.
Inhalt: Dieses patriotische Werk verfaßte Wallace anläßlich des Todes von Prinz Maurice von Battenberg, der im Oktober 1914 als Kommandeur des Kings Royal Rifle Corps in Frankreich gefallen war.
Anmerkung: Das Buch wurde bisher nicht ins Deutsche übertragen.

HESSE & BECKER
→ Verlage

HEXER, DER (BUCH I)
→ THE GAUNT STRANGER

HEXER, DER (BUCH II)
→ THE RINGER

HEXER, DER (FERNSEHEN I)
Fernsehfilm. ARD 1956. Kriminalspiel nach dem Roman The Ringer von Edgar Wallace.

Übersetzung: Maria Teichs. Fernsehbearbeitung: Hans Gottschalk, Franz Peter Wirth. Regie: Franz Peter Wirth. Bild: Karl Wägele. Musik: Rolf Unkel. Erstsendung: 07.04.1956. Dauer: 105 Minuten. Darsteller: Franz Schafheitlin (Maurice Messer), Susanne von Almassy (Cora Ann Milton), Herbert Tiede (Doktor Lomond), Walter Reymer (Kommissar Walford), Armas Sten Fühler (Hauptinspektor Bliss), Irene Marhold (Mary Lenley), Hans-Walter Clasen (Inspektor Wembury), Arnulf Schröder (Sam Hackitt), Joachim Fontheim (John Lenley), Dieter Eppler (Wachtmeister Carter).

Inhalt: Eine Reihe von unaufgeklärten Morden läßt London aufhorchen. Wer ist der geheimnisvolle Täter, der sich allen Nachforschungen so geschickt zu entziehen weiß, daß man ihn den »Hexer« nennt? Polizeiarzt Dr. Lomond, Inspektor Bliss und andere ausgesucht tüchtige Beamte treiben die Untersuchung fieberhaft voran. Trotz aller Vorsichtsmaßnahmen findet der Unbekannte ein neues Opfer. Die verblüffende Auflösung, wer sich hinter dem »Hexer« verbirgt, erfolgt auf dem Höhepunkt der turbulenten Handlung buchstäblich in letzter Sekunde – die Szene vereinigt wirkungsvoll kriminalistische Hochspannung mit augenzwinkernder Ironie und befreiender Komik.

HEXER, DER (FERNSEHEN II)

Fernsehfilm. *ZDF 1963. Kriminalspiel nach dem Roman The Ringer von Edgar Wallace. Übersetzung: Maria Teichs. Fernsehbearbeitung: Hans Gottschalk, Franz Peter Wirth, Rainer Erler. Regie: Rainer Erler. Bauten: Rolf Zehetbauer. Kamera: Werner Kurz. Musik: Eugen Thomass. Kostüme: Helmut Holger. Ton: Hans-Joachim Richter. Regieassistenz und Schnitt: Johannes Nikel. Produktionsleitung: Laci Martin. Erstsendung: 29.06.1963. Dauer: 85 Minuten. Darsteller: Peter Pasetti (Maurice Messer), Eva Maria Meineke (Cora Ann Milton), Hermann Lenschau (Doktor Lomond), Robert Meyn (Kommissar Walford), Wolfgang Reichmann (Hauptinspektor Bliss), Sabine Eggerth (Mary Lenley), Claus Biederstaedt (Inspektor Wembury), Balduin Baas (Sam Hackitt), Sigurd Fitzek (John Lenley), Peter Böhlke, Arnold Herff, Erwin Apel, Johannes Buzalski.*

Inhalt: → *Der Hexer* (FERNSEHEN I)

HEXER, DER (FILM I)

Kinofilm. *Österreich/Deutschland 1932. Produktion: Ondra-Lamac-Film. Regie: Carl Lamac. Buch: Knut Borries und G. Water nach dem Roman The Ringer von Edgar Wallace. Kamera: Otto Heller. Musik: Jara Benes, Artur Guttmann. Produktionsleitung: Adolf Rosen. Regieassistenz: Wolfgang Bagier. Gesamtleitung: Arthur Hohenberg. Darsteller: Maria Solveg (Mary Lenley), Wera Engels (Cora Ann Milton), Fritz Rasp (Rechtsanwalt Meister), Paul Richter (Inspektor Wenbury), Paul Henkels (Inspektor Bliss), Leopold Kramer (Dr. Lomond), Karl Etlinger (Hackitt), Karl Walter Meyer (John Lenley), Karl Forest (Oberst Walford), Franz Schafheitlin (Wachtmeister Carter). Länge: 2417 m, 88 Min. Uraufführung: 22.07.1932, Berlin*

Inhalt: Nachts, in dichtem Nebel, springt eine Frau von der Brücke in die Themse. Eine Anzahl Neugieriger hat sich am Ufer angesammelt, als man die Tote aus dem Polizeiboot hebt. Ein Mann tritt vor: Sam Hackitt, der Polizei infolge einiger Diebstähle kein Unbekannter mehr, identifiziert die Frau als Gwenda Milton, die Schwester des Hexers und Sekretärin des Rechtsanwalts Maurice Meister. Fast gleichzeitig laufen in Scotland Yard mehrere Meldungen ein: die Anzeige vom Diebstahl der kostbaren Perlenkette der Lady Darnleigh, eine Mitteilung der australischen Polizei, daß sich die Auskunft, der Hexer wäre ertrunken, als Irrtum erwiesen habe, sowie die Nachricht, daß Cora Ann Milton, die Frau des Hexers, auf dem Weg nach London sei. Inspektor Wenbury, der die Ermittlungen zum Selbstmord Gwenda Miltons leitet, wird auch mit der Aufklärung des Diebstahls bei Lady Darnleigh beauftragt. Als Nachfolgerin von Gwenda Milton stellt Maurice Meister eine Jugendfreundin Wenburys, Mary Lenley, ein. Auf dem gleichen Schiff, mit dem Cora Ann Milton in England eintrifft, kehrt auch Oberinspektor Bliss von Scotland Yard von einem mehrjährigen Auslandsaufenthalt zurück. Scotland Yard erhält eine anonyme Anzeige, in der John Lenley, Marys Bruder, als Dieb der Perlenkette bezeichnet wird. Als Wenbury daraufhin Lenley vernimmt, übergibt ihm dieser die Kette, so daß Wenbury gezwungen ist, Lenley zu verhaften. Wenbury vermutet, daß die Anzeige gegen Lenley von Meister stammt, der sich anscheinend Marys Bruder entledigen will. Er warnt daher Mary vor Meister, ohne ihr seinen Verdacht mitzuteilen. Bei der Verhandlung gegen Lenley, an der neben Wenbury auch Bliss teilnimmt, lernt Mary den Gerichtsarzt Doktor Lomond kennen. Trotz sorgfältigster Beobachtung von Cora Ann Milton ist es der Polizei nicht gelungen, den Aufenthaltsort des Hexers in London festzustellen. Man weiß nur, daß Cora Ann Meister aufgesucht und ihm mitgeteilt hat, daß ihr Mann am Leben und in London sei und mit Sicherheit den Freitod seiner Schwester rächen werde. Meister hält es jedoch aufgrund der Sicherungsanlagen, die er an seinem Haus hat anbringen lassen, für ausgeschlossen, daß ein Unbekannter seine Wohnung betreten kann. Eines Abends wird Wenbury von Hackitt, dem Diener Meisters, telefonisch zu dem Rechtsanwalt gerufen, weil er diesen leblos in seinem Sessel aufgefunden hat. Wenbury nimmt Doktor Lomond und ein paar Schutzleute mit. Vor dem Hause Meisters treffen sie auf Inspektor Bliss. Den Bemü-

hungen Doktor Lomonds gelingt es, Meister ins Leben zurückzurufen. Doch gerade als Wenbury den Rechtsanwalt im Beisein von Lomond, Bliss und Hackitt über die Ursache seines Unfalls befragen will, geht das Licht aus und eine Stimme ertönt: »Maurice Meister! Der Hexer ist gekommen, um Vergeltung zu üben!« Daraufhin fällt ein Schuß. Als das Licht wieder aufleuchtet, liegt Meister von einer Kugel tödlich getroffen am Boden. Niemand hatte das Zimmer verlassen, und niemand hatte es ungesehen von der Polizei betreten können: Wer also ist der Hexer?

Kritik zum Film: »Der Hexer von Wallace erscheint auf den ersten Blick als vorzüglicher Filmstoff; mit Spannung geladen, mathematisch ausgeklügelt die unheimliche Handlung mit plastisch herausgearbeiteten Figuren. Das Theaterstück zog aus allen diesen Vorzügen Vorteile. Anders jetzt der Film. Carl Lamacs Regie zerdehnt. Er schiebt die Liebesgeschichte in

Der Hexer: (Film I) **Paul Richter, Maria Solveg, Leopold Kramer, Fritz Rasp, Karl Etlinger**

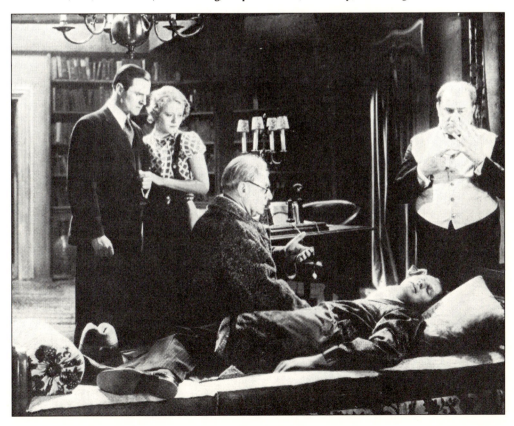

den Vordergrund und nimmt dadurch dem Kriminalfall seine Hauptbedeutung. Die Personen und Ereignisse haben kein Tempo, sind schwerfällig. Trotzdem vermag Fritz Rasp als Rechtsanwalt Meister die Wallace-Gruseligkeit in Maske und Spiel hervorzurufen. Er bleibt damit auch der einzige; denn Maria Solveg und Wera Engels sehen zwar vorzüglich aus, haben aber nicht die Kraft, ihre Schablonenrollen zu individualisieren. Im komischen Bereich ist Karl Etlingers Hackitt eine köstliche Type.« (Morgenpost, Berlin, 03.09.1932)

HEXER, DER (FILM II)

Kinofilm. *Bundesrepublik Deutschland 1964. Regie: Alfred Vohrer. Regieassistenz: Eva Ebner. Script: Kathi Scheu. Drehbuch: Herbert Reinecker und Harald G. Petersson basierend auf einem Treatment von Trygve Larsen (d.i. Egon Eis) nach dem Roman The Gaunt Stranger und dem Bühnenstück The Ringer von Edgar Wallace. Kamera: Karl Löb. Kameraassistenz: Ernst Zahrt.* Schnitt: Jutta Hering. Schnittassistenz: Evelyn Siewert, Helga Schlichting. Ton: Clemens Tütsch. Bauten: Wilhelm Vorwerg, Walter Kutz. Oberbeleuchter: Alfred Richter. Requisiten: Helmut Deukert, Walter Rother. Masken: Willi Nixdorf, Charlotte Kersten-Schmidt. Musik: Peter Thomas. Kostüme: Hannelore Wessel. Garderobe: Gisela Nixdorf, Herbert Lieske. Standfotos: Lilo Winterstein. Presse: Roland Beyer. Produktion: Rialto Film Preben Philipsen GmbH & Co. KG, Berlin (West). Produzenten: Preben Philipsen, Horst Wendlandt. Herstellungsleitung: Fritz Klotzsch. Produktionsassistent: Siegfried Mews. Aufnahmeleitung: Alfred Arbeiter, Albert Echment. Geschäftsführung: Erich Schütze. Produktionssekretärin: Editha Busch. Kassiererin: Waltraud Peglau. Drehzeit: 03.06.–11. 07.1964. Atelier: CCC Film Studios Berlin-Spandau. Außenaufnahmen: Berlin. Erst-Verleih: Constantin Film, München. Länge: 85 Minuten (2334 m). Format: 35 mm; s/w; Cinemascope – Titelvorspann in Farbe. FSK: 14.08.*

Der Hexer-Filmplakate

304

1964 (32546); 16 nff; 20.08.1964. Uraufführung: 21.08.1964, Capitol & Alhambra Düsseldorf. TV-Erstsendung: 14.05.1970 ARD. Darsteller: Joachim Fuchsberger (Inspektor Bryan Edgar Higgins), Heinz Drache (Wesby), Sophie Hardy (Elise), Siegfried Lowitz (Inspektor Warren), Margot Trooger (Cora-Ann Milton), Jochen Brockmann (Maurice Messer), Carl Lange (Reverend Hopkins), Siegfried Schürenberg (Sir John Walford), Eddi Arent (Finch), Karl John (Shelby), Kurt Waitzmann (Reddingwood), Ann Savo (Jean), Hilde Sessak (Aufseherin), Petra von der Linde (Gwenda Milton), Josef Wolf (Ober), Inge Keck (Blumenmädchen), Wilhelm Vorwerg (Pfarrer), Tilo von Berlepsch (Empfangschef), Kurd Pieritz (Mann auf dem Friedhof) und René Deltgen (Artur Milton).
Anmerkung: Der Film erhielt vom Bundesminister des Inneren eine Prämie in Höhe von DM 200.000.
Inhalt: Der Tod seiner Schwester Gwenda treibt Artur Milton zurück nach London. Hier nennt

man ihn den »Hexer«. In dieser Eigenschaft hat er vor seiner Flucht nach Australien Gangster dazu gebracht, sich selbst zu richten. Nun setzt er alles daran, sich an den Verantwortlichen für den Tod seiner Schwester zu rächen.
Kritiken zum Film: »Gut gehext, Wallace und Company, so könnte man weitermachen.« (Kurier, Wien, 02.10.1964) »Alfred Vohrer hat mit einer gehörigen Portion Ironie inszeniert. Das lockert auf, erhöht gleichzeitig auch die Spannung. Die Gruseleffekte sind glänzend auf der Grenze des Möglichen ausbalanciert. Dazu gibt es eine im deutschen Kriminalfilm bewährte Starbesetzung. Ein Leckerbissen für die Freunde des Krimis. Wer sich nicht zu ihnen zählt, kann hier leicht dazu werden.« (Stuttgarter Nachrichten, 10.10.1964)
Zitat aus dem Film: In Scotland Yard unterhalten sich Sir John und Inspektor Higgins über den Verdächtigen Mr. Messer. Sir John: »Lieber Higgins, verdächtig ist jeder, der es sich leisten kann! Mr. Messer kann! Ich auch! Wieso

Der Hexer: (Film II) **Ann Savo, Joachim Fuchsberger, Sophie Hardy**

eigentlich verdächtig?« – Higgins: »Instinkt, Sir.« – Sir John: »Oder Vorurteile Ihrer Gehaltsklasse! Das sollten Sie doch berücksichtigen.« – Higgins: »Ich versuche es, Sir.« (Den Ausspruch: »Das sollten Sie doch berücksichtigen!«, gibt Sir John während des Films regelmäßig zum besten.)

Anmerkungen: Die Hotelaufnahmen zu diesem Film fanden im ehemaligen Berliner Hotel Esplanade an der Sektorengrenze statt. – In der Urfassung von Reineckers Drehbuch von *Der Hexer* tritt Gwenda Milton nach ihrem Tod erneut in Erscheinung.

Fazit: Ein Wallace-Klassiker optimal modernisiert.

HEXER, DER (HÖRBUCH I)

Erschienen 2002 bei CD-Talking Books, München, nach dem gleichnamigen Roman von Edgar Wallace. *Hörbuchfassung und Regie: Günther Krusemark. Erzähler: Jochen Striebeck.*

Produktion: AirPlay Studio, München. Der Roman wird ungekürzt in 158 Minuten erzählt.

HEXER, DER (HÖRBUCH II)

Erschienen 2003 bei Random House Audio GmbH, München, nach dem gleichnamigen Roman von Edgar Wallace. *Hörbuchfassung des gekürzten Romans (70 Minuten): Sven Stricker, Tanja Weimer. Regie und Produzent: Oliver Versch. Musik: Martin Böttcher. Erzähler: Peer Augustinski. Aufnahmen: AirPlay Studio (München), Günther Krusemark und Volker Gereth, Spotting Image Studios (Köln).*

HEXER, DER (HÖRSPIEL I)

→ Europa-Hörspielproduktion Nr. 3 nach dem gleichnamigen Roman von Edgar Wallace. *Buch: Frank Sky. Regie: Heikedine Körting. Titelmelodie: David Allen. Musik und Effekte: Bert Brac, Betty George. Künstlerische Gesamt-*

Der Hexer: (Film II) 1. Margot Trooger, Siegfried Schürenberg • 2. Siegfried Schürenberg, Sophie Hardy, Joachim Fuchsberger • 3. Siegfried Schürenberg, Joachim Fuchsberger • 4. Siegfried Schürenberg, Joachim Fuchsberger, Ann Savo

leitung: Andreas Beurmann. Mt den Stimmen von Horst Naumann (Erzähler), Wolfgang Kieling (Inspektor Alan Wambury), Peter Lakenmacher (Inspektor Bliss), Susanne Beck (Mary Lenley), Michael Harck (Johnny Lenley), Günther Ungeheuer (Mr. Milton), Judy Winter (Mrs. Cora Milton), Jürgen Thormann (Mr. Maurice Messer), Horst Stark (Sam Hackitt), Harald Pages (Sergeant), Karl Heinz Hess (Oberst Chaffris Wisman).

HEXER, DER (HÖRSPIEL II)

→ Maritim-Hörspiel Nr. 3 nach dem gleichnamigen Roman von Edgar Wallace. *Manuskript:* George Chevalier. Musik: Alexander Ester. Ton: Peter Hertling. Produktion und Regie: Hans-Joachim Herwald. Mit den Stimmen von Manfred Krug (Joe Jenkins, Chefinspektor), Sascha Draeger (Nick), Alexandra Doerk (Nicky), Günther Lüdke (Inspektor Elford), Rainer Schmidt (Josua, Reporter), Peter von Schultz (Lemond, Privatdetektiv), Ingeborg Kallweit (Cora Ann Milton), Franz-Josef Steffens (Dr. Messer, Anwalt), Angelika Merkert (Mary), Jens Kersten (Johnny).

HEXER-VERFILMUNGEN

Nach dem größten Bühnenerfolg, den der Autor feiern konnte, sprach man von Wallace fortan vom Schreiber des Hexers. Der Roman avancierte zu seinem berühmtesten Werk. Film- und Fernsehproduzenten rissen sich um diesen Stoff; er wurde zum meistverfilmten Wallace-Roman. Bisher gab es sieben Filmversionen und

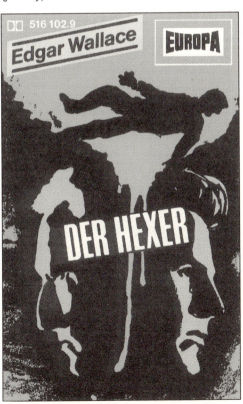

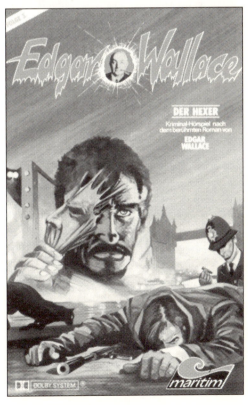

drei Fernsehverfilmungen. Filmfassungen: → *The Ringer* (1928), → *The Ringer* (1931). → *Der Hexer* (1932), → *The Gaunt Stranger* (1938), → *The Ringer* (1952), → *Der Hexer* (1964), ferner die französische Hexer-Verfilmung → *Le Jugement de minuit* (1932). Fernsehbearbeitungen sind: → *The Ringer* (1938), → *Der Hexer* (1956), → *Der Hexer* (1963).

HEYNE VERLAG

Im Februar 1934 gründete Wilhelm Heyne in Dresden den bis heute erfolgreichen Wilhelm Heyne Verlag. Während eines Luftangriffs im Frühjahr 1945 wurde das Verlagshaus total zerstört. 1948 siedelte man nach München über. 1951 trat Rolf Heyne (1928–2000) in die Firma ein. 1958 Start des erfolgreichen Taschenbuchprogramms. Als 1982 die urheberrechtliche Schutzfrist für die Wallace-Romane (→ Goldmann-Verlag) auslief, gab neben dem → Scherz-Verlag vor allem auch der Heyne-Verlag Neuübersetzungen einiger Werke heraus (teilweise mit geändertem Titel).
Bei Heyne erschienen: *Die Bande des Schreckens* (1983, → *The Terrible People*), *Der Clan der Gummimänner* (1983, → *The India Rubber Men*), *Der Geheimbund des Frosches* (1983, → *The Fellowship of the Frog*), *Die gelbe Schlange* (1983, → *The Yellow Snake*), *Der grüne Bogenschütze* (1983, → *The Green Archer*), *Neues vom Hexer* (1983, → *Again the Ringer*), *Der schwarze Abt* (1983, → *The Black Abbot*), *Die toten Augen von London* (1983, → *The Dark Eyes of London*), *Die Tür mit den 7 Schlössern* (1983, → *The Door With the Seven Locks*), *Der Unsichtbare, genannt »Der Hexer«* (1983, → *The Ringer*), *Die unheimliche Gräfin* (1983, → *The Strange Countess*), *Die Vier Gerechten* (1983, → *The Four Just Men*), *Zimmer Dreizehn* (1983, → *Room Thirteen*), *Der Zinker* (1983, → *The Squeaker*) und *Der blutrote Kreis* (1984, → *The Crimson Circle*). Zudem brachte der Heyne Verlag in seiner Reihe Heyne Crime Classic zwei Bände mit Wallace-Erzählungen auf den Markt, deren Rechte nicht bei Goldmann gelegen hatten: *Inspektor Reeder und der Mörder* und andere klassische Kriminalgeschichten berühmter Autoren (1977 [= Crime Classic 1724]; enthält sechs Kurzgeschichten, u.a. *Inspektor Reeder und der Mörder* [*The Treasure Hunt*]) sowie *Käthe und ihre Zehn* (1979, → *Kate Plus Ten* [= Crime Classic 1851]).

HINZ, THEO
* 13.08.1931 Julienhof/Tretenwalde (Pommern)
Betreute als **Filmfachmann** auf allen Gebieten (Presse, Verleih, Exportgeschäft) mit Ausnahme von → *Der Rächer* alle Wallace-Filme der 60er Jahre.
Nach Absolvierung des Gymnasiums besuchte Hinz die Werbefachschule in Hamburg, wodurch er mit der Filmbranche in Kontakt kam. Zunächst Werbeleiter der → Constantin Film; nach dem Tod von Bernhard Weidner Pressechef der Firma. Seine größte Herausforderung war 1963 die Einführung des Constantin-Einweg-Werbematerials, beginnend mit dem Film *Das Haus in Montevideo*. Alle Kinobesitzer durften fortan das Material behalten, um es für Wiederaufführungen nutzen zu können; gleichzeitig war so gewährleistet, daß jedes deutsches Filmtheater aktuelles Werbematerial besaß. Einen großen Erfolg bei der Constantin Film konnte Hinz dadurch verbuchen, daß er den Inhaber → Waldfried Barthel davon überzeugte, sich die Rechte an dem Louis-Malle-Film *Herzflimmern* zu sichern. Wie kaum ein anderer Verleiher setzte Hinz auf den deutschen Film. Nach seinem Ausscheiden aus der Constantin Film wurde er nacheinander Geschäftsführer beim Filmverlag der Autoren, bei seiner eigenen Firma Futura Film und zuletzt bei Max Film. Hinz ist Vorstandsmitglied der Export-Union des deutschen Films, sitzt im Verwaltungsrat der Filmförderungsanstalt sowie im Präsidium des Verbandes der Filmverleiher.

HODDER-WILLIAMS, SIR ERNEST
* 17.02.1873 (ohne Angabe),
† 20.09.1941 (ohne Angabe)
Bedeutender britischer Verleger und Mitinhaber des Verlagshauses Hodder & Stoughton in London. Hodder-Williams erkannte frühzeitig Wallace' Genie und das Kaufinteresse seiner Leser. Seit 1920 verlegte er mit Erfolg fast alle Wallace-Neuerscheinungen in England.

HODSON, CHRISTOPHER
→ Regisseure

HOELSCHER, HEINZ
* 09.10.1925 München
Kameramann. Hoelscher filmte → *Der grüne Bogenschütze* (1960/61). Über die Fotografie

und eine Assistenz beim Spielfilmkameramann Franz Weihmayr kam Hoelscher mit Hilfe des Zufalls zum Film: Als Weihmayr bei den Dreharbeiten zu Paul Mays *Zwei Menschen* (1952) erkrankte, sprang Hoelscher für ihn ein. Seine Arbeit war so hervorragend, daß ihn May auch für seinen nächsten Film *08/15* (1954) engagierte. Dies war der Beginn einer unaufhaltsamen Karriere. Hoelscher war der erste deutsche Kameramann, der Anfang der 60er Jahre im 70mm-Cinerama-Format drehte: *Flying Clipper* (1962). 1965 erhielt er den Bundesfilmpreis (Kameraführung) für *Onkel Toms Hütte*. **Weitere Arbeiten** (Auswahl): *Der lachende Vagabund* (1958), *Das Mädchen mit den Katzenaugen* (1958), *Das blaue Meer und Du* (1959), *Strafbataillon 999* (1959), *Division Brandenburg* (1960), *Der Transport* (1961), *Ich bin auch nur eine Frau* (1962), *Fanny Hill* (1964), *Der Ölprinz* (1965), *Winnetou und das Halbblut*

Apanatschi (1966), *Maigret und sein größter Fall* (1966), *Das älteste Gewerbe der Welt* (1967), *Die Lümmel von der ersten Bank 1. Teil* (1967), *Komm nur, mein liebstes Vögelein* (1968), *Todesschüsse am Broadway* (1968), *Heintje – Ein Herz geht auf Reisen* (1969), *Morgens um sieben ist die Welt noch in Ordnung* (1969), *Der Bettenstudent oder Was mach' ich mit den Mädchen?* (1970), *Josefine Mutzenbacher* (1970), *Nachbarn sind zum Ärgern da* (1970), *Unsere Pauker gehen in die Luft* (1970), *Hochwürden drückt ein Auge zu* (1971), *Josefine Mutzenbacher II – Meine 365 Liebhaber* (1971), *Mache alles mit* (1971), *Wenn mein Schätzchen auf die Pauke haut* (1971), *Wer zuletzt lacht, lacht am besten* (1971), *Auch Fummeln will gelernt sein* (1972), *Immer Ärger mit Hochwürden* (1972), *Liebesspiele junger Mädchen* (1972), *Mensch, ärgere dich nicht* (1972), *Die blutigen Geier von Alaska* (1973), *Schwarz-*

Theo Hinz (Mitte) mit Horst Wendlandt (links) und Constantin-Geschäftsführer Herbert Schmidt (1971)

waldfahrt aus Liebeskummer (1973), *Auf der Alm, da gibt's koa Sünd'* (1974), *Der Liebesschüler* (1974), *Alpenglühen im Dirndlrock* (1974), *Wenn Mädchen zum Manöver blasen* (1974), *Jeder stirbt für sich allein* (1975), *Zerschossene Träume* (1976), *Griechische Feigen* (1976), *Gefundenes Fressen* (1977), *Der Schimmelreiter* (1978), *Summer Night Fever* (1978), *Graf Dracula beißt jetzt auch in Oberbayern* (1979), *Die schönen Wilden von Ibiza* (1980).

HOFFMANN, BENNO
* 30.05.1919 Süderbarup;
eigentlicher Name: Adolf Martin Hoffmann
Deutscher Schauspieler. Er mimte überzeugend den Gangster Blackstone-Edwards in → *Zimmer 13* (1963).
1936–39 erhielt Hoffmann eine Ausbildung als Tänzer und Schauspieler an den Folkwangschulen in Essen. Danach Engagements als Tänzer und Ballettmeister an Bühnen in Wuppertal, Coburg, Göttingen, Heidelberg, Bielefeld, Karlsruhe und München. 1940–45 fünf Jahre Wehrdienst bei der Marine. Nach dem Krieg arbeitete er erneut an verschiedenen Bühnen. Ferner sah man ihn in unzähligen Film- und Fernsehfilmen. Darüber hinaus war er ein gefragter Synchronsprecher. Verheiratet mit der Schauspielerin Anna Smolik (zwei Kinder).
Weitere Filme (Auswahl): *Die Barrings* (1955), *Kirmes* (1960), *Jenseits des Rheins* (1960), *Der Transport* (1961), *Die Herren* (1965), *Sommersprossen* (1968), *Drei Männer im Schnee* (1974), *Berlinger* (1975), *Lina Braake* (1975), *Wehe, wenn Schwarzenbeck kommt* (1979), *Heute spielen wir den Boß* (TV, 1981), *Trautes Heim* (TV, 1990), *Familie Heinz Becker* (TV, 1995).

HOFFMANN, M. H.
→ Produzenten

HOFFMANN, ROBERT
* 30.08.1939 Salzburg
Österreichischer Schauspieler. Er war Archie Moore in → *Neues vom Hexer* (1965).
Hoffmann ging früh nach Paris, um Französisch zu lernen und das Leben im allgemeinen. Da er kein Geld hatte, organisierte er mit Freunden einen erfolgreichen Altpapier-Handel. Mit dem Erlös finanzierte er sich den Unterricht in der Pariser Schauspielschule Paule van Hecke. Er

fand das Interesse der bekannten Managerin Olga Horstig, und es dauerte nicht lange, bis er die Hauptrolle in dem mehrteiligen Fernsehfilm *Robinson Crusoe* (1964) bekam, die ihn auch in Deutschland mit einem Schlag bekannt machte. Bald darauf meldete sich der Film. Produzent Francis Cosne engagierte Hoffmann 1964 für eine kleine, aber profilierte Rolle in *Angélique 1.Teil* als Partner von Michele Mercier. Auch dieses Breitwandepos wurde ein großer Erfolg. Sein dritter Film war die US-Produktion *Up From the Beach* (*Der Tag danach*, 1965) mit Cliff Robertson. Seine vierte Rolle – in Alfred Weidenmanns *Die Herren* (1965) – führte Hoffmann in den deutschsprachigen Raum zurück. Seitdem war er in vielen deutschen Produktionen zu sehen.
Weitere Filme (Auswahl): *Ich habe sie gut gekannt* (1966), *Das gewisse Etwas der Frauen* (1966), *Der Lügner und die Nonne* (1967), *Top Job* (1967), *Kampf um Rom* (2 Teile, 1968), *Das Geheimnis der grünen Witwe* (1968), *Schloß Hubertus* (1973), *Der Edelweißkönig* (1975).

HOGAN, MICHAEL
→ Drehbuchautoren

HOLD, SIEGFRIED
→ Kameramänner

HOLM, CLAUS
* 05.08.1918 Bochum-Werne,
† 21.09.1996 Berlin;
eigentlicher Name: Helmut Gerhard Ozygus
Deutscher Schauspieler. Holm wirkte in drei Wallace-Filmen mit: als Glenn Powers in → *Der Mönch mit der Peitsche* (1967), als Notar Dr. Jeckyll in → *Der Gorilla von Soho* (1968) und als Inspektor Frazer in → *Der Fluch der gelben Schlange* (1962/63).
Der gelernte Bergmann absolvierte die Steigervorschule und die Bergakademie, um unter Tage avancieren zu können. Nebenbei versuchte er sich in der Statisterie des Bochumer Schauspielhauses. Da ihm das auf Dauer nicht genügte, nahm Holm Schauspielunterricht und erhielt wenig später durch Herbert Ihering, damals Besetzungschef der Tobis, einen Nachwuchsvertrag und zugleich eine Empfehlung für die Filmakademie. Das Resultat dieser frühen Auszeichnung waren kleinere Rollen in 14 Kurzfilmen sowie in den Spielfilmen *Das Bad*

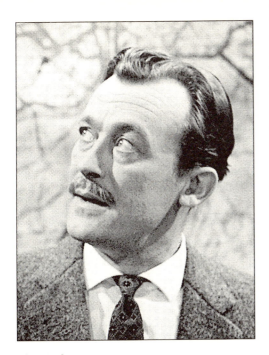

Claus Holm

auf der Tenne (1943) und *Titanic* (1943). Der Zweite Weltkrieg unterbrach Holms kaum begonnene Karriere. Nach 1945 fing er in der Provinz neu an: als Theaterintendant in Salzwedel. Kurz darauf holte ihn die ostzonale DEFA und machte ihn zu einem ihrer Stars. Holm hat in diesen Jahren nicht nur vor der Kamera gestanden, sondern auch Theater gespielt, vornehmlich an Fritz Vistens Ostberliner Volksbühne. Auftritte in Agitationsfilmen und Tendenzstücken verleideten es Holm allmählich, im Osten Karriere zu machen. Wie sein arrivierter Kollege → Werner Peters war er couragiert und entschlossen genug, eine ausgezeichnete Position aufzugeben, um nicht mehr politisch bevormundet zu werden. 1955 ging Holm in den Westen und fand schnell Anschluß, als er an Barlogs Schloßparktheater auftrat. Schon ein Jahr später spielte Holm seine erste westdeutsche Filmrolle in *Rittmeister Wronski* (1954). – Der unkomplizierte Holm, Typ des ein wenig vierschrötigen und wasserklaren Realisten, hat sich beim Publikum nicht zuletzt auf Grund seiner immer wieder gelobten Zuverlässigkeit und Gründlichkeit durchgesetzt, vor allem als Held in Heimatfilmen.

Weitere Filme (Auswahl): *Die lustigen Weiber von Windsor* (1950), *Heideschulmeister Uwe Karsten* (1954), *Der Pfarrer von Kirchfeld* (1955), *Wenn die Alpenrosen blüh'n* (1955), *Der Adler vom Velsatal* (1956), *Flucht in die Tropennacht* (1956), *Der Glockengießer von Tirol* (1956), *Wie einst Lili Marleen* (1956), *Für zwei Groschen Zärtlichkeit* (1957), *Nachts, wenn der Teufel kam* (1957), *Die Lindenwirtin vom Donaustrand* (1957), *Waldwinter* (1957), *Das Mädchen vom Moorhof* (1958), *Rivalen der Manege* (1958), *Der Tiger von Eschnapur* (1959), *Das indische Grabmal* (1959), *Unter Ausschluß der Öffentlichkeit* (1961), *Eheinstitut Aurora* (1961), *Brennt Paris?* (1966), *Raumpatrouille* (TV, 1967), *Dynamit in grüner Seide* (1968), *Die dritte Generation* (1979), *Die Ehe der Maria Braun* (1979), *Berlin-Alexanderplatz* (TV, 1980).

HOOSMAN, AL
→ Darsteller

HOPPE, MARIANNE
* 26.04.1909 Rostock,
† 23.20.2002 Siegsdorf, Oberbayern;
vollständiger Name: Marianne Stefanie Paula Henni Gertrud Hoppe
Deutsche Schauspielerin. Sie verkörperte die unschuldig ins Gefängnis geratene Mary Pinder in → *Die seltsame Gräfin* (1961). Die Tochter eines Gutsbesitzers besuchte die Handelsschule in Weimar. Mit 17 Jahren nahm sie Schauspielunterricht bei Lucie Englisch und am Deutschen Theater Berlin. Weitere Theaterstationen waren Frankfurt/M. und München. 1935–45 spielte sie am Staatlichen Schauspielhaus am Gendarmenmarkt in Berlin unter der Intendanz von Gustaf Gründgens, dessen zweite Ehefrau sie 1936 wurde. Ihr Filmdebüt war 1933 in *Judas von Tirol*, einem Kostümfilm um Andreas Hofer. Vielbeschäftigt im Film der NS-Zeit, für dessen Frauenrollen sie prädestiniert schien; so war sie die Inken Peters in Veit Harlans *Der Herrscher* (1937), einer Verfilmung des Dramas von Gerhart Hauptmann, die Effie Briest in *Der Schritt vom Wege* (1939) oder eine moderne junge Frau in Käutners *Romanze in Moll* (1942) nach Maupassant. Nach dem Krieg trat sie zum katholischen Glauben über. 1946 wurde ihre Ehe geschieden. Sie zog nach Oberbayern. Eine ihrer stärksten Leistungen

der Nachkriegszeit war die Rolle einer Schizophrenen in *Das verlorene Gesicht* (1948). In *Dreizehn alte Esel* (1958) spielte sie an der Seite von Hans Albers, ab den 60er Jahren trat sie häufig im Fernsehen auf. Wim Wenders verpflichtete sie für *Falsche Bewegung* (1975). Hoppe blieb nach dem Weltkrieg auch am Theater aktiv, sie spielte in Düsseldorf, München, Hamburg und gastierte bei den Salzburger Festspielen. Sie war Mitglied der Akademie der Künste in Berlin. – Ihr Gesicht von herber Klarheit und nordischer Strenge prädestinierte sie für hehre Frauengestalten. Das Mädchen vom Lande auf dem Weg zur Lady in den gehobenen Mittelstand, hingebungsvoll und verschlossen, für Flirts völlig unzugänglich – so verkörperte sie im Melodram charakterfeste Frauen mit Sendungsbewußtsein. – Auszeichnungen: Großes Verdienstkreuz der Bundesrepublik (1975), Kunstpreis Berlin (1986), Deutscher Darstellerpreis des Bundesverbandes der Fernseh- und Filmregisseure (1988).

Weitere Filme (Auswahl): *Der Schimmelreiter* (1934), *Krach um Jolanthe* (1934), *Auf Wiedersehen, Franziska!* (1941), *Romanze in Moll* (1943), *Der Schatz im Silbersee* (1962), *Die Goldsucher von Arkansas* (1964).

Interview-Zitat zu ihrer Rolle in → *Die seltsame Gräfin*: »Wallace macht einfach Spaß!«

Marianne Hoppe

HÖRBIGER, PAUL

* 29.04.1894 Budapest, † 05.03.1981 Wien
Österreichisch-ungarischer Schauspieler. Er verkörperte den Reporter Josua Harras in → *Der Zinker* (1931). Angeregt von seinem Vater, dem Ingenieur und Schöpfer der spekulativen Welteislehre Hanns Hörbiger, studierte er zunächst Technik. Im Ersten Weltkrieg wurde er Oberleutnant. Bei der Rückkehr aus dem Krieg kam er an einer Theaterschule vorbei und ließ sich spaßeshalber einschreiben. Nach Lehr- und Wanderjahren in der Provinz fand er ein Engagement am Deutschen Theater in Prag. 1940 ging er, wie sein jüngerer Bruder Attila, ans Wiener Burgtheater. Inzwischen hatte ihn auch der Film entdeckt. Noch 1945 wurde er von der Gestapo verhaftet und mußte um sein Leben fürchten. In letzter Minute wurde er aus der Haft entlassen und stand danach Abend für Abend auf der Ausweichbühne des Burgtheaters. Nach dem Krieg wurde er in Wien seßhaft und zum Prototypen des echten Wieners. Bis zu seinem Tod spielte er Theater und hatte unzählige Auftritte in Film und Fernsehen.

Weitere Filme (Auswahl): *Spione* (1928), *Peter Voss, der Millionendieb* (1930), *Der Kongreß tanzt* (1931), *Der große Bluff* (1932), *Petersburger Nächte* (1934), *Mutterliebe* (1939), *Wiener G'schichten* (1940), *Der Hofrat Geiger* (1947), *Der dritte Mann* (1949), *Der Teufel führt Regie* (1950), *Epilog* (1950), *Schwarzwaldmädel* (1950), *Die Rose von Stambul* (1953), *Ja, so ist das mit der Liebe* (1954), *Mädchenjahre einer Königin* (1954), *Der Zigeunerbaron* (1954), *Der Raub der Sabinerinnen* (1954), *Banditen der Autobahn* (1955), *Charleys Tante* (1955), *Die Försterbuben* (1955), *Mein Leopold* (1955), *Die Christel von der Post* (1956), *Lumpazivagabundus* (1956), *Was die Schwalbe sang* (1956), *Heimweh ... dort wo die Blumen blüh'n* (1957), *Lemkes sel. Witwe* (1957), *Hoch droben auf dem Berg* (1957), *Sebastian Kneipp* (1958), *Der Orgelbauer von St. Marien* (1961), *Das haben die Mädchen gern* (1962), *Ferien vom Ich* (1963), *Im singenden Rössel am Königssee* (1963), *Rote Lippen soll man küssen* (1963), *Das hab' ich von Papa gelernt* (1964), *Die große Kür* (1964), *Ruf der Wälder* (1965), *Was geschah auf Schloß Wildberg?* (1972).

HÖRBUCH

Kulturkonsum im Stil der 90er Jahre: Auf langen Autofahrten Literatur hören – per Cassette oder CD. In Deutschland sind bisher fünf Wallace-Romane als Hörbücher erschienen: je zweimal → *Das Gasthaus an der Themse* und → *Der Hexer* sowie → *Der Frosch mit der Maske,* → *Der schwarze Abt* und → *Der grüne Bogenschütze.*

HORN, CAMILLA
→ Darsteller

HORNE, JAMES W.
→ Drehbuchautoren und → Regisseure

HORNE, KENNETH
→ Drehbuchautoren

HORNER, PENELOPE
→ Darsteller

HORNEY, BRIGITTE
* 29.03.1911 Berlin, † 27.07.1988 Hamburg
Deutsche Schauspielerin. Sie verkörperte Lady Aston in → *Neues vom Hexer* (1965) und die Titelfigur in → *Das Geheimnis der weißen Nonne* (1966).

Die Älteste von drei Töchtern eines Industriellen und einer Psychoanalytikerin besuchte die Schule in Berlin sowie ein Internat in der Schweiz. Sie bekam Tanzunterricht bei Mary Wigman und eine Bühnenausbildung bei Ilka Grüning. 1930 erhielt sie den Max-Reinhardt-Preis als beste Nachwuchsschauspielerin. Bevor sie ihr erstes Engagement in Würzburg antrat, holte sie Robert Siodmak zu ihrer ersten Filmrolle in *Abschied* (1930) nach Babelsberg. Weitere Theaterstationen waren das Deutsche Theater, die Volksbühne und das Lessingtheater in Berlin. Nach 1945 war sie zunächst am Zürcher Schauspielhaus. 1941–54 verheiratet mit dem Kameramann Konstantin Irmen-Tschet. Nach längeren Krankheitsaufenthalten in der Schweiz folgte sie ihrem zweiten Mann Hanns Swarzenski, dem Direktor des Museum of Fine Arts in Boston, in die USA; dort erhielt sie die amerikanische Staatsbürgerschaft. Zwischendurch weitere Film- und Fernsehrollen in der Bundesrepublik. Zuletzt war sie in Peter Keglevics *Bella Donna* (1983) zu sehen sowie in erfolgreichen TV-Serien (*Jakob und Adele*, 1983–86; *Das Erbe der Guldenburgs*, 1986–88). – Ihre herbe Erscheinung mit den markanten Gesichtszügen, dem gewölbten, spitzen Mund, hervorstehenden Backenkno-

Brigitte Horney: 1. Dreharbeiten *Neues vom Hexer* (1965) • 2. Dreharbeiten *Das Geheimnis der weißen Nonne* (1966)

chen, eingefallenen Wangen und großen, dunkelgrauen Augen prädestinierte sie für ehrgeizige, selbstbewußte Frauengestalten. Das Lied, das sie in *Liebe, Tod und Teufel* (1934) mit tiefer, brüchiger Stimme sang (»So oder so ist das Leben, so oder so ist es gut ...«), wurde für sie eine Art Leitmotiv. Ob sie Zarinnen, Krankenschwestern, große Damen, gute Kameradinnen oder kesse Alte verkörperte – immer besaß sie weltoffenen Charme und eine gelassene, damenhafte Nonchalance. – Auszeichnungen: Filmband in Gold (1972), Goldene Kamera (1983).

Weitere Filme (Auswahl): *Abschied* (1930), *Rasputin* (1931/32), *Savoy-Hotel 217* (1936), *Feinde* (1940), *Gefangene der Liebe* (1954), *Nacht fiel über Gotenhafen* (1959/60), *Eine etwas sonderbare Dame* (TV, 1960), *Ich suche einen Mann* (1965/66), *Das Geheimnis der alten Mamsell* (TV, 1972), *Eine Nacht im Oktober* (TV, 1976/77), *Wunder einer Nacht* (TV, 1979), *Billy* (TV, 20 Teile, 1981), *Das Traumschiff* (TV, 1983), *Alte Gauner* (TV-Serie, 1985).

Interview-Zitat zu ihrer Rolle in → *Das Geheimnis der weißen Nonne*: »Ich wollte einmal eine Mörderin spielen. Ich habe das Rätselhafte immer geliebt, die Spannung, die aus dem Geheimnisvollen kommt. Nur Laien kann es schockieren, wenn ein Schauspieler sich drängt, das zwielichtige Böse darzustellen. Für uns Professionelle ist es nur eine Möglichkeit, dem komödiantischen Affen Zucker zu geben. Abgesehen davon: Ich liebe das Rätselhafte, die Spannung, die aus dem Geheimnisvollen kommt!«

HÖRSPIELE (KASSETTE)

Frei bearbeitete Hörspielfassungen nach Romanen von Edgar Wallace, erschienen, soweit nachweisbar, bei den Firmen → Europa, → Karussell, → Maritim und → Titania (insgesamt 16 Titel).

HÖRSPIELE (RUNDFUNK)

Detaillierte Nachweise sind nicht möglich. → Florian Pauer lieferte 1988 → *Der Joker* (sehr frei nach Edgar Wallace) für den Süddeutschen Rundfunk.

HOUGH, E. MORTON

→ Drehbuchautoren

HOUND OF THE BASKERVILLES, THE
(Der Hund der Baskervilles).

Kinofilm. *Großbritannien 1931. Produktion: Gainsborough. Produzent: Michael Balcon. Regie: Gareth Gundrey. Drehbuch: Edgar Wallace nach dem gleichnamigen Roman von Arthur Conan Doyle. Kamera: Bernard Knowles. Darsteller: Robert Rendel (Sherlock Holmes), Frederick Lloyd (Dr. Watson), Wilfried Shine (Dr. Mortimer), John Stuart (Sir Henry Baskerville), Sam Livesey (Sir Hugo), Heather Angel (Beryl), Reginald Bach (Stapelton), Henry Hallett (Barryman), Sybil Jane (Mrs. Barrymore), Elizabeth Vaughan (Mrs. Laura Lyons), Carlyle Blackwell Sr.*

Wallace schrieb das Drehbuch für diese sehr frühe Tonfilmversion von → Arthur Conan Doyles berühmtestem Roman. Es war zugleich das einzige Drehbuch, das Edgar Wallace nach einem Werk seiner literarischen Vorfahren verfaßte.

Anmerkung: Dieser Film wurde in Deutschland nicht aufgeführt.

HOUSTON, JULIAN

→ Drehbuchautoren

HOVEN, ADRIAN

* 18.05.1922 Wöllersdorf, Tirol, † 08.04.1981 Tegernsee; eigentlicher Name: Wilhelm Arpad Peter Hofkirchner

Österreichischer Schauspieler und Regisseur. Er spielte den Inspektor Weston in → *Das Rätsel der roten Orchidee* (1961/62). Der Sohn eines Verwaltungsbeamten verbrachte seine Jugend in Tirol, wo die Großeltern ein Hotel betrieben. Er absolvierte eine Feinmechanikerlehre in Wien, war Flugzeugtechniker, im Zweiten Weltkrieg Fallschirmjäger; in Afrika wurde er schwer verwundet. Eine Statistenrolle erhielt er in *Quax in Fahrt* (1943/44). Regisseur Helmut Weiß brachte ihn nach 1945 zur Schauspielschule Dahlberg in Berlin. Danach engagierten ihn Berliner Bühnen, u.a. das Theater am Schiffbauerdamm. Seine erste große Filmnebenrolle erhielt er 1947 als Kadett in *Herzkönig*. In *Tromba* (1949) spielte er erstmals unter seinem Künstlernamen Adrian Hoven. Anschließend löste er alle Bühnenverträge, um ausschließlich beim Film zu arbeiten. In seinen letzten Lebensjahren betätigte er sich auch als Regisseur und Produzent. Der neue deutsche

Adrian Hoven

(1960), *Die Insel der Amazonen* (1960), *Das Rätsel der grünen Spinne* (1960), *Am Sonntag will mein Süßer mit mir segeln geh'n* (1961), *Ach Egon!* (1961), *So liebt und küßt man in Tirol* (1961), *Die Post geht ab* (1962), *Allotria in Zell am See* (1963), *Die schwarze Kobra* (1963), *Der Fluch der grünen Augen* (1964), *Tim Frazer jagt den geheimnisvollen Mr. X* (1964), *Die letzte Kugel traf den Besten* (1965), *Der Mörder mit dem Seidenschal* (1966), *Necronomicon* (1967), *Hexen bis aufs Blut gequält* (1970), *Siegfried und das sagenhafte Liebesleben der Nibelungen* (1971), *Ein genialer Bluff* (1975), *Faustrecht der Freiheit* (1975), *Der Edelweißkönig* (1975), *Waldrausch* (1977), *Götz von Berlichingen* (1979), *Berlin-Alexanderplatz* (TV, 1980), *Looping* (1981), *Lili Marleen* (1981).

HOWARD, WILLIAM K.
→ Regisseure

HOWELL, DOROTHY
→ Drehbuchautoren

HSIAO, SUSANNE
→ Darsteller

HÜBNER, KARIN
* 16.09.1936 Gera
Deutsche Schauspielerin. Sie verkörperte Yvonne in → *Der Mann mit dem Glasauge* (1968). Bei einer Schulaufführung wurde Hilde Körber, die Leiterin der Max-Reinhardt-Schule, auf Karin Hübner aufmerksam. Überzeugt von ihrem Talent, besorgte sie ihr ein Stipendium. Nach zweijährigem Studium erhielt sie ihr erstes Engagement in Münster. Über das Bremer Zimmertheater kehrte sie nach Berlin zurück, das ihre Heimat wurde. Die DEFA gab ihr einen Filmvertrag; so sah man sie u.a. in *Emilie Galotti* (1956) und *Tatort Berlin* (1957). Nach einer DDR-Tournee spielte sie in West-Berlin Theater: Piroschka im Hebbel-Theater, Mary Rose im Theater am Kurfürstendamm. Nach weiteren Filmen kam 1961 ihre große Chance als Eliza Doolittle in *My Fair Lady* (neben Paul Hubschmid als Professor Higgins). Karin Hübner war u.a. mit Peter Beauvais, Günter Pfitzmann und Frank Duval verheiratet.
Weitere Filme (Auswahl): *Hoppla, jetzt kommt Eddie* (1958), *Soldatensender Calais* (1960), *Das Wunder des Malachias* (1961), *Die endlo-*

Film entdeckte ihn für sich. Vor allem Fassbinder ermöglichte ihm beeindruckende Auftritte. In den 70er Jahren moderierte er die TV-Quizsendung *Dreimal darfst du raten*. Der dreimal geschiedene Vater von drei Söhnen lebte zuletzt mit der Kunsthändlerin Sabine Helms in München. – Als immer gutgelaunter, verschmitzt lächelnder Sonnyboy des deutschen Nachkriegsfilms war er der Filmliebling der Adenauer-Ära. In über 100 Filmen gab der schwarzhaarige, blauäugige Hoven den Typ des offenen, netten Kerls von nebenan, der als Naturbursche, jugendlicher Held oder Arzt glänzt.
Weitere Filme (Auswahl): *Epilog* (1950), *Heimat, deine Sterne* (1951), *Dr. Holl* (1951), *Das weiße Abenteuer* (1951), *Hurra – ein Junge!* (1953), *Canaris* (1954), *Ja, so ist das mit der Liebe* (1954), *Solange du lebst* (1955), *Die Drei von der Tankstelle* (1955), *Heimatland* (1955), *Wie einst Lili Marleen* (1956), *Liane, die weiße Sklavin* (1957), *Lilli – ein Mädchen aus der Großstadt* (1958), *Rommel ruft Kairo* (1958), *Arzt aus Leidenschaft* (1959), *Wir wollen niemals auseinandergehn* (1960), *Im weißen Rößl*

se Nacht (1963), *Liselotte von der Pfalz* (1966), *Flucht ohne Ausweg* (TV, 1967), *Unwiederbringlich* (TV, 1968), *Die lustige Witwe* (1962), *Sieben Tage Frist* (1969), *Das Messer* (TV, 1971).

Interview-Zitat zu ihrer Rolle in → *Der Mann mit dem Glasauge*: »Edgar Wallace, das ist wirklich eine Abwechslung. Nicht nur nach der ›Fair Lady‹, sondern auch nach meinen vielen Fernsehrollen. Da gab's zwar auch allerlei Variationen, mal ein richtiges Weibchen, mal eine verklemmte Lehrerin, einmal lustig, einmal tragisch. Aber eine Krimi-Rolle, die hat Hand und Fuß, wenn man auch mit einem Fuß immer halb im Grabe steht. Im Kino wird man ganz schön um mich zittern.«

HUKE, ROBERT
→ Kameramänner

HULBERT, JACK
→ Darsteller und → Drehbuchautoren

HUMMEL, GERHARD FRITZ
* 16.04.1921 Reutlingen
Seit Mitte der 50er Jahre Programmberater für → Waldfried Barthel und → Constantin Film; Experte für Trivialliteratur. Nachdem er Erfolge wie *Charleys Tante* (1955) und *Das Wirtshaus im Spessart* (1957) vorweisen konnte, berief ihn Barthel 1959 in die Geschäftsführung der Constantin Film, wo er für die Produktionsplanung verantwortlich war. Zusammen mit dem Rialto-Herstellungsleiter → Helmut Beck kreierte Hummel die Edgar-Wallace-Serie. Als Produktionschef der Constantin war Hummel verantwortlich für die Festlegung der Reihenfolge der 18 Wallace-Verfilmungen, ferner oblagen ihm die Drehbuchbearbeitung (Film 1 bis 16), die Verpflichtung von Autoren, Regisseuren und Darstellern (Film 1 bis 15) sowie die Abnahme der Null-Kopien (Film 1 bis 14) – ohne ihn lief bis 1963 sozusagen nichts. Nachdem diese Serie fester Bestandteil im Constantin-Programm war, erfüllte Barthel Hummels größten Wunsch: die Verfilmung von ›Karl Mays Winnetou-Romanen, für die Hummel durch seine Verbindung zur Familie des Karl-May-Verlegers Schmid alle Voraussetzungen mitbrachte. Barthel stellte Hummel drei Millionen Mark zur Verfügung, und so entstand mit der → Rialto Film 1962 als erste Produkti-

on *Der Schatz im Silbersee*. Ende 1963 schied Hummel bei der Constantin aus und ging als Produktionschef zum WDR – nicht ohne Barthel zuvor den gewinnträchtigen Rat gegeben zu haben, sich um die Filmrechte an den Jerry-Cotton-Romanen zu bemühen. Später wurde Hummel ein bekannter Medienberater. Er arbeitete zeitweise exklusiv für die Firma Taurus Film von Leo Kirch, wo er u.a. für Bibel-Verfilmungen, Ganghofer-Adaptionen und die *Via Mala*-Verfilmung mit Mario Adorf verantwortlich zeichnete.

Bei der Constantin Film war Hummel u.a. für folgende Filme verantwortlich: *Das Spukschloß im Spessart* (1960), *Ich zähle täglich meine Sorgen* (1960), *Bis daß das Geld Euch scheidet* (1960), *Im weißen Rößl* (1960), *Wir wollen niemals auseinandergehn* (1960), *Die Abenteuer des Grafen Bobby* (1961), *An einem Freitag um ½ 12* (1961), *Im Stahlnetz des Dr. Mabuse* (1961), *Die unsichtbaren Krallen des Dr. Mabuse* (1961/62), *Das Testament des Dr. Mabuse* (1962), *Das süße Leben des Grafen Bobby* (1962), *Freddy und das Lied der Südsee* (1962), *Der Teppich des Grauens* (1962), *Die Försterchristel* (1962), *Wenn die Musik spielt am Wörthersee* (1962), *Die weiße Spinne* (1963), *Der schwarze Panther von Rathana* (1963), *Heimweh nach St. Pauli* (1963), *Das Geheimnis der schwarzen Witwe* (1963), *Winnetou 1. Teil* (1963), *Old Shatterhand* (1963/64), *Das Wirtshaus von Dartmoor* (1964).

HUND VON BLACKWOOD CASTLE, DER
(FILM I)
Kinofilm. *Bundesrepublik Deutschland 1967. Regie: Alfred Vohrer. Regieassistenz: Eva Ebner. Script: Uschi Haarbrücker. Drehbuch: Alex Berg (d.i. Herbert Reinecker) nach einem Treatment von Georg Laforet (d.i. Franz Seitz) frei nach Edgar Wallace. Kamera: Karl Löb. Kameraassistenz: Ernst Zahrt, Thomas Kapiewicz. Schnitt: Jutta Hering. Schnittassistenz: Helga Stumpf, Helga Will. Ton: Gerhard Müller. Bauten: Wilhelm Vorwerg, Walter Kutz. Oberbeleuchter: Dieter Fabian. Requisiten: Peter Martin, Georg Dorschky. Musik: Peter Thomas. Kostüme: Ina Stein. Garderobe: Gisela Nixdorf, Klaus Reinke. Masken: Willi Nixdorf, Charlotte Kersten-Schmidt. Standfotos: Gerd-Victor Krau. Presse: Ringpress. Produktion: Rialto Film Preben Philipsen GmbH & Co. KG, Berlin (West). Produ-*

zenten: Preben Philipsen, Horst Wendlandt. *Produktionsleitung: Wolfgang Kühnlenz. Herstellungsleitung: Erwin Gitt. Aufnahmeleitung: Herbert Kerz, Gerhard Selchow. Geschäftsführung: Peter Sundarp. Produktionssekretärin: Rose Marie Lau. Kassiererin: Waltraud Peglau. Drehzeit: 16.10.–27.11.1967. Atelier: CCC Film Studios Berlin-Spandau. Außenaufnahmen: Berlin (West), Gasthof Schildhorn und Pfaueninsel Berlin-Wannsee. Erst-Verleih: Constantin Film, München. Länge: 92 Minuten (2529 m). Format: 35 mm; Farbe (Eastmancolor); 1:1.66. FSK: 12.12.1967 (38414); 12 nff. Uraufführung: 18.01.1968, Mathäser Filmpalast München. TV-Erstsendung: 08.01.1974 ZDF. Darsteller: Heinz Drache (Humphrey Connery), Karin Baal (Jane Wilson), Siegfried Schürenberg (Sir John), Horst Tappert (Douglas Fairbanks), Agnes Windeck (Lady Agathy Beverton), Tilo von Berlepsch (Lord Henry Beverton), Mady Rahl (Catherine Wilson), Uta Levka (Dorothy Cornick), Ilse Pagé (Miss Mabel Finley), Hans Söhnker (Anwalt Robert Jackson), Alexander Engel (Doc Addams), Otto Stern (Kapitän Wilson), Kurt Waitzmann (Dr. Sheppard), Kurd Pieritz (Edward Baldwin), Harry Wüstenhagen (Ken Nelson), Rainer Brandt (Tom Heyes), Pe-*ter William Koch (Tucker), Paul Berger (Hausknecht Jameson), Artur Binder (Grimsby), Heinz Petruo (Inspizient).*

Inhalt: Die Tochter eines Schloßbesitzers will ihr Erbe in Empfang nehmen. Der Anwalt rät ihr, das Schloß zu verkaufen, doch die Erbin ist unschlüssig. Ein vom Testamentsvollstrecker abgewiesener Käufer kommt, von einem Hund gejagt, im Moor um, der Testamentsvollstrecker wird tot aus seinem brennenden Wagen geschleudert, ein weiterer Ankömmling des nahegelegenen Gasthauses stirbt auf ungeklärte Weise. Inzwischen ist Scotland Yard auf einen wichtigen Zusammenhang gestoßen: Alle Beteiligten gehörten einst zur Crew eines Schiffes, dessen Kapitän der verstorbene Schloßbesitzer war. Auf diesem Schiff war vor einigen Jahren eine wertvolle Juwelensammlung gestohlen worden, die nun alle im Schloß von Blackwood Castle vermuten.

Kritiken zum Film: »In ihrem Edgar-Wallace-Jubiläumsfilm, dem 25. der erfolgreichsten deutschen Filmserie der Nachkriegszeit, haben Produzent Horst Wendlandt, Autor Alex Berg und Regisseur Alfred Vohrer eine besonders fesselnde und spannungsgeladene Story nach Motiven aus dem nachgelassenen Werk des engli-

Der Hund von Blackwood Castle: **Heinz Drache**

Der Hund von Blackwood Castle: **1. Karin Baal, Siegfried Schürenberg, Ilse Pagé • 2. Alexander Engel, Tilo von Berlepsch • 3. Ilse Pagé, Siegfried Schürenberg • 4. Karin Baal, Hans Söhnker • 5. Agnes Windeck, Paul Berger**

schen Krimi-Altmeisters auf die Leinwand gebracht.« (Fränkischer Tag, Bamberg, 15.02.1969) »Vohrers Inszenierung ist auf Tempo und Effekt bedacht, so daß sich die Zuschauer bei der verläßlichen Leichenlieferung keine Minute langweilen.« (Filmecho, Wiesbaden, 7–8/1968)

Zitate aus dem Film: Im Gasthaus befinden sich Lady Agathy, ihr Bruder Lord Henry Beverton und Doc Addams. Man hört in der Ferne einen Hund heulen und Menschenschreie. Agathy: »Henry, Doc! – Habt ihr es jetzt auch gehört? Den Hund – den Schrei eines Menschen, der sich in Todesangst befindet.« – Henry: »Vielleicht sollten Sie einmal nachsehen, Doc!« – Doc: »Bei dem Wetter!« – Agathy: »Ein Arzt muß bei jedem Wetter zu seinen Patienten.«

Heyes und Fairbanks verlassen das Gasthaus und treffen dort auf Lady Agathy. Lady Agathy: »Kommen Sie gesund zurück, Gentlemen. Meine Gäste sterben immer, bevor sie die Rechnung bezahlt haben. Das wird auf die Dauer störend.« – Fairbanks: »Das kann ich verstehen.«

Am Schluß treffen sich alle vor Blackwood Castle. Lady Agathy zu Sir John: »So, Archie, daß ich dir die Verbrecher jetzt schon selbst bringen muß, das geht doch wohl wirklich zu weit!« – Miss Finley: »Ich wußte doch, daß uns noch einer fehlt ...« – Sir John: »Aber Miss Finley, bei sieben Leichen kann man schon mal eine vergessen.« – Jane: »Acht, Sir John! Sie vergessen den geraubten Mr. Baldwin. Aber vielleicht kann Grimsby als Kronzeuge sagen, wo er geblieben ist.« – Grimsby: »Im Teich, Sir John, im Teich!« – Sir John »... in dieser Jahreszeit! Schrecklich! – Abführen!«

Anmerkungen: Um das geeignete Schloß für diesen Film zu finden, fand ein großes »Schloß-Casting« statt. In die engere Wahl zog man Wasserschloß Adelern, Schloß Lauenau, Schloß Petershagen bei Bückeburg, Schloß Varenholz und Schloß Schaumburg bei Rinteln, Wasserschloß Hülsede bei Bad Münder, Schloß Einbeckhausen bei Bad Münder, Schloß Hasperde bei Neustadt/Hameln, Schloß Derneburg bei Salzgitter, Schloß Oelber am Wege, Schloß Gebhardshagen bei Salzgitter, Schloß Alsder bei Salzgitter, Schloß Wendhausen bei Braunschweig und, nach → Der unheimliche Mönch, auch wieder Schloß Hastenbeck bei Hameln. Ebenso verfuhr man für das Gasthaus; in die engere Wahl kam u.a. Kloster Lünen. Auch für die Moor-

Landschaft in diesem Film begutachtete man mehrere Gebiete, darunter das Naturschutzgebiet Undeloh-Wilsede, Totengrund, Stichter See, den Grundlosen See, das Moor von Rotenburg, die Moore von Worpswede und Ahlenmoor bei Bremerhaven. – Als Regisseur war ursprünglich Harald Reinl vorgesehen, als Darsteller Peter Passetti und Ralf Wolter anstelle von Hans Söhnker und Alexander Engel.

Fazit: Bei Wallace beißen auch bellende Hunde.

HUND VON BLACKWOOD CASTLE, DER (FILM II)

Titel eines Wallace-Projekts der → GHP Film; war als Neuverfilmung des gleichnamigen Wallace-Krimis von 1967 geplant, mit etwas abgewandelter Handlung.

Inhalt: Die junge Jane erbt von ihrem Vater, dem mysteriösen Kapitän, ein altes Schloß im Blackwood. Doch das Schloß beherbergt auch einen Hund, eine mörderische Bestie, die auf brutalste Weise Menschen mordet ...

HUNTER, JOHN
→ Drehbuchautoren

HUNTER, T. HAYES
→ Regisseure

HUNTINGTON, LAWRENCE
→ Regisseure

HURDALEK, GEORG
* 06.02.1906 Görlitz, † 15.06.1980 München **Drehbuchautor und Regisseur.** Hurdalek war der Co-Autor von → Das indische Tuch (1963). Hurdalek begann als Regieassistent am Theater, lernte bei Max Reinhardt und Barnowsky. In den 30er Jahren waren es → R. A. Stemmle, Luis Trenker und Viktor Tourjansky, die ihn für den Film begeisterten und ihm eine Chance als Regieassistent und Drehbuchautor gaben. Trotz Filmregie und eigener Theaterinszenierungen machte er sich in erster Linie als Autor einen Namen. Zu folgenden Filmen schrieb er – oft gemeinsam mit Kollegen – das Drehbuch: Das große Abenteuer (1937), Fronttheater (1942), Immer wenn der Tag beginnt (1957), Verbrechen nach Schulschluß (1959), Stadt ohne Mitleid (1960). Drei Filme entstanden in eigener Regie: Die Zeit mit Dir (1948), Der gro-

**Georg Hurdalek mit Heinz Rühmann –
Dreharbeiten *Der eiserne Gustav*, 1958**

ße Zapfenstreich (1952) und *Der eiserne Gustav* (1958). 1960 erhielt er das Filmband in Silber für sein Drehbuch zu *Rosen für den Staatsanwalt*. Bei seinen Adaptionen für Rialto-Produktionen hatte Hurdalek keine so glückliche Hand: Weder seine Karl-May-Drehbücher *Der Schatz im Silbersee* und *Der Ölprinz* noch sein Entwurf zu *Unser Haus in Kamerun* oder seine Version von James Hadley Chase' Roman *Zahl oder stirb* erschienen den Produzenten für eine Verfilmung geeignet. Auch bei der Adaption von Wallace' → *Das indische Tuch* schieden sich die Geister. So sieht Hurdaleks Version vor, daß der Detektiv (in diesem Falle → Heinz Drache) an einer Magenschleimhautentzündung laboriert und den ganzen Film hindurch von der Heldin und dem Butler mit Gastritistropfen und Haferschleim aufgepäppelt wird – einfach lächerlich. Allein die Pointen des Butlers (→ Eddi Arent) hat Hurdalek gut getroffen. Nach Einwänden von → Gerhard Fritz Hummel wurde → Harald G. Petersson als Co-Autor gewonnen. Dem Krimifach blieb Hurdalek trotzdem treu, später wurde er Autor des ersten Jerry-Cotton-Films *Schüsse aus dem Geigenkasten*

(1965) sowie von Fall Nr. 4: *Die Rechnung eiskalt serviert* (1966).

Weitere Arbeiten (Auswahl): *5 Millionen suchen einen Erben* (1938), *Königliche Hoheit* (1953), *Der letzte Sommer* (1954), *Des Teufels General* (1954), *Der letzte Mann* (1955), *Ludwig II.* (1955), *Die Trapp-Familie* (1956), *Auf Wiedersehen, Franziska!* (1957), *Königin Luise* (1957), *Ohne dich wird es Nacht* (1957), *Der Schinderhannes* (1958), *Abschied von den Wolken* (1959), *Rosen für den Staatsanwalt* (1959), *Liebling der Götter* (1960), *Fluchtweg St. Pauli – Großalarm für die Davidswache* (1971).

HÜTER DES FRIEDENS
→ THE KEEPER OF THE KING'S PEACE

I

ICH-FORM

Anders als etwa Karl May liebte Wallace die personale Schreibweise nicht. Nur in einigen wenigen Arbeiten verwendet der Autor die Ich-Perspektive: → *We Shall See* ist aus der Sicht des Sergeant Monts geschrieben. → *The Lone House Mystery* ist aus der Sicht des Superintendenten Minter erzählt, und die in der englischen Ausgabe folgenden drei Kurzgeschichten (*The Sooper Speaking, Clues, Romance in it*) sind ebenfalls in dieser Schreibweise. Die elfte der zwölf Kriminalerzählungen aus → *The Orator, The Detective Who Talked*, wird vom ermittelnden Inspektor in der Ich-Form erzählt. Im Unterhaltungsroman → *Captain Tatham of Tatham Island* fungiert ein Reporter und Schriftsteller als Ich-Erzähler. Er befragt zu Beginn verschiedene Personen nach Ereignissen um Captain Tatham, die ihrerseits ihre Geschichten in der Ich-Form erzählen.

Anmerkung: Es konnte nicht festgestellt werden, ob sich unter der einen oder anderen verschollenen Geschichte noch weitere in dieser Schreibweise befinden.

ILLING, PETER

* 04.03.1899 Wien, † 29.10.1966 London; eigentlicher Name: Peter Ihle

Österreichischer Schauspieler. Er mimte den undurchsichtigen Barbesitzer Putek in → *Das Geheimnis der gelben Narzissen* (1961) und wirkte in drei Episoden der TV-Serie → *The Four Just Men* (1959) mit: als Dr. Cramer in der Folge *The Boy Without a Country*, als Gathis in *Maya* und als Mozek in *The Prime Minister*.

Mit 16 Jahren versuchte der Sohn türkischer Eltern sein Glück auf Kabarettbühnen. Sechs Jahre später war er Assistent der prominenten tschechischen Regisseure Lamac und Bovensky. In den 20er Jahren kam er nach Berlin und fand dort rasch Anerkennung. Neben Rosa Valetti war Illing mitbeteiligt am Aufbau der Kleinkunstbühnen »Größenwahn« und »Die Rampe«. Als beliebtes Mitglied der Berliner Volksbühne war er oft Partner von Heinrich George. Mit dem Beginn des Tonfilms wechselte er das Fach; seine erste Filmrolle hatte er in *Der Organist von St. Veit* (1929). Oft war Peter Ihle, wie er in seiner Berliner Zeit noch hieß, auch Partner von → Hans Albers in den UFA-Großfilmen. Nach der Machtergreifung Hitlers gelang es ihm, in England eine zweite Karriere aufzubauen. Die Umstellung auf die neue Sprache fiel ihm nicht leicht, doch bereits seine erste Rolle als Napoleon in *Krieg und Frieden* machte Peter Illing, wie er sich fortan nannte, durch die moderne Art seiner Darstellung bei Publikum und Presse bekannt. Während des Krieges war er die Stimme Churchills in den deutschsprachigen Sendungen der Londoner BBC. Obwohl Illing im englischen Kino und auf den Bühnen des Londoner Westend zu Hause war, bestimmte ihn bis zum Tod die Sehnsucht nach dem deutschen Theater.

Weitere Filme (Auswahl): *Abenteuer in Brasilien* (1947), *Affair in Monte Carlo* (1952), *Svengali* (1955), *That Lady* (1955), *Passport to Treason* (1955), *Knotenpunkt Bhowani* (1956), *It's Never Too Late* (1956), *Loser Takes All* (1956), *Zarak Khan* (1956), *Das Spiel mit dem Feuer* (1957), *Interpol* (1957), *Campbell's Kingdom* (1957), *A Farewell to Arms* (1957), *Miracle in Soho* (1957), *Man in the Shadow* (1957), *Panzerschiff Graf Spee* (1957), *The Electric Monster* (1958), *I Accuse!* (1958), *Hügel des Schreckens* (1959), *Friends and Neighbours* (1959), *Die den Tod nicht fürchten* (1959), *Die schwarze Lorelei* (1960), *Moment of Danger* (1960), *Bluebeard's Ten Honeymoons* (1960), *Sands of the Desert* (1960), *Der Tod hat Verspätung* (1961), *Der unheimliche Komplize* (1961), *Rendezvous in Madrid* (1962), *The Secret Door* (1962), *Hotel International* (1963), *Devils of Darkness* (1965).

IM BANNE DES UNHEIMLICHEN (BUCH)

→ THE HAND OF POWER

IM BANNE DES UNHEIMLICHEN (FILM I)

Unter diesem Titel kündigte der → Gloria-Filmverleih 1964 ein Projekt in Schwarzweiß an; geplanter Starttermin: Februar 1965. Unter der Regie von → F. J. Gottlieb sollten in dieser → Corona-Filmproduktion Ingeborg Schöner, Joachim Hansen, Doris Kirchner und Albert Lieven spielen.

IM BANNE DES UNHEIMLICHEN (FILM II)

Kinofilm. *Bundesrepublik Deutschland 1968. Regie: Alfred Vohrer. Regieassistenz: Eva Ebner. Script: Uschi Haarbrücker. Drehbuch: Ladislas Fodor, bearbeitet von Paul Hengge nach dem Roman The Hand of Power von Edgar Wallace. Kamera: Karl Löb. Kameraassistenz: Ernst Zahrt, Joachim Gitt. Schnitt: Jutta Hering. Schnittassistenz: Helga Stumpf, Dagmar Müller. Ton: Gerhard Müller. Bauten: Wilhelm Vorwerg, Walter Kutz. Oberbeleuchter: Dieter Fabian. Requisiten: Georg Dorschky, Walter Rother. Musik: Peter Thomas. Lied: The Space of Today. Text: Lothar Meid, Gesang: Lil Lindfors. Kostüme: Irms Pauli. Pelzmodelle: Heinz Altenpohl (Berlin-West). Garderobe: Gisela Nixdorf, Klaus Reinke. Masken: Willi Nixdorf, Charlotte Kers-*

ten-Schmidt. Standfotos: Gerhard-Victor Krau. Presse: Contactpress Jürgen Zimmermann. Produktion: Rialto Film Preben Philipsen GmbH & Co. KG, Berlin (West). Produzenten: Preben Philipsen, Horst Wendlandt. Produktionsleitung: Herbert Kerz. Herstellungsleitung: Fritz Klotzsch. Aufnahmeleitung: Harry Wilbert, Gerhard Selchow. Geschäftsführung: Peter Sundarp. Produktionssekretärin: Rose Marie Lau. Kassiererin: Waltraud Peglau. Drehzeit: 29.01.–13. 03.1968. Atelier: CCC Film Studios Berlin-Spandau. Außenaufnahmen: London, Berlin (West), Pfaueninsel Berlin-Wannsee. Erst-Verleih: Constantin Film, München. Länge: 89 Minuten (2428 m). Format: 35 mm; Farbe (Eastmancolor); 1:1.85. FSK: 17.04.1968 (38965); 16 nff. Uraufführung: 26.04.1968, UT Bremen; Europa Oberhausen; Passage Kino Saarbrücken. TV-Erstaufführung: 18.04.1985 PKS. Darsteller: Joachim Fuchsberger (Inspektor Higgins), Siv Mattson (Miss Peggy Ward), Wolfgang Kieling (Sir Cecil Ramsey), Pinkas Braun (Der Fremde), Peter Mosbacher (Ramiro), Claude Farell (Adela), Hubert von Meyerinck (Sir Arthur), Hans Krull (Pfarrer Potter), Otto Stern (Mr. Merryl), Siegfried Rauch (Dr. Brand), Lil Lindfors (Sabrina), Ewa Strömberg (Bibliothekarin), Renate Grosser (Mrs. Potter), Wolfgang Spier (Mr. Bannister), Jimmy Powell (Casper), Ilse Pagé (Miss Mabel Finley), Edith Schneider (Professor Bound), Max Wittmann (Der Alte), Michael Miller (Monteur), Thomas Danneberg (Flugkapitän), Eva Ebner (Sekretärin), Dietrich Behne (»Lachende Leiche«, Double).

Inhalt: Ein schauerliches Lachen erschreckt in einer kleinen Dorfkirche die Trauergäste, die sich zur Beisetzung des bei einem Flugzeugunglück tödlich verunglückten Sir Oliver versammelt haben. Dasselbe Gelächter erschallt bei diversen Mordfällen, die Scotland Yard von Mal zu Mal mehr Kopfzerbrechen bereiten. Der Bruder des verstorbenen Sir Oliver spricht als erster aus, was zunächst als Hirngespinst erscheint: Der tote Bruder lebt und nimmt fürchterliche Rache für das an ihm verübte Verbrechen, denn sein Tod war durch eine an Bord geschmuggelte Bombe herbeigeführt worden. Nur dem Scharfsinn von Inspektor Higgins gelingt es schließlich, das Totengespenst zu entlarven.

Kritiken zum Film: »Der auf Wallace-Filme spezialisierte Regisseur Alfred Vohrer, der nicht nur die filmische Technik, sondern auch die filmische Erzählung hervorragend beherrscht, weiß auch dieses Mal einen Weg, alle nur möglichen Spannungsmomente in das von Ladislas Fodor mit Geschick verfertigte Szenarium einzubauen.« (Rhein-Neckar-Zeitung, Heidelberg, 18.05.1968) »Im Gegensatz zu vielen anderen Serien, deren Filme allmählich immer schwächer werden, kann man der Wendlandt-Produktion und Regisseur Vohrer uneingeschränkt bestätigen, daß die Perfektion ihrer Wallace-Reißer sich von Film zu Film steigert, ohne jedoch dabei in billiger Routine zu erstarren. Selbst die Nebel wallen immer gekonnter. Auch hier ist wieder ein Super-Reißer geglückt, der von der ersten Filmminute an fesselt und das Spannungsfeld bis zum Schluß unter Starkstrom hält.« (Filmblätter, Baden-Baden, Mai 1968)

Zitate aus dem Film: In Scotland Yard besprechen Inspektor Higgins und Sir Arthur den Fall. Higgins liest seinem Chef die neuesten Nachrichten vor: »Kein Fall für Scotland Yard. Wir leben in einem freien Land, in dem auch die Leichen lachen dürfen, soviel sie wollen; das verstößt nicht gegen das Gesetz.« – Sir Arthur: »Wieso sollte eine Leiche lachen?« – Higgins: »Ja, dafür gibt's mehrere Gründe. Beerdigungen können ungeheuer lustig sein. Tote brauchen keine Steuern mehr zu zahlen. Vielleicht war er auch froh, daß er seine Frau los war.« – Sir Arthur: »Sir Oliver war Junggeselle. – Na ja, vielleicht haben sie ihn zu Tode gekitzelt!« Im Pfarrhaus liegt Sir Cecil bewußtlos auf einer Couch. Higgins verlangt nach Whisky. Mrs. Potter antwortet: »Wir haben nur Sherry!« – Higgins zu Peggy: »Ziehen Sie doch mal die große Bibel hinten aus dem Regal.« – Dort findet sich eine Flasche Whisky. Mrs. Potter sieht ihren Mann empört an. Darauf Higgins: »Sie sind nicht der erste Pfarrer in meiner Laufbahn, Mr. Potter.« Später treffen Higgins und Peggy im Pfarrhaus auf Mrs. Potter: »Mrs. Potter, Miss Ward behauptet, sie hätte heute abend in der Leichenhalle Ihre Stimme gehört.« – Mrs. Potter: »Diese junge Dame ist Reporterin. Glauben Sie alles, was in der Zeitung steht?« – Higgins: »Das kommt darauf an, in welcher ...«

Im Banne des Unheimlichen: Siv Mattson, Hubert von Meyerinck, Joachim Fuchsberger

Am Ende, bei der Auflösung des Falles im Ge-
räteschuppen, ist Sir Arthur empört: »Man
schämt sich wirklich seines Adels.« (Diesen Satz
wiederholt Sir Arthur am Ende von → *Der
Mann mit dem Glasauge*, als man Lady Sharringham abführt.)
Fazit: Darsteller, Buch und Inszenierung garan-
tieren beste Wallace-Unterhaltung.

IMMANUEL, REBECCA
→ Darsteller

IN DEN TOD GESCHICKT
→ ON THE SPOT

INCIDENT AT MIDNIGHT
(Zwischenfall um Mitternacht)
Kinofilm. *England 1963. Produktion: Merton
Park. Produzent: Jack Greenwood. Regie: Nor-
man Harrison. Buch: Arthur La Bern frei nach
Edgar Wallace. Kamera: Bert Mason. Musik:*
*Bernard Ebbinghouse. Bauten: Peter Mullins.
Ton: Sidney Rider. Schnitt: Derek Holding.
Darsteller: Anton Diffring (Dr. Erik Leichner),
William Sylvester (Vince Warren), Justine Lord
(Diane Graydon), Martin Miller (Schroeder),
Tony Garnett (Brennan), Philip Locke (Fester),
Sylva Langova (Vivienne Leichner), Warren
Mitchell (Apotheker), Jacqueline Jones (Vanes-
sa Palmer), Peter Howell (Inspektor Macrea-
dy), Oliver McGreevy (Wilkinson), David Fut-
cher (Whitehead), Clifford Earl (Sergeant), Ge-
offrey Palmer (Dr. Tanfield). Länge: 56 Minuten.*
Inhalt: Schroeder, ein für das Rauschgiftdezer-
nat arbeitender Arzt, erkennt in dem Apotheker
Dr. Erik Leichner eine ehemalige Nazi-Größe
aus Wien. Er heftet sich an dessen Spuren und
entdeckt, daß Leichner im Begriff ist, mit seinem
skrupellosen Partner ein umfangreiches Drogen-
geschäft abzuschließen. Mit Hilfe der jungen
Diane Graydon und des Yard-Inspektors Ma-

Incident at Midnight: Justine Lord, Tony Garnett, Martin Miller, Warren Mitchell, Philip Locke

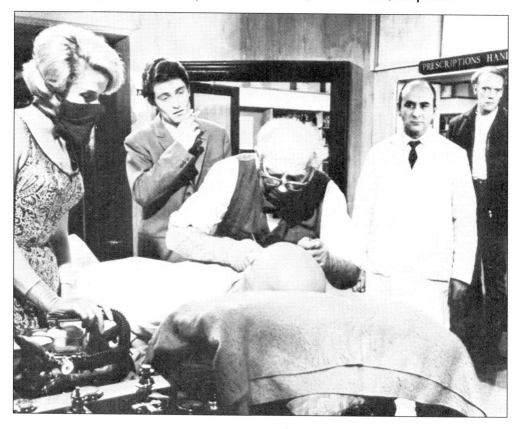

EDGAR WALLACE

In den Tod geschickt

Es ist unmöglich, von EDGAR WALLACE nicht gefesselt zu sein

WILHELM GOLDMANN VERLAG MÜNCHEN

cready kann er Leichner unschädlich machen.

Kritik zum Film: »Norman Harrisons ›Incident at Midnight‹ unterscheidet sich in keiner Weise von den anderen Merton-Park-Produktionen. Halbwegs akzeptable Darsteller spielen sich durch eine grundsätzlich uninteressante Geschichte, die ihre Attraktionen höchstens aus dem ungewöhnlichen Schauplatz einer Nachtapotheke und der Nazi-Vergangenheit des Dr. Leichner bezieht.« (Monthly Film Bulletin, 4/1964)

Anmerkung: Der Film wurde in Deutschland als Doppelprogramm zusammen mit → *Ricochet* unter dem Titel → *Küsse für den Mörder* gezeigt.

INCONTRERA, ANNABELLA
→ Darsteller

INDEPENDENT ARTISTS
Diese Londoner Produktionsfirma stellte bereits vor → Merton Park Productions unter der Leitung der Produzenten → Julian Wintle und → Leslie Parkyn zwei Edgar-Wallace-Filme her:

→ *The Malpas Mystery* (1960) und → *The Man In the Back Seat* (1960).

Weitere Produktionen: *The Velvet Touch* (1948), *The Dark Man* (1951), *Never Wave at a Wac* (1952), *Hunted* (1952), *Mit dem Kopf durch die Wand* (1958), *October Moth* (1959), *The Professionals* (1959), *Die tödliche Falle* (1959), *Devil's Bait* (1959), *Tiger Bay* (1959), *Breakout* (1959), *The Big Day* (1960), *Linda* (1960), *Echo of Barbara* (1961), *House of Mystery* (1961), *Twist Craze* (1961), *Crooks Anonymous* (1962), *Play It Cool* (1962), *Bitter Harvest* (1963), *Hypno* (1963), *Lockender Lorbeer* (1963), *The Human Jungle* (TV, 1964), *Unearthly Stranger* (1963), *Very Important Person* (1961), *The White Trap* (1959), *The Belstone Fox* (1973).

INDIA RUBBER MEN, THE
Kriminalroman. Originalausgabe: Hodder & Stoughton, London 1929. Deutsche Erstveröffentlichung: Das Gasthaus an der Themse. Übersetzung: Arthur Schönhausen. Wilhelm Goldmann Verlag, Leipzig 1930. Neuausgabe: Wilhelm Goldmann Verlag, Leipzig 1933. Neuausgabe: Wilhelm Goldmann Verlag, München 1953. Taschenbuchausgabe: Wilhelm Goldmann Verlag, München 1956 (= Goldmann Taschen-KRIMI 88). Weitere Taschenbuchauflage im Wilhelm Goldmann Verlag: 1959. Neuausgabe: Bertelsmann Verlag, Gütersloh 1970. Neuübersetzung: → Gregor Müller. Wilhelm Goldmann Verlag, München 1971 (= Goldmann Taschen-KRIMI 88). Weitere Taschenbuchauflagen im Wilhelm Goldmann Verlag: 1973, 1974, 1975, 1977, 1979, 1980, 1982. Jubiläumsausgabe im Wilhelm Goldmann Verlag: 1990, 2000 (= Band 18). Neuübersetzung: Edith Walter unter dem Titel Der Clan der Gummimänner. Heyne Verlag, München 1983 (= Blaue Krimis 2060). Neuübersetzung: Marilyn Wilde unter dem Titel Das Gasthaus an der Themse. Scherz Verlag, Bern, München, Wien 1983 (= Scherz Krimi 935). Neuauflage: 1987. – Anläßlich des 125. Geburtstages des Autors brachte der → Weltbild Verlag 2000 eine Wallace-Edition heraus. Hier erschien der Roman in einer Doppelausgabe zusammen mit *Der grüne Brand* (→ *The Green Rust*).

Inhalt: Nachforschungen über einen Bankeinbruch und der Mord an einem Unbekannten führen Inspektor John Wade zu dem berüchtigten Gasthaus an der Themse. Die Wirtin, Mutter Oaks, ist resolut und selbstbewußt – im Gegensatz zu ihrem Mann Golly, der als gutmütig und freundlich bekannt ist. Die Waise Lila Smith, Pflegekind von Mutter Oaks, warnt den Inspektor vor einer Falle und ist plötzlich verschwunden. Wade geht verbissen den wenigen Spuren nach. Mysteriöse Gestalten im Gasthaus und seiner Umgebung geben ihm Rätsel auf: Raggit Lane ist ihm ebenso unsympathisch wie Bill Aikness, der Kapitän des Frachters »Siegel von Troja«. Mit Unterstützung von Inspektor Elk, einem der erfahrensten Beamten von Scotland Yard, kann Wade den komplizierten Fall schließlich lösen.

Anmerkung: Der Roman wurde zweimal verfilmt: 1938 unter dem Titel → *The Return of the Frog* und 1962 unter dem Titel → *Das Gasthaus an der Themse*.

INDISCHE TUCH, DAS (BUCH)
→ THE FRIGHTENED LADY

INDISCHE TUCH, DAS (FILM)
Kinofilm. *Bundesrepublik Deutschland 1963. Regie: Alfred Vohrer. Regieassistenz: Eva Ebner. Script: Annemarie Petke. Drehbuch: Georg Hurdalek und Harald G. Petersson nach einem Originaldrehbuch von Trygve Larsen (d.i. Egon Eis) nach dem Roman The Frightened Lady von Edgar Wallace. Kamera: Karl Löb. Kameraassistenz: Ernst Zahrt, Joachim Gitt. Schnitt: Hermann Haller. Schnittassistenz: Gisela Neumann. Ton: Clemens Tütsch. Bauten: Wilhelm Vorwerg, Walter Kutz. Oberbeleuchter: Alfred Richter. Requisiten: Helmut Deukert, Walter Rother. Masken: Willi Nixdorf; Charlotte Kersten-Schmidt. Musik: Peter Thomas. Kostüme: Hannelore Wessel. Garderobe: Gisela Nixdorf, Carl Philipps. Standfotos: Lilo Winterstein. Presse: Hans-Joachim Wehling. Produktion: Rialto Film Preben Philipsen GmbH & Co. KG, Berlin (West). Produzenten: Preben Philipsen, Horst Wendlandt. Produktionsleitung: Wolfgang Kühnlenz. Produktionsassistent: Siegfried Mews. Aufnahmeleitung: Wolfgang Handtke, Hans-Eberhard Junkersdorf. Geschäftsführung: Erich Schütze. Produktionssekretärin: Editha Busch. Kassiererin: Eva Kröling. Drehzeit: 08.07.–13.08.1963. Atelier: CCC Film Studios Berlin-Spandau. Erst-Verleih: Constantin Film, München. Länge: 86 Mi-*

nuten (2365 m). Format: 35 mm; s/w; Ultra-Scope – Titelvorspann in Farbe. FSK: 6.09.1963 (30799); 16 nff. Uraufführung: 13.09.1963. TV-Erstsendung: 18.12.1973 ZDF. *Darsteller: Heinz Drache (Frank Tanner), Corny Collins (Isla Harris), Klaus Kinski (Peter Ross), Hans Nielsen (Mr. Tilling), Gisela Uhlen (Mrs. Tilling), Siegfried Schürenberg (Sir Henry Hockbridge), Richard Häussler (Dr. Amershan), Elisabeth* *Flickenschildt (Lady Lebanon), Hans Clarin (Lord Lebanon jr.): Alexander Engel (Reverend Hastings), Ady Berber (Chiko), Eddi Arent (Butler Bonwit), Wilhelm Vorwerg (Lord Lebanon) und Rainer Brandt (die Stimme Inspektor Fuchsberger am Telefon).*

Inhalt: Erdrosselt wird der alte Lord Lebanon eines Morgens aufgefunden. Die Verkündung seines Testaments führt die miteinander ver-

Das indische Tuch: **1. Heinz Drache, Corny Collins, Klaus Kinski • 2. Klaus Kinski • 3. Corny Collins, Hans Clarin • 4. Ady Berber, Hans Nielsen • 5. Heinz Drache, Elisabeth Flickenschildt • 6. Heinz Drache**

feindeten Verwandten auf dem einsamen Familiensitz im Norden Schottlands zusammen. Sechs Tage, so verkündigt Testamentsvollstrecker Frank Tanner, sollen sie nach dem letzten Willen des Ermordeten gemeinsam im Schloß verbringen, um Frieden zu schließen. Doch schon nach der ersten sturmdurchtobten Nacht fehlt einer in der Frühstücksrunde. Man findet ihn ebenfalls erdrosselt. An jedem weiteren Morgen entfernt Butler Bonwit mit unbewegtem Gesicht ein weiteres Gedeck, während der Erbanteil und die Panik der Überlebenden wächst. Mehr und mehr spitzt sich das unheimliche Sechstagerennen zu, bis der Mörder selbst zu Tode gehetzt wird.

Kritiken zum Film: »Alfred Vohrer, inzwischen

Das indische Tuch: 1. Klaus Kinski • 2. Hans Clarin, Elisabeth Flickenschildt • 3. Eddi Arent, Hans Clarin, Richard Häussler, Corny Collins, Klaus Kinski, Hans Nielsen, Gisela Uhlen, Alexander Engel, Siegfried Schürenberg und ganz vorne im Bild: Elisabeth Flickenschildt

zu einer Art filmischen Kriminalisten geworden, wandelt sicher und nervenkitzelnd auf den Spuren des großen Meisters.« (Rhein-Neckar-Zeitung, Heidelberg, 27.09.1963) »Edgar Wallace, der Altmeister der ›Spannungsmacher‹, bleibt auch hier wieder seinem Ruf treu und hält den Zuschauer 90 Minuten lang in Atem. Dem guten ›Kriminalgeschmack‹ abträglich sind allerdings einige makabre Auswüchse in Bild und Handlung, und Äußerungen von Butler Eddi Arent sprengen ebenfalls den Rahmen des Herkömmlichen. Trotzdem wird der Liebhaber von Kriminalfilmen den begehrten Nervenkitzel zu spüren bekommen und über die ›Schönheitsfehler‹ hinwegsehen.« (Generalanzeiger, Bonn, 18.09.1963)

Zitat aus dem Film: Eines Morgens räumt Butler Bonwit das Gedeck von Reverend Hastings ab. Lady Lebanon: »Aber Bonwit, was machen Sie denn da?« – »Reverend Hastings frühstückt nicht, Mylady.« – »Oh – fühlt er sich nicht wohl?« – »Das entzieht sich meiner Kenntnis – Mylady. Er ist tot!«, lautet die Antwort, und alle Anwesenden setzen fast gleichzeitig betroffen ihre Tassen auf.

Anmerkung: Ursprünglich waren z.T. andere Darsteller vorgesehen, u.a. Ernst Schröder, Alexandra Stewart und Christiane Nielsen anstelle von Hans Nielsen, Corny Collins und Gisela Uhlen.

Fazit: Eine interessante Aufbereitung des Romanstoffs.

INDISCHE TUCH, DAS (HÖRSPIEL I)
→ Maritim-Hörspiel Nr. 12 nach dem gleichnamigen Roman von Edgar Wallace. *Manuskript: Ludger Billerbeck. Musik: Alexander Ester. Ton: Peter Hertling. Produktion: Hans-Joachim Herwald. Regie: Michael Weckler und Hans-Joachim Herwald. Mit den Stimmen von Rolf Jülich (Captain Jim Stone), Gerda Gmelin (Lady Lebanon), Manfred Wohlers (Jenny), Sibylle Bohn (Jenny), Jens Kersten (Studd), Renée Genesis (Dr. Amersham), Konrad Halver (Sergeant Totty), Klaus Dittmann (Gilder).*

INDISCHE TUCH, DAS (HÖRSPIEL II)
Erschienen 2003 bei → Titania Medien, Leverkusen. *Nach dem gleichnamigen Roman von Edgar Wallace. Produktion: Stephan Bosenius, Marc Gruppe. Buch und Regie: Marc Gruppe. Musik: Manuel Rösler. Recorded and mixed by Bionic Beates. Sprecher: Lothar Didjurgis (Chief Inspector Tanner), Herbert Schäfer (Detective Sergeant Totty), Daniel Werner (Lord Willie Lebanon), Dagmar von Kurmin (Lady Lebanon), Manja Doering (Isla Crane, Sekretärin), Christian Rode (Dr. Amersham), Jörg Löw (Gilder, Butler), Gero Wachholz (John Tilling, Parkwäch-*

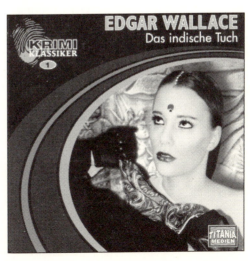

ter), Dörte Lyssewski (Joan Tilling, seine Frau), Jens Hajek (Studd, Chauffeur).

INSPEKTOREN

In seinen Romanen kreierte Wallace zwei Typen von Inspektoren. Die einen sind jung und charmant und retten die in Gefahr geratene jugendliche Heldin; hierzu zählen: Larry Holt in → *The Dark Eyes of London*, Arnold Long (genannt »Wetter-Long«) in → *The Terrible People*, John Wade in → *The India Rubber Men*. Den zweiten Inspektorentyp repräsentieren süffisante ältere Herren wie Horace Bird (genannt »The Sparrow«) in → *The Gunner*, Inspektor Bourke in → *The Forger* und Inspektor Patrick J. Minter in → *Big Foot* und → *The Lone House Mystery*. Wallace' wohl berühmteste Inspektorenfigur ist William Elk, der in den Romanen → *Whiteface* und → *The Fellowship of the Frog* als → Sergeant beginnt und am Ende dieses Romans zum Inspektor befördert wird. In dieser Funktion taucht er in den Romanen → *The India Rubber Men*, → *The Joker*, → *The Nine Bears*, → *The Terror*, → *Terror Keep* und → *The Twister* auf. Den Allerweltsnamen »Smith« verwendete Wallace gleich für mehrere seiner Inspektorenfiguren: So agieren Socrates Smith in → *The Three Oaks Mystery*, Surfoot Smith in → *The Clue of the Silver Key* und T. B. Smith sogar in mehreren Romanen: → *Kate Plus Ten*, → *The Nine Bears* und → *The Secret House*.

IRON GRIP, THE

Zehn Kriminalgeschichten. *Originalausgabe:* Readers Library, London 1930.
Enthält: THE MAN FROM »DOWN UNDER«, THE WILFUL MISS COLEBROOK, THE TY-RANT OF THE HOUSE, THE KIDNAPPED TYPIST, THE VLAKFONTAIN DIAMOND, A QUESTION OF HOURS, THE STRANGE CASE OF ANITE BRADE, THE DISAPPEARING LADY, THE CASE OF AN HEIRESS, THE BEAUTIFUL MISS M'GREGGOR.
Inhalt: Jack Bryce ist ein gewöhnlicher, aber gebildeter Mann. Er hat keine Erfahrung mit Verbrechern und kriminellem Denken. Nachdem er deshalb einen Anwalt besucht, einen alten Freund seines Vaters, sieht es so aus, als ob er auch hier abgelehnt wird. Aber das Blatt wendet sich zu seinen Gunsten. In seiner neuen Karriere als Detektiv gerät er in eine Fülle von Abenteuern. Schließlich wird er überwältigt und gefangen – durch eine Liebesgeschichte, aus der er sich nicht befreien möchte.
Anmerkung: Die Geschichten wurden bisher nicht ins Deutsche übertragen.

ITALIEN (FILM)

Die einzige rein italienische Wallace-Produktion war 1933 → *Giallo* nach dem Roman → *The Man Who Changed His Name*. In italienisch-britischer Co-Produktion entstand der Streifen → *Pagliacci*. Zusammen mit der deutschen → Rialto Film wurden die Filme → *Das Gesicht im Dunkeln*, → *Das Geheimnis der grünen Stecknadel* und → *Das Rätsel des silbernen Halbmonds* hergestellt. Eine vierte Co-Produktion mit der Rialto, *Das Geheimnis der schwarzen Rose*, kam nicht mehr zustande. Die römische Firma Filmes Cinematografica stellte den Film unter dem Titel *Una Farfalla Con Le Ali Insanguinate* (→ *Das Messer*) allein her.

J

JACK O'JUDGEMENT

Kriminalroman. *Originalausgabe: Ward Lock & Co., London 1920. Deutsche Erstveröffentlichung: Treffbube ist Trumpf. Übersetzung: Elise McCalman. Ullstein Verlag, Berlin 1930 (= Gelbe Ullsteinbücher 99). Neuübersetzung: Tony Westermayr unter dem Titel Die Todeskarte. Wilhelm Goldmann Verlag, München 1961. Neuausgabe: Treffbube ist Trumpf. Ullstein Verlag, Frankfurt/M., Berlin 1963 (= Ullstein Taschenbuch 919). Neuausgabe: Treffbube ist Trumpf. Gebrüder Weiß Verlag, Berlin, München 1965 (= Krähenbücher).* – Anläßlich des 125. Geburtstages des Autors brachte der → Weltbild Verlag 2000 eine Wallace-Edition heraus. Hier erschien der Roman in einer Doppelausgabe zusammen mit *Käthe und ihre Zehn* (→ *Kate Plus Ten*).

Inhalt: Im östlichen London wird die Leiche eines jungen Mannes gefunden, der als Koks-Gregory bekannt war. In seiner Tasche steckt eine Spielkarte, ein Treffbube. Oberst Boundary treibt zwielichtige Geschäfte. Doch Scotland Yard kann ihm nichts beweisen. Zu viele Handlanger hat der Oberst bestochen. Eines Tages erhält er die gleiche Spielkarte. Zudem erscheint in einer »Aufsichtsratssitzung« der Gangster ein Unbekannter in der Maske des Treffbuben. Nach und nach sterben alle Personen, die gegen die Bande aussagen können. Umgekehrt werden weitere Bandenmitglieder von dem Unbekannten ermordet, der erste mitten im Gerichtssaal; bei jedem seiner Opfer hinterläßt er die gleiche Spielkarte. Chefinspektor Stafford King von Scotland Yard könnte sich

zurücklegen und warten, bis der »Treffbube« mit der Londoner Unterwelt abgerechnet hat. Doch Selbstjustiz ist nicht seine Sache. Nach und nach kommt er einem ausgeklügelten Plan auf die Spur.

Anmerkungen: Die deutsche Erstübersetzung von Elise MacCalman hatte besondere Kapitelüberschriften, die in späteren Ausgaben entfielen. Der Roman wurde zweimal verfilmt: 1962 unter dem Titel → *The Share Out* und 1963 als → *Accidental Death*.

JACOBS, WERNER

* 24.04.1909 Berlin, † 24.01.1999 München

Deutscher Regisseur. Jacobs führte 1965/66 Co-Regie bei dem Film → *Das Rätsel des silbernen Dreieck* (1965/66). Jacobs gilt neben → Harald Reinl, → Alfred Vohrer und Kurt Hoffmann als erfolgreichster Regisseur des deutschen Nachkriegfilms. Seit 1930 arbeitete er zunächst im Synchronbereich. Er verkehrte im Berliner Künstlertreff »Romanisches Café« und lernte dort Filmgrößen wie den späteren Hollywood-Regisseur Billy Wilder kennen. Es folgten Jahre als Cutter bei der Münchner Bavaria sowie Regieassistenzen bei Hans Schweikart und Viktor Tourjansky. 1945–49 war er Chefcutter der ersten Nachkriegswochenschau *Welt im Film*. Nach mehreren Kurzfilmen (*Richard*

Werner Jacobs

Strauß – Ein Leben für die Musik, 1949; *Modebummel*, 1951 [mit einem Bundesfilmpreis ausgezeichnet]) startete Jacobs mit dem Lustspiel *Der weißblaue Löwe* (1952) seine Regiekarriere. Mehrere seiner umsatzstarken Filme erhielten die → Goldene Leinwand: *Heimweh nach St. Pauli* (1963), *Die Lümmel von der ersten Bank 1. Teil: Zur Hölle mit den Paukern* (1968), *Die Lümmel von der ersten Bank 2. Teil: Zum Teufel mit der Penne* (1968), *Heintje – Ein Herz geht auf Reisen* (1969), *Die Lümmel von der ersten Bank 4. Teil: Hurra, die Schule brennt* (1969). Trotzdem blieb Jacobs Zeit seines Lebens selbst für Filminteressierte ein Unbekannter: Er inszenierte durchweg leichte Kinoware, die filmgeschichtlich kaum Beachtung verdient. Zudem war Jacobs ein gänzlich uneitler Filmemacher, der den branchenüblichen Rummel verabscheute. Trotzdem beeindruckte er als vielseitiger Filmhandwerker und hochinteressanter Zeitzeuge.

Weitere Filme als Regisseur: *Straßenserenade* (1953), *Gitarren der Liebe* (1954), *André und Ursula* (1955), *San Salvatore* (1955), *Der Bettelstudent* (1956), *Santa Lucia* (1956), *Der Graf von Luxemburg* (1957), *Das einfache Mädchen* (1957), *Der Stern von Santa Clara* (1958), *Münchhausen in Afrika* (1958), *Hier bin ich – hier bleib' ich* (1958), *Ein Sommer, den man nie vergißt* (1959), *Im weißen Rößl* (1960), *Conny und Peter machen Musik* (1960), *Mariandl* (1961), *Drei Liebesbriefe aus Tirol* (1962), *Freddy und das Lied der Südsee* (1962), *Die Lustige Witwe* (1962), *Mariandls Heimkehr* (1962), *Denn die Musik und die Liebe in Tirol* (1963), *Der Musterknabe* (1963), *... und so was muß um acht ins Bett* (1964), *Hilfe, meine Braut klaut* (1964), *Heidi* (1965), *Tante Frieda – Neue Lausbubengeschichten* (1965), *Das sündige Dorf* (1966), *Onkel Filser – Allerneueste Lausbubengeschichten* (1966), *Jerry Cotton – Fall Nr. 5: Der Mörderclub von Brooklyn* (1966), *Die Heiden von Kummerow und ihre lustigen Streiche* (1967), *Wenn Ludwig ins Manöver zieht* (1967), *Charleys Onkel* (1969), *Was ist denn bloß mit Willi los?* (1970), *Heintje – Mein bester Freund* (1970), *Zwanzig Mädchen und ein Pauker: Heute steht die Penne kopf* (1971), *Morgen fällt die Schule aus* (1971), *Unser Willi ist der Beste* (1971), *Willi wird das Kind schon schaukeln* (1971), *Meine Tochter – Deine Tochter* (1972), *Alter Kahn und junge Liebe* (1973),

Das fliegende Klassenzimmer (1973), *Schwarzwaldfahrt aus Liebeskummer* (1973), *Auch ich war nur ein mittelmäßiger Schüler* (1974), *Zwei himmlische Dickschädel* (1974).

JAGDSCHLOSS GRUNEWALD

Am Berliner Grunewaldsee gelegenes Jagdhaus, das 1542/43 von Caspar Theyss für Kurfürst Joachim II. errichtet wurde. 1705 Umbau in die heutige Form. Seit 1949 dient das Schloß als Museum, vor allem für Gemälde holländischer, flämischer und deutscher Meister sowie für antike Möbel, Jagdgeräte und -trophäen. Das Schloß diente als Kulisse für den Wallace-Film → *Die blaue Hand* (1967).

JAGGBERG, KURT
* 10.11.1922 Wien, † 27.12.1999 Wien
Österreichischer Schauspieler. Er mimte einen Tankwart in → *Die seltsame Gräfin* (1961) und einen Gangster in → *Die Gruft mit dem Rätselschloß* (1964). Nach Schule und Universität legte Jaggberg 1949 die Schauspielprüfung an der Max-Reinhardt-Schule ab. Nach ersten Erfahrungen am Wiener Theater in der Josefstadt arbeitete er an zahlreichen österreichischen und internationalen Bühnen. Daneben spielte er in unzähligen Kino- und Fernsehfilmen. Dem breiten Fernsehpublikum wurde er seit 1970 vor allem als Bezirksinspektor Wirz (Assistent von Oberinspektor Marek alias Fritz Eckardt) in der Tatort-Serie (1970–83) bekannt.

Weitere Filme (Auswahl): *Spionage* (1955), *Stahlnetz: Das Haus an der Stör* (TV, 1963), *Stahlnetz: Strandkorb 421* (TV, 1964), *Das Phantom von Soho* (1964), *Stahlnetz: Der fünfte Mann* (TV, 1966), *Der Tod im roten Jaguar* (1968), *Ein Käfer gibt Vollgas* (1972), *Die Abenteuer des braven Soldaten Schwejk* (TV-Serie, 1972), *Ich heirate eine Familie* (TV-Serie, 1982), *Der gute Engel* (TV-Serie, 1983), *Moselbrück* (TV-Serie, 1987), *Der Mann im Salz* (TV-Serie, 1989).

JANES, HAROLD
→ Kameramänner

JEANSON, HENRI
→ Drehbuchautoren,

JEAVONS, COLIN
→ Darsteller

JERSCHKE, GÜNTHER

* 08.10.1921 Breslau, † 06.05.1997 Hamburg
Deutscher Schauspieler. Er war der Polizeiarzt in → *Die toten Augen von London* (1961) und in → *Das Rätsel der roten Orchidee* (1961/62). Ursprünglich wollte Jerschke Theologe werden, wandte sich aber dem Kaufmannsberuf zu, um in Kontakt mit dem Theater zu kommen. Seine Eignungsprüfung als Schauspieler bestand er erst im zweiten Anlauf 1945. Der erfolgreiche Rezitator spielte Theater, veranstaltete Balladenabende und gründete das Stadttheater Amberg. 1946 ging er nach Hamburg und wurde Kabarettist. Dort entdeckte ihn Geza von Cziffra für den Film und gab ihm 1951 eine erste Rolle in *Die verschleierte Maya*. Das Theater führte ihn auch an die Basler »Komödie«. Hier verursachte er 1958 einen Skandal, als er die Stadt bei Nacht und Nebel verließ, um in der Schinderhannes-Verfilmung an der Seite von Curd Jürgens und Maria Schell zu spielen. Trotzdem blieb Jerschke der Bühne treu. Nebenbei übernahm er in vielen Film- und Fernsehspielen kleine, aber markante Rollen.
Weitere Filme (Auswahl): *Drillinge an Bord* (1959), *Verbrechen nach Schulschluß* (1959), *Unser Haus in Kamerun* (1961), *Der Lügner* (1961), *Diamantenbillard* (1965), *Vergiß nicht deine Frau zu küssen* (1967), *Das kann doch unseren Willi nicht erschüttern* (1970), *St. Pauli Report* (1972), *Eine ungeliebte Frau* (TV, 1974).

JEWEL, THE (BUCH)
→ **Das Juwel aus Paris**

JEWEL, THE (FILM)
(Das Juwel)
Kinofilm. *England 1933. Produktion: Venture Films. Produzent: Hugh Perceval. Regie: Reginald Denham. Buch: Basil Mason nach dem Kurzroman The Jewel von Edgar Wallace. Darsteller: Hugh Williams (Frank Hallam), Frances Dean (Jenny Day/Lady Joan), Jack Hawkins (Peter Roberts), Mary Newland (Lady Maude Carleigh), Eric Cowley (Major Brook), Annie Esmond (Mme. Vaneim), Geoffrey Goodheart (Mr. Day), Clare Harris (Mrs. Day), Vincent Holman. Länge 67 Minuten.*
Inhalt: Der Film mit stark komödiantischen Zügen erzählt die Geschichte eines Juwelendiebes.
Kritik zum Film: »Das beste an dem Stück, das nach einem spannenden Anfang dramatisch abflaut, sind die Darstellerleistungen. ... Die gesamte Besetzung gibt ihr Bestes, um mit ihrem gediegenen Schauspiel von dem schlampigen Aufbau der Story abzulenken. Besonders gut ist Hugh Williams in der Hauptrolle des jungen Mannes aus der Stadt, dessen Tante man die Juwelen gestohlen hat.« (Picturegoer, 1933)
Anmerkung: Dieser Film wurde in Deutschland nicht aufgeführt.

Günther Jerschke

The Jewel:
Jack Hawkins, Hugh Williams, Frances Dean u.a.

JOHN FLACK
→ TERROR KEEP

JOHN, KARL
* 24.03.1905 Köln, † 22.12.1977 Gütersloh
Deutscher Schauspieler. Er war Shelby in → *Der Hexer* (1964) und Dr. Mills in → *Neues vom Hexer* (1965).
John studierte in Danzig Architektur und hielt sich bis zum Besuch der staatlichen Schauspielschule in Berlin u.a. als Kunsthändler über Wasser. Seine Theaterlaufbahn begann 1931 am Stadttheater Bunzlau und führte ihn über Dessau, Kassel und Königsberg zu Heinz Hilpert nach Berlin. Nach dem Krieg spielte er u.a. in München, Hamburg und Berlin. Sein Leinwanddebüt fiel in die Anfänge seiner Theaterlaufbahn. Nach ersten kleineren Rollen sah man ihn u.a. in *Kora Terry* (1940), *Zwei in einer großen Stadt* (1942), *In jenen Tagen* (1947), *Liebe 47* (1949), *Der Verlorene* (1951), *Des Teufels General* (1955), *Hunde wollt ihr ewig leben* (1959), *Fabrik der Offiziere* (1961) und *Es muß nicht immer Kaviar sein* (1961). Neben

Rundfunk- und Synchronaufträgen übernahm John auch interessante TV-Rollen, u.a. in *Babeck* (1968), sowie Gastauftritte in der Krimiserie *Der Kommissar* (1969–1975). Während einer Deutschlandtournee mit dem Theaterstück *Mond über dem Fluß* starb er an Herzversagen.
Weitere Filme (Auswahl): *Legion Condor* (1939), *Bal Paré* (1940), *U-Boote westwärts* (1941), *Andreas Schlüter* (1942), *Hotel Adlon* (1955), *An heiligen Wassern* (1960), *Diesmal muß es Kaviar sein* (1961), *Der längste Tag* (1962), *Atemlos vor Angst* (1978).

JOKER, DER (BUCH)
→ THE JOKER

JOKER, DER (FERNSEHEN)
Drehbuch von → **Florian Pauer.** Realisiert unter dem Titel → *Die Katze von Kensington.*

JOKER, DER (HÖRSPIEL)
Freie Hörspieladaption von → **Florian Pauer** für den Süddeutschen Rundfunk. *Mit den Stim-*

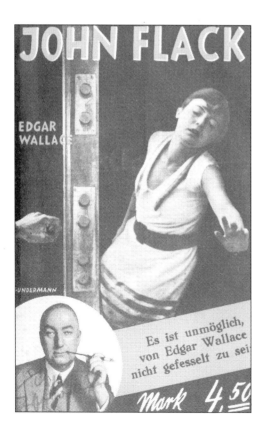

men von Horst Frank (Chefinspektor Higgins), Brigitte Frank (Superintendent Lane), Wolfgang Reinsch (Sir John), Angela Scholze (Bill Reynold), Willi Schneider (Mr. Harras), Berth Wesselmann (Sergeant Hooper), Ingeborg Steier (Lady Smith), Walter Laugwitz (Theodor Goldman), Helene Elcka (Tankwirtin), Josef Meinertzhagen (Mr. Tanner), Klaus Spürkel (Mr. Short), Gerd Andresen (Lieutnant Rogers), Andreas Szerda (Nick). Die Sendung lief in drei Teilen. 1. Teil: 12.09.1988 (35 Minuten), 2. Teil: 19.09.1988 (29 Minuten), 3. Teil: 26.09.1988 (39 Minuten). Die Sendung wurde wiederholt vom Bayerischen Rundfunk (1993), vom Deutschlandfunk (1999) und vom Südwestrundfunk (1999).

JOKER, THE (BUCH)

Kriminalroman. *Originalausgabe: Hodder & Stoughton, London 1926. Deutsche Erstveröffentlichung: Der Joker. Übersetzung: Else Werkmann. Wilhelm Goldmann Verlag, Leipzig 1931. Neuausgabe: Wilhelm Goldmann Verlag, München 1954. Taschenbuchausgabe: Wilhelm Goldmann Verlag, München 1958 (= Goldmann Taschen-KRIMI 159). Weitere Taschenbuchauflagen im Wilhelm Goldmann Verlag: 1961, 1974, 1975, 1976, 1980, 1984. Jubiläumsausgabe im Wilhelm Goldmann Verlag: 1990, 2000 (= Band 40). Neuübersetzung: Hella von Spies. Scherz Verlag, Bern, München, Wien 1985 (= Scherz Krimi 1031). Neuauflage: 1988.*
Inhalt: Der Millionär Stratford Harlow lebt auf sehr großem Fuß. Zudem interessiert er sich für das Gefängnis Princetown in der Nähe von Tavistock. Der junge Scotland-Yard-Inspektor Jim Carlton nimmt diesen zwielichtigen Millionär ins Visier. Dabei stößt er auf Richard Stebbings, den ehemaligen Anwalt von Harlow. Von dessen Sekretärin Aileen Rivers, die Carlton in London bei einem Autounfall, in den beide verwickelt sind, kennenlernt, ist der Inspektor mehr als beeindruckt. Aileen wiederum hat einen Onkel, den Schauspieler Arthur Ingle, der in merkwürdige Geschäfte verwickelt zu sein scheint. Darüber hinaus war Ingle Insasse des Gefängnisses von Princetown. Während eines Empfangs in Harlows Haus verschwindet der Außenminister Sir Joseph spurlos. Bei seinen Ermittlungen erhält Carlton die Unterstützung des berühmten Inspektors William Elk. Der Fall

ist allerdings verzwickter, als beide zunächst annehmen.
Anmerkung: Der Roman erschien in den USA unter dem Titel *The Colossus* (Doubleday, Doran & Co., Garden City, NY 1932).

JOLOFF, FRIEDRICH

* 14.12.1908 Berlin,
† 04.01.1988 Verden/Aller;
eigentlicher Name: Friedrich Jolowicz
Deutscher Schauspieler. Er mimte den unheimlich stummen Hausmeister in → *Die Tür mit den 7 Schlössern* (1962). Nach einer Jugend in Italien absolvierte Joloff seine Schauspielprüfung am Deutschen Theater Berlin. 1928–33 sah man ihn auf verschiedenen Berliner Bühnen. 1933 erhielt er Berufsverbot. 1941–47 war er in Kriegsgefangenschaft. Anschließend spielte er wieder an Berliner Theatern (u.a. Deutsches Theater, Theater am Kurfürstendamm, Hebbel Theater). Zudem wurde er ein bekannter Synchronsprecher und wirkte in englischen und amerikanischen Kino- und Fernsehfilmen mit. Im deutschen Film spielte er ausgesprochen markante Bösewichter mit überzeugender Brillanz. Seine bekannteste Fernsehrolle war

Friedrich Joloff

die des Oberst Villa in der ARD-Serie *Raumschiff Orion* (1966).

Weitere Filme (Auswahl): *Die Halbstarken* (1956), *Anders als du und ich* (1957), *Liane, die weiße Sklavin* (1957), *Tim Frazer* (TV, 1963), *Das Wirtshaus von Dartmoor* (1964), *Die Schlüssel* (TV, 1965), *Johnny Banco* (1967), *Der Tod läuft hinterher* (TV, 1967), *Babeck* (TV, 1968), *Ein Sarg für Mr. Holloway* (TV, 1968), *Ich schlafe mit meinem Mörder* (1970), *Der Mann, der sich Mabuse nannte* (1971), *Käpt'n Rauhbein aus St. Pauli* (1971).

JONES, GUY
→ Komponisten

JONES, PETER
→ Darsteller

JOURNALIST
→ Reporter

JUBILÄEN
Der 25. Wallace-Film (→ *Der Hund von Blackwood Castle*) wurde doppelt gefeiert – nach Beendigung der Dreharbeiten mit einer großen Party (hier wurde → Horst Wendlandt zum Ritter geschlagen) und dann bei der Premiere am 18.01.1968 im Mathäser Filmpalast in München (hier wurde Wendlandt mit der → Goldenen Leinwand ausgezeichnet). Auch im Verlagswesen hinterließ Wallace Jubiläumsspuren: So feierte der → Goldmann-Verlag 1975 medienwirksam den 100. Geburtstag von Edgar Wallace und 1982 den 50. Todestag des Autors, mit dem das 60jährige Firmenjubiläum und das 30jährige Jubiläum der → Roten Krimis einherging.

JUGEMENT DE MINUIT, LE
(Das mitternächtliche Urteil).
Kinofilm. *Frankreich 1932. Produktion: Pallas Films. Regie: Alexandre Esway, André Charlot. Drehbuch: Jean Alley, Henri Jeanson nach dem Roman The Ringer von Edgar Wallace. Kamera: Marcel Franchi, Philipp Tanura. Ton: Car. S. Lievermann. Produktion: Pallas Films. Darsteller: Marion Delbo (Cora Milton), Janine Merrey (Mary Lengley), Jean Galland (Maurice Meister), Raymond Rouleau (Inspektor Berry), Paul Oettly (Dr. Lomond), Maurice Rémy (Inspektor Bliss), Marcel Herrand (Johnny Lengley), Camille Cor-*

ney (Colonel Davis), Georges Paulais (Detektiv Thomas), Fernandel (Sam Hackitt), Jean Guilton, Alfred Argus . Länge: 95 Minuten.
Inhalt: Scotland Yard ist in Alarmbereitschaft: Der Verbrecher Milton hat geschworen, den Rechtsanwalt Meister zu töten, der die Schuld am Tod seiner Schwester trägt. Die Polizei und Detektive überwachen Meister, ohne ihn am Ende vor einem tödlichen Attentat schützen zu können, dem er zum Opfer fällt.
Anmerkung: Dieser Film wurde in Deutschland nicht aufgeführt.

JUGENDROMAN
→ THE BLACK AVONS

JÜNGSTE TAG, DER
→ THE DAY OF UNITING

JUNKERSDORF, HANS-EBERHARD
(Lebensdaten unbekannt)
Deutscher Filmproduzent. Junkersdorf begann seine Karriere bei → Rialto Film. Hier war er zunächst Aufnahmeleiter bei → *Das indische Tuch* (1963), → *Zimmer 13* (1963), → *Die Gruft mit dem Rätselschloß* (1964) und → *Neues vom Hexer* (1965). Zudem doubelte er den Halstuchmörder in → *Das indische Tuch* und den Messermörder von → *Zimmer 13*. Als Aufnahmeleiter betreute er den Karl-May-Film *Winnetou 2. Teil* (1964). Später machte er sich selbständig. Junkersdorf ist heute einer der bedeutendsten deutschen Filmproduzenten sowie Präsident der Spitzenorganisation der deutschen Filmwirtschaft (SPIO).

JUST MEN OF CORDOVA, THE
Kriminalroman. *Originalausgabe: Ward Lock & Co., London 1917. Deutsche Erstveröffentlichung: Die Drei von Cordova. Übersetzung: → Ravi Ravendro. Wilhelm Goldmann Verlag, Leipzig 1929. Neuausgabe: Wilhelm Goldmann Verlag, München 1954. Taschenbuchausgabe: Wilhelm Goldmann Verlag, München 1958 (= Goldmann Taschen-KRIMI 160). Weitere Taschenbuchauflagen im Wilhelm Goldmann Verlag: 1961, 1972, 1975, 1977, 1980, 1982, 1985. Jubiläumsausgabe im Wilhelm Goldmann Verlag: 1990, 2000 (= Band 13). Neuübersetzung: Hella von Spies. Scherz Verlag, Bern, München, Wien 1986 (= Scherz Krimi 1052). Neuauflage: 1988.*

Inhalt: Die Drei Gerechten haben es sich zur Aufgabe gemacht, Verbrecher zu jagen, derer die Polizei nicht habhaft werden kann. Einer von ihnen ist Mr. Black, der die Warnungen der Gerechten bisher in den Wind geschlagen hat. Doch dann ist es für ihn zu spät.

Anmerkung: Die Erstausgabe der Übersetzung von → Ravi Ravendro hatte besondere Kapitelüberschriften, die in späteren Ausgaben entfielen.

JUSTICE OF SANDERS, THE
→ Francis Gerard

JUTTKE, HERBERT
→ Drehbuchautoren

JUWEL AUS PARIS, DAS
Sammelband mit sieben Kriminalerzählungen von Edgar Wallace. *In dieser Zusammenstellung nicht als englische Originalausgabe erschienen. Deutsche Erstveröffentlichung: Übersetzung: Tony Westermayr. Wilhelm Goldmann Verlag, München 1952. Taschenbuchausgabe: Wilhelm Goldmann Verlag, München 1965 (= Rote Krimis 2128). Weitere Taschenbuchauflagen im Wilhelm Goldmann Verlag: 1975, 1978, 1982. Jubiläumsausgabe im Wilhelm Goldmann Verlag: 1990, 2000 (= Band 41).*
Enthält: *Das Juwel aus Paris* (THE JEWEL), *Wer ist Nicodemus* (THE TIMID ADMIRER, beide aus: → For Information Received), *Und nichts als die Wahrheit* (CONTEMPT), *Mr. Simmons Beruf* (MR. SIMMON'S PROFESSION), *Planetoid 127* (→ PLANETOID 127), *Der übereifrige Sergeant* (SERGEANT RUN-A-MILE), *Die Unterschrift* (THE COMPLETE CRIMINAL).

EDGAR WALLACE
Das Juwel aus Paris
Goldmanns Taschen-KRIMI

Inhalt von *The Jewel*: John Macready ist ebenso reich wie vorsichtig. Die Galgenvögel Hockey Smith und Dandy Lang wollen ihm ein wertvolles Juwel abjagen, das sie in einem roten Koffer vermuten. Im Schlafwagenzug von Paris nach London wird Macready von den beiden verfolgt. Sie bringen den Koffer in ihren Besitz. Bei der Ankunft in London werden sie direkt von Scotland Yard in Empfang genommen.

K

KAHLE, HUGO WERNER
→ Darsteller

KAI, JOHANNES
Pseudonym von → Hanns Wiedmann

KALCKREUTH, ELFTRAUD VON
* 22.05.1937 Breslau;
Pseudonym: Eva Anthes
Hauptdarstellerin im ersten Wallace-Krimi →

Elftraud von Kalckreuth

Der Frosch mit der Maske (1959). Aus der weitverzweigten Familie von Kalckreuth sind viele Künstler hervorgegangen, Maler und vor allem Musiker. Auch Elftraud, genannt Elfie, hatte dieses Blut in den Adern. 1945 mußte sie mit ihrer Familie aus Schlesien fliehen und gelangte nach Hirschberg in Sachsen, später nach Augsburg. Sie ging in Laupheim, Ulm und Stuttgart zur Schule. Nach dem Abitur immatrikulierte sie sich in Tübingen für Kunstgeschichte und Germanistik. Nach dem ersten Semester wechselte sie nach München. Um ihr Studium zu finanzieren, arbeitete sie als Bürohilfe, Dienstmädchen, Sekretärin, Bardame, Nachhilfelehrerin, Platzanweiserin, Babysitterin und Putzfrau. Danach bewarb sie sich erfolgreich als Ansagerin beim Bayerischen Rundfunk. Die → Constantin-Film wurde auf sie aufmerksam und gab ihr einen Fünfjahresvertrag, der ihr auch Theaterauftritte erlaubte. In den Münchner Kammerspielen debütierte sie in Frank Wedekinds *Der Kammersänger.* Nach einigen kleineren Rollen bei Constantin erhielt sie 1959 von Produktionschef → Gerhard F. Hummel als Ella Bennett in *Der Frosch mit der Maske* die erste Hauptrolle. Die Kritiken waren vielversprechend. Trotzdem kehrte sie bald dem Kinopublikum den Rücken und startete eine zweite Karriere beim Zweiten Deutschen Fernsehen unter ihrem Geburtsnamen Elfie von Kalckreuth.
Weitere Filme (Auswahl): *Kein Mann zum Heiraten* (1959), *Endstation Rote Laterne* (1960).

KALINKE, ERNST WILHELM
* 23.09.1918 Berlin, † 14.01.1992 München
Kameramann. Er drehte als Chefkameramann unter Regisseur → Harald Reinl die Wallace-Filme: → *Der Frosch mit der Maske* (1959), → *Zimmer 13* (1963), → *Der unheimliche Mönch* (1965) und unter → Alfred Vohrers Regie → *Die blaue Hand* (1967).
1948 drehte Kalinke seinen ersten Film als selbständiger Kameramann. Seitdem gehörte zu den renommiertesten Vertreten seines Fachs in Deutschland. Er durchlief eine umfassende Ausbildung bei der Afifa, der UFA und der Terra. Innerhalb von zehn Jahren konnte er auf 50 Spielfilme zurückblicken. Zunächst war die

Schwarzweißfotografie seine besondere Stärke, später machte er sich als Farbfilm-Spezialist einen Namen. Die Jahre an der Seite von Regisseur Harald Reinl verliefen überaus erfolgreich. Neben etlichen Karl-May-Filmen – *Der Schatz im Silbersee* (1962), *Winnetou 1. Teil* (1963), *Winnetou 2. Teil* (1964), *Winnetou 3. Teil* (1965) und *Winnetou und Shatterhand im Tal der Toten* (1968) – war er auch für Reinls *Nibelungen*-Zweiteiler (1966) verantwortlich. Als langjähriges Vorstandsmitglied des Clubs Deutscher Kameramänner genoß Kalinke das Vertrauen und die Anerkennung seiner Kollegen. Er war Gründungsmitglied des ehemaligen VdK in den 60er Jahren und des anschließend geschaffenen Bundesverbandes der Freischaffenden Kameramänner und -frauen in Deutschland (später dessen Ehrenvorsitzender). Auch durch Fachvorträge und filmtechnische Publikationen machte Kalinke von sich reden. Als seine letzte Arbeit für den Film unterstützte er 1992 Helmut Dietl bei der Herstellung von *Schtonk*.

Weitere Arbeiten als Kameramann: *Begegnung mit Werther* (1949), *Die Dame in Schwarz* (1951), *Das Dorf unterm Himmel* (1953), *Tante Jutta aus Kalkutta* (1953), *Gestatten, mein Name ist Cox* (1955), *Solang' es hübsche Mädchen gibt* (1955), *Der Bettelstudent* (1956), *Die Fischerin vom Bodensee* (1956), *Die Prinzessin von St. Wolfgang* (1957), *Mit Rosen fängt die Liebe an* (1957), *Der schwarze Blitz* (1958), *Die grünen Teufel von Monte Cassino* (1958), *U 47 – Kapitänleutnant Prien* (1958), *Laß mich am Sonntag nicht allein* (1959), *Wir wollen niemals auseinandergehen* (1960), *Kein Pardon nach Mitternacht* (1960), *Adieu, Lebewohl, Goodbye* (1961), *Die unsichtbaren Krallen des Dr. Mabuse* (1962), *Der Würger von Schloß Blackmoor* (1963), *Die Schlangengrube und das Pendel* (1967), *Sieben Tage Frist* (1969), *Herzblatt* (1969), *Perrak* (1970), *Das gelbe Haus am Pinnasberg* (1970), *Hexen bis aufs Blut gequält* (1970), *Das Freudenhaus* (1971), *Hexen – geschändet und zu Tode gequält* (1972), *Schloß Hubertus* (1973), *Zwei himmlische Dickschädel* (1974), *Magdalena, vom Teufel besessen* (1974), *Das Schweigen im Walde* (1976), *Lady Dracula* (1977), *Waldrausch* (1977), *Der Bockerer* (1981), *Frankfurt Kaiserstraße* (1981), *Laß das – ich haß das* (1983), *Randale* (1983).

KALKOFE, OLIVER
→ Darsteller

KALTE AUGE, DAS
Titel eines nicht realisierten → **Rialto-Wallace-Films** für RTL nach einem Drehbuch von Hans Kantereit und Axel Marquardt von 1994.
Inhalt: Im Hause Harding geht es etwas sonderbar zu. Sohn Mortimer verkleidet sich gern als Cowboy, um mit seinem Vater Pistolenduelle mit Platzpatronen zu veranstalten. Doch eines Tages sind die Patronen echt, und der alte Harding ist tot. Chefinspektor Higgins von Scotland Yard und seine Assistentin Lane müssen untersuchen, wer die Munition vertauscht hat. Noch ehe die Yard-Beamten ihre Arbeit aufnehmen können, steht die Sensation bereits in der Zeitung. Wer hat dem Boulevardblatt Sun die Informationen gegeben? Und schon folgt die nächste Sensation: Stardirigent Sir Neville Wallington stürzt bei einem Ausritt mit seinem Pferd zu Tode. Higgins und Lane glauben nicht an Zufall. Doch bis sie den Täter zur Strecke bringen können, geschehen weitere seltsame Todesfälle.

KAMERAMÄNNER
→ Richard Angst, → Albert Benitz, → Arthur Crabtree, → Frederick Fugelsang, → Heinz Hölscher, → Ernst W. Kalinke, → Franz X. Lederle, → Karl Löb, → Angelo Lotti, → Manu-

Ernst Wilhelm Kalinke

el Merino, → Ronald Neame, → Gabor Pogany, → Heinz Pehlke, → David Slama, → Willi Sohm, → Theodor Sparkuhl, → Ernest Steward, → Wolfgang Treu, → Harry Waxman, → Frederick A. Young

Neben den vorgenannten Kameramännern, die die bekanntesten Wallace-Verfilmungen realisierten, gibt es zahlreiche weitere, die seit der ersten Wallace-Verfilmung 1915 für die Aufnahme von Wallace-Filmen verantwortlich waren. Sie werden nachstehend alphabetisch aufgeführt:

- **M. A. ANDERSON** (Lebensdaten unbekannt). Vielbeschäftigter Kameramann. Anderson fotografierte die Wallace-Verfilmung → *Circumstantial Evidence* (1929). – Weitere Arbeiten als Kameramann (Auswahl): *South of Panama* (1928), *The House of Shame* (1928), *The Sky Rider* (1928), *Just Off Broadway* (1929), *Campus Knights* (1929), *The Peacock Fan* (1929), *The Jazz Cinderella* (1930), *The Devil Plays* (1931), *Murder on the Campus* (1933), *The Ghost Walks* (1934), *Fifteen Wives* (1934), *The Lady in Scarlet* (1935), *The Girl Who Came Back* (1935), *A Shot in the Dark* (1935), *Lady Luck* (1936), *Murder at Glen Athol* (1936), *The Dark Hour* (1936), *House of Secrets* (1936), *Ellis Island* (1936), *Ghost Talks* (1949).
- **LUCIEN N. ANDRIOT,** * 19.11.1892 Paris, † 19.03.1979 Riverside County, Kalifornien. Vielbeschäftigter Kameramann, der seine Karriere zur Stummfilmzeit begann. Er drehte u.a. den Wallace-Film: → *Before Dawn* (1933).
- **RONALD ANSCOMBE,** * 05.09.1908 London. Er war der Kameramann bei dem Wallace-Film → *The Door with Seven Locks* (1940).
- **SYDNEY BLYTHE,** * 1885 England, † (ohne Angabe). Der Engländer war Kameramann bei den Wallace-Filmen → *The Man Who Changed His Name* (1934) und → *The Lad* (1935).
- **BERNARD BROWNE** (Lebensdaten unbekannt). Erscheint im Vor-/Abspann manchmal auch als Bernard G. Browne. Er filmte den Wallace-Streifen → *Sanders of the River* (1935).
- **ALEX BRYCE,** * 24.03.1905 Larbert, Stirlingshire (Schottland). Kameramann, Regisseur, Regieassistent, Drehbuchautor und Produzent. Er bannte die Wallace-Filme → *The Ringer* (1932), → *White Face* (1933), → *The Green Pack* (1934) und → *The Door with Seven Locks* (1940) auf Celluloid.
- **DENYS N. COOP,** * 20.07.1920 Reading (England), † 16.08.1981 (ohne Angabe). War Kameramann von → *Das Verrätertor* (1964). – Weitere Arbeiten als Kameramann (Auswahl): *Geliebter Spinner* (1963), *Bunny Lake ist verschwunden* (1965), *Der doppelte Mann* (1967), *John Christie* (1971), *Asylum Irrgarten des Schreckens* (1972), *Embryo des Bösen* (1973), *Unternehmen Rosebud* (1975), *Nahaufnahmen* (1975).
- **ERIC CROSS** (Lebensdaten unbekannt). Er führte die Kamera bei dem Wallace-Film → *Mr. Reeder in Room 13* (1938).
- **STEPHEN DADE** (Lebensdaten unbekannt). Er nahm die Wallace-Filme → *The Missing Million* (1942) und → *Sanders und das Schiff des Todes* (1964) auf. – Weitere Arbeiten als Kameramann (Auswahl): *Christoph Kolumbus* (1949), *Die Ritter der Tafelrunde* (1953), *Appointment in London* (1953), *Hügel des Schreckens* (1959), *Königin der Wikinger* (1967).
- **DESMOND DICKINSON,** * 25.05.1902 London, † 1986 (ohne Angabe). Er war Kameramann bei → *The Door with Seven Locks* (1940), → *Das Geheimnis der gelben Narzissen* (1961). Zu seinen weiteren bekannten Kameraarbeiten gehörten die Miss-Marple-Filme (1961–64).
- **GORDON DINES** (Lebensdaten unbekannt). Er bannte den Wallace-Film → *The Gaunt Stranger* (1938) auf Celluloid.
- **BASIL EMMOTT** (Lebensdaten unbekannt). Vielbeschäftigter Kameramann, der seine Karriere zur Stummfilmzeit begann. Er führte die Kamera bei den Wallace-Filmen → *Educated Evans* (1936) und → *Thank Evans* (1938). – Weitere Arbeiten als Kameramann (Auswahl): *The Lodger* (1932), *The Missing Rembrandt* (1932), *Murder at Monte Carlo* (1934), *The Man Who Made Diamonds* (1937), *The Man from Morocco* (1946), *The Curse of the Fly* (1965), *The Return of Mr. Moto* (1965).
- **CLAUDE FRIESE-GREENE** (Lebensdaten unbekannt). Er nahm die Wallace-Filme → *The Yellow Mask* (1930) und → *The Flying Squad* (1940) auf.

- **HONE GLENDINNING** (*Lebensdaten unbekannt*). Er filmte den Wallace-Streifen → *The Case of the Frightened Lady* (1940).
- **MUTH GREENBAUM**, * 03.02.1896 Berlin, † 1968 (ohne Angabe). Erscheint im Vor-/Abspann manchmal auch als Max Green, M. Greenbaum, Max Greene. Führte die Kamera bei dem Wallace-Film → *Strangers on Honeymoon* (1936). Bereits 1931 emigrierte Greenbaum nach England und arbeitete für den Produzenten → Michael Balcon.
- **WALTER J. HARVEY**, * 09.02.1903 London. Erscheint im Vor-/Abspann manchmal auch als James Harvey, Jimmy Harvey, W. J. Harvey, Walter Harvey. Er drehte die Wallace-Filme → *The Terror* (1938) und → *The Flying Squad* (1940).
- **OTTO HELLER**, * 08.03.1896 Prag, † 19.02.1970 (ohne Angabe). Nahm den Wallace-Film → *Der Zinker* (1931) auf.
- **SIEGFRIED HOLD**, * 18.08.1931 Johannesburg (Südafrika), † 16.12.2003 Innsbruck. Er führte die Kamera bei → *Der Fluch der gelben Schlange* (1962/63). – Weitere Arbeiten (Auswahl): *Old Shatterhand* (1963), *Freddy und das Lied der Prärie* (1964), *Der Schut* (1964), *Das Ungeheuer von London City* (1964), *Ruf der Wälder* (1965), *Die Pyramide des Sonnengottes* (1965), *Der Schatz der Azteken* (1965), *Gern hab' ich die Frauen gekillt* (1966), *Das Geheimnis der gelben Mönche* (1966), *Das Vermächtnis des Inka* (1966), *Mister Dynamit – Morgen küßt Euch der Tod* (1967), *Das große Glück* (1967), *Die Wirtin von der Lahn* (1967), *Donnerwetter! Donnerwetter! Bonifatius Kiesewetter* (1968).
- **ROBERT HUKE** (*Lebensdaten unbekannt*). Erscheint im Vor-/Abspann manchmal auch als Bob Huke. Er filmte den Wallace-Streifen → *Todestrommeln am großen Fluß* (1963).
- **HAROLD JANES** (*Lebensdaten unbekannt*). Er war der Kameramann bei dem Wallace-Film → *Wanted at Headquarters* (1920).
- **HUGO VON KAWECZYNSKI**, * 12.10.1883, † (ohne Angabe). Er drehte den Wallace-Film → *Der Doppelgänger* (1934).
- **ROY KELLINO**, * 22.04.1912 London, † 18.11.1956 Los Angeles, Kalifornien. Drehbuchautor, Kameramann, Regisseur und Produzent. Er führte die Kamera bei dem Wallace-Film → *Kate Plus Ten* (1938).
- **RICHARD H. KLINE** (*Lebensdaten unbekannt*). Er war Kameramann bei dem Wallace-Remake → *King Kong* (1976). – Weitere Arbeiten als Kameramann (Auswahl): *Chamber of Horrors* (1966), *The Monkees* (Pilotfilm der TV-Serie, 1966), *Camelot* (1967), *Kalter Hauch* (1972), *Kotch* (1971), *Hammersmith Is Out* (1972), *The Don Is Dead* (1973), *Battle for the Planet of the Apes* (1973), *Soylent Green* (1973), *Das Gesetz bin ich* (1974), *Mandingo* (1975), *The Fury* (1978), *Star Trek: The Motion Picture* (1979), *Body Heat* (1981), *Death Wish II* (1982), *Breathless* (1983), *Hard to Hold* (1984), *Howard the Duck* (1986), *My Stepmother Is an Alien* (1988), *Downtown* (1990).
- **BERNARD KNOWLES**, * 1900 (ohne Angabe), † 1975 (ohne Angabe). Kameramann, Drehbuchautor und Regisseur. Knowles fotografierte den Wallace-Film → *White Face* (1932) sowie → *The Hound of Baskervilles* (1931). – Weitere Arbeiten als Kameramann (Auswahl): *Auld Lang Syne* (1929), *French Leave* (1930), *Die 39 Stufen* (1935), *Sabotage* (1936), *Geheimagent* (1936), *Jung und unschuldig* (1937), *Jamaica Inn* (1939), *Gaslicht* (1940), *Secret Mission* (1942), *Cornwall Rhapsodie* (1944).
- **CYRIL J. KNOWLES** (*Lebensdaten unbekannt*). Erscheint im Vor-/Abspann manchmal auch als C. J. Knowles, Cyril Knowles. Er war Kameramann bei dem Wallace-Film → *The Calendar* (1948).
- **JOHN VON KOTZE**, * 1929 (ohne Angabe), † 23.06.1986 London. Er filmte den Wallace-Streifen → *Die Pagode zum fünften Schrecken* (1966) und war Kameraassistent bei → *Das Rätsel des silbernen Dreieck* (1965/66).
- **MILTON R. KRASNER**, * 17.02.1904 New York, † 16.07.1988 Woodland Hills, Kalifornien. Kameramann. Krasner fotografierte die Wallace-Verfilmung → *The Missing Guest* (1938). Er begann in der Filmindustrie bereits 1917 als Kameraassistent und nahm seitdem über 200 Filme auf. Zu seinen Arbeiten zählen (Auswahl): *Der Unsichtbare kehrt zurück* (1940), *Abbott und Costello unter Kannibalen* (1942), *Straße der Versuchung* (1945), *Alles über Eva* (1950), *Der schwarze Spiegel* (1950), *Liebling, ich werde jünger* (1952), *Desirée* (1954), *Der Garten des Bösen* (1954), *Die Gladiatoren* (1954), *Drei Münzen im Brunnen* (1954), *Das verflixte 7.*

Jahr (1955), *23 Schritte zum Abgrund* (1956), *Der große Regen* (1956), *Die große Liebe meines Lebens* (1957), *Der Knabe auf dem Delphin* (1957), *König der Könige* (1961), *Das war der wilde Westen* (1962), *Zwei Wochen in einer anderen Stadt* (1962), *Die vier apokalyptischen Reiter* (1962), *Rote Linie 7000* (1966), *Mitternacht Canale Grande* (1967), *Chicago-Massaker* (1967), *Das Teufelsweib von Texas* (1967), *Pookie* (1969), *Rückkehr zum Planet der Affen* (1970), *Columbo – Mord im Bistro* (TV, 1976).

• **WERNER KURZ** *(Lebensdaten unbekannt).* Kameramann. Er fotografierte die TV-Wallace-Produktion → *Der Hexer* (1963). – Weitere Kameraarbeiten (Auswahl): *Onkel Filser – Allerneueste Lausbubengeschichten* (1966), *Engelchen oder die Jungfrau von Bamberg* (1967), *Zuckerbrot und Peitsche* (1968), *Engelchen macht weiter* (1969), *Der Kerl liebt mich – und das soll ich glauben?* (1969), *Charleys Onkel* (1969), *Geh, zieh dein Dirndl aus* (1973), *Auch Mimosen wollen blühen* (1975), *Eine Frau für gewisse Stunden* (1985).

• **BRYAN LANGLEY** *(Lebensdaten unbekannt).* Er führte die Kamera bei dem Wallace-Film → *The Dark Eyes of London* (1939). – **Weitere Filme** (Auswahl): *Number Seventeen* (1932), *Royal Eagle* (1936), *Mrs. Pym of Scotland Yard* (1939), *Wanted by Scotland Yard* (1939), *Room for Two* (1940), *Tower of Terror* (1942).

• **EDWARD LINDEN,** * *1896 (ohne Angabe),* † *15.11.1956 Hollywood, Kalifornien.* Erscheint im Vor-/Abspann manchmal auch als Eddie Linden, Edwin Linden, Eddie Linder, Edward Linden. Seit der Stummfilmzeit vielbeschäftigter Kameramann. Als Eddie Linden verantwortlich für den Wallace-Film → *King Kong* (1933).

• **JACK MACKENZIE** *(Lebensdaten unbekannt).* Vielbeschäftigter Kameramann, der seine Karriere zur Stummfilmzeit begann. Verantwortlich für den Wallace-Film → *Should a Doctor Tell?* (1930). – Weitere Arbeiten als Kameramann (Auswahl): *The Heritage of Hate* (1916), *The Isle of Life* (1916), *The Silver Car* (1921), *Silent Pal* (1925), *Private Affairs* (1925), *The Nutcracker* (1926), *Vagabond Lady* (1935), *Mummy's Boys* (1936), *Geborene Verbrecher* (1936), *Crime Ring* (1938), *Schlacht um Midway* (1942), *Der Glanz des Hauses Amberson* (1942), *Das Geheimnis des Dr. Fletcher* (1944), *Die Todesinsel* (1945), *Zombies on Broadway* (1945), *Partners in Time* (1946), *Der Colt sitzt locker* (1947), *Zweikampf am Red River* (1949), *Sweet Cheat* (1949), *The Vampire* (1957), *Paradise Alley* (1961).

• **ROBERT MARTIN** *(Lebensdaten unbekannt).* Er drehte den Wallace-Film → *Should a Doctor Tell?* (1930).

• **BERT MASON** *(Lebensdaten unbekannt).* Er führte die Kamera bei den → Merton-Park-Wallace-Produktionen → *Attempt to Kill* (1961), → *Candidate for Murder* (1961), → *Partners in Crime* (1961), → *Never Back Losers* (1962), → *Number Six* (1962), → *Death Trap* (1962), → *Incident at Midnight* (1963).

• **ARISTIDE MASSACCESI,** * *15.12.1936 (ohne Angabe),* † *23.01.1999 (ohne Angabe).* Der italienische Kameramann, Drehbuchautor und Regisseur arbeitete unter verschiedenen → Pseudonymen, deren bekanntestes Joe D'Amato war. Verantwortlicher Kameramann bei → *Das Geheimnis der grünen Stecknadel* (1971).

• **BARNEY MCGILL,** * *30.04.1890 Salt Lake City, Utah,* † *11.01.1942 Los Angeles.* Erscheint im Vor-/Abspann manchmal auch als B. McGill, Bernard McGill, Chick McGill. Vielbeschäftigter Kameramann, der während der Stummfilmzeit seine Karriere begann. Er nahm den Wallace-Streifen → *The Terror* (1928) auf.

• **GERALD MOSS** *(Lebensdaten unbekannt).* Er war Kameramann bei dem Wallace-Film → *The Fourth Square* (1961).

• **L. WILLIAM O'CONNELL** *(Lebensdaten unbekannt).* Erscheint im Vor-/Abspann manchmal auch als L. W. O'Connell, L. Wm. O'Connell, L. O'Connell, Lu O'Connell, William O'Connell. Er führte die Kamera bei dem Wallace-Film → *The Menace* (1932).

• **ERNEST PALMER,** * *06.12.1885 Kansas City, Missouri,* † *22.02.1978 Pacific Palisades, Kalifornien.* Erscheint im Vor-/Abspann manchmal auch als Ernest G. Palmer. Er filmte den Wallace-Streifen → *Flying Fifty-Five* (1939).

• **GEORGES PÉRINAL,** * *1897 Paris,* † *23.04.1965 London.* Erscheint im Vor-/Abspann manchmal auch als Georges Perinal, George Périnal. Er drehte die Wallace-Filme → *Sanders of the River* (1935) und → *The Squeaker* (1937).

- **ROBERT PITTACK,** * 19.09.1899 (ohne Angabe), † 05.05.1976 Woodland Hills, Kalifornien. Pittack fotografierte die Wallace-Verfilmung → The Girl from Scotland Yard (1937). Ferner führte er u.a. die Kamera bei: Pennies from Heaven (1936), Aladdin's Lantern (1938), Captain Kidd's Treasure (1938), Rote Teufel um Kit Carson (1940), The Devil with Hitler (1942), That's My Baby (1944), Verrückter Mittwoch (1947), Gold in San Fernando (1947), Königin der Wildnis (1947), The Lone Ranger (TV-Serie, 1949), The Twilight Zone (TV-Serie, 1959), The Tycoon (TV-Serie, 1964), Unser trautes Heim (TV-Serie, 1965), Wyoming-Bravados (1966).
- **FRANZ PLANER,** * 29.03.1894 (ohne Angabe), † 10.01.1963 Hollywood, Kalifornien. Erscheint im Vor-/Abspann manchmal auch als Frank F. Planer, Frank Planer, Franz F. Planer. Er filmte den Wallace-Streifen → Der große Unbekannte (1927).
- **ALAN PYRAH** (Lebensdaten unbekannt). Pyrah war Kameramann der Wallace-Fernsehserie → The Mixer (1992). – Weitere Arbeiten als Kameramann (Auswahl): Harry's Game (TV, 1982), Handlanger des Todes (TV, 1984), The Contract (TV, 1998), Im Teufelskreis von Haß und Lüge (TV, 1993), Strike Force (TV, 1995), Lost of Words (TV, 1999), A Dinner of Herbs (TV, 2000), The Secret (TV, 2001).
- **MICHAEL REED,** * 1929 England. Er führte die Kamera bei dem Edgar-Wallace-Film → The Malpas Mystery (1960).
- **HARRY ROSE** (Lebensdaten unbekannt). Erscheint im Vor-/Abspann manchmal auch als H. Rose. Er war der Kameramann bei dem Wallace-Film → The Case of the Frightened Lady (1940). – Weitere Arbeiten (Auswahl): Gay Love (1934), It's You I Want (1936), Song of Freedom (1936).
- **LESLIE ROWSON** (Lebensdaten unbekannt). Erscheint im Vor-/Abspann manchmal auch als L. Rowson. Er drehte die Wallace-Filme → Der rote Kreis (1928), → The Ringer (1932), → The Man They Couldn't Arrest (1933).
- **EDWARD SCAIFE,** * 1912 (ohne Angabe). Erscheint im Vor-/Abspann manchmal auch als Ted Scaife. Er filmte den Wallace-Streifen → The Ringer (1952).
- **GERHARD SCHIRLO** (Lebensdaten unbekannt). Kameramann. Er bannte die Wallace-Parodie → Der Wixxer (2003) auf Celluloid. Weitere Kameraarbeiten (Auswahl): Klinik des Grauens (1991), Nur über meine Leiche (1995), Geisterstunde – Fahrstuhl ins Jenseits (TV, 1997), Schock – Eine Frau in Angst (1998), Seven Days to Live (2000), Bella Block – Am Ende der Lüge (TV, 2000), Mein absolutes Lieblingslied (TV, 2000), Eine Hochzeit und (k)ein Todesfall (2001), Das Jesus-Video (2002), Die Stimmen (TV, 2003).
- **JIRI STIBR** (Lebensdaten unbekannt). Er war Kameramann der Wallace-Fernsehserie → The Mixer (1992). – Weitere Arbeiten als Kameramann (Auswahl): Parole Chicago (TV-Serie, 1979), Das Nest unter den Trümmern (TV, 1982), Deutschlandlied (1984), Fegefeuer (1988), Die Rebellion (TV, 1993), Das Schloß (1997), Blutrausch (1997), Herzensfeinde (2001).
- **ARCHIE STOUT,** * 30.03.1886 Renwick Iowa, † März 1965 (ohne Angabe). Kameramann. Stout fotografierte die Wallace-Verfilmung → Mystery Liner (1934). – Weitere Arbeiten als Kameramann (Auswahl): Die zehn Gebote (1923), Orkan (1930), The Return of Dr. Fu Man Chu (1930), Der Schuß aus dem Dunkel (1930), The Man from Death Valley (1931), Riders of the Desert (1932), Die Wasserrechte von Lost Creek (1933), The Fugitive (1933), Rodeo (1934), House of Mystery (1934), Nevada (1935), Die Abenteuer des Marco Polo (1938), Drei Fremdenlegionäre (1939), Unter schwarzer Flagge (1945), Tarzan und die Amazonen (1945), Tarzan wird gejagt (1947), Bis zum letzten Mann (1948), Hondo (1953), Es wird immer wieder Tag (1954).
- **GEORGE STRETTON** (Lebensdaten unbekannt). Erscheint im Vor-/Abspann manchmal auch als George Dudgeon Stretton oder George Dudgeon-Stretton. Er führte die Kamera bei den Wallace-Filmen → Prison Breaker (1936), → Return of the Frog (1938), → The Mind of Mr. Reeder (1939), → The Missing People (1940).
- **PHILIP TANNURA,** * 28.09.1897 New York, † 07.12.1973 Beverly Hills, Los Angeles. Vielbeschäftigter Kameramann, der seine Karriere zur Stummfilmzeit begann. Er drehte die Wallace-Filme → Le Jugement de minuit (1932) und → The Crimson Circle (1936).

- **ARTHUR L. TODD,** * 1895 (ohne Angabe), †
28.08.1942 Oceanside, Long Island, New
York. Kameramann. Todd fotografierte den
Wallace-Film → *Return of the Terror* (1934).
Weiterhin war er u.a. verantwortlich für die
Filme: *The Whip* (1917), *The House of Whis-*
pers (1920), *Paß auf deine Frau auf* (1926),
Fast and Furious (1927), *A Devil With Wo-*
men (1930), *Die Marx Brothers auf See*
(1931), *Beine sind Gold wert* (1932), *Liebe*
und andere Geschäfte (1933), *Murder by an*
Aristocrat (1936), *The Murder of Dr. Harri-*
gan (1936), *Girls on Probation* (1938), *Schu-*
le des Verbrechens (1938), *The Angels Wash*
Their Faces (1939), *Ein Bombenerfolg*
(1940), *The Great Mr. Nobody* (1941), *Schre-*
cken der zweiten Kompanie (1941), *Verlo-*
bung mit dem Tod (1941), *Die Rächer von*
Missouri (1941), *Lady Gangster* (1942).
- **VERNON L. WALKER,** * 02.05.1894 Detroit,
Michigan, † 01.03.1948 Balboa Island, Los
Angeles. Er filmte den Wallace-Streifen →
King Kong (1933).
- **GILBERT WARRENTON,** * 07.03.1894 (ohne
Angabe), † August 1980 (ohne Angabe). Viel-
beschäftigter Kameramann, dessen Karriere
zur Stummfilmzeit begann. Verantwortlich
für den Wallace-Film → *Born to Gamble*
(1935).
- **KLAUS WERNER** (Lebensdaten unbekannt).
Werner bannte die Wallace-Verfilmung →
Das Geheimnis von Lismore Castle (1985) auf
Celluloid. – **Weitere Arbeiten** als Kameramann (Auswahl): *Helga* (1967), *Madame und*
ihre Nichte (1969), *Hilfe, mich liebt eine*
Jungfrau (1969), *Ehepaar sucht gleichgesinn-*
tes (1969), *Wenn du bei mir bist* (1970), *Das*
haut den stärksten Zwilling um (1970), *Schul-*
mädchen-Report Teile 1–9 + 11–13 (1970–
80), *Mädchen beim Frauenarzt* (1971), *Schü-*
ler-Report (1971), *Erotik im Beruf – Was je-*
der Personalchef gern verschweigt (1971),
Krankenschwestern-Report (1972), *Das Mäd-*
chen von Hongkong (1972/73), *Zinksärge für*
die Goldjungen (1973), *Zärtliche Chaoten*
(1987), *Keine Gondel für die Leiche* (TV,
1989), *Geld macht nicht glücklich* (TV,
1989), *Mrs. Harris und der Heiratsschwind-*
ler (TV, 1991).
- **HORACE WHEDDON** (Lebensdaten unbekannt). Er war u.a. für den Wallace-Film → *The*
Clue of the New Pin (1929) verantwortlich.

- **JOHN WILES** (Lebensdaten unbekannt). Er
führte die Kamera bei dem Wallace-Film →
Strangers on Honeymoon (1936). Weitere
Kameraarbeiten (Auswahl): *The Man a Gun*
(1958), *The Headless Ghost* (1959), *The Wit-*
ness (1959).
- **JAMES WILSON** (Lebensdaten unbekannt).
Erscheint im Vor-/Abspann manchmal auch
als Jimmy Wilson. Er war Kameramann bei
den → Merton-Park-Wallace-Produktionen
→ *The 20.000 Pound Kiss* (1963), → *The*
Double (1963), → *Incident at Midnight*
(1963), → *On the Run* (1963), → *The Part-*
ner (1963), → *The Main Chance* (1964), →
Act of Murder (1965).
- **EGIL S. WOXHOLT** (Lebensdaten unbekannt). Der aus Oslo gebürtige Norweger
war ein Bruder der Schauspielerin → Greta
Gynt. Er führte die Kamera bei dem Wallace-
Film → *Die Pagode zum fünften Schrecken*
(1966).
- **REGINALD H. WYER** (Lebensdaten unbekannt). Erscheint im Vor-/Abspann manchmal auch als Reginald Wyer, Reg Wyer. Er
nahm die Wallace-Filme → *The Calendar*
(1948) und → *The Man in the Back Seat*
(1960) auf.

KAMPENDONK, GUSTAV
* 30.05.1909 im Aachener Raum,
† 29.06.1966 Berlin
Drehbuchautor. Zusammen mit → Rudolf Katscher Autor des Wallace-Films → *Der Rächer*
(1960). Kampendonk studierte in München,
Berlin und Leipzig Zeitungswissenschaft und
Kunstgeschichte. Anschließend arbeitete er als
Feuilletonredakteur in Düsseldorf und wechselte dann als Daramatur zur UFA. Seit 1939
freier Schriftsteller. Kampendonk hatte sich
zeitlebens der heiteren Muse verschrieben, ohne dabei den Sinn für gute Unterhaltung zu verlieren. Unter den etwa 100 Filmen, für die er
die Drehbücher lieferte, befinden sich Vor-
kriegstitel wie *Drei Väter um Anna* (1939, zusammen mit Werner Eplinius), *Frauen sind*
doch bessere Diplomaten (1941, zusammen mit
Karl Georg Külb). Nach 1945 schrieb er u.a.
Morituri (1948), *Die tödlichen Träume* (1951),
Ich hab' mein Herz in Heidelberg verloren
(1952, zusammen mit Ernst Neubach), *Char-*
ley's Tante (1955), *Peter Voss, der Millionendieb*
(1958) und einige Freddy-Quinn-Filme. Eine

seiner letzten Kinoarbeiten war das Drehbuch zu dem von Alfons Carcasona produzierten Streifen *Die goldene Göttin vom Rio Beni* (1964).

KANTEREIT, HANS
→ Drehbuchautoren

KARUSSELL DES TODES, DAS
Fernsehfilm. Deutschland 1995. Produktion: Rialto Film im Auftrag von RTL. Regie: Peter Keglevic. Drehbuch: Simone Borowiak, Hans Kantereit; Co-Autor: Axel Marquardt nach einer Idee von Florian Pauer frei nach Edgar Wallace. Script/Continuity: Claudia Wipfler. Regieassistenz: Eva-Maria Schönecker, Roger Simons. Kamera: David Slama. Kameraassistenz: Jochen Moess, Julia Suermann. Musik: Jürgen Ecke. Schnitt: Moune Baius. Schnittassistenz: Sabine Brose. Ton: Andreas Kaufmann. Tonassistenz: Uwe Wiesner. Kostüme: Ulrike Schütte. Kostümassistenz: Manuela Nierzwicki. Garderobe: Nina Kortwich, Hanna Eickhoff, Janet Powell. Maske: Hasso von Hugo, Susanne Kasper. Architekt: Peter Zakrzewski, Hans Jürgen Deponte. Requisiten: Marcus Berndt, Peter Glaser, Nadja Würzner. Ausstattung: Christoph Schneider. Spezialeffekte: Michael Bouterweck, Alan Stuart. Lichtgestaltung: Thomas Gosda, Alfie Emmings. Casting: Angela Marquis, Jeremy Zimmermann. Standfotograf: Wolfgang Jahnke. Aufnahmeleitung: Dieter Anders, Dieter Albrecht. Herstellungsleitung: Willy Egger. Produktionsleitung: Norman Foster. Gesamtleitung: Horst Wendlandt. Darsteller: Joachim Kemmer (Higgins), Julia Bremermann (Lane), Leslie Phillips (Sir John; dt. Stimme: Friedrich Schoenfelder), Eddi Arent (Flatter), Christiane Reiff (Ann Pattison), Romy Kühnert (Emma Higgins), Michèle Marian (Lady Osborne), Wilfried Hochholdinger (Tom Osborne), Harald Leipnitz (Mr. Wilson), Karlheinz Barthelmeus (Mr. Milton), Nikolas Lansky (Pebbles), Walter Ratayszak (Travis), Michael Faralewski (Lyne), Bev Willis, Gundula Petrovska, Danny Coll, Hubertus Brandt, John Francis, Tim Gallagher, Amadeus Flössner. Produktionszeitraum: Frühjahr/Sommer 1995 in London und Berlin/Brandenburg. Wurde in einem Produktionsgang zusammen mit den Filmen → Die Katze von Kensington und → Der Blinde hergestellt. Sendelänge: 45 Minuten. Uraufführung: 20.02.1996 RTL.

Inhalt: Nach dem Tod des alten Lord Osborne verwaltet seine junge Witwe das beträchtliche Vermögen. Als ein Einbrecher versucht, den Safe zu knacken, wird er vom Gärtner überrascht. In Panik erschlägt der Ganove den alten Mann. Inspektor Higgins und Barbara Lane von Scotland Yard nehmen im Haus von Lady Osborne die Ermittlungen auf. Scheinbar ist außer Bargeld nichts gestohlen worden. Bei der Zeugenvernehmung stellt sich jedoch heraus, daß einige Familienmitglieder genau zu wissen scheinen, wonach der Dieb gesucht hat. Doch weder die unklaren Aussagen von Hausverwalter Wilson noch der sich merkwürdig verhaltende Stiefsohn Tom Osborne bringen die Ermittlungen voran. Kurz darauf wird Lyne, ein windiger Fotograf und ehemaliger Geschäftsfreund von Lord Osborne, ermordet. Es stellt sich heraus, daß er und der Lord vor Jahren wegen eines Diamantenraubes vor Gericht standen, jedoch freigesprochen wurden. Die wertvolle Beute ist nie wieder aufgetaucht. Während Higgins und Lane an dem Fall arbeiten, geschehen merkwürdige Dinge: Milton, ein weiterer Geschäftspartner Osbornes, wird tot in seiner Wohnung gefunden. Sein Safe wurde ebenfalls aufgebrochen. Offenbar scheinen die undurchsichtige Witwe des Lords und ihr distinguierter Butler Pebbles in die Verbrechen verstrickt zu sein. Die raffgierigen Erben des Lords erleben jedoch noch eine Überraschung, ehe Higgins den Fall lösen kann.

KARUSSELL-HÖRSPIEL
→ *Edgar Wallace und der Fall Drei Eichen*, → *Edgar Wallace und der Fall Morehead*, → *Edgar Wallace und der Fall Nightelmoore*, → *Edgar Wallace und der Fall Themsedock*.

KATE PLUS TEN (BUCH)
Kriminalroman. Originalausgabe: Ward Lock & Co., London 1919. Deutsche Erstveröffentlichung: Käthe und ihre Zehn. Übersetzung: ohne Angabe. Eden Verlag, Berlin 1928 (= Ehrlichs Kriminalbücherei 57). Neuausgabe: Netsch Verlag, Osnabrück 1950 (= Die bunten Bücher 22). Neuausgabe: Eden Verlag, Berlin 1953 (= Edenbücherei 3). Neuausgabe: Gebrüder Weiß Verlag, Berlin, München 1956 (= Krähenbücher). Neuausgabe: Ullstein Verlag, Frankfurt/M., Berlin 1964 (= Ullstein Taschenbuch 979). Neuausgabe: Heyne Verlag, Mün-

chen 1974 (= *Heyne Crime Classic 1589*). Neuauflage: 1979. – Anläßlich des 125. Geburtstages des Autors brachte der → Weltbild Verlag
2000 eine Wallace-Edition heraus. Hier erschien der Roman in einer Doppelausgabe zusammen mit *Treffbube ist Trumpf* (→ *Jack O
Judgement*).

Inhalt: Mit dem Vermögen und der Moral der
Familie Masserfield geht es bergab. Der letzte
Sproß ist Oberst Westhanger; bei ihm lebt sei-
ne Enkelin Käthe. Westhanger läßt sie zu einer
hervorragenden Diebin ausbilden, die fähig ist,
eine große Verbrecherorganisation zu leiten.
Käthe wechselt Namen und Berufe, Banken
werden in genialer Weise beraubt, Goldtrans-
porte verschwinden. Zusammen mit zehn
Komplizen macht sie ganz England unsicher.
Inspektor Michael Pretherton von Scotland
Yard muß zunächst tatenlos zusehen, wie ihn
Käthe an der Nase herumführt. Doch sein Chef
T. B. Smith spornt ihn an, um Käthe Westhanger für immer dingfest zu machen.

Anmerkung: Der Roman wurde 1920 verfilmt
unter dem Titel → *Wanted at Headquarters* und
1938 als → *Kate Plus Ten*. Er diente 1966 als

Grundlage für den Streifen → *Das Geheimnis
der weißen Nonne.*

KATE PLUS TEN (FILM)
(Käthe und ihre Zehn; US-Titel: **Queen of Crime)**
Kinofilm. *England 1938. Produktion: Wain-
wraight. Produzent: Richard Wainwright. Re-
gie: Reginald Denham. Buch: Jack Hulbert
und Jeffrey Dell nach dem Roman Kate Plus
Ten von Edgar Wallace. Kamera: Roy Kellino.
Musik: Allan Gray. Bauten: D. W. Daniels.
Produktionsleitung: W. J. Dodds. Darsteller:
Jack Hulbert (Inspektor Mike Pemberton), Ge-
neviève Tobin (Kate Westhanger), Noel Madi-
son (Gregori), Felix Aylmer (Bishop), Googie
Withers (Lady Moya), Francis L. Sullivan
(Lord Flamboroug), Leo Genn (Dr. Gurdon),
Arthur Wontner (Colonel Westhanger), Frank
Cellier (Sir Ralph Sapson), Peter Haddon (Bol-
tover), Edward Lexy (Sergeant), Queenie Leo-
nard, Ronald Adam, Arthur Brander, Geoffey
Clark, James Harcourt, Vincent Holman, Oli-
ver Johnston, Philip Leaver, Paul Sheridan,
Walter Sondes, Albert Whelan. Länge: 81 Minuten.*

Kate Plus Ten: **Jack Hulbert, Geneviève Tobin**

Inhalt: Inspektor Pemberton erkennt in der Sekretärin von Lord Flamborough, Kate Westhanger, die Chefin einer Gangsterbande. Als in die Bank von Lord Flamborough eingebrochen wird und Unterlagen mit Informationen über einen Goldtransport verschwinden, hält der Inspektor dies für Hinweise auf die nächsten Pläne Kates. Diese hat sich mit ihren zehn Komplizen allerdings schon aus dem Staub gemacht. Kurze Zeit später erhält Pemberton die Nachricht, daß der Zug mit den Goldbarren entführt wurde. In einem aufgelassenen Bergwerk gelingt es Pemberton, die Bande aufzuspüren. Kates Kumpane haben die Barren auf einen Lastwagen geladen und ihre Chefin, die sie betrügen wollte, allein zurückgelassen. Zusammen mit Kate nimmt Pemberton per Zug die Verfolgung der Gangster auf und blockiert an einem Bahnübergang ihren Fluchtweg.

Kritik zum Film: »Ein sehenswerter Thriller in einer beschwingten Machart.« (Monthly Film Bulletin, 4/1938)

Anmerkung: Dieser Film wurde in Deutschland nicht aufgeführt.

KÄTHE UND IHRE ZEHN
→ KATE PLUS TEN

KATSCHER, RUDOLF
** 17.04.1908 Wien, † 08.06.1994 London;
Pseudonym: Rudolf Cartier*
Schriftsteller. Drehbuchautor von → *Der Zinker* (1931) und zusammen mit Gustav Kampendonk Co-Autor von → *Der Rächer* (1960). Katscher schrieb seit Anfang der 30er Jahre zahlreiche Drehbücher, meist in Zusammenarbeit mit den Brüdern Otto und → Egon Eis. Er lieferte u.a. die Vorlagen für die Filme *Der Schuß im Tonfilmatelier* (1930), *Der Tiger* (1930), *Der Greifer* (1930) und *Der Teilnehmer antwortet nicht* (1932).

KATZE MIT DER TIGERKRALLE, DIE
Titel des Drehbuchs von Harald Vock, das als Vorlage für → *Die Schokoladen-Schnüffler* diente.

KATZE VON KENSINGTON, DIE
Fernsehfilm. Deutschland 1995. Produktion: Rialto Film Berlin im Auftrag von RTL. Regie:

Peter Keglevic. Drehbuch: Simone Borowiak, Hans Kantereit; Co-Autor: Axel Marquardt nach einer Idee von Florian Pauer frei nach Edgar Wallace. Script/Continuity: Claudia Wipfler. Regieassistenz: Eva-Maria Schönecker, Roger Simons. Kamera: David Slama. Kameraassistenz: Jochen Moess, Julia Suermann. Musik: Jürgen Ecke. Schnitt: Moune Baius. Schnittassistenz: Sabine Brose. Ton: Andreas Kaufmann. Tonassistenz: Uwe Wiesner. Kostüme: Ulrike Schütte. Kostümassistenz: Manuela Nierzwicki. Garderobe: Nina Kortwich, Hanna Eickhoff, Janet Powell. Maske: Hasso von Hugo. Susanne Kasper. Architekten: Peter Zakrzewski, Hans Jürgen Deponte. Requisiten: Marcus Berndt, Peter Glaser, Nadja Würzner. Ausstattung: Christoph Schneider. Spezialeffekte: Michael Bouterweck, Alan Stuart. Lichtgestaltung: Thomas Gosda, Alfie Emmings. Casting: Angela Marquis, Jeremy Zimmermann. Standfotograf: Wolfgang Jahnke. Aufnahmeleitung: Dieter Anders, Dieter Albrecht. Herstellungsleitung: Willy Egger. Produktionsleitung: Norman Foster. Gesamtleitung: Horst Wendlandt. Darsteller: Joachim Kemmer (Higgins), Julia Bremermann (Lane), Leslie Phillips (Sir John; dt. Stimme: Friedrich Schoenfelder), Eddi Arent (Flatter), Christiane Reiff (Ann Pattison), Romy Kühnert (Emma Higgins), Pinkas Braun (Goldmann), Gisela Uhlen (Lady Smith), Karin Gregorek, Bev Williams, Martin Semmelrogge, Arthur Brauss, Henry Hübchen, Hans-Günther Marx, Ralf Richter, Reinhard Scheunemann, Sven-Eric Bechtolf, René Reinhard, Volker Ranisch, Erik Longworth, John Barrard, Günter Zemke, Dirk Prinz, Norbert Tefelski, Gert Stamm, Matthias Wendlandt, Michael Nowak, Silvester Berger, Jan Peck. Produktionszeitraum: Frühjahr/Sommer 1995 in London und Berlin/Brandenburg. Wurde in einem Produktionsgang zusammen mit den Filmen → Das Karussell des Todes und → Der Blinde hergestellt. Sendelänge: 90 Minuten. Uraufführung: 06.02.1996 RTL.

Inhalt: In London werden innerhalb weniger Tage mehrere Personen von einem Unbekannten erschossen. Bei den Leichen wird stets eine »Joker«- Spielkarte gefunden. Inspektor Higgins und seine neue Assistentin Lane werden von Sir John, dem Chef von Scotland Yard, mit dem Fall beauftragt. Erste Spuren führen die beiden Yard-Beamten zum Altenstift in Kensington, vor dem die erste Leiche gefunden wurde. Durch ihre Ermittlungen kommen sie zudem einem Diamantenschmugglerring auf die Spur, deren Boß ebenfalls von dem geheimnisvollen »Joker« bedroht wird. Über die Abhöranlage eines einschlägigen Etablissements horcht dieser die Ganoven ab, um ihren Plänen zuvorzukommen.

KAUFMANN, MAURICE
→ Darsteller

KAUN, BERNHARD
→ Komponisten

KAVANAGH, KEVIN
→ Drehbuchautoren

KAWECZYNSKI, HUGO VON
→ Kameramänner

KEATON, CAMILLE
→ Darsteller

KEEPERS OF THE KING'S PEACE, THE
Zwölf → Afrikaerzählungen. Originalausgabe: George Newnes, London 1917. Deutsche Erstveröffentlichung: Hüter des Friedens. Übersetzung: → Ravi Ravendro. Wilhelm Goldmann Verlag, Leipzig 1930. Neuausgabe: Wilhelm Goldmann Verlag, München 1952. Taschenbuchausgabe: Wilhelm Goldmann Verlag, München 1961 (= Gelbe Bücher 740). Bearbeitete Neuausgabe: Wilhelm Goldmann Verlag, München 1981 (= Taschenbuch 6442). Neuausgabe: Hesse & Becker Verlag, Dreieich 1986 (= im Doppelband 4/1).
Enthält: BONES, SANDERS & ANOTHER (Bones, Sanders und noch jemand), BONES CHANGES HIS RELIGION (Bones ändert seine Religion), THE MAKER OF STORMS (Der mächtige Ju-ju), BONES AND THE WIRELESS (Bones und die drahtlose Telegrafie), THE REMEDY (nicht in der deutschen Ausgabe enthalten), THE MEDICINE MAN (Der Arzt), BONES, KING-MAKER (Bones gründet eine Dynastie), THE TAMER OF BEASTS (Der Tierbändiger), THE MERCENARIES (Das Söldnerheer), THE WATERS OF MADNESS (Das Wasser der Verrücktheit), EYE TO EYE (Von Auge zu Auge), THE HOODED KING (Der verhüllte König).
Inhalt: Auch in diesem Band stehen Wallace' unvergeßliche Afrika-Protagonisten im Mittel-

punkt: der umsichtige und tüchtige Bezirkamtsmann Sanders, Bones, der meist in komische Situationen geratende warmherzige Leutnant, und der mutige, treue Negerhäuptling Bosambo. In den Geschichten dieses Bandes stiftet die adrette, verführerische Patricia Hamilton Verwirrung in den Herzen der einsamen Helden.

KEGLEVIC, PETER
→ Regisseure

KEIR, ANDREW
→ Darsteller

KELLINO, ROY
→ Kameramänner

KELLINO, W. P.
→ Regisseure

KEMMER, JOACHIM
* 12.09.1939 Brandenburg, † 27.04.2000 Wien
Deutscher Schauspieler. Neben seiner Rolle als Inspektor Higgins in den RTL-Wallace-Filmen → *Die Katze von Kensington* (1995), → *Das Karussell des Todes* (1995) und → *Der Blinde* (1995) war Kemmer vor allem durch seine Synchronisation von Humphrey Bogart den Filmzuschauern ein Begriff. Nach dem Besuch der Fritz-Kirchhoff-Schauspielschule in Berlin absolvierte Kemmer eine Gesangs- und Tanzausbildung. Seine Bühnenausbildung erhielt er in Berlin und Wien. Neben Bogart lieh er seine Stimme auch Elliott Gould, John Cassavetes, Marty Feldman, Stacy Keach, Willem Dafoe, Al Pacino und Kabir Bedi. Verheiratet war er mit der Schauspielerin und Autorin Christa Stadler.
Weitere Filme (Auswahl): *Gebissen wird nur nachts* (1970), *Mein Onkel Benjamin* (TV, 1972), *Lieb Vaterland magst ruhig sein* (1976), *Otto – Der neue Film* (1987), *Die Katze* (1988), *Das Geheimnis der gelben Geparden* (1990), *Spieler* (1990), *Mord an der roten Rita* (TV, 1995), *Die Putzfraueninsel* (1996), *Blutiger Ernst* (TV, 1997), *Fröhlich geschieden* (TV, 1997), *Der Rosenmörder* (TV, 1997), *Verliebte Feinde* (TV, 1997), *Die Motorrad-Cops: Hart am Limit* (TV, 1999).

KENDALL, SUZY
* 1941 Belphere, Derbyshire (England); eigentlicher Name: Frieda Harrison

Englische Schauspielerin. Sie war zu sehen als Natascha in → *Das Rätsel des silbernen Dreieck* (1965/66). Nach einer erfolgreichen Karriere als Fotomodell und Mannequin nahm sie Privatunterricht an einer Schauspielschule und wurde hier vom Produzenten → Harry Alan Towers entdeckt. Nach ihrem Auftritt in dem Wallace-Film *Das Rätsel des silbernen Dreieck* gelang ihr innerhalb von 18 Monaten eine steile Karriere. Neben vielen Fernsehverpflichtungen spielte die Autosport- und Malereibegeisterte in über 100 Filmen.
Weitere Filme (Auswahl): *L – Der Lautlose* (1965), *The Penthouse* (1967), *Das Geheimnis der schwarzen Handschuhe* (1969), *McGee, der Tiger* (1970), *Angst ist der Schlüssel* (1972), *Craze* (1973), *Der Nonnenspiegel* (1973), *Bis zur bitteren Neige* (1975).

KENDALL, VICTOR
→ Drehbuchautoren

KENNEDY THE CON MAN
→ **Kriminalkurzroman**. *Originalausgabe in:* → *Red Aces. Deutsche Erstveröffentlichung (in: Mr. Reeder weiß Bescheid): Die Diamantenbrosche. Übersetzung: Tony Westermayr. Wilhelm Goldmann Verlag, München 1961. Neuüberset-*

Suzy Kendall

zung: → Gregor Müller. Wilhelm Goldmann Verlag, München 1972. Neuübersetzung: Wolfgang Thiel. Scherz Verlag, Bern, München, Wien 1983 (= Scherz Krimi 923).

Inhalt: Ein kniffliger Fall für den berühmten Detektiv John Gray Reeder. Er spürt die Intrigen einer Viererbande auf, deren Boß schließlich im Gefängnis von Pentonville hingerichtet wird.

Anmerkung: Der → Scherz-Verlag veröffentlichte diesen Kurzroman als eigenständigen Titel zusammen mit *Der Fall Joe Attyman* (→ *The Case of Joe Attyman*).

KERNKE, KARIN
→ Darsteller

KERR, GEOFFREY
→ Drehbuchautoren

KERRY KAUFT LONDON
→ THE MAN WHO BOUGHT LONDON

KERZ, HERBERT
* 1922 (ohne Angabe), † 23.10.1999 Berlin
Aufnahme- und Produktionsleiter. Ehe er zum Film kam, schlug sich Kerz als Maschinenbauschlosser, Pilot, Radrennfahrer, Bergmann, Zuckerrohrschläger und Krokodiljäger durchs Leben. Bei → Rialto Film wurde er zunächst Fahrer, dann Aufnahme- und Produktionsleiter. Zudem war er Stuntman, Komparse, Double und Pyrotechniker. Als Allroundtalent im Hintergrund trug er viel zu den Wallace-Filmen bei. Er begann als Requisitenhilfe bei → *Der Zinker* (1963) und → *Der schwarze Abt* (1963), war Aufnahmeleiter bei → *Der Bucklige von Soho* (1966), → *Die blaue Hand* (1967), → *Der Mönch mit der Peitsche* (1967) und → *Der Hund von Blackwood Castle* (1967) und schließlich Produktionsassistent bei → *Im Banne des Unheimlichen* (1968) und Produktionsleiter bei → *Der Gorilla von Soho* (1968), → *Der Mann mit dem Glasauge* (1968), → *Die Tote aus der Themse* (1971) und → *Das Rätsel des silbernen*

Karin Kernke

Halbmonds (1971). Ferner spielte er das →
Double des Mönchs in → *Der Mönch mit der
Peitsche* (1967) sowie den Todesschützen in →
Die Tote aus der Themse (1971; in diesem Film
hat er noch eine zweite Rolle als Wärter bei
Baxter).
Weitere Mitarbeit an Rialto-Filmen (Auswahl):
Winnetou 1. Teil (1963), *Winnetou 2. Teil*
(1964), *Winnetou 3. Teil* (1965), *Der Ölprinz*
(1965), *Old Surehand 1. Teil* (1965), *Winnetou
und das Halbblut Apanatschi* (1966), *Zum Teu-*
fel mit der Penne (1968), *Die vollkommene Ehe
1. und 2. Teil* (1968/69), *Klassenkeile* (1969),
Dr. med. Fabian (1969), *Die Herren mit der weißen Weste* (1969), *Was ist bloß mit Willi los?*
(1970), *Die Feuerzangenbowle* (1970), *Hurra,
wir sind mal wieder Junggesellen* (1970), *Rosy
und der Herr aus Bonn* (1971), *Unser Willi ist
der Beste* (1971), *Willi wird das Kind schon
schaukeln* (1971).

KIBU VERLAG
→ Verlage

KIELING, WOLFGANG
* 16.03.1924 Berlin-Neukölln,
† 07.10.1985 Hamburg
Deutscher Schauspieler. Er war Sir Cecil in →
Im Banne des Unheimlichen (1968) und lieh sei-
ne Stimme für die → Europa-Hörspiele → *Der
Frosch mit der Maske* (als Mr. Johnson) und →
Der Hexer (als Inspektor Alan Wambury).

Herbert Kerz: 1. Als Mörderdouble in *Die Tote
aus der Themse* **(1971) • 2. Mit Hansjörg Felmy –
Dreharbeiten** *Die Tote aus der Themse* **(1971)**

Der Sohn des Schneidermeisters Otto Kieling und seiner Frau Anna-Maria Wolny machte am humanistischen Gymnasium Abitur und nahm anschließend Schauspielunterricht bei Albert Florath. Der singende Kinderstar trat als »Ehren-Pimpf« bei einer NS-Feierstunde auf. In der Provinz und in Potsdam spielte er Theater. Seine erste Spielfilmrolle hatte er in *Maria, die Magd* (1936) von Veit Harlan. 1942 Einberufung; später geriet er in russische Kriegsgefangenschaft. Nach 1945 war er Synchronsprecher für Frank Sinatra und Paul Newman und setzte seine Karriere an Berliner Bühnen fort. Danach wurde er zum DEFA-Star und spielte unter Konrad Wolf in *Genesung* (1955). Zahlreiche Theaterauftritte in Stuttgart, München und Köln. In den 60er Jahren war er häufig im Fernsehen in Klassiker-Adaptionen zu sehen, u.a. in Büchners *Dantons Tod* (1963) und in Sartres *Geschlossene Gesellschaft* (1966). Für die Darstellung des Wachtmeisters in Jürgen Rolands Krimi *Polizeirevier Davidswache* (1964) erhielt er den Bundesfilmpreis. 1966 spielte er einen Geheimagenten in dem Hitchcock-Thriller *Tom Curtain* (*Der zerrissene Vorhang*). 1968 kehrte er in die DDR zurück. Der Star spielte in *Leningrad* (erneut unter der Regie von Konrad Wolf) und in *Goya* (1970, nach Feuchtwanger). In den folgenden Jahrzehnten war Kieling vorwiegend im Fernsehen zu sehen – in Serien

(*Das Traumschiff, Die Schwarzwaldklinik*), Krimis, aber auch in anspruchsvollen Produktionen wie *Bremer Freiheit* (1972, unter der Regie von Fassbinder) oder in dem Sieben-Teiler *Exil* über deutsche Flüchtlinge im Paris der dreißiger Jahre. Kieling war dreimal verheiratet, mit Jola Jobst, Gisela Uhlen (Tochter Susanne) und Monika Gabriel. – Nach anfänglichen Schwierigkeiten im westdeutschen Kino wurde er einer der profiliertesten Darsteller in Film und Fernsehen, der mit bleichen Zügen und einem müden Zucken um die Mundwinkel auch schwierigste Rollen meisterte. Der Minimalist brauchte weder Maske noch Verkleidung und vermochte auch schwachen Texten und Figuren auf phantasievolle Weise Leben einzuhauchen. – Weitere Auszeichnungen: Mitglied der deutschen Akademie der darstellenden Künste (1974), Adolf-Grimme-Preis (1974).

Weitere Filme (Auswahl): *Die Reise nach Tilsit* (1939), *Der Mann, der nicht nein sagen konnte* (1958), *Arzt ohne Gewissen* (1959), *Agatha, laß das Morden sein!* (1960), *Frau Cheneys Ende* (1961), *Mörderspiel* (1961), *Die Physiker* (TV, 1964), *Die Zeit der Schuldlosen* (1964), *Hotel der toten Gäste* (1965), *Die Banditen vom Rio Grande* (1965), *Duell vor Sonnenuntergang* (1965), *Das Haus in der Karpfengasse* (1965), *Das Haus der tausend Freuden* (1967), *Geheimnisse in goldenen Nylons* (1967), *Pension Clausewitz* (1967), *Die Abenteuer des Kardinal Braun* (1967), *Die Rache des Dr. Fu Man Chu* (1968), *Der Todesrächer von Soho* (1971), *Dollars* (1972), *Tatort – Strandgut* (TV, 1972), *Bauern, Bonzen und Bomben* (TV, 1973), *Härte 10* (TV, 1974), *Die Kette* (TV, 1977), *Tatort – Schweigegeld* (TV, 1979), *Die Geschwister Oppermann* (TV, 1983), *Morgen in Alabama* (1984), *Abwärts* (1984), *Didi und die Rache der Enterbten* (1984), *Der Schiedsrichter* (TV, 1985), *Zieh den Stecker raus, das Wasser kocht* (TV, 1985).

KIEPENHEUER VERLAG
→ Verlage

KILLER KAY
Acht Kriminalgeschichten. *Originalausgabe:* George Newnes, London 1930. Eine deutsche Gesamtausgabe existiert bisher nicht.
Enthält: KILLER KAY (*Doktor Kay*, erschienen in: *Der goldene Hades* [→ *The Golden Hades*]),

Wolfgang Kieling

Nr. 61 | AUGUST 1959 · VERLAGSORT WIESBADEN
EINZELPREIS: 60 Pfg · BEZUGSPREIS MONATLICH DM 3.50

Es ist unmöglich, von diesem Film nicht gefesselt zu sein!

Millionen haben diesen berühmten „Krimi" von Edgar Wallace verschlungen – Millionen erwarten jetzt den Film!

JOACHIM FUCHSBERGER

Eva Anthes · Jochen Brockmann · Carl Lange · Eva Pflug
Dieter Eppler · Erwin Strahl · Fritz Rasp · Reinhard
Kolldehoff · Ulrich Beiger · Eddi Arent · Walter Wilz
E. F. Fürbringer und

SIEGFRIED LOWITZ
als Inspektor Elk in

Der FROSCH mit der MASKE

Regie: Dr. Harald Reinl

Herstellungsleitung: Helmut Beck · Musik: Willy Mattes, Karl Bette
Bild: Ernst W. Kalinke · Weltvertrieb: EXPORTFILM, Bischoff & Co.
Ein RIALTO-Film nach dem gleichnamigen Roman von Edgar Wallace
(Goldmann-Taschen-KRIMI Nr. 1)

Verleih: *Constantin-Film*

Ab 4. September im gesamten Bundesgebiet

**Ankündigung des ersten deutschen Nachkriegs-Wallace-Films *Der Frosch mit der Maske*
in der Filmfachzeitschrift Film-Echo Nr. 61 vom 01.08.1959**

Ankündigung des Wallace-Films *Die Bande des Schreckens*
in der Filmfachzeitschrift Film-Echo Nr. 59 vom 23.07.1960

Ankündigung des Wallace-Films *Die toten Augen von London*

Kleinplakat: *Der rote Kreis* (1959/60)

Kleinplakat: *Das Gasthaus an der Themse* (1962)

DER **Zinker**

mit **Heinz Drache** · **Barbara Rütting**
Günter Pfitzmann · Inge Langen
Eddi Arent · Agnes Windeck
Jan Hendriks · Wolfgang Wahl
Siegfr. Schürenberg · Siegfr. Wischnewski
und **Klaus Kinski**
Regie: Alfred Vohrer

Drehbuch: H. G. Petersson · Kamera: Karl Löb · Gesamtleitung: Horst Wendlandt

Ein Alfred-Vohrer-Film in ULTRASCOPE der RIALTO-FILM PREBEN PHILIPSEN

Ein atemberaubender Film-Krimi
nach dem gleichnamigen Roman von **EDGAR WALLACE**

(Goldmanns Taschen-Krimi Nr. 200)

im Verleih: *Constantin-Film*

Kleinplakat: *Der Zinker* (1963)

Sechs schottische Nächte - sechs Erben zuviel!

Edgar Wallace

Das indische Tuch

mit
HEINZ DRACHE · Corny Collins · Gisela Uhlen
Klaus Kinski · Hans Nielsen · Siegfried
Schürenberg · Hans Clarin · Richard Häußler
Alexander Engel · Ady Berber sowie
EDDI ARENT und ELISABETH FLICKENSCHILDT
Regie: Alfred Vohrer

Gesamtleitung: Horst Wendlandt
Ein Alfred-Vohrer-Film in UltraScope
der RIALTO-FILM PREBEN PHILIPSEN
nach dem gleichnamigen Roman von
EDGAR WALLACE
(Goldmanns Taschen-Krimi Nr. 201)
Verleih: *Constantin-Film*

EIN ECHTER EDGAR WALLACE-KRIMI

Kleinplakat: *Das indische Tuch* (1963)

Kleinplakat: *Der schwarze Abt* (1963)

Kleinplakat: *Die Gruft mit dem Rätselschloß* (1964)

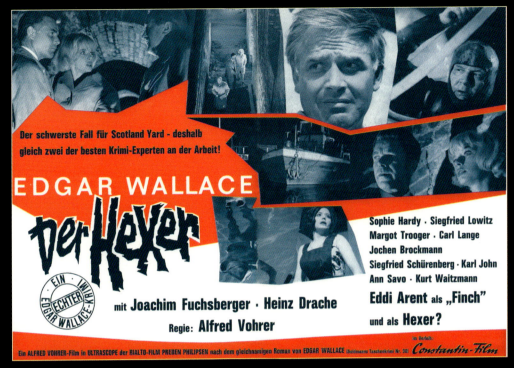

Kleinplakat: *Der Hexer* (1964)

Kleinplakat: *Der Gorilla von Soho* (1968)

Kleinplakat: *Das Verrätertor* (1964)

Kleinplakat: *Das Rätsel des silbernen Dreieck* (1965/66)

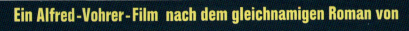

Ein Alfred-Vohrer-Film nach dem gleichnamigen Roman von

EDGAR WALLACE

(Goldmanns Taschenkrimi Nr. 21)

Die Tür mit den 7 Schlössern

Heinz Drache · Sabina Sesselmann
Hans Nielsen · Gisela Uhlen
Pinkas Braun · Werner Peters
Jan Hendriks · Siegfried Schürenberg
Friedrich Joloff · Ady Berber
Klaus Kinski und Eddi Arent

Produktion: Rialto Film Preben Philipsen   *Constantin-Film*

Kleinplakat: *Die Tür mit den 7 Schlössern* (1962)

Kleinplakat: *Der unheimliche Mönch* (1965)

Kleinplakat: *Das Geheimnis der weißen Nonne* (1966)

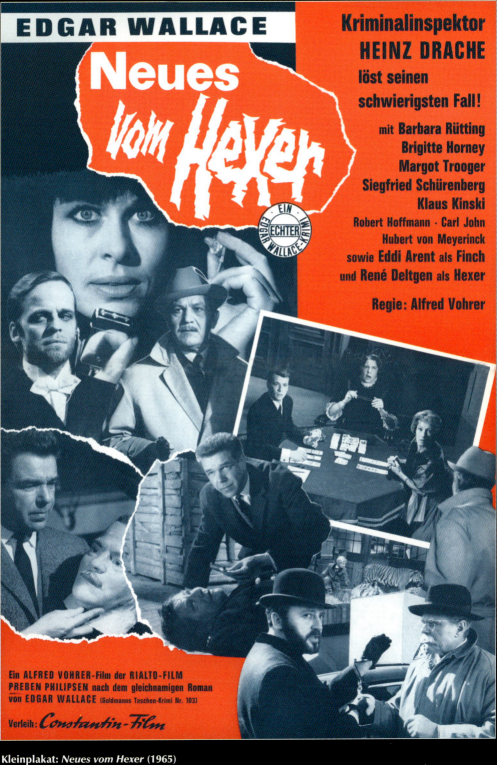

Kleinplakat: *Neues vom Hexer* (1965)

Der erste
Edgar
Wallace
Krimi
in Farbe!

Der Bucklige von Soho

mit **Günther Stoll · Monika Peitsch**
Pinkas Braun · Siegfried Schürenberg
Agnes Windeck · Hubert von Meyerinck
Gisela Uhlen · Uta Levka · Joachim Teege
Richard Haller · Suzanne Roquette v. a.
und Eddi Arent
Regie: **Alfred Vohrer**

Gesamtleitung: **Horst Wendlandt** · Drehbuch: **Herbert Reinecker**

Ein **FARBFILM** der **RIALTO-FILM** Preben Philipsen,
Berlin
frei nach **EDGAR WALLACE**

EIN
ECHTER
EDGAR·WALLACE·KRIMI

Alle Edgar-Wallace-Romane
sind als Goldmann-Taschen-
KRIMI erschienen

Constantin-Film

Kleinplakat: *Der Bucklige von Soho* (1966)

Ein neuer EDGAR WALLACE-Krimi von dem Sie gepackt sein werden!

Der tödliche Griff einer geheimnisvollen Waffe!

Die blaue Hand

EIN ECHTER EDGAR WALLACE-KRIMI

Harald Leipnitz

Klaus Kinski

Regie:
Alfred Vohrer

Gesamtleitung:
Horst Wendlandt

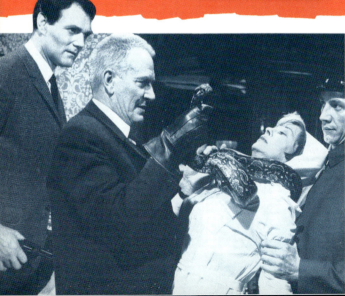

mit
Carl Lange
Hermann Lenschau
Ilse Steppat
Siegfried Schürenberg
Diana Körner
Ilse Pagé
Richard Haller
u. v. a.

Ein FARBFILM
der RIALTO-FILM
PREBEN PHILIPSEN
frei nach EDGAR WALLACE

Constantin-Film

Kleinplakat: *Die blaue Hand* (1967)

Ankündigung: *Das Geheimnis der weißen Nonne* **(1966)**

Am 18. August kommt der neueste Krimi der erfolgreichen Serie
Mit **EDGAR WALLACE** stimmt die Kasse immer

Der Mönch mit der Peitsche

mit Joachim Fuchsberger

**Ursula Glas · Grit Böttcher · Konrad Georg · Harry Riebauer
Tilly Lauenstein · Ilse Pagé · Siegfried Rauch
Suzanne Roquette · Claus Holm u. a.**

und Siegfried Schürenberg

Regie: Alfred Vohrer
Produziert von:
Horst Wendlandt

Ein Alfred-Vohrer-Farbfilm
der Rialto-Film Preben Philipsen
frei nach
Edgar Wallace

WAS *Constantin* BRINGT *kommt an!*

Ankündigung: *Der Mönch mit der Peitsche* (1967)

Die große, erfolgreiche Serie geht weiter!
Der 25. EDGAR-WALLACE-Film wird in München am
18. Januar 1968 im Mathäser-Filmpalast
mit einer festlichen Galapremiere uraufgeführt.
Nr. 26 geht am 23. Januar ins Atelier.

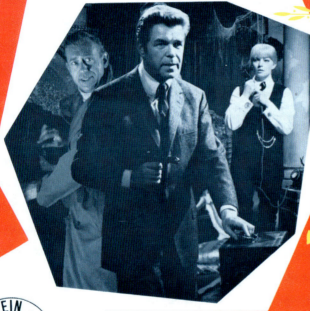

EIN · ECHTER · EDGAR · WALLACE · KRIMI

EDGAR
WALLACE

Der Hund von Blackwood Castle

mit Heinz Drache · Karin Baal

Horst Tappert · Uta Levka · Hans Söhnker · Ilse Pagé · Mady Rahl · Agnes Windeck
Kurd Pieritz · Otto Stern · Alexander Angel

und Siegfried Schürenberg

Regie: Alfred Vohrer · Produziert von Horst Wendlandt

Kamera: Karl Löb · Musik: Peter Thomas · Schnitt: Jutta Hering · Herstellungsltg: Erwin Gitt
Ein Farbfilm der RIALTO-FILM PREBEN PHILIPSEN frei nach Edgar Wallace

Constantin-Film

Ankündigung: *Der Hund von Blackwood Castle* (1967)

Kleinplakat: *Der Hund von Blackwood Castle* (1967)

Ankündigung: *Im Banne des Unheimlichen* (1968)

Auch Tote müssen einmal sterben

Wer ist die lachende Leiche?

Joachim Fuchsberger

EIN ECHTER EDGAR WALLACE KRIMI

Im Banne des Unheimlichen

mit **Siv Mattson · Wolfgang Kieling · Pinkas Braun Peter Mosbacher · Hubert von Meyerinck Claude Farell**

Hans Krull · Otto Stern · Ilse Pagé · Siegfried Rauch · Lil Lindfors u. a.

Regie: Alfred Vohrer

Buch: Ladislas Fodor · Kamera: Karl Löb · Musik: Peter Thomas
Schnitt: Jutta Hering

Produziert von Horst Wendlandt

Ein Alfred Vohrer-Farbfilm der RIALTO FILM
PREBEN PHILIPSEN GMBH & CO. KG, Berlin
nach Motiven des gleichnamigen Romans
von EDGAR WALLACE

Constantin-Film

Kleinplakat: *Im Banne des Unheimlichen* (1968)

Kleinplakat: *Der Mann mit dem Glasauge* (1968)

Sondermotiv: *Die Tote aus der Themse* (1971)

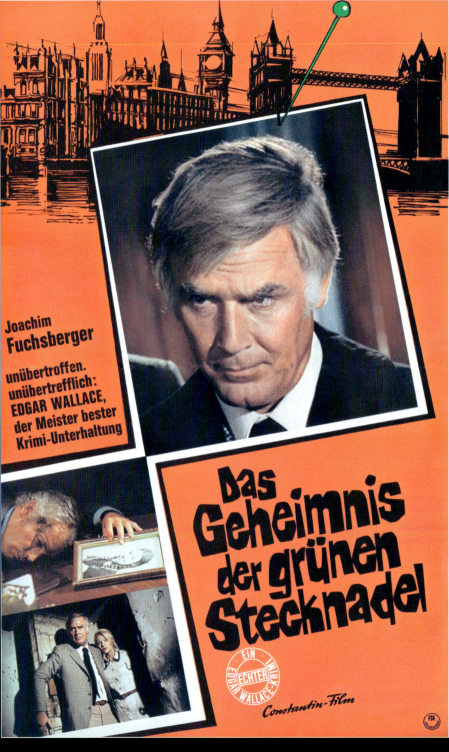

Joachim
Fuchsberger

unübertroffen.
unübertrefflich:
EDGAR WALLACE,
der Meister bester
Krimi-Unterhaltung

Das Geheimnis der grünen Stecknadel

EIN ECHTER EDGAR WALLACE KRIMI

Constantin-Film

FSK

Kleinplakat: *Das Geheimnis der grünen Stecknadel* (1971)

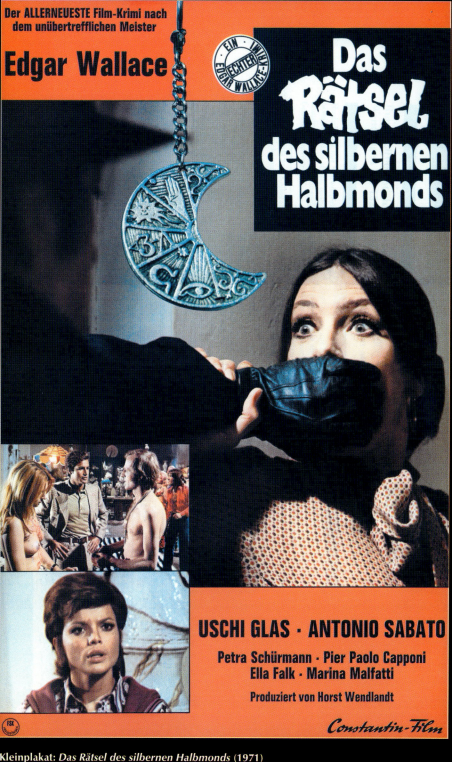

Der ALLERNEUESTE Film-Krimi nach dem unübertrefflichen Meister

Edgar Wallace

EIN ECHTER EDGAR WALLACE

Das Rätsel des silbernen Halbmonds

USCHI GLAS · ANTONIO SABATO

Petra Schürmann · Pier Paolo Capponi
Ella Falk · Marina Malfatti

Produziert von Horst Wendlandt

FSK

Constantin-Film

Kleinplakat: *Das Rätsel des silbernen Halbmonds* (1971)

THE BLACK AVONS

By EDGAR WALLACE

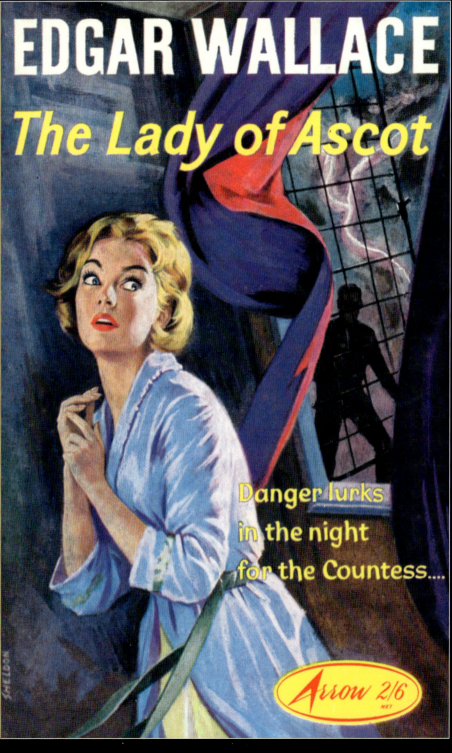

EDGAR WALLACE

The Lady of Ascot

Danger lurks
in the night
for the Countess....

Arrow 2/6 NET

Buchcover: *The Lady of Ascot* (1962)

Buchcover: *Käthe und ihre Zehn* (1928)

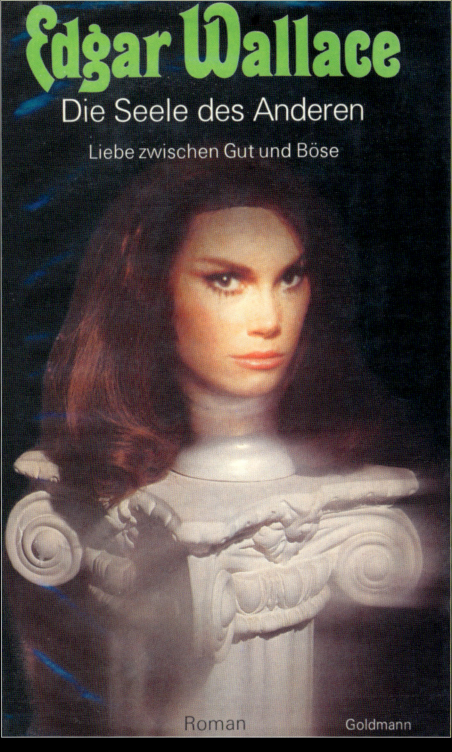

Edgar Wallace

Die Seele des Anderen

Liebe zwischen Gut und Böse

Roman   Goldmann

EDGAR WALLACE

Sanders vom Strom

Die weltberühmten Afrika-Romane von
EDGAR WALLACE

Bosambo

Buchcover: *Bosambo* (1954)

Plakatmotiv: *The Green Archer* (1940)

Plakatmotiv: *The Green Archer* (1940)

Kleinplakat: *Der grüne Bogenschütze* (1960/61)

THE BUSINESS WOMAN (bisher nicht übersetzt), BLUE SUIT (*Der Herr im dunkelblauen Anzug*, erschienen in: *Die Abenteuerin* [→ *Four Square Jane*]), BATTLE LEVEL (bisher nicht übersetzt), THE AIR TAXI (bisher nicht übersetzt), THE CONVENIENT SEA (bisher nicht übersetzt), THE VAMP AND THE LIBRARIAN (bisher nicht übersetzt), THIEVES MAKE THIEVES (bisher nicht übersetzt).

Inhalt der Titelerzählung: Die junge Mary Boyd begibt sich wegen der Feststellung des Todes ihres Vaters, Colonel Bertram Boyd, der im Hause seines Schwagers, Sir John Thorley, mit einer Gasvergiftung aufgefunden worden war, nach London. Auf der Rückfahrt im Zug lernt sie Dr. Kay vom Innenministerium kennen. Am Ankunftsbahnhof trennen sich ihre Wege, denn Mary wird von dem jungen Rechtsanwalt Frank Hallwell erwartet. Frank erklärt Mary, warum Dr. Kay Killer Kay genannt wird: Er finde immer Spuren, um einen Verbrecher zu überführen. So auch in diesem Fall. Mit sicherem Gespür und Instinkt überführt Dr. Kay den Mörder von Colonel Bertram.

KINBERG, JUD
→ Produzenten

KINDERBEARBEITUNGEN
Anfang der 80er Jahre begann man in Deutschland, Wallace-Romane kind- und jugendgerecht zu bearbeiten. Unter dem Obertitel → *Das silberne Dreieck* schrieb Alex Barclay 14 Geschichten. Christopher Knock bereitete Wallace unter dem Serientitel → *Edgar Wallace und der Fall ...* neu auf. Als Schneider-Buch erschienen mehrere Titel in der Reihe → *Edgar Wallace jagt das Phantom*. John Gilmore verfaßte fünf Geschichten unter dem Obertitel → *Edgar Wallace löst das Rätsel*. Der → Kinderbuchverlag brachte eine Bearbeitung von Wallace' Hexergeschichten heraus (→ *Geschichten vom Hexer*). Darüber hinaus erschienen kindgerecht aufbereitete Wallace-Geschichten als → Hörspiele bei → Europa, → Karussell und → Maritim.

KINDERBUCHVERLAG
→ Verlage

KING, GEORGE
→ Regisseure

KING, VIOLET ETHAL
* 1897 (ohne Angabe), † 1933 (ohne Angabe)
Zweite Ehefrau von Edgar Wallace. Sie arbeitete nach → Robert Curtis' Einberufung zum Militärdienst seit 1915 als Sekretärin bei Wallace. Der Autor gab ihr den Kosenamen Jim und heiratete sie 1921. Die Hochzeitsreise dauerte nur eine Woche; länger wollte Wallace seine Arbeit am Kriminalroman → *Bei den drei Eichen* nicht unterbrechen. Aus der Ehe ging eine Tochter hervor: → Penelope Wallace.

KING BY NIGHT, A
Kriminalroman. *Originalausgabe: John Long, London 1925. Deutsche Erstveröffentlichung: Der Neger Juma. Übersetzung: H. O. Herzog. Verlag Th. Knaur Nachf., Berlin 1927. Neuübersetzung: → Ravi Ravendro (Bearbeitung der Herzog-Fassung) unter dem Titel Der Unhold. Wilhelm Goldmann Verlag, Leipzig 1932 (→ vergriffene Romane).*
Inhalt: Zwei aus einem australischen Gefangenenlager geflohene Sträflinge lassen sich in London nieder, um hier ihr Unwesen zu treiben. Der mit Requisiten afrikanischer Kultur verbundene Aberglaube wird von den Gentle-

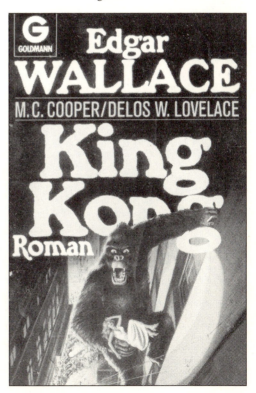

man-Gangstern ebenso ausgenutzt wie die Tarnung hinter der Fassade der Londoner Gesellschaft. Ein junges Mädchen, das in London nach ihrem Onkel sucht, kommt gemeinsam mit einem amerikanischen Anwalt und weiteren Freunden den Verbrechern auf die Spur.
Anmerkungen: Die deutsche Erstübersetzung von H. O. Herzog hatte besondere Kapitelüberschriften, die in der späteren Ausgabe entfielen.

KING KONG (BUCH)
Filmroman von Delos W. Lovelace nach dem Drehbuch von Edgar Wallace und → Merian C. Cooper (1932). *Deutsche Übersetzung: Wulf H. Bergner. Moewig Verlag, München 1968. Neuübersetzung: Helmut Kossodo. Krüger Verlag, Frankfurt/M. 1976. Neuausgabe: Goldmann Verlag, München 1987.*

KING KONG (FILM I)
(King Kong und die weiße Frau)
Kinofilm. *USA 1932. Produktion: RKO. Produzent: David O. Selznick. Regie: Ernest B. Schoedensack, Merian C. Cooper. Buch: James Creelman und Ruth Rose nach einem Originalentwurf von Edgar Wallace und Merian C. Cooper.*

Kamera: Edward Linden, Vernon L. Walker, J. O. Taylor und Kenneth Peak. Kameraassistenten: Eddie Henderson, G. Felix Schoedsack, Lee Davis. Musik: Max Steiner. Mr. Steiners Arrangeur: Bernard Kaun. Schnitt: Tede Cheesman. Schnittassistenz: Archie S. Marshek. Bauten: Carroll Clark, Al Herman. Bauüberwachung: Van Nest Polglase. Ausstattung: Thomas Little. Darsteller: Fay Wray (Ann Darrow), Robert Armstrong (Carl Denham), Bruce Cabot (John Driscoll), Frank Reicher (Captain Englhorn), Sam Hardy (Charles Weston), Noble Johnson (Häuptling), Victor Wong (Charley), James Flavin (Briggs), Steve Clements (Medizinmann), Paul Porcasi (Socrates), Russ Powell (Wächter), Vera Lewis (Theaterbesucherin), LeRoy Mason (Theaterbesucher), Roscoe Ates (Pressefotograf), Jim Thorpe (Tänzer), George MacQuarrie (Polizeichef), Madame Sul-te-wan (Dienerin), Frances Curry (Für Kong bestimmte Braut), Ray Turner (Ray), Dorothy Gulloiver (Mädchen), Charlotta Monti (Mädchen), Barney Capehart (Navy-Pilot), Bob Galloway (Navy-Pilot), Eric Wood (Navy-Pilot), Dusty Mitchell (Navy-Pilot), Russ Rogers (Navy-Pilot), Reginald Barlow (Maschinist), Frank Mills (Reporter), Lynton

King Kong (Film I)

Brent (Reporter), Ethan Laidlaw (Matrose), Blackie Whiteford (Matrose), Dick Curtis (Matrose), Charles Sullivan (Matrose), Harry Tenbrook (Matrose), Gil Perkins (Matrose), Merian C. Cooper (Flight Commander), Ernest B. Schoedsack (Chief Observer). Dreharbeiten: 10.10. 1931–01.02.1933. Drehorte: Hoboken (New Jersey), San Pedro/Los Angeles, Shrine Auditorium/Los Angeles (Kalifornien). Uraufführungen: 02.03.1933, Radio City Music Hall und RKO Roxy Theatre, New York. Europäische Uraufführung: 17.04.1933, Coloseum, London. Deutsche Erstaufführung: 01.12.1933. Deutsche Fernseherstausstrahlung: 13.11.1970 ZDF. Originallänge: 100 Minuten (= 2636 m).

Inhalt: Eine Filmexpedition unter Leitung des Regisseurs Denham reist per Schiff zu einer Insel in der Südsee, um dort Aufnahmen für einen Tierfilm zu drehen. Am Ziel angekommen, entdecken sie Eingeborene, die einen unheimlichen Riesenaffen, den sie King Kong nennen, anbeten. Denham nimmt sich vor, den Affen auf Celluloid zu bannen. Als die Eingeborenen die Expeditionsteilnehmer bemerken, entführen sie das Mädchen Ann Darrow, um es King Kong als Opfer darzubringen. Der Affe verschleppt Ann in den Urwald. Nach gefahrvollen und verlustreichen Abenteuern gelingt es ihren Freunden, sie zu befreien. Kong verwüstet das einheimische Dorf, kann aber mittels einer Gasbombe überwältigt und gefangen werden. Man bringt ihn aufs Schiff und kehrt nach New York zurück, wo das Ungetüm, in schwere Ketten gelegt, als Attraktion ausgestellt wird. In der Menge erkennt Kong das Mädchen Ann. Irritiert durch die Menschenmassen, reißt sich der Affe los, ergreift Ann und flüchtet mit ihr. Die Bewohner New Yorks geraten in Panik, denn weder Autos noch Gebäude sind vor der Zerstörungswut des Riesentieres sicher. Kong flüchtet mit seiner menschlichen Beute auf das Empire State Building. Hier wird er durch den Einsatz von bewaffneten Flugzeugen schwer verwundet und stürzt zwischen den Wolkenkratzern in die Tiefe. Ann wird gerettet und landet in den Armen ihres Geliebten Driskoll.

Anmerkungen: Am 26.07.1933 und am 15.09.1933 wurde der Film von der Prüfstelle der Reichsfilmkammer in Berlin zunächst verboten und erst am 5.10.1933 unter Schnittauflagen freigegeben (49 Meter Nahaufnahme, »wenn das Mädchen in der Hand des King Kong

King Kong: (Film I) **Robert Armstrong u.a.**

King Kong (Film I) **Fay Wray (links)**

gezeigt wird«; 21 Meter der Darstellung »der Hochbahnkatastrophe von dem Augenblick an, wo die Entgleisung beginnt bis zum Ertönen des Lautsprechers«). Weiter heißt es in der Freigabebescheinigung: »Der Bildstreifen wird ohne Rahmenhandlung und nur unter dem Haupttitel *Die Fabel von King Kong, ein amerikanischer Trick- und Sensationsfilm* zur öffentlichen Vorführung im Deutschen Reich zugelassen, darf jedoch vor Jugendlichen nicht gezeigt werden.« – In der Bundesrepublik Deutschland wurde der Film am 18.03.1952 in einer Länge von 2636 m (= 96 Minuten) von der FSK ab 16 Jahren freigegeben und unter dem Titel *King Kong und die weiße Frau* wiederaufgeführt. Bei der Wiedervorlage am 30.07.1963 wurde die Freigabe ab 16 Jahren bestätigt. Am 15.11. 1972 wurde der Film von der FSK ab 12 Jahren freigegeben, jedoch auf 2554 m (= 93 Minuten) gekürzt. Erst für die Veröffentlichung auf Video/DVD und Laserdisc wurde der Film am 22.01.1993 von der FSK in ungekürzter Fassung ab 6 Jahren freigegeben. Für diese Veröffentlichung erhielt der Film auch in Deutschland den Titel *King Kong* (ohne weiteren Zusatz).

KING KONG (FILM II)
(King Kong)

Kinofilm. *USA 1976. Produzenten: Dino De Laurentiis, Federico De Laurentiis, Christian Ferry. Regie: John Guillermin. Buch: Lorenzo Semple jr. nach den Vorlagen von Merian C. Cooper, Edgar Wallace, James Ashmore Creelma und Ruth Rose. Musik: John Barry. Kamera: Richard H. Kline. Schnitt: Ralph E. Winters. Casting: Joyce Selznick. Szenenbild: Mario Chiari Dale Hennesy. Bauten/Dekorationsbau: Archie J. Bacon, David A. Constable, Robert Gundlach. Bühnenbildner/Ausstatter: John Franco jr. Kostüme: Moss Mabry, Anthea Sylbert. Maske/Frisuren: Del Acevedo, Rick Baker, Rob Bottin, Jo McCarthy. Produktionsleiter: Terry Carr, Brian E. Frankish, George Goodman, Jack Grossberg. Regieassistenten: Nathan Haggard, Pat Kehoe, William Kronick, David McGiffert, Kurt Neumann. Ton-Stab: James J. Klinger, William L. McCaughey, Aaron Rochin, Jack Solomon, Harry W. Tetrick. Spezialeffekte: Joe Day, Carlo Rambaldi, Glen Robinson. Stunts: Bill Couch. Besetzung: Jeff Bridges (Jack Prescott), Charles Grodin (Fred Wilson), Jessica Lange (Dwan), John Randolph (Captain Ross), Rene Auberjonois (Bagley), Julius Harris (Boan), Jack O'Halloran (Joe Perko), Dennis Fimple (Sunfish), Ed Lauter (Carnahan), Jorge Moreno (Garcia), Mario Gallo (Timmons), John Lone (Chinesischer Koch), Garry Walberg (Armee-General), John Agar (Stadtvertreter), Keny Long (Mann mit Affenmaske), Sid Conrad (Petrox Chairman), George Whiteman (Armee-Hubschrauber-Pilot), Wayne Heffley (Air Force-General), Rick Baker (King Kong-Double), Todd Baker (Zuschauer im Shea Stadium), Corbin Bernsen (Reporter), S.C. Dacy (Zeitungsfotograf Kelly Nichols), Joe Piscopo (Bit Part Story). Dreharbeiten: Januar–August 1976. Drehorte: Culver City (Kalifornien), Kawa'i (Hawaii), New York, San Pedro, Los Angeles (Kalifornien). Uraufführung: 17.12.1976. Deutsche Erstaufführung: 16.12.1976. Original-Länge: 3675 m (134 Minuten). Deutsche Fassung: 2750 m (101 Minuten), ab 1979 2732 m (100 Minuten). – Prädikat: wertvoll (BRD).*

Inhalt: In der Nähe einer nebelverhangenen Insel Mikronesiens sucht die Mannschaft eines amerikanischen Forschungsschiffs unter der Leitung von Fred Wilson nach Öl. Nachdem man die hübsche Dwan, die einzige Überlebende eines Schiffsunglücks, an Bord genommen sowie einen blinden Passagier, den Zoologen Prescott, der einem prähistorischen Ungeheuer auf die Spur kommen will, entdeckt hat, wird man auf der Insel Zeuge einer Opferzeremonie. Als Dwan von Eingeborenen entführt wird, nimmt Prescott die Verfolgung auf und begegnet dem Riesenaffen King Kong, der seinen neuen Besitz Dwan gegen tierische und menschliche Angreifer zu verteidigen weiß. Wilson hat währenddessen eine Fallgrube ausheben lassen, die er mit Chloroform anfüllen lässt. Kong geht in die Falle und wird nach New York gebracht. Statt dort in einer Show aufzutreten, inszeniert er einen spektakulären Ausbruch und steigt auf das Dach des World Trade Centers, ehe er mit Hilfe von Jagdbombern unschädlich gemacht werden kann.

Anmerkungen: Über die Verfilmung berichtet das Buch: Bruce Bahrenberg, *The Making of King Kong. The Creations of Dino de Laurentiis' King Kong*, Simon & Schuster, New York 1976. Deutsche Übersetzung: *Der neue King Kong*, München 1976 (= Heyne-Buch 5325). – Zeitgleich mit dieser Dino-De-Laurentiis-Produktion für das Paramount-Studio kündigten die Universal-Studios ebenfalls ein King-Kong-Remake an, und zwar mit ihrem bis dato in *Erdbeben* (1975) und *Schlacht um Midway* (1976) erprobten Tonsystem Sensurround. Da die Rechtslage nicht eindeutig war und De Laurentiis in der Produktionsplanung einen Vorsprung hatte, ließ Universal seine King-Kong-Pläne fallen.

KING KONG (FILM III)
(King Kong)

Kinofilm. *USA/Neuseeland 2004/05. Produktion: Universal Pictures (USA), WingNut Films (Neuseeland). Produzenten: Peter Jackson, Frances Walsh. Regie: Peter Jackson. Buch: Philippa Boysen, Peter Jackson, Frances Walsh nach den Vorlagen von Merian C. Cooper, Edgar Wallace, James Ashmore Creelma und Ruth Rose. Spezialeffekte: Wega Digital Ltd. (Neuseeland). Geplanter Starttermin: Dezember 2005.*

Anmerkung: Neben diesem zweiten offiziellen Remake des King-Kong-Stoffes entstanden zahlreiche weitere Streifen, die sich ebenfalls auf Wallace' Originalstoff beziehen. Dazu zählen (Auswahl): *Panik um King Kong* (1949), *Die Rückkehr des King Kong* (1963), *King Kong – Frankensteins Sohn* (1969), *King Kong lebt* (1986).

KINSKI, KLAUS
* 18.10.1926 Zoppot (Ostpreußen),
† 23.11.1991 Los Angeles; eigentlicher Name: Nikolaus Günther Nakszynski

Deutscher Schauspieler. Der Irre vom Dienst im deutschen Film der sechziger Jahre. Kinski spielte in insgesamt 19 Wallace-Krimis: → *Der Rächer* (1960), → *Die toten Augen von London* (1961), → *Das Geheimnis der gelben Narzissen* (1961), → *Die seltsame Gräfin* (1961), → *Das Rätsel der roten Orchidee* (1961/62), → *Die Tür mit den 7 Schlössern* (1962), → *Das Gasthaus an der Themse* (1962), → *Der Zinker* (1963), → *Der schwarze Abt* (1963), → *Das indische Tuch* (1963), → *Die Gruft mit dem Rätselschloß* (1964), → *Das Verrätertor* (1964), → *Neues vom Hexer* (1965), → *Das Rätsel des silbernen Dreieck* (1965/66), → *Die Pagode zum fünften*

Schrecken (1966), → *Die blaue Hand* (1967), → *Das Gesicht im Dunkeln* (1969).

Der Sohn polnischer Eltern, eines Apothekers und einer Pfarrerstochter, kam mit fünf Jahren nach Berlin. Seit 1936 Besuch eines Schöneberger Gymnasiums, während des Krieges in einem Ausbildungslager der Hitlerjugend. 1944 entkam er als Fahnenflüchtiger nur knapp einem Hinrichtungskommando. Während seiner Internierung in englischer Kriegsgefangenschaft erstmals auf der Bühne, wo er Männer- und Frauenrollen spielte, u.a. das Gretchen in Faust und das Klärchen in Egmont. In den Nachkriegsjahren trampte Kinski, der nie Schauspielunterricht genommen hatte, durch Westdeutschland. Er fand Engagements in Tübingen und Baden-Baden, dann in Berlin. Hier erregte er in avantgardistischen Stücken und durch private Affären Aufsehen. Seine Frauenrolle in Cocteaus *Die menschliche Stimme* machte ihn im provinziellen Nachkriegsberlin berühmt. (Cocteau: »Ich habe noch niemals so ein Gesicht gesehen«.) Fritz Kortner befand: »Er ist der einzige Schauspieler der Welt, der mich erschüttert.« Mit *Morituri* begann 1948 seine Filmkarriere. Als Rezitator von Villon-Texten ging er in den 50er und 60er Jahren auf Tourneen, die von persönlichen und künstlerischen Skandalen begleitet waren. 1964 wirkte er in einer Karl-May-Verfilmung mit: In *Winnetou 2. Teil* spielte er den Unterbanditen Luke. 1965 siedelte er nach Rom über; mit einer Nebenrolle in *Doktor Schiwago* (1965) begann er eine internationale Starkarriere. 1975 legte er seine Autobiographie *Ich bin so wild nach deinem Erdbeermund* vor. Einen künstlerischen Höhepunkt erreichte er in den Filmen von Werner Herzog (*Aguirre, der Zorn Gottes*, 1972; *Nosferatu*, 1979; *Fitzcarraldo*, 1982, *Cobra Verde*, 1988; über die Zusammenarbeit mit Herzog erschien 1998 eine Dokumentation). Nach verschiedenen Weltreisen siedelte er 1982 nach Los Angeles über. Bis zu seinem Tod war er in Talk-Shows auf allen TV-Kanälen präsent. Sein Regiedebüt gab Kinski 1988 mit der Musiker-Biographie *Paganini*, die jedoch erst 1999 in die Kinos kam. Kinski war dreimal verheiratet; aus den Ehen gingen der Sohn Nikolai und die Töchter Pola und Nastassja hervor. – Kinski spielte, stets diszipliniert und bestens

Klaus Kinski als Edgar Strauss in
***Die toten Augen von London* (1961)**

Mit Sabina Sesselmann – Dreharbeiten
***Das Geheimnis der gelben Narzissen* (1961)**

vorbereitet, Unholde, Visionäre, Besessene, Erotomanen, Narzisse, Magiere, Berserker, Verbrecher, Exhibitionisten. An diesem nervösen Seher von Innenwelten wirkte alles übersteigert. Rasender und Meditierender zugleich, war er gestisch und mimisch das perfekte Medium seiner inneren Stimmen und Alpträume, denen er wortgewaltig Ausdruck verlieh. Er war ein Avantgardist der Artikulation, das Sprechen wurde bei ihm zur eigenständigen Kunstform. Sein zitternder Mund, die feuchten Augen, das aufgewühlte Gesicht verliehen seinen Rollen jene exzentrische Note, die ihn zum international anerkannten Charakterdarsteller machte.

Weitere Filme (Auswahl): *Entscheidung im Morgengrauen* (1950), *Kinder, Mütter und ein General* (1954), *Angst* (1954), *Um Thron und Liebe* (1955), *Ludwig II – Glanz und Elend eines Königs* (1955), *Hanussen* (1955), *Waldwinter* (1956), *Zeit zu leben und Zeit zu sterben* (1957), *Verrat auf Befehl* (1960), *Bankraub in der Rue Latour* (1961), *Die Kurve* (TV, 1961), *Der rote Rausch* (1962), *Die schwarze Kobra* (1963), *Kali Yug* (2 Teile, 1963), *Der letzte Ritt nach Santa Cruz* (1963), *Das Geheimnis der schwarzen Witwe* (1963), *Scotland Yard jagt Dr. Mabuse* (1963), *Piccadilly null Uhr zwölf* (1963), *Wartezimmer zum Jenseits* (1964), *Das Geheimnis der chinesischen Nelke* (1964), *Unser Mann aus Istanbul* (1965), *Spione unter sich* (1965), *Für ein paar Dollar mehr* (1965), *Gern' hab' ich die Frau'n gekillt* (1965), *Das Gold von Sam Cooper* (1966), *Das Geheimnis der gelben Mönche* (1966), *Marrakesch* (1966), *Top Job* (1966), *Mit Django kam der Tod* (1967), *Sumuru, die Tochter des Satans* (1967), *Töte Amigo* (1967), *Sartana – Bete um deinen Tod* (1968), *Leichen pflastern seinen Weg* (1967), *Der Teufelsgarten* (1968), *Quintero, das As der Unterwelt* (1968), *Marquis de Sade: Justine* (1968), *Wie kommt ein so reizendes Mädchen zu diesem Gewerbe?* (1969), *Nachts, wenn Dracula erwacht* (1969), *Der Mann mit der Torpedo-Haut* (1970), *Adios Companeros* (1970), *Dracula im Schloß des Schreckens* (1970), *Drei Amen für den Satan* (1971), *Ein Einsamer kehrt zurück* (1972), *Nachtblende* (1975), *Nobody ist der Größte* (1975), *Jack The Ripper* (1976), *Madame Claude und ihre Gazellen* (1977), *Woyzeck* (1979), *Buddy Buddy* (1981), *Die schwar-*

1961 in London während den Dreharbeiten zu *Das Geheimnis der gelben Narzissen*

ze Mamba (1982), *Kommando Leopard* (1985), *Nosferatu in Venedig* (1986).
Interview-Zitat: »Die Edgar-Wallace-Figuren entsprechen meinem Typ.«

KIPLING, RUDYARD
* 30.12.1865 Bombay, † 18.01.1936 London
Englischer Schriftsteller. Der weitgereiste Journalist und geistige Repräsentant des britischen Imperiums erblickte die Aufgabe des »weißen Mannes« in der Aufrechterhaltung von Recht und Ordnung in der Welt. Kipling war ein ausgezeichneter Schilderer Indiens. 1907 erhielt er den Nobelpreis für Literatur. Seine wichtigsten Romane sind *Das Dschungelbuch* (1894), *Das neue Dschungelbuch* (1895) und *Kim* (1901). Wallace verfaßte ein → Gedicht für den berühmten Autor, als dieser 1900 nach Südafrika kam.

KIRCHNER, DORIS
* 04.05.1930 Graz
Österreichische Schauspielerin. Sie spielte Mabel Narth in → *Der Fluch der gelben Schlange* (1962/63). Ausgebildet an Wiens Reinhardt-Seminar, debütierte sie am Schauspielhaus ihrer Heimatstadt. Im Film der 50er Jahre fand sie regelmäßig Engagements. In den 60er Jahren war sie zeitweilig mit dem Regisseur Franz Joseph Gottlieb verheiratet und spielte in vielen seiner Filme mit.

Doris Kirchner

Weitere Filme (Auswahl): *Die sieben Kleider der Katrin* (1954), *Ja, ja die Liebe in Tirol* (1955), *Mein Leopold* (1955), *Meine Kinder und ich* (1955), *Verliebte Leute* (1955), *Wenn Poldi ins Manöver zieht* (1956), *Wo die Lerche singt* (1956), *Skandal in Ischl* (1957), *Die verpfuschte Hochzeitsnacht* (1957), *Schmutziger Engel* (1958), *Liebe auf krummen Beinen* (1959), *Das Riesenrad* (1961), *Die Försterchristel* (1962), *Das Geheimnis der schwarzen Witwe* (1963), *Wenn du bei mir bist* (1970).

KIRWAN, PATRICK
→ Drehbuchautoren

KITCHENER, HORATIO HERBERT
* 22.09.1850 Batly Longford, Kerry (Irland), † 06.06.1916 ertrunken bei den Orkney-Inseln
Britischer Feldmarschall. Eroberte 1896–98 den anglo-ägyptischen Sudan und war zeitweise dessen Generalgouverneur. Im Burenkrieg (1899–1902) fungierte er als Oberbefehlshaber der britischen Truppen. Da Wallace das Ende des Krieges durch Bestechung eines Soldaten früher melden konnte als vorgesehen, bestimmte Kitchener, daß Wallace nie mehr als Kriegsberichterstatter arbeiten durfte, auch nicht im Ersten Weltkrieg. 1902–09 war Kitchener Kommandeur in Indien. 1914 wurde er zum Kriegs-Staatssekretär ernannt und setzte die allgemeine Wehrpflicht durch. Er starb beim Untergang des britischen Panzerkreuzers HMS Hampshire.

KITCHENER'S ARMY AND THE TERRITORIAL FORCES
Sachbuch. *Originalausgabe: George Newnes, London 1915.*
Inhalt: Einer von Wallace' Beiträgen zur Stärkung des patriotischen Denkens am Anfang des Ersten Weltkriegs.
Anmerkung: Dieser Bericht wurde bisher nicht ins Deutsche übertragen.

KLAREN, GEORG C.
→ Drehbuchautoren

KLARTEXT VERLAG
→ Verlage

KLEINERT, PETRA
→ Darsteller

KLEVENOW, HEINZ
* 1908 Hildesheim, † 27.01.1975 Hamburg
Deutscher Schauspieler. Er mimte den Bankier Brabazon in → *Der rote Kreis* (1959) und war das → Double von dem Gerissenen in → *Der Fälscher von London* (1961).

Klevenow ging er nach der Schule nach Hamburg und stand bereits mit 16 Jahren als einer der Räuber in Schillers Bühnenerstling auf der Bühne des Altonaer Theaters. Am Stettiner Stadttheater gewann er, wie er sagte, »die Reife«, um erneut »an die Tore Hamburgs zu klopfen«. Seit 1936 gehörte er ununterbrochen dem traditionsreichen Haus am Gerhart-Hauptmann-Platz an. Sein Leben endete tragisch: Der am Hamburger Thalia-Theater Vielbeschäftigte, der tagsüber aus den Synchronateliers kaum herauskam, stürzte in seinem Badezimmer so unglücklich, daß er nach einer komplizierten Wirbelsäulenoperation kaum noch laufen und nur unter Schmerzen sitzen konnte. Als ein weiteres schweres Leiden hinzukam, setzte »Kle«, wie ihn seine Freunde nannten, seinem Leben ein Ende.

Weitere Filme (Auswahl): *Schicksal aus zweiter Hand* (1949), *Klettermaxe* (1952), *Bekenntnisse des Hochstaplers Felix Krull* (1957), *Made in Germany – Ein Leben für Zeiss* (1957), *Mörderspiel* (1961), *Zu viele Köche* (TV, 1961), *Signor Rizzi kommt zurück* (TV, 1963), *Verkündigung* (TV, 1963), *Entlassen auf Bewährung*

(1965), *Chingachcook, die große Schlange* (1967).

KLINE, RICHARD H.
→ Kameramänner

KLOTZSCH, FRITZ
* 16.05.1896 Berlin, † 09.01.1971 Berlin
Herstellungsleiter von 13 Wallace-Filmen: → *Das Rätsel der roten Orchidee* (1961/62), → *Die Tür mit den sieben Schlössern* (1962), → *Das Gasthaus an der Themse* (1962), → *Der Zinker* (1963), → *Die Gruft mit dem Rätselschloß* (1964), → *Der Hexer* (1964), → *Neues vom Hexer* (1965), → *Der Bucklige von Soho* (1966), → *Die blaue Hand* (1967), → *Der Mönch mit der Peitsche* (1967), → *Im Banne des Unheimlichen* (1968), → *Der Gorilla von Soho* (1968) und → *Der Mann mit dem Glasauge* (1968).

Klotzsch begann noch vor dem Ersten Weltkrieg seine künstlerische Tätigkeit als Schauspieler auf verschiedenen Berliner Bühnen sowie seine Filmlaufbahn bei Peter Ostermayr, Oskar Meßter und Erich Pommer. Ernst Lubitsch riet dem jungen Klotzsch 1917: »Aus dir wird nie ein guter Schauspieler. Geh doch zum Film!« (Beide hatten im Deutschen Theater im *Hamlet* mitgespielt: Klotzsch als zweiter und Lubitsch als erster Totengräber.) Die filmischen Stationen Klotzschs waren Ostermayr Film, Mestro Film, UFA, Ciné Alliance, Sokal Film,

Heinz Klevenow

Fritz Klotzsch

361

Bavaria, Tobis, Maxim Film, Uni Film, → CCC Film und zuletzt → Rialto Film. Unter seiner Produktionsleitung entstanden mehr als 125 Spielfilme, die ersten noch in der Stummfilmzeit. Besondere Erfolge waren *Mazurka* (1934, mit Pola Negri), *Die englische Heirat* (1934, mit Renate Müller), *So endete eine Liebe* (1934, mit Paula Wessely), *Truxa* (1936, mit La Jana) und viele Filme mit Emil Jannings (*Der zerbrochene Krug*, 1937, *Altes Herz wird wieder jung*, 1943) sowie mit dem Ehepaar Kiepura/Eggert. *Allotria* (1936), *Der Maulkorb* (1938), *Friedrich Schiller* (1940) gehörten ebenso dazu wie die Farbfilme *Das kleine Hofkonzert* (1945) und *Das kalte Herz* (1950). 1937–39 war Klotzsch Produktionschef bei der Bavaria, von 1940 bis Kriegsende Herstellungsgruppenleiter bei der Tobis. In dieser Zeit lernte er den jungen → Horst Wendlandt kennen und nahm ihn unter seine Fittiche. Wendlandt honorierte diese Ausbildung, indem er ihm ab 1961 einen Exklusiv-Vertrag bei der Rialto Film gab. Als deren Produktionsleiter betreute er neben den Wallace-Produktionen die Filme *Ich bin auch nur eine Frau* (1961, Regie: Alfred Weidenmann), *Zum Teufel mit der Penne* (1968, Regie: → Werner Jacobs), *Klassenkeile* (1969, Regie: → F. J. Gottlieb), *Dr. med. Fabian* (1969, Regie: → Harald Reinl), *Die Herren mit der weißen Weste* (1969, Regie: Wolfgang Staudte) und *Die Feuerzangenbowle* (1970, Regie: Helmut Käutner).

KLUB DER VIER, DER
→ THE BIG FOUR

KNIGHT, JOHN
→ Regisseure

KNIPPENBERG, HERBERT A.
(Lebensdaten unbekannt)
Deutscher Schauspieler. Er spielte Massay in → *Die Gruft mit dem Rätselschloß* (1964). Knippenberg wuchs im Ruhrgebiet auf. Nach den Gymnasialjahren besuchte er die Malerakademie und bekam hier den ersten Kontakt zum Theater. Um sich Geld hinzuzuverdienen, arbeitete er als Statist. Die Bühnenarbeit brachte seinen Berufswunsch, Maler zu werden, ins Wanken. Um den Widerstreit seiner Gefühle zu klären, ging er nach Paris. Fast mittellos trieb Knippenberg seine Malstudien voran und landete schließlich an einem Boulevardtheater der Seinestadt. Nach Deutschland zurückgekehrt, erhielt der temperamentvolle Künstler ein erstes Engagement in Münster. Weitere Bühnenstationen waren Meiningen, Detmold, Gera, Halle und Stettin. Seine wohltönende Gesangsstimme brachte ihn nach Kriegsende an die Komische Oper in Berlin. Bald lockten ihn schauspielerische Aufgaben in die Schweiz nach Basel und nach Zürich. Er spielte in *Warten auf Godot, Jonny Belinda, Richter von Zalamea* und *Meuterei auf der Caine* publikumswirksame Rollen. Als Vollblutschauspieler fand er das Wohlwollen auch strenger Kritiker. Als Regisseur versuchte er, neue Wege zu gehen und seinen Inszenierungen den Stempel seiner eigenwilligen Persönlichkeit aufzudrücken.
Weitere Filme: *Fanny Hill* (1964), *Till, der Junge von nebenan* (TV, 1967), *Die Neffen des Herrn General* (1969).

KNOCK, CHRISTOPHER
→ Edgar Wallace und der Fall

KNOWLES, BERNARD
→ Kameramänner

KNOWLES, CYRIL J.
→ Kameramänner

KOCH, MARIANNE
* 19.08.1931 München
Deutsche Schauspielerin und Ärztin. Sie übernahm in den Sanders-Verfilmungen die Rollen der Dr. Inge Jung in → *Todestrommeln am großen Fluß* (1963) und der Helga in → *Sanders und das Schiff des Todes* (1964). Die Tochter eines Kaufmanns und einer Pianistin spielte bereits mit zehn Jahren Theater und hospitierte an der Opernschule. Mit ihrer Entdeckung durch den Regisseur Viktor Tourjansky begann 1950 ihre Filmkarriere. 1954 heiratete sie in erster Ehe den Arzt Gerhard Freund und beendete ihr Medizinstudium. Mitte der 50er Jahre kurzer Filmflirt mit Hollywood (*Two Girls in Town*, 1956; *Interlude*, 1956). Durch ihre Popularität erspielte sie sich ab 1962 eine zweite Karriere im Fernsehen (*Tim Frazer*, 1963; *Die Journalistin*, 1970), wo sie auch im Ratespiel *Was bin ich?*, in der Show *Meine Melodie* sowie ab 1975 als Talkmasterin in *III nach Neun* regelmäßig auftrat. 1975 legte sie, die einmal

bekannte: »Ich wollte nie Schauspielerin werden, und ich war auch keine«, das Staatsexamen in Medizin ab. Sie arbeitet heute als Ärztin mit eigener Klinik in München-Haidhausen, ist Autorin von populären Gesundheitsbüchern und, im Ehrenamt, Präsidentin der Deutschen Schmerzliga. Mit dem Publizisten Peter Hamm lebt sie am Starnberger See. – Auszeichnungen: Filmband in Silber (1955), Goldenes Bambi (1955), Preis des Allergiker- und Asthmatiker-Bundes (1988), Hartmann-Thieding-Medaille (1988).

Weitere Filme (Auswahl): *Dr. Holl* (1951), *Wetterleuchten am Dachstein* (1952), *Geh mach dein Fensterl auf* (1953), *Der Klosterjäger* (1953), *Schloß Hubertus* (1954), *Der Schmied von St. Bartholomae* (1954), *Des Teufels General* (1954), *Solange du lebst* (1955), *Ludwig II.* (1955), *Der Stern von Afrika* (1957), *Der Fuchs von Paris* (1957), *Salzburger Geschichten* (1957), *Heldinnen* (1960), *Mit Himbeergeist geht alles besser* (1960), *Unter Ausschluß der Öffentlichkeit* (1961), *Heißer Hafen Hong Kong* (1962), *Die Fledermaus* (1962), *Liebling, ich muß dich erschießen* (1962), *Der schwarze Panther von Ratana* (1962), *Der letzte Ritt nach Santa Cruz* (1963), *Das Ungeheuer von London City* (1964), *Für eine Handvoll Dollar* (1964), *Die Hölle von Manitoba* (1965), *Wer kennt Jonny R.?* (1966), *Einer spielt falsch* (1966), *Der Tod läuft hinterher* (TV, 1967), *Schreie in der Nacht* (1968).

Interview-Zitate: Marianne Koch berichtet aus Südafrika über die Aufnahmen zur Wallace-Verfilmung → *Sanders und das Schiff des Todes*: »Das Schiff des Todes liegt im diesigen Licht des späten Nachmittags hoch oben auf den Dünen, wohin es der Sand getrieben hat, seit es vor mehr als einem Menschenalter an dieser Küste strandete. Kupfrig und bläulich schimmert der Rost, der die Eisenteile bedeckt, schwarz heben sich die Arme seiner Winden und die Davits gegen den Himmel, der Sand türmt sich um seinen Bug. Wir warten. Es ist eiskalt geworden, seit vor einer Stunde der Sturm aufkam. Er fegt über den Strand, die Sandkörner prasseln wie Nadeln an die Gesichter, sie polieren die weißen Gebeine, die herumliegen; Gebeine von Vögeln, von Springböcken und auch von Menschen, die an dieser trostlosen Stelle Afrikas verdurstet oder sonstwie umgekommen sind und die der Küste den Namen gaben; Skeleton Co-ast, Küste der Skelette. Vor einer halben Stunde mußten wir aufhören zu filmen. Der Sand war auch in unsere zweite Kamera gedrungen, und nun funktioniert auch sie nicht mehr. Aber das Licht wäre nun sowieso zu schwach und zu rot; es kann nicht mehr lange dauern, bis der Nebel kommt. Der Nebel, der sich täglich über den Küstenstreifen breitet und den wir fürchten, denn sobald er sich über den Strand legt, kann das kleine Flugzeug nicht mehr landen, das uns herausfliegen soll aus dieser verlassenen Gegend. Sand, Sand und Steppe tausend Meilen lang, hundert Meilen landeinwärts – Namib ist das Hottentottenwort für Wüste. Hier, wo die Natur so ungezähmt und übermächtig ist, nehmen wir Filmleute uns doppelt merkwürdig aus. Richard Todd, Heinz Drache, der Regisseur und die beiden Techniker haben sich ebenso wie ich in Decken und Jacken gehüllt. Wir sitzen auf Kisten voll Dynamit, mit dem wir morgen das Schiffswrack in die Luft jagen wollen, und kauen an sandigen Hühnchen herum, dessen Knochen wir zu den anderen Skeletten werfen.«

Marianne Koch

KOLLDEHOFF, REINHARD

* 29.04.1914 Berlin, † 19.11.1995 Berlin
Deutscher Schauspieler. Er mimte Lew Brady in → *Der Frosch mit der Maske* (1959) und den Butler Adams in → *Die seltsame Gräfin* (1961). Bereits in seiner ersten Filmrolle – 1941 als Polizist neben Heinz Rühmann in *Der Gasmann* – trug er Uniform. Zumindest im internationalen Film, der Kolldehoff in deutschen Klischeerollen reichlich Arbeit, aber nur wenige wirklich adäquate Aufgaben bot, blieb ihm die Dienstkleidung des Soldaten erhalten. In Frankreich, Italien, Großbritannien und den USA war »René« Kolldehoff die Verkörperung des Deutschen schlechthin. Der stämmige Zwei-Meter-Mann mit der bellend rauhen Baßstimme trug auf der Kinoleinwand immer wieder Wehrmachts- oder SS-Uniform, schnarrte knappe Befehle und marschierte im Stechschritt durchs Bild – so als Zerrbild militaristischer Verblendung neben Roger Moore in *Rivalen gegen Tod und Teufel* (1975), in Luchino Viscontis *Die Verdammten* (1970) oder als groteske Teutonen-Karikatur an der Seite Louis de Funes' in *Drei Bruchpiloten in Paris/Die große Sause* (1966) sowie in Tatis *Herrliche Zeiten* (1967). Er war so deutsch, wie sich dies nicht nur reaktionäre Filmemacher im Ausland vorstellten. Auch das hiesige Kino drängte ihn in die Ecke des Zwielichtigen, Undurchsichtigen, Schurkischen; er spielte als klumpfüßiger Killer in Fritz Langs *Die 1000 Augen des Dr. Mabuse* (1960) oder als

Reinhard Kolldehoff

schroffer Kommißkopf in *Der Hauptmann von Köpenick* (1956). Insgesamt hat Kolldehoff in rund 160 Filmen mitgewirkt, die in 27 Ländern der Erde gedreht wurden. Wer ihn nur von Film und Fernsehen kennt, mag kaum glauben, daß dieser Hüne auch als Tempelherr in Lessings Nathan reüssierte.

Weitere Filme (Auswahl): *Affaire Blum* (1948), *Hanussen* (1955), *Stern von Rio* (1955), *Urlaub auf Ehrenwort* (1955), *Anastasia – Die letzte Zarentochter* (1956), *Liane, das Mädchen aus dem Urwald* (1956), *Spion für Deutschland* (1956), *Das haut hin* (1957), *Der Fuchs von Paris* (1957), *Hoppla, jetzt kommt Eddie* (1958), *Gestehen Sie, Dr. Corda!* (1958), *Der Greifer* (1958), *Hunde, wollt ihr ewig leben* (1958), *Bobby Dodd greift ein* (1959), *Orientalische Nächte* (1960), *Diesmal muß es Kaviar sein* (1961), *Das Mädchen und der Staatsanwalt* (1962), *Straßenbekanntschaften auf St. Pauli* (1967), *Heintje – Mein bester Freund* (1970), *Ein achtbarer Mann* (1972), *Zwei Himmelhunde auf dem Weg zur Hölle* (1972), *Sie verkaufen den Tod* (1972), *Borsalino & Co.* (1974), *Das chinesische Wunder* (1977), *Sie nannten ihn Mücke* (1978), *Der Schimmelreiter* (1978), *Schöner Gigolo, armer Gigolo* (1979).

KOMPONISTEN

→ Karl Bette, → Martin Böttcher, → Heinz Funk, → Willy Mattes, → Ennio Morricone, → Riz Ortolani, → Peter Sandloff, → Peter Thomas. Neben den vorgenannten Komponisten, die die Musik zu den bekanntesten Verfilmungen schrieben, haben seit Beginn der Tonfilmzeit zahlreiche weitere an den Wallace-Filmen mitgewirkt:

• **GUIDO ALBANESE,** ** 02.12.1893 Ortona (Italien), † (ohne Angabe).* Komponist. Er schuf die Musik für die Wallace-Verfilmung → *Giallo* (1933). Weitere Kompositionen (Auswahl): *Cento di questi giorni* (1933), *Torna, caro ideal!* (1939).

• **MALCOLM ARNOLD,** ** 21.10.1921 Northampton, Northamptonshire (England); eigentlicher Name:* Malcolm Henry Arnold. Von Elisabeth II. geadelt. Er lieferte die Musik zu dem Wallace-Film → *The Ringer* (1952). Seine wohl berühmtesten Kompositionen schuf er 1957 für David Leans *Die Brücke am Kwai.*

• **JOHN BARRY,** ** 03.11.1933 York (England);*

eigentlicher Name: John Barry Prendergast. Er schuf die Musik zum Remake des Wallace-Klassikers → *King Kong* (1976). Seine wohl bekanntesten Kompositionen waren die für die James-Bond-Verfilmungen.

- **JACK BEAVER** *(Lebensdaten unbekannt).* Er lieferte die Musik zu dem Wallace-Film → *The Case of the Frightened Lady* (1940).
- **JÁRA BENÉS,** * *05.06.1897 Prag,* † *10.04. 1949 Wien.* Erscheint im Vor-/Abspann manchmal auch als Peter Brandt. Er komponierte zusammen mit Arthur Guttman die Musik zu dem Wallace-Film → *Der Hexer* (1932).
- **EDWARD O. BERKMAN** *(Lebensdaten unbekannt).* Er war → Drehbuchautor und Komponist bei → *The Squeaker* (1937). Führte außerdem Regie bei *The Green Cockatoo* (1937).
- **STANLEY BLACK,** * *1913.* Er schuf die Musik zu dem Wallace-Film → *The Man in the Back Seat* (1960).
- **RICHARD CARR,** * *24.02.1929 Cambridge, Ohio,* † *13.06.1988 San Diego, Kalifornien.* Vielbeschäftigter Drehbuchautor, der auch an der Musik zum Wallace-Film → *The Malpas Mystery* (1960) beteiligt war.
- **FRANCIS CHAGRIN,** * *1905 Rußland,* † *1972 London.* Erscheint im Vor-/Abspann manchmal auch als Alexander Paucker. Er lieferte die Musik zu den Wallace-Filmen → *The Clue of the Twisted Candle* (1960) und → *Marriage of Convenience* (1961).
- **JOAN CRISTIAN** (Pseudonym). Schuf die Musik für → *Das Gesicht im Dunkeln* (1969). Laut Internet-Angaben ist dies das Pseudonym von → Carlo Rustichelli. Nach anderen Angaben verbirgt sich hinter dem Namen auch Nora Orlandi. Vermutlich hat Rustichelli der damals sehr jungen Orlandi Starthilfe bei dieser Musikproduktion gegeben; beide zusammen haben sich dann dieses Pseudonym gegeben.
- **JOHNNY DOUGLAS** *(Lebensdaten unbekannt).* Erscheint im Vor-/Abspann manchmal auch als John Douglas. Er schrieb die Musik zu dem Wallace-Film → *Das Rätsel des silbernen Dreieck* (1965/66). – Weitere Kompositionen (Auswahl): *The Bay of Saint Michel* (1963), *The Hijackers* (1963), *The Traitors* (1963), *Blumen des Schreckens* (1963), *Die Verdammten der blauen Berge* (1964), *Pulver-*

dampf in Casa Grande (1964), *City of Fear* (1965), *Dateline Diamonds* (1965), *Blonde Fracht für Sansibar* (1965), *Ein Riß in der Welt* (1965), *Run Like a Thief* (1967), *The Railway Children* (1970), *Dulcima* (1971), *Dungeons & Dragons* (TV, 1983), *G. I. Joe* (TV, 1984), *Transformers* (TV, 1984).

- **BERNHARD EBBINGHOUSE** *(Lebensdaten unbekannt).* Komponist. Was → Peter Thomas für die → Rialto Film war, war für → Merton-Park Bernhard Ebbinghouse. Er schuf die Musik für mehr als die Hälfte der Merton-Park-Wallace-Filme, darunter → *Death Trap* (1962), → *Number Six* (1962), → *The 20.000 Pound* Kiss (1963), → *The Double* (1963), → *Incident at Midnight* (1963), → *The Main Chance* (1964), → *Act of Murder* (1965). – Weitere Filmmusiken (Auswahl): *Invasion* (1966), *Naked Evil* (1966), *Die Pille war an allem schuld* (1968), *Geschichten, die zum Wahnsinn führen* (1973).
- **JÜRGEN ECKE** *(Lebensdaten unbekannt).* Er komponierte die Musik zu den Wallace-Fernsehfilmen → *Die Katze von Kensington* (1995), → *Das Karussell des Todes* (1995) und → *Der Blinde* (1995). – Weitere Kompositionen (Auswahl): *Mein Vater in der Tinte* (TV, 1983), *Von Fall zu Fall: Stubbes Urlaub* (TV, 1995), *Tod eines Lehrers – Eine Schule unter Verdacht* (TV, 1997), *Einfach Klasse!* (TV, 1999), *Die Todesfahrt der MS SeaStar* (TV, 1999), *Die Liebesdienerin* (TV, 1999), *Der Tod in deinen Augen* (TV, 1999), *Falling Rocks* (2000), *Lebenslügen* (TV, 2000).
- **RON GOODWIN,** * *17.02.1925 Plymouth, Devon,* † *08.01.2003 Brimpton Common, Reading, Berkshire (England).* Er schrieb u.a. die Filmmusik zu den → Merton-Park-Wallace-Filmen → *The Man at the Carlton Tower* (1961), → *Partners in Crime* (1961), → *The Clue of the New Pin* (1960). Weltweit bekannt wurde Goodwin durch seine Musik zu den Agatha-Christie-Filmen *16.50 Uhr ab Paddington* (1961), *Der Wachsblumenstrauß* (1963), *Vier Frauen und ein Mord* (1963) und *Mörder ahoi!* (1964). Ferner schrieb er die Musik zu dem Hitchcock-Klassiker *Frenzy* (1972).
- **ARTUR GUTTMANN** *(Lebensdaten unbekannt).* Erscheint im Vor-/Abspann manchmal auch als Arthur Guttman. Er komponierte zusammen mit Jára Benés die Musik zu dem Wallace-Film → *Der Hexer* (1932).

- **GERHARD HEINZ,** * 09.09.1927 Wien. Heinz schuf die Musik für die Wallace-Fernsehserie → *The Mixer* (1992). – Weitere Arbeiten als Komponist (Auswahl): *Mädchen auf der Titelseite* (1961), *Hilfe ich liebe Zwillinge* (1969), *Immer Ärger mit Hochwürden* (1972), *Der Schrei der schwarzen Wölfe* (1972), *Rudi benimm dich* (1972), *Geh, zieh dein Dirndl aus* (1973), *Das verrückteste Auto der Welt* (1975), *Jeder stirbt für sich allein* (1975), *Summer Night Fever* (1978), *Der Bockerer* (1981), *Im Dschungel ist der Teufel los* (1982), *Zärtliche Chaoten* (1987), *Der Bockerer 2* (1996), *Bockerer III – Die Brücke von Andau* (2000).
- **GUY JONES** *(Lebensdaten unbekannt)*. Er lieferte die Musik zu dem Wallace-Film → *The Dark Eyes of London* (1939).
- **BERNHARD KAUN,** * 05.04.1899 *(ohne Angabe)*, † *Januar 1980 (ohne Angabe)*. Komponist. Kaun zeichnete verantwortlich für die Musik der beiden Wallace-Filme → *The Menace* (1934) und → *Return of the Terror* (1934). – Weitere Kompositionen (Auswahl): *Vor Blondinen wird gewarnt* (1931), *20.000 Jahre in Sing Sing* (1932), *Jagd auf James A.* (1932), *Das Haus des Schreckens* (1932), *Reise ohne Wiederkehr* (1932), *Tiger-Hai* (1932), *Der geheimnisvolle Dr. X* (1932), *Das Geheimnis des Wachsfigurenkabinetts* (1933), *Louis Pasteur* (1935), *Der Untergang von Pompeji* (1936), *Geheimbund ›Schwarze Legion‹* (1937), *Das zweite Leben des Dr. X* (1939), *Der große Gangster* (1942), *Spion im Orientexpress* (1943), *Lassie* (TV-Serie, 1954), *Perry Mason* (TV-Serie, 1957), *Auf der Flucht* (TV-Serie, 1963), *Cowboys* (TV-Serie, 1965).
- **CHARLES LACKWELL** *(Lebensdaten unbekannt)*. Er lieferte die Musik für den Wallace-Film → *Candidate for Murder* (1961).
- **LEO LEUX,** * 07.03.1893 *München,* † 08.09.1951 *Berlin.* Er komponierte die Musik zu dem Wallace-Film → *Der Doppelgänger* (1934).
- **MALCOLM LOCKYER** *(Lebensdaten unbekannt)*. Er schrieb die Musik zu dem Wallace-Film → *Die Pagode zum fünften Schrecken* (1966/67). – Weitere Kompositionen (Auswahl): *Die Goldpuppen* (1965), *Secrets of a Windmill Girl* (1965), *Deadlier Than the Male* (1966), *Insel des Schreckens – Todesmons-*

ter greifen an (1966), *Geheimnis im blauen Schloß* (1966), *Marrakesch* (1966), *Night of the Big Heat* (1967), *Die Rache des Dr. Fu Man Chu* (1968), *The Face of Eve* (1968), *La Loba y la Paloma* (1974).
- **ELISABETH LUTYENS,** * 1906, †1983. Eine der wenigen Komponistinnen der Filmbranche. Sie lieferte die Musik zu dem Wallace-Film → *The Malpas Mystery* (1960). – Weitere Kompositionen (Auswahl): *Never Take Sweets from a Stranger* (1960), *Herein, ohne anzuklopfen* (1961), *Paranoiac* (1963), *Die Todeskarten des Dr. Schreck* (1965), *Der Puppenmörder* (1966), *Der Schädel des Marquis de Sade* (1966), *Das Haus des Schreckens* (1967), *The Terrornauts* (1967).
- **PERCIVAL MACKEY** *(Lebensdaten unbekannt)*. Er schuf die Musik zu dem Wallace-Film → *The Missing People* (1939).
- **HANS MAY,** * 1891 *Wien,* † 1959 *(ohne Angabe)*. Er schrieb die Begleitmusik zu dem Wallace-Film → *Der große Unbekannte* (1927).
- **KEITH PAPWORTH,** * *(ohne Angabe)*, † 1990. Komponist. Er lieferte die Musik für → *Das Geheimnis der gelben Narzissen* (1961).
- **CHARLES PREVIN,** * 11.01.1888 *Brooklyn, New York,* † 22.09.1973 *Hollywood, Kalifornien.* Komponist. Previn schuf die Musik zu der Wallace-Verfilmung → *The Missing Guest* (1938). – Weitere Filmkompositionen (Auswahl): *The Man I Marry* (1936), *Prescription for Romance* (1937), *A Girl with Ideas* (1937), *The Lady Fights Back* (1937), *Hundert Mann und ein Mädchen* (1937), *Top of the Town* (1937), *Secrets of a Nurse* (1938), *Western Trails* (1938), *The Under-Pup* (1939), *Die unsichtbare Frau* (1940), *Der Bankraub* (1940), *Spring Parade* (1940), *Die Abenteuerin* (1941), *The Man Who Lost Himself* (1941), *Gib einem Trottel keine Chance* (1941), *Sing Another Chorus* (1941), *Broadway* (1942), *Jail House Blues* (1942), *Mister Big* (1943), *Erfüllte Träume* (1946), *Ein Kuß nach Mitternacht* (1951), *Das schwarze Schloß* (1953).
- **MIKLOS ROZSA,** * 18.04.1907 *Budapest,* † 27.07.1995 *Los Angeles.* Zu den ersten Filmmusiken, die der vielbeschäftigte Rozsa schrieb, gehörte die für den Wallace-Film → *The Squeaker* (1937). – Weitere Filmkompositionen (Auswahl): *The Four Feathers* (1939), *Der Dieb von Bagdad* (1940), *Lady*

Hamilton (1941), *Das Dschungelbuch* (1942), *Sein oder Nichtsein* (1942), *Fünf Gräber bis Kairo* (1943), *Ministerium der Angst* (1944), *Frau ohne Gewissen* (1944), *Das verlorene Wochenende* (1945), *Ich kämpfe um dich* (1945), *Ivanhoe – Der schwarze Ritter* (1952), *Julius Caesar* (1953), *Die Ritter der Tafelrunde* (1953), *Grünes Feuer* (1954), *Des Königs Dieb* (1955), *Das Schloß im Schatten* (1955), *Das Tal der Könige* (1955), *Diane – Kurtisane von Frankreich* (1956), *Ben-Hur* (1959), *Sodom und Gomorrha* (1961), *El Cid* (1961), *König der Könige* (1961), *Hotel International* (1963), *Die grünen Teufel* (1968), *Die sechs Verdächtigen* (1968), *Das Privatleben des Sherlock Holmes* (1970), *Sindbads gefährliche Abenteuer* (1974), *Fedora* (1978), *Tödliche Umarmung* (1978), *Flucht in die Zukunft* (1979), *Die Nadel* (1981), *Tote tragen keine Karos* (1982).

- **CARLO RUSTICHELLI**, * 24.12.1916 Capri (Italien). Komponist. Pseudonym: → *Joan Cristian*.

- **MISCHA SPOLIANSKI**, * 28.12.1898 Bialystok (Rußland), † 28.06.1985 London. Erscheint im Vor-/Abspann manchmal auch als M. Spolianski, Michael Spolianski, Mischa Spolianski, Michael Spoliansky. Er lieferte die Musik zu dem Wallace-Film → *Sanders of the River* (1935). – Weitere Kompositionen (Auswahl): *Zwei Krawatten* (1930), *Das Lied einer Nacht* (1932), *Muß man sich gleich scheiden lassen* (1933), Ein *Gespenst geht nach Amerika* (1935), *Der Mann, der die Welt verändern wollte* (1936), *Der Mann aus Marocco* (1946), *Stage Fright* (1950; Song: *When You Whisper Sweet Nothings To Me*), *König Salomons Diamanten* (1951), *Duell im Dschungel* (1954), *Viktoria und ihr Husar* (1954), *Hitler: Die letzten zehn Tage* (1973).

- **MAX STEINER**, * 10.05.1888 Wien, † 28.12. 1971 Hollywood; eigentlicher Name: Maximilian Raoul Walter Steiner. Nach einem Musikstudium in Wien bei Gustav Mahler und anderen ging er 1914 in die USA, wo er zunächst die Musik für zahlreiche Broadway-Shows arrangierte und dirigierte. 1929 ging er als Leiter der Musikabteilung zu RKO; dort begann er auch, Filmmusiken zu schreiben. Zu den ersten und berühmtesten, die er komponierte, gehörten die für die Wallace-Filme → *King Kong* (1932) und → *Before Dawn*

(1933). – Weitere Filmmusiken (Auswahl): *Graf Zaroff* (1932), *Vier Schwestern* (1933), *The Three Musketeers* (1935), *Der Garten Allahs* (1936), *Der letzte Mohikaner* (1936), *Michael Strogoff* (1937), *Ein Stern geht auf* (1937), *Vom Winde verweht* (1939), *Intermezzo* (1939), *Casablanca* (1942), *Arsen und Spitzenhäubchen* (1944), *Tote schlafen fest* (1946), *Gangster in Key Largo* (1948), *Der Schatz der Sierra Madre* (1948), *Die Caine war ihr Schicksal* (1954), *Der schwarze Falke* (1956), *77 Sunset Strip* (TV-Serie, 1958), *Durchbruch auf Befehl* (1962), *Die blaue Eskadron* (1964), *Mach's noch einmal, Sam* (1973). – 1935, 1942 und 1944 wurde Steiner mit Oscars ausgezeichnet für die Musiken zu *The Informer* (1934), *Now, Voyager* (1941) und *Since You Went Away* (1943).

- **JAMES STEVENS** (*Lebensdaten unbekannt*). Er schrieb die Musik zu dem Wallace-Film → *The Fourth Square* (1961).

- **GEORGE E. STOLL**, * 07.05.1905 Minneapolis, Minnesota, † 18.01.1985 Monterey, Kalifornien. Komponist. Stoll schuf die Musik für die Wallace-Verfilmung → *The Girl from Scotland Yard* (1937). – Weitere Filmmusiken (Auswahl): *Auf in den Westen* (1936), *Der Zauberer von Oz* (1939, *Heiße Rhythmen in Chicago* (1940), *Flitterwochen zu dritt* (1949), *Rose Marie* (1954), *Serenade einer großen Liebe* (1959), *Vater ist nicht verheiratet* (1963), *Tolle Nächte in Las Vegas* (1964), *Sag niemals ja* (1966), *Paris ist voller Liebe* (1966).

- **EUGEN THOMASS** (*Lebensdaten unbekannt*). Komponist. Er schrieb die Musik zu der TV-Wallace-Produktion → *Der Hexer* (1963). – Weitere Kompositionen (Auswahl): *Karl May* (1974), *Der Räuber Hotzenplotz* (1974), *Das blaue Palais* (TV-Serie, 1974/76), *Sternsteinhof* (1976), *Fleisch* (TV, 1979), *Diese Drombuschs* (TV-Serie, 1983), *Die Kaltenbach-Papiere* (TV-Serie, 1990).

- **SIDNEY TORCH** (*Lebensdaten unbekannt*). Er schuf die Musik für → *Todestrommeln am großen Fluß* (1963).

- **ROLF UNKEL** (*Lebensdaten unbekannt*). Komponist. Er lieferte die Musik zu der TV-Wallace-Produktion → *Der Hexer* (1956). – Weitere Kompositionen (Auswahl): *Der Richter und sein Henker* (TV, 1957), *Hamlet* (TV, 1960), *Der Winter, der ein Sommer war* (TV,

1976), *Die rote Zora und ihre Bande* (TV, 1978).

- **CHRISTOPHER WHELEN** (*Lebensdaten unbekannt*). Er komponierte die Musik zu dem Wallace-Film → *Sanders und das Schiff des Todes* (1964). – Weitere Filmmusiken (Auswahl): → *The Valiant* (1962), *Ich, Dr. Fu Man Chu* (1965).

KÖNIG KONG – DER HERR DER AFFEN
→ The Mighty Kong

KORDA, ALEXANDER
* 16.09.1893 Túrkeve (Ungarn),
† 23.01.1956 London;
eigentlicher Name: Sándor Kellner
Produzent und Regisseur. Korda produzierte die Wallace-Filme → *Sanders of the River* (1935) und → *The Squeaker* (1937).
Korda begeisterte sich schon früh für den Film und wurde um 1912 Mitherausgeber der Filmzeitschrift *Pesti Mozi*, für die er unter dem Namen Sursum Corda Kolumnen schrieb. Zwei Jahre später inszenierte er seinen ersten Film *A becsapott üisägiro* (1914). Ende des Ersten Weltkriegs hatte sich Korda als jugendliches Filmgenie etabliert: Er hatte 20 Spielfilme produziert oder inszeniert und war Mitbesitzer und Leiter des Corvin Studios, eines der größten in Budapest. Während der politischen Unruhen 1919 verließ er Ungarn mit seiner Frau, dem Filmstar Maria Corda, und machte in den folgenden zehn Jahren Filme in Wien, Berlin und Hollywood. Sein einzig bemerkenswerter Streifen aus dieser Zeit war der in Hollywood gedrehte *The Private Life of Helen of Troy* (1927), eine historische Romanze, die zur Vorlage für viele spätere Filme wurde. 1930 hielt er sich in Paris auf, wo er *Marius* (1931) drehte. Anschließend ging er nach England und gründete seine eigene Produktionsgesellschaft, die London Film Productions. Hier inszenierte er u.a. *The Private Life of Henry VIII* (1933), der ihm und dem englischen Film internationale Anerkennung verschaffte. Kordas Erfolg (den er mit Produktionen wie *The Private Life of Don Juan* und *The Private Life of the Gannets* [beide 1934] fortzusetzen suchte) führte zu seiner Beteiligung an der United Artists und sicherte ihm die Finanzierung eines Teams von talentierten Technikern, Regisseuren und Filmstars, mit dem er zahlreiche weitere spektakuläre Filme

drehte. Die besten davon waren *Catherine the Great, The Scarlet Pimpernel* (beide 1934), *The Ghost Goes West* (1935), *Rembrandt, Things to Come, Elephant Boy* (alle 1936), *Knight without Armour* (1937) und *The Drum* (1938). Viele wurden in dem von Korda aufgebauten Denham-Studio gedreht, das es an Größe und Ausstattung mit den besten Hollywoodstudios aufnehmen konnte. Obwohl Korda der englischen Filmindustrie zu einem fantastischen Aufschwung verhalf, übernahm er sich finanziell und mußte 1939 das Denham-Studio aufgeben. Den Anfang des Zweiten Weltkriegs verbrachte er in Hollywood, wo er *The Thief of Baghdad* (1940) beendete sowie *Lady Hamilton* (1941), *Lydia* (1941, mit seiner zweiten Frau Merle Oberon in der Hauptrolle) und *Jungle Book* (1942) drehte. 1942 kehrte er nach England zurück, wo er für seine Verdienste im Krieg und um den englischen Film geadelt wurde. Er stellte die London Films wieder auf die Beine, zunächst mit Hilfe von Metro-Goldwyn-Mayer-British (*Perfect Strangers*, 1945, war der einzige Streifen, der dabei zustande kam), dann als unabhängige Produktionsgesellschaft im Stil der früheren London Films. Er kaufte das → Shepperton Studio, verschaffte sich die Aktienmehrheit an → British Lion und stellte erneut ein fähiges Team zusammen. Obwohl *An Ideal Husband* (1947) sein letzter selbst inszenierter Film war, blieb er verantwortlich für eine Reihe von weiteren Produktionen, u.a. *Anna Karenina, The Fallen Idol* (beide 1948), *The Third Man* (1949), *The Sound Barrier* (1952), *Hobson's Choice* (1954) und *Richard III.* (1955). Da er mitverantwortlich für den Verlust von drei Millionen Pfund war, die die Regierung 1948 British Lion geliehen hatte, verlor er 1954 erneut die Kontrolle über sein Filmimperium. Obwohl man Korda leichtsinnige Geschäftsmethoden vorwerfen kann, ist der Weltruhm vieler englischer Filme der 30er und 40er Jahre für immer mit seinem Namen verbunden.

KORDA, SUSANN
* 09.07.1943 Sevilla, † 18.08.1970 Spanien;
eigentlicher Name: Soledad Miranda.
Darstellerin der Agentin Jane in → *Der Teufel kam aus Akasava* (1970). Die Enkelin eines berühmten spanischen Schauspielers nahm an Tanzwettbewerben teil und zog bereits als Teen-

Susann Korda

ager nach Madrid, wo sie u.a. Flamenco studierte. Ihre erste Filmrolle bekam sie mit 16 in *La Bella Mimi* (1960). 1961 wurde sie von Jess Franco entdeckt. In den meisten Franco-Filmen dieser Zeit übernahm sie eine Rolle. Da es sich oft um freizügige Auftritte handelte, wollte sie in diesen Filmen nur unter Pseudonym auftreten. Franco akzeptierte und schlug ihr Susann Korda vor. (»Susann« nach der Autorin von *Das Tal der Puppen* und »Korda« nach dem Regisseur → Zoltan Korda.) Bereits unter Francos Regie spielte sie in einigen → CCC-Filmen. → Artur Brauner war so von ihr begeistert, daß er ihr einen großzügigen Vertrag anbot. Doch kam es nicht mehr dazu. Am Tag, an dem sie ihn unterschreiben sollte, wurde sie Opfer eines tödlichen Unfalls.

Weitere Filme (Auswahl): *Flucht nach Berlin* (1960), *Ursus, Rächer der Sklaven* (1961), *Rocco, der Mann mit den zwei Gesichtern* (1966), *Cervantes der Abenteurer des Königs* (1967), *100 Gewehre* (1969), *Nachts, wenn Dracula erwacht* (1969), *Sie tötete in Extase* (1970), *Vampyros Lesbos: Die Erbin des Dracula* (1970).

KORDA, ZOLTAN

* 03.06.1895 Pusztataturpaszto, Túrkeve (Ungarn), † 13.10.1961 Hollywood, Kalifornien
Regisseur. Er leitete die Aufnahmen von → *Sanders of the River* (1935). Zoltan Korda trat in die Fußstapfen seines Bruders → Alexander Korda und drehte zuerst in Ungarn Filme, später in England für die London Film Productions. Er spezialisierte sich auf exotische Abenteuergeschichten wie *Elephant Boy* (1936), *The Drum* (1938), *The Four Feathers* (1939), dessen Remake *Storm Over tht Nile* (1955, als Co-Regisseur), *Sahara* (1943) und *Cry the Beloved Country* (1952).

Weitere Filme (Auswahl): *Der Dieb von Bagdad* (1940), *Das Dschungelbuch* (1942), *Sahara* (1943), *The Macomber Affair* (1947), *A Woman's Vengeance* (1948), *African Fury* (1951).

KÖRNER, DIANA

* 24.09.1944 Magdeburg
Deutsche Schauspielerin. Darstellerin der Myrna Emerson in → *Die blaue Hand* (1967). Nachdem Diana Körner mit ihren Eltern in den Westen gekommen war, sah sie als Zwölfjährige eine Gustav-Sellner-Inszenierung von Shaws *Die Heilige Johanna* und hatte fortan den Wunsch, die Hauptrolle dieses Stücks zu spielen. Sie blieb ihrem Ziel treu und wurde eine begeisterte Schülerin an der Schauspielschule in Bochum. Nach Abschluß ihrer Ausbildung ging sie ans Oberhausener Theater, das trotz großen Erfolgs nicht ihre Endstation sein sollte. Diana Körner wandte sich an Boleslaw Barlog, den Intendanten des Schiller- und des Schloßparktheaters in Berlin. Barlog bestellte sie zum Vorsprechen und engagierte sie umgehend. In Berlin hatte sie großes Glück mit den Rollen, in denen Barlog sie einsetzte. Sie spielte in *Weh dem, der lügt* und in *Faust II* (den Homunkulus, eine Rolle, die hier zum ersten Mal überhaupt gespielt wurde). Es folgten Molières *Misanthrop* und u.a. *Wind in den Zweigen des Sassafras*, ein Westernstück, an dem die Kritiker wenig Gefallen fanden, abgesehen von den »Rundungen der Diana Körner«, die in einer offenherzigen Westernbluse ihren »großen Auftritt« hatte. Eine Hauptrolle in der Ustinov-Uraufführung *Halb auf dem Baum* bot ihr erneut Gelegenheit, ihre besonderen Qualitäten unter Beweis zu stellen: Fernsehregisseur Thomas Fanti sah sie im Theater und engagierte sie für das Stück *In aller Stille* (1967), eine von der

Politik überschattete Romanze aus dem »anderen Deutschland«. Auch Filmregisseur → Alfred Vohrer war bei der ersten Diana-Körner-Vorstellung, die er sah, so beeindruckt, daß er beschloß, dieses Talent für den Film zu gewinnen.

Weitere Filme (Auswahl): *Morgens um sieben ist die Welt noch in Ordnung* (1968), *Wenn süß das Mondlicht auf den Hügeln schläft* (1969), *Wenn du bei mir bist* (1970), *Das fliegende Klassenzimmer* (1973), *Barry Lyndon* (1975), *Es muß nicht immer Kaviar sein* (TV, 1977), *St. Pauli Landungsbrücken* (1979), *Orchideen des Wahnsinns* (1985), *Vater braucht eine Frau* (TV, 1993), *Hotel Mama* (TV, 1995), *Schneesturm im Frühling* (TV, 1996), *Hotel Mama – Mama auf der Flucht* (TV, 1999).

KORYTOWSKI, MANFRED
* 31.12.1932 Königsberg,
† 24.08.1999 München

Diana Körner

Er war **Aufnahmeleiter** bei dem Wallace-Streifen → *Die Tür mit den 7 Schlössern* (1962). Dieselbe Funktion hatte er bei dem Karl-May-Film *Old Shatterhand* (1963) inne. Später wurde Korytowsky als Produzent der Pumuckl-Serie bekannt.

KOTZE, JOHN VON
→ Kameramänner

KOWA, VIKTOR DE
* 08.03.1904 Hochkirch, † 08.04.1973 Berlin; eigentlicher Name: Viktor Paul Karl Kowalczyk
Deutscher Schauspieler. Er verkörperte überzeugend den zwielichtig-undurchsichtigen Dr. Wells in → *Der Fälscher von London* (1961). Der Sohn eines schlesischen Gutsbesitzers besuchte in Dresden das bekannte Kreuz-Gymnasium und wurde anschließend in das Königlich-Sächsische Kadettenkorps aufgenommen. Er

Viktor de Kowa

verlor bald die Lust, sich auf militärische Exkursionen vorzubereiten, und begann zu malen. Erich Ponto entdeckte das darstellerische Talent des gutaussehenden Kunstmalers und gab ihm den Rat, Schauspielunterricht zu nehmen. Bald wurde er als Anfänger am Dresdener Staatstheater engagiert und konnte als Schüler in Goethes *Faust* und als Lanzelot im *Kaufmann von Venedig* seine Begabung beweisen. Nach Engagements in Frankfurt/M. und Hamburg holte Max Reinhard Viktor de Kowa in die Theatermetropole Berlin. Liebenswürdig und charmant, elegant und geistreich – so eroberte sich der blendend aussehende Schauspieler die Herzen des verwöhnten Publikums der Reichshauptstadt. Seinen ersten großen Erfolg auf der Leinwand hatte er 1931 mit *Die andere Seite* als Partner von Conrad Veidt und Wolfgang Liebeneiner. Nach dem Krieg eröffnete Viktor de Kowa im zerbombten Berlin das erste Theater Nachkriegsdeutschlands, »Die Tribüne«. Obwohl ihn Gastspiele an alle großen deutschsprachigen Bühnen führten und er zum Ensemble des Wiener Burgtheaters gehörte, blieb Viktor de Kowa der nun geteilten Stadt verbunden – eine Treue, die 1972 mit der Verleihung des Bundesverdienstkreuzes gewürdigt wurde.

Weitere Filme (Auswahl): *Ein Lied geht um die Welt* (1933), *Kleiner Mann ganz groß!* (1938), *Wir machen Musik* (1942), *Altes Herz wird wieder jung* (1943), *Peter Voss, der Millionendieb* (1946), *Des Teufels General* (1954), *Der veruntreute Himmel* (1958), *Scampolo* (1958), *Eine Nacht in Monte Carlo* (1959), *Schlußakkord* (1960), *Es muß nicht immer Kaviar sein* (1961), *Das Haus in Montevideo* (1963), *Begegnung in Salzburg* (1963), *Winnetou und sein Freund Old Firehand* (1966).

KRAEMER, F. W.
→ Regisseure

KRAMER, LEOPOLD
→ Darsteller

KRASNER, MILTON R.
→ Kameramänner

KRAUSSNECK, ARTHUR
→ Darsteller

KRIEGSROMAN
Zu dieser weniger erfreulichen literarischen Gattung sowie zu den kürzeren Erzählformen der Kriegsgeschichten, Kriegsberichte und Militärsatiren zählen Wallace' Bücher → *The Adventures of Heine*, → *Kitchener's Army and the Territorial Forces*, → *Nobody 17*, → *Smithy*, → *Smithy Abroad*, → *Smithy and the Hun*, → *Standard History of the War*, → *Tam of the Scouts*, → *Unofficial Dispatches*.

KRIMINALKURZGESCHICHTE
→ Kurzgeschichte

KRIMINALKURZROMAN
→ Kurzroman

KRIMINALMAGAZIN, DAS
Unterhaltungszeitschrift, herausgegeben von Edgar Wallace und Robert Heymann. Verantwortlicher Redakteur war → Friedrich (Fritz) Pütsch, der auch einige Wallace-Romane übersetzte. Das Kriminalmagazin erschien 1929–1931 im → Goldmann Verlag, drei Jahrgänge zu je 12 Heften. In der Werbung hieß es: »Dieses interessanteste aller deutschen Magazine ist über 100 Seiten stark, mit über 100 Bil-

dern und Tiefdrucktafeln illustriert. Es enthält spannende Erzählungen und viele wertvolle Artikel.«

KRISTEN, HUBERT
* 20.06.1916 (ohne Angabe)
Filmkaufmann und Viehzüchter. Als Verleih-chef der → Constantin Film war Kristen neben → Waldfried Barthel, → Gerhard F. Hummel und → Theo Hinz für die Vermarktung der Edgar-Wallace-Filme (und weiterer Constantin-Filmen) in der Kino-Branche verantwortlich. Er verhandelte mit den Filmtheaterbesitzern, in welchen Kinos die Filme mit welcher Laufzeit spielen sollten. Dadurch wurde im Vorfeld gewährleistet, daß die Filme nur in den besten Filmtheatern zum Einsatz kamen (z.B. Mathäser und Universum München, Zoo-Palast und Gloria Palast Berlin, Europa Palast Frankfurt).

Kristen begann seinen beruflichen Werdegang nach dem 1936 am Deutschen Staats-Reform-Realgymnasium in Freiwaldau (im deutschsprachigen Gebiet der ČSSR) abgelegten Abitur mit einem Welthandels-Studium. Nach dem Abschluß spezialisierte er sich auf die Filmwirtschaft und schloß seine Ausbildung an der damaligen Film-Akademie Babelsberg-UFA-Stadt ab. Unter dem Vorstandsmitglied Max Witt trat er 1940 bei der UFA-Theaterbetriebs GmbH ein und war letzter Leiter des Berliner Gloria-Palastes bis zu dessen Zerstörung 1943. Anschließend übernahm Kristen die Leitung weiterer UFA-Theaterbetriebe, u.a. in Erfurt, Karlsruhe, Bremen und Chemnitz. Das Kriegsende erlebte er bei der Luftwaffe im Amt für Luftbild-Auswertung. Da Kristens einziger Bruder kurz vor Kriegsende gefallen war, übernahm er zunächst den landwirtschaftlichen Familienbesitz in der

ČSSR bis zur Enteignung. Nach der Aussiedlung aus der ČSSR war er von 1946 bis Ende 1949 Leiter der Pressestelle der Bundesbahndirektion München. Als die ersten freien Filmverleiher in Deutschland wieder aktiv wurden, übernahm Kristen zunächst die Münchener Filiale der Universal. 1950 trat er bei der neugegründeten Constantin-Film als Leiter der Filiale Frankfurt ein und übernahm noch im selben Jahr die Münchner Filiale. 1954 wurde er als Verleihchef der Constantin-Film in die damals in Frankfurt/M. ansässige Zentrale berufen und hatte seither als verantwortlicher Leiter des Verkaufs wesentlichen Anteil am Erfolg dieser Gesellschaft, die zu den führenden Verleihfirmen Deutschlands gehörte. 1958–60 war Kristen gleichzeitig Verleihchef der → Prisma Film. 1969 promovierte er an der Universität Graz zum Doktor der Staatswissenschaften. Mit Erreichen des 60. Lebensjahrs trat Kristen in den Ruhestand und erwarb eine Rinderfarm in Uruguay.

KRITIKEN (BUCH)

Zu einer Zeit, in der es nur begrenzte Freizeitmöglichkeiten gab, hatte das preiswerte Unterhaltungsbuch Hochkonjunktur. Damals entdeckte vor allem der → Goldmann-Verlag eine Marktlücke und versorgte die lesende Bevölkerung systematisch mit Kriminal- und Abenteuerromanen, auch und gerade mit denen aus der Feder von Edgar Wallace. Die Presse hat das außerordentlich begrüßt. Es gab hervorragende Würdigungen seines Werks in den Zeitungen, aber auch begeisterte Leseräußerungen. Nachfolgend eine kleine Auswahl charakteristischer Stimmen:
»Die Presse und die Leser sind sich einig, daß Edgar Wallace alle anderen Detektiv-Romane weit in den Schatten stellt, auch die von Conan Doyle und Duse.« (Lübecker Generalanzeiger)
»Spannend mit tausend neuen, unvorhergesehenen Wendungen, mit der Romantik der afrikanischen Dschungel, Ströme, Höllentore, Eingeborenen, mit der Romantik des Kampfes einer Handvoll Weißer gegen eine schwarze Welt, Kultur gegen Unkultur. ... Vielleicht wird die kommende Generation seine Afrika-Romane so fressen, wie wir unseren Karl May gefressen haben.« (Hamburger Tageblatt)
»Gott und die Welt liest Wallace. Und warum verschlingt man Wallace? Weil es die besten Kri-

minalgeschichten sind, die zur Zeit da sind. Buch erscheint um Buch, und Buch um Buch wird gekauft, daran läßt sich nichts ändern; wer einen Band gelesen hat, kauft oder pumpt sich den nächsten.« (Berliner Tageblatt)
»Schade, daß die Zeit verrinnt, schneller, als die Blätter sich wenden... Ich schwöre es, ich lese auch den nächsten Band Wallace!« (Niederdeutsche Zeitung)
»Mit drei Jahren schlitzt man seinem Schaukelpferd den Leib auf, mit zehn demoliert man seine erste Uhr, mit sechzehn entdeckt man enttäuscht die irdische Substanz weiblicher Engel, und mit zwanzig bis sechzig liest man Edgar Wallace. Denn was lockt zu Kriminalgeschichten? Die Lust des erwachsenen Kindes an der Entschleierung und an der Lösung raffiniert verwickelter Geheimnisse.« (Hamburger Tageblatt)
»Edgar Wallace ist ein Meister im Rätselaufgeben. Seine Detektivromane sind von einer unerhörten Spannung und – ob man will oder

Hubert Kristen (links) mit Constantin-Chef Waldfried Barthel

nicht – man wird von ihm gefesselt, so daß man ein Buch von ihm nicht eher aus der Hand legen kann, bis der raffiniert geschickt geschürzte Knoten der Handlung seine verblüffende Lösung gefunden hat.« (Sozialdemokrat, Prag)

»Zu Stevenson, Jack London und Conrad tritt jetzt Edgar Wallace. Seine Bücher sind knurrige kaltheiße Skizzen, nicht weit von Kipling stehend.« (Literarische Welt, Berlin)

»Was Wallaces Kriminal-Romane so lesenswert macht, ist nicht nur das packende Geschehen, der ausdrucksvolle Stil, es ist nicht minder auch eine leicht humoristische Note, welche oft die Dialoge auszeichnet.« (Saarbrücker Zeitung)

»Ich kenne fast überhaupt keinen intellektuell tätigen Mann, der nicht gern Detektiv-Romane liest. Besonders Juristen aller Art, hohe Richter und große Advokaten, aber auch Ärzte, Chemiker, Pharmakollegen und ähnliche Wohltäter der Menschheit besitzen ihre geheime Bibliotheksecke für Kriminalliteratur, und ich kenne zwei Nobelpreisträger, die sich mit Behagen mit einem neuen Edgar Wallace einschließen.« (Edwin Frankfurter, Universitätsbuchhändler Lausanne)

»Ich bewundere das reife Erzählungstalent von Wallace. Die Art, wie dieser begabte Schriftsteller den Stoff auswertet, meistert, ihn bis ins kleinste Detail durchführt, darf rückhaltlos als künstlerisch gediegen angesprochen werden. Ich beglückwünsche den Verfasser zu diesem Werke; es läßt alles weit hinter sich zurück, was an Kriminalliteratur auf dem Büchermarkt angepriesen wird.« (F. Sn. in Zr.)

»Abends, wenn ich abgespannt bin, greife ich instinktiv nach einem ›Wallace‹, bin im Nu in der Handlung, vergesse den ganzen Jammer des Alltags, bin froh und mutig.« (Dr. A. in R.)

Kurt Münzer: »Seine Kunst der Darstellung ist so überzeugend, daß man das ganze Buch lang nicht mitzugehen zögert. Mitzugehen? Man gerät in einen fortreißenden Sturm dramatischer Vorgänge!«

»Der Himmel verhüte, daß ich oder irgendein anderer undankbar oder abfällig über Edgar Wallace urteile. Hundert seiner Romane haben mir Freude gemacht. ... Solche Romane zu verachten ist höchst verächtlich.« (G. K. Chesterton)

»Die Romane von Edgar Wallace gewähren ein ungewöhnlich heftiges Vergnügen, das wohltätig wirkt und dankbar stimmt.« (Heinrich Mann)

KRITIKEN (FILM)

Neben den Kritiken zu den einzelnen Wallace-Filmen gab es auch allgemeine Würdigungen der deutschen Edgar-Wallace-Serie:

»Eine überraschende Wende (sc. im deutschen Kriminalfilm) führte Ende vergangenen Jahres (sc. 1959) der dänische Filmkaufmann Preben Philipsen in Zusammenarbeit mit dem deutschen Waldfried Barthel herbei. Der geschäftliche Erfolg der ersten vier deutschen Wallace-Filme erfüllte die Hoffnungen der Kaufleute. Das Gruselkintopp reüssierte an den Kino-Kassen stärker als jeder realistische Kriminalfilm ausländischer Produktion. Sogar prominente Schauspieler fanden sich bereit, bei den Wallace-Verfilmungen mitzuwirken. Beispielsweise Elisabeth Flickenschildt aus dem Hamburger Gründgens-Ensemble. Damit wären die deutschen Kinos auf Jahre hinaus mit Schauerballaden versorgt.« (Der Spiegel)

»Das große Filmgeschäft mit Edgar Wallace. Und wenn nicht inzwischen ein Wunder geschieht, dann werden sie Edgar Wallace noch im Jahre 1990 verfilmen.« (Salzgitter Kurier)

»Was niemand mehr bei der miserablen Situation des deutschen Kriminalfilms für möglich gehalten hatte, wurde nun plötzlich wahr – die Bücher des Kriminalroman-Klassikers Edgar Wallace wurden als Filme glänzende Geschäfte.« (Mannheimer Morgen)

»Seit vor zwei Jahren die erste deutsche Wallace-Verfilmung London zum Kriminalschauplatz machte, hat eine neue Mischung aus Humor und Spannung unzählige Freunde gewonnen.« (Cellesche Zeitung)

»Die Filmleute glauben nun zu wissen, wie man die Fernseher von der heimischen Mattscheibe weg ins Kino lockt, zumal die Serie der verfilmten Wallace-Romane bisher auf die Gegenliebe des Filmpublikums gestoßen ist.« (Saarbrücker Zeitung)

»Als nahezu unerschöpfliche Quelle zur Behebung des Spielfilmprogramms erweisen sich heute wie vor zwanzig Jahren die spannungsgeladenen Reißer des klassischen Krimi-Autors Edgar Wallace.« (Film-Revue)

»Der Krimi, ob als Buch oder Film, ist beliebter denn je. Davon zeugt nicht zuletzt die Wallace-Welle des deutschen Kinofilms.« (Bildschirm-Illustrierte)

»Ein eingearbeitetes TV-Team also setzte das packende Buch des Kriminalschriftstellers Edgar

Wallace für den Film in Szene. Mit Recht können darum fünf Millionen Fernseher die Frage stellen: Warum nicht für uns? Der Film also schlug das Fernsehen mit dessen eigenen Waffen.« (TV-Fernsehwoche).

KRÜGER, CHRISTIANE
* 08.09.1945 Hamburg

Deutsche Schauspielerin. Sie verkörperte die Tänzerin Linda in → *Der Mann mit dem Glasauge* (1968) und das Mädchen Christine in → *Das Gesicht im Dunkeln* (1969).

Dem Rat ihres Vaters Hardy Krüger folgend, besuchte sie die Schauspielschule. Danach spielte sie am Stadttheater Koblenz. Nach acht Jahren Theatererfahrung u.a. in der Boulevard-Komödie *Ausreißer in Berlin* debütierte sie 1967 bei dem Jungfilmer Klaus Lemke in *48 Stunden bis Acapulco*. Der Streifen galt seinerzeit als Skandalfilm, war jedoch für ihre weitere Karriere sehr förderlich.

Weitere Filme (Auswahl): *Das ausschweifende Leben des Marquis de Sade* (1969), *Fluchtweg St. Pauli* (1971), *Auch ich war nur ein mittelmäßiger Schüler* (1974), *Es muß nicht immer Kaviar sein* (TV, 1977), *Arsène Lupin joue et perd* (TV, 1980), *Tatort – Trimmel und Isolde* (TV, 1982), *Sehnsucht nach dem rosaroten Chaos* (1982), *Eine Frau für gewisse Stunden* (1985).

Cristiane Krüger

Interview-Zitat: »Als ich jetzt meinen ersten Edgar Wallace-Kinokrimi *Der Mann mit dem Glasauge* drehte, bin ich auf den Geschmack gekommen: Es war die Filmrolle, die mir bisher am meisten Freude gemacht hat. Warum? Weil man in einem Krimi Schrecken oder Furcht oder andere Gefühle in einem Maße zeigen kann, wie es keine andere Filmgattung erlaubt. Außerdem: Action ist eine feine Sache!«

KRÜGER, FRANZ OTTO
* 01.04.1917 Berlin, † 17.03.1988 München

Deutscher Schauspieler. Mimte den Polizeiarzt in → *Der Gorilla von Soho* (1968), einen Hotelportier in → *Der Mann mit dem Glasauge* (1968) und war Regieassistent in → *Der Rächer* (1960). Gegen den Wunsch seiner Eltern nahm Krüger frühzeitig Schauspielunterricht. 54 Jahre seines Lebens wirkte er auf der Bühne, davon 45 Jahre in Berlin. Hier spielte er noch bis kurz vor seinem Tod am Renaissance-Theater in dem Feydau-Schwank *Einer muß dran glauben*.

Weitere Filme (Auswahl): *Berliner Ballade* (1948), *Schwarzwaldmädel* (1950), *Grün ist die Heide* (1951), *Wenn abends die Heide träumt* (1952), *Die Rose von Stambul* (1953), *Alibi* (1955), *Ein Mann muß nicht immer schön sein* (1956), *Du bist Musik* (1956), *Studentin Helene Willfuer* (1956), *Vater sein dagegen sehr* (1957), *Witwer mit 5 Töchtern* (1957), *Der Maulkorb* (1958), *Der Pauker* (1958), *Peter Voss, der Millionendieb* (1958), *Schwarzwälder Kirsch* (1958), *Ein Engel auf Erden* (1959), *Bobby Dodd greift ein* (1959), *Morgen wirst du um mich weinen* (1959), *Wir wollen niemals auseinandergehen* (1960), *Lieder klingen am Lago Maggiore* (1962), *Die liebestollen Baronessen* (1970), *Tatort – Rechnung mit einer Unbekannten* (TV, 1978), *Am Südhang* (TV, 1980).

KRULL, HANS
→ Darsteller

KÜAS, RICHARD
* 08.10.1861 Kemoczwitz, Oberschlesien, † 07.02.1943 (ohne Angabe)

Deutscher Staatsbeamter und Übersetzer. Küas übersetzte zum Spaß einige Afrikageschichten von Edgar Wallace und legte sie dem Verleger → Wilhelm Goldmann vor. Der war begeistert und wurde so auf Wallace' Werk aufmerksam. Insgesamt übersetzte Küas die Titel → *The Angel of London*, → *Bones of the River*, → *Bosambo of the River*, → *The Dark Eyes of London*, → *Kate Plus Ten*, → *Magic of Fear*, → *People*, → *Sanders*, → *Sanders of the River* und → *The Three Just Men*.

Küas, der als Gouverneur an der Kolonisierung Togos mitgearbeitet hatte, schrieb in derselben Zeit das stark nationalistisch geprägte Buch *Togo-Erinnerungen* (Berlin 1939). Ferner war er Autor von Abenteuerromanen wie *Frau Benigna und ihr Gefangener* (Leipzig 1930), *Hart am Wind* (Leipzig 1940) oder *Tessu und die Tänzerin* (Berlin 1942).

KÜHNLENZ, WOLFGANG
* 24.09.1925 (ohne Angabe)
Kühnlenz war **Aufnahmeleiter** von → *Der Zinker* (1963) und → *Der schwarze Abt* (1963) sowie Produktionsleiter von → *Das indische Tuch* (1963), → *Das Verrätertor* (1964), → *Der Bucklige von Soho* (1966), → *Das Geheimnis der weißen Nonne* (1966), → *Die blaue Hand* (1967) und → *Der Hund von Blackwood Castle* (1967). **Weitere Arbeiten** als Produktionsleiter: *Wartezimmer zum Jenseits* (1964), *Winnetou 1. Teil* (1963), *Winnetou 2. Teil* (1964), *Winnetou 3. Teil* (1965), *Unter Geiern* (1964), *Der Ölprinz* (1965), *Old Surehand 1. Teil* (1965), *Winnetou und das Halbblut Apanatschi* (1966), *Winnetou und sein Freund Old Firehand* (1966).

KUPFER, MARIANNE
→ Darsteller

KURZ, WERNER
→ Kameramänner

KURZGESCHICHTEN
→ Edgar Wallace Mystery Magazine
Neben seinen Romanen schuf Wallace auch zahlreiche Kurzgeschichten. Hierzu zählen insbesondere seine → Afrikaerzählungen mit den Figuren Bosambo, Leutnant Bones und Sanders. Darüber hinaus hat Wallace einzelnen Protagonisten, die in seinen Kriminalromanen Hauptpersonen sind, in Kriminalkurzgeschichten weitere Auftritte ermöglicht. Zu diesen Figuren zählen: Arthur Milton alias der Hexer

(→ *Again the Ringer*, → *The Ringer*), Die Vier (Drei) Gerechten (→ *Again the Three*, → *The Council of the Just Men*, → *The Four Just Men*, → *The Law of the Four Just Men*, → *The Three Just Men*) und der Detektiv John Gray Reeder (→ *John Flack*, → *The Mind of Mr. Reeder*, → *Red Aces*). Zahlreiche dieser Kurzgeschichten hat Wallace in diversen englischen Zeitungen und Zeitschriften veröffentlicht (u.a. Chums, Grand Magazine, Ideas, Novel Magazine, Pall Mall Magazine, Pan, Pearsons Weekly, Royal Magazine, Story Teller, Strand Magazine, Thriller, Topical Times, 20 Story Magazine, Weekly Tale Teller, Windsor Magazine), ehe er sie in Sammelbänden zusammenfaßte. Die Zeitschriftenabdrucke sind detailliert nachgewiesen bei: W. O. G. Lofts/Derek Adley: The British Bibliography of Edgar Wallace, London 1969. S.153–246.

KURZROMANE
Wallace hat etliche längere Kriminalerzählungen im Umfang von ca. 80 bis 120 Seiten geschrieben, die in Sammelbänden zusammengefaßt wurden. Zu diesen Kurzromanen zählen → *The Case of Joe Attyman*, → *The Daughters of the Night*, → *Four Square Jane*, → *The Ghost of Downhill*, → *The Golden Hades*, → *The Million Dollar Story*, → *Kennedy the Con Man*, → *The Lone House Mystery*, → *The Man Who Passed*, → *Number Six*, → *The Queen of Sheba's Belt*, → *Planetoid 127*, → *Red Aces*, → *The Shadow Man*, → *The Terror*, → *The Thief in the Night*, → *The Treasure House*, → *We Shall See*.

KÜRZUNGEN (BUCH)
→ Bearbeitungen, → Datenänderungen in Romanen
Die deutschen Übersetzungen der Edgar-Wallace-Romane sind von Beginn an (1928) durchweg auch Bearbeitungen der Originale. Erste Kürzungen gab es bereits 1931, als der → Goldmann-Verlag anfing, Wallace-Romane als Taschenbücher zu veröffentlichen. Verantwortlich dafür war → Ravi Ravendro, der damals als Herausgeber fungierte. Ein besonders gravierendes Beispiel ist *Der rote Kreis* (→ *The Crimson Circle*). Hier wurde u.a. das komplette Vorspiel »Der Nagel« weggelassen, das das Geschehen um den »Roten Kreis« ins Rollen bringt. Zwischen 1945 und ca. 1970 war der Umgang mit den Wallace-Texten schonender.

Die meisten Titel der 20er und 30er Jahre wurden unter den Namen der Erstübersetzer (→ Ravi Ravendro, → Fritz Pütsch, → Richard Küas) weitergedruckt und dabei behutsam aktualisiert. Die Neuübersetzungen, die speziell → Gregor Müller für den Goldmann-Verlag lieferte, sind dagegen stark bearbeitet und oft massiv gekürzt. So wurde *Der grüne Bogenschütze* (→ *The Green Archer*) gegenüber der Erstübersetzung von 74 auf 60 Kapitel verschlankt. Die verbliebenen Kapitel wurden darüber hinaus vor allem zu Beginn um ganze Absätze eingekürzt. Daß weniger nicht mehr ist, beweist die heutige Goldmann-Taschenbuchausgabe von *Die toten Augen von London* (→ *The Dark Eyes of London*). Sie endet im Stil eines Kinderbuches mit dem Besuch des Henkers bei Dr. Judd. In der Erstübersetzung von Fritz Pütsch darf der Leser Dr. Judd weiter begleiten, bis er durch die Falltür in der Hinrichtungszelle stürzt.

KÜRZUNGEN (FILM)

Um Schwierigkeiten seitens der → FSK aus dem Weg zu gehen, wurden, vom Publikum unbemerkt, oft Teile der Wallace-Filme weggeschnitten. Bei anderen Filmen wurden Kürzungen, die auch dramaturgisch wichtige Szenen betrafen, bereits vor der Endfertigung vorgenommen. Das gilt für → *Die Tür mit den 7 Schlössern* (1962), → *Der Hexer* (1964), → *Der Bucklige von Soho* (1966) und → *Der Mann mit dem Glasauge* (1968). Von den herausgenommenen Szenen dieser vier Filme existieren Aushangfotos; Teile davon sind auch in → Trailern zu finden. Die beiden italienischen Koproduktionen → *Das Geheimnis der grünen Stecknadel* (1971) und → *Das Rätsel des silbernen Halbmonds* (1971) wurden erst nach der Synchronisation geschnitten. Bei der deutschen Fassung der dritten Koproduktion → *Das Gesicht im Dunkeln* (1969) ist man soweit gegangen, daß über die Tilgung von Szenen hinaus durch Umschnitt teilweise ein anderer Handlungsablauf geschaffen wurde. Gravierende Kürzungen erfuhren die Wallace-Filme auch bei Fernsehaufführungen. Aufgrund der Programmstruktur des ZDF in den 60er und 70er Jahren mußten, wie viele andere Spielfilme auch, die Edgar-Wallace-Streifen sendegerecht gekürzt werden. Markante Beispiele hierfür sind → *Der Zinker* (1963), → *Das indische Tuch* (1963) und → *Neues vom Hexer* (1965). Gegenwärtig sind Bemühungen erkennbar, für DVD-Veröffentlichungen sowie für künftige Fernsehausstrahlungen auf die ursprünglichen Filmfassungen zurückzugreifen (u.a. Premiere-Fernsehen, Kabel 1, KirchMedia, Kinowelt). – Die Kürzungen der Kinofassungen sind zusammengestellt bei: *Joachim Kramp, Hallo hier spricht Edgar Wallace. Berlin 1998.*

KÜSSE FÜR DEN MÖRDER

Der Rank-Filmverleih (Hamburg) brachte unter diesem Titel zwei → Merton-Park-Produktionen in die deutschen Filmtheater: → *Incident at Midnight* und → *Ricochet*. Die Filme hatten eine Gesamtlaufzeit von 119 Minuten (Länge: 3252 m). Sie wurden am 19.06.1964 von der FSK ab 16 Jahren freigegeben.

L

LA BERN, ARTHUR
→ Drehbuchautoren

LÄCHLER, DER
→ ON THE NIGHT OF THE FIRE

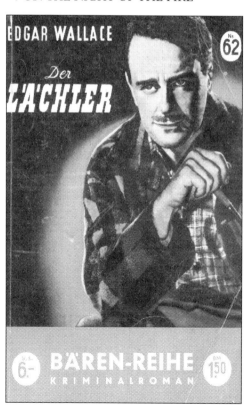

LACHMAN, HARRY
→ Regisseure

LACKWELL, CHARLES
→ Komponisten

LAD, THE (FILM)
(Der Draufgänger)
Kinofilm. *England 1935. Produktion: Twicken-ham. Produzent: Julius Hagen. Regie: Henry Edwards. Buch: Gerard Fairlie nach einer Kurzgeschichte von Edgar Wallace. Kamera: Sydney Blythe. Darsteller: Gordon Harker (Bill Shane, The Lad), Betty Stockfield (Lady Fandon), Jane Carr (Pauline), Gerald Barry (Lord Fandon), Geraldine Fitzgerald (Joan), Barbara Everest (Mrs. Lorraine), John Turnbull (Inspektor Martin), David Hawthorne (Major Grannitt), Sebastian Shaw (Jimmy), Michael Shepley (Arthur Maddeley), Wilfred Calthness (Tanner), Ralph Truman (O'Shea). Länge: 72 Minuten.*

Inhalt: Ein Galgenvogel wird irrtümlich für einen Detektiv gehalten. Er wird bestochen, die Affären der Familie Fandon nicht zu genau zu durchleuchten. Im Haus der Fandons trifft er auf seine ehemalige Freundin, die nun bei Lady Fandon als Hausmädchen arbeitet. Die beiden versöhnen sich, und er beschließt, sich seines unrechtmäßig erworbenen Geldes wieder zu entledigen. Doch das gelingt ihm nicht ganz. Er wirft das Geld weg, aber ein Geldbündel verfängt sich in einem Bindfaden und verfolgt auf diese Weise seinen Besitzer.

Kritik zum Film: »Man erwartet ausgelassene Komik, doch das ist nicht der Fall. Die Geschichte ist ausgewalzt und langweilig und die Situationskomik nicht zum Nutzen des Films entwickelt. Gordon Harker ist der einzige, der diesen langatmigen Film am Leben hält, und mit seinem ›quate nace‹-Akzent sorgt er für einige Lacher.« (Variety)

Anmerkung: Dieser Film wurde in Deutschland nicht aufgeführt.

LAD, THE
Theaterstück von Edgar Wallace. Londoner Erstaufführung Heiligabend 1928 am Shaftsbury Theater. Das Stück zählt zu Wallace' schwächsten Bühnenwerken. Der Mißerfolg war vorprogrammiert, da Wallace die ihm bekannten Schwächen des Stücks ignorierte. Nach → *The Squeaker* war er von der Idee be-

sessen, eine neue Komödie nach London zu bringen. Er hatte den Theaterschauspieler Billy Merson kennen gelernt und wollte das Stück auf ihn zuschneiden. So entstand eine hastig dahingeschriebene Komödie, deren Hauptfigur wenig zu den übrigen Personen paßte; zusätzlich eingefügte Kabarettnummern waren deplaziert. Darüber hinaus wurde das Stück falsch besetzt und übereilt einstudiert. Die Komödie wurde zunächst mit einiger Fortune in der Provinz aufgeführt, so daß Wallace auch an einen Londoner Erfolg glaubte – vergeblich. Nach drei Wochen mußte das Stück wegen Besuchermangels abgesetzt werden.

LADENGAST, WALTER
* 04.07.1899 Wien, † 03.07.1980 München
Der österreichische Schauspieler mimte den grausam dahingemeuchelten Hausmeister in → *Die toten Augen von London* (1961).
Ladengasts militärische Ambitionen endeten bereits auf dem Rekruten-Exerzierplatz. Hier stürzte er als rechter Flügelmann und brachte dadurch das gesamte Bataillon durcheinander. Trotzdem wurde er an die Front geschickt,

überlebte mit viel Glück den Ersten Weltkrieg und kehrte anschließend in seine Heimatstadt zurück. Er wollte zum Theater, arbeitete an verschiedenen Provinzschmieren und erreichte 1921 Berlin. Dort erkannte man sein Talent als Maler. An der Berliner Kunstgewerbeschule erhielt er eine Freistelle und eröffnete sein eigenes Atelier. Als Gebrauchsgraphiker schlug er sich recht und schlecht durch; seine Frau arbeitete als Goldschmiedin. 1930 wurde er durch die mit der Familie freundschaftlich verbundene Elisabeth Langaesser mit dem Filmregisseur Erich Waschnek bekannt. Kurze Zeit später holte dieser ihn nach Wien und gab ihm 1934 seine erste Rolle in *Musik im Blut*. Es dauerte nicht lange, bis er in Gerhart Hauptmanns Drama *Michael Kramer* den großen Durchbruch schaffte. Er trat mit Gustaf Gründgens, Marianne Hoppe, Käthe Dorsch und Herbert Körner auf und filmte am laufenden Band. Als er sich nach 1933 mehrmals politischen Rollen verweigerte, erhielt er Filmverbot, konnte sich jedoch in eine Wehrmachtstournee retten. Den Zusammenbruch erlebte er in Berlin. Dort nahmen die Russen den leidenschaftlichen Fotografen und

The Lad: Wilfred Calthness, Gordon Harker, John Turnbull, Betty Stockfield

379

Walter Ladengast

Schmalfilmer gefangen, ließen ihn aber laufen, als sie sich von seiner Harmlosigkeit überzeugt hatten. Nebenbei frönte Ladengast seiner Leidenschaft für das Schreiben; er verfaßte Gedichte, Novellen und auch Dramen.

Weitere Filme (Auswahl): *Wunschkonzert* (1940), *Der Ochsenkrieg* (1943), *Das doppelte Lottchen* (1950), *Der Theodor im Fußballtor* (1950), *Entscheidung vor Morgengrauen* (1951), *Hanussen* (1955), *Das Mädchen vom Pfarrhof* (1955), *Wetterleuchten um Maria* (1957), *Heimat, deine Lieder* (1959), *An heiligen Wassern* (1960), *Jeder für sich und Gott gegen alle* (1974), *Berlinger – Ein deutsches Abenteuer* (1975), *Nosferatu – Phantom der Nacht* (1979).

LADY CALLED NITA, THE

Acht Kriminalerzählungen. *Originalausgabe: George Newnes, London 1930.*
Enthält: THE LADY CALLED NITA (bisher nicht übersetzt), THE MAN WHO MARRIED HIS COOK (bisher nicht übersetzt), MR. SIGEE'S RELATIONS (bisher nicht übersetzt), THE KNIGHT WHO COULD NOT KNEEL (bisher nicht übersetzt), HER FATHER'S DAUGHTER (bisher nicht übersetzt), THE DRAMATIC BUTLER (*Die Privatsekretärin*, in: *Die Abenteuerin* [→ *Four Square Jane*]; un-

ter dem Titel *Der Butler der für das Theater schwärmte* in: *Der Dieb in der Nacht* [→ *The Thief in the Night*]), DIANA HELPS (bisher nicht übersetzt), CON-LACTO IS STRENGTH (bisher nicht übersetzt).

Inhalt von *The Dramatic Butler*: Um ihr kleines Einkommen aus der Hinterlassenschaft ihres Vaters zu vergrößern, nimmt Barbara Long eine Stellung als Sekretärin bei dem alten Rechtsanwalt Harbord Brownhill an. Die Arbeit ist ihr angenehm, obwohl der Anwalt bettlägerig ist und ihr seine Anweisungen nur über den Butler Jennings gibt. Monate später lernt sie durch Zufall einen jungen Mann im Autobus kennen. Aufgrund einer falschen Nachricht ihrer Vermieterin geht sie am gleichen Abend nochmals ins Anwaltsbüro. Dort kommt sie einem mysteriösen Geheimnis auf die Spur.

LADY OF ASCOT, THE

Kriminalroman. *Originalausgabe: Hutchinson, London 1930. Deutsche Erstveröffentlichung: Die Gräfin von Ascot. Übersetzung: → Ravi Ravendro. Wilhelm Goldmann Verlag, Leipzig 1933. Neuausgabe: Wilhelm Goldmann, Verlag München 1961. Taschenbuchausgabe: Wilhelm Goldmann Verlag, München 1962 (= Goldmann Taschen-KRIMI 1071). Weitere Taschenbuchauflagen im Wilhelm Goldmann Verlag: 1972, 1975, 1977, 1981, 1982, 1983, 1989, 1997. Jubiläumsausgaben im Wilhelm Goldmann Verlag: 1990, 2000 (= Band 29). Großschriftausgabe: Wilhelm Goldmann Verlag, München 1983 (= Band 29).*

Inhalt: In Ascot ist zur Rennsaison immer etwas los. Doch wenn die dortigen Villen von einem Einbrecher heimgesucht werden und immer wieder Schmuck erbeutet wird, ist dies weniger amüsant. Die Gräfin Marie Fioli läßt sich dadurch nicht abschrecken. Sie engagiert den Privatdetektiv John Morlay als Beschützer. Der Junggeselle Julian Lester hat ein großes Laster: Geldgier. Seinen Freunden, aber auch Morlay ist dies bekannt. Lester träumt von Millionen und wirbt um die Gunst der Gräfin Fioli. Morlay hat seine Aufgabe zu erfüllen und betrachtet Lesters Annäherungsversuche gegenüber der Gräfin äußerst skeptisch. Je intensiver sich Morlay um die Gräfin kümmert, desto mehr Fragen tauchen auf. Dabei kommt er auch einem Rätsel auf die Spur, das in die Kindheit der Gräfin zurückführt.

Anmerkung: Dieser Kriminalroman ist aus dem → Theaterstück → M' Lady entstanden.

LADY OF LITTLE HELL, THE

Acht Kriminalgeschichten. *Originalausgabe: George Newnes, London 1929.*
Enthält: THE LADY OF LITTLE HELL, THE GIRL FROM ETHER, FATE & MR. HOKE, DECLARED TO WIN, THE CROSS OF THE THIEF, BILL AND THE TOPPER, THE PRAYING GIRL, THE CUSTODY OF THE CHILD.
Inhalt: Ein Strauß spannender Geschichten mit unterschiedlichsten Protagonisten.
Anmerkung: Diese Geschichten, die ihren Erstabdruck verschiedenen Magazinen erlebten, wurden bisher nicht ins Deutsche übertragen.

LAMAC, CARL

* 27.01.1897 Prag, † 02.08.1952 Hamburg
Regisseur und Produzent. Er war Regisseur und Produzent von → *Der Zinker* (1931) und → *Der Hexer* (1932) sowie Produzent von → *Der Doppelgänger* (1934). Lamac begann seine filmische Laufbahn in seiner Heimatstadt Prag vor dem Ersten Weltkrieg als Kinotechniker. Auf den Kriegsschauplätzen machte er Amateuraufnahmen für Wochenschauen. 1918 kam er mit der Filmproduktion in Berührung und wechselte nach Anfangserfolgen als Schauspieler zu Regie und Herstellung. 1928 gründete er ein eigenes Atelier, aus dem 1930 die Ondra-Lamac-Film GmbH entstand. Als Entdecker von Any Ondra und weiteren internationalen Stars machte er sich mit über 120 Produktionen einen Namen. 1936 ging er nach Amerika, wo er sich mit filmtechnischen Erfindungen beschäftigte. Während des Zweiten Weltkriegs und danach arbeitete er in England und Frankreich. Fritz Kirchoff holte ihn nach Deutschland zurück, wo er für Pontus Film mehrere Filme inszenieren sollte. Nur *Die Diebin von Bagdad* (1951) konnte noch entstehen; dann erlitt Lamac einen Schlaganfall, an dem er schließlich starb.
Filmauswahl: *Vergiftetes Licht* (1921), *Das weiße Paradies* (1924), *Wie ein Kamel durchs Nadelöhr* (1926), *Evas Tochter* (1928), *Das Mädel mit der Peitsche* (1929), *Der K. u. K. Feldmarschall* (1930), *Die Fledermaus* (1931), *Mamsell Nitouche* (1931), *Orchesterprobe* (1933), *Die vertauschte Braut* (1934), *Im weißen Rößl* (1935), *Flitterwochen* (1936), *Der Hund von Baskerville* (1936), *Wo die Lerche singt* (1936), *Wir fahren gegen den Wind* (1937), *Die Landstreicher* (1937), *Der Scheidungsgrund* (1937), *Frühlingsluft* (1938), *Immer, wenn ich glücklich bin* (1938), *Karneval der Liebe* (1943), *Spionagering M* (1943).

LAMBART, HARRY

→ Regisseure

LANE, MARGARET

(Lebensdaten unbekannt).
Schwiegertochter von Edgar Wallace. Sie war die erste Frau seines Sohnes → Bryan Edgar Wallace und schrieb die erste umfassende Wallace-Biographie: *Edgar Wallace. The Biography of a Phenomenon.* London, Toronto 1938; Neuausgabe: London 1964. Deutsche Übersetzung: *Edgar Wallace. Das Leben eines Phänomens*, Hamburg 1966.

LANGE, CARL

* 30.10.1905 Flensburg, † 13.07.1999 Ostfildern
Der deutsche Schauspieler lieferte überzeugende Wallace-Auftritte als John Bennett in → *Der Frosch mit der Maske* (1959), Reverend Hopkins in → *Der Hexer* (1964) und Dr. Mangrove in → *Die blaue Hand* (1967). Lange begann seine Laufbahn als Kulissen- und Dekorationsmaler. In seiner Vaterstadt wurde er zum Schauspieler ausgebildet und erhielt dort 1925 sein erstes Engagement. Eine Provinzkarriere über Freiburg in Sachsen, das Sommertheater in Oberschlea bei Bernburg in Anhalt und weitere Stationen schlossen sich an. Später war er Filmkomparse in Berlin und 1933–38 am Stadttheater in Tilsit. 1944 gelang ihm der Sprung an ein renommiertes Theater, das Schauspielhaus in Stuttgart. 1945 wurde er Hörspielleiter beim Ostberliner Rundfunk. Nach seiner Flucht in den Westen dauerte es einige Zeit, ehe er beim Westberliner RIAS Fuß fassen konnte. 1951 verpflichtete ihn das Stuttgarter Staatstheater für fünf Jahre. Der Film entdeckte ihn relativ spät: Als Regisseur Alfred Weidenmann ihn in dem Bühnenstück *Der Regenmacher* von Nash als Sheriff sah, gab er ihm eine Hauptrolle in *Der Stern von Afrika* (1957). Dadurch wurde Robert Siodmak auf ihn aufmerksam und verpflichtete ihn für *Nachts wenn der Teufel kam* (1957). Nun erkannten auch andere Produzenten sein Talent und verpflichteten ihn für

zahllose Film- und Fernsehrollen. Trotzdem blieb er dem Theater bis zum Lebensende treu. **Weitere Filme** (Auswahl): *Christine* (1958), *Hunde, wollt ihr ewig leben* (1958), *Schinderhannes* (1958), *Grabenplatz 17* (1958), *Und ewig singen die Wälder* (1959), *Das Erbe von Björndal* (1960), *Herrin der Welt* (2 Teile, 1960), *Fabrik der Offiziere* (1960), *Soldatensender Calais* (1960), *Barbara – Wild wie das Meer* (1961), *Bis zum Ende aller Tage* (1961), *Wartezimmer zum Jenseits* (1964), *Winnetou 3. Teil* (1965), *Der letzte Mohikaner* (1965), *Der Spion, der in die Hölle ging* (1965), *Duell vor Sonnenuntergang* (1965), *Mister Dynamit – Morgen küßt euch der Tod* (1967), *Mittsommernacht* (1967), *Die Schlangengrube und das Pendel* (1967), *Der Tod im roten Jaguar* (1968), *Perrak* (1970), *Der Pfarrer von St. Pauli* (1970), *Der Kapitän* (1971), *Der Schrei der schwarzen Wölfe* (1972), *Schloß Hubertus* (1973), *Der Stechlin* (TV, 1975), *St. Pauli Landungsbrücken* (TV, 1979).

LANGE, HELLMUT
* 19.01.1923 Berlin
Deutscher Schauspieler. Er mimte den Verdäch-

tigen Peter Clifton in → *Der Fälscher von London* (1961). Der gebürtige Berliner wurde nach Beendigung der Schulzeit zur Marine eingezogen. Nach Kriegsende besuchte Lange eine Schauspielschule in Hannover und trat an den dortigen Kammerspielen sein erstes Engagement an. München und Stuttgart waren weitere Stationen seiner Laufbahn. 1955–60 arbeitete er als Regisseur und Sprecher bei Radio Bremen – eine Tätigkeit, die er sich schon als Junge brennend gewünscht hatte, als er in seiner Heimatstadt Berlin bei Hörspielen mitwirken durfte. Nach einer Episodenrolle in dem Film *Lebensborn* (1961) engagierte ihn Regisseur → Harald Reinl für seine erste Hauptrolle im spannungsreichen Krimi → *Der Fälscher von London*; dadurch zierte erstmals der Name Hellmut Lange ein Filmplakat. Das einprägsame Gesicht dieses begabten Darstellers wurde auch den Fernsehzuschauern schnell vertraut. Sein darstellerisches Genie für ausgefallene Typen hat Lange in zahlreichen Fernsehspielen unter Beweis gestellt, u.a. in *Stahlnetz – Mordfall Oberhausen* (1958), *Waldhausstraße 20* (1960) oder dem Ost-West-Konfliktstoff *Der Mann von drüben* (1961). In dem ZDF-Viertei-

Carl Lange

Hellmut Lange

Inge Langen

ler *Die Schatzinsel* (1966) übernahm er den Part des Erzählers. Seine größten Fernseherfolge hatte Lange als Wildtöter im ZDF-Vierteiler *Lederstrumpf* (1969) sowie durch das Quiz *Kennen Sie Kino?* (1971–81).
Weitere Filme (Auswahl): *Camp der Verdammten* (1961), *Das Halstuch* (TV, 1962), *Mord in Rio* (1963), *Das Nest der gelben Viper* (1964), *Serenade für zwei Spione* (1965), *John Klings Abenteuer* (TV-Serie, 1965), *Vier Schlüssel* (1966), *Liebesnächte in der Taiga* (1967), *Mädchen, Mädchen* (1967), *Salto Mortale* (TV, 1969/71), *Das Gesetz des Clans* (1976), *Hitler* (1977), *Rivalen der Rennbahn* (TV, 1989), *Wiedersehen in Kanada* (TV, 1992), *Fähre in den Tod* (TV, 1996).

LANGEN, INGE
* 21.05.1924 Düsseldorf
Deutsche Schauspielerin. Sie verkörperte die Millie Trent in → *Der Zinker* (1963) und die Oberin in → *Der Gorilla von Soho* (1968).
Die Professorentochter wurde Schauspielerin aus Freude an der Verwandlungskunst. 1948–55 war sie Mitglied im Ensemble des Staatsschauspiels in München. Danach Gast am Burgtheater in Wien sowie bei Gründgens in Hamburg. Nach einer Südamerika-Tournee nach Deutschland zurückgekehrt, spielte sie in vielen Filmen, Fernsehspielen und an vielen Theatern.
Weitere Filme (Auswahl): *Vor Sonnenuntergang* (1956), *Viel Lärm um nichts* (1958), *Der Transport* (1961), *Man nennt es Amore* (1961), *Der Trinker* (TV, 1967), *Liebe ist nur ein Wort* (1971).

LANGLEY, BRYAN
→ Kameramänner

LARSEN, TRYGVE
Pseudonym von → Egon Eis

LAST ADVENTURE, THE
Zwölf Kriminalgeschichten. *Originalausgabe: Hutchinson, London 1934.*
Enthält: BIG LITTLE BROTHER, THE LAST ADVENTURE, THE TALKATIVE BURGLAR, THE WILL & THE WAY, A JUDGE OF HORSES, THE PEDLAR IN THE MASK, MR. JIGGS MAKES GOOD, THE TRIMMING OF SAM, THE WINNING TICKET, HIS GAME, THE DEVIL DOCTOR, THE ORIGINAL MRS. BLANEY.
Inhalt: Eine Sammlung von zuvor in Zeitschriften erschienenen abenteuerlichen Kriminalerzählungen.
Anmerkung: Diese Geschichten sind in Deutschland bisher nur in einer englischen Ausgabe im → Tauchnitz Verlag erschienen.

LAUENSTEIN, TILLY
* 28.07.1916 Bad Homburg,
† 08.05.2002 Potsdam;
eigentlicher Name: Mathilde Dorothea Lauenstein
Deutsche Schauspielerin. Sie war die Internatsleiterin Harriet Foster in → *Der Mönch mit der Peitsche* (1967) und Kirsty McHarr in dem Fernsehfilm → *Das Geheimnis von Lismore Castle* (1985). Lauenstein erhielt privaten Schauspielunterricht in Berlin. Anschließend zahlreiche Theaterengagements in der Provinz, wo sie von der Naiven über jugendliche Liebhaberinnen bis hin zur Charakterdarstellerin unterschiedlichste Rollen spielte. Seit 1947 war sie an Berliner Bühnen tätig, daneben auch als vielbeschäftigte Synchronsprecherin. Sie lieh ihre Stimme u.a. Simone Signoret, Ingrid Bergman, Barbara Stanwyck, Shelley Winters, Joan Fontaine, Susan Hayward, Katherine Hepburn,

Tilly Lauenstein

Maureen O'Hara, Ava Gardner, Lana Turner und Marlene Dietrich.
Weitere Filme (Auswahl): *Das Mädchen Christine* (1949), *Anonyme Briefe* (1949), *Madeleine Tel. 13 62 11* (1958), *Liebling der Götter* (1960), *Der letzte Zeuge* (1960), *Und sowas nennt sich Leben* (1961), *Ich bin auch nur eine Frau* (1962), *Julia, du bist zauberhaft* (1962), *Alle meine Tiere* (TV, 1963), *Der Forellenhof* (TV, Serie, 1965), *Das älteste Gewerbe der Welt* (1967), *Salto Mortale* (TV, 1968), *Klassenkeile* (1969), *Das ausschweifende Leben des Marquis de Sade* (1969), *Das gelbe Haus am Pinnasberg* (1970), *Aber Jonny!* (1973), *Otto – der Film* (1985), *Bittere Ernte* (1985), *Rivalen der Rennbahn* (TV, 1989), *Cosima's Lexikon* (1992), *Die Tote von Amelung* (TV, 1995), *Sieben Monde* (1998), *Otto – der Katastrofenfilm* (2000).

LAUFFEN, RICHARD
* 02.06.1907 Mönchengladbach,
† 28.08.1990 Marquartstein
Deutscher Schauspieler. Er verkörperte Felix Marl in → *Der rote Kreis* (1959).
Seine Schauspielausbildung erhielt Lauffen in München bei Otto Wernicke. Bald danach stellten sich die ersten Bühnenerfolge ein. Zu den wichtigsten Rollen seiner langen Theaterkarriere zählten Torquato Tasso, Hamlet und Cla-

vigo. Seine erste Filmrolle spielte Lauffen kurz nach dem Krieg in der melodramatischen Heimkehrergeschichte *Menschen in Gottes Hand* (1947) von Rolf Meyer. Auch in der Folgezeit war der vielseitige Schauspieler, der sich seit den 60er Jahren stärker aufs Fernsehen verlegte, gelegentlich im Film zu sehen, u.a. in den Kassenschlagern *Der Tiger von Eschnapur* (1958) und *Das indische Grabmahl* (1958) von Fritz Lang.

LAUNDER, FRANK
→ Drehbuchautoren

LAW OF THE FOUR JUST MEN, THE
Zehn Kriminalkurzgeschichten. *Originalausgabe: Hodder & Stoughton, London 1921. Deutsche Erstveröffentlichung: Das Gesetz der Vier. Übersetzung:* → *Ravi Ravendro. Wilhelm Goldmann Verlag, Leipzig 1929. Neuausgabe: Wilhelm Goldmann Verlag, München 1955. Taschenbuchausgabe: Wilhelm Goldmann Verlag, München 1960 (= Goldmann Taschen-KRIMI 230). Weitere Taschenbuchauflagen im Wilhelm Goldmann Verlag: 1974, 1975, 1976, 1979, 1982, 1987. Jubiläumsausgaben im Wilhelm Goldmann Verlag: 1990, 2000 (= Band 26).* – Anläßlich des 125. Geburtstages des Autors brachte der → Weltbild Verlag 2000 eine Wallace-Edition heraus. Hier erschien der Erzählband in einer Doppelausgabe zusammen mit Die Schuld des Anderen (→ A Debt Discharged).
Enthält: THE MAN WHO LIVED AT CLAPHAM (*Der Mann von Clapham*), THE MAN WITH THE CANINE TEETH (*Der Mann mit den großen Eckzähnen*), THE MAN WHO HATED EARTHWORMS (*Der Mann, der die Regenwürmer haßte*), THE MAN WHO DIED TWICE (*Der Mann, der zweimal starb*), THE MAN WHO HATED AMELIA JONES (*Der Mann, der Amelia Jones haßte*), THE MAN WHO WAS HAPPY (*Der Mann, der glücklich war*), THE MAN WHO LOVED MUSIC (*Der Mann, der Musik liebte*), THE MAN WHO WAS PLUCKED (*Der Mann, der sein Vermögen verspielte*), THE MAN WHO WOULD NOT SPEAK (*Der Mann, der nicht sprechen wollte*), THE MAN WHO WAS ACQUITTED (*Der Mann, der freigesprochen wurde*).
Inhalt: Die »Vier Gerechten« sind der Schrecken der Londoner Unterwelt, denn sie haben sich zusammengefunden, um Verbrecher ihrer

verdienten Strafe zuzuführen: kriminelle Geschäftsleute, korrupte Politiker, Entführer oder Erpresser. Sie alle können den »Vieren« nicht entkommen, denn diese finden stets eine Möglichkeit, auch den durchtriebensten Verbrecher dingfest zu machen.

LAW OF THE RIVER, THE
→ Francis Gerard

LAWRENCE, CORA
(Lebensdaten unbekannt)
Die Journalistin für die Frauenseite der Evening Times war Nachbarin und Freundin der Familie Wallace und bis 1915 die Sekretärin des Autors. Sie hoffte, einmal die zweite Mrs. Wallace zu werden. Da Edgar Wallace jedoch → Violet Ethal King den Vorzug gab, trennten sich ihre Wege nach fast zehnjähriger Verbundenheit.

LAWRENCE, QUENTIN
→ Regisseure

LEBENSWEISHEITEN
Als ihn sein Freund → Willie Blackwood aufforderte, er solle auf die Verbesserung seines Stils achten, antwortete Wallace: »Das Gute mag für die Nachwelt angemessen sein, aber ich schreibe nicht für die Nachwelt. Ich schreibe für die Zeitung, die morgen früh erscheint.« – Seinen aufwendigen Lebensstil begründete der Autor so: »Wenn er warten wolle, bis er sich etwas leisten könne, würde er es nie bekommen; deshalb leistete er sich vieles und mußte es anschließend lange Zeit abbezahlen.« (nach → Margaret Lane: *Edgar Wallace. Das Leben eines Phänomens*)

LEDERLE, FRANZ-XAVER
* 18.02.1931 Mindelheim
Kameramann. Lederle bannte → *Das Rätsel der roten Orchidee* (1961/62) und → *Die Schokoladen-Schnüffler* (1985) auf Zelluloid.
Lederle zählt zu den bedeutendsten Kameramännern der 60er und 70er Jahre. Er war der »Hauskameramann« des Produzenten Heinz Willeg (Allianz Film). Hier kooperierte er vor allem mit den Regisseuren → Harald Reinl, → Werner Jacobs und Rolf Olsen. Weitere Zusammenarbeit bestand mit → Franz Joseph Gottlieb und Wolfgang Liebeneiner.
Weitere Arbeiten (Auswahl): *Die Liebesquelle*

(1965), *Die Rechnung eiskalt serviert* (1966), *Der Mörderclub von Brooklyn* (1967), *Necronomicon* (1967), *Dynamit in grüner Seide* (1967), *Der Tod im roten Jaguar* (1968), *Der Arzt von St. Pauli* (1968), *Wenn süß das Mondlicht auf den Hügeln schläft* (1969), *Pepe, der Paukerschreck* (1969), *Das kann doch unseren Willi nicht erschüttern* (1970), *Blutiger Freitag* (1972), *Trubel um Trixie* (1972), *Alter Kahn und junge Liebe* (1973), *Was treibt die Maus im Badehaus?* (1975), *Vanessa* (1977), *Drei Schwedinnen in Oberbayern* (1977), *Insel der tausend Freuden* (1978), *Hurra, die Schwedinnen sind da* (1978), *Cola, Candy, Chocolate* (1979), *Kreuzberger Liebesnächte* (1979), *Traumbus* (1979), *Heiße Kartoffeln* (1980), *Zärtlich, aber frech wie Oskar* (1980), *Bei Anruf Liebe* (1983), *Mama Mia – Nur keine Panik* (1984), *Her mit den kleinen Schweinchen* (1984), *Ein irres Feeling* (1984), *Schulmädchen '84* (1984), *Zwei Nasen tanken Super* (1984), *Seitenstechen* (1985).

LEDINEK, STANISLAV
* 26.06.1920 St. Lorenzen (Jugoslawien),
† 30.03.1969 Istanbul
Schauspieler. Er verkörperte Coldhabour Smith in → *Der grüne Bogenschütze* (1960/61), den Champ in → *Der Zinker* (1963) und Jerry Miller im Fernsehfilm → *Der Mann der seinen Namen änderte* (1956). Nach dem Abitur besuchte Ledinek die Theaterakademie in Laibach und blieb für ein erstes Engagement am Stadttheater der Grenzstadt. Als 1941 die Deutschen Jugoslawien besetzten, lernte er notgedrungen die ihm fremde Sprache und konnte bereits sechs Monate später seine erste Rolle auf deutsch spielen. Damals war er Inspizient mit Spielverpflichtung in Maribor an der Drau und ahnte nicht, daß er im Land der deutschen Eindringlinge zu Ruhm und Ansehen gelangen sollte. Bald spielte er in Wien Theater, und über Köln und Hannover gelangte der markante Charakterdarsteller zu Barlog nach Berlin an das neu entstandene Schiller-Theater. Durch seine bezwingende Gestaltungskraft war Ledinek kurze Zeit später bereits ein Begriff im Theaterleben der geteilten Stadt. In zahllosen Film- und Fernsehrollen hat er mit eindringlichem Realitätssinn und durch die Ausstrahlung seiner eigenwilligen Persönlichkeit unterschiedlichsten Charakteren kraftvolles Leben verliehen.

Stanislav Ledinek

Weitere Arbeiten (Auswahl): *Geständnis unter vier Augen* (1954), *Ihre große Prüfung* (1954), *Hotel Adlon* (1955), *Alibi* (1955), *Anastasia – Die letzte Zarentochter* (1956), *Der Adler vom Velsatal* (1956), *Die Christel von der Post* (1956), *Die Halbstarken* (1956), *Es wird alles wieder gut* (1957), *Der lachende Vagabund* (1958), *Madeleine Tel. 13 62 11* (1958), *Alle Tage ist kein Sonntag* (1959), *Bobby Dodd greift ein* (1959), *Peter Voss, der Held des Tages* (1959), *Wir wollen niemals auseinandergehen* (1960), *Division Brandenburg* (1960), *Auf Wiedersehen* (1961), *Frau Cheneys Ende* (1961), *Das Geheimnis der schwarzen Koffer* (1961), *Der Lügner* (1961), *Das Mädchen und der Staatsanwalt* (1962), *Die Dreigroschenoper* (1962), *Der Zigeunerbaron* (1962), *Die Mondvögel* (TV, 1963), *Das Phantom von Soho* (1964), *Das Wirtshaus von Dartmoor* (1964), *Der Tod läuft hinterher* (TV, 1967).

LEE, BERNARD

* 10.01.1908 London, † 16.01.1981 London
Englischer Schauspieler. Er trat in fünf Merton-Park-Wallace-Filmen auf, u. zw. viermal als Superintendent Meredith in → *The Clue of the Twisted Candle* (1960), → *The Clue of the Silver Key* (1961), → *The Share Out* (1962) und → *Who Was Maddox?* (1964) sowie als Inspektor Mann in → *Partners in Crime* (1961). Bereits 1938 spielte er seine erste Wallace-Rolle als Inspector Bill Bradley alias Ferdy Fane in → *The Terror*. Schon als Kind stand Lee 1914 auf der Bühne und gab 1926 nach absolvierter Ausbildung sein Profidebüt. Nach zweijähriger Tä-

tigkeit in der Provinz schaffte er 1928 den Sprung an Londoner Bühnen. 1935 debütierte er beim Film; er spielte meist in Kriminalfilmen, gelegentlich auch in Komödien. Dem großen Publikum wurde er erst 1962 bekannt, als er den Chef »M« des Geheimagenten James Bond in *James Bond 007 jagt Dr. No* verkörperte. Bis zu seinem Tod spielte er diese Chefrolle weiter und wurde so zum Inbegriff des seriösen Vorgesetzten: *Liebesgrüße aus Moskau* (1963), *Goldfinger* (1964), *Feuerball* (1965), *Man lebt nur zweimal* (1967), *Im Geheimdienst Ihrer Majestät* (1969), *Diamantenfieber* (1971), *Leben und sterben lassen* (1973), *Der Mann mit dem goldenen Colt* (1974), *Der Spion, der mich liebte* (1977), *Moonraker – Streng geheim* (1979).

Weitere Filme (Auswahl): *Der dritte Mann* (1949), *Ferien wie noch nie* (1950), *Die seltsamen Wege des Pater Brown* (1954), *Panzerschiff Graf Spee* (1957), *Ein Toter sucht seinen Mörder* (1962), *Der Spion, der aus der Kälte kam* (1965), *Die Todeskarten des Dr. Schreck* (1965), *Die amourösen Abenteuer der Moll Flanders* (1965), *Operation Kleiner Bruder* (1967), *Tödlicher Salut* (1969).

LEE, CHRISTOPHER

* 27.05.1922 London
Englischer Schauspieler. Er verkörperte in drei Wallace-Filmen überzeugend positive Charaktere: Ling Chu in → *Das Geheimnis der gelben Narzissen* (1961), Captain Allerman in → *Das Rätsel der roten Orchidee* (1961/62) und Gregor in → *Das Rätsel des silbernen Dreieck* (1965/66). Als einer der fünf goldenen Drachen hatte er einen Gastauftritt in → *Die Pagode zum fünften Schrecken* (1966). Lee wurde im Wellington College und im King's College von Eton erzogen. Sein Vater war Kommandeur des berühmten »King Rifles«-Regiments, die Mutter, eine Italienerin, konnte ihre Ahnenreihe bis auf das Geschlecht der Borgias zurückverfolgen. 1940–45 gehörte Lee der Royal Air Force an. Nach Kriegsende begann seine Filmkarriere: Als profilierter Schauspieler vor allem in Gruselfilmen kam er zu internationalem Ruhm. Mehrere Jahre spielte Lee vorwiegend Nebenrollen, etwa in Robert Siodmaks Piratenfilm *Der rote Korsar* (1952) oder in John Hustons Toulouse-Lautrec-Film *Moulin Rouge* (1953). Seinen Durchbruch hatte er mit Terence Fishers

Frankensteins Fluch (1957): Er verkörperte das Monster, eine Rolle, mit der früher schon Boris Karloff weit über die amerikanischen Grenzen hinaus bekanntgeworden war. Fortan arbeitete Christopher Lee vorwiegend mit dem britischen Regisseur Terence Fisher zusammen: Er wurde nach Bela Lugosi zum berühmtesten Dracula der Filmgeschichte (seit 1958); ebenso souverän spielte er Rasputin oder Sherlock Holmes. In den englisch-deutschen Co-Produktionen der »Fu-Man-Chu«-Serie schlüpfte er in die Rolle des dämonischen Chinesen, der immer wieder seine Hand nach der Weltherrschaft ausstreckt. Darüber hinaus hat Lee in zahlreichen britischen Fernsehsendungen mitgewirkt, u.a. in der Emma-Peel-Serie *Mit Schirm, Charme und Melone* (*The Avengers*, 1961). Ursprünglich war Lee von Produzent → Horst Wendlandt vorgesehen als Darsteller des Winnetou in *Der Schatz im Silbersee* (1962), doch scheiterte dies am Einspruch von Produktionschef → Gerhard F. Hummel. Kurz vor Drehbeginn des Wallace-Reißers → *Das Geheimnis der gelben Narzissen* heiratete der begehrte Junggeselle das dänische Mannequin Birgit Kroencke und ging mit ihr nach den Dreharbeiten auf Hochzeitsreise; mit ihr lebt Lee in eigenem Haus in London bzw. bei Lausanne. 1974 spielte er den Obergangster Scaramanga in *James Bond – Der Mann mit dem goldenen Colt*.

Weitere Filme (Auswahl): *Hamlet* (1948), *Der schwarze Prinz* (1955), *Bitter war der Sieg* (1957), *Panzerschiff Graf Spee* (1957), *Dracula* (1958), *Die Mumie* (1959), *Der Hund von Baskerville* (1959), *Stadt der Toten* (1960), *Terror der Tongs* (1961), *Vampire gegen Herakles* (1961), *The Hands of Orlac* (1961), *Ein Toter spielt Klavier* (1961), *Sherlock Holmes und das Halsband des Todes* (1962), *Der längste Tag* (1962), *Schloß des Grauens* (1964), *Der Dämon und die Jungfrau* (1964), *Der Schädel des Marquis de Sade* (1965), *Ich, Dr. Fu Man Chu* (1965), *Die dreizehn Sklavinnen des Dr. Fu Man Chu* (1966), *Rasputin* (1966), *Blut für Dracula* (1966), *Die Rache des Dr. Fu Man Chu* (1967), *Die Schlangengrube und das Pendel* (1967), *Draculas Rückkehr* (1968), *Der Todeskuß des Dr. Fu Man Chu* (1968), *Diana – Tochter der Wildnis* (1968), *Die Folterkammer des Dr. Fu Man Chu* (1969), *De Sade 70* (1969), *Der Hexentöter von Blackmoor* (1969), *Im To-*

Christopher Lee Probeaufnahme als Winnetou-Darsteller (1962)

Christopher Lee, Portrait in den 70er Jahren

desgriff der roten Maske (1969), *Die lebenden Leichen des Dr. Mabuse* (1969), *Nachts, wenn Dracula erwacht* (1970), *Wie schmeckt das Blut von Dracula?* (1970), *Dracula jagt Minimädchen* (1972), *Tunnel der lebenden Leichen* (1972), *Die drei Musketiere* (1973), *Die vier Halunken der Königin* (1974), *Die Braut des Satans* (1976), *Airport '77* (1977), *1941* (1979), *Die Bäreninsel in der Hölle der Arktis* (1979), *Im Banne des Kalifen* (1979), *Die Rückkehr der Musketiere* (1989), *Gremlins 2* (1990), *Police Academy 7* (1994), *Der Herr der Ringe: Die Gefährten* (2000), *Star Wars Episode 2* (2001), *Der Herr der Ringe: Die zwei Türme* (2001), *Der Herr der Ringe: Die Rückkehr des Königs* (2002).

LEE, MARGARET

* 04.08.1939 London;
eigentlicher Name: Margaret Gwendolyn Box
Englische Schauspielerin. Sie wirkte in drei Wallace-Filmen mit: als Gina in → *Das Rätsel des silbernen Dreieck* (1965/66), als Magda in → *Die Pagode zum fünften Schrecken* (1966) und als Helen Alexander in → *Das Gesicht im Dunkeln* (1969). Ihre Ähnlichkeit mit Marilyn Monroe machte die blonde Engländerin weltbekannt. Zwei Falschmeldungen haben der temperamentvollen und hochtalentierten Margaret Lee die größte Publicity ihrer Karriere eingebracht: Einmal hieß es, daß sie Marilyn Monroe des öfteren gedoubelt habe. Und nach Monroes tragischem Tod wurde verbreitet, Lee werde deren Rolle in der Verfilmung des Miller-Dramas *Nach dem Fall* übernehmen. Doch hatte sie diese Publicity kaum nötig; ihren Weg zum internationalen Star ging sie allein. – Margaret Lee besuchte in Greenwich die Grammar School und später die Italia-Conti-Schauspielschule. Ihr Taschengeld verdiente sie sich an der Tankstelle ihres Onkels. Der Benzinverkauf soll rapide zurückgegangen sein, als Margaret ihren Dienst am Zapfhahn quittierte, um mit ihrer Mutter einen Ausflug nach Paris zu machen, der sich auf sechs Monate ausdehnte. In Paris begegnete ihr ein italienischer Produzent, der auf der Suche nach einer rassigen Blondine für eine Filmrolle war. Er engagierte sie auf der Stelle nach Rom für eine Rolle in *Maciste im Kampf gegen die Monster* (1962). Margaret Lee war von Rom genauso begeistert wie Italiens Filmleute von dem englischen Import in Blond.

Margaret Lee

Innerhalb eines Jahres sprach sie italienisch, innerhalb von vier Jahren spielte sie in mehr als 20 italienischen Filmen. Später drehte sie auch in England sowie in Frankreich und – für eine englische Produktion – in Berlin. Sie hatte so berühmte Partner wie Curd Jürgens, Christopher Lee (mit dem sie weder verwandt noch verschwägert ist), George Chakiris oder Marcello Mastroianni. In Italien machte Margaret Lee nicht nur eine Blitzkarriere im Film; auch ihr dortiger Weg in die Ehe war ungewöhnlich kurz. Sie schilderte ihn so: »Um vier Uhr nachmittags kam ich in Rom an, und noch am gleichen Abend begegnete mir der Mann, von dem ich mich seither nicht mehr getrennt habe.« Es war der italienische Choreograph und Theateragent Gino Malerba, mit dem sie seitdem verheiratet ist (ein Sohn).
Weitere Filme (Auswahl): *Casanova '70* (1965), *Unser Mann in Rio* (1966), *Marrakesch* (1966), *Der Tiger parfümiert sich mit Dynamit* (1966), *Gern hab' ich die Frauen gekillt* (1966), *Höllenjagd auf heiße Ware* (1966), *Action Man* (1966), *Der Teufels Garten* (1967), *Keine Rosen für OSS 117* (1968), *Die Banditen von Mailand* (1968), *Das Bildnis des Dorian Gray*

(1969), *Frau Wirtin hat auch eine Nichte* (1969), *De Sade 70* (1969), *Der Hexentöter von Blackmoor* (1969), *Das Schloß der blauen Vögel* (1972).

LEHN, GEORG
* 07.02.1915 Darmstadt,
† 20.03.1996 München

Deutscher Schauspieler. Er verkörperte den Gauner Lacy in → *Der grüne Bogenschütze* (1960/61).

Im Anschluß an seine Schulzeit besuchte Lehn die Schauspielschule in Darmstadt. Nach einem Anfängerjahr am Hessischen Landestheater spielte er an einer Wanderbühne in Hannover, Schneidemühl und Bromberg in verschiedensten Rollen und verschaffte sich damit das handwerkliche Rüstzeug für seinen künstlerischen Werdegang. Nach kriegsbedingter Unterbrechung nahm er 1945 seine Laufbahn an den Heidelberger Kammerspielen wieder auf. Die Bühnen in Baden-Baden und Essen sowie das Münchner Residenz-Theater folgten. Zum Höhepunkt seiner Karriere wurde das Fernsehen. 1955 holte ihn Regisseur Fritz Umgelter für sein Fernsehspiel *Spinnennetz* (nach Agatha Christie) vor die Kamera. Danach fand Lehn in mehr

Georg Lehn

als 50 Rollen ein Millionenpublikum. Dem Medium Fernsehen verdankte Georg Lehn auch seine Entdeckung für den Film; hier hatte er 1957 in *Nachts wenn der Teufel kam* neben Mario Adorf seinen ersten Auftritt.

Weitere Filme (Auswahl): *Taiga* (1958), *Die Brücke* (1959), *Strafbataillon 999* (1959), *Division Brandenburg* (1960), *Nur der Wind* (1961), *Das Feuerschiff* (1962), *Stahlnetz: Der fünfte Mann* (TV, 1966), *Um null Uhr schnappt die Falle zu* (1966), *Das Schloß* (1968), *Dem Täter auf der Spur – Einer fehlt beim Kurkonzert* (TV, 1968), *Der plötzliche Reichtum der armen Leute von Kombach* (TV, 1971), *Tod oder Freiheit* (1977), *Die Sehnsucht der Veronika Voss* (1982).

LEIGH, J. L. V.
→ Regisseure

LEIPNITZ, HARALD
* 22.04.1926 Wuppertal,
† 21.11.2000 München

Deutscher Schauspieler. Er trat in drei Wallace-Filmen auf: als Jimmy Flynn in → *Die Gruft mit dem Rätselschloß* (1964), als Inspektor Bratt in → *Der unheimliche Mönch* (1965) und als Inspektor Craig in → *Die blaue Hand* (1967). Ferner spielte er 1995 den Butler in der Rialto-RTL-Produktion → *Das Karussell des Todes*. Harald Leipnitz wurde als Sohn eines Schlossermeisters geboren. Vom Gymnasium weg zog man ihn als Luftwaffenhelfer ein; 1944 machte er sein Abitur. Aus der Gefangenschaft zurückgekehrt, wollte er eigentlich Medizin studieren, begann dann aber ein Chemiestudium. Bald darauf kam Leipnitz mit der Wuppertaler Künstlergruppe »Der Turm« in Berührung. Hans Caninenberg brachte ihn an das Schauspielstudio der Wuppertaler Städtischen Bühnen und bot ihm nach anderthalbjähriger Ausbildung einen Vertrag an. Elfeinhalb Jahre später löste Leipnitz diesen Vertrag, um in München ein Fernsehangebot der Bavaria anzunehmen. Es war Will Tremper, der Harald Leipnitz zum Film brachte: Für seine erste Hauptrolle in *Die endlose Nacht* (1963) erhielt er einen Bundesfilmpreis. Seinen Durchbruch hatte Leipnitz 1965 mit dem Krimi-Dreiteiler *Die Schlüssel* nach Francis Durbridge unter der Regie von Paul May. Seither hat Leipnitz eine Vielzahl von Rollen in Film, Fernsehen und

Theater verkörpert – vom romantischen Liebhaber bis zum harten Abenteurer. – Sein Lieblingsschauspieler war Marcello Mastroianni, sein Lieblingsregisseur Michelangelo Antonioni, und auf die Frage nach seinem Lieblingsfilm antwortete Leipnitz: »Es gibt etwa dreiundzwanzig!«

Weitere Filme (Auswahl): *Die Banditen vom Rio Grande* (1965), *Mädchen hinter Gittern* (1965), *Der Ölprinz* (1965), *Sperrbezirk* (1966), *Lieselotte von der Pfalz* (1966), *Winnetou und sein Freund Old Firehand* (1966), *Playgirl* (1966), *Die dreizehn Sklavinnen des Dr. Fu Man Chu* (1966), *Herrliche Zeiten im Spessart* (1967), *Zuckerbrot und Peitsche* (1968), *Die Wirtin von der Lahn* (1968), *Frau Wirtin hat auch einen Grafen* (1969), *Frau Wirtin hat auch eine Nichte* (1969), *Justine* (1969), *Lady Hamilton – Zwischen Schmach und Liebe* (1969), *Der Kerl liebt mich und das soll ich glauben* (1969), *Bengelchen liebt kreuz und quer – Bengelchen hat's wirklich schwer* (1969), *Frau Wirtin bläst auch gerne Trompete* (1970), *Ich schlafe mit meinem Mörder* (1970), *Die blutigen Geier von Alaska* (1973), *Alle Menschen werden Brüder* (1973), *Gott schützt die Liebenden* (1973), *Vier gegen die Bank* (TV, 1976), *Das chinesische Wunder* (1977), *Die Kette* (TV, 1977), *Kir Royal* (TV, 1986).

LEITNER, HERMANN
→ Regisseure

LENSCHAU, HERMANN
* 20.11.1911 Hamburg,
† 14.08.1977 (ohne Angabe)
Deutscher Schauspieler. Er spielte den Rechtsanwalt Douglas in → *Die blaue Hand* (1967) und Dr. Lomond im Fernsehfilm → *Der Hexer* (1963).

Lenschau debütierte bei Erich Ziegel an den Hamburger Kammerspielen, hielt sich jedoch nicht lange an einem Ort auf. Mit einer Gitarre unterm Arm durchreiste er die Lande, führte sozusagen ein Vagabundenleben. Trotzdem zog es ihn immer wieder ans Theater zurück – ob in Berlin, Basel oder Stuttgart. Seine Lieblingsrolle war die des Mackie Messer in Bert Brechts *Die Dreigroschenoper*.

Gelegentlich trat er in Film- und Fernsehspielen auf, so z.B. in *Unsere kleine Stadt* (TV, 1961), *Lokalbericht* (TV, 1962), *Amphitryon 38* (TV, 1963), *Tim Frazer: Der Fall Salinger* (TV, 1964), *Goya* (TV, 1970), *Tatort – Kressin stoppt den Nordexpress* (TV, 1971), *Tatort – Kressin und der Laster nach Lüttich* (TV, 1971), *Alle Menschen werden Brüder* (1973) oder *Der Stechlin* (TV, 1975).

Harald Leipnitz

LENZI, UMBERTO
* 06.08.1931 Massa Maritima (Italien)
Regisseur. Lenzi war der Regisseur des Wallace-Films → *Rätsel des silbernen Halbmonds* (1971). Lenzi gilt als einer der bedeutendsten und aktivsten Trendregisseure Italiens. Bis 1954 studierte er in Pisa Jura und veröffentlichte nebenbei Filmkritiken. 1954–56 erhielt er ein Stipendium zur Ausbildung als Filmregisseur und arbeitete als Regieassistent. 1961 bekam er die Chance, seinen ersten eigenen Film zu inszenieren. Fortan nahm er jedes Regieangebot wahr und war in allen Genres zu Hause.
Weitere Regiearbeiten (Auswahl): *Robin Hood in der Stadt des Todes* (1962), *Zorro gegen Maciste* (1963), *Die schwarzen Piraten von Malaysia* (1964), *Fünf gegen Casablanca* (1968), *Die zum Teufel gehen* (1969), *Die große Offensive* (1977), *Flotte Teens und der Staatsanwalt* (1979), *Lebendig gefressen* (1979), *Rache der Kannibalen* (1980), *Großangriff der Zombies* (1980), *Er – Stärker als Feuer und Eisen* (1982), *Hungrige Skorpione* (1985), *Jagd nach dem goldenen Skorpion* (1991), *Black Zombies* (1991).

LESE- UND FREIZEITVERLAG
→ Verlage

LESTRANGE, DAVID
→ Drehbuchautoren

LETZTE MAHL, DAS
Titel eines geplanten → Rialto-Wallace-Films für RTL nach einem Drehbuch von Hans Kantereit und Axel Marquardt aus dem Jahr 1994. Bisher wurde das Projekt nicht realisiert.
Inhalt: Nach einem reichhaltigen Mahl im Restaurant »Golden Snake« wird Dr. Jung beim Anziehen seines Mantels von einer Schlange, die sich in der Tasche befindet, tödlich gebissen. Chefinspektor Higgins von Scotland Yard und seine Assistentin Lane sind mit dem Fall beschäftigt, als im Lokal »Chez Maurice« Mrs. Henson an einer Auster erstickt. Higgins glaubt nicht an Zufall und vermutet einen Zusammenhang beider Todesfälle. Da geschieht im Restaurant »Sullivan's Mill« etwas Entsetzliches: Als der Chefkoch eine Platte auf einen Tisch stellt und die Warmhaltekuppel abnimmt, befindet sich statt des Essens der abgehackte Kopf des Gasmannes Moore darunter. Nun wird auch die Presse auf die Fälle aufmerksam. Die Restaurantkritikerin Betty Klink vom »Weekly Gourmet« wittert eine Sensation. Die Spur führt die Beamten zu einem ehemaligen Restaurantbesitzer.

LEUCHTENDE SCHLÜSSEL, DER (BUCH)
→ THE CLUE OF THE SILVER KEY

LEUCHTENDE SCHLÜSSEL, DER (FILM I)
Die → Rialto kündigte 1964 dieses nicht realisierte Wallace-Projekt an. Unter der Regie von Paul Martin sollten → Joachim Fuchsberger, → Karin Dor, → Hans Clarin, → Elisabeth Flickenschildt, → Siegfried Schürenberg, → Siegfried Lowitz sowie → Klaus Kinski und → Eddi Arent mitwirken. Anderen Quellen zufolge sollte statt Fuchsberger → Heinz Drache die männliche Hauptrolle übernehmen.

LEUCHTENDE SCHLÜSSEL, DER (FILM II)
Nicht realisiertes Filmprojekt von Florian Pauer aus dem Jahr 1993 nach dem gleichnamigen Roman (→ *The Clue of Silver Key*) von Edgar Wallace.

Inhalt: In Emberding Manor wird der Gärtner Travis von Lady Agathe Osborne ermordet aufgefunden. Chiefinspector Higgins und Superintendent Barbara Lane von Scotland Yard übernehmen unter Leitung ihres Chefs Sir John diesen »adeligen« Fall. Lane kann sich im Zusammenhang mit dem Namen Osborne an ein früheres Verbrechen erinnern: Ein Spielhöllenbesitzer mit dem Decknamen Will O'Connor hatte durch Manipulationen ein Millionenvermögen gemacht, doch war ihm nichts nachzuweisen. Die Yard-Beamten stellen fest, daß dieser O'Connor kein anderer war als Sir William Osborne, der Mann von Lady Agatha. Osborne hatte vier Personen jeweils einen Schlüssel übergeben, doch ohne Hinweis darauf, wo sich das passende Schloß befindet. Alle Anwesenden in Emberding Manor erscheinen Higgins verdächtig, das unrechtmäßig erworbene Vermögen von Sir William gewaltsam an sich reißen zu wollen: Lady Agatha und ihr Stiefsohn Tom ebenso wie Butler Binny und Leo Moran, der Bankier und Anlageberater von Lady Agatha, sowie Harvey Lyne, ein skrupelloser Geldverleiher, der mit Sir William dunkle Geschäfte abgewickelt hat-

te, und der im Schloß wohnende Untermieter Anthony Wilson. Bald zählen jedoch Leo Moran und Harvey Lyne nicht mehr zu den Verdächtigen. Sie werden wie Travis ermordet aufgefunden. Gleichzeitig finden die Yard-Beamten heraus, daß es sich bei Butler Binny um einen lang gesuchten Meistergauner handelt. Damit beginnt die Jagd auf den Mörder, der sich jedenfalls unter den Bewohnern des Schlosses befindet.

LEUTNANT BONES
→ LIEUTENANT BONES

LEUTNANT TIBBETTS
Leutnant Augustus Tibbetts, allgemein → Bones genannt, gehört zu den Hauptakteuren in Wallace' → Afrikaerzählungen.

LEUX, LEO
→ Komponisten

LEVKA, UTA
* 26.05.1942 (ohne Angabe)
Schauspielerin. Arbeitete gelegentlich unter dem Pseudonym Eva Eden. Sie verkörperte in drei Wallace-Filmen zwielichtige weibliche Rollen: Lola in → *Der unheimliche Mönch* (1965), Gladys in → *Der Bucklige von Soho* (1966) und Dorothy Cornick in → *Der Hund von Blackwood Castle* (1967).
Ursprünglich sollte Uta Levka die weibliche Hauptrolle in der Karl-May-Verfilmung *Winnetou und das Halbblut Apanatschi* (1966) spielen, die dann von → Uschi Glas übernommen wurde.
Weitere Filme (Auswahl): *Dschungel der Schönheit* (1964), *Hi-Hi-Hilfe!* (1965), *Schwarzer Markt der Liebe* (1966), *Die Abenteuer des Kardinal Braun* (1967), *Carmen, Baby* (1967), *Mister Dynamit – Morgen küßt euch der Tod* (1967), *Mädchen zwischen Sex und Sünde* (1968) *Alles unter Kontrolle – Keiner blickt durch* (1968), *Das ausschweifende Leben des Marquis de Sade* (1969), *Edgar Allan Poe's Im Todesgriff der roten Maske* (1969), *Die lebenden Leichen des Dr. Mabuse* (1969).

LIEDER
Wallace schrieb für den Theatermann Arthur Roberts des Prince of Wales Theatre in London das Lied »A Sort of a Kind«.

Die weltberühmten Afrikaromane von EDGAR WALLACE

LEUTNANT BONES

GOLDMANNS GELBE TASCHENBUCHER
Ungekürzte Ausgabe

LIEDERTEXTE

→ *Der Frosch mit der Maske*, → *Das Gasthaus an der Themse*, → *Das Geheimnis der gelben Narzissen*, → *Im Banne des Unheimlichen*. Speziell im Film → *Sanders of the River* (1935) haben die Akteure auch ihre Sangeskunst kräftig unter Beweis gestellt.

LIEUTENANT BONES

14 → *Afrikaerzählungen. Originalausgabe: Ward Lock & Co., London 1918. Deutsche Erstveröffentlichung: Leutnant Bones. Übersetzung:* → *Ravi Ravendro. Wilhelm Goldmann Verlag, Leipzig 1927. Neuausgabe: Wilhelm Goldmann Verlag, München 1951. Taschenbuchausgabe: Wilhelm Goldmann Verlag, München 1955 (= Gelbe Bücher 353). Bearbeitete Neuausgabe: Wilhelm Goldmann Verlag, München 1981 (= Goldmann Taschenbuch 6438). Neuausgabe: Hesse & Becker Verlag, Dreieich 1986 (im Doppelband 2/2).* – Anläßlich des 125. Geburtstages des Autors brachte der → Weltbild Verlag 2000 eine Wallace-Edition heraus. Hier erschienen die Erzählungen in einer Doppelausgabe zusammen mit dem Roman *Bones in Afrika* (→ *Bones*).

Enthält: LIEUTENANT BONES R. N. (*Leutnant Bones, R. N.*), THE SLEUTH (*Die Falle*), A CHANGE OF MINISTRY (*Regierungswechsel*), THE LOVER OF SANDERS (nicht in der deutschen Ausgabe enthalten), THE BREAKING POINT (*Der entscheidende Punkt*), THE MADNESS OF VALENTINE (*Valentines verrückter Einfall*), THE LEGENDEER (*Legenden*), THE FETISH STICK (*Der große Fetisch*), THE PACIFIST (*Der Friedensstifter*), THE SON OF SANDI (*Sandis Sohn*), KING ANDREAS (nicht in der deutschen Ausgabe enthalten), BONES & A LADY (*Bones und eine Dame*), THE LITTLE PEOPLE (*Das kleine Volk*), THE NORTHERN MEN (*Die Nordleute*).

Inhalt: Im Mittelpunkt dieser Geschichten steht Leutnant Augustus Tibbetts, genannt Bones. Er ist ein junger, verrückter Kolonialoffizier, ein wenig eitel dazu. Aber er steht immer treu zu seinen Chefs, dem Bezirksamtsmann Sanders und dem Hauptmann Hamilton. Mit seiner humorvollen Art treibt er seine Vorgesetzten zwar oft zur Verzweiflung, doch können sie ihm letztlich nicht böse sein.

Uta Levka: 1. Dreharbeiten *Der unheimliche Mönch* (1965) • **2.** Premierefeier *Der Hund von Blackwood Castle*

LIEVEN, ALBERT

* 23.06.1906 Hohenstein (Ostpreußen),
† 22.12.1971 Farnham, Grafschaft Surrey
(England)

Deutscher Schauspieler mit englischem Paß. Er
verkörperte zwielichtige Personen mit Glanz
und Bravour: Raymond Lyne in → *Das Geheimnis der gelben Narzissen* (1961), Franz
Weiß in → *Todestrommeln am großen Fluß*
(1963), Mr. Trayne in → *Das Verrätertor* (1964)
und Henry Parker in → *Der Gorilla von Soho*
(1968). Zudem spielte er den Paul Heindrick
in der Merton-Park-Produktion → *Death Trap*
(1962). Lievens Großmutter war Schottin; der
Vater Wissenschaftler in Königsberg. Er selbst
wollte Biologie studieren – eine Wissenschaft,
der auch später seine ganze Liebe gehörte. Aber
um 1930 waren die deutschen Universitäten
überfüllt, und für einen Biologen bestand kaum
Aussicht, irgendwo unterzukommen. Da half
ihm ein Freund, ein Schauspieler. Ohne je
Schauspielunterricht erhalten zu haben, wurde
Lieven nach Gera engagiert. Er erhielt eine kleine Rolle; damit war der Sprung auf die Bühne
geschafft. Schnell ging es die schauspielerische
Karriereleiter aufwärts: Es folgten Königsberg
und Berlin. Bald wurde auch der Film auf Lieven aufmerksam. *Reifende Jugend* begründete
1933 seine Popularität. 1936 ging Lieven nach
England, wurde englischer Staatsbürger und erhielt bei Rank Film einen langjährigen Vertrag.
In Deutschland wurde er nach dem Krieg durch
die englischen Filme *Der letzte Schleier* (1946),
Ungeduld des Herzens (1946), *Schlafwagen
nach Triest* (1947) und *Hotel Sahara* (1951) erneut bekannt. Als er 1951 auf Gastspielreise
nach Deutschland ging, betraute man ihn mit
einer Reihe von filmischen Aufgaben: *Die Dubarry* (1951), *Fritz und Friederike* (1952), *Klettermaxe* (1952), *Die Rose von Stambul* (1953),
Geliebtes Leben (1953), *Heimweh nach
Deutschland* (1954), *Frühlingslied* (1954) und
Das Bekenntnis der Ina Kahr (1954). Beglückt
war Albert Lieven über seine Rolle als
Sicherheitsingenieur in dem Film *Das Lied von
Kaprun* (1954). Diese Rolle entsprach ganz seinem schauspielerischen Wesen – der Darstellung eines Wissenschaftlers, der mit eiserner
Energie gegen die Gefahren der Natur an-
kämpft, die die Menschheit bedrohen. In den
60er Jahren spielte Lieven überwiegend Theater, doch auch auf dem Bildschirm war er oft

Albert Lieven

zu Gast. – Der deutsche Film hat wenige Schauspieler hervorgebracht, die über soviel Aus-
drucksfähigkeit und künstlerische Noblesse
verfügten wie dieser Engländer aus Ostpreußen. Lievens Heimat war die Bühne; trotz der
rund 70 Filme, bei denen er mitwirkte, ist er
immer wieder zur Bühne, zum Kammerspiel,
zurückgekehrt.

Weitere Filme (Auswahl): *Charley's Tante*
(1934), *Krach um Jolanthe* (1934), *Mach' mich
glücklich* (1935), *Kuhle Wampe* (1936), *Eine
Frau ohne Bedeutung* (1936), *Leben und Sterben des Colonel Blimp* (1943), *Des Teufels General* (1954), *Der Fischer vom Heiligensee*
(1955), *Reifende Jugend* (1955), *London ruft
Nordpol* (1956), *Nacht der Entscheidung*
(1956), *Heirate nie in Monte Carlo* (1956), *Alle Sünden dieser Erde* (1957), *... und abends in
die Scala* (1958), *Der Andere* (TV, 1959), *Frau
Irene Besser* (1960), *Schachnovelle* (1960), *Die
Kanonen von Navarone* (1961), *Das Halstuch*
(TV, 1962), *Freddy und das Lied der Südsee*
(1962), *Mystery Submarine* (1963), *Die Schlüssel* (TV, 1965), *Scharfe Küsse für Mike Forster*
(1965), *Die Feuerzangenbowle* (1970), *Wie ein
Blitz* (TV, 1970), *Cher Antoine oder Die verfehlte Liebe* (TV, 1970), *Die Heilige Johanna* (TV,
1971).

LINDEN, EDWARD
→ Kameramänner

LINDFORS, LIL
→ Darsteller

LING, NIEN SÖN
→ Darsteller

LINGEN, THEO
** 10.06.1903 Hannover, † 10.11.1978 Wien;
eigentlicher Name: Theodor Franz Schmitz*
Deutscher Schauspieler. Er spielte 1934 den
Privatdetektiv Superbus in der Wallace-Verfilmung → *Der Doppelgänger.* Der Sohn eines Jus-
tizrats debütierte mit 18 Jahren in Hannover
am Boulevardtheater »Schauburg«; später
wechselte er ans Residenztheater, wo er in
Komödien und expressionistischen Dramen
auftrat. Weitere Theaterstationen waren Hal-
berstadt, Münster, Frankfurt/M. und Berlin.
1936 holte ihn Gründgens an die Preußischen
Staatstheater, denen er bis 1944 angehörte. Von

Anatole Litvak entdeckt, begann seine Filmlaufbahn mit *Dolly macht Karriere* (1930). Lingen schrieb Stücke, die er selbst inszenierte und
in denen er in die Rolle des Hauptdarstellers
schlüpfte. Der Komödiant spielte vorwiegend
im musikalischen Lustspiel, aber auch Schurken in Kriminalfilmen fielen in sein Fach. Bis
zum Ende des Zweiten Weltkriegs wirkte er in
über 100 Filmen mit, ohne auf der Besetzungs-
liste ganz oben zu stehen. Er war immer die komische Nummer, einer, der die Höflichkeit
übertreibt, ein »Überdiener« oder »Überkell-
ner«, wie der Film-Kurier schrieb. Lingen führte auch häufig Regie, so in Paul Linckes Ope-
rettenverfilmung *Frau Luna* (1941). Nach 1945
erwarb er die österreichische Staatsbürgerschaft und gehörte zum Ensemble des Burgtheaters. Im Nachkriegsfilm war Lingen dann
der Star, auf den die Hauptrollen zugeschnitten wurden; zusammen mit Hans Moser bildete er ein unschlagbares Komikerduo. Er scheute keinen Klamauk wie in *Der Theodor im Fußballtor* (1950), mischte auch in Heimatschnul-

Theo Lingen in *Der Doppelgänger* (1934)

zen und Karl-May-Filmen mit. In den 60er und 70er Jahren wirkte er häufig in klassischen Operetten wie *Orpheus in der Unterwelt* (1973) mit. Lingen war seit 1928 mit der Sängerin Marianne Zoff verheiratet. – Mit näselnder Stimme trieb Lingen das Preußisch-Exakte auf die Spitze. Unnahbar und mit den Allüren eines Großbürgers hielt er Distanz zu den Menschen, egal ob als Sekretär, Schuldirektor oder Bauernfänger. Seine Diener überschütteten die Welt mit naserümpfender Verachtung, sie waren die strengsten Kritiker ihrer Herrschaften. Als einer der großen Komiker und Eigenbrötler des deutschen Films bleibt er unvergessen.
Weitere Filme (Auswahl): *M* (1931), *Im weißen Rößl* (1935), *Der Tiger von Eschnapur* (1937), *Opernball* (1939), *Herz modern möbliert* (1940; auch Regie), *Sieben Jahre Pech* (1940), *Wiener Blut* (1942), *Das Lied der Nachtigall* (1943; auch Regie), *Liebesheirat* (1945; auch Regie und Buch), *Hin und her* (1947; auch Regie), *Heidi und Peter* (1955), *Wenn die Alpenrosen blüh'n* (1955), *Die Unschuld vom Lande* (1957), *Die Sklavenkarawane* (1958), *Der Löwe von Babylon* (1959), *Pension Schöller* (1960), *Tonio Krüger* (l964), *Das große Glück* (1967), *Die Lümmel von der ersten Bank 1.–7.Teil* (1968–72), *Die Feuerzangenbowle* (1970), *Hauptsache Ferien* (1972), *Der Geheimnisträger* (1975).

LINKMANN, LUDWIG
* 16.06.1902 Gießen,
† 12.06.1963 (ohne Angabe)
Deutscher Schauspieler. Er spielte den Schloßbesitzer Longvale in → *Der Rächer* (1960). Durch einen Zufall kam Linkmann zur Bühne. Er hatte das Schmiedehandwerk gelernt, doch zog ihn das Theater mit Macht an. Tagsüber stand er an Esse und Amboß, abends gehörte er zu den Statisten des Gießener Stadttheaters. Man spielte gerade Shakespeares *Sommernachtstraum*, als der Darsteller des Handwerkers Zettel erkrankte. Da Linkmann das Stück inzwischen gut kannte, sprang er kurz entschlossen ein. Es wurde ein so großer Erfolg, daß aus dem Schmied der Schauspieler Linkmann wurde. 1927–31 blieb er in Gießen engagiert. Anschließend spielte er im Reußschen Theater in Gera und ab 1933 am Hessischen Landestheater in Darmstadt. 1938 wurde er von Eugen Klopfer an die Berliner Volksbühne

geholt, wo er bis zum 31.8.1944 blieb, dem Tag, an dem alle deutschen Bühnen infolge des »totalen Krieges« geschlossen werden mußten. Nach Kriegsende war er in Düsseldorf bei Gustaf Gründgens, wo ihm die verschiedensten Rollen anvertraut wurden. So stand er als Banditen-Hauptmann in Jacques Offenbachs *Banditen* ebenso auf der Bühne wie als Bäcker in Marcel Pagnols *Frau des Bäckers*. 1953 ging Linkmann zu Albert Lippert an das Deutsche Schauspielhaus nach Hamburg, wohin ihm wenige Jahre später Gründgens als neuer Intendant folgte. In allen Rollen, die er hier spielte, wußte der wandlungsfähige Schauspieler zu überzeugen. Immer verstand er es, der Figur, die er spielte, den menschenscheuen, menschenliebenden Charme seiner Zurückhaltung oder den Schwung überschäumender Ausgelassenheit zu verleihen.
Weitere Filme (Auswahl): *... und über uns der Himmel* (1947), *Die Reise nach Marrakesch* (1949), *Hanussen* (1955), *Alibi* (1955), *Der Hauptmann von Köpenick* (1956), *Nachts im grünen Kakadu* (1957), *Das Herz von St. Pauli* (1957), *Der eiserne Gustav* (1958), *Der Mann im Strom* (1958), *Schmutziger Engel* (1958), *Peter Voss, der Millionendieb* (1958), *Der Schin-*

Ludwig Linkmann

derhannes (1958), *Alt Heidelberg* (1959), *Peter Voss, der Held des Tages* (1959), *Kein Engel ist so rein* (1960), *Wenn die Heide blüht* (1960), *Zwei unter Millionen* (1961).

LIPMAN, WILLIAM R.
→ Drehbuchautoren

LISA FILM
Diese Produktionsfirma wurde 1964 von Karl Spiehs in München gegründet. Sie fungierte als Co-Produzent des Wallace-Films → *Die Schokoladen-Schnüffler* (1985).
Weitere Lisa-Produktionen (Auswahl): *Das Mädel aus dem Böhmerwald* (1964), *Das Rasthaus der grausamen Puppen* (1967), *Engel der Sünde* (1968), *Immer Ärger mit den Paukern* (1968), *Unser Doktor ist der Beste* (1969), *Unsere Pauker gehen in die Luft* (1970), *Musik, Musik, da wackelt die Penne* (1970), *Das haut den stärksten Zwilling um* (1971), *Wenn mein Schätzchen auf die Pauke haut* (1971), *Rudi benimm dich* (1971), *Liebesspiele junger Mädchen* (1972), *Trubel um Trixie* (1972), *Kinderarzt Dr. Fröhlich* (1972), *Der Schrei der schwarzen Wölfe* (1972), *Die blutigen Geier von Alaska* (1973), *Geh, zieh dein Dirndl aus* (1973), *Crazy, total verrückt* (1973), *Alpenglüh'n im Dirndlrock* (1973), *Auf der Alm da gibt's koa Sünd* (1974), *Griechische Feigen* (1976), *Vanessa* (1977), *Kalt wie Eis* (1981), *Die Einsteiger* (1985), *Bitte laßt die Blumen leben* (1986), *Der Joker* (1987), *Killing Blue* (1988), *Zwei Frauen* (1989), *Ein Schloß am Wörthersee* (TV, 1990), *Hochwürden erbt das Paradies* (TV, 1993), *Tierärztin Christine* (TV, 1993), *Herzensfeinde* (TV, 2001).

LITTLE GREEN MAN, THE
Acht Kriminalerzählungen. *Originalausgabe:* George Newnes, London 1929.
Enthält: THE LITTLE GREEN MAN (*Der grüne Mann*, erschienen in → *Der sentimentale Mr. Simpson*), CODE NR. 2 (bisher nicht übersetzt), THE STRETELLI CASE (*Der Fall Stretelli*, erschienen in der deutschen Übersetzung von → *The Million Dollar Story*), THE MAN WHO NEVER LOST (*Der Mann, der nie verlor*, erschienen in → *Der sentimentale Mr. Simpson*), CHRISTMAS EVE AT THE CHINA DOG (bisher nicht übersetzt), CHUBB OF THE ›SLIPPER‹ (bisher nicht übersetzt), THE KING'S BRAHM (bisher nicht übersetzt), THE MAN WHO KILLED HIMSELF (*Der Selbstmörder*, erschienen in der deutschen Übersetzung von → *The Golden Hades*).
Inhalt der Titelerzählung: Wollte Molly Linden ihrem Herzen folgen, käme nur der junge Ingenieur Thursby Grant als Mann in Frage. Da ihr verwitweter Vater John sie aber sicher verheiraten will, entscheidet sie sich für den zwielichtigen Millionär Charles Fathergill. Auf einer Reise nach Teheran, die er nicht nur für Geschäfte nutzt, lernt Fathergill das Mädchen Irene kennen. Deren Talisman ist ein kleines Fläschchen mit grüner Flüssigkeit, das sie »den kleinen grünen Mann« nennt. Monate später erreicht Fathergill in Paris ein Telegramm von John Linden mit der Bitte, Weihnachten nach London zu kommen, um das Fest mit der Familie zu feiern und die Verbindung mit Molly zu festigen. Zudem soll er Johns neue Frau kennenlernen. Trotz seiner Unlust reist Fathergill nach London und muß zu seiner Überraschung feststellen, daß die neue Mrs. Linden keine andere ist als Irene, das Mädchen aus Teheran. Am folgenden Morgen wird Fathergill vom Stubenmädchen in seinem Bett tot aufgefunden.

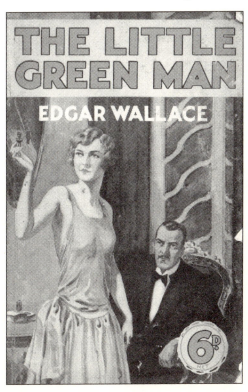

LITTO, MARIA

* *10.09.1919 Höxter,* † *25.10.1996 Berlin*
Deutsche Schauspielerin. Sie wirkte in drei Wallace-Filmen mit: als Tänzerin in → *Der Rächer* (1960), als Gloria in → *Der Gorilla von Soho* (1968) und als Liz in → *Der Mann mit dem Glasauge* (1968).

Litto nahm Tanzunterricht in der berühmten Essener Folkwangschule. Ihr erstes Engagement fand sie am Deutschen Opernhaus in Berlin. Es folgte ein Studium bei Jens Keith, Rudolf Kölling und Tatjane Gsovsky. 1944 wurde sie Solotänzerin (mit Kriegseinsatz). Ab 1946 spielte sie an der Städtischen Oper in Berlin und an anderen Bühnen. Daneben wirkte sie in Filmen und zahlreichen Fernsehproduktionen mit.

Weitere Filme (Auswahl): *Geliebter Schatz* (1943), *Nora* (1944), *Moselfahrt mit Monika* (1952), *Königin der Arena* (1952), *Die Blume von Hawaii* (1953), *Dunja* (1955), *Das hab ich in Paris gelernt* (1960), *Das gelbe Haus am Pinnasberg* (1970).

LLOYD, JEREMY
→ Darsteller

LÖB, KARL

**15.03.1910 Teplitz-Schönau, Böhmen,* † *20.01.1983 Berlin*
Der meistbeschäftigte Kameramann der deutschen Wallace-Film-Serie. Insgesamt drehte er 15 Streifen: → *Die toten Augen von London* (1961), → *Der Fälscher von London* (1961), → *Die Tür mit den 7 Schlössern* (1962), → *Das Gasthaus an der Themse* (1962), → *Der Zinker* (1963), → *Das indische Tuch* (1963), → *Der Hexer* (1964), → *Neues vom Hexer* (1965), → *Der Bucklige von Soho* (1966), → *Der Mönch mit der Peitsche* (1967), → *Der Hund von Blackwood Castle* (1967), → *Im Banne des Unheimlichen* (1968), → *Der Gorilla von Soho* (1968), → *Der Mann mit dem Glasauge* (1968) und → *Die Tote aus der Themse* (1971).

Als Sohn eines Kinobesitzers kam Löb 1927 nach Berlin, wo er zunächst als Kameraassistent arbeitete. 1931 wurde er Co-Chefkameramann und 1936 Chefkameramann bei der Produktion *Die Leute mit dem Sonnenstich*. Ab 1940 wurde er zum Wehrdienst eingezogen; während dieser Zeit fotografierte er vor allem Ereignisse für Wochenschauen. Nach dem Krieg gründete er zusammen mit dem Fotografen Leo Weisse ein Fotoatelier für Paß- und Porträtfotos und arbeitete als Fotograf am Berliner Schloßpark-Theater. Schnell wurde er wieder Chefkameramann, ab den 60er Jahren vor allem für die Regisseure → Alfred Vohrer, → Harald Reinl, → Werner Jacobs und Rolf Olsen.

Weitere Arbeiten als Kameramann (Auswahl): *... heute abend bei mir* (1934), *Ich bin Sebasti-*

Karl Löb: 1. Dreharbeiten *Die toten Augen von London* **(1961) • 2. Mit Klaus Kinski – Dreharbeiten** *Das indische Tuch* **(1963)**

an Ott (1939), Der Florentiner Hut (1939), Der Vetter aus Dingsda (1953), Liebe, Tanz und 1000 Schlager (1955), Der 20. Juli (1955), Der erste Frühlingstag (1956), Rosel vom Schwarzwald (1956), Die Frühreifen (1957), Scala – total verrückt (1958), Der Stern von Santa Clara (1958), Münchhausen in Afrika (1958), Am Tag, als der Regen kam (1959), Aus dem Tagebuch eines Frauenarztes (1959), Was eine Frau im Frühling träumt (1959), Ich zähle täglich meine Sorgen (1960), Die 1000 Augen des Dr. Mabuse (1960), Unser Haus in Kamerun (1961), Im Stahlnetz des Dr. Mabuse (1961), Unsere tollen Nichten (1962), Der letzte Ritt nach Santa Cruz (1963), Unter Geiern (1964), Old Surehand 1. Teil (1965), Schüsse im Dreivierteltakt (1965), Spukschloß im Salzkammergut (1965), Lange Beine – lange Finger (1966), In Frankfurt sind die Nächte heiß (1966), Winnetou und sein Freund Old Firehand (1966), Das Rasthaus der grausamen Puppen (1967), Die Herren mit der weißen Weste (1969), Wie kommt ein so reizendes Mädchen zu diesem Gewerbe? (1969), Was ist denn bloß mit Willi los? (1970), Unser Willi ist der Beste (1971), Willi wird das Kind schon schaukeln (1971), Grün ist die Heide (1972).

LOCKER 69
(Schließfach 69)

Kinofilm. England 1962. Produktion: Merton Park. Produzent: Jack Greenwood. Regie: Norman Harrison. Buch: Richard Harris frei nach Edgar Wallace. Kamera: Bert Mason. Darsteller: Eddi Byrne (Simon York), Paul Daneman (Frank Griffiths), Walter Brown (Craig), Penelope Homer (Julie Denver), Edward Underdown (Bennett Sanders), Clarissa Stolz (Eva Terila),

Locker 69

John Carson (Miguel Terila), John Glyn-Jones (Inspektor Roon), Edwin Richfield (Peters), Alfred Burke (Davison), Philip Latham (Dr. Trent), Leonard Sachs (Spencer). Länge: 56 Minuten.

Inhalt: Der Privatdetektiv Craig soll von dem Exportkaufmann Sanders einen Auftrag erhalten. Als er diesen besucht, findet er dessen Leiche und wird von einem Unbekannten bewußtlos geschlagen. Nachdem er zu sich gekommen ist, ist der Leichnam verschwunden. Die Polizei glaubt ihm kein Wort, und das Erscheinen des Reporters Simon York, der von einer anonymen Anruferin informiert wurde, kompliziert die Angelegenheit weiter. In einem von Sanders hinterlassenen Brief erfährt Craig von der Existenz belastender Papiere, die in einem Schließfach liegen sollen. Kurze Zeit später wird der Detektiv gekidnappt. Am Ende erfährt er den wahren Sachverhalt: Sanders hatte seinen eigenen Tod inszeniert, um sich ins Ausland absetzen zu können.

Kritik zum Film: »Ein gutes Beispiel für jenen Typ von Kriminalgeschichte, für die Edgar Wallace so berühmt war, auch wenn der Schlußgag in Wahrheit nicht überraschend ist. Die Story ist zwar sehr verwickelt, aber handwerklich ist alles glatt durchgeführt.« (Monthly Film Bulletin, 2/1963)

Anmerkung: Dieser Film wurde in Deutschland nicht aufgeführt.

LOCKYER, MALCOLM
→ Komponist

LODER, JOHN
→ Darsteller

LOEWIS, ERIK VON
* 22.02.1904 Dorpat (damals Rußland, heute Estland), † (nicht feststellbar)

Deutscher Schauspieler. Er verkörperte den Juwelier in → *Der Zinker* (1963). Loewis floh 1918 nach Deutschland, machte Abitur und studierte Jura. Neben seiner Arbeit als Anwalt bei einer Bank nahm er bei Lilly Ackermann Schauspielunterricht. 1934 debütierte er am Stadttheater in Neiße. Über Magdeburg kam er ans Bremer Stadttheater. In dieser Zeit erhielt er sein erstes Filmangebot als Gegenspieler von Karl Ludwig Diehl in *Der Mann, der nicht nein sagen kann* (1938). An seiner nächsten Theaterstation Gera wurde er 1943 zum Militär ein-

gezogen. Nach dem Krieg arbeitete er als Darsteller und Regisseur in Düsseldorf am Theater am Dreieckplatz. Tourneen mit Willy Birgel führten ihn nach Berlin, wo er zunächst im Friedenauer Theater gastierte. Nachdem ihn Helmut Käutner für *Epilog* (1950) engagiert hatte, trafen weitere Filmangebote ein. Trotz zahlreicher Filmauftritte blieb er seiner Leidenschaft, dem Theater, treu.

Weitere Filme (Auswahl): *Die Barrings* (1955), *Anastasia – Die letzte Zarentochter* (1956), *Spion für Deutschland* (1956), *Der Adler vom Velsatal* (1956), *Der Fuchs von Paris* (1957), *Das Mädchen Rosemarie* (1958), *Die schöne Lügnerin* (1959), *Der letzte Zeuge* (1960), *Playgirl* (1966), *Lange Beine – lange Finger* (1966), *Der Stechlin* (TV, 1975).

LOGIK
Hinter dem Bemühen, Spannung und Action zu erzeugen, muß die innere Logik eines Films oft zurücktreten. Das gilt auch für die deutsche Wallace-Serie. Hier erhob der → Constantin-Produktionschef → Gerhard F. Hummel die Devise »Action vor Logik« für seine Autoren zum Prinzip. Trotzdem konnten die Zuschauer der Filmhandlung in der Regel folgen, ohne daß logische Widersprüche und Unwahrscheinlichkeiten direkt ins Auge fielen. Bei mehrfacher Betrachtung der Filme werden jedoch zahlreiche unglaubwürdige Handlungselemente sichtbar. Einige markante Beispiele seien angeführt: In → *Der rote Kreis* wird die kleine Dorothy entführt und in der Lagerhalle des »Roten Kreises« gefangengehalten; bei ihrer Übergabe ertönt das bekannte Lachen des »Roten Kreises«. Am Ende, bei der Aufklärung des Falles in der Lagerhalle, gesteht Osborne, die kleine Dorothy entführt zu haben. Hier stellt sich die Frage, wer Dorothy tatsächlich entführt hat. Wäre es Osborne gewesen, hätte er ja den Schlupfwinkel des »Roten Kreises« gekannt.

Oft stellt sich die Frage: Wer tötete die Opfer und warum? Rätselhafterweise wird in → *Der schwarze Abt* Mary Wenner (→ Eva-Ingeborg Scholz) von unbekannter Hand erschossen. In → *Im Banne des Unheimlichen* wird ein Sergeant ohne jeden Grund dahingemeuchelt. Von besonderer Unlogik ist die Ermordung von Maurice Messer (→ Jochen Brockmann) in → *Der Hexer* von 1964. Kurz bevor die Herren von Scotland Yard eintreffen, wirft Messer seinen Degen durch die Geheimtür und verschließt sie. Danach wird er mit dem gleichen Degen aufgespießt, ohne daß plausibel wird, wie der Degen wieder in den Wohnraum gelangte.

LOGUE, CHARLES
→ Drehbuchautoren

LOM, HERBERT
* 09.01.1917 Prag;
eigentlicher Name: Herbert Karel Angelo Kuchacevich ze Schluderpacheru
Schauspieler. Er verkörperte Maurice Meister in der Verfilmung von → *The Ringer* (1952). Nach einem kurzen Studium an der Universität seiner Heimatstadt debütierte Lom nach einer Schauspielausbildung 1936 am Theater und kurze Zeit später beim Film. 1939 floh er nach London, wo er sich seinen leichter auszusprechenden Künstlernamen zulegte. Er war zunächst am Old-Vic-Theater tätig, fand aber auch bald Anschluß beim Film. Zum Weltstar wurde er durch die Pink-Panther-Serie, in der er den zum Wahnsinn getriebenen Kommissar Dreyfus spielte. Dem deutschen Publikum wurde er vor allem durch die Rolle des Erzbösewichts in dem Karl-May-Film *Der Schatz im Silbersee* (1962) bekannt.
Weitere Filme (Auswahl): *Ladykillers* (1955), *Spartacus* (1960), *El Cid* (1961), *Das Rätsel der unheimlichen Maske* (1962), *Ein Schuß im Dunkeln* (1964), *Onkel Toms Hütte* (1965), *Marrakesch* (1965), *Die Nibelungen* (2 Teile, 1966), *Das Bildnis des Dorian Gray* (1969), *Hexen bis aufs Blut gequält* (1970), *Ein Unbekannter rechnet ab* (1974), *Der rosarote Panther kehrt zurück* (1974), *Inspector Clouseau – Der beste Mann bei Interpol* (1976), *Inspector Clouseau – Der irre Flic mit dem heißen Blick* (1978), *Der rosarote Panther wird gejagt* (1982), *Der Fluch des rosaroten Panthers* (1983), *Quatermain – Auf der Suche nach dem Schatz der Könige* (1985), *Tod auf Safari* (1988), *Der Sohn des rosaroten Panthers* (1994).

LONDON
→ Greenwich
Englische Hauptstadt und Metropole des britischen Weltreichs. Die meisten seiner Romane hat Wallace in und um Albions Hauptstadt spielen lassen. Damit hat er auch der dort angesie-

delten Polizeiorganisation Scotland Yard ein Denkmal gesetzt. Speziell die durch London fließende → Themse steht oft im Mittelpunkt der Romane und ihrer Verfilmungen. Eine Attraktion der Stadt, das berüchtigte Verrätertor (Traitor's Gate), durch welches im Mittelalter die Gefangenen in den Tower gebracht wurden, machte Wallace zum Titel eines seiner Kriminalromane (→ *The Traitor's Gate*). In den Verfilmungen wurden die Londoner Sehenswürdigkeiten optisch bestens ins Bild gesetzt, u.a. → Tower, → Tower-Bridge, → Big Ben, → New Scotland Yard (altes Gebäude bis 1965 und neues Gebäude in der Victoria-Street) und → Piccadilly Circus.

LONE HOUSE MYSTERY, THE
→ **Kriminalkurzroman** und drei → **Kriminalkurzgeschichten:** *Originalausgabe: Collins, London 1929.*
Enthält: THE LONE HOUSE MYSTERY, THE SOOPER SPEAKING, CLUES, ROMANCE IN IT.
Inhalt: Der bekannte Superintendent Patrick J. Minter (→ *Big Foot*), genannt »Super«, erzählt aus eigener Sicht (→ Ich-Form) vier seiner interessantesten Fälle. Im Titelroman geht es um John C. Field, den Minter durch Zufall kennengelernt hatte. Eines Morgens wird Field tot in seinem Haus aufgefunden, ermordet mit einem kostbaren Schwert aus seiner eigenen Sammlung, dem Schwert von Tuna.
Anmerkungen: Diese Romane wurden bisher nicht ins Deutsche übertragen. Die Erzählung *The Lone House Mystery* wurde 1961 unter dem Titel → *Attempt To Kill* verfilmt.

LORD WIDER WILLEN
→ CHICK

LOTTERIE DES TODES
→ THE GREEN PACK

LOUBA DER SPIELER
→ FLAT TWO

LOWITZ, SIEGFRIED
* 22.09.1914 Berlin, † 27.06.1999 München;
eigentlicher Name: Siegfried Wodolowitz
Deutscher Schauspieler. Lowitz war der erste Inspektor in der deutschen Wallace-Serie. Er spielte → Inspektor Elk in → *Der Frosch mit*

der Maske (1959), Oberinspektor Bourke in → *Der Fälscher von London* (1961), Inspektor Warren in → *Der Hexer* (1964) und Sir Richard in → *Der unheimliche Mönch* (1965).

Der gebürtige Berliner wollte wie sein Vater Bildhauer werden. Bei einer Laienaufführung anläßlich der Römerberg-Festspiele in Frankfurt fiel der junge Lowitz dem Intendanten des Frankfurter Schauspielhauses durch sein talen-

Siegfried Lowitz

tiertes Spiel auf. Er bot ihm einen Volontärvertrag an; Lowitz erkannte seine Chance und wechselte kurz entschlossen von der bildenden zur darstellenden Kunst. Nach absolvierter Ausbildung spielte Lowitz in Mainz, Glogau, Breslau und Gießen Theater, bis der Krieg weitere Berufspläne zunichte machte. Nach einem kurzen Ausflug zum Kabarett führte ihn der Neubeginn nach Kriegsende zurück an das Frankfurter Schauspielhaus. Von dort holte ihn Heinz Hilpert nach Konstanz und nahm ihn dann mit nach Göttingen. Später gehörte Lowitz viele Jahre zum Ensemble der Münchner Kammerspiele und des Schauspielhauses in Zürich. Seit seiner ersten Filmrolle in *Meines Vaters Pferde* (1954) hat der wandlungsfähige Darsteller in ungezählten Filmen und Fernsehspielen seine Ausdrucksstärke bewiesen. Verheiratet war er mit Marianne Probst. – Obwohl er beim Film und Theater auch andere Rollen spielte, wurden Kriminalfilme zu seiner eigentlichen Domäne: Hier verkörperte er entweder den Bösewicht oder den Hüter von Recht und Ordnung. Damit war er prädestiniert für die Titelrolle des Kommissars Köster in der ZDF-Krimiserie *Der Alte* (1977–85).

Weitere Filme (Auswahl): *Hanussen* (1955), *Der Fischer vom Heiligensee* (1955), *Himmel ohne Sterne* (1955), *Der Hauptmann von Köpenick* (1956), *Rose Bernd* (1956), *Robinson soll nicht sterben* (1957), *Haie und kleine Fische* (1957), *Der Arzt von Stalingrad* (1958), *Es geschah am hellichten Tag* (1958), *Gestehen Sie, Dr. Corda!* (1958), *Besuch aus der Zone* (TV, 1958), *Der Greifer* (1958), *Der Mann, der nicht nein sagen konnte* (1958), *Schinderhannes* (1958), *Es ist soweit* (TV, 1960), *Das schwarze Schaf* (1960), *Soldatensender Calais* (1960), *Ein Toter sucht seinen Mörder* (1962), *Die unsichtbaren Krallen des Dr. Mabuse* (1962), *Die Physiker* (TV, 1964), *Die Gentlemen bitten zur Kasse* (TV, 1966), *Babeck* (TV, 1968), *Der Mann, der sich Mabuse nannte* (1971), *Anna Maria – Eine Frau geht ihren Weg* (TV, 1994), *Birkenhof & Kirchenau* (TV, 1994), *Mein Freund Harvey* (TV, 1997).

Interview-Zitat anläßlich der Fernsehaufführung der Wallace-Filme: »Ich habe in den Edgar-Wallace-Filmen nur zweimal den Inspektor gespielt. Ich wollte nicht mehr, denn es gab lohnendere Aufgaben. Ich habe den Ruhm dann Fuchsberger und Drache überlassen. Mit der Rolle des Kommissars habe ich mich weder damals noch heute identifiziert. Daß die Wallace-Krimis so ein Renner werden würden, ist sowieso ein Witz.« (Bild + Funk, 1974).

LUCAS, WILLIAM
→ Darsteller

LUGOSI, BELA
* 20.10.1882 Lugos (Österreich-Ungarn),
† 16.08.1956 Los Angeles, Kalifornien;
eigentlicher Name: Béla Ferenc Dezsö Blaskó
Schauspieler. Sensationell guter Darsteller als Dr. Feodor Orloff in → *The Dark Eyes of London* (1939). Bereits 1915 gelangte Lugosi in seiner Heimat Ungarn zu Filmruhm. Nach dem Sturz der Republik mußte er 1919 das Land verlassen. Nach einem kurzen Zwischenspiel in Deutschland, wo er 1920 in Murnaus Film *Der Januskopf* mitwirkte, emigrierte er nach Amerika. Dort wurde er mit Hilfe von Schminke und Pomade bald zum dämonischen Unhold Graf Dracula. Diese Rolle, sein Markenzeichen, sollte ihn bis ins Grab verfolgen: Nach eigenem Wunsch wurde er im Dracula-Kostüm begraben.

Weitere Filme (Auswahl): *Dracula* (1931), *Charlie Chan: Der Tod ist ein schwarzes Kamel* (1931), *White Zombie* (1932), *Murders in the Rue Morgue* (1932), *The Black Cat* (1934), *Tödliche Strahlen* (1936), *Frankensteins Sohn* (1939), *Ninotchka* (1939), *Der Wolfsmensch* (1941), *The Black Cat* (1941), *The Ghost of Frankenstein* (1942), *Frankenstein Meets the Wolf Man* (1943), *The Return of the Vampire* (1944), *Der Leichendieb* (1945), *Genius at Work* (1945), *Zombies on Broadway* (1945), *Abbott und Costello treffen Frankenstein* (1948), *The Black Sleep* (1956), *Die Rache des Würgers* (1956), *Plan 9 aus dem Weltall* (1958).

LUKSCHY, WOLFGANG
* 19.10.1905 Berlin, † 11.7.1983 Berlin
Deutscher Schauspieler. Er verkörperte den zwielichtigen Stephen Judd in → *Die toten Augen von London* (1961). Ferner war er Dialogmitarbeiter am Drehbuch dieses Films. Lukschy arbeitete als Chemograph und Filmkopierer, ehe er ab 1928 bei Paul Bildt Schauspielunterricht nahm. Seine ersten Theaterstationen waren Königsberg, Stuttgart, Würzburg, München und Hannover. Von 1939 bis Kriegs-

Wolfgang Lukschy

Charaktere handelte. Er war zwar auch als Kaiser Wilhelm II., russischer General, Forscher und Arzt zu sehen, aber sein Hang zum Unbürgerlichen führte ihn immer wieder zur Darstellung von interessanten, gebildeten und nur scheinbaren Biedermännern mit fragwürdiger Vergangenheit und einem Glas Whisky in der Hand.

Weitere Filme (Auswahl): *Heimweh nach dir* (1952), *Emil und die Detektive* (1954), *Heideschulmeister Uwe Karsten* (1954), *Die Deutschmeister* (1955), *Der Rommelschatz* (1955), *Fuhrmann Henschel* (1956), *Skandal um Dr. Vlimmen* (1956), *Das haut hin* (1957), *Die Zürcher Verlobung* (1957), *Das Mädchen vom Moorhof* (1958), *Bis daß das Geld euch scheidet* (1960), *Und sowas nennt sich Leben* (1961), *Sherlock Holmes und das Halsband des Todes* (1962), *Die Bekenntnisse eines möblierten Herrn* (1962), *Der längste Tag* (1962), *Scotland Yard jagt Dr. Mabuse* (1963), *Für eine Handvoll Dollar* (1964), *Das siebente Opfer* (1964), *Old Surehand 1. Teil* (1965), *Durchs wilde Kurdistan* (1965), *Die Hölle von Manitoba* (1965), *In Beirut sind die Nächte lang* (1965), *Tatort – Saarbrücken an einem Montag* (TV, 1970), *Die Feuerzangenbowle* (1970), *Was ist denn bloß mit Willi los?* (1970).

ende in Berlin, u.a. bei Heinrich George am Schiller-Theater. Harald Braun entdeckte ihn für den Film. Nach 1945 auch Auslandsgastspiele in der Schweiz und in Österreich. Er trat rund 500mal auf der Musicalbühne in *My Fair Lady* auf. Als Synchronsprecher lieh er seine Stimme vor allem Lee Marvin, Humphrey Bogart, Errol Flynn, Walter Matthau, Jeff Chandler und Henry Fonda. – Der Bösewicht im Gentleman-Look legte auf »Helden«-Rollen nur dann Wert, wenn es sich um gebrochene

LUSTGARTEN, EDGAR
→ Drehbuchautoren

LUTYENS, ELISABETH
→ Komponisten

LYNN, ROBERT
→ Regisseure

M'LADY

Theaterstück von Edgar Wallace. 1921 für das Londoner Playhouse Theater geschrieben, wo es am 18.07. uraufgeführt wurde. Die sentimentale Komödie erntete mäßige Kritiken. War die Premierenvorstellung noch ausverkauft, so mußte bereits am zweiten Abend das Theater mit Freikarten gefüllt werden. Nach 14 Tagen wurde es mit der betrüblichen Auszeichnung, das alles überragende Fiasko der Saison gewesen zu sein, abgesetzt.
Inhalt: Die Frau eines Klempners verbüßt wegen Mordes an einem Polizisten eine lebenslängliche Strafe im Zuchthaus Broadmoor. Sie kommt auf den romantischen Gedanken, ihre einzige Tochter in dem Glauben aufzuziehen, sie sei das verwaiste Kind einer ausländischen Gräfin und sie selbst nur ihre Pflegemutter. Ziel dieses Täuschungsmanövers ist es, das Mädchen aus Einnahmen, die ihre Mutter mit dem Handel von Secondhand-Garderobe nach der Haft erzielen will, nach Cheltenham zur Schule zu schicken, um ihm dort einen aristokratischen Start ins Leben zu geben: Jeder, der das Mädchen kennt, soll es mit »M'lady« anreden.
Anmerkung: Wallace arbeitete das Stück anschließend in den Kriminalroman → *The Lady of Ascot* um.

MACKENZI, JACK
→ Kameramänner

MACKEY, PERCIVAL
→ Komponisten

MACKIE, PHILIP
→ Drehbuchautoren

MACPHAIL, ANGUS
→ Drehbuchautoren

MADDERN, VICTOR
→ Darsteller

MÄDER, LOTHAR
* 01.08.1930 Leipzig
Mäder war **Aufnahmeleiter** bei den Wallace-Filmen → *Der grüne Bogenschütze* (1960/61), → *Die toten Augen von London* (1961), → *Der Fälscher von London* (1961), → *Das Rätsel der roten Orchidee* (1961/62) und → *Das Gasthaus an der Themse* (1962). Über den Regisseur Joachim Hees kam Mäder mit dem Produktionsleiter Herbert Sennewald in Verbindung, der ihn als Aufnahmeleiter beschäftigte. 1969 machte Mäder sich selbständig und produzierte mit Partnern Werbespots für deutsche Agenturen.

MAIN CHANCE, THE
(Die große Chance)
Kinofilm. *England 1964. Produktion: Merton Park. Produzent: Jack Greenwood. Regie: John Knight. Regieassistenz: Ted Lewis. Buch: Richard Harris frei nach Edgar Wallace. Kamera: James Wilson. Schnitt: Derek Holding. Bauten: Peter Mullins. Musik: Bernard Ebbinghouse. Ton: Brian Blarney, Sidney Rider, Red Law. Darsteller: Gregoire Asian (Potter), Edward De Souza (Michael Blake), Tracy Reed (Christine), Stanley Meadows (Joe Haves), Jack Smethurst (Ross), Bernard Stone (Miller), Will Stampe (Carter), Julian Strange (Butler), Tony Bailey (Chauffeur), Joyce Barbnur (Madame Rozanne). Länge: 61 Minuten.*
Inhalt: Michael Blake, einst Pilot der Royal Air Force, wartet auf seine große Chance. Der Gangster Potter braucht einen Piloten, um seine Beute aus Frankreich herauszuschmuggeln. In Blake scheint er den richtigen Mann dafür gefunden zu haben. Er schickt seine attraktive Freundin Christine, um Blake anzuheuern. Der Pilot behauptet, nicht interessiert zu sein, obwohl ihm Potter viel Geld anbietet. Um Druck auszuüben, läßt Potter Blake erst bedrohen, dann niederschlagen und ausrauben. Nun stimmt Blake Potters Plan zu, doch übermittelt

er die Details des Fluges an seinen geheimen Komplizen Joe Hayes. Nach der Landung in Frankreich lauert Hayes Potters Chauffeur auf und stiehlt die Beute. Aber Hayes findet keine Diamanten, sondern Kieselsteine. Hayes informiert Potter darüber, der Blake anfunkt. Blake fliegt gerade über den Kanal und wird von Potter gewarnt, daß im Flugzeug fernzündbarer Sprengstoff deponiert ist. Doch Blake lacht ihn aus, und Potter erkennt, daß er doppelt betrogen worden ist: Christine hat die Sache mit dem Fernzünder verraten und fliegt jetzt mit Blake und den Edelsteinen davon.

Kritik zum Film: »Eine sauber konstruierte Geschichte über Ehrlosigkeit unter Dieben mit der Neuerung, daß niemand getötet oder verhaftet wird. Zwischen Grégoire Aslans philosophischem Potter und Edward De Souzas Blake – der wie eine Kreuzung zwischen John Bentley und dem jungen George Sanders wirkt – entwickelt sich eine erfrischende Atmosphäre von Zynismus. Selbst dadurch und trotz Potters Goldfinger-Spielereien ist der Film nicht so gut, wie er hätte sein sollen: Die Regie ist so einfallslos, daß es ans Aufdringliche grenzt.« (Monthly Film Bulletin, 5/1965)

Anmerkung: Unter dem Titel *Der Diamantenjob* startete das ZDF mit diesem Film am 01.07.1969 eine zehnteilige Wallace-Serie mit Merton-Park-Produktionen.

MALLESON, MILES
→ Drehbuchautoren

MALPAS MYSTERY, THE
(Malpas' Geheimnis)
Kinofilm. *England 1960. Produktion: Merton Park & Langton (Julian Wintle, Leslie Parkyn). Produzent: Jack Greenwood. Regie: Sidney Hayers. Buch: Paul Tabori und Gordon Wellesley nach dem Roman* The Face in the Night *von Edgar Wallace. Kamera: Michael Reed. Musik: Elisabeth Lutyens. Bauten: Eric Saw. Schnitt: Tristam Cones. Darsteller: Maureen Swanson (Audrey), Allan Cuthbertson (Marshalt), Geoffrey Keene (Torrington), Ronald Howard (Dick Shannon), Sandra Dorne (Dora), Alan Tilvern (Gordon Seager), Leslie French (Wilkins), Ca-*

The Main Chance

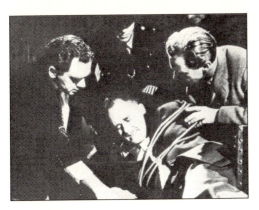

The Malpass Mystery:
Geoffrey Keene (Mitte), Allan Cuthbertson

therine Feller (Ginette), Richard Shaw (Kornfeldt), Sheila Allen (Mrs. Kornfeldt), Edward Cast (Laker). Länge: 60 Minuten.

Inhalt: Aus finanziellen Gründen muß Audrey Bedford ihre Wohnung auf dem Land aufgeben und zieht zu ihrer Schwester Dora nach London. Audrey weiß nicht, daß sich ihre Schwester und deren Man Lacy Marshalt auf Diamantendiebstähle spezialisiert haben. Beide mißbrauchen Audrey für ihre Pläne. Ohne es zu ahnen, wird sie zum Kurier eines wertvollen Diamantenkolliers, das der schwedischen Königin gestohlen wurde. Prompt wird sie dabei verhaftet. Inspektor Dick Shannon kennt zwar den wahren Sachverhalt und ist von ihrer Unschuld überzeugt, denn schon lange ist er Lacy Marshalt auf den Fersen. Dennoch entlastet Audrey ihre Schwester und wird zu neun Monaten Haft verurteilt. Nach ihrer Entlassung nimmt sie eine Stellung als Sekretärin bei einem mysteriösen Mr. Malpas an, der neben den Marshalts wohnt. Der unheimliche alte Mann, der sein verdunkeltes Haus offenbar nie verläßt, hat mit Audrey Pläne. Shannon, der bisher vergeblich versucht hat, etwas über Malpas zu erfahren, läßt Audrey beschatten. Trotzdem ist das Mädchen eines Tages verschwunden.

Kritik zum Film: »Leicht über dem Durchschnitt der neuen Edgar-Wallace-Verfilmungen von Merton Park, ist der Film kompetent gemacht, er beschwört eine Aura des Mysteriösen und protzt mit einer Starbesetzung, darunter Geoffrey Keene, Allan Cuthbertson, Leslie French und Maureen Swanson als tem-peramentvolle Heldin.« (Monthly Film Bulletin, 2/1962)

Anmerkung: Dieser Film wurde in Deutschland nicht aufgeführt.

MALVERN, PAUL
→ Produzenten

MAN AT THE CARLTON, THE
Kriminalroman. *Originalausgabe: Hodder & Stoughton, London 1931. Deutsche Erstveröffentlichung: Der Mann aus dem Carlton. Übersetzung → Ravi Ravendro. Wilhelm Goldmann Verlag, Leipzig 1933. Neuausgabe: Wilhelm Goldmann Verlag, Leipzig 1938 (→ vergriffene Romane).*

Inhalt: Bei einem spektakulären Juwelenraub in London tötet der aus Rhodesien stammende Lew Daney einen Polizisten. Zusammen mit dem ehemaligen Beamten Tim Jordan verfolgt Superintendent Cowley seine Spur. Während Jordan den früheren Partner Daneys, Harry Stone, bespitzelt, trifft er auf Lydia Daney, die ihm verbittert vom Flirt ihres Mannes mit Mary Greer erzählt. Diese soll in einem Landhaus in Surrey wohnen. Jordan versucht, Lew Daney dort aufzuspüren, entgeht aber nur knapp einem Mordanschlag. Mary Greers Butler hat weniger Glück. Jordan findet seine Leiche und daneben Daneys Zigarettenetui. Nach vielen Intrigen, in die Harry Stone und Lydia Daney verwickelt sind, entdeckt Jordan den Aufenthaltsort von Lew Daney und die gestohlenen Juwelen.

Anmerkung: Dieser Roman wurde 1961 verfilmt unter dem Titel → *The Man at the Carlton Tower.*

MAN AT THE CARLTON TOWER, THE
(Der Mann im Carlton Tower)
Kinofilm. *England 1961. Produktion: Merton Park. Produzent: Jack Greenwood. Regie: Robert Tronson. Buch: Philip Mackie nach dem Roman The Man at the Carlton von Edgar Wallace. Kamera: Bert Mason. Musik: Ron Goodwyn. Bauten: Bill Holmes. Ton: Sidney Rider, Derek McColm. Schnitt: Bernard Gribble. Darsteller: Maxine Audley (Lydia Daney), Lee Montague (Tim Jordan), Allan Cuthbertson (Superintendent Cowley), Terence Alexander (Johnny Time), Alfred Burke (Harry Stone), Nigel Green (Law Daney), Nyree Dawn Porter (Mary Greer),*

Geoffrey Frederick (Sergeant Pepper). Länge: 57 Minuten.

Inhalt: Tim Jordan, ein ehemaliger Polizist, hilft Superintendent Cowley bei der Suche nach dem Rhodesier Lew Daney, der bei einem spektakulären Juwelenraub in London einen Polizisten getötet hat. Jordan bespitzelt Daneys früheren Partner, Harry Stone, und trifft bei dieser Gelegenheit Lydia Daney, die ihm voll Bitterkeit vom Flirt ihres Mannes mit Mary Greer erzählt, die in einem Landhaus in Surrey wohnt. Als Jordan versucht, Lew Daney dort aufzuspüren, entgeht er knapp einem Attentat, während Mary Greers Butler umkommt: Jordan findet seine Leiche und daneben Daneys Zigarettenetui. Nach etlichen Intrigen, in die Harry Stone und Lydia Daney verwickelt sind, entdeckt Jordan den Aufenthaltsort von Lew Daney und damit die Juwelen.

Kritik zum Film: »Der neueste Streifen aus der Edgar-Wallace-Kriminalfilmserie, eine Mixtur aus schlußfolgernden Dialogen, Schießereien und viel Publicity für das neue Carlton Tower Hotel, hat insgesamt das Flair einer Fernsehserie. ... Alfred Burke gibt seiner Rolle als Schurke einen neuartigen Stil sanfter Bedrohlichkeit, aber das Ende, wenn er sowohl Beute als auch Leben verliert, ist konfus und nicht überzeugend.« (Monthly Film Bulletin, 9/1961)

Anmerkung: Dieser Film wurde in Deutschland nicht aufgeführt.

MAN DETAINED
(Weiterhin in Haft)

Kinofilm. *England 1961. Produktion: Merton Park. Produzent: Jack Greenwood. Regie: Robert Tronson. Buch: Richard Harris nach dem Roman A Debt Discharged von Edgar Wallace. Kamera: Bert Mason. Musik: Bernard Ebbinghouse. Bauten: Peter Mullins. Ton: Roy Norman. Schnitt: Robert Hill. Darsteller: Bernard Archard (Inspektor Verity), Elvi Hale (Kay Simpson), Paul Stassino (James Helder), Michael Coles (Frank Murray), Ann Sears (Stella Maple), Victor Platt (Thomas Maple), Patrick Jordan (Brand), Clifford Earl (Sergeant Wentworth), Gerald C. Lawson, Jean Aubrey, Gareth Davies. Länge: 59 Minuten.*

The Man at the Carlton Tower: Maxine Audley, Lee Montague

Inhalt: Aus dem Safe des Fotografen Thomas Maple entwendet Frank Murray 10.000 Pfund. Maple kann nicht die Polizei rufen, da das Geld gefälscht war. Als man Murray verhaftet und das Falschgeld bei ihm entdeckt, wird die Polizei auf Maple aufmerksam. Der Fotograf bittet den Gangster Helder um Hilfe. Aus Angst, selbst entlarvt zu werden, tötet Helder den Fotografen. Maples Frau Stella, die einst mit Helder liiert war, will ihren Mann rächen und gibt der Polizei wichtige Hinweise. Da kidnappt Helder Stellas Sekretärin Kay, die aus der Situation Kapital zu schlagen versuchte. Inspektor Verity von Scotland Yard benutzt Murray, um Helder eine Falle zu stellen. Der Gangster wird gefaßt und Kay befreit.

Kritik zum Film: »Eine straffe und impulsive Bereicherung der Edgar-Wallace-Serie, kaltblütig gespielt von Elvi Hale als Sekretärin, die ein bißchen zu sehr auf ihren Vorteil bedacht ist. Es gibt wenig Überraschungen, aber die Darbietungen sind recht brauchbar, und die Ereignisse rollen in einem smarten Tempo ab.« (Monthly Film Bulletin, 12/1961)

Anmerkung: Dieser Film wurde in Deutschland nicht aufgeführt.

MAN FROM MOROCCO, THE

Kriminalroman. *Originalausgabe: John Long, London 1926. Deutsche Erstveröffentlichung: Der Mann von Marokko. Übersetzung: → Ravi Ravendro. Wilhelm Goldmann Verlag, Leipzig 1928. Neuausgabe: Wilhelm Goldmann Verlag, Leipzig 1932. Neuausgabe: Wilhelm Goldmann Verlag, München 1953. Taschenbuchausgabe: Wilhelm Goldmann Verlag, München 1957 (= Goldmann Taschen-KRIMI 124). Weitere Taschenbuchauflagen im Wilhelm Goldmann Verlag: 1959, 1972, 1975, 1977, 1979, 1980, 1982, 1987. Jubiläumsausgaben im Wilhelm Goldmann Verlag: 1990, 2000 (=Band 49). –* Anläßlich des 125. Geburtstages des Autors brachte der → Weltbild Verlag 2000 eine Wallace-Edition heraus. Hier erschien der Roman in einer Doppelausgabe zusammen mit *Hands Up!* (→ *The Gunner*).

Inhalt: James Morlakes Wohnung in der Bond Street ist die luxuriöseste dieser vornehmen

Man Detained: **Paul Stassino, Elvi Hale**

Londoner Straße. Morlake, der angeblich von seinen Zinsen lebt, zählt zur Crème der Gesellschaft. Ralph Hamon, ein übler Zeitgenosse, darf trotzdem in Creith House bei Lord Creith verkehren. Zudem hat er ein Auge auf dessen Tochter Joan geworfen, die ihrerseits Morlake zugetan ist. In London treibt der »Schwarze« sein Unwesen. Kein Bankgewölbe, kein Stahlschrank und keine Geldkassette ist vor ihm sicher. Der »Schwarze« ist niemand anders als James Morlake. Obwohl viele das Doppelleben dieses Gentleman kennen, schweigen alle aus Angst vor einem gewaltigen Skandal. Im marokkanischen Tanger entscheidet sich schließlich das Schicksal der Beteiligten.

Anmerkung: Der Roman erschien in den USA unter dem Titel *The Black* (A. L. Burt, New York 1928).

MAN IN THE BACK SEAT, THE
(Der Mann im Rücksitz)

Kinofilm. *England 1960. Produktion: Independent Artists. Produzent: Julian Wintle, Leslie Parkyn. Regie: Vernon Serwell. Buch: Malcolm Hulke, Eric Paice frei nach Edgar Wallace. Kamera: Reginald Wyer. Schnitt: John Trumper. Architekt: Kenneth Pottle. Musik: Stanley Black. Ton: John W. Mitchell, Ken Cameron. Darsteller: Derren Nesbitt (Tony), Keith Faulkner (Frank), Carol White (Jean), Harry Locke (Joe Carter). Länge: 57 Minuten.*

Inhalt: Nachdem Frank und Tony den Buchmacher einer Hunderennbahn niedergeschlagen haben, stellen sie fest, daß die Tasche mit den Einnahmen am Handgelenk des Bewußtlosen angekettet ist. Tony wuchtet daher den Mann in dessen Auto, schlägt ihn erneut bewußtlos und schiebt ihn auf den Rücksitz. Frank, der Schwächere der beiden, fährt nach Hause. Seine Frau Jean ahnt etwas, will sich aber nicht in die Geschichte hineinziehen lassen. Nachdem Tony die Tasche losgemacht hat, versteckt er sie im Hof hinter Franks Wohnung, wo Jean sie findet. Inzwischen verschlechtert sich der Zustand des Buchmachers. Da jeder Versuch, ihn in der Nähe eines Krankenhauses loszuwerden, scheitert, wird Frank immer hysterischer. Da fällt Tony eine zynische Entscheidung. Er überredet Frank, den Sterbenden zurück zur Hunderennbahn zu bringen und ihn dort mit dem Auto zu überfahren. Während der Rückfahrt verliert Frank die Fassung. Er ist

überzeugt, sein Opfer hinter sich auf dem Rücksitz zu sehen, und rast mit dem Wagen durch die Leitplanken einer Uferstraße. Tony stirbt, und die Polizei verhaftet den wahnsinnig gewordenen Frank.

Kritik zum Film: »Die angespannte Handlung entfaltet sich überwiegend nachts auf weiten städtischen Autobahnen und engen Gassen; die Schatten, die von den Straßenlaternen geworfen werden, unterstreichen das Makabere, besonders im Mabuse-ähnlichen Finale. Einige spannende Szenen wirken in ihrer Überzeichnung weniger glaubhaft als andere. Gleichermaßen braucht es eine Weile, bis die gut gespielten Rollen der Jungen zu glaubwürdigen Charakteren werden. Vernon Sewells Regie ist anspruchslos, aber packend. Andererseits war dies für kurze Zeit der beste britische Kriminalfilm.« (Monthly Film Bulletin, 8/1961)

Anmerkung: Der Film wurde in Deutschland am 17.03.2004 beim Fernsehsender Tele 5 gezeigt.

MAN THEY COULD NOT ARREST, THE
(Der Mann, den sie nicht einsperren konnten)

Kinofilm. *England 1931. Produktion: Gainsborough. Regie: Thomas Hayes Hunter. Buch: Angus McPhail und Arthur Wimperis frei nach Edgar Wallace. Darsteller: Hugh Wakefiled, Gordon Harker, Renee Clama, Nicholas Hannen, Garry Marsh, Robert Farquarson, Dennis Wandham.*

Inhalt: Lyall ist führendes Mitglied der berüchtigten »Black-Pearl«-Bande. Dain, ein Wissenschaftler, der sich für Kriminologie interessiert, ist im Besitz eines Apparates, mit dem er auch in großer Entfernung geführte Gespräche belauschen kann. Zwischen Lyall und Dain herrscht tiefes Mißtrauen. Dain ist Lyalls Tochter sehr zugetan, doch sarkastische Bemerkungen Lyalls führen immer wieder zum Streit zwischen den Männern. Als Dain von einem geplanten Einbruch erfährt, verständigt er anonym Scotland Yard. Dem Vater seiner Geliebten rät er, zu Hause zu bleiben. Der Kopf der »Black-Pearl«-Bande ist der Russe Lezard. Er glaubt nach dem mißglückten Raubzug, daß Lyall ihn verraten habe, und erschießt ihn. Die Polizei, durch weitere anonyme Anrufe irritiert, hält Dain für den Mörder. Dain heftet sich jedoch an die Fersen Lezards und spürt ihn in seinem Versteck auf. Er betäubt ihn mit

Chloroform und nimmt Papiere an sich, die Lezard belasten. Eher als Dain dachte, kommt der Russe wieder zu sich. Nach einem erbitterten Zweikampf fliegt Dains Laboratorium in die Luft. Die alarmierten Scotland-Yard-Beamten verhaften Lezard. Dank der Arbeit, die Dain geleistet hat, und in Anerkennung seiner Dienste kommen sie zu dem Schluß, daß Dain »der Mann ist, den sie nicht einsperren können«.

Anmerkungen: Laut Florian Pauer (Die Edgar-Wallace-Filme, München 1982) ist nicht eindeutig geklärt, ob es sich hierbei um einen echten Wallace-Stoff handelt. Angesichts der zahlreichen Verfilmungen »frei« nach Edgar Wallace soll der Streifen dennoch Erwähnung finden. Der Film wurde in Deutschland nicht aufgeführt.

MAN WHO BOUGHT LONDON, THE BUCH)

Kriminalroman. *Originalausgabe: Ward Lock & Co., London 1915. Deutsche Erstveröffentlichung: Kerry kauft London. Übersetzung: Hubert Neumann. Wilhelm Goldmann Verlag, Leipzig 1931. Neuausgabe: Wilhelm Goldmann Verlag, Leipzig 1938. Neuausgabe: Wilhelm Goldmann Verlag, München 1957. Taschenbuchausgabe: Wilhelm Goldmann Verlag, München 1960 (= Goldmann Taschen-KRIMI 215). Weitere Taschenbuchauflagen im Wilhelm Goldmann Verlag: 1971, 1973, 1975, 1976, 1979, 1980, 1982, 1983, 1987. Jubiläumsausgaben im Wilhelm Goldmann Verlag: 1990, 2000 (= Band 42).*

Inhalt: Der amerikanische Millionär King Kerry schwimmt im Geld und will alle nur erdenklichen Grundstücke und Gebäude in und um London erwerben. So jedenfalls verbreiten es die Zeitungen. Tatsächlich besitzt Kerry schon viele Grundstücke, Häuser und Geschäfte. Aber er hat Feinde, die er nicht kaufen kann. Bei einem Spaziergang fallen plötzlich Schüsse; eine Kugel pfeift dicht an seinem Kopf vorbei. Kerry dreht sich um, verspottet Horace Baggin, den miserablen Schützen, und läßt ihn verhaften. Doch im Gefängnis wird Baggin mit Blausäure vergiftet – der Auftakt zu einer Mordserie, dem zahlreiche Widersacher Kerrys zum Opfer fallen.

Anmerkung: Der Roman wurde 1916 verfilmt unter dem Titel → *The Man Who Bought London.*

MAN WHO BOUGHT LONDON, THE (FILM)
(Der Mann, der London kaufte)

Kinofilm. *England 1916. Produktion: Windsor Films. Produzent: Guido Serra. Regie: F. Martin Thornton. Nach dem Roman The Man Who Bought London von Edgar Wallace. Darsteller: E. J. Arundel (King Kerry), Evelyn Boucher (Elsie Marion), Roy Travers (Hermon Zeberlieff), Nina Leonise (Vera Zeberlieff), Reginald Fox (Gordon Bray), Rolfe Leslie (Horace Baggins), Jeff Barlow (James Lete), Harold Snell (Micheloff), James Davis (Tack), A. G. Gardner (Gillette), Helen Stewart (Mrs. Gritter). Länge: 56 Minuten.*

Inhalt: Durch Spekulationen versucht King Kerry Grundstücke in und um London aufzukaufen. Das bringt nicht nur die Geschäftswelt der Millionenstadt in Aufruhr, sondern auch die Unterwelt. Durch Intrigen wird King Kerry dazu bewogen, sich zurückzuziehen.

Anmerkung: Dieser Film wurde in Deutschland nicht aufgeführt.

MAN WHO CHANGED HIS NAME, THE
(BUCH)

Kriminalroman. Auf der Grundlage des gleichnamigen Theaterstücks nach Wallace' Tod verfaßt von → Robert Curtis. *Originalausgabe: Hutchinson, London 1935. Deutsche Erstveröffentlichung: Der Mann, der seinen Namen änderte. Übersetzung: Walther Suessenguth. Gustav Kiepenheuer Verlag, Berlin 1950.*

Inhalt des Romans: Siehe Theaterstück.

Anmerkung: Der Roman wurde fünfmal verfilmt: 1929 und 1934 unter dem Buchtitel → *The Man Who Changed His Name*, 1933 in Italien als → *Giallo*, 1958 für das Erste Deutsche Fernsehen unter dem Titel → *Der Mann, der seinen Namen änderte* und 1986 für das Zweite Deutsche Fernsehen als → *Das Geheimnis von Lismore Castle.*

MAN WHO CHANGED HIS NAME, THE
(FILM I)
(Der Mann, der seinen Namen änderte)

Kinofilm. England 1929. Produktion: British Lion. Regie: A. V. Bramble. Buch: Kathleen Hayden nach dem Roman *The Man Who Changed His Name* von Edgar Wallace/Robert Curtis. Darsteller: Stewart Rome (Selby Clive), James Raglan (Frank O'Ryan), Betty Faire (Nita), Ben Field (Sir Ralph Whitecombe), Wallace

Bosco (Jerry Muller), Douglas Payne, Phyllis und Helen Blackburn.

Inhalt: Der Millionär Selby Clive hat vor Jahren seinen Namen geändert, weil er fälschlicherweise für einen Mörder gehalten wurde. Jetzt holt ihn seine Vergangenheit wieder ein. Doch dank der Hilfe des ehemaligen Anklagevertreters wird seine Unschuld bewiesen.

Kritik zum Film: »Eine interessante Geschichte, ausgezeichnete Überraschungseffekte und die Mitwirkung exzellenter Darsteller; ein Muß-Film für alle Bewunderer von Mister Wallace.« (The Bioscope, 1930)

Anmerkung: Dieser Film wurde in Deutschland nicht aufgeführt.

MAN WHO CHANGED HIS NAME, THE
(FILM II)
(Der Mann, der seinen Namen änderte)

Kinofilm. England 1934. Produktion: Real Art. Produzent: Julius Hagen. Regie: Henry Edwards. Buch: H. Fowler Mear nach dem Roman The Man Who Changed His Name von Edgar Wallace/Robert Curtis. Kamera: Sydney Blythe. Darsteller: Lyn Harding (Selby Clive), Betty Stockfield (Nita Clive), Leslie Perrins (Frank Ryan), Ben Weldon (Jerry Muller), Aubrey Mather (Sir Ralph Whitcomb), Richard Dolman (John Boscombe), Stanley Vine. Länge: 80 Minuten.

Inhalt: Selby Clive, ein kanadischer Millionär, hat vor Jahren seinen Namen geändert, weil er für einen Mörder gehalten wurde, der sich unseligerweise seinen damaligen Namen zugelegt hatte: Dennis Sanderley. Selby Clive, mit seiner Frau Nita glücklich verheiratet, bewirtet Gäste

auf seiner Yacht, als Frank O'Ryan, ein früherer Freund Nitas, auftaucht. Nita und O'Ryan finden heraus, daß der Millionär einen falschen Namen trägt, und halten ihn für den Mörder, der seinerzeit begnadigt worden war. O'Ryan interessiert sich ferner für Silberfunde auf Clives Grundbesitz. Selby Clive bemerkt den Verdacht, den man gegen ihn hegt. Doch erst der damalige Anklagevertreter kann Clives wahre Identität aufdecken und plausibel machen, wie es zu der Namensänderung kam. Selby und Nita sind wieder glücklich vereint, O'Ryan muß sich seine Pläne mit den Silberminen aus dem Kopf schlagen.

Kritik zum Film: »Der Film wäre besser ausgefallen, wenn sich die Darsteller insgesamt etwas mehr angestrengt hätten; es fehlt an Raffinesse und Schliff.« (Picturegoer, 1934)

Anmerkung: Dieser Film wurde in Deutschland nicht aufgeführt.

MAN WHO CHANGED HIS NAME, THE

Theaterstück von Edgar Wallace in Zusammenarbeit mit dem Schauspieler Robert Loraine. Uraufführung am 14.03.1928 im Londoner Apollo Theater, das die beiden Autoren gemietet hatten. Nach vernichtenden Kritiken, die u.a. die Unglaubwürdigkeit des Stückes aufspießten, und wegen Besuchermangels wurde es bald abgesetzt. Die Zusammenarbeit zwischen Loraine und Wallace verlief überdies spannungsreich und war alles andere als freundschaftlich.

Inhalt: Eine junge Frau, die sich auf eine bedenkliche Affäre mit einem Glücksritter einge-

The Man Who Changed His Name: (Film I)
James Raglan, Betty Faire, Stewart Rome

The Man Who Changed His Name: (Film II)
Betty Stockfield, Lyn Harding, Leslie Perrins

lassen hat, entdeckt zufällig, daß ihr Mann, dessen zweite Frau sie ist, einige Jahre vor ihrer Heirat seinen Namen geändert hatte. Ihre Nervosität wird durch die weitere Entdeckung gesteigert, daß ein Mann, der seinen ursprünglichen Namen trägt und aus der gleichen kanadischen Stadt wie er stammt, wegen Mordes an seiner Frau, ihrem Liebhaber und seiner Schwiegermutter angeklagt worden war. Das Motiv für dieses Verbrechen war, daß der Mann seine Frau der Untreue verdächtigte. Der Mörder war später entkommen und untergetaucht. Da dessen Name, Alter und Geburtsort mit denen ihres Mannes übereinstimmen, fürchtet die Frau, daß ihr Mann der verschwundene Verbrecher sei. Panisch sucht und findet sie Anzeichen für seine Absicht, auch sie samt Liebhaber zu ermorden. Erst als wiederum zufällig enthüllt wird, daß er gar nicht der Mörder ist, sondern seinen Namen nur geändert hatte, um nicht mit einem notorischen Verbrecher verwechselt zu werden, atmet seine Frau auf. Sie trennt sich von ihrem Liebhaber und sucht Vergebung in den Armen ihres Mannes.

Nach Wallace' Tod schrieb sein Sekretär → Robert Curtis das Stück zu dem gleichnamigen Kriminalroman um.

MAN WHO KNEW, THE

Kriminalroman. *Originalausgabe: George Newnes, London 1919. Deutsche Erstveröffentlichung: Zwischen zwei Männern. Übersetzung:* → *Ravi Ravendro. Wilhelm Goldmann Verlag, Leipzig 1932. Neuausgabe: Der Mann, der alles wußte. Wilhelm Goldmann Verlag, München 1953. Taschenbuchausgabe: Wilhelm Goldmann Verlag, München 1956 (= Goldmann Taschen-KRIMI 86). Weitere Taschenbuchauflagen im Wilhelm Goldmann Verlag: 1971, 1973, 1975, 1977, 1979, 1982, 1987. Jubiläumsausgaben im Wilhelm Goldmann Verlag: 1990, 2000 (= Band 46). Neuübersetzung: Edith Walter. Scherz Verlag, Bern, München 1992 (= Scherz Krimi 1194).* – Anläßlich des 125. Geburtstages des Autors brachte der → Weltbild Verlag 2000 eine Wallace-Edition heraus. Hier erschien der Roman unter seinem Ersttitel in einer Doppelausgabe zusammen mit *Verdammte Konkurrenz* (→ *Barbara On Her Own*).
Inhalt: John Minute hat sich vom Goldschürfer in Afrika zum Banker und Multimillionär hochgearbeitet. Für dabei begangene Verbre-

chen muß er Schweigegeld zahlen; wenn er den Forderungen der Erpresser nicht nachkommt, droht ihm der Tod. Jasper Cole, sein Privatsekretär, ist auch ein guter Diplomat und tüchtiger Geschäftsmann, doch sein Hauptinteresse gilt der Chemie. Frank Merril, Buchhalter bei einer Londoner Bank, ist Minutes Neffe, wartet aber nur darauf, das Vermögen seines Onkels zu erben. May Nuttal dagegen ist ein verwaistes, hübsches Mädchen, für das John Minute seit Jahren wie ein Vater sorgt. Der undurchsichtige Rex Holland scheint nicht der zu sein, für den man ihn hält. Um Klarheit zu gewinnen, konsultiert John Minute auf Empfehlung des Polizeipräsidenten den sonderbaren alten Kauz Saul Arthur Mann, der mit Leidenschaft Informationen sammelt und deshalb »der Mann, der alles weiß« genannt wird. Eines Tages wird die Leiche John Minutes gefunden. Für Inspektor Nash stehen alle Erben unter Verdacht. Aber auch Saul Arthur Mann betreibt weitere Nachforschungen. Seine Enthüllungen fordern noch ein weiteres Opfer: Frank Merril.
Anmerkung: Der Roman wurde 1961 verfilmt unter dem Titel → *Partners In Crime*.

MAN WHO PASSED, THE

→ Kurzroman aus der Sammlung → *The Guv'nor & Other Stories*.

MAN WHO WAS NOBODY, THE (BUCH)

Kriminalroman. *Originalausgabe: Ward Lock & Co., London 1927. Deutsche Erstveröffentlichung: Der Mann, der seinen Namen änderte. Übersetzung:* → *Ravi Ravendro. Wilhelm Goldmann Verlag, Leipzig 1932. Neuausgabe: Wilhelm Goldmann Verlag, München 1962. Taschenbuchausgabe: Wilhelm Goldmann Verlag, München 1963 (= Goldmann Taschen-KRIMI 1194). Weitere Taschenbuchauflagen im Wilhelm Goldmann Verlag: 1972, 1975, 1976, 1977, 1978, 1982, 1985. Jubiläumsausgaben im Wilhelm Goldmann Verlag: 1990, 2000 (= Band 47).*
Inhalt: »Pretoria-Smith« hatte in Afrika mit Marjorie Stedmans Onkel Alfred zusammengearbeitet und war mit ihm Teilhaber an einer Goldmine geworden. Nach zwei Jahren kehrt »Pretoria-Smith« nach England zurück. Gleichzeitig schreibt Marjories Onkel einen Brief an seine Nichte mit der Bitte, sich seines jugendlichen Teilhabers anzunehmen. – Sir James Tyne-

wood hat angeblich Selbstmord verübt. Seine Sekretärin Marjorie Stedman kann daran nicht glauben. Kurz bevor sie Tynewoods Haus verlassen hatte, war sie Ohrenzeugin einer Auseinandersetzung geworden. Nun muß sie feststellen, daß »Pretoria-Smith« der Mann ist, dessen Stimme sie bei der Auseinandersetzung mit Sir James gehört hatte. Noch während sie darüber nachdenkt, gerät sie in turbulente Abenteuer und kommt den wahren Vorgängen im Haus der Tynewoods auf die Spur. Sie findet heraus, daß die Mutter von »Pretoria-Smith« nach dem Tod von dessen Vater ein zweites Mal geheiratet hatte und noch einen Sohn bekam. Letztendlich ist »Pretoria-Smith« unschuldig, und Marjories Zukunft beginnt vor dem Traualtar.

Anmerkung: Der deutsche Übersetzungstitel hat nichts mit dem Wallace-Roman → *The Man Who Changed His Name* zu tun.

MAN WHO WAS NOBODY, THE (FILM)
(Der Mann, den es nicht gab)

Kinofilm. *England 1960. Produktion: Merton Park. Produzent: Jack Greenwood. Regie: Montgomery Tully. Buch: James Eastwood nach dem Roman The Man Who Was Nobody von Edgar Wallace. Kamera: Brian Rhodos. Musik: Francis Chagrin. Bauten: Wilf Arnold. Ton: Sid Rider. Schnitt: Bernard Gribble. Darsteller: Hazel Court (Marjorie Stedman), John Crawford (South Africa Smith), Lisa Daniely (Alma Weston), Paul Eddington (Franz Reuter), Robert Dorning (Vance), Kevin Stoney (Joe), Jack Watson (Polizei-Inspektor), Vanda Godsell (Mrs. Ferber), Richard Bennett (Bobby), William Abney (James Tynewood), Deirdre Day, Arnold Diamond, Andre Mikhelson. Länge: 58 Minuten.*

Inhalt: Die Privatdetektivin Marjorie Stedman wird beauftragt, einen gewissen Tynewood zu finden. Dabei macht sie die Bekanntschaft des mysteriösen »South Africa Smith«, der ihr seine Hilfe anbietet. Stedman findet heraus, daß der Diamantenschmuggler Reuter Tynewood ermordet hat. Zudem kommt sie dahinter, daß Smith in Wahrheit selbst Tynewood ist. Der von Reuter Ermordete hatte sich diesen Namen in Südafrika fälschlich zugelegt. Reuter wird gestellt und nach einem Feuergefecht mit der Polizei erschossen. Während ihrer aufregenden Zusammenarbeit verliebten sich Marjorie und

The Man Who Was Nobody: **Hazel Court, John Crawford**

Tynewood ineinander und beschließen zusammenzubleiben.

Kritik zum Film: »Hier handelt es sich um eine freie und auch sehr verworrene Adaption eines Romans von Edgar Wallace, in der eine von Hazel Court gespielte›private eye‹-Heldin mit ihrer vornehmen Erziehung hausieren geht wie mit einer überdimensionalen Flagge. Die Vorstellungen des Regisseurs von Unterwelt und Oberwelt in Chelsea legen nahe, daß er selbst eine sehr heile Welt erlebt hat.« (Monthly Film Bulletin, 1/1961)

Anmerkung: Dieser Film wurde in Deutschland nicht aufgeführt.

MANN, HEINRICH
* 27.03.1871 Lübeck,
† 12.03.1950 Santa Monica, Kalifornien.
Deutscher Schriftsteller. Bekennender Fan von Edgar Wallace (→ Kritiken [Buch]). Mann emigrierte 1933 in die Tschechoslowakei, dann nach Frankreich und 1940 in die USA. Zu seinen berühmt gewordenen engagierten Romanen zählen *Professor Unrat* (1905), *Der Untertan* (1918) und *Empfang bei der Welt* (1950).

MANN AUS DEM CARLTON, DER
→ THE MAN AT THE CARLTON

MANN DER ALLES WUSSTE, DER
→ THE MAN WHO KNEW

MANN DER SEINEN NAMEN ÄNDERTE, DER (BUCH)
→ *The Man Who Was Nobody.*
Diese deutsche Übersetzung hat nichts mit dem Roman → *The Man Who Changed His Name* zu tun.

MANN DER SEINEN NAMEN ÄNDERTE, DER (FERNSEHEN I)
Fernsehfilm. ARD 1958. Produktion: NWDR. Regie: Werner Völger nach dem Roman The Man Who Changed His Name von Edgar Wallace/Robert Curtis. Kamera: Heinz Meyer. Darsteller: Fritz Tillmann (Selby Clive), Hannelore Schroth (Nita Clive), Ernst Stankovski (Frank O'Tyan), Otto Stoeckel (Sir Ralph Whitecombe), Stanislav Ledinek (Jerry Miller) und Franz Schafheitlin (Lane). Erstausstrahlung: 11.05.1958 Deutsches Fernsehen (ARD).
Inhalt: → *Das Geheimnis von Lismore Castle*

MANN DER SEINEN NAMEN ÄNDERTE, DER (FERNSEHEN II)
→ DAS GEHEIMNIS VON LISMORE CASTLE

MANN IM HINTERGRUND, DER
Zwei → **Kriminalkurzromane.** Eine englische Originalausgabe dieser Zusammenstellung existiert nicht. *Übersetzung:* → *Hans Herdegen. Wilhelm Goldmann Verlag, München 1960. Taschenbuchausgabe: Wilhelm Goldmann Verlag, München 1962 (= Goldmann Taschen-KRIMI 1155). Weitere Taschenbuchauflagen im Wilhelm Goldmann Verlag: 1973, 1977, 1982, 1985, 1987. Jubiläumsausgaben im Wilhelm Goldmann Verlag: 1990, 2000 (= Band 48).* **Enthält:** *Der Mann im Hintergrund* (→ *The Shadow Man*) und *Der Lügendetektor* (→ *The Man Who Passed*) aus der Sammlung → *The Guv'nor & Other Stories* (zum Inhalt s.d.).

MANN MIT DEM GLASAUGE, DER
Kinofilm. *Bundesrepublik Deutschland 1968. Regie: Alfred Vohrer. Regieassistenz: Eva Ebner. Script: Dörte Gentz. Drehbuch: Paul Hengge nach dem Drehbuch Die grausame Puppe von* Ladislas Fodor frei nach Edgar Wallace. Kamera: Karl Löb. Kameraassistenz: Ernst Zahrt, Joachim Gitt. Schnitt: Jutta Hering. Schnittassistenz: Helga Stumpf, Uta Weickert. Ton: Gerhard Müller. Bauten: Walter Kutz, Wilhelm Vorwerg. Oberbeleuchter: Dieter Fabian. Requisiten: Harry Freude, Karl-Heinz Schube. Musik: Peter Thomas. Kostüme: Ina Stein. Pelzmodelle: Berger Berlin, Hamburg. Garderobe: Gisela Nixdorf, Georg Orlowski. Masken: Willi Nixdorf, Charlotte Kersten-Schmidt, Karin Stender. Standfotos: Dietrich Schnelle. Presse: Contactpress Jürgen Zimmermann. Produktion: Rialto Film Preben Philipsen GmbH & Co. KG, Berlin (West). Produzenten: Preben Philipsen, Horst Wendlandt. Produktionsleitung: Herbert Kerz. Herstellungsleitung: Fritz Klotzsch. Aufnahmeleitung: Gerhard Selchow, Egon Wittur. Geschäftsführung: Peter Sundarp. Produktionssekretärin: Renate Cobler. Kassiererin: Waltraud Peglau. Drehzeit: 04.11.- 18.12.1968. Atelier: CCC Film Studios Berlin-Spandau. Außenaufnahmen: London, Hamburger Hafen und Berlin (West). Erst-Verleih: Constantin Film, München. Länge: 87 Minuten (2389 m). Format: 35 mm; Farbe (Eastmancolor); 1:1.85. FSK: 05.02.1968 (40251); 16 nff. Uraufführung: 21.02.1969, Mathäser Filmpalast München. TV-Erstsendung: 02.05.1985 PKS. Darsteller: Horst Tappert (Inspektor David Perkins), Karin Hübner (Yvonne Duval), Hubert von Meyerinck (Sir Arthur), Stefan Behrens (Sergeant Jim Pepper), Fritz Wepper (Bruce Sharringham), Ilse Pagé (Miss Mabel Finley), Ewa Strömberg (Doris), Marlies Draeger (Leslie), Christiane Krüger (Linda), Iris Berben (Ann), Maria Litto (Liz), Heidrun Hankammer (Leila), Friedel Schuster (Lady Sharringham), Ligia Lieveld (Laura), Rita Henke (Daisy), Artur Binder (Jack), Rudolf Schündler (Nuthatcher), Harry Wüstenhagen (Parker), Jan Hendriks (Rubiro), Kurd Pieritz (Jefferson), Narziss Sokatscheff (Boss), Harry Riebauer (Bob), Klaus Miedel (Donovan), Wolfgang Wiedenhaupt (Portier der Pension), Günther Tabor (Stoke), Tilo von Berlepsch (Mr. Randel), Gerd Prager (George), Michael Miller (Ray), Paul Berger (John), Otto Czarski (Eric), Berno Cramm (Smith), Franz-Otto Krüger (Portier vom Hotel), Joern Ahrendt (Dick), Heinz Spitzner (Softy), Chris Anders (Clark), Michael Simo (Mann in der Kabine), Richard Prieto (Messerwerfer-Double).

EDGAR WALLACE
Der Mann im Hintergrund
G Goldmanns Taschen-KRIMI

Inhalt: Eine berühmte Las-Vegas-Tanzgruppe wird in London auf unerfindliche Weise so dezimiert, daß sie nicht mehr auftreten kann – ein Schicksal, das zuvor schon andere Gruppen getroffen hat. Um dem beruflichen Aus zu entgehen, nimmt die Restgruppe ein Engagement nach Südamerika an, nicht ahnend, daß ihr scheinbar wohlmeinender Agent Mitglied einer Bande ist, die sie bereits als Sklavinnen verkauft hat. Auch die Gangster sind nicht ohne Sorge, denn ihre Reihen lichten sich ebenfalls auf mysteriöse Weise. Der »Mann mit dem Glasauge« geht um, und die Begegnung mit ihm endet tödlich. Unermüdlich jagt Inspektor Perkins von Tatort zu Tatort, um Licht ins Dunkel zu bringen. Der Kopf der Bande wird schließlich entlarvt und das Geheimnis des Mannes mit dem Glasauge gelüftet.

Kritiken zum Film: »Der Vorspann verkündet zwar: Hier spricht Edgar Wallace. Keine Spur: Wer so mit dem Klassiker der Kriminalgeschichte liebäugelt, nasführt gehörig den Zuschauer. Daß ein Bauchredner erwürgt wird, ist immerhin noch ein komischer Einfall, wenn auch nicht so gemeint. Daß aber am Ende der Messerwerfer nicht der Messerwerfer ist und das Glasauge nicht das Glasauge, nur weil eines der Mädchen aus der Girltruppe zwei Masken trug – na ja!« (Westfälische Nachrichten, Münster, 22.02.1969)

Zitat aus dem Film: Inspektor Perkins und sein Chef Sir Arthur werden in ein Hotel gerufen und mit den Worten empfangen: »Sir Arthur – bitte verhindern Sie, daß die Presse etwas davon erfährt. Der Ruf unseres Hauses ...« Sir Arthur unterbricht: »Ach, Unsinn! Ein Hotel, in dem noch kein Mord geschehen ist, gehört in London zur zweiten Kategorie.«

Anmerkungen: Ursprünglich waren für diesen Film andere Darsteller vorgesehen, darunter Ann Smyrner, Anita Kupsch, Hans Clarin, Hannelore Auer, Jürgen Draeger, Peter Pasetti und Agnes Windeck. Die Eröffnungssequenz dieses Films mit der blinkenden Leuchtreklame war bereits bei dem CCC Film *Scala total verrückt* (1958) in ähnlicher Form zu sehen. Die Tanzgruppensequenz stammt ebenfalls aus diesem CCC-Film.

Fazit: Eine Humoristikum unter den Wallace-Filmen.

MANN MIT DEN ZWEI GESICHTERN, DER
→ THE STRANGE LAPSES OF LARRY LOMAN

MANN MIT DER PEITSCHE, DER
Titel des von Herbert Reinecker verfaßten
Drehbuchs für den Wallace-Film → *Der Mönch
mit der Peitsche*.

MANN VOM EATON PLACE, DER
→ DER MIXER (FERNSEHEN)

MANN VON MAROKKO, DER
→ THE MAN FROM MOROCCO

MÄNNER, DIE IM KELLER HUSTEN
→ Hans Reimann

MANNOCK, PATRICK L.
→ Drehbuchautoren

MARA, LYA
* 01.08.1897 Riga,
† nach Herbst 1968;
eigentlicher Name: Alexandra Gudowitsch
Schauspielerin. Sie verkörperte die Thalia
Drummond in → *Der rote Kreis* (1928). Die
Tochter eines Beamten nahm nach der Schule
Ballettunterricht und erhielt ein Engagement
am Stadttheater ihrer Heimatstadt. Zu Beginn
des Ersten Weltkriegs stieg sie in Warschau zur
Primaballerina auf. Schon 1916 spielte sie in einigen unbedeutenden Filmen. Seit 1917 in Berlin, wo sie im gleichen Jahr ihren Regisseur und
Entdecker → Friedrich Zelnik heiratete. Bis
1924 ständig vor der Stummfilmkamera.
1927/28 erschien eine Romanheft-Reihe mit
ihr als Titelfigur. Mit dem Tonfilm endete ihre
Karriere weitgehend. Nach dem Tod ihres
Mannes 1932 zog sie sich ganz vom Film zurück und ging in die Schweiz. Ihr weiteres
Schicksal ist unbekannt. – Lya Mara war ganz
dem Stummfilm mit seinen kolportagehaften
Sujets verhaftet, die auf sie zugeschnitten waren. Zur Kinokönigin stieg sie auf, weil sie Unschuld mit Sex-Appeal, Naivität mit Koketterie
vermischen konnte. Sie spielte einfache Mädchen aus der Vorstadt ebenso souverän wie
mondäne Damen. Am erfolgreichsten waren ihre Wiener Mädels, die mit Charme und Keß-
heit durchs Leben tanzen.
Weitere Filme (Auswahl): *Student* (1916), *Die
Bestie* (1916), *Manon, das hohe Lied der Liebe*
(1919), *Die Ehe der Fürstin Demidoff* (1921),

Die Tochter Napoleons (1922), *Das Mädel von Capri* (1924), *Auf Befehl der Pompadour* (1924), *Die Kirschemeit* (1925), *Die Försterchristel* (1926), *Der Zigeunerbaron* (1927), *Das tanzende Wien* (1927), *Jeder fragt nach Erika* (1931).

MARHOLD, IRENE
→ Darsteller

MARHOLM, ALF
→ Darsteller

MARIOTT, ALICE UND ROBERT EDGAR
Großeltern von Edgar Wallace. Alice (* 1834, † 25.12.1900) und Robert Edgar Mariott *(Lebensdaten unbekannt)* hatten drei Kinder: die Töchter Grace und Adeline sowie den Sohn Richard Horatio Edgar, den leiblichen Vater von Edgar Wallace.

MARIOTT, RICHARD HORATIO EDGAR
(Lebensdaten unbekannt)
Sohn von → **Alice und Robert Edgar Mariott.** Er schwängerte im Zustand der Trunkenheit → Polly Richards und wurde so der biologische Vater von Edgar Wallace. Polly Richards hatte ihn zuvor mit Jenny Taylor »verkuppelt«, die er im März 1875 heiratete.

MARITIM-HÖRSPIELE
→ *Die Bande des Schreckens,* → *Der Frosch mit der Maske,* → *Das Gasthaus an der Themse,* → *Das Geheimnis der gelben Narzissen,* → *Der grüne Bogenschütze,* → *Der Hexer,* → *Das indische Tuch,* → *Neues vom Hexer,* → *Der unheimliche Mönch und Der Club der Vier,* → *Die toten Augen von London,* → *Die Tür mit den sieben Schlössern,* → *Der Zinker.*

MARK OF THE FROG, THE
(Das Zeichen des Froschs)
Kinofilm. *USA 1928. Regie: Archibald B. Heath. Nach dem Roman The Fellowship of the Frog von Edgar Wallace. Darsteller: Frank Lackteen, Frank B. Miller, Donald Reed, Margaret Morris, George Harcourt, Gus De Weil, Helene Greene, Tony Hughes, Morgan Jones, Sidney* Paxton, Edward Roseman, William Willis. *Serial in 10 Episoden.*

Inhalt: In London treibt die Bande der »Frösche« ihr Unwesen. Inspektor Genter kommt zwar dem Kopf der Bande auf die Spur, muß dies aber mit dem Leben bezahlen. Der Scotland-Yard-Beamte Elk erhält für die weiteren Ermittlungen die Unterstützung von Richard Gordon, einen Beamten der Staatsanwaltschaft. Gemeinsam können sie die Bande ausheben und deren Boß überführen.

Kritik zum Film: »Obwohl es hier viel rasante Action gibt und jede Episode ein spektakuläres Ende hat – sicher, um den Appetit des Zuschauers auf die nächste anzuregen –, konzentriert sich das Drehbuch auf die Frage: Wer ist der ›Frosch‹? Die Spannung steigt, weil ein Verdächtiger nach dem anderen umkommt. Zwei Liebesgeschichten ziehen sich durch die Handlung, getragen von zwei Mädchen mit kontrastierenden Charakteren, die eine Hosteß in einem Nachtclub, die den zum Tode verurteilten jungen Mann (d.i. Ray Bennett) betört hat, die andere als Geliebte des jugendlichen Helden, der alle seine Energien aufwendet, um den Meisterganoven zur Strecke zu bringen. ... Der Film ist gut gespielt und exzellent fotografiert.« (The Bioscope, 1928)

Anmerkungen: In diesem Serial wurde der von Wallace in London angesiedelte Schauplatz der Ereignisse nach New York verlegt. – Dieser Film wurde in Deutschland nicht aufgeführt.

Alf Marholm

MARLOW, HANS
→ Darsteller

MARRIAGE OF CONVENIENCE
(Die Geldheirat)
Kinofilm. *England 1960. Produktion: Merton Park. Produzent: Jack Greenwood. Regie: Clive Donner. Buch: Robert Stewart nach dem Roman The Three Oak Mystery von Edgar Wallace. Kamera: Brian Rhodes. Musik: Francis Chagrin. Bauten: Wilf Arnold. Ton: Sid Rider. Schnitt: Bernard Gribble. Darsteller: John Cairney (Larry Wilson), Harry H. Corbett (Inspektor Jock Bruce), Jennifer Daniel (Barbara Blair), Russell Waters (Sam Spencer), Trevor Maskell (Sergeant Collins), Trevor Reid (Superintendent Carver), John Van Eyssen (John Mandle), Moira Redmond (Tina), Alex Scott (Vic Ellis), Pauline Sheperd (Evie Martin), Duncan Burns, Patricia Burke, Howard Goorney, Alexander Archdale, Leila Williams. Länge: 58 Minuten.*
Inhalt: Für den Raub von 20.000 Pfund kommt Larry Wilson ins Gefängnis. Durch eine fingierte Trauung mit Barbara Blair, der Stieftochter eines Zellengenossen, kann er jedoch entkommen. Er will mit Tina, seiner früheren Komplizin, Kontakt aufnehmen. Dabei erfährt er, daß sie John Mandle geheiratet hat, den Polizisten, der ihn hinter Schloß und Riegel brachte. Larry spürt Tina und Mandle in einem abgeschiedenen Ort am Meer auf. Dort hatten sie seine Beute versteckt. Inspektor Jock Bruce, Mandles alter Rivale, verfolgt Larrys Spur. Schließlich kann er alle drei, Larry, Mandle und Tina, verhaften.
Kritik zum Film: »Im großen und ganzen eine enttäuschende Ergänzung der neuen Edgar-Wallace-Serie von Merton Park, in der Clive Donners überraschend steifer Handwerksstil von der Regie her das insgesamt amateurhafte Niveau von Darstellung und Drehbuch nicht auszugleichen vermag.« (Monthly Film Bulletin, 1/1961)
Anmerkung: Dieser Film wurde in Deutschland nicht aufgeführt.

MARSHALL, HERBERT
→ Darsteller

MARSHALL, ROGER
→ Drehbuchautoren

MARTIN, ROBERT
→ Kameramänner

MARTIN, SKIP
→ Darsteller

MARY FERRERA SPIELT SYSTEM
→ WE SHALL SEE

MASCHLER VERLAG
→ Verlage

MASON, BASIL
→ Drehbuchautoren

MASON, BERT
→ Kameramänner

MASON, JAMES
* *15.05.1909 Huddersfield, Yorkshire (England),* † *27.07.1984 Lausanne (Schweiz); eigentlicher Name: James Neville Mason*
Englischer Schauspieler. Eine seiner ersten Filmrollen war die des »Bunny« Barnes in dem Wallace-Film → *Prison Breaker* (1936).
Nach einem in Cambridge absolvierten Architekturstudium kam Mason 1931 zum Theater. Er debütierte mit dem Stück *Rasputin, the Rascal Monk*, mit dem er anschließend auf Tournee ging. Seine weiteren Theaterstationen waren in London das Old Vic Theatre (1933/34) und das Dubliner Gate Theatre (1934/35). Kurz darauf wirkte er erstmals in einem Film mit (*Late Extra*, 1935). Acht Jahre später konnte er sich mit dem Film *Der Herr in Grau* (1943) als Star durchsetzen. Von da an ging es steil bergauf: Mason war in den 50er Jahren ein vielgefragter Hauptdarsteller und bis zu seinem Tod eine ebenso gefragte Besetzung für Nebenrollen.
Weitere Filme (Auswahl): *Tower of London* (1939), *Gaslicht und Schatten* (1944), *Der Gefangene von Zenda* (1952), *Rommel der Wüstenfuchs* (1952), *Julius Caesar* (1953), *Prinz Eisenherz* (1954), *20.000 Meilen unter dem Meer* (1954), *Der unsichtbare Dritte* (1959), *Die Reise zum Mittelpunkt der Erde* (1960), *Rebecca* (TV, 1962), *Der Untergang des römischen Reiches* (1964), *Dschingis Khan* (1965), *Lord Jim* (1965), *Der Blaue Max* (1966), *Anruf für einen Toten* (1967), *Mayerling* (1968), *Das Mädchen vom Korallenriff* (1969), *Matalo* (1972), *Der*

Mackintosh Mann (1973), *Mandingo* (1975), *Steiner – Das Eiserne Kreuz* (1977), *Jesus of Nazareth* (TV, 1977), *Der Himmel soll warten* (1978), *Mord an der Themse* (1979), *Blutspur* (1979), *Brennen muß Salem* (TV, 1980), *Sprengkommando Atlantik* (1980), *Das Böse unter der Sonne* (1982), *The Verdict* (1982), *Die letzte Jagd* (1984).

MASSACCESI, ARISTIDE
→ Kameramänner

MATTES, WILLY
* 04.01.1916 Wien, 30.07.2002 Salzburg
Komponist. Er schuf die Musik für die Wallace-Filme → *Der Frosch mit der Maske* (1959) und → *Der rote Kreis* (1959).
Durch seine beeindruckende Musik half Mattes den ersten Filmen der deutschen Wallace-Serie auf seine Weise zum Erfolg. Sein musikalischer Lebenslauf begann 1935 nach der Matura: 1937 Dirigentenklasse in Wien, 1937–39 Theaterkapellmeister in Oldenburg und Leipzig, 1939–44 Komponist und Arrangeur bei UFA und Tobis. 1944–51 war Mattes Dirigent bei Sveriges Radio in Schweden. Anschließend arbeitete er beim Bayerischen Rundfunk in München. 1964–74 Chefdirigent beim SDR Stuttgart, 1975–80 Abteilungsleiter U-Musik bei RIAS Berlin; seit 1981 Gastdirigent beim NDR. Mattes komponierte die Musik zu über 60 Filmen, u.a. zu *Gitarren der Liebe* (1954), *Wenn die Alpenrosen blühen* (1955), *Strafbataillon 999* (1959), *Die Wahrheit über Rosemarie* (1959), *Des Satans nackte Sklavin* (1960) und *Weiße Fracht für Hongkong* (1964).

MATTSON, SIW
(Lebensdaten unbekannt)
Schwedische Schauspielerin. Sie mimte überzeugend die weibliche Hauptrolle der Peggy Ward in dem Wallace-Krimi → *Im Banne des Unheimlichen* (1968).
Beim Dessert kam ihre große Chance: Während eines feudalen Abendessens in Stockholm zu Ehren des Berliner Filmproduzenten → Horst Wendlandt bestand die Schauspielerin Siw Mattson einen Test, von dem sie nichts wußte. Wendlandt fand die Schwedin so niedlich, daß er sie auf der Stelle engagieren wollte. Er schickte ihr ein paar Manuskriptseiten zum Lernen, ein Flugticket nach Berlin, stellte sie vor die Kamera und bot ihr eine Hauptrolle an. So wurde aus dem Schwedenmädchen, das bereitwillig die Hüllen fallen ließ, wenn es um die schöne Kunst ging, über Nacht ein Star. Siw Mattson, mit ihren langen Beinen und den langen blonden Haaren eine Schwedin par excellence, wurde im Filmstudio schnell heimisch. Bis dahin hatte sie das Milieu nur aus der verkleinerten Perspektive von Fernsehproduktionen kennengelernt: In Stockholm war sie von der Schauspielschulbank wegengagiert worden, um in einer Serie über das Leben eines Arztes zu spielen. Horst Wendlandt katapultierte sie dann in eine berufliche Zukunft, nach der sie sich lange gesehnt hatte. Sie ist stolz auf Schweden und den schwedischen Film. Sie bewundert ihren großen Landsmann Bergman, »aber ehe der Siw Mattson entdeckt, habe ich noch viel zu tun«, meinte sie einst lachend.
Weiterhin sah man sie in den Filmen *Wie der nackte Wind des Meeres* (1968), *Die Verstoßene* (1969).

MAUDE, ARTHUR
→ Regisseure

Siw Mattson

MAURUS, GERDA
→ Darsteller

MAXWELL, JOHN
→ Produzenten

MAY, HANS
→ Komponisten

MCAVOY, MAY
→ Darsteller

MCCOY, HORACE
→ Drehbuchautoren

MCGILL, BARNEY
→ Kameramänner

MCKENNA, VIRGINIA
→ Darsteller

MEAR, H. FOWLER
→ Drehbuchautoren

MEEHAN, ELIZABETH
→ Drehbuchautoren

MEEHAN, JOHN
→ Drehbuchautoren

Günter Meisner

MEINECKE, EVA MARIA
→ Darsteller

MEISNER, GÜNTER
* 18.04.1926 Bremen,
† 05.12.1994 Berlin
Deutscher Schauspieler. Er verkörperte überaus überzeugend den bösartigen Greaves in → *Der Mönch mit der Peitsche* (1967) sowie Sir Ralph Whitecombe in dem Fernsehfilm → *Das Geheimnis von Lismore Castle* (1985).
Meisner kam in den 50er Jahren zum Film. Er startete eine internationale Karriere, als amerikanische, englische und französische Produzenten ihn als »Nazi-Bösewicht« entdeckten. In aufwendigen Kriegsfilmen mußte er immer wieder in Uniformen schlüpfen und den »häßlichen Deutschen« verkörpern. An der Seite von Jean-Paul Belmondo spielte er in *Das As der Asse* (1982) sogar Adolf Hitler. Zuletzt war Günter Meisner in der Fernsehserie *Air Albatros* (1994) und der Tatort-Folge *Die Kampagne* (1994) zu sehen.
Weitere Filme (Auswahl): *Das Totenschiff* (1959), *Aus dem Tagebuch eines Frauenarztes* (1959), *Geheimaktion schwarze Kapelle* (1959), *Es muß nicht immer Kaviar sein* (1961), *Das Wunder des Malachias* (1961), *Diesmal muß es Kaviar sein* (1961), *Brennt Paris?* (1966), *Die Gentlemen bitten zur Kasse* (TV, 1966), *Finale in Berlin* (1966), *Das Quiller Memorandum* (1967), *Die Brücke von Remagen* (1969), *Die fünfte Offensive* (1973), *Die Akte Odessa* (1974), *Das Fleisch der Orchidee* (1974), *Das Schlangenei* (1977), *Steiner – Das eiserne Kreuz, 2. Teil* (1978), *Lawinenexpress* (1979), *Silas* (TV, 1981), *Mit dem Wind nach Westen* (1982).

MELFORD, AUSTIN
→ Drehbuchautoren

MELL, MARISA
* 24.02.1939 Graz,
† 16.05.1992 Wien;
eigentlicher Name: Marlies Moitzi
Österreichische Schauspielerin. Sie wirkte in zwei Wallace-Filmen mit: als Lilian Ranger in → *Das Rätsel der roten Orchidee* (1961/62) und in einer Doppelrolle als Giuseppina und Maria

in → *Das Rätsel des silbernen Halbmonds* (1971). Marisa Mell begann ihre Kinokarriere 1959 mit dem Revue-Film *Das Nachtlokal zum Silbermond*. Sie war über das Max-Reinhardt-Seminar und ein Engagement am Wiener Theater in der Josefstadt zum Film gekommen und machte rasch – hauptsächlich in italienischen Produktionen – eine internationale Karriere. Die dunkelhaarige, attraktive Schauspielerin, die an der Seite berühmter Partner wie Marcello Mastroianni (*Casanova 70,* 1964), Peter O'Toole (*Was gibt's neues Pussy?,* 1964) oder Tony Curtis (*Casanova & Co.,* 1976) spielte, drehte 1984 unter der Regie von Franco Zeffirelli mit *Der Florentinerhut* ihren letzten Film, der zugleich eine ihrer ambitioniertesten Arbeiten war. In ihren letzten Lebensjahren wandte sie sich wieder dem Theater zu. So spielte sie 1990 in Franz Innerhofers *Orvieto* und 1991 in dem Stück *Love Letters.* – Marisa Mell, deren Memoiren den Traum vom »süßen Leben« zu bewahrheiten schienen, bewegte sich viele

Jahre in Begleitung von Prominenten im Jetset der Gesellschaft.

Weitere Filme (Auswahl): *Wenn du noch eine Mutter hast* (1954), *Der brave Soldat Schwejk* (1960), *Wegen Verführung Minderjähriger* (1960), *Ruf der Wildgänse* (1962), *Der letzte Ritt nach Santa Cruz* (1963), *Venusberg* (1963), *Jagd auf blaue Diamanten* (1964), *Casanova '70* (1965), *Agenten lassen bitten* (1965), *Scharfe Küsse für Mike Foster* (1965), *Höllenjagd auf heiße Ware* (1966), *Gefahr: Diabolik* (1968), *Ben and Charlie* (1972), *Parapsycho – Spektrum der Angst* (1975), *Casanova & Co.* (1976), *Es muß nicht immer Kaviar sein* (TV, 1977), *Niemand weint für immer* (1984), *Seifenblasen* (1984).

MELODIE DES TODES, DIE (BUCH)
→ THE MELODY OF DEATH

MELODIE DES TODES, DIE (FERNSEHEN)
Titel eines geplanten → Rialto-Wallace-Films

Marisa Mell

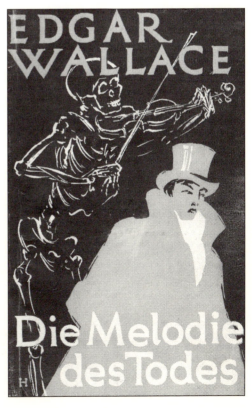

für RTL nach einem Exposé von → Florian Pauer aus dem Jahr 1993. Bisher wurde das Projekt nicht realisiert.

MELODY OF DEATH, THE (BUCH)

Kriminalroman. Originalausgabe: J. Arrowsmith/Simpkin Marshall, London 1915. Deutsche Erstveröffentlichung: Die Melodie des Todes. Übersetzung: Richard von Grossmann. Martin Maschler Verlag, Berlin 1928 (= Erdkreisbücher 14). Neuübersetzung: Ravi Ravendro (Bearbeitung der Grossmann-Fassung). Wilhelm Goldmann Verlag, Leipzig 1932. Neuausgabe: Wilhelm Goldmann Verlag, Leipzig 1937. Neuausgabe (Grossmann-Fassung): Freitag Verlag, München 1948. Neuausgabe: Wilhelm Goldmann Verlag, München 1956. Taschenbuchausgabe: Wilhelm Goldmann Verlag, München 1959 (= Goldmann Taschen-KRIMI 207). Weitere Taschenbuchauflagen im Wilhelm Goldmann Verlag: 1972, 1975, 1976, 1979, 1982, 1987. Jubiläumsausgaben im Wilhelm Goldmann Verlag: 1990, 2000 (= Band 50).

Inhalt: Eine Reihe von Einbruchdiebstählen beunruhigt London. Der Juwelier Gilderheim verschärft deshalb die Sicherheitsmaßnahmen, als bei ihm Diamanten im Wert von 60.000 Pfund eintreffen. Trotzdem ist sein Safe am nächsten Morgen leer. Die einzige Person, die den Einbruch beobachtet hat, schweigt aus gutem Grund. Etwa zur gleichen Zeit übergibt Gilbert Standerton, ein junger Mann, der Klarheit über seinen Gesundheitszustand haben will, einem Arzt eine »Melodie in F-Dur«; sie soll gespielt werden, wenn er krebsleidend sei, und eine andere, wenn er gesund ist. Als tatsächlich die Melodie in F-Dur gespielt wird, trifft der junge Mann Vorkehrungen für sein Ende. Weil er seine junge Frau Edith nicht mittellos hinterlassen will, versucht er, an die Diamanten seines Onkels heranzukommen. Doch Gilbert Standerton weiß nicht, daß der Arzt die beiden Melodien verwechselt hat.

Anmerkungen: Die Erstausgabe in der Übersetzung von Richard von Grossmann hatte besondere Kapitelüberschriften, die in späteren Ausgaben entfielen. In der Erstausgabe erfährt der Leser zudem, daß die Geschichte im Jahre 1911 spielt. – Der Roman wurde 1922 verfilmt unter dem Titel → The Melody of Death.

MELODY OF DEATH (FILM)
(Melodie des Todes)

Kinofilm. England 1922. Produktion: Stoll. Regie: F. Martin Thornton. Buch: Leslie Howard Gordon nach dem Roman The Melody of Death von Edgar Wallace. Darsteller: Philip Anthony (Gilbert Standerton), Enid R. Reed (Enid Cathcart), Dick Sutherd (George Wallis), H. Agar Lyons (Sir John Standerton), Frank E. Petley, Hetta Bartlett, Bob Vallis. Länge: 53 Minuten.

Inhalt: Aus einer Laune heraus enterbt der alte Standerton, einer der reichsten Männer Englands, seinen Neffen Gilbert Standerton. Dieser bildet sich ein, an Krebs zu leiden. Weil er seine junge Frau Edith nicht mittellos zurücklassen will, heftet er sich an die Fersen einer gefährlichen Safeknacker-Bande und »borgt« sich deren zusammengestohlenes Vermögen, um an der Börse zu spekulieren. Seine nächtlichen Ausflüge erregen allerdings das Mißtrauen seiner hübschen Frau. Beim Erklingen einer Melodie, die ein Straßenmädchen spielt, wird Standerton von Entsetzen gepackt. Er hatte den

Arzt, an den er sich wegen seines Krebsverdachts gewandt hatte, gebeten, ihm das Ergebnis seiner Untersuchungen auf verschlüsselte Weise mitzuteilen: Straßenmusikanten sollen vor seinem Haus bestimmte Melodien spielen – eine, wenn er krebskrank ist, eine andere, wenn sein Verdacht unbegründet war. Standerton ahnt nicht, daß er kerngesund ist und nur der Arzt die beiden Melodien verwechselt hat.
Anmerkung: Dieser Film wurde in Deutschland nicht aufgeführt.

MENACE, THE
(Die Drohung)

Kinofilm. USA 1932. Produktion Columbia. Produzent: Sam Nelson. Regie: Roy William Neill. Buch: Dorothy Howell und Charles Logue nach dem Roman The Feathered Serpent von Edgar Wallace. Kamera: L. William O'Connell. Darsteller: H. B. Warner (Inspektor Tracy), Bette Davis (Peggy Lowell), Walter Byron (Ronald Quayle/Robert Crockett), Natalie Moorhead (Caroline Quayle), William Davidson (John Utterson), Crauford Kent (Sam Lewis), Halliwell Hobbes (Phillips), Charles Gerrard (Bailiff), Murray Kinley (Carr), Arletta Duncan, Forrester Harvey, Montagu Love, Frank Rice. Länge: 66 Minuten.

Inhalt: Der Film entspricht inhaltlich dem Roman → The Feathered Serpent.

Kritik zum Film: »Dieser Streifen wurde nach einer Geschichte von Edgar Wallace gedreht, und das Resultat ist ein völlig uninteressanter Kriminalfilm. Anders als man es sonst gewohnt ist, steuert die Geschichte, der jegliche Aura des Mysteriösen fehlt, in aller Gemütsruhe einem Ende zu, das man vorhersagen kann, noch ehe die erste Filmrolle abgespult ist. Die Besetzung ist nur durchschnittlich, H. B. Warner in der kleinen Rolle des Detektivs von Scotland Yard

The Menace: Nathalie Moorhead, Bette Davis, H. B. Warner, Charles Gerrard

und Natalie Moorhead als Ronalds Stiefmutter sind am besten; Bette Davies holt das meiste aus ihrer kleinen Nebenrolle heraus. Die Dekors, insgesamt von pretentiösem Stil, bringen recht zufriedenstellend die notwendige britische Atmosphäre ein.« (The Bioscope, 1932)
Anmerkung: Dieser Film wurde in Deutschland nicht aufgeführt.

MENAUL, CHRISTOPHER
→ Regisseure

MENGE, WOLFGANG
* 22.04.1924 Berlin
Schriftsteller. Co-Autor des Drehbuchs von → *Der rote Kreis* (1959) und → *Der grüne Bogenschütze* (1960/61). Um für die Wallace-Serie neben → Harald Reinl einen zweiten Regisseur zu haben, engagierte der Produktionschef der → Constantin Film, → Gerhard F. Hummel, den durch die Fernsehserie *Stahlnetz* Krimi-erfahrenen → Jürgen Roland. Dessen Autor war Wolfgang Menge, der auf Rolands Wunsch die Drehbücher bearbeiten (*Der rote Kreis*) bzw. schreiben (*Der grüne Bogenschütze*) sollte. Nach Rolands Ausscheiden gab auch Menge seine Mitarbeit an den Wallace-Projekten auf. Menge machte sich weiter einen guten Namen durch seine Zusammenarbeit mit Roland und neue Fernsehaufträge, insbesondere durch seine Drehbücher für die auf einer englischen Serie basierenden Produktion *Ein Herz und eine Seele* (1973).
Weitere Arbeiten u.a.: *Die Katze im Sack*, zwei Teile (Regie: Jürgen Roland; NDR 1965), *Ich bin ein Elefant, Madame* (zusammen mit Robert Muller und Peter Zadek; Regie: Peter Zadek; WDR 1970), *Das Millionenspiel* (Regie: Tom Toelle; WDR 1970), *Smog* (Regie: Wolf-

Wolfgang Menge

gang Petersen; WDR 1973), *Vier gegen die Bank* (zusammen mit Wolfgang Petersen; Regie: Wolfgang Petersen; WDR 1976), *Das Traumhaus* (Regie: Ulrich Schamoni; WDR 1982), *Unternehmen Köpenick*, 6 Teile (Regie: Hartmut Griesmayr; ZDF 1986), *Tatort: Kressin und der tote Mann im Fleet* (Regie: Peter Beauvais; WDR 1971), *Kressin und der Laster nach Lüttich* (Regie: Tom Toelle; WDR 1971), *Kressin stoppt den Nordexpreß* (Regie: Rolf von Sydow; WDR 1971), *Kennwort: Fähre* (Regie: Theo Mezger; SDR 1972), *Kressin und der Mann mit dem gelben Koffer* (Regie: Michael Verhoeven; WDR 1972).

MENSCHEN
→ PEOPLE

MENZEL, JIRI
* 23.02.1938 Prag
Regisseur. Er leitete die Aufnahmen zu → *Die Schokoladen-Schnüffler* (1985).
Der Sohn des Kinderbuchautors Joszef Menzel bewarb sich 1956 vergeblich für das Studium der Theaterregie an der Akademie der musischen Künste in Prag. Danach Fernsehassistent. 1957–62 Studium an der Filmhochschule FAMU bei Otakar Vävra. 1962 Abschluß mit einem Kurzfilm nach eigenem Drehbuch. 1961 trat er erstmals als Schauspieler auf und war fortan in beiden Metiers aktiv. Während seines Militärdienstes drehte er 1963–65 Wochenschauen für die Armee. Sein erster Spielfilm *Osrre siedovane viaky/Liebe nach Fahrplan* (1966), eine Komödie über das unfreiwillige Heldentum eines angehenden Bahnbeamten gegen Ende des Zweiten Weltkriegs, in der er selbst eine Nebenrolle übernahm, erhielt 1967 einen Oscar und wurde international einer der erfolgreichsten tschechischen Filme. In *Ein launischer Sommer* (1967) spielt Menzel einen Seiltänzer, dessen Assistentin den Alltag dreier älterer Herren durcheinanderbringt; dieser Film gewann in Karlovy Vary den Grand Prix. Beide Werke zählen zu den bedeutendsten der Neuen Welle in der ČSSR. Als im August 1968 die Truppen des Warschauer Pakts in Prag einmarschierten, verließ er die Jury des Filmfestivals in Locarno, weil russische, ungarische und ostdeutsche Beiträge prämiert werden sollten. Menzel gehörte jedoch nicht zu den Künstlern, die ins westliche Ausland emigrierten. Trotz der

sich verschlechternden Bedingungen für seine künstlerische Arbeit blieb er im Land. Weitere in Deutschland bekanntgewordene Regiearbeiten waren u.a. *Hotel für Fremde* (1967), *Der Leichenverbrenner* (1968), *Das einsame Haus am Waldesrand* (1976), *Die wunderbaren Männer mit der Kurbel* (1978), *Heimat, süße Heimat* (1985).

MERINO, MANUEL
* 09.07.1918 Madrid;
eigentlicher Name: Madrileno Manuel Merino Rodriguez
Kameramann. Er drehte → *Der Teufel kam aus Akasava* (1970). Nach einer fotografischen Ausbildung begann Merino 1941 als Kamerapraktikant und arbeitete sich fortan nach oben. 1949 wurde er zweiter Kameramann, 1955 Chefkameramann. Aufgrund internationaler Erfahrungen arbeitete er ab den 60er Jahren vor allem mit dem Produzenten → Harry Alan Towers und dem Regisseur → Jess Franco (Jesus Franco Manera) zusammen.
Weitere Arbeiten als Kameramann (Auswahl): *Sie nannten ihn Gringo* (1965), *Das Haus der tausend Freuden* (1967), *Perry Rhodan – SOS aus dem Weltall* (1967), *Der Todeskuß des Dr. Fu Man Chu* (1968), *Die sieben Männer der Sumuru* (1968), *Diana, Tochter der Wildnis* (1968), *Die Folterkammer des Dr. Fu Man Chu* (1968), *Marquis de Sade: Justine* (1968), *De Sade 70* (1969), *Der Hexentöter von Blackmoor* (1969), *Nachts, wenn Dracula erwacht* (1969), *Sie tötete in Extase* (1970), *Sex Charade* (1970), *Vampyros Lesbos: Die Erbin des Dracula* (1970), *Dr. M schlägt zu* (1971), *Der Todesrächer von Soho* (1971), *X312 – Flug zur Hölle* (1971).

MERTON PARK
Englische Filmproduktion. Stellte auf ihrem eigenen Studiogelände (Merton Park Studios) in der Nähe von London seit Mitte der 50er Jahre zahlreiche Filme mit niedrigem Budget her und vermietete das Studio auch an andere Produktionen; z.B. wurde hier die Embassador-Szene aus *Dr. No* (*James Bond 007 jagt Dr. No.*, 1962) hergestellt. 1960–65 wurden von Merton Park nicht weniger als 48 Wallace-Filme, teils sehr freie Adaptionen, unter dem Produzenten → Jack Greenwood hergestellt (Titelverzeichnis s.d.).

Weitere Produktionen dieses Studios (Auswahl): *Hair Of The Dog* (1961), *Konga* (1961), *The L-Shaped Room* (1962), *The Invisible Asset* (1963), *Night Train to Paris* (1964), *The Return of Mr. Moto* (1965).

MESSER, DAS
(Una farfalla con le ali aisanguinate)
Kinofilm. *Italien 1971. Produktion: Filmes Cinematografica, Rom. Verleih: Warner-Columbia. Regie: Duccio Tessari. Buch: Gianfranco Clerici, Duccio Tessari frei nach Edgar Wallace. Kamera: Carlo Carlini, Sergio Martinelli. Musik: Gianni Ferrio. Darsteller: Helmut Berger, Giancarlo Sbragia, Carole Andre, Günther Stoll, Lorella de Luca, Wendy D'Olive, Evelyn Stewart, Dana Ghia, Silvano Tranquilli. Länge: 99 Min. FSK: ab 16, feiertagsfrei. Deutsche Erstaufführung: 01.09.1972.*
Inhalt: In dem Park einer kleinen italienischen Stadt wird ein junges Mädchen ermordet. Auf Grund einer Zeugenaussage und anderer Indizien macht man einem angesehenen Bürger den Prozeß und verurteilt ihn zu lebenslangem Kerker. Sein Anwalt vermag zwar die Zeugenaussage zu erschüttern, ist aber doch fast froh, diesen Prozeß zu verlieren, weil er zu der Frau des Verurteilten sehr enge Beziehungen unterhält. So scheint über die Sache Gras zu wachsen. Nur ein junger Pianist, der Freund der Ermordeten, wird mit seiner Verzweiflung nicht fertig. Die Kleinstadt erwacht erst wieder aus ihrer Lethargie, als in dem Park zwei weitere, sehr ähnliche Mädchenmorde geschehen. Der dadurch entlastete »Mörder« wird freigelassen, und die Fäden dieser geheimnisvollen Verbrechen beginnen sich zu entwirren.
Kritik zum Film: »Der Inhalt ist überspitzt konstruiert, die Spannung wird durch den primitiven Trick gehalten, die Zuschauer durch unwahrscheinliche Zufälle und irreführende Spuren im unklaren zu lassen. Kraß realistische Szenen dienen nicht einer sachlich berechtigten Information, sondern in erster Linie dem Nervenkitzel.« (Filmdienst, Köln, 20/1972) »Die Italiener wissen ihren Kriminalfilmen oft ein besonderes Etwas zu geben. Sie verstehen sich im allgemeinen auf die Details, den Hintergrund, das Milieu – und die zwischenmenschlichen Beziehungen. Dieses hier ist eine saftige Geschichte, voller Gewalt, Brutalität, Horror, Spannung und Sex. Was sich hier tut, geht unter die be-

rühmte Haut. Es ist mehr, als schlechthin von Krimis erwartet werden kann. Bemerkenswert die Kamera von Carlo Carlini.« (Filmecho, Wiesbaden, 53/1972)

Anmerkungen: Ursprünglich war dieses Projekt als Co-Produktion zwischen der italienischen Filmfirma und der → Rialto als 33. Rialto-Wallace-Film vorgesehen. Aufgrund eines Gutachtens von → Gerhard F. Hummel lehnte Constantin Film die Finanzierung für dieses unter dem Titel *Das Geheimnis der schwarzen Rose* geplante Projekt ab, so daß sich auch die Rialto Film zurückzog. – Als Video ist der Streifen unter dem Titel *Blutbad des Schreckens* erschienen.

MESSERKILLER VON LONDON, DER

Kriminalfilm. *Österreich/Italien 1994. Produktion: GHP Film Villach/SAS. Regie: Georg H. Pagitz. Buch: Georg H. Pagitz angeblich nach der (sonst unbekannten) Kurzgeschichte Ein Loch im Netz von Edgar Wallace. Musik: Martin Böttcher. Kamera: Mario Oberstraß. Schnitt: Georg Hans. Darsteller: Georg Sabinn, Stefan Santer.*

Inhalt: Eine brutale Mordserie beschäftigt die Polizei in London. Ein Killer sucht seine Opfer völlig wahllos aus und richtet sie auf grausamste Weise mit einem Küchenmesser hin.

MESSINA, CEDRIC

→ Produzenten

MEYEN, HARRY

* 31.08.1924 Berlin,
† 16.04.1979 Hamburg;
eigentlicher Name: Harry Haubenstock
Deutscher Schauspieler. Er mimte Inspektor Angel in → *Die Gruft mit dem Rätselschloß* (1964). Der Sohn des Kaufmanns Bernhard Haubenstock und seiner Frau Hedwig Berta Timm wurde vor allem durch seine zweite Ehe mit der Schauspielerin Romy Schneider bekannt; mit ihr hatte er einen Sohn, der als Kind in Berlin durch einen Unglücksfall ums Leben kam. – Da sein Vater Pressechef der weltberühmten Berliner »Scala« war, bekam Sohn Harry früh Kontakt zur Bühne. Nach dem Umweg über ein einjähriges Musikstudium begann er seine Bühnenlaufbahn. Nach einem Anfängerjahr in Reichenberg machte der Krieg einen vorläufigen Strich durch seine Laufbahn. Nach

Kriegsende nahm er den Namen des Berliner Regisseurs Will Meyen an, der ihn erneut ans Theater holte. 1945–52 spielte Meyen am Thalia-Theater in Hamburg, 1952 am Stadttheater in Aachen, 1956–58 am Renaissance-Theater in Berlin und danach an weiteren Berliner Bühnen (Theater am Kurfürstendamm, Komödie und Schiller-Theater). Seine Filmkarriere begann 1947 mit einer Rolle in *Arche Nora*. Etliche Filme folgten zwischen seinen Theaterverpflichtungen. 1953 heiratete er die Schauspielerin Anneliese Römer; sie galten als Traumpaar des deutschen Theaters. Doch schon wenige Jahre später ließ er sich scheiden, um den angehenden Weltstar Romy Schneider zu heiraten. Bühne und Fernsehen waren dann sein Hauptmetier; der Versuch, sich auch an die Opernregie zu wagen, scheiterte mit einer mißglückten Tannhäuser-Inszenierung. Nach der Trennung von Romy Schneider 1975 war seine künstlerische Laufbahn so gut wie beendet. Zuletzt lebte er mit der Schauspielerin Anita Lochner zusammen.

Weitere Filme (Auswahl): *Alraune* (1952), *Regina Amstetten* (1953), *Des Teufels General* (1954), *Skandal in Ischl* (1957), *Der eiserne Gustav* (1958), *Freddy, die Gitarre und das Meer* (1958), *Alt Heidelberg* (1959), *Liebling der Götter* (1960), *Sturm im Wasserglas* (1960), *Mörderspiel* (1961), *Frauenarzt Dr. Sibelius* (1962), *Brennt Paris?* (1963), *Der Mörder* (1963), *Spion zwischen zwei Fronten* (1967).

Harry Meyen

MEYER, ANDRÉ
→ Darsteller

MEYER, KARL WALTER
→ Darsteller

MEYERINCK, HUBERT VON
* 23.08.1896 Potsdam,
† 13.05.1971 Hamburg
Deutscher Schauspieler. Er wirkte in fünf Wallace-Filmen mit: als Richter in → *Neues vom Hexer* (1965), als General Perkins in → *Der Bucklige von Soho* (1966) sowie als → *Sir Arthur, Chef von Scotland Yard,* in → *Im Banne des Unheimlichen* (1968), → *Der Gorilla von Soho* (1968) und → *Der Mann mit dem Glasauge* (1968). Meyerincks Großvater war kommandierender General, der Vater Hauptmann und Gutsbesitzer. Meyerinck, der zeitlebens nichts für Frauen übrig hatte, zog mit der Mutter nach Berlin. Dort Schulbesuch und Schauspielausbildung. 1917/18 Volontär am Königlichen Schauspielhaus Berlin, 1918–20 bei Erich Ziegler an den Kammerspielen Hamburg. Unter seinem eigentlichen Lehrer Karl Heinz Martin spielte er am Thalia Theater und an der Tribüne Berlin, danach, bis 1947, an allen großen Bühnen Berlins. Mit Kabaretts (*Schall und Rauch*, mit Friedrich Hollaender) tingelte er durch die Lande; 1927 trat er mit Marlene Dietrich in der Revue *Es liegt was in der Luft* auf. Die Charakterrollen des Theaters entsprachen seinen eigentlichen Ambitionen, im Film erhielt er andere Aufgaben. Seine ersten größeren Auftritte hatte er in dem Sechsteiler *Der Mann ohne Namen* (1920/21). In der Nachkriegszeit war er der meistbeschäftigte deutsche Filmdarsteller, er spielte in über 200 Filmen. Seinen letzten Bühnenauftritt hatte er als Agamemnon in *Die schöne Helena* in Hamburg. – Anfänglich betonte der Sproß einer militaristischen Familie das Feminine seiner Erscheinung. In einem Paul-Wegener-Film tanzte er in einem rosa Balletthöschen, dem Hermelincape seiner Mutter und einer blauen Seidenkappe auf dem Tisch. Später wurde er zum beliebtesten Filmschurken des deutschen Kinos. Ob als Hochstapler, falscher Aristokrat, Heiratsschwindler, weibstoller Strohwitwer, exzentrischer Diener, verkalkter Baron, schusseliger Finanzbeamter, Halbseidener, Schieber, infamer Reaktionär oder alberner Fatzke – stets war die Glatze, auf die er an-

Hubert von Meyerinck

fangs noch einige pomadige Haare klebte, sein Markenzeichen. Oft mit eingeklemmtem Monokel beeindruckten seine arrogant zusammengekniffenen Augen; sie dienten der Charakterisierung seiner Figuren ebenso wie die am Kabarett geschulte präzise, helle »Stockschnupfenstimme«. Das enorme komische Talent von »Hubsie«, wie er in der Branche genannt wurde, kam seiner übertriebenen, frivolen, vieldeutigen Spielweise zugute. – Auszeichnungen: Preis der Filmkritik (1960), Bambi (1967), Filmband in Gold (1968).
Weitere Filme (Auswahl): *Münchhausen* (1943), *Liebe '47* (1948), *Fanfaren der Ehe* (1953), *Keine Angst vor großen Tieren* (1953), *Die verschwundene Miniatur* (1954), *Der Hauptmann von Köpenick* (1956), *Ferien auf Immenhof* (1957), *Das Wirtshaus im Spessart* (1957), *Der Czardas-König* (1958), *... und abends in die Scala* (1958), *Piefke, der Schrecken der Kompanie* (1958), *Das Mädchen Rosemarie* (1959), *Bobby Dodd greift ein* (1959), *Ein Mann geht durch die Wand* (1959), *Das Spukschloß im Spessart* (1960), *Eins, zwei, drei* (1961), *Die Abenteuer des Grafen Bobby* (1961), *Freddy und der Millionär* (1961), *Das ist die Liebe der Matrosen* (1962), *Hochzeitsnacht im Paradies* (1962), *Der verkaufte Großvater* (1962), *Wenn die Musik spielt am Wörthersee* (1962), *Das sündige Dorf* (1966),

Herrliche Zeiten im Spessart (1967), *Otto ist auf Frauen scharf* (1967), *Wenn Ludwig ins Manöver zieht* (1967), *Charleys Onkel* (1969), *Ein dreifach Hoch dem Sanitätsgefreiten Neumann* (1969), *Nachbarn sind zum Ärgern da* (1970).

MEYN, ROBERT
→ Darsteller

MIGHTY KONG, THE
König Kong – Der Herr der Affen
USA 1998. Zeichentrickfilm in Farbe. Produktion: L.A. Animation, Lana Production. Produzent: Lyn Henderson, Denis deVallance. Regie: Art Scott. Drehbuch: William J. Keenan, basierend auf Merian C. Cooper, Edgar Wallace, James Ashmore Creelma, Ruth Rose (→ King Kong, 1932/33). Musik: Richard B. Sherman. Spezialeffekte: Kevin Oakley.
Inhalt: Die von Edgar Wallace erfundene King-Kong-Geschichte als harmloser Zeichentrickfilm für Kinder.
Anmerkung: In Deutschland erschien dieser Film 1998 auf Video.

MILITÄR
Wallace verpflichtete sich 1893 für sieben Jahre als einfacher Soldat beim Royal West Kent Regiment in Woolwich, später kam er nach Maidstone zum Sanitätsdepot Aldershot. Um Theateraufführungen zu besuchen, verließ er das Militärgelände; weil er nicht pünktlich zurückkehrte; kam er zur Strafe ins Militärgefängnis. Bald darauf Beförderung zum Sanitäter zweiter Klasse. Am 18.07.1896 meldete er sich zum Dienst in Südafrika und fuhr auf dem Transporter Slot von Southampton zum Bestimmungsort Simonstown; dort stand er ab August 1896 unter dem Kommando von → Sergeant Pinder. Aufgrund eines Gesetzeserlasses wurde es ihm möglich, bei Bezahlung von 18 Pfund das Militär vorzeitig zu verlassen. Wallace tat dies, wurde am 16.05.1899 vom Dienst freigestellt und begann eine Tätigkeit als → Reporter.

MILITZKE VERLAG
→ Verlage

MILL, EDITH
* 16.08.1925 Wien
Österreichische Schauspielerin. Sie verkörperte Lady Dorringham in → *Der rote Kreis* (1959).

Edith Mill

Mill nahm nach Absolvierung des Gymnasiums am Reinhardt-Seminar in Wien Schauspielunterricht. Die Städtischen Bühnen in Nürnberg gaben ihr erste Gelegenheit zu Theaterauftritten. Nach einem Zwischenspiel in Graz kehrte die ausdrucksvolle, dramatische Schauspielerin nach Wien zurück, wo sie am Burgtheater beachtliche Erfolge hatte. Nach ihrem ersten Filmengagement in dem deutschen Streifen *Haus des Lebens* (1952) ließ sich Edith Mill in München nieder. 1953 heiratete sie den Münchner Filmproduzenten und Regisseur Richard König (ein Sohn). In Deutschland drehte sie danach über 25 Filme. Als Richard König 1961 plötzlich starb, wurde es auch um Edith Mill still.
Weitere Filme (Auswahl): *Der Schuß durchs Fenster* (1949), *Zwei Menschen* (1952), *Die Mühle im Schwarzwäldertal* (1953), *Geliebtes Fräulein Doktor* (1954), *Der Fischer vom Heiligensee* (1955), *Heiße Ernte* (1956), *Jägerblut* (1957), *Auferstehung* (1958), *Immer will ich dir gehören* (1960), *Immer wenn es Nacht wird* (1961), *Stahlnetz: Nacht zum Ostersonntag* (TV, 1965).

MILLION DOLLAR STORY, THE
Kriminalroman. Originalausgabe: George Newnes, London 1926. Deutsche Erstveröffent-

lichung: Die Millionengeschichte. Übersetzung:
→ *Hans Herdegen. Wilhelm Goldmann Verlag,*
Leipzig 1935. Neuausgabe: Wilhelm Goldmann
Verlag, München 1955. Taschenbuchausgabe:
Wilhelm Goldmann Verlag München 1959 (=
Goldmann Taschen-KRIMI 194). Weitere Ta
schenbuchauflagen im Wilhelm Goldmann Ver
lag: 1971, 1975, 1978, 1982, 1984. Jubiläums
ausgaben im Wilhelm Goldmann Verlag: 1990,
2000 (= Band 51). Neuübersetzung: Hardo
Wichmann, Scherz Verlag, Bern, München, Wien
1985 (= Scherz Krimi 1080).

Inhalt: Im Regen gabelt der Finanzmann John
Sands die entflohene Strafgefangene Margaret
Maliko auf. Eine Woche später ist sie mit dem
Dollarmillionär Harry Leman verheiratet. Alles findet unter strengster Geheimhaltung statt.
Zwei Jahre vergehen, bis der amerikanische
Journalist Jimmy Cassidy auf die Eintragung
beim Standesamt stößt. Wenig später wird Leman mit Blausäure vergiftet. Mit Hilfe von Inspektor Blessington von Scotland Yard kommt
Cassidy einem teuflischen Plan auf die Spur.

Anmerkung: Die Taschenbuchausgabe des
Goldmann-Verlags enthält zusätzlich die →
Kurzgeschichten → *Der Fall Stretelli* und → *Das*
Diamantenklavier.

MILLIONENGESCHICHTE, DIE
→ THE MILLION DOLLAR STORY

MILNE, PETER
→ Drehbuchautoren

MILTON, CORA ANN
Von Wallace geschaffene Romanfigur, Frau des
»Hexers« → Henry Arthur Milton (→ *The*
Gaunt Stranger). Sie versucht, das Gleichgewicht zwischen ihrem Mann und Scotland Yard
zu halten, ohne je selbst in den Verdacht zu geraten, eine Verbrecherin zu sein. Im Film wurde diese Figur von markanten Darstellerinnen
gespielt, u.a. von Annette Benson (→ *The Rin*
ger, 1928), Carol Goodner (→ *The Ringer*,
1931), Louise Henry (→ *The Gaunt Stranger*,
1938), → Greta Gynt (→ *The Ringer*, 1952) und
→ Margot Trooger (→ *Der Hexer*, 1964, →
Neues vom Hexer, 1965) sowie von Marion
Delbo (→ *Le Jugement de Minuit*, 1932) und
Wera Engels (→ *Der Hexer*, 1932). In den beiden → Fernsehverfilmungen (→ *Der Hexer*,
ARD 1956, ZDF 1963) verkörperten diese

Rolle Susanne von Almassy und Eva Maria
Meineke.

MILTON, HENRY ARTHUR
Genannt → »Der Hexer«. Die wohl berühmteste Figur, die Wallace geschaffen hat, erscheint
erstmals im Roman → *The Gaunt Stranger*. Danach wurde die Figur zum Hauptakteur in einem Theaterstück, das auf Drängen von → Sir
Gerald du Maurier den Titel → *The Ringer* erhielt. Nach dem großartigen Erfolg des Stücks
änderte Wallace den Charakter der Figur. In
The Gaunt Stranger agiert er zwar als Rächer,
ist aber ein Verbrecher, der den Tod findet. In
der Neufassung *The Ringer*, die später auch als
Roman erschien, ist Milton zwar immer noch
ein Rächer, kämpft aber nun für die Verteidigung der Guten. Neben den beiden Romanen
tritt die Figur auch in verschiedenen Kurzgeschichten (→ *Again the Ringer*) auf. Obwohl
Milton von Wallace zwei Vornamen erhielt,
bürgerte sich seit dem Film → *Der Hexer* (1964)
die Kurzform »Artur Milton« ein (»Artur« in ge

änderter Schreibweise gegenüber dem Original).

MIND OF MR. J. G. REEDER, THE (BUCH)

Acht Kriminalerzählungen. *Originalausgabe: Hodder & Stoughton, London 1925. Deutsche Erstveröffentlichung: Der sechste Sinn des Mr. Reeder. Übersetzung:* → *Fritz Pütsch. Wilhelm Goldmann Verlag, Leipzig 1930. Neuausgabe: Wilhelm Goldmann Verlag, München 1952. Taschenbuchausgabe: Wilhelm Goldmann Verlag, München 1955 (= Goldmann Taschen-KRIMI 77). Neuübersetzung: Mercedes Hilgenfeld. Wilhelm Goldmann Verlag, München 1971 (= Goldmann Taschen-KRIMI 77). Weitere Taschenbuchauflagen im Wilhelm Goldmann Verlag: 1975, 1977, 1979, 1980, 1982. Neuausgabe: Bertelsmann Verlag, Gütersloh 1973. Jubiläumsausgaben im Wilhelm Goldmann Verlag: 1990, 2000 (= Band 64). Neuübersetzung: Hardo Wichmann. Scherz Verlag, Bern, München, Wien 1987 (= Scherz Krimi 1088).* – Anläßlich des 125. Geburtstages des Autors brachte der → Weltbild Verlag 2000 eine Wallace-Edition heraus. Hier erschienen die Erzählungen in einer Doppelausgabe zusammen mit dem Roman *Nach Norden Strolch!* (→ *The Northing Tramp*). – Das Deutsche Blindeninstitut in Marburg brachte diese Kurzgeschichtensammlung in der Übersetzung von Mercedes Hilgenfeld 1979 in zwei Bänden heraus.

Enthält: THE POETICAL POLICEMAN (*Der lyrische Schutzmann* bzw. *Polizei und Poesie*), THE TREASURE HUNT (*Die Schatzgräber*), THE TROUPE (*Die Truppe*), THE STEALER OF MARBLE (*Der Marmordieb*), SHEER MELODRAMA (*Ein Melodrama*), THE GREEN MAMBA (*Die grüne Mamba*), THE STRANGE CASE (*Ein merkwürdiger Fall*), THE INVESTORS (*Vorteilhafte Kapitalanlagen*).

Inhalt: Der Staatsbeamte und Privatdetektiv John Gray Reeder kann scheinbar kein Wässerchen trüben. Doch wenn es um die Aufklärung von Verbrechen geht, entwickelt er eine geradezu unheimliche Kombinationsgabe und Energie. Werden fälschliche Beschuldigungen erhoben, wie etwa gegen den Bankdirektor Green, erwacht Reeders »sechster Sinn«, auf den er sich verläßt und der ihm, wie in diesem Fall, recht gibt.

Anmerkungen: Die Kurzgeschichten erschienen in den USA unter dem Titel *The Murder Book of* Mr. J. G. Reeder (A. L. Burt, New York 1926). – Die Figur J. G. Reeders lieferte den Stoff für die Verfilmungen → *The Mind of Mr. J. G. Reeder* und → *The Missing People* (beide 1939) und für die Fernsehserie → *The Mind of Mr. J. G. Reeder* (1969–71).

MIND OF MR. J. G. REEDER, THE (FERNSEHEN)

Fernsehserie in 16 Folgen. *England 1969–71. In Farbe. Produktion: Thames Television. Regie: Jonathan Alwyn, Reginald Collin, Peter Duguid, Kim Mills, Robert Tronson, Dennis Vance, Guy Verney Voytek. Produzenten: Kim Mills (1969), Robert Love (1971), Lloyd Shirley. Story editor: Monica Menell (1969), Maggie Allen (1971). Nach Motiven aus der Kurzgeschichtensammlung The Mind of Mr. J. G. Reeder von Edgar Wallace. Darsteller: Hugh Burden (J. G. Reeder), Mona Bruce (Mrs. Houchin), Willoughby Goddard (Sir Jason Toovey), Gillian Lewis (Miss Belman). Länge: 60 Minuten je Episode.*

Die einzelnen Episoden: *The Treasure Hunt* (erste Verfilmung; Buch: Donald Churchill; 1969), *The Stealer of Marble* (Buch: Vincent

Tilsley; 1969), *The Green Mamba* (Buch: Vincent Tilsley; 1969), *Sheer Melodrama* (Buch: Vincent Tilsley; 1969), *The Strange Case* (Buch: Vincent Tilsley; 1969), *The Poetical Policeman* (Buch: Hugh Burden; 1969), *The Troupe* (Buch: Malcolm Proctor; 1969), *The Investigators* (Buch: Gerald Kelsey; 1969), *The Duke* (Buch: Bill Craig; 1971), *The Man with a Strange Tattoo* (Buch: Gerald Kelsey; 1971), *The Shadow Man* (Buch: Trevor Preston; 1971), *Find the Lady* (Buch: Emanuel Litvinoff; 1971), *Death of an Angel* (Buch: ohne Angabe; 1971), *The Willing Victim* (Buch: ohne Angabe; 1971), *The Fatal Engagement* (Buch: ohne Angabe; 1971), *The Treasure Hunt* (zweite Verfilmung; Buch: ohne Angabe; 1971).

Anmerkung: Diese Serie wurde in Deutschland nicht ausgestrahlt.

MIND OF MR. J.G. REEDER, THE (FILM)
(Der sechste Sinn des Mr. Reeder)

Kinofilm. *England 1939. Produktion: Jack Raymond. Regie: Jack Raymond. Buch: Bryan Edgar Wallace, Majorie Gaffney und Michael Hogan nach der Kurzgeschichtensammlung The Mind of Mr. J. G. Reeder von Edgar Wallace. Kamera: George Stratton. Bauten: James Carter. Schnitt: Peggy Hennessey. Darsteller: Will Fyffe (J. G. Reeder), Kay Walsh (Peggy Gillette),* George Curzon *(Welford),* Chili Bouchier *(Elsa Welford),* John Warwick *(Ted Bracher),* Leslie Waring *(Mrs. Gaylor),* Romilly Lunge *(Inspektor Gaylor),* Betty Astell *(Barmädchen),* Derek Gorst *(Langdon),* Ronald Shiner *(Sam Hackett),* Wally Patch *(Lomer),* George Hayes *(Brady),* Dorothy Dewhurst. Länge: 76 Minuten.

Inhalt: Um eine Geldfälscherbande unschädlich zu machen, bittet Scotland Yard den Privatdetektiv J. G. Reeder, einen schmächtigen, soliden und harmlos aussehenden Mann mittleren Alters, mit Melone und Backenbart, um Mithilfe. Durch seine Verschrobenheit getarnt, gelingt es ihm, die gesamte Bande einschließlich deren Boß zu überführen.

Kritik zum Film: »Der Haken an diesem Film – und damit werden auch die Details der Story gänzlich uninteressant – ist die Tatsache, daß Mr. Reeder auf der Leinwand nie jenen brillanten Geist ausspielen darf, der die Faszination des Romans von Edgar Wallace ausmacht. Das Resultat ist eine unsichere Aufeinanderfolge zusammenhangloser Episoden, einige von ihnen als solche ganz gut, in denen Will Fyffe aber weder eine intelligente Studie eines Detektivs bei der Arbeit präsentiert, noch die Chance hat, die vertrauteren Charakterzüge seines gutmütigen Wesens auszuspielen. Ein unzusammenhängender Film somit, dem einige gute Darstellerleis-

The Mind of Mr. J.G. Reeder: **Romilly Lunge (stehend), Will Fyffe**

tungen in den Nebenrollen sowie eine angemessene Beherrschung der technischen Ressourcen wenig Nutzen bringen.« (Monthly Film Bulletin, 31.03.1939)

Anmerkung: Dieser Film wurde in Deutschland nicht aufgeführt.

MISSING GUEST, THE
(Der verschwundene Gast)

Kinofilm. USA 1938. Produktion: Universal Pictures. Produzent: Barney A. Sarecky. Regie: John Rawlins. Buch: Charles Martin, Paul Perez frei nach Edgar Wallace. Kamera: Milton R. Krasner. Musik: Charles Previn. Darsteller: Paul Kelly (Scoop Hanlon), William Lundigan (Larry Dearden), Constance Moore (Stephanie Kirkland), Edwin Stanley (Dr. Cartroll), Selmer Jackson (Frank Baldridge), Billy Wayne (Vic), George Cooper (Jake), Patrick J. Kelly (Edward, Butler), Florence Wix (Linda Baldridge), Harlan Briggs (Frank Kendall), Pat. C. Flick (Inventor), John Harmon (Boldrichs Wächter). Länge: 68 Minuten.

Inhalt: »Scoop« Hanlan, ein junger Reporter,

wird zu einem angeblich von Geistern heimgesuchten Landsitz geschickt. Das Haus war nach dem Verschwinden seines ursprünglichen Besitzers Kirkland verschlossen worden. Seine verwitwete Frau heiratet einen Mann namens Baldridge. Um den Einzug des Paares zu feiern, wird ein großer Kostümball gegeben. Hanlan täuscht einen Autounfall vor, um in das Haus zu gelangen. Als man seine List durchschaut, wird er hinausgeworfen. Nachdem die Gäste gegangen sind, besteht Larry Dearden, ein enger Freund der Familie und Liebhaber von Kirklands Tochter Stephanie, darauf, im Blauen Zimmer zu schlafen zu dürfen, in dem es spukt. Am Morgen ist Larry verschwunden; statt dessen findet man Hanlan schlafend in einem der Gästezimmer. Am folgenden Tag wird der Arzt der Familie, Dr. Carol, erschossen im Blauen Zimmer aufgefunden und die Polizei gerufen. Hanlan findet einen Geheimgang – der Auftakt zu einem weiteren Verbrechen, aber auch zur Aufklärung des Geisterspuks und des Mordes an Kirkland.

Kritik zum Film: »Farce und Melodram spielen gleiche Rollen in der Geschichte, und deshalb sind die Geistererscheinungen nicht besonders eindrucksvoll.« (Monthly Film Bulletin, 5/1939)

Anmerkung: Dieser Film wurde in Deutschland nicht aufgeführt.

MISSING MILLION, THE (BUCH)

Kriminalroman. Originalausgabe: John Long, London 1923. Deutsche Erstveröffentlichung: Die verschwundene Million. Übersetzung: Elise von Kraatz. Moewig und Höffner, Dresden 1924. Neuausgabe: Axia-Verlag, Berlin 1928. Neuausgabe: Aufwärts-Verlag, Berlin 1936. Neuausgabe: Die unheimlichen Briefe. Neuübersetzung: Tony Westermayr. Wilhelm Goldmann Verlag, München 1961. Taschenbuchausgabe: Wilhelm Goldmann Verlag, München 1962 (= Goldmann Taschen-KRIMI 1139). Weitere Taschenbuchauflagen im Wilhelm Goldmann Verlag: 1973, 1975, 1976, 1979, 1981, 1982, 1989. Jubiläumsausgaben im Wilhelm Goldmann Verlag: 1990, 2000 (= Band 76). Neuübersetzung: Ute Tanner. Scherz Verlag, Bern, München, Wien 1986 (= Scherz Krimi 1048).

Inhalt: Immer wieder erhält Rex Walton, der Sohn eines Stahlfabrikanten und Erbe eines

Millionenvermögens, Drohbriefe, die ihn vor der Ehe mit Dora Coleman warnen. Ebenso wie seine Schwester Joan ist auch sein Freund Jimmy Sepping, Inspektor von Scotland Yard, darüber entsetzt. Plötzlich verschwindet Walton auf unerklärliche Weise. Niemand scheint etwas über sein Schicksal zu wissen. Chefinspektor Bill Dicker unterstützt Sepping, um Walton zu finden. Doch das Netz des Intrigenspiels ist komplizierter, als Sepping ahnt.

Anmerkungen: Der Roman erschien in den USA unter dem Titel *The Missing Millions* (Small, Maynard & Co., Boston 1925). Er wurde 1942 verfilmt unter dem Titel → *The Missing Million* und diente 1997/98 als Grundlage für den Fernsehfilm → *Die unheimlichen Briefe*.

MISSING MILLION, THE (FILM)
(Die verschwundene Million)

Kinofilm. *England 1942. Produktion: Signet. Regie: Phil Brandon. Buch: James Seymour nach dem Roman The Missing Million von Edgar Wallace. Kamera: Stephen Dade. Musik: Percival Mackey. Bauten: Andrew Mazzin. Kostüme: Kathleen Moore. Ton: George Burgess, Stanley Jolly. Schnitt: Walter Jentzsch. Darsteller: Linden Travers (Joan Walton), John Warwick (Bennett), Patricia Hilliard (Dora Coleman), John* Stuart *(Inspektor Dicker), Ivan Brandt (Rex Walton), Brefni O'Rorke (Mr. Coleman), Charles Victor (Nobby Knowles), Marie Ault (Mrs. Tweedle), Eric Clavering (Parker), Valentine Dyall (Mr. Collett), Arthur Hambling (Wells), Albert Chevalier (Polizist), Jim Donald (Kriminalassistent). Länge: 84 Minuten.*

Inhalt: Am Tag seiner Hochzeit mit Dora Coleman verschwindet Rex Walton, ein junger Millionär, spurlos. Seine Schwester Joan bittet einen befreundeten Yard-Detektiv um Hilfe. Dieser findet heraus, daß Dora Coleman Mitglied der berüchtigten »Panda-Bande« ist und daß Rex Walton dieser Bande eine Million Pfund gestohlen hatte, bevor er verschwand. Nachdem einige Bandenmitglieder, die ihrem Boß im Wege standen, ermordet aufgefunden wurden, beschließt Dora, der Polizei zu sagen, was sie weiß. Da wird sie von »Panda«, dem Chef der Bande, entführt. Joan und dem Yard-Inspektor gelingt es schließlich, das Versteck der Bande ausfindig zu machen und Dora zu befreien. Von Rex erfahren sie, daß er die Verbrecher durch seinen Diebstahl aus der Reserve locken wollte, um sie unschädlich zu machen. Seine Rechnung geht auf: Der »Panda« findet ein schreckliches Ende, und Rex und Dora sind glücklich vereint.

The Missing Million: **John Stuart, Linden Travers**

435

Kritik zum Film: »Obwohl die vielen Überraschungsmomente und Wendungen der Geschichte im großen und ganzen gekonnt in Szene gesetzt sind, fehlen dem Film doch das Tempo und die Raffinesse eines wirklich erstklassigen Thrillers. Linden Travers und John Stuart spielen die Rolle des Joan Walton und des Scotland-Yard-Detektivs natürlich-ungezwungen, aber Ivan Brandt und Patricia Hilliard als Rex Walton und Dora Coleman wirken manchmal ein wenig melodramatisch.« (Monthly Film Bulletin, 1972)

Anmerkung: Dieser Film wurde in Deutschland nicht aufgeführt.

MISSING PEOPLE, THE
(Die Verschwundenen)

Kinofilm. *England 1939. Produktion: Jack Raymond und Charles Q. Steel. Regie: Jack Raymond. Regieassistenz: John F. Green. Buch: Lydia Hayward nach der Kurzgeschichtensammlung* The Mind of Mr. J. G. Reeder *von Edgar Wallace. Kamera: George Stretton. Musik: Percival Mackey. Art Director: James Carter. Schnitt: Peggy Hennessey. Ton: Norman Daines. Produktionsleitung: Tom White. Darsteller: Will Fyffe (Mr. Reeder), Kay Waish (Peggy Gillette), Lyn Harding (Joseph Branstone), Ronald Shiner (Sam Hackett), Ronald Adam (Surtess), Patricia Roc (Doris Bevan), Anthony Holles (Ernest Branstone), Regmaid Purdell (Harry Morgan), Gunsmith (O. B. Clarence), Laurence Hanray, Marie O'Neil. Länge: 70 Minuten.*

Inhalt: Der berühmte Detektiv John G. Reeder wird beauftragt, das Verschwinden einer Miss Owen aufzuklären. Durch seine geniale Kombinationsgabe bringt er diese Tat mit ähnlichen Fällen aus der Vergangenheit in Zusammenhang. Seine Recherchen führen ihn zu einer Geldanlage-Beratungsfirma, die von dem mysteriösen Mr. De Silvo geführt wird. Da er nur selten anwesend ist, werden die Geschäfte von seinem blinden Sekretär Surtees erledigt. Nach einem weiteren Entführungsfall

The Missing People: **Will Fyffe (sitzend), Patricia Roc**

436

kann Reeder eine konkrete Spur verfolgen. Dabei tappt er in eine Falle und findet sich in einem zugemauerten Keller wieder, in dem er durch hereinflutendes Wasser zu ertrinken droht. Ein zufällig vorbeikommender Einbrecher befreit ihn, und mit Unterstützung der Polizei kann er schließlich das Schicksal der Verschwundenen klären.

Kritik zum Film: »Will Fyffe wird vielleicht die Vorstellungen, die manche Leute von einem J. G. Reeder haben, enttäuschen, aber er verkörpert diese Figur von Edgar Wallace trotzdem sehr gut, die aus den üblichen Charakterisierungen seiner sonstigen Figuren weit herausragt. Lyn Harding als Anwalt Bradstone ist ziemlich theatralisch. Der Rest der Besetzung unterstützt den Film, der von Anfang an die Spannung hält, recht geschickt.« (Monthly Film Bulletin, 1939)

Anmerkung: Dieser Film wurde in Deutschland nicht aufgeführt.

MISSION THAT FAILED, THE

22 Gedichte. *Originalausgabe: T. Maskew Miller, Südafrika 1898.*
Enthält: THE MISSION THAT FAILED, THE PRAYER, THE LAND OF THE NORTH, SOME ADVENTURES OF JAMES JAWKINS ESQ., JAMES GETS A BILLET, A CRISIS, AM IMPRESSION OF JAMES, JAMES ON THE DEVELOPMENT OF THE CAPETONIAN, JAMES ON POLITICS, THE GREATER GOD, THE SONG OF THE ROODEDAM, UNDER WHICH FLAG, THE PATRIOTIC COLONIST, THE SQUIRE, THE SEA-NATION, THE SONG OF THE BOUNDER, THE GIDDY LITTLE MICROBE, THE NUMBER ONE, BRITANNIA TO HER FIRST BORN, A TOMMY'S WELCOME, GINGER JAMES, THE DEPARTURE OF JAMES.
Inhalt: Der am Vorabend des Burenkriegs veröffentlichte Gedichtband bietet südafrikanische Impressionen, die sich zum Teil um die Figur des James Jawkins Esq. ranken. Diese Broschüre war Wallace' erste Buchveröffentlichung (vgl. → *War and Other Poems*, → *Writ in Barracks*).
Anmerkung: Diese Gedichte wurden bisher nicht ins Deutsche übertragen.

MIXER, DER
→ THE MIXER

MIXER, THE (BUCH)

20 Kriminalgeschichten. *Originalausgabe: John Long, London 1927. Deutsche Erstveröffentlichung: Der Preller. Übersetzung: Arthur A. Schönhausen. Wilhelm Goldmann Verlag, Leipzig 1931. Neuausgabe: Wilhelm Goldmann Verlag, München 1952. Taschenbuchausgabe: Wilhelm Goldmann Verlag, München 1957 (= Goldmann Taschen-KRIMI 116). Weitere Taschenbuchauflagen im Wilhelm Goldmann Verlag: 1957, 1959, 1971, 1973, 1975, 1976, 1978, 1982, 1987. Jubiläumsausgaben im Wilhelm Goldmann Verlag: 1990, 2000 (= Band 56). Neuausgabe: Der Mixer. Scherz Verlag, Bern, München, Wien 1993 (= Scherz Krimi 1452).*
Enthält (abweichende Übersetzungstitel der Scherz-Ausgabe sind an zweiter Stelle genannt): THE OUTWITTING OF PONY NELSON (*Schach dem König/Wie Pony Nelson ausgetrickst wurde*), THE GREAT GENEVA SWEEPSTAKE (*Die Rennlotterie*), A SPECULATION IN SHARES (*Eine Aktienspekulation*), THE BANK THAT DID NOT FALL (*Der fingierte Bankraub*), MR. LIMMERBURG'S WATERLOO (*Mr. Limmerburgs Reinfall*), A CLOSE CALL & ITS SEQUEL (*Engster Wettbewerb und seine Folgen*), HOW A FAMOUS MASTER CRIMINAL WAS TRAPPED (*Wie ein Fuchs in die Falle ging*), MR. SPARKES, THE DETECTIVE (*Mr. Sparkes, Detektiv*), THE SUBMARINE-CHASER COUP (*Der U-Boot-Jäger*), A STRANGE FILM ADVENTURE (*Ein merkwürdiges Filmabenteuer*), THE GIRL FROM GIBRALTAR (*Das Mädchen von Gibraltar*), A GAMBLING RAID (*Eine Spielklub-Razzia/Die Razzia*), THE SILK STOCKINGS (*Der Gelegenheitskauf*), THE CASE OF DOLLY DE MULLE (*Der Fall der Dolly de Mulle*), THE SEVENTY-FOURTH DIAMOND (*Der vierundsiebzigste Diamant*; nur in den Goldmann-Ausgaben), CINEMA TEACHING BY POST (*Filmkurse per Post*; nur in den Goldmann-Ausgaben), THE BILLITER BANK SMASH (*Der Zusammenbruch der Billiter-Bank*), THE SPANISH PRISONER (*Schätze in Spanien/Der spanische Gefangene*), THE CROWN JEWELS (*Die Kronjuwelen*; nur in der Scherz-Ausgabe), THE PROFESSOR (*Der Professor*; nur in der Scherz-Ausgabe).
Inhalt: Die Geschichten erzählen davon, wie Anthony Newman und seine Freunde Paul und

der stets lustige Sandy kriminelle Reiche »prellen«. Zu ihnen zählen der Hochstapler und Betrüger Pony Nelson, der beleibte Mr. Burnstid, der Finanzier Oliver Digle, der Buchmacher Michael Limmerburg und Milwaukee Meg, die Chefin einer Gangsterbande. Sie alle werden von dem Trio mit ihren eigenen Waffen geschlagen. Jeder in London, der unsauberen Geschäften nachgeht, fürchtet den »Preller«, denn stets tritt er in anderer Maske auf, so daß er von den Geleimten nicht erkannt wird.

Anmerkung: Die Kurzgeschichten dienten 1992 als Grundlage für die Fernsehserie → *The Mixer.*

MIXER, THE (FERNSEHEN)
Der Mann vom Eaton Place

TV-Serie in zwölf Teilen. *Deutschland/Frankreich 1992. Produktion: France 2, Progéfi, Taurus. Produzent: John Frankau. Regie: John Frankau, Christopher Hodson, Hermann Leitner. Buch: Simon Booker, Philip Broadley, Rio Fanning nach der Kurzgeschichtensammlung → The Mixer von Edgar Wallace. Kamera: Alan Pyrah, Jiri Stibr. Musik: Gerhard Heinz. Casting: Cornelia Braun. Bauten: Fritz Hollergschwandtner. Kostüme: Barbara Langbein. Herstellungsleitung: Herbert Reutterer. Länge: 52 Minuten je Episode. Hauptdarsteller: Simon Williams (Sir Anthony Rose), Jeremy Clyde (Paul), Catheric Alric (Diane Delorme), Peter Jones (Inspektor Bradley), Nicholas Frankau (Sergeant Sennet); weitere Darsteller: s. die einzelnen Folgen. Deutsche Erstausstrahlung: ZDF 1994–97. Die Episoden im einzelnen:*

1. The Mixer and the Missing Million (*Wer hat am Roulette gedreht?*). Weiterer Darsteller: Patrick Ryecart (Nelson Hemmings). Deutsche Erstausstrahlung: 21.01.1995

2. The Mixer's Masterpiece (*Ein Fall für Rätselfreunde*). Weitere Darsteller: Lucy Fleming (Holda Schwartz), Ursula Howells (Elvira), Harold Innocent (Klickerman), Moray Watson (Dr. Quinn). Deutsche Erstausstrahlung: 12.11.1994.

3. The Mixer and the Grand Scam (*Die Fälschung und die alte Lady*). Weitere Darsteller: Béla Ernyei (Le Grand Philippe), Lucy Fleming (Holda Schwartz), Stephan Paryla (Hans). Deutsche Erstausstrahlung: 19.11.1994.

4. The Mixer and the Distressed Diane (*Gut gemischt ist halb gewonnen*). Weitere Darsteller:

Jennifer Croxton (Lady Cynthia), Béla Ernyei (Le Grand Philippe), Edith Leyrer (Yvette Chamay), Stephan Paryla (Hans), als Stephan Paryla-Raky). Deutsche Erstausstrahlung: 03.12. 1994.

5. The Mixer Takes the Orient Express (*Die Tänzerin im Orientexpreß*). Weiterer Darsteller: Alan Goodson (Lothar). Deutsche Erstausstrahlung: 10.12.1994.

6. The Mixer and the Flying Ace (*Rache für die Pokerrunde*). Weitere Darsteller: Toni Böhm (Wolff), Miguel Herz-Kestranek (Otto von Linden), Lukas Resetarits (Karl Gruber). Deutsche Erstausstrahlung: 17.12.1994.

7. The Mixer and the Four Seasons (*Eine Blüte schafft Probleme*). Weitere Darsteller: Elizabeth Bennett (Lavinia Winwood), Emma Harbour (Belinda Winwood), John Harding (Sir Percy Lambert), John Stride (Maynard Winwood). Deutsche Erstausstrahlung: 07.01. 1995.

8. The Mixer and the Great Casino Swindle (*Der erste Preis ist schon vergeben*). Weitere Darsteller: Elisabeth Epp (Helene von der Leyen), Emma Harbour (Belinda Winwood), Cecile Nordegg (Marie von Lowis), Heinrich Schweiger (Max Kranefeldt), Erwin Steinhauer (Inspector Zaunert). Deutsche Erstausstrahlung: 14.01. 1995.

9. The Mixer and the Eiffel Tower (*Es ist nicht alles echt was glitzert*). Weitere Darsteller: William Berger (Maurice Villard), Sam Dastor (Jean). Deutsche Erstausstrahlung: 28.01. 1995.

10. The Mixer and the Birthday Party (*Man stiehlt nicht unter falschem Namen*). Weitere Darsteller: Emma Chambers (A.S.M.), Suzy Cooper (Petula), Lionel Jeffries (Charles Ryder), Nanette Newman (Nancy Ryder), Ian Price (Clive), Matthew Solon (Terry). Deutsche Erstausstrahlung: 11.02.1995.

11. The Mixer and the Christmas Present (*Scotland Yard ist nicht zu schlagen*). Weitere Darsteller: Rula Lenska (Lady Pamela Osgood), Jack May (Cunliffe). Deutsche Erstausstrahlung: 18.02.1995.

12. The Mixer Unmasked (Entführung statt Premierenfeier). Weitere Darsteller: Toni Böhm (Wolff), Doris Hick (Magda), Rula Lenska (Lady Pamela Osgood), Jack May (Cunliffe), Lukas Resetarits (Karl Gruber), Patrick Ryecart (Nelson Hemmings), Erwin Steinhauer (Inspector Zaunert), Jack Watling (Charles). Deutsche Erstausstrahlung: 17.12.1997.

Inhalt: Der »Mixer« legt es darauf an, Verbrecher aller Art mit deren eigenen Waffen zu schlagen. Um sein Ziel zu erreichen, schlüpft er in die verschiedensten Masken.

MOEWIG UND HÖFFNER
→ Verlage

MÖNCH MIT DER PEITSCHE, DER
Kinofilm. *Bundesrepublik Deutschland 1967. Regie: Alfred Vohrer. Regieassistenz: Eva Ebner. Script: Uschi Haarbrücker. Drehbuch: Alex Berg (d.i. Herbert Reinecker), Harald G. Petersson nach dem Roman The Terror von Edgar Wallace. Kamera: Karl Löb. Kameraassistenz: Ernst Zahrt, Joachim Gitt, Dan Cohen. Schnitt: Jutta Hering. Schnittassistenz: Evelyn Siewert,* Dagmar Müller. Ton: Gerhard Müller. Bauten: Wilhelm Vorwerg, Walter Kutz. Oberbeleuchter: Dieter Fabian. Musik: Martin Böttcher. Kostüme: Irms Pauli. Garderobe: Helmut Preuss, Gisela Nixdorf. Masken: Willi Nixdorf, Charlotte Kersten-Schmidt. Standfotos: Gerd-Victor Krau, Lothar Winkler. Presse: Ringpress. Produktion: Rialto Film Preben Philipsen GmbH & Co. KG, Berlin (West). Produzenten: Preben Philipsen, Horst Wendlandt. Herstellungsleitung: Fritz Klotzsch. Aufnahmeleitung: Herbert Kerz, Harry Wilbert, Gerhard Selchow. Geschäftsführung: Gertraud Pfeiffer. Produktionssekretärin: Helga Markan. Kassiererin: Waltraud Peglau. Drehzeit: 26.04.–09.06.1967. Atelier: CCC Film Studios Berlin-Spandau. Außenaufnahmen: Berlin (West) und Pfaueninsel Berlin-*

Der Mönch mit der Peitsche: 1. Kurt Waitzmann, Bruno W. Pantel, Joachim Fuchsberger • 2. Harry Riebauer, Jan Hendriks, Tilly Lauenstein u.a.

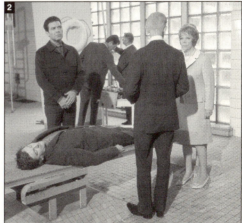

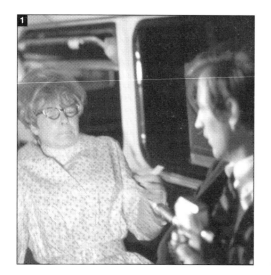

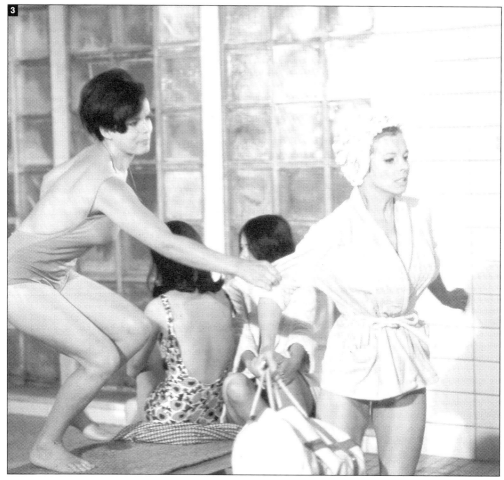

Der Mönch mit der Peitsche: 1. Grit Böttcher, Siegfried Rauch •
2. Der Mönch in Aktion • 3. Uschi Glas, Grit Böttcher

Wannsee. Erst-Verleih: Constantin Film, München. Länge: 88 Minuten (2397 m). Format: 35 mm; Farbe (Eastmancolor); 1:1.66. FSK: 04.08.1967 (37760); 16 nff. Uraufführung: 11.08.1967, Mathäser Filmpalast München. TV-Erstsendung: 11.04.1985 PKS. Darsteller: Joachim Fuchsberger (Inspektor Higgins), Siegfried Schürenberg (Sir John), Ursula Glas (Ann Portland), Grit Böttcher (Betty Falks), Konrad Georg (Keyston), Harry Riebauer (Mark Denver), Tilly Lauenstein (Harriet Foster), Ilse Pagé (Miss Mabel Finley), Siegfried Rauch (Frank Keeney), Claus Holm (Glenn Powers), Günter Meisner (Greaves), Hans Epskamp (Bannister), Jan Hendriks (Brent), Heinz Spitzner (Harrison), Rudolf Schündler (Sergeant Hanfield), Narziss Sokatscheff (Cress Bartling), Tilo von Berlepsch (Polizeiarzt Shinewood), Kurt Waitzmann (Carrington), Suzanne Roquette (Mary Houston), Susanne Hsiao (June Bell), Inger Sievers (Mildred Miller), Ewa Strömberg (Pam Walsbury), Bruno W. Pantel (Busschaffner), Kurt Buecheler (Winston Robson), Wilhelm Vorwerg (Dr. Cabble), Eva Ebner (Fahrgast im Bus), Herbert Kerz (»Mönch-Double«).

Inhalt: Ein Zuchthäusler wird nachts aus dem Gefängnis geschmuggelt, um in einem Mädchenpensionat mit Hilfe eines geruchlosen Giftes mehrere Zöglinge umzubringen. Wer sein Auftraggeber ist, weiß er so wenig wie die Beamten von Scotland Yard, die bei keinem der Morde ein stichhaltiges Motiv erkennen können. Als die Reihe an ein Mädchen kommt, das kurz vor der Volljährigkeit steht und damit Erbin eines riesigen Vermögens wird, erkennt die Polizei, daß die vorangegangenen Morde nur ein Ablenkungsmanöver waren. Inspektor Higgins gelingt es, das Mädchen zu retten. Der »Mönch« wird überwältigt und der große Unbekannte entlarvt.

Kritiken zum Film: »Regisseur Alfred Vohrer hat schon bessere Filme als diesen gedreht. Hier

Der Mönch mit der Peitsche: 1. Claus Holm • 2. Wilhelm Vorwerg • 3. Siegfried Schürenberg, Ilse Pagé • 4. Szenenbild

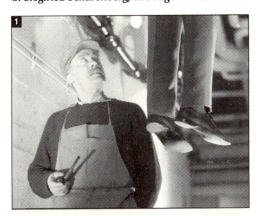

werden die abgeleierten Klamotten des Kintopps zusammengekratzt und in schlechten Farben aufgemöbelt. Weder Spannung noch Gruselstimmung wollen so recht aufkommen. Zu umständlich, schwerfällig und unglaubwürdig wird alles erzählt.« (Kölner Stadtanzeiger, 29.08.1967) »Wer sich 90 Minuten farbig ins Bockshorn jagen lassen will, dem sei das spannende Produkt anempfohlen« (Schwäbisches Tagblatt, Tübingen, 26.09.1967)

Zitat aus dem Film: Sir John verhört Mr. Denver, den Bruder der Internatsleiterin Mrs. Foster: »So – und nun zu uns, hm – Denver. Sie machen mir doch keinen Ärger, nicht wahr? Nein, das werden Sie nicht, sehen Sie, Sie müssen zuerst mal das Gefühl loswerden, daß Mord etwas Besonderes ist. Ach du lieber Himmel, mal ein kleiner Mord hier und da – das kommt doch überall vor, darüber kann man doch reden, nicht wahr? Na, wollen wir darüber reden?« – Denver: »Ich habe niemanden umgebracht!« – Sir John: »Aber, aber! Wieviele Tote haben wir denn? Drei – nein vier sogar! Und davon wollen Sie keinen übernehmen? Nun, seien Sie doch kein Frosch, na, los doch, einen wenigstens, einen ...«

Anmerkungen: Ursprünglich war für diese Produktion eine andere Besetzung geplant: Claude Farell, Wolfgang Lukschy, Harry Wüstenhagen und Rudolf Fenner sollten anstelle von Tilly Lauenstein, Harry Riebauer, Siegfried Rauch und Hans Epskamp spielen. Als Regisseur war Harald Reinl vorgesehen. – Das von Herbert Reinecker geschriebene Drehbuch hatte den Titel *Der Mann mit der Peitsche* und wies einige andere Handlungselemente auf: Abweichend vom späteren Film hieß der Inspektor Green und hatte einen Psychologen namens Blake zur Seite; die Ermordung der Internatsschülerin Pam findet in einem Park statt.

Wußten Sie, daß Joachim Fuchsberger während der Dreharbeiten zu diesem Film wegen einer erlittenen Verletzung mit 16 Spritzen innerhalb von 48 Stunden fit gehalten werden mußte, um den Zeitplan nicht zu gefährden?

Fazit: Äbte, Nonnen, Mönche – bei Wallace ist keinem zu trauen.

MÖNCH DES SCHRECKENS, DER
Englischer Titel: **The Terrible Monk**
Amateur-Kriminalfilm. *Deutschland 2002. Produktion: Dennis M. Dellschow, Arild Rafal-*

Grit Böttcher und Uschi Glas: Drehpause *Der Mönch mit der Peitsche*

zik. Co-Produktion: M. Ulms-Giese, Klaus Mücke-Klein. Regie: Dennis M. Dellschow. Drehbuch: Dennis M. Dellschow nach dem Roman The Terror von Edgar Wallace. Chef-Kameramann: Jan Michael Heybowitz. 2. Kamera: Michael Schulte. Standfotos: Michael Schulte. Musik: Peter Thomas. Verleih: Deutsche Globus Film, Paderborn. Darsteller: Christopher Eusterholz (Inspector Higgins), Kim Stelter (Susan Gilmore), Dennis M. Dellschow (Sir John), Martin Brockmann (Butler James). Erstaufführung: Edgar Wallace Festival 2003 in Neustadt/Titisee.

Inhalt: In Schloß Darkwood nahe London treibt ein geheimnisvoller Mörder, der Mönch des Schreckens, sein Unwesen. Sir Richard Gilmore fällt ihm zum Opfer, als er dabei ist, sein Testament zu ändern. Am nächsten Morgen findet der Butler den Ermordeten auf. Wenig später trifft Sir John von Scotland Yard mit seiner Sekretärin Miss Finley und Inspector Higgins ein. Higgins befragt den Butler, der nur mitteilen kann, daß Sir Richard eine Tochter namens Susan hatte. Nach einem Gespräch Higgins' mit der Tochter wird auch sie von dem unheimlichen Mönch angegriffen. Nach höchst turbulenten Ereignissen gelingt es Higgins, den Verbrecher zu entlarven.

MÖNCH OHNE GESICHT, DER

Kriminalfilm. Österreich 2002. Produktion: GHP Film Villach. Regie: Georg H. Pagitz. Autoren (Szenarium): Georg Pagitz, Gerald Zojer, Peter Teissl. Drehbuch und Dialoge: Georg Pagitz frei nach The Terror von Edgar Wallace. Fotografische Leitung: Raimund Haberl. Schnitt: Dino Conta. Ausstattung: Johann Posratschnig. Musik: Ennio Morricone; Mönch-Thema komponiert von Peter Thomas. Regieassistenz: Birgit Moser. 2. Team (Szene 32b): Regie: Peter Teissl. Kamera: Markus Mittermüller. Regieassistenz: Felix Pitamitz. Zweiter Kameramann: Mario Oberstraß. Co-Produzent: Raimund Haberl jun. Aufnahmeleitung: Mario Oberstraß. Produktionsleitung: Stefan Posratschnig. Herstellungsleitung: Georg H. Pagitz, Peter Teissl. Gesamtleitung: Hans-Gerhard Steinbauer. Darsteller: Peter Teissl (Alex), Stephan Payer (Thomas), Carmen Reichmann (Katja), Ulli Posratschnig (Nina), Markus Mittermüller (Mag. Edgat Wallas), Stefan Schröder (Max), Barbara Buchacher (Viktoria), Caroline di Bernardo (Julia), Pascale Kopeinigg (Manuel), Tanja Plankensteiner (Angie), Alfred Waukmann (WG-Bewohner), Markus C. Nessmann (Kriminalinspektor Hellick), Gerald Zojer (Kriminalinspektor Lipsky), Michael Weissenbacher (Jannes), Stefan Santer (Pilzsammler), Birgit Moser (Touristin), Christine Weiss (Studentin), Ulrike Mitterer (Studentin), Georg Pagitz (Bootsverleiher), Markus C. Nessmann, Alfred Waukmann, Stefan Santer, Markus Orlitsch, Tanja Plankensteiner. Auftraggeber: Carinthia Pictures. Drehzeit: 04.08. 2002–November 2002. Drehorte: Villach, Universität Klagenfurt, Wörthersee; als Kloster diente die alte Brandenburg nördlich von Villach. Erstaufführung: 20.12.2002. Dauer: 90 Minuten.

Inhalt: Im Mittelalter hatten Heiden ein Kloster im Wald angezündet und alle darin lebenden Mönche verbrannt. Seitdem erzählt man sich, daß ein Mönch, dessen Gesicht völlig entstellt ist, dort nachts mit einer Peitsche spukt. Das Paar Angelika und Manuel stört das wenig; um ungestört zu sein, kommen sie nachts zum alten Kloster. Angelika erblickt den Mönch. Als Manuel ihn aufspüren will, wird er vom Mönch mit der Peitsche ermordet. Angelika rennt um ihr Leben, doch kann sie dem Unheimlichen nicht entkommen. Sie verschwindet ebenso spurlos, wie es der Legende nach bereits vielen anderen Frauen ergangen ist. Ein halbes Jahr später kommt Alex an die Universität. Er beschäftigt sich schon lange mit der Mönchslegende und will ihr auf den Grund gehen. Bald geschieht ein neuer Mord. Die Polizei ist hilflos, und als die Freundin von Alex' Kollegen Thomas spurlos verschwindet, versuchen die beiden, das Rätsel auf eigene Faust zu lösen.

Anmerkung: Dies war ein Jubiläumsfilm der GHP Film (10jähriges Bestehen). Es wirkten deshalb viele Darsteller mit, die schon lange keine Rollen mehr gespielt hatten, und sei es nur, um einen einzigen Satz zu sagen.

MONET JR., ANTOINE
→ Darsteller

MONTGOMERY, DOREEN
→ Drehbuchautoren

MORAN, PERCY
→ Regisseure

MORD

Den Mord als literarische Kunst beherrschte Wallace in genialer Weise. Von Schlangen, Krokodilen und Spinnen über vergiftete Ringe, Harpunen und Peitschen bis hin zu Schneidbrennern und Giftzähnen reicht das Repertoire der raffinierten Instrumente, derer sich Wallace' Mörder mit beängstigendem Erfolg bedienen. In über 30 Filmen haben Edgar Wallace' deutsche Drehbuchautoren und Regisseure bewiesen, daß sie kongeniale Meister im Erfinden ausgefallenster Mordmethoden sind. Selbstverständlich kommen in diesen Streifen auch die »konventionellen« Mordmethoden zu ihrem Recht. Die Zahl der erschossenen, erwürgten, erstochenen und erschlagenen Opfer ist jedenfalls spektakulär. Doch werden diesen klassischen Methoden in jedem Film noch ein paar ausgefallene Mord-Glanzlichter aufgesetzt.

So öffnet in → *Der Mönch mit der Peitsche* (1967) die Internatsschülerin Pam Walsbury in der Kirche ihr Gesangbuch – und sinkt tot zusammen. Im Buch ist eine Apparatur verborgen, aus der beim Aufschlagen ein tödlich wirkendes Gas strömt. Schmerzlose Gasmorde sind in Wallace-Filmen nichts Ungewöhnliches: Bereits im ersten Film der deutschen Serie, → *Der Frosch mit der Maske* (1959), wird Maitland durch Giftgas getötet, im → *Geheimnis der weißen Nonnen* (1966) werden unliebsame Bankangestellte und Bandenmitglieder ebenfalls mit Gas ins Jenseits befördert. In → *Die Tür mit den sieben Schlössern* (1962) kommt ein Mann nach einer Vergiftung mit den Auspuffgasen seines eigenen Wagens nur knapp mit dem Leben davon.

In → *Der Mönch mit der Peitsche* (1967) tritt ein als Mönch verkleideter Verbrecher auf, der seinen Opfern mit einem Schlag seiner schweren Peitsche das Genick bricht – eine Methode, die bereits im Wallace-Thriller → *Der unheimliche Mönch* (1965) erfolgreich praktiziert wurde. Mit weniger körperlicher Anstrengung erreichen dagegen die Mörder in den Filmen → *Der Zinker* (1963) und → *Die blaue Hand* (1967) ihr Ziel: Sie lassen ihre Arbeit von Giftschlangen besorgen. Noch phantasievollere Giftvarianten liefern die Filme → *Der Hund von Blackwood Castle* (1967) und → *Im Banne des Unheimlichen* (1968): In ersterem werden einem Hund in Schlangengift getauchte Zähne eingepflanzt, in letzterem tötet

der Unheimliche mit einem vergifteten Nadelring.

→ *Die blaue Hand* (1967) wurde auch dadurch populär, daß sich der Bösewicht als Mordwerkzeug einer zu einer Ritterrüstung gehörenden eisernen Hand bedient, die mit vier aufklappbaren Messern versehen ist. Die Messer-Thematik wird auch sonst vielfältig variiert. So arbeitet man in den Filmen → *Das Rätsel des silbernen Dreieck* (1965/66) und → *Der Mann mit dem Glasauge* (1968) mit Wurfmessern, während in → *Zimmer 13* (1963) ein Rasiermesser in Aktion tritt. Im Thriller → *Das Geheimnis der grünen Stecknadel* (1971) ging man noch einen unangenehmen Schritt weiter: Der Mörder schlitzt, wie einst »Jack The Ripper«, seine Opfer auf. Nicht vergessen werden dürfen die chinesischen Wurfmesser, die im Film → *Der Fluch der gelben Schlange* (1962/63) den Darstellern um die Ohren fliegen.

Eine elegantere Mord-Variante liefert → *Das indische Tuch* (1963): Wenigstens ein indisches Halstuch muß es sein, mit dem die Gäste auf dem schottischen Schloß Lebanon erdrosselt werden. Das Strangulieren ist auch in anderen Wallace-Filmen an der Tagesordnung. Die Würgemale ziehen sich vom → *Roten Kreis* (1959) über → *Die Bande des Schreckens* (1960), → *Die toten Augen von London* (1961), → *Das Geheimnis der gelben Narzissen* (1961) und den → *Hexer* (1964) bis hin zum → *Buckligen von Soho* (1966) und dem → *Gorilla von Soho* (1968). An ausgefallenen Mordwerkzeugen sind erwähnenswert eine Haifischharpune in → *Das Gasthaus an der Themse* (1962) sowie die Pfeile, mit denen → *Der grüne Bogenschütze* (1960/61) seine Widersacher ins Jenseits befördert – nach dem Vorbild von → *Der rote Kreis* (1959), wo der alte Beardmore mit einem Pfeil dahingemeuchelt wurde. Daß sich hinter einem Verkehrsunfall oder einer Explosion ein tückischer Mordanschlag verbergen kann, lehren die Filme → *Die toten Augen von London* (1961), → *Das Rätsel der roten Orchidee* (1961/62), → *Der Hexer* (1964) und → *Das Gesicht im Dunkeln* (1969). Auch wenn ein Balkon samt der darauf befindlichen Person in die Tiefe stürzt (→ *Die seltsame Gräfin*, 1961), handelt es sich dabei mitnichten um ein statisches Problem.

Auch Raubtiere sind tödliche Waffen, wie die bedauernswerten Opfer in → *Der Zinker*

(1963) erfahren müssen. Dasselbe gilt für Mühlsteine (→ *Die Gruft mit dem Rätselschloß*, 1964) und vor allem für Badewannen, die mancher Besucher der Filme → *Das Geheimnis der weißen Nonne* (1966), → *Das Geheimnis der grünen Stecknadel* (1971) und → *Das Rätsel des silbernen Halbmonds* (1971) fortan gemieden hat. Wenig wählerisch ist der Mörder in → *Das Rätsel des silbernen Halbmonds* (1971). Er bedient sich jedes greifbaren Werkzeugs, um seine bösen Taten auszuführen – sei es eine Machete, ein Telefonkabel oder sogar eine Bohrmaschine – einer der scheußlichsten Morde innerhalb der Wallace-Serie, an Grausamkeit übertroffen nur noch vom Schuß durch ein Guckloch ins Auge des Hausmeisters in → *Die toten Augen von London* (1961).

Ein weiterer makaberer Höhepunkt ist die Benutzung einer Guillotine im Film → *Der Rächer* (1960), immerhin eine der ungewöhnlichsten Mordmethoden. Zur Entspannung kehren die Filme immer wieder auch zu ganz banalen Verfahren zurück, indem unliebsame Personen schlicht erschossen werden. Der Bogen der auf diese Weise Dahingemeuchelten spannt sich vom ersten Wallace-Streifen → *Der Frosch mit der Maske* (1959) über → *Das Rätsel der roten Orchidee* (1961/62) und → *Der schwarze Abt* (1963) bis hin zu → *Der Tote aus der Themse* (1971).

MÖRDER KAM UM MITTERNACHT, DER
RTL-Titel für den Film → *The Ringer* (1952).

MORE EDUCATED EVANS
(Mehr vom gebildeten Evans).
Zwölf Kriminalerzählungen. *Originalausgabe: Webster Publications, London 1926.*
Enthält: THE RETURN OF THE NATIVE, A SOUVENIR, THE MAKER OF WINNERS, A JUDGE OF RACING, AN AMAZING SELECTION, A GOOD GALLOP, A HORSE OF THE SAME COLOUR, MIXING IT, THE FREAK DINNER, THE USER OF MEN, THE LADY WATCHDOG, THE JOURNALIST.
Inhalt: Diese Erzählungen um den pfiffigen Cockney-Tipgeber Evans bilden die Fortsetzung der Kurzgeschichtensammlung → *Educated Evans*.

Anmerkungen: Diese Erzählungen wurden bisher nicht ins Deutsche übertragen. – Weitere Geschichten um den Protagonisten erschienen unter dem Titel → *Good Evans*.

MORLEY, ROBERT
* 26.05.1908 Semley, Wiltshire (England),
† 03.06.1992 Wargrave, Berkshire (England)
Englischer Schauspieler. Er verkörperte Hubert Hamlyn in → *Das Geheimnis der weißen Nonne* (1966).
Als Sohn eines Diplomaten im Auslandsdienst mußte Morley seine nicht nur glückliche Schulzeit in England, Deutschland, Frankreich und Italien genießen. Er ignorierte den Wunsch des Vaters, ebenfalls in die Diplomatie zu gehen, und nahm Schauspielunterricht an der Londoner Royal Academy of Dramatic Art. 1928 war sein Bühnendebüt. In den 30er Jahren weitete er seine Theaterauftritte bis zum Broadway aus. Dort wurde er für Hollywood entdeckt und spielte 1937 in seinem ersten Hollywood-Streifen *Marie Antoinette*. In diesem Film verkörperte er König Ludwig XVI. und erhielt für seine Darstellung prompt den Oscar. Neben unzähligen Theaterauftritten, Kino- und Fernsehrollen war er auch als Bühnenautor tätig.
Weitere Filme (Auswahl): *African Queen* (1951), *In 80 Tagen um die Welt* (1957), *Der Weg nach Hongkong* (1962), *Der Wachsblumen-*

Robert Morley

strauß (1963), *Das alte finstere Haus* (1963), *Topkapi* (1964), *Sherlock Holmes' größter Fall* (1965), *Die tollkühnen Männer in ihren fliegenden Kisten* (1965), *Dschingis Khan* (1965), *Die Morde des Herrn ABC* (1966), *Tod in Hollywood* (1966), *Siebenmal lockt das Weib* (1967), *Wie kommt ein so reizendes Mädchen zu diesem Gewerbe?* (1969), *Cromwell* (1970), *Das Mörderschiff* (1972), *Theater des Grauens* (1973), *Der blaue Vogel* (1976), *Höllenjagd bis ans Ende der Welt* (1983).

MORLEY, ROYSTON
→ Produzenten

MORRICONE, ENNIO
* 10.11.1928 Rom
Italienischer Komponist. Morricone schrieb die Musik für → *Das Geheimnis der grünen Stecknadel* (1971).
Nach Absolvierung der berühmten Academia di Santa Cecilia in Rom hatte es Morricone anfangs schwer, auf sich aufmerksam zu machen. Erst als Regisseur Sergio Leone ihn mit der Musik für seinen Western-Klassiker *Für eine Handvoll Dollar* (1964) beauftragte, war der Durchbruch geschafft. Morricone schuf seitdem zahllose Filmmusiken. Dutzende von Italo-Western tragen im Vorspann seinen Namen; hierzu zählen neben den Leone-Filmen (*Für ein paar Dollar mehr*, 1965; *Zwei glorreiche Halunken*, 1966; *Spiel mir das Lied vom Tod*, 1968; *Todesmelodie*, 1971; *Es war einmal in Amerika*, 1984) Klassiker wie *Mercenario, der Gefürchtete* (1968), *Leichen pflastern seinen Weg* (1968) und *Laßt uns töten Companeros* (1970) von Sergio Corbucci sowie die ersten Filme von Dario Argento (*Das Geheimnis der schwarzen Handschuhe*, 1969; *Die neunschwänzige Katze*, 1970; *Vier Fliegen auf grauem Samt*, 1971). Henri Verneuils Filme *Der Clan der Sizilianer* (1969), *Die Schlange* (1972) und *Angst über der Stadt* (1984) wurden von Morricone ebenso vertont wie Don Siegels *Ein Fressen für die Geier* (1970), Maximilian Schells *Der Richter und sein Henker* (1976), Bertoluccis *1900* (2 Teile, 1976), John Carpenters *Das Ding aus einer anderen Welt* (1982) oder Polanskis *Frantic* (1982). Zu den Höhepunkten seiner Arbeit zählte auch der 1986 mit der Goldenen Palme von Cannes ausgezeichnete Film *Mission* von Roland Joffee. Durch seine Filmmusiken reich

geworden, eröffnete Morricone in Rom ein eigenes Studio und arbeitete nur noch an Projekten mit, die eine künstlerische Herausforderung für ihn bedeuteten.

Weitere Kompositionen (Auswahl): *Die letzten Zwei vom Rio Bravo* (1964), *Feuertanz* (1966), *Der Gehetzte der Sierra Madre* (1966), *Agent 505 – Todesfalle Beirut* (1966), *San Sebastian* (1968), *Die Nonne von Monza* (1969), *Die fünf Gefürchteten* (1969), *Ermittlungen gegen einen über jeden Verdacht erhabenen Bürger* (1970), *Der Coup* (1971), *Sacco und Vanzetti* (1971), *Das rote Zelt* (1971), *Zwei wilde Companeros* (1972), *Blaubart* (1972), *Der Killer und der Kommissar* (1972), *Mein Name ist Nobody* (1973), *Trio Infernal* (1974), *Orca, der Killerwal* (1977), *Exorzist II – Der Ketzer* (1977), *Ein Käfig voller Narren* (1978), *Blutspur* (1979), *Freibeuter des Todes* (1980), *Eine Faust geht nach Westen* (1981), *Der Profi* (1982), *Der Außenseiter* (1983), *Allein gegen die Mafia* (TV, 1984–94), *Via Mala* (TV, 1985), *Die Unbestechlichen* (1987), *Cinema Paradiso* (1988), *Palermo vergessen* (1990), *Bugsy* (1991), *Die Bibel – Die Schöpfung* (TV, 1994), *Die Bibel – Jakob* (TV, 1994), *Wolf – Das Tier im Manne* (1994), *Stendhal's Syndrom* (1994), *Nostromo – Der Schatz in den Bergen* (TV, 1996), *U-Turn – Tödliche Wendung* (1997), *Die Bibel – David* (TV, 1997), Dario Argentos *Phantom der Oper* (1998), *Das Geheimnis in der Wüste* (TV, 1998), *Die Legende vom Ozeanpianisten* (1998), *Immer noch ein seltsames Paar* (1998).

MOSBACHER, PETER
* 17.02.1914 Mannheim,
† 16.10.1977 Kempfenhausen bei Starnberg
Deutscher Schauspieler. Er mimte Ramiro in → *Im Banne des Unheimlichen* (1968).
Seine Leidenschaft war der Motorradsport, sein Traumberuf Rennfahrer. Er fuhr etliche Rennen und brach mit seinem Motorrad viele Rekorde. Doch nach einem schweren Unfall mit 14 Knochenbrüchen sattelte er um. Zunächst verkaufte er in seiner Heimatstadt auf dem Markt Obst und Blumen. Zu seinen Kunden gehörten die Schauspieler des Mannheimer Theaters Carl Raddatz und Willy Birgel. Sie rieten ihm, die Schauspielschule zu besuchen. Als er sich dort weigerte, ein Ehrenamt in der Studentenorganisation zu übernehmen, verlor er sein Stipendium. So wagte er schon nach kur-

Peter Mosbacher

zer Zeit den Sprung in die Praxis. Sofort wurde er vom Nationaltheater in Mannheim engagiert. Sein weiterer Weg führte ihn über die Bühnen von Gießen, Darmstadt und Düsseldorf nach Berlin zu Heinz Hilperts Deutschem Theater. Schon 1943 konnte er dort unter Wolfgang Liebeneiners Regie sein Filmdebüt in *Großstadtmelodie* geben. Zahlreiche Filme folgten, doch sein Herz gehörte weiterhin dem Theater. Nach 1945 spielte er auf Hamburger Bühnen. Später kehrte er in seine Wahlheimat, das Spree-Athen, wie er Berlin nannte, zurück. Als Mitglied des Ensembles von Boleslav Barlog, der das Schiller-Theater und das Schloßpark-Theater in Steglitz leitete, feierte er grandiose Erfolge. Die Bandbreite seiner Interpretationen reichten von Don Carlos, dem Prinzen von Homburg über den Mephisto bis hin zu Tennessee Williams' Kowalski (in *Endstation Sehnsucht*) und Bricks (in *Die Katze auf dem heißen Blechdach*). Neben zahlreichen Film- und Fernsehauftritten blieb er bis zu seinem plötzlichen Herztod dem Theater treu. Verheiratet war er mit der Schauspielerin → Edith Schneider (ein Sohn).

Weitere Filme (Auswahl): *Hafenmelodie* (1949), *Das doppelte Lottchen* (1950), *Sündige Grenze* (1951), *Das Dorf unterm Himmel* (1953), *Canaris* (1954), *Hotel Adlon* (1955), *Liane, das Mädchen aus dem Urwald* (1956), *Die Letzten werden die Ersten sein* (1957), *Der Fuchs von Paris* (1957), *Salzburger Geschichten* (1957), *Hoppla, jetzt kommt Eddie* (1958), *Peter Voss, der Millionendieb* (1958), *Peter Voss, der Held des Tages* (1959), *Ich, Dr. Fu Man Chu* (1965), *Das Messer* (TV, 1971).

MOSS, GERALD
→ Kameramänner

MOUTHPIECE, THE (BUCH)
(Das Mundstück).
Kriminalroman. *Originalausgabe: Hutchinson, London 1935.*
Dieser Roman wurde von → Robert Curtis nach Wallace' Tod auf der Grundlage von dessen gleichnamigem Theaterstück geschrieben.
Inhalt: Im Büro eines fragwürdigen Anwalts im East End wird ein Plan geschmiedet, um an das riesige amerikanische Erbe zu kommen, das einem englischen Mädchen vermacht worden war. Kopf des Unternehmens ist ein höflicher, aber völlig skrupelloser »Colonel«. Seine Komplizen sind ein ehemaliger Dartmoor-Sträfling und der nicht ganz unbescholtene Anwalt. Doch das Mädchen beginnt Verdacht zu schöpfen. Die Pläne zur arrangierten Heirat der Millionärin werden von wahrer Liebe durchkreuzt. Durch eine Verschwörung will der »Colonel« sie dennoch zur Heirat zwingen. Das Mädchen wird entführt, kann sich jedoch befreien. Auf einem Londoner Kanalboot werden schließlich alle Pläne des »Colonels« durch das Eingreifen der Wassserschutzpolizei zunichte gemacht.
Anmerkung: Der Roman wurde bisher nicht ins Deutsche übertragen.

MOUTHPIECE, THE
Theaterstück von Edgar Wallace. Uraufführung November 1930 am Londoner → Wyndham's Theater. Bereits 14 Tage nach der Premiere wurde das erfolglose Stück abgesetzt.
Inhalt: Einem Mädchen soll eine Erbschaft zufallen, von der sie nichts weiß. Eine Verbrecherbande erfährt davon. Einer der Gangster will sie heiraten, um an ihr Vermögen zu gelangen.
Anmerkung: Nach Wallace' Tod schrieb sein

Sekretär → Robert Curtis das Stück zu dem gleichnamigen Kriminalroman um.

MOXEY, JOHN LLEWELLYN
→ Regisseure

MR. DODD AND MR. DODGEHILL
Kriminalroman. Erscheinungsort und -jahr der Originalausgabe sind unbekannt. Deutsche Erstveröffentlichung: *Das Haus ohne Fenster.* Übersetzung: Florence Palfrey. Demokratische Druck und Verlagsgesellschaft, Linz 1952 (= Bären-Bücher 48).
Inhalt: Um den Mörder ihres kriminellen Bruders ausfindig zu machen, schleicht sich seine attraktive Rächerin bei Scotland Yard in das Sekretariat und in das Herz eines Starinspektors ein. Die Spuren führen in ein Haus ohne Fenster. Hier wohnt ein Psychotherapeut, der ein Doppelleben zwischen wissenschaftlicher Arbeit und mörderischem Treiben in der Londoner Unterwelt führt. Gemeinsam gelingt es der Rächerin und dem Inspektor, das Geheimnis des Hauses zu lüften und den angesehenen Arzt als Mörder zu entlarven.

MR. J. G. REEDER RETURNS
Zwei Kriminalerzählungen. *Originalausgabe: 1934 Collins, London. Deutsche Erstveröffentlichung: Der Mann im Hintergrund. Übersetzung: Tony Westermayer. Wilhelm Goldmann Verlag, München 1960. Wilhelm Goldmann Verlag, München 1962 (= Goldmann Taschen-KRIMI 1155).*
Enthält: → THE TREASURE HOUSE (*Die Schatzkammer*) und → THE SHADOW MAN (*Der Mann im Hintergrund*).

MR. JUSTICE MAXELL
Kriminalroman. *Originalausgabe: Ward Lock & Co., London 1922. Deutsche Erstveröffentlichung: Richter Maxells Verbrechen. Übersetzung: Manfred Georg. Eden Verlag, Berlin 1928. Neuausgabe: Wilhelm Goldmann Verlag, Leipzig 1929. Neuausgabe: Wilhelm Goldmann Verlag, Leipzig 1931 (= Die Meisterromane 7). Neuausgabe: Wilhelm Goldmann Verlag, München 1952. Taschenbuchausgabe: Wilhelm Goldmann Verlag, München 1954 (= Goldmann Taschen-KRIMI 41). Weitere Taschenbuchauflagen im Wilhelm Goldmann Verlag: 1957, 1971, 1973, 1975, 1978, 1979, 1981,* *1982, 1986. Jubiläumsausgaben im Wilhelm Goldmann Verlag: 1990, 2000 (= Band 59). Neuübersetzung: Hardo Wichmann. Scherz Verlag, Bern, München, Wien 1987 (= Scherz Krimi 1110).* – Anläßlich des 125. Geburtstages des Autors brachte der → Weltbild Verlag 2000 eine Wallace-Edition heraus. Hier erschien der Roman in einer Doppelausgabe zusammen mit *Geheime Mächte* (→ Captains of Souls).
Inhalt: Der Jurist John Maxell befindet sich in Marokko. Er will sich mit Alfred Cartwright treffen, um Spekulationsgeschäfte zu besprechen. Maxells beruflicher Ehrgeiz wird dadurch belohnt, daß er in London zum Richter ihrer Majestät ernannt wird. Cartwrights neuester Coup ist das Auffinden einer Goldmine in Marokko. Doch diesmal verrechnet er sich und wird gefaßt. Cartwright rechnet mit einem milden Urteil, da sein Geschäftspartner Maxell das Urteil sprechen wird. Bei der Verkündung sind alle entsetzt: Maxell verurteilt den Angeklagten zu 20 Jahren Zuchthaus. Zwei Tage später hat London die nächste Sensation – Maxell tritt krankheitshalber von seinem Amt zurück. Jahre später trifft Cartwrights Vetter Timothy Maxells bezaubernde Nichte Mary. Doch die Vergangenheit holt die beiden Liebenden ein.

MR. REEDER IN ROOM 13
(Mr. Reeder von Zimmer 13)
Kinofilm. *England 1937. Produktion: British National. Produzent: John Corfield. Regie: Norman Lee. Buch: Doreen Montgomery, Elizabeth Meehan und Victor Kendall nach dem Roman Room 13 von Edgar Wallace. Kamera: Eric Cross. Bauten: D. MacDonald Sutherland. Produktionsleiter: George Collins. Darsteller: Peter Murray-Hill (Captain Johnnie Gray), Leslie Perrins (Jeffrey Legge alias Major Jeffrey Floyd), Gibb McLaughlin (J. G. Reeder), Sarah Seegar (Lils Legge), Sally Gray (Claire Kent), Malcolm Keen (Peter Kent), D. J. Williams (Emmanuel Legge), Robert Cochran (Detektivinspektor Barker), George Merritt (Stevens), Rex Carvel (Sir John Flaherty), Phil Ray (Fenner), Bobbie Comber (Grays Butler), Florence Groves (Daisy). Länge: 78 Minuten.*
Inhalt: Der junge, wohlhabende Johnnie Gray aus dem Außenministerium wird von J. G. Reeder, dem Detektiv an der Bank von England, beauftragt, die Herkunft gefälschter Banknoten zu klären, die seit einiger Zeit im Umlauf

sind. Grays Plan, seinerseits Falschgeld in Umlauf zu bringen, um verhaftet zu werden, gelingt. Er kommt ins Gefängnis, wo er die Hintermänner der Fälscherbande vermutet. Nach seiner Entlassung muß er feststellen, daß Claire, das Mädchen, das er liebt, einen gewissen Major Floyd geheiratet hat. Dieser Major ist identisch mit Jeffrey Legge, dem Boß der Geldfälscherbande. Die Väter der beiden waren einst Partner und später erbitterte Feinde, denn Claires Vater brachte den alten Legge für zwölf Jahre hinter Gitter. Die Heirat zwischen Claire und Jeffrey ist nur der Anfang einer unerbittlichen Rache. Doch hier greift Johnnie Gray ein, der Legge verfolgt, obwohl er dabei zunächst in große Schwierigkeiten gerät.

Kritik zum Film: »Das Stück besitzt zwar gewisse Vitalität, ist aber unbeholfen und schlampig inszeniert und letztlich absolut unwahrscheinlich. Claires Hochzeit mit ›Floyd‹ ist unbegreiflich, und es mutet seltsam an, daß ihr Vater den Sohn seines früheren Partners nicht er-

EDGAR
WALLACE
Mr. Reeder
weiß
Bescheid

G Goldmanns
Taschen-
KRIMI

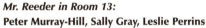

Mr. Reeder in Room 13:
Peter Murray-Hill, Sally Gray, Leslie Perrins

kannt haben sollte. ... Auch gibt es keine wirkliche ›Aufdeckung‹: Die zahlreichen actionge-
ladenen Szenen folgen eher zufällig aufeinander, und die schlimmsten Verbrecher werden
am Schluß irgendwie zur Rechenschaft gezogen. Aber der Film hat auch viele Verdienste;
er ist temporeich, im großen und ganzen gut
gespielt und hat wirklich humorvolle Einlagen.« (Monthly Film Bulletin, 1/1938)
Anmerkung: Dieser Film wurde in Deutschland
nicht aufgeführt.

MR. REEDER WEISS BESCHEID
→ RED ACES

MR. SORGENFREI
→ THE ADMIRABLE CARFEW

Richard Münch

MRS. WILLIAM JONES & BILL
Sieben Kriminalerzählungen. *Originalausgabe:*
George Newnes, London 1930.
Enthält: MRS. WILLIAM JONES & BILL,
THE ADVENTURES OF GEORGE, ACCOR-
DING TO FREUD, BONDAGE, THE SOCIE-
TY OF BRIGHT YOUNG PEOPLE, THE
KING & THE EDITOR, CHRISTMAS PRE-
SENTS.
Inhalt: Ein Strauß unterhaltsamer Kriminalge-
schichten, z.T. in Zeitschriften vorabgedruckt,
mit höchst unterschiedlichen Protagonisten.
Anmerkung: Diese Geschichten wurden bisher
nicht ins Deutsche übertragen.

MÜLLER, GREGOR
(Lebensdaten unbekannt)
Übersetzer. Er übertrug seit 1970 zahlreiche
Wallace-Romane neu für → Goldmann. Dabei
nahm er etliche → Kürzungen vor, so daß bis-
weilen krasse Unterschiede gegenüber den Ori-
ginalromanen entstanden.
Die Übersetzungen von Gregor Müller: *Das*
Gasthaus an der Themse (1970, → *The India*
Rubber Men), *Der grüne Bogenschütze* (1970,
→ *The Green Archer*), *Die blaue Hand* (1970,
→ *The Blue Hand*), *Der rote Kreis* (1971, → *The*
Crimson Circle), *Der schwarze Abt* (1971, →
The Black Abott), *Der unheimliche Mönch*
(1971, → *The Terror*), *Die toten Augen von Lon-*
don (1971, → *The Dark Eyes of London*), *Das*
Steckenpferd des alten Derrick (1972, → *The*
Double), *Der Hexer* (1972, → *The Ringer*), *Zim-*
mer 13 (1972, → *Room Thirteen*), *Der Zinker*

(1972, → *The Squeaker*), *Die Drei von Cordo-*
va, (1972, → *The Just Men of Cordova*), *Die*
Seele des Anderen (1972, → *Captains of Souls*),
Turfschwindel (1973, → *The Green Ribbon*),
Der Dieb in der Nacht (1973, → *The Thief in*
The Night), *Der Fall Joe Attyman* (1973, → *The*
Case of Joe Attyman), *Die Diamantenbrosche*
(1973, → *Kennedy the Con.Man*), *Mr. Reeder*
weiß Bescheid (1973; → *Red Aces*), *Die Schatz-*
kammer (1973, → *The Treasure House*), *Die*
Schuld des Anderen (1973, → *A Debt Dischar-*
ged), *Gangster in London* (1973, → *When the*
Gangs Came to London), *Im Banne des Un-*
heimlichen (1973, → *The Hand of Power*), *Die*
Bande des Schreckens (1981, → *The Terrible*
People), *Das Geheimnis der Stecknadel* (1990,
→ *The Clue of the New Pin*), *Der goldene Ha-*
des (1990, → *The Golden Hades*).

MÜNCH, RICHARD
* 10.01.1916 Gießen,
† 06.06.1987 bei Malaga
Deutscher Schauspieler. Er verkörperte Dr.
Collins in → *Das Gasthaus an der Themse*
(1962). Nach seiner Schulzeit in Darmstadt
nahm Münch Schauspielunterricht. Er begann
als Komiker und hat anschließend viele Jahre
mit Eduard Marcks, Will Quadflieg, Elisabeth
Flickenschildt, Antje Weisgerber und seiner
Frau Büchi als Ensemble-Schauspieler auf der
Bühne gestanden. 1970–72 leitete er das Frankfurter Theater. 1979 zog er sich mit seiner Frau
in seine Schweizer Wahlheimat zurück. Nur ge-

legentlich verließ er sein Exil, um Gastrollen am Hamburger Thalia-Theater zu übernehmen. Zahlreich und einprägsam waren seine Film- und Fernsehrollen. Besonders mit seiner Interpretation des FBI-Chefs Mr. High in der Jerry-Cotton-Kinofilmserie wird er dem Publikum in Erinnerung bleiben; hier spielte er fünfmal den Chef: in *Schüsse aus dem Geigenkasten* (1965), *Mordnacht in Manhattan* (1965), *Um Null Uhr schnappt die Falle zu* (1966), *Die Rechnung – eiskalt serviert* (1966) und *Der Mörderclub von Brooklyn* (1967).

Weitere Filme (Auswahl): *Der Verlorene* (1951), *Hunde, wollt ihr ewig leben* (1958), *Verbrechen nach Schulschluß* (1959), *Das Wunder des Malachias* (1961), *Der längste Tag* (1962), *Der Zug* (1964), *Der Besuch* (1964), *Wartezimmer zum Jenseits* (1964), *Hokuspokus* (1965), *Das Liebeskarussell* (1965), *In Frankfurt sind die Nächte heiß* (1966), *Gern hab' ich die Frauen gekillt* (1966), *Heißes Pflaster Köln* (1967), *Die Brücke von Remagen* (1969), *Patton* (1970), *Gruppenbild mit Dame* (1977), *Der Durchdreher* (1979), *Grand mit 3 Damen* (TV, 1985), *Der 4 1/2 Billionen Dollar Vertrag* (1985).

MY HOLLYWOOD DIARY

Tagebuch. *Erstveröffentlichung: Hutchinson, London 1932. Deutsche Erstveröffentlichung: auszugsweise unter dem Titel Mein Tagebuch aus Hollywood im → Edgar Wallace Almanach erschienen; Übersetzung: ohne Angabe.*

Inhalt: Dieses Tagebuch hat Edgar Wallace auf seiner letzten Amerikareise geführt. Er beschreibt darin seine Empfindungen gegenüber den Mitreisenden sowie seine Eindrücke vom Leben in Hollywood. Ein Hauptthema sind die immer wieder stattfindenden Diners und Partys. Er schildert, wie es zu seinen Drehbuchaufträgen kommt, und berichtet gegen Ende von der sich abzeichnenden Krankheit, die schließlich zu seinem Tod führte.

MYCROFT, WALTER V.

→ Drehbuchautoren und → Produzenten

Mystery Liner: Noah Beery (im Sessel) u.a.

MYSTERY LINER
(Geheimnisvolles Passagierschiff)

Kinofilm. *USA 1934. Produktion: Monogram. Produzent: Paul Malvern. Regie: William Nigh. Buch: Wellyn Totman nach der Kurzgeschichte The Ghost of John Holling von Edgar Wallace. Kamera: Archie Stout. Darsteller: Noah Beery (Captain John Holling), Astrid Allwyn (Lila Kane), Cornelius Keefe (Cliff Rogers), Gustav von Seyffertitz (Inspektor von Kessling), Edwin Maxwell (Major Pope), Ralph Lewis (Professor Grimson), Zeffie Tilbury (Granny Plimpton), Boothe Howard (Captain Downey), Howard C. Hickman (Dr. Howard), Jerry Stewart (Edgar Morton), George »Gabby« Hayes (Wachmann), George Cleveland (Simms), Gordon De Main (Commander Bryson), Olaf Hytten (Grimsons Aide), Raymond Brown (Spionagechef), George Nash, Slim Whitaker. Länge: 62 Minuten.*

Inhalt: Während seiner Fahrt gerät ein Passagierschiff in dichten Nebel. Zugleich ereignen sich auf dem Schiff mysteriöse Vorgänge. In der Gestalt eines ehemaligen Kapitäns geht ein Geist um und mordet. Ein Verbrechen nach dem anderen geschieht, ehe der unheimliche Täter überführt werden kann.

Anmerkung: Dieser Film wurde in Deutschland nicht aufgeführt.

N

Schliche. Unter den Jugendlichen scheint sich eine Art Bruderschaft gebildet zu haben. Durch den redseligen Dr. Eliot, der die Internatsschüler betreut, erhalten Higgins und Lane Einblick in das finstere Geheimnis. Sie können im letzten Moment einen weiteren Mord verhindern und den Hauptschuldigen überführen.

NARBENGESICHT
Kriminalroman von → Wolfgang Schüler

NEAME, RONALD
* 23.04.1911 London
Englischer Kameramann, Regisseur und Produzent. Er fotografierte die Wallace-Filme → *The Gaunt Stranger* (1938) und → *The Four Just Men* (1939). Der Engländer begann als Kameraassistent und wurde dann als Kameramann von Filmen wie *Pygmalion* (1938) und *Major Barbara* (Gabriel Pascal, 1941) bekannt. Anschließend arbeitete er mit David Lean zusammen, für den er in *Which we Serve* (1942) und *Blithe Spirit* (1945) aufnahm sowie *Brief En-*

NACH NORDEN STROLCH!
→ THE NORTHING TRAMP

NACHLASS
→ Theodor Goddard

NACHT DER MÖNCHE, DIE
Titel eines bisher nicht realisierten → Rialto-Wallace-Filmprojekts für RTL nach einem Drehbuch von Simone Borowiak aus dem Jahr 1994.
Inhalt: In einem Landhaus finden Hochzeitsfeierlichkeiten statt. Unter den Gästen befinden sich auch Sir John, Chef von Scotland Yard und seine Mitarbeiter Chefinspektor Nicholas Higgins, Superintendent Barbara Lane und seine Sekretärin Ann Pattison. Während der Rede von Sir John wird die verschwundene kleine Sullivan erhängt auf dem Dachboden des angegliederten Internats aufgefunden. Man vermutet Selbstmord. Higgins und Lane nehmen sich ein Zimmer im benachbarten Gasthaus »Dragon Inn« und beginnen mit den Untersuchungen. Insbesondere versuchen sie, etwas über die Personen im Internat zu erfahren. Bald kommen sie dahinter, daß Sullivan keinen Selbstmord begangen hat. Die Beamten vermuten, daß sie einem Geheimnis, das mit dem Internat zu tun hat, auf die Spur kam, die betreffenden Personen erpressen wollte und deshalb ermordet wurde. Immer genauer kommen Higgins und Lane dem wahren Internatsleben auf die

counter (1945), *Great Expectations* (1946), *Oliver Twist* (1948) und *The Passionate Friends* (1949) produzierte, zum Teil auch mitverfaßte. Seine Regiekarriere begann mit *Take My Life* (1947) und *The Golden Salamander* (1950), einem gekonnt und spannend inszenierten Abenteuerfilm um Waffenschmuggler. *The Card* (1952) und *The Million Pound Note* (1953) belegen seine Vorliebe für jenen skurrilen Humor, der als typisch englisch gilt. Zwischen Spannung und Humor bewegten sich auch fortan seine besten Filme, vor allem *The Seventh Sin* (1957, Co-Regisseur: Vincente Minnelli), *The Horse's Mouth* (1959, mit Alec Guinness als verschrobener Maler) und der originell konstruierte Streifen *Gambit* (1966).
Weitere Regiearbeiten (Auswahl): *Das Mädchen aus der Cherry-Bar* (1966), *Die Pille war an allem schuld* (1968), *Die Höllenfahrt der Poseidon* (1973), *Die Akte Odessa* (1974), *Agentenpoker* (1980), *Meteor* (1979), *Ein Montag im Oktober* (1981).

NEGER JUMA, DER
→ A KING BY NIGHT

NEILL, ROY WILLIAM
→ Regisseure

NELSON, SAM
→ Produzenten

NELSON-BURTON, JOHN
→ Regisseure

NESBITT, CATHLEEN
* 24.11.1888 Cheshire (England),
† 02.08.1982 London
Englische Schauspielerin. Sie übernahm drei eindrucksvolle Frauen-Rollen in Wallace-Filmen: Lady Lebanon in → *The Frightened Lady* (1932), Ann Cody in → *The Door with Seven Locks* (1940) und Livia Emberday in → *Das Geheimnis der weißen Nonne* (1966).
In *The Frightened Lady* hatte Cathleen Nesbitt ihre erste Filmrolle. Da sie Lady Lebanon darin so ausgezeichnet verkörperte, durfte sie sechs Jahre später den gleichen Part in der Fernsehverfilmung von → *The Case of the Frightened Lady* spielen. – Die englische Schauspielerin war über 46 Jahre lang auf vielen englischen und amerikanischen Bühnen ein Begriff. Sie hat

Cathleen Nesbitt

an alten victorianischen Kloster-Theatern gespielt; in ihrer Vielseitigkeit konnte niemand mit ihr konkurrieren. Nesbitt gab ihre Rolle in dem New Yorker Kassenschlager *My Fair Lady* auf (hier spielte sie Rex Harrisons Mutter), um *Die große Liebe meines Lebens* (1957) zu drehen. Ihr Repertoire umfaßte Shakespeare, Shaw, T. S. Eliot, aber auch moderne Autoren. Nesbitt war mit Cecil Beresford Ramage, einem Rechtsanwalt, verheiratet (ein Sohn).
Weitere Filme (Auswahl): *Gaslicht und Schatten* (1944), *Caesar und Cleopatra* (1946), *Drei Münzen im Brunnen* (1954), *Desiree* (1954), *Die Spinne* (1954), *Getrennt von Tisch und Bett* (1958), *Die Vermählung ihrer Eltern geben bekannt* (1962), *Versprich ihr alles* (1966), *French Connection II* (1975), *Familiengrab* (1976), *Julia* (1977).

NETHERCOTT, GEOFFREY
→ Regisseure

NEUES VOM HEXER (BUCH)
→ AGAIN THE RINGER

NEUES VOM HEXER (FILM I)
Kinofilm. *Bundesrepublik Deutschland 1965. Regie: Alfred Vohrer (wegen Erkrankung zeitweise vertreten von Will Tremper). Regieassistenz: Eva Ebner. Script: Kathi Scheu. Drehbuch:*

Herbert Reinecker nach den Kriminalkurzge-schichten Again the Ringer von Edgar Wallace. Kamera: Karl Löb. Kameraassistenz: Ernst Zahrt, Dan Cohen. Schnitt: Jutta Hering. Schnittassistenz: Evelyn Siewert, Helga Schlich-ting. Ton: Clemens Tütsch. Bauten: Wilhelm Vorwerg, Walter Kutz. Oberbeleuchter: Dieter Fabian. Requisiten: Helmut Deukert, Walter Rother. Technischer Berater: Fritz Scharpf. Mas-ken: Willi Nixdorf, Charlotte Kersten-Schmidt. Musik: Peter Thomas. Kostüme: Ina Stein. Gar-derobe: Gisela Nixdorf, Hermann Belitz. Stand-fotos: Lilo Winterstein. Presse: Roland Beyer. Produktion: Rialto Film Preben Philipsen GmbH & Co. KG, Berlin (West). Produzenten: Preben Philipsen, Horst Wendlandt. Herstel-lungsleitung: Fritz Klotzsch. Produktionsassis-tent: Gerda Nürnberger. Aufnahmeleitung: Harry Wilbert, Hans-Eberhard Junkersdorf. Ge-schäftsführung: Kilian Rebentrost. Produkti-onssekretärin: Ursula Haarbrücker. Kassiererin: Waltraud Peglau. Drehzeit: 15.03.–27.04.1965. Atelier: CCC Film Studios Berlin-Spandau. Au-ßenaufnahmen: Berlin (West) und Pfaueninsel

Berlin-Wannsee. Erst-Verleih: Constantin Film, München. Länge: 95 Minuten (2604 m). For-mat: 35 mm; s/w; 1:1.66 – Titelvorspann in Far-be. FSK: 28.05.1965 (34028); 16 nff. Urauffüh-rung: 04.06.1965, Passage Kino Saarbrücken. TV-Erstsendung: 13.11.1973 ZDF. Darsteller: Heinz Drache (Inspektor Wesby), Barbara Rüt-ting (Margie Fielding), Brigitte Horney (Lady Aston), Margot Trooger (Cora-Ann Milton), Re-né Deltgen (Artur Milton »Der Hexer«), Eddi Arent (Finch), Klaus Kinski (Edwards), Siegfried Schürenberg (Sir John), Robert Hoffmann (Ar-chie Moore), Hubert von Meyerinck (Richter), Karl John (Dr. Mills), Kurt Waitzmann (Lanny), Gisela Hahn (Susan), Edith Hamann (Gerichts-reporterin), Lu Säuberlich (Gouvernante), Al-fred Vohrer (Concierge), Lia Eibenschütz (Lady Curtain), Ester und Charlotte Olsen (Zwillin-ge), Heinz Spitzner (Bailey), Teddy Naumann (Charles), Wilhelm Vorwerg (Lord Curtain), Al-

bert Bessler (Vorsitzender bei Gericht), Michael Chevalier (Marshall).

Inhalt: Der rätselhafte Mord an Lord Curtain ist der Anfang vom Ende einer der reichsten Londoner Familien. Nächste Anwärterin auf den Besitz ist die Frau des Verstorbenen, die jedoch kurz darauf unter ähnlich mysteriösen Umständen stirbt. Jedesmal hinterläßt der Mörder eine Karte, die auf den »Hexer« als Täter hinweist. Der sitzt jedoch in Sydney und erfährt erst durch die Zeitung, welche Taten man ihm in die Schuhe schieben will. Mit seinem Faktotum Finch begibt er sich nach London, um seine Unschuld zu beweisen. Inspektor Wesby erklärt sich bereit, so lange mit dem »Hexer« zusammenzuarbeiten, bis der wahre Täter gefunden ist. Nach der Ermordung des Butlers der Familie Curtain bekommt Lady Aston, die Schwester von Lady Curtain, durch Zufall ein Abhörgerät in die Hände, durch das der Chef der Mörderbande seine Befehle erteilt. Sie erkennt die Stimme ihres ehemaligen Verlobten Philipp Curtain.

Neues vom Hexer: 1. Eddi Arent, Karl John • 2. Vordere Reihe sitzend von links: Lia Eibenschütz, Teddy Naumann, Brigitte Horney, Lu Säuberlich, Robert Hoffmann, Klaus Kinski, Barbara Rütting, Margot Trooger, Eddi Arent, Siegfried Schürenberg

Kritiken zum Film: »Zweifellos wäre aus diesem Stoff weit mehr herauszuholen gewesen: Allzuoft verläßt sich Vohrer, mangels optischer Einfälle, auf ziemlich plumpe Transfokator-Fahrten und läßt, statt der brutalen, realistischen Bilder, die hier am Platz gewesen wären, gefällige Tableaux photographieren; allzuoft weicht er auf Unwahrscheinlichkeiten und Banalitäten aus. Insgesamt jedoch scheinen die Beteiligten mit weit mehr Interesse und Ambitionen als sonst bei der Sache gewesen zu sein.« (Süddeutsche Zeitung, München, 08.06.1965) »Knappe Szenen mit pistolenschußartigen Pointen, witzige Details ohne Rücksicht auf Substanzverlust, der völlige Mangel an mörderischem Bierernst und simpelster Logik – ein makabres Feuerwerk in Friedhofsnähe.« (Münchner Merkur, 08.06.1965)

Edgar Wallace
Neues vom Hexer

Zitat aus dem Film: Als der »Hexer« am Schluß erschossen am Boden liegt und Sir John die Lage im Griff hat, tritt Cora Ann Milton ins Zimmer. Cora Ann: »Guten Abend.« – Sir John: »Oh, Pardon, ... ach, Mrs. Milton, ich bedaure unendlich, Ihnen diesen schrecklichen Anblick nicht ersparen zu können.« – Cora Ann: »Artur bat mich, heute abend hier zu sein. Du solltest den Höhepunkt nicht versäumen, meinte er. Wie ich sehe, habe ich ihn nicht versäumt.« Wesby: »Ihr Mann ist tot, Mrs. Milton.« – Cora Ann: »Artur würde nie eine Krawatte tragen, die der Situation so wenig entspricht, Inspektor.«

Fazit: Starensemble in einem Kammerspiel mit unbefriedigendem Drehbuch.

NEUES VOM HEXER (FILM II)

Sechsteilige Kriminalserie. Österreich 1996. Produktion: S.E.T./GHP. Auftraggeber: Carinthia Pictures. Produzent: Stefan Santer. Regie: Georg H. Pagitz. Drehbuch: Georg H. Pagitz nach den Kurzgeschichten Again the Ringer von Edgar Wallace. Chefkameramann: Mario Oberstraß. Kamera: Stephan Payer, Georg Pagitz. Schnitt: Georg Hans. Musik: Ennio Morricone. Produktionsleitung: Stefan Posratschnig. Herstellungsleitung: Georg H. Pagitz. Hauptdarsteller: Georg Sabinn (Chiefinspector Bliss), Stefan Santer (Henry Arthur Milton). Drehzeit: 23.01.–11.08.1996. Drehorte: Villach, Treffen, London, Cambridge, Venedig.

Inhalt (allgemein): Henry Arthur Milton wird »Hexer genannt«, weil er ein Meister der Verkleidung ist und in jede Maske schlüpfen kann. Immer wieder schafft er es auf gekonnte Weise, sich der Gerechtigkeit zu entziehen und auf brutale Weise Selbstjustiz zu üben. Scotland Yard hat seinen besten Mann auf den Verwandlungskünstler angesetzt. Chiefinspector Bliss jagt den Hexer bis nach Venedig. Dort verliert sich seine Spur. Was kann er unternehmen, um Milton zu stoppen? Ein Wettlauf mit der Zeit beginnt, da Milton zeitweise sogar in Bliss' Maske schlüpft. Die Folgen im einzelnen:

1. Ein Mann namens Milton (Gaststars: Alfred Waukmann, Michael Weissenbacher): Bei Scotland Yard meldet sich ein anonymer Anrufer: Ein Mann namens Milton habe ihn beauftragt, einen Mord auszuführen. Doch der Gangster hat plötzlich Angst. Bliss findet schnell heraus, wer der Anrufer war, aber er kommt zu spät:

Er hat für den Verrat schon mit dem Leben bezahlen müssen.

2. Der Mann hinter den tausend Masken (Gaststars: Michael Weissenbacher, Alfred Waukmann, Peter Teissl): Ein Mr. Shattle bringt Scotland Yard auf die Spur von Henry Arthur Milton. Er will der Polizei helfen, den Hexer zu überführen, doch auch diesmal kommt Scotland Yard zu spät: Shattle wird ermordet aufgefunden. Was die Polizei nicht weiß: Der Hexer mordet in der Maske seines ersten Opfers.

3. Das Schließfach (Gaststars: Peter Teissl, Alfred Waukmann): In einem Schließfach findet Inspektor Bliss einen Brief. Darin teilt der Gangster Jim mit, wie ihn der Hexer in seinen Bann zog. Ein Mr. Richards will Scotland Yard helfen, den Hexer zu fassen. Er veranlaßt Bliss, nach Venedig zu kommen.

4. Das Monster von Soho (Gaststars: Alexander Gregori, Ingrid Köchler, Birgit Kampfer, Peter Teissl, Markus C. Nessmann): In der Maske eines kleinen Gangsters, der gerade aus dem Gefängnis entlassen wurde, schlägt der Hexer erneut zu. Diesmal trifft es zwei Studentinnen. Bliss findet schnell heraus, daß die beiden Opfer mit der Unterwelt zu tun hatten. Außerdem wird deutlich, daß die Reise nach Venedig nur Mittel zum Zweck war, um Bliss aus London wegzulocken.

5. Auch dem Hexer schlägt die Stunde (Gaststars: Bernhard Salzmann, Melanie Elisabeth, Roland Salzmann): In der Maske des Inspektors tötet Milton den Sohn des britischen Verteidigungsministers. Bliss setzt alles daran, den Hexer zu fassen, denn nun steht er selbst unter Mordverdacht.

6. Die Todesstrafe (Gaststars: Alexander Gregori, Stefan Schröder, Peter Teissl): Der Hexer hat Menschen, die ihn einst verraten haben, unter einem Vorwand in eine einsame Berghütte eingeladen. Sie ahnen nicht, daß ihr Todesurteil bereits gefällt ist. Für Bliss beginnt ein Wettlauf mit der Zeit.

NEUES VOM HEXER (HÖRSPIEL I)

→Europa-Hörspielproduktion Nr. 7 nach dem gleichnamigen Roman von Edgar Wallace. *Buch: Frank Sky. Regie: Heikedine Körting. Titelmelodie: David Allen. Musik und Effekte: Bert Brac, Betty George. Künstlerische Gesamtleitung: Andreas Beurmann. Mit den Stimmen von Horst Naumann (Erzähler), Günther Un-*

geheuer (Hexer), Gernot Endermann (Miska Guild), Marianne Bernhardt (Miss Ethel), Douglas Welbat (Diener James), Peter Lakenmacher (Chefinspektor Blis), Horst Stark (Polizeispitzel Freddy), Henry Kielmann (Polizeisergeant Stourbridge), Michael Harck (Inspektor Mander), Balduin Baas (Tennet), Ernst von Klipstein (Juwelier Mr. Coles), Horst Stark (Colonel Walford).

NEUES VOM HEXER (HÖRSPIEL II)
→ Maritim-Hörspiel Nr. 6 nach dem gleichnamigen Roman von Edgar Wallace. *Manuskript: George Chevalier. Musik: Alexander Ester. Ton: Peter Hertling. Produktion und Regie: Hans-Joachim Herwald. Mit den Stimmen von Henry Kielmann (Chefinspektor Bliss), Manoel Ponto (Inspektor Mander), Peter von Schultz (Henry Arthur Milton), Ingeborg Kallweit (Cora Ann Milton), Klaus Peter Kehler (Miska Guild), Hans-Joachim Kilburger (Innenminister Tacher), Gaby Blum (Lou), Michael Weckler (Al Morane) sowie Thomas Karallus, Rolf Jahncke, Jens Kersten, Lutz Schnell, Lars Daniel.*

NEUFELD, EUGEN
→ Darsteller

NEUMANN, ANDREAS
* 13.03.1969 Hannover
Autor, Darsteller und Regisseur der privat hergestellten Wallace-Filme → *Der Henker von Blackmoor* und → *Der Schlüssel zum Tod.* Neumann hatte 1981 seinen ersten Auftritt als Parodist. 1987–89 absolvierte er eine Ausbildung als Schauwerbegestalter und übte bis 1994 diesen Beruf aus. Seit 1987 als Parodist Auftritte in verschiedenen Hörfunksendungen des NDR. 1994 erster TV-Auftritt im ZDF in einer Heinz-Erhardt-Gala. Seitdem regelmäßige Fernsehauftritte. Seine parodistischen Vorlieben sind neben Heinz Erhardt u.a. Theo Lingen, Loriot, Jürgen von Manger, Dieter Hallervorden, Marcel Reich-Ranicki und Heinz Rühmann. 1995 nahm ihn der ehemalige Erhardt-Manager Horst Klemmer unter Vertrag. 2004 erscheint von Neumann eine Filmbiographie über den Schauspieler und Synchronsprecher → Siegfried Schürenberg.
Internet-Adresse: www.neumannparodie.de

NEUSSER, PETER
→ Darsteller

NEVER BACK LOSERS
(Ausgespielt)
Kinofilm. *England 1961. Produktion: Merton Park. Produzent: Jack Greenwood. Regie: Robert Tronson. Buch: Lukas Heller nach dem Roman The Green Ribbon von Edgar Wallace. Kamera: Bert Mason. Musik: Bernard Ebbinghouse. Bauten: Peter Mullins. Ton: Brian Blamey, Derek Holding. Darsteller: Jack Hedley (Jim Mathews), Jacqueline Ellis (Marion Parker), Patrick Magee (Ben Black), Richard Warner (Crabtree), Derek Francis (R. R. Harris), Austin Trevor (Colonel Warburton), Harry Locke (Burnside), Larry Martyn (Clive Parker), Howard Pays (Freddie), Hilda Barry (Mrs. Sanders), George Tovey (Wally Sanders), Larry Tayior (Reilly), Harold Goodwyn (Floyd), Douglas Bradley-Smith (Carter), Tenniel Evans (Arzt). Länge: 61 Minuten.*
Inhalt: Der beherzte und scharfsinnige junge Versicherungsagent Jim Mathews interessiert sich für den Mord an einem populären Jockey. Dadurch kommt er einer Bande auf die Spur, die mit Bestechungsgeldern Rennen manipuliert. Schließlich bringt er den Unterweltler und Spieler »Lucky« Ben zur Strecke und verhilft einem ehrlichen Jockey zum Sieg.
Kritik zum Film: »Dieser Film, der sich als erster aus der Edgar-Wallace-Serie der ›Crime and Turf‹-Geschichten annimmt, setzt Jack Hedleys gewinnend schüchterne Persönlichkeit geschickt ein. Rennszenen kommen nur am Anfang und zum Schluß der Geschichte vor, die sich ansonsten mit stiller Raffinesse im Milieu von Spielerrunden und Nightclubs entwickelt.« (Monthly Film Bulletin, 1/1962)
Anmerkung: Dieser Film wurde in Deutschland nicht aufgeführt.

NEVER MENTION MURDER
(Sprich niemals von Mord)
Kinofilm. *England 1964. Produktion: Merton Park. Produzent: Jack Greenwood. Regie: John Nelson Burton. Regieassistenz: Ted Lewis. Buch: Robert Banks Stewart frei nach Edgar*

Never Back Losers: **Patrick Magee (rechts)**

458

Wallace. *Kamera: James Wilson. Schnitt: Geoffrey Muller. Bauten: Peter Mullins. Musik: Bernard Ebbinghouse. Ton: Brian Blarney. Darsteller: Maxine Audley (Liz Teasdale), Dudley Foster (Philip Teasdale), Michael Coles (Tony Sorbo), Pauline Yatcs (Zifa), Brian Haines (Felix Carstairs), Peter Butterworth (Porter), Philip Stone (Inspector), Henley Thomas (Mernck), Moya O'Sullivan (Operationsschwester), Donald Oliver (Anästhesist), Katie Fitzroy, Jean Dallas und Patsy Smart (Krankenschwestern), Bill Horsley (Philip), Patrick Carter und Patrick Newell (Barkeeper). Länge: 56 Minuten.*

Inhalt: Liz Teasdale und der Entertainer Tony Sorbo haben eine Affäre. Sie wissen nicht, daß sie von dem Privatdetektiv Felix Carstairs beobachtet werden, der von Liz' Ehemann, dem Chirurgen Philip Teasdale, bezahlt wird. Nachdem sich Teasdale über Tonys Identität informiert hat, begibt er sich zum Honeymoon Hotel, wo Tony und seine Frau Zita eine Show aufführen, und vergiftet Tonys Raucherpillen. Infolgedessen bekommt Tony einen Herzanfall und wird zur Operation ins Krankenhaus gebracht. Doch wird Teasdale davon abgehalten, seine Arbeit zu beenden. Tony wird weggebracht, um später einer weiteren Operation unterzogen zu werden. Während dieser zweiten Operation warnt Carstairs Tonys Frau. Ein Polizeiinspektor überwacht daraufhin den Eingriff, und Teasdale kann Tony nicht mehr auf dem Operationstisch ermorden. In dem erfolglosen Versuch, seine Spuren zu verwischen, bringt Teasdale Carstairs anschließend um. Wegen dieses Mordes kann ihn der Inspektor schließlich verhaften.

Kritik zum Film: »Solch eine große Geschichte, die wirklich witzig sein könnte! Doch unglücklicherweise nimmt jeder der Beteiligten alle Albernheiten absolut ernst. Ein offensichtlich kleines Budget ist hier gepaart mit geringer Vorstellungskraft. → (Monthly Film Bulletin, 4/1965)

Anmerkung: Dieser Film wurde in Deutschland nicht aufgeführt.

NEW SCOTLAND YARD

Sitz der Londoner Polizei und zugleich Bezeichnung für die dort arbeitende Polizeiorganisation, deren Nimbus und Popularität von keiner anderen in der Welt übertroffen wird. Herz der Einrichtung ist der C.I.D. (Criminal Investigation Department) – gefürchtet von Verbrechern jeder Couleur und Garant ruhigen Schlafes für jeden anständigen Bürger. Der Name Scotland Yard geht auf das exterritoriale Schloß zurück, in dem die Könige Schottlands bei ihren Besuchen in London wohnten. 1662 wurden in einer Kanzlei des Yard die ersten Polizeikommissare ernannt. Ihre Aufgabe war zunächst nur die Bewältigung der Verkehrsprobleme, die durch Karren, Kutschen und unzählige Schweineherden entstanden. Erst gegen 1700 begann man mit der systematischen Bekämpfung von Verbrechen. Die ersten Detektive Londons, wegen ihrer Rührigkeit »Runners« genannt, trugen rote Westen und als Zeichen ihrer Befugnisse einen Stock, dessen Knauf aus einer vergoldeten Krone bestand. Diese »Runners« sind die Stammväter des heutigen C.I.D. Um 1830 schien es dem Parlament ratsam, den biedermännischen Streifendienst durch eine schlagkräftige Truppe, die »Peelers«, abzulösen. Ihre Uniform – Zylinder, blaue Röcke mit fliegenden Schwalbenschwänzen – trug ihnen in Unterweltkreisen den Namen »Blaue Teufel« ein. Die moderne Zeit ließ auch die Peelers hinter sich: Im Jahr 1890 zogen alle Polizeidienststellen von Old Scotland Yard in ein neues Gebäude an die Themse um (Whitehall, Victoria Embankment); seitdem lautet der Name der Organisation New Scotland Yard. Eine Ironie des Schicksals wollte es, daß die zum Bau benötigten Granitblöcke von den Insassen des Zuchthauses Dartmoor gehauen wurden. Scotland Yard arbeitet heute mit wissenschaftlicher Präzision und den unschätzbaren Erfahrungen seiner Beamten. Mehr als 25.000 Mitarbeiter dienen in der Polizeistreitmacht Londons. Über 2.500.000 Fingerabdrücke sind erfaßt, so daß die Ermittlung oft nur eine Frage von Minuten ist. Die Meldung »Scotland Yard wird hinzugezogen« ist besonders seit der Zusammenarbeit mit Interpol ein Alarmruf für Kapitalverbrecher in aller Welt. 1967 zog Scotland Yard in neue Gebäude an der Victoria Street. Seitdem dreht sich dort das berühmte Dreieck mit der Aufschrift »New Scotland Yard« auf allen Seiten. – Edgar Wallace hat dieser rührigen Polizeiorganisation mit seinen Romanen ein literarisches Denkmal gesetzt. Zahlreiche Wallace-Filme setzten sie ins Bild: In → *Der Frosch mit der Maske* (1959), → *Das Geheimnis der gelben Narzissen* (1961) und → *Das Rätsel der roten*

Orchidee (1961/62) sieht man das alte Gebäude am Embankment, in → *Im Banne des Unheimlichen* (1968), *Die Tote aus der Themse* (1971) den neuen Sitz an der Victoria Street.

NEWLANDS, ANTHONY
→ Darsteller

NEWTON, MR.
(Lebensdaten unbekannt)
Klassenlehrer von Edgar Wallace. Er führte seine Schüler in die klassische Sammlung der Märchen aus *Tausendundeiner Nacht* ein und weckte dadurch in Wallace die Sehnsucht nach einer abenteuerlichen Welt.

NIELSEN, CHRISTIANE
* 10.09.1935 (ohne Angabe)
Deutsche Schauspielerin. Sie verkörperte Cora Minelli in → *Das Rätsel der roten Orchidee* (1961/62). Der Besuch des Stewart-Granger-Films *Königsliebe* (1949) erweckte in der Tochter einer Hessischen Studienrätin den Wunsch, Schauspielerin zu werden. Ihre Karriere begann als Schokoladenverkäuferin im Münchner Kino Universum. Während der Aufführung des Films *Rendezvous in Rom* (1957) wurde die Managerin Javanovic auf sie aufmerksam und nahm sie unter ihre Fittiche. Danach begann eine steile Karriere. Die üppige Blondine entsprach ganz dem Frauenideal der Zeit. Sie agier-

Christiane Nielsen

te fortan als *Blitzmädel an der Front* (1958) und auch *Nackt, wie Gott sie schuf* (1958). Ihr Kurven-Potential reichte für immerhin 35 Film- und Fernsehrollen, die in den 50er und 60er Jahren Millionen Männer an die Kino-Kasse lockten. Als »deutsche Marilyn Monroe« wurde sie damals gefeiert – bis sie, so die Schauspielerin später, »den falschen Mann zur falschen Zeit« heiratete und für sechs Jahre nach Afrika ging. Als sie zurückkam, konnte sie nicht mehr an die alten Erfolge anknüpfen; mit zunehmendem Alter wurden die Angebote immer rarer. Als die Karriere zu Ende war, verdingte sich die heute in Frankfurt lebende Nielsen zunächst als Verkäuferin in einem Einkaufszentrum. Es folgten Stationen an der Rezeption eines Hotels und hinterm Ladentisch einer Boutique.
Weitere Filme (Auswahl): *Heimweh ... dort wo die Blumen blüh'n* (1957), *Wenn das mein großer Bruder wüßte* (1959), *Bis daß das Geld euch scheidet* (1960), *Flitterwochen in der Hölle* (1960), *Die Frau am dunklen Fenster* (1960), *Das Wunder des Malachias* (1961), *Bankraub in der Rue Latour* (1961), *Camp der Verdammten* (1961), *Meine Tochter und ich* (1963), *Der Unsichtbare* (1963), *Liebesnächte in der Taiga* (1967), *Ein Mann namens Harry Brent* (TV, 1968).

NIELSEN, HANS
* 30.11.1911 Hamburg,
† 11.10.1965 Berlin
Deutscher Schauspieler. Er mimte den Rechtsanwalt Haveloc in → *Die Tür mit den 7 Schlössern* (1962) und Mr. Tilling in → *Das indische Tuch* (1963). Der junge Hans Nielsen begann seine Berufsjahre in einem strengen hanseatischen »Comptoir« als Kaufmannslehrling. Aus dieser Zeit bewahrte er sich eine vorurteilslose und sachliche Einstellung in allen Lebenslagen. Seine erste Filmrolle bekam Nielsen 1937 in *Daphne und der Diplomat*. Hier war er der schlanke und drahtige junge Mann, der in zahllosen Vorkriegsfilmen populär wurde. Nach 1945 versuchte sich Nielsen als Kabarettist. In Günther Neumanns Berliner Kleinkunstbühne »Schwarzer Jahrmarkt« erntete er höchsten Beifall, der ihn in seiner Vielseitigkeit bestätigte. Kurz danach bewies er seine Kunst im schwarzen Talar eines Pfarrers in dem unvergessenen Film *Nachtwache* (1949). So wurde Nielsen im Laufe der Zeit zum Allround-Talent im besten

Hans Nielsen

Sinn des Wortes. Er befand sich auf steter Wanderschaft zwischen Filmatelier und Theater, vom Tele-Studio zum Funk-Mikrofon und nicht zuletzt ins Synchronatelier, um als deutsche Stimme in die Haut ausländischer Kollegen zu schlüpfen. Es gab selten einen künstlerisch so wachsamen Darsteller, der mit seinen Kräften hauszuhalten verstand und in kluger Voraussicht eines überfütterten Publikums manche Rolle ablehnte.
Weitere Filme (Auswahl): *Kautschuk* (1938), *Trenck, der Pandur* (1940), *Der große König* (1942), *Titanic* (1943), *Das kleine Hofkonzert* (1945), *In jenen Tagen* (1947), *Fünf unter Verdacht* (1950), *Kronjuwelen* (1950), *Die Tat des Anderen* (1951), *Die Spur führt nach Berlin* (1952), *Hokuspokus* (1953), *Hochzeit auf Immenhof* (1956), *Anders als du und ich* (1957), *Schmutziger Engel* (1958), *Gestehen Sie, Dr. Corda!* (1958), *Das haut einen Seemann doch nicht um* (1958), *Ich werde dich auf Händen tragen* (1958), *Und ewig singen die Wälder* (1959), *Verbrechen nach Schulschluß* (1959), *Das Erbe von Björndal* (1960), *Eheinstitut Aurora* (1961), *Ich bin auch nur eine Frau* (1962), *Sherlock Holmes und das Halsband des Todes* (1962), *Frauenarzt Dr. Sibelius* (1962), *Liebling, ich muß dich erschießen* (1962), *Scotland Yard jagt Dr. Mabuse* (1963), *Der Würger von*

Schloß Blackmoor (1963), *Das Todesauge von Ceylon* (1963), *Das Phantom von Soho* (1964), *Die letzten Zwei vom Rio Bravo* (1964), *Das siebente Opfer* (1964), *Das Ungeheuer von London City* (1964), *Die Hölle von Manitoba* (1965), *Die Gejagten der Sierra Nevada* (1965), *Die Pyramide des Sonnengottes* (1965), *Hotel der toten Gäste* (1965), *Der Schatz der Azteken* (1965).

NIGH, WILLIAM
→ Darsteller und Regisseure

NINE BEARS, THE
(Die neun Bären).
Kriminalroman. *Originalausgabe: Ward Lock, London 1910.*
Inhalt: Eine Verbrecherbande, die unter dem Namen »Die neun Bären« bekannt ist, treibt in London ihr Unwesen. Diebstahl, Erpressung und Mord gehen auf ihr Konto. Die Bande, deren Boß als einziger die Identität aller anderen Mitglieder kennt, hat eine weltweite Organisation aufgebaut, so daß sie in Paris, Madrid, Berlin und Rom über Helfershelfer verfügt. Scotland Yard betraut Inspektor T. B. Smith mit dem Fall. Der kommt der Bande auf die Spur, doch wird jeder Informant von den Verbrechern getötet. Smith vermutet, daß ein Pole namens Silinski Kopf der Bande sei. In dessen Wohnung stößt er auf eine Leiche. Der berühmte Inspektor Elk, der ihm bei diesem Fall hilft, entgeht derweil nur knapp einem Mordanschlag. Über Gibraltar und Tanger führt Smiths Weg, und er muß feststellen, daß die Bande mit einem Schiff namens »Maria Barganza« auch auf hoher See Raubzüge betreibt. Dieses Schiff wird der Bande schließlich zum Verhängnis.
Anmerkungen: Inspektor T. B. Smith ist auch Protagonist der Romane → *Kate plus ten* und → *The Secret House*. – Der Roman erschien ferner unter den Titeln *The Cheaters* (Brown, Watson, London 1964 [= Digit Books R 801]) und, in den USA, *The Other Man* (Dodd, Mead & Co., New York 1911). Er wurde bisher nicht ins Deutsche übertragen.

NINETEEN HUNDRED AND TWENTY-FIVE. THE STORY OF A FATAL PEACE.
Sachbuch. *Originalausgabe: George Newnes, London 1915.*
Inhalt: Eins der patriotischen Bücher, mit de-

nen Wallace im Ersten Weltkrieg für die britische Sache eintrat – hier, um vor einem faulen Frieden zu warnen.

Anmerkung: Dieses Sachbuch wurde bisher nicht ins Deutsche übertragen.

NOA, MANFRED
* 22.03.1893 Berlin,
† 05.12.1930 Berlin

Regisseur. Er leitete die Aufnahmen der ersten deutschen Wallace-Verfilmung → *Der große Unbekannte* (1927). Noa begann seine Karriere als Maler. Er schuf die Dekorationen für die Filme *Hoffmanns Erzählungen* (1916) und *Das Bildnis des Dorian Gray* (1917). Anschließend wurde er Regisseur. Unter seinen zahllosen Stummfilmen ragen besonders *Nathan der Weise* (1922) und *Der Untergang Trojas* (1924) hervor. Noa gehörte zu den ersten Regisseuren, die sich dem Tonfilm zuwandten. Auf dem Gebiet des Unterhaltungsfilms hatte er große Erfolge.

Weitere Arbeiten als Regisseur (Auswahl): *Das Mädchen und die Männer* (1919), *Der Mann aus dem Jenseits* (1925), *Soll man heiraten?* (1925), *Der Provinzonkel* (1926), *Seeschlacht beim Skagerrak* (1926), *Die Achtzehnjährigen* (1927), *Die Dame und ihr Chauffeur* (1928), *Moderne Piraten* (1928), *Aufruhr im Junggesellenheim* (1929), *Leutnant warst du einst bei deinen Husaren* (1930), *Der Walzerkönig* (1930), *Der Weg nach Rio* (1930).

NOBODY
17 Kriegsgeschichten. *Originalausgabe: George Newnes, London 1916.*

Enthält: NOBBY'S BEST GIRL, AUTHORSHIP, PRIVATE CLARK'S WILL, ON ADVERTISING, ON PROMOTION, NO. 2 MAGAZINE, SMITHY – AMBASSADOR, HOGMANAY, ON FINANCE, THE HEROES, THE COMPETITORS, UNCLE JOE'S TRACT, THE BAA-LAMB, NOBBY'S DOUBLE, THE FIGHTING ANCHESTERS, SECRET SIGNS, THE FAITH OF PRIVATE SIMPSON.

Inhalt: Mit seinem Freund Smithy erlebt und besteht der englische Soldat Nobby Clark zahlreiche Militär- und Kriegsabenteuer.

Anmerkungen: Weitere Erzählsammlungen mit denselben Protagonisten sind → *Smithy*, → *Smithy Abroad* und → *Smithy & the Hun.* – Diese Geschichten wurden bisher nicht ins Deutsche übertragen.

NOCH IMMER DIE WEISSE HAND
Kriminalfilm. *Österreich/Italien 1994. Produktion: GHP Film Villach/SAS. Regie: Georg H. Pagitz. Buch: Georg H. Pagitz nach dem Roman The Blue Hand von Edgar Wallace. Musik: Hubert Giraud. Kamera: Mario Oberstraß. Schnitt: Georg Hans. Darsteller: Peter Teissl, Alfred Waukmann, Georg Sabinn, Stefan Santer. Arbeitstitel des Films: Ancora la mano blu, Die weiße Hand II.*

Inhalt: Scotland Yard ist zufrieden: Der lang gesuchte Verbrecher »White Hand« ist tot. Doch da geschehen neue Morde, die die bekannte Handschrift der »Weißen Hand« tragen. Inspektor Gordon ahnt, daß der Verbrecher seinen scheinbar tödlichen Unfall überlebt hat. So beginnt eine neue Hetzjagd.
→ *Der Sohn der weißen Hand*; → *Die weiße Hand.*

NOLBANDOV, SERGEI
→ Drehbuchautoren

NORMAN, PEGGY
→ Darsteller

NORTHING TRAMP, THE
Abenteuerroman. *Originalausgabe: Hodder & Stoughton, London 1926. Deutsche Erstveröffentlichung: Nach Norden Strolch!. Übersetzung: Rita Matthias. Wilhelm Goldmann Verlag, Leipzig 1930 (= Die Blauen Goldmann Bücher). Neuausgabe: Wilhelm Goldmann Verlag, Leipzig 1938. Neuausgabe: Wilhelm Goldmann Verlag, München 1954. Taschenbuchausgabe: Wilhelm Goldmann Verlag, München 1960 (= Goldmann Taschen-KRIMI 221). Weitere Taschenbuchauflagen im Wilhelm Goldmann Verlag: 1973, 1975, 1978, 1980, 1982, 1987. Jubiläumsausgaben im Wilhelm Goldmann Verlag: 1990, 2000 (= Band 53).* – Anläßlich des 125. Geburtstages des Autors brachte der → Weltbild Verlag 2000 eine Wallace-Edition heraus. Hier erschien der Roman in einer Doppelausgabe zusammen mit *Der sechste Sinn des Mr. Reeder* (→ *The Mind of Mr. J. G. Reeder*).

Inhalt: Littleberg war ein friedliches Städtchen im Staat New York an der Grenze zu Kanada, bis der geheimnisvolle Robin Leslie auftaucht. An demselben Tag wollen Oktober Jones und Samuel Carter heiraten. Leslie entführt die hübsche Oktober und nimmt sie unverzüglich zur

Frau. Die Flitterwochen werden zu einer Kette gefährlicher Abenteuer. Immer wieder ist ihr Leben bedroht. Während die beiden auf der Flucht sind, haben einige zwielichtige Personen schlaflose Nächte, denn es stellt sich heraus, daß Leslie Detektiv ist. Durch seine Tarnung kann er eine Bande von Schmugglern unschädlich machen.

Anmerkungen: Der Roman erschien auch unter dem Titel *The Tramp* (Pan Books, o.J.). Er wurde 1936 verfilmt unter dem Titel → *Strangers on a Honeymoon*.

NOY, WILFRED
→ Drehbuchautoren und Regisseure

NUMBER SIX (BUCH)
→ **Kriminalkurzroman.** *Originalausgabe: George Newnes, London 1927. Deutsche Erstveröffentlichung: Geheimagent Nr. 6. Übersetzung:* → *Ravi Ravendro. Wilhelm Goldmann Verlag, Leipzig 1928. Neuausgabe: Wilhelm Goldmann Verlag, Leipzig 1933. Neuausgabe: Wilhelm Goldmann Verlag, München 1955. Taschenbuchausgabe: Wilhelm Goldmann Verlag, München 1959 (= Goldmann Taschen-KRIMI 236). Weitere Taschenbuchauflagen im Wilhelm Goldmann Verlag: 1973, 1975, 1977, 1979, 1982, 1985, 1989. Jubiläumsausgaben im Wilhelm Goldmann Verlag: 1990, 2000 (= Band 20). Neuübersetzung: Hedi Hummel Hänseler, Edith Walter. Scherz Verlag, Bern, München, Wien 1984 (= Scherz Krimi 945).*
Inhalt: Cäsar Valentine ist unermeßlich reich, berühmt, sieht blendend aus und verkehrt nur in den besten Kreisen. Plötzlich sterben einige Leute, die mit ihm in Geschäftsverbindung standen. Das ruft Scotland Yard auf den Plan. Die Behörde entsendet den Geheimagenten Nr. 6 mit einem Sonderauftrag nach Paris. Er soll Valentine beobachten. Dieser erfährt von Nr. 6, kann aber trotz aller Bestechungsversuche dessen wahre Identität nicht herausfinden. Selbst seinem Untergebenen Steel gibt der für den Einsatz von Nr. 6 verantwortliche Inspektor Hallick keine Auskunft. So setzt Valentine seine dunklen Geschäfte fort, ohne zu ahnen, daß sich die Schlinge um seinen Hals immer enger zieht und seine Begegnung mit John Welland, dem Henker von London, täglich näher rückt.
Anmerkungen: In den Goldmann-Ausgaben ab 1933 erscheint das Werk zusammen mit dem Kurzroman *Mary Ferrera spielt System* (→ *We Shall See*). – Der Roman wurde 1962 verfilmt unter dem Titel → *Number Six*.

NUMBER SIX (FILM)
(Nummer 6)
Kinofilm. England 1962. Produktion: Merton Park. Produzent: Jack Greenwood. Regie: Robert Tronson. Buch: Philip Mackie nach dem Roman Number Six von Edgar Wallace. Kamera: Bert Mason. Musik: Bernard Ebbinghouse. Bauten: Peter Mullins. Ton: Brian Blamey. Schnitt: Derek Holding. Darsteller: Nadja Regin (Nadia Leiven), Ivan Desny (Charles Valentine), Brian Bedford (Jimmy Gale), Michael Goodliffe (Superintendent Halle), Joyce Blair (Carol Clyde), Leonard Sachs (Weiland), Maxwell Shaw (Luigi Pirani), Harold Goodwyn (Smith), John Weish (Kriminalassistent), Barrie Ingham, Derrick Sherwin. Länge: 59 Minuten.
Inhalt: Inspektor Hallett von Scotland Yard engagiert den geheimnisvollen Agenten Nr. 6, um mit dessen Hilfe den Berufsverbrecher Charles Valentine dingfest zu machen. Obwohl die Identität von Nr. 6 streng geheimgehalten wird, bemerkt Valentine schnell, daß er überwacht wird. Durch den Gauner Jimmy Gale lernt Valentine die junge Millionenerbin Nadia Leiven kennen, die er alsbald ausrauben will. Da der Plan scheitert, keimt in Valentine der Verdacht, daß Gale der geheimnisvolle Agent Nr. 6 sei. Bei einem Schußwechsel mit Valentine kommt Gale ums Leben. Jetzt muß Valentine erkennen, daß in Wahrheit Nadia die Agentin ist, die nun für seine Verhaftung sorgt.
Kritik zum Film: »Besonders lobenswert sind die professionelle Filmtechnik und die witzigen Dialoge.« (Monthly Film Bulletin, 6/1962) »Das Geheimnis der Identität von Nr. 6 ist ein ausgezeichneter Vorwand, um diverse glaubhafte Ablenkungsmanöver zu inszenieren – Figuren wie ein rachsüchtiger Kammerdiener oder ein diebischer Chauffeur eingeschlossen.« (Daily Cinema, 1963)
Anmerkung: Dieser Film wurde in Deutschland nicht aufgeführt.

NUMBER SIX
Theaterstück nach dem gleichnamigen Roman von Edgar Wallace. Uraufführung Januar 1939 im Londoner Aldwych Theater. Weitere Einzelheiten sind nicht bekannt.

Number Six: Brian Bedford (stehend), Ivan Desny

NURSE AND MARTYR
(Schwester und Märtyrerin)
Kinofilm. *England 1915. Produktion: Phoenix. Regie: Percy Moran. Buch: Edgar Wallace nach einem Roman von Edith Cavell. Hauptdarsteller: Percy Moran, Cora Lee.*

Inhalt: Schauplatz des Films ist Belgien im Ersten Weltkrieg: Ein Deutscher denunziert eine Krankenschwester, weil sie verwundeten Soldaten zur Flucht verhilft.
Anmerkungen: Edgar Wallace verfaßte für diesen Film sein erstes Drehbuch. – Dieser Streifen wurde in Deutschland nicht aufgeführt.

O

Joseph Offenbach

O'CONNELL, L. WILLIAM
→ Kameramänner

ODEMAR, FRITZ
→ Darsteller

OFFENBACH, JOSEPH
* 28.12.1904 Offenbach,
† 15.10.1971 Darmstadt;
eigentlicher Name: Joseph Ziegler
Deutscher Schauspieler. Er mimte den Totengräber in → *Die toten Augen von London*
(1961) und Blonberg in → *Der Fälscher von
London* (1961).
Der Sohn eines Buchdruckers absolvierte nach
der Mittelschule eine Sattlerlehre und spielte
nebenbei an Liebhaberbühnen. Nach Schauspielunterricht in Frankfurt gab er 1927 sein
Bühnendebüt in Zwickau. Über Heidelberg
kam er nach Mannheim, wo er seinen Künstlernamen annahm. In der Folge trat er in Epi-
sodenrollen auf und gab 1942 sein Filmdebüt
in *Einmal der liebe Herrgott* sein. Im Nachkriegsfilm war er sofort präsent, legte aber das
Schwergewicht seiner Arbeit auf Bühnenrollen.
Später war er für das Fernsehen tätig. Ab 1969
arbeitete er auch in der Synchronisation und
besprach Schallplatten. Er war verheiratet mit
Maria Eckerlein. – Offenbach verkörperte von
Anfang an Subalterne, deren Nöte und Ängste
er wie kaum ein anderer darstellen konnte. Von
kleiner Statur, stehen diese Gestalten auf der
untersten Sprosse der Hierarchie. Mit galliger
werdendem Humor, auf Dackelbeinen, pfiffig

und skeptisch, im Dialekttonfall seiner Heimat,
trug er seine immer vorsichtigen Angriffs- und
Ausbruchsversuche manchmal auch bösartig
vor.
Weitere Filme (Auswahl): *Der Hochtourist*
(1942), *Orientexpreß* (1944), *Zum Freispruch
verurteilt* (TV, 1954), *Des Teufels General*
(1954/55), *Der Hauptmann von Köpenick*
(1956), *Das Herz von St. Pauli* (1957), *Minna
von Barnhelm* (TV, 1957), *Der Datterich* (TV,
1958), *Frau im besten Mannesalter* (1958), *Der
Geizige* (TV, 1960), *Via Mala* (1961), *Die merkwürdigen Erlebnisse des Hansjürgen Weidlich*
(TV-Serie, 1962/63), *Freddy, Tiere, Sensationen*
(1964), *Die Unverbesserlichen* (TV-Serie,
1965–71), *Tag für Tag* (TV, 1968), *Salto Mortale* (TV-Serie, 1968), *Die Unverbesserlichen
und ihr Stolz* (TV, 1971), *Kein Geldschrank geht
von selbst auf* (TV, 1971). *Der Kapitän* (1971).

O'HARA, GERRY
→ Regisseure

OLAND, WARNER
* 03.10.1880 Umea (Schweden),
† 06.08.1938 Stockholm;
eigentlicher Name: Johan Warner Olund

Schauspieler. Er übernahm die Rolle des Dr. Paul Cornelius in dem Wallace-Film → *Before Dawn* (1933).

Bereits als 13jähriger wagte er die Überfahrt in die USA. Nach schweren Entbehrungen kam er schließlich zur Bühne, bald darauf zum Film: Hier blieb er der Nachwelt vor allem durch seine Darstellung der von Earl Derr Biggers geschaffenen Figur des Charlie Chan in der gleichnamigen Filmserie in Erinnerung. 45 Jahre später kehrte er, von Krankheit gezeichnet, nach Schweden zurück und starb, seiner Muttersprache nicht mehr mächtig, in einem Stockholmer Krankenhaus.

Filme in der Rolle des Charlie Chan: *Charlie Chan: Der Tod ist ein schwarzes Kamel* (1931), *Charlie Chan Carries On* (1931), *Charlie Chan's Chance* (1932), *Charlie Chan's Greatest Case* (1933), *Charlie Chan in London* (1934), *Charlie Chan's Courage* (1934), *Charlie Chan in Ägypten* (1935), *Charlie Chan in Shanghai* (1935), *Charlie Chan in Paris* (1935), *Charlie Chan im Zirkus* (1936), *Charlie Chan beim Pferderennen* (1936), *Charlie Chans Geheimnis* (1936), *Charlie Chan bei den Olympischen Spielen* (1937), *Charlie Chan in der Oper* (1937), *Charlie Chan in Monte Carlo* (1937), *Charlie Chan am Broadway* (1937).

Weitere Filme (Auswahl): *Der Jazzsinger* (1927), *The Mysterious Dr. Fu Man Chu* (1929), *The Return of Dr. Fu Man Chu* (1930), *Daughter of the Dragon* (1931), *Shanghai Express* (1932), *Bulldog Drummond Strikes Back* (1934), *Der bunte Schleier* (1934).

OLD BONES OF THE RIVER
(Der alte Bones vom Strom)

Kinofilm. *England 1938. Produktion: Gainsborough. Produzent: Edward Black. Regie: Marcel Varnel. Buch: Marriott Edgar, Val Guest und J. O. C. Orton nach der Kurzgeschichtensammlung Bones of the River von Edgar Wallace. Kamera: Arthur Crabtree. Bauten: Alex Vetchinsky. Darsteller: Will Hay (Prof. Benjamin Tibbetts), Moore Marriott (Jarry Harbottle), Graham Moffatt (Albert), Robert Adams (Bosambo), Jack Livesey (Captain Hamilton), Jack London (M'Bapi), Wyndham Goldie (Commissioner Sanders), Christopher Cozier, Joan Cozier, Joe Cozier. Länge: 90 Minuten.*

Inhalt: Um den Eingeborenen-Kindern Unterricht zu erteilen, reist der alte Bones nach Westafrika. Seine Bemühungen haben jedoch keinen Erfolg, zudem wird er in politische Intrigen verwickelt. An Bord des Frachters, mit dem Bones ankam, war auch der skrupellose M'Bapi, ein

Old Bones of the River: **Graham Moffatt, Robert Adams, Will Hay, Moore Marriott**

Bruder des berühmten Stammeshäuptlings Bo-sambo. M'Bapi führt illegal gepanschten Branntwein ein. Damit will er die Eingeborenen betrunken machen, um eine Rebellion gegen die Engländer anzuzetteln. Abgesehen hat es M'Bapi auf die reichen Diamanten-Minenfelder. Als Captain Hamilton, der Commissioner Sanders während dessen Abwesenheit vertritt, von einem schweren Fieber befallen wird und nicht in der Lage ist einzugreifen, macht sich »Old Bones« mit einigen Kameraden auf den Weg. Tatsächlich schafft es der alte Haudegen, M'Bapi nach einer Reihe lebensgefährlicher Abenteuer unschädlich zu machen und den Eingeborenen Einhalt zu gebieten.

Kritik zum Film: »Dies ist eine schrille Farce, die immer lustiger wird, je weiter sie fortschreitet. Will Hay liefert eine nicht imitierbare Darstellung seiner selbst, Moore Marriott ist ausreichend senil für die Rolle des alten Kapitäns des baufälligen Flußdampfers, und Robert Adams macht aus einem loyalen Bosambo eine ziemlich eindrucksvolle Figur. Gelegentlich sieht der Fluß verdächtig wie die Themse aus, aber das ist nur ein kleiner Makel in dieser lockeren Komödie.« (Monthly Film Bulletin, 12/1938)

Anmerkung: Dieser Film wurde in Deutschland nicht aufgeführt.

OLD MAN, THE (FILM)
(Der Alte)

Kinofilm. *England 1931. Produktion: British Lion. Produzent: S. W. Smith. Regie: Manning Haynes. Buch: Edgar Wallace nach seinem Theaterstück The Old Man und seinem Roman The Coat of Arms. Darsteller: Maisie Gay (Mrs. Harris), Anne Grey (Lady Arranways), Cecil Humphries (Lord Arranways), D. A. Clarke-Smith (John Lorney), Lester Matthews (Keith Keller), Diana Beaumont (Millie Jeans), Gerald Rawlinson (Dick Mayford), Frank Stammore (Charles), Finlay Currie (Rennett).*

Inhalt: Eines Nachts bemerkt der Inhaber des Gasthofs »Coat of Arms«, John Lorney, daß das benachbarte Anwesen von Lord und Lady Arranways in Flammen steht. Er schlägt Alarm und rettet die bereits bewußtlose Lady sowie den Logiergast Keith Keller. Lord Arranways kann sich aus eigener Kraft in Sicherheit bringen. Nach dem Brand ist das Haus der Arranways nicht mehr bewohnbar. Die Geretteten finden samt ihren Dienstboten im Gasthaus Unterkunft. An den folgenden Tagen munkelt man, daß Lady Arranways nicht in ihrem Zimmer gewesen sei, sondern bei Mr. Keller. Zudem findet das Dienstmädchen Lady Arranways' Feuerzeug im Zimmer von Keller. Sie teilt dies dem Lord mit, der sich in seiner ersten Wut scheiden lassen will. Keller seinerseits nutzt die Situation, um von Lady Arranways Geld zu erpressen. Im Gasthaus hat sich inzwischen ein pensionierter Privatdetektiv einquartiert, der auf der Suche nach seinem verschwundenen Schwiegersohn ist. Keller glaubt jedoch, daß er seinetwegen da sei. Mit Lord Arranways' Messer wird in der folgenden Nacht ein Anschlag auf Keller verübt. Der entkommt mit knapper Not und flüchtet in Lady Arranways' Zimmer. Hier versucht er, weiteres Geld von der Lady zu erpressen, um sich damit absetzen zu können. Doch eine unheimliche Gestalt, die schon in der Nacht des Feuers zu sehen war, kommt ihm in die Quere. Keller kann nur sein nacktes Leben retten. Der Unbekannte gibt sich zu erkennen und bestätigt als Augenzeuge, daß Lady Arranways in der fraglichen Nacht sich nichts hat zuschulden kommen lassen.

Kritik zum Film: »›The Old Man‹ ist eine vergnügliche Kriminalkomödie rund um die bedrohte ›Ehre‹ der Lady Arranways.« (Monthly Film Bulletin, 1932)

The Old Man:
Cecil Humphries, Maisie Gay, Diana Beaumont

Anmerkung: Dieser Film wurde in Deutschland nicht aufgeführt.

OLD MAN, THE

Theaterstück von Edgar Wallace. Uraufführung Mai 1931 am Londoner → Wyndham's Theater. Nach drei vorangehenden Mißerfolgen (→ *The Mouthpiece*, → *Smoky Cell* und → *Charles III.*) hoffte Wallace mit diesem Stück, einem Mittelding zwischen Komödie und Reißer, wieder einen Erfolg zu landen. Die Hauptakteurin des Stücks, Mrs. Arris, übernahm er aus → *The Whirlgig*, und beförderte sie von einer Putz- zur Barfrau. Er besetzte diese Rolle mit der bekannten Schauspielerin Maisie May. Trotzdem erlitt das Stück dasselbe Schicksal wie seine ebenso hastig zusammengeschusterten Vorgänger. Nach zehn Wochen wurde es abgesetzt.

Wallace arbeitete es anschließend in den Kriminalroman → *Coat of Arms* um.

ON THE NIGHT OF THE FIRE

Kriminalroman. *Erscheinungsort und -jahr der englischen Originalausgabe sind unbekannt. Deutsche Erstveröffentlichung: Der Lächler. Übersetzung: Robert Peterka. Österreichische Rota Verlagsgesellschaft, Wien 1952 (= Bären-Reihe 62).*

Inhalt: In London wird der Geldverleiher Singelton ermordet. Gleichzeitig wird das Mädchen Gwendolin beschuldigt, Geld gestohlen zu haben. Inspektor Falmouth, genannt der »Lächler«, ermittelt und sucht nach Verbindungen zwischen den Fällen. Gwendolin wird verurteilt und kommt für sechs Wochen ins Gefängnis. Nach ihrer Entlassung findet sie bei Professor Foster einen Job. Inspektor Falmouth kommt zunächst bei der Bearbeitung des Mordes nicht weiter. Nach mühsamer Kleinarbeit führen ihn seine Ermittlungen in das kleine Städtchen Islington Vane, wo ihm zwei weitere Leichen präsentiert werden. Dennoch lacht der »Lächler« als Letzter.

ON THE RUN
(Auf der Flucht)

Kinofilm. *England 1962. Produktion: Merton Park. Produzent: Jack Greenwood. Regie: Robert Tronson. Buch: Richard Harris frei nach Edgar Wallace. Kamera: James Wilson. Musik: Bernard Ebbinghouse. Bauten: Peter Mullins. Ton: Brian Blamey, Sidney Rider. Schnitt: Derek Holding. Darsteller: Emrys Jones (Frank Stewart), Sarah Lawson (Helen Carr), Patrick Barr (Brent), Delphi Lawrence (Yvonne), Kevin Stoney (Wally Lucas), William Abney (Jock Mackay), Katy Wild (Jean Stewart), Philip Locke (Dave Hughes), Richard Warner (Gefängnisdirektor), Brian Haines (Vance), Garfield Morgan (Meredith), Brian Wilde, Ken Wayne, Bee Durfell. Länge: 59 Minuten.*

Inhalt: Der Amateurdieb Frank Stewart und seine Kumpane haben die Beute aus einem Überfall in Sicherheit gebracht. Kurz darauf werden sie verhaftet und ins Gefängnis gesteckt. Den Plan zu dem Raub hatte der Buchmacher Wally Lucas. Er arrangiert nun Franks Flucht aus dem Gefängnis, denn nur dieser kennt das Versteck der erbeuteten Wertpapiere. Frank durch-

On the Run

schaut Lucas' Plan und versucht, den Spieß umzudrehen. Mit Hilfe der sympathischen Helen, Eigentümerin einer Modeagentur, will er Lucas überlisten. Frank und Helen werden jedoch von Lucas' Schlägern gekidnappt. Um Helen zu retten, verrät Frank das Versteck, einen Abwasserkanal. Wenig später kann er flüchten und folgt den Gangstern in die Kanalisation. Hier kommt es zwischen ihm und Lucas zu einem gefährlichen Duell. Helen verständigt inzwischen Inspektor Meredith von Scotland Yard. Ein Großaufgebot von Beamten rückt an, um den Gangstern das Handwerk zu legen.

Kritik zum Film: »Besonders unangenehm ist das negative Image, das die Polizei durch die Person des unsympathischen Meredith, gespielt von Garfield Morgan, erhielt, einem ›hassenswerten Mann‹ mit einem niederträchtigen Temperament.« (Monthly Film Bulletin, 5/1963)

Anmerkung: Unter dem Titel *Einer kann gewinnen* lief dieser Film innerhalb einer zehnteiligen Merton-Park-Wallace Serie am 21.11.1969 im ZDF.

ON THE SPOT (BUCH)

Kriminalroman. Basiert auf dem gleichnamigen Theaterstück. *Originalausgabe: John Long, London 1931. Deutsche Erstveröffentlichung: In den Tod geschickt. Übersetzung: → Ravi Ravendro. Wilhelm Goldmann Verlag, Leipzig 1931. Neuausgabe: Wilhelm Goldmann Verlag, München 1958. Taschenbuchausgabe: Wilhelm Goldmann Verlag, München 1960 (= Goldmann Taschen-KRIMI 252). Weitere Taschenbuchauflagen im Wilhelm Goldmann Verlag: 1972, 1975, 1977, 1979, 1982, 1989, 1997. Jubiläumsausgaben im Wilhelm Goldmann Verlag: 1990, 2000 (= Band 37). Neuübersetzung: Mechtild Sandberg. Scherz Verlag, Bern, München, Wien 1986 (= Scherz Krimi 1039). Neuauflage: 1988.*

Inhalt: Tony Perelli hat sich in den Kopf gesetzt, Gangsterkönig von Chicago zu werden. Ohne daß es sein Gönner merkt, sterben in dessen Umfeld durch Tonys Intrigen etliche Männer. Auch die Konkurrenz weiß er auszuschalten. Eines Tages bekommt Perelli Besuch in seiner

On the Run: **Emrys Jones, Sarah Lawson**

Wohnung hoch über den Dächern von Chicago. Einer seiner Leute beschwert sich, daß man seinen Freund liquidiert hat. Die Chicagoer Polizei ist machtlos. Auch wenn sie Perelli verhaften würde, käme es zu keiner Verurteilung. Dafür hat er zu viele Anwälte. Doch löst sich das Problem auf andere Weise: Perellis »schlafende« Vergangenheit holt ihn ein, und die Stadt Chicago kann die Gerichtskosten sparen.

Anmerkung: Der Roman wurde 1938 unter den Titeln → *Dangerous to Know* und → *On The Spot* (für das Fernsehen) zweimal verfilmt.

ON THE SPOT (FERNSEHEN)

Fernsehfilm. *England 1938. Produzent: Royston Morley. Nach dem gleichnamigen Buch von Edgar Wallace. Darsteller in alphabetischer Reihenfolge: Thornton Bassett, Adrian Byrne, Arthur Gomez, Harry Hutchinson, Alan Keith, Queenie Leonard, Gillian Lind, Alex McCrindle, Richard Newton, Percy Parsons, Peggy Stacey, Edmund Willard.*

Inhalt: Siehe Buch.

Anmerkung: Dieser Film wurde in Deutschland nicht aufgeführt.

ON THE SPOT

Theaterstück, das Edgar Wallace zu Ehren von → Al Capone schrieb. Uraufführung am 02.04.1930 im Londoner → Wyndham's Theater. Im Mittelpunkt des Stücks steht Tony Perelli, ein kleiner Gangster, der sich zum Gangsterboß emporarbeitet und dann ins Verderben stürzt. Die Hauptrolle des Perelli spielte kein geringerer als Charles Laughton. Das Stück war außerordentlich erfolgreich. Wallace arbeitete das Stück anschließend zum gleichnamigen Roman um.

ONDRA, ANNY

* 15.05.1903 Tarnöw (Polen),
† 28.02.1987 Hollenstedt bei Hamburg;
eigentlicher Name: Anna Sophie Ondráková
Produzentin. Sie leitete die Herstellung der Wallace-Filme → *Der Zinker* (1931), → *Der Hexer* (1932) und → *Der Doppelgänger* (1934). Die Tochter eines österreichischen Offiziers besuchte eine Klosterschule, dann die Theaterschule in Prag. Seit 1919 Karriere unter → Karel (Carl) Lamac, ihrem späteren ersten Ehemann, in tschechischen Stummfilm-Komödien, die stark an den damals erfolgreichen amerikanischen »Slapstick Comedies« orientiert waren. Ondra ging 1926 über Wien nach Berlin. 1929 war sie in Frankreich und in London, wo sie in Hitchcocks Blackmail (1929), dem ersten englischen Film mit Synchronton, mitwirkte. 1930 wieder in Deutschland; sie gründete hier die »Ondra-Lamac-Film«, die bis 1936 existierte. Bei den Aufnahmen zu *Die Regimentstochter* (1932) in Wien Bekanntschaft mit dem Boxweltmeister Max Schmeling, Heirat 1933. »Diese beiden waren natürlich ein Paar, das alle Popularitätsrekorde schlug.« (Hans Söhnker) Während des Kriegs trat Anny Ondra noch zweimal in deutschen Filmen auf. Ihr letzter Film war *Schön muß man sein* (1951). Sie lebte mit Max Schmeling in Hollenstedt bei Hamburg. – Als erfolgreichste Komikerin des europäischen Stummfilms kreierte Anny Ondra erstmals den grotesken, weiblichen Clown. Mit ihren goldblonden Locken, klimpernden Augendeckeln und quirligen Bewegungen wirkte sie puppenhaft, voller Unsinn und Übermut zugleich. In ihrer tänzerischen Anmut verkörperte sie darüber hinaus den artistischen Stil amerikanischer »Flapper«, denen sie in ihren doppeldeutigen Komödien hinsichtlich körperlicher Präsenz und hektischer Aufgekratztheit in nichts nachstand. – 1979 drehte Robert Michael Lewis den US-Spielfilm *Ring of Passion* über Schmeling und Ondra, mit Britt Eklund als Ondra.

Weitere Filme (Auswahl): *Die Dame mit dem kleinen Fuß* (1919), *Der Holzfäller* (1922), *Hütet eure Töchter* (1922), *Ich liebe Dich* (1924/25), *Die Kaviarprinzessin* (1929), *Eine Nacht im Paradies* (1931/32), *Kiki* (1932), *Das verliebte Hotel* (1933), *Der junge Graf* (1935), *Der Unwiderstehliche* (1937), *Narren im Schnee* (1938), *Himmel, wir erben ein Schloß* (1942).

ORATOR, THE

Zwölf Kriminalerzählungen. *Originalausgabe: Hutchinson, London 1928. Deutsche Erstveröffentlichung: Der Redner. Übersetzung: → Ravi Ravendro. Wilhelm Goldmann Verlag, Leipzig 1932. Neuausgabe: Wilhelm Goldmann Verlag, Leipzig 1935. Neuausgabe: Wilhelm Goldmann Verlag, München 1954. Taschenbuchausgabe: Wilhelm Goldmann Verlag München 1959 (= Goldmann Taschen-KRIMI 183). Weitere Taschenbuchauflagen im Wilhelm Goldmann Verlag: 1971, 1973, 1975,*

1978, 1981, 1982, 1987. Jubiläumsausgaben im Wilhelm Goldmann Verlag: 1990, 2000 (= Band 58).

Enthält: THE ORATOR (*Der Redner*), THE MIND-READERS (*Die Gedankenleser*), THE OLD LADY WHO CHANGED HER MIND (*Die zwei ungleichen Brüder*), THE SUNNING-DALE MURDER (*Mord in Sunningdale*), A BANK & A SECRETARY (*Die Privatsekretärin*), THE MAN NEXT DOOR (*Der geheimnisvolle Nachbar*), THE SIRIUS MAN (*Im Banne des Sirius*), THE COUPER BUCKLE (*Geschmuggelte Smaragde*), THE CASE OF FREDDIE VANE (*Der Fall Freddie Vane*), THE GUY FROM MEMPHIS (*Der Verbrecher aus Memphis, USA*), THE DETECTIVE WHO TALKED (*Die Lektion*), THE FALL OF MR. RATER (*Arsen*).

Inhalt: Viele kennen Chefinspektor Oliver Rater nur unter seinem Spitznamen »Orator« (»Redner«). Er ist bekannt dafür, daß er bei Verhören oder sonstigen Unterhaltungen kaum mehr als zehn Worte sagt. Seine Fälle löst er mit höchst eigenwilligen Methoden. Einmal wirft er ein Geständnis ins Feuer, weil er es drei Monate später erhält als erwartet.

ORTH, PETER
→ Drehbuchautoren

ORTOLANI, RIZ
* 25.03.1931 Pesaro (Italien)

Italienischer Filmkomponist. Kreierte die Musik zur letzten Rialto-Wallace-Produktion → *Das Rätsel des silbernen Halbmonds* (1971). Ortolani zählt neben Ennio Morricone zu den bekanntesten italienischen Komponisten. Erstmals wurde er in Deutschland durch die Musik zu dem Film *Mondo Cane* (1963, Oscar-Nominierung) bekannt. Auch zahlreiche deutsche Produktionen vertonte er, u.a. *Flying Clipper* (1962), *Old Shatterhand* (1963), *Lady Hamilton* (1968), *Kampf um Rom* (1968) und *Das Geheimnis des gelben Grabes* (1972). Einen Golden Globe erhielt er für den Song *Forget Domani* aus dem Film *Der gelbe Rolls Royce* (1965). Der Titel wurde von Frank Sinatra auf-

genommen. Der Komponist lebt und arbeitet in Rom. Er ist mit der Sängerin Katyna Ranieri verheiratet.

Weitere Kompositionen (Auswahl): *Verliebt in scharfe Kurven* (1962), *Die glorreichen Reiter* (1965), *Gefahr im Tal der Tiger* (1966), *Der Gehetzte der Sierra Madre* (1966), *Der Tod ritt dienstags* (1967), *Siebenmal lockt das Weib* (1967), *Mögen sie in Frieden ruh'n* (1968), *Schlacht um Anzio* (1968), *Die letzte Rechnung zahlst du selbst* (1968), *Die Platinbande* (1968), *Ausbruch der 28* (1970), *Django – Die Nacht der langen Messer* (1970), *Leise weht der Wind des Todes* (1971), *Sie verkaufen den Tod* (1972), *Die Valachi-Papiere* (1972), *Die zwei Gesichter einer Frau* (1981), *Allein gegen die Mafia* (TV, 1984), *Christopher Columbus* (TV, 1985).

ORTON, J. O. C.
→ Drehbuchautoren

ÖSTERREICHISCHE ROTA VERLAGSGESELLSCHAFT
→ Verlage

OTTO – DIE SERIE
Anfang der 90er Jahre kam dem ostfriesischen Komiker → Otto Waalkes die Idee, die Edgar-Wallace-Filme des Constantin-Verleihs zu bearbeiten, neu zu synchronisieren und sich hierbei selbst als Darsteller einzubauen. Im → Studio Bendestorf wurden die Bearbeitungen durchgeführt; sogar einige der damaligen Schauspieler reisten an, um sich selber »modern zu sprechen«. Mit aufwendiger digitaler Computertechnik entstand für den Sender → RTL aus den alten Filmen eine 13teilige Serie, die von Waalkes selber moderiert wurde; in den einzelnen Episoden trat er zudem in den unterschiedlichsten Rollen auf. Da die Rechtslage nicht eindeutig geklärt war und einige Darsteller oder deren Angehörige klagten (z.B. → Günter Pfitzmann und → Siegfried Schürenberg) sowie nur geringe Einschaltquoten erzielt wurden – die Zuschauer waren eher irritiert, als begeistert –, stellte RTL die Serie ein.

P

Sieben Monde (1998), Lola rennt (1998, als Erzähler).

PAGE, ILSE
* 29.05.1939 Berlin
Deutsche Schauspielerin. Sie war das unschuldige Opfer in → *Der Bucklige von Soho* (1966), Miss Mabel Finley, Sekretärin von → Sir John, in → *Die blaue Hand* (1967), → *Der Mönch mit der Peitsche* (1967) und → *Der Hund von Blackwood Castle* (1967) sowie die Sekretärin von → Sir Arthur in → *Im Banne des Unheimlichen* (1968), → *Der Gorilla von Soho* (1968) und → *Der Mann mit dem Glasauge* (1968).
Als Schauspielschülerin von Hilde Körber wurde sie noch während ihrer Ausbildungszeit für das Simmel-Stück *Mein Schulfreund* ans Schloßparktheater in Berlin beurlaubt. Nach weiteren Berliner Bühnenauftritten wurde sie auch für Film und Fernsehen entdeckt.
Weitere Filme (Auswahl): *Arzt aus Leidenschaft* (1959), *Und sowas nennt sich Leben* (1961), *Der Traum von Lieschen Müller* (1961), *Das Haus in Montevideo* (1963), *Ganovenehre* (1966), *48 Stunden bis Acapulco* (1967), *Engelchen macht weiter – Hoppe, hoppe Reiter* (1969), *Die Blechtrommel* (1979), *Engel aus Eisen* (1981), *Spider Murphy Gang* (1983), *Hotel Paradies* (TV, 1989).

Ilse Page

PAETSCH, HANS
* 07.12.1909 Montreux-Vieux, Elsaß,
† 03.02.2002 Hamburg
Deutscher Schauspieler. Übernahm drei Rollen in den Wallace-Filmen: Gordon Stuart in → *Die toten Augen von London* (1961), Lord Arlington in → *Das Rätsel der roten Orchidee* (1961/62) und den Rechtsanwalt in → *Das Gasthaus an der Themse* (1962). Ferner lieh er seine Stimme für die → Europa-Hörspiele *Das Gasthaus an der Themse* (als Anwalt Mr. Bruder) und → *Der rote Kreis* (als James Beardmore).
Nachdem er in Berlin, Marburg und Gießen sechs Semester Philologie studiert hatte, orientierte er sich neu und nahm bei Auguste Prasch-Grevenburg in Gießen Schauspielunterricht. Die Tobis holte ihn vom Saarbrücker Staatstheater nach Berlin und gab ihm zunächst kleine Rollen in *Silvesternacht am Alexanderplatz* (1939). Nach weiteren Filmauftritten ging er nach Prag ans Theater. Nach dem Krieg sah man ihn auf vielen deutschen Bühnen. Nebenbei hatte er oft kleine, aber prägnante Rollen in Kino- und Fernsehfilmen.
Weitere Filme (Auswahl): *Hunde, wollt ihr ewig leben* (1958), *Buddenbrooks – 1. Teil* (1959), *Natürlich die Autofahrer* (1959), *Die Botschafterin* (1960), *Fabrik der Offiziere* (1960), *Ich zähle täglich meine Sorgen* (1960), *Barbara – Wild wie das Meer* (1961), *Wartezimmer zum Jenseits* (1964), *Otto – Der Liebesfilm* (1992),

PAGLIACCI

(Pagliacci; engl. Titel: **A Clown must be laugh)**
Kinofilm. *Italien/Großbritannien 1936. Produktion: Trafalgar. Regie: Karl Grüne. Buch: Ernest Betts, Roger Burford, John Drinkwater, Monckton Hoffe nach der Oper I Pagliacci von Ruggero Leoncavallo und einem Roman von Edgar Wallace. Kamera: Otto Kanturek. Musik: Albert Coates, John Drinkwater, Hanns Eisler. Verleih: United Artists. Darsteller: Steffi Duna (Nedda Tonini), Gordon James (Leone), Esmond Knight (Silvio), Arthur Margetson (Tonio), Harry Milton (Officer), Diana Napier (Trina), Richard Tauber (Canino Tonini), Jerry Verno (Beppo), Ivan Wilmot (Coachman). Länge: 92 Minuten.*

Info und Inhalt: Ein interessanter Versuch, Leoncavallos Oper zu verfilmen. Während des Hauptteils der Handlung überwiegen die Dialoge; der Prolog und der tragische Epilog werden vollständig gesungen. Die Trennung der Abschnitte wird außerdem durch die Verwendung des neuen Britischen Kolorierungsverfahrens (Chemicolour) betont. Chemicolour ist ein Zwei-Farben-Verfahren, das ein Bild in blaugrüne und gelbbraune Töne unterteilt. Die Bildgenauigkeit ist allerdings nicht besonders gut, und manche Aufnahmen sind zu grell geraten (vermutlich durch falsche Belichtung). Unerfreulich ist die Tonqualität. Die Streicher im Orchester klingen kratzig, und die tiefen, vollen Stimmen tendieren zu Dissonanzen. – Leoncavallos Geschichte vom tragischen Clown, der seine untreue Frau und ihren Soldatenliebhaber während einer Aufführung auf der Bühne umbringt, ist für die Filmumsetzung besonders gut geeignet.

Da der Schauplatz auf der Bühne ein tatsächliches Element der Handlung ist, kann der Stoff direkt für den Film produziert werden. Inszenierung und Darstellung des Films sind gut; im Mittelteil wirkt er jedoch etwas schleppend, und es ist schade, daß die opernhafte Technik, die Anfang und Ende bestimmt, nicht konsequent durchgehalten wurde. Richard Taubers Gesang, das Hauptelement des Films, wird von den übrigen Darstellern gut unterstützt. Auch die Rolle des vertrauenden, dann heftigst eifersüchtigen Ehemanns spielt er mit Überzeugung. Steffi Duna gibt eine überzeugende Nedda, und Arthur Margetson als Tonio und Jerry Verno als Beppo agieren exzellent. Esmond Knight spielt den Liebhaber Silvio sehr ordentlich.

Anmerkung: Dieser Film wurde in Deutschland nicht aufgeführt.

PAGODE ZUM FÜNFTEN SCHRECKEN, DIE
(Five Golden Dragons)

Kinofilm. *Großbritannien, Liechtenstein, Bundesrepublik Deutschland 1966. Regie: Joachim Linden. Regieassistenz: Anthony Waye. Drehbuch: Peter Welbeck (d.i. Harry Alan Towers) frei nach Edgar Wallace. Kamera: John von Kotze. Kamera-Assistent: Egil Woxholt. Bauten: Scott Macgregor, Brian Marshall. Schnitt: Donald J. Cohen, Waltraud Lindenau. Musik: Malcolm Lockyer. Lieder: Hal Shaper, Sid Colin. Produktionsleitung: Norman Williams. Herstellungsleitung: Harry Alan Towers. Produktion: Blans Film (London) und Saragon Film (Vaduz) im Auftrag von Constantin Film, München. Produzent: Harry Alan Towers. Drehzeit: Herbst 1966. Atelier: Bray Studios, London. Außenaufnahmen: Hongkong. Erst-Verleih: Constantin Film, München. Länge: 81 Minuten (2112 m). Format: 35 mm; Techniscope; Farbe von Technicolor. FSK: 29.06./5.07.1967 (37562); 12 nff. Uraufführung: 04.08.1967. TV-Erstaufführung: 1990. Darsteller: Bob Cummings (Bob Mitchell), Rupert Davies (Kommissar Sanders), Margaret Lee (Magda), Maria Perschy (Margret), Klaus Kinski (Gert), Maria Rohm (Ingrid), Sieghardt Rupp (Petersen), Yukari Ito, Pelitta Corrales, Kid Masters, Ted Royce, Roy Chiao; als Gäste: Christopher Lee, George Raft, Dan Dureya, Brian Donlevy.*

Inhalt: In Hongkong wollen sich fünf Verbrecherkönige in einer Pagode treffen, um ihr ergaunertes Geld aufzuteilen. Der amerikanische Journalist Bob Mitchell, der eine Story wittert, verfolgt die Gangster. Unter Leitung von Kommissar Sanders werden sie schließlich verhaftet.

Kritiken zum Film: »Weniger in geistige Unkosten gestürzt als bei diesem ›Meisterwerk der Zelluloidbelichtungskunst‹ hat man sich wohl selten.« (Filmdienst Düsseldorf, 39/1967) »Die Tatsache, daß sie sich nur unter dem Decknamen ›Fünf goldene Drachen‹ kennen, macht ein Gutteil der Spannung dieser recht ›konfliktträchtigen‹ Gangsterstoy aus.« (Filmecho, Wiesbaden, September 1967)

Fazit: Unterhaltungsfilm mit Tempo und Nostalgiegefühlen an Hongkong.

PALLADIUM STUDIOS

→ Dänemark.

In dem in Kopenhagen ansässigen Filmstudio entstanden die ersten beiden deutsch-dänischen Wallace-Filme → *Der Frosch mit der Maske* (1959) und → *Der rote Kreis* (1959). Legendär wurde das Studio durch die Verfilmungen der Pat- und-Patachon-Filme.

PALLARD THE PUNTER
(Pallard der Glücksspieler)

Kinofilm. *England 1919. Produktion: Gaumont. Regie: Jack L. V. Leigh. Buch: George Pearson nach dem Roman Grey Timothy von Edgar Wallace. Darsteller: John L. V. Leigh (Brian Pallard), Heather Thatcher (Gladys Callender), Lionel d'Aragon (Lord Pinlow), Cecil Morton York (Peter Callender), Cyril Smith (Horace Callender).*

Inhalt: Um sich bei einem Pferderennen einen Vorteil zu verschaffen, will ein Lord einen der Favoriten mittels einer Tsetsefliege töten. Durch Unterstützung eines Jockeys, der an dem Rennen teilnimmt, kann das Vorhaben vereitelt werden.

Anmerkung: Dieser Film wurde in Deutschland nicht aufgeführt.

PALLOS, STEVEN

→ Produzenten

PALMER, ERNEST

→ Kameramänner

PALMER, LILLI

* 24.05.1914 Posen,
† 27.01.1986 Los Angeles;
eigentlicher Name: Lillie Marie Peiser

Deutsche Schauspielerin mit internationaler Karriere. Sie verkörperte Judy Lansdowne in → *The Door with Seven Locks* (1940).

Die Tochter eines Medizinalrats und einer Theaterschauspielerin nahm bei Ilka Grüning und Lucie Höflich in Berlin Schauspielunterricht. 1932 Debüt am Hessischen Landestheater in Darmstadt. 1933 emigrierte sie mit ihrer Schwester Irene nach Paris, wo die beiden als »Les Soeurs Viennoises« in Nachtclubs auftraten. 1934 ging sie nach London, spielte dort Theater und erhielt eine Minirolle als Zimmer-

Die Pagode zum fünften Schrecken:
1. Maria Perschy, Rupert Davies •
2. Bob Cummings, Rupert Davies, Maria Rohm

Die Pagode zum fünften Schrecken

mädchen in Hitchcocks *The Secret Agent* (1936). Ihr Charme und ihre kühle Erotik machten sie zum Star in *The Great Barrier* (1937), einem Film über den Bau der Canadian Pacific Railway. Sie heiratete 1943 Rex Harrison, mit dem sie in London Theater spielte, dann in die USA auswanderte und auch am Broadway Erfolge feierte; ihr erster gemeinsamer Film war 1945 *The Rake's Progress*. In Fritz Langs *Cloak and Dagger* (1946) verkörperte sie eine deutsche Widerstandskämpferin. Der endgültige Durchbruch gelang ihr mit dem Zwei-Personen-Stück *The Fourposter* (*Das Himmelbett*, 1952) wieder mit Rex Harrison als Partner. 1954 kehrte Lilli Palmer nach Deutschland zurück und übernahm sofort wichtige Rollen im Nachkriegsfilm. Ein Hit wurde die Verfilmung des Musicals *Feuerwerk* (1954), in dem sie als Zirkusdirektorin mit dem Lied *O mein Papa* das Publikum begeisterte. *In Teufel in Seide* (1955) fuhr sie scharfe Krallen aus: In der Rolle einer eiskalt berechnenden Frau versucht sie ihren Mann (Curd Jürgens) zu töten. Das mäßige Niveau des deutschen Films zwang sie, ihre Aktivitäten ins europäische Ausland und nach Amerika zu verlagern. Sie wurde Partnerin von Clark Gable, Charles Boyer, James Mason und Jean Gabin, erwies Goethe die Ehre in dem DDR-Film *Lotte in Weimar* (1975), hatte Kino-Hits wie *The Boys from Brazil* (1978) und arbeitete in den 70er Jahren auch fürs Fernsehen. Sie war auch als Malerin erfolgreich. 1974 erschienen ihre Memoiren unter dem Titel *Dicke Lilli – gutes Kind*. In zweiter Ehe war sie mit Carlos Thompson verheiratet. – Ihr Esprit ließ die Komödie als ihre eigentliche Domäne erscheinen. Doch lagen ihr auch Rollen mit Tiefgang, in denen sie für die verzwickten Seelenlagen großbürgerlicher Existenzen ein feines Gespür entwickelte. Exzellent war sie als Verführerin oder eiskalte Intrigantin. Ihre ladylike Erscheinung mit den dunklen Augen vermittelte ein südländisches Flair, das zu ihrem britischen Witz einen reizvollen Kontrast bildete. – Auszeichnungen: Coppa Volpi in Venedig für *Das Himmelbett* (1953), Filmband in Gold für langjähriges und hervorragendes Wirken im deutschen Film 1978.

Weitere Filme (Auswahl): *Anastasia – Die letzte Zarentochter* (1956), *Frau Cheneys Ende* (1961), *Julia, du bist zauberhaft* (1962), *Das große Liebesspiel* (1963), *Die amourösen Aben-*

Pallard the Punter: **Heather Thatcher, Cecil Morton, Cyril Smith**

teuer der Moll Flanders (1965), *Geheimaktion Crossbow* (1965), *Herr auf Schloß Brassac* (1965), *Der Kongreß amüsiert sich* (1966), *Zwei Girls vom roten Stern* (1966), *Paarungen* (1967), *Das ausschweifende Leben des Marquis de Sade* (1969), *Der Mann mit der Torpedohaut* (1970), *Der 4 1/2 Billionen Dollar Vertrag* (1985).

PANTEL, BRUNO W.

* 17.02.1921 Berlin,
† 30.11.1995 München
Deutscher Schauspieler. Er mimte Sergeant Horse in → *Zimmer 13* (1963) und den Busschaffner in → *Der Mönch mit der Peitsche* (1967).
Der Sohn eines Varietékünstlers wurde nach der Rückkehr aus dem Krieg als Buffo nach Frankfurt/O. engagiert und wechselte noch 1945 ans Berliner Theater. Neben Gastspielen an diversen Bühnen und Kabaretts wirkte er ab 1952 in gut drei Dutzend Filmen mit. Es waren ausschließlich Nebenrollen, in denen der kleinwüchsige Schauspieler mit schütterem Haarkranz und nöliger, leicht gepreßter Stimme zu sehen war, so als Ordonnanz in *Mikosch rückt ein* (1952), als Geschäftsmann in *Abschied von den Wolken* (1959) oder als Reporter in *Die 1000 Augen des Dr. Mabuse* (1960). Auch im Fernsehen hat er von *Der Alte* über *Der Kommissar* bis hin zum *Schloß am Wörthersee* zahlreiche Serien absolviert, am einprägsamsten war er vielleicht als Texas-Bill in *Salto Mortale*. Pantel war, wenn auch überwiegend im Chargenfach, jahrzehntelang ein vielbeschäftigter Bühnendarsteller, darüber hinaus Kabarettist, Radiosprecher, Filmkomiker und Fernseh-Gaststar. Wegen einer schweren Krankheit mußte er sich Mitte der 70er Jahre aus der Öffentlichkeit zurückziehen, doch seine Stimme lebte weiter. Er synchronisierte u.a. den liebenswerten Mister French in der Serie *Lieber Onkel Bill*, sprach den komischen Wikinger Ulme in der Trickfilm-Reihe *Wickie und die starken Männer* und lieh seine Stimme dem Fozzy-Bär in der *Muppet Show*. Vor allem aber war Pantel fast 20 Jahre lang die deutsche Stimme von Oliver Hardy – seit 1958, als er für die Berliner Synchron in dem Film *Saps at Sea* (*Abenteuer auf hoher See*, 1940) dessen Texte sprach.
Weitere Filme (Auswahl): *Die Christel von der Post* (1956), *Scheidungsgrund: Liebe* (1960),

Liebling der Götter (1960), *Freddy und die Melodie der Nacht* (1960), *Diesmal muß es Kaviar sein* (1961), *Sherlock Holmes und das Halsband des Todes* (1962), *Freddy und das Lied der Prärie* (1964), *Salto Mortale* (TV, 1968), *Hauptsache Ferien* (1972), *Betragen ungenügend* (1972), *Liebesspiele junger Mädchen* (1972), *Was Schulmädchen verschweigen* (1973), *Drei Männer im Schnee* (1974), *Das chinesische Wunder* (1977).

PAPWORTH, KEITH
→ Komponisten

PARKER, CECIL

* 03.09.1897 Hastings, East-Sussex,
† 20.04.1971 Brighton, East-Sussex
Englischer Schauspieler. Er verkörperte Sir John in → *Das Rätsel des silbernen Dreieck* (1965/66). Ferner spielte Parker in der ersten *Hexer*-Fernsehverfilmung von 1938 (→ *The Ringer*).
Parker ging in England und Belgien zur Schule. 1914–18 war er Soldat bei einer Panzereinheit. Der Tüchtigkeit eines Feldarztes war es zu verdanken, daß er den Krieg überlebte, denn bei einem Einsatz brach er sich einen Genickwirbel. Mit dem Anspruch auf eine lebenslange Invalidenrente begann er sich nach dem Krieg geschäftlich zu betätigen. Seine Freizeit widmete er der Liebhaberbühne. 1922 machte ihm Charles Dorans Shakespeare-Gesellschaft ein Angebot, und er wurde Berufsschauspieler. Erste Erfahrungen sammelte er in der Repertoire-Theatergruppe in Huttersfield und beim Abbey-Theater in Dublin. 1924–26 war er in leitender Position an der Liverpooler Schauspielschule. In dieser Zeit hatte er auch die Möglichkeit, in London aufzutreten. Dort blieb er und feierte Erfolge beim West-End-Publikum. 1933 wurde er vom Film entdeckt und war seit dieser Zeit aus englischen Film- und Fernsehproduktionen nicht mehr wegzudenken.
Weitere Filme (Auswahl): *Eine Dame verschwindet* (1938), *Caesar and Cleopatra* (1946), *Under Capricorn* (1949), *The Man in the White Suite* (1951), *Father Brown* (1954), *The Ladykillers* (1955), *Ein Toter sucht seinen Mörder* (1962), *Carry On Jack* (1964), *Lady L* (1965), *The Amorous Adventures of Moll Flanders* (1965), *A Study in Terror* (1965).

PARKYN, LESLIE
→ Produzenten

PARODIEN
Die Edgar-Wallace-Filme sind in vielen Fällen kaum mehr als Parodien auf die Romane. Bei der Ausstrahlung der RTL-Wallace-Fernsehfilme (1995/98) schrieb eine Fernsehzeitung: »Diese Filme sind nur als Satire erträglich«. → Otto Waalkes versuchte Mitte der 90er Jahre das parodistische Element auf die Spitze zu treiben und lieferte mit → *Otto – die Serie* seine bemüht komische Wallace-Interpretation. 2003 erschien eine weitere Parodie in Gestalt des beschränkt erheiternden Kinofilms → *Der Wixxer*. – Literarische Parodien auf Wallace sind vergleichsweise sparsam gesät: 1929 lieferte → Hans Reimann die unsterbliche Roman-Parodie *Männer, die im Keller husten*. Fast 60 Jahre später erschien das kongeniale Werk *Edgar Wallatze – Der Frosch mit der Glatze* (Goldmann Verlag, München 1986). Diese spritzige Romanparodie aus der Feder von Wolfgang G. Fienhold, dem Verfasser von *Michel Anfang, die endliche Geschichte* (München 1985), wird nicht nur Wallace-Fans zum Schmunzeln bringen, denn wer wird leugnen, kein Interesse an geraubten Kronjuwelen, am Tennis-Finale in Wimbledon oder gar an Lady Di's Schlafzimmer zu haben?

PARTNER, DER
→ The Partner

PARTNER, THE
(Der Partner)
Kinofilm. *England 1963. Produktion: Merton Park. Produzent: Jack Greenwood. Regie: Gerard Glaister. Buch: John Roddick frei nach Edgar Wallace. Kamera: James Wilson. Musik: Bernard Ebbinghouse. Bauten: Scott McGregor. Ton: Brian Blamey. Schnitt: Derek Holding. Darsteller: Yoko Tani (Lin Siyan), Guy Doleman (Wayne Douglas), Ewan Roberts (Inspektor Simons), Mark Eden (Richard Webb), Anthony Booth (Buddy Forrester), Heien Lindsay (Heien Douglas), Noel Johnson (Charles Briers), Denis Holmes (Sergeant Rigby), John Forgeham (Adrian Marlowe), Virginia Wetherell (Karen), Yvette Wyatt (Pam), Norman Scace (Dr. Ambrose), John Forbes-Robertson (Alwood), Brian Haines (Surgeon), Earl Green (Peter), Neil Wil-*

The Partner: **Anthony Booth, Guy Doleman, Yoko Tani**

477

son, *Guy Standeven, Norma Parnell. Länge: 58 Minuten.*

Inhalt: Regisseur Wayne Douglas dreht mit dem Star Lin Siyan gerade einen Film, als sein Buchhalter Charles Briers in einem Studio ermordet aufgefunden wird. Die Untersuchung des Mordfalles leitet Inspektor Simons. Zu den Verdächtigen zählt Douglas' Frau Helen, die glaubt, daß der Regisseur sie mit Lin Siyan betrügt, und deshalb den Privatdetektiv Richard Webb angeheuert hat. Auch Helens verschlagener Bruder Buddy und ihr Dienstmädchen Karen erscheinen obskur. Für Simons zählen auch Douglas selbst und Lin Siyan zum Kreis der Verdächtigen. Tatmotiv war offenbar eine große Geldsumme, die Briers für die Filmproduktion in Verwahrung hatte. Weil die Untersuchung ins Stocken gerät, engagiert Douglas Richard Webb, dessen unauffällige und effiziente Vorgehensweise den Regisseur beeindruckt hatte: Er soll den Verbleib des Geldes klären. Bei einem Mordanschlag auf den Detektiv wird dieser so schwer verletzt, daß er an den Rollstuhl gefesselt bleibt. Dennoch kann er die Identität des Mörders lüften und ihn der Polizei übergeben.

Kritik zum Film: »Ein routinierter ›Whodunit‹, der jeglicher Art von Anspannung und Nervenkitzel entbehrt, dafür aber um so geschwätziger ist.« (Monthly Film Bulletin, 11/1963)

Anmerkung: Unter dem Titel *Der Partner* lief dieser Film innerhalb einer zehnteiligen Merton-Park-Wallace-Serie im ZDF am 12.08. 1969.

PARTNERS IN CRIME
(Im Verbrechen verbündet)

Kinofilm. *England 1961. Produktion: Merton Park. Produzent: Jack Greenwood. Regie: Peter Duffell. Buch: Robert Stewart nach dem Roman The Man Who Knew von Edgar Wallace. Kamera: Bert Mason. Musik: Ron Goodwin. Bauten: Wilf Arnold. Ton: Sid Rider. Darsteller: Bernard Lee (Inspektor Mann), John Van Eyssen (Merril), Moira Redmond (Freda Strickland), Stanley Morgan (Sergeant Rutledge), Gordon Boyd*

Partners in Crime: **Bernard Lee (rechts)**

(Rex Holland), Mark Singleton (Shilton), Victor Platt (Harold Strickland), Danny Sewell (Avery), Robert Sansom, Nicholas Smith, Ernest Clark, Richard Shaw. Länge: 54 Minuten.

Inhalt: Harry Strickland, wohlhabender Direktor eines Großunternehmens, wird erschossen aufgefunden. Zunächst hat es den Anschein, als habe er einen Einbrecher überrascht. Dann stellt sich heraus, daß Stricklands Partner Merril den Killer Rex Holland für den Mord angeheuert hat. Die Tatwaffe wird von zwei Jugendlichen gefunden. Weil sie sie zu Geld machen wollen, kann die Polizei den Weg bis zu Merril zurückverfolgen. In Panik wendet sich dieser an Rex Holland. Der legt seinen Auftraggeber herein, kommt aber selbst bei einem Brand in seinem Versteck ums Leben.

Kritik zum Film: »Eine ausgezeichnete Ergänzung der Edgar-Wallace-Serie.« (Daily Cinema, 1961) »Ein weiterer wenig aufregender Film in der Edgar-Wallace-Serie mit wenig oder überhaupt keiner Raffinesse oder Originalität. Lediglich die Darstellung des Yard-Inspektors durch Bernard Lee ist lobenswert.« (Monthly Film Bulletin, 5/1961)

Anmerkung: Dieser Film wurde in Deutschland nicht aufgeführt.

PASETTI, PETER
→ Darsteller

PASTEWKA, BASTIAN
→ Drehbuchautoren

PATON, STUART
→ Regisseure

PAUER, FLORIAN
* 04.03.1953 Wien

Österreichischer Autor und Journalist. Er schrieb 1982 für den Goldmann-Verlag in der Reihe »Citadelbücher« *Die Edgar-Wallace-Filme* (= Band 16). 1983 lieferte Pauer für die → CCC Film das Wallace-Drehbuch *Der Joker*. Es wurde in dieser Form nicht verfilmt, diente jedoch 1995 in gekürzter Form als Basis für → *Die Katze von Kensington*, den Pilotfilm der RTL-Rialto-Wallace-Serie. Für die weiteren Rialto-RTL-Wallace-Filme schrieb Pauer ebenfalls Drehbücher, die dann von anderen Autoren überarbeitet wurden (→ *Der Blinde*, → *Das Karussell des Todes* , → *Die unheimlichen Briefe*,

→ *Die Vier Gerechten*, → *Whiteface*). Weitere Filmexposés bzw. Drehbücher Pauers (→ *Der Dieb in der Nacht*, → *Der Engel des Schreckens*, → *Der leuchtende Schlüssel*, → *Die Melodie des Todes* und *Töchter der Nacht* wurden bisher nicht realisiert. 1988 verfaßte der Autor das Wallace-Hörspiel *Der Joker* für den Südwestfunk (Baden-Baden).

Pauer arbeitet als freier Journalist für den Österreichischen Rundfunk in Wien und den Bayerischen Rundfunk in München. Er ist Verfasser zahlreicher filmgeschichtlicher Arbeiten. Im Rahmen seiner Hörfunktätigkeit schrieb er die Beiträge zu den Soundtrackporträts »Die Stars der Filmmusik«, u.a. *Thrillerklänge von der Themse – Die Edgar Wallace-Filme und ihre Komponisten* (1998).

PAULI, IRMS
* 02.10.1926 Wernigerode,
† 16.06.1988 Fulda;
eigentlich: Irmgard Pauli

Kostümbildnerin. Sie war verantwortlich für die Kostümierung in → *Der schwarze Abt* (1963), → *Zimmer 13* (1963), → *Der unheimliche Mönch* (1963), → *Der Bucklige von Soho* (1966), → *Die blaue Hand* (1967), → *Der Mönch mit der Peitsche* (1967) und → *Im Banne des Unheimlichen* (1967).

Pauli zählte zu den herausragenden Modedesignerinnen des deutschen Nachkriegsfilms. Ihre größte Herausforderung und eindrucksvollste Leistung war die Kreation der Kostüme zu den *Winnetou*-Filmen.

PEARSON, GEORGE
→ Drehbuchautoren

PEHLKE, HEINZ PAUL HELMUT
* 08.10.1922 Berlin,
† 12.03.2002 Berlin

Kameramann. Er filmte → *Der rote Kreis* (1959). Der Sohn eines Kaufmanns besuchte 1939/40 in Berlin die Schule für graphisches Gewerbe. Faszination für den Film stellte sich ein, als Pehlke 1939 während eines Urlaubs am Millstätter See die Dreharbeiten zu Helmut Käutners *Kitty und die Weltkonferenz* miterlebte. 1942 wurde er bei den Döring-Film-Werken in Berlin als Volontär eingestellt. Die Döring-Werke produzierten u.a. Werbefilme, erfüllten aber auch Aufträge des Propagandaministeriums. Dreharbeiten zu einem Film über den Einsatz ausländischer Arbeiter in Deutschland führten Pehlke als Kamera-Volontär zusammen mit dem tschechischen Kameramann Friedrich Jurda für sechs Wochen in und an die Konzentrationslager Auschwitz und Birkenau. Nach Zerstörung der Döring-Werke wurde Pehlke von der UFA 1944 als Kamera-Volontär übernommen und wegen des kriegsbedingten Mangels an Kameraleuten bald mit höheren Aufgaben betraut. So wurde er dem Kameramann Bruno Mondi als Assistent während der Dreharbeiten an Veit Harlans Propagandafilm *Kolberg* (1943/44) zugeteilt. Bei Käutners *In jenen Tagen* war Pehlke 1946/47 als Kamera-Assistent und zeitweilig als zweiter Kameramann tätig. Als Assistent des Kameramanns Franz Weihmayr war Pehlke nach dem Krieg am Spielfilm *Wege im Zwielicht* (1947/48, Regie: Gustav Fröhlich) beteiligt. 1952 war er neben Willy Winterstein Kameramann bei *Das Sparschwein* (Regie: Eugen York). Ein Engagement bei der DEFA für den Henny-Porten-Film *Carola Lamberti* (1954) kam über Probeaufnahmen nicht hinaus. 1956 entstand *Vor Sonnenuntergang* (nach Gerhart Hauptmann), eine Inszenierung

von Gottfried Reinhardt mit Hans Albers in der Hauptrolle. Während der Dreharbeiten an dem Film *Tierarzt Dr. Vlimmen* (Regie: Arthur Maria Rabenalt) wurde Pehlke 1956 von dem Berliner Produzenten Wenzel Lüdecke für den Jugendfilm *Die Halbstarken* (Regie: Georg Tressler) als Chef-Kameramann engagiert. Seitdem arbeitete Pehlke beim Kinofilm. Sein erster Streifen als verantwortlicher Kameramann war 1957 *Die Zürcher Verlobung* (Regie: Helmut Käutner). 1958 folgte, erneut mit Käutner, *Der Schinderhannes*.

Weitere Filme (Auswahl): *Monpti* (1957), *Freddy unter fremden Sternen* (1959), *Die Fastnachtsbeichte* (1960), *Freddy und die Melodie der Nacht* (1960), *Weit ist der Weg* (1960), *Das letzte Kapitel* (1961), *Heimweh nach St. Pauli* (1963), *Lausbubengeschichten* (1965), *Die Hölle von Macao* (1967), *Oswalt Kolle: Dein Mann, das unbekannte Wesen* (1969), *Oswalt Kolle: Dein Kind, das unbekannte Wesen* (1970), *Drei Damen vom Grill* (TV, 1977), *Nessie, das Monster von Loch Ness* (1985), *Reise ohne Wiederkehr* (1989).

PEINAL, GEORGES
→ Kameramänner

Heinz Paul Helmut Pehlke

PEITSCH, MONIKA
* 23.12.1936 Zeitz
Deutsche Schauspielerin. Sie mimte Wanda Merville in → *Der Bucklige von Soho* (1966) und war die Stimme der Millie Trent im → Europa-Hörspiel → *Der Zinker*.
Die Zahnarzthelferin ließ sich als Schauspielerin ausbilden und erhielt mit 19 Jahren ihre erste Filmchance. Nach belanglosen Nebenrollen gab sie 1960 am Berliner Hebbel-Theater ihr Bühnendebüt. Stationen am Schiller-Theater und weiteren Berliner Bühnen folgten. Zwischendurch übernahm Monika Peitsch immer wieder Filmrollen. Ihr Durchbruch gelang ihr jedoch durch das Fernsehen an der Seite von Joseph Offenbach, Inge Meysel und Agnes Windeck in der Serie *Die Unverbesserlichen* (1965–71). Monika Peitsch ist auch eine gefragte Synchronsprecherin; sie lieh ihre Stimme u.a. Audrey Hepburn, Claudia Cardinale und Doris Day.
Weitere Filme (Auswahl): *Ihr 106. Geburtstag* (1958), *... und abends in die Scala* (1958), *Hotel der toten Gäste* (1965), *Vier Schlüssel*

Monika Peitsch

(1965), *Schonzeit für Füchse* (1966), *Rheinsberg* (1967), *Dr. med. Fabian – Lachen ist die beste Medizin* (1969), *Der Mann, der den Eiffelturm verkaufte* (TV, 1970), *Okay S.I.R.* (TV, 1972), *Mathias Sandorf* (TV, 1979), *Plötzlich und unerwartet* (TV, 1983), *Das Erbe der Guldenburgs* (TV, 1987), *Praxis Bülowbogen* (TV, 1987), *Keine Gondel für die Leiche* (TV, 1989), *Die Männer vom K3 – Narkose fürs Jenseits* (TV, 1991), *Schulz & Schulz II* (TV, 1991), *Schulz & Schulz III* (TV, 1992), *Die Männer vom K3 – Ende eines Schürzenjägers* (TV, 1994), *Sylter Geschichten* (TV, 1995), *Das Glück wohnt hinterm Deich* (TV, 1998).

PEMBERTON, VICTOR
→ Drehbuchautoren

PENELOPE AN BORD DER »POLYANTHA«
→ PENELOPE OF THE »POLYANTHA«

PENELOPE OF THE »POLYANTHA«
Kriminalroman. *Originalausgabe: Hodder & Stoughton, London 1926. Deutsche Erstveröffentlichung: Penelope von der »Polyantha«. Übersetzung: →Ravi Ravendro. Wilhelm Goldmann Verlag, Leipzig 1930. Neuausgabe: Wil-* helm Goldmann Verlag, München 1954. Taschenbuchausgabe: Wilhelm Goldmann Verlag, München 1959 (= Goldmann Taschen-KRIMI 211). Weitere Taschenbuchauflagen im Wilhelm Goldmann Verlag: 1972, 1975, 1978, 1982, 1985. Jubiläumsausgaben im Wilhelm Goldmann Verlag: 1990, 2000 (= Band 55). Neuübersetzung: Edith Walter unter dem Titel Penelope an Bord der »Polyantha«. Scherz Verlag, Bern, München, Wien 1986 (= Scherz Krimi 1044). – Anläßlich des 125. Geburtstages des Autors brachte der → Weltbild Verlag 2000 eine Wallace-Edition heraus. Hier erschien der Roman in einer Doppelausgabe zusammen mit Das Steckenpferd des alten Derrick (→ The Double).*

Inhalt: Penelope Pitt fährt im Kanada-Expreß von Edmonton nach Toronto. Auf dieser Reise lernt sie einen Fremden kennen, der ihr anbietet, in England bei einer guten Freundin, Cynthia Dorban, als Sekretärin zu arbeiten. Ohne zu ahnen, was auf sie zukommt, nimmt sie die Stellung an. Cynthia und Arthur Dorban leben auf einem Landsitz an der Südküste Englands.

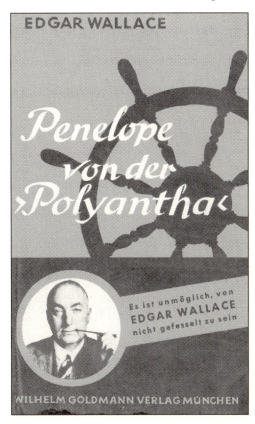

Durch Zufall entdeckt Penelope ein gefährliches Geheimnis des Ehepaars und entgeht um Haaresbreite einem Mordanschlag. Sie flüchtet und rettet sich auf die Jacht ›Polyantha‹, wo neue Gefahren auf sie lauern. Immerhin erinnert sie sich, daß ihr ein freundlicher älterer Herr kurz vor der Abfahrt in Edmonton einen Brief für einen Freund namens James X. Orford mitgab. Kann der ihr helfen?

PENELOPE VON DER »POLYANTHA«
→ PENELOPE OF THE »POLYANTHA«

PENKERT, RAINER
* 23.06.1921 Berlin
Deutscher Schauspieler. Er verkörperte den Schuldirektor in → *Das Geheimnis der grünen Stecknadel* (1971) und den Kameramann in → *Der Rächer* (1960). Penkert begann seine Laufbahn nach Absolvierung der Deutschen Schauspielschule in Berlin (1945–48). Er fand beachtliche Rollen bei Film, Fernsehen und am Theater. Neben Auftritten an Berliner, Münchner, Stuttgarter und Hamburger Bühnen spielte Penkert etliche Nebenrollen in Filmen. Beim

Fernsehen hatte er Gastauftritte in verschiedenen Serien wie *Das Kriminalmuseum, Der Kommissar, Die gelbe Karawane* oder *Ehen vor Gericht*. Seit 1963 ist er im Nebenberuf Inneneinrichter und Kunsthändler in München.
Weitere Filme (Auswahl): *Menschen in Gottes Hand* (1947), *Anonyme Briefe* (1949), *08/15* (1954), *08/15 – Zweiter Teil* (1955), *Stahlnetz: Sechs unter Verdacht* (TV, 1958), *Er kann's nicht lassen* (1962), *Der längste Tag* (1962), *Die Heiden von Kummerow und ihre lustigen Streiche* (1967), *Peter und Sabine* (1968), *Es muß nicht immer Kaviar sein* (TV, 1977), *Das Spinnennetz* (1989).

PEOPLE
Autobiographie. *Originalausgabe: Hodder & Stoughton, London 1926. Deutsche Erstveröffentlichung: Menschen. Ein autobiographischer Roman. Übersetzung:* → *Richard Küas. Erschienen als Sonderband für den Wilhelm Goldmann Verlag, Leipzig 1928.* – Anläßlich des 125. Geburtstages des Autors brachte der → Weltbild Verlag 2000 eine Wallace-Edition heraus. Hier erschien die Autobiographie in einer Doppelausgabe zusammen mit dem Roman *Der Hexer* (→ *The Ringer*).
Inhalt: Bereits mit 50 Jahren hat Wallace seine Autobiographie geschrieben. Er schildert in 14 Kapiteln sein bewegtes Leben, das ihn in drei Erdteile führte, und die Schicksalsschläge, die er dabei bewältigen mußte. Gewidmet ist das Buch seinem Freund Dufour-Feronce. In einem Vorwort äußert sich Wallace zu seinen Motiven für die Niederschrift: Er will die Geschichte eines Armen erzählen, eines Atoms, das sich aus dem Bodensatz löst. Dadurch will er seine Leser ermutigen, sich emporzuarbeiten und nach Größe zu streben. Abschließend heißt es: »Wir waren Arme, die ihre Armut nicht zufrieden hinnahmen; wir waren die Niedriggeborenen, die zur Größe ihres Glaubens an sich selbst hinauswuchsen – und die, wie ich hoffe, noch im Wachsen sind. Ich habe niemals etwas so Trügerisches wie ›Erfolg‹ gesucht. Lieber habe ich neue Stützpunkte gefunden, von denen aus ich weitere Horizonte gewinnen, neue Möglichkeiten entdecken konnte, meinen Mitmenschen dankbar zu sein. Und ich spüre ein neues tiefempfundenes Gefühl der Demut, wenn ich von meinem günstigen Standpunkt auf dem immer steilen Pfad die wunderbare Geduld und

den Mut jener beobachte, die hinter mir höherwärts streben.«

PEOPLE OF THE RIVER, THE

17 → **Afrikaerzählungen**. *Originalausgabe: Ward Lock, London 1912. Deutsche Erstveröffentlichung: Die Eingeborenen vom Strom. Übersetzung: →Ravi Ravendro. Wilhelm Goldmann Verlag, Leipzig 1929. Neuausgabe: Wilhelm Goldmann Verlag, München 1952. Taschenbuchausgabe: Wilhelm Goldmann Verlag, München 1963 (= Gelbe Bücher 1329). Neuausgabe: Hesse & Becker Verlag, Dreieich 1986 (im Doppelband 6/1).*
Enthält: A CERTAIN GAME (*Ein Spiel*), THE ELOQUENT WOMAN (*Die redegewandte Frau*), THE AFFAIR OF THE LADY MISSIONARY (*Die Missionarin*), THE SWIFT WALKER (*Der schnelle Wanderer*), BRETHREN OF THE ORDER (*Der Geheimorden der Schweigenden*), THE VILLAGE OF IRONS (*Das Dorf der Ketten*), THE THINKER AND THE GUMTREE (*Der Denker und der Gummibaum*), NINE TERRIBLE MEN (*Die neun Schrecklichen*), THE QUEEN OF THE N'GOMBI (*Die Königin der N'gombi*), THE MAN ON THE SPOT (*Der Mann am Platze*), THE RISING OF THE AKASAVA (nicht in der deutschen Ausgabe enthalten), THE MISSIONARY (*Die Gottesfrau*), THE MAKERS OF SPEARS (*Ein Speerfabrikant*), THE PRAYING MOOR (*Der fromme Pilger*), THE SICKNESS MONGO (nicht in der deutschen Ausgabe enthalten), THE CRIME OF SANDERS (*Sanders' Verbrechen*), SPRING OF THE YEAR (*Frühling*).
Inhalt: Im Mittelpunkt der Erzählungen stehen Wallace' unvergeßliche Afrika-Helden: Sanders, der umsichtige und tüchtige Bezirksmann, Hamilton, der unerschrockene Hauptmann des Haussaregiments, der unverwüstliche heitere Bones Tibbetts sowie der mutige Häuptling Bosambo. Die Geschichten erzählen vom Beginn der Freundschaft zwischen Sanders und dem Ochori-Häuptling Bosambo, einem listenreichen schwarzen Odysseus. Gemeinsam kämpfen sie gegen aufständische Stämme im afrikanischen Busch.

PERCEVAL, HUGH
→ Produzenten

PERSCHY, MARIA
* 23.09.1938 Eisenstadt (Österreich)
Österreichische Schauspielerin. Sie verkörperte 1966 die Margret in → *Die Pagode zum fünften Schrecken* (1966).
Die Tochter eines Krankenkassenkontrolleurs und einer Hausangestellten fand nach schwerer Kindheit und Jugend zum Film. Auch dort erlitt sie Fehlschläge und Enttäuschungen. Erst der Film *Nasser Asphalt* (1958) verhalf ihr an der Seite von Horst Buchholz zum Durchbruch. Nach vielen weiteren Erfolgen nahm sie ein Angebot aus Hollywood an. Neben Rock Hudson spielte sie in Howard Hawks *Ein Goldfisch an der Leine* (1964).
Weitere Filme (Auswahl): *Natürlich die Autofahrer* (1959), *Der Henker von London* (1963), *Weiße Fracht ür Hongkong* (1964), *Die Banditen vom Rio Grande* (1965), *Kommissar X – Jagd auf Unbekannt* (1965), *Frauen, die durch die Hölle gehen* (1966), *Mister Dynamit – Morgen küßt euch der Tod* (1967), *Flucht aus der Taiga* (1968), *Die Folterkammer des Dr. Fu Man Chu* (1968), *Dr. med. Fabian – Lachen ist die beste Medizin* (1969), *Das Geisterschiff der schwimmenden Leichen* (1975), *Eine Frau namens Harry* (1990).

Maria Perschy

483

PERSONS UNKNOWN
Theaterstück von Edgar Wallace. Uraufführung am 08.05.1929 im Londoner Shaftsbury Theater. Weitere Einzelheiten sind unbekannt. Wallace arbeitete das Stück anschließend in den Kriminalroman → *White Face* um.

PERTWEE, ROLAND
→ Darsteller und → Drehbuchautoren

PETERS, KARL HEINZ
* 28.08.1900 Lützenkirchen,
† 05.09.1990 München
Deutscher Schauspieler. Peters übernahm drei kurze, aber prägnante Rollen in Wallace-Filmen: den Henker Victor Pallion in → *Der rote Kreis* (1959), Tonio in → *Die Bande des Schreckens* (1960) und Creager in → *Der grüne Bogenschütze* (1960/61).
Peters wurde in Hagen ausgebildet und unternahm dort auch seine ersten Schauspielversuche. 1926 erhielt er ein Engagement in Mönchengladbach. Weitere Bühnenstationen waren u.a. Frankfurt/M., Hamburg, Köln, München und Berlin. Ab 1939 stand er regelmäßig auch vor der Kamera. Nach dem Krieg wechselte er zwischen Film, Fernsehen und Theater.
Weitere Filme (Auswahl): *Diesel* (1942), *Münchhausen* (1943), *Kronjuwelen* (1950), *Robinson soll nicht sterben* (1957), *Unser Doktor*

ist der Beste (1969), *Wer weint denn schon im Freudenhaus?* (1970), *Die Auto-Nummer* (1971), *Ludwig II.* (1972).

PETERS, WERNER
* 07.07.1918 Werlitsch,
† 30.03.1971 Wiesbaden
Deutscher Schauspieler. Der geniale Charakterdarsteller (Spezialität: schmierig-durchtriebene Charaktere) war mehrfach höchst überzeugend in Wallace-Filmen zu sehen: als Bertram Cody in → *Die Tür mit den 7 Schlössern* (1962), als Stephan Narth in → *Der Fluch der gelben Schlange* (1962/63), als Fabian Gilder in → *Der schwarze Abt* (1963), als Rechtsanwalt Spedding in → *Die Gruft mit dem Rätselschloß* (1964) und als William Baxter in → *Die Tote aus der Themse* (1971).
Seine Ausbildung erhielt Peters bei Detlev Sierck und Paul Smolny am Leipziger Alten Theater. Nach dem Zweiten Weltkrieg machte er rasch Karriere beim Film. Bekannt wurde er in der Rolle des Dietrich Hessling in der Heinrich-Mann-Verfilmung *Der Untertan* (1951). Neben einigen bemerkenswerten Filmen war er in zahllosen mittelmäßigen Streifen zu sehen, denen er durch seine Darstellungskunst jedoch einen besonderen Stempel aufdrücken konnte. William Baxter war seine letzte Rolle: Während der Premieren-Tour für diesen Wallace-Film (Mainz, Wiesbaden, Saarbrücken) verstarb der Mime an einem Herzinfarkt.
Weitere Filme (Auswahl): *Affaire Blum* (1948), *Nachts, wenn der Teufel kam* (1957), *Strafbataillon 999* (1959), *Das Mädchen Rosemarie* (1959), *Die 1000 Augen des Dr. Mabuse* (1960), *Im Stahlnetz des Dr. Mabuse* (1961), *Die unsichtbaren Krallen des Dr. Mabuse* (1962), *Scotland Yard jagt Dr. Mabuse* (1963), *Die schwarzen Adler von Santa Fe* (1964), *Durchs wilde Kurdistan* (1965), *Die Hölle von Macao* (1967), *Mister Dynamit – Morgen küßt euch der Tod* (1967).

PETERSSON, HARALD G.
* 16.10.1904 Weimar,
† 08.07.1977 Berlin;
eigentlicher Name: Harald Giertz-Petersson
Drehbuchautor. Petersson war Co-Autor von

Werner Peters: Dreharbeiten zu
***Die Tote aus der Themse* (1971)**

Harald G. Petersson

→ *Die Tür mit den 7 Schlössern* (1962), → *Das Gasthaus an der Themse* (1962), → *Das indische Tuch* (1963) und → *Der Hexer* (1964) sowie Autor von → *Der Zinker* (1963). Außerdem schrieb er Drehbücher für die Filmprojekte → *Der unheimliche Mönch, Gucumatz* (→ *The Feathered Serpent*) und → *Die blaue Hand*, die jedoch nicht realisiert wurden.

Seine berufliche Laufbahn begann Petersson als Schriftsteller. In den 30er Jahren wurde er Pressechef der Produktionsfirma Tobis. Ab 1937 widmete er sich ausschließlich seiner Arbeit als Drehbuchautor. Nach dem Krieg machte er eine zehnjährige Filmpause und schrieb erst ab 1958 wieder Drehbücher; im Nebenberuf arbeitete er als Synchronautor. Verheiratet war Petersson mit der UFA-Schauspielerin Sybille Schmitz.

Weitere Drehbucharbeiten (Auswahl): *Herrin der Welt* (2 Teile, 1960), *Verbrechen nach Schulschluß* (1959), *Schmutziger Engel* (1958), *Der Schatz im Silbersee* (1962), *Winnetou 1. Teil* (1963), *Winnetou 2. Teil* (1964), *Winnetou 3. Teil* (1965), *Winnetou und sein Freund Old Firehand* (1966), *Die Nibelungen* (2 Teile, 1966).

PFAUENINSEL
→ Schloß Pfaueninsel
Im Berliner Stadtteil Wannsee in der Havel gelegenes Eiland. Hier entstanden die Außenaufnahmen zu den Filmen → *Die Tür mit den 7 Schlössern* (1962), → *Neues vom Hexer* (1965), → *Der Mönch mit der Peitsche* (1967), → *Der Hund von Blackwood Castle* (1967), → *Im Banne des Unheimlichen* (1968) und → *Der Gorilla von Soho* (1968).

Die rund 60 Hektar große Insel ist wegen ihrer bemerkenswerten Bäume und Sträucher sowie ihrer reichen Vogelwelt ein Naturschutzgebiet.

Der Park wurde von Peter Josef Lenné als Landschaftspark gestaltet, ein Palmenhaus (1880 abgebrannt) und Tierkäfige errichtet, von denen das Vogelhaus noch heute eine Schar fremder und heimischer Vögel beherbergt. Das Schloß wurde 1794–97 unter Friedrich Wilhelm II. gebaut. Friedrich Wilhelm III. und Königin Luise benutzten es als Sommerresidenz. Aufgrund der Abgeschiedenheit der Insel und der unkomplizierten Drehmöglichkeiten war sie prädestiniert als Außenkulisse für einige Wallace-Filme. So ist das Hauptgebäude in den Filmen *Die Tür mit den 7 Schlössern* und *Der Hund von Blackwood Castle* zu sehen, das Herrenhaus in *Neues vom Hexer, Der Mönch mit der Peitsche* und *Im Banne des Unheimlichen* sowie das Bootshaus in *Der Hund von Blackwood Castle* und *Der Gorilla von Soho*. Auch für Waldaufnahmen (*Der Mönch mit der Peitsche, Der Hund von Blackwood Castle*) war die Insel der geeignete Schauplatz.

PFEIFER, DER
→ THE SQUEAKER

Günter Pfitzmann

(1959), *Am grünen Strand der Spree* (TV, 1960), *Heldinnen* (1960), *Das Wunder des Malachias* (1961), *Die Unverbesserlichen und die Liebe* (TV, 1970), *Der Kapitän* (1971), *Die Unverbesserlichen und ihr Stolz* (TV, 1971), *Lieb Vaterland magst ruhig sein* (1976), *Drei Damen vom Grill* (TV, 1977), *Zwei Mann um einen Herd* (TV, 1979), *Klinik unter Palmen* (TV, 1996), *Ein unvergeßliches Wochenende ... auf den Kanarischen Inseln* (TV, 1997), *Das Traumschiff 2000 – Bali* (TV, 1999).

PFLUG, EVA
* 12.06.1929 Leipzig
Deutsche Schauspielerin. Sie mimte die Lola im ersten deutschen Nachkriegs-Wallace → *Der Frosch mit der Maske* (1959; → Gesang).
Nach den Krieg spielte Eva Pflug erfolgreich auf deutschen Bühnen und im Film. Bekannt wurde sie vor allem dem Fernsehpublikum durch den Science-Fiction-Siebenteiler *Raum-*

PFITZMANN, GÜNTER
* 08.04.1924 Berlin,
† 30.05.2003 Berlin
Deutscher Schauspieler. Er verkörperte Frank Sutton in → *Der Zinker* (1963). Wegen einer Kriegsverletzung mußte Pfitzmann seinen ursprünglichen Wunsch, Sportlehrer zu werden, aufgeben und nahm in seiner Heimatstadt bei Fritz Kirchhoff Schauspielunterricht. Er spielte auf allen Berliner Bühnen, war Kabarettist bei den »Stachelschweinen«, Musical-Star, Chansonsänger und deutsche Synchronstimme von Kirk Douglas. 1962 heiratete er die »Fair Lady« Karin Hübner, in zweiter Ehe die aus Münster stammende Lieselotte Giebke (ein Sohn). Nicht nur auf den Berliner Bühnen war Pfitzmann zu Hause. Er wirkte auch in zahlreichen Filmen mit und wurde beim Fernsehpublikum vor allem durch drei große Serien beliebt: *Gestatten, mein Name ist Cox* (1961), *Praxis Bülowbogen* (1987–97) und *Der Havelkaiser* (1994).
Weitere Filme (Auswahl): *Oberwachtmeister Borck* (1955), *Der Hauptmann und sein Held* (1955), *Dr. Crippen lebt* (1957), *Hunde, wollt ihr ewig leben* (1958), *Ich werde dich auf Händen tragen* (1958), *Abschied von den Wolken* (1959), *Die Brücke* (1959), *Drillinge an Bord*

Eva Pflug

patrouille Orion (neben Dietmar Schönherr, 1967) und den Durbridge-Dreiteiler *Wie ein Blitz* (1970). Neben gelegentlichen Fernsehauftritten spielt sie vor allem Theater.

Weitere Filme (Auswahl): *Gestehen Sie, Dr. Corda!* (1958), *Der Schinderhannes* (1958), *Bis zum Ende aller Tage* (1961), *Das Halstuch* (TV, 1962), *Tim Frazer: Der Fall Salinger* (TV, 1964), *Geheimnisse in goldenen Nylons* (1967), *In Schönheit sterben* (TV, 1972), *Die sündige Kleinstadt* (1974), *Eine Frau für Alfie* (1989).

PHAIDON VERLAG
→ Verlage

PHANTOPIA FILMPROGRAMME
Der Filmverlag Peter Schmidl in Nürnberg brachte Ende der 90er Jahre zu vielen neuen und alten Filmen Begleitprogramme unter dem Titel Phantopia heraus. 2000 übernahm der Verlag Karin Stähle, Nürnberg, deren Herstellung. Bisher sind zu folgenden Wallace-Filmen Phantopia-Programme erschienen (in Klammer die Heftnummer): → *Das Rätsel des silbernen Dreieck* (11), → *Im Banne des Unheimlichen* (27), → *Das Geheimnis der weißen Nonne* (245), → *Die toten Augen von London* (254), → *Das Gesicht im Dunkeln* (265), → *Das Geheimnis der grünen Stecknadel* (297), → *Der Hexer* (326), → *Die blaue Hand* (387), → *Der Frosch mit der Maske* (391), → *Die Tür mit den 7 Schlössern* (401), → *Die Gruft mit dem Rätselschloß* (411), → *Der Hund von Blackwood Castle* (422), → *Der grüne Bogenschütze* (431), → *Der Bucklige von Soho* (455), → *Neues vom Hexer* (466), → *Der schwarze Abt* (477), → *Die Bande des Schreckens* (496), → *Der rote Kreis* (518), → *Das Geheimnis der gelben Narzissen* (525), → *Der Fälscher von London* (557). Darüber hinaus erschien als KINOexklusiv, ebenfalls im Verlag Karin Stähle, ein Programm zu → *Der Hexer* (3).

PHILIPP, HARALD
* 24.04.1921 Hamburg,
† 05.07.1999 Berlin
Regisseur und Autor. Philipp war zweimal als Regisseur für Wallace-Filme vorgesehen – von → *Der unheimliche Mönch* (1965, ersetzt durch → Harald Reinl) und → *Der Gorilla von Soho* (1968, ersetzt durch → Alfred Vohrer) –, ehe er die Regie von → *Die Tote aus der Themse*

Harald Philipp (Mitte) mit Günther Stoll (links) und Hansjörg Felmy

(1971) übernahm. Der Sohn eines Elektroingenieurs und einer Schauspielerin besuchte nach Absolvierung einer kaufmännischen Lehre die Schauspielschule. In den 50er Jahren etablierte er sich als Regisseur vor allem von Filmen aus dem Soldatenmilieu und genoß den Ruf eines guten Handwerkers. Seit Anfang der 70er Jahre übernahm er zunehmend die Regie bei Fernsehproduktionen. Er war mit der Schauspielerin Viola Liessen verheiratet.

Weitere Arbeiten als Regisseur (Auswahl): *Siebenmal in der Woche* (1957), *Rivalen in der Manege* (1958), *Der Czardas-König* (1958), *Tausend Sterne leuchten* (1959), *Strafbataillon 999* (1959), *Division Brandenburg* (1960), *Unter Ausschluß der Öffentlichkeit* (1961), *Auf Wiedersehen* (1961), *Der Ölprinz* (1965), *Mordnacht in Manhattan* (1965), *Um Null Uhr schnappt die Falle zu* (1966), *Winnetou und das Halbblut Apanatschi* (1966), *Liebesnächte in der Taiga* (1967), *Blonde Köder für den Mörder* (1969), *Hurra, wir sind mal wieder Junggesellen* (1970), *Ehemänner-Report* (1971), *Die Brücke von Zupanja* (1975), *Drei Damen vom Grill* (TV, 1977).

PHILIPS, QUENTIN
Pseudonym von → Will Tremper

PHILIPSEN, PREBEN
* 18.01.1910,
eigentlicher Name: Constantin Preben Philipsen
Dänischer Filmproduzent, Theaterbesitzer, Verleiher und Pelzhändler. Als Sohn des dänischen Film- und Kinopioniers Constantin Phi-

**Preben
Philipsen**

lipsen begann Preben Philipsen seine Filmlaufbahn 1926 mit einem Studium in Liège, Belgien. Bei der UFA in Berlin und den Pathé-Studios in Paris sowie durch Studienreisen in die europäischen Großstädte rundete er seine Ausbildung ab. 1933 eröffnete Philipsen in Dänemark die Filmverleihgesellschaft A/S Constantin Films. Am 01.04.1950 gründete er zusammen mit → Waldfried Barthel die → Constantin Film, am 18.08.1960 zusammen mit → Franz Sulley in Frankfurt/M. die Rialto Film Preben Philipsen Film- und Fernsehproduktion GmbH (→ Rialto Film). Waldfried Barthel konnte ihn überzeugen, in den dänischen → Palladium Studios den Wallace-Roman → *Der Frosch mit der Maske* (1959) zu verfilmen. Philipsens internationale Verbindungen machten es ihm leicht, die Exklusivrechte an den Wallace-Romanen von dessen in London lebender Tochter → Penelope Wallace zu erwerben. Nach dem Erfolg mit den Wallace-Filmen kaufte Philipsen von Waldfried Barthel Anfang 1960 die → Prisma Film und setzte → Horst Wendlandt nach dem Ausscheiden von → Helmut Beck als Produktionschef ein. Nach Verkauf von Franz Sulleys Anteilen der Rialto Film an Philipsen wurde Horst Wendlandt Geschäftsführer und später Partner von Philipsen. 1965 wurde Philipsen Mitbegründer der Rialto Filmkunst GmbH, die zwei Jahre später in Tobis Filmkunst GmbH umbenannt wurde. Auch diesen Verleih versorgte Philipsen durch seine internationalen Kontakte mit Erfolgsfilmen wie *Der große Blonde mit dem schwarzen Schuh* (1972). Ende der 70er Jahre zog sich Philipsen aus dem deutschen Filmgeschäft zurück und verkaufte seine Geschäftsanteile an Rialto Film und Tobis Filmkunst an Horst Wendlandt.

– Im Nebenberuf war Philipsen Pelzhändler und in dieser Eigenschaft Hoflieferant des dänischen Königshauses.
Weitere Filme (als Produzent): *Für Zwei Groschen Zärtlichkeit* (1957), *Das kann doch einen Seemann nicht erschüttern* (1958), *Der Mann, der nicht nein sagen konnte* (1958), *Unser Haus in Kamerun* (1961), *Ich bin auch nur eine Frau* (1962), *Der Schatz im Silbersee* (1962).

PICCADILLY CIRCUS
Die Londoner nennen ihr Wahrzeichen »the hub of the world«. Hier treffen fünf Hauptstraßen zusammen. Durch die umliegenden Nachtlokale und großen Kinokomplexe ist es das Herz der Vergnügungswelt im West End. Auf dem Platz erhebt sich das Shaftsbury-Denkmal (volkstümlich: »Eros-Brunnen«), zum Gedenken an den Philanthropen Earl of Shaftsbury von Sir Alfred Gilbert in Aluminium gegossen. Als stimmungsvolle Kulisse mit hohem Wiedererkennungswert fungiert der Piccadilly Circus in den Wallace-Filmen → *Das Geheimnis der gelben Narzissen* (1961), → *Im Banne des Unheimlichen* (1968) und → *Die Tote aus der Themse* (1971).

PICHEL, IRVING
→ Regisseure

PIERITZ, KURD
* 20.06.1918 Greifswald
Deutscher Schauspieler. Er hatte in sieben Wallace-Filmen meist nur kurze Auftritte: als Smooth in → *Der schwarze Abt* (1963), als Inspektor Terrence in → *Zimmer 13* (1963), als Cyril in → *Die Gruft mit dem Rätselschloß* (1964), als Mann auf dem Friedhof in → *Der Hexer* (1964), als Monsieur d'Arol in → *Der unheimliche Mönch* (1965), als Edward Baldwin in → *Der Hund von Blackwood Castle* (1967) und als Jefferson in → *Der Mann mit dem Glasauge* (1968). Nach Entlassung aus der Kriegsgefangenschaft erlernte er in Düsseldorf unter Gustaf Gründgens seinen Beruf und debütierte 1950 in Rheydt. Weitere Theaterstationen waren Würzburg, Braunschweig, Wiesbaden und Darmstadt. Anfang der 60er Jahre ließ sich Pieritz in Berlin nieder und arbeitete fortan als freier Schauspieler. Er spielte an verschiedenen Bühnen und übernahm im Film markante Nebenrollen.

Weitere Filme (Auswahl): *Division Branden-burg* (1960), *Auf Wiedersehen* (1961), *Der Transport* (1961), *Unter Ausschluß der Öffent-lichkeit* (1961), *Die unsichtbaren Krallen des Dr. Mabuse* (1962), *Das Ungeheuer von Lon-don City* (1964), *Mordnacht in Manhattan* (1965), *Liebesnächte in der Taiga* (1967).

PINDER, GEORGE
(Lebensdaten unbekannt)
Sergeant der britischen Armee. Vorgesetzter von Edgar Wallace beim Sanitärcorps in Si-monstown (→ Militär).

PITTACK, ROBERT
→ Kameramänner

PLANER, FRANZ
→ Kameramänner

PLANETOID 127
→ **Kriminalkurzroman.** *Originalausgabe: Rea-ders Library, London 1929. Deutsche Erstver-öffentlichung (innerhalb der Sammlung → Das*

Juwel aus Paris): Planetoid 127. Übersetzung: Tony Westermayr. Wilhelm Goldmann Verlag, München 1952.
Inhalt: Chap West, seine Schwester Susan und Tim Leonard, drei Studenten, haben einen Ter-min bei dem sonderbaren Professor Colson. An seiner Tür findet sich anstelle eines Namens die Bezeichnung Planetoid 127. Hierfür gibt der Professor eine kaum verständliche Erklärung. Als die Studenten dann mit eigenen Ohren ei-ne Nachricht hören, die von einer 299 Millio-nen Kilometer entfernten Station kommt, sind auch sie mehr als verblüfft.

PLATZ UND SIEG
→ THE CALENDAR

PLAYBACK
(Dein Freund der Mörder)
Kinofilm. *England 1962. Produktion: Merton Park. Produzent: Jack Greenwood. Regie: Quen-tin Lawrence. Buch: Robert Stewart frei nach Edgar Wallace. Kamera: Bert Mason. Musik: Bernard Ebbinghouse. Bauten: Peter Mullins.*

Playback: **Margit Saad, Barry Foster**

Ton: Brian Blamey. Schnitt: Derek Holding. Darsteller: Margit Saad (Lisa Shillack), Barry Foster (Dave Hollis), Victor Platt (Inspektor Gorman), Dinsdale Landen (Joe Ross), George Pravda (Simon Shillack), Nigel Green (Ralph Monk), Jerold Wells (Inspektor Parkes), Grace Arnold (Miss Wilson). Länge: 62 Minuten.

Inhalt: In einer Notsituation wendet sich die junge, reiche, verheiratete Lisa Shillack an den Polizisten Dave Hollis. Der erliegt ganz ihrem Charme, und es entwickelt sich eine heftige Liaison. Da Lisas Mann den beiden im Wege steht, will sie, daß Holly ihn ermordet. Der ist entsetzt, läßt sich aber trotzdem darauf ein, da er wegen hoher Spielschulden in der Klemme sitzt. Nach dem Mord muß Holly erkennen, daß er von Lisa nur benutzt wurde. Als Alleinschuldiger wird er verhaftet, verurteilt und ins Gefängnis gesteckt. Kurze Zeit später kann er jedoch ausbrechen und sich vor seinen Verfolgern verstecken. Voller Haß hat er nur den Gedanken, sich an Lisa zu rächen. Nach vollbrachter Tat wird er erneut verhaftet und diesmal zum Tode verurteilt.

Kritik zum Film: »Diese Biographie des Abstiegs eines ehrgeizigen und gewissenhaften jungen Polizeibeamten ist zu leicht vorauszusehen und läßt die Handschrift von Edgar Wallace vermissen (es muß sich dabei wirklich um eine unbedeutende und wenig bekannte Arbeit handeln). Es wird zwar zügig gespielt, der Film ist aber wenig überzeugend und ragt höchstens als einer der erfolglosesten der ganzen Serie heraus.« (Monthly Film Bulletin, 11/1962)

Anmerkung: Der Film wurde in Deutschland als Doppelprogramm zusammen mit → *The Share out* unter dem Obertitel → *Die Rache des Mörders* gezeigt.

Eric Pohlmann

POGANY, GABOR
* 24.12.1915 Budapest

Kameramann. Er fotografierte → *Das Gesicht im Dunkeln* (1969). Pogany ging früh nach London, wo der ebenfalls aus Ungarn stammende Produzent → Alexander Korda auf ihn aufmerksam wurde. Nach zahlreichen Kameraarbeiten ging er 1937 vorübergehend nach Italien und nahm dort ab 1952 seinen festen Wohnsitz.

Weitere Arbeiten als Kameramann (Auswahl): *Spartacus, der Rebell von Rom* (1952), *London ruft Nordpol* (1956), *Halb elf in einer Sommernacht* (1966), *Doctor Faustus* (1967), *Buona Sera, Mrs. Campbell* (1968), *Monte Carlo Rallye* (1969), *Das Wespennest* (1970), *Valdez* (1971), *Blaubart* (1972), *Pink Floyd: Live at Pompeii* (1972), *Zwei Missionare* (1974), *Kaliber 38* (1976).

POHLMANN, ERIC
* 18.07.1913 Wien,
† 25.07.1979 Bad Reichenhall

Österreichischer Schauspieler. Er verkörperte den Gangsterboß Kirkie Minelli in → *Das Rätsel der roten Orchidee* (1961/62).

Pohlmann war Schüler von Max Reinhardt. Er ging 1938 nach Großbritannien und nahm seinen Wohnsitz in London. Man sah ihn in vielen Film- und Fernsehrollen als schmierigen Intriganten, eiskalten Gauner oder edlen Lord. Auf vielen Bühnen fühlte er sich zu Hause, so an der Freien Volksbühne Berlin, wo er in Horváths *Italienische Nacht* mitwirkte. In den Originalfassungen von *Liebesgrüße aus Moskau* (1963) und *Feuerball* (1965) war Pohlmann die »Stimme« von Blofeld, dem Chef von Spectre.

Weitere Filme (Auswahl): *Der dritte Mann* (1949), *Mogambo* (1953), *55 Tage in Peking* (1963), *Die tollkühnen Männer in ihren fliegenden Kisten* (1965), *Salto Mortale* (TV-Serie, 1968), *Die Frau in Weiß* (TV, 1971), *Die Rückkehr des rosaroten Panther* (1975), *Auch Mimosen wollen blühen* (1975), *Geschichten aus dem Wienerwald* (1979).

POLITIK
1931 ließ Wallace sich überreden, für die Liberalen in Blackpool zu kandidieren. Nach dem

Motto, daß dies eine gute Publicity für ihn sei, zog er in den Wahlkampf, obwohl er keine Gewinnchancen hatte. Immerhin erhielt er mehr Stimmen als erwartet, was einen Achtungserfolg für ihn bedeutete. Er konnte, wie immer in seinem Leben, eine Niederlage als Triumph interpretieren.

POLIZEISPITZEL VON CHICAGO, DER
→ THE GREEN ARCHER (FILM I)

PORTE AUX SEPT SERRURES, LA
Französischer Titel der Co-Produktion → *Die Tür mit den 7 Schlössern*

PRELLER, DER (BUCH)
→ THE MIXER

PRELLER, DER (FERNSEHEN)
→ THE MIXER

PRESSE CLUB
Wallace war Mitgründer des Londoner Presseclubs und für einige Zeit (1923/24) deren Vorsitzender. 1923 führte er das Derby-Lunch ein, das am Montag vor dem alljährlichen großen Derby stattfinden sollte. Auch nach seinem Ausscheiden als Vorsitzender präsidierte Wallace bis zu seinem Tod jedes Jahr bei diesem Essen.

PRE-TITELSEQUENZ
Kurze Einführungssequenz eines Films, um bereits vor dem Beginn der Handlung Spannung im Publikum aufkommen zu lassen. Mit Ausnahme von → *Die seltsame Gräfin* (1961), → *Das Geheimnis der weißen Nonne* (1966) und *Der Mann mit dem Glasauge* (1968) finden sich Eröffnungssequenzen in allen Filmen der deutschen Wallace-Serie. Bei Fernsehaufführungen wurden bis 2001 diese Sequenzen oftmals abgeschnitten (→ *Neues vom Hexer*).

PREVIN, CHARLES
→ Komponisten

PRINCE GABBY
(Prinz Gabby)
Kurzfilm. *USA 1929. Produktion: Coronet Comedies. Produzent: E. W. Hammons. Regie: Leslie Pearce. Buch: Edgar Wallace. Hauptdarstel-*

ler. *Edward Everett Horton. Länge: 19 Minuten.*
Inhalt: Eine ebenso heitere wie belanglose Kurzkomödie.

PRISMA FILMVERLEIH

Deutsche Verleihfirma, die die drei Wallace-Filme → *Der rote Kreis* (1959), → *Die toten Augen von London* (1961) und → *Das Geheimnis der gelben Narzissen* (1961) auf den Markt brachte. In Neustadt a. d. W. wurde der Prisma Filmverleih im Herbst 1948 unter Leitung des französischen Hoheitsoffiziers Marcel Colin-Reval gegründet. Die Firma, deren Arbeit zunächst auf die damalige französische Zone beschränkt war, brachte eine Reihe deutscher und ausländischer Filme heraus. Im Rahmen ihrer Weiterentwicklung verlegte sie ihren Hauptsitz im Sommer 1949 nach Frankfurt/M. → Franz Sulley war seit 1949 Firmenchef und alleiniger Geschäftsführer der Prisma, die er Anfang der 50er Jahre vollständig erwarb. Nach schweren Zeiten wurde die Firma 1958 von → Waldfried Barthel erworben, wobei Franz Sulley Geschäftsführer blieb. Nach erfolgreicher Entwicklung verkaufte Barthel die Prisma Anfang 1960 an seinen Freund → Preben Philipsen, der → Horst Wendlandt zum Produktionschef des Verleihs ernannte. Da → Gerhard F. Hummel als Produktionschef der → Constantin Film der Prisma nach deren Verkauf keine Edgar-Wallace-Filme mehr abgab, die von Wendlandt geplanten Filmvorhaben sehr kostenintensiv waren (allein der Rolf-Thiele-Film *Man nennt es Amore* [1961] brachte über 500.000 DM Verlust) und andere Filme dem Verleih keinen Erfolg brachten (*Gefährliches Pflaster, Rosemarie G.m.b.H., Kapo*), war ein Verlust voraussehbar. Aus diesem Grunde stellte Philipsen, der im März 1961 sein Amt als Geschäftsführer niederlegte, den Verleih im Sommer 1961 ein. Die Filmauswertung wurde von Constantin Film fortgeführt.
Weitere Filme (Auswahl): *Die Rose von Stambul* (1953), *Der Vetter aus Dingsda* (1953), *Ein Leben für Do* (1954), *Schützenliesel* (1954), *Bonjour, Kathrin* (1955/56), *Liebe, Jazz und Übermut* (1957), *Almenrausch und Edelweiß* (1957), *Wolgaschiffer* (1957), *Das haut einen Seemann doch nicht um* (1958), *Liebe kann wie Gift sein* (1958), *Münchhausen in Afrika* (1958), *Der Sündenbock von Spatzenhausen*

(1958), *Schlagerparade 1960* (1960), *Endstation Rote Laterne* (1960), *Die 1000 Augen des Dr. Mabuse* (1960).

PRISON BREAKERS, THE

Acht Kriminalgeschichten. *Originalausgabe: George Newnes, London 1929.*
Enthält: THE PRISON BREAKERS (bisher nicht übersetzt), FINDINGS ARE KEEPINGS (bisher nicht übersetzt), THE JEWEL BOX (bisher nicht übersetzt), THE UNDISCLOSED CLIENT (*Die Doppelgängerin*, erschienen im Sammelband → *Der sentimentale Mr. Simpson*), VIA MADEIRA (bisher nicht übersetzt), THE COMPLEAT CRIMINAL (*Die Unterschrift*, erschienen im Sammelband → *Das Juwel aus Paris*), REDBEARD (bisher nicht übersetzt), BULFOX ASLEEP (bisher nicht übersetzt).
Inhalt von *The Compleat Criminal*: Felix O'Hara Golbeater kann als Anwalt und Testamentsvollstrecker seit Jahren die Welt des Verbrechens und der kriminalistischen Arbeit studieren. Das bringt ihn auf die Idee, das perfekte Verbrechen zu begehen. Er veruntreut 60.000 Pfund einer verstorbenen Klientin, löscht alle Spuren seiner Identität und beginnt als Franzose Alphonso Didet in einem kleinen englischen Dorf ein neues Leben. Der Zufall will es, daß der dortige Polizei-Sergeant einen schweren Unfall hat. Sein Chef, Inspektor Grayson, startet deshalb eine Geldsammlung und kommt auch an Didets Haustür. Der spendet 50 Francs und unterschreibt auf der Subskriptionsliste. Noch in der gleichen Nacht wird er verhaftet, denn seine Unterschrift lautete nicht Alphonso Didet, sondern Felix O'Hara Golbeater.

PRISON BREAKER
(Ausbrecher)

Kinofilm. *England 1936. Produktion: Columbia British. Produzent: George Smith. Regie: Adrian Brunel. Buch: Frank Witty nach der Kriminalgeschichte The Prison Breakers von Edgar Wallace. Darsteller: James Mason (Bunny Barnes), Andrews Engelman (Stiegelman), Marguerite Allan (Veronica), Ian Fleming (Stephen Shand), George Merritt (Goldring), Wally Patch (Villars), Vincent Holman (Jackman), Andrea Malandrinos (Supello), Tarver Penna (McCallum), Neville Brook (Lord Beldam), Aubrey Mallalieu (Sir Douglas Mergin), Clifford Buck-*

ton, John Counsell, Michael Ripper. Länge: 62 Minuten.

Inhalt: Der international gesuchte Gangster Stiegelman versucht einen politisch brisanten Geheimvertrag in seine Hände zu bekommen. Der Secret Service ist ihm auf der Spur. Der junge Frazer, der ihn beschattet, wird erschossen, als er wichtige Informationen an seinen Kollegen Stephen Shand weitergeben will. Nun wird Bunny Barnes mit dem Fall beauftragt. Stiegelman hat inzwischen den Spieler Goldring, der bei ihm Schulden hat, dazu erpreßt, einen Übergabetermin zu verraten, und kommt so in Besitz des heiklen Schriftstücks. Bunny Barnes gelingt es, bei Stiegelman einzubrechen und den Vertrag wieder an sich zu nehmen. Als er dabei von einem Wächter überrascht wird, erschießt er ihn. Barnes flüchtet in die Wohnung seines Freundes Shand, doch ein Landstreicher hat ihn beobachtet und verständigt die Polizei. Barnes wird verhaftet und zu zehn Jahren Haft verurteilt. Als auch eine Eingabe des Innenministeriums gegen das Urteil nichts nützt, beschließt Shand, seinen Freund auf andere Weise freizubekommen. Er läßt Barnes in ein anderes Gefängnis verlegen, täuscht das Wachpersonal mit einer falschen Uniform, befreit Barnes und verhilft ihm zur Flucht ins Ausland. Stiegelman wird eine Falle gestellt und verhaftet.

Prison Breaker:
Marguerite Allan, Andrews Engelman

Kritik zum Film: »Die Geschichte ist zu verwickelt, als daß es einem erlaubt wäre, sich zurückzulehnen und ihr in aller Gemütlichkeit zu folgen. Der Film strotzt vor Aktion, ... und die wechselnden Schauplätze wirken vollends verwirrend. Das rasche Tempo ist ganz und gar verflochten mit Nervenkitzel, mysteriösen Morden und auch Romantik, nur die Lösung ist etwas schwach und enttäuschend. James Mason, der eine Besetzung von fast fünfzig Schauspielern anführt, verkörpert einen draufgängerischen und unterhaltsamen Barnes, Marguerite Allan als Veronica und Ian Fleming als Stephen Shand porträtieren sympathische Charaktere und geben James Mason die Unterstützung, die er verdient.« (Monthly Film Bulletin)

Anmerkung: Dieser Film wurde in Deutschland nicht aufgeführt.

PRIVATE SELBY

Roman. *Originalausgabe: Ward Lock & Co., London 1912.*

Inhalt: Umfangreiche, spannende Erzählung aus dem Burenkrieg (1899–1902), dessen Zeitzeuge Wallace während seines Südafrika-Aufenthalts geworden war.

Anmerkung: Der Roman wurde bisher nicht ins Deutsche übertragen.

PRODUKTIONSFIRMEN

→ British Lion, → CCC Film, → Gainsborough, → Gaumont, → Lisa Film, → Merton Park, → Rialto Film, → Roxy Film, → Stoll, → Towers of London.

PRODUZENTEN

→ Artur Brauner, → Michael Balcon, → Jack Greenwood, → Alexander Grüter, → Julius Hagen, → Alexander Korda, → Preben Philipsen, → David O. Selznick, → Harry Alan Towers, → Kurt Ulrich, → Luggi Waldleitner, → Horst Wendlandt, → Herbert Wilcox

Neben den oben genannten Produzenten gibt es noch zahlreiche andere, die entweder nur einzelne Wallace-Filme herstellten oder als Co-Produzent fungierten. Sie sollen nachfolgend ebenfalls Erwähnung finden:

• **JOHN ARGYLE,** * 06.03.1911 Staffordshire (England), † Dezember 1962 Salisbury (Rhodesien). Produzent der Wallace-Filme → The Dark Eyes of London (1939) und → The Door with Seven Locks (1940).

- **SAMUEL Z. ARKOFF,** * 12.06.1918 Fort Dodge, Iowa, † 17.09.2001 Burbank, Kalifornien. Co-Produzent von → *Das Rätsel des silbernen Dreieck* (1965/66). Der amerikanische Produzent vermarktete die meisten Co-Produktionen weltweit. Bekannt wurde er vor allem durch seine Zusammenarbeit mit Roger Corman. – **Weitere Filme** (Auswahl): *Der rote Schatten* (1960), *Die Verfluchten* (1960), *Die Stunde, wenn Dracula kommt* (1960), *Das Pendel des Todes* (1961), *Lebendig begraben* (1962), *Der grauenvolle Mr. X* (1962), *Die Folterkammer des Hexenjägers* (1963), *Der Rabe* (1963), *The Terror* (1963), *Das Grab der Lygeia* (1965), *Bloody Mama* (1970), *Das Schreckenskabinett des Dr. Phibes* (1971), *Frogs* (1972), *Slaughter* (1972), *Jagd auf Dillinger* (1973), *Caprona – Das vergessene Land* (1975), *Die Insel der Ungeheuer* (1976), *In der Gewalt der Riesenameisen* (1977), *Die Insel des Dr. Moreau* (1977), *Amityville Horror* (1979), *Dressed to Kill* (1980).
- **IRVING ASHER,** * 16.09.1903 San Francisco, Kalifornien, † 17.03.1985 Indio, Kalifornien. Der vielbeschäftigte Produzent stellte u.a. die Wallace-Filme → *Educated Evans* (1936) und → *Thank Evans* (1938) her.
- **MICHAEL BARRY** (*Lebensdaten unbekannt*). Englischer Produzent. Ließ 1938 die beiden Wallace-TV-Filme → *Smoky Cell* und → *The Case of the Frightened Lady* drehen.
- **SAMUEL BISCHOFF,** * 11.08.1890 Hartford, Connecticut, † 21.05.1975 Hollywood, Kalifornien. Der vielbeschäftigte Bischoff produzierte die Wallace-Verfilmung → *Return of the Terror* (1934). – **Weitere Filme** (Auswahl): *Sumuru* (1927), *Homicide Squad* (1931), *Fargo Express* (1933), *A Study in Scarlet* (1933), *Ein schwerer Junge* (1934), *Der Schrecken der Rennbahn* (1934), *Der Bomber von Kansas-City* (1935), *China Clipper* (1936), *Chicago – Engel mit schmutzigen Gesichtern* (1938), *Vier Leichen auf Abwegen* (1938), *Die wilden Zwanziger* (1939), *Oklahoma Kid* (1939), *Flucht nach Texas* (1941), *Appointment in Berlin* (1943), *Die Bestie von Shanghai* (1947), *Aufruhr in Marokko* (1949), *Macao* (1952), *Flucht aus Shanghai* (1953), *Operation Eichmann* (1961), *Der Würger von Boston* (1966).
- **EDWARD BLACK,** * 18.08.1900 Birmingham, † 30.11.1948 London. Der Produzent der britischen Firma → Gainsborough wurde vor allem durch einige Hitchcock-Filme wie *Jung und unschuldig* (1937) und *Eine Dame verschwindet* (1938) bekannt. Er stellte den Wallace-Afrika-Film → *Old Bones of the River* (1938) her.
- **HAWORTH BROMLEY** (*Lebensdaten unbekannt*). Produzierte die Wallace-Verfilmung → *Strangers on a Honeymoon* (1936), ferner den Streifen *East Meets West* (1936).
- **EMANUEL COHEN,** * 05.08.1892 Hartford, Connecticut, † 09.09.1977 New York. Cohen schuf die Wallace-Verfilmung → *The Girl from Scotland Yard* (1937). – **Weitere Filme** (Auswahl): *Wenn ich eine Million hätte* (1932), *Alles für das Kind* (1933), *Pennies from Heaven* (1936), *Go West Young Man* (1936), *Midnight Madonna* (1937), *Every Day's a Holiday* (1937), *Geächtet* (1937), *Dr. Rhythm* (1938).
- **SIDNEY COLE,** * 31.10.1908 London, † 25.01.1998 London. Cole produzierte die Wallace-Fernsehserie → *The Four Just Men* (1959). – **Weitere Filme** (Auswahl): *Traum ohne Ende* (1946), *Scotts letzte Fahrt* (1949), *Der Mann im weißen Anzug* (1955), *The Adventures of Robin Hood* (TV-Serie, 1955), *The Adventures of Sir Lancelot* (TV-Serie, 1956), *Sword of Freedom* (TV-Serie, 1957), *Das Schwert des Robin Hood* (1960), *Danger Man – Das Syndikat der Grausamen* (TV-Serie, 1966), *Der Mann mit dem Koffer* (TV-Serie, 1967), *Black Beauty* (TV-Serie 1972–74).
- **JOHN CORFIELD,** * 1893, Todesdatum unbekannt. Ließ u.a. den Wallace-Film → *Mr. Reeder in Room 13* (1937) herstellen. – Zusammen mit der exzentrischen Millionärs-Witwe Lady Yule (1874–1950) und Lord Joseph Arthur Rank (1888–1972) gründete Corfield 1934 die Firma British National Films, die einige bedeutende Werke herausbrachte.
- **ANTHONY DARNBOROUGH,** * 06.10.1913 London. Produzierte 1948 den Wallace-Film → *The Calendar.*
- **ANDREAS FALLSCHEER** (*Lebensdaten unbekannt*). Produzent. Der Gründer der Highlight Film Zürich war Co-Produzent der Wallace-Parodie → *Der Wixxer* (2003). – **Weitere Filme** (Auswahl): *Only You* (1992), *McCinsey's Island* (1998).
- **JOHN FRANKAU** (*Lebensdaten unbekannt*).

Produzent und Regisseur. Frankau war Produzent und Co-Regisseur der Wallace-Fernsehserie → *The Mixer* (1992). – **Weitere Arbeiten** als Regisseur (Auswahl): *The Citadel* (TV-Serie, 1960), *Top Secret* (TV-Serie, 1961), *The Master* (TV-Serie, 1966), *The Main Chance* (TV-Serie, 1969), *Mr. Axelford's Angel* (TV, 1974), *The Agatha Christie Hours* (TV-Serie, 1982), *The Brief* (TV-Serie, 1984). Als Produzent war er u.a. verantwortlich für *Mickey Dunne* (TV-Serie, 1967), *The Main Chance* (TV-Serie, 1969) und *Beryl's Lot* (TV-Serie, 1973).

- **VICTOR M. GREENE** (*Lebensdaten unbekannt*). Produzent und Drehbuchautor. Er war Co-Autor und Produzent der Wallace-Verfilmung → *Flying Fifty-Five* (1939).
- **DAVID GROENEWOLD** (*Lebensdaten unbekannt*). Groenewold war Co-Produzent der Wallace-Parodie → *Der Wixxer* (2003). – **Weitere Filme** (Auswahl): *Kubaner küssen besser* (TV, 2002), *Das Jesus-Video* (TV, 2002), *Decode* (2003).
- **E. W. HAMMONS**, * 2.12.1882 Winona, Mississippi, † 31.07.1962 New Rochelle, New York. Hammons produzierte die Wallace-Komödie → *Prince Gabby* (1929). – **Weitere Filme** (Auswahl): *Ride on a Runaway Train* (1921), *Felix the Cat Trips Thru Toyland* (1925), *Felix the Cat Shatters the Sheik* (1926), *Good Medicine* (1929), *Those We Love* (1932), *The Crooked Circle* (1932), *Hypnotized* (1932), *The Brain Busters* (1936), *Dates and Nuts* (1937), *Love and Onions* (1938).
- **M. H. HOFFMAN**, * 21.03 1881 Chicago, † 08.03.1944 Los Angeles. Hoffmann schuf die Wallace-Verfilmung → *Born to Gamble* (1935). – **Weitere Filme** (Auswahl): *The Drums of Jeopardy* (1923), *Forgotten Women* (1931), *Officer Thirteen* (1932), *Guilty or Not Guilty* (1932), *The Thirteenth Guest* (1932), *The Boiling Point* (1932), *Vanity Fair* (1932), *One Year Later* (1933), *The Eleventh Commandment* (1933), *The Intruder* (1933), *Two Heads on a Pillow* (1934), *Take the Stand* (1934), *Once to Every Bachelor* (1934), *Picture Brides* (1934), *Forced Landing* (1935), *The Spanish Cape Mystery* (1935), *The Old Homestead* (1935), *Without Children* (1935), *Sweepstakes Annie* (1935), *Boots of Destiny* (1937), *Trailin' Trouble* (1937), *King of the Sierras* (1938).

- **CHRISTOPHER HODSON** (*Lebensdaten unbekannt*). Hodson war Co-Regisseur der Wallace-Fernsehserie → *The Mixer* (1992). – **Weitere Arbeiten** als Regisseur (Auswahl): *Educating Archie* (TV-Serie, 1958), *Mr. Digby Darling* (TV-Serie, 1969), *Das Haus am Eaton Place* (TV-Serie, 1972–75), *The Marquise* (TV, 1980), *Chockey* (TV-Serie, 1984), *Lord Peter Wimsey* (TV, 1987).
- **JUD KINBERG** (*Lebensdaten unbekannt*). Kinberg produzierte die Wallace-Fernsehserie → *The Four Just Men* (1959). – **Weitere Filme** (Auswahl): *Die Intriganten* (1954), *Vincent van Gogh – Ein Leben in Leidenschaft* (1956), *Das Schloß im Schatten* (1956), *Die Verlorenen* (1956), *Das Schwert des Königs* (1963), *Der Fänger* (1966), *Die Meute* (1967), *Teuflische Spiele* (1968), *Quincy* (TV-Serie, 1976), *Kane & Abel* (TV-Serie, 1985), *Gebot des Schweigens* (TV, 1988), *Jagt den Killer* (TV, 1992).
- **PAUL MALVERN**, * 28.06.1902 Portland, Oregon, † 29.05.1993 North Hollywood, Kalifornien. Der vielbeschäftigte Malvern produzierte die Wallace-Verfilmung → *Mystery Liner* (1934). – **Weitere Filme** (Auswahl): *Land ohne Gesetz* (1934), *Gier nach Gold* (1934), *Monte Carlo Nights* (1934), *Tal der Angst* (1935), *Flammende Grenze* (1935), *Westwärts!* (1935), *Feuerwasser und frische Blüten* (1935), *Reiter in der Dämmerung* (1935), *Im Tal des Regenbogens* (1935), *Abenteuer in Texas* (1935), *Land der Zukunft* (1936), *Faustrecht am Rio Grande* (1937), *Wasser für Arizona* (1939), *The Phantom Stage* (1939), *Phantom of Chinatown* (1940), *Ali Baba und die vierzig Räuber* (1944), *House of Dracula* (1945), *Sudan* (1945), *Tanger, Stadt der 7 Sünden* (1946), *Die Piraten von Monterey* (1947), *Mississippi-Express* (1950).
- **JOHN MAXWELL**, * 11.03.1906 (*ohne Angabe*), † 18.07.1982 (*ohne Angabe*). Maxwell schuf die Wallace-Verfilmung → *The Yellow Mask* (1930). – **Weitere Filme** (Auswahl): *The Woman Tempted* (1926), *Der Weltmeister* (1927), *Champagne* (1928), *Atlantic* (1929), *The Manxman* (1929), *Erpressung* (1929), *Juno and the Paycock* (1930), *Song of Soho* (1930), *Mord – Sir John greift ein!* (1930), *Man From Chicago* (1930), *Bis aufs Messer* (1931), *The Wife's Family* (1931), *The Woman Between* (1931), *Nummer siebzehn*

(1932), *Endlich sind wir reich* (1932), *Facing the Music* (1933), *The Song You Gave Me* (1933), *On Secret Service* (1936).

- **CEDRIC MESSINA,** * *(ohne Angabe)*, † *30.04. 1993 (ohne Angabe)*. Der englische Produzent brachte den Wallace-TV-Film → *The Case of the Frightened Lady* (1983) heraus.
- **ROYSTON MORLEY,** * *(ohne Angabe)*, † *14.10.1991 (ohne Angabe)*. Er produzierte die beiden Wallace-TV-Filme → *The Ringer* und → *On the Spot* (beide 1938) und führte 1961 Regie bei der → Merton-Park-Produktion → *Attempt to Kill* (1961). – **Weitere Filme** (Auswahl): *Richard II.* (TV, 1950), *Henry V.* (1951).
- **WALTER V. MYCROFT,** * *1891 (ohne Angabe)*, † *14.06.1959 (ohne Angabe)*. Bedeutender Produzent des frühen Tonfilms der 30er und 40er Jahre, der gelegentlich auch Drehbücher schrieb und Regie führte. Er war verantwortlich für die Wallace-Verfilmungen → *The Flying Squad* (1940) und → *The Terror* (1938) sowie Co-Drehbuchautor bei → *The Yellow Mask* (1930).
- **SAM NELSON,** * *11.05.1896 Whittier, Kalifornien,* † *01.05.1963 Hollywood, Kalifornien.* Regisseur, Drehbuchautor, Darsteller und Produzent. Er ließ den Wallace-Film → *The Menace* (1932) herstellen.
- **STEVEN PALLOS,** * *1902* (ohne nähere Angabe), *Österreich/Ungarn,* † *(ohne Angabe)*. Co-Produzent von → *Das Geheimnis der gelben Narzissen* (1961). – **Weitere Filme** (Auswahl): *Foxhole in Cairo* (1961), *The Hands of Orlac* (1961), *Der Tod hat Verspätung* (1961), *Naked Evil* (1966), *Dolche in der Kasbah* (1966), *Kapitän Nemo* (1969), *To Catch a Spy* (1971).
- **HUGH PERCEVAL** *(Lebensdaten unbekannt)*. Perceval schuf die Wallace-Verfilmungen → *The Jewel* (1933), → *The Missing Million* (1942) und → *The Ringer* (1952). – **Weitere Filme** (Auswahl): *After Dark* (1932), *Death at Broadcasting House* (1934), *The House of the Spaniard* (1936), *Dangerous Secrets* (1937), *Der dritte Mann* (1949), *An einem Montag wie jeder andere* (1952), *Der Verdammte der Inseln* (1952), *Gefährlicher Urlaub* (1953), *Der Mann, der Rothaarige liebte* (1955), *Die Welt der Suzie Wong* (1961), *Ferien mit Papa* (1961), *Die Abrechnung* (1969).
- **LESLIE PARKYN,** * *1918 (ohne Angabe)*, † *1983 London*. Stellte gemeinsam mit Julian Wintle die Wallace-Filme → *The Malpas Mystery* (1960) und → *The Man In the Back Seat* (1960) her.
- **JACK RAYMOND,** * *1886 Wimborne, Dorsetshire (England)*, † *20.03.1953 London; eigentlicher Name: John Caines.* Der vielbeschäftigte → Regisseur arbeitete gelegentlich auch als Produzent. U.a. brachte er die Wallace-Filme → *Chick* (1936) und → *The Mind of Mr. Reeder* (1939) heraus.
- **BARNEY A. SARECKY,** * *07.05.1895 New York*, † *10.08.1968 Los Angeles.* Produzent und Drehbuchautor. Er ließ die Edgar-Wallace-Verfilmung → *The Missing Guest* (1938) herstellen. – **Weitere Filme** (Auswahl): *Tom Mix, der Wunderreiter* (1935), *Flash Gordon's Trip to Mars* (1938), *Buck Rogers* (1939), *Voodoo Man* (1944), *Das Land ohne Gesetz* (1948), *Range Justice* (1949), *Motor Patrol* (1950), *Radar-Geheimpolizei* (1950), *Superman and the Mole Men* (1951). Als Drehbuchautor lieferte er u.a. die Vorlagen für die Filme: *Das Teufelspferd* (1932), *The Lost Jungle* (1934), *Zorro's Fighting Legion* (1939), *Die Rache der kupfernen Schlange* (1940), *Drums of Fu Manchu* (1940), *The Purple Monster Strikes* (1945), *The Phantom Rider* (1946), *Buffalo Bill greift ein* (1947).
- **ANITA SCHNEIDER,** * *(ohne Angabe) Landsberg/Lech.* Sie war Co-Produzentin der Wallace-Parodie → *Der Wixxer* (2003). – **Weitere Filme** (Auswahl): *Kubaner küssen besser* (TV, 2002), *Das Jesus-Video* (TV, 2002), *Alles getürkt!* (TV, 2002), *Decode* (2003).
- **GUIDO SERRA** *(Lebensdaten unbekannt)*. Serra ließ die Wallace-Verfilmung → *The Man Who Bought London* (1916) herstellen.
- **A. GEORGE SMITH** *(Lebensdaten unbekannt)*. Er produzierte den Wallace-Film → *The Feathered Serpent* (1934). – **Weitere Filme** (Auswahl): *Virginia's Husband* (1934), *Vanity* (1935), *A Little Bit of Bluff* (1935), *When the Devil Was Well* (1937), *Pearls Bring Tears* (1937), *Farewell to Cinderella* (1937), *You're the Doctor* (1938), *Paid in Error* (1938), *If I Were Boss* (1938), *Coming of Age* (1938), *Blind Folly* (1939), *His Lordship Goes to Press* (1939).
- **S. W. SMITH** *(Lebensdaten unbekannt)*. Schuf die Wallace-Filme: → *The Clue of the New Pin* (1929), → *The Flying Squad* (1929), → *Should a Doctor Tell?* (1930), → *The Squea-*

ker (1930), → *To Oblige a Lady* (1930), → *The Flying Squad* (1932), → *The Old Man* (1932) und → *The Case of the Frightened Lady* (1940).

- **KARL SPIEHS**, * 20.02.1931 *Blindendorf (Österreich)*. Co-Produzent des Films → *Die Schokoladen-Schnüffler* (1985). Spiehs war 1958–64 Produzent der Wiener Stadthallen Film GmbH, danach der Intercontinental Film Wien (hier brachte er u.a. die Filme *Das Liebeskarussell*, 1965; *Bel Ami 2000*, 1966 und *Maigret und sein größter Fall*, 1966, heraus). 1965 gründete Spiehs die → Lisa Film.
- **CHARLES Q. STEEL** *(Lebensdaten unbekannt)*. Er produzierte den Wallace-Film → *The Missing People* (1940) sowie *You Will Remember* (1941).
- **SIR OSWALD STOLL**, * 1866 *(ohne Angabe)*, † 1942 *(ohne Angabe)*. Der später geadelte Stoll war einer der populärsten britischen Produzenten der Stummfilmzeit. Seine Produktionsfirma stellte einige Wallace-Filme her (→ Stoll). Ferner produzierte er Streifen wie *Das Geheimnis von Dr. Fu Man Chu* (1923) und *Die weiteren Geheimnisse von Dr. Fu Man Chu* (1924).
- **DON(ALD) TAYLOR**, * 22.02.1911 *London*, † 29.12.1998 *Los Angeles*. Der amerikanische Regisseur, Schauspieler und Drehbuchautor war Co-Produzent von → *Das Geheimnis der gelben Narzissen* (1961). – **Weitere Filme** (Auswahl): *Stadt der Toten* (1960), *Foxhole in Cairo* (1961), *The Hands of Orlac* (1961).
- **RICHARD WAINWRIGHT** *(Lebensdaten unbekannt)*. Wainwright produzierte die Wallace-Verfilmungen → *The Crimson Circle* (1936) und *Kate Plus Ten* (1938). – **Weitere Filme** (Auswahl): *Forbidden Territory* (1934), *Emil und die Detektive* (1935), *Secret of Stamboul* (1936), *School for Husbands* (1937), *Die Rivalin* (1949).
- **IAN WARREN** *(Lebensdaten unbekannt)*. Als Mitinhaber der Rialto Film Preben Philipsen Ltd. in London war er für die Realisierung des Projekts → *Das Geheimnis der weißen Nonne* (1966) verantwortlich. Koordinierte bereits 1964 für die → Rialto den Film → *Das Verrätertor*. Er versuchte vergeblich, weitere Rialto-Projekte zu realisieren, etwa *Abd El Kader, Der Mann, der Sherlock Holmes war* oder *Der Hund von Baskerville*.

- **HERIBERT WENK** *(Lebensdaten unbekannt)*. Wenk war ausführender Produzent der Wallace-Verfilmung → *Das Geheimnis von Lismore Castle* (1985). – **Weitere Filme** (Auswahl): *Begegnung im Herbst* (TV, 1977), *Teegebäck und Platzpatronen* (TV, 1980), *Sonny Boys* (TV, 1982), *Der Raub der Sabinerinnen* (TV, 1983), *Wie war das damals* (TV, 1983), *Der Besuch* (TV, 1984), *Ein Mann ist soeben erschossen worden* (TV, 1985), *Grenzenloses Himmelblau* (TV, 1985), *Kein Alibi für eine Leiche* (TV, 1986), *Flohr und die Traumfrau* (TV, 1987), *Der Fälscher* (TV, 1987), *Dies Bildnis ist zum Morden schön* (TV, 1987), *Tagebuch für einen Mörder* (TV, 1988).
- **JULIAN WINTLE**, * 1913 *(ohne Angabe)*, † 1980 *(ohne Angabe)*. Wintle wurde vor allem durch die Krimiserie *Mit Schirm, Charme und Melone* (1961–67) berühmt. Gemeinsam mit seinem Kollegen Leslie Parkyn produzierte er die Wallace-Filme → *The Malpas Mystery* (1960) und → *The Man In the Back Seat* (1960).

PROJEKTE

Nicht selten wurden Wallace-Filme angekündigt, die nie das Licht eines Projektors erblickten, und Drehbücher geschrieben, die keine Verwendung fanden. Zu diesen Projekten gehören → *Der leuchtende Schlüssel* und → *Das Verrätertor* (von → Johannes Kai), → *Der unheimliche Mönch* (von → Harald G. Petersson), → *Der Gorilla von Soho* (von → Alex Berg), → *Der Engel des Schreckens* (von → Paul Hengge), → *Der grüne Brand* und → *Im Banne des Unheimlichen* (von → Franz Joseph Gottlieb) sowie → *Terror Keep* (von Brian Clemens). Ebenfalls nicht realisiert wurden bisher: *Die vier Gerechten* (nach einem Entwurf von → Egon Eis), *Der Engel des Schreckens* (von → Andreas Neumann), → *Der Dieb in der Nacht*, → *Der Engel des Schreckens*, → *Der leuchtende Schlüssel*, → *Die Melodie des Todes* (von → Florian Pauer), → *Die Nacht der Mönche* (von Simone Borowiak), → *Das kalte Auge* und → *Das letzte Mahl* (von Hans Kantereit und Axel Marquardt), → *Der Fluch der Pumas* (von Achim Zons und Uwe Petzold), *Bei den drei Eichen, Das Gesicht im Dunkel, Der Engel des Schreckens* und *The Terror* (von Joachim Kramp), *Bei den drei Eichen, Der Unheimliche* (Thomas Götz). Die Firma → GHP Film in Villach, die etliche Filme nach Wallace produzierte, kündigte ebenfalls bisher nicht realisierte Projekte an: → *Der Hund von Blackwood Castle* und → *Die weiße Hand – 4.Teil: Die Wahrheit.*

PROMINENTE EDGAR-WALLACE-FANS
Zu den bekennenden Wallace-Fans zählen → Konrad Adenauer, G. H. Chesterton, Heinrich Mann, → Graham Greene, Gregor Gysi, → Otto Waalkes.

PÜTSCH, FRIEDRICH (FRITZ)
(Lebensdaten unbekannt).
Pütsch gilt neben → Karl Döhring und → Richard Küas als bedeutendster Wallace-Übersetzer im Hause → Goldmann. Er übertrug die Werke: → *The Ringer* (*Der Hexer*, 1926), → *The Three Just Men* (*Die Drei Gerechten*, 1927), → *Terror Keep* (*John Flack*, 1928), → *The Crimson Circle* (*Der rote Kreis*, 1929), → *The Dark Eyes of London* (*Die toten Augen von London*, 1929), → *The Gunner* (*Hands up!*), 1929), → *The Mind of Mr. J. G. Reeder* (*Der sechste Sinn des Mr. Reeder*, 1930), → *The Admirable Carfew* (*Mr. Sorgenfrei*, 1931), → *Again the Three* (*Das silberne Dreieck*, 1931), → *The Angel of Terror* (*Der Engel des Schreckens*, 1933), → *Again the Ringer* (*Neues vom Hexer*, 1938) und → *The Fourth Plague* (*Die vierte Plage*, 1939). Darüber hinaus war Pütsch verantwortlicher Redakteur des kurzlebigen Periodikums → *Das Kriminalmagazin* (1929–31).

PYRAH, ALAN
→ Kameramänner

QUALITÄT
Die ersten Filme der deutschen Wallace-Serie aus den 50er und 60er Jahren sind nach Meinung vieler Experten wohl die besten Verfilmungen. Speziell ein ironischer Witz, der in erfrischender Weise mit der Spannung kontrastiert, prägte diese Werke.

QUATSCH
Dafür war im Film vor allem → Eddi Arent zuständig, der als »Blödler vom Dienst« mehr oder weniger witzige Einlagen nicht zu kurz kommen ließ. → Parodie.

QUEEN OF CRIME
→ KATE PLUS TEN (FILM)

QUELQU'UN A TUÉ
(Einer hat getötet)
Kriminalfilm. *Frankreich 1933. Produktion: Forrester-Parant. Produzent: André Parant. Regie: Jack Forrester. Nach dem Roman The Frightened Lady von Edgar Wallace. Kamera: Roger Hubert, Raoul Aubourdier. Musik: Carl Tucker. Ton: Marcel Courmes. Schnitt: Bella Schiffrin. Darsteller: André Burgère (William Lamberton), Marcelle Géniat (Lady Lamberton), Pierre Magnier (Inspektor Tanner), Claude May (Blanche Craven), Raymond Corty (Sergeant Totty), Rolla Norman (Ferraby), Henry Valbel (Dr. Anderson), Andrew Engelmann (Brades), Gaston Modot (Gilder). Arbeitstitel des Films: Le château de la terreur, Le secret de vieux prière, La jeune fille effragée. Länge: 90 Minuten.*
Inhalt: Im Schloß der Lambertons wird ein Hausangestellter ermordet. Scotland Yard unter Leitung von Inspektor Tanner entlarvt nicht nur den Täter, sondern kommt auch den wahren Hintergründen des Verbrechens auf die Spur.
Anmerkungen: Einer der beiden nur in → Frankreich gedrehten Wallace-Filme. – Dieser Streifen wurde in Deutschland nicht aufgeführt.

QUINN, ANTHONY
→ Darsteller

R

back (*Dein Freund der Mörder*). Sie wurden am 09.05.1963 von der FSK ab 16 Jahren freigegeben. Gesamtlänge: 122 Minuten (= 3345 m).

RÄCHER, DER (BUCH)
→ THE AVENGER

RÄCHER, DER (FILM)
Kinofilm. *Bundesrepublik Deutschland 1960. Regie: Karl Anton. Regieassistenz: Alexander Ebermeyer von Richthofen. Drehbuch: Gustav Kampendonk und Rudolph Cartier (d.i. Rudolf Katscher) nach dem Roman The Avenger von Edgar Wallace. Kamera: Willi Sohm. Kameraassistenz: Michael Horoschenko, Hannes Fuchs. Schnitt: Walter Bohnhorst. Schnittassistenz: Aribert Geier, Sigrid Becker. Ton: Erwin Jenewein. Bauten: Willi A. Herrmann, Kurt Stallmach. Requisiten: Günter Beer, Günter Franke, Bernard Schabel. Musik: Peter Sandloff. Kostüme: Trude Ulrich. Garderobe: Kurt Sabonia, Elisabeth Massary, Edith Münch. Masken: Freddy Arnhold, Hertha Schwarz, Irmgard Förster. Aufnahmeleitung: Heinz Jungmann, Hanns Stani. Geschäftsführung: Hilde Samson. Standfotos: Lothar Winkler, Michael Marzalek, Paul Filipp.*

RACHE DES MÖRDERS, DIE
(Scotland Yard Takes Its Revenge)
Der Rank-Filmverleih (Hamburg) brachte unter diesem Titel zwei → Merton-Park-Produktionen in die deutschen Filmtheater: → *The Share out* (*Sterben müssen sie alle*) und → *Play-*

Presse: Günther Raguse. Produktionsleitung: Hans Lehmann. Produktionsassistent: Peter Hahne. Herstellungsleitung: Heinz Willeg. Produktion: Kurt Ulrich Film GmbH, Berlin (West). Produzent: Kurt Ulrich. Drehzeit: 31.05. – 20. 06.1960. Atelier: ARRI Film, München. Außenaufnahmen: London, Berlin. Erst-Verleih: Europa Film, Hamburg. Länge: 100 Minuten (2725 m). Format: 35 mm; s/w; 1:1.66. FSK: 02.08.1960 (23011); 16 nf. Uraufführung: 05.08.1960, Turm-Palast Frankfurt/M. TV-Erstsendung: 25.04.1992 SAT 1. Darsteller: Heinz Drache (Michael Brixan), Ina Duscha (Ruth Sanders), Ludwig Linkmann (Henry Longvale), Ingrid van Bergen (Stella Mendoza), Benno Sterzenbach (Sir Gregory Penn), Klaus Kinski (Lorenz Voss), Siegfried Schürenberg (Major Staines), Rainer Brandt (Reggie Conolly), Al Hoosmann (Kammerdiener Bhag), Friedrich Schoenfelder (Regisseur Jackson), Maria Litto (Tänzerin), Franz-Otto Krüger (Regieassistent), Rainer Penkert (Kameramann), Albert Bessler (Zeitungsmann).

Inhalt: In London und Umgebung treibt ein Massenmörder sein Unwesen. Er trennt seinen Opfern die Köpfe vom Rumpf und verschickt sie mit einem Begleitzettel im Karton. Bei allen Opfern handelt es sich um Kriminelle oder um Verdächtige, denen die staatliche Justiz bislang nichts nachweisen konnte. Gegen diesen »Wohltäter« – so sind die Begleitzettel unterzeichnet – setzt das Foreign Office einen Detektiv ein. Er beginnt seine Ermittlungen in der Kleinstadt Winchester bei den Mitarbeitern einer Filmproduktion, die in der Nähe eines alten Schlosses Außenaufnahmen drehen. Besonders verdächtig macht sich der Schloßherr. Dieser hat sich aus überseeischen Kolonien einen riesenhaften, primitiven Eingeborenen und eine hübsche Malaiin mitgebracht. Der Detektiv ist bald mit seinem Scharfsinn am Ende. Doch kommt ihm der Zufall zu Hilfe. In unheimlichen Kellergewölben, in denen überall Leichenteile herumliegen, gerät er gemeinsam mit einer jungen Filmschauspielerin fast unter die Guillotine des entlarvten Mörders. Der eifert

Der Rächer: **Heinz Drache (oben)**

Der Rächer: 1. Klaus Kinski, Rainer Brandt, Ingrid van Bergen • 2. Al Hoosmann, Ina Duscha • 3. Benno Sterzenbach, Heinz Drache • 4. Al Hoosmann • 5. Ina Duscha, Regisseur Karl Anton, Kamermann Willi Sohm und Assistent

seinem Urahn, einem Henker, nach und köpft jeden, der es seiner Meinung nach verdient. Ausgerechnet der Eingeborene rettet die beiden aus ihrer lebensgefährlichen Situation.

Kritiken zum Film: »Von jener Erzähltechnik des Meisters mit der ellenlangen Zigarettenspitze, der Handlung bewußt Irrlichter aufzusetzen, statt psychologischer Differenzierungen originelle Typen zu zeichnen und mit einer überraschenden ›Pointe‹ den Leser zu verblüffen, ist nichts geblieben. Statt dessen: staubtrockene Dialoge, synthetisches Gruseln oder vorgefaßtes Nierentisch-Gehabe. Lächerlich, wenn am Rande ein Filmteam karikiert wird, so dürfte es allenfalls hier bei den Dreharbeiten zugegangen sein. Und leider: Es ist unmöglich, von diesem Film gefesselt zu sein.« *(Hannoversche Presse, 24.08.1960)* »Liegt es am Thema oder am Drehbuch, liegt's an der Regie (Karl Anton) oder an Wallace? – der ›Rächer‹ jedenfalls gruselt nicht mehr als das Pappdeckelgespenst in der Geisterbahn, und kriminalöse Spannung wird von jedem Halbstarken, der mit dem Moped um die Ecke fährt, besser ›dargestellt‹.« *(Abendpost, Frankfurt/M., 11.08. 1960)*

Fazit: Deutscher Wallace in den Kinderschuhen.

RAHL, MADY

* 03.01.1915 Leipzig; eigentlicher Name: Edith Gertrud Meta Raschke

Deutsche Schauspielerin. Sie verkörperte Marjorie Wells in → *Der Fälscher von London* (1961) und Catherine Wilson in → *Der Hund von Blackwood Castle* (1967). Noch während ihrer Schulzeit übernahm sie ein Bühnenengagement am Alten Theater in Leipzig. Um ihre Ausbildung zu finanzieren, arbeitete sie als Sekretärin. Zum Film kam sie 1936, als Hans H. Zerlett *Truxa* drehte. Seitdem vernachlässigte sie das Theater und war in rund 60 Filmrollen zu sehen. Nach dem Zweiten Weltkrieg legte sie sich hauptsächlich auf Bühnenarbeit an der Kleinen Komödie München fest, mit der sie auch auf Tournee ging. 1992 trat sie bei *Boulevard Bio* auf. Die dreimal geschiedene Schauspielerin lebt heute zurückgezogen in München. – Ein Hauch von Noblesse machte Mady Rahl unwiderstehlich. Ob als Dame in Schwarz, Gefangene der Liebe oder als Zeugin der Anklage – hinter der Gelassenheit, die sie in ihren Rollen als große, befehlsgewohnte Dame ausstrahlte, spürte man stets tiefe seelische Abgründe.

Weitere Filme (Auswahl): *Zu neuen Ufern* (1937), *Die lustigen Vagabunden* (1940), *Drei vom Varieté* (1954), *K. und K. Feldmarschall* (1956), *Haie und kleine Fische* (1957), *Das Herz von St. Pauli* (1957), *Immer die Radfahrer* (1958), *Der Greifer* (1958), *Das Mädchen mit den Katzenaugen* (1958), *Nacht fiel über Gotenhafen* (1959), *Ein Tag, der nie zu Ende geht* (1959), *Die weiße Spinne* (1963), *Stahlnetz: Das Haus an der Stör* (TV, 1963), *Die große Kür* (1964), *Liebesgrüße aus Tirol* (1964), *Tim Frazer jagt den geheimnisvollen Mr. X* (1964), *Das Wirtshaus von Dartmoor* (1964), *Venus im Pelz* (1969), *Karl May* (1974).

Interview-Zitat zu ihrer Rolle in *Der Hund von Blackwood Castle*: »Ein gut gemachter Krimi ist nicht nur für das Publikum interessant; auch Schauspieler finden darin hochinteressante Rollen und – in bestimmten Situationen – Bärenkräfte. Mein Kampf auf Leben und Tod mit Horst Tappert verlief ohne jede Rücksichtnahme – er war einfach gut gespielt. Wir werden sicher nicht schön in den Großaufnahmen wir-

Mady Rahl

ken, aber es stimmte. Wir kämpften hart. Aber was war das schon gegenüber den folgenden Tagen. Mein Körper war übersät mit blauen Flecken, und es taten mir Muskeln weh, die ich bisher in meinem Körper kaum bemerkte.«

RAJTER, DUNJA
* 03.03.1940 Nasice (Jugoslawien)
Kroatische Schauspielerin und Sängerin. Sie spielte die Dolores in → *Der unheimliche Mönch* (1965).
Dunja Rajter kam 1963 nach Berlin, nur um eine Platte aufzunehmen. Dieser Besuch bescherte ihr die erste deutsche Filmrolle in Karl Mays *Winnetou 1. Teil* (1963). Danach rissen sich die deutschen Produzenten um die Tochter eines kroatischen Dorfschullehrers. So spielte sie in *Unter Geiern* (1964), George Moores *Kuckucksjahre* (1967) und zahlreichen weiteren Kino- und Fernsehfilmen wie *Der Mann, der den Eiffelturm verkaufte* (TV, 1970), *Der Kommissar: Anonymer Anruf* (TV, 1970) und *Die Brut des Bösen* (1979).

Dunja Rajter

RAKE, JOACHIM
→ Darsteller

RASP, FRITZ
* 13.05.1891 Bayreuth,
† 30.11.1976 München
Deutscher Schauspieler. War von Anfang an bei den Rialto-Wallace-Filmen mit dabei und übernahm etliche Rollen: Ezra Maitland in → *Der Frosch mit der Maske* (1959), Mr. Froyant in → *Der rote Kreis* (1959), Sir Godley Long in → *Die Bande des Schreckens* (1960), Rechtsanwalt Shaddle in → *Die seltsame Gräfin* (1961) und Mr. Tanner in → *Das Rätsel der roten Orchidee* (1961/62). Ferner spielte er als Frank Sutton in → *Der Zinker* (1931) und als Maurice Meister in → *Der Hexer* (1932).
Rasp entstammte der kinderreichen Familie eines Bezirksgeometers. Seine Ausbildung erhielt er an der Theaterschule Otto König, München. Sein Debüt gab Rasp 1909 in Max Halbes *Jugend*. Theaterstationen waren Swinemünde, Tilsit und Bromberg, ab 1919 spielte er auf Berliner Bühnen. Die erste Filmrolle erhielt er 1915. Er spielte in Stummfilmen unter Fritz Lang und G. W. Pabst. Ilja Ehrenburg sah in ihm einen »veritablen Schurken«, dessen Herz sanft

Fritz Rasp

und sogar sentimental sei. Er entlarvt sich als Verräter in *Schinderhannes* (1928) und verführte die unschuldige Louise Brooks in *Tagebuch einer Verlorenen* (1929). In der deutschen Version der *Dreigroschenoper* (1931) war er der Bettlerkönig Peachum. 1933–45 versuchte der Star, durch Mitwirkung an Wiener Produktionen NS-Propagandafilmen zu entgehen. Neben der Filmarbeit spielte Rasp Theater in Berlin und München. 1946 wirkte er in dem DEFA-Film *Irgendwo in Berlin* mit, kam aber jahrelang über Chargenrollen nicht hinaus. Er arbeitete oft fürs Fernsehen, vor allem in Klassiker-Adaptionen wie *Maria Stuart* (1963). Erst mit den neuen Edgar-Wallace-Filmen Ende der 50er Jahre konnte er an seine Filmbösewichter von einst anknüpfen. In seinem letzten Kinofilm *Lina Braake* (1975) verkörpert er, entgegen seinem Image, einen gewitzten Ex-Banker, der mit seiner Partnerin (Lina Carstens) ein intelligentes Verbrechen begeht. Rasp war zweimal verheiratet und lebte in München. – Der hochgewachsene, hagere Schauspieler mit schmalem Schädel und heller Stimme schien wie geschaffen für pathologische Helden. Mit seinem maliziösen Charme erspielte er sich ein beachtliches Repertoire an Bösewichtern, Schurken und Sadisten: Er war das unheimliche Gespenst des deutschen Films. – Auszeichnung: Filmband in Gold für langjähriges und hervorragendes Wirken im deutschen Film (1963).

Weitere Filme (Auswahl): *Der Mensch am Wege* (1923), *Haus der Lüge* (1925), *Spione* (1928), *Frau im Mond* (1929), *Dreyfus* (1930), *Das sündige Dorf* (1933), *Der Hund von Baskerville* (1936), *Paracelsus* (1944), *Skandal in der Botschaft* (1950), *Hokuspokus* (1953), *Die Bauernpassion* (TV, 1955), *Das Abschiedsgeschenk* (TV, 1956), *Das mittlere Fenster* (TV, 1959), *Gericht über Las Casas* (TV, 1960), *Das schwarze Schaf* (1960), *Dr. med. Hiob Praetorius* (1964), *Der Prozeß der Jeanne d'Arc zu Rouen 1431* (TV, 1967), *Die Weber* (TV, 1971), *Pero und Jovo* (TV, 1972), *Dorothea Merz* (TV, 1976).

RATHONY, AKOS VON
* 1908 Budapest,
† Januar 1969 München
Regisseur. Er leitete die Aufnahmen von → *Das Geheimnis der gelben Narzissen* (1961). Rathonys Vater – selbst Schauspieler – wünschte, daß

sein Sohn ebenfalls die Bühnenlaufbahn einschlug. Der Sohn lehnte ab und begann in Budapest mit einem Jurastudium. Bald mußte er auf Wunsch der Familie nach Holland übersiedeln und wandte sich dort der Theologie zu. Nach Abschluß seines Studiums ging Rathony als Missionar nach Indien. Schon nach einem halben Jahr erkrankte er an Malaria und mußte nach Europa zurückkehren. Nach Ausheilung der Krankheit war er nicht mehr tropenfähig. 1928 lernte Rathony in London die Gebrüder Korda kennen und wurde von ihnen zum Besuch eines Filmateliers eingeladen. Damals filmten gerade Hans Albers und Richard Eichberg bei der London Film. Die Atelier-Atmosphäre machte einen starken Eindruck auf Rathony. Sein künstlerisches Interesse für den Film wurde geweckt, und er entschloß sich, vor allem die Regieführung näher kennenzulernen. Zwei Jahre später wurde er selbständiger Aufnahmeleiter, anschließend Regisseur. Als die Gebrüder Korda einem Ruf nach Hollywood folgten, begleitete er sie. Rathony war bald mit dem amerikanischen Film vertraut, wurde Assistent von Ernst Lubitsch und drehte bei der Paramount und Fox mehrere erfolgreiche Filme, die ihn als Regisseur bekannt machten. Die in den 30er Jahren einsetzende Filmkrise unterbrach seine Laufbahn, und er folgte einem erneuten Ruf des inzwischen nach Europa zurückgekehrten → Alexander Korda. Als dessen Regieassistent wirkte er an mehreren Filmen in Paris mit. Er wurde von Alexander Korda für die Regie des neuen Real-Films *Kätchen für alles* (1949) beurlaubt, seiner ersten Filmarbeit

Akos von Rathony

in Deutschland. Vor allem die Zusammenarbeit mit seinem ehemaligen Kollegen Gyula Trebitsch, dem damaligen Produktions-Chef der Real Film, wurde für Rathony wichtig. 1969 setzte ein Herzinfarkt seiner Filmleidenschaft ein Ende. Bis zu diesem Zeitpunkt entstanden unter seiner Regie u.a. *Absender unbekannt* (1950), *Maharadscha wider Willen* (1950), *Mädchen mit Beziehungen* (1950), *Das unmögliche Mädchen* (1951), *Engel im Abendkleid* (1951), *Schön muß man sein* (1951), *Geliebte Hochstaplerin/... und wer küsst mich* (1956), *Frau Warrens Gewerbe* (1960), *Toller Hecht auf krummer Tour* (1961), *Der Fluch der grünen Augen* (1963), *St. Pauli Herbertstraße* (1965), *Jungfrau aus zweiter Hand* (1967), *Zieh dich aus, Puppe* (1968), *Der nächste Herr – dieselbe Dame* (1968).

Interview-Zitat während der Dreharbeiten zur deutschen und englischen Version von → *Das Geheimnis der gelben Narzissen* (in den Londoner → Shepperton Studios): »Diese beiden Versionen – das ist gar nicht so einfach. Die Mentalität der beiden Länder ist grundverschieden, und das muß immer wieder berücksichtigt werden. In den englischen Szenen müssen wir untertreiben, in den deutschen übertreiben. Reaktionen, die im Englischen nur angedeutet werden, müssen im Deutschen viel deutlicher gemacht werden, um anzukommen. Und so ist der Regisseur gezwungen, sich gleichzeitig in zwei verschiedenen Welten zu bewegen.«

RÄTSEL DER ROTEN ORCHIDEE, DAS
(Arbeitstitel: **Gangster in London**)
Kinofilm. *Bundesrepublik Deutschland 1961/62. Regie: Helmuth Ashley. Regieassistenz: Eva Ebner. Script: Liselotte Christ. Drehbuch: Trygve Larsen (d.i. Egon Eis) unter Mitarbeit von Piet ter Ulen nach dem Roman When the Gangs Came to London von Edgar Wallace. Kamera: Franz-Xaver Lederle. Kameraassistenz: Wolfgang Treu, Ernst Zahrt, Victor Martinez. Schnitt: Herbert Taschner. Schnittassistenz: Susanne Paschen, Heike Trausuhn. Ton: Werner Schlagge. Tonassistent: Bernhard Ebler. Bauten: Mathias Matthies, Ellen Schmidt. Oberbeleuchter: Wer-*

Das Rätsel der roten Orchidee:
Fritz Rasp, Marisa Mell

506

ner Krohn. Requisiten: Wilhelm Schaumann, Otto Fechtner. Masken: Walter und Gerda Wegener. Musik: Peter Thomas. Kostüme: Ingrid Winter. Garderobe: Ellen Heuer, Günter Paetau. Standfotos: Lilo Winterstein. Presse: Hans-Joachim Wehling. Produktion: Rialto Film Preben Philipsen Filmproduktion und Filmvertrieb GmbH, Hamburg. Produzenten: Preben Philipsen, Horst Wendlandt. Produktionsleitung: Fritz Klotzsch. Produktionsassistent: Leif Feilberg. Aufnahmeleitung: Peter Petersen, Lothar Mäder, Hannes Staiger. Geschäftsführung: Erich Schütze. Produktionssekretärin: Editha Busch. Kassiererin: Iris Minor. Drehzeit: 05.12.1961–15.01.1962. Atelier: Real Film Studio, Hamburg-Wandsbek. Außenaufnahmen: London, Hamburg. Erst-Verleih: Constantin Film, München. Länge: 84 Minuten (2295 m). Format: 35

Das Rätsel der roten Orchidee: 1. Szenenfoto • 2. Herbert A. E. Boehme (rechts) • 3. Marisa Mell, Pinkas Braun • 4. Adrian Hoven, Marisa Mell, Christopher Lee • 5. Adrian Hoven, Eddi Arent • 6. Edgar Wenzel

Das Rätsel der roten Orchidee: 1. Marisa Mell • 2. Eric Pohlmann, Christiane Nielsen

mm; s/w; 1:1.66. FSK: 23.02.1962 (27412); 12 nff; 24.02.1962. Uraufführung: 01.03.1962. TV-Erstsendung: 05.06.1981 ZDF. Darsteller: Christopher Lee (Captain Allerman), Marisa Mell (Lilian Ranger), Adrian Hoven (Inspektor Weston), Klaus Kinski (»Der schöne Steve«), Eric Pohlmann (Minelli), Fritz Rasp (Tanner), Pinkas Braun (Edwin Tanner), Eddi Arent (»Der Todesbutler«), Wolfgang Büttner (Chefinspektor Tetley), Christiane Nielsen (Cora Minelli), Hans Paetsch (Lord Arlington), Sigrid von Richthofen (Mrs. Moore), Edgar Wenzel (Babyface), Herbert A. E. Boehme (Oberst Drood), Horst Breitkreuz (Briefträger), Günther Jerschke (Mr. Selby), Kurt A. Jung (Bankier Dorris), Hans Zesch-Ballot (Sir John), Friedrich G. Beckhaus, Benno Gellenbeck, Florent Antony, Lutz Schwiers, H. M. Crayon, Peter Frank, Wilhelm Fricke, Joachim Rolfs, Frank Straass, V. Dombrowski, Charles Palent, Bert Segatz.

Inhalt: London wird von zwei amerikanischen Banden terrorisiert. Um Scotland Yard Hilfestellung zu leisten, wird der FBI-Agent Captain Allerman engagiert. Zusammen mit seinem jungen Kollegen Inspektor Weston kann er die Banden gegeneinander ausspielen. Gegeneinander mißtrauisch geworden, liquidieren sich die Bandenmitglieder gegenseitig.

Kritiken zum Film: »Wer Krimis mag, der wird hier zwar keinen Hitchcock, wohl aber einen wohlgeratenen Ashley finden. Was durchaus eine Gütemarke besonderer Art zu werden verspricht!« (*Hamburger Abendblatt, 22.03.1962*) »Hier zeigt Regisseur Helmuth Ashley, daß die Schocktherapie – gemischt mit grimmigem Hu-

mor – alles unterkühlt vorgetragen, einen unterhaltsamen Reißer ergibt. Auch die Kamera unterstreicht die kalte Sachlichkeit.« (*Stuttgarter Zeitung, 22.03.1962*)

Fazit: Buch, Inszenierung und Schnitt ergeben besten Wallace-Thrill.

RÄTSEL DES SILBERNEN DREIECK, DAS
(Circus of Fear)

Kinofilm. *Großbritannien/Bundesrepublik Deutschland 1965/66. Regie: John Moxey. Regiekoordinator: Werner Jacobs. Regieassistenz: Barry Melrose. Drehbuch: Peter Welbeck (d.i. Harry Alan Towers) nach den Kurzgeschichten Again the Three Just Men von Edgar Wallace. Kamera: Ernest Steward. 2. Kamera: John von Kotze. Kameraassistenz: Dudley Lovell. Schnitt: John Trumper. Ton: John Brommage, Ken Cameron. Bauten: Frank White. Musik: John Douglas. Kostüme: Charles Guerrin. Masken: Frank Turner. Standfotos: Karl Beyer. Produktionsleitung: Peter Manley. Herstellungsleitung: David Henley. Produktion: Proudweeks Film Ltd., London, im Auftrag von Constantin Film. Produzenten: Harry Alan Towers, Samuel Z. Arkoff. Drehzeit: November 1965–Januar 1966. Atelier: Bray Studios, London. Außenaufnahmen: London und Umgebung von Windsor. Erst-Verleih: Constantin Film, München. Länge: 90 Minuten (2450 m). Format: 35 mm; s/w (im Original wurde der Film in Farbe gedreht); Titelvorspann in Farbe; 1:1.66. FSK: 07.04.1966 (35521); 12 nff; 21./25.04.1966. Uraufführung: 29.04.1966. TV-Erstsendung: 17.03.1973 ARD. Darsteller: Heinz Drache*

(Carl), Christopher Lee (Gregor), Leo Genn (Inspektor Elliott), Anthony Newlands (Barberini), Suzy Kendall (Natascha), Margaret Lee (Gina), Maurice Kaufmann (Mario), Skip Martin (Mr. Big), Klaus Kinski (Manfred Hart), Eddi Arent (Eddie), Cecil Parker (Sir John), Victor Maddern (Mason), Tom Bowman (Jackson), Lawrence James (Manley), Gordon Petrie (Neger), Fred Powell (Red), Peter Brace (Mann vom Motorboot), Geoff Silk (Sicherheitsdienst), Roy Scammer (Mann vom Motorboot), Keith Peacock (Sicherheitsdienst), George Fisher (Der vierte Mann), Rennis Blakely (Sicherheitsfahrer).

Inhalt: Alles scheint planmäßig zu verlaufen. Auf die Minute pünktlich werden zur Vernichtung bestimmte Banknoten im Wert von drei Millionen Pfund aus einem Geldtransporter auf der Tower-Brücke in ein Motorboot umgeladen. Doch einer der Räuber verliert die Nerven und erschießt den Fahrer des Wagens, der fliehen will. Dadurch hat auch er sein Leben verwirkt. In einer einsamen Fabrik, in der er den Beuteanteil des Chefs deponieren soll, trifft ihn ein Artisten-Wurfmesser in den Rücken, das mit einem silbernen Dreieck geziert ist. Wenig später zieht der Zirkus Barberini für die Win-terpause in diese Fabrik. Als unmittelbar danach die ersten Banknoten aus dem Geldraub auftauchen, wird Scotland Yard auf den Zirkus aufmerksam. Weitere Morde geschehen, immer mit einem Wurfmesser begangen. Die Polizei arbeitet fieberhaft, bis der Mörder und Chef der Geldräuberbande in ein Falle tappt.

Kritiken zum Film: »Edgar Wallace' Krimi-Stoffe sind griff- und knitterfest wie echter Tweed. Da ist kein Webfehler drin, von dem aus man die Fäden aufziehen könnte. Und da auch gute (Film-)Schneider am Werke waren, gab es einen tadellos sitzenden (Film-)Anzug. Was vor allem heißen soll, daß man bis zum letzten Filmmeter wie auf glühenden Kohlen sitzt.« (Nürnberger Nachrichten, 22.05.1966) »In der Regel lassen Serienfilme zwar in der Qualität nach, doch da der Autor Wallace heißt, wird auch diesmal handfeste Kino-Unterhaltung geliefert.« (Münstersche Zeitung, 30.04.1966) »Spannung ist vom ersten bis zum letzten Meter reichlich vorhanden, aber auch Verwirrung

Das Rätsel des silbernen Dreieck:
1. Suzy Kendall, Heinz Drache • **2.** Margaret Lee •
3. Christopher Lee • **4.** Klaus Kinski

EDGAR WALLACE

Das Rätsel des silbernen Dreieck

und Unlogik.« *(Filmecho, Wiesbaden, 40/1966)*
Wußten Sie, daß Heinz Drache während der Dreharbeiten zu diesem Film in London Rupert Davies traf? Gemeinsam suchten sie vergeblich Scotland Yard – die Behöre war inzwischen umgezogen.
Fazit: Temporeicher Wallace in bester Machart.

RÄTSEL DES SILBERNEN HALBMONDS, DAS

(Sette Volti per l'Assissino; entspricht dem deutschen Arbeitstitel **Sieben Gesichter für die Mörderin**; in Italien lief der Film auch unter dem Titel **Sette Orchidee Macchiate di Rosso).**
Kinofilm. *Bundesrepublik Deutschland/Italien 1971. Regie: Umberto Lenzi. Script: Dino Mazza. Drehbuch: Paul Hengge, Roberto Gianniti und Umberto Lenzi frei nach Edgar Wallace. Kamera: Angelo Lotti. Schnitt: Clarissa Ambach, Eugenio Alabiso. Ton: Max Galinski, Bruno Zoccoli, Rainer Lorenz. Bauten: Giacomo Calo Carducci. Musik: Riz Ortolani. Kostüme: Giulia Mafai. Produktionsleitung: Herbert Kerz, Sergio Borelli. Produktion: Rialto Film Preben Philipsen GmbH & Co. KG, Berlin*

(West), Flora Film S.R.L. und National Cinematografica S.P.A., Rom. Produzenten: Preben Philipsen, Horst Wendlandt. Drehzeit: 06.09.–23.10.1971. Atelier: Rom. Außenaufnahmen: Rom und Spoleto. Erst-Verleih: Constantin Film, München. Länge: 85 Minuten (2325 m); die Originalfassung hat eine Länge von 102 Minuten. Format: 35 mm; Techniscope-Farbe (Eastmancolor). Deutsche Synchronbearbeitung: Thomas Keck. FSK: 22.06.1972 (44749); 16 nff. Uraufführung: 30.06.1972, Passage Kino Saarbrücken. TV-Erstsendung: 23.05.1985 PKS. Darsteller: Uschi Glas (Giulia), Antonio Sabato (Mario), Marisa Mell (Guiseppina/Maria), Petra Schürmann (Concetta), Pier Paolo Capponi (Kommissar Vismara), Franco Fantasia (Renzi), Alberto Barberito (Palumbo), Ella Falk (Elena), Renato Romano (Pastore), Marina Malfatti (Kathy), Bruno Corazzari (Bardet), Claudio Gora (Ferri), Gabriella Giorgelli (Marcella), Linda Sini (Vendeuse), Clara Mancini (Annas Hausmädchen), Andrea Bosic (Palmieri), Enzo Andronico (Albercatore), Luca Sportelli (Conduttore), Filippo Del Bello (Parroco), Fulvio Mingozzi (Agent), Sandra Wolf (Sekretärin), Tom Felleghy (Dr. Harris), Lucretia Love, Enzo Tarascio, Stello Pazzafini, Ivano Davoli, Armand Cava, Nestor Cavarillo.
Inhalt: Ein junges Ehepaar, Giulia und Mario, wird auf seiner Hochzeitsreise in einen Mordfall verwickelt. Er gehört zu einer Reihe grauenvoller Untaten, deren Opfer Frauen sind, die vor zwei Jahren in einem Küstenhotel gewohnt haben. Bei allen Toten wird ein kleines Schmuckstück, ein silberner Halbmond, gefunden. Das junge Paar unterstützt die Polizei bei der Suche nach dem geheimnisvollen Mörder und gerät dadurch immer wieder in höchste Gefahr. Erst als Giulia zustimmt, der Polizei als Lockvogel zu dienen, schnappt die Falle zu.
Kritiken zum Film: »Man fühlt sich wie immer bei Edgar Wallace angenehm angegruselt, aber doch nicht allzusehr geschockt. (Wiesbadener Tageblatt, 22.09.1972) »Der zweite Edgar-Wallace-Krimi von Produzent Horst Wendlandt ist in der Tat ein echter ›Gänsehaut-Film‹. Aber es ist nicht der übliche Wallace, sondern die Inszenierung einer hautnahen Geschichte, weit weg von der Abstraktheit und ferner Vergangenheit. Die Story ist ›voll da‹, macht den Kinobesucher neugierig, entläßt ihn gelegentlich in eigene Träumerei, spornt dann jedoch wie-

der seine Fantasie an und läßt ihm so alle Tiefen und Höhen des spannungsreichen Geschehens unmittelbar miterleben. Er vermag kaum ›wegzutreten‹. Die Leinwand spricht ihn suggestiv an.« (Filmecho, Wiesbaden, 39/1972)
Fazit: Gutes Buch, gute Regie, aber mit Wallace hat dies wenig zu tun.

RAUCH, SIEGFRIED
* 02.04.1932 Landsberg am Lech
Deutscher Schauspieler. Rauch verkörperte in zwei Wallace-Filmen zwielichtige Typen: Frank Keeney in → *Der Mönch mit der Peitsche* (1967) und Dr. Brand in → *Im Banne des Unheimlichen* (1968).
Bevor Rauch in München ein Studium der Architektur und Theaterwissenschaften begann, war er Skisportler und Gitarrist einer Tanzkapelle. 1956 debütierte er beim Film, 1958 erhielt er sein erstes Engagement am Bremer Stadttheater. Nach seiner Rückkehr nach München war er zunächst arbeitslos, ehe er seit Mitte der 60er Jahre regelmäßig in deutschen Filmproduktionen auftrat. Seinen größten Erfolg feierte er als Thomas Lieven in der CCC-ZDF-Fernsehproduktion *Es muß nicht immer Kaviar sein* (1977) nach dem Bestseller von Johannes Mario Simmel.
Weitere Filme (Auswahl): *Kommissar X: Drei blaue Panther* (1967), *Mister Dynamit – Morgen küßt euch der Tod* (1967), *Ein Dreifach Hoch dem Sanitätsgefreiten Neumann* (1969), *Le Mans* (1971), *Der Jäger von Fall* (1974), *Der Adler ist gelandet* (1976), *Goldrausch* (1977), *Flucht nach Athena* (1979), *Mein Freund Winnetou* (TV, 1980), *Der Stein des Todes* (1986),

Die glückliche Familie (TV, 1987), *Wildbach* (TV, 1993), *Traumschiff* (TV, 1999), *Bergwacht* (TV, 2000).

RAVENDRO, RAVI
Pseudonym von → Karl Döhring

RAYMOND, GARY
* 20.04.1935 Brixton, London
Englischer Schauspieler. Er übernahm die Doppelrolle von Graham und Richard in → *Das Verrätertor* (1964). Während der Dreharbeiten wurde er teilweise von seinem Zwillingsbruder gedoubelt.
Bei Ausbruch des Weltkrieges wurde er mit seiner Familie nach Nord-Wales evakuiert, von dort nach Leicester, wo er die Schule besuchte. Mit 16 Jahren kehrte er nach London zurück. Weil er bereits in Schulstücken mitgespielt hatte, schloß er sich dort einer Theatergruppe an. Mit Hilfe von Winifred Vigar, dem Organisator der Theatergruppe, machte er ausgezeichnete Fortschritte und bekam ein Zweijahres-Stipendium an der Royal Academy of Dramatic Art. Erste Auftritte hatte er in einer Shakespeare-Truppe, die auf dem Kontinent auf Tournee ging; er gastierte mit *King Lear* und *Viel Lärm um nichts* in Berlin, Wien und Kopenhagen. Danach wechselte er zur Nottingham Re-

Gary Raymond

Siegfried Rauch

pertory Company. Zwischendurch spielte er in verschiedenen TV-Filmen kleinere Rollen, bis er bei der BBC die Hauptrolle in der Serie *The Black Brigand* (1957) erhielt. Von diesem Erfolg angespornt, übernahm Raymond neben seinen Theaterverpflichtungen immer wieder auch Fernseh- und einige Kinorollen.

Weitere Filme (Auswahl): *Der Rächer im lila Mantel* (1958), *Plötzlich im letzten Sommer* (1959), *El Cid* (1961), *Jason und die Argonauten* (1963), *Die größte Geschichte aller Zeiten* (1965), *Scarlett* (TV, 1994).

RAYMOND, JACK
→ Produzenten und → Regisseure

REAL FILM STUDIOS
Filmfirma in Hamburg-Wandsbek. Hier entstanden fünf Wallace-Filme: → *Der grüne Bogenschütze* (1960/61), → *Die toten Augen von London* (1961), → *Der Fälscher von London* (1961), → *Das Rätsel der roten Orchidee* (1961/62) und → *Das Gasthaus an der Themse* (1962).

Am 10.01.1947 gründeten Walter Koppel und Gyula Trebitsch in Hamburg die Real Film GmbH; ab dem 01.09.1948 konnten sie über ihr eigenes Studio verfügen. In den 50er Jahren entstanden Großprojekte wie *Der Hauptmann von Köpenick* (1956), der als bester Auslandsfilm für einen Oscar nominiert wurde. 1958 begann eine enge Zusammenarbeit zwischen der Real Film und dem Fernsehen. Kurze Zeit später kam es zur Aufspaltung der Real Film in die Real Film KG (Filmproduktion) und die Real Film-Ateliergesellschaft, die Januar 1960 den Studio-Komplex in Hamburg-Wandsbek übernahm und ausschließlich Fernsehproduktionen herstellte. Heute firmiert sie unter dem Namen Studio Hamburg.

RECHNUNG GEHT NICHT AUF, DIE
→ *The Double* (FILM)

RECK, HARTMUT
* 17.03.1932 Berlin,
† 28.01.2001 Nienburg an der Weser
Deutscher Schauspieler. Er verkörperte den zwielichtigen Ronny in → *Der unheimliche Mönch* (1965). Der Sohn eines Berliner Offiziers wurde schon in der Schule von seinem Deutschlehrer als Mime entdeckt. Er inszenier-

Hartmut Reck

te Schulaufführungen, in denen er selbst die Hauptrollen spielte. Später besuchte er die Schauspielschule, wo er auch Reiten, Fechten und Tanzen lernte. 1953 begann er bei Bertolt Brecht als jüngstes Mitglied in dessen Ensemble und blieb bis zu Brechts Tod dort. Ende der 50er Jahre ging er in den Westen und spielte dort weiterhin Theater und in Fernsehfilmen. Kinorollen übernahm er nur selten.

Weitere Filme (Auswahl): *Der längste Tag* (1962), *Tim Frazer: Der Fall Salinger* (TV, 1964), *Der Vater und sein Sohn* (TV, 1968), *König Richard II.* (TV, 1968), *Der Aufsteiger* (TV, 1981), *Betti, die Tochter* (TV, 1982), *Maria Stuart* (TV, 1986), *Mord am Pool* (TV, 1986), *Die Sterne schwindeln nicht* (TV, 1986), *Radiofieber* (TV, 1989).

RED ACES (BUCH)
Kriminalroman. *Originalausgabe: Hodder & Stoughton, London 1929. Deutsche Erstveröffentlichung: Mr. Reeder weiß Bescheid. Übersetzung: Tony Westermayr. Wilhelm Goldmann Verlag, München 1961. Taschenbuchausgabe: Wilhelm Goldmann Verlag, München 1962 (= Goldmann Taschen-KRIMI 1114). Neuübersetzung: → Gregor Müller. Wilhelm Goldmann Verlag, München 1971. Weitere Taschenbuchauflagen im Wilhelm Goldmann Verlag: 1972,*

1975, 1979, 1981, 1982, 1984, 1988, 1997. Jubiläumsausgaben im Wilhelm Goldmann Verlag: 1990, 2000 (= Band 52). Neuübersetzung (in: Geheimagent Nr. 6 [→ Number Six]): Edith Walter. Scherz Verlag, Bern, München, Wien 1984. Neuübersetzung: Peter Meier. Im Sammelband: Der rote Seidenschal. Verlag Neues Leben, Berlin (Ost) 1987.

Inhalt: John G. Reeder kommt zufällig an der Stelle vorbei, wo man den alten Wentworth ermordet im Schnee aufgefunden hatte. An der Haustür des Mordopfers steckten zwei Spielkarten – Karo-As und Herz-As. Die Trümpfe des Mörders? In minutiöser Kleinarbeit kommt Mr. Reeder dem Täter auf die Spur, der ihn an der Nase herumführen will und ihn sogar in Scotland Yard besucht. Doch Reeder läßt sich nicht täuschen und verfolgt unerbittlich nur ein Ziel: Der Hauptschuldige soll im Gefängnis von Wandsworth hingerichtet werden.

Anmerkungen: Der Roman wurde 1929 verfilmt unter dem Titel → *Red Aces*. – Die Originalausgabe und die deutschen Übersetzungen des Goldmann-Verlags enthalten zusätzlich die beiden → Kriminalkurzromane → *Kennedy the Con Man* und → *The Case of Joe Attyman*.

RED ACES (FILM)
(Rote Asse)

Kinofilm. *England 1929. Produktion: British Lion. Regie: Edgar Wallace. Buch: Edgar Wallace nach seinem gleichnamigen Roman. Darsteller: Janice Adair, Muriel Angelus, Geoffrey Gwyther, James Raglan, Nigel Bruce, George Bellamy, W. Cronin Wilson, Douglas Payne.*

Inhalt: Der Millionär Wentworth hat sich eine bunkerartige Villa gebaut. Hier lebt er in ständiger Angst zurückgezogen und empfängt keine Besucher. Lediglich die beiden berittenen Polizisten, die allabendlich an seinem Haus vorbeikommen, lädt er hin und wieder zum Tee ein. Eines Tages findet man Wentworths Leichnam einige hundert Meter von seinem Haus entfernt auf der Straße. Die Polizei ist ratlos. Da findet der Privatdetektiv J. G. Reeder einen ersten Hinweis: zwei Spielkarten, die an die Haustür des Toten geheftet wurden. Seine weiteren Ermittlungen führen Reeder ins Milieu professioneller Spieler. Durch seine Kombinationsgabe erkennt er bald das Motiv für den Mord und den Täter.

Kritik zum Film: »Die Bewunderer von Edgar Wallace sind zahlreich genug, um einer wie auch immer gearteten Adaption aus seinem Werk den Erfolg zu sichern; obwohl sich der Film nicht mit einigen seiner Romanerfolge messen kann, wird er aller Voraussicht nach die Aufmerksamkeit derer auf sich ziehen, die es lieben, ein Rätsel zu lösen, und die nicht primär an der Plausibilität der Lösung interessiert sind.« (The Bioscope, 1930)

Anmerkung: Dieser Film wurde in Deutschland nicht aufgeführt.

REDNER, DER
→ THE ORATOR

REED, MICHAEL
→ Kameramänner

REEDER, JOHN GRAY
Staatsbeamter und Privatdetektiv. Diese Figur gehört neben → Arthur Milton, → Sanders und → Inspektor William Elk zu Wallace' wichtigsten Schöpfungen. Reeder lebt zurückgezogen

in einem Londoner Vorort. In der City hat er ein Büro, das er schließt, als er als Detektiv für die Staatsanwaltschaft engagiert wird und dort eigene Räume bekommt. Als eingefleischter Junggeselle ist er auch bei der Lösung seiner Fälle ein sonderbarer Kauz – er verläßt sich auf höchst eigenwillige Methoden und vor allem auf seine grauen Zellen. Mit dieser Art von Detektivarbeit könnte er für Agatha Christies Hercule Poirot Pate gestanden haben. Reeder begegnet man in zahlreichen Werken des Autors, u. zw. in den Romanen → Red Aces, → Room 13 und → Terror Keep, in den Kurzgeschichten → The Case of Joe Attyman, → The Guv'nor, → Kennedy the Con Man, → The Man Who Passed, → The Shadow Man und → The Treasure sowie in der Kurzgeschichtensammlung → The Mind of Mr. J. G. Reeder.

REGISSEURE

→ Helmuth Ashley, → Josef von Baky, → Arthur Crabtree, → Massimo Dallamano, → Freddie Francis, → Cyril Frankel, → Jess Franco, → Richard Freda, → Martin Fric, → Merian Coldwell Cooper, → Franz Joseph Gottlieb, → John Guillermin, → Guy Hamilton, → Werner Jacobs, → Peter Keglevic, → Zoltan Korda, → Carl Lamac, → Umberto Lenzi, → Jiri Menzel, → Harald Philipp, → Akos von Rathony, → Harald Reinl, → Jürgen Roland, → Alfred Vohrer.

Neben den vorgenannten Regisseuren, die die bekanntesten Verfilmungen realisierten, gibt es zahlreiche weitere, die seit 1915 einzelne Wallace-Werke in Szene setzten. Sie sollen nachfolgend kurz vorgestellt werden:

• **PAUL ALMOND** * 26.04.1931 Montreal; eigentlicher Name: David Paul MacPherson Almond. Produzent, Drehbuchautor und Regisseur. Er inszenierte die → Merton-Park-Wallace-Produktion → Backfire (1961).

• **TOBI BAUMANN** (Lebensdaten unbekannt). Baumann war Regisseur der Wallace-Parodie → Der Wixxer (2003). Zudem führte er Regie bei der Fernsehserie Ladykracher (2003).

• **WILLIAM BEAUDINE**, * 15.01.1892 New York, † 18.03.1970 Canoga Park, Kalifornien. Erscheint im Vor-/Abspann manchmal auch als William Beaudine Sr. oder W. W. Beaudine. Vielbeschäftigter Regisseur, der bereits zur Stummfilmzeit mit der Arbeit begann. Gelegentlich schrieb er Drehbücher und war

als Darsteller zu sehen. Er leitete die Wallace-Verfilmung → Educated Evans (1936).

• **SPENCER GORDON BENNETT,** * 05.01.1893 Brooklyn, New York, † 08.10.1987 Santa Monica, Kalifornien. Erscheint im Vor-/Abspann manchmal auch als Spencer G. Bennet, Spencer Bennet oder Spencer Gordon Bennett. Er begann seine Tätigkeit bereits zur Stummfilmzeit und inszenierte die ersten amerikanischen Serials nach Edgar Wallace → The Green Archer (1925) und → The Terrible People (1929).

• **RICHARD BIRD**, * 1895 Liverpool, † 28.09.1986 Regina, Saskatchewan (Kanada). Erscheint im Vor-/Abspann manchmal auch als Dick Bird. Darsteller, der auch Regie führte, wie bei dem Wallace-Film → The Terror (1938).

• **A. V. BRAMBLE** * ca. 1880 Portsmouth, England, † 17.05.1963 Friern Barnett, England. Er realisierte die Wallace-Filme → Chick (1928) und → The Man who changed his Name (1929). Der Regieveteran, Drehbuchautor und Darsteller war Förderer des späteren Regisseurs Anthony Asquith.

• **PHILIP BRANDON,** * 07.12.1898 London, † August 1982 London. Erscheint im Vor-/Abspann manchmal auch als Phil Brandon. Begann als Regieassistent, war Regisseur, Darsteller und Produzent. Er inszenierte den Wallace-Film → The Missing Million (1942).

• **HERBERT BRENNON,** * 13.01.1880 Dublin, † 21.06.1958 Los Angeles. Regisseur, Drehbuchautor, Produzent und Darsteller. Er war Regisseur des Wallace-Films → The Flying Squad (1940).

• **HOWARD BRETHERTON,** * 13.02.1890 Tacoma, Washington, † 12.04.1969 San Diego, Kalifornien. Erscheint im Vor-/Abspann manchmal auch als H. P. Bretherton. Bedeutender Regisseur, der seine Laufzeit zur Stummfilmzeit begann und später erfolgreich zum Tonfilm wechselte. Er inszenierte den Wallace-Film → Return of the Terror (1934).

• **ALAN BRIDGES,** * 28.09.1927 Liverpool. Er realisierte die → Merton-Park-Wallace-Produktion → Act of Murder (1965).

• **ADRIAN BRUNEL,** * 04.09.1892 Brighton, England, † 18.02.1958 Gerrard's Cross, Buckshire, England. Der Drehbuchautor und Regisseur drehte 1936 den Wallace-Film → Prison Breaker. Er gehörte zum festen Stab des → Shepperton Studios.

- **ANTHONY BUSHELL,** * 19.05.1904 Westerham, England, † 02.04.1997 Oxford, England. Regisseur und Darsteller. Bushell inszenierte Episoden der Fernsehserie → The Four Just Men (1959). – Weitere Regiearbeiten (Auswahl): The Angel with the Trumpet (1950), The Third Man (TV-Serie, 1959), Geheimauftrag für John Drake (TV-Serie 1960), Terror der Tongs (1961), Simon Templar (TV-Serie, 1962), Sir Francis Drake (TV-Serie, 1962). Weitere Filme als Darsteller (Auswahl): Um eine Fürstenkrone (1932), Die scharlachrote Blume (1935), Taras Bulba (1938), Hamlet (1948), Flammen über Fernost (1955), Panzerschiff Graf Spee (1957), ... denn der Wind kann nicht lesen (1958), Die letzte Nacht der Titanic (1959).
- **MARIO CAMERINI,** * 06.02.1895 Rom, † 04.02.1981 Gardone Riviera, Italien. Bedeutender italienischer Drehbuchautor. Regisseur des einzigen rein italienischen Wallace-Films → Giallo (1933).
- **DON CHAFFEY,** * 05.08.1917 Hastings, England, † 13.11.1990 Kawau, Neuseeland. Regisseur. Chaffey inszenierte einige Episoden der Wallace-Fernseh-Serie → The Four Just Men (1959). – Weitere Regiearbeiten (Auswahl): Charlie Chan (TV-Serie, 1957), Frauen, die uns nachts begegnen (1958), Schrei im Morgengrauen (1961), Jason und die Argonauten (1963), Eine Million Jahre vor unserer Zeit (1966), Der Baron (TV-Serie, 1966), Einmal wird abgerechnet (1966), Mit Schirm, Charme und Melone (TV-Serie, 1966), Königin der Wikinger (1967), Der Mann mit dem Koffer (TV-Serie, 1968), Bettys roter Salon (1971), Sex vor sechs Millionen Jahren (1971), Drei Engel für Charlie (1976), Elliot, das Schmunzelmonster (1978), Matt Houston (TV-Serie, 1982), Airwolf (TV-Serie, 1984), MacGyver (TV-Serie, 1985), In geheimer Mission (TV-Serie, 1988).
- **ANDRÉ CHARLOT,** * 26.07.1882 Paris, † 20.05.1956 Woodland Hills, Kalifornien. Er drehte zwei Filme als Regisseur, neben Elstree Calling (1930) den rein französischen Wallace-Film → Le Jugement de minuit (1932).
- **WILLIAM H. CLIFFORD,** * 1874 San Francisco, † 09.10.1938 Los Angeles. Erscheint im Vor-/Abspann manchmal auch als W. H. Clifford, William Clifford. Drehbuchautor und Regisseur der Stummfilmzeit. Er war verantwortlich für den Wallace-Stummfilm → The Green Terror (1919).
- **A. E. COLEBY,** * (ohne Angabe) London, † 15.07.1930 (ohne Angabe). Bedeutender Drehbuchautor und Regisseur der Stummfilmzeit. Drehte den Wallace-Film → The Flying Fifty-Five (1924).
- **ALAN COOKE,** * 29.03.1926 London, † 09.10.1994 Los Angeles. Er inszenierte die → Merton-Park-Wallace-Produktion → Flat Two (1961).
- **ALBERT DE COURVILLE,** * 26.03.1887 London, † 15.03.1960 London. Er zeichnete verantwortlich für den Film → Strangers on Honeymoon (1936).
- **ALLAN DAVIS** * 30.08.1913 London, † 10.01.2001 London. Er inszenierte die → Merton-Park-Wallace-Produktionen → The Clue of the Twisted Candle (1960) und → The Clue of the New Pin (1960).
- **BASIL DEARDON,** * 01.01.1911 Westcliffe, England, † 23.03.1971 London. Der Regisseur inszenierte den Pilotfilm und 13 Episoden der Fernsehserie → The Four Just Men (1959). Deardons Karriere begann Ende der 20er Jahre. Zunächst war er Assistent am Theater und ging 1931 zu den → Ealing Studios. 1941 Co-Regisseur des Films Black Sheep of Whitehall. Zu seinen bekanntesten Arbeiten gehört die Kriminalkomödie Die Herren Einbrecher geben sich die Ehre (1959). Er galt als ausgezeichneter Handwerker und Routinier. Neben der Wallace-Fernsehserie The Four Just Men drehte er auch einige Episoden zu The Avengers (Mit Schirm, Charme und Melone, 1961/68) und The Persuaders (1970/71). – Weitere Filme (Auswahl): Das Geisterhotel (1943), Die blaue Lampe (1949), Der unheimliche Komplize (1960), Der Teufelskreis (1961), Die Strohpuppe (1963), Agenten lassen bitten (1964), Karthum (1965), Mörder G.m.b.H. (1968), Ein Mann jagt sich selbst (1969).
- **REGINALD DENHAM,** * 10.01.1894 London, † 04.02.1983 Englewood, New Jersey. Drehbuchautor und Regisseur, der die Wallace-Filme → The Jewel (1933), → The Crimson Circle (1936), → Kate Plus Ten (1938) und → Flying Fifty-Five (1939) realisierte.
- **CLIVE DONNER,** * 21.01.1926 London. Regisseur, Cutter, Produzent. Er war der Regisseur der → Merton-Park-Filme → The Sinis-

ter Man (1962), → Marriage of Convenience (1961). – **Weitere Filme** (Auswahl): *Was gibt's Neues, Pussy?* (1965), *Versuch's doch mal mit meiner Frau* (1967), *Alfred der Große – Bezwinger der Wikinger* (1969), *Der Dieb von Bagdad* (1978), *Die nackte Bombe* (1980), *Charlie Chan und der Fluch der Drachenkönigin* (1981), *Charles Dickens' Weihnachtsgeschichte* (TV, 1984), *Die Windsor-Papiere – Königsjagd* (1984), *Merlin und das Schwert* (TV, 1985), *Mord mit verteilten Rollen* (1986).

- **PATRICK DROMGOOLE,** * 30.08.1930 Iqueque, Chile. Produzent und Regisseur. Er inszenierte die → Merton-Park-Wallace-Produktion → *Dead Man's Chest* (1965).
- **PETER DUFFELL** *(Lebensdaten unbekannt)*. Erscheint im Vor-/Abspann manchmal auch als Peter John Duffell. Er war verantwortlich für die → Merton-Park-Wallace-Produktion → *Partners in Crime* (1961).
- **DAVID EADY** * 1924 London. Er inszenierte die → Merton-Park-Wallace-Produktion → *The Verdict* (1964). – Weitere Regiearbeiten (Auswahl): *The Saint* (TV, 1962), *Zoo Baby* (1964), *Operation Third Form* (1966), *Anoop and the Elephant* (1972), *Play Safe* (1978).
- **HENRY EDWARDS,** * 18.09.1882 Weston-Super-Mare, Somerset, England, † 02.11.1952 Chobham, Surrey England; eigentlicher Name: Ethelbert Edwards. Regisseur, Drehbuchautor, Produzent und Darsteller. Er lieferte die Wallace-Filme → *The Man Who Changed His Name* (1934) und → *The Lad* (1935).
- **MAURICE ELVERY,** * 11.11.1887 Darlington, England, † 28.08.1967 Brighton, East Sussex, England; eigentlicher Name: William Seward Folkard. Vielbeschäftigter britischer Regisseur, der bereits zur frühen Stummfilmzeit tätig war. Arbeitete auch als Drehbuchautor und Produzent. Zu Elverys Kameraassistenten gehörte auch Sir David Lean. Mit rund 300 Spielfilm- und zahllosen Kurzfilm-Inszenierungen ist Elvery der produktivste britische Regisseur aller Zeiten. Zu seinen Regiearbeiten gehört auch die Wallace-Verfilmung → *The Return of the Frog* (1938). – **Weitere Regiearbeiten** (Auswahl): *The Adventures of Sherlock Holmes* (1921), *The Tower of London* (1926), *Tragödie einer Ehe* (1926), *Windsor Castle* (1926), *A Honeymoon Adventure* (1932), *The Lodger* (1932), *Man in the Mirror* (1936), *Spy of Napoleon* (1936), *Sons of the Sea* (1939), *The Spider* (1940), *Ungeduld des Herzens* (1946).

- **ALEXANDER ESWAY,** * 20.01.1898 Budapest, † 23.08.1947 St. Tropez. Erscheint im Vor-/Abspann manchmal auch als Alexand Esway. Er war Co-Regisseur des französischen Wallace-Films → *Le Jugement de minuit* (1932).
- **WILLIAM FAIRCHILD,** * 1918 Cornwall, England, † Mai 2000 (ohne Angabe). Regisseur und Drehbuchautor. Er inszenierte einige Episoden der Fernsehserie → *The Four Just Men* (1959). – Weitere Regiearbeiten (Auswahl): *John and Julie* (1955), *The Extra Day* (1956), *Froschmann Crabb* (1958; auch Drehbuch), *The Horsemasters* (TV, 1961). Drehbücher (Auswahl): *Die Verdammten der Inseln* (1952), *The Malta Story* (1953), *Dämonen der Südsee* (1954), *Lieber reich – aber glücklich* (1956), *Ein Fressen für die Fische* (1958), *Bitte nicht stören!* (1965), *Star!* (1968), *Am Tor zur Freiheit liegt der Totenschein* (1972), *Der Mackintosh Mann* (1973), *The Sound of Murder* (1982), *Einladung zur Hochzeit* (1985).
- **GORDON FLEMING** * 1934 Glasgow, † 1995 (ohne Angabe). Er inszenierte die → Merton-Park-Wallace-Produktionen → *Solo For Sparrow* (1962) und → *Five to One* (1963).
- **ROBERT FLOREY,** * 14.09.1900 Paris, † 16.05.1979 Santa Monica, Kalifornien. Heißt im Vor-/Abspann manchmal auch Florian Roberts. Drehbuchautor und Regisseur, der seine Laufbahn während der Stummfilmzeit begann. Er führte Regie bei der Wallace-Verfilmung → *Dangerous to Know* (1938).
- **WALTER FORDE,** * 21.04.1896 Bradford, Yorkshire, England, † 07.01.1984 Los Angeles, Kalifornien; eigentlicher Name: Thomas Seymour. Der vielbeschäftigte Regisseur, der bereits zur Stummfilmzeit tätig war, realisierte die Wallace-Filme → *The Gaunt Stranger* (1938) und → *The Four Just Men* (1939).
- **JACK FORRESTER** *(Lebensdaten unbekannt)*. Er inszenierte die französische Wallace-Produktion → *Quelqu'un a tué* (1933). – Weitere Regiearbeiten (Auswahl): *Mon ami Tim* (1932), *Criminal* (1932), *Paris Carmargue* (1935), *Les Gaites de la finance* (1935), *Et moi, j'te dis qu'elle t'a fait de l'œil* (1935).
- **GERARD GLAISTER** *(Lebensdaten unbe-*

kannt). Produzent und Regisseur. Er inszenierte die → Merton-Park-Wallace-Produktionen → *The Clue of the Silver Key* (1961),
→ *The Share Out* (1962), → *The Partner*
(1963) und → *The Set-Up* (1963).

- **FRED LE ROY GRANVILLE,** * *1896 Warnam-
  bool (Australien), † 14.11.1932 London.* Er-
  scheint im Vor-/Abspann manchmal auch als
  F. Granville, Fred L. Granville, Fred Leroy
  Granville, Fred Granville, Le Roy Granville.
  War Kameramann, Drehbuchautor, Produk-
  tionsleiter und Regisseur. Er schuf den Wal-
  lace-Film → *A Dear Liar* (1925).
- **GORDON HALES** *(Lebensdaten unbekannt).*
  Er inszenierte die → Merton-Park-Wallace-
  Produktion → *Return to Sender* (1962).
- **MICHAEL HANKINSON** *(Lebensdaten unbe-
  kannt).* Drehbuchautor und Regisseur. Er war
  verantwortlich für die Regie von → *Chick*
  (1936).
- **LIONEL HARRIS** *(Lebensdaten unbekannt).*
  Er schuf die → Merton-Park-Wallace-Pro-
  duktion → *The Double* (1963).
- **NORMAN HARRISON** *(Lebensdaten unbe-
  kannt).* Er realisierte die → Merton-Park-
  Wallace-Produktionen → *Locker Sixty-Nine*
  (1962) und → *Incident at Midnight* (1963).
- **SIDNEY HAYERS,** * *1921 Edinburgh, †
  08.02.2000 Altea, Spanien.* Er inszenierte die
  Wallace-Produktion → *The Malpas Mystery*
  (1960). – Weitere Regiearbeiten (Auswahl):
  Der rote Schatten (1960), *Wie ein Schrei im
  Wind* (1966), *The Avengers* (Mit Schirm,
  Charme und Melone; TV, 1966), *Die Zwei*,
  (TV, 1971), *The New Avengers* (Mit Schirm,
  Charme und Melone; TV, 1976), *Kampfstern
  Galactica* (1980), *Ein Colt für alle Fälle* (TV,
  1981), *Das Ende einer Odyssee* (1981), *Die
  Profis* (TV, 1981), *Remington Steele* (TV,
  1982), *Knight Rider* (TV, 1982), *T. J. Hooker*
  (TV, 1982), *Airwolf* (TV, 1984), *Werewolf*
  (TV, 1987), *Baywatch* (TV, 1989), *Die Profis
  – Die nächste Generation* (TV, 1999).
- **H. MANNING HAYNES,** * *(ohne Angabe),
  † 1957 Lyminster, England.* Erscheint im Vor-
  /Abspann manchmal auch als Manning Hay-
  nes. Regisseur, Drehbuchautor, Produzent
  und Darsteller. Er war Regisseur der Wallace-
  Filme → *The Old Man* (1932), → *Should a
  Doctor Tell?* (1930) und → *To Oblige a Lady*
  (1930).
- **ARCH HEATH,** * *1890, Brooklyn, New York,*

† *11.01.1945 New York.* Erscheint im Vor-
/Abspann manchmal auch als A. B. Heath,
Arch B. Heath. Er war Regisseur des Films →
Mark of the Frog (1928).

- **WOLFGANG F. HENSCHEL,** * *01.02.1943 El-
  senau.* Er war 1997/98 Regisseur der RTL-
  Wallace-Filme → *Die vier Gerechten*, → *Das
  Haus der toten Augen*, → *Die unheimlichen
  Briefe*, → *Whiteface* und → *Das Schloß des
  Grauens*.
- **JAMES W. HORNE,** * *14.12.1880 San Fran-
  cisco, † 29.06.1942 Hollywood, Kalifornien.*
  Erscheint im Vor-/Abspann manchmal auch
  als James Horne oder James M. Horne. Bedeutender Drehbuchautor und Regisseur.
  War als Autor und Regisseur verantwortlich
  für den Wallace-Film → *The Green Archer*
  (1940).
- **WILLIAM K. HOWARD,** * *16.06.1899 St. Marys, Ohio, USA, † 21.02.1954 Los Angeles.*
  Vielbeschäftigter Regisseur seit der Stummfilmzeit. Gelegentlich schrieb er auch Drehbücher. War für den Wallace-Film → *The
  Squeaker* (1937) verantwortlich.
- **T. HAYES HUNTER,** * *01.12.1884 Philadelphia, Pennsylvania, † 14.04.1944 London; eigentlicher Name: Thomas Hayes Hunter.* Er
  führte Regie bei den Wallace-Filmen → *The
  Calendar* (1931), → *The Frightened Lady*
  (1932) → *The Man They Couldn't Arrest*
  (1933), → *White Face* (1933) und → *The
  Green Pack* (1934).
- **LAWRENCE HUNTINGTON,** * *1900 London,
  † 29.11.1968 England.* Der seit 1929 in der
  britischen Filmindustrie tätige Regisseur leitete die Aufnahmen zu → *Todestrommeln
  großen Fluß* (1963). Noch kurz vor seinem
  Tod bereitete er die Poe-Verfilmung *Im Todesgriff der roten Maske* mit Vincent Price und
  Christopher Lee vor, die 1969 von Gordon
  Hessler inszeniert wurde.
- **PETER KEGLEVIC,** * *1948 Salzburg.* Er war
  1995 Regisseur der RTL-Wallace-Filme →
  Die Katze von Kensington, → *Das Karussell
  des Todes* und → *Der Blinde*. Keglevic, ein gefragter Fernsehregisseur, schrieb überdies
  Hörspiele für den ORF und inszenierte an
  verschiedenen Theatern.
- **W. P. KELLINO,** * *1873 London, † 1958 (ohne Angabe); eigentlicher Name: William P.
  Gislingham.* Erscheint im Vor-/Abspann
  manchmal auch als Will Kellino. Der Regis-

seur und Drehbuchautor begann seine Tätigkeit in der frühen Stummfilmzeit. Er war verantwortlich für die Wallace-Verfilmungen → *Angel Esquire* (1919) und → *The Green Terror* (1919).

- **GEORGE KING,** * 1899 *(ohne genaue Angabe) England,* † 1966 *(ohne genaue Angabe) England.* Allroundtalent als Regisseur, Produzent, Drehbuchautor und Darsteller. Er leitete die Aufnahmen für den Wallace-Film → *The Case of the Frightened Lady* (1940).
- **JOHN KNIGHT** *(Lebensdaten unbekannt).* Er inszenierte den Wallace-Film → *The Main Chance* (1964).
- **F. W. KRAEMER** *(Lebensdaten unbekannt).* Regisseur und Produzent. Er war verantwortlicher Regisseur des Wallace-Films → *The Flying Squad* (1932).
- **HARRY LACHMAN,** * 29.06.1886 *La Salle, Illinois,* † 19.03.1975 *Beverly Hills, Los Angeles.* Bedeutender Regisseur der 30er und 40er Jahre, aber auch Drehbuchautor, Darsteller und Produzent. Zeichnete verantwortlich für den Wallace-Film → *The Yellow Mask* (1930).
- **HARRY LAMBART,** * 09. 07.1876 *Dublin,* † 11.06.1949 *London.* Erscheint im Vor-/Abspann manchmal auch als Captain Harry Lambart, Captain Harry Lambert, Harry Lambert. Regisseur und Darsteller. Er realisierte den Wallace-Film → *Down under Donovan* (1922).
- **QUENTIN LAWRENCE** * 1923 *Gravesend, Kent.* Er schuf die → Merton-Park-Wallace-Produktionen → *Playback* (1963) und → *We Shall See* (1964).
- **J. L. V. LEIGH** *(Lebensdaten unbekannt).* Er war Regisseur des Wallace-Films → *Pallard the Punter* (1919).
- **HERMANN LEITNER** *(Lebensdaten unbekannt).* Der Co-Regisseur von → *Der Mixer – Der Mann vom Eaton Place* (1992) begann als Schnittmeister und Drehbuchautor. Als er 1957 seinen ersten eigenen Film (*Ferien auf Immenhof*) inszenierte, wurde er ein gefragter Regisseur. – Weitere Arbeiten als Regisseur: *Liane, die weiße Sklavin* (1957), *Lilli – ein Mädchen aus der Großstadt* (1958), *Glück und Liebe in Monaco* (1959), *Frauen in Teufels Hand* (1960), *Heimweh nach dir, mein grünes Tal* (1960), *Wegen Verführung Minderjähriger* (1960), *Verdammt die jungen Sünder nicht* (1961), *Flying Clipper – Traumreise un-*

ter weißen Segeln (1962), *Polizeifunk ruft* (TV, 1965), *Der Kurier der Kaiserin* (TV, 1971), *Die Melchiors* (TV, 1972), *Kein Abend wie jeder andere* (TV, 1976), *Schicht in Weiß* (TV, 1980), *Der Waldbauernbub* (TV, 1983).

- **ROBERT LYNN,** * 09.06.1918 *London,* † 15.01.1982 *London.* Er führte Regie bei → *Sanders und das Schiff des Todes* und bei der → Merton-Park-Produktion → *Change Partners* (1965). – Weitere Regiearbeiten (Auswahl): *Scotland Yard hört mit* (1962), *Dr. Crippen* (1962), *Die Verdammten der blauen Berge* (1964), *Blonde Fracht für Sansibar* (1964), *Gern hab' ich die Frauen gekillt* (1966), *Diana, Tochter der Wildnis* (1968).
- **ARTHUR MAUDE,** * 1881 *Pontefract, Yorkshire, England,* (Todesdatum unbekannt). Er arbeitete seit der Stummfilmzeit als Darsteller, war Drehbuchautor, Regisseur (festangestellt bei den → Shepperton Studios) und Produzent. Er inszenierte die Wallace-Filme → *The Ringer* (1928), → *The Clue of the New Pin* (1929) und → *The Flying Squad* (1929).
- **CHRISTOPHER MANAUL** *(Lebensdaten unbekannt).* Erscheint im Vor-/Abspann manchmal auch als Chris Menaul. Er führte Regie bei der Wallace-TV-Produktion → *The Case of the Frightened Lady* (1983). – Weitere Regiearbeiten (Auswahl): *Vaterland* (TV, 1994), *Eine Sommernachtsliebe* (1995).
- **PERCY MORAN,** * *(ohne Angabe)* † 1958 *(ohne Angabe).* Erscheint im Vor-/Abspann manchmal auch als Jack Daring. Regisseur und Darsteller der Stummfilmzeit. Er realisierte den ersten Wallace-Film → *Nurse and Martyr* (1915).
- **JOHN LLEWELLYN MOXEY** * 1920 *Hurlingham, England.* Er war Regisseur von → *Das Rätsel des silbernen Dreieck* (1965/66) sowie der → Merton-Park-Produktionen → *Death Trap* (1962), → *The 20.000 Pound Kiss* (1963), → *Ricochet* (1963), → *Downfall* (1964), → *Face of a Stranger* (1964) und → *Strangler's Web* (1965).
- **ROY WILLIAM NEILL,** * 04.09.1887 *Ship off Ireland,* † 14.12.1946 *London; eigentlicher Name: Roland de Gostrie.* Erscheint im Vor-/Abspann manchmal auch als R. William Neill, Roy W. Neill, Roy Neill. Vielbeschäftigter Regisseur, Drehbuchautor und Produzent, der seit der Stummfilmzeit tätig war. Er drehte die Wallace-Filme → *The Menace*

(1932) und → *Thank Evans* (1937).

- **JOHN NELSON-BURTON** *(Lebensdaten unbekannt)*. Er inszenierte die → Merton-Park-Wallace-Produktion → *Never Mention Murder* (1964).

- **GEOFFREY NETHERCOTT** *(Lebensdaten unbekannt)*. Produzent und Regisseur. Er realisierte die → Merton-Park-Wallace-Produktionen → *Accidental Death* (1963) und → *Who Was Maddox?* (1964).

- **WILLIAM NIGH**, * 12.10.1881 Berlin, Wisconsin, † 27.11.1955 Burbank, Kalifornien; eigentlicher Name: Emil Kreuske. Erscheint im Vor-/Abspann manchmal auch als Will Nigh, William Nye. Vielbeschäftigter Regisseur, der seine Tätigkeit (auch als Drehbuchautor und Darsteller) zur Stummfilmzeit begann. Als Regisseur zeichnete er für die Wallace-Verfilmung → *Mystery Liner* (1934) verantwortlich.

- **WILFRED NOY**, * 24.12.1883 South Kensington, London, † 29.03.1948 Worthing, Sussex, England. Regisseur, Drehbuchautor, Produzent und Darsteller, der schon in der frühen Stummfilmzeit tätig war. Er war Regisseur und Autor der Wallace-Verfilmung → *Circumstantial Evidence* (1929).

- **GERRY O'HARA** * 1925 Boston, Lincolnshire, England. Erscheint im Vor-/Abspann manchmal auch als Gerald O'Hara. Drehbuchautor und Regisseur. Er inszenierte die → Merton-Park-Wallace-Produktion → *Game for Three Losers* (1964). – Weitere Regiearbeiten (Auswahl): *Die Goldpuppen* (1965), *Mit Schirm, Charme und Melone* (TV, 1966), *Marokko 7* (1967), *Der Mann mit dem Koffer* (TV, 1968), *Die Profis* (TV, 1981), *Fanny Hill – Die Memoiren eines Freudenmädchen* (1983).

- **STUART PATON**, * 23.07.1883 Glasgow, † 16.12.1944 Monte Carlo. Erscheint im Vor-/Abspann manchmal auch als Stuart Payton. Er war Regisseur des Wallace-Films → *Wanted at Headquarters* (1920).

- **IRVING PICHEL**, * 24.06.1891 Pittsburgh, Pennsylvania, † 13.07.1954 Hollywood, Kalifornien. Bedeutender Regisseur und Darsteller. Er realisierte den Wallace-Film → *Before Dawn* (1933). Ferner sah man ihn in dem Wallace-Streifen → *Return of the Terror* (1934).

- **JACK RAYMOND**, * 1886 Wimborne, Dorsetshire, England, † 20.03.1953 London; eigent-

licher Name: John Caines. Vielbeschäftigter Regisseur, der bereits zur Stummfilmzeit tätig wurde, gelegentlich auch als → Produzent. Er war Regisseur der Wallace-Filme → *The Frog* (1936), → *The Mind of Mr. Reeder* (1939) und → *The Missing People* (1940).

- **GEORGE RIDGWELL** * 1935 Woolwid, England. Bedeutender Regisseur, Drehbuchautor und Darsteller der Stummfilmzeit. Er inszenierte die Wallace-Filme → *The Crimson Circle* (1922) und → *The Four Just Men* (1921, auch Drehbuch).

- **MACLEAN ROGERS** * 1899 Croydon, Surrey, England, † 1962 (ohne Angabe). Erscheint im Vor-/Abspann manchmal auch als P. Maclean Rogers, P. McLean Rogers. Vielbeschäftigter Regisseur, → Drehbuchautor und Produzent. Er inszenierte den Wallace-Film → *The Feathered Serpent* (1934) und schrieb das Drehbuch dazu.

- **ARTHUR ROOKE** *(Lebensdaten unbekannt)*. Wie viele andere Kollegen der frühen Stummfilmzeit war Rooke zugleich Autor, Regisseur und Darsteller. Er führte Regie bei dem Wallace-Filme → *The Diamond Man* (1924).

- **PHIL ROSEN**, * 08.05.1888 Marienburg, Rußland, † 22.10.1951 Hollywood, Kalifornien. Erscheint im Vor-/Abspann manchmal auch als Philip Rosen oder Phil(l)ip E. Rosen. Vielbeschäftigter Regisseur, der seine Laufbahn in der frühen Stummfilmzeit als Kameramann begann. Er führte Regie bei der Wallace-Verfilmung → *Born to Gamble* (1935).

- **ROY DEL RUTH**, * 18.10.1893 Philadelphia, Delaware, † 27.04.1961 Sherman Oaks, Kalifornien. Gelernter Journalist, der 1915 mit dem Film in Berührung kam. Zu seinen zahlreichen Regiearbeiten gehört die Wallace-Verfilmung → *The Terror* (1928), die als erster Horrortonfilm gilt.

- **G. B. SAMUELSON**, * 1888 Birmingham, † 24.04.1947 Staffordshire, England; eigentlicher Name: George Berthold Samuelson. Erscheint im Vor-/Abspann manchmal auch als George Berthold. Bedeutender Regisseur, der den Sprung vom Stumm- zum Tonfilm mühelos schaffte. Daneben war er auch als Drehbuchautor und Produzent tätig. Er führte Regie bei den Wallace-Filmen → *The Forger* (1928) und → *The Valley of Ghosts* (1928) und lieferte das Drehbuch für → *Should a Doctor Tell?* (1930).

- **ERNEST B. SCHOEDSACK,** * 08.06.1893 Council Bluffs, Iowa, † 23.12.1979 Los Angeles. Amerikanischer Regisseur, der neben → Merian C. Cooper für die Verfilmung des Horror-Klassikers → *King Kong* (1932/33) verantwortlich war.
- **VERNON SEWELL,** * 1903 London, † (ohne Angaben); *eigentlicher Name: Vernon Campbell Sewell*. Drehbuchautor und Regisseur. Er inszenierte die Wallace-Produktionen → *The Man In the Back Seat* (1960) und die → Merton-Park-Wallace-Produktion → *Urge to Kill* (1960).
- **MARIO SOLDATI,** * 16.11.1906 Turin, † 19.06.1999 Liceri, Italien. Vielbeschäftigter italienischer Regisseur. Er war Co-Regisseur und Drehbuchautor des einzigen rein italienischen Wallace-Films → *Giallo* (1933).
- **WALTER SUMMER,** * 02.09.1896 Barnstaple, England, † 1973 (ohne Angabe). Der vielbeschäftigte Drehbuchautor und Regisseur, der seine Laufbahn in der Stummfilmzeit begann, inszenierte → *The Dark Eyes of London* (1939).
- **F. MARTIN THORNTON** (Lebensdaten unbekannt). Bedeutender Regisseur der frühen Stummfilmzeit, schrieb gelegentlich auch Drehbücher. Er war verantwortlich für die Wallace-Filme → *The Man Who Bought London* (1916), → *The River of Stars* (1921) und → *Melody of Death* (1922).
- **ROBERT TRONSON** * 1924 Chismark, Massachusetts. Er war Regisseur der Wallace-Filme → *The Man at the Carlton Tower* (1961), → *Man Detained* (1961), → *Never Back Losers* (1962), → *Number Six* (1962) und → *On the Run* (1963) sowie von einigen Episoden der Serie → *The Mind of Mr. J. G. Reeder* (TV, 1969).
- **MONTGOMERY TULLY,** * 06.05.1904 Dublin, † 1988 (ohne Angabe). Drehbuchautor und Regisseur. Er inszenierte die → Merton-Park-Wallace-Produktion → *The Man Who Was Nobody* (1960).
- **MARCEL VARNEL,** * 16.10.1894 Paris, † 13.07.1947 London. Vielbeschäftigter Regisseur und Produzent. Er schuf den Wallace-Film → *Old Bones of the River* (1938).
- **MAX VARNEL,** * 21.03.1925 Paris, † Januar 1996 Sydney. Er inszenierte die → Merton-Park-Wallace-Produktion → *The Rivals* (1963).
- **ROBERT G. VIGNOLA,** * 05.08.1882 Trivigno, Italien, † 25.10.1953 Hollywood, Kalifornien. Erscheint im Vor-/Abspann manchmal auch als Robert Vignola. Früher Stummfilmregisseur, der den Sprung zum Tonfilm schaffte. Seine letzte Regiearbeit war die Wallace-Verfilmung → *The Girl From Scotland Yard* (1937).
- **DAVID VILLIER,** * (ohne Angabe), † 1962 (ohne Angabe). Er inszenierte die → Merton-Park-Wallace-Produktion → *Candidate for Murder* (1961).
- **HARRY WATT,** * 18.10.1906 Edinburgh, † 02.04.1987 Amersham, England. Regisseur und Drehbuchautor. Watt inszenierte Episoden der Fernsehserie → *The Four Just Men* (1959). – Weitere Regiearbeiten (Auswahl): *Das große Treiben* (1947; auch Drehbuch), *Goldgräber* (1949; auch Drehbuch), *Schwarzes Elfenbein* (1952; auch Drehbuch), *Westlich Sansibar* (1954; auch Drehbuch), *Zur Hölle mit Sidney* (1951), *Messenger of the Mountains* (1961).
- **WALTER WEST** (Lebensdaten unbekannt). Regisseur und Produzent der Stummfilmzeit, dessen Karriere mit Einführung des Tonfilms zu Ende ging. Als Regisseur war er für den Wallace-Film → *The Brotherhood* (1926) verantwortlich. – Weitere Regiearbeiten (Auswahl): *A London Flat Mystery* (1915), *The Hard Way* (1916), *Under Suspicion* (1919), *Snow in the Desert* (1919), *The Case of Lady Camber* (1920), *The Scarlet Lady* (1922), *When Greek Meets Greek* (1922), *Hornet's Nest* (1923), *The Great Turf Mystery* (1924), *Woodcroft Castle* (1926), *The Golden Spurs* (1926), *Maria Marten* (1928), *Hundred to One* (1933). Als Produzent war er für folgende Filme verantwortlich (Auswahl): *The Merchant of Venice* (1916), *The Hard Way* (1916), *The Adventures of Dick Dolan* (1917), *A Gamble for Love* (1917), *The Snare* (1918), *A Turf Conspiracy* (1918), *A Daughter of Eve* (1919), *A Son of David* (1920), *The Great Gay Road* (1920), *The Romance of a Movie Star* (1920), *The Penniless Millionaire* (1921).
- **HERBERT WISE,** * 31.08.1924 Wien. Erscheint im Vor-/Abspann manchmal auch als Herbert Weisz, Herbie Wise. Er inszenierte den → Merton-Park-Wallace-Film → *To Have And To Hold* (1963).

REGNIER, CHARLES
* 22.07.1915 Freiburg (Schweiz),
† 13.09.2001 Bad Wiessee
Deutscher Schauspieler. Er verkörperte Inspektor Puddler in → *Der schwarze Abt* (1963) und Major Spedwell in → *Der Fluch der gelben Schlange* (1962/63). Regniers Großvater war Franzose, der Vater wurde in Amerika geboren, die Mutter war Deutsche. Regnier nahm Schauspielunterricht in Berlin und drehte mit 17 Jahren in Prag den Schmalfilm *La Lettre*. 1933 ging er wegen politischer Schwierigkeiten nach Italien, kehrte 1938 zurück und spielte Theater in Greifswald. 1941 heiratete er Pamela, die Tochter des Dichters Frank Wedekind. Im selben Jahr holte ihn Gustav Falckenberg an die Münchner Kammerspiele, wo Regnier auch Regie führte. Nach 1945 spielte er Theater in Düsseldorf, Bochum, Zürich, Berlin und München. Er war in zweiter Ehe mit Sonja Ziemann verheiratet und lebte in Ambach am Starnberger See. – Die graue Eminenz der klassischen Schauspielergarde konnte nicht verleugnen, daß sein eigentliches Metier das Theater war. Der Kosmopolit spielte mit französischem Akzent Figuren voller Esprit und scharfzüngiger Eleganz, leicht blasiert, als würde er ein unsichtbares Monokel tragen.

Charles Regnier

Weitere Filme (Auswahl): *Königskinder* (1950), *Die Tat des Anderen* (1951), *Das Phantom des großen Zeltes* (1954), *Canaris* (1954), *Clivia* (1954), *Sauerbruch* (1954), *Oase* (1955), *Alibi* (1955), *Banditen der Autobahn* (1955), *Ein Mann vergißt die Liebe* (1955), *Anastasia – Die letzte Zarentochter* (1956), *Banktresor 713* (1956), *Ein Herz kehrt heim* (1956), *Heute heiratet mein Mann* (1956), *El Hakim* (1957), *Der singende Engel von Tirol* (1958), *Die schöne Lügnerin* (1959), *Herrin der Welt* (2 Teile, 1960), *Die Ehe des Herrn Mississippi* (1961), *Affäre Nina B.* (1961), *Bankraub in der Rue Latour* (1961), *Julia, du bist zauberhaft* (1962), *Das Testament des Dr. Mabuse* (1962), *Ein Alibi zerbricht* (1963), *Das große Liebesspiel* (1963), *Angélique 1. Teil* (1964), *Verdammt zur Sünde* (1964), *Der Spion, der in die Hölle ging* (1965), *DM-Killer* (1965), *Schüsse im Dreivierteltakt* (1965), *Grieche sucht Griechin* (1966), *Babeck* (TV, 1968), *Die Ente klingelt um halb acht* (1968), *Das Messer* (TV, 1971), *Tod auf der Themse* (TV, 1973), *Das Schlangenei* (1977), *Fabian* (1980), *Der Schnüffler* (1983), *Rosa Luxemburg* (1986), *Cascadeur* (1998), *Die Unberührbare* (2000).

REICHER, ERNST
→ Darsteller

REICHMANN, WOLFGANG
→ Darsteller

REIMANN, HANS
*18.11.1889 Leipzig,
† 13.06.1969 Schmalenbeck bei Hamburg
Deutscher Schriftsteller und Herausgeber.
Reimann, der Berlin studiert hatte, war Teilnehmer an beiden Weltkriegen. Die Zwischenzeiten nutzte er zu einer umfangreichen schriftstellerischen und publizistischen Tätigkeit. 1924–29 war er Herausgeber der satirischen Zeitschrift »Das Stachelschwein«, seit 1952 der »Literazzia«. Schwerpunkte der eigenen Tätigkeit waren Drehbücher (*Das Ekel*, 1931; *So ein Flegel*, 1934) sowie erfolgreiche Parodien verschiedener Genres (teils in sächsischer Mundart) und Humorika anderer Art (u.a. *Die schwarze Liste*, 1916; *Sächsische Miniaturen*, 5 Bände 1921–31; *Das Paukerbuch*, 1922; *Komponist wider Willen*, 1928; *Die voll und ganz vollkommene Ehe*, 1929; *Das Parodienbuch*,

1930; *Das Buch vom Kitsch*, 1936). Zusammen mit Heinrich Spoerl schrieb er *Die Feuerzangenbowle* (1936). Auch Edgar Wallace entging Reimanns sympathischem Spott nicht. Er spießte ihn unter dem kongenialen Titel *Männer, die im Keller husten* auf (*Originalausgabe:* Paul Steegemann Verlag, Berlin 1929). In sieben Kapiteln (*Die toten Augen, Enthüllte Seelen, Der seltsame Mr. Waffle, Auf der Jagd nach F. B., Die grüne Minna, Das gelbe Quadrat, Männer, die im Keller husten*) setzt sich Reimann auf zwerchfellerschütternde Weise mit dem viel gelesenen englischen Autor auseinander – ein kompetenter Hinweis auf das parodistische Potential der Wallace-Romane, das in nicht wenigen Verfilmungen freiwillig oder unfreiwillig ausgespielt wurde (→ Parodien).

REINECKER, HERBERT
* 24.12.1914 Hagen, Westfalen;
Pseudonym: Alex Berg
Deutscher Journalist, Autor und Schriftsteller.
Der Starautor des deutschen Fernsehkrimis (*Der Kommissar, Derrick*) schrieb die Drehbücher zu den Wallace-Filmen → *Der Hexer* (1964), → *Neues vom Hexer* (1965) und → *Der Bucklige von Soho* (1966). Unter dem Pseudonym Alex Berg lieferte er die Drehbücher zu den Streifen → *Die blaue Hand* (1967), → *Der Mönch mit der Peitsche* (1967) und → *Der Hund von Blackwood Castle* (1967). Andere von ihm verfaßte Drehbücher zu Wallace-Projekten wurden fallengelassen, u.a. → *Das Geheimnis der grünen Stecknadel* und → *Der Gorilla von Soho*. Der Sohn eines Reichsbahnschaffners schrieb schon als Kind Geschichten. Er besuchte die evangelische Volksschule und das Gym-

nasium in Hagen, trat im Frühjahr 1932 in die Hitler-Jugend ein. Nach dem Abitur 1934 wurde er in Münster Schriftleiter einer HJ-Zeitschrift für das Gebiet Westfalen. Nach kurzzeitiger Pressearbeit bei der Reichsjugendführung (RJF) wurde er nach Berlin versetzt und war im Amt für Presse und Propaganda als Redakteur der Jungvolk-Zeitschrift *Der Pimpf* tätig. Nach Wiedereinführung der Wehrpflicht absolvierte er in Rathenow eine zweimonatige Ausbildung für Schweres Maschinengewehr. Ab 1936 veröffentlichte Reinecker propagandistische Jugendbücher, ab 1939 auch schöne Literatur: Seine Erzählung *Der Mann mit der Geige* (1939) über die Liebe zwischen einem k.u.k. Hofkapellmeister und einer Prinzessin wurde 1942 von Paul Verhoeven mit Paul Hubschmid und Luise Ullrich verfilmt (*Der Fall Rainer*), sein Drama Stunde des Triumphs (über den irischen Unabhängigkeitskampf) 1940 in Saarbrücken uraufgeführt. 1939 besuchte er einen Drehbuch-Kursus der Tobis; mit dem befreundeten Dramaturgen Christian Bock entstand das Buch zu dem humoristischen Kurzspielfilm *Der Mann mit dem Plan*. 1940 trat Reinecker in die Kriegsberichterkompanie der Waffen-SS ein. Er beobachtete die Rückführung »Volksdeutscher« aus Bessarabien, begleitete die Kampfgruppe Nord der Waffen-SS nach Norwegen, die SS-Division Totenkopf an die Ostfront. Im Mai 1942 übernahm er neben der *Pimpf*-Redaktion auch die Leitung der zunächst monatlich, ab 1943 zweimonatlich erscheinenden Reichszeitschrift der Hitler-Jugend, *Junge Welt*. Zusammen mit dem Regisseur Alfred Weidenmann, gleichfalls Jugendbuchautor und Mitglied der RJF, entstand das Drehbuch zu *Junge Adler* (1944). Der Film, mit hoffnungsvollen Talenten besetzt (Dietmar Schönherr, Hardy Krüger, Gunnar Möller), schildert den Arbeitseinsatz einer Lehrlingsgruppe in einem Flugzeugwerk; er gilt nach *Hitlerjunge Quex* (1933) als wichtigster nationalsozialistischer Propagandafilm. Mit Propaganda-Aufgaben für die im Mai 1943 gegründete SS-Division Hitler-Jugend betraut, begleitete Reinecker im Juni 1944 deren erste Einsätze anläßlich der Invasion der Alliierten. Kurz vor Kriegsende gelang es ihm, sich aus Berlin in die »Alpenfestung« am Wörther See abzusetzen. Er lebte drei Monate versteckt auf einem Bauernhof in Kärnten, dann beschäftigungslos in Hamburg, Halver und Hannover,

Herbert
Reinecker

wo er 1947 Texte für das Kabarett *Ulenspiegel* verfaßte. 1948 zog er nach Landstuhl (Pfalz), betrieb von dort aus drei Jahre lang den Feuilleton-Pressedienst *Die Kurzgeschichte* und schrieb unter wechselnden Pseudonymen. 1951 ging er nach Hamburg, wo er gemeinsam mit Christian Bock Hörspiele für den NWDR verfaßte und mit Alfred Weidenmann einen Kurzfilm über die Jugendstrafinsel Hanöversand drehte (*Weg in die Freiheit*), der mit zwei Bundesfilmpreisen ausgezeichnet wurde. Er schrieb Artikel für das Vertriebenenblatt *Die Stimme*, die Bühnenstücke *Nachtzug* (über eine Flucht aus der DDR) und *Sadowski kommt um acht* (auch TV). 1953 erschien sein Roman *Kinder, Mütter und ein General*. Die Geschichte verführter Kinder, die in den letzten Kriegstagen an der Ostfront den Endsieg herbeiführen sollen, wurde von Eric Pommer (Produktion) und Laszio Benedek (Regie) verfilmt. Reineckers Drehbuch zu *Canaris* (1954), in dem Alfred Weidenmann den hingerichteten Dissidenten idealisiert, erhielt den Deutschen Filmpreis. In den folgenden Jahren gestaltete Reinecker Stoffe um die deutsche Abwehr (*Spion für Deutschland*,1956), die deutsche Luftwaffe (*Der Stern von Afrika*, 1957), den Offizierswiderstand (*Der Fuchs von Paris*, 1957) und die Résistance (*Kennwort: Reiher*, 1964). Er arbeitete auf Anregung des BND-Präsidenten Gehlen das Drehbuch des einstigen RJF-Fotografen Will Tremper zum warnenden Ostagenten-Thriller *Menschen im Netz* (1959) um, widmete sich dann Literaturverfilmungen, adaptierte *Dorothea Angermann* (nach Gerhart Hauptmann, 1958) und *Schachnovelle* (nach Stefan Zweig, 1960) für die Remigranten Robert Siodmak und Gerd Oswald sowie *Schloß Gripsholm* (1963) und *Rheinsberg* (nach Kurt Tucholsky, 1967) für Kurt Hoffmann. Ab Mitte der 60er Jahre verfaßte er zahlreiche Drehbücher für Abenteuer- und Kriminalfilme auch unter dem Pseudonym Alex Berg, da er sie vertragsgemäß direkt an die Produktion abliefern mußte und an ihrer Endfassung nicht mehr beteiligt war. 1963 begann mit der Spionage-Serie *Die 5. Kolonne* seine Zusammenarbeit mit dem Münchner Fernsehproduzenten Helmut Ringelmann. Nach den 3teiligen Krimis *Der Tod läuft hinterher* (1967), *Babeck* (1968) und *11 Uhr 20* (1970) – Straßenfegern, mit denen das ZDF auf die Durbridge-Erfolge der ARD reagierte – lie-

ferte Reinecker ab 1968 die Drehbücher zur auch international erfolgreichen TV-Reihe *Der Kommissar* mit Erik Ode in der Titelrolle. 1973 entwickelte Reinecker die Krimi-Reihe *Derrick* (Titelrolle: Horst Tappert), in der er das überkommene Whodunit-Schema zugunsten psychologisierender Täterporträts zu modifizieren suchte. Zudem versorgte Reinecker das ZDF mit Fernsehspielen, Episodenfilmen (*Kleine Geschichten mit großen Tieren*, 1978) und Specials (*Eine Frau bleibt eine Frau*, 1972/78; mit Lilli Palmer). Zu besonderen Erfolgen werden die Rentner-Idyllen um *Jakob und Adele* (1982/89; mit Carl Heinz Schroth und Brigitte Horney). Aus Reineckers erster Ehe (1937–54) mit einer RJF-Sekretärin hat er eine Tochter und einen Sohn. Mit seiner zweiten Frau Brunhilde (»Holly«), die er 1959 heiratete, lebt Reinecker seit 1964 in Berg am Starnberger See.

Weitere Drehbucharbeiten unter dem Pseudonym Alex Berg (Auswahl): *Der letzte Ritt nach Santa Cruz* (1964), *Die Goldsucher von Arkansas* (1964), *Jerry Cotton Fall Nr. 2: Mordnacht in Manhattan* (1965), *Jerry Cotton Fall Nr. 5: Der Mörderclub von Brooklyn* (1967), *Jerry Cotton Fall Nr. 7: Der Tod im roten Jaguar* (1968), *Winnetou und Shatterhand im Tal der Toten* (1968).

REINL, HARALD
* 09.07.1908 Bad Ischl (Österreich),
† 09.10.1986 Puerto de la Cruz, Teneriffa
Regisseur, Schnittmeister und Autor. Reinl gilt als erfolgreichster Regisseur des deutschen Nachkriegsfilms. Er lieferte 1959 den ersten Wallace-Film (→ *Der Frosch mit der Maske*) und inszenierte anschließend → *Die Bande des Schreckens* (1960), → *Der Fälscher von London* (1961), → *Zimmer 13* (1963) und → *Der unheimliche Mönch* (1965).
Der Sohn eines Bergrats und Ingenieurs studierte nach dem Abitur in Hall Jura in Innsbruck. Als begeisterter Skifahrer wurde er 1930 in Österreich Akademischer Weltmeister und anschließend Mitglied der Ski-Nationalmannschaft. 1938 Promotion zum Dr. jur. Tätigkeit in einer Anwaltskanzlei. Der Bergfilmer Arnold Fanck engagierte ihn als Skifahrer für seine Filme *Stürme über dem Montblanc* (1930; als Double für Leni Riefenstahl) und *Der weiße Rausch* (1930/31). Dadurch lernte er Leni Rie-

fenstahl kennen, für die er 1940/41 in dem Film *Tiefland* als Regieassistent tätig war. 1949 debütierte er mit seinem ersten Spielfilm *Bergkristall*. Nach zahlreichen Heimatfilmen wechselte er 1958 ins Genre der Kriegs- und Actionfilme. Kritiker bezeichneten ihn als »Meister des deutschen Trivialfilms«. Nach dem Erfolg der Wallace-Serie verfilmte er mit *Der Schatz im Silbersee* (1962) den ersten Karl-May-Film, der zum Kassenschlager wurde. Unter seiner Regie entstand ferner die Großproduktion *Die Nibelungen* (2 Teile, 1966). Nach Edgar Allan Poes Erzählung entstand 1967 *Die Schlangengrube und das Pendel*. 1968 lieferte er den letzten Film der Karl-May-Welle, *Winnetou und Shatterhand im Tal der Toten*. Zudem beteiligte er sich an der Jerry-Cotton- und der Pauker-Filmserie und drehte Streifen nach Vorlagen von Jack London und Ludwig Ganghofer. Mit Ausnahme von *Kommissar X jagt die roten Tiger* (1971) und *Sie liebten sich einen Sommer* (1972) wurden alle Filme dieser Zeit bedeutende Erfolge. Resonanz bei Presse und Publikum erzielte auch sein Dokumentarfilm *Erinnerungen an die Zukunft* (1970) nach Erich von Däniken, dem er

1975/76 *Botschaft der Götter* folgen ließ. Mit seiner Adaption des Werner-Keller-Bestsellers *Und die Bibel hat doch recht* (1977) drehte er seinen dritten Dokumentarfilm. Sein letzter Film, den er als 74jähriger inszenierte, war 1982 *Im Dschungel ist der Teufel los*. – Reinl war dreimal verheiratet: ca. 1946–50 mit Corinna Frank, 1954–68 mit der 28 Jahre jüngeren → Karin Dor, die in vielen seiner Filme zu sehen ist (ein Sohn), und seit 1976 mit der 33 Jahre jüngeren tschechischen Schauspielerin Daniela Maria Dana, mit der er ab 1979 in seinem Haus am Stadtrand von Puerto de la Cruz auf Teneriffa lebte. Dort wurde er 1986 von seiner alkoholabhängigen Frau erstochen. – Reinl schuf als Regisseur die naiv-märchenhafte Aura der ersten Winnetou-Filme. Der überragende Erfolg der Serie ging nicht zuletzt auf sein Geschick zurück, Motive des amerikanischen Western und des deutschen Heimatfilms wirkungsvoll zu verschmelzen. Dabei ging ihm nach eigenem Bekunden Wirksamkeit vor Qualität. Produzent → Artur Brauner urteilte: »Es gab keinen, der mehr vom Medium Film und seinen Wirkungsmöglichkeiten verstanden hät-

Harald Reinl: Dreharbeiten zu *Der unheimliche Mönch* (1965)

te. Und er hat immer an das Geld seines Produzenten gedacht – größte Effekte mit geringstem Aufwand!« 1966 prognostizierte Heiko R. Blum: »In späteren Zeiten wird man in ihm wahrscheinlich den typischen Vertreter der 20 Jahre deutschen Nachkriegsfilms sehen und nicht Käutner, Staudte und Hoffmann.«

Weitere Filme: *Oster-Skitour in Tirol* (1939), *Wildwasser* (1939), *Zehn Jahre später* (1948), *Weiße Hölle Montblanc* (1951), *Fegefeuer der Liebe* (1951), *Der Herrgottschnitzer von Ammergau* (1952), *Hinter Klostermauern* (1952), *Der Klosterjäger* (1953), *Rosen-Resli* (1954), *Der schweigende Engel* (1954), *Ein Herz schlägt für Erika* (1955), *Solange du lebst* (1955), *Die Fischerin vom Bodensee* (1956), *Johannisnacht* (1956), *Almenrausch und Edelweiß* (1957), *Die Prinzessin von St. Wolfgang* (1957), *Die Zwillinge vom Zillertal* (1957), *Die grünen Teufel von Monte Cassino* (1958), *Romarei – Das Mädchen mit den grünen Augen* (1958), *U 47 – Kapitänleutnant Prien* (1958), *Paradies der Matrosen* (1959), *Wir wollen niemals auseinandergehen* (1960), *Im Stahlnetz des Dr. Mabuse* (1961), *Die unsichtbaren Krallen des Dr. Mabuse* (1961), *Der Teppich des Grauens* (1962), *Die weiße Spinne* (1963), *Der Würger von Schloß Blackmoor* (1963), *Winnetou 2. Teil* (1964), *Der letzte Mohikaner* (1965), *Winnetou 3. Teil* (1965), *Dynamit in grüner Seide* (1967), *Der Tod im roten Jaguar* (1968), *Todesschüsse am Broadway* (1968), *Pepe, der Paukerschreck* (1969), *Dr. med. Fabian – Lachen ist die beste Medizin* (1969), *Wir hau'n die Pauker in die Pfanne* (1970), *Wer zuletzt lacht, lacht am besten* (1971), *Verliebte Ferien in Tirol* (1971), *Der Schrei der schwarzen Wölfe* (1972), *Grün ist die Heide* (1972), *Die blutigen Geier von Alaska* (1973), *Schloß Hubertus* (1973), *Ein toter Taucher nimmt kein Gold* (1974), *Der Jäger von Fall* (1974), *Sieben Weltwunder der Technik* (TV, 1981).

Filme über Harald Reinl: *Die heile Welt der Märchenhelden* (26.02.1974 ZDF), *Harald Reinl – Kino ohne Probleme* (15.12.1986 BR).

REISEN

Nach seinem Aufenthalt in Südafrika (1896–1903) besuchte Wallace als Reporter seit 1904 Kanada, Marokko, Gibraltar, Spanien, Portu-

1. Harald Reinl mit Karin Dor bei den Dreharbeiten zu *Zimmer 13* **(1963) • 2. Dreharbeiten zu** *Paradies der Matrosen* **(1959) • 3. Dreharbeiten zu** *Winnetou 1. Teil* **(1963)**

gal und erneut Marokko. Eine weitere Afrika-Reise führte ihn 1908 in den Kongo. In den 20er Jahren reiste er mehrmals in die USA. Urlaubsreisen führten ihn nach Belgien und in die Schweiz. 1926 reiste Wallace erstmals nach Deutschland und lernte in Leipzig den Verleger → Wilhelm Goldmann kennen. Dieser war von Wallace' Romanen so begeistert, daß er fortan fast sein gesamtes Werk in deutscher Übersetzung herausbrachte. Weitere Deutschland-Reisen führten Wallace meist nach Berlin, wo er im berühmten Hotel Adlon residierte. Auch im Berliner Polizeipräsidium, wo er in alten Fällen stöberte, um sich für seine Arbeit inspirieren zu lassen, war er ein gerngesehener Gast. – Wallace' Reiseerlebnisse spiegeln sich vielfältig in seinem literarischen Werk wider (→ Schauplätze).

RENNIE, MICHAEL
* 25.08.1909 Bradford,
† 10.06.1971 Harrogate
Englischer Schauspieler. Er wirkte in dem Wallace-Film → The Squeaker (1937) mit. Rennie besuchte er die Schule in Harrowgate und studierte in Cambridge. Mit 26 Jahren hatte er genug vom bürgerlichen Leben und begab sich zu Gaumont-British Pictures mit dem Wunsch, Schauspieler werden zu wollen. Der Anfang war außerordentlich schwer, da er nur kleine Rollen und kleine Gagen bekam. So wechselte er zum Gainsborough Studio, wo er sich auf der Karriereleiter weiter nach oben arbeitete. Hier entdeckte ihn Ben Lyon, einer der führenden Londoner Köpfe von Twentieth Century Fox, und gab ihm 1950 neben Jean Simmons eine Hauptrolle in Trio. Damit war sein Weg nach Hollywood geebnet. Mehr als 30 außerordentlich erfolgreiche Filme folgten, die an den unterschiedlichsten Schauplätzen gedreht wurden: Malta, London, Rom, Hongkong, Indien, Mexiko und Schweiz.
Weitere Filme (Auswahl): Secret Agent (1936), Der Mann, der die Welt verändern wollte (1937), Caesar and Cleopatra (1946), Der Tag, an dem die Erde stillstand (1951), Les Miserables (1952), Rommel der Wüstenfuchs (1952), Das Gewand (1953), Der Untergang der Titanic (1953), Die Gladiatoren (1954), The Third Man (TV, 1959), Versunkene Welt (1960), Tag der Abrechnung (1966), Die sechs Verdächtigen (1968), Königstiger vor El Alamein (1968), Dra-

cula jagt Frankenstein (1969), Die Teufelsbrigade (1969).

RENNWETTEN
Sie waren Wallace' große Leidenschaften. Der Autor besaß Ende der 20er Jahre eine Zeitlang sogar eigene Rennställe, die jedoch keine bedeutenden Pferde hervorbrachten. In vielen seiner Werke hat Wallace wettbegeisterte Protagonisten auftreten lassen, z. B. in den Romanen → The Calendar, → Down Under Donovan, → The Flying Fifty-Five und → The Green Pack.

REPORTER
Beruf, den Wallace zeitlebens ausübte. Schon während seiner Militärzeit hatte Wallace verschiedene Zeitungen mit Artikeln beliefert, zuweilen mit überraschendem Erfolg. Auch in der Zeit danach arbeitete er für verschiedenen Blätter, doch wollte ihn 1899 der Leiter des Kapstädter Büros der Nachrichtenagentur Reuter, → Harvey A. Gwynne, exklusiv als Kriegsberichterstatter verpflichten (Reuter war auch Agentur für die Londoner Daily Mail unter deren Chef → Alfred Harmsworth). Angesichts eines Vorschusses willigte Wallace ein und berichtete bis 1901 über den Burenkrieg in Südafrika. Als Wallace mit den Zensurbestimmungen in Konflikt geriet (→ Afrika), wurde ihm die Lizenz als Kriegsberichterstatter entzogen (→ Lord Kitchener). 1901 lernte er den jüdischen Finanzmann → Harry Freeman Cohen kennen, der die südafrikanische Zeitung Stannard and Digger's News gekauft und ihr den neuen Namen Rand Daily Mail gegeben hatte. Edgar Wallace fungierte bis Sommer 1903 als Herausgeber dieses Blattes, hatte aber weiterhin guten Kontakt zur Daily Mail in London, für die er Artikel wie »Afrika heute« verfaßte. Nach einem handfesten Streit mit Cohen kehrte Wallace 1903 mit Frau und Kind nach London zurück und setzte seine Tätigkeit zunächst bei der Daily Mail fort. Er arbeitete dort für Generaldirektor John Cowley, lieferte Artikel und mußte häufig auf → Reisen (Kongo, Marokko, Portugal, Spanien) gehen. Bis 1909 hatte er schwere Zeiten; einerseits trug die teils spekulative Schreibweise seiner Berichte der Daily Mail eine Reihe von Prozessen ein, andererseits war sein erster → Kriminalroman, → The Four Just Men, zwar ein Verkaufserfolg, doch waren die Werbeinvestitionen höher als

der Umsatz, so daß er die bereits in Südafrika angehäuften Schulden – die Gläubiger verfolgten ihn bis London – weiter vermehrte. Nur durch Erledigung zahlloser Kleinaufträge und viele Zeitungsartikel konnte er sich und seine Familie über Wasser halten. Als Charles Watney, ein ehemaliger Kollege von der Daily Mail, zum Standard ging, bot er Wallace dort eine Stellung an, die dieser akzeptierte. Später arbeitete Wallace immer wieder mit alten Freunden wie Alfred Harmsworth zusammen, doch als er bei der Berichterstattung über den Sensationsprozeß gegen den Arzt → Dr. Crippen, der seine Frau umbrachte, wieder übers Ziel hinausschoß, sah er sich selbst mit einer Anklage konfrontiert. 1914 erhielt er eine Stellung bei der Zeitschrift Town Topics. Nach dem Tod von Lord Kitchener durfte Wallace 1917 einen journalistischen Geheimauftrag für das Kriegsministerium ausführen: Er sollte invalide britische Offiziere und Soldaten, die im Austausch gegen deutsche Soldaten entlassen worden waren, nach deren Eindrücken befragen. – Wallace' Leidenschaft für den Journalismus spiegelt sich in verschiedenen seiner Romane. Den polizeilichen Hauptakteuren stellt er mehrfach Reporter an die Seite, die – nicht selten die besseren Kriminalisten – die Aufklärung der Fälle wesentlich vorantreiben: Josua Harras in → The Squeaker, Michael Quigley in → White Face, Jimmy Cassidy in → The Million Dollar Story, Spike Holland in → The Green Archer und Tab Holland, den Protagonisten von → The Clue of the New Pin. Hinzu kommen die Reporter in der gleichnamigen Kurzgeschichtensammlung (→ The Reporter). – Von den Reporterfiguren der deutschen Verfilmungen besticht vor allem → Eddi Arent (→ Der grüne Bogenschütze, → Der Zinker). Er spielt mit besonderer Brillanz, allerdings weit entfernt von der Psyche, die Wallace diesen Figuren eingehaucht hat. Prädestiniert hierfür wäre schon 1931 → Paul Hörbiger in → Der Zinker gewesen, doch durfte er nicht den »Zinker« entlarven, sondern mußte ihn selbst spielen.

REPORTER, THE
Neun Kriminalgeschichten. *Originalausgabe: Readers Library, London 1929.*
Enthält: THE REPORTER, THE WRITINGS OF MACONOCHIE HOE, THE MURDER OF BENNETT SANDMAN, THE CRIME OP GAI JOI, THE LETHBRIDGE ABDUCTION, THE SAFE DEPOSIT AT THE SOCIAL CLUB, THE CASE OF CROOK BERESFORD, THE CRIME EXPERT, THE LAST THROW OF CROOK BERESFORD.
Inhalt: York Symon, auch Wise Symon (Kluger Syman) genannt, ist Polizeireporter. In neun Geschichten wird erzählt, wie er Hochstaplerinnen, Einbrecherbanden und sogar Mördern auf die Spur kommt. Er unterstützt mit seinen Recherchen den Yard-Detektiv Roon.
Anmerkung: Diese Geschichten wurden bisher nicht ins Deutsche übertragen.

RETURN OF SANDERS OF THE RIVER
→ Francis Gerard

RETURN OF THE FROG, THE
(Die Rückkehr des Froschs)
Kinofilm. England 1938. Produktion: Imperator. Produzent: Herber Wilcox. Regie: Maurice Elvey. Buch: Jan Hay und Gerald Elliott nach dem Roman The India Rubber Men von Edgar Wallace. Kamera: George Stretton. Bauten: Norman Arnold. Schnitt: Peggy Hennassey, Alan Jaggs. Darsteller: Una O'Connor (Mum Oaks), Hartley Power (Sandford), Gordon Harker (Inspektor Elk), Rene Ray (Lila), Cyril Smith (Maggs), Charles Lefeaux (Golly Oaks), Charles Carson (Chief Commissioner), George Hayes (Lane), Aubrey Mallalieu (Bankier), Meinhart Maur (Alkman), Alexander Field (Sniffy Offer), Patrick Parsons. Länge: 76 Minuten.
Inhalt: Die Bande der »Frösche« ist abermals in London aktiv. Ein neuer Bandenchef hat die Exmitglieder zusammengesucht, um sie zu neuen Untaten anzustiften. Täglich machen sie Schlagzeilen, niemand ist vor ihnen sicher. Inspektor Elk, der schon einmal die Bande zur Strecke gebracht hatte, schafft es auch diesmal, die Stadt vom Unwesen der »Frösche« zu befreien.
Kritik zum Film: »Der sensationsgierige Wallace-Fan, der die Plausibilität gerne zugunsten der Spannung opfert, kommt bei dieser melodramatischen und erfindungsreichen Variation der alten Edgar-Wallace-Thematik ganz auf seine Kosten, denn Regisseur Elvery, ein alter Hase in diesem Genre, hat offenbar so gut wie alle Gags aus der Trickkiste der Gruselthriller verwendet. ... Nicht unglaubwürdiger als üblich bei Wallace, durchläuft diese Adaption von ›The

India Rubber Men‹ die ganze Palette der Ingredienzen aus dem Kriminalfilmgenre, mit Fernsehüberwachung im Versteck des Bosses, Zeitbomben, die unter den Polizeibooten angebracht werden, Telefonzellen, mit denen der Yard-Inspektor in die Luft fliegen soll, Giftgas in Kellern, Hafengefilde, die von finsteren Gangstern bevölkert werden – eins folgt auf das andere ohne Unterbrechung.« (Motion Picture Herald, 1939)

Anmerkung: Dieser Film wurde in Deutschland nicht aufgeführt.

RETURN OF THE TERROR, THE
(Die Rückkehr des Schreckens)

Kinofilm. *USA 1934. Produktion: First National. Produzent: Samuel Bischoff. Regie: Howard Bretherton. Buch: Eugene Solow, Peter Milne nach dem Roman The Terror von Edgar Wallace. Kamera: Arthur L. Todd. Musik: Bernard Kaun. Darsteller: Mary Astor (Olga Morgan), Lyle Talbot (Dr. Goodman), John Halliday (Dr. Redmayne), Irving Pichel (Burke), J. Carroll Naish (Steve Scola), Frank McHugh (Joe, der Reporter), Frank Reicher (Reinhardt), Renee Whitney (Virginia Mayo), Robert Barrat (Pudge), George E. Stone (Soapy), Robert C. O'Connor (Bradley), Etienne Giradot (Mrs. Tuttle), George Cooper (Cotton), George Humbert (Tony), Maude Eburne (Mrs. Elvery), Cecil Cunningham (Miss Doolittle), Frank Conroy (Anwalt), Edmund Breese (Herausgeber), Howard C. Hickman (Richter), Lorena Layson (Hausmädchen), Harry Seymor (Stadtreporter), Philip Morris (Wächter), Bert Moorhouse (Erster Mime), Eddie Shubert (Zweiter Mime), Charles Grapewin. Länge: 66 Minuten.*

Inhalt: Ein Arzt wird durch eine Intrige zu Unrecht verurteilt und in eine Irrenanstalt eingewiesen. Sein Freund, ein Reporter, spürt den wahren Täter auf.

Anmerkung: Dieser Film wurde in Deutschland nicht aufgeführt.

RETURN TO SENDER
(Zurück an den Absender)

Kinofilm. *England 1963. Produktion: Merton Park. Produzent Jack Greenwood. Regie: Gor-*

The Return of the Frog: Gordon Harker, Una O'Connor

The Return of the Terror: Maud Eburne,
Frank McHugh, Lyle Talbot, J. Carroll Naish

Return to Sender:
Nigel Davenport (rechts)

*don Hales. Buch: John Roddick frei nach Edgar
Wallace. Kamera: James Wilson. Musik: Bernard
Ebbinghouse. Bauten: Peter Mullins. Ton: Bri-
an Blamey. Schnitt: Gordon Hales. Darsteller:
Nigel Davenport (Dino Steffano), Yvonne Ro-
main (Lisa), Geoffrey Keen (Robert Lindley),
William Rüssel (Mike Cochrane), Jennifer Da-
niel (Beth), Paul Williamson (Tony Shaw), John
Horsley (Superintendent Gilchrist), Gerald An-
dersen (Lloyd), Richard Bird (Fox), Marianne
Stone (Kate), Lucy Griffiths (Agatha), Jackie
Wallis (Janet), Peter Fontaine, James Chase.
Länge: 61 Minuten.*

Inhalt: Kurz vor seiner überstürzten Flucht aus
England wird der Grundstücksspekulant Dino
Steffano verhaftet. Er engagiert Mike Cochrane, der den Staatsanwalt Robert Lindley in Miß-
kredit bringen soll. Cochrane will sich Steffa-
nos früherer Sekretärin Lisa bedienen, um
Lindley zu kompromittieren. Doch Steffano
spielt ein doppeltes Spiel, das von Cochrane
nicht durchschaut wird. Steffano hat alles nur
inszeniert, um seine ehemalige Agentin und
Mätresse Beth loszuwerden, die die Tochter
von Staatsanwalt Lindley ist.

Kritik zum Film: »Ein konventioneller, aber gut
gemachter Thriller aus der Edgar-Wallace-
Serie. Die komplizierte Handlung hat interessante Spannungsmomente und zeichnet sich besonders durch Dialoge und die Charakterzeichnung der Akteure aus.« (Monthly Film Bulletin, 7/1963)

Anmerkung: Dieser Film wurde in Deutschland
nicht aufgeführt.

REZENSIONEN
→ Kritiken

R.H.E. WALLACE LIMITED

Diese Firma wurde von Edgar Wallace 1927 als
Privat-GmbH gegründet, um Steuern zu sparen
und um an ihn zurückfallende Buchrechte zu
sichern. Dadurch blieben seine finanziellen Ri-
siken, die er gerne einging, überschaubar. Alle
Schulden (zum größten Teil Steuerschulden),
die Wallace bei seinem plötzlichen Tod im Februar 1932 hinterließ, bezogen sich auf diese
GmbH. Drei Siebtel der Firma hinterließ Wallace seiner Frau → Violet und vier Siebtel seinen Kindern (wobei → Penelope Wallace ihr
Siebtel mit 21 Jahren erhielt). Nach dem Tod
von Violet 1933 erbte ihre einzige Tochter Penelope auch diese Anteile, so daß sie fortan die
Mehrheit an der Firma besaß. Allerdings konnte Penelope nach dem Willen ihrer Mutter über
dieses Erbe erst mit 25 Jahren verfügen. Durch
den Rechtsanwalt und Nachlaßverwalter →
Theodor Goddard wurde die Firma innerhalb
von zwei Jahren nach Wallace' Tod saniert, so
daß die Erben das Unternehmen weiter für die
Abwicklung der Geschäfte nutzen konnten, u.a.
zur Vergabe von Lizenzen für Theaterstücke,
den Verkauf von Filmrechten oder die Vermarktung zurückfallender Buchrechte. Nach
Ablauf des Copyrights Ende 1981 zahlte Penelope ihre Halbgeschwister bzw. deren Angehörige aus und führte die Firma nur noch aus nostalgischen Gründen weiter. Mitte der 80er Jahre löste sie sie auf.

RIALTO FILM

Deutsche Filmfirma, die im Auftrag von → Constantin Film 32 Edgar-Wallace-Filme produzierte. Gegründet am 18.08.1960 in Frankfurt/M. von dem dänischen Filmproduzenten → Preben Philipsen und dem deutschen Filmkaufmann → Franz Sulley als Rialto Film Preben Philipsen Filmproduktion und Filmvertrieb GmbH. Philipsens Vater Constantin hatte bereits 1897 in Kopenhagen eine gleichnamige Produktionsfirma ins Leben gerufen. Nach der Ernennung von → Horst Wendlandt 1960 zum Produktionschef der Rialto wurde der Firmensitz erst nach Hamburg und 1962 endgültig nach Berlin verlegt. Unter der Leitung von Wendlandt, der die Geschäftsführung von Franz Sulley übernahm, erzielte die Firma große Erfolge mit Verfilmungen nach Edgar Wallace (seit 1960) und Karl May (seit 1962). *Der Schatz im Silbersee* (ebenfalls im Auftrag der Constantin Film hergestellt) wurde zum Auslöser der Karl-May- und Westernwelle in Deutschland und gab den Anstoß zur Produktion der ersten Italowestern. Ende 1962 wurde die Rialto Film Preben Philipsen GmbH & Co. KG mit Sitz Berlin gegründet, in der die Rialto Film Preben Philipsen Filmproduktion und Filmvertrieb GmbH als Komplementär fungierte. Wendlandt hielt jetzt erstmals Anteile an der Gesellschaft, die fortan von ihm geprägt wurde. Als Preben Philipsen in seiner Heimat in finanzielle Schwierigkeiten geriet, zog er sich 1976 aus dem Unternehmen zurück und verkaufte seine Geschäftsanteile an Wendlandt. Die Firma ging über in die Wendlandt Verwaltungsgesellschaft mbH, gleichzeitig wurde die Rialto Film GmbH gegründet (Geschäftsführer: Horst Wendlandt und sein Sohn Matthias).

Mit der neuen Gesellschaft setzte Wendlandt seine erfolgreiche Tätigkeit fort. Er beteiligte sich an internationalen Koproduktionen und brachte Filme von Terence Hill und Bud Spencer, Otto Waalkes und Loriot in die Kinos. Seit Wendlandts Tod (2002) führt der Sohn die Geschäfte seines Vaters fort.

Weitere Rialto-Filme: *Unser Haus in Kamerun* (1961), *Ich bin auch nur eine Frau* (1962), *Der Schatz im Silbersee* (1962), *Winnetou 1. Teil* (1963), *Wartezimmer zum Jenseits* (1964), *Winnetou 2. Teil* (1964), *Unter Geiern* (1964), *Der Ölprinz* (1965), *Winnetou 3. Teil* (1965), *Old Surehand 1. Teil* (1965), *Winnetou und das Halbblut Apanatschi* (1966), *Winnetou und sein Freund Old Firehand* (1966), *Das älteste Gewerbe der Welt* (1967), *Die Zeit der Kirschen ist vorbei* (1967), *Die vollkommene Ehe 1. Teil* (1968), *Die Lümmel von der ersten Bank 2. Teil: Zum Teufel mit der Penne* (1968), *Wie der nackte Wind des Meeres* (1969), *Klassenkeile* (1969), *Das Leben zu zweit – Die vollkommene Ehe 2. Teil* (1969), *Der Kerl liebt mich – und das soll ich glauben?* (1969), *Dr. med. Fabian – Lachen ist die beste Medizin* (1969), *Wie kommt ein reizendes Mädchen wie Sie zu so einem Gewerbe?* (1969), *Die Herren mit der weißen Weste* (1970), *Was ist denn bloß mit Willi los?* (1970), *Die Feuerzangenbowle* (1970), *Groupie Girl* (1970), *Hurra, wir sind mal wieder Junggesellen* (1971), *Rosy und der Herr aus Bonn* (1971), *Unser Willi ist der Beste* (1971), *Willi wird das Kind schon schaukeln* (1972), *Der Killer und der Kommissar* (1972), *Hauptsache Ferien* (1972), *Die Schlange* (1973), *Mein Name ist Nobody* (1973); *Nobody ist der Größte* (1975), *Das Schlangenei* (1977), *Plattfuß in Afrika* (1978), *Sie nannten ihn Mücke* (1978), *Eine einfache*

1. Rialto-Logo • 2. Rialto-Geschäftsführer Matthias Wendlandt mit Autor Joachim Kramp

Geschichte (1979), *Eine Faust geht nach Westen* (1981), *Lola* (1981), *Der Mann im Pyjama* (1981), *Die Sehnsucht der Veronika Voss* (1981), *As der Asse* (1981), *Ein Mann meiner Größe* (1984), *Erste Sehnsucht* (1984), *Momo* (1985), *Otto – Der Film* (1985), *Mit dem Wind um die Welt* (TV, 1987), *Otto – Der neue Film* (1987), *Ödipussi* (1988), *Beim nächsten Mann wird alles anders* (1989), *Otto – Der Außerfriesische* (1989); *Der Skipper* (1990), *Papa ante portas* (1991), *Einmal Arizona* (1991), *Cosimas Lexikon* (1992), *Wir Enkelkinder* (1992), *Otto – Der Liebesfilm* (1992), *Kein Pardon* (1993), *Die Troublemaker* (1995), *Der Mann auf der Bettkante* (TV, 1995), *Die Tote von Amelung* (TV, 1995), *Gnadenlos* (TV, 1996), *OK Garage* (TV, 1997), *Palmetto – Dumme sterben nicht aus* (1998), *Julia – Kämpfe für Deine Träume* (TV, 1998), *Ein tödliches Verhältnis* (1998), *Otto – Der Katastrofenfilm* (2000), *Samba in Mettmann* (2003).

RICHARDS, JOSEPHINE
(Lebensdaten unbekannt).
Die Tochter von → Marie (Polly) Richards und Halbschwester von Edgar Wallace. Sie wurde Joey genannt, heiratete einen gewisssen Donovan und starb bereits mit 25 Jahren. Ihre Tochter Alice Grace Adeline Donovan (* 1886 Cheshire) war die Nichte von Edgar Wallace.

RICHARDS, MARIE
* 1843, † November 1904 Bradford
Die Mutter von Edgar Wallace. Marie Richards, eine geborene Marie Jane Blair, wurde von allen nur Polly genannt. Sie heiratete sehr früh Kapitän Richards *(Lebensdaten unbekannt)*, der sie, bevor er zur See fuhr, schwängerte. Neun Monate später wurde die Tochter → Josephine Richards geboren. Richards kehrte niemals zurück. In Liverpool traf Marie Richards → Alice Mariott und schloß sich ihrer Theatertruppe an. Hier fand sie eine Art Zuhause. Alice Mariotts Sohn → Richard Horatio Edgar Mariott schwängerte Polly in angetrunkenem Zustand. Damit dies nicht öffentlich bekannt wurde, nahm sie für mehrere Monate Abschied von der Truppe und gebar ihren Sohn, den sie als Richard Horatio Edgar Wallace ins Taufregister eintragen ließ. Einige Wochen später gab sie das Kind zu den → Freemans und zur Adoption frei. Danach kehrte sie zur Thea-

Marie Richards

tertruppe zurück. Von Krankheit gezeichnet, suchte sie 1904 ihren inzwischen einigermaßen wohlhabenden Sohn auf und bat ihn um Unterstützung. Dieser weigerte sich jedoch, weil sie sich nach seiner Geburt nicht mehr um ihn gekümmert hatte. Sie starb bald darauf in einem Bradforder Armenhaus.

RICHTER, PAUL
→ Darsteller

RICHTER MAXELLS VERBRECHEN
→ MR. JUSTICE MAXELL

RICHTHOFEN, SIGRID VON
→ Darsteller

RICOCHET
(Bumerang des Todes)
Kinofilm. *England 1963. Produktion: Merton Park. Produzent: Jack Greenwood. Regie: John Moxey. Regieassistenz: Derek Cracknell. Buch: Roger Marshall nach dem Roman The Angel of Terror von Edgar Wallace. Kamera: James Wilson. Musik: Bernard Ebbinghouse. Ton: Brian Blamey, Sidney Rider. Schnitt: Derek Holding. Bauten: Peter Mullins. Darsteller: Maxine Audley (Yvonne Phipps), Richard Leech (Alan Phipps), Alex Scott (John Brodie), Dudley Foster (Peter Dexter), Patrick Magee (Inspektor Cummings), Frederick Piper (Siddall), June Murphy (Judy), Virginia Wetherell (Brenda),*

Alec Bregonzi (Max), Keith Smith, Peter Torquill, Nancy Nevinson, William Dysart, Barbara Roscoe, Anne Godley. Länge: 64 Minuten.

Inhalt: Um an das Vermögen seiner wohlhabenden Frau Yvonne heranzukommen, schmiedet Alan Phipps einen hinterhältigen Plan. Er engagiert ihren früheren Liebhaber, den heruntergekommenen Ex-Playboy John Brodie. Der soll Yvonne mit alten Briefen erpressen. Seiner Frau Yvonne gibt Alan Phipps eine geladene Pistole, während er von Brodie verlangt, er solle Yvonne bei der Geldübergabe provozieren. Bei einem Handgemenge erschießt Yvonne Brodie. Sie wird daraufhin verhaftet und unter Mordanklage gestellt. Doch vergeht Alan Phipps die Freude über das Gelingen seines Plans schnell. Yvonne hatte ihrerseits einen gewissen Dexter eingeweiht. Der versucht nun, von Phipps 5.000 Pfund zu erpressen. Phipps versucht bei einem Treffen, Dexter zu erschießen. Dieser hatte jedoch vorher die Polizei informiert, die den Mord in letzter Sekunde verhindern kann.

Kritik zum Film: »Edgar Wallace' ... wenig erfindungsreiche Geschichte wurde hier in eine zeitgemäße kleinstädtische Szenerie transportiert, recht wirkungsvoll fotografiert ..., aber einfallslos gespielt mit der ausdruckslosen whiskygetränkten Konvention britischer B-Pictures. Alle Akteure sind ziemlich abstoßend, und allen wird ein angemessen jämmerliches Schicksal zuteil. Die Unglaubwürdigkeit des Ganzen ist geeignet, die Spannung zu verdrängen, und das Ende ist im großen und ganzen vorhersehbar.« (*Monthly Film Bulletin,* 8/1963)

Anmerkung: Der Film wurde in Deutschland als Doppelprogramm zusammen mit → *Incident At Midnight* unter dem Obertitel → *Küsse für den Mörder* gezeigt.

RIDGWELL, GEORGE
→ Drehbuchautoren, → Regisseure

RIEBAUER, HARRY
* 04.07.1921 Reichenberg (Tschechoslowakei), † 08.11.1999 Berlin

Deutscher Schauspieler. Er übernahm in vier Wallace-Filmen immer wichtigere Parts: Mr. Snobbits in → *Die blaue Hand* (1967), Mark Denver in → *Der Mönch mit der Peitsche* (1967), Bob in → *Der Mann mit dem Glasauge* (1968) und Milton S. Farnborough in → *Die Tote aus der Themse* (1971).

Sigrid von Richthofen

Nach der Schule nahm Riebauer 1945–47 Schauspielunterricht bei Staatsschauspieler Ulrich von der Trenck. 1947–49 war er beim Stadttheater Zittau und ging danach bis 1950 zum Maxim-Gorki-Theater Berlin. 1950/51 im Theater am Schiffbauerdamm Berlin und anschließend bis 1961 bei der Volksbühne Berlin. Ab 1961 gab er Gastspiele an Berliner Bühnen (u.a. Berliner Theater, Komödie Berlin, Renaissance-Theater, Schauspielhaus Hansa und Theater am Kurfürstendamm). Seit 1961 war er freier Schauspieler; man sah ihn neben den Wallace-Filmen u.a. auch in *Der Untertan* (1951), *Die Geschichte vom kleinen Muck* (1953), *Gesprengte Ketten* (1962), *Stärker als der Haß* (1963), *Samson und der Schatz der Inkas* (1965), *Rat mal wer heut bei uns schläft* (1969), *Die liebestollen Baronessen* (1970) und in den Bryan-Edgar-Wallace-Verfilmungen *Der Würger von Schloß Blackmoor* (1963), *Der Henker von London* (1964) und *Das 7. Opfer* (1964). Im Fernsehen übernahm er Rollen u.a. in *Die Dame und der Blinde* (1959), *Jeder stirbt für sich allein* (1962), *Der Fall Rohrbach* (1963), *Morenga* (1995), *Bei mir liegen Sie richtig* (1990) sowie in einigen Folgen in der Krimi-Serie *Der Kommissar* (1969–1975).

1. Harry Riebauer •
2. *Ricochet:* Richard Leech, Maxine Audley

RIKOLA VERLAG
→ Verlage

RILLA, WALTER
* 22.08.1894 Neunkirchen, Saarland,
† 21.11.1980 Rosenheim
Deutscher Schauspieler, Regisseur und Schriftsteller. Er mimte in vier Wallace-Filmen den Grandseigneur: John Leith in → *Der Fälscher von London* (1961), Sir Robert Marney in → *Zimmer 13* (1963), Lord Kingsley in → *Der Teufel kam aus Akasava* (1970) und Dr. Schnei-

der in → *Todestrommeln am großen Fluß* (1963). Nach philosophischen Studien betätigte sich Rilla zunächst als Journalist, dann als Dramaturg an einem Berliner Theater. Als dort 1923 ein Hauptdarsteller plötzlich erkrankte, sprang er, ohne jemals Unterricht gehabt zu haben, ein und wurde nun selbst Schauspieler. Später entdeckte ihn der Film; er spielte u.a. in *Die große Sehnsucht* (1930), *Der Geiger von Florenz* (1931), *24 Stunden aus dem Leben einer Frau* (1931), *Hanneles Himmelfahrt* (1934) und *Lady Windermere's Fächer* (1935). 1933 emigrierte er, um das Leben seiner jüdischen Frau nicht zu gefährden. In London baute er sich eine neue Existenz auf und spielte unter der Regie von → Alexander Korda in vielen Filmen. Nach dem Krieg kehrte er nach Deutschland zurück. Hier wirkte er u.a. in *Bekenntnisse des Hochstaplers Felix Krull* (1957), *Scampolo* (1957), *... und nichts als die Wahrheit* (1958), *Serenade einer großen Liebe/Der Sänger von Capri* (1959), *Die Wahrheit über Rosemarie* (1959) und in der Mabuse-Serie der CCC Film mit. Immer häufiger widmete er sich dem Fernsehen. U.a. inszenierte er Fernsehspiele nach Drehbüchern von Alix du Fresnes, die er

zehn Jahre nach dem Tode seiner ersten Frau geheiratet hatte.

Weitere Filme (Auswahl): *Der goldene Salamander* (1950), *Nur wenige sind auserwählt* (1960), *Unser Haus in Kamerun* (1961), *Die Wunderwelt der Gebrüder Grimm* (1962), *Das Testament des Dr. Mabuse* (1962), *Scotland Yard jagt Dr. Mabuse* (1963), *Die Todesstrahlen des Dr. Mabuse* (1964), *Kennwort Reiher* (1964), *Das 7. Opfer* (1964), *Die Verdammten der blauen Berge* (1964), *Ich, Dr. Fu Man Chu* (1965), *Vier Schlüssel* (1965), *Die Rechnung – eiskalt serviert* (1966), *Grieche sucht Griechin* (1966), *Der Tod ritt dienstags* (1967), *Pepe, der Paukerschreck* (1969), *Die sieben Männer der Sumuru* (1969), *Millionen nach Maß* (TV, 1970).

Interview-Zitat anläßlich der Dreharbeiten zu *Todestrommeln am großen Fluß*: »Es ist wirklich putzig genug, über zwanzig Jahren sind Albert (Lieven) und ich in London Nachbarn. Jede Woche spielen wir mit unseren Frauen zusammen Karten. Doch um nach so vielen Jahren auch das erste Mal zusammen zu drehen, da müssen wir erst hierher in den afrikanischen Busch fahren.«

RINGER, THE (BUCH)

Kriminalroman. Basiert auf dem gleichnamigen Theaterstück. *Originalausgabe: Hodder & Stoughton, London 1926. Deutsche Erstveröffentlichung: Der Hexer. Übersetzung: → Fritz Pütsch. Wilhelm Goldmann Verlag, Leipzig 1926. Neuübersetzung: Max C. Schirmer. Wilhelm Goldmann Verlag, Leipzig 1927. Neuausgabe: Wilhelm Goldmann Verlag, Leipzig 1931 (= Die Meisterromane 2). Neuübersetzung: → Ravi Ravendro (Bearbeitung der Schirmer-Fassung): Wilhelm Goldmann Verlag, Leipzig 1933. Neuausgabe (Pütsch-Fassung): Wilhelm Goldmann Verlag, Leipzig 1938. Neuausgabe (Schirmer-Fassung): Schweizer Druck und Verlagshaus, Zürich 1950. Neuausgabe (Pütsch-Fassung): Wilhelm Goldmann Verlag, München 1951. Taschenbuchausgabe: Wilhelm Goldmann Verlag, München 1953 (= Goldmann Taschen-KRIMI 30). Weitere Taschenbuchauflage im Wilhelm Goldmann Verlag: 1959. Neuausgaben: Bertelsmann Verlag, Gütersloh 1959 und 1971. Neuübersetzung: → Gregor Müller. Wilhelm Goldmann Verlag, München 1972 (=*

Walter Rilla

Goldmann Taschen-KRIMI 30). Weitere Taschenbuchauflagen: 1973, 1975, 1978, 1980, 1981, 1982, 1984, 1987. Jubiläumsausgaben im Wilhelm Goldmann Verlag: 1990, 2000 (= Band 35). Jubiläumsausgaben im Wilhelm Goldmann Verlag 1992 (= Band 2). Neuübersetzung: Marilyn Wilde unter dem Titel Der Unsichtbare, genannt Der Hexer. Heyne Verlag, München 1983 (= Blaue Krimis 2059). Neuauflagen: 1988, 1990 (= Blaue Krimis 2059). – Großschriftausgabe: Verlag Hans Richarz, St. Augustin 1978 (= Band 67). – Großschriftausgabe: Verlag Hans Richarz, St. Augustin 1978 (= Band 67). – Anläßlich des 125. Geburtstages des Autors brachte der → Weltbild Verlag 2000 eine Wallace-Edition heraus. Hier erschien der Roman in einer Doppelausgabe zusammen mit Menschen (→ People).

Inhalt: Henry Arthur Milton, in London besser bekannt als der »Hexer«, vermittelt seiner Schwester Gwenda eine Stellung bei dem Rechtsanwalt Maurice Meister. Doch bei Meister ist das Mädchen in größter Gefahr. Eines Tages ist Gwenda tot. Der »Hexer« kehrt von Australien nach London zurück, um sich an Meister zu rächen, nicht jedoch, ohne ihn vorher zu warnen. Meisters Wohnsitz liegt ausgerechnet im Dienstbezirk des frischgebackenen Inspektors Alan Wembury, der mit dem spektakulären Diebstahl der Perlen von Lady Darnleighs vollauf zu tun hat. Inkognito tritt Milton auf, um sich Zugang zu Meisters Wohnung zu verschaffen. Auch Miltons Frau Cora Ann tritt in Erscheinung und stiftet dadurch große Verwirrung. Wembury versucht, Meister zu schützen und Milton zu verhaften. Eine atemberaubende Hetzjagd beginnt. Trotzdem wird Meister eines Tages von einem Säbel durchbohrt.

Anmerkungen: Der Hauptunterschied zur Erstfassung des Romans (→ The Gaunt Stranger) besteht darin, daß Cora Ann Milton dort ihren Mann erschießt. Darüber hinaus kommen in der Ringer-Fassung weder Inspektor Bliss noch Miltons Schwester Gwendolin vor; Meister heißt hier mit Vornamen Maurice, nicht Lewis. – Verfilmungen: → Hexer-Verfilmungen.

RINGER, THE (FERNSEHEN)
Fernsehfilm. England 1938. Produktion: BBC. Produzent: Royston Morley. Nach dem Roman The Ringer von Edgar Wallace. Hauptdarsteller: Cecil Parker, Gina Malo, Henry Oscar, Willy Patch, Majorie Rhodes, Garry Marsh.
Inhalt: TV-Adaption des gleichnamigen Roman von Edgar Wallace.
Anmerkung: Dieser Fernsehfilm wurde in Deutschland nicht ausgestrahlt.

RINGER, THE (FILM I)
(Der Hexer)
Kinofilm. England 1928. Produktion: British Lion. Regie: Arthur Maude. Nach dem Roman The Ringer von Edgar Wallace. Darsteller: Leslie Faber (Dr. Lomond), Annette Benson (Cora Ann Milton), W. Lawson Butt (Maurice Meister), Nigel Barrie (Inspektor Wembury), John F. Hamilton (John Lenley), Muriel Angelus (Mary Lenley), Esther Rhodes (Gwenda Milton), Hayford Hobbs (Inspektor Bliss), Charles Emerald (Sam Hackett), Alexander Knox. Länge: 77 Minuten.
Inhalt: Henry Arthur Milton, genannt der »Hexer«, ist aus seinem Exil zurückgekehrt, um den Mörder seiner Schwester, den zwielichtigen Maurice Meister, zu töten. Mit Raffinesse schleicht er sich in den Polizeiapparat ein und läßt seiner Rache freien Lauf.
Kritik zum Film: »Leslie Faber spielt seinen Dr. Lomond genauso wie in der Produktion im Wyndham Theater und wiederholt sein meisterhaftes Schauspiel so perfekt, wie man es sich nur wünschen kann. John Hamilton gibt die kluge Studie eines schüchternen jungen Mannes, und Lawson Butt spielt Mr. Meister mit offenkundigem Engagement. Die komödiantische Komponente von Charles Emerald wirkt überaus erfolgreich, und Hayford Hobbs geht als Spion gewandt durch den Film. Auch Annette Benson als Cora Ann ist erquicklich, und Muriel Angelus und Esther Rhodes komplettieren die wirklich hervorragende Besetzung.« (The Bioscope, 1928)
Anmerkung: Dieser Film wurde in Deutschland nicht aufgeführt.

RINGER, THE (FILM II)
(Der Hexer)
Kinofilm. England 1931. Produktion Gainsborough/British Lion. Produzent: Michael Balcon. Regie: Walter Forde. Buch: Angus McPhail und Robert Stevenson nach dem Roman The Ringer von Edgar Wallace. Kamera: Alex Bryce, Leslie Rowson. Darsteller: Patrick Curwen (Dr. Lo-

mond), Franklin Dyall (Maurice Meister), Carol Goodner (Cora Ann Milton), Gordon Harker (Samuel Hackett), Esmond Knight (John Lenley), John Longden (Inspektor Wembury), Dorothy Bartlam (Mary Lenley), Henry Hallett (Inspektor Bliss), Arthur Stratton (Sergeant Carter), Kathleen Joyce (Gwenda Milton), Eric Stanley (Commissioner). Länge: 60 Minuten.

Inhalt: Maurice Meister, ein zwielichtiger Londoner Geschäftsmann, ist schuld am Tod seiner Sekretärin Gwendolin Milton. Dies veranlaßt ihren Bruder Henry Arthur Milton, nach London zurückzukehren, um sich an Meister zu rächen. Milton ist kein Geringerer als der mysteriöse »Hexer«, der vor Jahren London verlassen mußte. Auf raffinierte Weise bringt er Meister zur Strecke.

Kritik zum Film: »Tausende, die ›The Ringer‹ sahen, als das Stück 51 Wochen am Wyndham Theater lief, und all jene, die Edgar Wallace' Roman ›The Gaunt Stranger‹ lasen, nach dem es inszeniert wurde, werden das Erscheinen dieses Films mit Entzücken begrüßen. Die Stummfilmversion mag zu ihrer Zeit gefallen haben, doch die Dialoge machen die Sensation perfekt, und man kann dem ›Hexer‹ mit Sicherheit ein neues Leben prophezeien. Sowohl die Haupt- als auch die Nebenrollen werden exzellent gespielt. ... Die Hauptintention ist natürlich, das Publikum zum Raten zu motivieren, und es kann keine faszinierendere Kurzweil für den Filmbesucher geben, als Versuche anzustellen, den Täter zu entdecken. Der Vielgesuchte

The Ringer: (Film II) **John Longden, Gordon Harker**

agiert offensichtlich vor den Augen des Zuschauers, aber nur wenige werden ihn in dem exzentrischen alten Doktor mit dem schottischen Akzent erkennen.« (The Bioscope, 1931)
Anmerkung: Dieser Film wurde in Deutschland nicht aufgeführt.

RINGER, THE (FILM III)
(The Ringer – Der Mörder kam um Mitternacht)
Kinofilm. *England 1952. Produktion: London Films. Regie: Guy Hamilton. Buch: Val Valentine und Lesley Storm nach dem Roman The Ringer von Edgar Wallace. Regieassistenz: Edwin Cotton. Kamera: Ted Scaife. Musik: Malcolm Arnold. Ton: John Cox. Kostüme: Ivy Baker. Schnitt: Bert Ruie. Bauten: Joseph Bato, W. E. Hutchinson und Pamela Davies. Produktionsleitung: Jack Swinburne. Darsteller: Herbert Lom (Maurice Meister), Donald Wolfit (Dr. Lomond), Mai Zetterling (Lisa), Greta Gynt (Cora Ann), William Hartnell (Samuel Cuthbert Hackitt), Dora Bryan (Mrs. Hackitt), Norman Wooland (Inspektor Bliss), Denholm Elliott (John Lenley), Charles Victor (Inspektor Wembury), Walter Fitzgerald (Polizeikommissar), Campbell Singer (Sergeant Carter), John Stuart (Gärtner), John Slater (Mr. Bell), Robert Raglan. Länge: 78 Minuten. Deutsche Erstaufführung (TV): 1990 RTL.*

Inhalt: Verbrechen sind das Geschäft des ehrenwerten Biedermannes Maurice Meister. Bisher konnte er seine Untaten verbergen. Doch als seine Sekretärin Gwenda Milton ermordet wird, kehrt deren Bruder Henry Arthur nach London zurück, um ihren Tod zu sühnen. Nach diesbezüglichen Drohungen wird Meister von der Polizei beschützt. Trotzdem gelingt es Milton, der auch der »Hexer« genannt wird, Meister zu töten.

Kritik zum Film: »Dieser Thriller hat die Fehler fast all dieser stereotypen britischen Filme. Dekor und Dialoge sind bühnenhaft, und die gute Besetzung, bemerkenswert vor allem die Leistungen William Hartnells, kann nur wenig dazu beitragen, um dieser Geschichte Leben einzuhauchen.« *(Monthly Film Bulletin, 1/1953)*

RINGER, THE
Theaterstück von Edgar Wallace. Basiert auf seinem Roman → *The Gaunt Stranger*. Originalausgabe: S. French, London 1926. Deutsche

Erstveröffentlichung: Der Hexer. Übersetzung: Rita Matthias. Wilhelm Goldmann Verlag, Leipzig 1927.

Eine erste Fassung des Stücks hatte der Autor → Gerald du Maurier, dem Direktor des Londoner → Wyndham Theaters, vorgelegt. Dieser kritisierte Teile des Inhalts und vor allem den Titel. Wallace nahm die erwünschten Änderungen vor und betitelte das Stück The Ringer. Die Uraufführung fand unter Leitung von Gerard du Maurier am 01.05.1926 im Wyndham Theater statt. Die Premiere konnte mit den besten Stars der Londoner Theaterszene aufwarten: Leslie Banks, Nigel Bruce, Gordon Harker, Frank Dyall, Leslie Faber und Dorothy Dickson. Im Mittelpunkt des Stücks steht ein getarnter Verbrecher, auf den jedermann Jagd macht. Am Schluß entpuppt er sich als charmanter und einflußreicher Beamter von Scotland Yard. Nicht nur in England hatte das Stück sensationellen Erfolg. Als einziges Drama des

Autors wurde es auch nach seinem Tod hin und wieder gespielt. Die deutsche Erstaufführung ging am 27.05.1927 im Deutschen Theater, Berlin, über die Bühne. – Wallace arbeitete The Ringer noch 1926 zum gleichnamigen Roman um.

RIVALS, THE
(Die Rivalen)

Kinofilm. England 1963. Produktion: Merton Park. Produzent: Jack Greenwood. Regie: Max Varnel. Buch: John Roddick nach dem Roman Elegant Edward von Edgar Wallace. Kamera: James Wilson. Musik: Bernard Ebbinghouse. Bauten: Scott McGregor. Ton: Brian Blamey. Schnitt: Derek Holding. Darsteller: Jack Gwillim (Rolf Neilson), Erica Rogers (Kim Harris), Brian Smith (Steve Houston), Tony Garnett (Jimmy Vosler), Barry Linehan (Paul Kenyon), Murray Hayne (Alex Nichols), Howard Greene (Eddy McQuire), Philip Latham (Lawrence),

The Ringer: (Film III) **Mai Zetterling, Herbert Lom, Norman Wooland, Donald Wolfit, William Hartnell**

Maria Lennard (Phillipa Martin), Jack Rodney (Mick O'Leary), Donna Pearson (Christina Neilson), Tony Bailey (Jumbo Johnson), Michael Mellinger (Walter), Ann Bassett, Peter Thomas, Oliver McGreevy, George Grimshaw Brown. Länge: 56 Minuten.

Inhalt: In London wird Christina Neilson, die Tochter des reichen schwedischen Industriellen Rolf Neilson, gekidnappt. Paul Kenyon, der Kopf der Gangsterbande, will 75.000 Pfund für ihre Freilassung erpressen. Die Lösegeldforderung soll Neilson zusammen mit der Mütze und der Anstecknadel Christinas übergeben werden. Aber Neilsons Sekretärin Phillipa, die für die Kidnapper arbeitet, läßt beides kurze Zeit unbewacht in ihrem Wagen, der prompt gestohlen wird. Steve und Eddy, die beiden Diebe, finden das Päckchen. Sie sind zwar keine Profigangster, wollen aber zusammen mit ihrer Freundin Kim durch diesen Coup reich werden. Obwohl Kim ihnen abrät, deponieren Steve und Eddy das Päckchen in Neilsons Hotelzimmer mit der Aufforderung, sich mit ihnen in Verbindung zu setzen. Neilson, der seine Tochter nicht gefährden will, schaltet keine Polizei ein. Inzwischen haben die wahren Entführer gemerkt, daß ihr Plan schiefläuft. Sie bringen Christina auf ein Hausboot. Steve und Eddy erhalten von Neilson das Geld und geben ihm dafür die Adresse, wo sie das Auto gestohlen haben, da sie annehmen, daß Christina dort gefangengehalten wird. Neilson trifft dort aber

nur Phillipa und zwingt sie, das richtige Versteck preiszugeben. Unterdessen haben die Gangster Steve, Eddy und Kim in eine Falle gelockt. Eddy wird bei einer Schießerei schwer verwundet. Um ihn zu retten, beschließen Kim und Steve, auf das Geld zu verzichten. In letzter Sekunde können sie die Polizei verständigen.

Kritik zum Film: »Hier liegt zwar eine interessante Geschichte und ein kompaktes Drehbuch zugrunde, Schauspiel, Ausstattung und Regie bewegen sich jedoch nur auf dem durchschnittlichen Niveau der Serie, ohne die vorhandenen Möglichkeiten voll auszuschöpfen.« (Monthly Film Bulletin, 10/1963)

Anmerkung: Dieser Film wurde in Deutschland nicht aufgeführt.

RIVER OF STARS, THE (BUCH)

Kriminalroman. *Originalausgabe: Ward Lock & Co., London 1913. Deutsche Erstveröffentlichung: Der Diamantenfluß. Übersetzung: Maria Christa Domidion. Verlag Wendt & Co., Berlin 1928. Neuausgabe: Verlag Oestergaard, Berlin 1928. Neuausgabe: Martin Maschler Verlag, Berlin 1928 (= Erdkreisbücher 19). Neuübersetzung: →Ravi Ravendro (Bearbeitung der Domidion-Fassung). Wilhelm Goldmann Verlag, Leipzig 1932. Neuausgabe: Wilhelm Goldmann Verlag, Leipzig 1937. Neuausgabe (Dimidion-Fassung): Wilhelm Goldmann Verlag, München 1950. Taschenbuchausgabe: Wilhelm Gold-*

The Rivals: **Erica Rogers, Tony Garnett, Murray Hayne u.a.**

mann Verlag, München 1953 (= Goldmann Taschen-KRIMI 16). Weitere Taschenbuchauflagen im Wilhelm Goldmann Verlag: 1971, 1973, 1974, 1975, 1976, 1978, 1979, 1982, 1984, 1997. Jubiläumsausgaben im Wilhelm Goldmann Verlag: 1990, 2000 (= Band 9). Neuübersetzung: Hedi Hummel-Hänseler. Scherz Verlag, Bern, München, Wien 1985 (= Scherz Krimi 1003). Neuauflage 1988. Neuausgabe: Hesse & Becker Verlag, Dreieich 1986 (im Doppelband 5/2). – Anläßlich des 125. Geburtstages des Autors brachte der → Weltbild Verlag 2000 eine Wallace-Edition heraus. Hier erschien der Roman in einer Doppelausgabe zusammen mit *Bones in London* (Bones in London).

Inhalt: Verborgen im Alebi-Land soll es einen Fluß geben, auf dessen Grund geschliffene Diamanten liegen. Aber außer dem alten Sutton hat keiner den sagenhaften Fluß je gesehen, denn kein weißer Eindringling konnte das Alebi-Land lebendig verlassen. Durch Zufall findet Amtmann Sanders den irren Sutton als letzten Überlebenden einer Expedition. Er hat eine Karte bei sich – scheinbar mit der genauen Lage des Flusses – und einen seltsamen Kompaß ohne Zeiger. Monate später macht sich Suttons Sohn Francis auf die Jagd nach den Diamanten und verschwindet ebenso in den Dschungeln Afrikas wie die Mitglieder der ersten Expedition. In London bemüht sich seine Schwester Cynthia, die Suche nach ihrem Bruder zu organisieren. Amber, ein Fremder mit geheimnis-

umwitterter Vergangenheit, bietet ihr seine Hilfe an. Auch Alhonso Lambaire, ein Freund der Familie, will sie bei der Suche unterstützen, doch hat er in Wahrheit ganz andere Pläne: Er will die Diamanten selbst erbeuten und seine Gaunerkollegen ausboten.

Anmerkungen: Die Erstausgabe in der Übersetzung von → Ravi Ravendro hatte besondere Kapitelüberschriften, die in späteren Ausgaben entfielen. – Der Roman wurde 1921 verfilmt unter dem Titel → *The River of Stars*.

RIVER OF STARS, THE (FILM)
(Der Diamantenfluß)

Kinofilm. England 1921. Produktion: Stoll. Regie: F. Martin Thornton. Buch: Leslie Howard Gordon nach dem Roman *The River of Stars* von Edgar Wallace. Darsteller: Philip Anthony (John Amber), Faith Bevan (Cynthia Sutton), Teddy Arundell (Auguste Lambaire), W. Dalton Somers (Cornelius J. Whitney), H. Agar Lyons (Commissioner Sanders), Fred Thatcher (Frances Sutton), J. Edwards Barber (Inspektor Fells), Ronald Power (Mr. Sutton). Länge: 52 Minuten.

Inhalt: Mitten im sumpfigen, unzugänglichen Urwald, der von gefährlichen Eingeborenen bewohnt wird, soll ein sagenumwobener Diamantenfluß fließen. Eine Expedition von drei Männern begibt sich auf die Suche, doch Monate vergehen, ohne daß man wieder etwas von ihnen hört. Zwei Kundschafter, die der Koloni-

The River of Stars: **Faith Bevan**

albeamte Sanders widerwillig aussendet, können nur die sterblichen Überreste der Expeditionsteilnehmer entdecken. Den Diamantenfluß allerdings scheint es wirklich zu geben. Als eine Landkarte auftaucht, auf der er eingezeichnet ist, beginnen sich auch in London dunkle Elemente für ihn zu interessieren.

Anmerkung: Dieser Film wurde in Deutschland nicht aufgeführt.

R.K.O.

Traditionsreiche amerikanische Filmproduktionsfirma in Hollywood (Los Angeles). Für R.K.O. fuhr Wallace 1931 nach → Amerika und lieferte ihr das Treatment für den Film → *King Kong* (1932/33, Wallace' Arbeitstitel: Kong). R.K.O. produzierte ferner den Wallace-Film → *Before Dawn* (1933).

R.K.O. gehörte zu den bekanntesten Firmen in der Frühzeit des Tonfilms. Sie entstand 1929 durch die Fusion des »Theaterstromkreises« Keith Orpheum (R.K.O.; gegr. 1882) mit Joseph P. Kennedys Film-Anmeldungsbüro (gegr. 1917) und der Radio Corporation of America (RCA; gegr. 1909). Die Abkürzung R.K.O. behielt man bei. Logo der später Radio Pictures genannten Firma wurde ein gigantischer Radio-Turm, der sich über die gesamte Erde erstreckt und seine Strahlen in den Weltraum sendet. Das älteste noch heute tätige Filmstudio der Welt lieferte in den goldenen Zeiten von Hollywood durchschnittlich 40 Filme pro Jahr; in manchen Jahren wurde jede Woche ein Film fertiggestellt. Das Studio hatte einige der begabtesten Künstler unter Vertrag, u.a. Weltstars wie Katherine Hepburn, Cary Grant, Ingrid Bergman, Orson Welles, Robert Mitchum, Bette Davis, Kugel Lucille, John Ford und Alfred Hitchcock. Ende der 40er Jahre wurde R.K.O. von dem Milliardär Howard Hughes erworben. In den folgenden Jahrzehnten wurde es still um die Firma, die meist nur noch als Verleih fungierte. Besonders hart traf es mehrere der großen Hollywood-Studios in den 80er Jahren. Columbia wurde von Sony geschluckt; MGM und R.K.O hatten Mühe, auf die durch Video und Satellitenfernsehen eingetretenen Veränderungen zu reagieren. Seit den 90er Jahren konnte R.K.O einen neuen Aufschwung nehmen. Mit einem konkurrenzfähigen Entwicklungskonzept produziert, verleiht und finanziert die Firma neue Filme und liefert digitale Überarbeitungen alter Streifen. Seine internationale Verleihabteilung, R.K.O International, vermarktet R.K.O.-Filme überwiegend im Ausland.

Weitere Filme (Auswahl): *Cimarron* (1931), *Flying Down to Rio* (1933), *The Informer* (1935), *Top Hat* (1935), *Swing Time* (1936), *Gunga Din* (1939), *Room Service* (1939), *Citizen Kane* (1941), *Suspicion* (1941), *The Magnificent Ambersons* (1942), *I Walked With a Zombie* (1943), *Murder, My Sweet* (1945), *The Bachelor and the Bobby Soxer* (1947), *Fort Apache* (1948), *The Fugitive* (1948), *I Remember Mama* (1948), *Mr. Blandings Builds His Dream House* (1948), *She Wore a Yellow Ribbon* (1949), *Stromboli* (1950).

ROBERTSON, DALE

* 14.07.1923 Harrah, Oklahoma;
eigentlicher Name: Dayle Lymoine Robertson
Amerikanischer Schauspieler. Er mimte A. J. Agnus in → *Sanders und das Schiff des Todes* (1964).

Robertson, ein glänzender Reiter, der sich von Jugend an auf Pferderücken heimisch fühlte, war prädestiniert für abenteuerliche Wildwestfilme. Zudem hatte er sich schon früh als erfolgreicher Boxer (zunächst als Amateur, später als Berufsboxer) einen Namen gemacht. Seine erste Starrolle übernahm er 1952 unter der Regie von Jean Negulesco in *Schwarze Trommeln*. Fortan sah man ihn neben vielen internationalen Stars wie z.B. Richard Widmark.

Weitere Filme (Auswahl): *Fünf Perlen* (1952), *Das letzte Gefecht* (1954), *Anna von Brooklyn* (1958), *Das Gesetz der Gesetzlosen* (1964), *Goldfieber* (1964), *Maschine Gun Kelly* (TV, 1974), *Der Denver-Clan* (TV-Serie, 1981).

ROBERTSON-JUSTICE, JAMES

* 15.06.1905 Wigtown,
† 02.07.1975 King's Somborne
Englischer Schauspieler. Er verkörperte in der englischen Fassung von → *Das Geheimnis der weißen Nonne* (1966) Sir John, den Chef von Scotland Yard.

Robertson-Justice, der fließend deutsch sprach, begann seine Laufbahn als Journalist. Später war der Doktor der Naturwissenschaften sechs Jahre lang Rektor der Universität Edinburgh. Erst in reiferen Jahren wurde der bärtige, jovial-füllige Mann als Charakterdarsteller bekannt.

Weitere Filme (Auswahl): *Christoph Kolumbus* (1949), *Des Königs Admiral* (1951), *Robin Hood, Rebell des Königs* (1952), *Les Miserables* (1952), *Aber, Herr Doktor* (1954), *Doktor Ahoi!* (1955), *Land der Pharaonen* (1955), *Moby Dick* (1956), *Hilfe, der Doktor kommt!* (1957), *Die Kanonen von Navarone* (1961), *16 Uhr 50 ab Paddington* (1961), *Das Feuerschiff* (1962), *Ich, Dr. Fu Man Chu* (1965), *Die tollkühnen Männer in ihren fliegenden Kisten* (1965), *Lange Beine – lange Finger* (1966), *O Darling – was für ein Verkehr* (1968), *Tschitti Tschitti Bäng Bäng* (1968), *Mayerling* (1968).

RODDICK, JOHN
→ Drehbuchautoren

ROEG, NICOLAS
→ Drehbuchautoren

ROGERS, MCLEAN
→ Drehbuchautoren und → Regisseure

ROHM, MARIA
* 25.02.1943 Wien
Österreichische Schauspielerin. Sie übernahm 1966 die Rolle der Ingrid in → *Die Pagode zum fünften Schrecken* (1966).
Die als Maria Grohm geborene Wienerin lernte und spielte acht Jahre am Wiener Burgtheater. Danach übernahm sie einige kleine Rollen in deutschen Filmen, bevor sie der englische Produzent Harry Alan Towers entdeckte und ihr, nach einer ersten Rolle in seiner Produktion *Blonde Fracht nach Sansibar* (1964), einen langjährigen Vertrag gab. Später heirateten beide.
Weitere Filme (Auswahl): *Scharfe Küsse für Mike Forster* (1965), *In Beirut sind die Nächte lang* (1965), *Das Haus der tausend Freuden* (1967), *Sumuru die Tochter des Satans* (1967), *Die Rache des Dr. Fu Man Chu* (1967), *Der Todeskuß des Dr. Fu Man Chu* (1968), *Diana – Tochter der Wildnis* (1968), *Marquis de Sade: Justine* (1968), *Das Bildnis des Dorian Gray* (1969), *Der heiße Tod* (1969), *Das Schloß der Gehenkten* (1969), *Die sieben Männer der Sumuru* (1969), *De Sade 70* (1969), *Der Hexentöter von Blackmoor* (1969), *Paroxismus* (1969), *Labyrinth der Sexualität* (1970), *Nachts, wenn Dracula erwacht* (1970), *Black Beauty* (1971), *Ruf der Wildnis* (1972), *Die Schatzinsel* (1972), *Ein Unbekannter rechnet ab* (1974), *Annie Belle – zur Liebe geboren* (1975).

ROLAND, JÜRGEN
* 25.12.1925 Hamburg
Deutscher Regisseur. Roland inszenierte die Wallace-Filme → *Der rote Kreis* (1959) und → *Der grüne Bogenschütze* (1960/61).
Roland begann nach dem Krieg als Rundfunkreporter beim Nordwestdeutschen Rundfunk und überzeugte durch seine realistischen Alltags-Reportagen. Schon damals war Roland seiner eigentlichen Passion, der Kriminalistik, verfallen. Er studierte mit Feuereifer die einschlägige Literatur, lernte als Reporter auch die finstersten Winkel von St. Pauli kennen und entwickelte mit der Zeit einen beachtlichen kriminalistischen Spürsinn. 1948 wechselte er zum Film und assistierte Fritz Kirchhoff, Hans Müller, Paul Martin und Eugen York. Sein eigentliches Metier wurde jedoch das Fernsehen. Hier gelang ihm der Durchbruch mit der dokumentarisch angelegten *Stahlnetz*-Serie (1958–65), die sich auf Anhieb als Volltreffer erwies. Für diese Sendereihe wurde Roland 1961 mit dem Goldenen Bildschirm ausgezeichnet. 1959 meldete sich erneut der Film, um den technisch und

Jürgen Roland

541

handwerklich versierten Regisseur zu gewinnen. Sein Debüt war eine Episode in dem Streifen *Unser Wunderland bei Nacht* (1959). Dann folgten die Wallace-Filme sowie die beiden Abenteuerstreifen *Heißer Hafen Hongkong* (1962) und *Der schwarze Panther von Ratana* (1962). Nach dem hoch gelobten zeitgeschichtlichen Film *Der Transport* (1961; nach einem Stoff von Wolfgang Altendorf) folgte sein größter filmischer Triumph: *Polizeirevier Davidswache* (1964). Dieser Streifen erhielt den Bundesfilmpreis 1965 sowie die Goldene Leinwand. Bevor er an seinen nächsten Kinofilm *Vier Schlüssel* (1966) ging, drehte Roland für das Deutsche Fernsehen *Die Katze im Sack* (1965) nach einem Roman von James Hadley Chase. Später wandte er sich wieder der Stadt Hamburg zu und inszenierte mehrere Filme im St.-Pauli-Milieu: *Die Engel von St. Pauli* (1969), *St. Pauli-Report* (1971) sowie *Zinksärge für die Goldjungen* (1973), mit dem er seine Kinofilmkarriere beendete. Zuvor hatte er noch in Hongkong den Thriller *Das Mädchen von Hongkong* (1972/73) mit Joachim Fuchsberger gedreht. Danach widmete sich Roland nur noch dem Fernsehen, wo er u.a. für mehrere Folgen der *Tatort*-Serie verantwortlich zeichnete.

Weitere Regiearbeiten (Auswahl): *Die Flußpiraten vom Mississippi* (1963), *Lotosblüten für Miss Quon* (1967), *Einer fehlt beim Kurkonzert* (TV, 1968), *Froschmänner* (TV, 1970), *Tod am Steuer* (TV, 1971), *In Schönheit sterben* (TV, 1972), *Großstadtrevier* (TV, 1986), *Peter Strohm* (TV, 1988).

Interview-Zitat anläßlich der Dreharbeiten zu → *Der grüne Bogenschütze*: »Man kann den Leuten heute nicht mehr einreden, daß einer mit Pfeil und Bogen auf Rache auszieht. Hier muß man viele humorige Lichter in das rauhe Geschehen bringen und persifliert hin und wieder ein bißchen.«

Wußten Sie, daß Jürgen Roland wegen Erkrankung des Regisseurs → Josef von Baky die Dreharbeiten zu → *Die seltsame Gräfin* zu Ende führte?

ROMANE
→ Abenteuerroman, → Afrikaerzählungen, → Gesellschaftsroman, → Jugendroman, → Kriegsroman, → Kriminalroman, → Sachroman, → Thriller, → Turfroman, → Unterhaltungsroman

ROME, STEWARD
→ Darsteller

ROOKE, ARTHUR
→ Regisseure

ROOM THIRTEEN (BUCH)
Kriminalroman. *Originalausgabe: John Long, London 1924. Deutsche Erstveröffentlichung: Zimmer 13. Übersetzung: Robert von Voss. Eden Verlag, Berlin 1928. Neuausgabe: Wilhelm Goldmann Verlag, Leipzig 1929. Neuausgabe: Wilhelm Goldmann Verlag, Leipzig 1931 (= Die Meisterromane 6). Neuausgaben: Wilhelm Goldmann Verlag, Leipzig 1934 und 1938. Neuausgabe: Wilhelm Goldmann Verlag, München 1950. Taschenbuchausgabe: Wilhelm Goldmann Verlag, München 1954 (= Goldmann Taschen-KRIMI 44). Weitere Taschenbuchauflage im Wilhelm Goldmann Verlag: 1972. Neuausgabe: Bertelsmann Verlag, Gütersloh 1973. Neuübersetzung: → Gregor Müller. Wilhelm Goldmann Verlag, München 1974 (= Goldmann Taschen-KRIMI 44). Weitere Ta-*

schenbuchauflagen: *1975, 1976, 1980, 1982, 1997. Jubiläumsausgaben im Wilhelm Goldmann Verlag: 1990, 2000 (= Band 81). Neuübersetzung: Alexandra von Reinhardt. Heyne Verlag, München 1983 (= Blaue Krimis 2061). Neuübersetzung: Edith Walter. Scherz Verlag, Bern, München, Wien 1984 (= Scherz Krimi 955).* – Anläßlich des 125. Geburtstages des Autors brachte der → Weltbild Verlag 2000 eine Wallace-Edition heraus. Hier erschien der Roman in einer Doppelausgabe zusammen mit *Lord wider Willen* (→ *Chick*).

Inhalt: Jahrelang sitzt Emanuel Legge im Gefängnis und sinnt auf Rache an Peter Kane, der ihn nach gemeinsam begangenem Bankraub der Polizei auslieferte, um selbst sein Schäfchen ins Trockene bringen zu können. Nach seiner Entlassung besucht Legge eine Abendgesellschaft auf Zimmer 13 des Londoner Highlow Clubs, um seinen Plan auszuführen. Doch die Sache geht schief. Als der Morgen graut, liegt nicht Kane, sondern Legge tot in Zimmer 13, erschlagen mit einem Feuerhaken. Detektiv John Gray Reeder nimmt unter dem Decknamen Jonny Gray den Fall in die Hand. Doch seine Aufgabe gestaltet sich schwieriger als erwartet, da ihm Legges Sohn Jeffrey mit seiner Geldfälscherbande in die Quere kommt.

Anmerkung: Der Roman wurde zweimal verfilmt: 1937 unter dem Titel → *Mr. Reeder in Room 13* und 1963 unter dem Titel → *Zimmer 13.*

ROQUETTE, SUZANNE
→ Darsteller

ROSE, HARRY
→ Kameramänner

ROSEN, PHIL
→ Regisseure

ROTE KREIS, DER (BUCH)
→ THE CRIMSON CIRCLE

ROTE KREIS, DER (FILM I)
(The Crimson Circle)
Kinofilm. *Deutschland/England 1928. Produktion: Efzet. Regie: Friedrich Zelnik und Sinclair Hill. Buch: Fanny Carlsen, Howard Caye und Edgar Wallace nach dem Roman The Crimson Circle von Edgar Wallace. Kamera: Frederik Fuglsang und Leslie Rowson. Regieassistenz: Louis Domke. Musik: Edmund Meisel. Bauten: Robert A. Dietrich. Aufnahmeleitung: Adolf Essek. Darsteller: Lya Mara (Thalia Drummond), Steward Rome (Derrick Yale), Hans Marlow (Birdmore), Fred Louis Lerch (Jack Birdmore), John Castle (Inspektor Parr), Albert Steinrück (Froyant), Otto Treßler (Ministerpräsident), Otto Wallbug (Marl), Hans Albers (Marls Diener), Ilka Grüning (Vermieterin), Annie Ann (Milly), Bruno Ziener (Kriminalkommissar), Hugo Döblin (Pfandleiher), Ria Weber (Zofe), Edgar Wallace. Uraufführung: Ende März 1929, Capitol Berlin.*

Inhalt: Während einer Galavorstellung im Theater wird ein Mann im Parkett erschossen. Der Täter bleibt unerkannt. Bei der Untersuchung des Toten findet sich ein mysteriöser Brief mit der Warnung: »Wenn das Geld nicht

bis 5 Uhr hinterlegt ist, sind Sie ein toter Mann.«
Markiert ist er mit einem geheimnisvollen Zeichen, dem roten Kreis. Einige Spuren weisen darauf hin, daß der Urheber dieses und anderer Verbrechen, die sich in ganz Europa ereignen, seinen Sitz in London hat. Während Inspektor Parr von Scotland Yard mit der Aufklärung des Falles beschäftigt ist, hat Mr. Birdmore, der Drohbriefe des Roten Kreises erhalten hat, sich des Schutzes von Privatdetektiv Derrick Yale versichert. Trotz dieser Vorsichtsmaßnahmen können weder Parr noch Yale verhindern, daß auch der alte Birdmore ein Opfer des Roten Kreises wird. Schon vor dem Tod seines Vaters hatte sich Jack Birdmore zu Thalia Drummond, der Sekretärin seines Nachbarn Mr. Froyant, hingezogen gefühlt. Parr stellt eines Tages fest, daß Thalia Drummond ihren Chef bestohlen und einen goldenen Buddha aus dessen Sammlung asiatischer Antiquitäten versetzt hatte. Zu seinem Erstaunen erfährt Jack vor Parr weiter, daß Thalia Drummond der Polizei bereits seit längerem als Diebin und Betrügerin bekannt ist. Parr verhaftet Thalia, die vor Gericht gestellt wird und eine Bewährungsstrafe erhält. Thalia Drummond scheint ein Mitglied des Roten Kreises zu sein, erhält sie doch

vom Leiter dieser Organisation den Auftrag, im Bankhaus Brabazon eine Stelle anzunehmen. Der Grundstücksmakler Marl, der auch mit dem alten Birdmore Geschäfte gemacht hatte, ist nicht nur ein Kunde Brabazons, sondern auch im Besitz einer Fotografie, die beweist, daß dessen Frau keines natürlichen Todes gestorben ist. Marl benutzt sie, um Brabazon zu erpressen. Als Marl eines Tages sein gesamtes Guthaben bei Brabazon abheben will, bittet ihn der um einige Tage Geduld. In dieser Zeit lädt Marl Thalia zu einem Abendessen in sein Haus ein. Am nächsten Morgen wird Marl tot in seinem Bett aufgefunden. Während Derrick Yale und Inspektor Parr noch mit der Lösung dieses neuen Rätsels beschäftigt sind, versetzt eine weitere Drohung des Roten Kreises alle Gemüter in Aufregung. Der Ministerpräsident hat, wie die anderen Opfer des Roten Kreises, einen Erpresserbrief erhalten, der ihn mit dem Tod bedroht. Fast gleichzeitig erhält Thalia Drummond vom Roten Kreis den Befehl, sich während eines Festes dem Ministerpräsidenten zu nähern und dafür zu sorgen, daß er sie in seine Wohnung einlädt. Thalia gelingt es, diese Einladung zu erhalten, und folgt dem Minister in seine Villa. Laute Hilferufe des Ministers, der durch einen Dolchstoß schwer verletzt ist, lassen die Diener in das Zimmer eilen, in dem der Minister mit Thalia zusammen war. Das Mädchen ist verschwunden. Derrick Yale gelingt es, Thalia in ihrer Wohnung wegen Mordverdachts zu verhaften. Doch am nächsten Tag steht London vor einem neuen Rätsel: Thalia ist auf unerklärliche Weise nachts aus dem Frauengefängnis entflohen. Die Polizei muß sich Hohn und Spott gefallen lassen. Die oberste Polizeibehörde beruft jedoch für den nächsten Tag eine außerordentliche Sitzung ein; geladen sind auch Derrick Yale und Inspektor Parr, der eine sensationelle Aufklärung der Verbrechen des Roten Kreises in Aussicht stellt.

Kritik zum Film: »Im wesentlichen enthält dieser Film wenig, was ihn von anderen Detektivgeschichten unterscheidet. Der mit einer mysteriösen Chiffre signierte Brief ist ein alter Hut, vor allem in ›serials‹, und die Verbrechen selbst bieten wenig Neues. Daß Detektiv Yale, der Verbrecher und das Mädchen unschuldig sind, wird jedoch bis zum Schluß sorgfältig verborgen, und einem nicht zu anspruchsvollen Publikum wird der Film gefallen.« (The Bioscope, 1930)

Anmerkungen: Der Film wurde, wie 1961 →
Das Geheimnis der gelben Narzissen, in
deutsch-englischer Gemeinschaftsproduktion
hergestellt. Er hatte eine Originallänge von
3795 m und wurde von der Zensur des Deutschen Reiches am 28.12.1928 verboten. Nach
einer Kürzung auf 3100 m wurde der Film am
14.01.1929 freigegeben. 1930 wurde der Film
in England nachsynchronisiert.

ROTE KREIS, DER (FILM II)
(Den blodrode Cirkel)

Kinofilm. *Bundesrepublik Deutschland/Däne-
mark 1959. Regie: Jürgen Roland. Regieassistenz: Hansi Köck, Ole Mynster. Drehbuch: Trygve Larsen (d.i. Egon Eis) und Wolfgang Menge
nach dem Roman The Crimson Circle von Edgar Wallace. Kamera: Heinz Pehlke. Kameraas-
sistenz: Wolfgang Treu, Bernhard Hellmun.
Schnitt: Margot Jahn. Schnittassistenz: Edith
Schüssel. Ton: Knud Kristensen. Bauten: Erik
Aaes. Musik: Willy Mattes. Kostüme: Lilo Ha-
gen. Masken: Fritz Seyfried, Asse Tarp. Standfotos: Erik Overbye, Theo Huster, Artur Grimm.
Presse: Theo-Maria Werner. Produktion: Rialto
Film Preben Philipsen A/S, Kopenhagen, für*
*Constantin Film, München. Produzent: Preben
Philipsen. Herstellungsleitung: Helmut Beck.
Aufnahmeleitung: Werner Hedmann, Michel
Hildesheim. Geschäftsführung: Leif Feilberg.
Drehzeit: November–Dezember 1959. Atelier:
Palladium Atelier, Kopenhagen-Hellerup. Au-
ßenaufnahmen: Kopenhagen. Erst-Verleih: Pris-
ma-Filmverleih, Frankfurt/M. Länge: 92 Minu-
ten (2505 m). Format: 35 mm; s/w; 1:1.33.
FSK: 22.02.1960 (21724); 16 nff; 02.03.1960.
Uraufführung: 02.03.1960, Universum Stutt-
gart. TV-Erstsendung: 08.06.1974 ZDF. Dar-
steller: Karl-Georg Saebisch (Inspektor Parr),
Renate Ewert (Thalia Drummond), Klausjürgen
Wussow (Derrick Yale), Thomas Alder (Jack Beardmore), Alfred Schlageter (Mr. Beardmore),
Erica Beer (Mrs. Carlyle), Eddi Arent (Sergeant
Haggett), Fritz Rasp (Froyant), Ernst-Fritz Fürbringer (Sir Archibald Morton), Edith Mill (Lady Doringham), Richard Lauffen (Marles),
Heinz Klevenow (Brabazon), Ulrich Beiger (Osborne), Albert Watson (Sergeant Johnson), Pa-
nos Papadopulus (Matrose Selby), Richard
Gruppe (James, Diener bei Beardmore), Karl-
Heinz Peters (Henker), Alf Marholm (Gefängnisdirektor), Günter Hauer (Schaffner), Mogens*

Der rote Kreis: (Film II)
1. **Karl-Georg Saebisch, Klausjürgen Wussow** •
2. **Renate Ewert, Thomas Alder**

Brandt, Georg Philipp und Friedrich Schütter (Double von »Der rote Kreis«).

Inhalt: London wird durch eine mysteriöse Verbrecherbande, die am Ort ihrer Erpressungen und Morde stets einen roten Kreis zurückläßt, in Angst und Schrecken versetzt. Scotland Yard ist verzweifelt. Auch Privatdetektiv Derrick Yale, den Chefinspektor Parr hinzuzieht, kann kein Licht in das Dunkel bringen. Schließlich entdeckt man eine Spur: Vor Jahren entging ein zum Tode verurteilter Mann der Hinrichtung und wurde zu lebenslänglicher Haft begnadigt. Nach seiner Flucht hält sich dieser Mann nun unter falschen Namen in London auf. Mit außergewöhnlichen Vollmachten seines Chefs Sir Archibald Morton ausgestattet, gelingt es Inspektor Parr schließlich, dem »Roten Kreis« eine Falle zu stellen.

Kritiken zum Film: »Gerade das sanft Antiquierte der Wallace-Kriminalistik macht den Hauptreiz aus, jenes Überspannen des Spannungsbogens, jene Mystifikation des Verbrechens, jener wüste Nachttischlektürenzauber. Das Entfesselte ist's, was an Wallace fesselt.« (Süddeutsche Zeitung, München, 07.03.1960) »Eine Filmunterhaltung, die auch das Licht der Tageskasse nicht zu scheuen braucht.« (Hamburger Abendblatt, 06.04.1960)

Zitate aus dem Film: Als Derrick Yale den alten Beardmore besucht, taucht dessen Neffe Jack auf. Beardmore: »Mein Neffe Jack. Er wohnt hier. Der letzte Beardmore. Weiß selbst nicht, wie der in unsere Familie gekommen ist. Faul, dumm und gefräßig.« Yale: »Sind Sie sicher, daß er so dumm ist?« Beardmore: »Faul ist er bestimmt. Wenn ich daran denke, daß der mal alles erbt, wenn ich sterbe ... Das allein schon verdirbt mir den Spaß am Tode.«

Anmerkungen: Zunächst war vorgesehen, diesen Film in Göttinger Ateliers mit Außenaufnahmen in Hamburg zu drehen. Für die Rolle der Thalia Drummond war ursprünglich Ulla Jacobsson vorgesehen.

Fazit: Ein Moritatenfilm erster Güteklasse.

ROTE KREIS, DER (HÖRSPIEL)

→Europa-Hörspielproduktion Nr. 5 nach dem gleichnamigen Roman von Edgar Wallace.
Buch: Frank Sky. Regie: Heikedine Körting. Titelmelodie: David Allen. Musik und Effekte: Bert Brac, Betty George. Künstlerische Gesamtleitung: Andreas Beurmann. Mit den Stimmen

Der rote Kreis: (Film II) **1. Karl-Georg Saebisch • 2. Eddi Arent, Karl-Georg Saebisch • 3. Renate Ewert, Klausjürgen Wussow**

von Horst Naumann (Erzähler), Klaus Wilcke (Privatdetektiv Yale), Klaus Barth (Henker Pallion), Ferdinand Dux (Mr. Brabazon), Hans Paetsch (Mr. James Beardmore), Rainer Schmitt (Mr. Jack Beardmore), Erich Soller (Inspektor Parr), Monika Gabriel (Miss Thalia Drummond), Manfred Steffen (Mr. Froyant), F. J. Steffens (Mr. Marl), Ulf Schaller (Ambrose Silby).

ROTE KRIMIS

Was für den Karl-May-Verlag die Grünen Bände sind, sind für den → Goldmann-Verlag die Roten Taschenkrimis, kurz Rote Krimis genannt. 1952 wurden sie erstmals auf den Markt gebracht. Als Nr. 1 erschien Wallace' → *Der Frosch mit der Maske*, gefolgt von *Die weiße Spinne* von Louis Weinert-Wilton. Bis heute sind fast 10.000 Titel erschienen, u.a. von Agatha Christie, Victor Gunn, Francis Durbridge, Marten Cumberland, Herbert Adams, Thomas Muir oder Arthur W. Upfield, um nur einige der wichtigsten Autoren der Anfangsphase zu nennen. Wallace' Afrikaerzählungen veröffentlichte Goldmann unter dem Label Gelbe Taschenbücher.

ROTEN ASSE, DIE
→ Red Aces

ROWSON, LESLIE
→ Kameramänner

ROXY FILM

Deutsche Filmproduktionsfirma mit Sitz in München. Gegründet 1952 von → Luggi Waldleitner. Roxy Film fungierte als Co-Produzentin des Wallace-Films → *Die Schokoladen-Schnüffler* (1985). Nach Waldleitners Tod 1998 wurde es still um die Firma. Später wurde sie ins Imperium der KirchMedia integriert und produzierte weitere Kino- und Fernsehfilme.
Wichtige Roxy-Filme: *Tausend rote Rosen blüh'n* (1952), *Regina Amstetten* (1953), *Oase* (1955), *Die Barrings* (1955), *El Hakim* (1957), *Der kühne Schwimmer* (1957), *Und noch frech dazu* (1959), *Bumerang* (1959), *Schachnovelle* (1960), *Frau Cheneys Ende* (1961), *Straße der Verheißung* (1962), *Neunzig Minuten nach Mitternacht* (1962), *Der Mann mit den 1000 Masken* (1965), *Siebzehn Jahr, blondes Haar* (1966), *Unser Boß ist eine Dame* (1967), *Die letzte Rechnung zahlst du selbst* (1967), *Hemmungs-* *lose Manon* (1968), *Die große Treibjagd* (1968), *Komm nur, mein liebstes Vögelein* (1968), *Venus im Pelz* (1968), *Sieben Tage Frist* (1969), *Herzblatt* (1969), *Der Erbarmungslose* (1969), *Perrak* (1970), *Das gelbe Haus am Pinnasberg* (1970), *Cannabis – Engel der Gewalt* (1970), *Und Jimmy ging zum Regenbogen* (1971), *Liebe ist nur ein Wort* (1971), *Schüler-Report* (1971), *Mädchen beim Frauenarzt* (1971), *Der Stoff, aus dem die Träume sind* (1972), *Und der Regen verwischt jede Spur* (1972), *Alle Menschen werden Brüder* (1973), *Gott schützt die Liebenden* (1973), *Einer von uns beiden* (1973), *Drei Männer im Schnee* (1974), *Die Antwort kennt nur der Wind* (1974), *Bis zur bitteren Neige* (1975), *Das Netz* (1975), *Rosemaries Tochter* (1976), *Die Elixiere des Teufels* (1976), *Marianne und Sophie* (1983), *Die Einsteiger* (1985), *Geld oder Leber!* (1986), *Killing Blue* (1988), *Der Kinoerzähler* (1993), *Diebinnen* (1996), *Jenseits der Stille* (1996), *Sieben Monde* (1998).

ROZSA, MIKLOS
→ Komponisten

RTL
Luxemburgischer Fernsehsender mit deutschem Sitz in Köln. Der damalige Geschäftsführer Helmut Thoma beauftragte Anfang der 90er Jahre die → Rialto Film, drei Kriminalfilme frei nach Edgar Wallace zu produzieren. So entstanden 1995 die Fernsehfilme → *Der Blinde*, → *Das Karussell des Todes* und → *Die Katze von Kensington*. Kurz vor seinem Ausscheiden bei RTL gab Thoma 1997 der Rialto den Auftrag für fünf weitere Wallace-Filme. Zwischen September 1997 und März 1998 entstanden daraufhin die Streifen → *Das Haus der toten Augen*, → *Das Schloß des Grauens*, → *Die unheimlichen Briefe*, → *Die vier Gerechten* und → *Whiteface*. Diese Filme wurden im April/Mai 2002 bei Super RTL ausgestrahlt.

RUDOLPH, LARS
→ Darsteller

RUPP, SIEGHARDT
* 14.07.1931 Bregenz (Österreich)
Österreichischer Schauspieler. Er übernahm 1966 die Rolle des Petersen in → *Die Pagode zum fünften Schrecken* (1966).

Der Sohn eines Mädchenschuldirektors wollte ursprünglich Medizin studieren. Aus Geldmangel hörte er statt dessen an der Wiener Universität fünf Semester Welthandel. In dieser Zeit besuchte er erstmals das Theater und begann sich für die Bühne zu interessieren. So begann er ein Studium an der Reinhardt-Schule, das er als Musterschüler bereits nach zwei Jahren abschloß. Einen ersten Theatervertrag in Salzburg löste er von heute auf morgen auf, um sich in Westafrika einer Gruppe von Großwildfängern anzuschließen. Da in Afrika Schweißer gefragt waren, ging er nach Hamburg und ließ sich in diesem Beruf ausbilden. Nach zehnmonatiger Tätigkeit als Hilfsmonteur bekam er jedoch für dieses Gewerbe keine Arbeitsbewilligung und Aufenthaltsgenehmigung. Mit Kind und Kegel ging er zurück nach Wien. Hier wurde er von dem Regisseur Edwin Zbonek entdeckt, der ihm eine Rolle in der Verfilmung des Ahlers-Stücks *Philemon und Baukis* unter dem Titel *Am Galgen hängt die Liebe* (1960) gab. Viele andere Filme folgten; zwischendurch spielte er weiterhin Theater. Dem deutschen Publikum ist er vor allem als Zollfahnder Kressin in der ARD-Krimireihe *Tatort* (1971–73) bekanntgeworden.
Weitere Filme (Auswahl): *Der Teufel spielte Balalaika* (1961), *Wilde Wasser* (1962), *Die Försterchristel* (1962), *Waldrausch* (1962), *Der letzte Ritt nach Santa Cruz* (1963), *Ein Alibi zerbricht* (1963), *Unter Geiern* (1964), *Tim Frazer jagt den geheimnisvollen Mr. X* (1964), *Für eine Handvoll Dollar* (1964), *Sie nannten ihn Gringo* (1965), *Die Liebesquelle* (1965), *Ich suche einen Mann* (1965), *Im Reiche des silbernen Löwen* (1965), *Sartana* (1966), *Die große Sause* (1966), *Wer kennt Jonny R.?* (1966), *Unbezähmbare Angélique* (1967), *Angélique und der Sultan* (1967), *Mittsommernacht* (1967), *Heintje – Ein Herz geht auf Reisen* (1969), *Komm liebe Maid und mache* (1969), *Alle Kätzchen naschen gern* (1969), *Käpt'n Rauhbein auf St. Pauli* (1971), *Wer stirbt schon gerne unter Palmen?* (1974).

RUSTICHELLI, CARLO
→ Komponisten

Sieghardt Rupp

RUTH, ROY DEL
→ Regisseure

RÜTTING, BARBARA
* 21.11.1927 Wittstock;
eigentlicher Name: Waltraud Irmgard Goltz
Deutsche Schauspielerin. Sie trat als Beryl in →
Der Zinker (1963) und als Margie Fielding in
→ *Neues vom Hexer* (1965) auf. Als ältestes von
fünf Kindern eines Lehrerehepaars wuchs sie
wohlbehütet auf. Das Ende des Zweiten Weltkriegs verschlug sie von Berlin nach Flensburg.
In Kopenhagen wurde sie Bibliothekarin, bestand das dänische Stenografenexamen und arbeitete als Korrespondentin in einer dänischen
Handelsfirma. Auf Reisen lernte sie Schweden,
Holland, Belgien, Luxemburg, Frankreich und
England kennen. Nach Berlin zurückgekehrt,
beschloß sie Schauspielerin zu werden, und
nahm 1952–54 Unterricht. Im Film *Postlagernd
Turteltaube* gab sie 1952 ihr Leinwand-Debüt.
Ein Jahr später erhielt sie für ihre zweite Rolle
in *Die Spur führt nach Berlin* den Bundesfilmpreis. Ihr eindringliches Spiel und ihre reiz-
volle Erscheinung waren entscheidend für diesen Erfolg. Nach ihrem dritten Film (*Christina*,
1953) holte sie Helmut Käutner für *Die letzte
Brücke* (1953). So spielte sie sich in knapp einem Jahr in die vorderste Reihe des deutschen
Schauspielernachwuchses. Ihre Bühnenkarriere führte sie seit 1956 nach Krefeld, München,
Zürich, Düsseldorf, Hamburg und Salzburg. Im
Fernsehen war sie seit 1960 in Inszenierungen
von Fritz Kortner zu sehen. Seit 1970 ist sie
auch als Autorin tätig; sie veröffentlichte u.a.
den Roman *Diese maßlose Zärtlichkeit* (1970),
Gesundheitsbücher und Kochbücher, u.a. *Grüne Rezepte für den blauen Planeten* (1997). Ihre Schauspielkarriere beendete sie 1982. Seitdem engagiert sie sich gegen Umweltzerstörung
und Tierversuche, betreibt ein Selbsthilfepro-
jekt in Bulgarien und schreibt für die Schweizer Wochenzeitung *Die Weltwoche*. In erster
Ehe war sie verheiratet mit Graf Einsiedel. Sie
lebt heute auf einem Bauernhof bei Salzburg. –
Diese Frau mit der dunklen, etwas
geheimnisvollen, fast rauhen Stimme verkörperte den Typ einer ganzen Generation. Ihre
bisweilen grüblerische Art wirkte besonders gut
in Problemrollen. Aber sie konnte auch selbst-

Barbara Rütting

bewußte Frauen spielen. Zwar mußte sie auch
in bundesdeutschen Heimatfilmen umherlau-
fen, schaffte es aber mit Klugheit und Zähig-
keit, sich anspruchsvolle Rollen zu erspielen.
Weitere Filme (Auswahl): *Heideschulmeister
Uwe Karsten* (1954), *Spionage* (1955), *In Hamburg sind die Nächte lang* (1956), *Geierwally*
(1956), *Alle Sünden dieser Erde* (1957), *Arzt ohne Gewissen* (1959), *Stadt ohne Mitleid* (1960),
Frauenarzt Dr. Sibelius (1962), *Das Phantom
von Soho* (1963), *Liebe will gelernt sein* (1963),
Und der Amazonas schweigt (1963), *Die Kramer* (1964), *Geheimaktion Crossbow* (1965),
Tamara (1967), *Frau gesucht* (1970), *Der To-
desrächer von Soho* (1971), *Der schwarze Graf*
(TV, 1973), *Kennen Sie Lindemanns?* (TV,
1977), *Oh, diese Männer* (1978), *Schwarz-Rot-
Gold* (TV, 1984).
Interview-Zitat zu ihrer Rolle in *Der Zinker*:
»Na, war ich nicht auch eben sehr verdächtig?
Das habe ich mir schon immer gewünscht,
wirklich, es macht mir einen Heidenspaß.«

S

Heroes All: Gallant Deeds of the War, → Kitchener's Army and the Territorial Forces, → Nineteen Hundred and Twenty-Five, → Standard History of the War, → War of the Nations.

SAEBISCH, KARL-GEORG
→ Darsteller

SAFE MIT DEM RÄTSELSCHLOSS, DER
→ ANGEL ESQUIRE

SALA, OSKAR
* 18.07.1910 Greiz,
† 26.02.2002 Berlin
Komponist. Er war verantwortlich für die Musik von → *Der Fluch der gelben Schlange* (1962/63). Nach dem Abitur studierte er an der Musikhochschule Berlin. Ab 1958 privates elektronisches Studio für Musik. Eine seiner wichtigsten Arbeiten war die an den Geräuschen zu Hitchcocks Die Vögel (1963).
Weitere musikalische Arbeiten (Auswahl): *Schneeweißchen und Rosenrot* (1955), *Schöpfung ohne Ende* (1957), *Der Würger von Schloß Blackmoor* (1963), *Die Todesstrahlen des Dr. Mabuse* (1964), *Herrliche Zeiten im Spessart* (1967).

SAMUELSON, G. B.
→ Regisseure

SABATA, ANTONIO
→ Darsteller

SACHBUCH
Edgar Wallace schrieb zu Beginn seiner literarischen Karriere auch Sachbücher, speziell historische Darstellungen und patriotische Kriegsberichte, die nur selten über ihre Erstauflage hinauskamen. Hierzu zählen: → *Famous Scottish Regiments*, → *Fieldmarshall Sir John French*, →

1. Antonio Sabata
2. Karl-Georg Saebisch

SANCTUARY ISLAND
(Asylinsel)
Kriminalroman. *Originalausgabe: Hutchinson, London 1936.*
→ Robert Curtis verfaßte diesen Roman nach Wallace' Tod auf der Grundlage von einem vom Autor verfaßten Filmskript.
Anmerkung: Dieser Roman wurde bisher nicht ins Deutsche übertragen.

SANDERS
Britischer Kolonialbeamter. Hauptfigur in Wallace' → *Afrikaerzählungen.*

SANDERS
Zehn → Afrikaerzählungen. *Originalausgabe: Hodder & Stoughton, London 1926. Deutsche Erstveröffentlichung: Sanders. Übersetzung: → Richard Küas. Wilhelm Goldmann Verlag, Leipzig 1926. Neuausgabe: Wilhelm Goldmann Verlag, München 1951. Taschenbuchausgabe: Wilhelm Goldmann Verlag, München 1958 (= Gelbe Bücher 475). Bearbeitete Neuausgabe: Wilhelm Goldmann Verlag, München 1981 (= Taschenbuch 6439). Neuausgabe: Hesse & Becker*

Verlag, Dreieich 1986 (im Doppelband 3/1). – Anläßlich des 125. Geburtstages des Autors brachte der → Weltbild Verlag 2000 eine Wallace-Edition heraus. Hier erschien die Sammlung in einer Doppelausgabe zusammen mit dem Roman *Bones vom Strom* (→ *Bones of the River*).
Enthält: THE MAGIC OF FEAR (*Die Magie der Furcht*), THE CLEAN SWEEPER (*Der Platzmacher*), THE VERY GOOD MAN (*Der sehr gute Mann*), WOMEN WILL TALK (in der deutschen Ausgabe nicht enthalten), THE SAINT (*Der Heilige*), THE MAN WHO HATED SHEFFIELD (*Der Mann, der Sheffield haßte*), THE JOY SEEKERS (*Der Freudensucher*), THE BALL GAME (*Das Ballspiel*), THE WISE MAN (*Der weise Mann*), THE SWEET SINGER (*Der süße Sänger*).
Inhalt: Mit trockenem, angelsächsischem Humor erzählen diese Geschichten vom englischen Kolonialbeamten Sanders, der mit großem Geschick und Mut die gefahrvollen, riesigen Kolonialgebiete verwaltet. Immer wieder muß er Frieden zwischen den Eingeborenenstämmen stiften und skrupellose Geschäftemacher aus den Gebieten vertreiben.

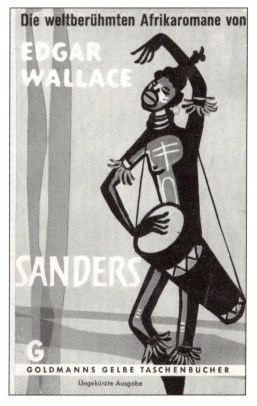

Anmerkung: Die Sammlung erschien in den USA unter dem Titel *Mr. Commissioner Sanders* (Doubleday, Doran & Co., Garden City, NY 1930).

SANDERS DER KÖNIGSMACHER
→ SANDI THE KINGSMAKER

SANDERS OF THE RIVER (BUCH)

14 → **Afrikaerzählungen.** *Originalausgabe: Ward Lock & Co., London 1911. Deutsche Erstveröffentlichung: 15 Jahre bei den Kannibalen in Zentral-Afrika. Übersetzung:* → *Richard Küas. Wilhelm Goldmann Verlag, Leipzig 1925. Weitere Auflage: 1927. Neuausgabe: Sanders vom Strom. Wilhelm Goldmann Verlag, Leipzig 1929. Neuausgabe: Sanders vom Strom. Wilhelm Goldmann Verlag, München 1950. Taschenbuchausgabe: Wilhelm Goldmann Verlag, München 1953 (= Gelbe Bücher 311). Bearbeitete Neuausgabe: Wilhelm Goldmann Verlag, München 1981 (= Goldmann Taschenbuch 6435). Neuausgabe: Hesse & Becker Verlag, Dreieich 1986 (= im Doppelband 1/1).* – An-

läßlich des 125. Geburtstages des Autors brachte der → Weltbild Verlag 2000 eine Wallace-Edition heraus. Hier erschien die Sammlung in einer Doppelausgabe zusammen mit dem Roman *Bosambo von Monrovia* (→ *Bosambo*).
Enthält: THE EDUCATION OF THE KING (*Die Erziehung des Häuptlings*), KEEPERS OF THE STONE (*Die Hüter des Steins*), BOSAMBO OF MONROVIA (*Bosambo aus Monrovia*), THE DROWSY ONE (*Der Schläfrige*), THE SPECIAL COMMISSIONER (*Der Sonderkorrespondent*), THE DANCING STONES (*Die Tanzsteine*), THE FOREST OF HAPPY DREAMS (*Der Wald der seligen Träume*), THE AKASAVAS (*Die Akasavas*), THE WOOD OF DEVILS (*Der Teufelswald*), THE LOVES OF M'LINO (*Die Liebschaften M'Linos*), THE WITCH DOCTOR (*Der Zauberdoktor*), THE LONELY ONE (*Der Einsame*), THE SEER (*Der Seher*), DOGS OF WAR (*Kriegshunde*).
Inhalt: Im Mittelpunkt stehen erneut Wallace' unvergeßliche Afrika-Protagonisten: Sanders, der umsichtige und tüchtige Kolonialbeamte; Hamilton, der unerschrockene Hauptmann des Haussaregiments; der unverwüstliche, humorvolle Bones Tibbetts und der mutige, schlitzohrige Negerhäuptling Bosambo. Geschildert werden Sanders' Abenteuer im Akasavaland, wo er Streitigkeiten zwischen den Eingeborenenstämmen schlichtet und dem Häuptling des aufrührerischen Stammes eine Lektion erteilt. In dieser Gegend versuchen aber auch Glücksritter und Spielernaturen, Einfluß auf die Einheimischen zu gewinnen. Ihnen muß Sanders mit Hilfe des Gesetzes das Handwerk legen.
Anmerkungen: Der Sammelband diente als Grundlage für drei Verfilmungen: → *Sanders of the River* (1935), → *Todestrommeln am großen Fluß* (1963) und → *Sanders und das Schiff des Todes* (1964).

SANDERS OF THE RIVER (FILM)
(Bosambo)
Kinofilm. *England 1935. Produktion: London Film. Regie: Zoltan Korda. Buch: Lajos Biro und Jeffrey Dell nach den Erzählungen Sanders of the River von Edgar Wallace. Kamera: Bernard Browne. Musik: Michael Spolianski. Ton: A. W. Watkins. Schnitt: William Hornbeck. Produktionsleitung: G. R. T. Grossmith. Darsteller: Paul Robeson (Bosambo), Leslie Banks (Sanders), Nina Mae McKinney (Lilongo), Robert Cochraine*

(Tibbets), Martin Walker (Ferguson), Richard Grey (Hamilton), Tony Wane (Mofolaba), Marquis de Portago (Farini), Eric Maturin (Smith), Allan Jeayes (Father O'Leary), Charles Carson, Orlando Martins. Länge: 98 Minuten. Deutsche Erstaufführung: 14.02.1950, Hamburg.

Inhalt: Als Sanders für einige Zeit seinen Distrikt verlassen muß, beginnen geschäftstüchtige Weiße die Schwarzen gegeneinander aufzuwiegeln. Der Waffenhandel blüht, Kriegstänze werden aufgeführt, das Land stürzt in Kampf und Anarchie. Man bekämpft sich offen und hinterhältig, mordet, raubt und entführt Frauen. Die Kolonialtruppe ist nicht mehr Herr der Lage. Sanders wird zurückgerufen und stellt mit Hilfe des Häuptlings Bosambo die Ordnung wieder her.

Kritik zum Film: »Eine Karl-May-iade im afrikanischen Busch. Der Hauptakzent liegt auf den musikalischen Darbietungen der Neger, insbesondere des Häuptlings Bosambo, die allerdings in der Komposition Spolianskis zu große Zugeständnisse an den europäischen Geschmack machen. Dasselbe gilt auch von den Sitten und Gebräuchen der Neger; der Wert des

Sanders of the River: **Leslie Banks, Paul Robeson**

Dokumentarhaften wird dadurch so sehr verringert, daß der Streifen dem naiven Zuschauer völlig falsche Vorstellungen übermittelt. Es ist kein Kulturfilm, aber auch kein Spielfilm; man könnte ihn als ›verspielten‹ Kulturfilm bezeichnen. Leider hat auch die Kamera, mit ganz wenigen Ausnahmen, keine besonderen Erlebnisse zu übermitteln.« (Filmdienst, Düsseldorf, 1950) »Adaption der Edgar-Wallace-Geschichte von der Arbeit des Kommissars Sanders, des Repräsentanten des Königs, unter einigen der Stämme aus Britisch Westafrika. Der Film hat die Vorteile eines großen Themas, einiger großartiger Szenen, wilder Spiele, einheimischer Charaktere, die bewundernswert fotografiert sind, einiger wirklich aufregender Szenen und gutem Gesang. Die zwei dauerhaften Aktiva des Films sind Mr. Leslie Banks und seine Rolle als Sanders; der Film hätte erheblich in seiner dramatischen Absicht gewonnen, wenn beiden ein größerer Spielraum gegeben worden wäre.« (Monthly Film Bulletin, 4/1935)

SANDERS UND DAS SCHIFF DES TODES
(Coast of Skeletons)

Kinofilm. *Großbritannien/Bundesrepublik Deutschland 1964. Regie: Robert Lynn. Regieassistenz: Barrie Melrose. 2. Regisseur: Egil D. Woxholt. Drehbuch: Anthony Scott Veitch und Peter Welbeck (d.i. Harry Alan Towers) frei nach Motiven aus Sanders of the River von Edgar Wallace. Kamera: Egil D. Woxholt, Stephen Dade. Kameraassistenz: Ronnie Maass. Schnitt: John Trumper. Musik: Christopher Whelen. Masken: Jerry Fletcher. Standfotos: Karl Bayer. Produktionsleitung: John Comfort. Herstellungsleitung: Harry Alan Towers. Produktion: Towers of London, London, im Auftrag von Constantin Film, München. Produzent: Harry Alan Towers. Drehzeit: Sommer 1964. Atelier: Bray Studios London. Außenaufnahmen: Windhuk, Walfischbucht, Südafrika. Erst-Verleih: Constantin Film, München. Länge: 84 Minuten (2304 m); Originallänge: 91 Minuten (2460 m). Format: 35 mm; Techniscope; Farbe von Technicolor. FSK: 07.04.1965 (33773); 12 nff. Uraufführung: 30.04.1965. TV-Erstaufführung: 01.01.1989 SAT 1. Darsteller: Richard Todd (Sanders), Heinz Drache (Johnny von Karsten), Elga Andersen (Elisabeth von Karsten), Marianne Koch (Helga von Karsten), Dale Robertson (A. J. Magnus), Derek Nimmo (Tom Hamilton),*

Georg Lech (Carlo Seton), Gabriel Baymann (Charlie Singer), Gordon Holland (Spyker), Joe Toit (Hajo Petersen), Dietmar Schönherr (Piet van Houten).

Inhalt: Sanders, nach der Unabhängigkeit von Gondra inzwischen arbeitslos, soll im Auftrag einer Versicherungsgesellschaft das Unternehmen eines Mannes prüfen, der vor der afrikanischen Südwestküste nach Diamanten baggert. Ein Schiff ist ihm dabei verlorengegangen, wofür die Versicherung aufkommen mußte. Als Sanders, ungeachtet eines Anschlags auf sein Leben, an Ort und Stelle herausfinden will, ob es sich um einen Versicherungsbetrug handelt, wird ein zweites Schiff für alle Beteiligten interessant. Es ist ein im Zweiten Weltkrieg gestrandeter Munitionsfrachter mit einer Ladung Goldbarren an Bord. Ein Kapitän, der im Dienst des zwielichtigen Diamantensuchers steht, will des Goldschatzes habhaft werden. Aber ehe er und Sanders das goldhaltige Schiffswrack erreichen, ist der hellhörig gewordene Diamantensucher mit einigen anderen Ganoven schon zur Stelle. Da sich die Herren angesichts des Goldes streiten und beschießen und einer sterbend eine Dynamitladung zündet,

fliegt das Schiff schließlich vor Sanders' Augen in die Luft.

Kritiken zum Film: »Der nicht ohne Sorgfalt gemachte Film hat seine besten Momente immer dann, wenn afrikanische Strandlandschaft ›mitspielt‹.« *(Filmdienst, Düsseldorf, 20–21/1965)* »Nach ›Todestrommeln am großen Fluß‹ ist ›Sanders‹ die zweite farbige Breitwandverfilmung, die leider vor allem in der Besetzung Wünsche offen läßt. Weder Heinz Drache als eifersüchtiger Ehemann und Kapitän (das Ritterkreuz des U-Bootkommandanten verläßlich in der Rocktasche seiner Erinnerungen), noch der etwas schmalspurig geratene Sanders-Held von Richard Todd vermögen in das psychologische Habit und in die passende Schuhgröße ihrer Figuren hineinzuschlüpfen.« *(Filmecho, Wiesbaden, 40/1965)*

Bericht von den Dreharbeiten (aus dem Tagebuch des Filmfotografen Karl Bayer): »Am letzten Drehtag sprengten wir mit vielen Zentnern Dynamit Teile des Schiffswracks der Eduard Bohlen in die Luft – wie es die Filmszene erforderte. Im Schutzgraben, den wir im Wüstensand aushoben, drehten wir die gewaltige Szene mit, als die Wrackteile 100 Meter durch die Luft wirbelten. Marianne Koch wurde von ihrem Partner Richard Todd erst hinterher mit beruhigender Stimme informiert, daß im gleichen Flugzeug, das unser kleines Team zum Schiffswrack flog, hinter ihrem Sitz das Dynamit transportiert wurde. Sie denkt heute noch mit Herzklopfen daran zurück.«

Fazit: Groschenromangeschichte, die Wallace selbst nicht besser hätte erfinden können.

SANDERS VOM STROM
→ SANDERS OF THE RIVER

SANDI THE KING MAKER
Zyklus von zwölf → **Afrikaerzählungen.** *Originalausgabe: Ward Lock & Co., London 1922. Deutsche Erstveröffentlichung: Sanders der Königsmacher. Übersetzung: → Marie Luise Droop. Wilhelm Goldmann Verlag, Leipzig 1928. Neuausgabe: Wilhelm Goldmann Verlag, München 1952. Taschenbuchausgabe: Wilhelm Goldmann Verlag, München 1959 (= Gelbe Bücher 541). Bearbeitete Neuausgabe: Wilhelm Goldmann Verlag, München 1981 (= Taschenbuch 6441). Neuausgabe: Hesse & Becker Verlag, Dreieich 1986 (im Doppelband 4/1).*

Enthält: THE PROPHETS OF THE OLD KING (*Die Propheten des Großkönigs*), THE COMING OF SANDI (*Sandi! Sandi!*), THE RESOURCES OF CIVILIZATION (*Die Hilfsmittel der Zivilisation*), THE HOUSE OF THE CHOSEN (*Das Haus der Erwählten*), THE DEAD MARK (*Das Todeszeichen*), THE WOMAN IN THE HUT (*Das Weib, das in der Hütte war*), THE WOMAN BOFABA (*Bofaba, das Weib*), THE KING FROM THE SOUTH (*Der König aus dem Süden*), THE PASSING OF MAJOR HAMILTON (*Das Verschwinden des Majors Hamilton*), THE GREY BIRD THAT MOANED (*Der Zaubervogel*), THE WAR IN THE TOFOLAKA (*Die Schlacht an den Geisterbergen*), WHAT HAPPENED TO HAMILTON (*Die Teufelshöhle*).

Inhalt: Im Mittelpunkt dieses Erzählzyklus steht der tapfere Bezirksamtmann Sanders, von den einheimischen »Sandi« genannt, der mit Mut und Geschick das Kolonialgebiet für seine Regierung verwaltet. Zusammen mit seinen Mitarbeitern und Freunden, dem treuen Hauptmann Hamilton, dem spleenigen Leutnant Bones Tibbetts und dem schlitzohrigen Negerhäuptling Bosambo, gelingt es ihm nach vielen Abenteuern, das grausame Regime eines schwarzen Herrschers zu stürzen und den Frieden in seinem Distrikt wiederherzustellen.

SANDLOFF, PETER
* 03.07.1924 New York
Komponist. Sandloff schrieb die Musik für → *Der Rächer* (1960).
1941 besuchte er die Musikhochschule in Köln und begann dort ein Universitätsstudium. 1945 arbeitete er in der Musikabteilung von Radio München, seit 1946 als Theaterkapellmeister in Bamberg, München, Freiburg i. Br. 1953 übernahm er den Posten des Aufnahmeleiters bei Remington Records Berlin. Seit 1954 ist Sandloff freischaffender Komponist und Dirigent in Berlin.

Weitere Filmkompositionen (Auswahl): *Geliebte Corinna* (1956), *Polikuschka* (1958), *Mädchen in Uniform* (1958), *Die Kellerratten* (1960), *Ich kann nicht länger schweigen* (1961), *Im Stahlnetz des Dr. Mabuse* (1961), *Das Feuerschiff* (1962), *Die unsichtbaren Krallen des Dr. Mabuse* (1962), *Michael Kohlhaas* (1979).

SANGRE EN MIS ZAPATOS

Internationaler Titel: Blood On My Shoes. *Spanien 1983. Regie: → Jess Franco. Drehbuch: Jess Franco frei nach Edgar Wallace. Darsteller: Veronica Arezchavaleta, Eugenia Farach, Ramon Garcia, Daniel Katz, Antonio Mayans, Juan Plaza, Antonio Rebollo, Lina Romay, Juan Soler und Howard Vernon. Länge: 90 Minuten.*
Inhalt: Anspruchsloser Abenteuerstreifen sehr frei nach Edgar Wallace.
Anmerkung: Dieser Film erschien in Deutschland nur auf Video.

SANGSTER, JIMMY

* 02.12.1924 (ohne genaue Angabe) England
Britischer Drehbuchautor und Regisseur. Schrieb unter seinem Pseudonym John Sansom die Drehbücher zu der Rialto-Wallace-Produktion → *Das Verrätertor* (1964) sowie zu den → Merton-Park-Wallace-Produktionen → *To have and to hold* (1963) und → *Face of a Stranger* (1964). Sangster begann in den 40er Jahren als Produktionsmanager, ehe er sich seiner literarischen Tätigkeit zuwandte. Er wirkte lange Zeit unter der Ägide von Sir James Carreras (1900–1990), dem Kopf der Hammer Filmproduktion in Beaconsfield und London, die zu den erfolgreichsten Nachkriegsstudios in England zählte (spezialisiert auf Horror- und Sciencefiction-Filme). Sangster war ein ausgesprochen produktiver Drehbuchautor und Dramaturg. Er arbeitete in seiner Hammer-Zeit meist mit dem Regisseur Terence Fisher zusammen. Dabei entstanden Meisterwerke wie *Frankensteins Fluch* (1957) oder *Dracula* (1958), durch den → Christopher Lee weltberühmt wurde. Daneben war Sangster, meist unter dem Pseudonym John Sansom, auch für andere Produzenten tätig.
Weitere Drehbucharbeiten (Auswahl): *Der Dämon mit den blutigen Händen* (1958), *Ich bin Frankenstein* (1958), *Die Rache der Pharaonen* (1959), *Jack the Ripper* (1959), *Dracula und seine Bräute* (1960), *Terror der Tongs* (1961), *Ein Toter spielt Klavier* (1961), *Die Piraten am Todesfluss* (1962), *Die Teufelspiraten* (1964), *Der Satan mit den langen Wimpern* (1964), *Blut für Dracula* (1966), *Crescendo* (1970), *Das Haus des Satans* (1979), *Phobia – Labyrinth der Angst* (1980).

SANSOM, JOHN

Pseudonym von → Jimmy Sangster

SARECKY, BARNEY A.

→ Produzenten

SÄUBERLICH, LU

→ Darsteller

SAVO, ANN

* 06.08.1932 Pyhäjoki (Finnland); eigentlicher Name: Anneli Helena Savolainen
Finnische Schauspielerin. Sie verkörperte Fanny Weldon in → *Die toten Augen von London* (1961) und war → Sir Johns Sekretärin Jean in → *Der Hexer* (1964).
Mit 15 Jahren besuchte Savo eine Ballettschule und nahm wenig später auch Schauspielunterricht. In Kemi, nahe dem Polarkreis, stand sie als 17jährige erstmals auf einer Bühne. Ein Jahr lang spielte die aparte Schönheit in dieser Provinzstadt Theater, ehe sie den Sprung in die Hauptstadt Helsinki wagte. Dort machte sie eine märchenhafte Karriere: Ein finnischer Filmproduzent bot ihr einen langfristigen Vertrag an, und in kurzer Zeit spielte sich Ann Savo in die Herzen ihrer Landsleute. In Deutschland wurde »die pechschwarze Anneli« durch ihren Film *Liebe einer Sommernacht* (1955) bekannt, der die Produzenten auf den Plan rief. *Zurück aus dem Weltall* (1958) war der Titel ihres ersten deutschen Films, dem fünf weitere folgten: *Unruhige Nacht* (1958; neben Hansjörg Felmy), *Salem Aleikum* (1959; neben Peter Alexander), *Und immer ruft das Herz* (1959), *Frau*

Ann Savo

Warrens Gewerbe (1960; mit der von ihr hochverehrten Lilli Palmer) und der in Brasilien gedrehte Freddy-Quinn-Film *Weit ist der Weg* (1960) verhalfen ihr auch in Deutschland zu einem treuen Anhängerkreis. Die zierliche Finnin, die in Berlin seßhaft wurde, übernahm später Rollen in englischen Fernsehfilmen.

Weitere Filme (Auswahl): *Das Mädchen und der Staatsanwalt* (1962), *Frauenarzt Dr. Sibelius* (1962), *Das Testament des Dr. Mabuse* (1962), *Das 7. Opfer* (1964).

SCAIFE, EDWARD
→ Kameramänner

SCARFACE
1932 produzierte Howard Hawks den Film *Scarface* (*Das Narbengesicht*), bei dem er auch Regie führte. 1983 entstand unter der Regie von Brian de Palma das modernisierte gleichnamige Remake. In beiden Streifen arbeitet sich ein kleiner Gauner namens Tony zum Gangsterboß empor und endet im Kugelhagel. Es liegt nahe, daß sich beide Regisseure und ihre Drehbuchautoren von der Wallace-Geschichte → *On the Spot* inspirieren ließen. Schon bei Wallace trägt der Gangster den Namen Tony und klettert auf der kriminellen Karriereleiter nach oben. So lassen sich beide Filme auch als Hommage an Edgar Wallace interpretieren.

SCHAFHEITLIN, FRANZ
* 09.08.1895 Berlin,
† 06.02.1980 Pullach bei München
Deutscher Schauspieler. Er verkörperte den Wachtmeister Carter in → *Der Hexer* (1932), → Sir John in → *Die toten Augen von London* (1961), Maurice Messer im Fernsehfilm → *Der Hexer* (1956) sowie Lane im Fernsehfilm → *Der Mann der seinen Namen änderte* (1958).
In seiner Heimatstadt legte Schafheitlin das Abitur ab und studierte Germanistik und Volkswirtschaft. Eigentlich wollte er Bibliothekar werden. 1915 meldete er sich als Soldat, wurde aber bald verwundet. Während der Genesungszeit im Lazarett entschloß er sich, zum Theater zu gehen. Seine schauspielerische Ausbildung erhielt Schafheitlin bei Max Reinhardt in Berlin. Sein eigentliches Debüt gab der junge Künstler als Malvolio in Shakespeares *Was ihr wollt* in Osnabrück. Weitere Stationen seiner Laufbahn waren Stuttgart, Zürich, Wien

und Berlin. Als seine wichtigste Rolle bezeichnete Franz Schafheitlin den Mephisto bei den Salzburger Festspielen 1936. Danach spielte er sämtliche Charakterrollen des klassischen und modernen Theaters. In zahlreichen Filmen gab Schafheitlin auch scheinbaren Nebenrollen künstlerisches Gewicht. Zu seinen Spezialitäten zählten Ärzte, Rechtsanwälte und Betrüger. Bei Kriegsende flüchtete Franz Schafheitlin von Berlin nach Hamburg, wo er zunächst ein Engagement an der »Jungen Bühne« erhielt. Seit den 50er Jahren trat der Künstler meist als Gastschauspieler auf. 1952 spielte er bei den Salzburger Festspielen den Tod in Hofmannsthals *Jedermann*. Auch der Film griff nach 1945 wieder auf ihn zurück. Es entstanden Streifen wie *Hafenmelodie* (1949) und *Geständnis unter vier Augen* (1954). Für das Fernsehen drehte Franz Schafheitlin u.a. die Serie *Meine Tochter – Unser Fräulein Doktor* (1970) oder TV-Spiele wie *Die Möwe* (1963) und *Der Kaufmann von Venedig* (1968). Seine vielfältigen Erlebnisse schilderte der Künstler in einem Anekdotenbändchen unter dem Titel *So was gibt's*. 1969 konnte er sein 50jähriges Bühnenjubiläum feiern. Bis über seinen 80. Geburtstag hinaus blieb er dem Theater treu.
Weitere Filme (Auswahl): *Der Pfarrer von Kirchfeld* (1965), *Solange noch die Rosen blüh'n* (1956), *Gruß und Kuß vom Tegernsee* (1957), *Schmutziger Engel* (1958), *Die schöne Lügnerin* (1959), *Und ewig singen die Wälder* (1959), *Vater, Mutter und neun Kinder* (1958), *Das Erbe von Björndal* (1960), *Die Auto-Nummer* (1971), *Die Zwillinge vom Immenhof* (1973), *Frühling auf Immenhof* (1974).

SCHARY, DORE
→ Produzenten

SCHATZKAMMER, DIE
→ THE TREASURE HOUSE

SCHAUPLÄTZE (FILME)
→ Afrika, → Berlin, → Dänemark, → London, → Studios

SCHAUPLÄTZE (ROMANE)
Die meisten Wallace-Romane und -Erzählungen spielen in und um → London sowie in diversen britischen Grafschaften. Neben dieses vertraute Milieu treten, auch in Verarbeitung

autobiographischer Erfahrungen (→ Reisen), fernere sowie exotische Handlungsräume. Letztere begegnen uns in → *Captain Tatham of Tatham Island* (Handlungsorte sind das offene Meer und eine fiktive Südseeinsel), in → *The Tomb of Ts'In* über eine abenteuerliche Schatzjagd in China, vor allem aber in den zahlreichen → Afrikaerzählungen um Kommissar Sanders, Leutnant Bones und Häuptling Bosambo, für die Wallace' Kongo-Aufenthalt den geographischen und ethnologischen Hintergrund lieferte. Weitere Romane beginnen in Afrika und enden in England. Hierzu zählen → *The River of Stars*, der im fiktiven afrikanischen Land Gondra einsetzt, → *The Man From Morocco* und → *Mr. Justice Maxell*. Den umgekehrten Weg beschreitet → *The Man Who Was Nobody*. Noch weltläufiger angelegt sind die Romane → *Double Dan* mit Stationen in Australien, Italien und England und → *Flat Two*, dessen Handlung sich von Malta über London, Kairo und abermals London bis in die Schweiz erstreckt. Weitere bevorzugte Schauplätze in Europa sind Frankreich (u.a. in → *The Angel of Terror*, → *A Debt Discharged* und → *Down Under Donovan*) und Spanien (schon Wallace' erster Roman → *The Four Just Men* beginnt in Madrid), daneben auch Rußland (der Held von → *The Book of All Power* erlebt seine Abenteuer im zaristi-schen Rußland und in der jungen Sowjetunion). Den europäischen Rahmen sprengen wiederum Romane, die in England beginnen und auf hoher See enden, so → *The Hand of Power* und → *The Daughters of the Night*. Den Brückenschlag zur Neuen Welt vollzieht Wallace in dem Roman → *The Million Dollar Story*, der mit einer Reise nach Amerika schließt. Literarisch erschlossen wird dieser Raum in → *Penelope of the ›Polyantha‹*, der in Kanada beginnt, sowie in zwei Romanen, die komplett in Nordamerika angesiedelt sind: → *The Northing Tramp*, dessen Handlung sich an der Grenze zu Kanada entwickelt, und → *On the Spot*, der in Chicago spielt.

SCHELL, CATHERINA VON
* 17.07.1944 Budapest
Schauspielerin. Sie mimte die Sekretärin Hope Joyner in → *Das Verrätertor* (1964). Die geborene Ungarin kam 1949 mit ihren Eltern nach München. Als die Familie später in die USA einwanderte, mußte sie ihr Adelsprädikat ablegen; 1958 kehrte sie nach München zurück, wo der Vater Programmdirektor bei Radio Free Europe wurde. In Deutschland erhielt Catherina von Schell ihre ersten Filmrollen, denen sich größere Verpflichtungen in England anschlossen. Dazu zählten *Geheimauftrag K* (1967), *Madame Sin* (1972), *Die schwarze Windmühle* (1973; mit Michael Caine) und *Der rosarote Panther kehrt zurück* (1974; neben Peter Sellers).
Weitere Filme (Auswahl): *Lana – Königin der Amazonen* (1964), *Im Geheimdienst Ihrer Majestät* (1969), *Den Aasgeiern eiskalt serviert* (1974), *Gene Bradley in geheimer Mission* (1974), *Mondbasis Alpha 1* (1975), *Gullivers Reisen* (1977), *Banditen auf dem Mond* (1969), *Der Gefangene von Zenda* (1979).

SCHERMULY, RALF
→ Darsteller

SCHERZ VERLAG
Schweizer Verlag mit Sitz in Bern. Brachte nach Ablauf der Exklusivrechte an den Wallace-Romanen Neuübersetzungen von dessen Werken auf den Markt. Der Scherz Verlag wurde 1938 vom Berner Buchhändler Alfred Scherz gegründet. Als erstes Sachbuch erschien 1939 eine Louis-Pasteur-Biografie von Friderike Zweig, 1940 als erster Roman *Die Dame mit den Nel-*

Catherina von Schell

558

ken von A. J. Cronin. 1942 veröffentlichte die Nobelpreisträgerin Pearl S. Buck mit *Drachensaat* bei Scherz ihr erstes deutschsprachiges Buch. 1943 initiierte Alfred Scherz die erste deutschsprachige Krimi-Taschenbuchreihe (Die Schwarzen Kriminalromane, später: Scherz Krimi). Als erster Titel erschien *Das Eulenhaus* von Agatha Christie. Die unverwechselbaren schwarzweißen Streifen sind bis heute das Markenzeichen der Scherz Krimis geblieben. 1947–55 erschien die erfolgreiche Reihe Scherz Kunstbücher, herausgegeben vom Zürcher Kunsthistoriker Gottfried Jedlicka (über 100 Bände). 1950 gründete Alfred Scherz zusammen mit Henry Goverts in Stuttgart die Tochtergesellschaft Scherz & Goverts, mit dem Ziel, die Präsenz des Verlages in Deutschland und Österreich zu stärken. Nach Alfred Scherz' Tod 1956 übernahm sein Schwiegersohn Rudolf Streit-Scherz die Verlagsleitung. 1957 erfolgten die Trennung von Goverts und die Gründung der Scherz GmbH in Stuttgart, die 1964 nach München übersiedelte. Besondere Höhepunkte in der Geschichte des Scherz Ver-

lages waren die 1953 abgeschlossene Veröffentlichung der zwölfbändigen Memoiren Winston S. Churchills, die Erstausgabe von Alexander Solschenizyns *Der Archipel Gulag* (drei Bände, 1974–76) und die Edition der gesammelten Werke Carl Jacob Burckhardts (sechs Bände, 1971).

Folgende Wallace-Romane sind im Scherz-Verlag erschienen: *A. S. der Unsichtbare* (1983, → *The Valley of Ghosts*), *Die Bande des Schreckens* (1983, → *The Terrible People*), *Die Diamantenbrosche* (1983, → *Kennedy The Con.Man*), *Der Doppelgänger* (1983, → *Double Dan*), *Das Gasthaus an der Themse* (1983, → *The India Rubber Men*), *Die gebogene Kerze* (1983, → *The Clue of the Twisted Candle*), *Das Geheimnis der gelben Narzissen* (1983, → *The Daffodil Mystery*), *Hands up!* (1983, → *The Gunner*), *Der Hexer* (1983, → *The Gaunt Stranger*), *Der Rächer* (1983, → *The Avenger*), *Der rote Kreis* (1983, → *The Crimson Circle*), *Die seltsame Gräfin* (1983, → *The Strange Countess*), *Die Tür mit den 7 Schlössern* (1983, → *The Door With Seven Locks*), *Das Verrätertor* (1983, →

Buchcover zu verschiedenen Wallace-Romanen im Scherz Verlag

The Traitor's Gate), Der Zinker (1983, → The Squeaker), Der Frosch mit der Maske (1984, → The Fellowship of the Frog), Geheimagent Nr. 6 (1984, → Number Six und → Red Aces), Die blaue Hand (1984, → The Blue Hand), Die gelbe Schlange (1984, → The Yellow Snake), Das Gesicht im Dunkel (1984, → The Face in the Night), Der grüne Bogenschütze (1984, → The Green Archer), Das indische Tuch, (1984, → The Frightened Lady), Mary Ferrera spielt System (1984, → We Shall See), Neues vom Hexer (1984, → Again the Ringer), Der schwarze Abt (1984, → The Black Abbot), Die vier Gerechten (1984, → The Four Just Men), Zimmer 13 (1984, → Room 13), Bei den drei Eichen (1985, → The Three Oaks Mystery), Der Diamantenfluß (1985, → The River of Stars), Der Banknotenfälscher (1985, → The Forger), Der Brigant (1985, → The Brigand), Ein gerissener Kerl (1985, → The Twister), Der Joker (1985, → The Joker), Der Safe mit dem Rätselschloß (1985, → Angel Esquire), Der Teufel von Tidal Basin (1985, → Whiteface), Die toten Augen von London (1985, → The Dark Eyes of London), Turf-schwindel (1985, → The Green Ribbon), Der Unheimliche (1985, → The Sinister Man), Der viereckige Smaragd (1985, → The Square Emerald), Die Drei von Cordova (1986, → The Just Men of Cordova), Der Engel des Schreckens (1986, → The Angel of Terror), Das Geheimnis der Stecknadel (1986, → The Clue of the New Pin), Das geheimnisvolle Haus (1986, → The Secret House), Großfuß (1986, → The Big Foot), In den Tod geschickt (1986, → On the Spot), Die Millionengeschichte (1986, → The Million Dollar Story), Penelope an Bord der Polyantha (1986, → Penelope of the Polyantha), Überfallkommando (1986, → The Flying Squad), Die unheimlichen Briefe (1986, → The Missing Million), Der Derbysieger (1987, → Down Under Donovan), Gucumatz der Allmächtige (1987, → The Feathered Serpent), Louba der Spieler (1987, → Flat Two), Richter Maxells Verbrechen (1987, → Mr. Justice Maxell), Der sechste Sinn des Mr. Reeder (1987, → The Mind of Mr. J.G. Reeder), Die drei Gerechten (1988, → The Three Just Men), Der grüne Brand (1988, → The Green Rust), Die Schuld des anderen (1989, → A Dept

Buch-Cover zu verschiedenen Wallace-Romanen im Scherz Verlag

Discharged), *Töchter der Nacht* (1990, → *The Daughters of the Night*), *Der Mann, der alles wußte* (1992, → *The Man Who Knew*), *Der Mixer* (1993, → *The Mixer*).

SCHEUMANN, STEFFEN
→ Darsteller

SCHIRLO, GERHARD
→ Kameramänner

SCHLAGETER, ALFRED
→ Darsteller

SCHLANGEN FÜR EDGAR WALLACE
→ ZUM ABSCHIED EIN KROKODIL

SCHLÖSSER
→ Jagdschloß Grunewald, → Schloß Ahrensburg, → Schloß Hastenbeck, → Schloß Herdringen, → Schloß Pfaueninsel, → Schloß Valo

SCHLOSS AHRENSBURG
Schloß Ahrensburg bei Hamburg diente als Kulisse für die Außenaufnahmen zu den Filmen → *Der grüne Bogenschütze* (1960/61) und → *Die seltsame Gräfin* (1961). Das Schloß wurde von Peter Rantzau Ende des 16. Jahrhunderts errichtet. In der Grundform erinnert es mit seinen drei Dächern und den vier schmalen Ecktürmchen an das Schloß Glücksburg. Im Inneren weist nichts mehr auf die Entstehungszeit, die Renaissance, hin. Der reiche Hamburger Kaufmann und spätere dänische Finanzminister Heinrich Carl Schimmelmann ließ die Innenräume des Ahrensburger Schlosses Mitte des 18. Jahrhunderts völlig neu gestalten. Der weiße Bau ist jetzt ein Museum und dokumentiert die damalige Wohnkultur.

SCHLOSS DES GRAUENS, DAS
Fernsehfilm. *Deutschland 1997/98. Produktion: Rialto Film im Auftrag von RTL. Produzent: Horst Wendlandt. Regie: Wolfgang F. Henschel. Buch: Bernd Eilert frei nach Edgar Wallace. Kamera: David Slama. Musik: Steven Keusch. Schnitt: Sabine Brose. Architekt: Christoph Schneider. Casting: Angela Marquis. Regieassistenz: Claudia Beween, Peter Altmann. Kameraassistenz: Darius Brunzel. Schnittassistenz:*

Etienne Boussac. Ton: Andreas Walther, Michael Homann. Kostüme: Manuela Nierzwicki. Maske: Hasso von Hugo, Susanne Kasper. Spezialeffekte: Michael Bouterweck, Daniela Goepel. Stuntteam: Frank Haberland. Aufnahmeleitung: Holger Bohm. Produktionsleitung (London): Norman Foster. Herstellungsleitung: Willy Egger. Wurde in einem Produktionsgang zusammen mit den Filmen → Das Haus der toten Augen, → Die unheimlichen Briefe, → Die vier Gerechten und → Whiteface hergestellt. Sendelänge: 93 Minuten. Produktionszeitraum: 15.09.1997–03.03.1998. Außenaufnahmen: London und Berlin/Brandenburg. Erstsendung: 06.04.2002 Super RTL. Darsteller: Gunter Berger (Inspektor Higgins), Eddi Arent (Sir John), Rebecca Immanuel (Kate Nelson), Rosalind Baffoe (Ann Pattison), Wanja Mues (Charles), Michael Kausch (Albert Wonderley), Tobias Langhoff (Brandon Jones), Gottfried Vollmer (Spencer), Ute Wieckhorst (Mabel), Uwe Karpa (Marks), Rosemarie Fendel (Mrs. Whitehead), Ryder Peer Jäger (Rechtsanwalt), Nina Hoger (Victoria Wonderley), Balduin Baas (Archibald Smith), Ursula Heyer (Vanessa Wonderley), Steffen Münster (William, der Gärtner), Friedrich Schoenfelder (Sir Douglas), Bernd Stegemann (Irrenarzt), Boris Aljinovic (Polizist), Friedemann Beyer.

Alfred Schlageter

Inhalt: Aus einer Anstalt für Geisteskranke ist ein Patient entflohen. Da er als sehr gefährlich gilt, werden Yard-Inspektor Higgins und seine Assistentin Kate Nelson zu Hilfe gerufen. Im nahegelegenen Schloß Wonderley hat Sir Douglas seine Familie und seinen Anwalt versammelt, da er eine Änderung seines Testaments bekanntgeben will. Bevor er dazu kommen kann, erschrickt ihn ein Kapuzenmann derart, daß er ins Koma fällt. Danach überstürzen sich die Ereignisse: Das Testament ist verschwunden, Albert, Sir Douglas' Sohn, fällt kurz vor Mitternacht vom Glockenturm und auch sein überraschend auftauchender unehelicher Sohn, Produkt einer Liaison mit der Hausdame, kommt zu Tode. Schließlich schaltet sich Sir John persönlich ein, um zusammen mit Higgins und Nelson den Mörder zu entlarven.

SCHLOSS HASTENBECK

Im und um Schloß Hastenbeck bei Hameln entstanden die Außenaufnahmen zu dem Film → *Der unheimliche Mönch* (1965). – Das Schloß wurde ab 1869 von einem Herr von Reden anstelle eines alten Herrenhauses in repräsentativer Neugotik errichtet. Heute ist es in mehrere Mietwohnungen aufgeteilt.

SCHLOSS HERDRINGEN

Schloß Herdringen bei Neheim/Hüsten sieht man in den Filmen → *Der Fälscher von London* (1961) und → *Der schwarze Abt* (1963). – Nach Plänen des Architekten Augustini vom Kölner Dombaumeister Zwirner wurde das Schloß 1844–52 errichtet. Bauherr war Franz Egon von Fürstenberg, dessen Familie noch heute in Herdringen lebt. 1968–99 wurde das Schloß als Internat (»Institut Schloß Herdringen«) genutzt.

SCHLOSS PFAUENINSEL

Auf der → Pfaueninsel in Berlin gelegenes Lustschloß der preußischen Könige. Hier entstanden die Aufnahmen zu den Wallace-Filmen → *Die Tür mit den sieben Schlössern* (1962) und → *Der Hund von Blackwood Castle* (1967). Friedrich Wilhelm II. ließ das Schlößchen 1794–97 für seine Geliebte Wilhelmine Enke als künstliche Ruine erbauen. Der lebenslustige König konnte es jedoch kaum nutzen, da es erst in seinem Todesjahr fertiggestellt wurde. Friedrich Wilhelm III. und Königin Luise ver-

wendeten es als Sommerresidenz. Seit 1822 wurde der Ausbau von Schloß und Park weitergeführt. Karl Friedrich Schinkel errichtete ein stilvolles Kavaliershaus, am nördlichen Ende entstand ein kleiner Bauernhof. Der Pferdestall erhielt die Form einer gotischen Kapelle, die Meierei die einer Ruine. In den beiden letztgenannten Gebäuden wurden auch Szenen für die Wallace-Filme → *Der Mönch mit der Peitsche* (1967) und → *Im Banne des Unheimlichen* (1968) gedreht.

SCHLOSS VALO

Dänisches Wasserschloß bei Koge südlich von Kopenhagen. Hier entstanden 1963 die Außenaufnahmen zu dem Film → *Zimmer 13*.

SCHLÜSSEL ZUM TOD, DER

Kriminalfilm. *Deutschland 1994. Produktion: Arand Film. Produzent: Arild Rafalzik. Gesamtleitung und Regie: Andreas Neumann. Buch: Andreas Neumann frei nach Edgar Wallace. Kamera: Rüdiger Nachtweh. Original-Soundtrack: H. Marathon. Musik der Songs: Martin Böttcher. Songtexte: Leif G. Valberg. Darsteller: Martin Rudolph (Inspektor Higgins), Nicole Rohn (Diana), Hanno Bähre-Voltmer (Breadon), Rainer Böhlke (Larry Milton), Andreas Neumann (Sir John). Laufzeit: 65 Minuten.*
Inhalt: Dichter Nebel liegt über Dartford. Ein Mädchen wird erstochen aufgefunden. Ein Schlüssel, den sie in der Hand hält, trägt die Nummer 7. Inspektor Higgins stößt bei seinen Ermittlungen auf das Gasthaus Mekka. Dort taucht der Bruder der Ermordeten auf. Der hat bereits einen Verdacht. Da trifft auch den redseligen Geschäftsführer das tödliche Messer. Er bleibt nicht das letzte Opfer des Unheimlichen mit der Totenmaske.
Anmerkung: Privat hergestellter Wallace-Krimi, der in Deutschland nur auf Video erschienen ist.

SCHLÜTER, HENNING
→ Schauspieler

SCHNEIDER, ANITA
→ Produzenten

SCHNEIDER, EDITH
* 16.07.1919 Bochum
Deutsche Schauspielerin. Sie mimte Professo-

Video-Cover zum Film *Der Schlüssel zum Tod*

rin Bound in → *Im Banne des Unheimlichen* (1968). Edith Schneider stand bereits mit drei Jahren auf der Bühne. Nach Absolvierung der Folkwangschule in Essen spielte sie 1939 am Düsseldorfer Schauspielhaus. Danach folgten gemeinsame Engagements mit ihrem Mann → Peter Mosbacher in Berlin und Hamburg. Nach dessen Tod ging sie 1977 nach München ans Bayerische Schauspielhaus. Neben ihrer Filmtätigkeit arbeitete sie auch als Synchronsprecherin und lieh ihre Stimme u.a. Ava Gardner, Katherine Hepburn, Jane Wyman und vor allem »Miss Ellie« in der Serie *Dallas*.

Weitere Filme (Auswahl): *Kätchen für alles* (1949), *Das Quiller Memorandum* (1967), *Dr. med. Fabian* (1969).

SCHNITTE
→ Kürzungen (Film)

SCHNITZLER-VALMY, MARCEL-WOLFGANG
→ Marcel Valmy

SCHOEDSACK, ERNST B.
→ Regisseure

SCHOENFELDER, FRIEDRICH
* 17.10.1916 Sorau, Brandenburg

Deutscher Schauspieler. Er verkörperte Dr. Loxon in → *Der schwarze Abt* (1963), Anthony Wyman in → *Die Tote aus der Themse* (1971), den Regisseur Jackson in → *Der Rächer* (1960) sowie Sir Douglas in dem Fernsehfilm → *Das Schloß des Grauens* (1997/98). Ferner war er die deutsche Synchronstimme von → Leslie Phillips in → *Die Katze von Kensington* (1995), → *Das Karussell des Todes* (1995) und → *Der Blinde* (1995). Nach Absolvierung der Schauspielschule am Berliner Staatstheater erhielt der Sohn eines Architekten dort sein erstes Engagement. In der Nachkriegszeit spielte er in Frankfurt/M. und Stuttgart, ab 1958 überwiegend in Berlin. Durch seine einprägsame Stimme war er auch ein Garant für gute Synchronisationsarbeiten; er lieh seine Stimme u.a. John Gielgud, Peter Sellers, Vincent Price, David Niven, Rex Harrison, Peter Cushing, James Mason und Alec Guinness.

Weitere Filme (Auswahl): *Fünf unter Verdacht* (1950), *Der eiserne Gustav* (1958), *Abschied von den Wolken* (1959), *Menschen im Hotel* (1959), *Peter schießt den Vogel ab* (1959), *Bis daß das Geld euch scheidet* (1960), *Willy, der Privatdetektiv* (1960), *Mein Mann, das Wirtschaftswunder* (1961), *Frau Cheneys Ende* (1961), *Ich bin auch nur eine Frau* (1962), *Wilde Wasser* (1962), *Die weiße Spinne* (1963), *Das Wirtshaus von Dartmoor* (1964), *Lange Beine – lange Finger* (1966), *Der Tod läuft hinterher* (TV, 1967), *Heintje – Einmal wird die Sonne wieder scheinen* (1969), *Was ist denn bloß mit Willi los?* (1970), *Unsere Pauker gehen in die Luft* (1970), *Kiez* (1983), *Caspar David Friedrich* (1986), *Die Wicherts von nebenan* (TV, 1986), *Mrs. Harris fährt nach Moskau* (TV, 1987), *Otto – Der Neue Film* (1987), *Pension Schöller* (TV, 1997).

SCHOKOLADEN-SCHNÜFFLER, DIE
Kinofilm. *Bundesrepublik Deutschland 1985. Produktion: Lisa Film GmbH (München), Roxy Film GmbH & Co. KG (München), K. S. Film Karl Spiehs (Grünwald), in Zusammenarbeit mit dem Bayerischen Rundfunk. Produzenten: Karl Spiehs, Luggi Waldleitner. Regie: Jiri Men-*

Friedrich Schoenfelder

zel. *Regieassistenz: Gabi Zerhau. Script: Eva Pavlikova. Drehbuch: Erich Tomek und Sven Freiheit nach dem Drehbuch Die Katze mit den Tigerkrallen von Harald Vock frei nach Edgar Wallace. Kamera: Franz X. Lederle. Kameraassistenz: Toni Hofmann, Thomas Alsdorf. Schnitt: Claudia Wutz. Schnittassistenz: Karin Albrecht. Ton: Peter Hummel. Bauten: Claus Kottmann, Josef Sanktjohanser, Gerald Damovsky. Kostüme: Rolf Albrecht. Modelle: Boutique Sweetheart, München. Masken: Christa Krebs, Alfred Rasche. Oberbeleuchter: Klaus Emberger. Beleuchter: Peter Kunze, Oliver Hackner. Bühnenmeister: Hermann Ramelow. Lichtausstattung: Horst Knechtel. Spezialeffekte: Willi Neuner. Autoaction: Francois Doge. Standfotos: Karl Reiter. Presse: Rent-a-Show AG (Zürich), Gerd Röckl (München). Aufnahmeleitung: Michael Waldleitner. Produktionsleitung: Erich Tomek, Otto W. Retzer, Wilma Bastian. Geschäftsführung: Ingunn Sievers. Drehzeit: 23. 11.1985–17.01.1986. Atelier: ARRI Studios München. Außenaufnahmen: London, Genf, Salzburg, München, Las Palmas. Erst-Verleih: Tivoli Film, München. Länge: 89 Minuten (2426 m). Format: 35 mm; Farbe; 1: 1.66. FSK: 25. 03.1986 (56441); 12 ff. Uraufführung: 10.04.1986. TV-Erstsendung: 11.02.1989 Bayern 3. Darsteller: Rolf Knie (Max Rüttli), Gaston Häni (Gaston), Susanne Uhlen (Diana), Karl Heinz Vosgerau (Lord Denver), Hertha Worell (Lady Denver), Bob Lockwood (Shriver), Gert Burkard (Inspektor Higgins), Werner Kreindl (Sir Archibald), Pipo Sosmann (Tennesse), Dolly Dollar (Susan), Günther Heider (Schwarz), Fritz Rothardt (Mortimer), Franz Marischka, Franz Hanfstingl und die Stunt-Gruppe Bessing Schokoladen-Schnüffler.*

Inhalt: Eine Serie geheimnisvoller Frauenmorde wird an verschiedenen Urlaubsorten verübt. Als dann noch ein Schweizer namens Rüttli ermordet wird, macht sich sein Bruder von der eidgenössischen Polizei auf die Spur des Mörders. Die Suche verläuft von Schottland über London nach Österreich, wo die Täter letztendlich überführt werden und die Polizeibeamten zudem eine Geldfälscherbande unschädlich machen können.

Kritik zum Film: »Anspruchlose Kriminalgroteske, die als Persiflage auf James-Bond-Filme gedacht ist, der es jedoch nicht gelingt, Span-

nung und Heiterkeit in Einklang zu bringen.« (Filmdienst, Köln, 7/1996)

Fazit: Kann sich nicht zwischen Krimi und Klamotte entscheiden.

SCHOLZ, EVA-INGEBORG
* 16.02.1928 Berlin

Deutsche Schauspielerin. Sie mimte Mary Wenner in → *Der schwarze Abt* (1963). In ihrer Heimatstadt nahm sie nach dem Krieg Schauspielunterricht bei Hilde Körber. 1947– 50 spielte sie Theater am Renaissance Theater (Berlin), bis 1953 war sie bei der Berliner Komödie beschäftigt und ging dann nach München an die Kammerspiele. 1948 drehte sie ihren ersten Film (*Eins-zwei-drei-Corona*). In erster Ehe war sie mit dem Regisseur und Dramaturgen → Georg Hurdalek verheiratet (ein Sohn); in zweiter Ehe mit dem durch einen Autounfall ums Leben gekommenen Schauspieler Wilfried Seyferth (eine Tochter).

Weitere Filme (Auswahl): *Das Fräulein und der Vagabund* (1949), *Der Verlorene* (1951), *Pension Schöller* (1952), *08/15* (1954), *Des Teufels General* (1954), *Alibi* (1955), *Ball im Savoy* (1955), *Banditen der Autobahn* (1955), *Blitzmädels an die Front* (1958), *Das Mädchen vom Moorhof* (1958), *Es ist soweit* (TV, 1960), *Emil und die Detektive* (1964), *St. Pauli Landungsbrücken* (TV, 1979), *Schönes Weekend, Mr. Ben-*

Eva-Ingeborg Scholz

Parabel. Mit der ZDF-Sendung *Wünsch Dir was*, die er gemeinsam mit seiner Frau moderierte, wurde er 1972 der erste Talkmaster des deutschen Fernsehens. Schönherr spielte bis in die 90er Jahre solide Hauptrollen in Kino- und Fernsehfilmen.

Weitere Filme (Auswahl): *Das Fräulein und der Vagabund* (1949), *Nacht am Mont-Blanc* (1951), *Bonjour Kathrin* (1956), *Made in Germany – Ein Leben für Zeiss* (1957), *Alle Tage ist kein Sonntag* (1959), *Ingeborg* (1960), *Schachnovelle* (1960), *Kohlhiesels Töchter* (1962), *Die glücklichen Jahre der Thorwalds* (1962), *Der längste Tag* (1962), *Das Ungeheuer von London-City* (1964), *Die Verdammten der blauen Berge* (1964), *Weiße Fracht für Hongkong* (1964), *Blonde Fracht für Sansibar* (1965), *Ferien mit Piroschka* (1966), *Kommissar X – Drei grüne Hunde* (1967), *Otto ist auf Frauen scharf* (1967), *Komm nach Wien, ich zeig dir was* (1969), *Der Mann, der den Eiffelturm verkaufte* (TV, 1970), *Die Männer vom K3 – Narkose fürs Jenseits* (TV, 1991), *Go Trabi Go 2* (1992).

nett (TV, 1980), *Tatort – Das Zittern der Tenöre* (TV, 1981), *Berlin Tunnel 21* (TV, 1981), *Eine andere Frau* (TV, 1984), *Die Männer vom K3 – Der Mann im Dunkeln* (TV, 1989), *Zwischen Tag und Nacht* (TV, 1995), *Die Apothekerin* (1997), *Rossini* (1997), *Rosamunde Pilcher – Dornen im Tal der Blumen* (TV, 1998), *Südsee, eigene Insel* (1999).

SCHÖNHERR, DIETMAR
* 17.05.1926 Innsbruck
Österreichischer Schauspieler und Regisseur. Er mimte Piet van Houten in → *Sanders und das Schiff des Todes* (1964).
Der Sohn eines Berufsoffiziers nahm Schauspielunterricht bei Hermann Brix. Später wurde er Rundfunksprecher und Regisseur bei Radio Innsbruck, Synchronsprecher für Gérard Philipe, Daniel Gelin und James Dean sowie Autor von Hörspielen. Sein Filmdebüt hatte er unter Alfred Weidenmann in *Junge Adler* (1944). Bekannt wurde er Mitte der 60er Jahre durch die TV-Serie *Raumpatrouille* (1966) und seine Heirat mit der kapriziösen Sängerin und Schauspielerin → Vivi Bach. 1972 inszenierte er den Spielfilm *Kain*, eine Antikriegs-

SCHRECKEN VON MARKS PRIORY, DER
→ THE CASE OF THE FRIGHTENED LADY

SCHRÖDER, ARNULF
→ Darsteller

SCHRÖDER, WERNER
* 1907 Bochum, † 1985 Berlin
Direktor des Berliner Aquariums. Verfasser der an Wallace-Bezügen reichen Memoiren *Zum Abschied ein Krokodil. Mein Leben für das Berliner Aquarium. Ullstein Verlag, Frankfurt/M., Berlin 1991. (Ullstein-Buch 34862).*
Seit seinem fünften Lebensjahr lebte Schröder in Berlin. Nach dem Studium der Zoologie, Botanik und Paläontologie an der Friedrich-Wilhelm-Universität erfolgte 1945 seine Berufung zum stellvertretenden Leiter und Geschäftsführer, wenig später zum Verwaltungsdirektor des fast völlig zerstörten Berliner Zoos und des → Aquariums. Im sechsten Kapitel seiner Erinnerungen (*Schlangen für Edgar Wallace*) berichtet Schröder von seiner Zusammenarbeit mit der → Rialto Film, insbesondere mit Regisseur → Alfred Vohrer. Schröder stellte u.a. Tiere für die Filme → *Der Zinker* (1963) und → *Die blaue Hand* (1967) zur Verfügung. Innenaufnahmen

im Aquarium entstanden für die Filme → *Der Mönch mit der Peitsche* (1967) und → *Der Fluch der gelben Schlange* (1962). Schröders Frau Inge Sievers-Schröder, die in dem Wallace-Film → *Der Mönch mit der Peitsche* (1967) zu sehen ist, war es zu verdanken, daß Werner Schröders Aufzeichnungen und Erinnerungen nach seinem Tod nicht verlorengingen.

SCHRÖDER-JAHN, FRITZ
* 13.12.1908 Görlitz,
† 27.12.1980 Hamburg
Deutscher Schauspieler und Regisseur. Er übernahm die Rolle des Chefinspektors in → *Die toten Augen von London* (1961).
Schröder, ein Schüler von Heinrich George, war Theaterregisseur in Ulm, Stettin und Berlin. 1945 wurde er Hörspiel-Regisseur. In engem Kontakt mit den Autoren der 50er Jahre (Bachmann, Dürrenmatt, Eich, Hildesheimer, Hirche) inszenierte er zahlreiche Hörspiele. Dadurch konnte er 1952 beim NWRV Hamburg, dem späteren NDR, auch für die Entwicklung des Fernsehspiels wichtige Impulse geben. Inszeniert wurden Fernsehfassungen von Hörspielen (Hoerschelmann, Bock u.a.). Während damals sonst fast nur Bühnenstücke adaptiert wurden, bemühte sich Schröder-Jahn in wortbetonten Studio-Inszenierungen um das »originale Fernsehspiel« als eigenständige Kunstform.

SCHROTH, CARL-HEINZ
→ Darsteller

SCHROTH, HANNELORE
→ Darsteller

SCHULD DES ANDEREN
→ A DEBT DISCHARGED

SCHÜLER, WOLFGANG
* 1952
Deutscher Rechtsanwalt, ehrenamtlicher Bürgermeister, Herausgeber einer Regionalzeitung und Autor von zahlreichen Kriminalgeschichten und Beiträgen zur Kriminalistik. Veröffentlichte 1999 die Wallace-Biographie *Ein Leben wie im Film* (Militzke Verlag, Leipzig; Taschenbuchausgabe ebd. 2003), die → Margaret Lanes Darstellung glänzend ergänzt. Unter dem Titel *Narbengesicht* legte Schüler eine Bearbei-

tung des Wallace-Romans → *On the Spot* vor (Militzke Verlag, Leipzig 2000). Origineller-weise ist jedes Kapitel mit einem deutschen Wallace-Romantitel überschrieben: *1. Zimmer 13, 2. Der Redner, 3. Das Gesicht im Dunkel, 4. Überfallkommando, 5. Die Millionengeschichte, 6. Der Brigant, 7. Bei den drei Eichen, 8. Der Unsichtbare, 9. Der Rächer, 10. Der rote Kreis, 11. Die Melodie des Todes, 12. Die Schuld des anderen, 13. Ein gerissener Kerl, 14. Der Joker, 15. Der Hüter des Friedens, 16. Der Mann mit den zwei Gesichtern, 17. Mr. Reeder weiß Bescheid, 18. Das silberne Dreieck, 19. Der sechste Sinn des Mr. Reeder, 20. Geheimagent Nummer Sechs, 21. Geheime Mächte, 22. Der Unhold, 23. Der Mann im Hintergrund, 24. Der Mann, der seinen Namen änderte, Nachwort: Menschen.*
Inhalt: Der narbengesichtige Gangsterboß Tony Perelli erwirbt, unter dem Deckmantel legaler Geschäfte, mit Alkoholschmuggel, Rauschgifthandel, Prostitution und Glücksspiel ein Vermögen. Der ungekrönte König der Stadt genießt seinen Luxus. Polizisten, Richter und Abgeordnete tanzen nach seiner Pfeife. Nur Tom

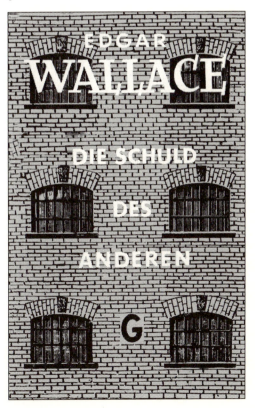

Feeny, der Kopf einer irischen Bande, will sich nicht damit abfinden. Ein langer, blutiger Kampf beginnt, der an Brutalität alles übersteigt, was die Chicagoer Unterwelt je erlebt hat. Feeny und Perelli müssen feststellen, daß in diesem Krieg niemand gewinnen, aber jeder alles verlieren kann. Perelli läßt sich schließlich auf ein grauenvolles Abkommen ein: Er tauscht das Leben seines Schwagers gegen das zweier Männer aus Perellis Bande.

Weitere Bücher: *Verbrecher im Netz* (Leipzig 1997; *Kriminalbrevier*), *In den Fängen der Justiz* (Leipzig 1998; *Gerichtsreportagen*), *Bessere Beweise. Fälle, Fakten, Fehlurteile* (Leipzig 1999).

SCHÜNDLER, RUDOLF
* 17.04.1906 Leipzig,
† 12.12.1988 München

Deutscher Schauspieler und Regisseur. Er verkörperte den zwielichtigen Mr. Short in → *Der unheimliche Mönch* (1965), den »lüsternen« Sergeant Hanfield in → *Der Mönch mit der Peitsche* (1967) und den Kuriositätenhändler Nuthatcher in → *Der Mann mit dem Glasauge* (1968). Bereits als neunjähriger Schüler meldete er sich vergeblich bei der Leipziger Schauspielschule, um sich ausbilden zu lassen. Acht Jahre später bewarb er sich mit größerem Erfolg. Nach dem Examen war er an Theatern in Oberschlesien, Nürnberg, Dortmund, Frankfurt/M. und am renommierten Schauspielhaus Zürich beschäftigt. Mitte der 30er Jahre ging er nach Berlin, spielte Theater, wirkte in einigen Filmen mit (u.a. 1932 in Fritz Langs *Das Testament des Dr. Mabuse*) und bekam durch Vermittlung von Erich Kästner die Chance, in den berühmten »Katakomben« die politische Revue *Jahrgang 1937 – Spätlese* mit Werner Finck zu inszenieren. Trotz wohlwollender Kritiken bekam er bald Schwierigkeiten mit dem NS-Regime. Sofort nach Kriegsende gründete er in München seine »Schaubude« – mit Erich Kästner und Axel von Ambesser als Autoren. Nach der Währungsreform ging er nach Berlin zurück und eröffnete den »Nürnberger Trichter«, wo u.a. Gustaf Gründgens seinen legendären *Schwarzen Jahrmarkt* mit Günther Neumann als Autor und Hans Deppe als Hauptdarsteller inszenierte. Später entdeckte er seinen Hang zur leichten Muse und inszenierte Filme wie *Der Geigenmacher von Mittenwald* (1950),

Schützenliesel (1954), *Gruß und Kuß vom Tegernsee* (1957), *Die Unschuld vom Lande* (1957), *Mikosch, der Stolz der Kompanie* (1957), *Das Posthaus im Schwarzwald* (1958), *Immer Ärger mit dem Bett* (1961) und *Wilde Wasser* (1962). Seit den 60er Jahren wirkte er, abgesehen von den Wallace-Streifen, in Unterhaltungsfilmen wie *Playgirl* (1966), *Liebesnächte in der Taiga* (1967), *Charleys Onkel* (1969), *Die Herren mit der weißen Weste* (1969), *Musik, Musik – da wackelt die Penne* (1970), *Was ist bloß mit Willi los?* (1970) oder *Unser Willi ist der Beste* (1971) mit. In bester Erinnerung blieb er durch die Reihe *Die Lümmel von der ersten Bank* um den Schüler Nietnagel (1.–7.Teil, 1967–72), in der er den Oberstudienrat Knörz verkörperte.

Weitere Filme als Darsteller (Auswahl): *Savoy-Hotel 217* (1936), *Intermezzo* (1936), *Paradies der Junggesellen* (1939), *Hurra, ich bin Papa!* (1939), *Kleider machen Leute* (1940), *... reitet für Deutschland* (1941), *Isola Bella* (1961), *Heiß weht der Wind* (1964), *Liebesgrüße aus Tirol* (1964), *Tante Frieda – Neue Lausbubengeschichten* (1965), *Lange Beine – lange Finger* (1966), *Playgirl* (1966), *Onkel Filser – Allerneueste Lausbubengeschichten* (1966), *Wenn es Nacht wird auf der Reeperbahn* (1967), *Babeck* (TV, 1968), *Die Ente klingelt um halb acht* (1968), *Django – Ein Sarg voll Blut* (1968), *Heintje – Ein Herz geht auf Reisen* (1969), *Heintje – Einmal wird die Sonne wieder scheinen* (1969), *Hilfe, mich liebt eine Jungfrau* (1969), *Liebe durch die Hintertür* (1969), *Die fleißigen Bienen vom fröhlichen Bock* (1970), *Frau Wirtin bläst auch gern Trompete* (1970), *Zwanzig Mädchen und ein Pauker: Heute steht die Penne kopf* (1971), *St. Pauli Report* (1972), *Die Zwillinge vom Immenhof* (1973), *Als Mutter streikte* (1974), *Karl May* (1974), *Magdalena, vom Teufel besessen* (1974), *Der Exorzist* (1974), *Der amerikanische Freund* (1977), *Gefundenes Fressen* (1977), *Gruppenbild mit Dame* (1977), *Suspiria* (1977), *Der Mann im Schilf* (1978), *Schöner Gigolo, armer Gigolo* (1979).

SCHÜRENBERG, SIEGFRIED
* 12.01.1900 Detmold,
† 31.08.1993 Berlin;
eigentlicher Name: Siegfried Wittig

Deutscher Schauspieler. Er übernahm Rollen in nicht weniger als 17 Wallace-Filmen: → Sir

John war er in → *Die Tür mit den 7 Schlössern* (1962), → *Das Gasthaus an der Themse* (1962), → *Zimmer 13* (1963), → *Die Gruft mit dem Rätselschloß* (1964), → *Der Hexer* (1964), → *Neues vom Hexer* (1965), → *Der unheimliche Mönch* (1965), → *Der Bucklige von Soho* (1966), → *Das Geheimnis der weißen Nonne* (1966), → *Die blaue Hand* (1967), → *Der Mönch mit der Peitsche* (1967), → *Der Hund von Blackwood Castle* (1967) und → *Die Tote aus der Themse* (1971). Ferner mimte er Sir Geoffrey Fielding in → *Der Zinker* (1963), Sir Henry Hockbridge in → *Das indische Tuch* (1963), Major Staines in → *Der Rächer* (1960) und Sir Philip in → *Der Teufel kam aus Akasava* (1970). Den Sohn eines Schauspielers zog es bald nach Ende des Ersten Weltkriegs ebenfalls zur Bühne. Nach einjähriger Ausbildung an der Max-Reinhardt-Schule erhielt Schürenberg 1920 sein erstes Theater-Engagement. Erich Ziegels Hamburger Kammerspiele und die Bühnen von Kiel, Bremen, Straßburg, Wien und Zürich waren die Stationen einer erfolgreichen Karriere. Der vielseitig veranlagte Schauspieler spielte den jugendlichen Liebhaber, verkörperte dramatische Rollen, feierte jedoch auch als Komiker und Operettenbuffo Erfolge. Auf Grund seiner Leistung wurde Schürenberg 1931 nach Berlin engagiert und spielte dort u.a. den Graf Hohenzollern im *Prinz von Homburg*, den Reichen in *Großes Welttheater* und später im Preußischen Theater der Jugend den Geßler in *Wilhelm Tell* und Heinrich IV. in *Falstaff*. Bald wurde der Film auf ihn aufmerksam. Seine erste Rolle spielte er in *Ein Mann will nach Deutschland* (1934), es folgten *Der Kosak und die Nachtigall* (1935), *Lockspitzel Asew* (1935), der Gigli-Film *Vergiß mein nicht* (1935) und der UFA-Streifen *Der höhere Befehl* (1935). Er erwies sich als prädestiniert für Rollen, in denen er aktive, kernige Gestalten mit ausgeprägtem Charakter verkörpern konnte. Inzwischen war er von MGM wegen seiner sonoren Stimme als Synchronsprecher für Clark Gable ausgewählt worden und wurde in dieser Funktion auch 1952 für die deutsche Version von *Vom Winde verweht* eingesetzt. In den 50er Jahren wurde Schürenberg zu einer der tragenden Säulen des deutschen Unterhaltungsfilms. Er spielte in

Bernhard Wickis *Die Brücke* (1958), Helmut Käutners *Der Rest ist Schweigen* (1959) und Gottfried Reinhardts *Menschen im Hotel* (1959). Einem breiteren Publikum wurde er in den von → Horst Wendlandt produzierten Edgar-Wallace-Filmen bekannt: Schürenberg schlüpfte in die Rolle des spleenigen Scotland-Yard-Chefs Sir John und baute diese liebenswerte Figur zu einem der Aktivposten der Serie aus. Als er sich 1967 aus finanziellen Gründen mit Wendlandt überwarf, schien sich seine Karriere dem Ende zuzuneigen. Doch kehrte er schon 1969 nach Berlin zurück, um neben verschiedenen Kleinrollen 1971 ein letztes Mal die Rolle seines Lebens zu verkörpern: den Sir John in → *Die Tote aus der Themse*. Für → Artur Brauners → CCC Film stand Schürenberg noch einige Male vor der Kamera, sein letzter Film war *Als Mutter streikte* (1973) unter der Regie von Eberhard Schröder.

Weitere Filme (Auswahl): *Der Mann, der Sherlock Holmes war* (1937), *Menschen ohne Vaterland* (1937), *Andalusische Nächte* (1938), *Am Abend auf der Heide* (1941), *Du mein stilles Tal* (1955), *Alibi* (1955), *Anastasia – Die letzte Zarentochter* (1956), *Auf Wiedersehen, Franziska!* (1957), *Der Stern von Afrika* (1957), *Wie ein Sturmwind* (1957), *Anders als du und ich* (1957), *Gejagt bis zum Morgen* (1957), *Das ver-*

Siegfried Schürenberg

botene *Paradies* (1958), *Alt Heidelberg* (1959), *Und das am Montagmorgen* (1959), *The Journey* (1959), *Frau Irene Besser* (1960), *Das letzte Kapitel* (1961), *Das älteste Gewerbe der Welt* (1967), *Die Herren mit der weißen Weste* (1969), *Klassenkeile* (1969), *Herzblatt* (1969), *Das gelbe Haus am Pinnasberg* (1970), *Musik, Musik – da wackelt die Penne* (1970), *Unsere Pauker gehen in die Luft* (1970), *X312 – Flug zur Hölle* (1971), *Der Todesrächer von Soho* (1971), *Wer zuletzt lacht, lacht am besten* (1971).

Literatur: *Andreas Neumann: Sir John jagt den Hexer, Berlin 2004 (Filmbiographie über Siegfried Schürenberg).*

SCHÜRMANN, PETRA
* *15.09.1935 Mönchengladbach*

Deutsche Schauspielerin, Fernsehansagerin und Quizmaster. Man sah sie als Susan Atkins (Sekretärin von → Sir John) in → *Die Tote aus der Themse* (1971) und als Lehrerin Concetta de Rosa in → *Das Rätsel des silbernen Halbmonds* (1971). Die Tochter des Direktors einer Kabelfabrik wuchs in Wipperfürth bei Köln auf. An der Kölner Universität studierte sie, um Lehrerin zu werden. Ihre Hörgelder verdiente sie sich als Mannequin. Fotografen wurden auf sie aufmerksam und überredeten sie, an Miß-Wahlen teilzunehmen. Als »Miß Welt« ging sie 1956

nach München und schloß dort ihr Studium ab. Nebenbei arbeitete sie erfolgreich beim Fernsehen als Fernsehansagerin beim Bayerischen Rundfunk sowie in den 60er und 70er Jahren in Robert Lembkes legendärem Ratespiel *Was bin ich?*.

Weitere Filme (Auswahl): *Mit Himbeergeist geht alles besser* (1960), *Sieben Tage Frist* (1969), *Ehen vor Gericht* (TV, 1970), *Halbzeit* (TV, 1977), *Am Ufer der Dämmerung* (1983), *Verkehrsgericht* (TV, 1983).

SCHUSTER, FRIEDEL
→ Darsteller

SCHWARZE ABT, DER (BUCH)
→ THE BLACK ABBOT

SCHWARZE ABT, DER (FILM)
(Le crapaud masque)
Kinofilm. *Bundesrepublik Deutschland/Frankreich 1963. Regie: Franz-Joseph Gottlieb. Regieassistenz: Thomas Grimm. Script: Annemarie Petke. Drehbuch: Johannes Kai (d.i. Hanns Wiedmann) und Franz-Joseph Gottlieb nach dem Roman The Black Abbot von Edgar Wallace. Kamera: Richard Angst. Kameraassistenz: Rudolf Sandtner, Wolfgang Hofmann. Schnitt: Hermann Haller. Schnittassistenz: Gisela Neumann. Ton: Clemens Tütsch. Bauten: Wilhelm Vorwerg, Walter Kutz, Siegfried Mews. Oberbeleuchter: Alfred Richter. Requisiten: Helmut Deuckert, Walter Rother. Requisitenhilfe: Herbert Kerz. Masken: Willi Nixdorf, Charlotte Kersten-Schmidt. Musik: Martin Böttcher. Kostüme: Irms Pauli. Garderobe: Gisela Nixdorf, Georg Krüger. Standfotos: Gerd-Victor Krau. Presse: Hans-Joachim Wehling. Produktion: Rialto Film Preben Philipsen GmbH & Co.KG, Berlin (West) und Films Jacques Leitienne, Paris. Produzenten: Preben Philipsen, Horst Wend-*

Links: Petra Schürmann

Rechte Seite:
Der schwarze Abt: **1. Werner Peters, Grit Böttcher, Joachim Fuchsberger •
2. Eddi Arent, Charles Regnier, Joachim Fuchsberger • 3. Eva-Ingeborg Scholz, Werner Peters • 4. Dieter Borsche**

landt, Jacques Leitienne. *Produktionsleitung: Erwin Gitt. Produktionsassistent: Leif Feilberg. Aufnahmeleitung: Wolfgang Kühnlenz, Erwin Stolle. Geschäftsführung: Erich Schütze. Produktionssekretärin: Editha Busch. Kassiererin: Eva Kröling. Drehzeit: 17.04.–28.05.1963. Atelier: CCC Filmstudios Berlin-Spandau. Außenaufnahmen: CCC-Gelände Berlin-Spandau, Schloß Herdringen. Erst-Verleih: Constantin Film, München. Länge: 88 Minuten (2420 m). Format: 35 mm; s/w; Ultra-Scope – Titelvorspann in Farbe. FSK: 03.07.1963 (30444); 12 nff; 12.07.1963. Uraufführung: 05.07.1963, Universum München. TV-Erstsendung: 12.02. 1974 ZDF. Darsteller: Joachim Fuchsberger (Dick Alford), Dieter Borsche (Harry Chelford),* Grit Böttcher *(Leslie Gine),* Charles Regnier *(Inspektor Puddler),* Eddi Arent *(Kriminalassistent Horatio),* Werner Peters *(Fabian Gilder),* Klaus Kinski *(Thomas Fortuna),* Eva-Ingeborg Scholz *(Mary Wenner),* Harry Wüstenhagen *(Arthur Gine),* Friedrich Schoenfelder *(Dr. Loxon),* Alice Treff *(Lady Chelford),* Kurd Pieritz *(Mr. Smooth).*

Inhalt: In den gespenstischen Ruinen der Abtei von Fossaway bricht ein Mann unter den Dolchstichen einer unheimlichen Gestalt in schwarzer Kutte zusammen. Wurde er, wie man erzählt, von einem Geist ermordet? Inspektor Puddler glaubt nicht an Spuk und schlägt sein Quartier im nahegelegenen Schloß Chelford auf. Davon sind weder der Lord noch sein Verwalter Dick Alford begeistert. Auch die Verlobte von Lord Chelford und ihr leichtsinniger Bruder haben allen Grund, der Polizei aus dem Wege zu gehen: Wechselbetrug steht in ihrem

Der schwarze Abt:
1. Werner Peters, Eva-Ingeborg Scholz •
2. Joachim Fuchsberger, Charles Regnier •
3. Dieter Borsche, Joachim Fuchsberger •
4. Werner Peters, Harry Wüstenhagen

Sündenregister. Wenn sie einen sagenhaften Goldschatz finden könnten, wären sie aller Sorgen ledig. Die Suche danach führt in die dunklen Gewölbe der Abtei, und dort lauert der Tod, bis Inspektor Puddler das Rätsel um den geheimnisvollen »schwarzen Abt« lösen kann.

Kritiken zum Film: »Dieser 13. Edgar-Wallace-Film führt die Tradition seiner Vorgänger weiter. Regisseur F. J. Gottlieb gestaltete den ›schwarzen Abt‹ recht spannend und die Darsteller halfen ihm nach besten Kräften dabei.« (Nürnberger Zeitung, 20.07.1963) »Ein gewisser Herr Gottlieb hat den Film inszeniert; die Gags und Tricks stammen aus dem Panoptikum eines angelsächsischen Kriminalmuseums.« (Allgemeine Zeitung, Mainz, 12.07.1963)

Fazit: Ein Film wie ein guter Wein – je öfter man ihn genießt, desto besser gefällt er.

SCHWARZE ABT, DER (HÖRBUCH)

Erschienen 2003 bei Random House Audio GmbH, München, nach dem gleichnamigen Roman von Edgar Wallace. *Hörbuchfassung des gekürzten Romans (70 Minuten): Sven Stricker, Tanja Weimer. Regie und Produzent: Oliver Versch. Musik: Martin Böttcher. Erzähler: Peer Augustinski. Aufnahmen: AirPlay Studio (München), Günther Krusemark und Volker Gereth, Spotting Image Studios (Köln).*

SCHWARZE ABT, DER (HÖRSPIEL)

→ Europa-Hörspielproduktion Nr. 6 nach dem gleichnamigen Roman von Edgar Wallace. *Buch: Frank Sky. Regie: Heikedine Körting. Titelmelodie: David Allen. Musik und Effekte: Bert Brac, Betty George. Künstlerische Gesamtleitung: Andreas Beurmann. Mit den Stimmen von Horst Naumann (Erzähler), Manfred Steffen (Lord Harry Alford), Friedrich Schütter (Lord Dick Alford), Monika Gabriel (Leslie Gines), Ferdinand Dux (Sergeant Puttler), Henry Kielmann (Anwalt Arthur Gines), Marion Martienzen (Anne), Horst Stark (Peter), F.-J. Steffens (Diener Thomas), Ernst Schubarth (Glover, Butler), Jo Wegener (Miss Wenner).*

SCHWARZWEISS-FILME

Zu Beginn der Filmära wurden alle Filme in schwarzweiß gedreht. Auch später war man noch lange der Auffassung, daß nur Schwarzweißfilme mit ihren scharfen Kontrasten ein hohes Maß an Spannung beim Zuschauer erzeugen könnten. Da man mit der Zeit gehen wollte (oder unter dem Eindruck des Farbfernsehens auch mußte), wurden schließlich auch Krimis, u.a. die späteren Wallace-Filme (ab 1966), in Farbe hergestellt. Im (auch nostalgischen) Rückblick muten freilich Schwarzweißfilme oft atmosphärisch dichter und spannungsgeladener an als ihre verblassenden farbigen Nachfahren.

SCHWEIZER DRUCK UND VERLAGSHAUS

→ Verlage

SCHWEIZER PUMPE, DIE

→ THE SWEIZER PUMP

SCOTLAND YARD

→ New Scotland Yard

SECHSTE SINN DES MR. REEDER, DER

→ THE MIND OF MR. J. G. REEDER.

SECHSTE SINN DES J. G. RIEDER, DER

Kriminalfilmserie in vier Teilen. Österreich 1999. Produktion: GHP Film, Villach. Produ-

zent: Bege R. Salpag. Regie: Georg H. Pagitz. Drehbuch: Georg H. Pagitz nach *Der sechste Sinn des Mr. Reeder* von Edgar Wallace. Drehorte: Villach, Treffen, Kras. Die Teile im einzelnen:

1. Der sechste Sinn des J. G. Rieder: *Tödliches Klingeln.* (Arbeitstitel: *Reeder: Tödliches Klingeln*). Kamera: Mario Oberstraß. Schnitt: Georg Hans. Musik und Titelmusik: Ennio Morricone. Tricktitel: Animazioni Giorgioni. Produktionsleitung: Stefan Posratschnig. Herstellungsleitung: Georg H. Pagitz. Produktionszeit: 16.07.–15.09.1999. Darsteller: Stefan Schröder (J. G. Rieder), Alfred Waukmann (Dr. Viktor Körner), Ulli Posratschnig (Angela Körner), Stephan Payer (Dr. Leo Gann), Peter Teissl (Harald Schendler), Daniela Smolle (Sylvia).
Inhalt: Der Politiker Dr. Viktor Körner und seine Frau Angela sind seit Jahren ein scheinbar glückliches Ehepaar. Jede Woche trifft sich Körner mit zwei Freunden, dem Rechtsanwalt Dr. Leo Gann und dem Autohändler Harald Schendler, zum Pokerabend. Dabei geht es um hohe Beträge. Als Körner eines Abends seine Frau anruft, hebt diese ab, kann aber nichts

mehr sagen, da ein Schuß fällt. Körner fährt sofort nach Hause und findet seine Frau tot vor dem Telefon. Oberinspektor Rieder von der Villacher Kripo wird mit den Ermittlungen beauftragt. Nach einigen Nachforschungen hat er einen Hauptverdächtigen: Viktor Körner. Der hat anscheinend einen perfekten Mord inszeniert.
Anmerkungen: Schon 1996 wurde von der GHP die Realisierung einer Krimiserie »J. G. Reeder« in Angriff genommen, die in England spielen sollte (mit Stefan Schröder in der Rolle des schusseligen Polizeibeamten, dem man nichts zutraut). Doch bereits nach einem Drehtag wurde das Projekt auf Eis gelegt. 1999 wurde es, mit größerer Präzision und verbessertem Drehbuch, neu aufgegriffen. Ein Kuriosum: Der Film war Mitte September abgedreht; lediglich die erste Szene fehlte, diese wurde im Februar 2000 aufgenommen. Daher hat Alfred Waukmann hier längere Haare, was nicht unbedingt stört, da er ja bis zur zweiten Szene beim Friseur gewesen sein kann.
2. Der sechste Sinn des J. G. Rieder: *Herr Kanopka träumt.* (Arbeitstitel: *Reeder: Herr Kanopka träumt*). Kamera: Mario Oberstraß. Schnitt: Georg Hans. Musik: Eberhard Schoener. Titelmusik: Ennio Morricone nach Jacques Offenbach. Sopran: Montserrat Caballé. Regieassistenz: Peter Gerhard Teissl. Produktionsleitung: Stefan Posratschnig. Herstellungsleitung: Georg H. Pagitz. Darsteller: Stefan Schröder (J. G. Rieder), Georg Sabinn (Ralf Kanopka), Georg Sabinn (Wolfgang Kanopka), Michael Weissenbacher (Dr. Michael Magolis), Bernhard Salzmann (Christoph Erom), Sandra Koffler (Dr. Agnes Dochnal).
Inhalt: Seit einigen Wochen benimmt sich Ralf Kanopka äußerst seltsam. Er bricht jeglichen Kontakt zur Außenwelt ab, schließt sich ein und hört ständig mit voller Lautstärke dieselbe Musik. Eines Nachts steht er plötzlich im Zimmer seines Bruders Wolfgang und bittet ihn mitzukommen. Sie fahren durch die Nacht, bis sie schließlich einen Steinbruch erreichen. Am nächsten Tag erhält Ralf Kanopka einen Erpresserbrief: Sein Bruder sei entführt worden. Inspektor Rieder vermutet dahinter ein unglaubliches Verbrechen: Hat Ralf Kanopka seinen Bruder getötet und sich selbst Erpresserbriefe geschickt?
Anmerkung: Die Handlung des Films orientiert

sich in den ersten Szenen (bis zum Mord) an der Kurzgeschichte *Mr. Purdy träumt* von Walter Hamann, die bereits 1995 von der GHP Film unter dem Titel *Das Kichern des Todes* verfilmt wurde.

3. Der sechste Sinn des J. G. Rieder: Weidmannstod! (Arbeitstitel: *Reeder: Weidmannstod!*). Kamera: Mario Oberstraß. Schnitt: Georg Hans. Musik: Ennio Morricone. Titelmusik: Ennio Morricone. Produktionsleitung: Stefan Posratschnig. Herstellungsleitung: Georg H. Pagitz. Produktionszeit: Februar 2000. Darsteller: Stefan Schröder (J. G. Rieder), Sandra Koffler (Kriminalrätin Dr. Agnes Dochnal), Markus C. Nessmann (Alfred Kruwella).

Inhalt: Der Jäger Kruwella beobachtet von seinem Hochsitz aus seit Wochen zwei Männer an der slowenisch-österreichischen Grenze, die scheinbar Zigaretten schmuggeln. Zufällig findet Kruwella heraus, daß nicht Zigaretten, sondern Waffen aus Bosnien geschmuggelt werden. Das Ganze erweist sich zudem nur als Vorübung: Die Schmuggler wollen in eine Schlepperbande einsteigen und Flüchtlinge aus dem Kosovo nach Österreich bringen. Kruwella will den Gangstern auf eigene Faust das Handwerk legen – ein tödlicher Fehler. Inspektor Rieder, der dort gerade seinen Urlaub verbringt, mischt sich in die Ermittlungen der Gendarmerie ein. Auch Schwierigkeiten mit seiner Vorgesetzten, der Kriminalrätin Dr. Agnes Dochnal, können Rieder nicht von der richtigen Spur ablenken.

4. Der sechste Sinn des J. G. Rieder: *Nachts, in einer fremden Stadt.* (Arbeitstitel: *Reeder: Nachts, in einer fremden Stadt*). Kamera: Mario Oberstraß. Schnitt: Georg Hans. Musik: Ennio Morricone. Titelmusik: Ennio Morricone. Produktionsleitung: Stefan Posratschnig. Herstellungsleitung: Georg H. Pagitz. Produktionszeit: Februar 2000. Hauptdarsteller: Stefan Schröder (J. G. Rieder), Sandra Koffler (Kriminalrätin Dr. Agnes Dochnal).

Inhalt: In einer kalten Winternacht kommt der Franzose François Neville mit dem Mitternachtszug in Villach an. Er wird von einem gewissen Webermann, der ihn anscheinend von früher kennt, mit dem Auto abgeholt. Unterwegs läßt Webermann Neville plötzlich aussteigen und fährt mit dessen Brieftasche und Gepäck davon. Inspektor Rieder, von einer starken Erkältung befallen, aber trotzdem im Dienst, wird am nächsten Morgen zum Ufer des Flusses Gail gerufen: Jm Schnee liegt eine männliche Leiche – ohne Papiere. Es ist ein hartes Stück Arbeit, bis Rieder herausfindet, daß der Tote der Franzose François Neville ist.

SECRET HOUSE, THE
Kriminalroman. *Originalausgabe: Ward Lock & Co., London 1917. Deutsche Erstveröffentlichung: Das geheimnisvolle Haus. Übersetzung:* → *Ravi Ravendro. Wilhelm Goldmann Verlag, Leipzig 1930. Neuausgabe: Wilhelm Goldmann Verlag, Leipzig 1933. Neuausgabe: Wilhelm Goldmann Verlag, München 1954. Taschenbuchausgabe: Wilhelm Goldmann Verlag, München 1957 (= Goldmann Taschen-KRIMI 113). Weitere Taschenbuchauflagen im Wilhelm Goldmann Verlag: 1959, 1971, 1973, 1975, 1976, 1978, 1982, 1987. Jubiläumsausgaben im Wilhelm Goldmann Verlag: 1990, 2000 (= Band 23). Neuübersetzung: Ute Tanner. Scherz Verlag, Bern, München, Wien 1986 (= Scherz Krimi 1064). – Anläßlich des 125. Geburtstages des Autors brachte der* → *Weltbild Verlag 2000 eine Wallace-Edition heraus. Hier erschien der Roman in einer Doppelausgabe zusammen mit* Überfallkommando (→ *The Flying Squad*).

Inhalt: Scotland-Yard-Spezialist T. B. Smith hat schon viele schwierige Fälle gelöst, nur den Erpresser Montague Fattock konnte er bisher nicht fassen. Aber noch weitere zwielichtige Gestalten halten Smith in Atem: Was führen der polnische Graf Poltavo und der undurchsichtige Dr. Fall im Schilde? Plötzlich verschwindet der mit beiden in Verbindung stehende Millionär Gregory Farrington. Nicht nur Scotland Yard ist auf der Suche nach dem Verschwundenen, sondern auch der Reporter Frank Doughton. Dieser lernt bei seinen Recherchen nebst der undurchsichtigen Lady Dismore auch deren junge Nichte Doris Gray kennen. Eine Spur führt Smith zu Farringtons Villa in Great Bradley. Bei den Bewohnern des Ortes ist das Haus verrufen, da sich dort unheimliche Vorgänge abspielen sollen. Nach einem nächtlichen Schußwechsel vor der Villa und mit Hilfe von Inspektor Ela kann T. B. Smith den komplizierten Fall schließlich lösen, und Frank und Doris werden ein Paar.

SEELE DES ANDEREN, DIE
→ CAPTAINS OF SOULS

SELBSTJUSTIZ
Ist der Arm des Gesetzes zu kurz, verficht Wallace das Prinzip der Vergeltung durch Selbstjustiz. Zum Personal seiner Erzähltexte gehört die Figur des modernen »Robin Hood«, dem kein Unrecht zu groß ist, um der Gerechtigkeit zum Siege zu verhelfen. Ausprägungen dieses Typus sind der Preller in der gleichnamigen Kurzgeschichtensammlung (→ The Mixer), der zwielichtige Gestalten mit ihren eigenen Waffen zu schlagen vermag, und die berühmte Figur des → Hexers (in dem Roman → The Ringer und den Kurzgeschichten → Again the Ringer): Dieser hat die Neigung, kurzen Prozeß mit seinen Gegnern zu machen, wenn Grund zur Annahme besteht, daß sie durch die Maschen der Justiz schlüpfen könnten. Auf die Spitze getrieben hat Wallace diese an zweifelhafte Leserinstinkte appellierende Haltung durch Multiplikation der Rächerfigur in den Drei bzw. Vier Gerechten, die in mehreren Romanen und Kurzgeschichten auftreten (→ Again the Three Just Men, → The Council of Justice, → The Four Just Men, → The Law of the Four Just Men, → The Three Just Men, → The Three Men of Cordova). Drastische Selbstjustiz prägt auch den Showdown in → On the Spot (Roman und Theaterstück): Als der Gangster Perelli gestellt wird, erklärt er dem Kommissar, daß es keinen Sinn habe, ihn zu verhaften; seine Anwälte würden ihn umgehend wieder freibekommen. Der Kommissar will daraufhin den Gangster erschießen, doch ein Angestellter Perellis nimmt ihm die Arbeit ab: So wird die Stadt Chicago »gesäubert«, ohne daß unnötige Gerichtskosten entstehen. In → The Clue of the New Pin bettet Wallace' chinesischer Protagonist Yeh Ling den Verbrecher in geradezu idealer Form von Selbstjustiz in Beton ein, so daß dessen Störpotential für immer beseitigt ist. Umgekehrt bleibt der »Böse« am Ende ungeschoren, wenn er im Kern ein »Guter« ist und sein Verbrechen nur begangen hat, um das Unrecht eines anderen zu sühnen. Diese Form der Selbstjustiz behandelt Wallace in → The Joker und, noch auffälliger, in → The Green Archer, wo er die Täter kurzerhand entkommen läßt. In → Flat Two betont Wallace das vorbildliche Ethos solcher Rächer von eigenen Gnaden. Nachdem er Vergeltung geübt hat, schickt der Täter einem unschuldig Verdächtigen zu dessen Entlastung einen Brief mit allen Einzelheiten des Tathergangs. Die Gangster in → The Feathered Serpent dürfen ebenfalls auf Nimmerwiedersehen von der Bildfläche verschwinden, desgleichen das Gangsterpärchen in → Angel of Terror. – Mit dieser unrealistischen Personifizierung von Gut und Böse, die mit einer fragwürdigen Unterscheidung zwischen guter und böser Gewalt einhergeht, greift Wallace auf seine Weise das trivialliterarische Motiv vom »edlen Räuber« auf, das spätestens seit Vulpius' *Rinaldo Rinaldini* (1798) nicht nur schlichte Leserherzen höher schlagen läßt.

SELFMADEMAN
Edgar Wallace war der geborene Selfmademan; andernfalls wäre er kaum zum Kultautor aufgestiegen. Während seiner Militärzeit in Südafrika hatte er viel Freizeit. So besorgte er sich drei Bücher: ein Synonymwörterbuch, ein etymologisches Nachschlagewerk und Trenchs *Das Studium der Wörter*. Danach begann er, alte Texte umzuformulieren und sie auf 40 Wörter umfassende »Flugblätter« zu reduzieren. Nach monatelanger Übung hatte er die nötige Routine, um selbständig Texte verfassen zu können.

SELTSAME GRÄFIN, DIE (BUCH)
→ THE STRANGE COUNTESS

SELTSAME GRÄFIN, DIE (FILM)
Kinofilm. *Bundesrepublik Deutschland 1961. Regie: Josef von Baky (nach dessen Erkrankung von Jürgen Roland zu Ende geführt). Regieassistenz: Claus Prowe. Script: Kathi Scheu. Drehbuch: Robert Adolf Stemmle und Curt Hanno Gutbrod nach dem Roman The Strange Countess von Edgar Wallace. Kamera: Richard Angst. Kameraassistenz: Ricci Weihmayr, Wolfgang Hofmann, Helmut Jahn. Schnitt: Hermann Ludwig. Schnittassistenz: Paula Uibel. Ton: Oscar Haarbrandt. Bauten: Helmut Nentwig, Albrecht Hennings. Oberbeleuchter: Günter Gordis. Requisiten: Max Freude, Fritz Moritz. Masken: Heinz Stamm, Jupp Paschka. Musik: Peter Thomas. Kostüme: Walter Schulz-Mittendorf. Garderobe: Günter und Olga Paetau. Standfotos: Gerd-Victor Krau, Leo Weisse, Arthur Grimm. Presse: Will Wehling. Produktion: Rial-*

to Film Preben Philipsen Filmproduktion und Filmvertrieb GmbH, Hamburg. Produzenten: Preben Philipsen, Horst Wendlandt. Produktionsleitung: Herbert Sennewald. Aufnahmeleitung: Bruno Michalk, Siegfried Weil. Geschäftsführung: Leif Feilberg. Produktionssekretärin: Editha Busch. Kassierer: Erich Schütze. Drehzeit: 28.08.–29.09.1961. Atelier: UFA-Atelier Berlin-Tempelhof. Außenaufnahmen: Berlin, Schloß Ahrensburg. Erst-Verleih: Constantin Film, München. Länge: 95 Minuten (2585 m). Format: 35 mm; s/w; 1:1.66. FSK: 03.11.1961 (26584); 16 nff. Uraufführung: 08.11.1961, Capitol Trier. TV-Erstsendung: 12.07.1969 ZDF. Darsteller: Joachim Fuchsberger (Mike Dorn), Brigitte Grothum (Margarete Reddle),

Die seltsame Gräfin: **1. Klaus Kinski, Rudolf Fernau und Partner • 2. Brigitte Grothum, Klaus Kinski**

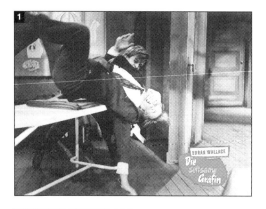

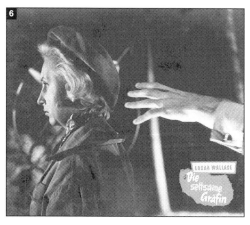

Die seltsame Gräfin:
1. Klaus Kinski, Joachim Fuchsberger • 2. Klaus
Kinski, Edith Hancke • 3. Reinhard Kolldehoff,
Rudolf Fernau • 4. Jochim Fuchsberger, Rudolf
Fernau • 5. Joachim Fuchsberger, Brigitte
Grothum • 6. Edith Hancke

Rechte Seite:
Die seltsame Gräfin: Brigitte Grothum

Marianne Hoppe (Mary Pinder), Lil Dagover (Lady Eleanora Moron), Klaus Kinski (Stuart Bresset), Edith Hancke (Lizzy Smith), Richard Häussler (Chesney Praye), Eddi Arent (Lord Selwyn Moron), Rudolf Fernau (Dr. Tappatt), Fritz Rasp (Rechtsanwalt Shaddle), Reinhard Kolldehoff (John Addams), Werner Buttler (Mackenzie), Eva Brumby (Mary), Alexander Engel (Patient), Kurt Jaggberg (Sammy), Albert Bessler (Gefängnisdirektor).

Inhalt: Margaret Reddle, eine junge Sekretärin, tritt ihre neue Stellung auf dem Schloß der Gräfin Moron an. Doch wird dieser Aufenthalt für Margaret zum Alptraum. Anschläge auf ihr Leben, die schon in London begonnen hatten, werden hier fortgesetzt. Durch Medikamente in den Wahnsinn getrieben, wird sie in die Klinik des Arztes Tappatt eingeliefert. Detektiv Mike Dorn, der zu ihrer Sicherheit engagiert wurde, kann schließlich Margarets Leben retten und die Schuldigen überführen.

Kritiken zum Film: »In diesem Film – und deshalb ist er auf seine Art ein Phänomen – sind alle denkbaren Unsitten des deutschen Films versammelt.« (Deutsche Zeitung, Stuttgart, Köln, 14.12.1961) »Die konfus verhäkelte Handlung spielt angeblich in London, könnte mit ihren Klischees in verschwommen gezeichneter Umgebung aber auch auf dem Mond stattfinden.« (Filmdienst, Düsseldorf, 48/1961)

Fazit: Starensemble in einem tempoarmen Film.

Anmerkungen: Die Länge des Films wurde am 16.11.1961 auf Veranlassung von → Horst Wendlandt und in Absprache mit → Gerhard F. Hummel auf 2569 m (= 94 Minuten) reduziert. Damit ist *Die seltsame Gräfin* der einzige Edgar-Wallace-Film, der während des Kinoersteinsatzes gekürzt wurde. Bei allen anderen Wallace-Streifen wurde eine Kürzung erst für die Fernsehausstrahlung bzw. bei Erscheinen auf Video vorgenommen. – Der Film erhielt vom Bundesminister des Inneren eine Prämie in Höhe von 200.000 DM.

SELZNICK, DAVID O.
* 10.05.1902 Pittsburgh, Pennsylvania,
† 22.06.1965 Los Angeles

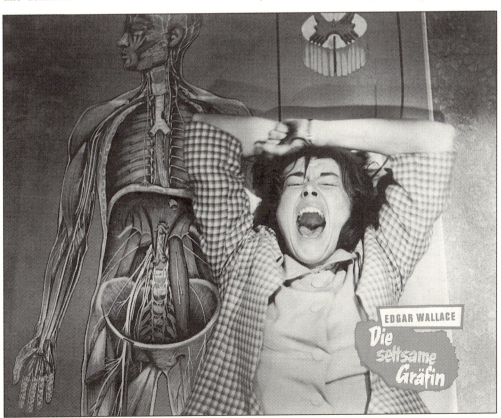

Amerikanischer Produzent. Er war verantwortlich für die Herstellung von → *King Kong* (1932/33). Erste Erfahrungen mit der Filmherstellung sammelte Selznick zusammen als seinem Bruder, dem Agenten Myron Selznick, in der Produktionsfirma seines Vaters Lewis Selznick. Später produzierte er einige Dokumentarfilme und ging, nach gescheiterten Versuchen, als Verleger oder Grundstücksmakler zu reüssieren, nach Hollywood. Dort arbeitete er zunächst bei Metro-Goldwyn-Mayer und wurde später Produzent bei Paramount. 1931 ging er als Produktionsleiter zu → R.K.O., wo er u.a. die ersten Filme von George Cokor, King Vidors *Bird of Paradise* (1932) und → *King Kong* (1932/33), betreute. 1933 kehrte er als zweiter Produktionsleiter neben Irving Thalberg zu MGM zurück und produzierte Filme wie *Dinner at Eight* (1933), *David Copperfield* (1934) und *A Tale of Two Cities* (1935). 1936 gründete er seine eigene Produktionsgesellschaft, die Selznick International Pictures. Mit ihr stellte er Filme wie *The Garden of Allah* (1936), *A Star is Born* (1937), *Nothing Scared* (1937), *Intermezzo* (1939) und *Rebecca* (1940) her. Nach dem Triumph von *Gone With the Wind* (*Vom Winde verweht*, 1939), bei dem er, wie bei den meisten seiner späteren Filme, de facto als Co-Regisseur fungierte, litten fast alle seine Produktionen unter Anflügen von Gigantomanie, auch wenn sie seine besonderen Qualitäten als Meister der großen Show belegen. Das gilt für die Filme *Duel in the Sun* (1946), *Portrait of Jennie* (1949), *A Farewell to Arms* (1957) und *Tender is the Night* (1961), mit denen er auch die Starkarriere seiner zweiten Frau Jennifer Jones förderte. Selznicks fast neurotisch genaue Beachtung aller Details einer Produktion spiegelt eine Sammlung seiner oft meterlangen Memos wider, die von Rudy Behlmer unter dem Titel *Memo from David O. Selznick* (New York 1972) herausgegeben wurde.

SENTIMENTAL SIMPSON
→ DER SENTIMENTALE MR. SIMPSON

SENTIMENTALE MR. SIMPSON, DER (BUCH)
Neun Kriminalgeschichten von Edgar Wallace. Dieser Sammelband wurde 1962 zusammengestellt und ist in dieser Form nicht in englischen Ausgaben erschienen. Deutsche Erstveröffentlichung (Taschenbuchausgabe): Wilhelm Goldmann Verlag, München 1962 (= Goldmann Taschen-KRIMI 1214). Übersetzung: Tony Westermayr (1962). Weitere Taschenbuchauflagen im Wilhelm Goldmann Verlag: 1963, 1974, 1975, 1976, 1981, 1982, 1987, 1997. Jubiläumsausgaben im Wilhelm Goldmann Verlag 1990, 2000 (= Band 66).
Enthält: *Der sentimentale Mr. Simpson* (SENTIMENTAL SIMPSON), *Der grüne Mann* (THE LITTLE GREEN MAN), *Der Schwächling* (THE WEAKLING), *Die Doppelgängerin* (THE UNDISCLOSED CLIENT), *Der Fassadenkletterer* (THE LOOKER AND THE LEAPER), *Der Mann, der nie verlor* (THE MAN WHO NEVER LOST), *Ehemann gesucht* (THE MEDIEVAL MIND), *Sechs Kisten Gold* (THE CLUE OF MONDAY'S SETTLING), *Die Starken und die Schwachen* (WHITE STOCKING). Inhalt von *Die Doppelgängerin*: Seit Jahren erpreßt Lester Cheyne Lady Alice Farranay. Eines Tages ist er verblüfft von der Ähnlichkeit, die das Mädchen Lois Martin mit der Lady hat. Er kann nicht ahnen, daß die Lady selbst vor ihm steht, die gekommen ist, um sich an ihm zu rächen.

EDGAR
WALLACE
Der sentimentale
Mr. Simpson

Goldmanns
Taschen-
KRIMI

SERGEANT FRASER
→ TO HAVE AND TO HOLD

SERGEANT SIR PETER
Acht Kriminalgeschichten. *Originalausgabe: Chapman & Hall, London 1932.*
Enthält: THE FOUR MISSING MERCHANTS, THE DESK BREAKER, THE INHERITOR, DR. FIFER'S PATIENT, THE BURGLAR ALARM, BURIED TREASURE, THE PRINCIPLES OF JO LOLESS, THE DEATH WATCH.
Inhalt: Der junge Adlige Sir Peter Dunn, der das Vermögen seines Großvaters geerbt hat, leidet unter Langeweile. Da er schon immer Detektiv werden wollte, geht er zu Scotland Yard. Im Rang eines Sergeant löst er diverse spannende Kriminalfälle, die ihn u.a. nach Paris und Berlin führen.
Anmerkungen: Diese Sammlung ist auch unter dem Titel *Sergeant Dunn, C.I.D.* (Brown, Watson, London 1962 [Digit Books R 580]) erschienen. – Die Geschichten wurden bisher nicht ins Deutsche übertragen.

SERGEANT WILLIAM ELK
Bekannteste Sergeant-Figur, die Wallace geschaffen hat. Wegen grober Unkenntnis der englischen Geschichte und Geschichtsdaten steht er seiner Beförderung selbst im Wege. Seinen ersten Auftritt hat er im Roman → *The Fellowship of the Frog*, wo er am Ende doch noch zum Inspektor befördert wird, weil er die Bande der Frösche entlarven konnte. In dem später entstandenen Roman → *Whiteface* fungiert Elk noch als Sergeant, so daß dieser Roman chronologisch vor → *The Fellowship of the Frog* angesiedelt ist. Weitere Auftritte: → *Inspektor*.

SERRA, GUIDO
→ Produzenten

SESSAK, HILDE
* 27.07.1915 Berlin,
† 17.04.2003 Berlin
Deutsche Schauspielerin. Sie mimte dreimal böse Damen in Wallace-Filmen: Aufseherinnen in → *Der Hexer* (1964) und in → *Der Bucklige von Soho* (1966) sowie Schwester Elisabeth in → *Der Gorilla von Soho* (1968). Nach einer künstlerischen Ausbildung erhielt Hilde Sessak 1934 ihr erstes Engagement am Stadttheater von Gu-

Hilde Sessak

ben. Weitere Bühnenstationen waren Leipzig und Berlin. Ab 1935 sah man sie auch regelmäßig in Filmen, nach dem Krieg jedoch meist nur als markante Nebendarstellerin. Auch Auftritte in Fernsehspielen und Kabarettveranstaltungen gehörten zu ihrem künstlerischen Lebenswerk.
Weitere Filme (Auswahl): *Das Mädchen vom Moorhof* (1935), *Intermezzo* (1936), *Der Raub der Sabinerinnen* (1936), *Wasser für Canitoga* (1939), *Kleider machen Leute* (1940), *Quax, der Bruchpilot* (1941), *Der kleine Grenzverkehr* (1943), *Paracelsus* (1943), *Orient-Express* (1944), *Die Feuerzangenbowle* (1944), *Wenn die Abendglocken läuten* (1951), *Der eiserne Gustav* (1958), *Fanny Hill* (1964), *Lange Beine – lange Finger* (1966).

SESSELMANN, SABINA
* 13.08.1936 München,
† 03.03.1998 Tutzing
Deutsche Schauspielerin. Sie verkörperte die Ann Rider in der deutschen Version von → *Das Geheimnis der gelben Narzissen* (1961) und Sybil Lansdown in → *Die Tür mit den 7 Schlössern* (1962). Ihre Starkarriere verlief parallel zum bundesdeutschen Wirtschaftswunder. Die Tochter eines Kaufmanns jobbte als Mannequin, um sich Geld für den Schauspiel- und Ballettunterricht zu verdienen, wurde als hübsche, gut gewachsene Blondine prompt vom Film entdeckt und zur vielbeschäftigten, durchaus wandlungsfähigen Darstellerin attraktiver jun-

Sabina Sesselmann

ger Frauen. Nach ihrer Heirat zog sie sich vom Film zurück.

Weitere Filme (Auswahl): *Freddy, die Gitarre und das Meer* (1958), *Liebe kann wie Gift sein* (1958), *Ein Lied geht um die Welt* (1958), *Madeleine Tel. 13 62 11* (1958), *U 47 – Kapitänleutnant Prien* (1958), *Morgen wirst du um mich weinen* (1959), *Der Schatz vom Toplitzsee* (1959), *Scotland Yard hört mit* (1962), *Rote Lippen soll man küssen* (1963), *Ein Sarg aus Hongkong* (1964).

SET UP, THE
(Eine abgekartete Sache)
Kinofilm. *England 1962. Produktion: Merton Park. Produzent: Jack Greenwood. Regie: Gerard Glaister. Buch: Roger Marshall frei nach Edgar Wallace. Kamera: Bert Mason. Musik: Bernard Ebbinghouse. Art Director: Peter Mullins. Ton: Sidney Rider. Schnitt: Derek Holding. Darsteller: Maurice Denham (Theo Gaunt), John Carson (Inspektor Jackson), Maria Corvin (Nicole Romain), Brian Peck (Arthur Payne), An-*thony Bate (Ray Underwood), John Arnatt (Superintendent Ross), Manning Wilson (Sergeant Bates), Pamela Greer (Sally), Eric Dodson (Walker), Reginald Barratt (Pop Medwin), Billy Milton (Simpson), Harry Littlewood. Länge: 58 Minuten.*

Inhalt: Der Strafgefangene Arthur Payne möchte nach seiner Entlassung allen kriminellen Umtrieben aus dem Weg gehen. Aus Gutmütigkeit verspricht er jedoch, dem ihm bis dahin unbekannten Theo Gaunt aus der Patsche zu helfen. Angeblich hat Gaunts Frau unrechtmäßig Schmuck an sich gebracht. Payne soll ihn aus dem Safe holen, damit ihr Mann den Schmuck zurückgeben kann. Als Payne den Safe öffnet, steht plötzlich Mrs. Gaunt vor ihm. Payne, der keine Juwelen, sondern nur Papiere und einen Revolver gefunden hat, flieht. Wenig später wird Mrs. Gaunt erschossen aufgefunden. Da man Paynes Fingerabdrücke entdeckt, wird er verhaftet. Inspektor Jackson von Scotland Yard erscheint die Geschichte glücklicherweise suspekt. Rechtzeitig findet er den wahren Mörder, der von einem anderen Gangster erpreßt wurde.

Kritik zum Film: »Ein weiterer Film aus der Edgar-Wallace-Serie, der trotz des willkommenen Auftretens von Maurice Denham das gewohnte Niveau sogar noch unterbietet. Ganz besonders schwach ist eine Szene, in der Payne auf der Flucht vor der Polizei Hilfe von einem Mädchen erhält, in dessen Bungalow er sich versteckt. Dennoch hält das Tempo durch bis zum üblichen Höhepunkt, wo alles enthüllt wird.« (Monthly Film Bulletin, 4/1963) »Selbst auf die Gefahr hin zu langweilen, muß ich wiederholen, daß allein das reine Stehvermögen dieser Edgar-Wallace-Serie ein Triumph ist. Das Rezept mag zwar ziemlich stereotyp sein, und die Geschichten mögen nicht viel Tiefgang haben, aber die Drehbücher, die Regie und die Darstellerleistungen bewegen sich auf einem hohen Niveau und zeugen von größter Professionalität.« (Daily Cinema, 1963)

Anmerkung: Unter dem Titel *Wer einmal hinter Gittern saß* lief dieser Film innerhalb einer zehnteiligen Merton-Park Wallace-Serie am 09.09.1969 im ZDF.

SETTE VOLTI PER L'ASSISSINO
Italienischer Titel der Koproduktion → Das Rätsel des silbernen Halbmonds

SEWELL, VERNON
→ Regisseure

SEYMOR, JAMES
→ Drehbuchautoren

SHADOW MAN, THE
Kriminalkurzroman. Originalausgaben in →
The Guv'nor & Other Stories und in → *Mr. J.
G. Reeder Returns*. Deutsche Erstveröffentlichung: *Der Mann im Hintergrund*. Übersetzung: → Hans Herdegen. Wilhelm Goldmann
Verlag, München 1960. Taschenbuchausgabe:
Wilhelm Goldmann Verlag, München 1962 (=
Goldmann Taschen-KRIMI 1155). Weitere Taschenbuchauflagen im Wilhelm Goldmann Verlag: 1973, 1977, 1982, 1985, 1987. Jubiläumsausgaben im Wilhelm Goldmann Verlag: 1990,
2000 (= Band 48).
Inhalt: Der berühmte Staatsbeamte und Detektiv John G. Reeder hat zwei mysteriöse Fälle zu
lösen, bei denen die Polizei versagt hat. Zum
einen begannen in London Bankbetrügereien,
nachdem ein paar Wochen zuvor ein Gefangener aus Sing-Sing entflohen war. Zum anderen
erhielt eine junge Dame von ihrem Verlobten,
einem einfachen Bankangestellten, ein dickes
Bündel Dollarnoten und äußerst wertvollen

Schmuck. In detektivischer Kleinarbeit kommt
Reeder dem Zusammenhang der beiden Fälle
auf die Spur und entlarvt schließlich den entflohenen Sträfling als den Boß einer Geldfälscherbande.
Anmerkung: In Deutschland zusammen mit →
The Man who passed (*Der Lügendetektor*) erschienen.

SHARE OUT, THE
(Sterben müssen sie alle)
Kinofilm. *England 1962. Produktion: Merton
Park. Produzent: Jack Greenwood. Regie: Gerald Glaister. Buch: Philip Mackie nach dem Roman Jack O'Judgement von Edgar Wallace. Kamera: Bert Mason. Musik: Bernard Ebbinghouse. Bauten: Peter Mullins. Ton: Sid Rider.
Schnitt: Bernard Gribble. Darsteller: Bernard
Lee (Superintendent Meredith), Alexander Knox
(Colonel Calderwood), Moira Redmond (Diana Marsh), William Russell (Mike Stafford), Richard Vernon (John Crewe), Richard Warner
(Mark Speller), John Gabriel (Monet), Jack Rodney (Gregory), Stanley Morgan (Sergeant Anson), Robert Perceval (Britton), Ann Harriman
(Empfangsfräulein), Julie Shearing (Judy), Fanny Carby (Mrs. Wall), Jan Hamilton, Walter
Horsbrugh. Länge: 61 Minuten.*

The Set Up: **Maurice Denham (sitzend), John Carson (rechts)**

The Share Out: **William Russell, Bernard Lee**

Inhalt: Privatdetektiv Mike Stafford hat viel Dreck am Stecken, ist aber ein tüchtiger Mann. Als Scotland Yard nach drei Morden einer skrupellosen Erpresserbande nicht mehr weiter weiß, stellt er sich als Undercover-Agent zur Verfügung. Er gibt sich bei der Bande als Krimineller aus und wird bald deren Mitglied. Sein erster Auftrag ist, die schöne Diana, ebenfalls ein Bandenmitglied, zu bespitzeln. Mike gelingt es, sich beim Chef und bei Diana beliebt zu machen. In seiner Leidenschaft für das Mädchen erzählt er ihr, daß er für die Polizei arbeitet. Nun gibt es drei weitere Tote. Zuletzt stirbt der Bandenchef, den Mike in Notwehr erschießen muß. Seine Arbeit ist getan – die Erpressungen haben ein Ende. Mike und Diana wollen heiraten. Am Hochzeitstag erscheint die Polizei mit einem Geschenk, wie es sich die beiden nicht erträumt haben.

Kritik zum Film: »Anders als in anderen Filmen der Serie fängt diese Geschichte von Mißtrauen unter Dieben einiges von der echten Edgar-Wallace-Atmosphäre ein. Die Kniffe des Drehbuchs sind mit Schwung inszeniert, und der Erfindungsreichtum der Akteure, sich gegenseitig zu betrügen, wird von einer starken Besetzung vergnüglich porträtiert. Bernard Lee als Bulle vom Dienst ist so gut, daß er beinahe das grundsätzlich anspruchslose Niveau dieser Unterhaltungsserie ins Wanken bringt.« (Monthly Film Bulletin, 5/1962)

Anmerkung: Der Film wurde in Deutschland als Doppelprogramm zusammen mit → *Playback* unter dem Obertitel → *Die Rache des Mörders* gezeigt.

SHEPPERTON STUDIO

Traditionsreiches englisches Filmstudio. Hier entstanden die Wallace-Streifen → *Sanders of the River* (1935), → *The Crimson Circle* (1936), → *Kate Plus Ten* (1938), → *The Ringer* (1952), → *Das Geheimnis der gelben Narzissen* (1961) und → *Das Geheimnis der weißen Nonne* (1966). 1928 erwarb der schottische Geschäftsmann Norman Loudon (1902–1967) den im 17. Jahrhundert erbauten Landsitz Littleton Park bei Shepperton in Middlesex, der zum Zentrum seiner 1932 gegründeten Sound City Studios wurde. Die für den Tonfilm komplett ausgerüstete Firma beschäftigte einen festen Stab von Regisseuren: Ivar Campbell, Arthur Maude, John D. Cousins, Anthony Kimmins, Adrian Brunel und Ralph Ince. Die herrliche Anlage mit einem 60 Hektar großen Studiogelände direkt am Themse-Ufer zog viele unabhängige Filmproduktionen an. Sound City erwirtschaftete dadurch große Gewinne und wurde 1936 auf sieben Ateliers, zwölf Schneideräume und drei Projektionssäle zu einem der größten Tonfilm-Ateliers in Europa erweitert und dabei erheblich modernisiert. Schon zwei Jahre später mußte Loudon das Studio aufgrund der unsicheren Wirtschaftslage schließen. 1945 wurde es wiedereröffnet. Als sich Loudon aus dem Filmgeschäft zurückzog, erwarb → Alexander Korda die Firma und benannte sie in → British Lion Studio um. Zusammen mit ihrem Worton Hall Studio besaß British Lion damit nach der Rank Organisation die zweitgrößten Studiokapazitäten in England und wurde zu einer der mächtigsten Produktionsgesellschaften der Nachkriegszeit. Anfang der 50er Jahre geriet British Lion in finanzielle Schwierigkeiten und ging 1954 bankrott. Danach hatten die Shepperton-Studios häufig wechselnde Besitzer, u.a. ab 1995 ein Konsortium, an dessen Spitze die Regisseure Ridley und Tony Scott standen. – Trotz seiner wechselvollen Geschichte gehört Shepperton zu den wenigen britischen Studios, die alle Krisen der Filmindustrie überlebt haben und nach wie vor zu den international begehrten Produktionsstandorten zählen. Zur langen Reihe der Produktionen, die seit den 30er Jahren in Shepperton entstanden, gehö-

ren Klassiker des britischen Films wie Carol Reeds *The Fallen Idol* (1948) und *The Third Man* (1949), Laurence Oliviers *Richard III.* (1956), Tony Richardsons *The Entertainer* (1960), Ridley Scotts *Alien* (1979) und Neil Jordans *The Crying Game* (1992), aber auch amerikanische Streifen wie Sidney Pollacks *Out of Africa* (*Jenseits von Afrika*, 1985), Franco Zeffirellis *Hamlet* (1990) und Mel Gibsons *Braveheart* (1995).

SHERIDAN, RAYMOND N.
(Lebensdaten unbekannt)
Unter diesem Namen (Pseudonym?) erschienen 1983–85 im Verlag Franz Schneider (München, Wien) fünf jugendgerechte Romane nach Motiven von Edgar Wallace: *1. Die Drei vom Dock Hurricane, 2. Die Drei und der Mann mit der Mundharmonika, 3. Die Drei und der schneeweiße Jaguar, 4. Die Drei und der schwarze Handschuh, 5. Die Drei und der goldene Affe.*

SHOULD A DOCTOR TELL?
(Darf ein Arzt reden?)
Kinofilm. *England 1930. Produktion: British Lion. Produzent: S. W. Smith. Regie: Manning*

Should a Doctor Tell?: **Norah Baring, Maurice Evans**

Haynes. Buch: Edgar Wallace und G. B. Samuelson. Kamera: Jack MacKenzie, Robert Martin. Darsteller: Basil Gill (Dr. Bruce Smith), Maurice Evans (sein Sohn), Norah Baring (Joan Murray), Anna Neagle (Muriel Ashton), Gladys Jennings (Frau), A. G. Poulton (Richter), Walter Sondes, Harvey Braban, Claire Greet. Länge: 52 Minuten.

Inhalt: In einem Scheidungsprozeß wird der angesehene Arzt Dr. Bruce Smith aufgefordert, bestimmte Berufsgeheimnisse preiszugeben. Als er sich weigert, erhält er eine hohe Geldstrafe. Kurze Zeit später hat er Probleme in der eigenen Familie. Sein Sohn, ein angehender Arzt, verliebt sich in ein Mädchen, in dem Dr. Smith eine ehemalige Patientin mit zweifelhafter Vergangenheit erkennt. Sein Sohn weigert sich, die Verbindung abzubrechen. Nun steht der Arzt erneut vor der Frage, ob er die Wahrheit sagen darf oder nicht.

Kritik zum Film: »*Should a Doctor Tell?* ist ein unterhaltsames Tonfilmdrama, und obwohl die Handlung bis zur Lösung unnötig in die Länge gezogen ist, handelt der Film ein höchst interessantes Thema mit Geschicklichkeit ab und wird so überzeugend gespielt, daß er den Zuschauer mit jener Zufriedenheit erfüllt, die schon von vornherein aus dem Vergnügen am Tonfilm resultiert. Der Film ist ein herausragendes Beispiel erstklassiger britischer Filmkunst.« (The Bioscope, 1930)

Anmerkungen: Der Film ist kein Originalstoff von Edgar Wallace; das Thema wurde bereits 1923 verfilmt. Wallace hat für die Neufassung lediglich den Hauptteil des Drehbuchs geschrieben. – Dieser Film wurde in Deutschland nicht aufgeführt.

SICA, VITTORIO DE
→ Darsteller

SIEBEN GESICHTER FÜR DIE MÖRDERIN
Arbeitstitel für den Kinofilm → Das Rätsel des silbernen Halbmonds

SIEG UND PLATZ
→ THE CALENDAR (FILM II)

SILBERNE DREIECK, DAS (BUCH I)
→ AGAIN THE THREE JUST MEN

SILBERNE DREIECK, DAS (BUCH II)

Obertitel einer Reihe von kinder- und jugend-gerechten Wallace-Romanbearbeitungen, die ein sonst unbekannter Alex Barclay für den C. Bertelsmann Jugendbuch Verlag, München, hergestellt hat. 1983–87 erschienen 15 Titel nach Wallace' Erzählungen → *Again the Three Just Men* und → *The Law of the Four Just Men.* Die Bände (mit Erscheinungsjahr) im einzelnen: 1. *Das Silberne Dreieck und das Bilderrätsel* (nach *The Rebus*; 1983). 2. *Das Silberne Dreieck und der dritte Zufall* (nach *The Third Coincidence*; 1983). 3. *Das Silberne Dreieck und der Tote im Park* (nach *The Slane Mystery*; 1983). 4. *Das Silberne Dreieck und der Sänger in der Kirche* (nach *The Man Who Sang in Church*; 1983). 5. *Das Silberne Dreieck und die Dame aus Brasilien* (nach *The Lady from Brazil*; 1983). 6. *Das Silberne Dreieck und der wirkliche Mr. Drake* (nach *The Mystery of Mr. Drake*; 1983). 7. *Das Silberne Dreieck und der Mann, der zweimal starb* (nach *The Man Who Died Twice*; 1983). 8. *Das Silberne Dreieck und die türkischen Vasen* (nach *The Englishman Konnor*; 1983). 9. *Das Silberne Dreieck und das Geheimnis der Amelia Jones* (nach *The Man Who*

Diverse Cover zur Buch-Serie *Das silberne Dreieck* (Buch II)

Hated Amelia Jones; 1983). *10. Das Silberne Dreieck und der SOS-Scheck* (nach *The Marked Cheque*; 1983). *11. Das Silberne Dreieck und die schwarze Hand* (nach *The Man Who Would Not Speak*; 1984). *12. Das Silberne Dreieck und die Zahlenkombination* (nach *The Share Pusher*; 1984). *13. Das Silberne Dreieck und der musikalische Agent* (nach *Mr. Levingron's Daughter*; 1985). *14. Das Silberne Dreieck und der Herr im Frack* (frei nach *The Three Just Men*; 1987). *15. Das Silberne Dreieck und der leere Sarg* (nach *The Typist Who Saw Things*; 1987).

SILBERNE DREIECK, DAS
(ROMANFIGUREN)
Der Name steht für eine Agentur, die von drei Detektiven betrieben wird: Leon Gonsalez studiert Menschen und hat eine Vorliebe für üble Verbrechervisagen. Raimond Poiccart ist in der Londoner Unterwelt wegen seiner Kochkünste bekannt und kümmert sich freiwillig um den Haushalt der drei. George Manfred, der bestaussehende der Freunde, bemüht sich gern um Fälle, bei denen schöne Frauen eine Rolle spie-

len. Ursprünglich gehörte noch ein Vierter zum Team, Thery alias Saimont. Er kommt jedoch am Ende des ersten Romans um die Detektivagentur (→ *The Four Just Men*) ums Leben. Die drei anderen ließ Wallace weiterarbeiten. Sie agieren in den Romanen → *The Three Just Men*, → *The Just Men of Cordova*, → *The Council of Justice* und in den Kurzgeschichtensammlungen → *The Law of the Four Just Men* und → *Again the Three Just Men*.

SINGER, CAMBELL
→ Darsteller

SINGER VERLAG
→ Verlage

SINISTER MAN, THE (BUCH)
Kriminalroman. *Originalausgabe: Hodder & Stoughton, London 1924. Deutsche Erstveröffentlichung: Der Unheimliche. Übersetzung: Max C. Schirmer. Wilhelm Goldmann Verlag, Leipzig 1928. Neuausgaben: Wilhelm Goldmann Verlag, Leipzig 1929 und 1933. Neuausgabe: Wilhelm Goldmann Verlag, München 1951. Taschenbuchausgabe: Wilhelm Goldmann Verlag, München 1955 (= Goldmann Taschen-KRIMI 55). Weitere Taschenbuchauflage im Wilhelm Goldmann Verlag: 1958. Neuübersetzung: Mercedes Hilgenfeld. Wilhelm Goldmann Verlag, München 1971 (= Goldmann Taschen-KRIMI 55). Neuausgabe: Bertelsmann Verlag, Gütersloh 1972. Weitere Taschenbuchauflagen: 1972, 1974, 1975, 1976, 1982, 1985, 1997. Jubiläumsausgaben im Wilhelm Goldmann Verlag: 1990, 2000 (= Band 75). Neuübersetzung: Edith Walter. Scherz Verlag, Bern, München, Wien 1985 (= Scherz Krimi 1231). Neuauflage: 1989.* – Anläßlich des 125. Geburtstages des Autors brachte der → Weltbild Verlag 2000 eine Wallace-Edition heraus. Hier erschien der Roman in einer Doppelausgabe zusammen mit *Die toten Augen von London* (→ *The Dark Eyes of London*).
Inhalt: Nach dem Tod des alten Amery lenkt Maurice Tarn die Geschicke von dessen Firma. Als der Erbe Major Paul Amery aus Indien zurückkehrt, will er die Firma von allen zwielichtigen Geschäften befreien. Doch benimmt er sich selbst sehr merkwürdig, zumal er in Begleitung des undurchsichtigen Feng Ho ist. Eines Nachts wird eine tödliche Waffe durch Tarns

Fenster geschleudert: ein Dolch mit chinesischen Schriftzeichen. Zur selben Zeit hält ein Rauschgiftskandal ganz London in Atem; der Drahtzieher des Syndikats soll ein Mann namens Soyoka sein. Der schickt auch Mörder aus: Ihr erstes Opfer ist Maurice Tarn. Die Spuren der Täter führen zu dem zwielichtigen Arzt Ralf Hallam und zu dem berüchtigten Bankier Tupperwill. Kommissar Wille und Inspektor Bickerson von Scotland Yard stolpern über weitere Leichen. Ihr Verdacht richtet sich auf einen Mann namens Stillman, der scheinbar im Hintergrund die Fäden zieht. Major Paul Amery versucht inzwischen, seine Sekretärin und Tarns Nichte Elsa Marlowe zu schützen und die Gangsterbande persönlich dingfest zu machen.

Anmerkung: Der Roman wurde zweimal verfilmt: 1927 unter dem Titel → *Der große Unbekannte* und 1961 unter dem Buchtitel → *The Sinister Man*.

SINISTER MAN, THE (FILM)
(Der Unheimliche)

Kinofilm. *England 1961. Produktion: Merton Park. Produzent: Jack Greenwood. Regie: Clive Donner. Buch: Robert Stewart nach dem Roman The Sinister Man von Edgar Wallace. Kamera: Bert Mason. Musik: Charles Blackwell. Bauten: Peter Mullins. Schnitt: Derek Holding. Darsteller: John Bentley (Superintendent Wills), Patrick Allen (Dr. Nelson Pollard), Jacqueline Ellis (Elsa Marlowe), Eric Young (Johnny Choto), Arnold Lee (Soyoki), John Glyn-Jones (Dr. Maurice Tarn), Brian McDermott (Detective Sergeant Stillman), Gerald Andersen (Major Paul Amery), Yvonne Buckingham (Miss Russell), William Gaunt (Mitch Hallam), Michael Deacon (Angus), John Horsley (Pathologe), Lesley Nunnerley (Vera Martin), Malcolm Russell (Joe Martin), Yvonne Shima (Tamaya), Wilfred Brambell (Schleusenwärter), Keith Faulkner (sein Assistent), Edward Atienza (Angestellter), Robert Lee (Nam Lee), Burt Kwouk (Captain Feng). Länge: 60 Minuten.*

Inhalt: Der Mord an einem Oxford-Professor wird mit archäologischen Funden in Zusammenhang gebracht, auf die der Tote und seine Kollegen am »Oriental Research-Institute« ihr Interesse richteten. Superintendent Wills von Scotland Yard verdächtigt Johnny Choto, einen orientalischen Studenten. Die attraktive Elsa Marlowe belauscht ein Gespräch, das Dr. Pollard belastet, einen Amerikaner, der in Korea gedient hatte. Pollard steht tatsächlich mit dem koreanischen Botschafter in London in Verbindung, der aus politischen Gründen nach den archäologischen Relikten trachtet. Nach einem Showdown in einem Judo-Club werden beide, der Botschafter und Dr. Pollard, verhaftet.

Kritik zum Film: »Ein schwindsüchtiger Groschenroman, ohne Raffinesse oder Überraschungen. Clive Donners Regiearbeit hat ansatzweise Schwung, aber die matte Konzeption dieser Edgar-Wallace-Fließbandproduktion vereitelt schön langsam jeden Versuch, auch nur einen Ansatz von gutem Stil einzubringen.« (Monthly Film Bulletin, 2/1962)

Anmerkung: Dieser Film wurde in Deutschland nicht aufgeführt.

SKAY, BRIGITTE
* 18.07.1940 Mannheim

Deutsche Schauspielerin. Sie verkörperte Maggy McConnor in → *Die Tote aus der Themse* (1971). Skay besuchte zwei Jahre lang in Heidelberg die Schauspielschule und wirkte anschließend am dortigen Zimmertheater. Ein Gastspiel mit Lones' *Nashörner* führte sie nach Berlin. Dort übernahm sie eine Rolle in Camus' Stück *Belagerungszustand*, mit dem sie auch bei den Ruhrfestspielen in Recklinghausen gastierte. Nach einem Fernsehauftritt (*Beckett oder die Ehre Gottes*, 1962) spielte die Nachwuchsdarstellerin 1963 in *Heute kündigt mir mein Mann* als Filmtochter von Lola Müthel und Peter

The Sinister Man: John Bentley, Gerald Andersen, Jacqueline Ellis und Partner

Schütte ihre erste Leinwandrolle: ein junges, phlegmatisches Mädchen, das falsche Vorstellungen vom wirklichen Leben hat.

Weitere Filme (Auswahl): *Unruhige Töchter* (1967), *Blackmail* (1968), *Ach, so eine nette Person* (TV, 1970), *Beiß mich, Liebling* (1970), *St. Pauli Nachrichten: Thema Nr. 1* (1971), *Blutrausch des Teufels* (1971), *Libido – Das große Lexikon der Lust* (1971).

SLAMA, DAVIS

19.02.1946 (ohne Angabe)

Slama war **Kameramann** der Wallace-RTL-Fernsehserie. Er drehte → *Der Blinde* (1995), → *Das Haus der toten Augen* (1997/98), » *Das Karussell des Todes* (1995), → *Die Katze von Kensington* (1995), → *Das Schloß des Grauens* (1997/98), → *Die unheimlichen Briefe* (1997/98), → *Die vier Gerechten* (1997/98) und → *Whiteface* (1997/98).

Nach einer Kameraausbildung in Prag und an der Deutschen Film- und Fernsehakademie drehte Slama Spiel-, Fernseh- und Dokumentarfilme, machte Werbefilme und Videoclips. 1981 erhielt er den Bundesfilmpreis in Gold für seine Mitarbeit am Kinofilm *Jede Menge Kohle* (1981).

Weitere Arbeiten als Kameramann (Auswahl): *Die Abfahrer* (1979), *Talentprobe* (1981), *Super* (1983), *Die Chinesen kommen* (TV, 1986), *Peng! Du bist tot!* (1987), *Mit den Clowns kamen die Tränen* (TV, 1990), *Schulz & Schulz II* (TV, 1991), *Rostock* (1992), *Du bist nicht allein – Die Roy Black Story* (TV, 1996), *Schrott – Die Atzenposse* (2000).

SMITH, A. GEORGE

→ Produzenten

SMITH, FRANK LEON

→ Drehbuchautoren

SMITH, S.W.

→ Produzenten

SMITHY

24 **Militärsatiren** und → **Kurzgeschichten.** *Originalausgabe: Tallis Press, London 1905.*
Enthält: THE ADJUTANT'S MADNESS, MILITARY MOTORING, ADVERTISING THE ARMY, ARMY MANNERS, THE UMPIRE, ERUDITION, BERTIE, NOBBY'S PART, THE CLAIRVOYANT, BOOTS, JU-JITSU, THE NEW OFFICER, THE AGITATOR, MISSING WORDS, THE NEW RULES, THE CHEF, THE JOURNALIST, THE PHOTOGRAPHER, THE BOOKMAKER, BACK TO CIVIL LIFE, BROTHERS, THE GHOST OF HEILBRON KOPJE, SACRIFICE

Inhalt: Der englische Kriegsheld Smithy erlebt und besteht mit seinen Freunden Nobby Clark und Spud Murphy zahlreiche militärische Abenteuer.

Anmerkungen: Weitere Erzählsammlungen mit denselben Protagonisten sind » *Nobby,* » *Smithy Abroad* und » *Smithy & the Hun.* – Diese Geschichten wurden bisher nicht ins Deutsche übertragen.

SMITHY ABROAD

24 Militärsatiren und → Kurzgeschichten. *Originalausgabe: Edward Hulton, London 1909.*
Enthält: THE ARMS STORE, THE BAPTISM OF STEVENS, THE ROTTEN AFFAIR, THE BACHELORS CLUB, WHY ›FEATHERWEIGHT JACKSON‹ ENLISTED, NOBBY'S LOVE STORY, THE CHUCAJEE PLATE, THE WANDERER, THE FIGHT, THE MISER, NOBBY LTD., AN ACT OF WAR, THE FOOTBALL MATCH, THATCHER'S BROTHER, THE INVENTION CRAZE, MARSHY – DETECTIVE, THE GHOST OF THE BROOK, SMITHY ON HUMOUR, PIKEY'S LUCK, THE BUGLERS, HONOUR, SACRIFICE, ›A SURPRESSED BOOK‹, A SOLDIER & A MAN

Inhalt: Fortsetzung von → *Smithy.* Erzählt werden weitere Abenteuer um Smithy und seinen Freund Nobby Clark während ihrer Militärzeit.

Anmerkungen: Weitere Erzählsammlungen mit denselben Protagonisten sind → *Nobby* und → *Smithy & the Hun.* – Diese Geschichten wurden bisher nicht ins Deutsche übertragen.

SMITHY & THE HUN

21 **Militärsatiren** und → **Kurzgeschichten.** *Originalausgabe: George Newnes, London 1915.*
Enthält: THE MILITARY ANARCHIST, THE HEROICS OF PRIVATE PARKER, AT MONS, SMITHY ON NEWS, ON THE LAWYER IN WAR, VON KLUCK'S NEPHEW, ON MEANING WELL, THE PERSEVERING SOLDIER, A DAY WITH THE CROWN PRINCE, NOBBY & THE LAMB, NOBBY & THE MIS-

SING ZEP'LINK, ON THE GERMAN FLEET, ON W. O. GENIUS, ON RECRUITING, THE STRATEGIST, SMITHY SURVEYS THE LAND, LIEUTENANT X, THE LETTER WRITER, THE WEATHER PROPHET, THE INTERPRETER, NOBBY IN ROMANTIC VEIN.
Inhalt: Diese Geschichten bilden die Fortsetzung von → *Smithy* und → *Smithy Abroad*.
Anmerkungen: Eine weitere Erzählsammlung mit denselben Protagonisten ist → *Nobby*. – Diese Geschichten wurden bisher nicht ins Deutsche übertragen.

SMOKY CELL (BUCH)
Kriminalroman. *Originalausgabe: Hutchinson, London 1936.* Basiert auf dem gleichnamigen Theaterstück von Edgar Wallace. Wurde nach dessen Tod von → Robert Curtis geschrieben.
Inhalt: Nach Raubüberfällen wird ein Gangster von der Polizei in einer atemberaubenden Verfolgungsjagd gestellt. Er wird verurteilt und muß in der Todeszelle auf seine Hinrichtung warten.
Anmerkungen: Der Roman wurde 1938 unter gleichem Titel als Fernsehfilm inszeniert. Er wurde bisher nicht ins Deutsche übertragen.

SMOKY CELL (FERNSEHEN)
Fernsehfilm. *England 1938. Nach dem gleichnamigen Buch von Robert Curtis, basierend auf dem Theaterstück von Edgar Wallace. Produzent: Michael Barry. Darsteller (in alphabetischer Reihenfolge): Jon Farrell, Richard George, John Lothar, Francis R. Mann, Bernard Miles, Richard Newton, Cecil Parker, George Pughe, Frank Sutthony.*
Inhalt: siehe Buch
Anmerkung: Dieser Fernsehfilm wurde in Deutschland nicht ausgestrahlt.

SMOKY CELL (FILM)
→ THE GIRL FROM SCOTLAND YARD (FILM II)

SMOKY CELL
Theaterstück von Edgar Wallace. Uraufführung Dezember 1930 am Londoner → Wyndham's Theater. Bereits während der Premierenfeier von → *The Mouthpiece* plante Wallace ein Stück, das den Erfolg von → *On the Spot* wiederholen sollte. Als er merkte, daß *The Mouthpiece* ein Reinfall wurde, schrieb er in aller Eile *Smoky Cell*, ein Drama aus der Todeszelle, zu dem er ebenfalls durch seine letzte Amerikareise inspiriert worden war. Doch trotz Maschinengewehrsalven, heulenden Polizeisirenen, gellenden Revolverschüssen und einem Helden, der während seiner Auftritte mit einer Bombe spielt, wirkte das Stück langatmig und überladen. Nach vier Monaten wurde *Smoky Cell* zugunsten eines Stückes abgesetzt, das Wallace' größter Bühnenflop werden sollte: → *Charles III.* Nach Wallace' Tod schrieb sein Sekretär → Robert Curtis das Stück zum gleichnamigen Kriminalroman um.

SOHM, WILLI
* 18.08.1913 Neufelden (Österreich)
Kameramann. Er drehte den Wallace-Film → *Der Rächer* (1960).
Sohm begann seine Laufbahn in der technisch-gewerblichen Lehranstalt Mödling. Später wurde er Kameraassistent bei Bruno Mondi und Willy Winterstein. Er etablierte sich als Kameramann von Spiel- und Kulturfilmen und war u.a. verantwortlich für die Filme *Die Drei von der Tankstelle* (1955), *Die Christel von der Post* (1956), *Das Donkosakenlied* (1956), *Der schräge Otto* (1957), *Das haut hin* (1957), *Hoch droben auf dem Berg* (1957), *Es wird alles wieder gut* (1957) und *Eine Reise ins Glück* (1957). Für sein Werk wurde ihm 1972 der Titel eines Professors verliehen.

SOHN DER WEISSEN HAND, DER
Kriminalfilm. *Österreich/Italien 1994. Produktion: GHP Film Villach/SAS. Regie: Georg H. Pagitz. Buch: Georg H. Pagitz nach dem Roman The Blue Hand von Edgar Wallace. Musik: Ennio Morricone. Kamera: Mario Oberstraß. Schnitt: Georg Hans. Darsteller: Georg Sabinn, Stefan Santer. Arbeitstitel: Il figlio della mano blu/Die weiße Hand III – Der Sohn.*
Anmerkungen: *Der Sohn der weißen Hand* bildet den Höhepunkt der GHP-«Hand»-Trilogie (→ *Noch immer die weiße Hand*, → *Die weiße Hand*). Georg Pagitz schrieb noch einen vierten Teil, der jedoch nur teilweise realisiert und nie fertig gestellt wurde.

SÖHNKER, HANS
* 11.10.1903 Kiel,
† 21.04.1981 Berlin
Deutscher Schauspieler. Er verkörperte den

Rechtsanwalt Robert Jackson in → *Der Hund von Blackwood Castle* (1967). Der Sohn eines Tischlers war zunächst Lehrling in einem Möbelhaus, nahm dann Schauspielunterricht und diente als Statist am Kieler Stadttheater. Die ersten Bühnenstationen des eleganten Bonvivants waren Frankfurt/O., Danzig, Chemnitz, Bremen und Berlin. Seine Zelluloidkarriere begann auf Empfehlung von Ernst Lubitsch mit dem Operettenfilm *Der Zarewitsch* (1933) als Partner von Martha Eggert. Dem Herzensbrecher mit den guten Manieren lagen die Frauen zu Füßen. 1934 wirkte er bereits in fünf Filmen mit, 1935 in sechs. Ab 1939 war er bei der Terra unter Vertrag, wo Helmut Käutner seinen hintergründigen Charme nutzte. In *Große Freiheit Nr. 7* (1944) spannt er Hans Albers das Mädchen aus; der Film wurde wegen »defätistischer Tendenzen« verboten und erlebte erst 1945 seine Uraufführung. Nach 1945 spielte er am Schloßpark-Theater in Berlin unter Barlog und glänzte auch immer wieder in Boulevard-Stücken. Den Übergang zum Nachkriegsfilm schaffte Söhnker problemlos; in Film ohne Titel (1947) ist er der Überlebenskünstler wie eh und je. Als in den 60er Jahren gebrochenere Helden gefragt waren, wechselte er ins Fernsehfach. Mit zunehmendem Alter wurde das

Hans Söhnker

verführerische Lächeln weicher, der Liebhaber zur vertrauensvollen Vaterfigur. Am Ende seiner Karriere wurde er zur Säule des Familien-Fernsehens in Serien wie *Salto mortale* (1968) oder *Lokaltermin* (1972/73). Seine Memoiren *... und kein Tag zuviel* erschienen 1974 in Hamburg. Söhnker war seit 1959 in zweiter Ehe verheiratet und lebte in Berlin-Grunewald. – Auszeichnungen: Joachim-Gottschalk-Preis (1947), Bambi (1966), Ernennung zum Staatsschauspieler (1968), Bundesverdienstkreuz Erster Klasse (1973), Filmband in Gold für langjähriges und hervorragendes Wirken im deutschen Film (1977).
Weitere Filme (Auswahl): *Der Fall Rabanser* (1950), *Oberarzt Dr. Solm* (1954), *Studentin Helene Willfuer* (1956), *Geliebte Corinna* (1956), *Der singende Engel von Tirol* (1958), *Schachnovelle* (1960), *Wegen Verführung Minderjähriger* (1960), *Unser Haus in Kamerun* (1961), *Sherlock Holmes und das Halsband des Todes* (1962), *Jetzt dreht die Welt sich nur um dich* (1964), *Das Phantom von Soho* (1964), *Der Forellenhof* (TV, 1965).

SOHO

Das Viertel Soho im Zentrum Londons – begrenzt von den Straßen Regent Street (im Westen), Oxford Street (im Norden), Charing Cross Road (im Osten) und Shaftesbury Avenue (im Süden) – weckt unterschiedliche Vorstellungen. Für englische Geschäftsleute ist Soho eine »gute Adresse«, ein Gütesiegel. Aufgrund der idealen Lage siedelten sich hier Filmgesellschaften, Verlage, Schallplattenfirmen, Synchronstudios, Exportunternehmen und Agenturen an. Unter Feinschmeckern ist Soho die erste Adresse für Delikateßgeschäfte und Restaurants mit internationalen Spezialitäten. Der Tourist assoziiert mit Soho vor allem Unterwelt und zweifelhaftes Vergnügen: Nachtbars, Revuen, Pornogeschäfte und Callgirl-Apartments. Daraus resultiert das Flair von Kriminalität, das Kriminalromane und -filme begierig aufgegriffen haben. Unter den Wallace-Verfilmungen sind vor allem → *Der Bucklige von Soho* (1966) und → *Der Gorilla von Soho* (1968) im Milieu von Soho angesiedelt. Darüber hinaus wurden einzelne Szenen von Filmen wie → *Das Geheimnis der gelben Narzissen* (1961) oder → *Das Verrätertor* (1964) in Soho-er Lokalen gedreht.

SOKATSCHEFF, NARZISS
* 12.05.1927 Varna (Bulgarien)
Schauspieler und Autor. Er mimte den Cress Bartling in → *Der Mönch mit der Peitsche* (1967) und den Boß mit dem Glasauge in → *Der Mann mit dem Glasauge* (1968). Sokatscheff kam 1940 mit einem Stipendium der Humboldt-Stiftung von Sofia nach Berlin. Hier studierte er an der Kaiser-Wilhelm-Universität bis 1945 Germanistik und Theaterwissenschaft. Gleichzeitig war er einziger Schauspielschüler der berühmten Tragödin Hermine Körner. 1943 begann seine Bühnenlaufbahn in einer außergewöhnlichen Inszenierung des *Gefesselten Prometheus* von Aischylos im Kuppelsaal Berlin. 1948 holte ihn Gustaf Gründgens in sein Düsseldorfer Ensemble, wo er u.a. Partner von → Elisabeth Flickenschildt war. 1955 stand er erstmals in Hamburg auf der Bühne; er spielte bei Helmut Gmelin und in der »Kleinen Komödie«. Seitdem wurde Hamburg sein zweiter Wohnsitz neben Berlin. Mit der Hauptrolle in Will Trempers aufsehenerregendem Kinofilm *Flucht nach Berlin* (1960) begann Sokatscheffs Film- und Fernsehtätigkeit. Er hat in über 15 Spielfilmen und zahlreichen Fernsehproduktionen mitgespielt. Dazu kamen Gast-

Narziss Sokatscheff

spiele an verschiedenen Bühnen und Rezitationsveranstaltungen in Hamburg, Berlin und anderen Städten. Ferner gab er eine ins Deutsche übersetzte Sammlung bulgarischer Lyrik heraus: *Wer für Frieden in Freiheit fällt ...* (Hamburg, Berlin, 1982).
Weitere Filme (Auswahl): *Der Henker von London* (1963), *Gestatten, mein Name ist Cox* (TV, 1964), *Verspätung in Marienborn* (1964), *Playgirl* (1966).

SOLDATI, MARIO
→ Drehbuchautoren, → Regisseure

SOLO FOR SPARROW
(Solo für Inspektor Sparrow)
Kinofilm. *England 1962. Produktion: Merton Park. Produzent: Jack Greenwood. Regie: Gordon Flemying. Buch: Roger Marshall nach dem Roman The Gunner von Edgar Wallace. Kamera: Bert Mason. Musik: Bernard Ebbinghouse. Bauten: Peter Mullins. Ton: Sid Rider. Schnitt: Derek Holding. Darsteller: Anthony Newlands (Reynolds), Glyn Houston (Inspektor Sparrow), Nadja Regin (Mrs. Reynolds), Michael Coles (Pin Norman), Allan Cuthbertson (Superintendent Symington), Ken Wayne (Baker), Jerry Stovin (Lewis), Jack May (Inspektor Hudson), Murray Melvin (Larkin), Peter Thomas (Bell), Michael Caine (Mooney), Neil McCarthy (Dusty), Susan Maryott (Sue Warren). Länge: 56 Minuten.*
Inhalt: Eine Gangsterbande kidnappt eine alte Frau und nimmt ihr den Schlüssel zu einem Juweliergeschäft ab. Während einige Bandenmitglieder den Laden ausrauben, bringen andere die Frau gefesselt aufs Land, wo sie an den Folgen des Verbrechens stirbt. Inspektor Sparrow wird nach einem Streit mit seinem Vorgesetzten der Fall entzogen: Er verläßt den Polizeidienst und recherchiert auf eigene Faust weiter. Sein Verdacht richtet sich gegen Reynolds, den Besitzer des Juwelierladens. Mit Hilfe eines ehemaligen Gangsters zapft er Reynolds' Telefon an und belauscht ein Gespräch, das dieser mit den Gangstern führt. Als Reynolds merkt, daß Sparrow ihm auf der Fährte ist, stellt er ihm eine Falle. Sparrow wird gefangengenommen und auf eine verlassene Farm gebracht, wo er ermordet werden soll. Aber auch die Polizei ist nicht untätig geblieben; sie verhaftet Reynolds, der Sparrows Versteck verrät. Sparrow ist es

mittlerweile gelungen, seinen Bewacher zu überwältigen. Als die Bande zum Versteck zurückkehrt, kommt es zu einer wilden Schießerei, der die heranrückende Polizei ein Ende setzt.

Kritik zum Film: »Ein ziemlich routinierter Kriminalfall aus der Edgar-Wallace-Serie über Verbrechen und deren Sühne, mit unerwarteten, brillanten Einfällen, die für das rein kommerzielle Niveau dieser filmischen Unternehmungen wieder entschädigen. Einige der kleineren Gauner sind recht geschickt gezeichnet, und ein steifes Gespräch zwischen Sparrow und einem Billard spielenden Informanten entwickelt sich in einer realistischen Umgebung zu einem unheimlichen Effekt. Die Spannungsmomente sind meist vorhersehbar, und die Befreiungsaktion zum Schluß könnte nicht besser abgestimmt sein, wenn John Wayne die US-Kavallerie angeführt hätte. Glyn Houston gibt eine robuste Figur als Sparrow ab, und das Ganze ist unterhaltsam inszeniert.« (Monthly Film Bulletin, 11/1962)

Anmerkung: Der Film wurde als Doppelprogramm zusammen mit → *Time to Remember* unter dem Titel → *Brillanten des Todes* gezeigt.

SOLOW, EUGENE
→ Drehbuchautoren

SOLVEG, MARIA
→ Darsteller

SPANDAUER ZITADELLE
Festung in Berlin-Spandau. Hier entstanden Aufnahmen zu den Wallace-Filmen → *Der Rächer* (1960), → *Der Hexer* (1964), → *Der Bucklige von Soho* (1966) und → *Der Blinde* (1995). – Die einstige Wasserburg aus der Zeit der Askanier, von der nur noch wenige Reste erhalten sind, wurde 1557–94 unter Einbeziehung des Juliusturms zur Zitadelle mit vier Bastionen ausgebaut. Ihre politische Geschichte – letzte Hofburg der Askanier, Landesfestung, Staatsgefängnis, Reichsschatzkammer und Heeresgasschutzschule – fand 1945 ein Ende. Heute ist hier das Heimatmuseum Spandau untergebracht.

SPANIEN
Hier entstanden unter Regie von → Jess Franco in Co-Produktion mit der deutschen → CCC Film der Streifen → *Der Teufel kam aus Akasa-*

Solo For Sparrow: Glyn Houston, Anthony Newlands, Jack May

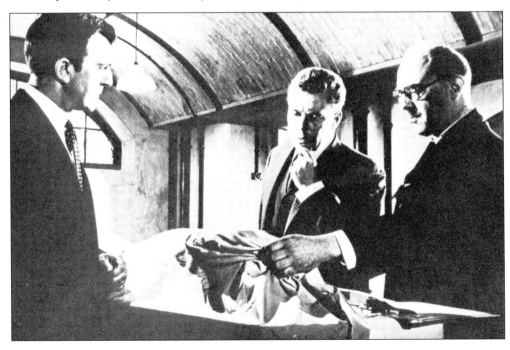

va (1970) sowie als rein spanische Produktionen → *Sangre en mis zapatos* (1983) und → *Viaje a Bangkok, ataúd incluido* (1985).

SPARKUHL, THEODOR
* 07.10.1891 Hannover,
† 13.06.1946, Santa Fé, New Mexico
Kameramann. Er drehte den Wallace-Film → *Dangerous to Know* (1938).
Sparkuhl begann 1911 als Verkäufer von Filmvorführgeräten und erhielt ab 1912 eine praktische Ausbildung als Wochenschaukameramann. Lange Reisen führten ihn nach Rußland, in den Nahen Osten und, nach Kriegsausbruch 1914, an verschiedene Abschnitte der Ostfront. Seit 1916 drehte er ausschließlich Spielfilme. Nach Tätigkeiten in England und Frankreich siedelte er 1932 in die USA über.
Weitere Kameraarbeiten (Auswahl): *Leutnant auf Befehl* (1916), *Ein fideles Gefängnis* (1918), *Der Rodelkavalier* (1918), *Madame DuBarry* (1919), *Anna Boleyn* (1920), *Romeo und Julia im Schnee* (1920), *Kohlhiesels Töchter* (1920), *Sintflut* (1927), *Abwege* (1928), *Die Nacht nach dem Verrat* (1929), *Geliebte um Mitternacht* (1931), *Father Brown, Detective* (1935), *Wells Fargo* (1937), *The Texans* (1938), *Drei Fremdenlegionäre* (1939), *Zum Leben verdammt* (1941), *Der gläserne Schlüssel* (1942).

SPENCE, RALPH
→ Drehbuchautoren

SPIEHS, KARL
→ Produzenten

SPIER, WOLFGANG
* 27.09.1920 Frankfurt/M.
Deutscher Schauspieler und Regisseur. Er spielte den Totengräber Bannister in → *Im Banne des Unheimlichen* (1968).
1939 legte er in Berlin das Abitur ab, konnte aber als sog. Halbjude kein Medizinstudium beginnen. Auch das danach aufgenommene wirtschaftswissenschaftliche Studium brach er nach einiger Zeit ab; er absolvierte eine Banklehre und war bis Kriegsende als Bankangestellter tätig. 1945 begann er eine Schauspielausbildung in Berlin. 1946–50 war er Darsteller und Regisseur am Staatstheater in Wiesbaden. Nach Berlin zurückgekehrt, gründete er mit anderen Schauspielern den Theaterclub im British Cen-

ter, dessen künstlerischer Leiter er bis 1955 war. 1955–57 nahm er ein festes Engagement als Schauspieler und Regisseur am Düsseldorfer Schauspielhaus an. Anschließend war er ein gefragter Mitarbeiter an vielen deutschen Bühnen. Fast 200 Theaterstücke inszenierte Spier im Laufe der Zeit, darunter hauptsächlich Boulevard-Komödien, Musicals sowie Komödien nach Shakespeare und Pinter. Daneben wirkte Spier in Filmen und Fernsehspielen mit. Dem Fernsehpublikum wurde er zunächst durch die Sendung *Allein gegen alle* nach der beliebten Hörfunk-Quizserie bekannt, die jedoch bald abgesetzt wurde. Größeren Erfolg hatte er seit 1978 mit *Wer dreimal lügt* – einer Sendung, die sich als Dauerbrenner erwies.
Weitere Filme (Auswahl): *Das Wunder des Malachias* (1961), *Der Mörderclub von Brooklyn* (1967), *Mrs. Harris fährt nach Moskau* (TV, 1987), *Linda* (1991).

SPITZNER, HEINZ
→ Darsteller

SPOLIANSKI, MISCHA
→ Komponisten

SQUARE EMERALD, THE
Kriminalroman. *Originalausgabe: Hodder & Stoughton, London 1926. Deutsche Erstveröf-*

Heinz Spitzner

595

fentlichung: *Der viereckige Smaragd. Übersetzung: → Ravi Ravendro. Wilhelm Goldmann Verlag, Leipzig 1929. Neuausgabe: Wilhelm Goldmann Verlag, Leipzig 1933. Neuausgabe: Wilhelm Goldmann Verlag, München 1955. Taschenbuchausgabe: Wilhelm Goldmann Verlag, München 1959 (= Goldmann Taschen-KRIMI 195). Weitere Taschenbuchauflagen im Wilhelm Goldmann Verlag: 1973, 1975, 1977, 1979, 1981, 1982, 1985. Jubiläumsausgaben im Wilhelm Goldmann Verlag: 1990, 2000 (= Band 79). Neuübersetzung: Ute Tanner. Scherz Verlag, Bern, München, München 1985 (= Scherz Krimi 1019). Neuauflage: 1988.* – Anläßlich des 125. Geburtstages des Autors brachte der → Weltbild Verlag 2000 eine Wallace-Edition heraus. Hier erschien der Roman in einer Doppelausgabe zusammen mit *Der Rächer* (→ *The Avenger*).

Inhalt: Lady Jane Rutham, die Prinzessin Nita Bellini und Mrs. Greta Gurden bilden eine sonderbare »Kaffeerunde«. Die junge Scotland-Yard-Beamtin Leslie erhält von ihrem Chef, Inspektor Josiah Coldwell, den Auftrag nachzuforschen, warum die Lady 20.000 Pfund in einer Summe von ihrem Konto abgehoben hat. Lady Rutham ist darüber empört. Doch eines Abends wird ihr Diener Druze erschossen im Rinnstein aufgefunden. Seine Hand umklammert einen grünen Smaragd. Nun ist die Yard-Beamtin gefordert. Sie gerät in ein gefährliches Labyrinth von Spuren und Verdächtigen: Zu ihnen zählt Peter Dawlish, der charmante Neffe der Prinzessin Bellini, ebenso wie die kleine Waise Elisabeth. Nach und nach kommt Leslie einem gefährlichen Geheimnis auf die Spur, dessen Ursprung nach Java führt. Trotz aller Verschwörungen und familiärer Abgründe ist es schließlich Peter Dawlish, der Elisabeth beschützt, auch gegen die Interessen seiner eigenen Verwandten.

Anmerkungen: Der Roman erschien in den USA unter dem Titel *The Girl from Scotland Yard* (Doubleday, Page & Co., Garden City, NY 1927). Er wurde 1937 verfilmt unter dem Titel → *The Girl from Scotland Yard*.

SQUEAKER, THE (BUCH)

Kriminalroman. *Originalausgabe: Hodder & Stoughton, London 1927. Deutsche Erstveröffentlichung: Der Zinker. Übersetzung: → Ravi Ravendro. Wilhelm Goldmann Verlag, Leipzig* 1928. *Neuausgaben: Wilhelm Goldmann Verlag, Leipzig 1929, 1934 und 1936. Neuausgabe: Freitag Verlag, München 1948. Neuausgabe: Schweizer Druck und Verlagshaus, Zürich 1951. Neuausgabe: Wilhelm Goldmann Verlag, München 1955. Taschenbuchausgabe: Wilhelm Goldmann Verlag, München 1959 (= Goldmann Taschen-KRIMI 200). Neuausgabe: Bertelsmann Verlag, Gütersloh 1972. Neuübersetzung: → Gregor Müller. Wilhelm Goldmann Verlag, München 1973 (= Goldmann Taschen-KRIMI 200). Weitere Taschenbuchauflagen: 1975, 1978, 1982, 1985, 1986, 1997. Jubiläumsausgaben im Wilhelm Goldmann Verlag: 1990, 2000 (= Band 82). Neuübersetzung: Hella von Brackel. Heyne Verlag, München 1983 (= Blaue Krimis 2065). Neuauflage: 1989 (= Blaue Krimis 2280). Neuübersetzung: Dietlind Bindheim. Scherz Verlag, Bern, München, Wien 1983 (= Scherz Krimi 894). Neuübersetzung: Klaus Schirmeister unter dem Titel Der Pfeifer. Aufbau Verlag, Berlin (Ost) 1984.* – *Großschriftausgabe: Verlag Hans Richarz, St. Augustin 1979 (= Band 102).* – Anläßlich des 125. Geburtstages des Autors brachte der → Weltbild Verlag 2000 eine Wallace-Edition heraus. Hier erschien der Roman in einer Doppelausgabe zusammen mit *Die Bande des Schreckens* (→ *The Terrible People*).

Inhalt: Die Londoner Unterwelt zittert vor dem »Zinker«. Wer einen Raub begeht, muß ihm die Sore unter Wert überlassen, sonst wird er bei Scotland Yard »gezinkt«. Fast alle halten sich daran, doch eines Tages geschieht ein Mord. Er geht auf das Konto des »Zinkers«, der solche Gewalttaten bisher zu vermeiden wußte. Verschiedene Spuren führen die Inspektoren Elford und Barrabal zur Import-Export-Firma von Frank Sutton. Nun wittert auch Reporter Josua Harras seine große Chance, und er bekommt sie, denn der »Zinker« begeht weitere Fehler.

Anmerkung: Der Roman erschien in den USA unter dem Titel *The Squealer* (Doubleday, Doran & Co., Garden City, NY 1928). Er wurde viermal verfilmt: 1930 und 1937 unter dem Titel → *The Squeaker* sowie 1931 und 1963 unter dem Titel → *Der Zinker*.

SQUEAKER, THE (FILM I)
(Der Zinker)

Kinofilm. *England 1930. Produktion: British*

Lion. *Produzent: S. W. Smith. Regie: Edgar Wallace. Buch: Edgar Wallace nach seinem Roman The Squeaker. Kamera: Horace Wheddon. Darsteller: Percy Marmont (Captain Leslie), Anne Grey (Beryl Stedman), Trilby Clark (Millie Trent), Nigel Bruce (Collie), Gordon Harker (Bill Annerley), Alfred Drayton (Lew Friedman), Eric Maturin (Frank Sutton), W. Cronin Wilson (Inspektor). Länge: 90 Minuten.*

Inhalt: Der Zinker ist ein gerissener Hehler, der jeden Gauner bei der Polizei verrät, der sein Diebesgut nicht für einen Bruchteil ihres Wertes an ihn verkauft. Daher wird er nicht nur von Scotland Yard gejagt, sondern auch von Londons Unterwelt. Alle Versuche, ihn in eine Falle zu locken, schlagen jedoch fehl. Erst mit Hilfe des findigen Reporters Josua Harras gelingt es, den Verbrecher unschädlich zu machen.

Anmerkung: Dieser Film wurde in Deutschland nicht aufgeführt.

SQUEAKER, THE (FILM II)
(Der Zinker)

Kinofilm. *England 1937. Produktion: London-Denham. Produzent: Alexander Korda. Regie: William K. Howard. Regieassistenz: Wilfred O'Kelly. Buch: Bryan Edgar Wallace und Edward O. Berkman nach dem Roman The Squeaker von Edgar Wallace. Kamera: Georges Perinal. Musik: Miklos Rosza. Ton: A. W. Watkins. Schnitt: Russell Lloyd. Bauten: Vincent Korda.*

Produktionsleitung: David B. Cunynghame. Darsteller: Edmund Lowe (Inspektor Barrabal), Sebastian Shaw (Frank Sutton), Ann Todd (Carol Stedman), Tamara Desni (Tamara), Robert Newton (Larry Graeme), Allan Jeayes (Inspektor Milford), Alastair Sim (Joshua Collie), Stewart Rome (Superintendent Marshall), Mabel Terry-Lewis (Mrs. Stedman), Gordon McLeod (Mr. Field), Syd Crossley. Länge: 77 Minuten.

Inhalt: Londons Unterwelt fürchtet ihn, Scotland Yard jagt ihn: den »Zinker«. Der gerissene Hehler hat diesen Spitznamen erhalten, weil er jeden Gauner, der ihm seine Beute nicht unter Wert verkauft, bei der Polizei denunziert. Scotland Yard sind auf diese Weise schon einige Kriminelle ins Netz gegangen, doch niemand weiß, wer der geheimnisvolle Informant ist, der auch vor Mord nicht zurückschreckt. Immer wieder kann sich der »Zinker« der Festnahme entziehen. Die Recherchen der Yard-Beamten konzentrieren sich auf die Import-Export-Firma des erfolgreichen Unternehmers Frank Sutton, unter dessen Angestellten sie den »Zinker« vermuten. Doch erst der findige Reporter Joshua Collie liefert Scotland Yard den entscheidenden Hinweis, aufgrund dessen der Verbrecher unschädlich gemacht werden kann.

Kritik zum Film: »Detektivmelodram, basierend auf dem Roman von Edgar Wallace. Scotland Yard ist gespannt, die Identität des Zinkers aufzudecken, eines notorischen Juwelenheh-

The Squeaker: (Film I) **Anne Grey, Percy Marmont**

The Squeaker: (Film II) **Sebastian Shaw, Ann Todd**

lers. Die Zuschauer bekommen bald heraus, daß es Frank Sutton ist, Kopf einer ansehnlichen Reederei, der seine Firma benutzt, um seine Aktivitäten zu decken. Die Geschichte entwickelt sich rund um Inspektor Barrabals Bemühungen, ihn zu demaskieren, und endet mit der Festnahme wegen des Mordes an einem seiner Komplizen. Edmund Lowe gibt als Inspektor Barrabal eine gute Vorstellung, und Alastair Sim ist hervorragend als schottischer Reporter.« (Monthly Film Bulletin, 8/1937)
Anmerkung: Dieser Film wurde in Deutschland nicht aufgeführt.

SQUEAKER, THE
Theaterstück von Edgar Wallace. Uraufführung am 29.05.1928 im Londoner Apollo Theater, das Wallace gepachtet hatte. Nach Ablauf des Vertrages wurde es ins Shaftsbury Theater übernommen. Insgesamt lief es, sehr erfolgreich, sechs Monate lang. Mit diesem Stück setzte Wallace seinen Freunden aus der Fleet Street und letztlich auch sich selbst ein Denkmal, da er als eine der Hauptfiguren einen Reporter auftreten ließ. Wallace arbeitete das Stück anschließend zum gleichnamigen Roman

um. Das Theaterstück wurde 1928 von Rita Matthias für den Wilhelm Goldmann Verlag Leipzig übersetzt, der den Text unter dem Titel *Der Zinker* in kleiner Auflage veröffentlichte.

STANDARD HISTORY OF THE WAR
(Standard-Geschichte des Krieges).
Sachbuch in vier Bänden. *Originalausgabe: George Newnes, London 1914.*
Enthält: Band 1–2: WITH GENERAL FRENCH'S DESPATCHES. Band 3: ST. ELOI, GIVENCHY, YPRES, HILL 60, NEUVE, CHAPELLE. Band 4: THE NAVY & THE DARDANELLES.
Inhalt: Diese im ersten Jahr des Weltkriegs etwas großspurig als »Standard-Geschichtswerk« angepriesene Sammlung von Kriegsberichten informiert detailliert über die militärischen Ereignisse in Europa, an denen die britische Armee zu Lande und zu Wasser beteiligt war.

Anmerkung: Diese Berichte wurden bisher nicht ins Deutsche übertragen.

STANKOVSKI, ERNST
→ Darsteller

STANNARD, ELIOT
→ Drehbuchautoren

STECKENPFERD DES ALTEN DERRICK, DAS
→ THE DOUBLE

STEEGER, INGRID
→ Darsteller

STEEL, CHARLES Q.
→ Produzenten

STEINER, DANIEL
→ Darsteller

STEINER, MAX
→ Komponisten

STEINRÜCK, ALBERT
→ Darsteller

STEMMLE, ROBERT ADOLF
* 10.06.1903 Magdeburg,
† 24.02.1974 Baden-Baden

Autor und Regisseur. Stemmle war als Autor beteiligt an den Drehbüchern zu → *Die seltsame Gräfin* (1961) und → *Die Gruft mit dem Rätselschloß* (1964).

Der Sohn eines Lehrers besuchte ein Realgymnasium, anschließend bis 1923 das Lehrerseminar in Genthin. Bis 1927 unterrichtete er an der Karl-Marx-Schule in Magdeburg-Buckau und beschäftigte sich nebenbei mit Puppentheater sowie mit Schul- und Laienspiel. 1927/28 machte er Reisen als Puppenspieler des Volksbühnenverbandes und siedelte 1928 nach Berlin über. Durch Hans Deppe wurde er mit Werner Finck bekannt und 1929 Gründungsmitglied des Kabaretts »Die Katakombe«. In den 30er Jahren arbeitete Stemmle beim Rundfunk sowie beim Theater als Regieassistent von Eric Charrells. Danach war er Chefdramaturg bei der Tobis, ab 1936 Regisseur bei der UFA. Nach Kriegsende wirkte er als Regisseur an Theatern in Heidelberg, München und Berlin. 1946 gründete er in München das Kabarett Gonghaus und unterrichtete bis 1948 an der Schau-

Ingrid Steeger

Robert Adolf Stemmle

599

spielschule der Kammerspiele. 1947–49 Sende-
leiter der Berliner Hörspielabteilung des
NWDR. Ab 1948 war Stemmle überwiegend
Drehbuchautor und inszenierte auch einige Filme (*Berliner Ballade*, 1948; *Der Biberpelz*,
1949; *Toxi*, 1952). 1955–57 war er Inhaber der
Produktionsfirma Maxim Film. Seit 1962 arbeitete er gelegentlich und ab 1965 ausschließlich fürs Fernsehen. 1963–69 war er Herausgeber von *Der neue Pitaval*, einer Sammlung von
Kriminalfällen. 1972–74 erarbeitete er neun
Filme der Vorabend-Serie über Jugendkrimina-
lität *Unter Ausschluß der Öffentlichkeit*. –
Stemmle war in erster Ehe mit der Schauspielerin Gerda Maurus verheiratet (eine Tochter);
1968 heiratete er seine langjährige Mitarbeite-
rin Anneliese Lippert. »Er hat zahllose brauchbare, handwerklich vorzüglich ausgerichtete
Fernsehspiele und Serien hergestellt. Er war
ein solider und kenntnisreicher Mann in einem
Medium, in dem sich sonst so gern und
meistens unertappt die Scharlatane tummeln.«
(Friedrich Luft [1974 im Nachruf von
Stemmle])
Weitere Drehbucharbeiten (Auswahl): *Quax,
der Bruchpilot* (1941), *Affäre Blum* (1948),
Emil und die Detektive (1954; auch Regie), *Das
Testament des Dr. Mabuse* (1962), *Old Shatter-
hand* (1963), *Der Schatz der Azteken* (1964),
Die Pyramide des Sonnengottes (1964), *Der
Henker von London* (1964), *Das Ungeheuer von
London-City* (1964), *Der Fall Kaspar Hauser*
(TV, 1966).

STEPPAT, ILSE
* 30.11.1917 Wuppertal-Barmen,
† 22.12.1969 Berlin
Deutsche Schauspielerin. Sie verkörperte Margaret in → *Die Gruft mit dem Rätselschloß*
(1964), Lady Patricia in → *Der unheimliche
Mönch* (1965) und Lady Emerson in → *Die
blaue Hand* (1967).
Steppat studierte zunächst Musik, nahm aber
bald Schauspielunterricht und kam in Mönchengladbach, Rheydt, Düsseldorf und Osnabrück zu ersten Theatererfolgen. 1943 holte
Hilpert sie nach Berlin ans Deutsche Theater,
wo sie glanzvolle Rollen wie die der Medea,
Iphigenie oder Maria Stuart spielte. 1947 gelang ihr der künstlerische Durchbruch in dem
Film *Ehe im Schatten*. Ihr charakteristisches
herbes Profil, das sowohl unerbittliche Härte

Ilse Steppat

als auch warmherzige Güte ausstrahlen konnte, war fortan in vielen erfolgreichen Filmen
präsent, so in *Die Brücke* (1948), *Was das Herz
befiehlt* (1951), *Rittmeister Wronski* (1954) und
Die Ratten (1955). Ihr letzter großer Erfolg war
die Rolle der Irma Bund in *James Bond 007 –
Im Geheimdienst Ihrer Majestät* (1969).
Weitere Filme (Auswahl): *Der Fall Rabanser*
(1950), *Die Schuld des Dr. Homma* (1951), *Die
Tat des Anderen* (1951), *Hanna Amon* (1951),
Das Phantom des großen Zeltes (1954), *Oberarzt Dr. Solm* (1954), *Die Ratten* (1955), *Der
dunkle Stern* (1955), *Waldwinter* (1956), *Der
Adler vom Velsatal* (1956), *Bekenntnisse des
Hochstaplers Felix Krull* (1957), *Der achte Wo-
chentag* (1958), *Madeleine Tel. 13 62 11*
(1958), *Sehnsucht hat mich verführt* (1958),
Auf Engel schießt man nicht (1960), *Pension
Schöller* (1960), *Die Post geht ab* (1962), *Der
Unsichtbare* (1963), *Der Tod im roten Jaguar*
(1968).

STERN, OTTO
* 14.12.1922 Basel,
† 05.07.1996 München
Deutscher Schauspieler. Man sah ihn als Kapitän Wilson in → *Der Hund von Blackwood
Castle* (1967) und als Rechtsanwalt Merryl in
→ *Im Banne des Unheimlichen* (1968).

Stern nahm bei Heinrich George in Berlin Schauspielunterricht und ging danach zum Frankfurter Fritz-Remond-Theater im Zoo. In München stand er knapp zehn Jahre auf der Bühne der Kleinen Komödie. Im Hessischen Fernsehen trat er neben Ursula Herking in der Sendereihe *Mit Datum von heute* auf. In über 100 Film- und Fernsehproduktionen spielte Stern vor allem den kultivierten Herrn. In München waren seine Helmut-Kohl-Parodien beliebt, die er alljährlich beim Salvator-Anstich auf dem Nockherberg zum besten gab.

Weitere Filme (Auswahl): *Hochzeitsnacht im Paradies* (1950), *Besuch aus der Zone* (TV, 1958), *Bankraub in der Rue Latour* (1961), *Brennt Paris?* (1966), *Der Tod läuft hinterher* (TV, 1967), *Himmelfahrtskommando El Alamein* (1968), *Zieh dich aus, Puppe* (1968), *Sieben Tage Frist* (1969), *Liebesspiele junger Mädchen* (1972), *Das kleine Hotel* (TV, 1981), *Der Tunnel* (TV, 1983).

STERZENBACH, BENNO
* 03.03.1916 Osnabrück,
† 20.09.1985 Feldafing am Starnberger See
Deutscher Schauspieler. Er verkörperte Sir Gregory Penn in → *Der Rächer* (1960). Nach seiner Schauspielausbildung 1935–37 in Frankfurt/M. unternahm Sterzenbach eine Bühnen-Odyssee, die ihn von Frankfurt über Aachen, Mannheim, Bremen, München und Hannover bis ans Deutsche Schauspielhaus in Hamburg führte. Dazwischen war er Soldat in Italien und Rußland. Neben seiner Theaterarbeit, durch die er auch in Kontakt zu Film und Fernsehen kam, war Sterzenbach ein begehrter Hörspiel- und Synchronsprecher. Zu seinen wichtigsten Bühnenstationen nach dem Krieg gehörten die Münchner Kammerspiele, wo er noch unter der Ägide des legendären Regisseurs Hans Schweikart arbeiten konnte.

Weitere Filme (Auswahl): *Freddy unter fremden Sternen* (1959), *Max, der Taschendieb* (1962), *Flug in Gefahr* (TV, 1964), *Drei Bruchpiloten in Paris* (1966), *Raumpatrouille* (TV, 1966), *Das As der Asse* (1983), *Erbin sein – dagegen sehr* (TV, 1985).

STEVENS, JAMES
→ Komponisten

STEVENSON, ROBERT
→ Drehbuchautoren

STEWARD, ERNEST
* 08.01.1914 London,
† 08.04.1990 (ohne genaue Angabe) England
Kameramann. Er drehte die Wallace-Verfilmung → *Das Rätsel des silbernen Dreieck* (1965/66).
Steward begann 1930 als Clapper Boy, wurde später Kameraassistent und 1935 Kameramann. Während des Zweiten Weltkriegs wurde er zum Militär eingezogen. Nach seiner Entlassung arbeitete er erneut als Kameramann, seit 1951 als Chefkameramann.

Weitere Kameraarbeiten (Auswahl): *Aber, Herr Doktor* (1954), *Doktor Ahoi!* (1955), *Hilfe, der Doktor kommt!* (1957), *Die 39 Stufen* (1959), *Ich, Dr. Fu Man Chu* (1965), *In Beirut sind die Nächte lang* (1965), *Die 13 Sklavinnen des Dr. Fu Man Chu* (1966), *Geheimnis im blauen Schloß* (1966), *Die Pechvögel* (1970), *Den Aasgeiern eiskalt serviert* (1974).

STEWARD, THE
Acht Kriminalgeschichten. *Originalausgabe: Collins, London 1932.*
Enthält: THE STEWARD & THE SHARPS, OVERDUE, THE BUOY THAT DID NOT LIGHT, THE LEFT PASS, THE GHOST OF JOHN HOLLING, THE LITTLE BARONESS,

Benno Sterzenbach

SOLO & THE LADY, THE BARONS OF NIM-
BLE PACK.
Inhalt: Ein Strauß spannender Kriminalgeschichten, die zuvor verstreut in verschiedenen
englischen Magazinen erschienen waren.
Anmerkung: Diese Geschichten wurden bisher
nicht ins Deutsche übertragen.

STEWART, ROBERT BANKS
→ Drehbuchautoren

STIBR, JIRI
→ Kameramänner

STOECKEL, OTTO
→ Darsteller

STOLL
Britische Filmproduktion. 1919 von Sir Os-
wald Stoll in London gegründet. Diese Firma
produzierte die Wallace-Filme → *The Four Just
Men* (1921), → *The River of Stars* (1921), →
Melody of Death (1922), → *Down Under Do-
novan* (1922), → *Fighting Snub Reilly* (1924),
→ *The Flying-Fifty-Five* (1924) und → *A Dear
Liar* (1925).

Günther Stoll

STOLL, GEORGE E.
→ Komponisten

STOLL, GÜNTHER
* 18.08.1924 Duisburg,
† 10.01.1977 Gelsenkirchen
Deutscher Schauspieler. Er übernahm in vier
Wallace-Filmen unterschiedliche Rollen: Inspektor Hopkins in → *Der Bucklige von Soho*
(1966), Inspektor Steevens in → *Das Gesicht
im Dunkeln* (1969), Dr. Ellis in → *Die Tote aus
der Themse* (1971) und Professor Bascombe →
Das Geheimnis der grünen Stecknadel (1971).
Er wirkte ferner in dem Film → *Das Messer*
(1971) mit. Stoll kam vom Theater, hatte eine
reguläre Schauspielausbildung hinter sich und
spielte bevorzugt »moderne Charakterliebha-
ber«. Bevor Stoll Anfang 1966 mit dem Fern-
sehkrimi *Melissa* populär wurde, spielte er in
mehreren Fernsehfilmen mit, u.a. in zwei *Stahlnetz*-Folgen. Nach *Melissa* war er so bekannt,
daß er mit Angeboten überschüttet wurde. Der
ehemalige Constantin-Produktionschef →
Gerhard F. Hummel, der beim WDR u.a. auch
für die Melissa-Produktion verantwortlich war,
riet ihm, das Engagement für den Wallace-Film
→ *Der Bucklige von Soho* anzunehmen. Danach
sah man Stoll an der Seite von Heinz Rühmann
(*Maigret und sein größter Fall*, 1966), Lee van
Cleef (*Die letzte Rechnung zahlst du selbst*,
1967; *Sabata kehrt zurück*, 1971), Christopher
Lee (*Die Folterkammer des Dr. Fu Man Chu*,
1968) und Curd Jürgens (*Der Pfarrer von St.
Pauli*, 1970). Stoll starb während einer Gastspielreise mit der Komödie *Gaslicht*.
Weitere Filme (Auswahl): *Stahlnetz: Spur 211*
(TV, 1962), *Stahlnetz: Nacht zum Ostersonn-
tag* (TV, 1965), *10 Kisten Whisky* (TV, 1967),
Am Rande der Manege (TV, 1967), *Straßenbekanntschaften auf St. Pauli* (1967), *Funkstreife
XY – Ich pfeif' auf mein Leben* (1967), *Mattan-
za* (1968), *Van de Velde: Die vollkommene Ehe*
(1968), *Die große Treibjagd* (1968), *Sabata
kehrt zurück* (1971), *Derrick* (TV, 1974), *Das
Amulett des Todes* (1975), *Es muß nicht immer
Kaviar sein* (TV, 1977).
Interview-Zitat anläßlich der Dreharbeiten zu
→ *Das Gesicht im Dunkeln*: »Das Thema ist
gut. Der Stoff ist spannend, faszinierend genug,
um auf dem internationalen Markt anzukommen. Dafür sorgt schließlich auch noch die Besetzung.«

STOLL, OSWALD
→ Produzenten

STORM, LESLEY
→ Drehbuchautoren

STOUT, ARCHIE
→ Kameramänner

STRAHL, ERWIN
* 12.02.1929 Wien

Österreichischer Schauspieler. Er mimte Sergeant Balder in → *Der Frosch mit der Maske* (1959). Strahl besuchte die Handelsakademie und das Max-Reinhardt-Seminar in Wien. Nach den üblichen Wanderjahren (Klagenfurt, Luzern, Zürich, München) kehrte er nach Wien zurück und spielte hier an mehreren Theatern (Die Insel, Renaissance-Theater, Volkstheater, Theater in der Josefstadt) ein großes Rollenrepertoire, von Don Carlos, Romeo und Ferdinand bis hin zu Bonvivants und Charakterrollen. In rund 50 Spielfilmen stand er vor der Kamera. Seine Spezialität war die Darstellung skrupelloser Gangster oder noch skrupelloserer Gangsterjäger. Als ehemaliger Kriminalbeamter war Strahl hierfür prädestiniert. Seinen ersten großen Filmerfolg hatte er 1953 unter R. A. Stemmles Regie mit *Südliche Nächte*. Es folgten Filme wie *Auf der Reeperbahn nachts um halb eins* (1954), *Der Jäger von Fall* (1956) oder *In Hamburg sind die Nächte lang* (1956). Später führte Erwin Strahl an vielen Theatern Regie, u.a. in Salzburg, Stuttgart und Wien. Dort inszenierte er u.a. *Der Hofrat Geiger* mit seiner Ehefrau Waltraut Maas in der Hauptrolle. Im Fernsehen war Strahl in vielen erfolgreichen Sendungen präsent, u.a. im Rateteam von *Dalli-Dalli*, in der *Schwejk*-Serie mit Fritz Muliar sowie in *Hotel Sacher*.

Weitere Filme (Auswahl): *Abenteuer im Schloß* (1952), *Franz Schubert* (1953), *Hochzeitsglocken* (1953), *Die heilige Lüge* (1955), *Für zwei Groschen Zärtlichkeit* (1957), *Flitterwochen in der Hölle* (1960), *Robert und Bertram* (1961), *00-Sex am Wolfgangsee* (1966), *Kommissar X – Drei blaue Panther* (1967).

STRANGE COUNTESS, THE
Kriminalroman. *Originalausgabe: Hodder & Stoughton, London 1925. Deutsche Erstveröffentlichung: Die seltsame Gräfin. Übersetzung:*

→ *Ravi Ravendro. Wilhelm Goldmann Verlag, Leipzig 1928. Neuausgaben: Wilhelm Goldmann Verlag, Leipzig 1929 und 1938. Neuausgabe: Wilhelm Goldmann Verlag, München 1951. Taschenbuchausgabe: Wilhelm Goldmann Verlag, München 1954 (= Goldmann Taschen-KRIMI 49). Weitere Taschenbuchauflagen im Wilhelm Goldmann Verlag: 1971, 1973, 1975, 1976, 1978, 1980, 1982, 1985, 1987, 1997. Jubiläumsausgaben im Wilhelm Goldmann Verlag: 1990, 2000 (= Band 65). Neuübersetzung: Marilyn Wilde unter dem Titel Die unheimliche Gräfin. Heyne Verlag, München 1983 (= Blaue Krimis 2060). Neuauflage: 1992 (= Blaue Krimis 2369). Neuübersetzung: Mechtild Sandberg. Scherz Verlag, Bern, München, Wien 1983 (= Scherz Krimi 924). Neuauflage: 1987.* – Anläßlich des 125. Geburtstages des Autors brachte der → Weltbild Verlag 2000 eine Wallace-Edition heraus. Hier erschien der Roman in einer Doppelausgabe zusammen mit *Das Geheimnis der Stecknadel* (→ *The Clue of a New Pin*).

Inhalt: Die Gräfin von Moron verbirgt seit Jahrzehnten ein düsteres Geheimnis. Eines Tages stellt sie die junge Lois Reddle als Privatsekretärin ein. Schon bald wird Lois Zeugin merkwürdiger Dinge: Ein Balkon stürzt ein, der Butler Braime benimmt sich höchst verdächtig, an der Tür des Bücherschranks befindet sich ein rätselhaftes feines Drahtgeflecht. Kurze Zeit später wird die Bibliothek zum Schauplatz eines Verbrechens, bei dem der Butler ums Leben kommt. Von Rechtsanwalt Shaddle wird der Detektiv Michael Dorn beauftragt, Lois vor eventuellen Gefahren zu schützen. Trotzdem ist Dorn nicht immer zur Stelle. Die zwielichtigen Gestalten, die die Gräfin umgeben, wie der merkwürdige Finanzier Chesney Praye oder der unheimliche Arzt Dr. Tappatt mit seinem Helfershelfer Stuart Bressett, sorgen dafür, daß Lois entführt wird. Zusammen mit dem jungen Lord Moron macht sich Lois' Freundin Lizzy auf die Suche nach ihr. Trotz aller Intrigen wird die Gräfin schließlich von ihrer Vergangenheit eingeholt.

Anmerkung: Der Roman wurde 1961 verfilmt unter dem Titel → *Die seltsame Gräfin*.

STRANGE LAPSES OF LARRY LOMAN, THE
Kriminalroman. *Erstveröffentlichung: 1917/ 18 im Grand Magazine (Verlag George Newnes,*

London). *Deutsche Erstveröffentlichung: Der Mann mit den zwei Gesichtern. Übersetzung: Christine Frauendorf-Mörsel. Wilhelm Goldmann Verlag, München 1990 (= Goldmann Krimi 5144). Weitere Auflage: 1997.*

Inhalt: London im Jahre 1917. Die Verbrecherorganisation »Das Syndikat« hält die Stadt mit Banküberfällen und Postraub großen Stils in Atem. Larry Loman, ein junger, ehrgeiziger Scotland-Yard-Beamter, wird beauftragt, dem Syndikat das Handwerk zu legen. Doch immer, wenn er sich ganz nah an der Lösung der Fälle wähnt, wird er von unerklärlichen Anfällen heimgesucht und muß sich schließlich in die Obhut des Nervenarztes Sir George Grayborn begeben. Im Laufe der Zeit kommt Loman mit dem Millionär Lewis Herzheimer, der skurrile Ideen verfolgt, sowie mit der geheimnisvollen jungen Miss Curthbert in Verbindung. Aber auch der Geldfälscher Croop mit bewegter Vergangenheit und Mr. Weatherby, der Leiter einer Laienspieltruppe, kreuzen seine Wege. Erst spät durchschaut er das Intrigenspiel, dessen Opfer er selbst werden sollte.

STRANGERS ON A HONEYMOON
(Fremde auf der Hochzeitsreise)

Kinofilm. England 1936. Produktion: Gaumont. Produzent: Haworth Bromley. Regie: Albert de Courville. Buch: Ralph Spence, Bryan Edgar Wallace, Julian Houston, Sidney Gilliat und Brian Morgan nach dem Roman The Northing Tramp von Edgar Wallace. Kamera: Max Greene. Darsteller: Constance Cummings (October), Hugh Sinclair (Quigley), Noah Beery (Redbeard), Beatrix Lehmann (Elfrida), David Burns (Lennie), Butler Hixon (Sam Wasser), James Arnold (Bridgegroom), Ann Tucker McGuire (Braut), Edmund Breon (Sir Gregory), Maurice Freeman (Onkel Elmer), Skelton Knaggs, Conway Palmer, Percy Parsons, Edward Ryan. Länge: 70 Minuten.

Inhalt: Das Waisenmädchen October Jones lebt bei Verwandten, die ihr nicht wohlgesonnen

Strangers On A Honeymoon: **Percy Parsons, Butler Hixon, Hugh Sinclair, Constance Cummings**

sind. October bekundet ihrem reichen, aber unattraktiven Verehrer, daß sie lieber einen Landstreicher heiraten würde als ihn. Kaum hat sie das gesagt, findet sie sich als Braut eines gewissen Quigley wieder, den sie für einen Tramp hält. In Wahrheit ist Quigley ein Adliger. October erfährt von ihm, daß er auf der Suche nach einem äußerst wertvollen Dokument sei, das sich im Besitz seiner Kusine und Rivalin Elfrida befinde. In diesem undurchsichtigen Spiel scheint auch ein ominöser Sir Andrew Gregory mitzumischen. Nach einer Reihe halsbrecherischer Abenteuer und aberwitziger Verfolgungsjagden halten October und Quigley die gesuchte Urkunde in Händen. October hat sich inzwischen in Quigley verliebt und will sich nicht mehr von ihm trennen.

Kritik zum Film: »Diese Filmversion von Edgar Wallace' ›The Northing Tramp‹ ist eine kuriose Mischung aus Melodram, Romanze, purem Unfug, Verfolgungsjagden und Nervenkitzel. Alles ist so unbeschwert durchgeführt und gut aufeinander abgestimmt, daß das Resultat eine vergnügliche und lebhafte, wenn auch harmlose Unterhaltung ist. Constance Cummings und Hugh Sinclair fühlen sich in der Thematik sofort zu Hause und spielen glänzend zusammen. Es ist ein wenig schwierig zu erkennen, was der Regisseur im Sinn hatte, als er eine so kluge Künstlerin wie Beatrix Lehmann so outrieren ließ, wie sie es tut. Noah Beery ist in einer kleineren Rolle sehr wirkungsvoll. Auch die Dekors sind geschmackvoll und abwechslungsreich, ... und es wurde ausgezeichnete Kameraarbeit geleistet.« (Monthly Film Bulletin, 11/1936)

Anmerkung: Dieser Film wurde in Deutschland nicht aufgeführt.

STRANGLER'S WEB
(Das Gespinst des Würgers)

Kinofilm. *England 1965. Produktion: Merton Park. Produzent: Jack Greenwood. Regie: John Moxey. Regieassistenz: Ted Lewis. Buch: George Baxt frei nach Edgar Wallace. Kamera: James Wilson. Schnitt: Derek Holding. Bauten: Stan Shields. Musik: Bernard Ebbinghouse. Ton: Brian Blarney, Sidney Rider. Darsteller: John Stratton (Lewis Preston), Pauline Munro (Melanie), Griffith Jones (Jackson Delacorte), Gerald Harper (Inspector Murray), Maurice Hedley (Amos Colfax), Michael Balfour (John Vichelski), Pau-*line Boty (Nell Pretty), Patricia Burke (Norma Brent), Tony Wall (Constable Huntly), Barry Jackson (Morton Bray), Marianne Stone (Alicia Preston), Patti Dalton (Elsie Lovett), Gary Hope (Michael Olsen), Rosamund Greenwood (Miss Pitts). Länge: 55 Minuten.*

Inhalt: Nach dem Mord an der ehemaligen Schauspielerin Norma Brent in Hampstead Heath findet man ihren Liebhaber, den mittellosen Schrotthändler John Vichelski, mit dem Strick, der sie getötet hatte. Sein Anwalt Lewis Preston, der Vichelski schon einmal erfolgreich gegen einen Mordvorwurf verteidigt hatte, entdeckt, daß ein Steuerberater namens Amos Colfax plante, Norma zu heiraten, um eine geheimnisvolle Erbschaft, die sie erwartet hatte, mit ihr zu teilen. Preston trifft Nell Pretty. Deren Mutter Mae wurde bei einem Autounfall getötet und Maes Ehemann, der berühmte Schauspieler Jackson Delacorte, so entstellt, daß er seitdem als Einsiedler mit seiner angeblichen Nichte Melanie in einem Landhaus wohnt. Mae war eng mit Norma befreundet und Schauspielerin wie sie. Delacorte wird dazu getrieben, den Mord an Norma Brent zu bekennen, mit der er vor Maes Tod kurze Zeit verheiratet war. Die Polizei findet jedoch heraus, daß Delacorte unschuldig ist. Der wirkliche Mörder wird überführt, und nun hat Anwalt Preston einen neuen Klienten zu verteidigen.

Kritik zum Film: »Dieses Sammelsurium von Klischees hat eine ausreichend kompetente Regie und Darstellung, um eine vernünftige Unterhaltung zu bieten. Griffith Jones macht sich großartig als verblaßtes und heruntergekommenes Theateridol.« (Monthly Film Bulletin, 9/1965)

Anmerkung: Dieser Film wurde in Deutschland nicht aufgeführt.

STRETTON, GEORGE
→ Kameramänner

STRICKNADEL, DIE
Kriminalfilm. *Österreich 1994. GHP Film Villach/SAS. Regie: Georg H. Pagitz. Buch: Georg H. Pagitz frei nach Edgar Wallace. Musik: Martin Böttcher. Kamera: Mario Oberstraß. Schnitt: Georg Hans. Hauptdarsteller: Georg Sabinn, Stefan Santer, Melanie Elisabeth.*

Inhalt: Der alte Lord Winton wird mit einer Stricknadel getötet. Die Polizei überrascht die

Brutalität des Täters und seine Kaltblütigkeit, denn Lord Winton bleibt nicht sein einziges Opfer. Scotland Yard steht vor einer schweren Aufgabe, zumal die Nichte eines Inspektors in den Fall verstrickt ist.

STRIETZEL, ACHIM
→ Darsteller

STRÖMBERG, EWA
(Lebensdaten unbekannt)
Schwedische Schauspielerin. Sie war zu sehen als Pam Walsbury in → *Der Mönch mit der Peitsche* (1967), als Bibliothekarin in → *Im Banne des Unheimlichen* (1968), als Doris in → *Der Mann mit dem Glasauge* (1968) und als Ingrid Thorrsen in → *Der Teufel kam aus Akasava* (1970). Die blonde, langbeinige Schwedin war dem Modefotografen Christian Laqua aufgefallen, der sie mehrfach zu Aufnahmen von Stockholm nach Berlin holte. Sie hatte in Schweden gerade in *Du sollst einen Schaukelstuhl von mir bekommen* (1965) gespielt. Dieser Film kam 1967 unter dem Titel *Erotik unter vier Augen* nach Deutschland, so daß das junge Talent auch dort auffiel. Schon bald stand

Ewa Strömberg

Ewa Strömberg neben Hubert von Meyerinck in *Brille und Bombe* (1967) vor der Kamera. Damit war der Anfang der zweiten Karriere im fremden Land gemacht. Noch im selben Jahr verpflichtete sie der Regisseur Alfred Vohrer für drei Wallace-Filme.
Weitere Filme (Auswahl): *Erotik auf der Schulbank* (1968), *Kampf um Rom* (2 Teile, 1968), *Die Hochzeitsreise* (1969), *Sie tötete in Extase* (1970), *Vampyros Lesbos: Die Erbin des Dracula* (1970), *Der Mann, der sich Mabuse nannte* (1971), *X312 – Flug zur Hölle* (1971), *Hochzeitsnacht-Report* (1972), *Zum zweiten Frühstück: Heiße Liebe* (1972).

STUDIO BENDESTORF
Für die dritte Rialto-Wallace-Produktion → *Die Bande des Schreckens* (1960) empfahl Rialto-Herstellungsleiter → Helmut Beck dem Constantin-Produktionschef → Gerhard F. Hummel dieses südlich von Hamburg gelegene Filmstudio. Am 01.04.1947 gründete der aus Berlin kommende Drehbuchautor Rolf Meyer die Filmproduktionsfirma Junge Film-Union (JFU). Für den ersten Spielfilm *Menschen in Gottes Hand* (1948) mußte noch der Tanzsaal der Gaststätte »Zum Schlangenbaum« als Behilfsatelier dienen. In den folgenden Jahren wurde das Studio mit Hilfe des Landes Niedersachsens ausgebaut. Ein schwerer Verkehrsunfall Rolf Meyers brachte 1951 den Produktionsbetrieb zum Erliegen. Das Land Niedersachsen verweigerte neue Kredite und setzte einen Treuhänder für die Atelieranlage ein. Damit begann ein langwieriges Vergleichs- und Anschlußkonkursverfahren gegen die JFU. 1952 pachtete die Hamburger Firma »Fink Film« die Bendestorfer Ateliers. Das Familienunternehmen leitet die »Atelierbetriebe Bendestorf GmbH« mit kurzen Unterbrechungen bis heute. Ende 1956 gingen die Ateliers in das Eigentum der Familie Fink über. Die Atelieranlage wurde weiter modernisiert, u.a. durch den Einbau eines Synchronisations- und Mischstudios. Obwohl die Familie Fink auch eine Produktionsfirma, die »Studio Film«, betrieb, wurden vornehmlich Fremdproduktionen hergestellt. 1952–61 erlebte Bendestorf eine zweite Blüte: Etwa drei Dutzend Kinofilme wurden in den Ateliers abgedreht. Ne-

ben Heimatfilmen (*Heideschulmeister Uwe Karsten*, 1954; *Hochzeitsglocken*, 1954; *Wenn die Heide blüht*, 1960) entstanden Schlagerfilme (*Musik, Musik und nur Musik*, 1955; *Wunschkonzert*, 1955; *Ich zähle täglich meine Sorgen*, 1960), Kriminalfilme (*Das Mädchen mit den Katzenaugen*, 1958) und Kriegsfilme (*Haie und kleine Fische*, 1957; *Der Teufel spielte Balalaika*, 1961). 1962–69 wurden ausschließlich Fernsehfilme und -serien produziert, darunter *Senor Rizzi kehrt heim* (1963), *Die Flasche* (1965; Regie: Helmut Käutner), *Der Fall Hau* (1965), *Halunkenspelunke* (1966), die Detektivserie *John Klings Abenteuer* (ab 1965; mit Helmut Lange und Uwe Friedrichsen), die Serie *Landarzt Dr. Brock* (ab 1966; mit Rudolf Prack) sowie die Abenteuer von *Percy Stuart* (1969/70; mit Claus Wilcke und Horst Keitel). 1977 wurde in Bendestorf noch einmal ein großer deutscher Spielfilm produziert: In *Der Schimmelreiter*, nach der gleichnamigen Novelle von Theodor Storm, spielten neben Gert Fröbe der Amerikaner John Phillip Law sowie Anita Ekström. Derartige Bemühungen blieben jedoch ohne dauerhaften Erfolg. Aufgrund der schwierigen Situation verpachtete Peter Fink die Studios 1982 an den Hamburger Alan Vydra. 1984 übernahm die Familie Fink nochmals die Leitung der Ateliers. Nunmehr wurden fast ausschließlich Werbespots hergestellt. Ab 1987 gelang es, drei weitere Spielfilmproduktionen in die Ateliers zu holen: *Der Madonnamann* (1987; Regie: Hans-Christoph Blumenberg), *Der Mann nebenan* (1991; Regie: Petra Haffter) sowie die Neuverfilmung *Sisi* (1991, Regie Christoph Böll). Der Fernsehsender → RTL realisierte zwei Folgen der Hella-von-Sinnen-Show *Alles nichts oder* sowie zwölf Folgen der Rudi-Carrell-Show *Die Post geht ab*. 1993/94 wurden die Ateliers an die Otto-Filmproduktion »Rüssl Film« vermietet, die hier, ebenfalls für RTL, → *Otto, die Serie* produzierte.
Weitere Filmproduktionen (Auswahl): *Diese Nacht vergeß' ich nie* (1949), *Der Bagnosträfling* (1949), *Die Sünderin* (1951), *Sensation in St. Remo* (1951), *Die Czardasfürstin* (1951), *Otto und die nackte Welle* (1969), *Klein Erna auf dem Jungfernstieg* (1969), *Das Freudenhaus* (1970).

STUDIOS
→ Filmstudios

STUMMFILME
Während der Stummfilmzeit entstanden seit 1915 zahlreiche Kinofilme nach Romanen und Erzählungen von Edgar Wallace. Nachfolgend sind alle Wallace-Produktionen bis 1929 aufgeführt, einschließlich der Filme, die später nachsynchronisiert wurden:
→ *Nurse and Martyr* (1915), → *The Man Who Bought London* (1916), → *Angel Esquire* (1919), → *The Green Terror* (1919), → *Pallard, the Punter* (1919), → *Down Under Donovan* (1921), → *The Four Just Men* (1921), → *Melody of Death* (1921), → *The River of Stars* (1921), → *The Crimson Circle* (1922), → *The Diamond Man* (1924), → *Fighting Snub Reilly* (1924), → *The Flying Fifty-Five* (1924), → *A Dear Liar* (1925), → *The Green Archer* (1925), → *The Brotherhood* (1926), → *Der große Unbekannte* (1927), → *Chick* (1928), → *The Forger* (1928), → *The Mark of the Frog* (1928), → *The Ringer* (1928), → *The Terrible People* (1928), → *The Terror* (1928), → *The Valley of Ghosts* (1928), → *Circumstantial Evidence* (1929), → *The Clue of New Pin* (1929), → *The Crimson Circle* (1929), → *The Flying Squad* (1929), → *The Man Who Changed His Name* (1929), → *Red Aces* (1929), → *Der rote Kreis* (1929), → *The Wrecker* (1929).

SULLEY, FRANZ
* 19.04.1894 (ohne Angabe),
† 23.03.1967 Berlin
Deutscher Filmkaufmann. Gründungsvater der → Rialto Film Preben Philipsen GmbH. Mit Sulleys Namen verbindet sich ein Stück deutscher Filmgeschichte, beginnend mit dem Jahr 1922, als er bei der UFA eintrat. In der Nachkriegszeit legte er in Neustadt a. d. W. den Grundstein für den Aufbau der → Prisma Film. 1953 erfolgte die Zusammenarbeit zwischen Prisma, UFA (alt) und Capitol Film. 1954 wurde die Firma von der UFA Film GmbH i. L. übernommen und 1957 im Rahmen der Reprivatisierung an Sulley (Geschäftsführer seit 1949) verkauft. Als Ende der 50er Jahre wegen des Besucherrückgangs eine Filmkrise in Deutschland ausbrach, blieb der Prisma Filmverleih nicht davon verschont. 1960/61 konnte er zum letzten Mal ein eigenes Programm vorlegen. Sulleys Freund → Waldfried Barthel, Inhaber der → Constantin Film, unterstützte den Verleih, erwarb die Anteile der Prisma Film

Franz Sulley

SUMMER, WALTER
→ Regisseure

SUN NEVER SETS, THE
Musical, das auf Wallace' → *Sanders-Geschichten* basiert. Uraufführung Juni 1938 im Londoner Drury Lane Theater. Weitere Einzelheiten sind nicht bekannt.

SWEIZER PUMP, THE
→ Kriminalkurzgeschichte. Originalausgabe in: → *Planetoid 127*. Deutsche Erstveröffentlichung: *Die Schweizer Pumpe*. Übersetzer: → Ravi Ravendro. Wilhelm Goldmann Verlag, Leipzig 1933 (als Anhang zum Roman *Der jüngste Tag* [→ *The Day of Uniting*]).
Inhalt: In der Firma Grennett, Carlow & Co. ereignen sich merkwürdige Dinge. Ein Mann namens Schweizer reicht ein Patent für eine Pumpe ein. Es stellt sich jedoch heraus, daß dieses Patent schon früher erteilt worden war. Der junge Bürovorsteher George Gold wird kurzerhand vor die Tür gesetzt, und die Stenotypistin Callington Leah will für die Firma nicht mehr arbeiten. Der alte, mürrische Grennett traut seinem Juniorpartner John Carlow nicht über den Weg. Es stellt sich heraus, daß Carlow die Sache mit der Pumpe zu verantworten hat. Das ist für Grennett ein Grund mehr, sich von seinem Partner zu trennen. Auch Carlows Verlobte Milicent Granty will unter diesen Umständen nichts mehr mit ihm zu tun haben.

SZAKALL, SZÖKE
→ *Darsteller*

und verkaufte sie danach an → Preben Philipsen weiter. In dieser Zeit wurden die ersten Wallace-Filme gedreht. Der Constantin-Produktionschef → Gerhard F. Hummel teilte deren Vertrieb zwischen den Verleihern Constantin und Prisma auf. 1960 gründete Sulley zusammen mit Preben Philipsen die → Rialto Film Preben Philipsen. Da zu dieser Zeit die Wallace-Filme → *Die Bande des Schreckens* und → *Der grüne Bogenschütze* im Entstehen waren und Rialto diese Filme im Auftrag der Constantin Film produzierte, ist Franz Sulley gleichsam der deutsche Produzent dieser Wallace-Filme gewesen. 1961 schied Sulley als geschäftsführender Gesellschafter der Rialto Film zugunsten von → Horst Wendlandt aus. Danach kümmerte sich Sulley bis zu seinem Tod um die Zweitverwertung von Constantin-Filmen.

TABLE, THE
(Die Tabelle).

Roman. *Originalausgabe: Hutchinson, London 1936.* » Robert Curtis schrieb diesen Roman nach Wallace' Tod nach einem von diesem verfaßten Filmskript.

Inhalt: Von Wallace inspirierter Roman mit veritablen Horrorelementen.

Anmerkung: Der Roman wurde bisher nicht ins Deutsche übertragen.

TABORI, PAUL
→ Drehbuchautoren

TALLIS PRESS
Von Edgar Wallace 1905 in London gegründeter Verlag. Hier veröffentlichte er seinen ersten Kriminalroman → *The Four Just Men*. Der Verkaufserfolg war groß, doch wurde durch Überreklame ein enormer Verlust erwirtschaftet, so daß die Firma noch im gleichen Jahr Konkurs anmelden mußte.

TAM OF THE SCOUTS
(Tam von der Spähtruppe).

Roman. *Originalausgabe: George Newnes, London 1918.*

Inhalt: Das ursprünglich für den amerikanischen Markt verfaßte Werk schildert in 10 Kapiteln die Abenteuer und militärischen Erfolge des englischen Sergeant-Piloten Tam im Ersten Weltkrieg. Es ist Ausdruck von Wallace' Patrio-

tismus, der seinem Land in schwerer Zeit zumindest mit der Feder dienen wollte.

Anmerkung: Dieses Buch erschien auch unter dem Titel *Tam* (George Newnes, London 1928) und wurde bisher nicht ins Deutsche übertragen.

TAMIROFF, AKIM
→ Darsteller

TANNURA, PHILIP
→ Kameramänner

TAPPERT, HORST
* 26.05.1923 Elberfeld

Deutscher Schauspieler. Er wirkte in vier Wallace-Filmen mit: als Douglas Fairbanks in → *Der Hund von Blackwood Castle* (1967), als Inspektor David Perkins in → *Der Gorilla von Soho* (1968) und → *Der Mann mit dem Glasauge* (1968) sowie als Dr. Thorrsen in → *Der Teufel kam aus Akasava* (1970). Tappert lernte sein schauspielerisches Handwerk 1945–47 bei Paul Rose in Berlin. Sein Debüt hatte er 1947 in Tübingen in Gerhart Hauptmanns *Die Ratten*. Weitere Bühnenstationen waren Göttingen (1949/50), das Staatstheater Kassel (1950/51), das Theater der Stadt Bonn (1951–53), die Städtischen Bühnen Wuppertal und schließlich die Münchner Kammerspiele. Zu seinen wichtigsten Bühnenrollen zählten Buckingham in *Richard II.*, Dauphin in Shaws *Heiliger Johanna*, Wurm und Hofmarschall von Kalb in *Kabale und Liebe*, Bruno Mechelke in Hauptmanns *Ratten*, Wladimir in *Warten auf Godot* und der Ankläger Robb in Kipphardts *In der Sache J. Robert Oppenheimer*. Später ging er auf Tourneen und startete eine Kino- und Fernsehkarriere. Sein Filmdebüt hatte er als Lehrer in *Wir Wunderkinder* (1958) von Kurt Hoffmann. Tappert spielte kleine Charakterrollen und war im TV-Krimi zu sehen (*Die Gentlemen bitten zur Kasse*, 1966). Schließlich übernahm er 1974–98 die Rolle des TV-Serien-Ermittlers Stephan → Derrick (ein von Wallace geschaffener Figurenname), der mit seinem Assistenten Harry Klein (Fritz Wepper) 281 Fälle auf psychologische Art löste. Die Krimi-Serie gewann schnell Kultcharakter und lief in fast allen europäischen und vielen außereuropäischen Ländern mit großem Erfolg. *Derrick* ließ alle seine früheren Rollen vergessen: Aufrecht und bedächtig, perfekt frisiert und mit sorgenvoller Miene betritt er den Schauplatz des unerfreulichen Verbrechens. Derrick wirkt meist weich, jeder Gewalt abgeneigt; er ist gelegentlich cholerisch, fast immer humorlos, über sexuelle Bedürfnisse erhaben und als Moralist unerbittlich. In Wahrheit kennt er den Mörder schon, er muß ihn nur noch bei einem exquisiten Essen überreden, die Tat zu gestehen. Auszeichnung: Bambi Publikumspreis (1979).

Weitere Filme (Auswahl): *Der Engel, der seine Harfe versetzte* (1958), *Helden* (1958), *Jacqueline* (1959), *Das schöne Abenteuer* (1959), *Küß mich Kätchen* (TV, 1961), *Zu viele Köche* (TV, 1961), *Er kann's nicht lassen* (1962), *Das Halstuch* (TV, 1962), *Sechs Personen suchen einen Autor* (TV, 1964), *Die Rechnung – eiskalt serviert* (1966), *Heißer Sand auf Sylt* (1967), *Sieben Tage Frist* (1969), *Perrak* (1970), *Sie tötete in Extase* (1970), *Der Kapitän* (1971), *Und Jimmy ging zum Regenbogen* (1971), *Der Todesrächer von Soho* (1971), *Hoopers letzte Jagd* (TV, 1972), *Eine Frau bleibt eine Frau* (TV, 1973), *Auch ich war nur ein mittelmäßiger Schüler* (1974), *Der Kardinal – Der Preis für die Liebe* (TV, 2000), *Herz ohne Krone* (TV, 2003).

Interview-Zitate zu seiner Rolle als Inspektor Perkins in → *Der Gorilla von Soho*: »Und damit bin ich meinem eigenen Film-Image endlich entronnen. Ich habe als Inspektor Premie-

re, eine Premiere mit viel Feuerwerk! – Mir machen diese Filme einen diebischen Spaß. Sie erinnern mich an meine Kindheit, an ›Räuber-und-Gendarm-Spiele‹. Und bestechend daran finde ich die Gründlichkeit, mit der sie gemacht sind.« – Nach den Dreharbeiten zu → *Der Mann mit dem Glasauge*: »Ich spiele leidenschaftlich gern die Rolle des Inspektor Perkins, weil ich selbst Anhänger von Edgar Wallace bin. Aber das allein ist es gar nicht. Was mich an diesen Wallace-Filmen fasziniert, ist die Tatsache, daß sie sich ganz klar zu ihren Absichten bekennen. Sie wollen unterhaltsam sein – und sie sind es. Sie wollen das Gruseln lehren – und sie tun es. Das sind Stories, die wirklich fast passieren könnten. Aber die Wallace-Regisseure, allen voran → Alfred Vohrer, haben gleich begriffen, wie man die Stoffe durch Humor und Ironie auflockern kann und so einen ganz eigenen Stil erhalten.«

TAUCHNITZ, BERNHARD
Bevor bei → Wilhelm Goldmann deutsche Übersetzungen der Wallace-Romane erschienen, brachte der Leipziger Verlag Bernhard Tauchnitz (gegründet 1837) 1922–34 einige Romane in englischer Originalfassung heraus: → THE BOOK OF ALL POWER (1922), → THE VALLEY OF GHOSTS (1923), → THE MISSING MILLION (1924), → THE FACE IN THE NIGHT (1925), → THE DOOR WITH SEVEN LOCKS (1926), → TERROR KEEP (1927), → THE TRAITOR'S GATE (1927), → THE RINGER (1928), → THE ORATOR (1929), → THE LAST ADVENTURES (1934).

TAYLOR, DONALD
→ Produzenten

TEEGE, JOACHIM
* 30.11.1925 Spremberg, Niederlausitz,
† 23.11.1969 München
Deutscher Schauspieler. Er verkörperte Rechtsanwalt Stone in → *Der Bucklige von Soho* (1966). Teege absolvierte in Berlin die Hebbel-Theaterschule und wurde bald zu einem anerkannten Mitglied der Berliner Bühnen. Er war auch Mitbegründer des Kabaretts »Die Stachelschweine«, wo sein hintergründiger Humor be-

Horst Tappert

sonders gut zur Geltung kam. Bald wurde auch der Film auf den begabten Charakterschauspieler aufmerksam. *Die lustigen Weiber von Windsor* (1950), *Kommen Sie am Ersten* (1951), *Großstadtgeheimnis* (1952) und *Hokuspokus* (1953) waren bemerkenswerte Stationen seiner Filmlaufbahn. Auch im Fernsehen war der Schauspieler häufig in interessanten Rollen zu sehen. Joachim Teege zog es immer wieder zum Theater, dem er sich besonders verbunden fühlte. Am Berliner Renaissance-Theater war er ein ebenso gern gesehener Gast wie an den Städtischen Bühnen in Frankfurt/M.

Weitere Filme (Auswahl): *Die Dubarry* (1951), *Wenn wir alle Engel wären* (1956), *Das Wunder des Malachias* (1961), *Hokuspokus* (1965), *Bel Ami 2000* (1966), *Liselotte von der Pfalz* (1966), *Herrliche Zeiten im Spessart* (1967), *Mister Dynamit – Morgen küßt euch der Tod* (1967), *Tolldreiste Kerle in rasselnden Raketen* (1967), *Zum Teufel mit der Penne* (1968).

Edith Teichmann

TEICHMANN, EDITH
* 22.03.1927 Leipzig
Deutsche Schauspielerin. Sie mimte Fay Savini in → *Der grüne Bogenschütze* (1960/61).

Teichmann feierte schon als Zwölfjährige im Kinderballett ihrer Heimatstadt erste Bühnenerfolge. Mit Fleiß und Ausdauer nahm sie später in jeder freien Minute Schauspiel- und Gesangsunterricht, bis sie ihre Abschlußprüfung als Schauspielerin bestand. Ihren ersten Auftritt hatte sie im Stadttheater Bautzen als Katalie in Kleists *Prinz von Homburg*. Anschließend erhielt sie ein Engagement am Theater in Dresden. Nürnberg und Wuppertal waren weitere Stationen ihrer Karriere, die 1944 durch die Schließung der Theater unterbrochen wurde. Schon 1945 reiste die Unternehmungslustige auf einem Kohlenzug nach Düsseldorf, um beruflichen Anschluß zu finden. Zufällig suchte Arno Assmann Ersatz für eine erkrankte Kollegin, und noch am selben Abend ersang sich Teichmann mit kessen Chansons ein Dauerengagement in der Rheinstadt. Nach der Geburt einer Tochter (aus der Beziehung mit Heinz Drache) ging die vielseitige Darstellerin für viele Jahre nach Köln an die Städtischen Bühnen, an die sie noch heute sechs Monate im Jahr gebunden ist. In der übrigen Zeit ist sie mit einem weit gespannten Repertoire an anderen Bühnen im deutschsprachigen Raum zu Gast. Berühmte Schauspieler wie Gustaf Gründgens, Adolf Wohlbrück, Rene Deltgen und Will Quadflieg waren ihre Partner. Kurt Hoffmann verpflichtete sie für ihre erste Filmrolle in *Das schöne Abenteuer* (1959). Auch in Fernsehspielen wirkte sie oft und gern mit. Ihr privates Glück hat die Vielbeschäftigte mit dem jugoslawischen Tenor Ceda Zarkovic gefunden.

Weitere Filme (Auswahl): *Das sündige Bett* (1973), *Drei Damen vom Grill* (TV, 1977).

TEMPERENZLER-GESELLSCHAFT
Zusammen mit seinem Freund Willie Ramsey wurde Wallace bereits als Junge Mitglied dieser Vereinigung. Positiv daran war, daß Edgar frühzeitig angehalten wurde, mit »Maß und Ziel« zu trinken.

TERRIBLE PEOPLE, THE (BUCH)
Kriminalroman. *Originalausgabe: Hodder & Stoughton, London 1926. Deutsche Erstveröffentlichung: Die Bande des Schreckens. Übersetzung: Max C. Schirmer. Wilhelm Goldmann Verlag, Leipzig 1927. Neuausgabe: Wilhelm Goldmann Verlag, Leipzig 1929. Neuausgabe: Wilhelm Goldmann Verlag, Leipzig 1931 (= Die Meisterromane 1). Neuübersetzung: → Ravi Ravendro (Bearbeitung der Schirmer-Fassung). Wilhelm Goldmann Verlag, Leipzig 1932. Neu-*

ausgabe (Schirmer-Fassung): Wilhelm Goldmann Verlag, Leipzig 1936. Neuausgabe (Schirmer-Fassung): Wilhelm Goldmann Verlag, München 1950. Taschenbuchausgabe: Wilhelm Goldmann Verlag München 1952 (= Goldmann Taschen-KRIMI 11). Weitere Taschenbuchauflage im Wilhelm Goldmann Verlag: 1959. Neuausgabe: Bertelsmann Verlag, Gütersloh 1958. Neuauflagen: 1959, 1961. Neuübersetzung: → Gregor Müller. Wilhelm Goldmann Verlag, München 1971 (= Goldmann Taschen-KRIMI 11). Weitere Taschenbuchauflagen im Wilhelm Goldmann Verlag: 1973, 1974, 1975, 1978, 1979, 1982, 1985, 1997. Jubiläumsausgaben im Wilhelm Goldmann Verlag: 1990, 2000 (= Band 3). Neuübersetzung: Renate Orth-Guttmann. Heyne Verlag, München 1983 (= Blaue Krimis 2061). Neuauflage: 1990 (= Blaue Krimis 2292). Neuübersetzung: Alexandra von Reinhardt. Scherz Verlag, Bern, München, Wien 1983 (= Scherz Krimi 932). Neuauflage: 1988. – Anläßlich des 125. Geburtstages des Autors brachte der → Weltbild Verlag 2000 eine Wallace-Edition heraus. Hier erschien der Roman in einer Doppelausgabe zusammen mit Der Zinker (→ The Squeaker).

Inhalt: Inspektor Arnold Long, wegen seiner Wettfreudigkeit »der Wetter« genannt, stellt dem Verbrecher Clay Shelton eine Falle. Shelton wird verurteilt und gehängt, und trotzdem scheint es, als lebe er weiter. Alle, die für seinen Tod verantwortlich waren, trifft sein Fluch: den Staatsanwalt, den Richter, den Henker. Auch Long entrinnt nur knapp dem Tod. Allerdings glaubt er nicht an »rächende Geister«. Über die Waise Nora Sanders, die als Sekretärin bei der alten Mrs. Revelstoke arbeitet, kommt er dem wahren Täter auf die Spur. Bis er ihn verhaften kann, müssen jedoch noch einige Personen ihr Leben lassen.

Anmerkung: Der Roman wurde zweimal verfilmt: 1928 unter dem Titel → The Terrible People und 1960 als → Die Bande des Schreckens.

TERRIBLE PEOPLE, THE (FILM)
(Die Bande des Schreckens)

Kino-Serial in zehn Episoden. *USA 1928. Produktion: F. N.-P. Regie: Spencer Gordon Bennett. Buch: George Arthur Gray nach dem Roman The Terrible People von Edgar Wallace. Darsteller: Allene Ray, Walter Miller, Wilfred* North, Fred Vroom, Thomas Holding, Larry Steers.

Inhalt: Shelton ist der Kopf der »Bande des Schreckens«, einer berüchtigten Fälscherbande, die gerade einen Coup gegen die Trustbank plant. Arnold Long, genannt der Wetter, einer der fähigsten Detektive New Yorks, ist beauftragt, den Kampf gegen diesen Verbrecher aufzunehmen. In der Trustbank lernt Long Miss Revelstoke kennen, eine Dame der oberen Zehntausend, die von ihrer Privatsekretärin, Nora Sanders, begleitet wird. Für Nora interessiert sich sehr der Präsident der Trustbank, Monkford. Es gelingt dem Wetter, Shelton nach einem Kampf zu verhaften, bei dem dieser einen Bankbeamten erschießt. Shelton endet sechs Monate später am Galgen. »Die Bande des Schreckens« schwört, ihren Anführer zu rächen. Nach und nach werden die für seine Hinrichtung verantwortlichen Personen ermordet. Auf Long wird ein Bombenattentat verübt, das jedoch mißlingt. Allmählich bringt Long mehr über die »Bande des Schreckens« in Erfahrung, die es letztendlich auf das Erbe von Nora Sanders abgesehen hat. Am Ende kann er den »Professor« genannten Bandenchef überführen und verhaften.

Anmerkungen: Der Film wurde in zwei Teilen hergestellt (1. Teil: 1999 m, 2. Teil: 1852 m). Am 17.07.1929 wurde der Streifen der Filmprüfstelle Berlin vorgeführt (Prüfnummer 22906) und anschließend verboten. Begründung: Der Bildstreifen sei ein typischer Verbrecherfilm amerikanischen Gepräges. Der Kampf zwischen Polizei und Verbrechern werde ganz in der Weise eines sportlichen Wettkampfes aufgefaßt. So sei der Streifen geeignet, entsittlichend und verrohend zu wirken sowie die öffentliche Sicherheit zu gefährden. Trotz einer am 26.07.1929 eingereichten Beschwerde bei der Film-Oberprüfstelle Berlin (Nr. 461) blieb der Film verboten. Begründung dieser Instanz: Die suggestive Wirkung derart gehäufter Verbrechen lasse die »Nachahmbarkeit durchaus nicht als ausgeschlossen« erscheinen. Eine gekürzte Fassung des Films (1. Teil jetzt 1772 m, 2. Teil 1705 m) wurde am 09.10.1929 von der Filmprüfstelle (Prüfnummer 23754) freigegeben. Allerdings legte der Vorsitzende der Prüfstelle Beschwerde gegen die Zulassung ein. So wurde der Streifen am 17.10.1929 erneut der Film-Oberprüfstelle (Nummer 541) vorgelegt, die ihn auch in der gekürzten Fassung endgültig zur öffentlichen Vorführung im Deutschen Reich verbot. Damit scheiterte, mit Ausnahme von → *King Kong*, bis 1947 der einzige Versuch, eine ausländische Wallace-Verfilmung auf den deutschen Markt zu bringen.

TERROR, THE (BUCH)

→ **Kriminalkurzroman.** Basiert auf Wallace' gleichnamigem Theaterstück. *Originalausgabe: Collins, London 1929. Deutsche Erstveröffentlichung: Der unheimliche Mönch. Übersetzung:* → *Hans Herdegen. Wilhelm Goldmann Verlag, Leipzig 1935. Neuausgabe: Wilhelm Goldmann Verlag, München 1957. Taschenbuchausgabe: Wilhelm Goldmann Verlag, München 1959 (= Goldmann Taschen-KRIMI 203). Neuausgabe: Bertelsmann Verlag, Gütersloh 1971. Neuübersetzung:* → *Gregor Müller. Wilhelm Goldmann Verlag, München 1972 (= Goldmann Taschen-KRIMI 203). Weitere Taschenbuchauflagen im Wilhelm Goldmann Verlag: 1974, 1975, 1986, 1980, 1982, 1985, 1986, 1997. Jubiläumsausgaben im Wilhelm Goldmann Verlag: 1990, 2000 (= Band 77).*

1. *The Terror:* (Film I) **May McAvoy**
2. *The Terror:* (Film II) **Iris Hoey, Lesley Wareing**

Inhalt: Beim letzten Coup erbeutete der verrückte O'Shea drei Tonnen Gold und verriet seine Kumpane. Diese schworen ihm nach verbüßter Strafe Rache. Die Recherchen der Komplizen führen ebenso wie die von Scotland Yard zum Herrenhaus von Monkshall. Nachts hören dessen Bewohner immer wieder Orgelspiel und danach einen entsetzlichen Schrei. Manche wollen sogar eine Gestalt in schwarzer Mönchskutte gesehen haben. Eines Tages fällt ein Schuß durch das Fenster in der Halle, und schließlich verschwindet einer der Gäste spurlos. War der unheimliche Mönch mehr als die Ausgeburt lebhafter Träume? Dann findet man die beiden

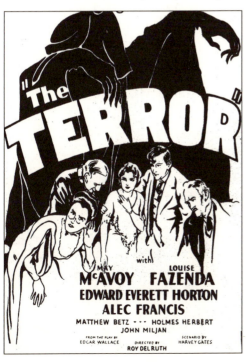

Kumpane O'Sheas ermordet auf. Inspektor Bradley wird auf den schwierigen Fall angesetzt. Unterstützt wird er von Inspektor Hallick und dem legendären William Elk.

Anmerkungen: Die deutschen Ausgaben enthalten zusätzlich die Erzählsammlung *Der Klub der Vier* (→ *The Big Four*). – Der Roman wurde dreimal verfilmt: 1928 und 1938 unter dem Titel → *The Terror* und 1934 als → *The Return of the Terror*. Ferner wurde er 1965 und 1967 für die freien Adaptionen → *Der unheimliche Mönch* und → *Der Mönch mit der Peitsche* verwendet.

TERROR, THE (FILM I)
(Der Schrecken)

Kinofilm. *USA 1928. Produktion: Warner Bros. Regie: Roy del Ruth. Buch: Harvey Gates und Joseph Jackson nach dem Roman The Terror von Edgar Wallace. Kamera: Barney McGill. Schnitt: Thomas Pratt, Jack Killier. Darsteller: May McAvoy (Olga Redmayne), Louise Fazenda (Mrs. Elvery), Edward Everett Horton (Ferdinand Fane), Alec B. Francis (Dr. Redmayne), Matthew Betz (Joe Connors), Holmes Herbert (Mr. Goodman), Otto Hoffman (Soapy Marks), Joseph W. Girard (Superintendent Hallick), John Miljan (Alfred Katman), Frank Austin (Cotton), Jules Cowles, Conrad Nagel. Länge: 80 Minuten.*

Inhalt: Colonel Redmayne führt das noble Anwesen Monkshall als Pension. Man munkelt jedoch, daß es in dem Hause spukt. Manchmal ertönt in der Nacht Orgelspiel, anschließend ein irres Lachen. Manche Gäste behaupten, im Mondlicht die Gestalt eines vermummten Mönchs erkannt zu haben. Redmaynes Tochter Olga trifft ein, um Urlaub zu machen. Die Ereignisse spitzen sich zu, als ein Gast, der als alte Frau verkleidet auf Monkshall wohnt, erstochen aufgefunden wird. Scotland Yard erkennt in ihm den Gangster Connors, der vor Jahren an einem Goldraub beteiligt und dafür verurteilt worden war, weil ihn sein Chef O'Shea verraten hatte. O'Shea verschwand damals spurlos mitsamt der Beute. Die Polizei bringt Connors' Anwesenheit auf Monkshall mit dem Raub in Verbindung. Sollte das Gold hier versteckt sein? Eines Abends ist Olga spurlos verschwunden. Ihr Vater muß nun einige Geheimnisse des Anwesens preisgeben. In einer unterirdischen Kapelle spüren die Yard-Beamten

schließlich den übergeschnappten O'Shea auf. In letzter Sekunde können sie verhindern, daß er Olga und einige andere Gäste ermordet, die er in seine Gewalt gebracht hatte.

Kritik zum Film: »Einfach phantastisch, diese ›furchterregende Atmosphäre‹ und der ›hohe Standard in der Schauspielkunst‹!« (The Bioscope, 1928)

Anmerkung: Dieser erste Horror-Tonfilm wurde in Deutschland nicht aufgeführt.

TERROR, THE (FILM II)
(Der Schrecken)

Kinofilm. *England 1938. Produktion: Associated British. Regie: Richard Bird. Buch: William Freshman nach dem Roman The Terror von Edgar Wallace. Darsteller: Wilfred Lawson (Mr. Goodman), Bernard Lee (Ferdie Fane), Alastair Sim (»Soapy« Marks), Arthur Wontner (Colonel Redmayne), Henry Oscar (Joe Connor), Iris Hoey (Mrs. Elvery), Linden Travers (Mary Redmayne), John Turnbull (Superintendent Hallick), Lesley Wareing (Veronica Elvery), Edward Lexy (Inspector Dobie), Richard Murdoch (P. C. Lewis), Stanley Lathbury (Hawkin, der Butler), Jack Lambert (Gefängnisaufseher), Irene Handl (Küchenmädchen), Kathleen Harrison (Stubenmädchen). Länge: 73 Minuten.*

Inhalt: Auf dem Anwesen Monkshall des Colonel Redmayne, das er als Pension führt, geschehen nachts unheimliche Dinge. Es ertönt Orgelspiel mit anschließendem fürchterlichen Gelächter. Als dann noch ein Mord geschieht, wird Scotland Yard hinzugezogen. Der Tote wird als einer der Männer identifiziert, die vor Jahren einen großen Geldraub verübt hatten.

The Terror: **(Film II) Bernard Lee, Linden Travers**

Der Chef der Bande, O'Shea, konnte damals mit der gesamten Beute verschwinden. Der Inspektor findet heraus, daß einer der Gäste der gesuchte O'Shea ist. Bis er ihn überführen kann, müssen jedoch noch weitere Personen ihr Leben lassen.

Kritik zum Film: »In seiner Art ein erstklassiger Film; exzellentes handwerkliches Können und eine Liebe fürs Detail verbinden sich hier mit einer superben Schnitt-Technik. Die Schauspielkunst ist von höchster Qualität, und die Dialoge liegen weit über dem üblichen Niveau. Ein verdienstvoller und unterhaltsamer Film.« (Monthly Film Bulletin, 5/1938)

Anmerkung: Dieser Film wurde in Deutschland nicht aufgeführt.

TERROR, THE

Theaterstück von Edgar Wallace. Uraufführung: 04.04.1927 im Winter Garden Theater, New Brighton; Londoner Erstaufführung: Mai 1927 im Lyceum Theater. Das Stück wurde nach → *The Ringer* Wallace' zweitgrößter Bühnenerfolg und lief fast sieben Monate. Während *The Ringer* erfolgreich in London aufgeführt wurde, dachte der Autor über ein Nachfolgestück nach. Er wollte kein Risiko eingehen und entwarf ein Schauspiel, das seinen besten Kriminalromanen ähnelt. *The Terror* enthielt alles, was das Publikum erwartete: Ein altes, geheimnisvolles Haus mit Verliesen und einem verborgenen Schatz im Keller, einen Meisterverbrecher, getarnt als sympathischste Figur des Stücks, eine kreischende Heldin, eine Kette von Morden, einen als Trunkenbold getarnten Superdetektiv sowie eine geheimnisvoll verhüllte Gestalt, die in Mondnächten erscheint. Wallace arbeitete das Stück anschließend zum gleichnamigen Roman um. Das Theaterstück wurde 1928 von Fred Antoine Angermayer für den Wilhelm Goldmann Verlag Leipzig übersetzt, der den Text unter dem Titel *Der unheimliche Mönch* in kleiner Auflage veröffentlichte.

TERROR KEEP (BUCH)

Kriminalroman. *Originalausgabe: Hodder & Stoughton, London 1927. Deutsche Erstveröffentlichung: John Flack. Übersetzung: → Fritz Pütsch. Wilhelm Goldmann Verlag, Leipzig 1928. Neuausgabe: Wilhelm Goldmann, Verlag 1929. Neuausgabe: Wilhelm Goldmann Verlag, Leipzig 1931 (= Die Meisterromane 5). Neuübersetzung: → Ravi Ravendro. Wilhelm Goldmann Verlag, Leipzig 1932. Neuausgabe (Pütsch-Fassung): Wilhelm Goldmann Verlag, Leipzig 1938. Neuausgabe (Pütsch-Fassung): Schweizer Druck- und Verlagshaus, Zürich 1951. Neuausgabe (Ravendro-Fassung): Wilhelm Goldmann Verlag, München 1951. Taschenbuchausgabe (Ravendro-Fassung): Wilhelm Goldmann Verlag, München 1954 (= Goldmann Taschen-KRIMI 51). Weitere Taschenbuchauflagen im Wilhelm Goldmann Verlag: 1970, 1973, 1975, 1978, 1982, 1985. Jubiläumsausgaben im Wilhelm Goldmann Verlag: 1990, 2000 (= Band 39).* – Anläßlich des 125. Geburtstages des Autors brachte der → Weltbild Verlag 2000 eine Wallace-Edition heraus. Hier erschien der Roman in einer Doppelausgabe zusammen mit *Der grüne Bogenschütze* (→ *The Green Archer*).

Inhalt: Der durchtriebene Verbrecher John Flack verfaßt im Gefängnis die Abhandlung: »Wie raube ich ein Bankgewölbe aus, wenn nur zwei Wächter Dienst haben?«. Der Direktor ist höchst verblüfft. Was führt der Sträfling im Schilde? Eines Tages findet man einen Aufsichtsbeamten mit durchschnittener Kehle, und John Flack ist spurlos verschwunden. Margaret Belman gibt ihre Stellung bei dem Detektiv J. G. Reeder auf, um im Hotel Larmes Keep zu arbeiten. Als ein Gast spurlos verschwindet, begibt sich Reeder daran, die Rätsel zu lösen.

TERROR KEEP (FILM)

Nicht realisiertes Filmprojekt von Brian Clemens aus dem Jahr 1962 nach dem gleichnamigen Roman von Edgar Wallace. Hergestellt werden sollte der Film von den → Merton Park Studios in Zusammenarbeit mit → CCC Film.

Inhalt: Britta, eine junge Deutsche, lernt auf dem Londoner Flughafen den Medizinstudenten Johnny Bell kennen, der ihr bei den Zollformalitäten behilflich ist. Weil Britta wider Erwarten nicht abgeholt wird, bringt Johnny sie zu der von ihr angegebenen Adresse. Beide sind verblüfft, weil die Hausnummer nicht stimmt. Da trifft das verspätete Empfangskomitee ein und lädt das Mädchen mit der Erklärung, daß sich die Adresse kurzfristig geändert habe, eiligst in sein Auto ein. Johnny und Britta können sich gerade noch für den kommenden Samstagnachmittag verabreden. Das Auto fährt in einen Londoner Vorort zu einem weitläufigen Gebäude namens »The Keep«. Es scheint sich um eine medizinische Anstalt zu handeln. Deren Chef, ein gewisser Dr. Shaffer, ist Spezialist für Hypnose und deren Fortentwicklung. Schon einige Mädchen, allesamt alleinstehend, hat er im Auftrag eines Colonel Delmar in Trance versetzt und ihnen erfolgreich Befehle erteilt. Gesucht wird nunmehr eine junge Frau, die der Gattin des amerikanischen Präsidenten gleicht, welche in den kommenden Tagen in London zu Besuch ist. Shaffer hat den Auftrag, die junge Britta, die der First Lady sehr ähnlich sieht, so zu hypnotisieren, daß sie gegen die First Lady ausgetauscht werden und in dieser Rolle die Befehle des Colonels ausführen kann. Am Samstagnachmittag verläßt Britta zwar »The Keep« und geht in das mit Johnny vereinbarte Lokal, doch erkennt sie ihn nicht wieder. Johnny findet ihr Auftreten äußerst seltsam und folgt ihr bis zu »The Keep«. Als Johnny begreift, was dort vor sich geht, bricht er mit Hilfe einiger befreundeter Studenten in »The Keep« ein. Sie überwältigen nicht nur das Personal und den gerissenen Colonel Delmar, sondern legen auch Dr. Shaffer das Handwerk, der nun selbst dem Wahnsinn verfällt. Schließlich kann Johnny Britta aus ihrer Hypnose befreien; sie will von nun an nicht mehr von seiner Seite weichen.

TERRY-THOMAS
* 14.07.1911 Finchley, London,
† 08.01.1990 Godalming, Surrey (England);
eigentlicher Name: Thomas Terry Hoar Stevens.
Englischer Schauspieler. Der bekannte Komiker wirkte in dem Wallace-Film → *Flying Fifty-Five* (1939) mit. Der urbritische Darsteller wurde vor allem durch markante Nebenrollen bekannt. Seine Laufbahn als Bühnendarsteller wurde nur durch seinen Dienst im Zweiten Weltkrieg unterbrochen. Seit den 70er Jahren litt er an der Parkinsonschen Krankheit und trat nur noch vereinzelt auf. 1977 zog er sich auf die Mittelmeerinsel Ibiza zurück.
Weitere Filme (Auswahl): *Eine total, total verrückte Welt* (1963), *Auch die Kleinen wollen nach oben* (1963), *Die tollkühnen Männer in ihren fliegenden Kisten* (1965), *Unser Mann in Rio* (1966), *Marrakesch* (1966), *Drei Bruchpiloten in Paris* (1966), *Tolldreiste Kerle in rasselnden Raketen* (1967), *Als das Licht ausging* (1968), *Monte Carlo Rallye* (1969), *Das Schreckenskabinett des Dr. Phibes* (1971), *Die Rück-*

kehr des Dr. Phibes (1972), *Drei Fremdenlegionäre* (1977), *Der Hund von Baskerville* (1977).

TESSARI, DUCCIO
* 11.10.1926 Genua,
† 06.09.1994 Rom
Italienischer Regisseur. Er leitete die Aufnahmen von → *Das Messer* (1971).
Nach einem Jura- und Chemie-Studium arbeitete Tessari zunächst als Fotograf und Produzent im Dokumentarfilmbereich sowie nebenbei als Amateurschauspieler, Drehbuchautor und Co-Produzent. 1961 debütierte er als Regisseur und war fortan in vielen Genres zu Hause.
Weitere Regiearbeiten (Auswahl): *Kadmos, Tyrann von Theben* (1961), *Das Grauen kam aus dem Nebel* (1971), *Zwei wilde Companeros* (1972), *Zwei Fäuste des Himmels* (1974), *Mann ohne Gedächtnis* (1974), *Zorro* (1974), *Das fünfte Gebot* (1977), *Bitte laßt die Blumen leben* (1986).

TESTI, FABIO
* 02.08.1939 Peschiera del Garda (Italien)
Italienischer Schauspieler. Er mimte 1971 den Lehrer Henry Rossini in → *Das Geheimnis der grünen Stecknadel* (1971). Der Prototyp des Latin Lovers – dichtes, dunkelbraunes Haar, dunkelbraune Augen, schönes, ebenmäßiges Gesicht, strahlend weiße Zähne – machte vor seiner Schauspielerkarriere Fernseh-Reklame für Coca-Cola. Kein Geringerer als Vittorio de Sica entdeckte den jungen Italiener für seinen Film *Der Garten der Finzi Contini* (1970; mit Dominique Sanda). 1971 spielte Testi in Frankreich an der Seite von Jean Gabin in *Der Killer und der Kommissar* unter der Regie von Denys de la Patelliere. Einen Neapolitaner mimte er in Pasquale Squitieris Mafia-Story *Camorra* (1972; mit Jean Seberg und Raymond Pellegrin). Für seine nächsten beiden Filme ging der ebenso begabte wie attraktive Schauspieler wieder nach Frankreich: In Claude Chabrols Terroristen-Parabel *Nada* (1973) spielte er den eiskalten Anführer einer Terror-Gruppe, die den amerikanischen Botschafter entführt; seine Partnerin war die Italienerin Mariangela Melato. Mit Romy Schneider, Klaus Kinski und Jacques Dutronc drehte er 1974 *Nachtblende*, ein furioses psychologisches Drama, bei dem der junge Pole Andrzej Zulawski Regie führte;

Testi spielt darin einen mit allen Wassern gewaschenen Fotoreporter, der der erfolglosen Schauspielerin (Romy Schneider) zu einer Karriere verhelfen will. Obwohl längst ein internationaler Star, ist Testi hierzulande eher aus den Klatschspalten als langjähriger Liebhaber von Ursula Andress bekannt.

Weitere Filme (Auswahl): *Blonde Köder für den Mörder* (1969), *Todeskommando Tobruk* (1969), *Django und Sartana* (1971), *Verdammt zu leben – verdammt zu sterben!* (1975), *Agenten kennen keine Tränen* (1978), *Der Ambassador* (1984), *Skipper* (TV, 1984), *Das Phantom im Mädchenpensionat* (1986).

TEUFEL KAM AUS AKASAVA, DER
(EL DIABLO VENIA A AKASAWA)

Kinofilm. *Bundesrepublik Deutschland/Spanien 1970. Regie: Jess Franco (d.i. Jesus Franco Manera). Regieassistenz: Aki Settimo de Esteva. Drehbuch: Ladislas Fodor und Paul André frei nach der Kurzgeschichte The Akasavas von Edgar Wallace. Kamera: Manuel Merino. Schnitt: Clarissa Ambach, Maria Luisa Sonano. Bauten: Klaus Meyenberg, Alberto Montenegro. Musik: Manfred Hübler, Siegfried Schwab, Odon Alonso. Produktionsleitung: Rudolf Hertzog jr. Herstellungsleitung: Karl-Heinz Mannchen. Pro-*

Fabio Testi

duktion: CCC Filmkunst GmbH & Co. KG, Berlin (West) und Fenix Film, Madrid. Produzent: Artur Brauner. Drehzeit: 03.08–09.09. 1970. Atelier: Madrid, CCC Film Studio Berlin-Spandau. Außenaufnahmen: Portugal, Spanien, Berlin. Erst-Verleih: Cinerama-Filmverleih,

München. Länge: 84 Minuten (2301 m). Format: 35 mm; Farbe (Eastmancolor); 1:1.66. Deutsche Synchronbearbeitung: Arne Elsholtz. FSK: 18.02.1971 (43290); 18 nff. Uraufführung: 05.03.1971. Darsteller: Horst Tappert (Dr. Thorrsen), Susann Korda (Agentin Jane), Fred Williams (Rex Forrester), Ewa Strömberg (Ingrid Thorrsen), Walter Rilla (Lord Kingsley), Blandine Ebinger (Lady Kingsley), Siegfried Schürenberg (Sir Philipp), Paul Muller (Agent), Howard Vernon (Diener), Alberto Dalbes, Angel Melendez, Antonio Padilla, Moises Augusto Rocha sowie Jess Franco als Tino Celli.

Inhalt: In Akasava finden Professor Forrester und sein Assistent einen todbringenden Stein. Angeblich macht er seinen Besitzer zum Beherrscher der Welt. Dies ruft neben zwielichtigen Gestalten auch den britischen Geheimdienst auf den Plan, denn Akasava ist eine englische Kolonie. Letztendlich führen die Ermittlungen zurück nach London. Dort hatte ein geheimnisvoller Drahtzieher geplant, den Stein zu stehlen, um durch ihn immens reich zu werden. **Kritik zum Film:** »Spannungsloser, unlogischer Krimi, der sich durch das Sexualleben der Agenten interessant machen will. Zusammen mit der

Mißachtung menschlichen Lebens bleibt ein negativer Gesamteindruck.« (Filmdienst, Köln, 5/1971) »Spannung ist vom ersten bis zum letzten Meter reichlich vorhanden, aber auch Verwirrung und Unlogik. Einzig und allein bei Blandine Ebinger ist etwas vom Edgar-Wallace-Stil zu spüren.« (Filmecho, Wiesbaden, 16/1971)
Fazit: Nicht jeder Regisseur versteht etwas von Wallace.

TEUFEL VON TIDAL BASIN, DER
→ WHITE FACE

TEUFELSMENSCH, DER
→ THE DEVIL MAN

TEURER KUSS, EIN
→ THE 20.000 (TWENTY THOUSAND) POUND KISS

THANK EVANS
(Dank Evans)
Kinofilm. *England 1937. Produktion: Warner Bros./First National. Produzent: Irving Asher. Regie: Roy William Neill. Buch: Austin Melford, John Dighton und John Meehan jr. nach den Kurzgeschichten Good Evans von Edgar Wallace. Kamera: Basil Emmott. Darsteller: Max Miller (Educated Evans), Polly Ward (Rosie), Albert Whelan (Sergeant Challoner), Freddie Watts (Mulcay), Hal Walters (Nobby), John Carol (Harry), Robert Rendel (Lord Claverley), Glen Alyn (Brenda), Harvey Braban (Inspektor Pine), Aubrey Mallalieu (Magistrat), Charlotte Leigh, Ian Maclean, George Pughe, Charles Wade. Länge: 78 Minuten.*
Inhalt: »Educated Evans« ist ein unheilbar optimistischer Renntipgeber, dessen Vorhersagen niemals eintreffen. Daher befindet er sich auf permanenter Flucht vor seinen aufgebrachten Klienten. In einem Pub, dessen Kellnerin Rosie in ihn verliebt ist, findet er Zuflucht. Rosies Bruder Harry steckt in der Klemme. Er hat Mulcay, dem Pferdetrainer von Lord Claverley, die Armbanduhr gestohlen. Evans und sein Freund Nobby sollen sie zurückbringen. Mulcay, der ein abgefeimter Gauner ist und einen Plan ausgeheckt hat, wie er Lord Claverley betrügen kann, wird mißtrauisch, als Evans bei ihm herumspioniert. Kurzerhand kidnappt er ihn. Nobby wird wegen Besitzes der Uhr verhaftet.

Evans kann jedoch Mulcay entkommen, und auch Nobby kommt nach einem possenhaften Auftritt bei der Polizei wieder frei. Lord Claverley ist in der Zwischenzeit Mulcay gegenüber mißtrauisch geworden und läßt ihn im großen Rennen nicht reiten. Da schlägt Evans Nobby als Jockey vor, der in seinem ganzen Leben höchstens einmal einen Esel geritten hat. Dennoch schlägt er in einem aberwitzigen Rennen alle Gegner und erringt den Sieg.

Kritik zum Film: »Diese Nonsens-Geschichte ist im Rahmen des Genres ein wirklich gelungener Spaß. Die Regie agiert geschickt und einfallsreich und das Tempo ist schnell. Max Miller ist in seinem Element und setzt sich mit einem Feuerwerk von Cockney-Witzeleien, Gags und einem amüsanten Gauner-Jargon durch. Sein Übermut ist unerschöpflich und ansteckend. Das Gangsterstück rund um die gestohlene Uhr ist eine unterhaltsame Burleske, der Höhepunkt unverfälschter Slapstick. Hal Walters als Nobby gibt einen wirksamen Ersatzjockey, und auch die übrigen Nebendarsteller liefern beachtliche Leistungen.« (Monthly Film Bulletin, 5/1938)

Anmerkung: Dieser Film wurde in Deutschland nicht aufgeführt.

THEATER

→ An African Millionaire, → The Calendar, → The Case of the Frightened Lady, → Charles III., → ouble Dan, → The Flying Squad, → The Forest of Happy Dreams, → The Four Just Men, → The Frog, → The Green Pack, → The Gusher, → The Lad, → M'Lady, → The Man Who Changed His Name, → The Mouthpiece, → Number Six, → The Old Man, → On the Spot, → Persons Unknown, → The Ringer, ≈ Smoky Cell, → The Squeaker, → The Sun Never Sets, → The Terror, → The Whirlgig, → The Yellow Mask.

Wallace' große Leidenschaft war das Theater, früh entfacht durch seine Bekanntschaft mit → Mary Ansteen. Zwischen 1903 und 1932 verfaßte er über 30 Bühnenstücke, zumeist für Londoner Theater. Als Dramatiker erging es Wallace ähnlich wie als Reporter: Erfolge und Flops wechselten in bunter Folge ab. Von einigen unbedeutenden Stücken sind heute nicht mehr als die Titel und die Uraufführungsdaten bekannt (*Dolly Cutting Herself*: 02.01.1911, Hippodrome Theater, London; *Hello, Exchange!*: 07.04.1913, Pavilion Theater, London; *The Manager's Dream*: 14.04.1913, Palladium Theater, Chelsea; *The Soldier Boy* [zusammen mit Rida Johnson Young]: 26.06.1918, Apollo Theater, London; *The Mystery of Room 45*: 22.06.1926, Theatrical Garden Party, Chelsea; *A Perfect Gentleman*: 26.04.1927, New Theatre, London). Seinen Durchbruch

Thanks Evans: **Max Miller, Robert Rendel**

Mitte der 20er Jahre verdankte er der Zusammenarbeit mit dem Intendanten → Gerald du Maurier. Die Mehrzahl seiner Stücke schrieb Wallace (einige auch sein Sekretär → Robert Curtis) anschließend zu Romanen um. Umgekehrt wurden einige seiner Romane im Nachhinein dramatisiert, z.B. *The Four Just Men* und *Number Six*.

THEMSE

Englands bedeutendster und bekanntester Fluß entspringt in den Votswold Hills, 109 Meter über dem Meeresspiegel. Der Flußlauf ist ab Oxford stark gewunden, ab Richmond ist er durchgehend schiffbar. Aus der Themse, speziell in ihrem Abschnitt, der die britische Hauptstadt → London durchschneidet, werden zahlreiche von Wallace kreierte Leichen gefischt, u.a. in den Romanen → *The Dark Eyes of London*, → *The Face in the Night*, und → *The Indian Rubber Men*. Ins Bild gesetzt werden solch grausige Funde u.a. in den Verfilmungen → *The Dark Eyes of London* (1939), → *Das Geheimnis der gelben Narzissen* (1961), → *Das Gasthaus an der Themse* (1962) und → *Die Tote aus der Themse* (1971).

THIEF IN THE NIGHT, THE

Kriminalroman. *Originalausgabe: Readers Library, London 1928. Deutsche Erstveröffentlichung: Der Dieb in der Nacht. Übersetzung:* → *Hans Herdegen. Wilhelm Goldmann Verlag, München 1960. Taschenbuchausgabe: Wilhelm Goldmann Verlag, München 1961 (= Goldmann Taschen-KRIMI 1060). Neuübersetzung:* → *Gregor Müller. Wilhelm Goldmann Verlag, München 1972. Weitere Taschenbuchauflagen im Wilhelm Goldmann Verlag: 1973, 1975, 1977, 1980, 1982, 1985, 1987. Jubiläumsausgaben im Wilhelm Goldmann Verlag: 1990, 2000 (= Band 10).*
Inhalt: Lord Widdicombe erhält einen Brief mit indiskreten Mitteilungen über seine Frau. Trotzdem wirft er den Brief beiseite. Hat er wirklich Grund, so sicher zu sein? Zur gleichen Zeit hält eine Serie von Juwelendiebstählen Scotland Yard in Atem. Ist der raffinierte Dieb auch der anonyme Verleumder? Dann erhält auch Inspektor Jack Danton einen anonymen Brief, in dem eine gute Freundin von ihm angeschwärzt wird. Danton erfährt durch einen Tip von einem geplanten Einbruch. Er will dem

Täter eine Falle stellen. Doch dieser ist raffinierter, als Danton ahnt. So kann auch dieses Mal der Dieb in der Nacht unbemerkt mit seiner Beute entkommen.
Anmerkungen: Die Goldmann-Ausgabe von 1960 enthält zusätzlich die Kurzgeschichten *Der unbekannte Boxer* (*Fighting Snub Reilly*), *Harry mit den Handschuhen* (*Kid Glove Harry*) und *Der Butler der für das Theater schwärmte* (*The Dramatic Butler*). Die letzte dieser Erzählungen ist in der Taschenbuchausgabe von 1961 nicht enthalten. Die seit 1973 erscheinende Taschenbuchausgabe enthält zusätzlich nur den Kurzroman *Die Schatzkammer* (→ *The Treasure House*). – Der Roman wurde 1963 verfilmt unter dem Titel → *Five To One*.

THIENEMANNS
→ Verlage

THIS ENGLAND
20 Essays. *Originalausgabe: Hodder & Stoughton, London 1927.*
Enthält: THE CRASHED, THE IDLE RICH, THE IMPOSSIBLE PEOPLE, OUR BURGLARS, THE SURGEON, COMMONPLACE PEOPLE, THE PRECARIOUS GAME, PARSONS, BACK TO THE ARMY, THE MODERN GIRL, MUSHERS & RIDERS, 99 – SOMETHING CRESCENT, POLICE, THE FARMER, LEARNING TO LEARN, NANNY, QUEEN CHARLOTTE'S, SEA TALK, CONSIDER YOUR VERDICT, COMRADES.
Inhalt: Wallace schrieb diese 20 unterhaltsamen Charakterskizzen aus dem englischen Alltagsleben ursprünglich für die Londoner *Morning Post*.
Anmerkung: Diese Essays wurden bisher nicht ins Deutsche übertragen.

THOEREN, ROBERT
→ Darsteller

THOMAS, PETER
* 01.12.1925 Breslau
Komponist. Thomas schrieb die Musik für zahlreiche Edgar-Wallace-Filme: → *Die seltsame Gräfin* (1961), → *Das Rätsel der roten Orchidee* (1961/62), → *Die Tür mit den 7 Schlössern* (1962), → *Der Zinker* (1963), → *Das indische Tuch* (1963), → *Zimmer 13* (1963), → *Die Gruft mit dem Rätselschloß* (1964), → *Der He-*

xer (1964), → *Das Verrätertor* (1964), → *Neues vom Hexer* (1965), → *Der unheimliche Mönch* (1965), → *Der Bucklige von Soho* (1966), → *Das Geheimnis der weißen Nonne* (1966), → *Der Hund von Blackwood Castle* (1967), → *Im Banne des Unheimlichen* (1968), → *Der Gorilla von Soho* (1968), → *Der Mann mit dem Glasauge* (1968), → *Die Tote aus der Themse* (1971) und → *Der Wixxer* (2003).

Thomas wuchs in Berlin auf und studierte dort Musik. Nach englischer Gefangenschaft verschlug es ihn 1945 auf die Nordsee-Halbinsel St. Peter. Dort gründete er das »Dünen-Quintett«. Nach ersten Erfolgen trat er auch in Berlin auf und sorgte hier für volle Häuser. Sein Kollege Klaus Wüsthoff und er spielten an zwei Flügeln, ließen sich vom Publikum Töne zurufen und komponierten daraus spontan kleine Stücke. Später arbeitete Thomas für das Rias-Tanzorchester und wurde dabei von Werner Eisbrenner gefördert. Er schrieb Musik für Blasorchester, komponierte Songs und nahm Schallplatten mit seinem Sound-Orchester auf. Als einer der ersten benutzte er einen Vocoder und entwickelte das Tho-Wi-Phon, einen Synthesizer. Fast 100 Kompositionen für Kino- und Fernsehfilme machten ihn weit über die Grenzen Deutschlands hinaus bekannt. Zu seinen bedeutendsten Arbeiten zählt das Musical *Lady Di* (2000). Mit dem Schauspieler George Clooney vereinbarte Thomas die Übernahme seiner Wallace-Musiken in dessen Film *Geständnisse* (2002).

Weitere Kompositionen (Auswahl): *Und immer ruft das Herz* (1959), *Ich bin auch nur eine Frau* (1962), *Die endlose Nacht* (1963), *Ein Alibi zerbricht* (1963), *Das Wirtshaus von Dartmoor* (1964), *Verspätung in Marienborn* (1964), *Onkel Toms Hütte* (1965), *Der letzte Mohikaner* (1965), *Schüsse aus dem Geigenkasten* (1965), *Mordnacht in Manhattan* (1965), *Winnetou und sein Freund Old Firehand* (1966), *Raumpatrouille* (TV, 1966), *Die Schlangengrube und das Pendel* (1967), *Dynamit in grüner Seide* (1967), *Babeck* (TV, 1968), *Erinnerungen an die Zukunft* (1970), *Die Herren mit der weißen Weste* (1970), *Unser Willi ist der Beste* (1971), *Schulmädchen-Report 2. Teil* (1971), *Erotik im Beruf* (1971), *Der Stoff, aus dem die Träume sind* (1972), *Versuchung im Sommerwind* (1973), *Maria Doro und Bello Blue* (1973), *Steiner – Das eiserne Kreuz 2. Teil* (1978), Café Wernicke (TV, 1978), *Ein Mann für alle Fälle* (TV, 1978).

THOMASS, EUGEN
→ Komponisten

THORBURN, JUNE
→ Darsteller

THORNE, ISABEL
(Lebensdaten unbekannt).
Thorne war **Redakteurin** der Londoner Wochenzeitschrift *Weekly Tale-Teller* und Lektorin für Unterhaltungsliteratur im Verlag Shurey's Publications. Sie erkannte die Qualität von Wallace' → Afrikaerzählungen und förderte den Autor, indem sie 1909–16 seine *Sanders*-Geschichten im *Weekly Tale-Teller* veröffentlichte.

THORNTON, F. MARTIN
→ Regisseure

THOSE FOLK OF BULBORO
Gesellschaftsroman. *Originalausgabe: Ward Lock & Co., London 1918.*
Inhalt: 19 Kapitel erzählen vom nur scheinbar alltäglichen Leben der Leute im Städtchen Bulboro, von ihren Plänen und Intrigen, Liebesbeziehungen und Manipulationen. Der alte Dr. Jabez Manton schreibt seinem Neffen Anthony einen Brief, er solle nach Bulboro kommen und ihm in seiner Praxis helfen. Als Anthony eintrifft, wird auch er Opfer der örtlichen Intrigen. Doch gelingt es ihm durch seinen Kampfgeist, sich einen anerkannten Platz in Bulboro zu sichern.
Anmerkung: Der Roman wurde bisher nicht ins Deutsche übertragen.

THOUET, PETER M.
→ Drehbuchautoren

THREE JUST MEN, THE
Kriminalroman. *Originalausgabe: Hodder & Stoughton, London 1926. Deutsche Erstveröffentlichung: Die drei Gerechten. Übersetzung:* → *Richard Küas. Wilhelm Goldmann Verlag, Leipzig 1927. Neuausgaben: Wilhelm Goldmann Verlag, Leipzig 1929 und 1938. Neuausgabe: Wilhelm Goldmann Verlag, München 1962. Taschenbuchausgabe: Wilhelm Goldmann Verlag, München 1962 (= Goldmann Ta-*

schen-KRIMI 1170). Weitere Taschenbuchauf-lagen im Wilhelm Goldmann Verlag: 1974, 1975, 1982, 1985, 1987. Jubiläumsausgaben im Wilhelm Goldmann Verlag: 1990, 2000 (= Band 12). Neuübersetzung: Mechtild Sandberg. Scherz Verlag, Bern, München, Wien 1988 (= Scherz Krimi 1181). Neuauflage: 1992. – An-läßlich des 125. Geburtstages des Autors brach-te der → Weltbild Verlag 2000 eine Wallace-Edition heraus. Hier erschien der Roman in ei-ner Doppelausgabe zusammen mit *Die Tür mit den sieben Schlössern (→ The Door with Seven Locks).*

Inhalt: In London haben sich die »Drei Gerech-ten→ etabliert. Sie sind darauf erpicht, Verbre-cher zu jagen, die durch die Maschen der Jus-tiz geschlüpft sind. Zur gleichen Zeit entweicht aus dem Zoo eine Schwarze Mamba, die gif-tigste aller afrikanischen Schlangen. Ein myste-riöser Fremder bittet die »Drei Gerechten«, das Mädchen Mirabelle Leicester zu schützen. Kurz darauf stirbt der Fremde durch Schlangenbiß. Bei dem Toten findet man Geld und Informa-tionen für Mirabelle. Neben der Verbrecheror-ganisation »die Schlange« interessiert sich auch der zwielichtige Dr. Oberzohn stark für Mira-belle. Es wird ein schwieriger Fall für die »Drei Gerechten«.

Anmerkung: Die deutsche Erstübersetzung von Richard Küas hatte besondere Kapitelüber-schriften, die in späteren Ausgaben entfielen.

THREE OAK MYSTERY, THE

Kriminalroman. *Originalausgabe: Ward Lock & Co., London 1924. Deutsche Erstveröffent-lichung: Bei den drei Eichen. Übersetzung: Ot-to Albrecht van Bebber. Wilhelm Goldmann Ver-lag, Leipzig 1930. Neuausgabe: Wilhelm Gold-mann Verlag, München 1952. Taschenbuchaus-gabe: Wilhelm Goldmann Verlag, München 1956 (= Goldmann Taschen-KRIMI 100). Wei-tere Taschenbuchauflage im Wilhelm Gold-mann Verlag: 1958. Neuübersetzung: Mercedes Hilgenfeld. Wilhelm Goldmann Verlag, Mün-chen 1970 (= Goldmann Taschen-KRIMI 100). Neuausgabe: Bertelsmann Verlag, Gütersloh 1973. Weitere Taschenbuchauflagen im Wil-helm Goldmann Verlag: 1972, 1974, 1975, 1976, 1980, 1982, 1985, 1986. Jubiläumsaus-gaben im Wilhelm Goldmann Verlag: 1990, 2000 (= Band 5). Neuübersetzung: Mechtild Sandberg. Scherz Verlag, Bern, München, Wien 1985 (= Scherz Krimi 1023).* – Anläßlich des 125. Geburtstages des Autors brachte der → Weltbild Verlag 2000 eine Wallace-Edition he-raus. Hier erschien der Roman in einer Dop-pelausgabe zusammen mit *Der Frosch mit der Maske (→ The Fellowship of the Frog).*

Inhalt: Der berühmte Kriminalist Socrates Smith wird mit seinem jüngeren Bruder Lex in die Ortschaft Hindhead auf das Gut »Waldfrie-den« des tyrannischen John Mandle gerufen. Mandle und sein Nachbar Bob Stein, früher selbst Polizisten, haben sich vor Jahren dorthin zurückgezogen. Nächtliche Morsezeichen hal-ten die Smiths wach, und am nächsten Morgen finden sie die Leiche ihres Gastgebers. Auch der Nachbar Bob Stein wird überfallen. Smith be-ginnt zu kombinieren: Sollten diese Vorkomm-nisse mit dem Jahre zurückliegenden Überfall des Verbrechers Deveroux auf eine Bank und sein anschließendes Verschwinden samt der Millionen-Beute zu tun haben? Und wer ist der geheimnisvolle Nachbar Mr. Jetheroe, der scheinbar keine Vergangenheit hat? Doch die

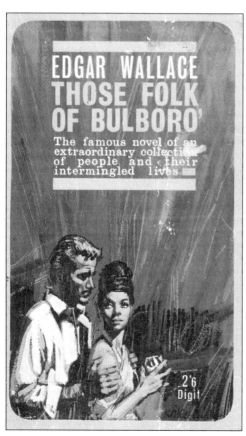

Ereignisse überschlagen sich: Jetheroe wird ermordet, und seine Leiche verschwindet. Als Haus »Waldfrieden« abbrennt, gerät auch Mandles Stieftochter Molly Templeton in Gefahr. Nun wird es Socrates Smith zu viel. Er will den Fall so schnell als möglich abschließen. Doch zuvor muß er eine Reise unternehmen, um sich Einblick in die Akten Deveroux' zu verschaffen und sich über die damaligen Ereignisse ins Bild zu setzen. Als Molly schließlich entführt wird, ist Smith der Lösung bereits auf der Spur.

Anmerkung: Der Roman wurde 1960 verfilmt unter dem Titel → *Marriage of Convenience.*

TIEDE, HERBERT
→ Darsteller

TIEDTKE, JAKOB
→ Darsteller

TILLMANN, FRITZ
* 13.12.1910 Frankfurt/M.,
† 30.10.1986 München
Deutscher Schauspieler. Er verkörperte Joe Bray in → *Der Fluch der gelben Schlange* (1962/63) und übernahm die Rolle des Selby Clive in dem Fernsehfilm → *Der Mann der seinen Namen änderte* (1958).
Tillmann absolvierte die Schauspielschule in Düsseldorf und gab sein Debüt 1937 am Stadttheater Hagen. 1941–43 Frontsoldat. Anschlie-

ßend Engagement an den Städtischen Bühnen Breslau. 1945–48 erneut in Düsseldorf, später vor allem an Westberliner Bühnen. Zum Film kam er durch Kurt Maetzig in der DEFA-Produktion *Der Rat der Götter* (1950). Danach neben seiner Bühnentätigkeit Filmarbeit in Ost und West. Er synchronisierte die Stars Trevor Howard und Van Heflin. Im Fernsehen war er seit 1954 präsent. Tillmann war verheiratet und lebte in München. – Mit seinem kritischen, wachen Blick, dem stets sprechbereiten Mund und der sonoren, oberkehligen Stimme war er eine ideale Besetzung für zeitkritische Gegenwartshelden. In Kostümfilmen machte er eine weniger gute Figur.
Weitere Filme (Auswahl): *Der 20. Juli* (1955), *Ein Mädchen aus Flandern* (1956), *Liebe* (1956), *Herrscher ohne Krone* (1957), *Es muß nicht immer Kaviar sein* (1961), *In Frankfurt sind die Nächte heiß* (1968), *Auf der Reeperbahn nachts um ½ Eins* (1969), *Morgen fällt die Schule aus* (1971), *Wir hau'n den Hauswirt in die Pfanne* (1971), *Drei Männer im Schnee* (1974).

TIME TO REMEMBER
(Auch tote Zeugen reden)
Kinofilm. England 1962. Produktion: Merton Park. Produzent: Jack Greenwood. Regie: Charles Jarrett. Buch: Arthur la Bern nach dem Roman The Man Who Bought London von Edgar Wallace. Kamera: Bert Mason. Musik: Bernard Ebbinghouse. Bauten: Peter Mullins. Ton: Brian Blamey. Schnitt: Derek Holding. Darsteller: Harry H. Corbett (Jack Burgess), Yvonne Monlaur (Suzanne), Robert Rietty (Victor), Ernest Clark (Cracknell), David Lodge (Jumbo Johnson), Ray Barrett (Sammy), Genine Gra-

Fritz Tillmann

Time To Remember: Harry H. Corbett

ham (Mrs. Jackson), Patricia Mort (Vera), Jack Watson (Inspektor Bolam), Andre Charise (Inspektor Charcot), Larry Taylor (Garritty), Brenda Kaye (Sekretärin). Länge: 58 Minuten.

Inhalt: Die mysteriöse Mrs. Jackson will einen wertvollen Landsitz kaufen. Ihr Makler Jack Burgess hat ein persönliches Interesse daran zu erfahren, warum Mrs. Jackson mehr für die Immobilie bezahlen will, als sie wert ist. Er findet heraus, daß bei einem Diebstahl auf dem Landsitz Juwelen verschwunden sind, von denen Burgess annimmt, daß sie noch dort versteckt liegen. Seine Vermutung trifft zu. Während er seinen kostbaren Fund prüft, überrascht ihn ein Mann, und es beginnt ein Kampf auf Leben und Tod. Burgess tötet den Fremden und läßt ihn verschwinden. Als reicher Mann ist es nun Burgess' sehnlichster Wunsch, selbst das Haus zu erwerben, was ihm nach einigen Schwierigkeiten gelingt. Seine Freude wird ihm allerdings durch eine kleine Unachtsamkeit schon bald verdorben.

Kritik zum Film: »Ein alberner und zeitweise zerfahrener Film aus der Edgar-Wallace-Serie, in dem jeder jeden übers Ohr haut, ohne daß Zeit für lange Erklärungen bleibt. ... Das schnelle Tempo ist das einzige, wofür man dankbar sein kann.« (Monthly Film Bulletin, 9/1962)

Anmerkung: Der Film wurde als Doppelprogramm zusammen mit → *Solo for Sparrow* unter dem Obertitel *Scotland Yard Accepts* (→ *Brillanten des Todes*) gezeigt.

TITANIA MEDIEN
Hörspiel-Produktion. 2003 von Marc Gruppe und Stephan Bosenius in Leverkusen gegründet. Als erstes Hörspiel erschien im August 2003 → *Das indische Tuch* nach dem gleichnamigen Roman von Edgar Wallace. Für 2004 sind neben weiteren Wallace-Hörspielen auch Adaptionen von J. S. Le Fanu (*Carmilla, der Vampir*), Bram Stoker (*Das Amulett der Mumie*) und A. K. Tolstoi (*Die Familie des Vampirs*) vorgesehen. (www.titania-medien.de)

TO HAVE AND TO HOLD
(Haben und Halten)
Kinofilm. *England 1963. Produktion: Merton Park. Produzent: Jack Greenwood. Regie: Herbert Wise. Buch: John Sansom nach der Kurzgeschichte The Breaking Point von Edgar Wallace. Kamera: James Wilson. Musik: Bernard Ebbing-*

house. Bauten: Peter Mullins. Schnitt: Derek Holding. Darsteller: Ray Barrett (Sergeant Henry Fraser), Katherine Blake (Claudia Matthews), Nigel Stock (George Lyon), William Hartnell (Inspektor Roberts), Patricia Bredin (Lucy), Richard Clarke (Charles Wagner). Länge: 71 Minuten.

Inhalt: Der berüchtigte Frauenheld Sergeant Henry Fraser lernt im Dienst die attraktive Claudia Matthews kennen und verliebt sich in sie. Fraser soll Claudia beschützen, weil sie Angst hat, von ihrem ehemaligen Geliebten George ermordet zu werden. Kurz darauf findet man eine Frauenleiche. Man nimmt an, daß es sich um Claudia handelt. Henry Fraser verdächtigt George des Mordes und will ihn auf eigene Faust überführen. Eines Abends überrascht er ihn mit einer Frau, die angibt, Claudias Zwillingsschwester zu sein. Es stellt sich jedoch heraus, daß die Tote Georges erste Frau war und er Claudia gezwungen hatte, an dem Komplott mitzuwirken. Henry und Claudia fassen einen Plan, um George loszuwerden. Erst im letzten Augenblick erkennt Fraser, daß sie und George ihn hereinlegen wollen.

Kritik zum Film: »Der Fall des Polizisten, der zwischen Pflicht und Vergnügen nicht zu unterscheiden vermag ..., ist nicht bemerkenswert originell. Aber die Charakterisierung der Akteure ist sorgfältiger, als es sonst in diesen Edgar-Wallace-Thrillern üblich ist, und Ray Barrett zeigt eine besonders plausible Darstellung als liebestoller Polizei-Sergeant, dem das alles passiert. Man war bestrebt, die stereotype Verbrechens- und Aufklärungs-Formel zu erweitern, und der Streifen ist ein absoluter ›Pflichtfilm‹ für alle Anhänger, die die Intrigen in dieser Serie lieben, sowie geeignet, neue Fans zu gewinnen.« (Daily Cinema, 1963)

Anmerkung: Dieser Film lief unter dem Titel *Sergeant Fraser* innerhalb einer zehnteiligen Merton-Park-Wallace-Serie am 07.10.1969 im ZDF.

TO OBLIGE A LADY
(Einer Lady zu Gefallen)
Kinofilm. *England 1931. Produktion: British Lion. Produzent: S. W. Smith. Regie: Manning Haynes. Nach dem Theaterstück To Oblige a Lady von Edgar Wallace. Darsteller: Maisie Gay (Mrs. Harris), Warwick Ward (George Pinder), Mary Newland (Betty Pinder), Haddon Mason*

(John Pendergast), James Carew (Sir Henry Markham), Annie Esmond (Mrs. Higgins), Gladys Jennings, Gladdys Hamer. Länge: 70 Minuten.

Inhalt: Eine Dame vermietet das Appartement ihres wohlhabenden Freundes an ein mittelloses Liebespaar, das einem reichen Onkel imponieren möchte. Damit wird eine Reihe von turbulenten Verwicklungen und grotesken Situationen heraufbeschworen.

Anmerkung: Dieser Film wurde in Deutschland nicht aufgeführt.

TÖCHTER DER NACHT
→ THE DAUGHTERS OF THE NIGHT

TOD AM BLAUEN MEER, DER
(Alternativtitel: Das Messer mit dem Kristallgriff, Il pugnale di cristallo; Arbeitstitel: Ein helles Licht in dunkler Nacht, Una luce nella notte scura).
Thriller. *Österreich/Italien 1994. Produktion: GHP Film Villach/Adria Film, Caorle. Produ-*

To Have And To Hold:
Ray Barrett, Katherine Blake

zent: Bege R. Salpag. Regie: Georg H. Pagitz. Buch: Georg H. Pagitz angeblich nach dem (sonst unbekannten) Roman A Star By Night von Edgar Wallace. Musik: Ennio Morricone. Kamera: Gianni Eberto, B. R. Salpag. Schnitt: Georg Hans. Herstellungsleitung: Georg H. Pagitz, Stefan Santer. Produktionszeit: 01.09. 1994–08.09.1997. Darsteller: Georg Sabinn (D'Albero), Stefan Santer (Marc Baumgartner), Bernard Salzmann (Luigi), Melanie Elisabeth (Elsie), Roland Salzmann (Carlo). Länge: 40 Minuten

Inhalt: Ein Interpolbeamter der österreichischen Polizei wird eines Nachts am Strand von Caorle von einem Unbekannten überfallen und erstochen. Sein Vorgesetzter Baumgartner schickt den Interpol-Inspektor D'Albero nach Italien, um die dortige Polizei bei der Klärung des Falles zu unterstützen. D'Albero findet heraus, daß der Mord mit Drogenschmuggel zu tun hat.

TODD, ANN
* 24.01.1910 Hartford, Cheshire,
† 06.05.1993 London
Englische Schauspielerin. Sie mimte Carol Stedman in → *The Squeaker* (1937).
Todd wollte eigentlich Lehrerin für Sprechtechnik werden. Während ihrer Ausbildung erkrankte die Darstellerin eines Märchenspiels und Ann sprang für sie ein. Der Bühnenautor Ian Hay war begeistert und bot ihr die Hauptrolle in seinem nächsten Stück an. Nach dem Beginn ihrer Bühnenlaufbahn meldete sich 1931 auch der Film bei ihr, wo sie ebenso reüssierte wie beim Theater. Nach dem Zweiten Weltkrieg setzte sie ihre Filmarbeit erfolgreich fort. – In erster Ehe war sie mit dem Schriftsteller, Komponisten und Luftfahrtsachverständigen Nigel Tangye verheiratet (ein Sohn und eine Tochter). Später heiratete sie den bedeutenden britischen Filmregisseur Sir David Lean, der ihr 1949 in seinem Film *Die große Leidenschaft* die Hauptrolle übertragen hatte. Mitte der 50er Jahre ließ sie sich erneut scheiden.
Weitere Filme (Auswahl): *The Ghost Train* (1931), *Keepers of Youth* (1931), *These Charming People* (1931), *The Return of Bulldog Drummond* (1934), *Tower of London* (1939), *Der Fall Paradin* (1947).

TODD, ARTHUR L.
→ Kameramänner

TODD, BOBBY
* 22.06.1904 Hinterzarten,
† 07.10.1980 Turin
Deutscher Schauspieler. Er verkörperte Lew Norris in → *Die toten Augen von London* (1961). Nach dem Abitur in Nürnberg begann er nach familiärer Tradition ein Medizinstudium in München. Zudem belegte er unter dem Einfluß seiner Mutter, einer Opernsängerin, Theaterwissenschaften. Hier fand er sein eigentliches Metier und legte das Medizinstudium bald ad acta. Nach Abschluß der Schauspiel-, Gesangs- und Regieausbildung wurde er sein eigener Direktor und leitete mit Kurt Heyne und Helmut Käutner die Kabarettgruppe »Die Nachrichtler«, die bis zu ihrem Verbot 1935 beispiellosen Erfolg hatte. Daneben gab er bei Falckenberg an den Münchner Kammerspielen mit dem Stück *Hier irrte Goethe* Gastspiele. Aus einem 10tägigen Engagement am Berliner Renaissance-Theater wurde ein eineinhalbjähriges. 1936 hatte er seine erste Filmrolle bei der Bavaria in Kreuzer Emden, lehnte aber Filmverträge ab. Bald darauf emigrierte er nach

Bobby Todd

Italien, wo er Assistent von Pietro Scharoff an der Filmakademie Rom wurde. 1946 konnte er als Zivilist nach München zurückkehren. Hier arbeitete er zunächst beim Bayerischen Rundfunk. Da er jedoch auch hier mehr Verwaltungs- als künstlerische Aufgaben erfüllen mußte, kündigte er und nahm Kontakt mit seinem alten Freund Helmut Käutner auf. Für ihn schrieb er 1948 das Drehbuch zu *Der Apfel ist ab*. Todd war weiter für die Bühne tätig, spielte in verschiedenen Filmen mit und machte sich auch als Hörspielautor einen Namen.

Weitere Filme (Auswahl): *Gefährliche Gäste* (1949), *Der Mann, der sich selber sucht* (1950), *Die Heinzelmännchen* (1956), *Der Meineidbauer* (1956), *Tischlein, deck dich* (1956), *Die Beine von Dolores* (1957), *Monpti* (1957), *Rübezahl, der Herr der Berge* (1957), *Der Schinderhannes* (1958), *Die Wahrheit über Rosemarie* (1959), *Labyrinth der Leidenschaften* (1959), *Die Brücke des Schicksals* (1960), *Das Glas Wasser* (1960), *Immer will ich dir gehören* (1960), *Schlagerparade 1961* (1961).

TODD, RICHARD
* 11.06.1919 Dublin,
eigentlicher Name: Richard Andrew Palethorpe-Todd

Englischer Schauspieler. Er übernahm die Rolle des → Sanders in den Wallace-Filmen → *Todestrommeln am großen Fluß* (1963) und → *Sanders und das Schiff des Todes* (1964). Der Sohn eines Feldarztes mußte als Zweijähriger mit seinem Vater nach Indien gehen. Nach England zurückgekehrt, entdeckte er in der Schule seine Liebe zu Sport und Kunst. 1939 wurde er Mitbegründer des Dundee Repertory Theater. Als Soldat (bis 1946) nahm er in den letzten Kriegsmonaten an der Rheinüberquerung teil. 1946–48 spielte er in Dundee erneut Theater. 1948 gab er sein Filmdebüt in *Unschuldig verurteilt*. Bereits 1950 erhielt er den Silver-Star, den britischen Oscar. 1955 wurde er in England als »Bester Schauspieler des Jahres« ausgezeichnet. Neben unzähligen Filmrollen spielte er immer wieder auch auf der Bühne. Richard Todd besitzt drei Farmen und ist Vorsitzender eines örtlichen Landwirtschaftclubs.

Weitere Filme (Auswahl): *Die rote Lola* (1950), *Robin Hood, Rebell des Königs* (1952), *Marie Antoinette* (1955), *Zwischen Himmel und Hölle*

Richard Todd

le (1956), *Flüsternde Schatten* (1957), *Der längste Tag* (1962), *Geheimaktion Crossbow* (1965), *Das Bildnis des Dorian Gray* (1969), *Asylum – Irrgarten des Schreckens* (1972), *Tote schlafen besser* (1978), *Das Haus der langen Schatten* (1983), *Sherlock Holmes: The Star of Africa* (1991), *Marlene Dietrich: Shadow and Light* (TV, 1996).

TODESKARTE, DIE
→ JACK O'JUDGEMENT

TODESSTRAFE
Wallace' radikale Auffassung von Recht und Gerechtigkeit sorgt für gemischte Begeisterung. In den meisten seiner Romane werden die Verbrecher per Gerichtsurteil, das nicht selten auf Todesstrafe lautet, ihrer mehr oder weniger gerechten Strafe zugeführt. Das scharfrichterliche Finale vermag Wallace genüßlich darzustellen (→ *The India Rubber Men* und → *The Crimson Circle*) oder regelrecht auszukosten wie in → *The Dark Eyes of London*.

TODESTROMMELN AM GROSSEN FLUSS
(Death drums along the river)
Kinofilm.   *Großbritannien/Bundesrepublik*

Deutschland 1963. Produktion: Towers of London, London und Constantin Film, München (nach britischen Unterlagen sind als Produktionsfirmen auch Big Ben Films und Hallam Productions angegeben). Produzent: Harry Alan Towers. Regie: Lawrence Huntington. Regieassistenz: Bill Snaith. Drehbuch: Harry Alan Towers, Nicholas Roeg, Kevin Kavanagh, Lawrence Huntington nach Motiven aus Sanders of the River von Edgar Wallace. Kamera: Bob Huke. Schnitt: Alan Morrison. Bauten: Fred Hughesden. Musik: Sidney Torch. Kostüme: Messrs. Bermans. Garderobe: Hilde Gertz. Masken: Peter Armsten. Standfotos: Karl Bayer, Bob Martin. Presse: Walli Fuertjes. Aufnahmeleitung: John Comfort. Herstellungsleitung: Harry Alan Towers. Drehzeit: Sommer 1963. Atelier: Bray Studios, London. Außenaufnahmen: Durban, St. Lucia-Bay und Reservate (Südafrika). Erst-Verleih: Constantin Film, München. Länge: 84 Minuten (2387 m). Format: 35 mm; Cinema-Scope; Farbe von Technicolor. FSK: 12.12.1963 (31319); 12 nff. Uraufführung: 20.12.1963. TV-Erstaufführung: 10.04.1976 ARD. Darsteller: Richard Todd (Sanders), Marianne Koch (Dr. Inge Jung), Albert Lieven (Franz Weiß), Vivi Bach (Marlene), Walter Rilla (Dr. Schneider), Robert Arden (Hunter), Bill Brewer (Pearson), Jeremy Lloyd (Hamilton).

Inhalt: Bei der Verfolgung eines Diebes kommt Sanders, Polizeiinspektor der britischen Afrika-Kolonie Gondra, unversehens einem Fall von Diamantenschmuggel auf die Spur. Die Ermittlungen führen ihn in das Hospital Dr. Schneiders, eines weltbekannten Arztes. Dort ist gerade die neue Ärztin Dr. Inge Jung eingetroffen, die unverschuldet in die Ereignisse verwickelt wird. Zum Kreis der Verdächtigen zählen Franz Weiß, der servile Assistent des Chefarztes, und seine stille Liebe Marlene, eine bildhübsche Krankenschwester. Auch ein undurchsichtiger australischer Geschäftsmann und nicht zuletzt Dr. Schneider selbst geraten in den Verdacht, Mitglieder der Schmugglerbande zu sein. Als Sanders schließlich die Diamantenmine unter dem Hospital entdeckt, entlarvt sich der Chef der Bande selbst.

Kritiken zum Film: »Farbige Verfilmung eines Afrika-Romans von Edgar Wallace mit schönen Naturaufnahmen. Nur streckenweise spannend.« (Filmdienst, Düsseldorf, 1/1964) »Regisseur Lawrence Huntington vermag wie viele seiner Vorgänger die afrikanische Szene nur mühsam in den Action-Griff zu bekommen, obwohl er sich nach Kräften bemüht, den Kulturfilm-Versuchungen zu widerstehen.« (Filmecho, Wiesbaden, 104/1963)

Anmerkungen: Ein Höhepunkt der Dreharbeiten in Südafrika waren die Aufnahmen in einem echten Zuludorf, etwa 40 Meilen von Durban entfernt im Tal der tausend Hügel gelegen und wegen seiner großartigen wilden Schönheit berühmt. Marianne Koch hatte sich in Gesprächen mit südafrikanischen Kollegen über die Sitten und Gebräuche der Zulus informiert und war mit den Schwarzen am Nagle Dam, speziell mit den Müttern und Kindern, schnell auf bestem Fuße. Alle Einwohner des kleinen Dorfes wurden für die Filmaufnahmen engagiert. Da sie keine europäische Sprache beherrschten, mußte Regisseur Huntington mit einem Dolmetscher arbeiten. Schauspieler und Sänger Simon Sabela, der im Film die Rolle des Assistenten von Sanders spielt und selbst Zulu ist, übernahm zusätzlich diese Rolle. Hunting-

ton, der für seine ungewöhnlich schnelle und gute Regiearbeit bekannt ist, mußte sich bei den Zulus umstellen und das gewohnte Arbeitstempo verlangsamen. Neben der Arbeit wollten die in ihrer prächtigen Stammestracht einherschreitenden Zulufrauen und -männer auch ihr Vergnügen haben, und kein Antreiben konnte sie daran hindern, geruhsam die vielen unbekannten Apparate zu besichtigen.

Fazit: Wallace kannte Afrika besser als seine Regisseure.

TOMB OF TS'IN, THE
(Das Grab von Ts'In).
Kriminalroman. *Originalausgabe: Ward Lock & Co., London 1916.*
Inhalt: Im Grab eines chinesischen Herrschers liegt ein sagenhafter Schatz verborgen. Damit niemand das Grab plündern kann, wurden Sicherheitsmaßnahmen wie verschiedene mechanische Sperren eingebaut. Trotzdem machen sich Ende des 19. Jahrhunderts wagemutige Abenteurer und geldgierige Schurken auf die Suche nach dem Grab von Ts'In, um die Schätze zu heben. Als sie die Grabkammer betreten,

sehen sie sich zunächst einem riesigen Glascontainer mit Opfern gegenüber und müssen Erfahrungen mit Killerschlangen machen. Bei ihrem Vordringen zum Schatz bleiben die Schurken nach und nach auf der Strecke, während die Guten letztendlich siegen.

Anmerkung: Der Roman wurde bisher nicht ins Deutsche übertragen.

TONFILME
Seit 1928 waren alle Wallace-Streifen, dem technischen Fortschritt entsprechend, Tonfilme. Die Edgar-Wallace-Adaption von → *The Terror* (1928) gilt als erster Ton-Horrorfilm der Filmgeschichte. Eine Besonderheit ist der Wallace-Film → *Der rote Kreis* von 1929: Er kam sowohl als Stumm- als auch als Tonfilm in die Kinos (→ Stummfilme).

TORCH, SIDNEY
→ Komponist

TOTE AUS DER THEMSE, DIE
Kinofilm. *Bundesrepublik Deutschland 1971. Regie: Harald Philipp. Regieassistenz: Evelyn Siewert. Script: Dörte Gentz. Drehbuch: H. O. Gregor (d.i. Horst Wendlandt) und Harald Philipp frei nach Edgar Wallace. Kamera: Karl Löb. Kameraassistenz: Ernst Zahrt, Joachim Gitt. Schnitt: Alfred Srp. Schnittassistenz: Helga Stumpf, Uta Weickert. Ton: Gunther Kortwich. Tonassistent: Harry Rausch. Bauten: Johannes Ott. Oberbeleuchter: Dieter Fabian. Requisiten: Maria Stock, Jutta Bogdahn. Musik: Peter Thomas. Kostüme: Ingrid Zoré. Pelzmodelle: Berger*

Die Tote aus der Themse: Uschi Glas, Hansjörg Felmy, Peter Neusser, Siegfried Schürenberg

(Berlin, Hamburg). Garderobe: Gisela Nixdorf, Klaus Reinke. Masken: Willi Nixdorf, Eveline Maino. Aufnahmeleitung: Rudolph Hertzog jr., Wolf-Dietrich Peters. Geschäftsführung: Peter Sundarp. Produktionssekretärin: Marlies Schoenebeck. Kassiererin: Waltraud Peglau. Standfotos: Dietrich Schnelle. Presse: Henno Lohmeyer. Produktionsleitung: Herbert Kerz. Produzenten: Preben Philipsen und Horst Wendlandt. Drehzeit: 11.01.–14.02.1971. Atelier: ohne (Innenaufnahmen in gemieteten Räumen). Au-

ßenaufnahmen: Berlin (West), Schlachthof Spandau und London. Produktion: Rialto Film Preben Philipsen GmbH & Co. KG, Berlin (West). Erst-Verleih: Constantin Film, München. Länge: 89 Minuten (2428 m). Format: 35 mm; Farbe (Eastmancolor); 1:1.85. FSK: 25.03.1971 (43415); 16 nff. Uraufführung: 30.03.1971, Mainz. TV-Erstsendung: 09.07. 1988 ZDF. Darsteller: Hansjörg Felmy (Inspektor Craig), Uschi Glas (Danny Fergusson), Werner Peters (William Baxter), Ivan Desny (Louis

Die Tote aus der Themse: Friedrich Schoenfelder am Boden

Stout), Harry Riebauer (Milton S. Farnborough), Petra Schürmann (Susan Atkins), Günther Stoll (Dr. Ellis), Vadim Glowna (David Armstrong), Siegfried Schürenberg (Sir John), Lyvia Bauer (Myrna Fergusson), Brigitte Skay (Maggy McConnor), Friedrich Schoenfelder (Anthony Wyman), Gerhard Frickhöfer (Pennymaker), Peter Neusser (Sergeant Simpson), Friedrich-Georg Beckhaus (Bordellbesitzer), Ingrid Steeger (Kitty), Michael Miller (Jim Donovan), Herbert Kerz (Baxters Wärter), Ingrid Bethke (Verkäuferin), Petra Schwiertz (Verkäuferin), Harald Philipp (Chauffeur).

Inhalt: Aus Australien angekommen, erfährt Danny Fergusson, daß ihre Schwester Myrna ermordet wurde. Inspektor Craig von Scotland Yard rät ihr, wieder nach Hause zu fahren. Dan-

1. Dreharbeiten in London zu *Die Tote aus der Themse* • 2. *Die Tote aus der Themse*: Uschi Glas, Lyvia Bauer

ny willigt erst ein, als in ihrer Umgebung weitere Morde geschehen. Alle Mitglieder eines Rauschgiftrings werden systematisch liquidiert. Nach erfolgreicher Aufklärung des Falles wird Craig von seinem Chef Sir John mit dem irrwitzigen Auftrag belohnt, zusammen mit Danny nach Australien zu reisen, um dort Jack the Ripper ausfindig zu machen.

Kritiken zum Film: »Der dreißigste deutsche Edgar-Wallace Krimi bietet so ziemlich alles, was von dem Genre erwartet werden kann.→ (Rheinische Post, Düsseldorf, 29.05.1971) »Edgar Wallace war selbst nicht immer einer der logischen Krimi-Autoren – aber die filmische Version seines Buches, für die Harald Philipp verantwortlich zu machen ist, übertrifft ihn an Unlogik bei weitem.« (Tagesspiegel, Berlin, 17.04.1971)

Zitate: Am Ende des Films kommt Sir John im Flughafen auf Inspektor Craig und Danny Fergusson zu. Er überreicht ihr einen Blumenstrauß mit den Worten: »Was? Was? Was? Was ist denn, was ist mit ›Jack the Ripper‹? Miss Fergusson, ein kleiner Abschiedsgruß aus London.« Danny: »Danke Ihnen!« Sir John: »Mei-ne letzten Nachforschungen haben ergeben ..., daß ›Jack the Ripper‹ sich vorübergehend in Australien aufgehalten hat, und Sie, Craig, werden ab sofort für vier Wochen nach Sydney abgestellt ... und dort den Spuren nachgehen. Und ich erwarte von dort Ihren baldigen und interessanten Bericht.« Craig: »Aber Sir! Ich versteh' Sie nicht. ›Jack the Ripper‹, der ist doch schon seit 100 Jahren tot.« – Sir John: »Hä? Na und wenn schon? Um so interessanter. Fragen Sie nicht! Fliegen Sie!«

Wußten Sie, daß Eddi Arent (Filmecho, 20/1971) ausdrücklich Wert auf die Feststellung legte, in dieser Rialto-Produktion nicht mitgewirkt zu haben?

Fazit: Interessanter Wallace in uninspirierter Inszenierung.

TOTEN AUGEN VON LONDON, DIE (BUCH)
→ THE DARK EYES OF LONDON.

TOTEN AUGEN VON LONDON, DIE (FILM I)
Für eine deutsche Realisierung des Stoffes bei der → Constantin Film entwarf → Gerhard F. Hummel bereits 1955 ein erstes Konzept.

Die Tote aus der Themse: 1. Uschi Glas, Hansjörg Felmy • 2. Brigitte Skay, Ivan Desny

TOTEN AUGEN VON LONDON, DIE (FILM II)
Kinofilm. *Bundesrepublik Deutschland 1961.
Regie: Alfred Vohrer. Regieassistenz: Zlata Mehlers. Script: Liselotte Christ. Drehbuch: Trygve
Larsen (d.i. Egon Eis) unter Mitarbeit von Pietter Ulen (d.i. Gerhard F. Hummel) und Wolfgang Lukschy (Dialogmitarbeit) nach dem Roman The Dark Eyes of London von Edgar Wallace. Kamera: Karl Löb. Kameraassistenz: Karl-
Heinz Linke, Ernst Zahrt. Schnitt: Ira Oberberg.
Schnittassistenz: Susanne Paschen, Jutta Zieren.
Ton: Werner Schlagge. Bauten: Mathias Matthies, Ellen Schmidt, Siegfried Mews. Oberbeleuchter: Hermann Goedecke. Requisiten: Otto Fechtner, Wilhelm Schaumann. Masken: Walter und Gerda Wegener. Musik: Heinz Funk.
Kostüme: Gudrun Hildebrand. Garderobe:
Fritz Bergmann, Elsbeth Rohwer. Standfotos:
Lilo Winterstein. Presse: Hans-Joachim Wehling. Produktion: Rialto Film Preben Philipsen
Filmproduktion und Filmvertrieb Ges. mbH,
Frankfurt/M. Produzenten: Preben Philipsen,
Horst Wendlandt. Produktionsleitung: Herbert
Sennewald. Aufnahmeleitung: Peter Petersen,
Lothar Mäder. Geschäftsführung: Leif Feilberg.
Produktionssekretärin: Editha Busch. Kassiererin: Gertrud Hesse. Drehzeit: 16.01.–21.02.
1961. Atelier: Real Film Studio, Hamburg-
Wandsbek. Außenaufnahmen: Hamburg. Erst-
Verleih: Prisma Film, Frankfurt/M. Länge: 100
Minuten (2717 m). Format: 35 mm; 1:1.66;
s/w; Titelvorspann in Farbe. FSK: 23.03.1961
(24801); 16 nff. Uraufführung: 28.03.1961,
Turm-Palast Frankfurt/M. und Walhalla Wiesbaden. TV-Erstsendung: 16.03. 1974 ZDF. Darsteller: Joachim Fuchsberger (Larry Holt), Karin Baal (Nora Ward), Dieter Borsche (Paul Dearborn), Wolfgang Lukschy (Stephan Judd), Ann
Savo (Fanny Weldon), Klaus Kinski (Edgar
Strauss), Eddi Arent (Sunny Harvey), Harry
Wüstenhagen (Flimmer Fred), Ady Berber (Jack
Farell), Bobby Todd (Lew Norris), Rudolf Fenner (Matt Blake), Ida Ehre (Ella Ward), Hans Paetsch (Gordon Stuart), Franz Schafheitlin (Sir
John-Archibald), Fritz Schröder-Jahn (Chefinspektor), Walter Ladengast (Pförtner), Günther
Jerschke (Polizeiarzt), Werner Reinisch (Wachtmeister), Joachim Rake (Buchprüfer), Joseph
Offenbach (Totengräber), Kurt A. Jung (Jones),
Max Walter Sieg (Chauffeur), Hans Irle (Polizist), Joachim Wolff (Jenkins), Erich Weiher (Mr.*

Porter), Horst Schweimler (Liliputaner), Gertrud Prey (Mrs. Brooks), Manfred Steffen und Rolf Mittmann.

Inhalt: In London geschehen in kurzen Abständen geheimnisvolle Unglücksfälle. Stets lastet dabei undurchdringlicher Nebel über der Themsestadt. Als bekannt wird, daß die Verunglückten sämtlich aus Übersee stammten und kurz vor ihrem Tod hohe Lebensversicherungen abgeschlossen hatten, schaltet sich Scotland Yard ein. Der junge Inspektor Holt wird mit den Ermittlungen beauftragt. Als Hinweise besitzt er zwei Pergamentstreifen in Blindenschrift, die in den Taschen der Opfer gefunden wurden. Eine wertvolle Helferin erwächst Holt in der ehemaligen Blindenpflegerin Nora Ward, die dabei ihr eigenes Leben aufs Spiel setzt. Weitere grauenvolle Morde geschehen, bis es dem wagemutigen Holt unter Lebensgefahr gelingt, die Verbrechensserie auf höchst überraschende Weise aufzuklären.

Kritiken zum Film: »Sonst ist die Mischung aus penibel erdachten Gänsehaut-Effekten, Sex und Humor kaum originell, weil als altbekann-

Die toten Augen von London: **1. Karin Baal, Dieter Borsche • 2. Wolfgang Lukschy, Jochim Fuchsberger, Karin Baal • 3. Karin Baal • 4. Joachim Fuchsberger, Ann Savo**

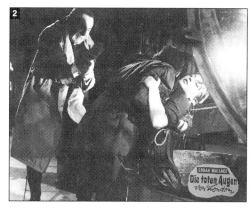

tes Wallace-Schema schon hinreichend strapaziert.« (Duisburger Generalanzeiger, 06.04.1961) »Gegenüber dem ›Grünen Bogenschützen‹ gibt es in den ›Toten Augen‹ etwas mehr Schauer und etwas weniger Humor; aber es ist dennoch eine recht ansprechende Mischung, und die Regie Alfred Vohrers (Kamera: Karl Löb) operiert geschickt mit optischen und akustischen Assoziationsüberblendungen; der Schnitt hat Rhythmus.« (Hannoversche Presse, 19.04.1961)

Zitate: Als die Täter am Ende überwältigt und abgeführt worden sind, kommt ein Polizist auf Sergeant Harvey zu und gibt ihm ein Bündel mit Wolle und Stricknadeln: »Hier, Sergeant, das ist Ihnen beim Nahkampf aus der Tasche gefallen. Ich nehme an, Sie wollen Ihre Pulswärmer noch weiter stricken.« Larry Holt, lachend: »Ist'n Spaßvogel, Sunny!« Dieser tod-

ernst: »Selten so gelacht, was? Hören Sie mal zu, Sie Uniformträger, es gibt keine bessere Methode, um eine sichere Hand zu bewahren, als wie zwei rechts, zwei links ... Jetzt dürfen Sie den Mund wieder zumachen, gute Nacht!«

Wußten Sie, daß ursprünglich Harald Reinl als Regisseur für diesen Wallace-Film vorgesehen war?

Fazit: Wallace mit eiskaltem Touch.

Die toten Augen von London:
1. Joachim Fuchsberger, Wolfgang Lukschy •
2. Karin Baal • 3. Szenenfoto • 4. Günther
Jerschke, Joachim Fuchberger • 5. Ida Ehre

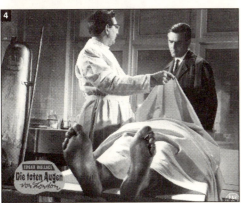

TOTEN AUGEN VON LONDON, DIE
(HÖRSPIEL I)

→ Europa-Hörspielproduktion Nr. 1 nach dem gleichnamigen Roman von Edgar Wallace. *Buch: Frank Sky. Regie: Heikedine Körting. Titelmelodie: David Allen. Musik und Effekte: Bert Brac, Betty George. Künstlerische Gesamtleitung: Andreas Beurmann. Mit den Stimmen von Horst Naumann (Erzähler), Günther Flesch (Mr. Stuart), Günther Ungeheuer (Inspektor Larry Holt), Pia Werfel (Miss Diana Ward), Manfred Steffen (Dr. Judd), Wolfgang Völz (Reverend Dearborn), Karl Heinz Hess (Diener Patrick Sunny), Paul Edwin Roth (Sir John Hason), Rebecca Völz (Miss Fanny), Horst Stark (Flimmer-Fred), Lothar Zibell (Der »blinde« Jack), Martin Piontek (Sergeant Harvey), Günther Dockerill (Mister Lew), Pamela Punti (Emma).*

TOTEN AUGEN VON LONDON, DIE
(HÖRSPIEL II)

→ Maritim-Hörspiel Nr. 4 nach dem gleichnamigen Roman *Manuskript: George Chevalier. Musik: Alexander Ester. Ton: Peter Hertling. Produktion und Regie: Hans-Joachim Herwald.*

Mit den Stimmen von Manfred Krug (Joe Jenkins, Chefinspektor), Sascha Dreager (Nick), Alexandra Doerk (Nicky), Günther Lüdke (Inspektor Elford), Rainer Schmidt (Josua, Reporter), Pia Werfel (Diana Ward), Peter von Schultz (Reverend Dearborn), Franz-Josef Steffens (Dr. Allan Judd), Daniel Sieg (Sam), Lutz Schnell (Lew), Ingeborg Kallweit (Marbel Miller), Simone Seidenberg (Biggi).

TOTMAN, WELLYN

→ Drehbuchautoren

TOWER

Wallace' Roman → *The Traitor's Gate* sowie der daraus entstandene Film → *Das Verrätertor* setzen dem berühmt-berüchtigtsten Bauwerk Londons ein Denkmal. Errichtet wurde der Tower um 1078 durch Wilhelm den Eroberer als Zwingburg. In den folgenden Jahrhunderten wurde er zum Staatsgefängnis ausgebaut. Zu den Persönlichkeiten, die hier eingekerkert wurden, zählen David II. von Schottland (1346–57), der französische König Johann der Gute (1356–60), James I. von Schottland

(1406/07), Karl, Herzog von Orléans (1415), die spätere Königin Elisabeth I. (1554) und Sir Walter Raleigh (1592, 1603–16, 1618). Hingerichtet wurden an dieser Stätte u.a. Heinrich VI. (1471), Eduard V. und sein Bruder, der Herzog von York (1483), Sir Thomas More (1535), Königin Anna Boleyn (1536), Thomas Cromwell (1540), Königin Catherine Howard (1542) und Königin Jane Grey (1554). Von der Themse her betritt man den Tower durch The Traitor's Gate (Das Verrätertor). Zu den berühmten Innenanlagen gehört neben dem White Tower (Waffenmuseum) das Jewel House; hier werden die Kronjuwelen aufbewahrt.

TOWER-BRIDGE

Die Tower-Bridge ist neben → Big Ben das prominenteste Wahrzeichen → Londons. Vor allem zu Beginn des Films → *Das Rätsel des silbernen Dreieck* tritt sie eindrucksvoll in Erscheinung. Die neugotische Brücke wurde 1886–94 errichtet.

TOWERS, HARRY ALAN

* 19.10.1920 London

Produzent und Herstellungsleiter der Wallace-Filme → *Das Rätsel des silbernen Dreieck* (1965/66), → *Todestrommeln am großen Fluß* (1963), → *Sanders und das Schiff des Todes* (1964) und → *Die Pagode zum fünften Schrecken* (1966). Unter dem Pseudonym Peter Welbeck schrieb Towers auch die Drehbücher zu den Filmen. Towers, der erst 1963 im Spielfilmgeschäft von sich reden machte, begann seine überaus erfolgreiche Karriere beim Rundfunk. Während des Zweiten Weltkriegs war er Programmüberwacher der Combined Recorded Radio Production. 1948 gründete er seine eigene Produktionsfirma, die → Towers of London Ltd., die hauptsächlich Hörspielsendungen produzierte. Als Autor, Produzent und Regisseur mehr als ausgelastet, fand er trotzdem noch Zeit, der British Broadcasting Company Programmvorschläge zu unterbreiten; »March of the Movies«, ein von der BBC wöchentlich aus-

Harry Alan Towers (rechts) mit Christopher Lee während der Dreharbeiten zu *Ich, Dr. Fu Man Chu* (1965)

gestrahltes Programm, basiert auf seiner Idee. Nachdem Towers bis 1955 rund 10.000 Radiosendungen produziert und Stars wie Laurence Olivier, Orson Welles und Noel Coward verpflichtet hatte, wollte er in das internationale Geschäft des Showbusiness einsteigen. Die Britain's Associated Television, die er aus strategischen Überlegungen mitbegründete, war ein weiterer Schritt in diese Richtung. Populäre Sendungen der 50er Jahre wie *Dial 999, The Adventures of Martin Kane* und *The Scarlet Pimpernel* trugen seine Handschrift. 1963 kam Towers mit Unterstützung von → Waldfried M. Barthel ins Spielfilmgeschäft. Mit Geldern von dessen → Constantin Film produzierte Towers den Wallace-Streifen *Todestrommeln am großen Fluß*, den ebenfalls in Südafrika spielenden Film *Die Verdammten der Blauen Berge* (1964) sowie die zweite Wallace-Verfilmung *Sanders und das Schiff des Todes* (1964). Es folgten *Blonde Fracht für Sansibar* (1964), *Marrakesch* (1966), *Diana, Tochter der Wildnis* (1967). Er entdeckte Fu Man Chu neu für die Leinwand und ließ ihn in fünf Filmen auferstehen: *Ich, Dr. Fu Man Chu* (1965), *Die 13 Sklavinnen des Dr. Fu Man Chu* (1966), *Die Rache des Dr. Fu Man Chu* (1967), *Der Todeskuß des Dr. Fu Man Chu* (1968) und *Die Folterkammer des Dr. Fu Man Chu* (1968). Des weiteren war er verantwortlich für die erfolgreichen Streifen *In Beirut sind die Nächte lang* (1965), *Sumuru – die Tochter des Satans* (1966), *Das Bildnis des Dorian Gray* (1969), *Annie Belle zur Liebe geboren* (1975) sowie für die dritte *Sanders*-Verfilmung *Die Pagode zum fünften Schrecken* (1966). Zu seinem Werk gehören auch drei Versionen von Agatha Christies *Zehn kleine Negerlein*: *Das Geheimnis im blauen Schloß* (1965), *Ein Unbekannter rechnet ab* (1973) und *Tod auf Safari* (1988). Insgesamt hat Towers in seiner Spielfilmära unter den verschiedensten Firmennamen über 100 Streifen produziert – durchschnittlich vier pro Jahr, eine kaum zu überbietende Leistung. Seinen Traum, auf internationaler Basis mit Stars aus aller Herren Länder zu arbeiten, hat er auf diese Weise eindrucksvoll realisiert. Studios frequentiert er übrigens nur selten; er schwört auf Originalmotive, wo immer sie sich anbieten.

Weitere Arbeiten als Produzent (Auswahl): *Jagd auf blaue Diamanten* (1964), *Die tolldreisten Kerle in rasselnden Raketen* (1966), *Das Haus der tausend Freuden* (1967), *Marquis de Sade: Justine* (1968), *Die 7 Männer der Sumuru* (1968), *Der Hexentöter von Blackmoor* (1969), *Der heiße Tod* (1969), *De Sade 70* (1969), *Nachts, wenn Dracula erwacht* (1970), *Ruf der Wildnis* (1972), *Die Schatzinsel* (1972), *Fanny Hill* (1983), *Sherlock Holmes: The Star of Africa* (1991).

TOWERS OF LONDON

Englische Filmproduktion. 1948 von → Harry Alan Towers in London gegründet. Unter dem Label Towers of London wurden die Wallace-Filme → *Todestrommeln am großen Fluß* (1963) und → *Sanders und das Schiff des Todes* (1964) produziert.

Weitere Produktionen: *Die Verdammten der Blauen Berge* (1964), *Blonde Fracht für Sansibar* (1964), *In Beirut sind die Nächte lang* (1965), *Scharfe Küsse für Mike Foster* (1965).

TRAILER

Kurze Ausschnitte aus Filmen, die zu Werbezwecken neu montiert werden. In solchen Werbefilmen begegnen wir bisweilen Szenen, die im fertigen Streifen keine Verwendung fanden. Interessantestes Beispiel bei den Wallace-Filmen ist → *Die Tote aus der Themse* (1971). In dessen Trailer unterhält sich Sir John (→ Siegfried Schürenberg) mit seinen Mitarbeitern über die Herkunft der Munition, die der Mörder verwendet hat.

TRAITOR'S GATE, THE (BUCH)

Kriminalroman. *Originalausgabe: Hodder & Stoughton, London 1927. Deutsche Erstveröffentlichung: Das Verrätertor. Übersetzung: → Ravi Ravendro. Wilhelm Goldmann Verlag, Leipzig 1928. Neuausgaben: Wilhelm Goldmann Verlag, Leipzig 1929 und 1934. Neuausgabe: Wilhelm Goldmann Verlag, München 1951. Taschenbuchausgabe: Wilhelm Goldmann Verlag, München 1954 (= Goldmann Taschen-KRIMI 45). Weitere Taschenbuchauflagen im Wilhelm Goldmann Verlag: 1959, 1971, 1973, 1975, 1977, 1980, 1982, 1985, 1989, 1997. Jubiläumsausgaben im Wilhelm Goldmann Verlag: 1990, 2000 (= Band 78). Neuübersetzung: Erwin Schuhmacher. Scherz Verlag, Bern, München, Wien 1983 (= Scherz Krimi 896).* – Anläßlich des 125. Geburtstages des Autors brachte der → Weltbild Verlag 2000 eine Wallace-Edition heraus. Hier erschien der Roman in einer Doppelausgabe zusammen mit *Die gelbe Schlange* (→ *The Yellow Snake*).

Inhalt: Der zwielichtige Geschäftsmann Tiger Trayne, Inhaber eines Clubs in Soho, hat eine undurchschaubare Freundin namens Diana Martyn. Das Waisenkind Hope Joyner liebt Richard Hallowell, einen Offizier der Tower-Garde. Dessen durchtriebener Bruder Graham, ein ehemaliger Häftling, setzt alles daran, um Diana für sich zu gewinnen. Der Fürst von Kishlastan ist gewohnt, alles zu bekommen, was er begehrt. In London hat es ihm der britische Kronschatz angetan. Aber die kostbaren Juwelen liegen streng bewacht im Tower. Trotzdem ist die Schatzkammer eines Tages leer. Inspektor Greene verfolgt eine Spur, die direkt zu Tiger Trayne führt. Doch ist das nur ein Teil des Geheimnisses, das all diese Personen verbindet.

Anmerkung: Der Roman wurde zweimal verfilmt: 1930 unter dem Titel → *The Yellow Mask* und 1964 als → *Das Verrätertor*.

TRAITOR'S GATE, THE (FILM)

Englischer Titel der Koproduktion → *Das Verrätertor*.

TREASURE HOUSE, THE

→ **Kriminalkurzroman.** Originalausgaben in: → *The Guv'nor & Other Stories* und in → *Mr. J. G. Reeder Returns*. Deutsche Erstveröffentlichung: *Die Schatzkammer.* Übersetzung: → Ravi Ravendro. Wilhelm Goldmann Verlag, Leipzig 1933 (als Anhang zum Roman *Töchter der Nacht* [→ *The Daughters of the Night*]). Neuübersetzung: → Hans Herdegen. Wilhelm Goldmann Verlag, München 1960 (als Anhang zum Roman *Töchter der Nacht*). Taschenbuchausgabe: Wilhelm Goldmann Verlag, München 1962 (= Goldmann Taschen-KRIMI 1155). Neuübersetzung: → Gregor Müller. Wilhelm Goldmann Verlag, München 1973 (als Anhang zum Roman *Der Dieb in der Nacht* [→ *The Thief in the Night*]).

Inhalt: → *The Guv'nor & Other Stories*.

TREFF, ALICE

* 04.06.1906 Berlin, † 08.02.2003 Berlin

Deutsche Schauspielerin. Sie verkörperte Lady Chelford in → *Der schwarze Abt* (1963). Die Tochter eines Kammermusikers besuchte in Berlin die Handelsschule und die Max-Rein-hardt-Theaterschule. Ihre Bühnenstationen waren in der Folgezeit Darmstadt, Bremen, Wiesbaden, München, Wien, Hamburg und zwischendurch immer wieder Berlin. Seit 1932 war sie auch auf der Leinwand zu sehen (*Peter Voss, der Millionendieb*). Während des Krieges verlegte sie sich auf die Filmrolle der nicht unproblematischen Frau, die lange Wege zum Glück zurücklegen muß. Nach 1945 spielte sie wieder Theater und begann bald eine zweite Karriere als TV-Star. Alice Treff lebte zuletzt in Berlin. – Im Theater spielte sie fast das gesamte Repertoire, denn sie war in erster Linie eine hervorragend ausgebildete klassische Bühnenschauspielerin. Im Film trat die feine Frau mit dem sensiblen Gesicht zunächst als junge Naive auf, bewies mit zunehmender Erfahrung Charakter als »Frau nach Maß« in schwerer Zeit und ließ ihre Karriere mit abgeklärten Mutterrollen ausklingen.

Weitere Filme (Auswahl): *Melodie der Liebe* (1932), *Vor Liebe wird gewarnt* (1937), *Irrtum des Herzens* (1939), *Frau nach Maß* (1940), *In jenen Tagen* (1947), *Anastasia, die letzte Zarentochter* (1956), *Scheidungsgrund Liebe* (1960), *Rheingold* (1977).

Alice Treff

TREFFBUBE IST TRUMPF
→ *Jack O'Judgement*

TREMPER, WILL
* 19.09.1928 Braubach,
† 14.12.1998 München
Journalist, Autor und Regisseur. Er schrieb unter dem Pseudonym → Quentin Philips das Drehbuch zu → *Zimmer 13* (1963).
Der Sohn eines Gastwirts besuchte bis 1943 das Gymnasium in Oberlahnstein, arbeitete dann in Koblenz als Verlagsbote sowie beim Moselland-Bilderdienstes und ging 1944 als »Bildberichterstatter in Ausbildung« nach Berlin. Kurze Zeit war er als Berichterstatter der Waffen-SS tätig, ferner als Fotograf für die Reichsbildstelle der Reichsjugendführung. Nach Kriegsende arbeitete Tremper in München für die Wochenschau *Welt im Film*, ehe er noch 1945 nach Berlin zurückkehrte, wo er Polizeireporter beim *Tagesspiegel* wurde. Weil er falsche Informationen an die CIA weitergegeben haben soll, verbüßte er 1947 eine mehrmonatige Haftstrafe. 1947–53 war Tremper Ghostwriter für Curt Riess, 1954/55 Reporter und Serienautor der Berliner Tageszeitung *BZ*. 1955 wurde er Mitarbeiter der Inter West Film des Produzenten Wenzel Lüdecke, der 1956–58 die drei ersten Filme nach Drehbüchern von Tremper produzierte: *Die Halbstarken* und *Endstation Liebe* (Regie: Georg Tressler) sowie *Nasser Asphalt* (Regie: Frank Wysbar). Für die Illustrierte *Stern* verfaßt Tremper ab 1958 zahlreiche Reportagen, u.a. *Der Fall Inge Machlowitz, Runter kommen sie immer* und *Deutschland – deine Sternchen*, eine Serie über das Filmgeschäft in 56 Folgen, die dem *Stern* 72 Prozesse eintrug (die er sämtlich gewann). 1960 ermöglichte ein Schweizer Mäzen Trempers erste Filmregie: *Flucht nach Berlin*, die Verfilmung eines seiner *Stern*-Berichte. Auch seine nächsten Projekte befaßten sich mit aktuellen Ereignissen: Die Dreharbeiten zu der Satire *Die Russen kommen* mußten nach acht Tagen infolge des Mauerbaus am 13.08.1961 abgebrochen werden. *Verspätung in Marienborn* blieb wegen des Konkurses der UFA Film Hansa GmbH zunächst unrealisiert; Tremper verkaufte das Drehbuch an den Hessischen Rundfunk. Es folgte *Die endlose Nacht*, eine feuilletonistische Darstellung der Schicksale von Reisenden, die auf dem Flughafen Berlin-Tempelhof auf den verspäteten Ab-

Will Tremper

flug ihrer Maschine warten (1963). 1963 erschien *So schön wie damals*, Trempers erste Serie für die *Bild*-Zeitung (über den deutschen Film der 30er und 40er Jahre). Danach inszenierte er *Playgirl* (1965) und *Sperrbezirk* (1966). Sein letzter Spielfilm war 1969 für → Horst Wendlandts → Rialto Film *Wie kommt ein so reizendes Mädchen zu diesem Gewerbe?*; er wurde von der Kritik zerrissen und vom Publikum ignoriert. Seit 1970 war Tremper ausschließlich als Journalist und Autor tätig. Ab 1978 nahm er für *Die Welt* in der Kolumne »Tele-Tremper« das deutsche Fernsehprogramm unter die Lupe, in den 80ern besprach er für *Hörzu* und *Die Welt* Kino-Filme. Sein letztes Drehbuch, zu Eberhardt Itzenplitz' *Rosinenbomber* (1988), wurde vom Regisseur so stark überarbeitet, daß Tremper seinen Namen zurückzog.

TRESSLER, OTTO
→ Darsteller

TREVOR, JACK
→ Darsteller

TRIVIALLITERATUR
Abwertender Begriff, der meist der sog. Hochliteratur gegenübergestellt und nicht selten mit Unterhaltungs- oder Schundliteratur gleichgesetzt wird. Eindeutiger als die notgedrungen subjektive ästhetische Qualifizierung dieser Literatur sind ihre Produktions- und Rezeptionsmerkmale. Sie zielt durch Massenherstellung (und entsprechend niedrigen Preis) auf ein Massenpublikum, das durch oft in Serien verarbeitete abenteuerliche, erotische usw. Stoffe

ausschließlich unterhalten werden will und soll. Hinsichtlich der Intention und Rezeption seines Werks kann Edgar Wallace als herausragender Repräsentant dieser ästhetisch anspruchslosen Literatur angesehen werden (→ Erzählgenie, → Lebensweisheiten). Eine ähnliche Bedeutung haben unter den neueren Autoren z.B. Agatha Christie, Minette Walters, Deborah Crombie, Patricia Highsmith, Heinz G. Konsalik, Johannes Mario Simmel, John Grisham oder Stephen King gewonnen.

TRONSON, ROBERT
→ Regisseure

TROOGER, MARGOT
* 02.06.1923 Gorma,
† 24.04.1994 Mörlenbach, Odenwald;
eigentlicher Name: Margot Elfriede Schulze
Deutsche Schauspielerin. Sie verkörperte überzeugend → Cora Ann Milton, die Frau des »Hexers«, in → *Der Hexer* (1964) und in → *Neues vom Hexer* (1965) sowie Dinah Pawling in → *Das Verrätertor* (1964). Die Tochter eines Kauf-

Margot Trooger

manns nahm nach dem Besuch des Lyzeums und der Handelsschule in Altenburg Theaterunterricht bei Eva Fiebig und E. F. Fürbringer. 1947/48 debütierte sie an den Bremer Kammerspielen. Anschließend spielte sie am Neuen Theater in Stuttgart, dann folgten Stationen in Wuppertal, Hamburg, Berlin (bei Barlog), Zürich und München sowie zahlreiche Gastspiele. Ihre Rundfunktätigkeit begann Margot Trooger während einer Rekonvaleszenz 1949 in Baden-Baden. Ihr erster Film datiert aus dem Jahr 1951. 1955 spielte sie in Carl Zuckmayers *Das kalte Licht* ihre erste Fernsehrolle. Einem Millionenpublikum wurde die Schauspielerin mit der sinnlich-rauhen Stimme 1962 durch den Durbridge-Mehrteiler *Das Halstuch* bekannt, der als Straßenfeger Fernsehgeschichte schrieb. Margot Trooger hat zahlreiche Publikumspreise erhalten, u.a. in den 60er Jahren den Goldenen Otto für ihre Fernsehrollen.
Weitere Filme (Auswahl): *Wenn abends die Heide träumt* (1952), *Rosen im Herbst* (1955), *Die Bernauerin* (TV, 1958), *Gaslicht* (TV, 1960), *Nur tote Zeugen sterben* (1963), *Die Gerechten* (TV, 1964), *Heidi* (1965), *Raumpatrouille: Der Kampf um die Sonne* (TV, 1966), *Das Rasthaus der grausamen Puppen* (1967), *Ich bin ein Elefant Madame* (1968), *Pippi Langstrumpf* (1968), *Pippi geht von Bord* (1968), *Van de Velde: Das Leben zu zweit* (1969), *Wodka-Bitter-Lemon* (TV, 1969), *Rosy und der Herr aus Bonn* (= *Bleib sauber, Liebling!*, 1971), *Gens de l'été* (TV, 1974), *Lokalseite unten links* (TV-Serie, 1977), *Der Herr Kottnik* (TV-Serie, 1977).

TROWE, GISELA
→ Darsteller

TRYGON FACTOR, THE
Englischer Titel des Films → Das Geheimnis der weißen Nonne.

TSCHECHOWA, VERA
* 22.07.1940 Berlin
Deutsche Schauspielerin. Sie mimte Feder-Lissy in → *Die Gruft mit dem Rätselschloß* (1964) und Anita Cliff im Fernsehfilm → *Das Geheimnis von Lismore Castle* (1985).
Vera Tschechowa, die Tochter eines Arztes und der Schauspielerin Ada Tschechowa sowie Urgroßenkelin des Dichters Anton Tschechow, besuchte die Kunstakademie und nahm

Schauspielunterricht bei Annemarie Hanschke in München. Seit 1959 Engagements in Berlin, wo sie bei Marliese Ludwig weiteren Schauspielunterricht erhielt. 1962 ging sie ans Deutsche Schauspielhaus Hamburg, anschließend nach Düsseldorf, Basel, Konstanz und Braunschweig. Ihre Filmkarriere begann 1957 in *Witwer mit 5 Töchtern* an der Seite von Heinz Erhardt. In den 70er Jahren startete sie eine große TV Karriere. Später gründete sie mit dem Regisseur Vadim Glowna, den sie 1967 heiratete, die Produktionsgesellschaft Atossa Film. In den 90er Jahren schrieb sie auch Drehbücher und realisierte TV-Künstlerporträts (Armin Mueller-Stahl, Anthony Quinn, Martin Scorsese). Vera Tschechowa war in erster Ehe mit dem Schauspieler Hartmut Reck verheiratet, ist inzwischen von Glowna geschieden und lebt in Berlin. – Schmal und zerbrechlich wirkend, verkörperte sie zunächst junge Mädchen, dann Frauen mit erstaunlicher Kraft. In reiferer Zeit spielte sie auch Personen, die den Schwierigkeiten des Lebens kaum gewachsen sind. Trotzdem behielt sie eine Rigorosität des Auftretens, am beeindruckendsten vielleicht als Charlotte in Rudolf Thomes *Tarot* (1986), einer Variation von Goethes *Wahlverwandtschaften*. – Auszeichnungen: Filmband in Gold für *Das Brot der frühen Jahre* (1962), Goldene Kamera (1977).

Weitere Filme (Auswahl): *Der Arzt von Stalingrad* (1957), *Der Schleier fiel* (1960), *In Frankfurt sind die Nächte heiß* (1966), *Der Schimmelreiter* (1977/78), *Desperado City* (1980/ 81), *Dies rigorose Leben* (1982), *Tausend Augen* (1984), *Insel der Träume* (1990), *Schuldig auf Verdacht* (1995).

TULLY MONTGOMERY
→ Regisseure

TÜR MIT DEN SIEBEN SCHLÖSSERN, DIE
(BUCH)
→ THE DOOR WITH SEVEN LOCKS

TÜR MIT DEN SIEBEN SCHLÖSSERN (FILM)
(LA PORTE AUX SEPT SERRURES)
Kinofilm. *Bundesrepublik Deutschland/Frankreich 1962. Regie: Alfred Vohrer. Regieassistenz: Eva Ebner. Script: Gisela Lehmann. Drehbuch: Harald Giertz-Petersson, Johannes Kai (d.i. Hanns Wiedmann) unter Mitarbeit von Gerhard F. Hummel nach dem Roman The Door With Seven Locks von Edgar Wallace. Kamera: Karl Löb. Kameraassistenz: Karl-Heinz Linke, Ernst Zahrt. Schnitt: Carl-Otto Bartning. Schnittassistenz: Susanne Paschen. Ton: Bernhard Reichers. Bauten: Helmut Nentwig, Siegfried Mews. Oberbeleuchter: Günter Gordis. Requisiten: Harry Freude, Willibald Schulz. Masken: Heinz Stamm, Jupp Paschke. Musik: Peter Thomas. Kostüme: Anneliese Ludwig. Garderobe: Heinz Belitz, Gisela Nixdorf. Standfotos: Leo Weisse, Lothar Winkler. Presse: Hans-Joachim Wehling. Produktion: Rialto Film Preben Philipsen Filmproduktion und Filmvertrieb GmbH, Hamburg, und Les Films Jacques Leitienne, Paris. Produzenten: Preben Philipsen, Horst Wend-*

landt, Jacques Leitienne. *Produktionsleitung: Helmut Ungerland. Produktionsassistent: Leif Feilberg. Aufnahmeleitung: Heinz Götze, Manfred Korytowski. Geschäftsführung: Erich Schütze. Produktionssekretärin: Editha Busch. Kassiererin: Erna Laskowski. Drehzeit: 26.02.–30.03.1962. Atelier: UFA-Atelier Berlin-Tempelhof. Außenaufnahmen: Hamburg, Berlin-Tempelhof und Pfaueninsel Berlin. Erst-Verleih: Constantin Film, München. Länge: 95 Minuten (2586 m). Format: 35 mm; s/w; 1:1.66. FSK: 14.05.1962 (28018); 16 nff. Uraufführung: 19.06.1962, Europa Palast Frankfurt/M. TV-Erstsendung: 23.10.1967 ZDF. Darsteller: Heinz Drache (Inspektor Dick Martin), Sabina Sesselmann (Sybil Lansdown), Hans Nielsen (Mr. Haveloc), Gisela Uhlen (Emely Cody), Werner Peters (Bertram Cody), Jan Hendriks (Tom Cawler), Pinkas Braun (Dr. Staletti), Ady Berber (Giacco), Friedrich Joloff (Hausmeister Burt), Klaus Kinski (Pheeny), Eddi Arent (Kriminalassistent Holms), Siegfried Schürenberg (Sir John), Arthur Schilski (Peter Livingston), Hector Hecht (Bobby).*

Inhalt: London wird von einer unheimlichen Mordserie in Atem gehalten. Erster Anhaltspunkt für Inspektor Martin sind Halskettchen mit daran befestigtem Schlüssel, die man bei den Ermordeten findet. Der Einbrecher Pheeny sucht Unterschlupf bei Martin. Dort wird er unter mysteriösen Umständen ermordet, nicht ohne zuvor die Zeichnung eines Wappens hinterlassen zu haben. Diese Zeichnung führt Martin zur Bibliothekarin Sybil Lansdown und anschließend zum Schloß Selford Manor, das der unheimliche Dr. Staletti bewohnt. Nachdem weitere Schlüsselbesitzer ermordet aufgefunden wurden, bittet Martin alle Beteiligten nach Selford Manor, um den Drahtzieher der Verbrechen überführen zu können. Zwar müssen noch einige zwielichtige Personen ihr Leben lassen, doch dann geht der große Unbekannte tatsächlich in die Falle.

Kritiken zum Film: »Wieder ein deutscher Kriminalfilm und wieder eine Niete. Das ist ein ärgerliches Gemisch von grober Gruseltaktik und ein paar heiteren Momenten, die aber keineswegs mit diesem Film versöhnen.« (Der Tag,

Die Tür mit den 7 Schlössern: **1.** Ady Berber • **2.** Sabina Sesselmann, Pinkas Braun

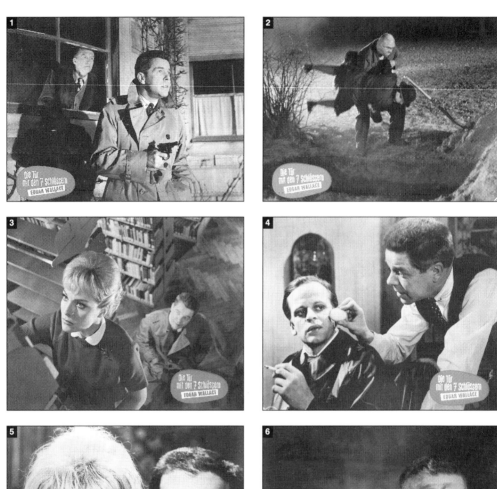

Die Tür mit den 7 Schlössern: 1. Friedrich Joloff, Heinz Drache • 2. Ady Berber, Eddi Arent • 3. Sabina Sesselmann, Heinz Drache • 4. Klaus Kinski, Heinz Drache • 5. Sabina Sesselmann, Pinkas Braun • 6. Siegfried Schürenberg, Friedrich Joloff

Berlin, 29.07.1962) »Die Greuel und Verbrechen, sie wirken nicht, sie nehmen sich albern aus. Das Publikum, enttäuscht, quittiert's mit Zwischenrufen.« (Die Welt, Berlin, 30.07. 1962)

Fazit: Selten langweiliger Wallace.

TÜR MIT DEN 7 SCHLÖSSERN, DIE (HÖRSPIEL)

Maritim-Hörspiel Nr. 10 nach dem gleichnamigen Roman von Edgar Wallace. *Manuskript: Ludger Billerbeck. Musik: Alexander Ester. Ton: Peter Hertling. Produktion: Hans-Joachim Herwald. Regie: Michael Weckler, Hans-Joachim Herwald. Mit den Stimmen von Rolf Jülich (Captain Jim Stone), Gaby Libbach (Sybil), Harald Pages (Rechtsanwalt Havelock), Peter Schilling (Dr. Staletti), Marianne Warneke (Mrs. Cody), René Genesis (Mr. Ody), Jens Scheiblich*

Die Tür mit den 7 Schlössern: 1. Sabina Sesselmann, Gisela Uhlen • **2.** Ady Berber, Jan Hendriks, Pinkas Braun • **3.** Heinz Drache, Hans Nielsen • **4.** Pinkas Braun, Jan Hendriks, Sabina Sesselmann • **5.** Ady Berber, Heinz Drache

(Tommy), Lutz Schnell (Sergeant), Konrad Halver (Lew Pheeny).

TURFROMANE

Wallace' große Leidenschaft waren Pferderennen. Aus diesem Grund ließ er einige seiner Werke im Milieu des Turfs (engl. »Rasen«, Bezeichnung für die Pferderennbahn) spielen und verquickte das sportliche Geschehen mit einer kriminalistischen Handlung. Dies geschieht in den Romanen → *The Calendar,* → *Down un-*

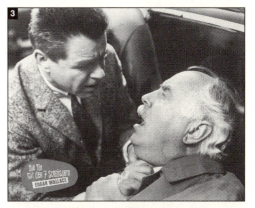

der Donavan, → The Flying Fifty-Five, → The Green Pack und → The Green Ribbon. Auch der Abenteuerroman → Captain Tatham of Tatham Island spielt teilweise im Rennmilieu. Dasselbe gilt für die → Kriminalerzählungen um die Person des Cockney-Tipgebers Evans (→ Educated Evans, → Good Evans und → More Educated Evans).

TURFSCHWINDEL
→ THE GREEN RIBBON

20.000 (TWENTY THOUSAND) POUND KISS, THE
(Der 20.000-Pfund-Kuß)

Kinofilm. *England 1962. Produktion: Merton Park. Produzent: Jack Greenwood. Regie: John Moxey. Buch: Philip Mackie frei nach Edgar Wallace. Kamera: James Wilson. Musik: Bernard Ebbinghouse. Bauten: Peter Mullins. Ton: Sidney Rider. Schnitt: Gordon Haies. Darsteller: Dawn Addams (Christina), Michael Goodliffe (Sir Harold Trevitt), Richard Thorp (John Durran), Anthony Newlands (Leo Hagen), Alfred Burke (Inspektor Waveney), Mia Karam (Paula Blair), Ellen Mcintosh (Ursula Clandon), Paul Whitsun-Jones (Charles Pinder), Noel Hood (Lady Clandon), John Miller (Lord Clandon), Vincent Harding (Sergeant Holt), Susan Denny (Susie), Joyce Hemson. Länge: 57 Minuten.*

Inhalt: Sir Harold Trevitt, ein angesehenes Mitglied der Londoner Gesellschaft, Kronanwalt, Abgeordneter mit Aussicht auf eine Ministerkarriere und mit einer Aristokratin verlobt, ist das ideale Opfer für eine Erpressung. Das Dienstmädchen, das ihn fotografiert, als er sich um eine ohnmächtig gewordene Nachbarin bemüht, hat hier leichtes Spiel. Aber sie muß dafür mit dem Leben bezahlen. Für Sir Harold Trevitt beginnt nun ein Kesseltreiben. Doch Inspektor Waveney durchschaut das erpresserische Spiel und stellt dem wahren Täter eine Falle.

Kritik zum Film: »Anders, als man es von anderen Edgar-Wallace-Filmen der Serie gewohnt ist, beginnt die Handlung relativ banal, verstrickt sich aber bald in die üblichen Komplikationen und irreführenden Verwicklungen, bis man nicht mehr weiß, wer eigentlich wen er-

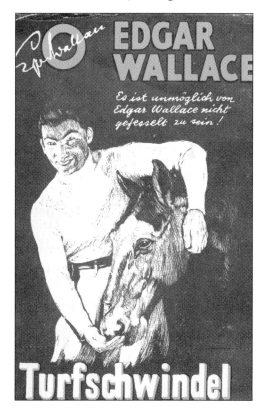

646

preßt. Der Film endet mit dem üblichen Knall-effekt. Alles ist sehr verworren, hält den Zu-schauer aber in Spannung.« (Monthly Film Bulletin, 4/1963)

Anmerkung: Unter dem Titel *Ein teurer Kuß* lief dieser Film innerhalb einer zehnteiligen Merton-Park-Wallace-Serie am 26.08.1969 im ZDF.

TWICKENHAM STUDIO

Englische Filmproduktion in Twickenham, Middlesex. In diesem Studio entstand der Film → *Das Verrätertor* (1964). 1912 erwarb der Mediziner Ralph Tennyson Jupp eine ehemalige Rollschuhbahn in Twickenham, um sie in ein Atelier umzuwandeln. Jupp begann 1913 mit der Produktion eigener Spielfilme für seine Produktionsfirma London Film Company. Als er die Studioleitung aus gesundheitlichen Gründen niederlegen mußte, verkaufte Jupp die Twickenham Studios 1920 an die Alliance Compa-

ny. Im Rahmen eines straffen Produktionsplans engagierte Alliance erstrangige britische Schauspieler (u.a. Ivor Novelle, C. Aubrey Smith und Gladys Cooper), die in Filmen wie *Carnival* (1921) und *The Bohemian Girl* (1922) für außerordentliche Kassenerfolge sorgten. Wegen ihrer Überzahl an Projekten verausgabte sich die Alliance jedoch und stand 1922 vor dem Ruin.

Die Twickenham Studios wurden nun nacheinander von verschiedenen Produzenten ge-

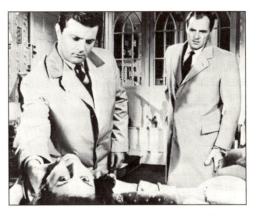

The 20.000 Pound Kiss: **Mia Karam, Paul Whitsun-Jones, Michael Goodliffe (rechtes Bild)**

nutzt, u.a. von → Herbert Wilcox, der wenige Jahre später eine der Gallionsfiguren von → Elstree wurde und in Twickenham mit Filmen wie *The Only Way* (1925) und *Mumsie* (1927) erste Erfahrungen als Produzent und Regisseur sammelte. 1927 mietete der Produzent → Julius Hagen die Studios an und gründete die Twickenham Film Studios Ltd. Wie viele andere Studios geriet Twickenham nach dem kurzen Boom der 30er Jahre in finanzielle Schwicrigkeiten und ging 1937 in Konkurs. Hagens anschließender Versuch, das Studio noch einmal auf die Beine zu stellen, scheiterte; 1939 wurde es geschlossen. Nach dem Krieg kam Twickenham in den Besitz der 1946 gegründeten Alliance Film Studios Company. Jetzt wurde das kleine Studio hauptsächlich für Kurzfilme und Fernsehproduktionen genutzt. Eine Wende trat 1959 ein, als der ehemalige Two-Cities-Mitarbeiter Guido Coen die Leitung übernahm und den bedeutendsten Abschnitt in der Geschichte der Twickenham Studios einleitete. Beginnend mit Karel Reisz' New-Wave-Film *Saturday Night and Sunday Morning* (1960) verließen in den 60er Jahren viele bemerkenswerte Spielfilmproduktionen das Studio. Noch stärker ins Rampenlicht rückte Twickenham 1964, als die Beatles hier *A Hard Day's Night* drehten und Hunderte von Teenagern die Tore belagerten. Diese beispiellose Publicity lockte auch internationale Produktionen an, die Twickenhams wirtschaftliche Basis sicherten. In den 80er Jahren wurden hier u.a. *The French Lieutenant's Woman* (1981), *Shirley Valentine* (1988) und *A Fish Called Wanda* (1988) produziert.

TWISTER, THE

Kriminalroman. *Originalausgabe: John Long, London 1928. Deutsche Erstveröffentlichung: Ein gerissener Kerl. Übersetzung: Alfred Schirokauer. Kultur Verlag, München 1928; Gerhard Stalling Verlag, Oldenburg 1928; Oestergaard Verlag, Osnabrück 1928. Neuübersetzung:* → *Ravi Ravendro (Bearbeitung der Schirokauer-Fassung). Wilhelm Goldmann Verlag, Leipzig 1934. Neuausgabe (Schirokauer-Fassung): Wilhelm Goldmann Verlag, München 1951. Taschenbuchausgabe: Wilhelm Goldmann Verlag, München 1953 (= Goldmann Taschen-KRIMI 28). Weitere Taschenbuchauflagen im Wilhelm Goldmann Verlag: 1973, 1974, 1975, 1979, 1982, 1985, 1987, 1997. Jubiläumsausgaben im Wilhelm Goldmann Verlag: 1990, 2000 (= Band 25). Neuübersetzung: Edith Walter. Scherz Verlag, Bern, München, Wien 1985 (= Scherz Krimi 1007). Neuauflage: 1990.*

Inhalt: Anthony Braid, Börsenspezialist und Gentleman allererster Güte, kann dennoch sehr ungemütlich werden, wenn man ihm in die Quere kommt. Speziell bei Wettrennen weiß er, was er will. Eines Tages liegt sein Freund Lord Frensham tot über seinem Schreibtisch, in der rechten Hand hält er einen Revolver. Inspektor Elk von Scotland Yard entdeckt bei Frensham einen Abschiedsbrief, in dem dieser seinen Selbstmord begründet. Elk gibt sich damit nicht zufrieden und forscht weiter. Börsenspezialist Braid hilft ihm nicht ungern dabei, weil er Lord Frenshams Testamentsvollstrecker ist und vor allem etwas für dessen Nichte Ursula übrig hat. Dagegen hält er Ursulas Freund, Julian Reef, für eine zwielichtige Erscheinung.

U

ÜBERFALLKOMMANDO
→ THE FLYING SQUAD

ÜBERSETZER
Neben den wichtigsten Übersetzern ins Deutsche – → Karl Döhring, → Marie Luise Droop, → Hans Herdegen, → Richard Küas, → Gregor Müller, → Fritz Pütsch und → Ravi Ravendro – haben auch zahlreiche andere Autoren, deren Lebensdaten durchweg unbekannt sind, Werke von Wallace ins Deutsche übertragen. Sie seien nachfolgend mit den von ihnen übersetzten Titeln aufgeführt:

* **JÜRGEN ABEL:** → *The Crimson Circle* (*Der rote Kreis*, 1983) und → *The Valley of Ghosts* (*A. S. Der Unsichtbare*, 1983).
* **FRED ANTOINE ANGERMAYER** übersetzte das Theaterstück → *The Terror* (*Der unheimliche Mönch*, 1928).
* **JÜRGEN BAYERDAM:** → *The Black Abbot* (*Der schwarze Abt*, 1984).
* **OTTO ALBRECHT VAN BEBBER:** → *The Three Oak Mystery* (*Bei den drei Eichen*, 1930) und → *The Black Abbot* (*Der schwarze Abt*, 1930).
* **DIETLIND BINDHEIM:** → *The Squeaker* (*Der Zinker*, 1983) und → *The Four Just Men* (*Die Vier Gerechten*, 1983).
* **HELMUT BITTNER:** → *Again The Ringer* (*Neues vom Hexer*, 1984).
* **EDITH BOLDT:** → *The Crimson Circle* (*Der feuerrote Kreis*, 1987).
* **HELLA VON BRACKEL:** → *The Squeaker* (*Der Zinker*, 1983).
* **RENATE BRANDES:** → *Again the Ringer* (→ *Geschichten vom Hexer*, 1988).
* **MARIA CHRISTA DOMIDION:** → *The River of Stars* (*Der Diamantenfluß*, 1950).
* **ULF EISELE** übersetzte gemeinsam mit Hardo Wichmann → *The Brigand* (*Der Brigant*, 1985).
* **ANGELIKA FEILHAUER** übersetzte gemeinsam mit Anne Höfler → *Erpressung mit Rosen* (1986).
* **CHRISTINE FRAUENDORF-MÖRSEL:** → *The Strange Lapses of Larry Loman* (*Der Mann mit den zwei Gesichtern*, 1990).
* **MANFRED GREGOR:** → *Mr. Justice Maxell* (*Richter Maxells Verbrechen*, 1928).
* **RICHARD VON GROSSMANN:** → *The Melody of Death* (*Die Melodie des Todes*, 1928) und → *The Green Archer* (*Der grüne Bogenschütze*, 1956).
* **H. O. HERZOG:** → *A King By Night* (*Der Neger Juma* bzw. *Der Unhold*, 1927).

- **MERCEDES HILGENFELD:** → *The Three Oaks Mystery* (*Bei den drei Eichen*, 1970), → *The Mind of Mr. J. G. Reeder* (*Der sechste Sinn des Mr. Reeder*, 1971), → *The Sinister Man* (*Der Unheimliche*, 1971), → *The Yellow Snake* (*Die gelbe Schlange*, 1971) und → *The Forger* (*Der Banknotenfälscher*, 1972).
- **ANNE HÖFLER** übersetzte gemeinsam mit Angelika Feilhauer → *Erpressung mit Rosen* (1986).
- **HEDI HUMMEL-HÄNSELER:** → *Again the Three* (*Das silberne Dreieck*, 1983), → *Number Six* (*Geheimagent Nr. 6*, 1984), → *The River of Stars* (*Der Diamantenfluß*, 1985) und → *The Daughters of the Night* (*Töchter der Nacht*, 1990).
- **CHRISTIN KAREN:** → *Again the Ringer* (*Neues vom Hexer*, 1983), → *The Yellow Snake* (*Die gelbe Schlange*, 1983), → *The Green Archer* (*Der grüne Bogenschütze*, 1983), → *Room Thirteen* (*Zimmer 13*, 1983), → *The Black Abbot* (*Der schwarze Abt*, 1983) und → *The Fellowship of the Frog* (*Der Geheimbund des Frosches*, 1983).
- **EDMUND THOMAS KAUER:** → *The Clue of the New Pin* (*Das Geheimnis der Stecknadel*, 1948) und → *The Frightened Lady* (*Das indische Tuch*, 1948).
- **ALMA JOHANNA KOENIG:** → *The Fellowship of the Frog* (*Der Frosch mit der Maske*, 1926).
- **ELISE VON KRAATZ:** → *The Missing Million* (*Die verschwundene Million*, 1924) und → *The Face in the Night* (*Das Gesicht im Dunkel*, 1926).
- **RITA MATTHIAS** übersetzte das Theaterstück → *The Ringer* (*Der Hexer*, 1927) und die Romane → *The Green Rust* (*Der grüne Brand*, 1929) und → *The Northing Tramp* (*Nach Norden, Strolch*, 1930).
- **RENÉE MAYER:** → *The Four Just Men* (*Die Vier Gerechten*, 1984).
- **ELISE MCCALMAN:** → *Chick* (*Lord wider Willen*, 1925), → *Captains of Souls* (*Geheime Mächte*, 1929) und → *Jack O'Judgement* (*Treffbube ist Trumpf*, 1930).
- **PETER MEIER:** → *The Forger* (*Der Fälscher*, 1987).
- **CLARISSE MEITTNER:** → *The Four Just Men* (*Die Vier Gerechten*, 1928).
- **EVA MÜLLER:** → *Double Dan* (*Der Doppelgänger*, 1983).
- **HUBERT NEUMANN:** → *The Man Who Bought London* (*Kerry kauft London*, 1931).
- **RENATE ORTH-GUTTMANN:** → *The Terrible People* (*Die Bande des Schreckens*, 1983), → *The Case of Joe Attyman* (*Der Fall Joe Attyman*, 1983) und → *The Frightened Lady* (*Das indische Tuch*, 1984).
- **FLORENCE PALFREY:** → *Mr. Dodd and Mr. Dodgehill* (*Das Haus ohne Fenster*, 1952).
- **ROBERT PETERKA:** → *On the Night of the Fire* (*Der Lächler*, 1952).
- **KLAUS PROST:** → *The Blue Hand* (*Die blaue Hand*, 1984).
- **ALEXANDRA VON REINHARDT:** → *The Terrible People* (*Die Bande des Schreckens*, 1983) und → *The Door With Seven Locks* (*Die Tür mit den 7 Schlössern*, 1983).
- **FRANZ ROTHE** übersetzte das Theaterstück → *The Calendar* (*Platz und Sieg*, 1932).
- **MECHTILD SANDBERG:** → *The Daffodil Mystery* (*Das Geheimnis der gelben Narzissen*, 1983), → *The Strange Countess* (*Die seltsame Gräfin*, 1983), → *The Gunner/Hands Up!* (*Hands Up!*, 1983), → *We Shall See* (*Mary Ferrera spielt System*, 1983), → *The Face of the Night* (*Das Gesicht im Dunkel*, 1984), → *The Three Oak Mystery* (*Bei den drei Eichen*, 1985), → *The Angel of Terror* (*Der Engel des Schreckens*, 1986), → *On the Spot* (*In den Tod geschickt*, 1986), → *The Feathered Serpent* (*Gucumatz der Allmächtige*, 1987), → *Flat Two* (*Louba der Spieler*, 1987), → *The Three Men* (*Die drei Gerechten*, 1988) und → *The Green Rust* (*Der grüne Brand*, 1988).
- **KLAUS SCHIRMEISTER:** → *The Squeaker* (*Der Pfeifer*, 1984).
- **MAX C. SCHIRMER:** → *The Terrible People* (*Die Bande des Schreckens*, 1927), → *The Crimson Circle* (*Der rote Kreis*, 1927), → *The Ringer* (*Der Hexer*, 1927), → *The Clue of the New Pin* (*Das Geheimnis der Stecknadel*, 1928), → *The Sinister Man* (*Der Unheimliche*, 1928).
- **ALFRED SCHIROKAUER:** → *The Twister* (*Ein gerissener Kerl*, 1928).
- **ARTHUR A. SCHÖNHAUSEN:** → *The Clue of the Twisted Candle* (*Die gebogene Kerze*, 1929), → *The India Rubber Men* (*Das Gasthaus an der Themse*, 1930), → *The Mixer* (*Der Preller*, 1931), → *The Double* (*Das Steckenpferd des alten Derrick*, 1931) und → *The Book of All Power* (*Das Buch der Allmacht*, 1931).

- **ERWIN SCHUMACHER:** → *The Door With Seven Locks* (*Die Tür mit den 7 Schlössern*, 1983), → *The Traitor's Gate* (*Das Verrätertor*, 1983) und → *The Green Archer* (*Der grüne Bogenschütze*, 1984).
- **EVA SCHUMANN:** → *Angel Esquire* (*Der verteufelte Herr Engel*, 1927).
- **HELA VON SPIES:** → *Angel Esquire* (*Der Safe mit dem Rätselschloß*, 1985), → *The Joker* (*Der Joker*, 1985) und → *The Just Men of Cordova* (*Die Drei von Cordova*, 1986).
- **GISELA STEGE:** → *The Gaunt Stranger* (*Der Hexer*, 1983) und → *The Clue of the Twisted Candle* (*Die gebogene Kerze*, 1983).
- **UTE TANNER:** → *The Green Ribbon* (*Turfschwindel*, 1985), → *The Secret House* (*Das geheimnisvolle Haus*, 1986), → *The Square Emerald* (*Der viereckige Smaragd*, 1985) und → *Whiteface* (*Der Teufel von Tidal Basin*, 1985).
- **WOLFGANG THIEL:** → *Kennedy the Con Man* (*Die Diamantenbrosche*, 1983).
- **ROBERT VON VOSS:** → *Room Thirteen* (*Zimmer 13*, 1928).
- **EDITH WALTER:** → *The Avenger* (*Der Rächer*, 1983), → *Red Aces* (*Mr. Reeder weiß Bescheid*, 1983), → *The Gunner/Hands Up!* (*Hands up!*, 1983), → *The India Rubber Men* (*Das Gasthaus an der Themse*, 1983), → *The Yellow Snake* (*Die gelbe Schlange*, 1984), → *Room Thirteen* (*Zimmer 13*, 1984), → *The Twister* (*Ein gerissener Kerl*, 1985), → *The Sinister Man* (*Der Unheimliche*, 1985), → *The Forger* (*Der Banknotenfälscher*, 1985), → *The Clue of the New Pin* (*Das Geheimnis der Stecknadel*, 1986), → *Penelope of the »Polyantha«* (*Penelope an Bord der »Polyantha«*, 1986), → *A Debt Discharged* (*Die Schuld des Anderen*, 1989), → *The Daughters of the Night* (*Töchter der Nacht*, (1990), → *The Man Who Knew* (*Der Mann der alles wußte*, 1992).
- **ELSE WERKMANN:** → *The Forger* (*Der Banknotenfälscher*, 1930), → *The Joker* (*Der Joker*, 1931), → *The Hand of Power* (*Im Banne des Unheimlichen*, 1933).
- **TONY WESTERMAYR:** → *Jack O' Judgement* (*Die Todeskarte*, 1961), → *The Missing Million* (*Die unheimlichen Briefe*, 1961), → *Red Aces* (*Mr. Reeder weiß Bescheid*, 1961), → *Sentimental Simpson* (*Der sentimentale Mr. Simpson*, 1962), → *The Gunner/Hands Up!* (*Hans Up!*, 1971), → *The Green Pack* (*Lotte-

rie des Todes*, 1961), → *The Daughters of the Night* (*Töchter der Nacht*, 1962) und → *The Jewel* (*Das Juwel aus Paris*, 1965).
- **CARL WEHNER:** → *Flat Two* (*Louba der Spieler*, 1928).
- **HARDO WICHMANN:** → *The Fellowship of the Frog* (*Der Frosch mit der Maske*, 1984), → *The Dark Eyes of London* (*Die toten Augen von London*, 1985), → *The Million Dollar Story* (*Die Millionengeschichte*, 1985), → *Big Foot* (*Großfuß*, 1986), → *The Flying Squad* (*Überfallkommando*, 1986), → *The Mind of Mr. J. G. Reeder* (*Der sechste Sinn des Mr. Reeder*, 1987), → *Down Under Donavan* (*Der Derbysieger*, 1987), → *Mr. Justice Maxell* (*Richter Maxells Verbrechen*, 1987). Gemeinsam mit Ulf Eisele übersetzte er → *The Brigand* (*Der Brigant*, 1983).
- **MARILYN WILDE:** → *The Ringer* (*Der Unsichtbare, genannt Der Hexer*, 1983), → *The Dark Eyes of London* (*Die toten Augen von London*, 1983), → *The Crimson Circle* (*Der blutrote Kreis*, 1983), → *The Strange Countess* (*Die unheimliche Gräfin*, 1983) und → *The India Rubber Men* (*Der Clan der Gummimänner*, 1983).

ÜBERSETZUNGEN

Deutsche Übersetzungen der Werke von Edgar Wallace erscheinen seit 1924; zahlreiche → Übersetzer waren daran beteiligt. Dem dauerhaften Erfolg der Wallace-Romane entspricht das Bemühen der Verlage, die Werkübersetzungen sprachlich aktuell zu halten, sei es durch Bearbeitungen älterer Übertragungen oder durch Neuübersetzungen. Die meisten deutschen Übersetzungen hat bislang der Roman → *Der rote Kreis* erlebt. Alle Übersetzungen sowie deren Bearbeitungen werden, soweit bekannt, im Rahmen der einzelnen Werkartikel angegeben. Auch in anderen europäischen Sprachen ist Wallace gedruckt worden. Bekannt sind Übersetzungen seiner Romane ins Französische, Italienische und Spanische.

UFA-ATELIER TEMPELHOF

Hier entstanden die Wallace-Filme → *Die seltsame Gräfin* (1961), → *Die Tür mit den 7 Schlössern* (1962) und teilweise → *Die Gruft mit dem Rätselschloß* (1964). Alfred Duskes, einer der Pioniere der deutschen Filmindustrie, gründete 1912 die Literaria Film-GmbH, an der die französische Firma Pathé Frères beteiligt war. Die Literaria errichtete 1913 in Tempelhof, Oberlandstraße, ein Glashaus, kurz danach baute in unmittelbarer Nachbarschaft Paul Davidsons Projektions-AG ein gleich großes Atelier. Als Filiale einer ausländischen Firma wurde die Literaria 1915 unter Zwangsverwaltung gestellt. Die Literaria wurde 1917 von der Messter-Film GmbH übernommen, die 1918 auch das Union-Glashaus pachtete. Das so entstandene Filmgelände brachte sie noch 1918 in die Universum Film AG (UFA) ein, die es 1925 kaufte. Die Tempelhofer Ateliers wurden von der UFA meist an andere Produktionsfirmen wie D.L.S. (Deutsches Lichtspiel-Syndikat GmbH) und Tobis (Tonbild-Syndikat AG) vermietet. Nach Ende des Zweiten Weltkriegs betrieben die Amerikaner zügig den Wiederaufbau des Filmstudios Tempelhof, um dort eigene Filme synchronisieren zu können. 1948 waren drei Atelierhallen instand gesetzt. Diese Entwicklung wurde durch die 1948 einsetzende sowjetische Blockade Berlins unterbrochen. Viele Produktionsfirmen waren durch Stromkontingentierung und Material-Verknappung gezwungen, in westdeutsche Ateliers abzuwandern. In dieser schwierigen Situation begann die Comedia Film unter der Regie von Robert A. Stemmle mit den Dreharbeiten an *Berliner Ballade* (1948). Diesem unerschrockenen Beispiel folgend, drehten dann auch andere Produktionsfirmen unter ungünstigsten Verhältnissen in den Tempelhofer Ateliers weiter. Weil die Real-Film Studios in Hamburg, das bishe-

rige Atelier für Wallace-Verfilmungen, im September 1961 für die Realisierung des Wallace-Streifens → *Die seltsame Gräfin* nicht zur Verfügung standen, wurden die Dreharbeiten nach Tempelhof verlagert. Aufgrund der guten Erfahrungen nutzte man Anfang 1962 nochmals dieses Studio für die Innenaufnahmen zu → *Die Tür mit den 7 Schlössern*. Schließlich entstanden hier 1964 auch einige Szenen zu → *Die Gruft mit dem Rätselschloß*. Nach dem Konkurs der UFA wurde am 01.01.1964 die Berliner Union Film (BUFA) als reiner Studio-Betrieb ohne eigene Produktionen gegründet. 1967/68 wurde ein Vertrag mit dem Sender Freies Berlin über die Nutzung von Studios zur Produktion von TV-Filmen geschlossen. Das Zweite Deutsche Fernsehen baute 1963 das Studio 4 zur Außenstelle Berlin aus, in der aktuelle Sendungen produziert wurden; hier entstanden u.a. *Kennzeichen D* und *Aspekte, Die Hitparade im ZDF* und *Der große Preis*. Neben deutschen Produzenten nahmen auch Hollywood-Studios die Kapazitäten der Tempelhofer Ateliers in Anspruch. In Berlin entstanden u.a. Robert Siodmaks Mauer-Film *Tunnel 28* (1962), für das Walt-Disney-Studio *Emil und die Detektive* (1964), Bob Fosses *Cabaret* (1972) und Hans W. Geissendörfers *Der Zauberberg* (1981). Geschäftliche Basis der BUFA sind heute hauptsächlich Synchronarbeiten sowie der Bau von Dekorationen für das ZDF, die Deutsche Oper und das Theater des Westens.

UHLEN, GISELA
* 16.05.1919 Leipzig; eigentlicher Name: Gisela Friedlinde Schreck
Deutsche Schauspielerin. Sie verkörperte Emely Cody in → *Die Tür mit den 7 Schlössern* (1962), Mrs. Tilling in → *Das indische Tuch* (1963), Mrs. Tyndal in → *Der Bucklige von Soho* (1966) sowie Lady Smith in → *Die Katze von Kensington* (1995) und Emma Miller in → *Das Haus der toten Augen* (1997/98). Die Tochter eines Opernsängers wollte schon als junges Mädchen zum Theater. Mit 15 Jahren trat sie in die berühmte Mary-Wigman-Schule ein. Fortan nannte sie sich Gisela Uhlen. Ihre Karriere begann sie als jugendliche Naive unter dem legendären Saladin Schmidt am Bochumer

Gisela Uhlen

Schauspielhaus. Heinrich George holte sie nach Berlin ans Schiller-Theater. Sie spielt dort das Käthchen von Heilbronn und die Eva im *Zerbrochenen Krug*. Im Sommer 1936 stieg sie mit *Annemarie* zum UFA-Star und Idol von Millionen Zuschauern auf. Kassenschlager wie *Tanz auf dem Vulkan* (1938), *Mann für Mann* (1939), *Zwischen Hamburg und Haiti* (1940), *Rembrandt* (1942), *Die beiden Schwestern* (1943) und *Die Zaubergeige* (1944) folgten. Unmittelbar nach Kriegsende setzte sie ihre Theaterkarriere fort und war auf den Bühnen zwischen Aachen, Berlin und Stuttgart zu finden. Privat erlebte sie Höhen und Tiefen; aus sechs gescheiterten Ehen gingen zwei Töchter, Susanne und Barbara, hervor.

Weitere Filme (Auswahl): *Mit 17 weint man nicht* (1960), *Das Mädchen und der Staatsanwalt* (1962), *Hotel der toten Gäste* (1965), *Ferien mit Piroschka* (1966), *Lady Hamilton* (1968), *Dr. med. Fabian* (1969), *Drei Männer im Schnee* (1974), *Die Ehe der Maria Braun* (1978), *Toto der Held* (1991).

ULEN, PIET TER
Pseudonym von → Gerhard Fritz Hummel

ULLSTEIN VERLAG
→ Verlage

ULRICH, KURT
* 28.06.1905 Berlin,
† 11.09.1967 Berlin
Deutscher Produzent. Er ließ den Wallace-Film → *Der Rächer* (1960) herstellen.
Ulrich gründete 1948 mit Kurt Schulz in Berlin die Berolina Film und nach dem Tod seines Kompagnons seine eigene Kurt-Ulrich-Filmproduktion. Nachdem er sich mit Publikumserfolgen wie *Schwarzwaldmädel* (1950) und *Grün ist die Heide* (1951) einen Namen als geschäftstüchtiger Produzent gemacht hatte, verschrieb er sich der Herstellung anspruchsvollerer Filme, die Kritik und Kasse gleichermaßen zufriedenstellten. Hierzu zählen Streifen wie *Der Maulkorb* (1958), *Der Pauker* (1958), *Peter Voss, der Millionendieb* (1958), *Peter Voss, der Held des Tages* (1959) und *Das kunstseidene Mädchen* (1960). Für seine berühmte Produktion *Rosen für den Staatsanwalt* (1959) wurde er mit dem Bundesfilmpreis ausgezeichnet.

Kurt Ulrich

UNDERCOVERBEAMTE
Verdeckte Ermittler sind keine Erfindung des ausgehenden 20. Jahrhunderts, sondern gehören, wenngleich sparsam eingesetzt, bereits zum Personal der Romane von Edgar Wallace. Folglich sind sie auch in den Verfilmungen bei ihrer nicht ungefährlichen Tätigkeit zu beobachten. Zu den Undercoveragenten beiderlei Geschlechts gehören Thalia Drummond in → *Der rote Kreis* (1959), John Addams in → *Die seltsame Gräfin* (1961), Gregor Gubanow in → *Das Gasthaus an der Themse* (1962), Mr. Leslie in → *Der Zinker* (1963) und Wanda in → *Zimmer 13* (1963).

UNDERDOWN, EDWARD
* 03.12.1908 London,
† 15.12.1989 Hampshire, England
Englischer Schauspieler. Er verkörperte Inspek-

Edward Underdown

tor Adam in → *Das Verrätertor* (1964) und Bennett Sanders in → *Locker Sixty-Nine* (1962). Bevor Underdown 1932 zur Bühne kam, arbeitete er als Jockey. 1933 debütierte er beim Film. Fortan spielte er markante Nebenrollen als Regierungsbeamter, Berufsoffizier, Journalist oder Yard-Inspektor.

Weitere Filme (Auswahl): *Schach dem Teufel* (1954), *Die gelbe Hölle* (1958), *Der Tag, an dem die Erde Feuer fing* (1961), *Dr. Crippen* (1962), *Die Strohpuppe* (1964), *James Bond 007 – Feuerball* (1965), *Die Todeskarten des Dr. Schreck* (1965), *Khartoum* (1966), *Das vergessene Tal* (1970), *Digby – Der größte Hund der Welt* (1973), *The Abdication* (1974), *Tarka der Otter* (1979).

UNDISCLOSED CLIENT, THE

13 Kriminalgeschichten. *Originalausgabe: Digit Books, London 1963.*

Enthält: THE UNDISCLOSED CLIENT (*Die Doppelgängerin*), THE LITTLE GREEN MAN (*Der grüne Mann*, beide in → *Der sentimentale Mr. Simpson*), THE GOVERNOR OF CHI-FOO (bisher nicht übersetzt), THE CHRISTMAS CUP (bisher nicht übersetzt), MR. SIMMONS' PROFESSION (*Mr. Simmons' Beruf*, in → *Das Juwel aus Paris*), CHANGE (Neufassung von MR. SIGEE'S RELATIONS aus → *The Lady Called Nita*; bisher nicht übersetzt), HOW HE LOST HIS MOUSTACHE (bisher nicht übersetzt), SERGEANT RUN-A-MILE (*Der übereifrige Sergeant*, in → *Das Juwel aus Paris*), THE SENTIMENTAL BURGLAR (bisher nicht übersetzt), PEAR DROPS (bisher nicht übersetzt), CONTEMPT (*Und nichts als die Wahrheit*, in → *Das Juwel aus Paris*), A MAN OF NOTE (bisher nicht übersetzt), FOR JEWEYS LAGGIN (bisher nicht übersetzt).

Inhalt: Ein anonymer Ich-Erzähler läßt sich von Wachtmeister Lee aus dessen langer Berufstätigkeit berichten. In *Contempt* geht es um einen angesehe Bürger, der unbedingt einen Dieb zur Strecke bringen will. Dabei schreckt er auch vor unlauteren Mitteln nicht zurück und schleicht sich als einer der zwölf Geschworenen in das Gerichtsverfahren ein. Doch er hat nicht mit der Loyalität des Richters gerechnet, der den Rechtsfanatiker für seine Hinterhältigkeit ins Gefängnis schickt. – *Mr. Simmons' Profession* dreht sich um Gauner und Diebe, in deren Nachbarschaft ein mysteriöser Herr namens Simmons lebt. Sie werden den Verdacht nicht los, daß dieser Simmons mehr auf dem Kerbholz hat als sie alle zusammen. Das scheint zur Gewißheit zu werden, als Simmons eines Tages von einer Reise nach Manchester zurückkehrt und am nächsten Morgen in der Zeitung von einem dortigen Raubüberfall berichtet wird. Als einer der Gauner nach verbüßter Gefängnisstrafe seine Frau umbringt, wird er zum Tode verurteilt. Die letzte Person, die er zu Gesicht bekommt, ist Simmons, der Henker. – Protagonist der Erzählung *Sergeant Run-a-Mile* ist ein nach oben buckelnder, nach unten tretender Polizist, dem jedes Mittel recht ist, wenn es seiner Beförderung dient. Während er in Wachtmeister Lees Revier Sergeant ist, finden häufig Einbrüche statt, und zwar immer dann, wenn der Sergeant Nachtdienst hat. Der diensthabende Inspektor erinnert sich an einen Fall, wo sich ein Mädchen das Vertrauen eines Polizisten erschlich und ihn ausspionierte; der Bruder der jungen Frau verübte dann aufgrund dieser Informationen Einbrüche. Im Gespräch mit dem Inspektor stellt sich heraus, daß der Sergeant mit einem Mädchen liiert ist, das ebenfalls einen Bruder hat. Um die Einbrüche sogleich aufzuklären, lockt der Sergeant sein Mädchen und dessen Bruder in eine Falle und verhaftet sie. Beim Verhör durch den Inspektor wird allerdings schnell klar, daß beide unschuldig sind. Blamiert läßt sich der Sergeant in ein anderes Revier versetzen.

Anmerkung: Bei diesem Band handelt es sich um eine neue Zusammenstellung von bereits früher veröffentlichten Wallace-Geschichten.

UNHEIMLICHE, DER
→ THE SINISTER MAN

UNHEIMLICHE GRÄFIN, DIE
→ THE STRANGE COUNTESS

UNHEIMLICHE MÖNCH, DER (BUCH)
→ THE TERROR

UNHEIMLICHE MÖNCH, DER (FILM I)
Titel einer 1964 geplanten → Rialto-Wallace-Produktion. Das Drehbuch schrieb Harald G. Petersson. Als Regisseur war Harald Philipp vorgesehen, als Darsteller u.a. Heinz Drache, Karin Dor, Grit Böttcher, Agnes Windeck, Ha-

rald Leipnitz, Eddi Arent und Siegfried Schürenberg.

UNHEIMLICHE MÖNCH, DER (FILM II)
Kinofilm. *Bundesrepublik Deutschland 1965. Regie: Harald Reinl. Regieassistenz: Charles M. Wakefield. Script: Gisela Lehmann. Drehbuch: Jochen-Joachim Bartsch und Fred Denger auf der Grundlage eines Drehbuchs von Harald G. Petersson nach dem Roman The Terror von Edgar Wallace. Kamera: Ernst-Wilhelm Kalinke. Kameraassistenz: Joachim Gitt, Dan Cohen. Schnitt: Jutta Hering. Schnittassistenz: Evelyn Siewert, Helga Schlichting. Ton: Clemens Tütsch. Bauten: Wilhelm Vorwerg, Walter Kutz. Oberbeleuchter: Dieter Fabian. Kostüme: Irms Pauli. Garderobe: Klaus Reinke, Gisela Nixdorf. Requisiten: Günter Franke, Günter Beer. Musik: Peter Thomas. Masken: Willi Nixdorf, Charlotte Kersten-Schmidt. Standfotos: Arthur Grimm. Presse: Ringpress. Produktion: Rialto Film Preben Philipsen GmbH & Co. KG, Berlin (West). Produzenten: Preben Philipsen, Horst Wendlandt. Produktionsleitung: Heinz Götze. Aufnahmeleitung: Alfred Arbeiter, Harry Wilbert. Geschäftsführung: Kilian Rebentrost. Produktionssekretärin: Ursula Haarbrücker. Kassiererin:*

Waltraud Peglau. Drehzeit: 06.10.–17.11.1965. Atelier: CCC Film Studios Berlin-Spandau. Außenaufnahmen: London, Berlin (West), Schloß Hastenbeck, Hameln, Mühle Hittfeld, Hafen Hamburg-Harburg. Erst-Verleih: Constantin Film, München. Länge: 86 Minuten (2339 m). Format: 35 mm; s/w; 1:1.66 – Titelvorspann in Farbe. FSK: 10.12.1965 (34966); 16 nff. Uraufführung: 17.12.1965, Passage Kino Saarbrücken. TV-Erstsendung: 26.12.1987 SAT 1. Darsteller: Harald Leipnitz (Inspektor Bratt), Karin Dor (Gwendolin), Eddi Arent (Butler Smith), Il-

se Steppat (Lady Patricia), Siegfried Lowitz (Sir Richard), Dieter Eppler (Sir William), Siegfried Schürenberg (Sir John), Hartmut Reck (Ronny), Rudolf Schündler (Mr. Short), Kurd Pieritz (Monsieur d'Arol), Kurt Waitzmann (Sergeant Cunning), Uta Levka (Lola), Susanne Hsiao (Mai Ling), Dunja Rajter (Dolores), Ursula Glas (Mary), Wilhelm Vorwerg (Notar) und Walter Echtz (Der unheimliche Mönch, Double).

Inhalt: Der verstorbene Schloßherr von Darkwood hat Gwendolin, der Tochter seines vermutlich unschuldig im Zuchthaus sitzenden Sohnes, ein reiches Erbe hinterlassen. Das ist für seine beiden anderen Söhne Richard und William sowie seinen Neffen Ronny Grund genug, das ahnungslose Mädchen zu erpressen und ihr nach dem Leben zu trachten. Ronnys Mutter Patricia will Gwendolin vor den Machenschaften ihrer Verwandten schützen, die sich auch untereinander bis aufs Messer bekämpfen. Im Mittelpunkt des Geschehens steht

Der unheimliche Mönch: **1. Eddi Arent, Siegfried Schürenberg • 2. Uschi Glas, Dunja Rajter**

die Gestalt eines unheimlichen »Mönchs«, auf dessen Weg Toter um Toter zurückbleibt. Inspektor Bratt von Scotland Yard stellt den Unheimlichen, doch kann dieser angeschossen entkommen. Gwendolin, von ihrem Onkel Richard in einen Hinterhalt gelockt, muß entsetzt mit ansehen, wie der plötzlich auftauchende »Mönch« ihren Erpresser hinrichtet. Anschließend überreicht er ihr das Testament des Großvaters und erliegt dann seinen Verletzungen.

Kritiken zum Film: »Aus Harald Reinls Kriminalkabinett ein neuer Wallace, der es leicht hat, seine Betrachter zu fesseln. Reinl ist ein Spezialist für diese Art. Meisterlich setzt er die vom Klassiker der Kriminalstory errechneten Spannungselemente in filmische Vorgänge um: entwirft Bildstimmungen, setzt optische Überraschungen ein, bis endlich der Zuschauer sich in allen seinen Vermutungen getäuscht sieht und des Geheimnisses Enthüllung erst kurz vor Toresschluß erfährt.« (Westdeutsche Allgemeine, Essen, 15.01.1966) »Großartig das Darstelleraufgebot mit Harald Leipnitz, Hartmut Reck an der Spitze, die finsteren undurchsichtigen

Typen sind in der Mehrzahl, das macht den Film noch spannender, als er ohnehin schon ist.« (Westdeutsche Rundschau, 18.12.1965)

Anekdoten: In der Filmstory spielt ein Internat für höhere Töchter eine Rolle, das von dem »unheimlichen Mönch« terrorisiert wird. Die Bemühungen der Kostümbildnerin Irms Pauli und der Aufnahmeleitung um »höhere« Töchter als Komparsinnen führten unversehens zum Eingreifen des Sittendezernats der Berliner Kripo. Pauli hatte mit geübtem Blick unter den Schülerinnen einer Frauenfachschule ein Mädchen entdeckt, das genau ihren Vorstellungen entsprach. Man wurde schnell einig, und die junge Dame versprach begeistert ihre Mitwir-

Der unheimliche Mönch: **1. Eddi Arent, Harald Leipnitz, Siegfried Schürenberg • 2. Der Mönch holt aus • 3. Eddi Arent, Karin Dor**

657

kung. Ein Anruf des Mädchens am Abend, daß ihre Mutter dagegen sei, brachte Irms Pauli nicht aus der Ruhe; sie tröstete das Mädchen und versicherte, daß sie in der Frauenfachschule schon Ersatz finden würde. Dort erwarteten die Filmleute anderntags jedoch ein sehr reservierter Schulleiter und die Kripo. Mißtrauisch geworden, hatte die Mutter des Mädchens im Spandauer Atelier angerufen, war an eine nicht informierte Stelle geraten und hatte prompt die Polizei alarmiert. Irms Pauli und ihre Kollegen wurden zum Verhör aufs Präsidium gebracht, wo sie die Schülerin beim Studium der Mädchenhändlerkartei vorfanden. Natürlich klärte sich alles auf. Es gab Entschuldigungen, und durch den liebenswürdigen Eifer der Schulleitung wurde Komparsen-Ersatz beschafft – aber kostbare Drehzeit war vertan. – Ein weiteres Problem handelte sich Regisseur Harald Reinl bei den Aufnahmen in London ein. Eines Abends erschien die Polizei am Drehort, und zwar ausgerechnet während einer Szene, für die Reinl zwei Komparsen in die Uniform Londoner Bobbys gesteckt hatte. Ohne jede königlich-britisch Zurückhaltung verlangten die echten Beamten, daß die beiden sofort die Uniform ab-

zulegen hätten. Andernfalls würde man sie unverzüglich und ohne richterlichen Beschluß ins Gefängnis einliefern. Reinl hatte unter dem Druck der Dreharbeiten eins der geheiligten Gesetze Englands verletzt: kein Bobby in Bobby-Uniform auf Straßen oder Plätzen, der nicht wirklich ein Bobby ist. Reinl versuchte vergeblich, die Beamten zu veranlassen, bis zum Ende der Szene ein Auge zuzudrücken. So mußten die beiden nervös gewordenen Kleindarsteller vor aller Augen im Freien die Kleider wechseln.

Fazit: Wallace hätte an diesem Film seine helle Freude gehabt.

UNHEIMLICHE MÖNCH, DER/DER CLUB DER VIER (HÖRSPIEL)
→ Maritim-Hörspiel Nr. 8 nach den gleichnamigen Geschichten von Edgar Wallace. *Manuskript: George Chevalier. Musik: Alexander Ester. Ton: Peter Hertling. Produktion und Regie: Hans-Joachim Herwald. Mit den Stimmen von Henry Kielmann (Chefinspektor Bliss), Manoel Ponto (Inspektor Mander), Joachim Richert (O'Shea), Lutz Schnell (Connor), Michael Weckler (Marks), Klaus Peter Kehler (Goddman), Rolf Jahncke (Colonel Redmayne), Karin Eckhold (Mary, seine Tochter), Karen Hüttmann (Mrs. Every), Wolfgang Buresch (Reddy Smith), Gerhart Hinze (Johnny Stark), Klaus Peter Kehler (M. Vanderluis), Manfred Schermutzki (George), Karin Eckhold (Sara), Rolf Jülich (Soapy), Thomas Karallus (Sullivan), Frank Straass (Tyke).*

UNHEIMLICHEN BRIEFE, DIE (BUCH)
→ THE MISSING MILLION

UNHEIMLICHEN BRIEFE, DIE
(FERNSEHEN)
Fernsehfilm. *Deutschland 1997/98. Produktion: Rialto Film im Auftrag von RTL. Produzent: Horst Wendlandt. Regie: Wolfgang F. Henschel. Buch: Peter Jürgensmeier nach einer Idee von Florian Pauer frei nach dem Roman The Missing Million von Edgar Wallace. Kamera: David Slama. Musik: Steven Keusch. Schnitt: Sabine Brose. Architekt: Christoph Schneider. Casting: Angela Marquis. Regieassistenz: Claudia Beween, Peter Altmann. Kameraassistenz: Darius Brunzel. Schnittassistenz: Etienne Boussac. Ton: Andreas Walther, Michael Homann. Kostüme: Ma-*

nuela Nierzwicki. *Maske: Hasso von Hugo, Susanne Kasper. Spezialeffekte: Michael Bouterweck, Daniela Goepel. Stuntteam: Frank Haberland. Aufnahmeleitung: Holger Bohm. Produktionsleitung (London): Norman Foster. Herstellungsleitung: Willy Egger.*

Anmerkung: Der Film wurde in einem Produktionsgang zusammen mit → *Das Schloß des Grauens*, → *Das Haus der toten Augen*, → *Die vier Gerechten* und → *Whiteface* hergestellt. *Produktionszeitraum: 15.09.1997–03.03.1998 in London und Berlin/Brandenburg. Sendelänge: 91 Minuten. Erstsendung: 13.04.2002 Super RTL. Darsteller: Gunter Berger (Inspektor Higgins), Eddi Arent (Sir John), Mariella Ahrens (Barbara Lane), Rosalind Baffoe (Ann Pattison), Klaus Lehmann (Stephen Scott), Udo Schenk (William Bolden), Mogens von Gadow (Robert Frazer), Eva Ebner (Miss Thinwhister), Julia Richter (Peggy Lynch), Peggy Lukac (Ruth Bolden), Helen Vita (Lady Upperworth), H. H. Müller (Tom Averil), Georg Tryphon (Mr. Nelly), Gerry Wolff (Dr. Hubble), Thomas Gosticha, Andreas Janes, Evelyn Meyka, Axel Proche.*

Inhalt: Seltsame gereimte Anzeigen in der *Times* verunsichern drei Londoner Gangster – zu

Recht, denn bald kommen zwei von ihnen ums Leben. Auch einen zwielichtigen Anwalt tötet der geheimnisvolle Killer. Die Inspektoren Higgins und Lane finden heraus, daß der Schlüssel zu diesen Verbrechen ein ungeklärter Diamantenraub bei dem Juwelier Bolden ist. Es hat den Anschein, als würden sich die Beteiligten um die Beute streiten. Schließlich stellt sich heraus, daß der »Überfall« in Wirklichkeit ein Versicherungsbetrug war, hinter dem Bolden persönlich steckte und bei dem ein Mitarbeiter ums Leben kam. Kurz bevor der letzte Mittäter ins Jenseits befördert werden soll, können Higgins und Lane den Mörder stellen.

UNHOLD, DER
→ A KING BY NIGHT

UNKEL, ROLF
→ Komponisten

UNOFFICIAL DISPATCHES. WAR ARTICLES
Kriegsberichte von **Edgar Wallace**. *Originalausgabe: Hutchinson, London 1901.*
Inhalt: Sammlung von 41 Zeitungsartikeln über den südafrikanischen Burenkrieg (1899–

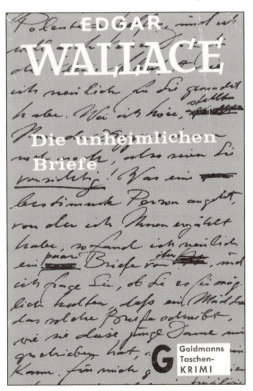

1902), die ihren Erstabdruck 1900 in der Londoner *Daily Mail* erlebt hatten.
Anmerkung: Diese Berichte wurden nicht ins Deutsche übertragen.

UNSICHTBARE, DER
→ THE RINGER

UNTER BUSCHNIGGERN
Geschichten aus dem afrikanischen Busch. Sammelband mit → Sanders-Erzählungen aus den Bänden → *Sanders of the River* und → *Bosambo of the River*. Übersetzung: → *Richard Küas*. Mit einem Vorwort von → *Ravi Ravendro*. *Deutsche Buch-Gemeinschaft, Berlin 1928. Neuausgabe: Deutsche Buch-Gemeinschaft, Berlin 1946.*
Enthält: *Die Erziehung des Häuptlings* (THE EDUCATION OF THE KING), *Die Hüter des Steins* (KEEPERS OF THE STONE), *Bosambo aus Monrovia* (BOSAMBO OF MONROVIA), *Der Schläfrige* (THE DROWSY ONE), *Der Sonderkommissar* (THE SPECIAL COMMISSIONER), *Die Tanzsteine* (THE DANCING STONES), *Der Wald der seligen Träume* (THE FOREST OF HAPPY DREAMS), *Die Akasavas* (THE AKASAVAS), *Der Teufelswald* (THE WOOD OF DEVILS), *Die Liebschaften M'Linos* (THE LOVES OF M'LINO), *Der Zauberdoktor* (THE WITCH DOCTOR), *Der Einsame* (THE LONELY ONE), *Der Seher* (*The Seer*), *Kriegshunde* (DOGS OF WAR), *Arachi, das Pumpgenie* (ARACHI THE BORROWER), *Der Aufstieg des Kaisers* (THE RISE OF THE EMPEROR), *Der Schrittzähler* (THE PEDOMETER).

UNTERHALTUNGSROMANE
Neben seinen → Kriminalromanen, → Turfromanen, → Afrikaerzählungen und zeitkritischen → Kriegsromanen schrieb Wallace auch einige Unterhaltungsromane und heitere Erzählungen. Hierzu zählen → *The Admirable Carfew*, → *Barbara on Her Own*, → *The Books of Bart* und → *Chick*.

URGE TO KILL
(Drang zum Töten)
Kinofilm. England 1960. Produktion: Merton Park. Produzent: Jack Greenwood. Regie: Vernon Sewell. Buch: James Eastwood frei nach Edgar Wallace. Kamera: John Wiles. Schnitt: Geof-

frey Muller. Bauten: Bill Holmes. Ton: Derek Holding, Sydney Rider, Ronald Abbott. Darsteller: Patrick Barr (Superintendent Allen), Howard Pays (Charles Ramskill), Ruth Dunning (Auntie B), Terence Knapp (Hughie), Anna Turner (Lily Willis), Christopher Trace (Sergeant Grey), Margaret St. Barbe-West (Mrs. Willis), Yvonne Buckingham (Gwen). Länge: 58 Minuten.
Inhalt: Ein Mädchen wird ermordet und verstümmelt in einer Hafenstadt aufgefunden. Die Einwohner glauben, daß der zurückgebliebene Hughie, ein Waisenkind, dafür verantwortlich sei. Charles Ramskill, der tatsächliche Täter, lebt bei Hughies Vormund Auntie B. Er versucht den Polizeichef Allen davon zu überzeugen, daß Hughie der Mörder sei. Als Hughie eines Nachts ausgeht, tötet Ramskill ein zweites Mädchen und läßt Hughies Regenmantel neben der Leiche liegen. Die Bürger berufen eine Protestversammlung ein, als Allen sich weigert, Hughie zu verhaften. Während Auntie B bei der Versammlung ist, versucht Ramskill seine Verlobte Lily Willis umzubringen, um Hughie die Schuld in die Schuhe zu schieben. Doch Ramskills Alibi bricht zusammen, und in einem Verhör durch Allen verrät er Einzelheiten über die Morde, die nur dem Täter selbst bekannt sein können.
Kritik zum Film: »Der potentielle Horror ist hier mit wenig Sensationslust behandelt. Howard Pays' unheimliche Dialoge sind so überbetont, daß ihn auch wirklich jeder erkennt. Der größte Teil der Geschichte spielt in einem Wohnzimmer, in dem dauernd Leute rein- und rausgehen. Die Dialoge neigen dazu, das Offensichtliche zu wiederholen, die Motivation für das zweite Verbrechen ist unklar, und die Fehler, die den Mörder verraten, sind unglaublich überzogen und widersprechen der früheren Klugheit.« (Monthly Film Bulletin, 5/1960)
Anmerkung: Dieser Film wurde in Deutschland nicht aufgeführt.

USA
Neben seiner britischen Heimat das schicksalsträchtigste Land für Edgar Wallace. – Auf einer Amerikareise lernte der Autor 1929 auch den Gangsterboß → Al Capone kennen. Nach seiner Rückkehr widmete er ihm das Theaterstück → *On the Spot*, das er danach zu einem Roman umschrieb. Zahlreiche USA-Reminiszenzen enthält auch sein Roman → *The Northing*

Tramp von 1926, der in den nördlichen Staaten an der Grenze zu Kanada spielt. Von seiner letzten Amerikareise, die er im November 1931 antrat, kehrte Wallace nicht mehr zurück. Er starb am 10.02.1932 in Hollywood. – In den USA wurden zu Lebzeiten des Autors und danach einige Serials produziert, nämlich → *The Green Archer* (1925), → *The Terrible People* (1928) und → *The Green Archer* (1940). Im selben Zeitraum entstanden einige Filme: → *The Terror* (1928), → *King Kong* (1932/33), → *Before Dawn* (1933), → *Mystery Liner* (1934), → *The Return of the Terror* (1934), → *Born to Gamble* (1935), → *The Girl From Scotland* Yard (1937), → *Dangerous To Know* (1938) und → *The Missing Guest* (1939). In jüngerer Zeit wurde in den USA nur noch die Neufassung von → *King Kong* (1976) produziert.

V

VALENTINE, VAL
→ Drehbuchautoren

VALLEY OF GHOSTS, THE (BUCH)
Kriminalroman. *Originalausgabe: Odhams, London 1922. Deutsche Erstveröffentlichung: A. S. der Unsichtbare. Übersetzung:* →*Ravi Ravendro. Wilhelm Goldmann Verlag, Leipzig 1929. Neuausgabe: Wilhelm Goldmann Verlag, Leipzig 1933. Neuausgabe: Wilhelm Goldmann Verlag, München 1953. Taschenbuchausgabe: Wilhelm Goldmann Verlag, München 1957 (= Goldmann Taschen-KRIMI 126). Weitere Taschenbuchauflagen im Wilhelm Goldmann Verlag: 1959, 1971, 1973, 1975, 1977, 1978, 1980, 1982, 1985. Jubiläumsausgaben im Wilhelm Goldmann Verlag: 1990, 2000 (= Band 2). Neuübersetzung: Jürgen Abel. Scherz Verlag, Bern, München, Wien 1983 (= Scherz Krimi 905).* – Anläßlich des 125. Geburtstages des Autors brachte der → Weltbild Verlag 2000 eine Wallace-Edition heraus. Hier erschien der Roman in einer Doppelausgabe zusammen mit *Der Doppelgänger (*→ *Double Dan).*
Inhalt: In dem idyllischen Ort Beverley Green treibt der Erpresser und Mörder Albert Selim sein teuflisches Unwesen. Andy Macleod, Arzt und Detektiv bei Scotland Yard, befürchtet das Schlimmste. Ein Bewohner des Städtchens, der exzentrische Millionär Merrivan, verläßt Nacht für Nacht heimlich sein Haus. Wohin er geht, weiß niemand. Eines Tages wird er er-schossen in seinem Haus aufgefunden, das Gesicht angstverzerrt. Kurz zuvor sah man eine Frauengestalt durch den Garten huschen. Die bezaubernde Stella Nelson, ebenfalls Einwohnerin des Ortes, scheint ein Geheimnis zu verbergen. Dasselbe gilt für ihren Vater Kenneth Nelson und für Merrivans Neffen Arthur Wilmot.
Anmerkungen: Der Roman wurde 1928 unter gleichem Titel verfilmt. – Die deutsche Erst-übersetzung sollte ursprünglich unter dem Titel *Das Geistertal* erscheinen.

VALLEY OF GHOSTS, THE (FILM)
(Das Tal der Geister)
Kinofilm. *England 1928. Produktion: British Lion. Regie: G. B. Samuelson. Buch: Edgar Wallace nach seinem Roman The Valley of Ghosts. Darsteller: Miriam Seegar, Ian Hunter, Leo Sheffield, Wally Bosco, George Bellamy, Derrick de Marney.*
Inhalt: Ein junger Detektiv macht in einem kleinen Dorf Urlaub. Hier lernt er im Postamt ein Mädchen kennen, die Tochter eines trunksüchtigen, unbeherrschten Malers. Durch Zufall entdeckt er ein Komplott gegen ihren Bruder – er soll erpreßt werden, weil er eine Rechnung gefälscht hat. Ein Schlafwandler hilft dem Detektiv schließlich, den Fall zu lösen.
Kritik zum Film: »Die ziemlich konventionelle Geschichte enthält ein Geheimnis, das weder sehr interessant noch sehr geheimnisvoll ist, und die Entwicklung des seichten Drehbuchs und die Charakterisierung der verschiedenen Rollen ergeben einen Film, der nicht einmal einem anspruchslosen Publikum empfohlen werden kann.« *(The Bioscope, 1928)*
Anmerkung: Dieser Film wurde in Deutschland nicht aufgeführt.

VALMY, MARCEL
* 13.11.1922 Berlin,
† 22.07.2001 Seefeld;
eigentlicher Name: → *Marcel-Wolfgang Schnitzler-Valmy.*
Valmy schrieb unter dem Namen Wolfgang Schnitzler das Drehbuch für den Wallace-Film → *Die Bande des Schreckens* (1960, erarbeitet aus einem Treatment von → Jochen Joachim Bartsch). Für → *Der grüne Bogenschütze* (1960/61) bearbeitete er das Drehbuch von → Wolfgang Menge.

Marcel Valmy

Nach dem Abitur (1941) studierte Valmy zwei Semester Jura, ehe er bis 1945 Wehrdienst leisten mußte. Danach freier Autor für Film, Funk, Fernsehen und Verlage. Er wirkte als Liedertextdichter, Roman- und Drehbuchautor sowie als Regisseur und Dialogautor an über 500 ausländischen Filmen mit, darunter *In 80 Tagen um die Welt* (1957), *Yeah, Yeah, Yeah* (1964), *Die Kaktusblüte* (1969), *Papillon* (1973) und *Ein Käfig voller Narren* (1978). Er schrieb die Musicals *Dreimal dürfen Sie raten* (1959), *Heuchlerserenade* (1966), *Candide* (1969) und *Hassan* (1975) und schuf die Liedertexte für die Filmmusicals *Camelot* (1968), *Oliver* (1968), *Cat Ballou* (1965), *Anatevka* (1971) und *Alice im Wunderland* (1973). Zu Valmys satirischen Romanen zählen *Heuchlerserenade* (1960), *Hände hoch vor Juliska* (1960), *Nur noch Engel sind so rein* (1962), *Der Mann, dem das Geld nachlief* (1962), *Die wunderbaren Nächte* (1963), *Die Spur führt nach Paris* (1977), und *Das Haus in La Chapelle* (1978). **Weitere Arbeiten als Drehbuchautor** (Auswahl): *Agatha, laß das Morden sein!* (1960), *Wegen Verführung Minderjähriger* (1960), *Verdammt die jungen Sünder nicht* (1961), *Neunzig Minuten nach Mitternacht* (1962).

VARNEL, MARCEL
→ Regisseure

VARNEL, MAX
→ Regisseure

VEITCH, ANTHONY SCOTT
→ Drehbuchautoren

VERBRECHER
→ Bösewichter

VERDAMMTE KONKURRENZ
→ BARBARA ON HER OWN

VERDICT, THE
(Das Urteil)

Kinofilm. *England 1964. Produktion: Merton Park. Produzent: Jack Greenwood. Regie: David Eady. Buch: Arthur La Bern nach dem Roman* When The Gangs Came to London *von Edgar Wallace. Kamera: James Wilson. Musik: Bernard Ebbinghouse, Michael Karr. Bauten: Peter Mullins. Ton: Brian Blamey. Schnitt: Derek Holding. Darsteller: Cec Linder (Joe Armstrong), Zena Marshall (Carola), Nigel Davenport (Larry Mason), Paul Stassino (Danny Thorne), Derek Francis (Superintendent Brett), John Bryans (Prendergast), Derek Patridge (Peter), Glyn Jones (Harry), David Cargill (Johnny), Derek Aylward (Phillips Greene), William Dysart (Sergeant Good), John Moore, Kenneth Benda, William Raynor, Denis Holmes, Dorinda Stevens, Phyllis Rose. Länge: 55 Minuten.*

Inhalt: Die Situation für den Gangster Joe Armstrong scheint aussichtslos. Zusammen mit seiner Freundin Carola wird er aus den USA nach England ausgewiesen, wo ihn ein Prozeß erwartet. Bei seiner Ankunft in London wird er sofort von Scotland-Yard-Inspektor Brett verhaftet. Trotzdem gelingt es ihm, mit seinem Freund Larry Mason einen Plan zu schmieden, der ihn retten könnte. Der Plan scheitert, und Joe ist entsetzt, als er unter den Geschworenen im Gericht ausgerechnet seinen Freund Larry entdeckt.

The Verdict: **Zena Marshall, Derek Francis, Nigel Davenport**

Kritik zum Film: »Das ist ein Film ohne große Originalität, aber auch ohne übertriebene Klischees oder bedeutungslose Szenen. Wie in der Edgar-Wallace-Serie üblich, führt die Hauptbeschäftigung mit den Verwicklungen des Drehbuchs zu einer Farblosigkeit der Charakterzeichnung, und die Darsteller schaffen es nie, aus ihren Rollen interessante Charaktere zu machen. Derek Francis und Cec Linder haben jedoch ihre starken Momente, und da die Geschichte geradeheraus erzählt wird, bleibt das Interesse einigermaßen wach.« (Monthly Film Bulletin, 5/1964)

Anmerkung: Unter dem Titel *Denn erstens kommt es anders* lief dieser Film innerhalb einer zehnteiligen Merton-Park-Wallace-Serie am 23.09.1969 im ZDF.

VERGRIFFENE ROMANE

Nachdem das Leipziger Verlagshaus im Zweiten Weltkrieg zerstört worden war, verlegte → Wilhelm Goldmann den Firmensitz nach München. Seit 1950 wurden dort auch die Wallace-Romane neu aufgelegt, jedoch nicht mehr alle vor dem Krieg erschienenen Titel. Einige davon sind inzwischen im Rahmen der Wallace-Edition des → Weltbild Verlages nachgedruckt worden (vgl. die einzelnen Werkartikel), andere gehören zu den vergriffenen Raritäten, die sich nur mit Glück antiquarisch erwerben lassen. Zu den gesuchten Übersetzungen, die nach 1945 nicht mehr erschienen sind, zählen *Mr. Sorgenfrei* (→ *The Admirable Carfew*), *Das Buch der Allmacht* (→ *The Book of All Power*), *Platz und Sieg* (→ *The Calendar*), *Der Neger Juma* bzw. *Der Unhold* (→ *A King by Night*) und *Der Mann aus dem Carlton* (→ *The Man at the Carlton*).

VERLAG NEUES LEBEN
→ Verlage

VERLAGE (I)

Bevor sich der Verleger → Sir Ernst Hodder-Williams intensiv um die Vermarktung von Wallace' Romanen kümmerte, war der Autor von Verlag zu Verlag gegangen, um seine Arbeiten unterzubringen. Zu den englischen Verlagshäusern, bei denen einzelne Wallace-Titel erschienen, gehören: J. Arrowsmith/Simpkin Marshall (→ *Angel Esquire*, → *The Melody of Death*), Chapman & Hall (→ *Sergeant Sir Peter*), Collins (→ *The Golden Hades*), Gale & Polden (→ *Captain Tatham of Tatham Island*), G. Gill (→ *The Black Avons*), Hulton (→ *Smithy Abroad*), Hutchinson (→ *The Flying Fifty-Five*), John Long (→ *Captains of Souls*), George Newnes (Zweitverleger von → *The Four Just Men* u.a.), Odhams (→ *The Valley of Ghosts*), Pearson (→ *The Fighting Scouts*), Readers Library (→ *Elegant Edward*), Tallis Press (→ *Four Just Men*), Ward Lock & Co. (→ *The Council of Justice*, → *The Duke in the Suburbs*) und Webster (→ *Educated Evans*). Die Verleger aller anderen Originalausgaben sind in den einzelnen Werkartikeln angegeben. Später ließ Wallace mehrere seiner Romane bei verschiedenen Verlagen gleichzeitig drucken, um durch die Konkurrenz die Verkaufszahlen in die Höhe zu treiben.

VERLAGE (II)

Neben den bekannten deutschsprachigen Verlagen, die eine große Zahl von Wallace-Titeln veröffentlichten (→ Goldmann, → Heyne, → Scherz, → Tauchnitz, → Weltbild), gibt es andere, die nur einzelne Romane druckten bzw. Ende der 20er/Anfang der 30er Jahre mit dem → Goldmann-Verlag konkurrierten. Auch nach 1945 haben verschiedenste Verlage versucht, Wallace-Romane auf den Markt zu bringen oder auf andere Weise vom Wallace-Fieber zu profitieren. Im einzelnen sind folgende Firmen zu erwähnen:

- **AUFBAU VERLAG** (Berlin): Der ehemalige DDR-Verlag, der sich nach der Wende auf dem gesamtdeutschen Buchmarkt etablieren konnte, brachte die Romane *Die gefiederte Schlange* (1970 in der Übersetzung von → Ravi Ravendro; → *The Feathered Serpent*) und *Der Pfeifer* (1984 in der Übersetzung von Klaus Schirmeister; → *The Squeaker*) heraus.
- **BERTELSMANN VERLAG** (Gütersloh): Veröffentlichte 1983–87 unter dem Titel → *Das silberne Dreieck* 15 Jugendbücher nach Motiven von Edgar Wallace.
- **DEMOKRATISCHE DRUCK UND VERLAGSGESELLSCHAFT LINZ** (Österreich): Brachte 1952 den Wallace-Roman *Das Haus ohne Fenster* (→ *Mr. Dodd and Mr. Dodgehill*) in der Übersetzung von Florence Palfrey auf den Markt.
- **EDEN VERLAG** (Berlin): Veröffentlichte Ende der 20er Jahre unter dem Label Ehrlichs Kriminal Bücherei auch einige Wallace-Romane,

darunter *Geheime Mächte* (→ *Captains of Souls*), *Käthe und ihre Zehn* (→ *Kate Plus Ten*), *Lord wider Willen* (→ *Chick*), *Richter Maxells Verbrechen* (→ *Mr. Justic Maxell*) und *Zimmer 13* (→ *Room 13*).

• **FREITAG VERLAG** (München): Hier sind 1948 die Romane *Der Derbysieger* (→ *Down under Donavan*), *Die Melodie des Todes* (→ *The Melody of Death*), *Der Zinker* (→ *The Squeaker*; alle in der Übersetzung von → Ravi Ravendro), *Der Safe mit dem Rätselschloß* (→ *Angel Esquire*; in der Übersetzung von Eva Schumann), *Die vier Gerechten* (→ *The Four Just Men*; in der Übersetzung von Clarisse Meittner) und *Hands Up!* (→ *The Gunner*; in der Übersetzung von → Fritz Pütsch) erschienen.

• **HENSCHEL VERLAG** (Berlin): Gab 1928 in seiner Tribunalbibliothek den Wallace-Roman *Das Gesicht im Dunkel* (→ *The Face in the Night*) heraus.

• **HESSE & BECKER VERLAG** (Dreieich): Brachte 1986 Wallace' Afrikaerzählungen in sechs Doppelbänden heraus; es erschienen: *1. Sanders vom Strom* (→ *Sanders of the River*)/*Bosambo von Monrovia* (→ *Bosambo*), *2. Bones in Afrika* (→ *Bones*)/*Leutnant Bones* (→ *Lieutenant Bones*), *3. Sanders* (→ *Sanders*)/*Bones vom Strom* (→ *Bones of the River*), *4. Sanders der Königsmacher* (→ *Sandi the King Maker*)/*Hüter des Friedens* (→ *The Keepers of the King's Peace*), *5. Bones in London* (→ *Bones in London*)/*Der Diamantenfluß* (→ *The River of Stars*), *6. Die Eingeborenen vom Strom* (→ *The People of the River*)/*Am großen Strom* (→ *Again Sanders*).

• **KIBU VERLAG** (Menden): In diesem Verlag erschienen 1984 sechs Jugendbücher nach Motiven von Edgar Wallace unter dem Titel → *Edgar Wallace löst das Rätsel*.

• **GUSTAV KIEPENHEUER VERLAG** (Leipzig, Weimar): Hier wurden zu DDR-Zeiten einige Wallace-Romane gedruckt, meist bearbeitete Übersetzungen des → Goldmann Verlages; es erschienen u.a. *Der schwarze Abt* (→ *The Black Abbot*); *Der Hexer* (→ *The Ringer*) und *Der Mann, der seinen Namen änderte* (→ *The Man Who Changed His Name*).

• **KINDERBUCHVERLAG** (Berlin): Dieser DDR-Verlag brachte 1988 unter dem Titel → *Geschichten vom Hexer* (→ *Again the Ringer*) eine Neuübersetzung der *Hexer*-Geschichten heraus.

• **KLARTEXT VERLAG** (Essen): Hier erschien 2002 das Edgar-Wallace-Filmbuch *Der Hexer, der Zinker und andere Mörder*.

• **KULTUR VERLAG** (München): Veröffentlichte 1928 den Wallace-Roman *Ein gerissener Kerl* (→ *The Twister*).

• **LESE- UND FREIZEITVERLAG** (Ravensburg): Brachte unter dem Titel → *Erpressung mit Rosen* einige Wallace-Kurzgeschichten in Neuübersetzung von Angelika Feilhauer und Anne Höfler heraus.

• **MARTIN MASCHLER VERLAG** (Berlin): Gab seit 1928 als Nachfolger des Verlages Josef Singer einige Wallace-Romane in der Reihe → Erdkreisbücher heraus. In der Kultur-Reihe erschien ferner der Roman *Ein gerissener Kerl* (→ *The Twister*).

• **MILITZKE VERLAG** (Leipzig): Hier erschienen 1999 die Biographie *Edgar Wallace: Ein Leben wie im Film* und 2000 *Narbengesicht*, eine Neufassung des Romans → *On the Spot*, beides aus der Feder von → Wolfgang Schüler.

• **MOEWIG UND HÖFFNER** (Dresden): Hier erschien 1924 die erste deutsche Übersetzung eines Wallace-Romans: *Die verschwundene Million* (→ *The Missing Million*).

• **NEUES LEBEN:** s. Verlag Neues Leben.

• **MUNDUS VERLAG** (Wien): Brachte 1948 in der Übersetzung von Thomas Edmund Kauer die Romane *Das Geheimnis der Stecknadel* (→ *The Clue of the New Pin*) und *Der Würger* (→ *The Frightened Lady*) auf den Markt.

• **ÖSTERREICHISCHE ROTA VERLAGSGESELLSCHAFT** (Wien): Veröffentlichte 1952 in seiner Reihe Bären-Bücher die Wallace-Geschichte *Der Lächler* (→ *On The Night Of The Fire*) in der Übersetzung von Robert Peterka.

• **PHAIDON VERLAG** (Wien): Publizierte 1927 in der Übersetzung von Clarisse Meittner erstmals den Roman *Die vier Gerechten* (→ *The Four Just Men*) in deutscher Sprache.

• **RIKOLA VERLAG** (Wien): Veröffentlichte 1926 in der Übersetzung von Alma Johanna Koenig erstmals den Roman *The Fellowship of the Frog* (→ *Der Frosch mit der Maske*) in deutscher Sprache.

• **FRANZ SCHNEIDER VERLAG** (München, Wien): Brachte unter dem Titel → *Edgar Wallace jagt das Phantom* 1983–85 fünf Jugendbücher nach Motiven von Edgar Wallace heraus.

- **SCHWEIZER DRUCK UND VERLAGSHAUS** (Zürich): Druckte Anfang der 50er Jahre folgende Romane: *Die toten Augen von London* (→ *The Dark Eyes of London*), *Der grüne Bogenschütze* (→ *The Green Archer*), *Der grüne Brand* (→ *The Green Rust*), *Der Zinker* (→ *The Squeaker*) und *John Flack* (→ *Terror Keep*).
- **SINGER VERLAG** (Berlin): Bei Singer erschienen 1928 einige Wallace-Romane unter dem Label → Erdkreisbücher. Später wurde diese Reihe vom Verlag Martin Maschler übernommen.
- **GERHARD STALLING VERLAG** (Oldenburg): Veröffentlichte 1928 den Wallace-Roman *Ein gerissener Kerl* (→ *The Twister*).
- **THIENEMANNS VERLAG** (Stuttgart): Brachte 1983/84 Jugendkrimis von Christopher Knock nach Motiven von Edgar Wallace unter dem Titel → *Edgar Wallace und der Fall* heraus.
- **ULLSTEIN VERLAG** (Berlin): Hier erschienen 1930 (unter dem Label Bären Bücher) der Wallace-Roman *Treffbube ist Trumpf* (→ *Jack*

O'Judgement*) und 1964 *Käthe und die Bande der Zehn* (→ *Kate Plus Ten*).
- **VERLAG HANS RICHARZ** (St. Augustin): Brachte Ende der 70er/Anfang der 80er Jahre die Wallace-Romane *Die toten Augen von London* (→ *The Dark Eyes of London*), *Der Hexer* (→ *The Ringer*) und *Der Zinker* (→ *The Squeaker*) in Großdruck.
- **VERLAG NEUES LEBEN** (Berlin): Dieser DDR-Verlag veröffentlichte 1987 die Wallace-Romane *Die toten Augen von London* (→ *The Dark Eyes of London*), *Der feuerrote Kreis* (→ *The Crimson Circle*) und *Der Fälscher* (→ *The Forger*) in neuer Übersetzung von Peter Meier und Edith Boldt heraus.

VERRÄTERTOR, DAS (BUCH)
→ THE TRAITOR'S GATE

VERRÄTERTOR, DAS (FILM I)
Titel einer → Rialto-Wallace-Planung für die → Constantin Film aus dem Jahr 1961. Das Drehbuch schrieb → Johannes Kai. Das Projekt wurde bis 1964 verschoben und dann fallengelassen.

VERRÄTERTOR, DAS (FILM II)
(The Traitor's Gate)
Kinofilm. *Bundesrepublik Deutschland/Großbritannien 1964. Regie: Freddie Francis. Regieassistenz: Claude Hudson. Drehbuch: John Sansom (d.i. Jimmy Sangster) basierend auf einem Drehbuch von Basil Dawson und Johannes Kai (d.i. Hanns Wiedmann) nach dem Roman The Traitor's Gate von Edgar Wallace. Kamera: Denys Coop. Kameraassistenz: Ray Hearne, Ron Taylor. Schnitt: Oswald Hafenrichter. Ton: Bill Bulkley. Bauten: Tony Inglis. Requisiten: W. Evan, G. Roger. Musik: Peter Thomas. Kostüme: John Fairlie. Garderobe: Gene Fairlie. Masken: Jill Carpenter. Aufnahmeleitung: Ted Wallis. Standfotos: W. Heane. Produktionsleitung: Wolfgang Kühnlenz. Herstellungsleitung: E. M. Smedley Aston, Ted Lloyd. Produzenten: E. M. Smedley Aston, Ted Lloyd, Preben Philipsen, Horst Wendlandt. Drehzeit: 18.08.–21.09. 1964. Atelier: Twickenham Studios, London. Außenaufnahmen: London. Produktion: Summit Film Productions Ltd., London, in Zusammenarbeit mit Rialto Film Preben Philipsen GmbH & Co. KG, Berlin (West). Erst-Verleih: Constantin Film, München. Länge: 87 Minuten*

(2386 m). Format: 35 mm; s/w; 1:1.66 – Titelvorspann in Farbe. FSK: 16.12.1964 (33216); 12 nff; 18.12.1964. Uraufführung: 18.12. 1964. TV-Erstsendung: 25.06.1974 ZDF. Darsteller: Albert Lieven (Trayne), Margot Trooger (Dinah Pawling), Gary Raymond (Graham/Richard), Catherina von Schell (Hope), Kate Wild (Mary), Klaus Kinski (Kane), Harry Baird (Matrose), Heinz Bernard (Martin), Beresford William (Warden), Anthony James (Chauffeur John), Hedger Wallace (Sergeant Alexander), Tim Barrett (Lloyde), Marianne Stone (Kassiererin), Edward Underdown (Inspektor Gray), Robert Hunter (Captain), Eddi Arent (Hector), Maurice Good (King), Dave Birks (Spider), Caro Gardner (Blondine), Alec Ross (Sergeant Carter), Frank Forsyth (Chefaufseher der Leibgarde), Julie Mendez (Stripperin), Frank Siema (Führungsaufseher), Peter Porteous (Kelly), Joe Ritchi (Verkäufer).

Inhalt: Trayne, ein wohlhabender Geschäftsmann, hat einen raffinierten Plan ausgeklügelt, um in den Besitz der Kronjuwelen aus dem Londoner Tower zu gelangen. Ein entflohener Sträfling namens Graham soll mit dem wachhabenden Offizier, dem er verblüffend ähnlich sieht, ausgetauscht werden. Nachdem die Sicherungsanlagen zerstört worden sind, sollen fünf berufsmäßige Fassadenkletterer die eigentliche Arbeit tun. Ein zur Flucht bereitstehender Dampfer soll die Ganoven nach Amsterdam bringen. Diesen minutiös ausgearbeiteten Plan hat Trayne allen Bandenmitgliedern mitgeteilt. Was er ihnen verschwiegen hat, ist die Tatsache, daß auf dem Schiff nur imitierte Juwelen sowie eine Bombe sein werden, während er selbst mit dem echten Schatz per Hubschrauber entkommen will. Ein genialer Plan, der nur einen schwachen Punkt hat: die Habgier seines Erfinders.

Kritiken zum Film: »Dieser deutsch-englische Edgar-Wallace-Film ist ein mit ungewöhnlichem Aufwand in Szene gesetzter Staatsstreich einer Londoner Gangsterbande. Krimispezia-

Das Verrätertor: 1. Anthony James, Catherina von Schell • 2. Gary Raymond, Eddi Arent

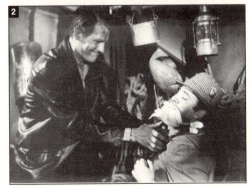

list Freddie Francis läßt sich dabei nicht lumpen. Seine Regie verbindet wirksam die historische Atmosphäre des Towers mit modernster Verbrechertechnik, so daß zeitweilig echte Spannung entsteht.« (Der Kurier, Berlin, 29.05.1965) »Ein Krimi zum Lächeln und Gruseln gleicherweise, denn mit Morden geht man nicht sparsam um. Spannend aufgezogen und raffiniert fotografiert.« (Nordsee Zeitung, Bremerhaven, 15.02.1965)
Fazit: Nostalgiefilm für London-Fans.

VERRÄTERTOR, DAS (HÖRSPIEL)
→ Europa-Hörspielproduktion Nr. 9 nach dem gleichnamigen Roman von Edgar Wallace.
Buch: Frank Sky. Regie: Heikedine Körting. Titelmelodie: David Allen. Musik und Effekte: Bert Brac, Betty George. Künstlerische Gesamtleitung: Andreas Beurmann. Mit den Stimmen von Horst Naumann (Erzähler), Lutz Mackensy (Leutnant Dick Hallowell), Fritz Schwetzer (Graham Hallowell), Carin Abicht (Miss Hope Joyner), Ruth Niehaus (Diana), Hannes Messemer (Riki, Fürst von Kishlastan), Werner Harms (Colley Warrington), Hinrich Bahr (Tiger Trayne), Joachim Wolff (Kapitän), Wilfried Rambach (Bobby), Andreas von der Meden (Oberst Ruislip), Peter Lakenmacher (Sergeant), Michael Kuhnert (Joab).

VERSCHWUNDENE MILLION, DIE
→ *The Missing Million*

VERTEUFELTE HERR ENGEL, DER
→ *Angel Esquire*

Das Verrätertor: 1. Klaus Kinski, Catherina von Schell • 2. Gary Raymond, Klaus Kinski • 3. Edward Underdown, Catherina von Schell, Gary Raymond • 4. Catherine von Schell, Gary Raymond

VIAJE A BANGKOK, ATAUD INCLUIDE
(Reise nach Bangkok, Sarg inklusive)
Kinofilm. *Spanien 1985. Regie: Jess Franco. Buch: David Khune (Pseudonym von Jess Franco) frei nach Edgar Wallace. Kamera: Juan Soler. Musik: Jess Franco. Schnitt: Lina Romay. Darsteller: Carlos Aguilar, Katja Bienert, Christian Borck, Rafael Cores, Ana Espejo, José Miguel Garcia, Helena Garret, José Llamas, Oscar San Juan, Juan Solar, Julia Teren, Trino Trives, Howard Vernon und Dennis Farnon (Pseudonym von Jess Franco). Länge: 92 Minuten.*
Inhalt: Actionreicher Film über eine lebensgefährliche Reise nach Thailand – sehr frei nach Edgar Wallace.
Anmerkung: Es ist von diesem Film keine deutsche Veröffentlichung bekannt.

VIDEO

Alle Filme der deutschen → Rialto-Wallace-Serie sind auch als Video erschienen (Kinowelt). Darüber hinaus liegen folgende Wallace-Filme als Video-Kassetten vor: → *Der Rächer* (Kinowelt), → *Der Fluch der gelben Schlange* (TopPic), → *Das Rätsel des silbernen Dreieck* (Kino-welt), → *Der Teufel kam aus Akasava* (TopPic) und → *Die Pagode zum fünften Schrecken* (Taurus Video).

VIER GERECHTEN, DIE (BUCH)
→ THE FOUR JUST MEN

VIER GERECHTEN, DIE (FERNSEHEN I)
→ THE FOUR JUST MEN (FERNSEHEN)

VIER GERECHTEN, DIE (FERNSEHEN II)
Fernsehfilm. *Deutschland 1997/98. Produktion: Rialto Film im Auftrag von RTL. Produzent: Horst Wendlandt. Regie: Wolfgang F. Henschel. Buch: Peter Jürgensmeier nach einer Idee von Florian Pauer frei nach dem Roman The Four Just Men von Edgar Wallace. Kamera: David Slama. Musik: Steven Keusch. Schnitt: Sabine Brose. Architekt: Christoph Schneider. Casting: Angela Marquis. Regieassistenz: Claudia Beween, Peter Altmann. Kameraassistenz: Darius Brunzel. Schnittassistenz: Etienne Boussac. Ton: Andreas Walther, Michael Homann. Kostüme: Manuela Nierzwicki. Maske: Hasso von Hugo, Susanne Kasper. Spezialeffekte: Michael*

Bouterweck, Daniela Goepel. Stuntteam: Frank Haberland. Aufnahmeleitung: Holger Bohm. Produktionsleitung (London): Norman Foster. Herstellungsleitung: Willy Egger.

Anmerkung: Der Film wurde in einem Produktionsgang zusammen mit → *Das Haus der toten Augen*, → *Das Schloß des Grauens*, → *Die unheimlichen Briefe* und → *Whiteface* hergestellt. *Produktionszeitraum: 15.09.97–03.03. 98 in London und Berlin/Brandenburg. Sendelänge: 93 Minuten. Erstsendung: 20.08.2002 Super RTL. Darsteller: Gunter Berger (Inspektor Higgins), Eddi Arent (Sir John), Rebecca Immanuel (Kate Nelson), Rosalind Baffoe (Ann Pattison), Christoph Quest (Sir Peter Ashley), Dorothea Schenck (Helen Ashley), Urs Remond (Oliver Woods), Leon Boden (Reginald Coltrane), Rüdiger Kuhlbrodt (Lord Paddington), Lars Rudolph (Billy Andrews), Inge Wolffberg (Diane West), Hans-Dieter Brückner (Tim Burton), Dorothea Myller (Lucy Andrews), Johanna Elbauer (Lady Ashley), Laura Schuhrk (Maria Antonescu), Heribert Sasse (Professor Helsing),*

Udo Schenck, Herbert Czerniak, Gabi Decker, Victoria Madincea.

Inhalt: Lord Paddington, ein ehrenwertes Mitglied der Gesellschaft, wird mit einem kleinen Tennisball in die Luft gesprengt. »Die vier Gerechten→ sprechen allerdings nicht von Mord. »Wegen unzähliger Verbrechen zum Tode verurteilt und hingerichtet→ – diese Mitteilung hinterlassen sie am Tatort. Es müssen noch weitere »ehrenwcrtc→ Hcrrschaften sterben, ehe ein Parfüm Inspektor Higgins den Mörder verrät und die noblen Männer als Köpfe des organisierten Mädchenhandels enttarnt werden können.

VIERECKIGE SMARAGD, DER
→ THE SQUARE EMERALD

VIERTE PLAGE, DIE
→ THE FOURTH PLAGUE

VIGNEY, BENNO
→ Drehbuchautoren

VIGNOLA, ROBERT G.
→ Regisseure

VILLIER, DAVID
→ Regisseure

VOHRER, ALFRED
* 29.12.1914 Stuttgart,
† 03.02.1986 München
Deutscher Regisseur. Vohrer leitete die Aufnahmen von 14 Wallace-Filmen von der Schwarzweiß- bis zur Farbfilmära: → *Die toten Augen von London* (1961), → *Die Tür mit den 7 Schlössern* (1962), → *Das Gasthaus an der Themse* (1962), → *Der Zinker* (1963), → *Das indische Tuch* (1963), → *Der Hexer* (1964), → *Neues vom Hexer* (1965), → *Der Bucklige von Soho* (1966), → *Die blaue Hand* (1967), → *Der Mönch mit der Peitsche* (1967), → *Der Hund von Blackwood Castle* (1967), → *Im Banne des Unheimlichen* (1968), → *Der Gorilla von Soho* (1968) und → *Der Mann mit dem Glasauge* (1968). In seinen Wallace-Filmen wirkte Vohrer auch als Darsteller mit. Kurzauftritte hatte er ın *Die Tür mit den 7 Schlossern, Neues vom Hexer* und *Im Banne des Unheimlichen.* Darüber hinaus hörte man seine unverkennbare Stimme einige Male durch Telefon oder Laut-

sprecher (u.a. in *Das indische Tuch, Die blaue Hand*) sowie als »Wallace-Stimme→ zu Beginn von *Das Gasthaus an der Themse* und *Der Zinker*.

Der Sohn eines Verlagskaufmanns nahm nach der Schulzeit in Stuttgart Schauspielunterricht. Das erste Engagement führte ihn nach Eßlingen an die Württembergische Landesbühne, wo er sich die notwendige Bühnensicherheit erspielen konnte. Weiteren Plänen setzte der Krieg ein Ende. Eine schwere Verwundung zwang ihn zur Aufgabe des Schauspielerberufs. Allerdings hatte Vohrer das Glück, weiterhin künstlerisch arbeiten zu können, denn Harald Braun holte ihn 1942 als Regieassistenten zur UFA nach Neubabelsberg. Nach Kriegsende war Vohrer bis 1948 als Oberspielleiter beim Stuttgarter Rundfunksender tätig, danach in München als Dialogregisseur für verschiedene Synchronfirmen. 1950 gründete er mit einem Kompagnon eine eigene Synchron- und Produktionsgesellschaft, die Ultra-Film in Berlin. In der Folgezeit arbeitete Vohrer eine Vielzahl von Auslandsfilmen sehr einfühlsam für den deutschen Kinomarkt auf. Hierzu zählte 1957 der Welterfolg *Die Brücke am Kwai*, für den die Stimme jedes deutschen Sprechers bis ins Detail dem ausländischen Original angeglichen wurde. 1958 drehte der ambitionierte Filmbegeisterte in eigener Firma und Regie seinen ersten Spielfilm *Schmutziger Engel*. Nachdem er 1960 die von der → Constantin Film in Auftrag gegebene Produktion *Bis daß das Geld euch scheidet* realisiert hatte, befürwortete der Produktionschef der Constantin, → Gerhard F. Hummel, → Horst Wendlandts Vorschlag, Vohrer für die Wallace-Produktion → *Die toten Augen von London* zu engagieren. Das war der Beginn einer 19maligen Zusammenarbeit zwischen Vohrer und der → Rialto Film, für die er neben seinen Wallace-Krimis auch die Filme *Unser Haus in Kamerun* (1961), *Wartezimmer zum Jenseits* (1964) und die drei Karl-May-Filme *Unter Geiern* (1964), *Old Surehand 1. Teil* (1965) und *Winnetou und sein Freund Old Firehand* (1966) lieferte. Weitere Projekte zwischen Vohrer und der Rialto – vorgesehen waren *Old Surehand 2. Teil, Der Hexer III* (in Farbe) und *Die große Treibjagd* (nach Claude Ranks Bestseller) – blieben unausgeführt, ebenso wie

Alfred Vohrer mit Heinz Drache –
Dreharbeiten zu *Neues vom Hexer* (1965)

Alfred Vohrer im Regiestuhl

Vorhaben für andere Produzenten, die dann oft von anderen Regisseuren realisiert wurden (u.a. *Die unsichtbaren Krallen des Dr. Mabuse, Heimkehr nach Björndahl, Dynamit in grüner Seide, Das Freudenhaus, Ein Arzt bricht sein Schweigen*). Nach Zwischenspielen während seiner Rialto-Tätigkeit bei der Sascha Film Wien (*Ein Alibi zerbricht*, 1963) und der → CCC Film → Artur Brauners (*Lange Beine – lange Finger*, 1966) begann 1969 seine Zusammenarbeit mit → Luggi Waldleitners → Roxy Film. Für diesen Produzenten realisierte er zwölf Filme, u.a. *Sieben Tage Frist* (1969; nach Paul Henricks), *Perrak* (1970), *Das gelbe Haus am Pinnasberg* (1970; nach Bengta Bischoff), *Und der Regen verwischt jede Spur* (1972; nach Alexander Puschkin), *Drei Männer im Schnee* (1974; nach Erich Kästner) sowie die Simmel-Verfilmungen *Und Jimmy ging zum Regenbogen* (1970), *Liebe ist nur ein Wort* (1971), *Der Stoff aus dem die Träume sind* (1972), *Alle Menschen werden Brüder* (1972/73), *Gott schützt die Liebenden* (1973) und *Die Antwort kennt nur der Wind* (1974). Seit 1974 inszenierte er im Auftrag der

Constantin Film für verschiedene Produzenten die Filme *Verbrechen nach Schulschluß* (1975), *Edelweißkönig* (1975) und *Das Schweigen im Walde* (1976; beide nach Ludwig Ganghofer), *Wer stirbt schon gerne unter Palmen* (1974; nach Heinz G. Konsalik) und *Jeder stirbt für sich allein* (1975; nach Hans Fallada). Mit der Verfilmung des Bestsellers *Anita Drögemöller und die Ruhe an der Ruhr* (1976) von Jürgen Lodemann verabschiedete sich Vohrer vom Kino und widmete sich fortan dem Fernsehen. Bis zu seinem Tod inszenierte er diverse Episoden der TV-Serien *Derrick, Der Alte, Schwarzwaldklinik, Das Traumschiff, Weißblaue Geschichten, Krumme Touren* und *Hessische Geschichten*. In der Nacht vor den Dreharbeiten an einer neuen Folge von *Der Alte* erlag Vohrer im Februar 1986 in einem Münchner Hotel einem Herzinfarkt. – Besonderes Merkmal der Regiearbeit Vohrers war sein Festhalten am eingespielten Team, vor allem an den Kameramännern → Karl Löb, → Ernst-Wilhelm Kalinke und Charly Steinberger sowie an seiner langjährigen Regieassistentin → Eva Ebner.

Alfred Vohrer mit Joachim Fuchsberger und Siw Mattson – Dreharbeiten zu *Im Banne des Unheimlichen* (1968)

Alfred Vohrer mit Sophie Hardy (links) und Eva Ebner – Dreharbeiten zu *Der Hexer* (1964)

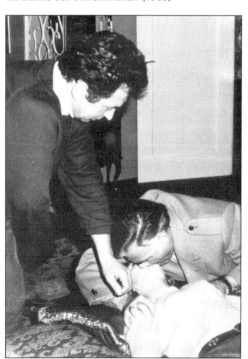

Interview-Zitate: Aus einem Gespräch anläßlich der Dreharbeiten zu → *Die toten Augen von London*. Frage: »Sie haben doch bisher in Ihren Filmen – wie etwa *Schmutziger Engel*, *Verbrechen nach Schulschluß*, *Mit 17 weint man nicht* oder *Bis daß das Geld euch scheidet* – vorzugsweise Sozial- oder Jugendprobleme aufgegriffen. Nun aber inszenieren Sie erstmalig Kriminalfilm. Darf man daraus schließen, daß Sie sich fortan dem Kriminalfilm zuwenden wollen, oder ist dieser Film für Sie lediglich ein Abstecher bzw. eine angenehme Abwechslung?→ – Vohrer: »Ich habe durchaus nicht die Absicht, jetzt nur noch Kriminalfilme zu machen. Ein Film muß mich prinzipiell vom Thema oder von der Fabel her interessieren. *Die toten Augen von London* haben mich deshalb gefesselt, weil es für mich eines der vollkommensten und spannendsten Bücher von Edgar Wallace ist. Ich werde sicherlich auch wieder jugendproblemati-

sche Themen verfilmen, wenn ich ein entsprechendes Buch finde. Das trifft ebenso auf Gesellschaftsfilme oder Lustspielfilme zu, wenn nur die Fabel stimmt und das Thema allgemein zu interessieren verspricht.« – Frage: »Jürgen Roland, den man wohl als Kriminalfilm-Spezialisten bezeichnen kann, hat uns erklärt, daß ein Kriminalfilm-Regisseur besonders versiert sein muß, wenn seine Filme auch im fachlichen Detail, also in den Einzelheiten kriminalpolizeilicher Arbeit, stimmen sollen. Teilen Sie diese Meinung?→ – Vohrer: »Ich schätze meinen Kollegen Roland sehr. Doch, was er sagt, mag auf seine ausgezeichnete *Stahlnetz*-Serie im Fernsehen zutreffen, nicht aber auf Kriminalfilme im allgemeinen. Für die dokumentarisch angelegten Kriminalfilme ist eine genaue Kenntnis der polizeilichen Arbeit gewiß nötig, bei anderen Kriminalfilmen wird sicherlich ein einigermaßen gutes Elementarwissen genügen. Im übri-

Alfred Vohrer: 1. Mit Heinz Drache (links), Siegfried Schürenberg und Elisabeth Flickenschildt – Dreharbeiten zu *Das indische Tuch* (1963) • 2. Mit Ady Berber und Liselotte Christ – Dreharbeiten zu *Die toten Augen von London* (1961) • 3. Mit Ilse Pagé und Richard Haller – Dreharbeiten zu *Der Bucklige von Soho* (1966) • 4. Mit Pinkas Braun und Suzanne Roquette – Dreharbeiten zu *Der Bucklige von Soho* (1966)

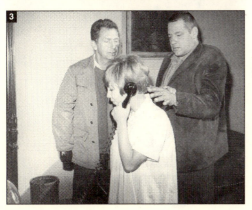

gen stehen in Zweifelsfällen ja immer Sachbearbeiter als Berater zur Verfügung. Falls Jürgen Rolands These stimmt, dann müßte ein Regisseur ja ein Allround-Spezialist sein, der in allen erdenklichen Fachgebieten, die ein Film im Rahmen seiner Handlung berührt, versiert ist. Das aber wäre, allein schon bei der Vielfalt verschiedenartigster Filmthemen, kaum möglich. Oder sollte man gar verlangen, daß Jugendfilme nur von Jugendpflegern gemacht werden dürfen?→ – Frage: »Wenn alles so weitergeht, wird man wohl in absehbarer Zeit das erste Dutzend Wallace-Verfilmungen verzeichnen können. Wie erklären Sie sich nun die ungewöhnliche Popularität der Wallace-Filme?→ – Vohrer: »Edgar Wallace' Popularität ist leicht zu erklären: Er hat einfach das geschrieben, was wir ›guten Kintopp‹ nennen – eine vortreffliche Mischung aus Spannung, Überraschung, Sex, Humor und Irreführung (ohne dabei den Leser zu verletzen!). Bei ihm werden die verschiedensten Geschmacksrichtungen befriedigt. In seinen Romanen ist gewissermaßen ›alles drin‹; die Lektüre seiner Bücher bietet einen unterhalten-

den Ausgleich für die Alltagssorgen. Um wieviel mehr muß das erst bei den Wallace-Filmen zutreffen, denn die lebhafte Handlungsvielfalt seiner Romane schreit förmlich nach einer Verfilmung. Ich bin davon überzeugt, daß Wallace, falls er noch leben würde, keine Romane, sondern Illustrierten-Berichte schriebe.« (Filmtelegramm, März 1961). – Anläßlich der Dreharbeiten zu → Der Gorilla von Soho äußerte Vohrer: »Wir wollen wieder frisches Blut in die Serie pumpen, und so kamen wir auf die Idee, diese beiden Figuren zu entwickeln, die sich ganz mit dem Stil der Wallace-Filme decken. Perkins ist der Ernstere, Besonnene, Pepper der Lustige, Komische, Witzige, der aber nicht weniger raffiniert arbeitet. Dieses Team, Tappert und Friedrichsen, ist so gut, daß ich daran denke, es als ständige Einrichtung beizubehalten. Wenn alles so gut geht, wie wir meinen, dann gibt es beim nächsten Wallace ein Wiedersehen mit Inspektor Perkins und Sergeant Pepper.«

VÖLGER, WERNER
* 26.04.1908 Crottendorf (Erzgebirge);
eigentlicher Name: Werner Vögler
Deutscher Regisseur. Leitete die Aufnahmen des Fernsehfilms → *Der Mann der seinen Na-*

1. **Alfred Vohrer mit Uta Levka, Heinz Drache und Ilse Pagé – Dreharbeiten zu *Der Hund von Blackwood Castle* (1967) • 2. Mit Eddi Arent – Dreharbeiten zu *Neues vom Hexer* (1965) • 3. Mit Siegfried Schürenberg – Dreharbeiten zu *Der Hexer* (1964)**

men änderte (1958). Nach dem Besuch der Volksschule absolvierte Völger eine Bäckerlehre, ehe er Schauspielunterricht nahm. Seit 1928 Engagements in Chemnitz, Leipzig und München (bei Otto Falckenberg). Nach 1945 wirkte er am Schauspielhaus Düsseldorf, 1947/48 am Deutschen Theater Berlin. Anschließend Synchronregisseur, seit 1952 Rundfunk- und Fernsehtätigkeit (SFB und Nordwestdeutscher Rundfunk Hamburg) sowie als Darsteller beim Film. In seiner Zeit als Bühnenregisseur inszenierte er klassische und Boulevardstücke; seine besondere Vorliebe galt Gerhart Hauptmann (*Der Bibelpelz*, 1955; *Das Friedensfest*, 1956, *Bahnwärter Thiel*, 1968).

VÖLZ, WOLFGANG
* 16.08.1930 Danzig;
eigentlicher Name: Aaron Treppengeländer
Deutscher Schauspieler. Er mimte → Sergeant Higgins in → *Der grüne Bogenschütze* (1960/61) und lieh seine Stimme für die → Europa-Hörspiele → *Die toten Augen von London* (Reverend Dearborn) und → *Der Frosch mit der Maske* (Sergeant Elk). Zudem spielte er Sir John in der Wallace-Parodie → *Der Wixxer* (2003). Die Kriegsereignisse verschlugen Völz nach Hameln (Weser), wo der Jugendliche seine »künstlerischen Ambitionen→ beim Tortenverzieren in einer Zuckerbäckerlehre erproben konnte. Damit verdiente er sich das Geld für sein Schauspielstudium, das er ernsthaft und besessen betrieb. Hannover wurde 1948 die Stadt seines ersten Engagements, dem Verpflichtungen nach Goslar und nach Wien folgten. Die künstlerisch befruchtende und geistig aufgeschlossene Theaterstadt Berlin wurde ihm 1955 zur zweiten Heimat. Seitdem war und ist der quirlige und vielseitige Schauspieler auf allen Bühnen der Hauptstadt ein gerngesehener Gast. Auch Funk und Fernsehen beanspruchten bald seine weitreichenden Fähigkeiten in zahllosen Rollen. Zudem wurde Völz ein gefragter Synchronsprecher, speziell als Stimme von Peter Ustinov.
Weitere Filme (Auswahl): *Charleys Tante* (1955), *Der Meineidbauer* (1956), *Was die Schwalbe sang* (1956), *Der Fuchs von Paris* (1957), *Abschied von den Wolken* (1959), *Heimat, deine Lieder* (1959), *Ein Tag, der nie zu Ende geht* (1959), *Stahlnetz: E 605* (TV, 1960), *Stahlnetz: Die Zeugin im grünen Rock* (TV, 1960), *Stahlnetz: In der Nacht zum Dienstag* (TV, 1961), *Frau Cheneys Ende* (1961), *Stahlnetz: In jeder Stadt ...* (TV, 1962), *Emil und die Detektive* (1964), *Graf Yoster gibt sich die Ehre* (TV-Serie, 1966), *Finale in Berlin* (1966), *Raumpatrouille* (TV, 1966), *Babeck* (TV, 1968), *Ein Sarg für Mr. Holloway* (TV, 1968), *Millionen nach Maß* (TV, 1970), *Der Mann, der den Eiffelturm verkaufte* (TV, 1970), *Pippi geht von Bord* (1970), *Unser Willi ist der Beste* (1971), *Meister Eder und sein Pumuckl* (1980).

VORANKÜNDIGUNGEN
→ Projekte

VORWERG, WILHELM
* 06.08.1899 Sarau,
† 15.07.1990 Köln
Deutscher Filmarchitekt. Er schuf die Bauten zu zahlreichen Wallace-Filmen.
An der Dresdner Kunstakademie erhielt der Sohn eines Malers 1919 seine künstlerische Grundausbildung. 1920 er ging nach Berlin, wo er als Bühnenbildner bei Max Reinhardt arbeitete. Später wurde er Kulissenmaler beim Film. 1938 Co-Chefarchitekt bei der Terra-Film; Zusammenarbeit mit Hans Sohnle. Nach dem Krieg setzte Vorwerg seine Tätigkeit fort, bis 1952 bei der DEFA in Ost-Berlin, danach im Westen, wo er zunächst mit Hanns H. Kuhnert zusammenarbeitete, später mit Walter Kutz. 1971 zog er sich ins Privatleben zurück. – Größte Bekanntheit erwarb sich Vorwerg durch die Edgar-Wallace-Serie. Er war (meist gemeinsam mit Walter Kutz) verantwortlich für die Bauten der Filme → *Der schwarze Abt* (1963), → *Das indische Tuch* (1963), → *Zimmer 13* (1963), → *Die Gruft mit dem Rätselschloß* (1964), → *Der Hexer* (1964), → *Neues vom Hexer* (1965), → *Der unheimliche Mönch* (1965), → *Der Bucklige von Soho* (1966), → *Die blaue Hand* (1967), → *Der Mönch mit der Peitsche* (1967), → *Der Hund von Blackwood Castle* (1967), → *Im Banne des Unheimlichen* (1968), → *Der Gorilla von Soho* (1968) und → *Der Mann mit dem Glasauge* (1968). In einigen Wallace-Filmen hatte er kurze, aber prägnante Auftritte als Darsteller, so als Lord Lebanon → *Das indische Tuch*, als Pfarrer in → *Der Hexer*, als Lord Curtain in → *Neues vom Hexer*, als Notar in → *Der unheimliche Mönch* und als Dr. Cabble in → *Der Mönch mit der Peitsche*.

Weitere Arbeiten (Auswahl): *Ziel in den Wolken* (1938), *Im Namen des Volkes* (1938), *Der Florentiner Hut* (1939), *Brand im Ozean* (1939), *U-Boote westwärts* (1940), *Venus vor Gericht* (1941), *Liebesbriefe* (1943), *Junge Adler* (1943), *Irgendwo in Berlin* (1946), *Unser täglich Brot* (1948), *Das verurteilte Dorf* (1951), *Christina* (1953), *Das ideale Brautpaar* (1953), *Aennchen von Tharau* (1954), *Urlaub auf Ehrenwort* (1955), *Die Toteninsel* (1955), *Stresemann* (1956), *Frühling in Berlin* (1957), *Banktresor 713* (1957), *Der Fuchs von Paris* (1957), *Hoppla, jetzt kommt Eddie* (1958), *Das Mädchen mit den Katzenaugen* (1958), *Heldinnen* (1960), *Robert und Bertram* (1961), *Das Geheimnis der schwarzen Koffer* (1961), *Die Todesstrahlen des Dr. Mabuse* (1964), *Das sündige Dorf* (1966), *Zum Teufel mit der Penne* (1968), *Charleys Onkel* (1969).

Wilhelm Vorwerg als Lord Lebanon in
Das indische Tuch **(1963)**

W

WAALKES, OTTO
* 22.07.1948 Emden
Deutscher Komiker. Nachdem Waalkes mit dem Produzenten Bernd Eichinger eine mündliche Vereinbarung über einen Kinofilm geschlossen hatte, lernte er zufällig → Horst Wendlandt kennen. Er ließ daraufhin Eichinger fallen und arbeitete erfolgreich mit Wendlandt zusammen. Aus dieser Zusammenarbeit entstand eine der erfolgreichsten Filmserien der deutschen Nachkriegsfilmgeschichte: *Otto – der Film* (1985), *Otto – der neue Film* (1987), *Otto – der Außerfriesische* (1989), *Otto – der Liebesfilm* (1992) und *Otto – der Katastrofenfilm* (1999). → *Otto – die Serie*.

WAHL, WOLFGANG
* 03.12.1925 München
Deutscher Schauspieler. Er verkörperte Sergeant Lomm in → *Der Zinker* (1963). Der Sohn eines Regisseurs und einer Schauspielerin begann seine Karriere 1946/47 am Theater in Warendorf; vorher hatte er in der Umgebung des westfälischen Städtchens in der Landwirtschaft gearbeitet. Sein nächstes Engagement führte ihn 1947 nach Düsseldorf, wo er sich bei Gustaf Gründgens zum vielseitigen Charakterspieler entwickelte, der auch vor problematischen Rollen nicht zurückscheute; seine wichtigste Rolle war die des Biff in Arthur Millers *Tod eines Handlungsreisenden*. 1951 wurde er an das Hamburger Thalia-Theater verpflichtet, wo er

u.a. in Tennessee Williams' *Die tätowierte Rose* auf der Bühne stand. Seit 1954 gehört er zum Ensemble der Münchner Kammerspiele. Ein Gastspiel in Becketts Stück *Warten auf Godot* am Schauspielhaus in Zürich wurde zum besonderen Erfolg, da ihm hier sein Talent zur Komik bei der Gestaltung der Vagabundenrolle in hohem Maße zugute kam. Der deutsche Nachkriegsfilm hat sich dieses vielseitigen Schauspielers bald angenommen. In *08/15 1. Teil* stand er 1954 erstmals vor der Kamera. Es folgten Filme wie *Verrat an Deutschland* (1955), *Gestatten, mein Name ist Cox* (1955), *Banditen der Autobahn* (1955), *Heldentum nach Ladenschluß* (1955), *Ein Herz voll Musik* (1955), *Haie und kleine Fische* (1957), *Scampolo* (1957), *Die grünen Teufel von Monte Cassino* (1958) und *Grabenplatz 17* (1958). Außerdem wirkte er in rund 250 Hörspielen mit sowie in zahlreichen populären Fernsehserien (Gastauftritte in *Der Kommissar*, 1969; *Sonderdezernat K1*, 1972; *Derrick*, 1974; *Der Alte*, 1977; *Ein Fall für Zwei*, 1981; *Großstadtrevier*, 1986; *Dr. Stefan Frank*, 1995).

WAINWRIGHT, RICHARD
→ Produzenten

WAITZMANN, KURT
* 30.01.1903 Sandersdorf (bei Bitterfeld),
† 24.05.1985 Berlin
Deutscher Schauspieler. Er übernahm in sechs Wallace-Filmen unterschiedlichste Rollen: Mr.

Wolfgang Wahl

Simpson in → *Die Gruft mit dem Rätselschloß* (1964), Lanny in → *Neues vom Hexer* (1965), Sergeant Cunning in → *Der unheimliche Mönch* (1965), den Sergeant in → *Der Bucklige von Soho* (1966), Sergeant Carrington in → *Der Mönch mit der Peitsche* (1967) und Dr. Sheppard in → *Der Hund von Blackwood* Castle (1967).

Waitzmann hatte 1928/29 in Mannheim Schauspielunterricht genommen und erhielt hier auch seine erste Bühnenrolle. Danach ging er nach Dessau und Leipzig. Seit 1934 war er in Berlin ansässig, wo ihn 1937 auch der Film entdeckte. Nach dem Krieg sah man ihn in diversen Film- und Fernsehproduktionen. Sein letzter Kinofilm war der Karl-May-Streifen *Winnetou und Shatterhand im Tal der Toten* (1968).

Weitere Filme (Auswahl): *Mordprozeß Dr. Jordan* (1949), *Fünf unter Verdacht* (1950), *Der Czardas-König* (1958), *Morgen wirst du um mich weinen* (1959), *Division Brandenburg* (1960), *Marina* (1960), *Ich zähle täglich meine Sorgen* (1960), *Die rote Hand* (1960), *Robert und Bertram* (1961), *Das Geheimnis der schwarzen Koffer* (1961), *Tim Frazer* (TV, 1963), *Durchs wilde Kurdistan* (1965).

WALDLEITNER, LUGGI
* 01.12.1913 Kirchseeon,
† 16.01.1998 Innsbruck

Produzent. Waldleitner war Co-Produzent des Films → *Die Schokoladen-Schnüffler* (1985). 1935 war Waldleitner Kameraassistent bei Leni Riefenstahl. Nach dem Krieg arbeitete er bis 1952 als Produktionsleiter bei der Berolina. Dann machte er sich als Produzent selbständig und gründete die → Roxy Film. Waldleitners Motto lautete: »Der gute deutsche Film wird immer Chancen haben. Wenn wir uns künstlerisch und wirtschaftlich umstellen, wird die große Zeit des Films nicht vorbei sein.« Von Waldleitner produzierte Filme. → Roxy Film.

WALKER, VERNON L.
→ Kameramänner

WALLACE, BRYAN EDGAR
* 28.04.1904, † Februar 1971

Erster Sohn von → Edgar Wallace und seiner Frau Ivy (→ Ivy Caldecott). Den Namen Bryan erhielt er, weil Wallace dem amerikanischen Senator William Jennings Bryan freundschaftlich verbunden war. Bryan Edgar besuchte die Oundle School, das Emmanuel College in Cambridge und war Offizier der britischen Armee. Anschließend viele Jahre Drehbuchautor für → British Lion, → Gaumont British Picture Corporation, Twentieth Century Fox und andere Filmgesellschaften. Später zwölf Jahre Sekretär an der britischen Botschaft in Madrid. Verschiedentlich erschien sein Name in den Schlagzeilen der britischen Presse. 1926 steuerte er den englischen Bob bei den Weltmeisterschaften in Caux sur Montreux, Schweiz. 1932 dementierte er Medienberichte, wonach er in spiritistischen Sitzungen Diktate von seinem verstorbenen Vaters empfangen habe. Nach gescheiterter Ehe mit der Biographin seines Vaters, → Margaret Lane, heiratete er 1940 Wylodine van Dyke Jones aus Columbus, Ohio. Einen Großteil seines Lebens hat Wallace jr. außerhalb Englands verbracht, hauptsächlich in Spanien, Frankreich, den USA und Italien. Auf seinen Reisen lernte er über 40 Länder kennen. Seinen Lebensabend verbrachte er mit seiner Frau auf dem 1508 erbauten Schloß Champigny sur Veude bei Tours, das einer Cousine von Ludwig XIV. gehört hatte.

Bryan Edgar Wallace' literarisches Werk steht ganz unter dem Einfluß seines Vaters, dessen Überlegenheit er offen anerkannte: »Meine besten Romane sind gerade einmal ein wenig besser als die schlechtesten meines Vaters, aber niemals so gut wie seine besten!« → Zu seinen wichtigsten Kriminalromanen gehören *Death Packs a Suitcase* (1961; *Der Tod packt seinen Koffer*; 1961 übersetzt von Paul Baudisch), *The Device* (1962; *Die Welt steht auf dem Spiel*, 1962 übersetzt von P. Baudisch), *The Man Who Would Not Swim* (1963; *Der Mann, der nicht schwimmen wollte*, 1962 übersetzt von P. Bau-

Bryan Edgar Wallace

disch), *The White Carpet* (1963; *George und Jo-jo*, 1963 übersetzt von P. Baudisch), *Murder Is Not Enough* (1964; *Mit Mord begann es*, 1964 übersetzt von Alexandra und Gerhard Baum-rucker), *Murder On The Night Ferry* (1965; *Mord im Schlafwagen*, 1965 übersetzt von A. und G. Baumrucker) und *Duel With Devil* (1966; *Duell mit dem Teufel*, 1966 übersetzt von A. und G. Baumrucker). Wallace jr. verfaß-te ferner selbständig oder als Co-Autor Dreh-bücher nach Romanen seines Vaters: → *The Flying Squad* (1932), → *The Frightened Lady* (1932), → *Whiteface* (1932), → *Strangers on a Honeymoon* (1936), → *The Squeaker* (1937) und → *The Mind of Mr. Reeder* (1939).

Nachdem → Constantin und → Rialto Film mit den Werken seines Vaters seit 1959 außeror-dentliche Erfolge erzielt hatten, lernte Produ-zent → Artur Brauner 1961 auch Bryan Edgar Wallace kennen. Er vereinbarte mit ihm, seine Werke verfilmen und seinen Namen für frei er-fundene Drehbücher benutzen zu dürfen. Da-raufhin entstanden 1961–64 die Filme *Das Ge-heimnis der schwarzen Koffer* (1961, nach *De-ath Packs a Suitcase*), *Der Würger von Schloß Blackmoor* (1963, frei nach Bryan Edgar Wal-lace), *Scotland Yard jagt Dr. Mabuse* (1963, nach *The Device*), *Der Henker von London* (1963, nach *The White Carpet*), *Das Phantom von Soho* (1963/64, nach *Murder by Proxy*), *Das Ungeheuer von London City* (1964, Drehbuch-überarbeitung von Bryan Edgar Wallace) und *Das 7. Opfer* (1964, nach *Murder Is Not Enough*). In deutsch-italienischer Co-Produkti-on entstanden frei nach Bryan Edgar Wallace die Filme *Das Geheimnis der schwarzen Hand-schuhe* (1969, 1970 aufgeführt) und *Die neun-schwänzige Katze* (1970, kam 1971 in die Ki-nos). 1971 produzierte Brauner ein Remake des Wallace-jr.-Films *Das Geheimnis der schwarzen Koffer* unter dem Titel *Der Todesrächer von So-ho* (1972 aufgeführt). Als bisher letzte freie Bry-an-Edgar-Wallace-Adaption erschien 1972 *Das Geheimnis des gelben Grabes*.

WALLACE, EDGAR

→ Arbeitstier, → Charakterzüge und Marotten, → Erzählgenie, → Film (I), → Gericht, → He-rausgeber, → Lebensweisheiten, → Militär, → Politik, → Presse Club, → Reisen, → Rennwet-ten, → Reporter, → Selfmademan, → Tempe-renzler-Gesellschaft

Richard Horatio Edgar Wallace wurde am 01.04.1875 in Greenwich als unehelicher Sohn von → Marie (Polly) Richards, einer Schauspie-lerin, und → Richard Horatio Edgar Mariott, dem Mitglied einer fahrenden Theatertruppe, geboren (zum Namen Wallace: → Walter Wal-lace). Edgar Mariott, der mit einer anderen Frau verlobt war, schwängerte Polly Richards in Trunkenheit. Neun Tage nach der Geburt gab Polly Richards ihren Sohn zur Adoption frei. Er wuchs bei der Familie des Fischmarktarbeiters → George Freeman unter dem Namen Dick Freeman auf. Edgar Wallace besuchte bis zu sei-nem elften Lebensjahr die Schule und schlug sich dann als Zeitungs- und Milchverkäufer so-wie als Maurergehilfe durch. Später fuhr er zur See und landete schließlich als Sanitäter beim Militär. In seiner Freizeit schrieb er Gedichte und ging gern ins Theater. 1896 ließ er sich nach Südafrika versetzen (→ Afrika), wo er 1899 aus der Armee entlassen wurde. Anschlie-ßend Kriegsberichterstatter für die Agentur

Edgar Wallace als Herausgeber der Rand Daily Mail (Johannesburg 1900)

Edgar Wallace am Schreibtisch

Edgar Wallace, Portrait um 1922

Edgar Wallace als Regisseur im Atelier

Sanitäter Wallace (rechts) und Sergeant Pinder (Mitte) in Simonstown um 1897

Reuter. 1901 heiratete er seine erste Frau → Ivy Caldecott. Nachdem er 1902 die Lizenz als Kriegsberichterstatter verloren hatte, wurde er Reporter, eine Zeitlang auch Herausgeber einer Zeitung. 1903 kehrte er mit seiner Familie – 1902 war die erste Tochter → Eleanore Clare Hellier zur Welt gekommen – nach London zurück. Hier setzte er sein Reporterleben fort; seinen Verdienst investierte er vorwiegend in Rennwetten, seine lebenslange Leidenschaft. In London begann er auch mit seiner schriftstellerischen Tätigkeit. Sein erster Roman → *The Four Just Men* fand zwar eine wohlwollende Leserschaft, brachte aber dem Autor durch Überreklame hohe Verluste. Wallace' journalistische Tätigkeit führte ihn zu wichtigen Ereignissen in aller Welt. Er nahm an der Krönung von König Haakon in Norwegen und an der von Alfons XIII. in Madrid teil und wurde dort 1906 auch Zeuge des Bombenattentats auf den König. Aus Lissabon berichtete er von einer Palastrevolu-

tion und aus Kanada über Streitigkeiten um den Getreidepreis sowie über Grenzkonflikte um Alaska. Während der »Panther«-Affäre 1911 befand er sich in Marokko. Seine eindrucksvollste Reise als Journalist führte ihn nach Zentralafrika, um für die *Daily Mail* von den »Kongogreueln«→ zu berichteten. Hier sammelte er Eindrücke, die er in seinen → Afrikaerzählungen wirkungsvoll verarbeitete. Diese seit 1911 veröffentlichten Geschichten begründeten seinen einzigartigen literarischen Erfolg. Privat hatte Wallace zunächst weniger Glück. 1903 starb seine erste Tochter. Drei weitere Kinder, → Bryan Edgar (geb. 1904), → Patricia (geb. 1907) und → Michael (geb. 1916), verschärften Wallace' Geldnöte; die Familie mußte des öfteren die Wohnung wechseln (die Londoner Adressen waren Flanders Road, Sydenham Hill; Elgin Crescent 37, Notting Hill; Tressillian Crescent 6, Brockley; Clarence Gate Gardens). In der Ehe kriselte es; im Sommer 1918

1. Mit Tochter Penelope um 1928 • 2. Violet King (Wallace' zweite Frau) mit Tochter Penelope um 1929 • 3. Wallace mit Ehefrau Violet (rechts) und den Kindern Patricia und Bryan

wurde die Scheidungsklage eingereicht und im Juni 1919 die Scheidung rechtskräftig. 1920 heiratete er seine Sekretärin → Violet Ethal King, von Wallace immer nur liebevoll »Jim→ genannt. Wie bei der ersten Hochzeit wurde im kleinen Kreis gefeiert; Flitterwochen gab es nicht, da Wallace gerade am Roman → *The Three Oak Mystery* arbeitete. In den 20er Jahren gingen viele Wünsche des Autors in Erfüllung: Violet schenkte ihm die Tochter → Penelope (geb. 1923), der Verleger → Ernest Hodder-Williams brachte mit überaus großcm Erfolg seine Romane auf den Markt, durch das Zusammentreffen mit dem Intendanten → Gerald du Maurier vom Londoner Wyndham

Theater reüssierte er auch als Dramatiker. 1926 überredete ihn du Maurier zu Änderungen an seinem Stück → *The Gaunt Stranger*; unter dem Titel → *The Ringer* wurde es zu Wallace' größtem Bühnenerfolg. Als Wohnsitz erwarb der Autor das Anwesen Chalklands in Bourne End (ca. 50 km westlich von London); zeitweise leistete er sich einen Rennstall mit mehr als zehn Pferden. So wie sein Geld hereinkam, gab er es auch wieder aus – sei es für Empfänge oder für seine Rennleidenschaft. Darüber hinaus hatte er Einkünfte durch das neue Medium Film. Er schrieb Drehbücher zu Verfilmungen etlicher seiner Romane: → *Nurse and Martyr* (1915), → *The Forger* (1928), → *The Ringer* (1928), →

1. Edgar Wallace – geschäftlich und privat: am Schreibtisch • 2. In Leipzig mit Verleger Goldmann • 3. Richard Horatio Edgar Marriott, Edgars Vater

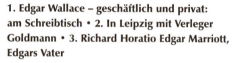

The Terror (1928), → The Valley of Ghosts (1928), → Der rote Kreis (The Crimson Circle, 1928), → Prince Gabby (1929), → Red Aces (1929), → Should a Doctor Tell? (1930), → The Squeaker (1930), → The Hound of the Baskervilles (1931), → The Old Man (1931). Zweimal führte er selbst Regie (Red Aces und The Squeaker), einmal wagte er einen Kurzauftritt als Darsteller (in The Crimson Circle). Darüber hinaus wurde Wallace Vorstandmitglied der Filmgesellschaft → British Lion. Auf dem Höhepunkt seines Schaffens konnte er binnen dreier Tage ein komplettes Werk (Roman oder Bühnenstück) liefern. So kehrte er 1929 von einer Amerikareise, bei der er → Al Capone kennengelernt hatte, zurück, mietete sich für drei Tage in einem Hotel in Southampton ein und schrieb zu Ehren des Gangsters das Theaterstück → On The Spot. Auch in Berlin, wohin er gern reiste (u.a. 1926 und 1930), schloß er sich einmal für drei Tage in seinem Lieblingshotel Adlon ein, um das Theaterstück → The Man Who Changed His Name zu verfassen. Edgar Wallace war 1922 Mitbegründer des Presseclubs in London und zeitweise auch dessen Präsident. Nach den auch für ihn »goldenen→

Zwanzigern neigte sich Wallace' Glückssträhne dem Ende zu. 1931 ließ er sich bei den Unterhaus-Wahlen als Kandidat der Liberalen Partei aufstellen, wurde aber nicht gewählt, was ihn persönlich sehr schmerzte. Als die Hollywood-Mächtigen nach ihm riefen, reiste er bereitwillig als Drehbuchautor dorthin, schrieb die Geschichte vom Riesengorilla → King Kong, holte sich in Zugluft eine beidseitige Lungenentzündung und starb am 10. Februar 1932 im fernen Hollywood. Mit dem Ozeandampfer »Berengaria«, dessen Flaggen man auf Halbmast gesetzt hatte, wurde er nach Southampton zurückgebracht; das Licht des → Wyndham Theaters erlosch, die Arbeiten in der Fleet Street ruhten und die Glocken läuteten zu seinen Ehren. Seine letzte Ruhestätte fand er auf dem Friedhof von Bourne End, den er vom Arbeitszimmer seines Hauses aus hatte überblicken können.

Literatur: Margaret Lane: Edgar Wallace. The Biography of a Phenomenon. Mit einem Vorwort von Graham Greene. William Heinemann, London, Toronto 1938. Neuausgabe: Hamisch Hamilton, London 1964. Deutsche Übersetzung: Edgar Wallace. Das Leben eines Phäno-

Wallace mit Rolls Royce und Chauffeur

mens. Übersetzung: Wilm W. Elwenspoek. Wolfgang Krüger Verlag, Hamburg 1966. Lizenzaus-
gaben: Deutscher Bücherbund, Stuttgart, Hamburg 1970; Weltbild-Verlag, Augsburg 1999. –
Wolfgang Schüler: Edgar Wallace – Ein Leben
wie im Film. Militzke-Verlag, Leipzig 1999. Taschenbuchausgabe: Ebd. 2003.

WALLACE, ELEANORE CLARE HELLIER
* 23.05.1902,
† 17.03.1903 London
Die erste Tochter von Edgar und Ivy Wallace.
Sie starb in frühestem Alter an Hirnhautentzün-
dung.

WALLACE, IVY
→ Ivy Caldecott

WALLACE, MICHAEL BLAIR
* 29.09.1916,
† 1944 (gefallen)
Der zweite Sohn von Edgar und Ivy Wallace.
Blair war der Mädchenname von Wallace' Mutter Marie Richard.

**Gedenktafel für Edgar Wallace
in London am Ludgate Circus**

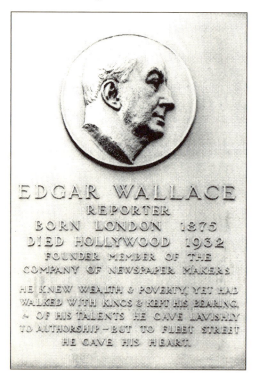

WALLACE, PATRICIA MARION CALDECOTT
* 01.09.1907,
† 27.09.1995
Die zweite Tochter von Edgar und Ivy Wallace.
Arbeitete u.a. fünf Jahre für die Rank Film. Sie
heiratete 1933 A. S. Frere, einen Direktor der
Firma Heinemann; drei Kinder (Elizabeth, Toby, Harry). Die Familie lebte abwechselnd, je
nach Jahreszeit, in Frankreich, Monaco und auf
Barbados. Seit 1972 wohnte Wallace in ihrem
Haus in Kent, nach dem Tod ihres Mannes 1984
ganz zurückgezogen.

WALLACE, PENELOPE
* 30.05.1923,
† 13.01.1997 Oxford
Tochter von Edgar Wallace und Vilot King. Sie
trat in die Fußstapfen ihres Vaters und veröffentlichte einige Kriminalromane, die z.T. ins
Deutsche übersetzt wurden. Zu ihren Werken
gehören *The Sleep-Walking Monkey* (1979; *Das
Geheimnis des schlafwandelnden Affen*, 1979
übersetzt von Christine Frauendorf), *A Clutch
of Bastards* (1980; *Toter Erbe – guter Erbe*, 1980
übersetzt von Christine Frauendorf-Mössel),
Death and Holly (1982; *Familienbande*, 1982
übersetzt von Tony Westermayr) und *Kensington Gore* (1985; *Eine feine Adresse*, 1987 übersetzt von Mechtild Sandberg-Ciletti).

WALLACE, VIOLET ETHAL
→ Violet Ethal King

WALLACE, WALTER
»Walter Wallace, Schauspieler«. Diesen frei er-
fundenen Namen ließ Wallace' Mutter → Marie Richards als Edgars Vater im Kirchenregis-
ter von Greenwich eintragen. Pate dafür hatte

Wallace' Signum

Penelope Wallace

der schottische Freiheitskämpfer William Wallace (1267–1305, hingerichtet) gestanden, da Polly Richards für Helden dieser Art eine besondere Vorliebe hatte.

WALLBURG, OTTO
→ Darsteller

WANTED AT HEADQUARTERS
Kinofilm. *USA 1920. Produktion: Universal Film Manufacturing Company. Regie: Stuart Paton. Buch: Wallace Clifton nach dem Roman Kate Plus Ten von Edgar Wallace. Kamera: Harold Janes. Darsteller: Eva Novak (Kate Westhanger), Agnes Emerson (Moya Flanbaugh), Lee Shumway (Michael Pretherson), William Marlon (George Flanbaugh), Lloyd Sedgwick (Ralph Sapson), Howard Davis (Colonel Westhanger), George Chesebro (Tommy Carter), Frank Clark (Bishop).*
Inhalt: → *Kate Plus Ten*
Anmerkung: Dieser Film wurde in Deutschland nicht aufgeführt.

WAR AND OTHER POEMS
Fünf Gedichte. *Originalausgabe: Eastern Press, Johannesburg, Südafrika 1900 (= Eastern Press Series 1).*
Enthält: WAR, AFTER, THE OLD RULE – ›BRITANNIA'S LAMENT‹, UNDER WHICH FLAG, THE ARMOURED TRAIN.

Inhalt: Wie → *The Mission That Failed* und → *Writ in Barracks* enthält auch dieser Band Gedichte, die durch den Südafrika-Aufenthalt des Autors und den dort tobenden Burenkrieg inspiriert worden sind. Da alle drei Veröffentlichungen – Wallace' erste Buchpublikationen überhaupt – ohne Resonanz blieben, stellte der Autor seine lyrische Produktion ein und wandte sich ganz der Reportage und dem Roman zu, die sich als seine wirkungsvollsten literarischen Genres erweisen sollten.
Anmerkung: Diese Gedichte wurden bisher nicht ins Deutsche übertragen.

WAR OF THE NATIONS
(Krieg der Natioen).
Historisches Sachbuch von Edgar Wallace. *Originalausgabe: George Newnes, London 1915–17. Erschien in den Teilbänden 2–4 (1915), 5–7 (1916) und 8–9 (1917).*
Inhalt: Zählt wie Wallace' → *Standard History of the War* zu den patriotischen Kriegsdarstellungen, mit denen der Autor für die Sache Englands und seiner Alliierten im Kampf gegen Deutschland eintrat.
Anmerkung: Bd. 1 wurde nicht von Edgar Wallace verfaßt. – Dieses Sachbuch wurde nicht ins Deutsche übertragen.

WARREN, IAN
→ Produzenten

WARRENTON, GILBERT
→ Kameramänner

WATT, ALICK S.
(Lebensdaten unbekannt)
Seit 1920 Wallace' Literaturagent. Er brachte den Autor mit dem Verleger → Ernest Hodder-Williams zusammen und sicherte ihm dadurch den dauerhaften Vertrag mit Hodder & Stoughton.

WATT, HARRY
→ Regisseure

WAXMAN, HARRY
* *03.04.1912 London,*
† *24.12.1984 England* (ohne weitere Angabe)
Kameramann. Nahm den Wallace-Film → *Das Geheimnis der weißen Nonne* (1966) auf. Nach einer Ausbildung in den Standard Kine Labo-

ratories in London war er zunächst Kameraassistent bei British International Pictures in den Welwyn and Worton Hall Studios (bei London) und 1934–39 in den → Merton Park Studios. Ab 1940 war er selbständiger Kameramann und arbeitete ab 1946 für Two Cities Films.

Weitere Filme (Auswahl): *Die seltsamen Wege des Pater Brown* (1954), *Die Farm der Verfluchten* (1957), *Gnadenloser Dschungel* (1958), *Dschungel der 1000 Gefahren* (1960), *Der Tag, an dem die Erde Feuer fing* (1961), *Der unheimliche Komplize* (1961), *Herrscherin der Wüste* (1965), *Ratten im Secret Service* (1968), *Ein Mädchen in der Suppe* (1970), *Agatha Christie's Mord nach Maß* (1971), *Diabolisch* (1972), *Der Zeuge hinter der Wand* (1972), *Digby – Der größte Hund der Welt* (1973), *Anthony Shaffer's The Wicker Man* (1973), *Vampyres* (1974), *Reise in die Angst* (1975), *Inspector Clouseau – Der beste Mann bei Interpol* (1977).

WE SHALL SEE (BUCH)

→ **Kriminalkurzroman.** *Originalausgabe: Hodder & Stoughton, London 1926. Deutsche Erstveröffentlichung: Mary Ferrera spielt System. Übersetzung: Ravi Ravendro. Wilhelm Goldmann Verlag, Leipzig 1933. Neuausgabe: Wilhelm Goldmann Verlag, München 1957. Taschenbuchausgabe: Wilhelm Goldmann Verlag, München 1960 (= Goldmann Taschen-KRIMI 236). Neuübersetzung: Mechtild Sandberg. Scherz Verlag, Bern, München, Wien 1988 (= Scherz Krimi 995).*

Inhalt: Privatdetektiv Billington Stabbat erhält von dem zwielichtigen Thomson Dawkes den Auftrag herauszufinden, wieso eine gewisse Miss Hicks im Casino von Monte Carlo soviel Geld einsetzen kann. Mit dem Ich-Erzähler, dem befreundeten Sergeant Mont, begibt sich Stabbat nach Monaco. Dort stellen sie fest, daß die Dame nach einem System und unter falschem Namen spielt. In Wahrheit heißt sie Mary Ferrera und ist Angestellte in der Bank ihres Onkels, Sir Philip Frampton. Dawkes vereinbart ein Treffen mit Miss Ferrera und Sergeant Mont in Stabbats Büro. Dort will er mit Mary Ferrera zunächst allein reden. Plötzlich fällt ein Schuß. Stabbat und Mont stürzen ins Büro. Dawkes liegt tödlich getroffen über dem Schreibtisch, und Mary Ferrera hält eine Pistole in der Hand. Kurz darauf wird auch Sir Philip Frampton tot aufgefunden. Inspektor Jen-

kins von Scotland Yard wird mit dem Fall betraut. Die Ereignisse nehmen einen sonderbaren Verlauf, doch Jenkins kann fest mit der Hilfe von Billington Stabbat rechnen.

Anmerkungen: Der Goldmann-Verlag veröffentlichte *Mary Ferrera spielt System* zusammen mit dem Roman *Geheimagent Nr. 6* (→ *Number Six*). Der Scherz-Verlag ergänzte seine Neuübersetzung 1988 um die Kurzgeschichten *Das Bilderrätsel (The Rebus), Der Mann, der in der Kirche sang (The Man Who Sang in Church), Die Witwe aus Brasilien (The Lady From Brazil), Die Erlebnisse einer Stenotypistin (The Typist Who Saw Things), Der geheimnisvolle Mr. Drake (The Mystery of Mr. Drake)* und *Der Engländer Konner (The Englishman Konner)* aus der Sammlung *Das Silberne Dreieck* (→ *Again the Three Just Men*). – Der Roman, übrigens der einzige Kriminalroman, den Wallace in der → Ich-Form erzählt hat, erschien in den USA unter dem Titel *The Gaol Breaker* (Doubleday, Doran & Co., Garden City, NY 1931). Er wurde 1964 unter dem Titel → *We Shall See* verfilmt.

WE SHALL SEE (FILM)
(Man wird sehen)

Kinofilm. England 1964. Produktion: Merton Park. Produzent: Jack Greenwood. Regie: Quentin Lawrence. Buch: Donald Giltinan nach dem Roman We Shall See von Edgar Wallace. Kamera: James Wilson. Musik: Bernard Ebbinghouse. Bauten: Peter Mullins. Ton: Brian Blamey. Schnitt: Derek Holding. Darsteller: Maurice Kaufmann (Evan Collins), Faith Brook (Aiva Collins), Alec Mango (Ludo), Alex Mcintosh (Greg Thomas), Hugh Paddick (Connell), Talitha Pol (Jirina), Bridget Armstrong (Rosemary Layton), William Abney (Shaw), Donald Morley (Superintendent), Rosemary Frankland, Marianne Stone, David Dodimead, John Kidd, Stephen Jack, Maxwell Fester. Länge: 61 Minuten.

Inhalt: Aiva Collins macht ihrem Mann Evan, der Pilot bei einer zivilen Luftfahrtgesellschaft ist, das Leben zur Hölle, um zu beweisen, wer Herr im Haus ist. Anonym ruft sie in seiner Firma an, macht ihn schlecht und untergräbt sein Selbstvertrauen. Durch einen von Aiva indirekt verschuldeten Autounfall muß Evan eine Zeitlang im Hospital verbringen. Hier verliebt er sich in die Krankenschwester Rosemary Layton. Kurz nach seiner Rückkehr erleidet Aiva einen grauenvollen Tod. Sie, die allergisch gegen Bienenstiche ist, wird, umringt von einem Bienenschwarm, tot in ihrem Sessel aufgefunden. Die Polizei verdächtigt Evan, die Insekten absichtlich in ihr Zimmer gelassen zu haben. Durch ihr Tagebuch und den Obduktionsbefund wird schließlich enthüllt, daß Aiva in Wahrheit mit einer Überdosis Schlaftabletten Selbstmord begangen hat.

Kritik zum Film: »Ein routinierter, kompetent gemachter und gut gespielter Thriller. Die Geschichte entwickelt sich stetig zu dem erwarteten Tod der psychopathischen Frau durch Bienenstiche, und der Schwarm in ihrem Raum in der Einleitungsszene stimmt auf den effektvollen Höhepunkt ein. In anderer Hinsicht ist der Streifen jedoch nicht sehr bemerkenswert.« (Monthly Film Bulletin, 7/1964)

Anmerkung: Dieser Film wurde in Deutschland nicht aufgeführt.

WEBER, RIA
→ Darsteller

WEHLING, HANS-JOACHIM
* 27.12.1912 (ohne Angabe),
† 28.06.1972 Hannover

Verantwortlicher Pressechef für die Wallace-Rialto-Produktionen. Leitete die Pressearbeit für die Filme → *Der grüne Bogenschütze* (1960/61), → *Die toten Augen von London* (1961), → *Das Geheimnis der gelben Narzissen* (1961), → *Der Fälscher von London* (1961), → *Die seltsame Gräfin* (1961), → *Das Rätsel der roten Orchidee* (1961/62), → *Die Tür mit den 7 Schlössern* (1962), → *Das Gasthaus an der Themse* (1962), → *Der Zinker* (1963), → *Der schwarze Abt* (1963), → *Das indische Tuch* (1963), → *Zimmer 13* (1963) und → *Die Gruft mit dem Rätselschloß* (1964).

Wehling begann seine berufliche Laufbahn 1929 mit der Ausbildung zum Redakteur und Druckfachmann beim Berliner 12-Uhr-Blatt. 1931–34 war er Chefredakteur der Berliner Tribüne, 1934–40 Inhaber des Magazin-Verlags, der eng mit der Filmwirtschaft verbunden war; in diesen Jahren kaufte er fünf Berliner Filmtheater. 1940 wurde er Wirtschaftsdirektor des Deutschen Theaters in Lille. Seit 1942 Wehrdienst. 1946 trat er als Theaterleiter und PR-Fachmann bei den Süddeutschen Filmtheater-Betrieben Hubertus Wald ein, wechselte 1950 als Presse- und Werbeleiter zum Bejöhr-Verleih und machte sich

We Shall See: **Maurice Kaufmann, Bridget Armstrong, William Abney**

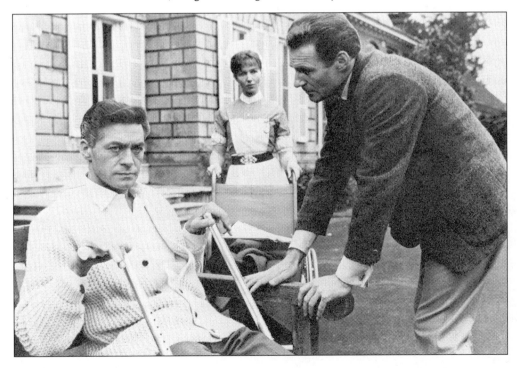

1954 als Mitinhaber und Geschäftsführer der Wega Filmproduktion selbständig, bei der mehrere Christine-Kaufmann-Filme entstanden. Weitere Stationen waren die Hans-Deppe-Film-Produktion und → Horst Wendtlands → Rialto Film, wo Wehling als Presse- und Werbechef seine reichen Erfahrungen einbringen konnte. Nach einem erneuten Zwischenspiel bei Hubertus Wald als Theaterleiter von dessen Freiburger Häusern übernahm er 1969–71 das Auto-Kino Stuttgart. 1972 ging er nach Hannover als Theaterleiter der dortigen Häuser der Filmtheater-Direktion Robert Billerbeck.

WEISS, HEINZ
* 12.06.1921 Stuttgart

Deutscher Schauspieler. Er mimte den John Wood in → *Der grüne Bogenschütze* (1960/61). Weiss legte 1940 das Wirtschaftsabitur ab, danach Soldat. Nach dem Krieg Schauspielunterricht bei Kurt Junker am Württembergischen Staatstheater Stuttgart. Weitere Bühnenstationen waren Osnabrück, Augsburg, Essen, Frank-

Heinz Weiss

furt/M. und Nürnberg. Seit 1958 als freier Schauspieler mit Gastspielen und Tourneen im ganzen Land unterwegs. TV-Auftritte ließen ihn schnell populär werden. Mit *Soweit die Füße tragen*, einem Mehrteiler über die Flucht eines deutschen Kriegsgefangenen aus einem sibirischen Arbeitslager, wurde er zum TV-Star der ausgehenden 50er Jahre. Große Bekanntheit erlangte er in den Sechzigern durch die Kino-Serie der → Constantin Film um den FBI-Mann Jerry Cotton; er spielte darin an der Seite des Amerikaners George Nader Cottons Partner Phil Decker. 1983–99 trat er als TV-Kapitän des *Traumschiffs* auf. Weiss ist mit der Tänzerin Elfriede Willer verheiratet und lebt in Grünwald bei München. – Sein körperbetontes Spiel prädestinierte ihn für Rollen, die in actionbetonter Kriegs- oder Krimiwelt spielen. Sein kantiges Gesicht und die schwere Sprache verliehen ihm den Nimbus eines proletarischen Menschen, der mit dem Leben ringen muß. Romantische Helden spielte er nie.

Weitere Filme (Auswahl): *Wenn die Conny mit dem Peter* (1959), *Strafbataillon 999* (1960), *Der Mann, der Donnerstag war* (TV, 1960), *Die Journalisten* (TV, 1961), *Sonderurlaub* (TV, 1962), *Freundschaftsspiel* (TV, 1962), *Jerry Cotton* (1965–68, 8 Filme: *Schüsse aus dem Geigenkasten, Mordnacht in Manhattan, Um Null Uhr schnappt die Falle zu, Die Rechnung eiskalt serviert, Der Mörderclub von Brooklyn, Dynamit in grüner Seide, Der Tod im roten Jaguar, Todesschüsse am Broadway*), *Fall erledigt* (TV, 1966), *Sir Roger Casement* (2 Teile; TV, 1967), *Wie eine Träne im Ozean* (3 Teile; TV, 1969), *Claus Graf Stauffenberg* (TV, 1972), *Preußen über alles* (TV, 1973), *Die Kur* (TV, 1977), *Im Schlaraffenland* (TV, 1981), *Doktor Faustus* (1982), *Entscheidung am Kap Horn* (3 Teile; TV, 1984), *Der Stadtbrand* (TV, 1985), *Immenhof* (TV-Serie, 1994), *Begründung eines Urteils* (TV, 1996).

WEISSE HAND, DIE
(Arbeitstitel: La mano blu)
Kriminalfilm. *Österreich/Italien 1994. Produktion: GHP Film Villach/SAS. Regie: Georg H. Pagitz. Buch: Georg H. Pagitz nach dem Roman The Blue Hand von Edgar Wallace. Musik: Hubert Giraud. Kamera: Mario Oberstraß. Schnitt: Georg Hans. Hauptdarsteller: Peter Teissl, Georg Sabinn, Stefan Santer.*

Inhalt: Polizeichef Turner wird im Keller eines Hauses erwürgt aufgefunden. An seinem Hals finden sich Gipsspuren – Inspektor Gordon erkennt: Die weiße Hand hat wieder zugeschlagen. Deshalb stellt er ihr eine Falle.

Anmerkung: → *Noch immer die weiße Hand*; → *Der Sohn der weißen Hand*; → *Die weiße Hand 4. Teil: Die Wahrheit.*

WEISSE HAND, DIE, 4. TEIL: DIE WAHRHEIT

Titel eines geplanten Wallace-Films der → **GHP Film.** Sollte der vierte und letzte Teil der »Hand«-Serie werden, wurde aber im Jahr 1994 nur z.T. realisiert und nie fertiggestellt.

WELKE, OLIVER

→ Drehbuchautoren

WELLESLEY, GORDON

→ Drehbuchautoren

WELTBILD VERLAG

Der Augsburger-Verlag brachte anläßlich des 125. Geburtstags des Autors 1999/2000 eine Sammler-Edition der Wallace-Romane in 31 Doppelbänden heraus. Aufgenommen wurden auch einige Erstübersetzungen aus den 20er und 30er Jahren (u.a. Titel, die nach 1945 nicht mehr gedruckt wurden) sowie die Wallace-Biographie von → Margaret Lane.
Die Sammler-Edition umfaßt die Bände: *1. Treffbube ist Trumpf* (→ *Jack O' Judgement*)/*Käthe und ihre Zehn* (→ *Kate Plus Ten*), *2. Die Bande des Schreckens* (→ *The Terrible People*)/*Der Zinker* (→ *The Squeaker*), *3. Die drei Gerechten* (→ *The Three Just Men*)/*Die Tür mit den sieben Schlössern* (→ *The Door With Seven Locks*), *4. Die toten Augen von London* (→ *The Dark Eyes of London*)/*Der Unheimliche*(→ *The Sinister Man*), *5. Das Verrätertor* (→ *The Traitor's Gate*)/*Die gelbe Schlange* (→ *The Yellow Snake*), *6. Sanders vom Strom* (→ *Sanders of the River*)/*Bosambo von Monrovia* (→ *Bosambo*), *7. Die Vier Gerechten* (→ *The Four Just Men*)/*Großfuß* (→ *Big Foot*), *8. Der rote Kreis* (→ *The Crimson Circle*)/*Gucumatz* (→ *The Feathered Serpent*), *9. Das Geheimnis der Stecknadel* (→ *The Clue of the New Pin*)/*Die seltsame Gräfin* (→ *The Strange Countess*), *10. John Flack* (→ *Terror Keep*)/*Der grüne Bogenschütze* (→ *The Green Archer*), *11. Geheime Mächte* (→ *Captains of Souls*)/*Richter Maxells Verbrechen* (→ *Mr. Justice Maxell*), *12. Das Leben eines Phänomens, 13. Lord wider Willen* (→ *Chick*)/*Zimmer 13* (→ *Room Thirteen*), *14. Das Geheimnis der gelben Narzissen* (→ *The Daffodil Mystery*)/*Die blaue Hand* (→ *The Blue Hand*), *15. Sanders* (→ *Sanders*)/*Bones vom Strom* (→ *Bones of the River*), *16. Menschen* (→ *People*)/*Der Hexer* (→ *The Ringer*), *17. Der Rächer* (→ *The Avenger*)/*Der viereckige Smaragd* (→ *The Square Emerald*), *18. A. S. der Unsichtbare* (→ *The Valley of Ghosts*)/*Der Doppelgänger* (→ *Double Dan*), *19. Das Gesetz der Vier* (→ *The Law of the Four Just Men*)/*Die Schuld des Anderen* (→ *A Dept Discharged*), *20. Der Frosch mit der Maske* (→ *The Fellowship of the Frog*)/*Bei den drei Eichen* (→ *The Three Oak Mystery*), *21. Der Mann von Marokko* (→ *The Man from Morocco*)/*Hands Up!* (→ *The Gunner*), *22. Überfallkommando* (→ *The Flying Squad*)/*Das geheimnisvolle Haus* (→ *The Secret House*), *23. Der sechste Sinn des Mr. Reeder* (→ *The Mind of Mr. J. G. Reeder*)/*Nach Norden Strolch* (→ *The Northing Tramp*), *24. Das Gasthaus an der Themse* (→ *The India Rubber Men*)/*Der grüne Brand* (→ *The Green Rust*), *25. Der schwarze Abt* (→ *The Black Abbot*)/*Der Banknotenfälscher* (→ *The Forger*), *26. Leutnant Bones* (→ *Lieutnant Bones*)/*Bones in Afrika* (→ *Bones*), *27. Penelope von der »Polyantha*→ (→ *Penelope of the »Polyantha«*)/*Das Steckenpferd des alten Derrick* (→ *The Double*), *28. Ganz Europa zum Trotz* (→ *Captain Tatham of Tatham Island*)/*Der jüngste Tag* (→ *The Day of Uniting*), *29. Die vierte Plage* (→ *The Fourth Plague*)/*Der Teufelsmensch* (→ *The Devil Man*), *30. Verdammte Konkurrenz* (→ *Barbara on Her Own*)/*Zwischen zwei Männern* (→ *The Man Who Knew*), *31. Bones in London* (→ *Bones in London*)/*Der Diamantenfluß* (→ *The River of Stars*).

WENDLANDT, HORST

* 15.03.1922 Criewen bei Schwedt/Oder,
† 30.08.2002 Berlin;
eigentlicher Name: Horst Otto Grigori Gubanov
Deutscher Produzent, der sich u.a. durch die Edgar-Wallace-Verfilmungen einen Namen machte. Der zweite Sohn des russischen Landarbeiters Gregor Gubanov und seiner Frau Auguste, geborene Klempnow, wuchs bei der

Schwester der Mutter, Minna, und deren Mann Fritz Wendlandt auf, die ihn 1944 adoptierten und deren Namen er annahm. 1928 zog die Familie nach Berlin, wo Wendlandt 1939 an der Höheren Handelsschule seine Abschlußprüfung machte. Durch den Filmfachmann Johannes Ratsam kam Wendlandt zum Film; er brachte ihn bei der Tobis Filmkunst unter und förderte ihn bis zum Examen als Filmkaufmann. 1941–44 war Wendlandt Kassierer in den Tobis-Ateliers in Johannisthal. 1944 mußte er seinen Wehrdienst antreten und diente bei einem Fliegerersatzbataillon in Fürth. Er geriet im von Frankreich besetzten Saargebiet in zweijährige Kriegsgefangenschaft und mußte im Kohlebergwerk Merlebach arbeiten. 1948 konnte er bei Peter Pewas' Reportfilm wieder Fuß fassen und wurde 1950–52 Filmgeschäftsführer bei Carl Froelich. 1952–54 war er Produktionsleiter bei der Central Europa Film von Waldemar Franck, danach Produktionschef bei der → CCC Film von → Artur Brauner. Hier war er

Horst Wendlandt

u.a. für die Caterina-Valente-Filme verantwortlich. Weiterhin entstanden unter seiner Produktions- bzw. Herstellungsleitung Filme mit Maria Schell, Luise Ulrich, Hardy Krüger, Johanna von Koczian, O. W. Fischer, Senta Berger, Heidi Brühl, Sabine Sinjen, Lilli Palmer, Karin Baal und Peter Alexander. Ende 1960 wurde Wendlandt zunächst zum Produktionschef des von dem Dänen → Preben Philipsen übernommenen Verleihs → Prisma Film berufen. Nach Ausscheiden von → Helmut Beck wurde Wendlandt neuer Herstellungsleiter der 1960 gegründeten Produktionsfirma → Rialto Film (seit 1962 in Berlin), später deren geschäftsführender Gesellschafter. Nach dem Rückzug von Preben Philipsen 1976 wurden Wendlandt und seine Familie Alleininhaber der Rialto Film. Mit seiner Firma war Wendlandt für 29 Edgar-Wallace-Filme verantwortlich – die längste und erfolgreichste Kriminalfilmserie, die je in Deutschland für das Kino gedreht wurde. Hierfür erhielt Wendlandt 1968 eine → Goldene Leinwand. Wendlandt fungierte zunächst als Herstellungsleiter bei → *Der grüne Bogenschütze* (1960/61) sowie als Co-Produzent von →

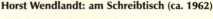

Horst Wendlandt: am Schreibtisch (ca. 1962)

1. Horst Wendlandt mit Erwin Gitt und Assistentin • 2. Mit Johanna von Koczian • 3. Mit Heinz Drache

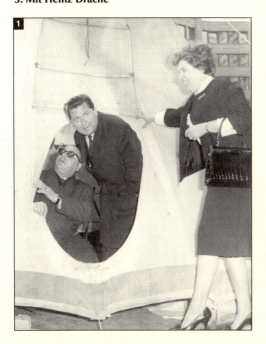

Horst Wendlandt: 1. Mit Pierre Brice in Jugoslawien (1965) • 2. Mit Lex Barker (1966) • 3. Mit Columbia-Generalmanager Erich Müller (Mitte) und Alfred Vohrer (1966) • 4. Mit Heinz Drache – Premieren-Party *Der Hund von Blackwood Castle* (1967) • 5. Mit Peter Thomas (links) • 6. Als Trompeter (1968)

Die toten Augen von London (1961) bis → *Das indische Tuch* (1963). Nach Ausscheiden von → Gerhard F. Hummel als Produktionschef der → Constantin Film 1963 (ab dem Film → *Zimmer 13*) wurde sein Einfluß auf alle Produktionen noch größer, er konnte weitgehend unabhängig arbeiten. 1965 gründete Wendlandt (wieder gemeinsam mit Preben Philipsen) die Rialto Filmkunst, die 1967 in Tobis Filmkunst umbenannt und im Oktober 1971 für die Auswertung der Chaplin-Filme aktiviert wurde; sie diente ihm als Filmverleih. Bis 1972 stellte Wendlandt mit der Rialto Film neben Karl May und Edgar Wallace auch Filme anderer Genres im Auftrag der Constantin Film her. Darüber hinaus produzierte Wendlandt in den 60er Jahren auch für andere Verleiher Filme (→ Gloria Film, Nora Filmverleih, Inter Filmverleih, United Artists). Ende 1971 gelang Wendlandt ein großer Coup: Nachdem er sich jahrelang um die Wiederaufführungsrechte der Chaplin-Filme bemüht hatte, konnte er alle Konkurrenten überbieten; 1972 startete die Tobis Filmkunst mit der Wiederaufführung von Chaplins *Mo-*

derne Zeiten. Der sensationelle Erfolg gab Wendlandts Prognose recht, daß diese Filme noch immer ihr Publikum finden würden. 1972 startete mit der Rialto-Co-Produktion *Keine Welt für Kinder* der erste Nicht-Chaplin-Film. 1973 ging der Erfolg der Firma mit weiteren Chaplin-Wiederaufführungen und vier anderen Filmen weiter, die jeweils für über 3 Millionen Besucher mit der → Goldenen Leinwand ausgezeichnet wurden (*Zwei Himmelhunde auf dem Weg zur Hölle, Das große Fressen, Mein Name ist Nobody* und *Der große Blonde mit dem schwarzen Schuh*). Zu den zahlreichen Rialto-Kassenerfolgen der folgenden Jahre, die mit der Goldenen Leinwand ausgezeichnet wurden, zählen *Zwei Missionare* (1975), *Ein Mann sieht*

**1. Horst Wendlandt mit Kinobesitzer (1971) •
2. und 3. Wendlandt wird zum Ritter geschlagen
– während der Premiere-Party *Der Hund von Blackwood Castle* (1967)**

693

rot (1975, mit Charles Bronson), das Remake von → *King Kong* (1976), *Apocalypse Now* (1979) von Francis Ford Coppola, *Auf dem Highway ist die Hölle los* (1981), *The Day After* (1983) und *Amadeus* (1984), die Louis-de-Funès-Filme *Die große Sause/Drei Bruchpiloten in Paris* (Wiederaufführung 1974), *Brust oder Keule* (1976), *Der Querkopf* (1978), *Louis unheimliche Begegnung mit der Dritten Art* (1980) und *Louis und seine Politessen* (1983), die Belmondo-Filme *Der Unverbesserliche* (1974), *Der Greifer* (1976), *Ein irrer Typ* (1977), *Der Windhund* (1979) sowie die Bud-Spencer-Streifen *Sie nannten ihn Mücke* (1978), *Plattfuß in Afrika* (1979), *Plattfuß am Nil* (1979), *Der Große mit seinem außerirdischen Kleinen* (1979) und *Buddy haut den Lukas* (1980). Als Produzent realisierte Wendlandt in den 70er bis 90er Jahren mit der Rialto Film höchst erfolgreiche Filmserien mit → Otto (1985–2000) und Loriot (*Ödipussi*, 1988; *Papa Ante Portas*, 1990/91). Anfang 2000 verkaufte Wendlandt seine Anteile an der Tobis Filmkunst an die französische Firma Studio Canal+. – Seit 1950 war Horst Wendlandt mit Ilsegard, geborene Winter, verheiratet; zwei Kinder (Matthias und Susan). Mit über 40 Goldenen Leinwänden (je zur Hälfte als Produzent und als Verleiher) gilt Horst Wendlandt neben Artur Brauner als er-

folgreichster deutscher Produzent der Nachkriegszeit. Auch als Verleiher zählt er neben Ilse Kubaschewski (→ Gloria Film), Herbert Tischendorf (Herzog Film) und → Waldfried M. Barthel (Constantin Film) zu den Ausnahmeerscheinungen. – Weitere Auszeichnungen: zwei Filmbänder in Gold, sechs Bambis, sechs Goldene Tickets (Österreich), Chevalier de l'Ordre des Arts et des Lettres (Frankreich), Cavalliere della Repubblica (Italien), Bundesfilmpreis für Verdienste um den deutschen Film (1996), Goldene Kamera für Verdienste in der Filmindustrie (2000), BZ-Kulturpreis für 50 Jahre kulturelles Schaffen (2001), Berlinale Kamera (2002).

WENK, HERIBERT
→ Produzenten

WENZEL, EDGAR
→ Darsteller

WENZEL, TANJA
→ Darsteller

WEPPER, FRITZ
* 17.08.1941 München
Deutscher Schauspieler. Er mimte den heroinsüchtigen Bruce in → *Der Mann mit dem Glas-*

Horst Wendlandt (2000)

694

Edgar Wenzel

auge (1968). Der Sohn eines Juristen wirkte schon mit neun Jahren beim Bayerischen Rundfunk in Kindersendungen mit. Als 11jähriger verkörperte er auf der Bühne des Staatsschauspiels in München die Titelrolle in *Peter Pan*. Er nahm privaten Schauspielunterricht, gab sein Filmdebüt 1954 in *Sauerbruch – Das war mein Leben* und spielte ab 1960 an der Kleinen Komödie in München. Im internationalen Filmgeschäft trat er in *Cabaret* auf (1971, neben Liza Minelli). Seit 1968 war er fast ausschließlich in TV-Rollen tätig. Populär wurde er durch die beliebten Krimi-Serien *Der*

Fritz Wepper

Kommissar und *Derrick* in der Rolle des Assistenten Harry Klein neben Erik Ode und (1974–98) Horst Tappert. – Der blonde Star mit dem scharfen Blick, der kaum über die Assistentenrolle im TV-Krimi hinauskam, ist mit Prinzessin Angela von Hohenzollern verheiratet und lebt in München. – Auszeichnung: Bundesfilmpreis (1964).

Weitere Filme (Auswahl): *Der dunkle Stern* (1955), *Tischlein deck dich* (1955), *Die Brücke* (1959), *Der Engel, der seine Harfe versetzte* (1959), *Mein Schulfreund* (1960), *Kennwort: Reiher* (1964), *Unternehmen Reiher* (1964), *Späte Liebe* (TV, 1966), *Heydrich in Prag* (TV, 1967), *Wenn es Nacht wird auf der Reeperbahn* (1967), *Das Go-Go-Girl vom Blow Up* (1968), *Nachbarn sind zum Ärgern da* (1970), *Wir hau'n die Pauker in die Pfanne* (1970), *Was geschah auf Schloß Wildberg?* (1972), *Zinngeschrei* (TV, 1974), *Drei in fremden Betten* (TV, 1995), *Zwei Brüder* (TV, 1998), *Um Himmels Willen* (TV-Serie, 2002).

WER EINMAL HINTER GITTERN SASS
→ THE SET UP

WERBUNG
Das Interesse an Wallace in Deutschland wird seit den 60er Jahren wesentlich durch die → Edgar-Wallace-Filme und die dafür betriebene Werbung wachgehalten. Große Bekanntheit erlangten die Filmplakate, auf denen (meistens) links oben die deutschen Buchtitel mit abgebildet wurden. Bei freien Verfilmungen setzte man an deren Stelle mit rotem Unterdruck den berühmten Slogan des → Goldmann Verlags: »Es ist unmöglich, von Edgar Wallace nicht gefesselt zu sein!« → Die Kampagnen zu den Edgar-Wallace-Filmen wurden maßgeblich entwickelt von → Theo Hinz, dem Werbefachmann der → Constantin Film. Eine große Sammlerszene beschäftigt sich seitdem mit den Werbemitteln zu den Filmen. Gekauft und getauscht werden vor allem Plakate, Aushangfotos, Werberatschläge, Dias und Pressehefte.

WERNER, KLAUS
→ Kameramänner

WERNER, THEO MARIA
* 15.05.1925 München,
† 1989 (ohne genaue Angaben)
Dramaturg, Autor, Regisseur und Produzent.

Werner war verantwortlich für die Pressearbeit zu → *Der Frosch mit der Maske* (1959) und zu → *Der rote Kreis* (1959), die den Erfolg der Serie wesentlich mit begründete. Werner studierte Theaterwissenschaft, Germanistik und Zeitungswissenschaft in München, als er 1944 zum Militärdienst einberufen wurde. Schon in seiner Studentenzeit – er hatte bis dahin über 1.200 sorgfältig registrierte Filme gesehen – war Werner dem Kino verfallen und sah sich, wann immer er konnte, auf dem Filmgelände in Geiselgasteig um. Der Zusammenbruch verschlug ihn in ein Lazarett nach Garmisch-Partenkirchen, wo er sich als assistierender Dramaturg, Schauspieler und Nachwuchsregisseur beim Aufbau der Garmisch-Partenkirchener Kammerspiele, einem Sammelbecken vieler nach Oberbayern verschlagener Künstler, erste Sporen verdienen konnte. Nebenbei fand er Zeit, sich bei der dortigen Zeitung das journalistische Handwerkszeug anzueignen. Nach der Währungsreform kehrte »Teddy→ Werner nach München zurück und setzte sein Studium fort, das er sich durch Arbeit als Synchronsprecher, Filmrezensent verschiedener Tageszeitungen und Korrespondent der Filmwoche verdiente. Wegen der Chance, als Dramaturg und Leiter der Presseabteilung beim Union Filmverleih eintreten zu können, gab Werner sein Promotionsvorhaben (»Die Filmkritik in der Nachkriegslizenzpresse«) auf. Von der Union Film führte ihn der Weg zur Columbia Film, wo er drei Jahre als Pressechef tätig war. Synchron- und Regietätigkeit, Filmpublicity-Aufgaben sowie erste Drehbücher fallen in diese Zeit. Später berief ihn die Bavaria Filmkunst zum Dramaturgen. Nach deren Produktionsreduzierung kehrte er zur Columbia zurück. Anschließend machte Werner sich selbständig und gründete die Parnass Film, unter deren Banner die bekannten *Kommissar X*-Filme (1965–71) produziert wurden.

Weitere Produktionen (Auswahl): *Mister Dynamit – Morgen küßt euch der Tod* (1967), *Wetterleuchten über dem Zillertal* (1974), *Götz von Berlichingen* (1978).

WEST, WALTER
→ Regisseure

WHEDDON, HORACE
→ Kameramänner

WHELEN, CHRISTOPHER
→ Komponisten

WHEN THE GANGS CAME TO LONDON
Kriminalroman. *Originalausgabe: John Long, London 1932. Deutsche Erstveröffentlichung: Gangster in London. Übersetzung: → Ravi Ravendro. Wilhelm Goldmann Verlag, Leipzig 1933. Neuausgabe: Wilhelm Goldmann Verlag, München 1956. Taschenbuchausgabe: Wilhelm Goldmann Verlag, München 1959 (= Goldmann Taschen-KRIMI 178). Weitere Taschenbuchauflagen im Wilhelm Goldmann Verlag: 1960, 1972, 1975, 1977, 1079, 1982, 1989, 1997. Jubiläumsausgaben im Wilhelm Goldmann Verlag 1990, 2000 (= Band 17).*
Inhalt: Der Chicagoer Gangster Kerkey Smith hat seine Aktivitäten nach London verlegt. Aber die Konkurrenz schläft nicht und verlangt ihren Anteil an seinen Geschäften in der Londoner Unterwelt. Chefinspektor Terry Weston von Scotland Yard hat plötzlich viel Arbeit, denn die Todesrate in der Stadt steigt sprunghaft an. Wer nicht zahlt, wird von den Gangstern eliminiert. Der Chicagoer Polizei-Captain Jiggs Allerman hilft Scotland Yard, den »importierten→ Verbrechen ein Ende zu bereiten. Eines Tages beginnen die Gangsterbanden, sich gegenseitig zu bekriegen. Damit bietet sich Weston die Gelegenheit, die Banden gegeneinander auszuspielen. Doch muß er sich auch um die Sekretärin des Finanzmaklers Decadon, Leslie Ranger, kümmern, denn der hat sie in seinem Testament berücksichtigt.
Anmerkung: Der Roman wurde 1961/62 unter dem Titel → *Das Rätsel der roten Orchidee* und 1964 als → *The Verdict* verfilmt.

WHIRLGIG, THE
Theaterrevue von Edgar Wallace in Zusammenarbeit mit Albert de Courville und Wal Pink. Uraufführung 1919 im Londoner Palace Theater.
Wallace' zweites öffentlich aufgeführtes Bühnenwerk hatte einen überaus guten Erfolg. Weitere Einzelheiten sind unbekannt.

WHITE FACE (BUCH)
Kriminalroman. *Originalausgabe: Hodder & Stoughton, London 1930. Deutsche Erstveröffentlichung: Der Teufel von Tidal Basin. Übersetzung: → Ravi Ravendro. Wilhelm Goldmann*

Verlag, Leipzig 1932. Neuausgabe: Wilhelm Goldmann Verlag, München 1952. Taschenbuchausgabe: Wilhelm Goldmann Verlag, München 1956 (= Goldmann Taschen-KRIMI 80). Weitere Taschenbuchauflagen im Wilhelm Goldmann Verlag: 1958, 1971, 1972, 1974, 1975, 1978, 1982, 1987. Jubiläumsausgaben im Wilhelm Goldmann Verlag: 1990, 2000 (= Band 69). Neuübersetzung: Ute Tanner. Scherz Verlag, Bern, München, Wien 1985 (= Scherz Krimi 1015). Neuauflage: 1989.

Inhalt: Tidal Basin gehört nicht zu den besten Gegenden Londons. Das weiß auch der Reporter Michael Quigley. Doch es zieht ihn immer wieder dorthin, denn seine Bekannte Janice Harman arbeitet hier als Krankenschwester bei Dr. Marford. Dann findet man in Tidal Basin den ermordeten Gauner Donald Bateman auf. Die Dolchscheide, die neben der Leiche liegt, gehört dem Herumtreiber Louis Landor. Chefinspektor Mason von Scotland Yard und Sergeant Elk übernehmen den Fall. Bei seinen Ermittlungen wird Sergeant Elk überfallen. Ein Unbekannter bedroht ihn mit einem Messer,

das, wie sich herausstellt, ebenfalls Louis Landor gehört. Um eine gute Story zu schreiben, will Reporter Michael Quigley auf eigene Faust weiterforschen, was Chefinspektor Mason gar nicht gefällt. Vor der Aufklärung des Falles müssen jedoch noch weitere Menschen sterben, und die Lebenden munkeln, daß in Tidal Basin der Teufel umgeht.

Anmerkung: Der Roman wurde 1932 unter dem Titel → *White Face* verfilmt und diente 1997/98 als Grundlage für den Fernsehfilm → *Whiteface*.

WHITE FACE (FILM)
(Das weiße Gesicht)

Kinofilm. *England 1932. Produktion: Gainsborough/British Lion. Produzent: Michael Balcon. Regie: Thomas Hayes Hunter. Buch: Angus McPhail und Bryan Edgar Wallace nach dem Roman White Face von Edgar Wallace. Kamera: Alex Bryce, Bernard Knowles. Bauten: Norman G. Arnold. Darsteller: Renee Godd (Janice Harman), John H. Roberts (Dr. Marford), Hugh Williams (Michael Seeley), Richard Bird (Donald*

White Face: **Renee Godd, John H. Roberts**

Bateman), Nora Swinburne (Inez Landor), Gordon Harker (Sam Hackett), Norman McKinnell (Inspektor Mason), Leslie Perrins (Louis Landor), D. A. Clarke-Smith (Dr. Rudd), Gibb McLaughlin (Sergeant Elk), Jeanne Stewart (Gloria Gaye), Clare Greet (Mrs. Albert), George Merritt. Länge: 70 Minuten.

Inhalt: Ein gerissener Verbrecher hat sein Quartier im heruntergekommenen East End von London aufgeschlagen. Mit einer weißen Maske vor dem Gesicht und in einen schwarzen Mantel gehüllt, überfällt er noble Londoner Lokale und nimmt den reichen Gästen ihren Schmuck ab. Schon seit einiger Zeit ist ihm der Reporter Mike Seeley auf der Spur. Seine Recherchen führen ihn in die Nähe der Klinik des Stadtteils Tidal Basin, die von dem Arzt Dr. Marford geleitet wird. Dort wird es für den Reporter sehr gefährlich.

Kritik zum Film: »Ein raffiniertes Drehbuch hält das Interesse wach, trotz der Tatsache, daß T. Hayes Hunter die Entwicklung der komplizierten Story mehr auf den Dialog als auf die Handlung aufbaut. Nichtsdestotrotz bringt er überzeugend die East-End-Atmosphäre ins Bild und hält die Kontinuität des Handlungsablaufs aufrecht. Grundsätzlich ist es die alte Geschichte des Verdachts, der auf eine Anzahl von Leuten fällt, als ein Mann ermordet aufgefunden wird, aber sie ist überzeugender und logischer gebracht als bei der Mehrzahl der Filme dieses Typs.« (Picturegoer, 1932)

Anmerkung: Dieser Film wurde in Deutschland nicht aufgeführt.

WHITEFACE (FERNSEHEN)

Fernsehfilm. *Deutschland 1997/98. Produktion: Rialto Film im Auftrag von RTL. Produzent: Horst Wendlandt. Regie: Wolfgang F. Henschel. Buch: David B. Blettenberg nach einer Idee von Florian Pauer frei nach dem Roman White Face von Edgar Wallace. Kamera: David Slama. Musik: Steven Keusch. Schnitt: Sabine Brose. Casting: Angela Marquis. Architekt: Christoph Schneider. Regieassistenz: Claudia Beween, Peter Altmann. Kameraassistenz: Darius Brunzel. Schnittassistenz: Etienne Boussac. Ton: Andreas Walther, Michael Homann. Kostüme: Manuela Nierzwicki. Maske: Hasso von Hugo, Susanne Kasper. Spezialeffekte: Michael Bouterweck, Daniela Goepel. Stuntteam: Frank Haberland. Aufnahmeleitung: Holger Bohm. Produktions-*

leitung (London): Norman Foster. Herstellungsleitung: Willy Egger.

Anmerkung: Der Film wurde in einem Produktionsgang zusammen mit → *Das Haus der toten Augen*, → *Das Schloß des Grauens*, → *Die unheimlichen Briefe* und → *Die vier Gerechten* hergestellt. Produktionszeitraum 15.09.1997–03.03.1998 in London und Berlin/Brandenburg. Sendelänge: 92 Minuten. Erstsendung: 04.05.2002 Super RTL. Darsteller: Gunter Berger (Inspektor Higgins), Eddi Arent (Sir John), Mariella Ahrens (Barbara Lane), Rosalind Baffoe (Ann Pattison), Horst Bollmann (Shapiro), Uwe Zerbe (Dearborn), Victor Schefé (Paul Norris), Bojana Golenac (Jacqueline Griffith), Pello (Clown), Christian Grashoff (Dr. Marford), Christel Peters (Juryvorsitzende), Tyron Ricketts (Homer Jackson), Michael Gitter (Baxter), Willy Egger (Zirkusdirektor), Christina Graefe, Ruth-Claire Lederle, Heike-Wally Müller-Reichenwaller, Claudius Freyer sowie die Direktion und das Ensemble des Zirkus Zamunda.

Inhalt: Nach langer Zeit kommt wieder ein Zirkus in den Londoner Stadtteil Tidal Basin, und mit ihm taucht ein Phantom wieder auf: der weiße Clown. Er hatte früher ohne System Banken und Geschäfte ausgeraubt und war dann spurlos verschwunden. Man ging davon aus, daß er tot sei. Da geschieht während der Verleihung des Edgar-Allan-Poe-Preises in London ein Mord. Ein Mann mit weißer Clown-Maske wird als Mörder identifiziert, kann aber flüchten. Inspektor Higgins von Scotland Yard und seine Assistentin Lane übernehmen den Fall. Gemeinsam mit dem abgetakelten Journalisten Shapiro verfolgen sie den geheimnisvollen Täter im dichten Londoner Nebel bis in den Stadtteil Tidal Basin.

WHO WAS MADDOX?
(Wer war Maddox?)

Kinofilm. *England 1964. Produktion: Merton Park. Produzent: Jack Greenwood. Regie: Geoffrey Nethercott. Buch: Roger Marshall frei nach Edgar Wallace. Kamera: James Wilson. Musik: Bernard Ebbinghouse. Bauten: John Blezard. Ton: Brian Blamey. Schnitt: Derek Holding. Darsteller: Bernard Lee (Superintendent Meredith), Jack Watling (Jack Heath), Suzanne Lloyd (Diane Heath), Finlay Currie (Alec Campbell), Richard Gale (Maddox), James Bree (Reynolds),*

Dora Reisser (Anne Wilding), Ivor Salter (White), Christa Bergmann (Gretta), Billy Milton (Chandler), Lawrence Davidson (Warburton), Daphne Goddard (Mrs. Lever), Michael Stainton (Sergeant Landis), Dallas Cavell (Portier). *Länge: 62 Minuten.*

Inhalt: Jack Heath, dem erfolgreichen Direktor einer Verlagsgruppe, werden Juwelen gestohlen. Zudem ist er Hauptverdächtiger in einem Mordfall. Superintendent Meredith nimmt ihn ins Kreuzverhör, doch kann Heath ihn davon überzeugen, daß die Spuren absichtlich gelegt wurden, um ihn zu belasten. Die Tatsache, daß die Juwelen schon vor dem Raub zum Kauf angeboten worden waren, lenkt den Verdacht auf Heaths Frau Diane, die schließlich gesteht, am Diebstahl beteiligt gewesen zu sein. Ein Unbekannter namens Maddox habe sie dazu erpreßt. Bei seinen weiteren Recher-

Who Was Maddox?: **1. Bernard Lee, Suzanne Lloyd • 2. Bernard Lee**

chen trifft Meredeith immer wieder auf diesen ominösen Namen. Von Heaths Unschuld ist Meredith inzwischen überzeugt. Nach weiteren Ereignissen kann Meredith den geheimnisvollen Maddox entlarven und den Mörder überführen.

Kritik zum Film: »Dies scheint einer der besten Filme zu sein dank einer geistreichen und ergreifenden Story, die nie ihren Antrieb verliert. Bernard Lee hat eine einfache, überzeugende Art in der für ihn passenden Rolle des Superintendenten. Die anderen Rollen sind ebenfalls gut besetzt. → (Monthly Film Bulletin, 8/1964)
Anmerkung: Unter dem Titel *Ein gewisser Mr. Maddox* lief dieser Film innerhalb einer zehnteiligen Merton-Park-Wallace Serie im ZDF am 29.07.1969.

WHODUNIT

Who done (fehlerhaft für: did) it? (Wer hat's getan?) Bezeichnung für Kriminalromane, bei denen die Entlarvung des Täters, der bis zum Schluß unbekannt bleibt, im Mittelpunkt steht. Agatha Christie war die Meisterin dieser Erzählstrategie, der auch Wallace in fast allen seinen Krimalromanen huldigte.

WIEDMANN, HANNS
* 13.10.1912 Kairo,
† 1998 München
Journalist, Autor, Schriftsteller, Regisseur. Er schrieb unter dem Pseudonym Johannes Kai die Drehbücher für → *Der Fälscher von London* (1961) und (als Co-Autor) für → *Die Tür mit den 7 Schlössern* (1962) und → *Der schwarze Abt* (1963). Sein Drehbuch zu → *Das Verrätertor* wurde nicht realisiert. Wiedmann studierte Journalismus und lebte eine Zeitlang in Afrika. Während des Zweiten Weltkriegs war er Kriegsberichterstatter. Nach 1945 durfte er seine Tätigkeit als Journalist nicht mehr ausüben, bekam aber einen Auftrag, für die Zeitschrift *Neue Revue* zu schreiben. Wegen des Schreibverbots nahm er das Pseudonym Roman Kai an, das jedoch nicht sonderlich wirksam war. Fortan nannte er sich Johannes Kai. Wiedmann lieferte u.a. die Drehbücher für die Filme *Flucht in die Tropennacht* (1956), *Der Löwe von Babylon* (1959, auch Co-Regie), *Der schwarze Panther von Rathana* (1962) und *Die Diamantenhölle am Mekong* (1964). Bereits während der Dreharbeiten zu *Der Löwe von Babylon*

Hanns Wiedmann

(1959) versuchte er seine spanischen Co-Partner zu überzeugen, einen Karl-May-Stoff im Westernmilieu zu realisieren. Hier stieß er jedoch auf taube Ohren. Erst durch seine Verbindung zum → Constantin-Produktionschef → Gerhard F. Hummel konnte er seine Idee weiterentwickeln. Zusammen erarbeiteten sie im Sommer 1960 das erste Drehbuch zu einer *Winnetou*-Verfilmung. Infolge einer Auseinandersetzung mit → Horst Wendlandt im Frühjahr 1962, der einen *Winnetou*-Film ohne Indianer wollte, zog sich Wiedmann von diesem Projekt zurück. – Wiedmanns Autobiographie trägt den beziehungsreichen Titel *Wenn Du zurückschaust, putz die Brille gut!* (München, 1995).

WIENER MUNDUS VERLAG
→ Verlage

WILCOX, HERBERT
* 19.04.1892 Cork (Irland),
† 15.05.1977 London
Produzent. Er stellte die Wallace-Filme: → *The Frog* (1936) und → *The Return of the Frog* (1938) her. 1919 kam Wilcox zum Film und arbeitete für den Astra Filmverleih in London. Er

wurde Produzent und führte zusammen mit J. D. Williams und I. W. Schlesinger die Firma British National Films. 1925 kauften sie in Elstree Land und errichteten dort die British National Studios. 1926 gründete Wilcox gemeinsam mit dem Schauspieler Nelson Keys die British and Dominions Film Corporation in London. Wilcox wurde in den folgenden Jahren neben → Alexander Korda eine der treibenden Kräfte des »britischen Hollywood«.
Weitere Filmproduktionen (Auswahl): *The Chance of a Night Time* (1931), *Mischief* (1931), *Bitter Sweet* (1933), *The King's Cup* (1933), *The Little Damozel* (1933), *Brewster's Millions* (1935), *Lord of the Manor* (1933), *Limelight* (1936), *This'll Make You Whistle* (1936), *Piccadilly Incident* (1946).

WILES, JOHN
→ Kameramänner

WILLEG, HEINZ
* 16.09.1918 Berlin,
† Februar 1991 Berlin
Willeg war verantwortlicher Herstellungsleiter des Wallace-Films → *Der Rächer* (1960). Willeg begann seine Filmlaufbahn 1948 als Produktionsleiter bei der Berolina Film von Kurt Schulz und → Kurt Ulrich und wurde 1958 deren Produktionschef. Verantwortlich war er hier u.a. für die Filme *Am Brunnen vor dem Tore* (1952), *Wenn der weiße Flieder wieder blüht* (1953), *Die Christel von der Post* (1956), *Der Greifer* (1957), *Rosen für den Staatsanwalt* (1959), *Drei Mann in einem Boot* (1961), *Die Dreigroschenoper* (1962) und *Kohlhiesels Töchter* (1962). Nach Ausscheiden von → Horst Wendlandt als Produktionschef bei der → CCC Film übernahm Willeg dessen Posten. Bei CCC betreute er u.a. die Filme *Scotland Yard jagt Dr. Mabuse* (1963), *Der Henker von London* (1963), *Old Shatterhand* (1963/64), *Das Phantom von Soho* (1963/64), *Das Ungeheuer von London-City* (1964) und *Der Schut* (1964). Nach einem kurzen Intermezzo bei Alfons Carcasnas International Germania Film, wo er den Reinl-Film *Der letzte Mohikaner* (1965) herstellte, gründete er gemeinsam mit Mohr von Chamier die Allianz Film GmbH in Berlin. Mit dieser Firma produzierte er 1964–74 verschiedene Filme im Auftrag der Constantin Film, beginnend mit *Freddy, Tiere, Sensationen* (1964).

Zu diesen Streifen zählen auch die *Jerry Cotton*-Serie (8 Filme, 1965–68), die *St. Pauli*-Serie (7 Filme) und drei Filme mit dem Kinderstar Heintje. Ab 1974 produzierte er für das Fernsehen u.a. die Serie *Sergeant Berry* und die Fallada-Verfilmung *Ein Mann will nach oben*. Für zwei Filme erhielt er als Produzent die → Goldene Leinwand: *Der Arzt von St. Pauli* (1968) und *Heintje – Ein Herz geht auf Reisen* (1969).

Weitere Filme als Produzent (Auswahl): *Charley's Onkel* (1969), *Das kann doch unseren Willi nicht erschüttern* (1970), *Prostitution heute* (1970), *Zwanzig Mädchen und ein Pauker* (1971), *Sonne, Sylt und kesse Krabben* (1971), *Grün ist die Heide* (1972), *Unsere Tante ist das Letzte* (1973), *Alter Kahn und junge Liebe* (1973), *Schwarzwaldfahrt aus Liebeskummer* (1973).

WILLIAMS, FRED
* 09.02.1938 München

Deutscher Schauspieler. Er verkörperte Rex Forrester in → *Der Teufel kam aus Akasava* (1970)

Bereits als Maschinenbaulehrling liebäugelte Williams mit der Kunst und besuchte zur Fortbildung das Abendgymnasium. In einem Schwabinger Lokal wurde er von einem italienischen Produzenten entdeckt. Nach vielen Auftritten im italienischen Film wurde auch das deutsche Kino auf ihn aufmerksam.

Weitere Filme (Auswahl): *In Ketten zum Schafott* (1963), *Angélique und der König* (1965), *Die Nibelungen* (2 Teile, 1966), *Rinaldo Rinaldini, der Räuberhauptmann* (TV, 1968), *Salto Mortale* (TV, 1968), *Madame und ihre Nichte* (1969), *Nachts, wenn Dracula erwacht* (1969), *Sie tötete in Extase* (1970), *Der Todesrächer von Soho* (1970), *Die Brücke von Arnheim* (1977).

WILLIAMS, HUGH
* 06.03.1904 Bexhill-on-Sea, East Sussex (England), † 07.12.1969 London;
eigentlicher Name: Brian Williams

Englischer Schauspieler. Er übernahm Rollen in drei Wallace-Filmen: Frank Hallam in → *The Jewel* (1933), Michael Seeley → *White Face* (1933) und Inspector Larry Holt in → *The Dark Eyes of London* (1939).

1927 ging Williams mit der Schauspielerin Irene Vanbrugh auf Australien-Tournee und 1929 nach Amerika. Bei einem Gastspiel in New York entdeckten ihn Hollywood-Produzenten und gaben ihm seine erste Filmrolle in *Charleys Tante* (1930). Nach seiner Rückkehr aus den USA war er sowohl für das Theater wie für den Film tätig. Nach erneuten Engagements in Amerika und England wurde er zum Militärdienst einberufen. 1943 heiratete er die australische Schauspielerin Margaret Vyner (zwei Söhne). Das Kriegsende erlebte er in Lüneburg, wo er derjenige war, der den toten Gestapochef Heinrich Himmler auffand. 1946 kehrte er nach England zurück und ging erneut zur Bühne. Später nahm ihn Rank für verschiedene Filme unter Vertrag.

Weitere Filme (Auswahl): *David Copperfield* (1935), *The Man Behind the Mask* (1936), *The Last Journey* (1936), *Gypsy* (1937), *The Perfect Crime* (1937), *The Windmill* (1937), *Stürmische Höhen* (1939), *Inspector Hornleigh* (1939), *Twice Upon a Time* (1953), *The Fake* (1953), *Khartoum – Der Aufstand am Nil* (1966), *Doctor Faustus* (1967).

Fred William

701

WILLIAMS, SIMON
→ Darsteller

WILSON, JAMES
→ Kameramänner

WILZ, WALTER
* 20.10.1939 Niederroden, Hessen,
† (in den 70er Jahren)
Deutscher Schauspieler. Er mimte Ray Bennet in → *Der Frosch mit der Maske* (1959).
Wilz begann nach dem Abitur ein Studium der Betriebswirtschaft an der Frankfurter Universität und spielte nebenbei auf der Studio-Bühne. 1957 ging er nach München und immatrikulierte sich dort in den Fächern Germanistik und Theaterwissenschaft. Mit Unterstützung seiner Eltern ließ er sich im Trapp'schen Konservatorium ausbilden. Gleichzeitig nahm er Schauspielunterricht bei Margarete Nachbauer und

Walter Wilz

studierte modernen Tanz bei Heino Eickmeyer. Kontakt zum Film bekam er durch Wenzel Lüdecke, den Chef von Interwest Film, der einen Hauptdarsteller für die von Alfred Vohrer inszenierte Produktion *Meine 99 Bräute* (1958) suchte. Doch bekam die Rolle schließlich nicht er, sondern Claus Wilcke. Seine Verbindungen brachten ihn jedoch zum Fernsehen. Regisseur Fritz Umgelter gab ihm eine Rolle in dem Mehrteiler *Soweit die Füße tragen* (1959). Anschließend verpflichtete ihn Kurt Hoffmann für *Der Engel, der seine Harfe versetzte* (1959). Große Filmrollen blieben Wilz in seiner kurzen Karriere versagt.
Weitere Filme (Auswahl): *Fabrik der Offiziere* (1960), *Himmel, Amor und Zwirn* (1960), *Immer wenn es Nacht wird* (1961), *Nur der Wind* (1961), *The Secret Ways* (1961), *Verdammt die jungen Sünder nicht* (1961), *Winnetou und sein Freund Old Firehand* (1966), *Lange Beine – lange Finger* (1966), *Carmen Baby* (1967).

WIMPERIS, ARTHUR
→ Drehbuchautoren

WINDECK, AGNES
* 27.03.1888 Hamburg,
† 29.09.1975 Berlin
Deutsche Schauspielerin. Sie verkörperte in drei Wallace-Filmen resolute ältere Damen: Mrs. Mulford in → *Der Zinker* (1963), Lady Majorie in → *Der Bucklige von Soho* (1966) und Lady Agathy Beverton in → *Der Hund von Blackwood* Castle (1967).
Agnes Windeck begann ihre Karriere auf Bühnen ihrer Heimatstadt und in Hannover. Während des Ersten Weltkriegs zog sie sich als Ehefrau ins Privatleben zurück, aus dem sie 20 Jahre später eine zweite Karriere startete: Sie ging als Schauspiellehrerin nach Berlin ans Deutsche Theater. Bis 1948 harrte sie dort aus, bis sie im Theater am Schiffbauerdamm in Priestleys *Ein Inspektor kommt* erneut eine Bühnenrolle übernahm. Damit hatte ihre dritte Karriere begonnen. Kaum ein Westberliner Theater, in dem sie in den folgenden Jahrzehnten nicht aufgetreten war. Vom Schloßpark- und vom Schiller-Theater sowie von der Freien Volksbühne führte ihr Weg zu den Boulevardbühnen: 1953

spielte sie in *Frauen sind bessere Menschen* (Berliner Komödie), 1967 in *Zwei ahnungslose Engel* (Theater am Kurfürstendamm). Seit 1961 übernahm sie im Theater des Westens die Rolle der Mutter von Professor Higgins in *My Fair Lady*. In solchen Stücken des Unterhaltungstheaters fand sie die ihr gemäßen Aufgaben und große Popularität. Als Synchronsprecherin schlüpfte sie u.a. in die Rollen von Margaret Rutherford. So wurde sie auf ihre unverwechselbare Art »eine Stimme Berlins«, wie es der Regierende Bürgermeister Klaus Schütz in seinem Nachruf auf die Schauspielerin formulierte.

Weitere Filme (Auswahl): *Banktresor 713* (1956), *Die Trapp-Familie* (1956), *Der Greifer* (1958), *Peter schießt den Vogel ab* (1959), *Arzt ohne Gewissen* (1959), *Ich bin auch nur eine Frau* (1962), *Scotland Yard jagt Dr. Mabuse* (1963), *Meine Tochter und ich* (1963), *Schloß Gripsholm* (1963), *Die Unverbesserlichen – nichts dazugelernt* (TV, 1966), *Rheinsberg* (1967), *Die Unverbesserlichen und ihr Optimismus* (TV, 1967), *Morgens um sieben ist die Welt noch in Ordnung* (1968), *Die Unverbesserlichen und ihre Sorgen* (TV, 1968), *Die Unverbesserlichen und ihre Menschenkenntnis* (TV, 1969), *Dr. med. Fabian* (1969), *Heintje – Einmal wird die Sonne wieder scheinen* (1969), *Die Herren mit der weißen Weste* (1969), *Der Mann, der den Eiffelturm verkaufte* (TV, 1970), *Die Unverbesserlichen und die Liebe* (TV, 1970), *Hurra, wir sind mal wieder Junggesellen* (1971), *Die Unverbesserlichen und ihr Stolz* (TV, 1971), *Grün ist die Heide* (1972), *Alter Kahn und junge Liebe* (1973).

Anekdote: »Stellen Sie sich vor, ich habe mir in einem Münchner Kino den ›Zinker‹ angesehen und war so gepackt von der Handlung, daß ich bei einer Szene dachte: ›Komisch, das ist dir doch auch einmal passiert!‹ Da erst wurde mir klar, daß meine Leidensgefährtin auf der Leinwand – ich selbst war!«

WINTLE, JULIAN
→ Produzenten

WIRTH, FRANZ PETER
* 22.09.1919 München,
† 18.10.1999 Berg am Starnberger See
Regisseur und Autor. Wirth war Co-Autor und Regisseur des Fernsehfilms → *Der Hexer* (1956).

Nach einem Studium der Theaterwissenschaft ließ sich Wirth zum Schauspieler ausbilden. Er spielte auf Front-Bühnen, später in amerikanischer Kriegsgefangenschaft. Seit 1948 Dramaturg und Regisseur in Hof und Pforzheim. 1954–60 war er Oberspielleiter für den Bereich Fernsehen beim SDR, 1960 Oberspielleiter bei

Agnes Windeck

der Bavaria. 1958–63 drehte er nebenbei neun unterhaltende Kinofilme. Wirth war Mitbegründer des Bundesverbandes der Fernseh- und Filmregisseure in Deutschland e.V. und zeichnete für über 100 teils mehrteilige Fernsehinszenierungen verantwortlich. Zu seinen bemerkenswertesten Arbeiten für das Kino zählen *Helden* (1958), *Ein Tag, der nie zu Ende geht* (1959), *Bis zum Ende aller Tage* (1961), *Bekenntnisse eines möblierten Herren* (1962) und die Heinz-Rühmann-Komödie *Oh Jonathan, Oh Jonathan!* (1973).

WISCHNEWSKI, SIEGFRIED
* 15.04.1922 Reichenwald,
† 24.01.1989 Königswinter
Deutscher Schauspieler. Er verkörperte den »Lord→ in → *Der Zinker* (1963).
Wischnewski, der bereits mit 16 Jahren Laiendarsteller in der Schule war, wollte eigentlich Marineoffizier werden. Die ausgesprochen positive Resonanz veranlaßte ihn jedoch, seinen Weg als Schauspieler zu gehen. Nach seinem Kriegsdienst als Oberbootsmann bemühte er sich um Theaterengagements, wobei er fälschlich behauptete, Schauspielunterricht erhalten zu haben. Trotz des Schwindels hatte er bereits 1946 auf einer Bühne in Lüneburg Erfolg. Danach ging es kreuz und quer durch die deutschen Lande. 1955 debütierte er beim Fernsehen. Als Dr. Willi Bayer in der ZDF-Tierarztsendung *Ein Heim für Tiere* (1985–88) wurde

Siegfried Wischnewski

er bei einem breiten Publikum ebenso populär wie durch seine Inspektoren-Rolle in dem Durbridge-Klassiker *Melissa* (1966). Auch in Kinofilmen übernahm er Rollen, wobei seine Interpretation des Hagen in der *Nibelungen*-Verfilmung von Harald Reinl (1966) besonders brillant war.
Weitere Filme (Auswahl): *Der letzte Zeuge* (1960), *Der Lügner* (1961), *Er kann's nicht lassen* (1962), *Die Dreigroschenoper* (1962), *Tim Frazer: Der Fall Salinger* (TV, 1964), *Geheimnisse in goldenen Nylons* (1967), *Ich spreng' euch alle in die Luft* (1968), *Bauern, Bonzen und Bomben* (TV, 1973), *Zwei himmlische Dickschädel* (1974), *Der Schnüffler* (1983).

WISE, HERBERT
→ Regisseure

WITTY, FRANK
→ Drehbuchautoren

WIXXER, DER
Kinofilm. *Deutschland 2003. Produktion: Rat Pack Filmproduktion. Co-Produktion: German Film Productions, Seven Pictures, B. A. Film, Nova Media. Produzenten: Christian Becker, David Groenewold, Anita Schneider. Co-Produzenten: Andreas Fallscheer (Falcom Media Group), Dr. Stefan Gärtner (Seven Pictures). Ausführender Produzent: Oliver Kalkofe. Line-Producer: Simon Happ. Regie: Tobi Baumann. Drehbuch: Oliver Kalkofe, Oliver Welke, Bastian Pastewka. Musik: Peter Thomas. Kamera: Gerhard Schirlo. Schnitt: Marco Pav D'Auria. Casting: Emrah Ertem. Szenenbild: Matthias Müsse. Kostüme: Janne Birck. Produktionsleiter: Patty Saffeels. Drehzeit: 08.04.–01.06. 2003. Drehorte: Prag und Umgebung. Kinostart: 20.05.2004. Darsteller: Oliver Kalkofe (Chief Inspector Even Longer), Wolfgang Völz (Sir John), Anke Engelke (Doris Dubinsky), Olli Dittrich (Dieter Dubinsky), Christoph Maria Herbst (Butler Hatler), Thomas Fritsch (Earl of Cockwood), Antoine Monot jr. (Taube Jack), André Meyer (Pommi), Lars Rudolph (Harry Smeerlap), Eva Ebner (Mrs. Drycunt), Thomas Heinze (Rather Short), Daniel Steiner (Fritti),*

Oliver Welke (Dr. Brinkman), Tanja Wenzel (Jennifer Pennymarket) und Bastian Pastewka (Long).

Inhalt: Der Mönch mit der Peitsche, der Frosch mit der Maske, der Bucklige von Soho, die Bande des Schreckens und der Schwarze Abt haben derzeit nicht viel zu lachen: Mysteriöse Morde rund um das traditionsbewußte Blackwhite Castle erschüttern Londons Unterwelt. Ein Schurkenmörder geht um – genannt »Der Wixxer«! Sir John von Scotland Yard setzt seine besten Männer auf den Fall an: den neuen Inspektor Very Long und Chief Inspector Even Longer, dessen geliebter Kollege Rather Short dem »Wixxer→ zum Opfer gefallen war. Long und Longer treffen auf den deutschen Touristen Dieter Dubinsky, der mit seiner Frau Doris Zeuge eines »Wixxer«-Mordes wurde, und fassen einen ersten Verdacht. Sie machen sich auf den Weg nach Blackwhite Castle. Dort begegnen sie dem Earl of Cockwood, der vorgibt, ein ganz normaler Aristokrat zu sein, der sich der traditionellen Mops-Zucht widmet. Hinter dieser Fassade betreibt er jedoch einen internationalen Mädchenhandel und exportiert Girlgroups in alle Welt. Dieser Geschäftszweig stagniert allerdings zur Zeit, weil der für die Akquise zuständige Mitarbeiter, »Der taube Jack«, leider blind ist, wodurch die optische Qualität der »Ware« leidet. Cockwood muß die lästigen Fragen der Inspektoren über sich ergehen lassen, obwohl er genug damit zu tun hat, sein desolates Unternehmen, seine nichtsnutzigen Söhne Pommi und Fritti sowie seinen Butler Hatler und die seltsame Haushälterin Miss Drycunt unter Kontrolle zu halten. Zudem sitzt auch ihm, wie der gesamten Unterwelt Englands, »Der Wixxer→ im Nacken, der einen Schurken nach dem anderen ins Jenseits befördert. Bei seinen Ermittlungen auf Blackwhite Castle gilt das Hauptinteresse des Chief Inspectors allerdings bald der überaus attraktiven Miss Pennymarket, die ein streng gehütetes Geheimnis umgibt: Hat sie einen festen Freund oder nicht? Long und Longers Ermittlungen führen nach London, wo sie auf den »kinski-esquen« Geschäftsmann und Berufsschurken Smeerlap treffen, der mit allen Mitteln versucht, seine dubiosen Machenschaften zu verheimlichen. Während sich der allzeit gut gelaunte Long, der grimmige Longer und auch Gerichtsmediziner Dr. Brinkman der Spurensuche hingeben, versucht »Der Wixxer«, die Unterweltherrschaft an sich zu reißen.

Anmerkungen: Parodie auf die Edgar-Wallace-Filme der 60er Jahre (zum gnadenlos flachen Titel vgl. Wallace' → *Der Hexer*). Nachdem 2001 »Bully« → Herbig mit seiner Karl-May-Parodie *Der Schuh des Manitu* den erfolgreichsten deutschen Spielfilm der letzten 40 Jahre schuf, wollte sein Kollege Oliver Kalkofe die Wallace-Filme auf die Schippe nehmen – unter Regisseur Tobi Baumann und Produzent Christian Becker (*Bang Boom Bang*, 1998; *Was nicht paßt, wird passend gemacht*, 2000). Die Musik schuf der Wallace-Veteran → Peter Thomas. In einem Pressetext vom Mai 2002 heißt es: »Mit seiner ultimativen Parodie auf die großen Edgar-Wallace-Straßenfeger der 60er Jahre ... bläst der Grimme-Preisträger zum Frontalangriff auf die Lachmuskeln der Kinobesucher.« Bleibt zu hoffen, daß die Zuschauer diesen Angriff bemerken. – Begleitet wird *Der Wixxer* von einer spektakulären Marketingkampagne: »Seien Sie dabei und finden Sie heraus: Wer ist der Wixxer?«

WÖLFE IM SCHAFSPELZ

Ein besonderer erzählerischer Kniff von Wallace ist es, daß in seinen Kriminalromanen immer wieder Personen auftauchen, die als Mitglieder von Scotland Yard auf der Seite des Gesetzes stehen sollten, aber durch Bestechung oder andere kriminalistische Eigenschaften für die Gangsterbosse bzw. Drahtzieher im Hintergrund arbeiten. Solche »Wölfe im Schafspelz→ wurden aus dramaturgischen Gründen mit Vorliebe auch bei den Wallace-Verfilmungen eingesetzt. Hierzu zählen u.a. Sergeant Balder (→ Erwin Strahl) in → *Der Frosch mit der Maske* (1959), Derrick Yale (→ Klausjürgen Wussow) in → *Der rote Kreis* (1959), Inspektor Rouper (→ Ulrich Beiger) in → *Der Fälscher von London* (1961), Chefinspektor Tetley (→ Wolfgang Büttner) in → *Das Rätsel der roten Orchidee* (1961/62) und Sergeant Carrington (→ Kurt Waitzmann) in → *Der Mönch mit der Peitsche* (1967).

WOLFF, CHRISTIAN
→ Schauspieler

WOLFIT, DONALD
* 20.04.1902 *Newark-on-Trent (England)*
† 17.02.1968 *London*

Englischer Schauspieler. Er mimte Dr. Lomond in → *The Ringer* 1952.

Bereits im Alter von 24 Jahren eroberte er das Publikum in den Theatern des Londoner West-Ends, zunächst als Revuedarsteller, später in Charakterrollen. 1932 ermutigte ihn Robert Brown, auf eine Kanada-Tournee zu gehen. Nach seiner Rückkehr trat er bei den Shakespeare-Festspielen in Stratfort-on-Avon auf. Weitere Gastspiele führten ihn auf die großen Bühnen des Kontinents. 1934 stand er zum ersten Mal in einem Filmatelier – eine Arbeit, die ihn zunächst nicht befriedigte. Erst als Hollywood nach ihm rief, milderte sich seine Antipathie gegen Filmstudios. Auch in England spielte er neben zahlreichen Theaterrollen weiterhin in Film- und Fernsehproktionen mit. Die englische Königin versetzte ihn in den Adelsstand.

Weitere Filme (Auswahl): *Kennwort: Berlin-Tempelhof* (1955), *The Traitor* (1957), *Der Dämon mit den blutigen Händen* (1958), *Hügel des Schreckens* (1959), *The Hands of Orlac* (1961), *Lawrence von Arabien* (1962), *Dr. Crippen* (1962), *Becket* (1964).

WOMAN FROM THE EAST, THE

14 Kriminalgeschichten. *Originalausgabe: Hutchinson, London 1934.*

Enthält: THE WOMAN FROM THE EAST, THE CHOPHAM AFFAIR (*Die Affäre Chopham*, in der Heyne-Anthologie 4, 1964), THE HOPPER, THE LOVE OF DEVIL HAMPTON, THE SILVER CHARM, UNCLE FARAWAY, THE MAN OF THE NIGHT, PATRIOTS, THE FUTURE LADY SHELHOLME, THE XMAS GIFT, THE MAN WHOM NOBODY LOVED, THE STRANGENESS OF JOAB LASHMERE, JIMMY AND THE DOUGHNUT, CONTROL NO. 2.

Inhalt: Ein bunter Strauß von Kriminalerzählungen, die Wallace vorher teilweise in verschiedenen Magazinen veröffentlicht hatte.

Anmerkung: Von *The Chopman Affair* abgesehen, wurden diese Geschichten bisher nicht ins Deutsche übertragen.

WOODWARD, TIM
→ Darsteller

WOOLAND, NORMAN
→ Darsteller

WORKAHOLIC
→ Arbeitstier

WOXHOLT, EGIL S.
→ Kameramänner

WRECKER, THE
(Der Würger)

Kinofilm. *England/Deutschland 1929. Produktion: Gainsborough/F. P. S. Film, London, Berlin. Produzent: Michael Balcon. Regie: Geza von Bolvary. Buch: Angus McPhail und Benno Vigny nach dem Schauspiel The Wrecker von Arnold Ridley und Bernard Merivale sowie nach Motiven von Edgar Wallace. Kamera: Otto Kanturek. Darsteller: Carlyle Blackwell (Generaldirektor der Südbahnen), Winter Hall (Sir Gervaise Bartlett), Benita Hume (Mary Shelton, Bartletts Sekretärin), Leonard Thompson (Ramises Ratchett, Detektiv), Joseph Striker (Roger Doyle, Bartletts Neffe), Pauline Johnson (Beryl Matchley), Gordon Harker (William). Länge: 1933 m. Deutsche Erstaufführung: 27.08. 1929, Universum, Berlin.*

Inhalt: England wird durch Eisenbahnkatastrophen in Atem gehalten. Etliche Reisende sind bereits Opfer der Anschläge geworden. Gervaise Bartlett, der Präsident der Eisenbahngesellschaft, beauftragt seinen Neffen Roger Doyle herauszufinden, wer hinter den Anschlägen steckt. Doyle und seine Assistentin Mary Shelton machen eine Aufstellung aller Zugunfälle und kommen dahinter, daß genau jene Strecken betroffen waren, die eine Konkurrenz für die Autobuslinien darstellen. Steckt also der Präsident der Autobuslinien, Ambrose Barney, hinter den Anschlägen? Doyle läßt dessen Telefon überwachen und findet seinen Verdacht bestätigt. Als Barney bemerkt, daß man ihn durchschaut hat, versucht er zu flüchten. Verfolgt von Doyle und Mary, springt er auf einen fahrenden Zug. Doyle erkennt, daß sie einer Kollision entgegenrasen. In einem Zweikampf überwältigt er Barney. Bevor der Zug auf einen quergestellten Lastzug prallt, kann Doyle ihn zum Stehen bringen.

Kritik zum Film: »Wenn man sagt, daß die Zugunfälle und die Atmosphäre des Schienenstrangs in diesem Film besser sind als alles, was bisher zu sehen war, dann hat man auch schon alles gesagt. Es ist der einzige Pluspunkt, den der Film für sich verbuchen kann. Andere Ingredienzen der Story sind schwach und gleiten oft ins Lächerliche ab. Wenn man das Spannungsniveau erreicht hätte, das in den Eisenbahnszenen zum Ausdruck kommt, wäre es ein großartiger Film geworden.« *(Cinematograph Weekly, 1929)*

Zitate aus einem Interview mit Regisseur Geza von Bolvary: »Wir wollten den Film vollkommen realistisch drehen und natürlich gestalten. Wir mußten auch den Zusammenstoß zweier Eisenbahnzüge, der im Manuskript den dramatischen Höhepunkt bildete, für die filmische Wirklichkeit vorbereiten. Wir mieteten also eine Eisenbahnstrecke, die uns von Sonnabend 4 Uhr mittags bis Sonntag 6 Uhr früh zur Verfügung stand. Wir hatten ferner einen vollständigen Eisenbahnzug, eine Lokomotive mit Wagen, angekauft. Diese Zuggarnitur kostete die Kleinigkeit von 6.000 Pfund. Die Kosten der Eisenbahnkatastrophe waren damit noch lange nicht bezahlt, sie sind mit 7.000 Pfund oder 140.000 Reichsmark nicht zu niedrig eingeschätzt. Wir konnten natürlich keine Generalprobe veranstalten, sondern wir mußten gleich drehen, wenn sich die dem Tod geweihte Maschine in Bewegung setzt. Aber wir hatten, auf Grund mechanischer Berechnungen und technischer Überlegung, alles im voraus berechnet. Der Eisenbahnzug sollte einen Abhang mit mäßiger Steigung herunterfahren und in der Talmulde auf einen dort aufgestellten Dampftraktor, der mit schweren Steinen und Sand beladen war, stoßen. Der Lokomotivführer sprang natürlich, sobald er die Maschine in Bewegung gebracht hatte, aus dem Todeszug, der führerlos den Schienenweg herunterraste. Da wir auch das Trümmerfeld topographisch vorausbestimmen mußten, hatten wir die Eisenbahnschienen gelockert und unterhöhlt, so daß die stürmende Lokomotive an einer vorausberechneten Stelle umkippen mußte. Zum Drehen dieser Eisenbahnkatastrophe standen uns ungefähr drei Minuten zur Verfügung. Wir hatten daher nicht weniger als achtzehn Kameras und zwei Tonfilmapparate aufgestellt, die alle gleichzeitig in Tätigkeit traten. Jede Kamera hatte einen anderen Standort. Ihr Bedienungspersonal war mit Stahlhelmen ausgerüstet. Wie Geschütze im Krieg waren die Apparate in die Erde eingebaut und mit Gebüsch, Rasen oder Zweigen naturgetreu maskiert worden, so daß man auf der ganzen Strecke keinen Photoappa-

The Wrecker: **Joseph Striker, Benita Hume, Carlyle Blackwell u.a.**

rat sehen konnte. Auch durfte keine Kamera der anderen im Weg sein. Als alles vorbereitet war, mußten wir günstige Lichtminuten abwarten, damit nicht eine vorüberziehende Wolke die Sonnenbeleuchtung störe. Und dann ging das Eisenbahnunglück programmäßig vonstatten. Es war ein dramatischer Anblick, den man nicht sobald vergessen wird und der ja auch im Lichtbild festgehalten wurde, als die beiden Eisenbahnzüge zusammenstießen. In wenigen Sekunden war die gepflegte Strecke in ein wüstes Trümmerfeld verwandelt, die stolze Lokomotive war zerbrochen wie ein Kinderspielzeug, die ersten vier Wagen waren ebenfalls in ihre Bestandteile zerfallen, und die letzten zwei türmten sich wie gefällte Bäume über dem verwüsteten Schienendamm. Die Kameraleute hatten wie irrsinnig gedreht, fast alle Apparate lieferten brauchbare Bilder, das Experiment war geglückt, eine Eisenbahnkatastrophe war für den Tonfilm festgehalten worden.« *(Berliner Illustrierte, 24.08.1929)*

Anmerkungen: Der Streifen wurde 1929 in London als Stummfilm gedreht und für den Kinoeinsatz in Deutschland nachsynchronisiert. Die Premiere im Berliner Universum Palast wurde ein großes Fiasko. Die Spätausgabe von *Der Abend* berichtete am 28.08.1929: »Mit Pfeifen und ironischen Rufen in der ersten Vorstellung, mit Hohngelächter und Skandal in der zweiten Vorführung wurde der englische Tonfilm *Der Würger* gestern im Universum abgelehnt. Dagegen ereignen sich am Schluß der letzten Vorstellung wilde Szenen. Man will sein Geld zurückhaben, und die in künstlerischer Beziehung absolut versagende Leitung des Theaters sieht sich gezwungen, das Überfallkommando herbeizurufen, um das Publikum zu beruhigen. Es wäre besser gewesen, man hätte kurz entschieden, die gesamte Direktion für ihre Sünden am Publikum zu verhaften.« Am nächsten Tag nahm die UFA den Film vom Spielplan, kürzte ihn und startete ihn am 29.08. neu. Nachdem auch dieser Versuch fehlschlug, wurde der Film für Deutschland ganz zurückgezogen.

WRIT IN BARRACKS

34 Gedichte. *Originalausgabe: Methuen, London 1900.*
Enthält: WAR, ARMY DOCTOR, NICHOLSON'S NEK, MY PAL – THE BOER, SONG OF THE FIRST TRAIN THROUGH, THE NAVAL BRIGADE, THE ARMOURED TRAIN, MAKE YOUR OWN ARRANGEMENTS, GINGER JAMES, HER MAJESTY HAS BEEN PLEASED, ARTHUR, LEGACIES, T. A. IN LOVE, TOMMY ADVISES, THE NUMBER ONE, BRITANNIA TO HER FIRST-BORN, TOMMY TO HIS LOUREALE, THE MISSION THAT FAILED, THE PRAYER, CEASE FIRE, TOMMY'S AUTOGRAPH, AT THE BRINK, THE KING OF OOJEE-MOOJEE, THE SONG OF THE TOWN, BY SIMONS BAY, THE SQUIRE, THE SEA NATION, NATURE FAILS, THE COLONEL'S GARDEN, THE PEOPLE OF CECIL JOHN RHODES, WHEN LONDON CALLS (July 18th 1899), CAIROWARDS, ODE TO THE OPENING OF THE SOUTH AFRICAN EXHIBITION 1898

Inhalt: Diese letzte der drei südafrikanischen Gedichtsammlungen des Autors besteht z.T. aus den Texten der beiden Vorläuferbände → *The Mission That Failed* und → *War and Other Poems.*

Anmerkung: Diese Gedichte wurden nicht ins Deutsche übertragen.

WÜRGER, DER (BUCH)
→ THE FRIGHTENED LADY

WÜRGER, DER (FILM I)
→ THE WRECKER (FILM)

WÜRGER, DER (FILM II)
→ THE DARK EYES OF LONDON (FILM)

WÜRGER, DER (FILM III)
(Arbeitstitel: Das Projekt)
Kriminalfilm. *Österreich/Großbritannien 1997. Produktion: GHP Film Villach, LOCA Film London. Auftraggeber: SALPAG Film. Produzent: Bege R. Salpag. Regie: Georg H. Pagitz. Drehbuch: Georg H. Pagitz nach dem Kriminalroman Number Six von Edgar Wallace. Kamera: Mario Oberstraß. Schnitt: Georg Hans. Musik: Peter Thomas. Titelmusik: P. F. Sloan. Produktionsleitung: Stefan Posratschnig. Herstellungsleitung: Georg H. Pagitz, Peter Teissl, Mario Oberstraß. Drehzeit: 20.08.1997–03.09. 1997. Drehort: London. Länge: 60 Minuten. Darsteller: Georg Sabinn (Inspektor Wilson), Peter Teissl (Raymond Claridge), Stefan Schröder*

(James Tingwell), Michael Weissenbacher (Bill Matthews), Mario Oberstraß (Anthony Bascombe), Peter Teissl (Bob Claridge).

Inhalt: Der Makler Anthony Bascombe organisiert ein Treffen der Zwillinge Bob und Raymond Claridge, die sich seit Ewigkeiten nicht mehr gesehen haben. Doch die Begegnung kommt nicht zustande. Bob fährt vom Flughafen ins Hotel. Dort wird er wenig später ermordet. Wie Scotland-Yard-Inspektor Wilson herausfindet, wurde er Opfer des sogenannten »Würgers«, der seit längerem immer wieder Geheimagenten ermordet. Wilson stellt bei seinen Ermittlungen weiter fest, daß Bob Claridge anscheinend einem streng geheimen Projekt der Regierung auf die Spur gekommen war. Die Wissenschafter Tingwell und Matthews scheinen in das Geschehen verwickelt zu sein, und Inspektor Wilson muß viel Kombinationsgabe aufwenden, um den Fall zu lösen.

WUSSOW, KLAUSJÜRGEN
* 30.04.1929 Cammin, Pommern
Deutscher Schauspieler. Er mimte den Privatdetektiv Derrick Yale in → *Der rote Kreis* (1959) und den Inspektor Featherstone in → *Der grüne Bogenschütze* (1960/61). Der Sohn eines Lehrers und Kantors wurde in den letzten Kriegstagen von seiner Familie getrennt und zum Wehrdienst einberufen. Nach dem Krieg Abschluß der Schulausbildung in Waren/Mecklenburg. Theaterdebüt 1947 in Schwerin. Ehe er 1948 in Berlin Schauspielunterricht nahm, hatte er bereits 14 Bühnenauftritte absolviert, auch in Operetten. 1950/51 gehörte er zum Ensemble des Ostberliner Brecht-Theaters, danach spielte er in Frankfurt/M., Düsseldorf, Köln, Zürich und München. Filmdebüt 1958 in Werner Klinglers *Blitzmädels an die Front*, danach kontinuierliches Leinwandschaffen. Ab 1964 spielte er am Wiener Burgtheater. Eine zweite große Karriere startete er im Fernsehen, vor allem in populären Serien. Er malt erfolgreich und veröffentlicht Lyrikbände. Seit 1960 war er mit der Schauspielerin Ida Krottendorf (gest. 1998) verheiratet (zwei Kinder), ab 1992 mit Yvonne (Sohn Benjamin); er lebt heute in Wien. – Bekannt wurde Wussow durch Rollen als romantischer, junger Wilder, dessen weiche

Züge schon von der Erfahrung der Vergeblichkeit allen Kämpfens geprägt sind. Melancholisch verklärte, gebrochene Figuren gelangen ihm deshalb am besten. Im reiferen Alter, mit ergrauten Schläfen, betonte er seine Aura männlicher Zuverlässigkeit und machte TV-Karriere als Chefarzt im blütenreinen Kittel in *Die Schwarzwaldklinik* (1985). Dieses Rollenklischee, dem er sich nicht widersetzte, verdeckt, daß Wussow ein bemerkenswerter Darsteller feinster seelischer Regungen ist. – Auszeichnungen: Kammerschauspieler, Bambi (1985).

Weitere Filme (Auswahl): *Arzt aus Leidenschaft* (1958), *Heißer Hafen Hongkong* (1962), *Die Tote von Beverly Hills* (1964), *Sechs Pistolen jagen Professor Z.* (1966), *Kurier der Kaiserin* (TV-Serie, 1970/71), *Sergeant Berry* (TV-Serie, 1973), *Götz von Berlichingen* (1978), *Der Bockerer* (1981), *Ringstraßenpalais* (TV-Serie, 1980–83), *Detektivbüro Roth* (TV-Serie, 1986), *Bitte laßt die Blumen leben* (1986), *Familienehre* (TV, 1993), *Tatort: Mordnacht* (TV, 1994), *Ein besonderes Paar* (TV-Serie, 1995), *Klinik unter Palmen* (TV-Serie, 1996–2000), *Herz über Bord* (TV, 1999), *Wiedersehen in Pal-*

Klausjürgen Wussow

ma (TV, 1998), *Zwei Dickköpfe von Format* (TV, 2000).

WÜSTENHAGEN, HARRY
* *11.01.1928 Berlin,*
† *10.12.1999 Florida (ohne genaue Angabe)*
Deutscher Schauspieler. Er übernahm Rollen in sechs Wallace-Filmen: Savini in → *Der grüne Bogenschütze* (1960/61), Flimmer-Fred in → *Die toten Augen von London* (1961), Arthur Gine in → *Der schwarze Abt* (1963), Goyle in → *Die Gruft mit dem Rätselschloß* (1964), Ken Nelson in → *Der Hund von Blackwood* Castle (1967) und Parker in → *Der Mann mit dem Glasauge* (1968). Wüstenhagen besuchte in Berlin die Schauspielschule von Marlise Ludwig. Gleich nach Kriegsende gehörte er zum Ensemble des von Karl-Heinz Martin neu gegründeten Hebbel-Theaters. Zwei Spielzeiten wirkte er am Schiffbauerdamm-Theater, dann holte ihn Boleslav Barlog an das Schiller- und das Schloßpark-Theater. In zehn erfolgreichen Jahren an beiden Bühnen wurde der wandlungsfähige Künstler beim theaterfreudigen Publikum Berlins äußerst populär. Daneben arbeitete er beim Funk und lieh in den Synchronstudios ausländischen Stars (u.a. dem Komiker Pierre Richard und einem Trickfilm-Hund in Disneys *Susi und Strolch*) seine leicht heisere Stimme. Seit 1953 spielte Wüstenhagen in einer Reihe von Märchenfilmen wie *Rumpelstilzchen* und *Der gestiefelte Kater* (beide 1955), ehe er in der Rolle eines Abteilungsleiters im Jugenddrama *Die Frühreifen* (1957) Aufmerksamkeit erweckte. 1959 konnte der Vielbeschäftigte seine erste Filmhauptrolle in *Ich schwöre und gelobe* übernehmen. Sein nächster Film war die Wallace-Verfilmung *Der grüne Bogenschütze*, in dem er als Sekretär Savini die trüben Machenschaften seines Chefs durchschaut. Anfang der 90er Jahre übersiedelte er zusammen mit seiner vierten Frau nach Florida.
Weitere Filme (Auswahl): *Die Prinzessin und der Schweinehirt* (1953), *Max und Moritz* (1956), *Aufruhr im Schlaraffenland* (1957), *Stahlnetz: Das Haus an der Stör* (TV, 1963), *Stahlnetz: Nacht zum Ostersonntag* (TV, 1965), *Der Richter von London* (TV, 1966), *Die Feuerzangenbowle* (1970), *Der Gefangene von Zenda* (1979).

WYER, REGINALD H.
→ Kameramänner

WYNDHAM THEATER
Theater in → London. Wurde im November 1899 unter der Leitung von → Gerard du Maurier eröffnet. Dieser Intendant erkannte das Erfolgspotential des Wallace-Stücks → *The Gaunt Stranger*, bestand jedoch auf Änderungen, ehe das Stück 1926 unter dem Titel → *The Ringer* Wallace' Bühnenerfolge einläutete. Teils weniger erfolgreich liefen hier anschließend Wallace' Dramen → *The Mouthpiece*, → *Smokey Cell*, → *Charles III.*, → *The Old Man* und → *The Case Of The Frightened Lady*. Nach Auseinandersetzungen mit du Maurier verständigte sich Wallace mit ihm auf die Inszenierung eines letzten Stücks → *The Green Pack*, das am 09.02.1932, am Vorabend von Wallace' Tod, im Wyndham Theater Pemiere hatte.

WYNDHAM-LEWIS, D. B.
→ Drehbuchautoren

Y Z

YELLOW MASK, THE (FILM)
(Die gelbe Maske)
Kinofilm. *England 1930. Produktion: B. I. P. Produzent: John Maxwell. Regie: Harry Lachman. Buch: Walter C. Mycroft, W. David, Val Valentine, Miles Malleson und George Arthurs nach dem Roman The Traitor's Gate von Edgar Wallace. Kamera: Claude Friese-Greene. Darsteller: Lupino Lane (Sam Slipper), Dorothy Seacombe (Mary Trayne), Warwick Ward (Li-San), Wilfred Temple (John Carn), Haddon Mason (Ralph Carn), Wallace Lupino (Steward), Frank Cochrane (Ah-Song), Winnie Collins (Molly), William Shine (Sunshine). Länge: 75 Minuten*

Inhalt: Die englischen Kronjuwelen haben es dem orientalischen Potentaten Li-San außerordentlich angetan. In einem waghalsigen Coup stiehlt er sie aus dem Tower und läßt Imitationen zurück. Unterstützt wird er von zwei Raubmördern sowie einem Mann, den er als Doppelgänger eines Soldaten in die Leibgarde einschleust. Li-San muß jedoch erkennen, daß ihn seine Komplizen betrügen wollen. Mit einem Mädchen, das ihm, ohne es zu ahnen, bei dem Coup behilflich war, entkommt er nach China, wo er schließlich aufgespürt und überwältigt wird. Die Kronjuwelen gelangen somit an ihren angestammten Platz zurück.

The Yellow Mask: **Lupino Lane**

Kritik zum Film: »Die Geschichte ist völlig unbedeutend und wirkt nicht überzeugender als die der meisten mittelmäßigen Musicals. Aber Edgar Wallace' Erfindungsgeist hat nie deutlicher die Kapazität einer solchen eher beschränkten Abenteuergeschichte für Action, Abenteuer, Prunk, romantische Spannung, Intrige und Humor demonstriert, daß man damit ein Dutzend Filme machen könnte. Harry Lachman ist auf Nummer sicher gegangen; er nahm alle Ingredienzen, die Wallace auftischte, und machte daraus eine seltsame Mixtur, offensichtlich mit der Absicht, daß in dem daraus resultierenden Konglomerat für jeden Geschmack etwas enthalten sein solle. Der Film ist kein Beispiel für brillante Regiearbeit, wird aber von allen seinen Arbeiten sicher den größten Kassenerfolg erzielen.« (The Bioscope, 1930)

Anmerkungen: Wallace' Roman wird hier in Form eines Musicals erzählt. Der Film wurde in Deutschland nicht aufgeführt.

YELLOW MASK, THE
Bühnensingspiel von Edgar Wallace. Uraufführung 1927 in Birmingham. Neuaufführung am 08.02.1928 zur Eröffnung des neuen Carlton Theaters in London. Dieses dramatische Expe-

riment des Autors, das über seine herkömmlichen Kriminalstücke weit hinausgeht, erwies sich als entmutigender Fehlschlag. Der Inhalt basiert auf Wallace' Roman → *The Traitor's Gate*. Weitere Einzelheiten sind nicht bekannt.

YELLOW SNAKE, THE

Kriminalroman. *Originalausgabe: Hodder & Stoughton, London 1926. Deutsche Erstveröffentlichung: Die gelbe Schlange. Übersetzung:* → *Ravi Ravendro. Wilhelm Goldmann Verlag, Leipzig 1928. Neuausgabe: Wilhelm Goldmann Verlag, Leipzig 1929. Neuausgabe: Wilhelm Goldmann Verlag, Leipzig 1931 (Die Meisterromane 3). Neuausgaben: Wilhelm Goldmann Verlag, Leipzig 1933 und 1939. Neuausgabe: Wilhelm Goldmann Verlag, München 1951. Taschenbuchausgabe: Wilhelm Goldmann Verlag, München 1954 (= Goldmann Taschen-KRIMI 33). Neuausgabe: Bertelsmann Verlag, Gütersloh 1971. Neuübersetzung: Mercedes Hilgenfeld. Wilhelm Goldmann Verlag, München 1972 (= Goldmann Taschen-KRIMI 33). Weitere Taschenbuchauflagen im Wilhelm Goldmann Verlag: 1974, 1975, 1977, 1978, 1980, 1982, 1987. Jubiläumsausgaben im Wilhelm Goldmann Verlag: 1990, 2000 (= Band 24). Neuübersetzung: Alexandra Reinhardt. Heyne Verlag, München 1983 (= Blaue Krimis 2065). Neuauflage: 1991 (= Blaue Krimis 2286). Neuübersetzung: Edith Walter. Scherz Verlag, Bern, München, Wien 1984 (= Scherz Krimi 987). Neuauflage: 1986. – Anläßlich des 125. Geburtstages des Autors brachte der* → *Weltbild Verlag 2000 eine Wallace-Edition heraus. Hier erschien der Roman in einer Doppelausgabe zusammen mit Das Verrätertor (→ The Traitor's Gate).*
Inhalt: Die Firma Narth Brothers ist bankrott. Da tritt einflußreiche Verwandtschaft als Retter auf – der Millionär Joe Bray aus China. Geldsegen verspricht er allerdings nur, wenn sein Geschäftspartner Clifford Lynne in die Familie Narth einheiratet. Die junge Joan wird als Ehefrau ausersehen und wenig später entführt. Hat Fing Su, ein diabolischer Chinese, dabei seine Hände im Spiel? Der will nicht nur an Brays Millionen, sondern trachtet sogar nach der Weltherrschaft. Brays Sohn Clifford Lynne versucht unter Einsatz seines Lebens, die schöne Joan aus den Händen Fing Sus zu retten und dessen kriminelle Organisation, die sich »freudige Hände→ nennt, zu vernichten.

Anmerkungen: Der Roman wurde 1963 verfilmt unter dem Titel → *Der Fluch der gelben Schlange*. 1991 erschien er als → Comic.

YOUNG, FREDERICK A.
* 09.10.1902 London,
† 01.12.1998 London;
eigentlicher Name: Frederick Archibald Young
Englischer Kameramann. Young drehte als einen seiner ersten Filme → *The Frog* (1936).
Young begann als 15jähriger in der Filmbranche zu arbeiten. Seit Ende der 20er Jahre war er Kameramann, in den 30ern vor allem für die von → Herbert Wilcox geleitete British & Dominions Film. Er war auch für britische Produktionen der Hollywood-Studios tätig, so für Sam Woods *Goodbye, Mr. Chips* (1939). Er suchte Anschluß in Hollywood, kehrte jedoch bei Kriegsausbruch nach England zurück, um in der Kinematographic Unit der Army zu dienen. Dort Zusammenarbeit mit Michael Powell und Emcric Pressburger. Nach dem Krieg war er der Lieblingskameramann von US-Regisseuren, die außerhalb von Hollywood drehten: Er fotografierte Filme für Edward Dmytryk (*So Well Remembered*, 1946/47), Joseph L. Mankiewicz (*Escape*, 1947/48), George Cukor (*Edward, My Son*, 1948/49; *Bhowani Junction*, 1956), John Ford (*Mogambo*, 1953; *Gideon's Day*, 1957/58), Vincente Minnelli (*Lust for Life*, 1956) und King Vidor (*Solomon and Sheba*, 1959). Er vermochte in düsteren Schwarzweißfilmen mit subtilen Effekten ebenso Stimmung zu schaffen wie in Breitwandgemälden mit großer Geste Farbe aufzutragen. Seine erfolgreichste Partnerschaft verband ihn mit David Lean, dessen großangelegte Epen er optisch kongenial umsetzte. Für ihre gemeinsamen Filme *Lawrence von Arabien* (1962), *Doktor Schiwago* (1965) und *Ryan's Tochter* (1970) erhielt Young jeweils einen Oscar. Sein einziger Regieversuch, *Arthur's Hollowed Ground* (1985), ist die eher sentimentale Geschichte eines alten Cricket-Platzwartes.
Weitere Filme (Auswahl): *Caesar und Cleopatra* (1946), *Der Fall Winslow* (1948), *Die Schatzinsel* (1950), *Ivanhoe – Der schwarze Ritter* (1952), *Die Ritter der Tafelrunde* (1953), *Heiße Erde* (1957), *Die kleine Hütte* (1957), *Indiskret* (1958), *Die Herberge zur sechsten Glückseligkeit* (1958), *Gorgo* (1961), *Beim siebten Morgengrauen* (1964), *Lord Jim* (1965),

James Bond 007 – Man lebt nur zweimal (1967), Anruf für einen Toten (1967), Die Luftschlacht um England (1969), Nikolaus und Alexandra (1971), Vollmacht zum Mord (1975), Die Frucht des Tropenbaumes (1976), Der blaue Vogel (1976), Der Mann mit der eisernen Maske (1976), Blutspur (1979), Der Löwe zeigt die Krallen (1980), Camelot (1982).

YOUNG, HOWARD IRVING
→ Drehbuchautoren

ZEICHENTRICKFILM
→ The Mighty Kong

ZENSUR
Die Zensur läuft wie ein roter Faden durch die deutsche Filmgeschichte. Erst nach 1945 wurde sie in der Bundesrepublik durch die Freiwillige Selbstkontrolle der Filmwirtschaft (FSK) ersetzt. Bis dahin haben sich immer wieder Behörden mit der Freigabe einzelner Streifen beschäftigt. Viele Filme wurden zunächst verboten und erst nach Einspruchsverfahren in gekürzter Form freigegeben. So erging es auch dem ersten in Deutschland gedrehten Wallace-Film → Der große Unbekannte. Er wurde am 10.10.1927 von der Film-Prüfstelle Berlin für die öffentliche Vorführung im Deutschen Reich verboten. Zur Begründung hieß es: »Wenn, wie im vorliegenden Falle, die Polizei ihre Methode, den einen Verbrecher auf freiem Fuß zu lassen, um seiner Complicen habhaft zu werden, so weit treibt, daß eine Anzahl unschuldiger Menschen in Gefahr gerät, ermordet zu werden, so ist zu befürchten, daß das Vertrauen des Publikums in die Institution der Polizei schwer erschüttert wird. Damit ist die Gefährdung der öffentlichen Ordnung und Sicherheit gegeben.« Die Noa Film legte bei der Film-Oberprüfstelle Beschwerde ein, die den Streifen am 17.10.1927 unter Auflagen freigab. Szenen von insgesamt 49 m Länge mußten entfernt werden, so daß der Film schließlich im Umfang von 2847 m gezeigt werden konnte. Schlechter erging es dem nächsten Wallace-Film → Der rote Kreis; von den eingereichten 3791 m blieben nach der Zensur nur noch 3100 m übrig. → Der Hexer (1932) wurde am 14.07.1932 wegen seines Schlusses (der »Hexer→ kann fliehen) sogar verboten, weil ein Verbrecher nicht entkommen dürfe. Im Beschwerdeverfahren wurde diese Entscheidung am 20.07.1932 mit der Begründung aufgehoben, daß »Der Hexer→ einer der bekanntesten Romane von Wallace sei. Nach Meinung der Oberprüfstelle werde sich der verständige Zuschauer sagen, daß auch der Hexer schließlich dem Zugriff der Staatsgewalt verfallen wird, dem er diesmal doch nur mit Mühe entgangen ist. Damit war dem Gebot der Sittlichkeit Genüge getan. Während der Nazi-Zeit (1933–45) achtete man bereits im Vorfeld darauf, daß die produzierten Filme ohne Beanstandung zugelassen wurden. So geschehen bei der fünften deutschen Wallace-Verfilmung, → Der Doppelgänger. Sie wurde am 01.02.1934 eingereicht und in der kompletten Länge von 2416 m freigegeben. – Auch bei den ausländischen Wallace-Filmen → The Terrible People (1928) und → King Kong (1933) gab es erhebliche Schwierigkeiten mit der Zensur. Während King Kong schließlich freigegeben wurde, blieb The Terrible People nach drittinstanzlichem Urteil verboten. – Zu Beanstandungen der Nachkriegs-Wallace-Filme → FSK.

ZESCH-BALLOT, HANS
* 20.05.1896 Dresden,
† 01.09.1972 München
Deutscher Schauspieler. Er verkörperte → Sir John in → Das Rätsel der roten Orchidee (1961/62). Durch eine List seiner Schwester kam Zesch-Ballot als 19jähriger erstmals mit dem Theater in Berührung. Ein erstes Engagement in Dortmund lehnte er ab, weil er nur zweiter Held sein sollte. Dann erreichte ihn ein Angebot vom Hoftheater Dessau. Er fuhr mit dem Zug dorthin, erkundigte sich beim Generalintendanten Böhmli nach der Rolle und versuchte, sie über Nacht zu lernen. Bei der Probe merkte man, daß er fast nichts konnte, aber eine Umbesetzung war nicht mehr möglich. Die Premierenvorstellung rettete er trotzdem so gut, daß er einen Jahresvertrag bekam. Damit begann eine Karriere, in deren Verlauf Zesch-Ballot viele Bühnenverpflichtungen sowie Auftritte in Kino- und Fernsehfilmen übernahm.
Weitere Filme (Auswahl): ... reitet für Deutschland (1941), Der Fall Rabanser (1950), Die Kaiserin von China (1959), Ein Mann geht durch die Wand (1959), Der Held meiner Träume (1960), Freddy und das Lied der Südsee (1962), Zeugin aus der Hölle (1967).

ZETTERLING, MAI

* 24.05.1925 Väerås, Västmanland (Schweden)
† 17.03.1994 London

Schauspielerin und Regisseurin. Sie verkörperte Lisa in → *The Ringer* (1952) sowie Maya im Fernsehfilm → *The Four Just Men* (1959, Episode *Maya*). Mai Zetterling erhielt ihre Ausbildung an der Königlichen Akademie in Stockholm. Bald danach konnte man sie u.a. in Ibsens *Wildente* oder Sartres *Fliegen* bewundern. 1946 reiste sie nach England, wo sie in mehr als einem Dutzend Filmen mitwirkte. Später ging sie nach Hollywood; dort spielte sie an der Seite von Danny Kaye in *Die Lachbombe* (1953). Als sie keine angemessenen Rollen mehr fand, begann sie eine Karriere als Regisseurin und drehte Filme wie *War Games* (1962), *Liebende Paare* (1964), *Verschwiegene Spiele* (1966), *Doktor Glas* (1968), *Die Mädchen* (1968) und *Amorosa* (1986). Mai Zetterling war zunächst mit dem schwedischen Tänzer Tutte Lemkow verheiratet (zwei Kinder), danach mit dem englischen Schriftsteller David Hughes.

ZIENER, BRUNO

→ Darsteller

ZIMMER 13 (BUCH)

→ ROOM THIRTEEN

ZIMMER 13 (FILM)
(L'ATTAQUE DU FOURGON POSTAL)

Kinofilm. *Bundesrepublik Deutschland/Frankreich 1963/64. Regie: Harald Reinl. Regieassistenz: Charles M. Wakefield. Script: Charlotte Kalinke. Drehbuch: Quentin Philips (d.i. Will Tremper) nach einem Originaldrehbuch von Heinz-Oskar Wuttig nach dem Roman Room Thirteen von Edgar Wallace. Kamera: Ernst-Wilhelm Kalinke. Kameraassistenz: Joachim Gitt. Schnitt: Jutta Hering. Schnittassistenz: Helga Schlichting. Ton: Clemens Tütsch. Bauten: Wilhelm Vorwerg, Walter Kutz. Oberbeleuchter: Alfred Richter. Requisiten: Helmut Deukert, Walter Rother. Masken: Willi Nixdorf, Charlotte Kersten-Schmidt. Musik: Peter Thomas. Kostüme: Irms Pauli. Garderobe: Gisela Nixdorf, Hermann Belitz. Standfotos: Gerd-Victor Krau. Presse: Hans-Joachim Wehling. Produktion: Rialto Film Preben Philipsen GmbH & Co. KG, Berlin (West), und Société Nouvelle de Cinématographie, Paris. Produzenten: Preben Philipsen, Horst Wendlandt. Herstellungsleitung: Erwin Gitt. Produktionsassistent: Siegfried Mewes. Aufnahmeleitung: Alfred Arbeiter, Hans-Eberhard Junkersdorf. Geschäftsführung: Erich Schütze. Produktionssekretärin: Editha Busch. Kassiererin: Eva Kröling. Drehzeit: 25.11.1963–16.01.1964. Atelier: CCC Film Studios, Berlin-Spandau. Außenaufnahmen: Schloß Valo, Folehavevej, Hbf. Kopenhagen, Bahnhof Frederikssund (Dänemark). Erst-Verleih: Constantin Film, München. Länge: 89 Minuten (2442 m); Format: 35 mm; s/w; Ultra-Scope – Titelvorspann in Farbe. FSK: 13.02.1964 (31624); 18 nff; 24.02.1964. Uraufführung: 20.02.1964, Lichtburg Essen. TV-Erstsendung: 25.12.1987 SAT 1. Darsteller: Joachim Fuchsberger (Jonny Gray), Karin Dor (Denise Marney), Richard Häussler (Joe Legge), Walter Rilla (Sir Robert Marney), Kai Fischer (Pia Pasani), Hans Clarin (Mr. Igle), Benno Hoffmann (Blackstone-Edward), Kurd Pieritz (Inspektor Terrence), Bruno W. Pantel (Sergeant Horse), Siegfried Schürenberg (Sir John), Eddi Arent (Dr. Dr. Higgins), Erik Radolf (Ambrose), Elfie Estell (Wanda), Renate Hütte (Blondine), Tino Meurer (Kellner), Manfred Meurer (Gangster, Blockstelle), Valentin Klaus (Blockstellenwärter), Jur Arten (Gangster Jakob), Artur Binder (Slim), Hans-Eberhard Junkersdorf (Messermörder, Double).*

Inhalt: Die Weste von Sir Robert Marney, seines Zeichens Abgeordneter des britischen Unterhauses, ist nicht so rein, wie sie sein sollte. Das wird offenbar, als er eines Tages Besuch von dem skrupellosen Unterweltler Joe Legge erhält, der ihn für den gleichen Abend in den Highlow-Club von Soho beordert. Sollte er sich weigern, müsse seine Tochter Denise sterben. In seiner verzweifelten Lage wendet sich Sir Marney an den Privatdetektiv Jonny Gray, der Denise unter seine Fittiche nimmt. Während Sir Marney von Legge in die Erpresser-Zange genommen wird, geschieht nur wenige Meter entfernt ein bestialischer Mord. Die Stripteasetänzerin Wanda wird mit durchschnittener Kehle aufgefunden. Und sie bleibt nicht das einzige Opfer. Da Gray den Gangstern in die Quere kommt, wird auch auf ihn ein Attentat verübt. Er überlebt und kommt dadurch mit dem Arzt der Familie Marney zusammen. Hier erfährt er, daß Denise' Mutter, Lady Marney, vor 20 Jahren Selbstmord begangen hat. Mit Hilfe des Yard-Beamten Higgins versucht er Legge unschädlich zu machen.

Kritiken zum Film: »Harald Reinl hat vom Vorspann angefangen einen flotten, alle Möglichkeiten der Kamera nützenden Krimi hingekriegt, der sich durchaus sehen lassen kann. Weder an Witz noch an englischem Nebelwallen wurde gespart, gruselig ist's selten, spannend oft.« *(Schwäbisches Tageblatt, 13.04.1964)* »Die recht spannende Inszenierung dieser Moritat besorgte Harald Reinl. Das unter sommerlicher Hitze stöhnende Publikum war mit der verblüffenden Schlußpointe und dem ganzen Film höchst einverstanden.« *(Morgenpost, Berlin, 14.06.1964)*

Zitat aus dem Film: »Wer zuerst schießt – lebt länger!«, sagt Sir John zu dem Polizeiarzt Dr. Dr. Higgins, als dieser eine Geheimtür öffnen soll.

Anmerkung: Das ursprüngliche Drehbuch zu diesem Film sah einen anderen Schluß vor. Es endet mit einem Kampf zwischen Gray und Legge im Fahrstuhlschacht des Highlow-Clubs. Legge stürzt in den Schacht hinunter und will Denise mitreißen. Gray kann sie jedoch bei der Hand fassen und retten – analog zum Ende von Hitchcocks *Der unsichtbare Dritte* (1959).

Fazit: Durch die Verlegung der Dreharbeiten nach Dänemark eine temporeiche Abwechslung innerhalb der Wallace-Serie.

ZINKER, DER (BUCH)
→ THE SQUEAKER

ZINKER, DER (FILM I)
Kinofilm. *Deutschland 1931. Produktion: Ondra-Lamac-Film. Regie: Carl Lamac und Mac Fric. Buch: Rudolf Katscher, Egon und Otto Eis nach dem Roman The Squeaker von Edgar Wallace. Regieassistenz: Lothar Wolff. Kamera: Erich Lange. Schnitt: Alwin Elling, Heinz Ritter. Bauten: Heinz Fenchel. Aufnahmeleitung: David Weißmann, Fritz Sereiski. Produktions-*

Zimmer 13: 1. Joachim Fuchsberger, Karin Dor • 2. Joachim Fuchsberger, Siegfried Schürenberg

leitung: Arthur Hohenberg, Karl Ritter. Darsteller: Lissy Arna (Lillie Trent), Carl Ludwig Diehl (Captain Leslie), Fritz Rasp (Frank Sutton), Peggy Norman (Beryl), Paul Hörbiger (Joshua Harras), Szöke Szakall (Bill Anerley), Robert Thoeren (Charles Tillmann), Jack Mylong-Münz (Juwelen-Harry), Ernst Reicher (Inspektor Elford), Karl Forest (Sergeant Miller), F. Leska (King), Fritz Greiner (Falschspieler), Marianne Kupfer (Zena), Antonie Jaeckel, Iwa Wanja, Ilse Lange, M. v. Newlinski, Paul Rehkopf, Hans Ritter, Gustav Püttjer. Länge: 73 Minuten (1999 m). Uraufführung: 30.07.1931, Atrium Berlin.

Inhalt: New Scotland Yard steht vor einem Rätsel. Seit einiger Zeit treffen in regelmäßigen Abständen anonyme Schreiben desselben Absenders ein, die genaue Angaben über geplante Diebstähle, speziell von Juwelen, oder gesuchte Verbrecher enthalten. Inspektor Elford, an den die Briefe adressiert sind, sieht in diesem »Zinker«, dem Verbrecherverräter, einen zwielichtigen Helfer der Polizei. Möglicherweise handelt es sich um einen Hehler aus der Londoner Unterwelt, der Diebe, mit denen er sich nicht einigen kann, aus Rache denunziert. Scot-

land Yard vermutet weiter, daß eine Reihe unaufgeklärter Verbrechen auf das Konto des »Zinkers« geht. Während eine Zeitung eine Prämie für die Ergreifung des geheimnisvollen Verbrechers aussetzt, geschieht ein Mord, der dem »Zinkers« anzulasten ist: Harry Webber alias »Juwelen-Harry«, der von der Polizei über den »Zinker« befragt worden war, wird vor dem Hause der Firma Sutton & Co. erschossen aufgefunden. Auch um andere Personen kümmert sich der Unbekannte. So warnt er Beryl Stedman, die Nichte des Autoexporteurs Frank Sutton, die sich mit einem Angestellten der Firma namens Charles Tillmann verlobt hat, vor ihrem Bräutigam. Ein weiterer Juwelendiebstahl lenkt die Aufmerksamkeit erneut auf den »Zinker«. Frank Sutton wird während eines Telefonats im Leopard-Club wertvoller Perlenschmuck gestohlen. Der Vorsteher des Clubs ordnet sofort eine Leibesvisitation aller Gäste an, die aber zu keinem Ergebnis führt. Später wird Suttons Angestellter Tillmann auf eine anonyme Anzeige hin verhaftet. Die Polizei findet bei ihm den Perlenschmuck, hält ihn jedoch für unschuldig und läßt ihn wieder frei. Das geheimnisvolle Komplott kostet Sutton schließlich das Leben: Er wird im Leopard-Club vergiftet aufgefunden. Die Polizei glaubt, daß auch hier der »Zinker« seine Hand im Spiel hatte, und macht sich an seine Verfolgung. Als ein Unbekannter in ein Auto springt und davonfährt, kommt es zu einem Schußwechsel. Der »Zinker« flüchtet im brennenden Auto, rast über die Nelsonbrücke, durchbricht das Brückengeländer und stürzt in die Tiefe. Er kann sich aus dem Wagen retten, doch nun gibt es kein Entrinnen mehr. Die heraneilenden Kriminalbeamten verhaften den geheimnisvollen Verbrecher, der nun endlich entlarvt werden kann.

Anekdote zur Verfilmung mit Paul Hörbiger: »Bei dem Wallace-Film ›Der Zinker‹ kannte ich das Buch kaum. Kurz vor Drehbeginn habe ich mir immer erst die jeweiligen Stellen durchgelesen, um wenigstens ungefähr zu wissen, worum es ging. Das kann seine Tücken haben. Frage ich Lamac: ›Entschuldige, wer ist in diesem Film eigentlich der Mörder?‹ Worauf er prompt zur Antwort gibt: ›Na du natürlich, du Depp!‹«

ZINKER, DER (FILM II)
(L'ENIGME DU SERPENT NOIR)

Illustrierter Film-Kurier Nr. 286

DER ZINKER

Kinofilm. *Bundesrepublik Deutschland/Frankreich 1963. Regie: Alfred Vohrer. Regieassistenz: Eva Ebner. Script: Annemarie Petke. Drehbuch: Harald G. Petersson basierend auf einem Treatment von Trygve Larsen (d.i. Egon Eis) nach dem Roman The Squeaker von Edgar Wallace. Kamera: Karl Löb. Kameraassistenz: Ernst Zahrt, Joachim Gitt. Schnitt: Hermann Haller. Schnittassistenz: Gisela Neumann. Ton: Clemens Tütsch. Bauten: Walter Kutz, Herbert Kirchhoff. Oberbeleuchter: Alfred Richter. Requisiten: Klaus Haase, Wilhelm Schaumann. Requisitenhilfe: Herbert Kerz. Masken: Willy Nixdorf, Charlotte Kersten-Schmidt. Musik: Peter Thomas. Kostüme: Hannelore Wessel. Garderobe: Gisela Nixdorf, Carl Philipps. Standfotos: Gerd-Victor Krau. Presse: Hans-Joachim Wehling. Produktion: Rialto Film Preben Philipsen GmbH & Co. KG, Berlin (West), und Les Films Jacques Willemetz, Paris. Produzent: Preben Philipsen, Horst Wendlandt, Jacques Willemetz. Produktionsleitung: Fritz Klotzsch. Produktionsassistent: Leif Feilberg. Aufnahmeleitung: Wolfgang Kühnlenz, Hans Johansen. Ge-*

schäftsführung: Erich Schütze. Produktionssekretärin: Editha Busch. Kassiererin: Erna Laskowski. Drehzeit: 22.01.–28.02.1963. Atelier: CCC Film Studios, Berlin-Spandau. Außenaufnahmen: Berlin (West) und London. Erst-Verleih: Constantin Film, München. Länge: 89 Minuten (2429 m). Format: 35 mm; s/w; Ultra-Scope – Titelvorspann in Farbe. FSK: 17.04.1963 (30096); 16 nff. Uraufführung: 26.04.1963. TV-Erstsendung: 02.10.1973 ZDF. Darsteller: Heinz Drache (Inspektor Bill Elford), Barbara Rütting (Beryl), Günter Pfitzmann (Frank Sutton), Klaus Kinski (Alexander

Der Zinker: **(Film II) 1. Klaus Kinski, Inge Langen •
2. Klaus Kinski**

Krischna), Eddi Arent (Josua Harras), Siegfried Schürenberg (Sir Geoffrey Fielding), Agnes Windeck (Mrs. Mulford), Jan Hendriks (Leslie), Inge Langen (Millie Trent), Wolfgang Wahl (Sergeant Lomm), Albert Bessler (Butler), Stanislav Ledinek (»Der Champ«), Siegfried Wischnewski (»Der Lord«), Heinz Spitzner (Dr. Green), Erik Lowies (Juwelier), Winfried Groth (Jimmy), Dietrich Kerky (Tommy), Michael Chevalier (Larry Greame), Heinrich Gies (Brownie), Fritz Fiedler (Wärter), C. von Ruffin (Chauffeur), Fritz Ebert (Porter), Heinz Petruo (Smith), Thomas Eckelmann (Beamter), Erik Pukass (Bobby), Peter von Alten (King), Bernd Willewski (Harry), Eva Ebner (Sekretärin von Sir Fielding) und Horst Knuth (Der Zinker, Double).

Inhalt: Das Gift der schwarzen Mamba ist das bevorzugte Mittel, mit dem der geheimnisvolle »Zinker« ihm unangenehme Leute auszuschalten pflegt. Die Suche nach dem Mörder führt Inspektor Elford in eine bekannte Tierhandlung, in der die todbringenden Schlangen gekauft werden können. Das Verhalten der Besitzerin Mrs. Mulford, eine ältere Lady mit bemerkenswerter Vorliebe für entlassene Sträflinge, erscheint ebenso verdächtig wie die angebliche Unwissenheit ihres Geschäftsführers Frank Sutton und das Umherschleichen des katzenhaften Tierpflegers Krischna. Fieberhaft ermitteln die Yard-Beamten, wobei der Reporter Josua Harras ebenso in Verdacht gerät wie sein Chef Sir Fielding oder Mrs. Mulfords Nichte Beryl. Doch eines Tages führt eine Spur direkt zum »Zinker«.

Kritiken zum Film: »Die Einstellungen beginnen oder enden stur mit einem beliebigen Gegenstand in Großaufnahme, nur daß er mal auf einen zukommt und mal verflimmert. In schöner Eintracht versanken Regisseur, Kameramann und Rezensent etwa zu Beginn des letzten Drittels in einen dämmermüden Kinoschlaf.« (Die Zeit, Hamburg, 21.06.1963) »Auf Gänsehaut kalkulierte Situationen werden durch gelegentliche komische Gags kompensiert.« (Filmdienst, Düsseldorf, 19/1963)

Zitat aus dem Film: Beryl Stedman kommt aus dem Büro von Inspektor Elford und trifft auf den Journalisten Josua Harras. Dieser will wissen, was Elford ihr gesagt hat. »Können Sie schweigen?«, fragt sie. »Wie eine Sphinx!«, entgegnet Harras. »Ich auch! Guten Tag!«, lautet ihre Antwort, mit der sie ihn stehen läßt.

Anmerkung: Die für diesen Film benötigten Tiere stammten vom Zirkus Althoff. – Die erste Fernsehausstrahlung dieses Films am 02.10.1973 wurde von 28,5 Millionen Zuschauern verfolgt.

Fazit: Zu sehr Kammerspiel, um ein Filmklassiker zu werden.

ZINKER, DER (HÖRSPIEL I)

→ **Europa-Hörspielproduktion Nr. 12 nach dem gleichnamigen Roman von Edgar Wallace.** *Buch: Frank Sky. Regie: Heikedine Körting. Titelmelodie: David Allen. Musik und Effekte: Bert Brac, Betty George. Künstlerische Gesamtleitung: Andreas Beurmann. Mit den Stimmen von Horst Naumann (Erzähler), Jörg Pleva (Frank Sutton), Monika Peitsch (Millie Trent), Günther Ungeheuer (Lew Friedmann), Rebecca Völz (Beryl Stedmann), Andreas Santoni (Larry Greame), Gottfried Kramer (Reporter Josua Harras), Horst Stark (Redakteur Mr. Field), Douglas Welbat (Chefinspektor John Leslie), Hans Daniel (Inspektor Elford), Henry Kielmann (Sergeant Valentin).*

ZINKER, DER (HÖRSPIEL II)

→ **Maritim-Hörspiel Nr. 1 nach dem gleichnamigen Roman von Edgar Wallace.** *Manuskript: George Chevalier. Musik: Alexander Ester. Ton: Peter Hertling. Produktion und Regie: Hans-Joachim Herwald. Mit den Stimmen von Manfred Krug (Joe Jenkins, Chefinspektor), Sascha Draeger (Nick), Alexandra Doerk (Nicky), Günther Lüdke (Inspektor Elford), Rainer Schmidt (Josua, Reporter), Michael Weckler (Frank Sutton), Ursula Vogel (Millie, Sekretärin), Lothar Zibell (Lou Friedmann), Gaby Blum (Beryl), Konrad Halver (Larry).*

ZUM ABSCHIED EIN KROKODIL
→ Werner Schröder

ZWISCHEN ZWEI MÄNNERN
→ THE MAN WHO KNEW

ABKÜRZUNGEN

Über die üblichen Kürzel hinaus wurden Abkürzungen nur bei der technischen Beschreibung der Filme verwendet; Beispiel: »Format: 35 mm; s/w; 1:1.66 – Titelvorspann in Farbe. FSK: 28.05.1965; 34028; 16 nff«. Zur Erläuterung: »35 mm« ist das übliche Kinoformat von Spielfilmen; »s/w« bezeichnet Schwarzweißfilme; »1:1.66« (oder »1:1.85«) ist die Bildgröße des Films; »Titelvorspann in Farbe« bedeutet, daß Titel, Besetzung und Stabmitglieder bei Schwarzweißfilmen in Farbe kopiert wurden; »FSK: 28.05.1965; 34028; 16 nff«: die Freiwillige Selbstkontrolle der Filmwirtschaft (→ FSK) hat den Film am 28.05.1965 unter der Nummer 34028 ab 16 Jahren zur öffentlichen Vorführung freigegeben, allerdings nicht an ›ernsten‹ Feiertagen (nff: nicht feiertagsfrei).

QUELLENHINWEISE

ZEITSCHRIFTEN
• **Edgar Wallace Society Newsletter**, Oxford 1969–1985.
• **Crimson Circle Magazine**, Oxford 1986ff.

BÜCHER UND AUFSÄTZE
• **Armin Arnold/Josef Schmidt** (Hrsg.): Reclams Kriminalromanführer. Philipp Reclam jun., Stuttgart 1978.
• **Bruce Bahrenburg**: Der neue King Kong. Wilhelm Heyne Verlag, München 1976 (= Heyne-Buch 5325).
• **J. Randolph Cox**: Edgar Wallace. In: Dictionary of Literary Biography. Band 70: British Mystery Writers, 1860–1919. Gale Research Company, Detroit 1988, S.290–302.
• **Robert George Curtis**: Edgar Wallace – Each Way. John Long, London 1932.
• **Rolf Giesen**: Lexikon des phantastischen Films. Band 1. Ullstein Verlag, Berlin 1984.
• **Margit Hähner**: Hier spricht Edgar Wallace! Der Hexer. In: Klaus Dimmler (Hrsg.): Die größten Schurken der Weltgeschichte. Von Dr. Mabuse bis Hannibal Lecter. Reclam Verlag, Leipzig 2000 (= Reclam-Bibliothek 1711), S.76–80.
• **Adolf Heinzlmeier/Berndt Schulz**: Das Lexikon der deutschen Filmstars. Schwarzkopf & Schwarzkopf, Berlin 2003.
• **Friedrich A. Hofschuster** (Hrsg.): Edgar-Wallace-Almanach. Goldmann Verlag, München 1982 (= Wallace Jubiläums-Ausgabe 83).
• **Charles Kiddle**: A Guide to the First Editions of Edgar Wallace. Ivory Head Press, Motcombe, Dorset 1981.
• **Joachim Kramp**: Hallo! Hier spricht Edgar Wallace. Die Geschichte der deutschen Kriminalfilmserie von 1959 – 1972. Schwarzkopf & Schwarzkopf, Berlin 1998. Erweiterte Neuausgabe: Ebd. 2001.
• **Margaret Lane**: Edgar Wallace. The Biography of a Phenomenon. Mit einem Vorwort von Graham Greene. William Heinemann, London, Toronto 1938; Doubleday, Doran & Co., New York 1939. Neuausgabe: Hamish Hamilton, London 1964. Deutsche Übersetzung: Edgar Wallace. Das Leben eines Phänomens. Krüger, Hamburg 1966. Weltbild, Augsburg 1999/2000.
• **Alfred Krautz**: Encyclopedia of Film Directors in the United States of America and Europe. Vol. 2: Crime Films to 1995. München 1997 (Verlag: K. G. Saur)
• **Hermann J. Huber:** Schauspieler Lexikon der Gegenwart. Deutschland/ Österreich/ Schweiz. München/ Wien 1986 (Verlag: Albert Langen/ Georg Müller Verlag GmbH)
• **W. O. G. Lofts/Derek Adley**: The British Bibliography of Edgar Wallace. Howard Baker, London 1969.
• **Nigel Morland**: The Edgar Wallace I Knew. In: Armchair Detective. 1. 1968, S.68–70.
• **Jack Edmund Nolan**: Edgar Wallace. In: Films in Review. 18. 1967, S.71–85.
• **Florian Pauer**: Die Edgar-Wallace-Filme. Goldmann Verlag, München 1982 (= Citadel-Filmbücher 16).
• **Karl Jürgen Roth**: Edgar Wallace. In: Lexikon der Reise- und Abenteuerliteratur. Corian-Verlag, Meitingen, 30. Ergänzungslieferung 1996.
• **Siegfried Schmidt/Thomas Ostwald**: Edgar Wallace. In: Magazin für Abenteuer-, Reise- und Unterhaltungsliteratur. Heft 86. 1995, S.26–31.
• **Wolfgang Schüler**: Edgar Wallace: Ein Leben wie im Film. Militzke Verlag, Leipzig 1999. Taschenbuchausgabe: Ebd. 2003.
• **Georg Seeßlen/Bernt Kling**: Unterhaltung. Lexikon zur populären Kultur. Band 1. Rowohlt, Reinbek 1977(= rororo 6209).
• **Julian Symons**: Bloody Murder. From the Detective Story to the Crime Novel. Faber and Faber, London 1972. Revidierte Neuausgaben: Viking, Harmondsworth 1985; Mysterious Press, New York 1992. Deutsche Übersetzung: Am Anfang war der Mord. Eine Geschichte des Kriminalromans. Goldmann Verlag, München 1972.
• **Ethel Violet Wallace**: Edgar Wallace by His Wife. Hutchinson, London 1932.
• **Penelope Wallace**: Edgar Wallace – Master of Mystery. In: Pontine Dossier. N.S. 1. 1970, S.19–23.
• **Kay Weniger**: Das große Personenlexikon des Films. Schwarzkopf & Schwarzkopf, Berlin 2001.
• **Waltraud Woeller**: Illustrierte Geschichte der Kriminalliteratur. Edition Leipzig, Leipzig 1984; Insel Verlag, Frankfurt/M. 1985.
• **Who is who in der Bundesrepublik Deutschland.** Who is who, Zug 2001.

DANKSAGUNG

Für vielfältige Unterstützung beim Recherchieren von Einzelinformationen danke ich Dr. Manfred Barthel, Michael Beyer, Reinhard und Jonathan Bogdoll, Wolfgang van Deuverden, Eva Ebner, Willy Egger, Joachim Giel, Wolfgang Graßme, Theo Hinz, Simone Hoffmann, Uwe Huber, Rüdiger Koschnitzki, Dr. Hubert Kristen, Lothar Mäder, Christoph Nestel, Andreas Neumann, Dr. Florian Pauer, Michael Petzel, Detlev Schaller, Gernot Schillig, Anneliese Stemmle, Daniel Teuteberg und Ralf Thiel. Ein besonderer Dank geht an Henri Lindlbauer, der mir ergänzende Hinweise zu Wallace' Familie lieferte, sowie an Thomas Götz und Gerhard F. Hummel. Herzlicher Dank gebührt nicht zuletzt auch meiner Frau Waltraud und meinem Sohn Christian, die mich in den vergangenen Jahren nicht minder unterstützten.

Das Bildmaterial stammt aus den Archiven Eva Ebner, Gerhard F. Hummel, Dr. Hubert Kristen, Henri Lindlbauer, Anneliese Stemmle, Christian Unucka, Thomas Wehlmann sowie aus dem Karl-May-Archiv Göttingen, dem Siegfried Schürenberg-Archiv (Andreas Neumann) und Joachim Kramp. Die Fotos zu den neuesten RTL-Wallace-Fernsehfilmen wurden von RTL zur Veröffentlichung freigegeben. Die Inseratvorlagen zu den Filmen wurden von der Werbeabteilung der Constantin Film unter Leitung von Theo Hinz kreiert.

Die Daten zu den vorgestellten Personen sind aus der Zeitschrift Filmecho/Filmwoche, aus Presseunterlagen zu den einzelnen Filmen sowie aus Internetquellen entnommen. Der Abdruck der Illustrierten Filmbühnen wurden mit Genehmigung des Verlages für Filmschriften Christian Unucka, Herbertshausen, veröffentlicht. Die Texte von Anekdoten und einzelnen Interviews stammen aus den Unterlagen der Constantin Film. Für die Inhaltsangaben zu den Filmen wurden Texte aus Werberatschlägen, Filmillustrierten und anderen Fachpublikationen (s. Literaturverzeichnis) mitbenutzt.

IMPRESSUM

Joachim Kramp & Jürgen Wehnert

DAS EDGAR WALLACE-LEXIKON

Leben – Werk – Filme

Es ist unmöglich, von Edgar Wallace nicht gefesselt zu sein!

ISBN 3-89602-508-2

DER VERLAG

Schwarzkopf & Schwarzkopf Verlag GmbH,

Kastanienallee 32, 10435 Berlin

Service-Telefon: 030 – 44 33 63 00

Service-Fax: 030 – 44 33 63 044

INTERNET

www.schwarzkopf-schwarzkopf.de

E-MAIL

info@schwarzkopf-schwarzkopf